서기 2025年
단기 4358年
불기 2569年

天機秘傳

乙巳年

을사년

핵심택일력

핵심래정택일지

백초스님 편저

 상상신화북스

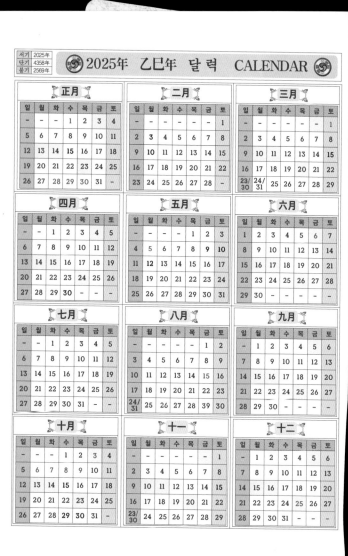

서기 2025年 / 단기 4358年 / 불기 2569年

2025年 乙巳年 달력 CALENDAR

正月

일	월	화	수	목	금	토
-	-	-	1	2	3	4
5	6	7	8	9	10	11
12	13	14	15	16	17	18
19	20	21	22	23	24	25
26	27	28	29	30	31	-

二月

일	월	화	수	목	금	토
-	-	-	-	-	-	1
2	3	4	5	6	7	8
9	10	11	12	13	14	15
16	17	18	19	20	21	22
23	24	25	26	27	28	-

三月

일	월	화	수	목	금	토
-	-	-	-	-	-	1
2	3	4	5	6	7	8
9	10	11	12	13	14	15
16	17	18	19	20	21	22
23/30	24/31	25	26	27	28	29

四月

일	월	화	수	목	금	토
-	-	1	2	3	4	5
6	7	8	9	10	11	12
13	14	15	16	17	18	19
20	21	22	23	24	25	26
27	28	29	30	-	-	-

五月

일	월	화	수	목	금	토
-	-	-	-	1	2	3
4	5	6	7	8	9	10
11	12	13	14	15	16	17
18	19	20	21	22	23	24
25	26	27	28	29	30	31

六月

일	월	화	수	목	금	토
1	2	3	4	5	6	7
8	9	10	11	12	13	14
15	16	17	18	19	20	21
22	23	24	25	26	27	28
29	30	-	-	-	-	-

七月

일	월	화	수	목	금	토
-	-	1	2	3	4	5
6	7	8	9	10	11	12
13	14	15	16	17	18	19
20	21	22	23	24	25	26
27	28	29	30	31	-	-

八月

일	월	화	수	목	금	토
-	-	-	-	-	1	2
3	4	5	6	7	8	9
10	11	12	13	14	15	16
17	18	19	20	21	22	23
24/31	25	26	27	28	29	30

九月

일	월	화	수	목	금	토
-	1	2	3	4	5	6
7	8	9	10	11	12	13
14	15	16	17	18	19	20
21	22	23	24	25	26	27
28	29	30	-	-	-	-

十月

일	월	화	수	목	금	토
-	-	-	1	2	3	4
5	6	7	8	9	10	11
12	13	14	15	16	17	18
19	20	21	22	23	24	25
26	27	28	29	30	31	-

十一

일	월	화	수	목	금	토
-	-	-	-	-	-	1
2	3	4	5	6	7	8
9	10	11	12	13	14	15
16	17	18	19	20	21	22
23/30	24	25	26	27	28	29

十二

일	월	화	수	목	금	토
-	1	2	3	4	5	6
7	8	9	10	11	12	13
14	15	16	17	18	19	20
21	22	23	24	25	26	27
28	29	30	31	-	-	-

2025年 乙巳年 경축일과 기념일람표

경 축 일

날 명	요일	음력	양력
신 정 일	前	12월 02일	1월 01일
설 날	土	정월 01일	1월 29일
삼 일 절	金	2월 02일	3월 01일
석가탄신일	水	4월 08일	5월 05일
어린이날	日	4월 08일	5월 05일
현 충 일	木	5월 11일	6월 06일
제 헌 절	水	6월 23일	7월 17일
광 복 절	金	閏 6월 22일	8월 15일
추 석	火	8월 15일	10월 06일
개 천 절	木	8월 12일	10월 03일
한 글 날	木	8월 18일	10월 09일
기독탄신일	水	11월06일	12월 25일

세시 풍속 절과 잡절 일

날명	양력	음력	날명	양력	음력
토왕용사	1월 17일	前12월 18일	중 복	7월 30일	閏 6월 06일
납 향	1월 26일	前12월 27일	유 두 일	7월 09일	6월 15일
제 석	2월 09일	前12월 12일	말 복	8월 09일	閏 6월 16일
대 보 름	2월 12일	정월 15일	칠 석	8월 29일	7월 07일
춘 사	3월 20일	2월 21일	백 중 일	9월 06일	7월 15일
삼 짇 날	3월 31일	3월 03일	추 사	9월 26일	8월 05일
한 식	4월 05일	3월 08일	토왕용사	10월 20일	8월 29일
토왕용사	4월 17일	3월 20일	중 양 절	10월 29일	9월 09일
단 오 절	5월 31일	5월 05일	이율곡탄일	명2월13일	12월 26일
초 복	7월 20일	6월 26일	공자 탄일	9월 28일	8월 07일
토왕용사	7월 19일	6월 25일	이퇴계탄일	명1월1일	11월 25일

연 중 기 념 일

날명	양력	음력	날명	양력	음력	날명	양력	음력
납세자의 날	3월 03일	2월 04일	어버이 날	5월 8일	4월 11일	체육 의 날	10월15일	8월 24일
상공 의 날	3월 19일	2월 20일	스승 의 날	5월 15일	4월 18일	문화 의 날	10월18일	8월 27일
물 의 날	3월 22일	2월 23일	5.18 민주화운동기념일	5월 18일	4월 21일	경찰 의 날	10월21일	9월 01일
기상 의 날	3월 23일	2월 24일	성년 의 날	5월 19일	4월 22일	국제연합일	10월24일	9월 04일
식 목 일	4월 05일	3월 08일	발명 의 날	5월 19일	4월 22일	교정 의 날	10월28일	9월 08일
향토예비군의날	4월 04일	3월 07일	부부 의 날	5월 21일	4월 24일	지방자치 의 날	10월29일	9월 09일
보건 의 날	4월 07일	3월 10일	방재 의 날	5월 25일	4월 28일	금융 의 날	10월28일	9월 08일
임정수립기념일	4월 11일	3월 14일	바다 의 날	5월 31일	5월 05일	학생독립기념일	11월 3일	9월 14일
4.19혁명기념일	4월 19일	3월 22일	환경 의 날	6월 05일	5월 10일	소방 의 날	11월09일	9월 20일
장애인 의 날	4월 20일	3월 23일	6.25사변일	6월 25일	6월 01일	농업인 의 날	11월11일	09월22일
과학 의 날	4월 21일	3월 24일	철도 의 날	6월 28일	6월 04일	순국선열 의 날	11월17일	09월28일
정보통신의 날	4월 22일	3월 25일	사회복지의 날	9월 07일	7월 16일	소비자보호 의 날	12월03일	10월14일
법 의 날	4월 25일	3월 28일	국군 의 날	10월 1일	8월 10일	무역 의 날	12월05일	10월16일
충무공탄신일	4월 28일	4월 01일	노인 의 날	10월 2일	8월 11일	세계인권선언일	12월10일	10월21일
근로자 의 날	5월 01일	4월 04일	재향군인의 날	10월 8일	8월 17일			

四日得辛 [사일득신]	七龍治水 [칠룡치수]	四牛耕田 [사우경전]	九馬佗負 [구마타부]
오곡백과가 여무는 시기가 평년보다 부족하므로 수확이 적겠다.	일곱 마리의 용이 비를 내리니 강우량이 충분하며 비가 넉넉하게 오겠다.	열두 마리 소 가운데 네 마리의 소가 밭을 경작하니 농사 일손이 부족하겠다.	열두 마리 말 가운데 아홉 마리가 짐을 실으니 노동 인원 일손은 전반적으로 넉넉하다.

乙巳年 월건표와 절기표 [윤년 384일]

陽曆月	正月	二月	三月	四月	五月	六月	閏6月	七月	八月	九月	十月	十一月	十二月
月(大小)	大	小	大	小	小	大	小	大	小	大	大	大	小
月建	戊寅	己卯	庚辰	辛巳	壬午	癸未		甲申	乙酉	丙戌	丁亥	戊子	己丑
紫白	二黑	一白	九紫	八白	七赤	六白		五黃	四綠	三碧	二黑	一白	九紫
절기	입춘 우수	경칩 춘분	청명 곡우	입하 소만	망종 하지	소서 대서		입추 처서	백로 추분	한로 상강	입동 소설	대설 동지	소한 대한
절입일자 (양력)	癸卯 2월 03일 戊午 2월 18일	癸酉 3월 05일 戊子 3월 20일	癸卯 4월 04일 己未 4월 20일	甲戌 5월 05일 庚寅 5월 21일	乙巳 6월 05일 辛酉 6월 21일	丁丑 7월 07일 壬辰 7월 22일		戊申 8월 07일 甲子 8월 23일	己卯 9월 07일 乙未 9월 23일	庚戌 10월 08일 乙丑 10월 23일	丙辰 11월 07일 乙未 11월 22일	庚戌 12월 07일 乙丑 12월 22일	己卯 1월 05일 甲午 1월 20일
절입시간	23시 10분 19시 07분	17시 07분 18시 01분	21시 49분 04시 56분	14시 57분 03시 57분	18시 57분 11시 42분	05시 05분 22시 29분		14시 52분 05시 34분	17시 52분 03시 19분	09시 41분 12시 51분	13시 04분 10시 36분	06시 05분 00시 03분	17시 23분 10시 45분
절기해석풀이	24절기의 첫째 절기로 새해가 시작되는 봄의 시작. / 눈이 녹고 추위가 물러가기 시작하고 봄비가 오는 시기.	겨울잠을 자는 개구리, 벌레들이 깨어 꿈틀거리는 시기. / 낮과 밤의 길이가 같고, 다음날부터 낮이 밤보다 길어짐.	맑고 깨끗하고 산천초목의 새로움이 푸르고 화창, 상쾌한 봄날씨의 절정에 이르는 시기. / 촉촉한 봄비가 내려 곡식을 돕는 중요한 봄비가 온다.	낮부터 여름의 절기가 시작되는 시기. / 산에나무가 푸르고 보리베기가 무성해지는 시기.	모내기가 시작되고 녹음이 한창인 시기. / 태양의 고도가 가장 높아 년중 낮의 길이가 가장 긴 날.	본격적으로 무더위가 시작되는 시기. / 24절기로써 년중 가장 무더운 시기.		벼가 한창 여무는 시기이며 가을이 시작되는 시기. / 풀도 자라기를 멈추고, 오곡이 성숙하는 시기.	밤 기온이 내려가고, 완연한 가을로 접어드는 시기. / 밤의 길이가 길어지며, 곡식이 풍성해지는 시기.	원서리가 내리고 가을걷이가 한창인 수확의 시기. / 이슬이 찬 서리로 교체되는 수확의 시작.	물과 땅이 얼기 시작, 찬바람 불고 겨울이 시작되는 때. / 추위가 강해지고 첫눈이 내리는 시기.	추위가 강해지고 눈이 많이 내리는 시기. / 밤이 가장 길고 낮이 가장 짧은 날.	추위가 더욱 강해지는 시기. 년중 가장 추운 시기. / 한해의 가장 극심한 추위가 오는 시기.

2025年 乙巳年 당해 연령 대조견표

나이	干支	띠	年度	納音	나이	干支	띠	年度	納音	나이	干支	띠	年度	納音
1세	乙巳	뱀	2025	복등화	34	壬申	원숭	1992	검봉금	67	己亥	돼지	1959	평지목
2세	甲辰	용	2024	복등화	35	辛未	양	1991	노방토	68	戊戌	개	1958	평지목
3세	癸卯	토끼	2023	금박금	36	庚午	말	1990	노방토	69	丁酉	닭	1957	산하화
4세	壬寅	호랑이	2022	금박금	37	己巳	뱀	1989	대림목	70	丙申	원숭	1956	산하화
5세	辛丑	소	2021	벽상토	38	戊辰	용	1988	대림목	71	乙未	양	1955	사중금
6세	庚子	쥐	2020	벽상토	39	丁卯	토끼	1987	노중화	72	甲午	말	1954	사중금
7세	己亥	돼지	2019	평지목	40	丙寅	호랑이	1986	노중화	73	癸巳	뱀	1953	장류수
8세	戊戌	개	2018	평지목	41	乙丑	소	1985	해중금	74	壬辰	용	1952	장류수
9세	丁酉	닭	2017	산하화	42	甲子	쥐	1984	해중금	75	辛卯	토끼	1951	송백목
10	丙申	원숭	2016	산하화	43	癸亥	돼지	1983	대해수	76	庚寅	호랑이	1950	송백목
11	乙未	양	2015	사중금	44	壬戌	개	1982	대해수	77	己丑	소	1949	벽력목
12	甲午	말	2014	사중금	45	辛酉	닭	1981	석류목	78	戊子	쥐	1948	벽력목
13	癸巳	뱀	2013	장류수	46	庚申	원숭	1980	석류목	79	丁亥	돼지	1947	옥상토
14	壬辰	용	2012	장류수	47	己未	양	1979	천상화	80	丙戌	개	1946	옥상토
15	辛卯	토끼	2011	송백목	48	戊午	말	1978	천상화	81	乙酉	닭	1945	천중수
16	庚寅	호랑이	2010	송백목	49	丁巳	뱀	1977	사중토	82	甲申	원숭	1944	천중수
17	己丑	소	2009	벽력화	50	丙辰	용	1976	사중토	83	癸未	양	1943	양류목
18	戊子	쥐	2008	벽력화	51	乙卯	토끼	1975	대계수	84	壬午	말	1942	양류목
19	丁亥	돼지	2007	옥상토	52	甲寅	호랑이	1974	대계수	85	辛巳	뱀	1941	백납금
20	丙戌	개	2006	옥상토	53	癸丑	소	1973	상자목	86	庚辰	용	1940	백납금
21	乙酉	닭	2005	천중수	54	壬子	쥐	1972	상자목	87	己卯	토끼	1939	성두토
22	甲申	원숭	2004	천중수	55	辛亥	돼지	1971	차천금	88	戊寅	호랑이	1938	성두토
23	癸未	양	2003	양류목	56	庚戌	개	1970	차천금	89	丁丑	소	1937	간하수
24	壬午	말	2002	양류목	57	己酉	닭	1969	대역토	90	丙子	쥐	1936	간하수
25	辛巳	뱀	2001	백랍금	58	戊申	원숭	1968	대역토	91	乙亥	돼지	1935	산두화
26	庚辰	용	2000	백랍금	59	丁未	양	1967	천하수	92	甲戌	개	1934	산두화
27	己卯	토끼	1999	성두토	60	丙午	말	1966	천하수	93	癸酉	닭	1933	검봉금
28	戊寅	호랑이	1998	성두토	61	乙巳	뱀	1965	복등화	94	壬申	원숭	1932	검봉금
29	丁丑	소	1997	간하수	62	甲辰	용	1964	복등화	95	辛未	양	1931	노방토
30	丙子	쥐	1996	간하수	63	癸卯	토끼	1963	금박금	96	庚午	말	1930	노방토
31	乙亥	돼지	1995	산두화	64	壬寅	호랑이	1962	금박금	97	己巳	뱀	1929	대림목
32	甲戌	개	1994	산두화	65	辛丑	소	1961	벽상토	98	戊辰	용	1928	대림목
33	癸酉	닭	1993	검봉금	66	庚子	쥐	1960	벽상토	99	丁卯	토끼	1927	노중화
										100	丙寅	호랑이	1926	노중화
										101	乙丑	소	1925	해중금

乙巳年 태세 神방위 吉凶表

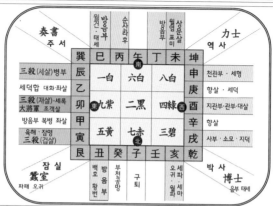

방위명	방위向	해 설
대장군방 삼살방 조객방	正東 (卯)方	금년은 卯方에 대장군, 삼살, 조객살이 태양임궁으로도 제압할 수 없는 극흉한 위치로써, 정동쪽인 이곳으로는 건축물을 신축하거나 증개축하거나 리모델링이나 달아내면 대흉하다. (겁살, 재살, 세살)세살을 三殺이라 부르는데 음양택을 막론하고 건물의 좌향을 쓰던가, 이사를 하면 상복을 입던가, 재운불길, 대흉하다. 또한 卯年과 卯年山는 방위를 세па움인가 하는데 이 방위를 건드리던가? 침범하면 뜻밖의 불행이 따르고, 가족 내에 이별난이 사고수가 발생하는 극흉한 불상사나 손재가 발생할 수 있다.
상문방, 비렴	南西쪽(未)方	이 방위로는 이사를 피하고, 집 수리를 하던가, 이 방향으로 여행을 가던가, 하면 손재나 질병이 따르기 때문에 꺼린다. 음택에서 묘 쓰는 일과 영안설치도 피한다.
태세, 하괴, 풍파방	南東쪽(巳)方	이 방향을 좌향으로 쓰면 대흉하며, 동토가 나나, 헐거나 고치거나 파거나 세우거나 일체의 충격이나 구멍을 뚫던가 연못을 파는 것을 꺼린다. 또한 풍파와 하괴도 남동쪽이나 남동쪽에서 동토를 조작하니, 승선이나 어로작업, 낚시 등 강 건너기나 물에 드는 일은 관재 시비가 발생하여 사고가 따르게 된다.
세살, 병부방 하백, 양인	東南쪽(辰)方	금년은 남동쪽에 병부살이 들어와, 동남쪽에 양인살이 들어온다. 이 방향은 맹목한 음기가 머물러 건축 방위를 쓰거나, 이 방향을 건물수리나 집수리를 파고 자르거나 뚫고 고치거나 이사하면 우환질병, 손재가 따르고, 소송 액수이 발생한다.
백호살방 금신살	北東쪽(丑)方	북동쪽은 백호살이 머무는 방향으로 음기가 따르는데 매사에 꺼리는 방위이다. 이 방향으로 건축을 짓거나 고치거나 이사를 가면 災病이나 질병과 구설이 생긴다. 또 이 방향에서 사람이 들어오면 우환이 발생하고 흉하다.
세마, 세파, 대모, 오귀살	北西쪽(亥)方	금년은 북서쪽에 태세, 세마, 대모살로 대월간이라 소월간이 자리한다. 고로 음양택을 막론하고, 좌향을 놓거나 수리하는 걸 꺼리며, 음택에 있어서도 묘의 좌향을 놓지 못하며, 또 동 세마방에 합장을 하거나 다른 묘를 쓰거나 비석 안치를 피합니다. 또 오귀살은 양택에만 해당하는데 사는 집이나 건물의 북서쪽을 건드리면 오귀가 발동하여 가정에 우환을 자초하게 된다고 고전에서 전합니다.

➤ 乙巳年 구성년반도

	巳	午	未	
辰	一白 1백	六白 6백	八白 8백	申
卯	九紫 9자	二黑 2흑	四綠 4록	酉
寅	五黃 5황	七赤 7적	三碧 3벽	戌
	丑	子	亥	

➤ 삼재 보는법

태어난 해 띠	들어오는 年 해	묵는 年 해	나가는 年 해
신자진 生	寅年 호랑이해	卯年 토끼해	辰年 용해
사유축 生	亥年 돼지해	子年 쥐해	丑年 소해
인오술 生	申年 원숭이해	酉年 닭해	戌年 개해
해묘미 生	巳年 뱀해	午年 말해	未年 양해

➤ 나이별 吉凶 보는법

방위		해당하는 나이	길흉	뜻 풀이
東	대장군 삼살방 조객살	8 17 26 35 44 53 62 71 80 89 특히 이 나이 사람이면 이 쪽의 상갓집 방문이나를 피하고, 건강을 더욱 조심하여야 한다.	대흉 ××	건축물 달아내거나 고치는 일, 흙 다루는 일은 금물, 또는 집 짓는 일과 묘지 이장 등은 흉하다. 관재가 발생하고, 질병에 위태롭다. 이 방향으로 여행이나 가족의, 이동 또는 집수리는 재앙과 불행을 일으키니 피해야 한다.
西	지관부	12 21 30 39 48 57 66 75 84 93	길 ○	대체로 흉하지 않고, 무난한 방위이다.
南	문창귀 태극귀 천재	5 14 23 32 41 50 59 68 77 86	대길 ◉	남쪽 먼곳에서 기쁜소식이 오고 대인관계나 신용거래에 길하고, 학업진로나 직장향방도 吉
北	음귀인 천재	6 15 24 33 42 51 60 69 78 87	길 ○	천을귀인이 들어오는 방위로 이 방향으로 진출하면 어떤 일을 하든 기쁜 일, 행운이 따른다.
南東	세살 병부살	9 18 27 36 45 54 63 72 81 90	흉 ××	양택에 집 짓고 수리하는 일을 건물의 이 방위를 침범하면 가족에게 우환질병이 따른다.
西南	상문방 암검살	7 16 25 34 43 52 61 70 79 88 특히 이 나이 사람은 상문살에 암검살이 겹쳐나 서남쪽이나 남서쪽으로 상갓집 방문을 더욱 조심하여야 한다.	흉 ××	서남, 남서쪽으로 여행이나 이동하는 것을 꺼린다. 사고와 병고가 따르니 절대 피하여야 한다. 특히 상가(喪家) 문상은 더욱 피해야 한다. 피로움살이나 유행성질환에 노출되어있으니 주의요.
北西	오귀살 세파	11 20 29 38 47 56 65 74 83 92	小길 ○	서북, 북동 방위의 집이나 건물 수리를 하면 우환과 훼방꾼이 방해를 한다. 특히 남자를 조심해야 하고, 개조심을 해야한다.
北東	백호살 오황살 금신살	13 22 31 40 49 58 67 76 85 94	흉 ××	건을 고치거나 고치거나 이사를 가면 돋투가 나고 질병과 구설이 생긴다. 또 이 방향에서 사람이 들어오면 우환이 발생하고 흉하다.
중앙	본명방	10 19 28 37 46 55 64 73 82 91 특히 이 나이사람은 중앙방을 더욱 조심하여야 한다. [현재 살고 있는 집주변 방향]	불길 ×	무엇이든 시작하려하나 분수에 맞게 움직이면 좋고 귀인의 도움도 있다. 욕심을 부리면 실패와 사면초가 반복한다. 분수를 지키고 자중함.

* 여기에 나타난 방위들은 누구나 모두에게 해당하고, 지켜야 하며 조심해야 할 사항이다.
* 상문방에서 초상이 나면 살귀는 작용하니 삼가는 것이 좋다. 만약 그 방향으로 갔다 하면 상문살이 침투하여 집안에 우환 병고가 발생한다. 특히 상문 띠이면 더더욱 피해야 한다.

1	6	8A
9	2	4
5	7	3P

乙巳年 구성년월반

2024년 子月			2025년 丑月		
3A	8P	1	2	7	9P
2	4	6	1A	3	5
7	9	5	6	8	4

寅月 양2월4일~3월4일	1	6	8AP	卯月 양3월5일~4월3일	9	5	7	辰月 양4월4일~5월4일	8	4A	6
	9	2	4		8	1	3P		7	9	2
	5	7	3		4	6A	2		3	5	1P

巳月 양5월4일~6월4일	7	3	5	午月 양6월5일~7월6일	6	2	4	未月 양7월7일~8월6일	5	1	3
	6	8	1		5	7	9A		4	6	8
	2A	4	9P		1	3P	8		9P	2	7A

申月 양8월7일~9월6일	4	9	2	酉月 양9월7일~10월7일	3A	8	1	戌月 양10월8일~11월6일	2P	7	9
	3	5	7		2P	4	6		1A	3	5
	8P	1	6		7	9	5		6	8	4

亥月 양11월7일~12월6일	1P	6	8A	子月 양12월7일~1월4일	9	5P	7	丑月 양1월5일~2월2일	8	4A	6P
	9	2	4		8	1	3		7	9	2
	5	7	3		4	6A	2		3	5	1

東南 (동남)

사업하는 사람에게 신용 신망을 얻을 수 있고, 교류가 매사 순조로워 소득이 늘고, 발전하는 길방. 대인관계 좋아 입찰, 경합에서 승리할 수, 신부인과나 비뇨기과가 유리하고, 여행, 관광업, 학원사업, 운수업, 골프, 입업, 조경업 등도 길하다. 미혼자들은 결혼과 이성교제운은 길하나 생식기의 질병이나 우울증에 주의요. 특히 여성은 천상배필을 만날 수 있는 방위이고, 출산도 가능하나 방심은 금물. 취업이나 결혼, 해외여행, 해외유학, 주거 이동은 유리하다.

南 (남)

좋은 윗사람과 지인의 원조를 받아 재능을 인정받고 역량을 맘껏 발휘하여 큰 성과를 거두는 상승운이다. 호시절을 만나 자신감도 강화되고, 확대발전사업도 과감하게 밀어붙여 빛을 보리라. 그러나 신중성을 잃었으면 궤도를 벗어나 탈선하여 공중 분해될 위험이 도사리고 자기 최면에 걸려 타인과 시비, 구설수에 몰려 범죄누명에 뒤집어 쓸 수 있고, 비밀이 탄로 나 관재구설에 휩싸일 수도 있다. 계약이나 문서왕래에 신중하여 적절한 중간을 유지하면 이득이 생기고 명성이 따른다.

南西 (남서)

가정이 불화가 심하고, 형제간의 다툼으로 어수선하고, 생계가 어려워진다. 수확을 앞둔 마지막 결실을 위해 노력을 좀 더 요구하는 방위이다. 지금까지 꼬이고 고민 속에 묶여있던 일들이 더욱 극심해지니 인내심이 필요하다. 집안의 윗사람어른이나 어머니들은 허영과 사치나 무리한 추진은 금물, 질병 조심 건강에 특별히 유의해야 한다. 부동산매매나 새집으로 이사, 집 고치는 일은 다음으로 미루는 것이 유리하고, 변화 개혁, 사업확장, 직장이동, 산소 일도 좋지 않다.

東 (동)

인간관계, 인간과의 사이 교제에서는 성숙할 수 있으니 욕심, 낭비를 삼가며 언젠가는 다시 찾아오는 각오로 변화를 추구해야 하는 전환의 중대한 시기이다. 그러나 전진 의욕만 앞서고 순탄한 진행이 어려워 곤란한 해이기도 한다. 충분한 준비를 하면서 일을 추진해야만 실패가 없고, 윗사람이나 지도자의 충고와 조언을 받아들이는 자세가 필요하다. 비밀스런 일들 때문에 고민이 많아지고, 외롭고 고독하고 집안이 시끄럽고 고통이 따르니 매사주의, 깜짝 놀랄 일 대비요.

中 (중앙)

가정사가 사방이 막히어 답답하고, 특히 여자어른이 속이 시끄럽고 외롭고 사면초가인 상태이다. 직장 취업이나 부동산 투자는 파산파직 위험수, 휴업, 파업, 부패 등으로 재앙이 도사리고 있는 흉한 운으로 실물수, 손재수, 구설수 등이 발생하는 가족다툼이 걱정되는 방위이니 매사 너그러움이 절실히 필요하라. 무리한 투자나 건축증개축, 이장, 안장, 사업 등은 다음 해로 미루는 것이 좋고 휴양하는 마음으로 여유있게 기다리며 재충전하는 기회로 삼으라. 이동은 다음 기회에.

西 (서)

여성들 취업에 유리, 연예인 오디션에 합격할 행운수, 금융업이나 방송인 배우나 화류계 사람들은 금전거래와 현금유통이 원활하고 좋다. 금은보석, 악세사리나 화려한 직업은 더욱 빛이 돋보이는 방위이다. 매사 계획한 일들은 술술 잘 풀릴 것이고, 남녀 상합이 잘 되어 만남이 순조로우며 결혼성사도 많아진다. 여행이나 이사는 길하다. 그러나 주색잡기나 게임오락이나 향락에 빠지거나 방탕, 사치낭비는 좋은 기회를 놓칠 수 있으니 무리 금물. 주거이동, 직장변동 괜찮음.

東北 (동북)

집안의 남자어른이나 아버지들은 권위와 고집은 금물, 불행을 자초하게 되고 사고, 질병, 죽음, 파산 등으로 사면초가 일생에 큰 고비로 진퇴양난이 예상된다. 창업이나 투자, 주거지 변화, 부동산 거래는 충분한 사전조사와 제3자의 충고를 받아들여야 재앙을 막을 수 있다. 욕심은 금물, 유산상속이나 큰돈은 파산위기 예상됨. 집안에 상문수 있어 초상, 이별, 질병주의. 재산을 축적하고 싶은 욕심 산처럼 높아지니 과욕금물 주의. 복부 건강주의

北 (북)

금융업종사자나 연예인, 변호사들은 종업원이나 자식들과 인간교류, 상호관계가 순조롭지 않으며, 금전곤란과 외롭고 고독할 수. 색정사가 염려되고 가정 외 애정행각이나 불륜관계가 들통 나서 집안이 시끄러울 고통이 수반되니 만사 주의. 임산부는 위험, 자궁이나 생식기 수술 우려된다. 특히 연애나 이성관계로 색정이 도사리고 있어 왜래 접촉은 신중해야 한다. 비밀스런 애정행각으로 곤란을 겪게 되니 말조심, 구설수 주의해야 한다.

西北 (서북)

대권을 노리는 정치가나 권력가는 탁월한 전략과 역량을 발휘해보지만 귀인을 안따르고, 후원자나 협력자가 허용과 말뿐이다. 공명정대한 경쟁과 진실만이 승리할 수 있을 듯 하지만 지금은 때가 아니다. 미디어나 SNS 또는 정보통신 등으로 뜻밖의 사고나 비밀탄로나 놀랄 일이 생길 위태로운 운세이니 매사 조심해야 한다. 계획했던 일이나 직장변동, 주거이동, 사업장이전, 해외유학, 새로운 일 도전 등은 다음 기회로. 시비 다툼, 교통사고 주의.

띠	신살	출생년 (띠별 乙巳년 일년 운세)
쥐띠 子年生	고 행 운	맡은 일에 대하여 세밀하고 재주가 엿보이며, 명예를 중히 여기고 의를 지키는 길한 운이지만 허황된 욕심을 부리다가 일을 그르치는 경우가 많으니 성공하였을 때를 염두에 두어 모든 일에 성실히 근면하면 무난하다. 금년 운은 부모님이 생존해 계시면 성심껏 효도하라. 황천 간 뒤에 후회하면 무슨 소용인가! 집안에 우환, 병자, 즉 환자가 발생할 것이다. 돌아가셨다면 제사를 성심껏 지내고, 조상 해원을 해드리면 큰 음덕을 볼 수 있다.
소띠 丑年生	부 귀 운	남모르게 고생이 심하고 해로운 일이 뒤따르니 따라서 건강상 고초와 어려움을 많이 겪게 되고 열심히 노력해도 인덕이 없고 풍파가 심하고 고력이 많다. 가까운 친족에게 상처를 받게 된다. 청렴정직하나 과격한 성격으로 구설을 많이 듣지만 너그럽게 이해하는 사람은 크게 성공한다. 금년운은 집안에 운기가 좋아서 금은보화가 창고에 쌓이는 격이니 재물운이 최상이다. 하지만 너무 경거망동하면 손실을 보는 수도 있으니 무리하지 마라. 미리 주의해야 한다. 예전처럼 부유한 영화가 다시 복귀할 수 있는 재도전의 해이다. 육친의 덕이 있고, 재복신이 따르며, 뜻하는 바가 순조로이 풀린다. 가정이나 직업, 사업 등 매사 하는 일과 건강상에 기쁜 일과 행운이 따른다. 적절한 투자는 보탬이 되고, 날로 번창하고 영달이 보장되어 부귀하고 평안락한 태평성대의 길조 운이다.
범띠 寅年生	겁 탈 운	금년운은 횡재만 기대하고 노력을 게을리 하면 후회하게 되며 크게 후회하게 되는 운이다. 특히 부동산에 투자하여 한몫 잡으려는 생각을 가지고 있다면 미리 아예 기대조차 하지 마라. 원래는 재물이 따르는 명이나 금년에는 빼앗길 운이다. 이사하면 손해 본다. 갑작스럽게 발생하는 사고 과반 횡액 재액을 당할 운이 되고하였다. 겁탈, 강탈, 폭행, 폭력, 난투, 관재, 질병, 불화, 방황, 돌발사고, 교통사고. 해사사고로 인하여 비명횡사 주의 수이니 매사 주의요망이다, 사기 당하고, 손재수가 있다.
토끼띠 卯年生	재 난 운	자존심이 강하여 인간을 직접적 상대하는 사업을 하는 것보다 사무직, 기술직, 교육직, 문학, 예술계의 직업이 무난적으로 잘 맞는다. 재수는 좋으나 남의 말을 듣다가 실패하던지 관재구설이 생길 운이니 모든 일에 신중해야 한다. 남쪽으로 움직이면 열 받는 일만 생긴다. 화재위험, 수재난, 낙상, 상해, 관재, 횡액, 급질병, 실물, 손재, 손실, 사고로 인한 재앙이 도사리고 있다. 밤낮으로 시비구설수가 따르니 매사 남과 대화 중에 신중해야 하고 남을 배려하여야 한다. 이동 변동수도 있으니 움직이는 것이 좋다. 새로운 일 시작하던가, 사업확장이나 변경을 하면 모두 깨질 운이다. 기다려야 한다.
용띠 辰年生	천 문 운	겉보다 속이 밝고 연구궁리가 깊으며 물려받은 유산이 있더라도 소소한 것이나 자수성가하는 운. 몸은 비록 바빠 고달프지만 노력하면 할수록 보람되고 결실이 있다. 이기적으로 이간질, 배신 행위가 발생하여 주위사람에게 억울한 오명을 남기게 되어 관재구설이나 형옥이 따른다. 하는 일마다 진행이 잘 안되어 심기가 불편해지고 친인척이 마가 되고 복병이다. 천상운과 조상이 돕는 자리로 다른 일로는 좋은 해는 아니다. 특히 사업을 새로 시작하는 것은 금물이다. 하지만 학업운, 공부, 명예, 출세, 교육, 학원, 연구, 연수, 발명, 예체능, 예술 쪽으로는 조상의 도움으로 효과적이다.
뱀띠 巳年生	장 생 운	남에게 굽히기를 싫어하여 미움을 받는 경우도 종종 있으나 의협심도 많아 남을 도와주겠다는 마음 한번 먹으면 자신이 손해를 보더라도 불사한다. 너무 일을 서두르는 경향이 있는데 차분히 순리대로 하면 모두 해결된다. 섣불리 착수하다가는 실패하는 경우도 많다. 금년은 건강에 적신호이니 미리 건강검진을 받는 것이 좋고, 배를 타거나 물을 건너는 것은 나쁘다. 자신을 잘 알릴 수 있는 홍보의 해이다. 소질 있거나 갈고 닦은 부분에 응모하면 좋은 결과를 얻을 수 있다. 성장과 발달, 지속적 성취, 총명과 온후, 상속 원만, 합격과 자격증 획득 등 발전과 화합하는 영달하는 보람된 해이다.

띠	신살	출생년 (띠별 乙巳년 일년 운세)
말띠 午年生	화류운	왕이 되었다가 말단으로 좌천까지 하게 되는 희비가 엇갈리는 극과 극을 겪게 되는 한해이다. 좋았다 나빴다를 연속하며 새로운 일에 도전해 보지만 지금은 자중하고 앞으로의 일을 관망하는 것이 유리하다. 큰 갑부는 기대하기 어려우나 돈은 많이 쓰고 산다. 금년에 이사는 하지 않는 것이 좋은데 특히 서쪽으로의 이동은 더욱 나쁘다. 여행도 나쁘고 집수리도 나쁘다. 모든 이에게 예쁘게 보이는 해가 되어 인기가 있게 되고 사람들이 잘 따른다. 따라서 주색 즉 색정사를 주의해야 하고, 도박이나 유흥, 경마, 마약, 방탕, 낭비로 인하여 파산이 염려된다. 하지만 연예인이나 인기직업, 화려한 직업에 종사하는 사람은 아주 좋은 해이다.
양띠 未年生	고독운	교재가 활발하며 좌절하지 않고 확고한 신념으로 밀고 나가는 끈기가 있으며, 모아놓은 재산은 없어도 남보다 잘 먹고 잘 입고 잘 쓰는 경향이 있다. 금년에는 금전재수가 좋아서 뜻밖에 큰 돈을 만지게 된다. 저축할 돈으로 미련하게 확장 투자하면 오히려 손해만 가져올 수 있다. 은은하게 달빛이 창가에 젖어 들어 평온은 하나 고독과 적막의 외로움도 면하기 어렵다. 보이지 않는 곳에서 도와주는 후원자가 있겠다. 하지만 이별수, 작별, 요양, 수양으로 고립된 환경에 처할 운이니, 공부하던지 대비해야 한다. 필히 서북쪽 상갓집은 피해야 좋다.
원숭띠 申年生	망신운	부지런하고 외교수단도 좋으나 인덕이 없어 실패를 당하는 경우가 있으며, 외화내빈격이라서 남 모르는 근심으로 속을 끓고 산다. 병마가 접근하니 건강을 미리 챙겨야 질병으로 겪을 큰 고통을 대비할 수 있다. 금전재수는 대체로 좋은 편이나 그렇다고 경고망동을 하면 안 되고 성실하게 꾸준히 인내심을 가지고 정진하면 좋은 결실을 얻게 되는 행운의 해로 만들 수 있는 기회의 해이기도 좋다. 금전운은 있지만 주색잡기, 구설수, 이별수, 도난수, 실물수, 사기수, 실패수, 질병액, 수술할 수 등으로 망신을 당할 수이니, 부부간에 상부상처가 심히 염려되기도 한다. 때로는 후회해도 그 댓가 결과가 없는 수도 있으니 신중히 처세하여야 할 운이다.
닭띠 酉年生	장성운	운이 좋을 때는 승승장구하고, 나쁠 때는 손재나 우환, 관재구설 등 재앙이 잘 닥치는 운이나 저절로 처리가 되는 운이기도 하다. 초년 호강하면 말년 곤궁하고, 초년 고생하면 말년에는 영화를 누린다. 금년운은 사람을 너무 믿고 상대하다가는 마음에 상처만 받고, 내 고집대로 우기다가 후회하는 운이므로 사람과의 교제, 연계 관계에 있어서 조심해야 한다. 방해자가 있다. 공직, 직장, 법관, 군인, 경찰 등은 승진 영전되는 최고의 운이다. 사업, 상업가들은 확장성업이 따르며 정성과 덕을 쌓으면 더욱 좋은 운이 된다. 하지만 여자에게는 남편을 갈아치우는 경우가 있고, 여자가 칼을 찬 격이니 남을 극하고 고집, 독행으로 밀어붙이는 바람에 결국 고독을 자초하지만 사회 진출은 영달하고 神기운이 있어 생각지 않은 일이 발생하고 이유없이 몸이 아프기도 하다.
개띠 戌年生	출세운	드디어 꽃피는 봄이 왔구나~ 인덕이 없어 잘한 일에도 공이 없고 남 좋은 일만 했으나 이젠 귀인을 만났으니 복을 받게 되고, 꿈꿔왔던 것을 가질 수 있겠다. 직장운도 좋고 성공할 수 있겠다. 동서남북 사방 어디에 가더라도 재수가 따르지만 경솔하게 남의 말만 듣고 믿으면 실망하고 실패하고 사기당하기 쉬우니 매사 신중하게 행동해야 한다. 말 타고 금의환향하는 성공의 대길 운이라 학문, 공부, 재능, 예술, 직장, 사업 등 각 분야에 입신양명하는, 명예가 높아지고 발전 통달하는 승승장구의 행운이 따르는 해이다.
돼지띠 亥年生	역마운	부모덕이 없어 초년에 풍파를 많이 겪기도 하나 불쌍한 사람을 보면 아낌없이 동정을 베푼다. 금년운은 관청구설과 송사문제가 발생하여 손해만 보게 되고 이득은 없으니 실속을 챙기고 그 누구하고도 다투지 마라. 일 년 내내 마음이 불안하고 좌불안석이고, 안정이 안 된다. 가정사나 부부관계에서도 마찬가지이다. 될 때 물러서는 것이 이익이라는 것이다. 이동은 괜찮다. 살고있는 터에 이동운이 들었으니 이사 원향이, 이동, 해외여행, 왕래, 거래, 관광, 무역, 운수, 통신, 광고, 선전의 변화를 할 수 있는 해이다. 가정에는 무관심하고, 외부출입이 심하여 방랑, 객사하는 수도 종종 발생한다. 여자는 일찍 부모를 떠나고 조산하기 쉽다.

서기	2025年	
단기	4358年	**甲辰年 핵심래정택일지의 용어 해설표**
불기	2569年	

1	오늘 吉方	당일에 해당되는 방향에 그날만의 運이 좋게 작용하므로 해당방향을 택함이 유리함
2	오늘 凶方	당일에 해당되는 방향에 그날만의 運이 흉하게 작용하므로 해당방향을 피함이 좋다.
3	오늘 吉色	당일에 해당되는 색의 옷을 입거나 색을 선택하면 吉하다.
4	황도 길흉	모든 택일에 황도일은 吉하고, 흑도일은 흉하니 피하는 것이 좋다. (448p 참조)
5	28수성, 건제12신	모든 택일의 길흉을 조건표를 참조하여 대입 응용 사용한다. (449p~450p 참조)
6	결혼주당	결혼, 약혼, 재혼 등할 때 보는 법이다. 당일에 해당되는 사람이 불리
7	이사주당	이사주당은 이사, 입주할 때 보는 법이다.
8	안장주당	이장, 매장, 안장, 개토, 가토를 할 때 보는 법, 당일에 해당되는 사람이 불리
9	천구하식일	천상의 개가 내려와 기복, 고사나 제사 음식에 먼저 입을 대니 피하는 것이 좋다.
10	대공망일	모든 神이 쉬는 날 (金, 나무, 돌, 쇠 등에 아무 탈이 없는 날)
11	복 단 일	福이 끊어지는 날. 결혼, 출행, 승선 등은 피하는 것이 좋다.
12	오늘 神殺	오늘 일진에 해당하는 神殺로 해당 귀신(殺鬼)들이 작용한다. (452p~453p 참조)
13	육도환생처	당일일진과 같은 사람의 前生인연처, 이날 출생자도 해당 처에서 환생함
14	축원인도불	당일일진에 현악하시는 부처님의 원력, 해당 佛의 정근하면 吉. 오늘기도 德도 동일
15	칠성하강일	칠성님 하강하시는 날(수명장수, 자손창성, 자손점지, 액운소멸기도에 吉日)
16	산신하강일	팔도명산 산신님 하강하시는 날(산제, 산신기도, 신가림, 재수치성에 吉日)
17	용왕축원일	사해용왕님 활동하시는 날(용왕제, 용신기도, 배푸어제, 水神께 정성 吉日)
18	조왕하강일	조왕님 하강하시는 날(조왕신은 부엌, 주방, 그 집의 먹을 식량을 담당하신다)
19	나한하강일	나한하강일에 불공드리면 다른 날보다 기도 德이 두배하다. (천도재, 각 불공)
20	길흉 불공제식행사	◎표가 되어 있는 날은 吉한 날이니 택일하여 사용한다. ×표는 흉한 날.
21	길흉 일반행사	◎표가 되어 있는 날은 吉한 날이니 택일하여 사용한다. -표는 그저 그런 날.
22	기복 (新福)	각종 고사나 제를 드리는 吉日. 神들의 활약이 큰 날.
23	상장 (上章)	소장, 민원신청, 논문 의견서, 창작품출품, 청원서, 진정서등 제출에 吉日
24	신축, 상량	건축, 집 지을 때 ◎표시가 있는 날이 길한 날이다. (-)표시는 좋지도 나쁘지도 않다는 뜻.
25	개업 준공	사업이든 영업이든 준공식이든 개업식할 때 ◎표시가 있는 날이 길한 날이다.
26	점 안 식	불상을 모시거나 神佛을 모시고자 점안식을 할 때 ×표는 흉한 날.
27	수술, 침	질병치료, 입원, 수술, 침, 복약 등에 ◎표시가 있는 날이 길한 날이다.
28	합 방	머리 좋고, 훌륭한 자식을 잉태하기 위해 합방하면 좋은 날이다. 필히 ◎표시
29	여행, 등산, 승선	원행, 여행, 출장 등 길흉일을 판단 사용할 것(등산, 승선×표는 흉한 날.)
30	동 토	신축, 개축, 증축, 개옥, 수리 등에 길흉일을 판단 사용할 것. ×표는 흉한 날.
31	이사, 수리	이사, 새집입주, 집수리, 기계수리, 전자제품수리에 ◎표시가 있는 날이 吉한 날
32	이 장	이장, 매장, 안장, 개토, 가토를 할 때 吉凶일을 판단 사용할 것. ×표는 흉한 날.
33	사주단자채단	결혼식 前에 사주단자를 보내기 좋은 날로 골라 사용한다. ×표는 흉한 날.
34	이력서제출일	취업이력서, 구직, 논문작성, 원고출품에 ◎표시가 있는 날이 길한 날이다.

차 례

부 록

乙巳年

1월

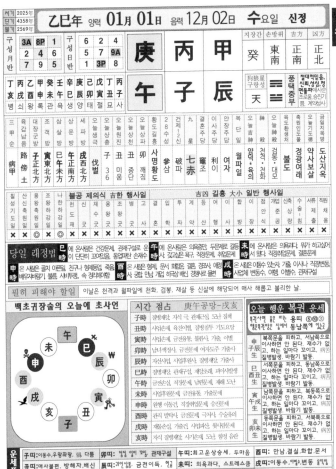

서기	2025년
단기	4358년
불기	2569년

乙巳年 양력 **01**月 **01**日 음력 12月 02日 **수**요일 신정

구성월반			구성일반		
3A	8P	1	6	2	4
2	4	6	5	7	9A
7	9	5	3P	8	1

庚 丙 甲
午 子 辰

丁 乙 甲 癸 壬 辛 庚 己 戊 丁
亥 戌 酉 申 未 午 巳 辰 卯 寅 丑 子
병 사 묘 절 태 양 생 욕 관 록 왕 쇠

지장간	손방위	吉方	凶方
癸	東南	正南	正北

狗狼星 구랑성
天

절대적믿음,
신뢰,성실,정
직,인내,해서
조로움,승진기
운,계약성사

풍택중부

三甲순	대장군방	조객방	삼살방	상문방	세파방	오늘상충	오늘원진	오늘상천	오늘상파	황도길방	2 8 수성	건제12신	九星	결혼주당	이사주당	안장주당	복단일	오늘吉神	神殺	육도환생처	축원인도불	오늘기도德	금일지옥
病甲	子正北方	寅正北方	巳午未 方	午正南方	戌西北方	伐벌	丑	丑 중단	卯 깨짐	사명황도	參삼	破파	七赤	竈조	利이	여자	월덕ㆍ육의	천적ㆍ천화	양덕ㆍ월공	불도	정광여래	도산지옥 약사보살

칠성기도일	산신기도일	용왕기도일	조왕기도일	나한기도일	불공 제의식 吉한 행사일				吉凶 길흉 大小 일반 행사일													
					천도재	신굿	재수굿	용왕굿	조왕굿	병굿	고사	결혼	입학	투자	계약	등사	여행	이장	점안식	개업	신축상량	수술	서류제출	직원채용
×	×	×	×	×	×	×	×	×	×	×	×	○	○	×	×	○	○	×	×	×	×	×	×

당일 래정법

巳時 에 온사람은 건강문제 관재구설로 운 이 단단히 꼬여있음, 동업파탄 손재수

午時 에 온사람은 의욕과다, 두문제로 갈등사 갖고음욕, 직장문제 취업문제

未時 에 온사람은 의욕과다, 뭐가 하고싶어 서 왔다, 직장취업문제, 결혼문제

申時 온 사람은 골치 아픈일, 친구나 형제동업 배우자바람기 불륜, 새투쟁, 속 장래문제

酉時 온 사람은 방해자, 배신사, 문서 원진살, 매사 지체불리함

戌時 온 사람은 두문제로 갈등사 이별수, 취업 안되는 해결문제, 돈도 못받음 관재구설

필히 피해야 할일 이날은 천격과 월파일로 천화, 검봉, 재살 등 신살에 해당되어 매사 해롭고 불리한 날.

백초귀장술의 오늘에 초사연

백초귀장술 그림 (午 巳 辰 卯 寅 丑 子 亥 戌 酉 申 未)

시간 점占	庚午공망-戌亥
子時	잘방래, 자식 극 관재구설, 도난 질책
丑時	사업손재 육친무정, 잘방심투 기도요망
寅時	사업산제 금전용통, 불륜사, 가출, 이별
卯時	남녀색정사, 금전문제 여자도주 가출사
辰時	자산난덕, 사업후원사, 잘방귀소, 가출사
巳時	잘방심고 관재구설, 재앙초래, 파극사발생
午時	금전문제 직장문제 남자문제, 재해 도난
未時	사업후원문제 금전용통 가출문제
申時	원행 이동건, 직장변동 승진문제
酉時	관직 발탁사, 금전문제 극차사, 수술유의
戌時	재물손실 가출건 사업파산 윗사람문제
亥時	자식 잘방문제, 사기손재 도난 함정 음란

오늘 행운 복권 운세

복권사면 좋은 띠는 **용**띠 ⑤⑩⑳
행운복권방은 집에서 **동남쪽** 에 있는집

申子辰生	북쪽문을 피하고, 서남쪽으로 이사하면 안 된다. 재수가 없 고, 하는 일마다 꼬이고, 病苦 질병발생, 바람기 발동.
巳酉丑生	서북쪽문을 피하고, 동남쪽으로 이사하면 안 된다. 재수가 없 고, 하는 일마다 꼬이고, 病苦 질병발생, 바람기 발동.
寅午戌生	남쪽문을 피하고, 북동쪽으로 이사하면 안 된다. 재수가 없 고, 하는 일마다 꼬이고, 病苦 질병발생, 바람기 발동.
亥卯未生	동쪽문을 피하고, 서북쪽으로 이사하면 안 된다. 재수가 없 고, 하는 일마다 꼬이고, 病苦 질병발생, 바람기 발동.

운세풀이

子띠:이동수,우왕좌왕, 弱, 다툼
丑띠:매사불편, 방해자,배신
寅띠:해결신, 시험합격, 풀림
卯띠:빈주머니, 걱정근심, 사기
辰띠:귀인상봉, 금전이득, 현금
巳띠:매사꼬임,과거고생, 질병
午띠:최고운상승세, 두마음
未띠:의욕과다, 스트레스큼
申띠:시급한 일, 뜻대로 안됨
酉띠:만남,결실,화합,문서
戌띠:이동수,애정,변동 움직임
亥띠:빈주머니,걱정근심, 사기

- 17 -

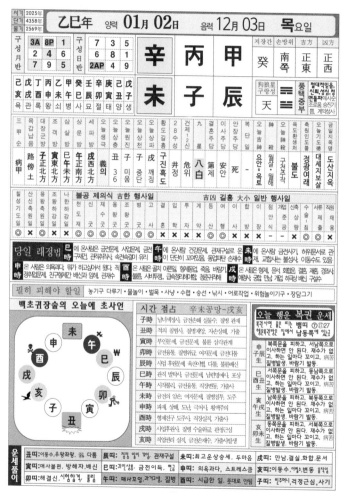

서기	2025年
단기	4358年
불기	2569年

乙巳年 양력 **01**月 **02**日 음력 12月 03日 木요일

구성월반
3A	8P	1
2	4	6
7	9	5

구성일반
	7	3	5
6	8	1
2AP	4	9

辛 丙 甲
未 子 辰

지장간	손방위	길方	凶方
癸	南쪽	正東	正西

己戊丁丙乙甲癸壬辛庚己戊
亥戌酉申未午巳辰卯寅丑子
욕 관록왕쇠병사묘절태양생

절대적믿음, 신뢰,성실,책
임을팩매사순
조으음,승조가
름,계약성사

狗狼星 구랑성 風澤中孚
天

三甲순 病甲
육갑납음 路傍土
대장군 子正北方
조객 寅東北方
삼살 巳西南方
상문 午正南方
세파 丑西北方
오늘원진 義의
오늘상충 丑 36
오늘상파 子 중
오늘상해 戌 깨짐
황도길흉 午진미움
2八수성 女
건제12신 危위
九星 八白
결혼주당 第제
이사주당 安안
안장주당 死사
복단일 -
오늘神殺 오안⊙옥토
神殺 월살·월해
오늘吉神 구천현녀
축원인도불 불도
글읽지불
대세지보살 정왕여래
지옥명 도산지옥

불공 제의식 吉한 행사일
천도	신중	재수	용왕	조왕	병굿	고사	결혼	입학	투자	계약	등산	여행	이사	합방	점안식	개업	신축	수술	서류	직원
재	굿	굿	굿	굿	사	제										준	상		제	출
일						학	자	약	산	행	사	방	장		안	준			류	
◎	×	◎	◎	◎	×	◎	×	×	×	×	◎	×	×	×	×	-	-	◎	×	◎

칠성기도일 ◎
산신축원일 ×
용왕축원일 ◎
조왕하강일 ◎
나한하강일 ◎

吉凶 길흉 大小 일반 행사일

당일 태 에 온사람은 금전문제 사업문제 금전구재건 관재구설
래정법 시 午 時 에 온사람 건강문제, 관재구설로 운
時 이 단단히 꼬여있음. 동업파투 손재수 未 時 재 교합사는 불성사, 이동수있음

申 時 이 사람은 의욕파나 뭐가 하고싶어서 왔다 직장 酉 時 온사람은 골치 아픈일, 행방정직함. 戌 時 애정사, 궁합 당김, 가입은 취업문제, 친구형제간 배신 애정상 양에 관재수

필히 피해야 할일 농기구 다루기·물놀이·벌목·사냥·수렵·승선·낚시·어로작업·위험놀이기구·장담그기

백초귀장술의 오늘에 초사언

時間 점占	辛未공망-戌亥
子時	남녀색정사, 금전손재 실물수, 질병 관재
丑時	적의 참비나, 질병재앙, 자손상해, 가출
寅時	부인문제 금전문제 融도 삼각관계
卯時	금전융통, 금전손실과, 여자문제, 색정관계
辰時	사업 후원문제 육친이별, 다툼, 불륜배신
巳時	관직 발탁사, 금전문제, 남녀함음사 모산
午時	시작불리, 금전융통, 직장변동, 가줄사
未時	금전문제, 여자문제, 질병발생, 도주
申時	파재 상배, 도난, 극차사 황액관송
酉時	형제친구 도주사, 직장실직, 가출사
戌時	사업후원사 질병 수술위급, 관재근심
亥時	작업관리 실직, 금전손재수, 가줄자발병

오늘 행운 복권 운세
복권사면 좋은 띠는 뱀띠 ⑦①0027
행운복권방은 집에서 남동쪽에 있소

申子辰生 복동쪽문을 피하고, 서남쪽으로 이사하면 안 된다. 재수가 없 고, 하는 일마다 꼬이고, 病苦 질병발생, 바람기 발동.

巳酉丑生 서쪽문을 피하고, 동남쪽으로 이사하면 안 된다. 재수가 없 고, 하는 일마다 꼬이고, 病苦 질병발생, 바람기 발동.

寅午戌生 남쪽문을 피하고, 북동쪽으로 이사하면 안 된다. 재수가 없 고, 하는 일마다 꼬이고, 病苦 질병발생, 바람기 발동.

亥卯未生 북쪽문을 피하고, 서북쪽으로 이사하면 안 된다. 재수가 없 고, 하는 일마다 꼬이고, 病苦 질병발생, 바람기 발동.

운세풀이
子띠: 빈꾸머니, 걱정근심, 사기
丑띠: 시급한 일, 풍파로 안됨
寅띠: 해결신, 시험합격, 풀림
卯띠: 매사꼬임, 과거고생, 질병
辰띠: 점점 일이 꼬임, 관재구설
巳띠: 귀인상봉, 금전이득, 현금
午띠: 매사불편, 방해자, 배신
未띠: 최고운상승세, 두마음
申띠: 의욕과다, 스트레스큼
酉띠: 이동수,애별리,변동 움직임
戌띠: 만남, 결실, 화합, 문서
亥띠: 이동수, 액받음, 변동 움직임

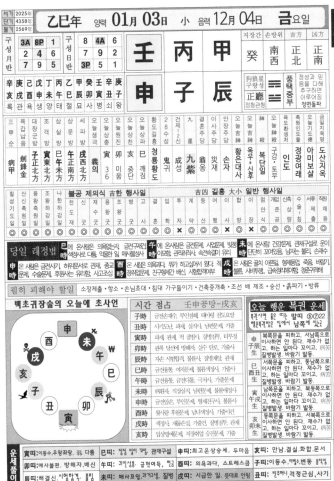

서기 2025년
단기 4358년
불기 2569년

乙巳年 양력 01月 03日 小 음력 12月 04日 金요일

구성월반			구성일반		
3A	8P	1	8	4A	6
2	4	6	3	9	2
7	9	5	3P	5	1

壬 丙 甲
申 子 辰

		지장간	손방위	吉方	凶方
		癸	南西	正北	正南

辛亥	庚戌	戊酉	丁申	乙未	甲午	癸巳	辛辰	庚寅	庚子
록	관	욕	생	양	태	절	묘	병	왕

狗狼星 구랑성
正廳 정청관청

風澤中孚 풍택중부

정성과 일을 다해 추구하면 이루어짐 정면돌파

三甲旬	육갑납음	대장군방	조객방	삼살방	상문방	세파방	오늘상충	오늘원진	오늘상천	오늘상파	황도길흉	28수성	건제12신	九星	이주당	혼주당	안장주당	오늘吉神	오늘神殺	오늘神殺	오늘吉神	축원인도불	오늘기도德神	금일지옥명	도산지옥
病甲	劍鋒金	子正北方	巳東南方	午正南方	戌西北方	卯	戌	亥	巳	청룡황도	鬼귀	成성	九紫	災재	손자	大대	옥은사	복단일	인도	정광여래	아미보살	道산地獄

義의 36 중단 깨짐

칠성기도일	산신기도일	용왕기도일	조왕기도일	나한기도일		불공 제의식 吉한 행사일								吉凶 길흉 大小 일반 행사일									
					천도재	신굿	재수굿	용왕굿	조왕굿	병굿	고사	결혼	입학	투자	계약	등산	여행	이사	합방	점안식	개업	신축상량	수술	서류제출	직원채용
◎	◎	◎	◎	◎	◎	◎	◎	◎	◎	×	◎	◎	◎	×	×	◎	◎	×	×	×	×	◎	◎

巳에 온사람은 의욕과상, 금전구재건, 색정사로 다툼, 결혼은 한 일, 매사불성사
時

午에 온사람은 금전문제, 사업문제, 뱅병이 관재구설로 운이 단단히 꼬여있음, 속전속결이 유리
時

未에 온사람은 건강문제, 관재구설로 운이 단단히 꼬여있음, 속전속결이 유리
時

申에 온 사람은 관리주선로 관직, 색정사로 하극상으로 종교 문제, 수술문제, 후원사는 유리함, 사고조심
時

酉에 온 사람은 골치 이픈일, 형제동업 죽음 바람기 단장입묘에 친구형제간 배신, 시험합격여부
時

戌에 온사람 방해자, 새투입송, 급속정리해합 청준구재비
時

필히 피해야 할일: 소장제출·항소·손님초대·침대 가구들이기·건축증개축·조선 배 제조·승선·흙파기·방류

백초귀장술의 오늘에 초사언

申
酉 未 W
戌 午
亥 巳
子 辰
丑 卯
寅

시간 점占	壬申공망-戌亥
子時	금전손수, 부인침해, 태어잉태 권도요망
丑時	사기도난, 파재, 실직사, 남편문제, 가출
寅時	파재, 관재, 적 침범사, 질병침투, 타부정
卯時	관재, 당선에 방해자, 실수 탄로, 가출사
辰時	자손 시험합격, 불리사, 질병재앙, 관재
巳時	금전용통, 여자문제, 불륜색정사, 가출사
午時	금전용통, 금전다툼, 극차사, 가출문제
未時	병원사, 직장실직, 남편문제, 불륜배신사
申時	파재수, 부인문제, 형제찬구사, 불륜사
酉時	과아사, 후원문제, 남녀색정사, 가출사건
戌時	색정사, 재물손실, 가출건, 질병침투, 관재
亥時	입상생견대, 직장취업 승진문제, 가출사

오늘 행운 복권 운세

복권사면 좋은 띠는 말띠 ⑤⑩㉒
행운복권방은 집에서 남쪽 에 있소

申子辰生
복포문을 피하고, 서남쪽으로 이사하면 안 된다. 재수가 없고, 하는 일마다 꼬이고, 病士
질병발생. 바람기 발동.

巳酉丑生
서쪽문을 피하고, 동남쪽으로 이사하면 안 된다. 재수가 없고, 하는 일마다 꼬이고, 病士
질병발생. 바람기 발동.

午戌寅生
남쪽문을 피하고, 동북쪽으로 이사하면 안 된다. 재수가 없고, 하는 일마다 꼬이고, 病士
질병발생. 바람기 발동.

亥卯未生
동쪽문을 피하고, 서북쪽으로 이사하면 안 된다. 재수가 없고, 하는 일마다 꼬이고, 病士
질병발생. 바람기 발동.

운세풀이

寅띠:이동수,우왕좌왕, 弱함 다툼
卯띠:매사불편, 방해자,배신
辰띠:해결신, 시험합격, 풀림

巳띠:귀인상봉, 금전이득, 현금
午띠:귀인상봉, 금전이득, 현금
未띠:매사꼬임,과거고생, 질병

申띠:최고운상승세, 두마음
酉띠:의욕과다, 스트레스큼
戌띠:시급한 일, 뜻대로 안됨

亥띠:만남,결실,화합,문서
子띠:이동수,이별수,변동 움직임
丑띠:빈주머니,걱정근심,사기

- 19 -

乙巳年　양력 **01**月 **04**日　음력 **12**月 **05**日　**土**요일

구성월반			구성일반		
3A	8P	1	9	5	7
2	4	6	8P	1	3
7	9	5	4	6A	2

癸 丙 甲
酉 子 辰

장군간	손방위	吉方	凶方
癸	西쪽	正西	正東

癸亥	辛戌	庚酉	己申	戊未	丁巳	丙辰	乙卯	癸丑	壬子
왕	쇠	병	사	묘	절	태	양	욕	관	록

狗狼星 구랑성　午方巽門 寅卯方主
☷☰ 수뢰둔
난곰 어려움 봉착 지금은 시기상조 위험수방비

三甲旬	대장군방	대공망일	조객방	삼살방	상문방	세파방	오늘상충	오늘상천	오늘원진	오늘상파	오늘상해	황도흑도	28수성	건제12신	九星	결혼주당	안장주당	복단일	神殺	神殺	오늘의吉神	처녀총각 도화살	결혼생기	오늘neutral기	九星	도산지옥	관음보살
病甲	劍鋒金	子正北方	寅東北方	午正南方	戌西北方	卯	義의	寅 중단	戌	卯 미움	寅 깨짐	명당황도	柳유	收수	一白	堂당	師사	남자	月기일		금강 지장	히고 · 지파	황사 · 대래	정광여래	귀도		

불공 제의식 吉한 행사일
칠성기도	산신축원	용왕축원	조왕하강	나한하강	천의	신굿	재수굿	용왕굿	조왕굿	병굿	고사	결혼	입학	투자	계약	여행	이사	점안식	개업	신축상량	수술	서류제출	직원채용
◎	-	◎	◎	◎	◎	◎	◎	◎	◎	×	×	×	×	×	×	×	×	×	×	×	◎	×	×

吉凶 길흉 大小 일반 행사일

당일 래정법
子時에 온사람은 하가 해결할 문제 행객이 찾아온다　午時에 온사람은 의욕없는자, 금전구애건　未時에 온사람 금전문제, 사업문제, 자식문제, 관재구설 유리
申時 온 사람은 건강문제, 관재구설로 운이 단단히 꼬여있음, 취업 승진문제 딸자식문제 손재수　酉時 온 사람은 무거운 문제 갈등사, 갖고싶은 욕구, 직장 꼬여있음, 새로운 일사로 고진함이 좋다　戌時 온 사람은 취업문제, 친구형제간이 배신 사험합격함

밀히 피해야 할일　회사창업 · 공장건립 · 개업개점 · 신상출고 · 제품제작 · 친구초대 · 창고개방 · 흙 파는일

백초귀장술의 오늘에 초사언

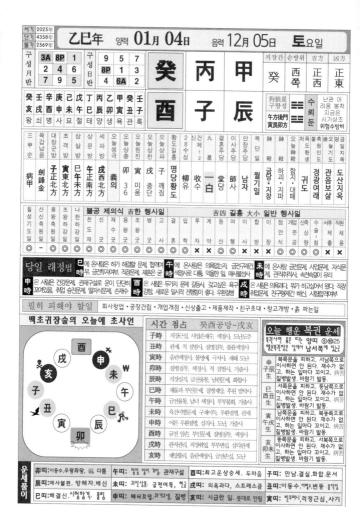

시간 점占　癸酉공망-戌亥
子時	직장근심 사업손재수, 색정사, 도난주의
丑時	관재 적 참빙사, 질병침투, 불륜색정사
寅時	음란색정사, 불명예, 극차사, 재해 도난
卯時	질병침투, 색정사, 적 참빙사, 가출사
辰時	직장실직 금전용통, 남녀문제, 화합사
巳時	제물권 부모문제 질병침투, 후원 발탁사
午時	금전용통, 남녀 색정사 부부불화, 가출사
未時	금전융통 색정사 봉구애자사, 우환질병, 관재
申時	어른 우환질병 실자사, 도난, 가출사
酉時	금전 얇은 부인문제, 질병침투, 색정사
戌時	관재관리 직장변동, 부부변심, 삼각관계
亥時	재앙불리 음란색정사 금전손실, 도난

오늘 행운 복권 운세
복권운은 午띠 양띠 ⑤⑩25
행운복권방은 집에서 남서쪽에 있는

申子辰生	북쪽문을 피하고, 서북쪽으로 이사하면 안 된다. 재수가 없 고, 하는 일마다 꼬이고, 病苦 질병발생. 바람기 발동
巳酉丑生	서쪽문을 피하고, 동남쪽으로 이사하면 안 된다. 재수가 없 고, 하는 일마다 꼬이고, 病苦 질병발생. 바람기 발동
寅午戌生	남쪽문을 피하고, 북쪽으로 이사하면 안 된다. 재수가 없 고, 하는 일마다 꼬이고, 病苦 질병발생. 바람기 발동
亥卯未生	동쪽문을 피하고, 서쪽으로 이사하면 안 된다. 재수가 없 고, 하는 일마다 꼬이고, 病苦 질병발생. 바람기 발동

운세풀이
子띠:이동수,우왕좌왕, 弱, 다툼
丑띠: 점점 이어 개운, 관재구설
寅띠:최고운상승세, 두마음
卯띠: 만남,결실,화합,문서
辰띠:해사불편, 방해자,배신
未띠:귀인상봉, 금전이득, 현금
戌띠: 의욕과다, 스트레스큼
丑띠:이동수,이별수,변동 움직임
巳띠:해결신,시험합격, 풀림
申띠: 매사꼬임,과거2생, 질병
亥띠:시급한 일, 뜻대로 안됨
寅띠: 빈주머니,걱정근심, 사기

- 20 -

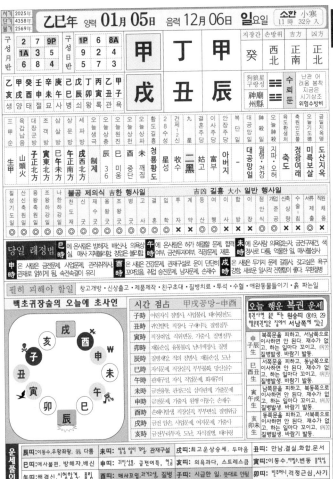

서기 2025년	乙巳年	양력 01月 05日	음력 12月 06日	일요일	소한 小寒 11時 32分 入	1월
단기 4358년						
불기 2569년						

1월

구성월반	2	7	9P	구성일반	1P	6	8A
	1A	3	5		9	2	4
	6	8	4		5	7	3

	지장간	손방위	吉方	凶方
甲 丁 甲	癸	西北	正南	正北
戌 丑 辰				

乙亥 甲戌 癸酉 壬申 辛未 己巳 戊辰 丙寅 乙丑 甲子
생 양 태 절 묘 사 병 쇠 왕 관 욕

狗狼星 구랑성
神廟 州縣

수 뢰둔

난곽 어 려움 봉착 지금은 시기상조 위험수방비

三甲旬 生甲 | 육갑납음 山頭火 | 대장군방 子正北方 | 삼살방 寅東北方 | 상문방 午正南方 | 세파방 戌西北方 | 오늘생극 制剋 | 오늘상충 辰 36 | 오늘상파 巳 | 오늘원진 酉 | 황도길흉 未 중단 | 28수신 청룡황도 | 건제12신 星收成 | 九星 二黑 | 결혼주당 姑 | 안장주당 富부 | 복단일 아버지 | 대공망일 | 神殺 大空망일 | 오늘행사일 월덕·천강 | 축원인생보 지관·오귀 | 정광여래 축도 | 미보살 미보살 | 금일지옥도 대산지옥 |

불공 제의식 吉한 행사일

칠성기도일 | 신중기도일 | 용왕축원일 | 조왕하강일 | 나한기도일 | 천도재 | 신중 불공 | 재수 굿 | 용왕 굿 | 조왕 굿 | 병굿 | 고사 | 결혼 | 입학 | 투자 | 계약 | 등산 | 여행 | 이사 | 합방 | 이장 | 점안식 | 개업 준공 | 신축 상량 | 서류 제출 | 직원 채용 |

당일 래정법: ◯時에 온사람은 방해자, 배신사, 의욕상실 午時에 온사람은 허가 해결할 문제 合격의 未時에 온사람은 의욕없는자, 금전구재건, 색정사 / 甲時 온 사람은 금전문제, 사업문제, 관직주사문 酉時 온 사람은 건강문제, 관재구설로 얽힌 단단히 戌時 온 사람은 무거지 문제, 갈등사, 과거고생 욕구 / 관재로 얽히게 됨 속전속결이 유리 / 100살운 취업 승진문제, 남자문제, 손재수 / 강함 새로운 일사 진행함이 좋다 우환질병

필히 피해야 할일: 창고개방·신상출고·제품제작·친구초대·질병치료·투석·수렴·애완동물들이기·흙 파는 일

백초귀장술의 오늘에 초사언 | 시간 점占 甲戌공망-申酉 | 오늘 행운 복권 운세 |

子時	어린자식 질병사, 사업불리, 태아령천도
丑時	귀인발탁, 직장사, 구재이득, 질병침투
寅時	직장취업, 쇠위변동, 가출사, 직장변동
卯時	재물손실 융통불리, 남녀색정사, 질병
辰時	질병재앙, 적의 침투사, 재물손실 5타
巳時	자식문제, 직장실직, 부부불화, 망신살수
午時	관재구설, 자식 작업문제, 화재주의
未時	금전융통, 관재근심, 삼각관계, 가출문제
申時	금전문제, 가출자, 원행 이동수, 손재수
酉時	손해사망신, 직장실직, 부부번심, 질병위급
戌時	금전 암손, 사업문제, 여자문제, 가출사
亥時	금전리득자사 도난, 자식질병, 여자문제

복권사면 좋은 띠 원숭띠 ⑨ 19, 29
행운복권방 집에서 서남쪽에 있는곳

申子辰生: 申쪽문을 피하고, 서남쪽으로 이사하면 안 된다. 재수가 없고, 하는 일마다 꼬이고, 病苦 질병발생, 바람기 발동.
巳酉丑生: 서쪽문을 피하고, 동남쪽으로 이사하면 안 된다. 재수가 없고, 하는 일마다 꼬이고, 病苦 질병발생, 바람기 발동.
寅午戌生: 남쪽문을 피하고, 북동쪽으로 이사하면 안 된다. 재수가 없고, 하는 일마다 꼬이고, 病苦 질병발생, 바람기 발동.
亥卯未生: 동쪽문을 피하고, 서북쪽으로 이사하면 안 된다. 재수가 없고, 하는 일마다 꼬이고, 病苦 질병발생, 바람기 발동.

운세풀이

辰띠:이동수·우왕좌왕, 弱, 다툼 未띠: 실적, 이익, 명예, 관재구설 戌띠:최고운상승세, 두마음 표띠: 만남·결실·화합운·문서

巳띠:매사불편, 방해자, 배신 申띠:귀인상봉, 금전이득, 현금 亥띠: 의욕과다, 스트레스큼 寅띠:이동수·이별수·변동 움직임

午띠:해결신, 시험합격, 풀림 酉띠:매사꼬임, 과거2생, 질병 子띠:시급한 일, 뜻대로 안됨 卯띠:빈주머니, 걱정근심, 사기

- 21 -

서기 2025年
단기 4358年
불기 2569年

乙巳年 양력 01月 06日 음력 12月 07日 月요일

구성월반			구성일반			
2	7	9P	2P	7	9	
1A	3	5	1A	3	5	
6	8	4	6	8	4	

乙 丁 甲
亥 丑 辰

지장간	손방위	吉方	凶方
癸	北쪽	正東	正西

狗狼星 구랑성 寺觀 절사관

난관 어려움 봉착 지금은 시기상조 위험수방비

水雷屯

丁亥묘 乙酉절 甲申태 癸未양 壬午생 辛巳욕 庚辰대 己卯관 戊寅록 丁丑쇠 丙子병

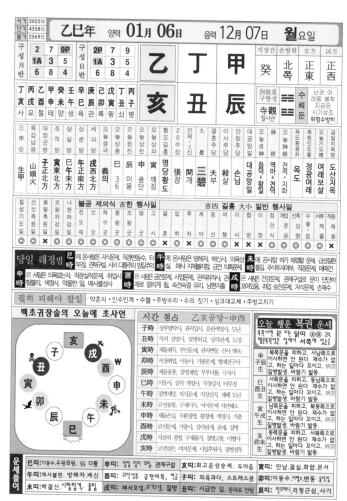

백초귀장술의 오늘에 초사언

시간 점占　　乙亥공망-申酉

子時	상부방변수 관직압나 음란색정사
丑時	적의 참범사, 질병위급, 삼각관계, 도망
寅時	재물위득, 부모문제, 관재변동, 간사情사
卯時	직장변동 이동심 가출문제, 형제친구사
辰時	재물융통 질병생환 부부다툼, 극차사
巳時	이동사 실각 색정사 직장실직 타부정
午時	질병생환 자식문제 직장실직 재액 도난
未時	질병문제, 구재사, 여자문제 자손 관재수
申時	재물손실 우환질병 불명예 색정사 기출
酉時	금전문제 가출사, 삼각관계 관액 질병
戌時	자녀가 참범 구재불성사 질병고통, 이별사
亥時	금전만순 여자문제 사업후원사 질병침투

당일 래정법

巳時 에 온사람은 자식문제, 직장변동수, 터
午時 에 온사람은 방해자, 배신사, 의욕상실
未時 에 온사람은 하가 해결할 문제 금상위 문
申時 온 사람은 의욕없는자, 직장실직문제, 취업사
酉時 온사람은 금전문제, 사업문제, 관직취직사
戌時 재로 얽혀있음 속전속결 유리, 남편갈등

필히 피해야 할일: 약혼식 · 인수인계 · 수렬 · 주방수리 · 수의 짓기 · 싱크대교체 · 주방고치기

오늘 행운 복권 운세

복福운을 피하고, 서남쪽으로 이사하면 안 된다. 재수가 없고, 하는 일마다 꼬이고, 病苦질병발생. 바람기 발동.

운세풀이

巳띠: 이동수·우왕좌왕, 吉凶 다툼
午띠: 매사불편, 방해자, 배신
未띠: 해결신, 시험합격, 풀림
申띠: 정정 이익 꼬임, 관재구설
酉띠: 귀인상봉, 금전이득, 학습
戌띠: 매사꼬임, 과거고생, 질병
亥띠: 최고운상승세, 두마음
子띠: 의욕과다, 스트레스큼
丑띠: 시급한 일, 뜻대로 안됨
寅띠: 만남, 결실, 화합, 문서
卯띠: 이동수, 이별수, 변동 음직임
辰띠: 빈주머니, 걱정근심, 사기

서기 2025년			
단기 4358년			
불기 2569년			

乙巳年 양력 **01**月 **07**日 음력 12月 08日 **화**요일

구성월반			구성일반		
2	7	9P	3A	8P	1
1A	3	5	2	4	6
6	8	4	7	9	5

丙 丁 甲
子 丑 辰

己戊丁丙乙甲癸壬辛庚己戊
亥戌酉申未午巳辰卯寅丑子
절묘사병쇠왕록관욕생양태

지장간	손방위	吉方	凶方
癸	北東	正北	正南

狗猫星 구랑성
中庭 마당중앙

난곱 어 러움 봉착 지금은 시기상조 위험수방비

三甲순 生甲

육갑납음 澗下水

대장군방 寅東北方

조객방 寅東北方

삼살방 午正南方

상문방 戌西北方

세파방 伐

오늘상충 午 미35

오늘상파 酉 충

오늘원진 中 깨짐

오늘상천 亥

황도길흉 天刑흑도

28수성 翼익 36

건제12신 閉폐

九星 四綠

결혼주당 廚주

안장주당 害해

오늘吉神 一

오늘神殺 머느리

神殺오늘 용합·관일

오늘神殺 귀·수격

축원기도일 천도

길대공망일 기독교지옥 야미보살 발설지옥

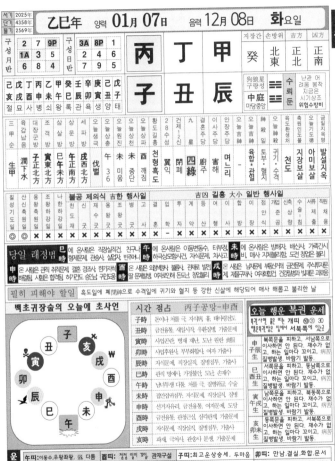

시간 점占	丙子공망-申酉
子時	돈나수 처물 구, 자식흉 휴, 태아질환도
丑時	금전용통, 새일시작, 우환질병, 가출문제
寅時	사업곤란, 병재 재난, 도난 원한 색정도
卯時	사업횡재나, 부부화합나, 여자 가출사
辰時	자식문제, 직장실직, 질병심甲, 가출사
巳時	관리 땅문서, 가정불안, 도난 손재수
午時	남녀쟁투 다툼, 처물 구, 질병위급, 수술
未時	잡신침범甲, 자손근심, 여자문제, 색정도
申時	선거자유리, 금전용통, 여자문제, 도망
酉時	사업융통, 관청근심, 삼각관계, 가출문제
戌時	자식문제, 직장실직, 질병심甲, 가출사
亥時	파재, 극처사, 관송사 분쟁, 가출문제

- 23 -

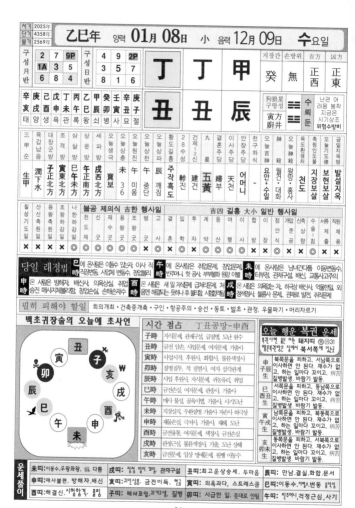

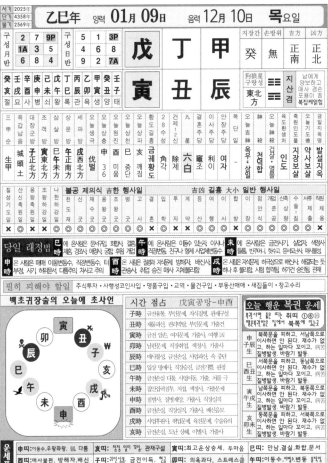

운세풀이

申띠: 이동수·우왕좌왕, 敗物 다툼
酉띠: 매사불편, 방해자·배신
戌띠: 해결신, 시험합격, 풀림
亥띠: 청춘 이의 만남, 관재구설
子띠: 귀인상봉, 금전이득, 현금
丑띠: 매사꼬임, 과거고생, 질병
寅띠: 최고운상승세, 두마음
卯띠: 의욕과다, 스트레스큼
辰띠: 시급한 일, 뜻대로 안됨
巳띠: 만남·결실·화합·문서
午띠: 이동수·이별수·변동 움직임
未띠: 빈주머니, 적정근심, 사기

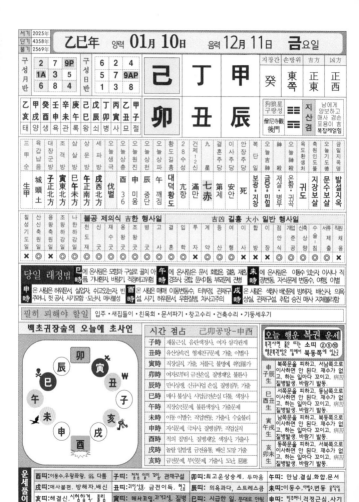

乙巳年　양력 **01**월 **11**일　음력 **12**월 **12**일　**토**요일

구성월반			구성일반			지장간	손방위	吉方	凶方
2	7	9P	7	3	5	癸	東南	正北	正南
1A	3	5	6	8	1				
6	8	4	2A	4	9P				

庚　丁　甲
辰　丑　辰

| 丁亥 병 | 丙戌 쇠 | 乙酉 왕 | 甲申 록 | 癸未 관 | 壬午 욕 | 辛巳 생 | 庚辰 양 | 己卯 태 | 戊寅 절 | 丁丑 묘 | 丙子 사 |

狗狼星 구랑성
寺觀 절사관

≡≡ 지산겸

남에게 양보하고 매사 겸손 하면 吉 복잡케얻임

三甲순	육갑납음	대장군방	조객방	삼살방	세파방	오늘생충	오늘원진	오늘상천	오늘상파	황도길흉	2 8 수성	건제 12신	九星	결혼주당	이사주당	안장주당	복단일	오늘吉神	神殺	오늘神殺	육도환생처	축일보는법	지장보살	지장보살	발설지옥
生甲	白蠟金	子正北方	寅東北方	巳酉丑西方	戌西北方	義의	戌 亥	丑 깨짐	卯 미움	백호흑 오단	氐저	平평	八白	翁옹	炎재	손자	-	천적·천과	하괴일	월살·천적	축도		지장보살	지장보살	발설지옥

36

불공 제의식 吉한 행사일　　吉凶 길흉 大小 일반 행사일

칠성기도일	산신축원일	용왕축원일	조왕하강일	나한기도일	천신불공	신중기도	재수굿	조왕굿	병굿	고사	결혼	입택이사	투자계약	계약	여행	이장	합방	점안식	개업준공	신축상량	수술	서류	직원	제출	채용
✕	◎	✕	◎	✕	◎	✕	◎	✕	✕	◎	✕	◎	-	✕	◎	◎	◎	-	✕	◎	✕	◎	◎	✕	✕

당일 래정법
巳時 에 온사람은 의료다! 뭐가 하고싶어 왔는가 직장변동문제, 소송사건여부

午時 에 온사람은 부모형제와 골치 아픈일 문제, 가깨함자, 바람기 불륜

未時 에 온사람은 화합은 결혼, 재혼, 경조사, 애정사 궁합 만남 추원 개입 매매건

申時 온 사람은 이유는 갈등사, 직장변동, 관재구설 사업체 변동수, 여행, 이별수, 창업불리

酉時 온 사람은 관직주당 색정사로 다툼, 분쟁사 반주머니, 헛 공사, 사기모함, 매사불성

戌時 에 온사람은 색정사 문제, 부부갈등 사업문제, 자식문제, 관재구설로 다툼수, 억울한일 매사불성

필히 피해야 할일　출품·새집들이·인수인계·해외여행·항공주의·코인투자·벌초·질병치료·흙파기

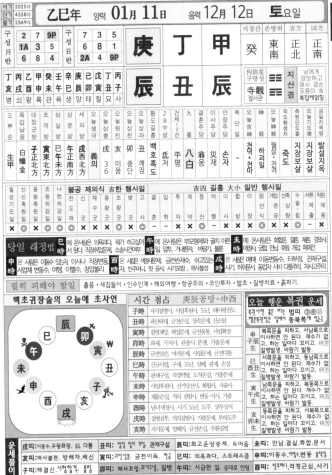

백초귀장술의 오늘에 초사언

시간 점占	庚辰공망-申酉
子時	자식질병사, 사업후원사 도난, 태아령천도
丑時	파재혼태 금전손실 상속문제, 산소탈
寅時	잘방화상 취업문제, 금전용통, 사업화장
卯時	파재, 극차사, 관송사 분쟁, 가출문제
辰時	금전길손 여자문제, 사업문제, 금전다툼
巳時	신규사업 구재, 도난, 상해, 관재 손실
午時	관재구설 직장변동, 도적손실, 가출문제
未時	사업화원사, 신규일신사, 금전화합, 가출사
申時	재물손실 적의 침범사, 변동 이사, 가출
酉時	남녀색정사, 사기 도난, 도주, 상부상처
戌時	잘병큰투, 적의참범사, 가출문제, 부모도주
亥時	자식문제, 방해사 금전손실, 우환결병

오늘 행운 복권 운세
북쪽사랑 욘 띠는 범띠 ③⑧⑱
행운복권방 은 지켜서 **동북쪽**에 있는

申子辰生	복福운을 피하고, 서남쪽으로 이사하면 안 된다. 재수가 없고, 하는 일마다 꼬이고, 病苦 질병발생. 바람기 발동.
巳酉丑生	서북쪽으로 이사하면, 동남쪽으로 이사하면 안 된다. 재수가 없고, 하는 일마다 꼬이고, 病苦 질병발생. 바람기 발동.
寅午戌生	동쪽문을 피하고, 북쪽문으로 이사하면 안 된다. 재수가 없고, 하는 일마다 꼬이고, 病苦 질병발생. 바람기 발동.
亥卯未生	동북쪽을 피하고, 서북쪽으로 이사하면 안 된다. 재수가 없고, 하는 일마다 꼬이고, 病苦 질병발생. 바람기 발동.

운세풀이

戌띠 : 이동수, 우왕좌왕, 弱冷 다툼	寅띠 : 정점 이의 財慾, 관재구설	辰띠 : 최고운상승세, 두마음	未띠 : 만남, 결실, 화합, 문서
亥띠 : 매사불편, 방해자, 배신	卯띠 : 귀인상봉, 금전이득, 현금	巳띠 : 의욕과다, 스트레스큼	申띠 : 이동수, 이별수, 변동 움직임
子띠 : 해결신, 시험합격, 풀림	辰띠 : 매사꼬임, 과거고생, 질병	午띠 : 시급한 일, 뜻대로 안됨	酉띠 : 빈주머니, 걱정근심, 사기

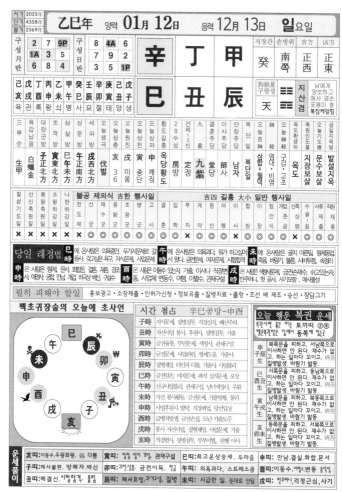

서기	2025年
단기	4358年
불기	2569年

乙巳年 양력 **01**月 **12**日 음력 12月 13日 **일**요일

구성월반			구성일반			지장간	손방위	吉方	凶方
2	7	9P	8	4A	6	癸	南쪽	正西	正東
1A	3	5	7	9	2				
6	8	4	3	5	1P				

辛 丁 甲
巳 丑 辰

己	戊	丁	丙	乙	甲	癸	壬	辛	庚	己	戊
亥	戌	酉	申	未	午	巳	辰	卯	寅	丑	子
욕	관	록	왕	쇠	병	사	묘	절	태	양	생

狗狼星구랑성 지산겸
天

남에게 양보하고 매사 겸손 복잡게얽힘

三甲	육갑납음	대장군방	조객방	삼살방	상문방	세파방	오늘일진	오늘상극	오늘상충	오늘원진	오늘상천	황도길방	28수성	건제12신	九星	결혼주당	안장주당	복단일	오늘吉神	神殺	오늘凶神	육도환생처	축원인도불	오늘기도불	원광대사주당	불설지옥경
生甲	白蠟金	子正北方	寅東北方	寅東北方	午正南方	戌西北方	伐벌	亥	寅 미움	寅 중단	亥 깨침	房방	定정	九紫	堂당	師사	복단일			남녀		옥당	구곰 지장 보살	옥도	문수보살	발설지옥

칠성기도일	산신축원일	용왕축원일	조왕하강일	나한하강일	**불공 제의식 吉한 행사일**										**吉凶 길흉 大小 일반 행사일**												
					천도재	신굿	재수굿	조왕굿	병굿	고사	결혼	입학	투자	계약	등산	여행	이사	점안식	개업	신축	서류	직원채용
×	×	×	×	×	◎	◎	◎	◎	◎	◎	◎	◎	◎	◎	◎	◎	×	×	◎	◎	◎	◎

당일 래정법

巳時 에 온사람은 의욕상실 무기력문제로 갈등 午時 에 온사람은 의욕없다 뭐가 하고싶어 未時 에 온사람은 끝이 이별되 형제동업 申時 이 사람은 형제 문서 화합은 금전 재물 정도 酉時 이 사람은 육친애정 정업문제 戌時 이 사람은 금전구재수 쉬고싶다

필히 피해야 할일

홍보광고 · 소장제출 · 인허가신청 · 정보오류 · 질병치료 · 출항 · 조선 배 제조 · 승선 · 장담그기

백초귀장술의 오늘에 초사언

時	시간 점占 辛巳공망—申酉
子時	자식문제 질병침투, 직장실직, 배산주의
丑時	자산사업 봉사 후원사, 질병침투, 가출
寅時	금전용통, 부모문제, 색정사, 관재구설
卯時	금전파체 사업번창, 형제도움, 가출사
辰時	질병재앙 타인과 다툼, 극돈손실 사업불리
巳時	금전번손 여자문제, 취직 실직문제 포상
午時	산규사업불리, 관재구설, 남녀색정사, 우환
未時	자산사업 봉사 후원사 가출방황, 불리
申時	사업화원사 발탁, 직장취업, 당선입상
酉時	금방위발생, 금전손실, 도난 가출도주
戌時	봉사 자산이탈, 질병재앙, 사업곤란, 가출
亥時	적침방사 질병침투, 부부이별, 원행 가출

오늘 행운 복권 운세

복권사면 좋을 띠는 **토끼띠** ②⑧
행운복권방은 집에서 **동쪽** 에 있는곳

申子辰生	북쪽문을 피하고, 서남쪽으로 이사하면 안 된다. 재수가 없 고, 하는 일마다 꼬이고, 病苦 질병발생, 바람기 발동
巳酉丑生	서쪽문을 피하고, 동남쪽으로 이사하면 안 된다. 재수가 없 고, 하는 일마다 꼬이고, 病苦 질병발생, 바람기 발동
寅午戌生	남쪽문을 피하고, 북동쪽으로 이사하면 안 된다. 재수가 없 고, 하는 일마다 꼬이고, 病苦 질병발생, 바람기 발동
亥卯未生	동쪽문을 피하고, 서북쪽으로 이사하면 안 된다. 재수가 없 고, 하는 일마다 꼬이고, 病苦 질병발생, 바람기 발동

운세풀이

亥띠:이동수,우왕좌왕, 弱,다툼 寅띠:점점 이익,꿈,관재구설 巳띠:최고운상승세, 두마음 申띠:만남,결실,화합,문서
子띠:해결신,시험합격, 배신 卯띠:귀인상봉, 금전이득, 현금 午띠:의욕과다, 스트레스큼 酉띠:이동수,애민,변동 움직임
丑띠:해결신,시험합격, 풀림 辰띠:매사꼬임,과거고생, 질병 未띠:시급한 일, 뜻대로 안됨 戌띠:빈주머니, 걱정근심, 사기

서기 2025년				乙巳年	양력 **01**월 **13**일	음력 12월 14일	**월**요일
단기 4358년							
불기 2569년							

구성월반
2	7	9P
1A	3	5
6	8	4

구성일반
9	5	7
8	1	3
4	6AP	2

壬 丁 甲
午 丑 辰

지장간	손방위	吉方	凶方
癸	南西	正南	正北

辛庚己戊丁乙癸壬辛庚
亥戌酉申未巳辰寅丑子
록관욕생양태절묘병쇠왕

狗狼星 구랑성
神廟 신사묘

지산겸

낮에게 양보하고 매사 겸손 모을이 吉
복잡케알일임

三甲旬: 生甲
육갑납음: 楊柳木
대장군방: 正東方
조객방: 正北方
삼살방: 巳酉丑
상문방: 正南方
세파방: 戌西北方
오늘생극: 制제
오늘상충: 子
오늘상천: 丑
오늘원진: 午
오늘상파: 丑
오늘상해: 子
황도길흉: 천뇌흑도
28수성: 心심
건제12신: 執집
九星: 一白
이사주당: 富부
안장주당: 아버지
복단일: 월인일
대공망일: 경신・해신
神殺: 걸흠살・지격
축일神殺: 불도
헌겁천불: 헌겁천불
약사보살: 약사보살
한빙지옥: 한빙지옥

七星기도일: ×
산신기도일: ×
용왕기도일: ○
조왕기도일: ×
나한기도일: ×
불공제의식吉한행사일
천도재: ×
신굿: ×
수왕굿: ×
조왕굿: ○
병굿: ×
고사: ×
吉凶길흉大小일반행사일
결혼: ×
입주: ○
투자: ×
계약: ×
여행: ○
이사: ×
합방: ○
점안식: ×
개업준공: ×
신축상량: ×
서류제출: ●
직원채용: ×

백초귀장술의 오늘에 초사언

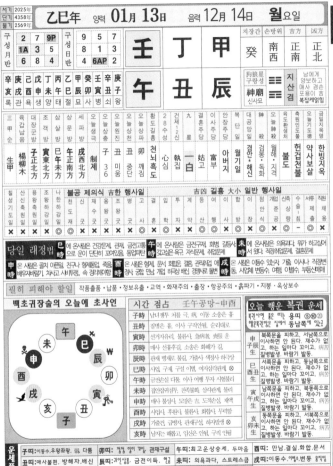

시간 점占	壬午공망-申酉
子時	남녀쟁투 처들 극, 病, 이동 소송은 흉
丑時	질병은 흉, 이사 구직안됨, 순리대로
寅時	선거자유리, 불륜사, 陰邪흉, 색정 운
卯時	매사 선흉후길, 소송은 화해됨
辰時	관재 병색불, 불길, 가출사 색정사 하수상
巳時	사업 구재 구설 이별, 여자삼각관계 ⊗
午時	금전손실 다툼, 이사 여행 투자 시험불리
未時	잠신잠귀침투, 관송불화, 실작피해, 불리
申時	매사 불성사, 도망은 흉, 도적손실, 실물
酉時	사업시, 우환사, 불륜사, 화합사, 무력함
戌時	가출건, 급병자, 관재구설, 하극상불용 ⊗
亥時	남자는 해롭고, 임신은 안됨, 구직 안됨

오늘 행운 복권 운세
복뽑은운을 피하고, 서남쪽으로
행운복권방을 잡아야 동남쪽에 있고

申子辰生	서북문을 피하고, 서남쪽으로 이사하면 안 된다. 재수가 없고 질병발생. 바람기 발동.
巳酉丑生	서쪽문을 피하고, 동남쪽으로 이사하면 안 된다. 재수가 없고 질병발생. 바람기 발동.
寅午戌生	북쪽문을 피하고, 북동쪽으로 이사하면 안 된다. 재수가 없고 질병발생. 바람기 발동.
亥卯未生	동쪽문을 피하고, 서북쪽으로 이사하면 안 된다. 재수가 없고 질병발생. 바람기 발동.

乙巳年 양력 **01**月 **14**日 음력 **12**月 **15**日 화요일

구성월반			구성일반				지장간	손방위	吉方	凶方
2	7	9P	1	6	8A		辛	西쪽	正東	正西
1A	3	5	9	2	4					
6	8	4	5P	7	3					

癸 丁 甲
未 丑 辰

癸亥왕	壬戌쇠	辛酉병	庚申사	己未묘	戊午절	丁巳태	丙辰양	乙卯생	甲寅욕	癸丑관	壬子록

狗狼星 구랑성	의견충돌 대립 불화 관재구설수 이별배신사 이득배분갈등
水步井	화택규

三甲순	대장군	조객	삼살	세파	오늘생극	오늘상충	오늘원진	오늘상천	황도길흉	28수성	건제12신	九星	결혼주당	이사주당	안장주당	대공망일	천구하식	오늘神殺	오늘화복	인도환생처	복단일	길흉성
生甲	子正北方	東北方	巳午未南方	戌西北方	伐벌	丑 子	戌	미웅	현무흑도	尾미	破파	二黑	夫부	殺살	손님	-	대공망일	월파일	구공·대모	허겁보살	대세지보살	한빙지옥

| 楊柳木 | | | | | | 3 6 | | | | | | | | | | | | | | | |

칠성기도일	산신기도일	용왕기도일	조왕기도일	나한기도일	불공 제의식 吉한 행사일				吉凶 길흉 大小 일반 행사일											
					천도재	신굿	수왕굿	용왕굿	조왕굿	병굿	고사	결혼	입택	투자	계약	합방	개업	신축	서류제출	직원채용
×	×	×	×	×	×	×	×	×	×	×	×	×	×	×	×	×	×	×	×	×

당일 래정법

巳時에 온사람은 금전문제, 사업문제, 금전 午時에 온사람 건강문제, 금전문제로 운 未時에 온사람 문서합의, 부모자식간 문 구째문 관재수있나, 속전속결이 유리 이 단단히 꼬여있음, 동업파트 손재수 時제, 교합사는 불성사, 이동수 있음

申時에 온사람은 뭐가 하고싶어서 왔다 酉時에 온사람 금전 애정 형제동료 속을 바랍기 戌時에 온사람 형제, 화합손, 결혼, 재혼, 경조사, 이행 장차업무나, 친구형제문제 배신 당해 관재수 문제, 사업문제, 금전융통, 급속정리함 청춘구짜바 문제, 관재 만남 개업 하자않개 맥운이면 재앙

필히 피해야 할일	이날은 흑도와 월파일에 대공망일, 구공, 대모 등 신살에 해당되어 매사 해롭고 불리한 날

백초귀장술의 오늘에 초사언

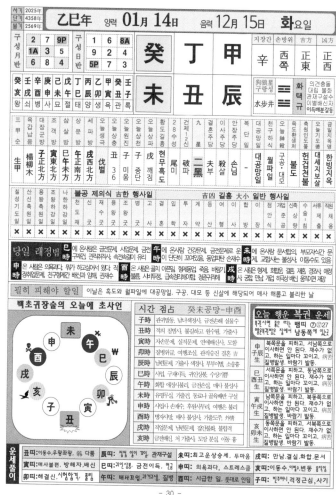

未 申 午 W
酉 巳 辰
戌 卯
亥 寅
子 丑

시간 점占 癸未공망-申酉	
子時	관재발동, 남녀색정사 금전손해 실물수
丑時	적의 침범사, 불길하고 원수됨, 가출사
寅時	자손문제, 실직문제, 연애배신사, 모함
卯時	질병위급, 여행조심, 관직승진 결혼 吉
辰時	남편문제, 가출사 색정사, 부부가쟁, 소송흉
巳時	사업, 구재문제, 귀인상봉, 수상기쁨
午時	화합 애정사불리, 금전조심, 매사 불성사
未時	유명무실, 가출건, 동료와 골육배반 구설
申時	사업사 손재수, 도난 색정사리, 여행은 흉사
酉時	병자사망, 매사 불성사, 가출도주, 外情
戌時	작은문제, 남편문제, 잘못됨화, 불합격
亥時	금전배신, 처 가출사, 도망 분실, 이동흥

오늘 행운 복권 운세	
복권사면 좋은 띠는 뱀띠 ⑦⑰27 행운복권방은 집에서 남동쪽으 있다	
申子辰生	복권운을 피하고, 서남쪽으로 이사하면 안 된다. 재수가 없고, 하는 일마다 꼬이고, 病苦 질병발생. 바람기 발동.
巳酉丑生	서쪽을 피하고, 동북쪽으로 이사하면 안 된다. 재수가 없고, 하는 일마다 꼬이고, 病苦 질병발생. 바람기 발동.
寅午戌生	남쪽을 피하고, 북동쪽으로 이사하면 안 된다. 재수가 없고, 하는 일마다 꼬이고, 病苦 질병발생. 바람기 발동.
亥卯未生	동쪽을 피하고, 서북쪽으로 이사하면 안 된다. 재수가 없고, 하는 일마다 꼬이고, 病苦 질병발생. 바람기 발동.

운세풀이

丑띠:이동수,우왕좌왕, 弱 다툼
寅띠:매사불편, 방해자,배신
卯띠:해결신,시험합격, 풀림

辰띠: 점진 이익, 꿈, 관재구설
巳띠:귀인상봉, 금전이득, 현금
午띠: 매사꼬임,과거고생, 질병

未띠:최고운상승세, 두마음
申띠:의욕과다, 스트레스큼
酉띠:이동수,애인소,변동 움직임

戌띠: 만남,결실,화합,문서
亥띠:이동수,이별수,변동 움직임
子띠:빈주머니,걱정근심, 사기

- 30 -

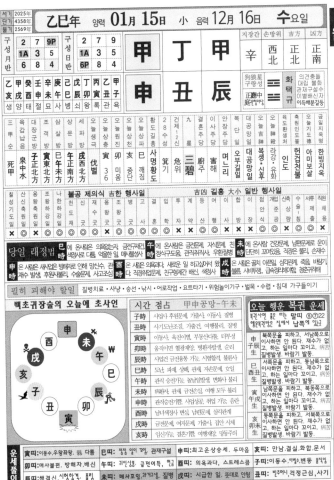

서기	2025년
단기	4358년
불기	2569년

乙巳年 양력 **01**月 **15**日 小 음력 **12**月 **16**日 **수**요일

구성월반			구성일반		
2	7	9P	2	7	9
1A	3	5	1	3	5
6	8	4	6P	8	4

甲 丁 甲
申 丑 辰

장간	손방위	吉方	凶方
辛	西北	正北	正南

乙亥	癸酉	壬申	辛未	庚午	己巳	戊辰	丁卯	丙寅	甲丑	甲子
생양	태	절	묘	사	병	쇠	왕	록	관	욕

狗狼星
구랑성
正廳中
정청중

화택규
火澤睽

의견충돌
대립 불화
재산구설수
이별배신자
이득배분갈등

三甲旬	육갑납음	대장군방	조객방	삼살방	상문방	세파방	오늘생극	오늘상충	오늘상파	오늘상해	오늘원진	황도길흉	28수성	건제12신	九星	이사주당	안장주당	복단일	대공망일	오늘吉神	神殺	육도환생처	축원인도불	오늘기도덕	금일지옥	한빙지옥
死甲	泉中水	寅東北方	寅東北方	巳午未南方	戌西北方	戌西北方	伐벌	寅	亥	巳	酉	사명황도	箕기	危위	三碧	廚주	며느리	오부길일	대공망일	봉황 · 삼합	검봉	인도	아미타불	헌관세음불	한빙지옥

칠성기도일	산신제불공일	용왕축원일	조왕하강일	나한기도일	불공 제의식 吉한 행사일						吉凶 길흉 大小 일반 행사일												
					천도재	신굿	재수굿	용왕굿	조왕굿	병굿	고사	결혼	입학	투자	계약	여행	이장	점안식	개업	신축상량	수술	서류	직원채용
×	◎	×	◎	×	×	◎	×	×	×	×	×	×	×	×	×	×	×	×	×	◎	×	×	×

필히 피해야 할일	질병치료 · 사냥 · 승선 · 낚시 · 어로작업 · 요트타기 · 위험놀이기구 · 벌목 · 수렵 · 침대 가구 들이기

백초귀장술의 오늘에 초사인

時	時間 점占 甲申공망-午未
子時	사업사 후원문제, 가출사, 이동사 질병
丑時	사기도난조심, 가출건, 여행불리, 질병
寅時	이동사, 육친이별, 부동산다툼, 타부정
卯時	용의자면 혐의없음, 병재자발생, 순리
辰時	사업건 금전융통 가능, 시험합격 불리사
巳時	도난 파재 상해, 관재 자손문제, 女일
午時	관직 승전가능, 놀날일발생, 변화사 불리
未時	賣買件 이동손실, 금전손실, 여행 모두 불리
申時	관직승전件, 사업失物件, 취업 가능, 음란
酉時	남녀색정사 변심, 남편문제, 삼각관계
戌時	금전문제, 여자문제, 가출사, 갈등 시세
亥時	임신가능, 결혼기쁨, 여행방해, 망동주의

오늘 행운 복권 운세

복권사면 좋은 띠는 말띠 ⑤⑦22
행운복권방은 집에서 남쪽에 있소

申辰生	복권문을 피하라, 서남쪽으로 이사하면 안 된다. 재수가 없 고, 하는 일마다 꼬이고, 病苦 질병발생. 바람기 발동.
酉巳生	서쪽문을 피하라, 동남쪽으로 이사하면 안 된다. 재수가 없 고, 하는 일마다 꼬이고, 病苦 질병발생. 바람기 발동.
戌午生	북쪽문을 피하라, 동북쪽으로 이사하면 안 된다. 재수가 없 고, 하는 일마다 꼬이고, 病苦 질병발생. 바람기 발동.
亥卯生	동쪽문을 피하라, 서북쪽으로 이사하면 안 된다. 재수가 없 고, 하는 일마다 꼬이고, 病苦 질병발생. 바람기 발동.

운세풀이	寅띠:이동수,우왕좌왕, 弱 다툼	巳띠:최고운상승세, 두마음	申띠:만남,결실,화합,문서
	卯띠:매사불편, 방해자,배신	午띠:귀인상봉, 금전이득, 현금	酉띠:이동수,이별수,변동 움직임
	辰띠:해결신, 시험합격, 풀림	未띠:매사꼬임,과거고생, 질병	戌띠:빈주머니,걱정근심, 사기
	巳띠:쉬엄 이어 大助, 관재구설	申띠:의욕과다, 스트레스큼	亥띠:시급한 일, 뜻대로 안됨
	午띠:귀인상봉, 금전이득, 현금	酉띠:의욕과다, 스트레스큼	子띠:빈주머니,걱정근심, 사기

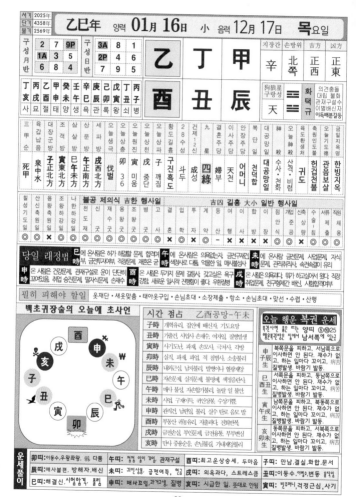

서기	2025년
단기	4358년
불기	2569년

乙巳年 양력 **01**月 **16**日 小 음력 12月 17日 **목**요일

구성월반	2	7	9P
	1A	3	5
	6	8	4

구성일반	3A	8	1
	2P	4	6
	7	9	5

乙 丁 甲
酉 丑 辰

지장간	손방위	吉方	凶方
辛	北쪽	正西	正東

丁亥사 丙戌절 乙酉태 甲申양 癸未생 壬午욕 辛巳대 庚辰관 己卯록 戊寅왕 丁丑쇠 丙子병

狗狼星 구랑성 天

의견충돌 대립 불화 관재구설 이별배신又 이득배분갈등 화택규

삼갑순 死甲 / 육갑납음 泉中水 / 대장군 子正北方 / 조객살 寅東北方 / 상문살 巳西南方 / 상체살 午正南方 / 세파살 卯 / 오늘생기 寅 미움 / 오늘상충 戌 / 오늘상파 未 / 오늘원진 구진흉곡 / 황도길흉 成성 / 2/8수성 斗두 / 건제12성 四綠 / 九星 / 결혼주당 婦부 / 이사주당 어머니 / 복단일 천덕합 / 대공망일 / 神殺 수사·천라 / 오늘神殺 삭적·비렴 / 축원인도불 귀도 / 오늘도환생처 허겁천불 / 일지오행 한빙지옥 / 伐벌

칠성기도일 ◎ / 산신축원일 × / 용왕축원일 ◎ / 조왕하강일 ◎ / 나한하강일 × / 천도재 ◎ / 수왕굿 ◎ / 재수굿 ◎ / 병굿 ◎ / 고사 × / 결혼 × / 입주 × / 투자 × / 계약 - / 여행 × / 이사 × / 방사 × / 장담 ◎ / 수금 ◎ / 개업 ◎ / 준공 × / 상량 × / 서류 × / 제출 × / 채용 ×

당일 래정법

E時 온사람은 허가 해결할 문제 합격자 午時 온사람은 의욕없는자, 금전문제관재 未時 온사람은 금전문제 사업문제, 자식문제 관려자주사, 속전속결이 유리

申時 온사람은 건강문제, 관재구설로 운이 단단 酉時 온사람은 무시 문제 갈등사 갈등심은 하구 戌時 온사람은 자식문제, 친구형제문제 사험合格여부

필히 피해야 할일 옷재단·새옷맞춤·태아옷구입·손님초대·소장제출·항소·손님초대·맞선·수렵·산행

백초귀장술의 오늘에 초사언

시간 점占 乙酉공망一午未

子時 개혁유리, 잡안에 배신자, 기도요망
丑時 가출건 사람사 손재수, 여자일, 질병발생
寅時 사기도난, 파재, 손모사, 극차사, 각방
卯時 실직, 파재, 파업, 적 침범사, 소송불리
辰時 내부자금, 남자불리, 발행사나 헐장생각
巳時 자손문제, 실직문제, 불명예, 색정음란사
午時 매사 불성, 자연파기되니, 놀람 입 불안
未時 사업, 구재사, 관재상봉, 수상문제
申時 관재건, 남녀유리, 색정 남녀, 음모 발
酉時 부동산 귀농유리, 자충파기, 전화번쩍
戌時 금전융, 부인문제, 금전용통, 부부번심
亥時 만사 중용순조, 손님불리, 가내재앙불리

오늘 행운 복권 운세
행운숫자 띠는 양띠 ③⑩25 행운복권방은 집에서 남서쪽에 있소

申子辰生 복권문을 피하고, 서남쪽으로 이사하면 안 된다. 재수가 없고, 하는 일마다 꼬이고, 病苦 질병발생. 바람기 발동
巳酉丑生 서쪽문을 피하고, 동북쪽으로 이사하면 안 된다. 재수가 없고, 하는 일마다 꼬이고, 病苦 질병발생. 바람기 발동
寅午戌生 동쪽문을 피하고, 서남쪽으로 이사하면 안 된다. 재수가 없고, 하는 일마다 꼬이고, 病苦 질병발생. 바람기 발동
亥卯未生 동북쪽문을 피하고, 남쪽으로 이사하면 안 된다. 재수가 없고, 하는 일마다 꼬이고, 病苦 질병발생. 바람기 발동

운세풀이
子띠:이동수·우왕좌왕. 왕. 다툼
丑띠:이동수,이별수,변동 움직임
寅띠:빈주머니,걱정근심,사기
卯띠:매사불편, 방해자,배신
辰띠:해결신,시험합격, 풀림
午띠:정적 있어 '꼬, 관재구설
未띠:귀인상봉, 금전이득,현금
申띠:매사꼬임,과거고생, 질병
戌띠:의욕과다, 스트레스큼
亥띠:시급한 일, 뜻대로 안됨
酉띠:최고운상승세, 두마음
巳띠:만남,결실,화합,문서

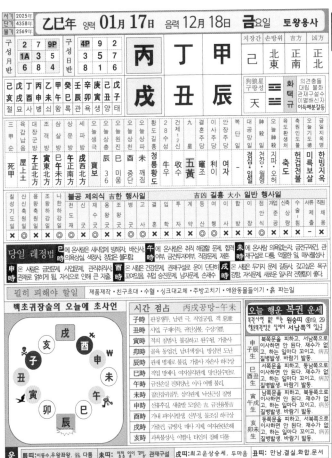

지장간	손방위	吉方	凶方
己	北東	正南	正北

丙 丁 甲
戌 丑 辰

구성월반
2	7	9P
1A	3	5
6	8	4

구성일반
4P	9	2
3	5	7
8	1	6

己亥 戊戌 丁酉 丙申 乙未 甲午 癸巳 壬辰 辛卯 庚寅 己丑 戊子
절 묘 사 병 쇠 왕 록 관 욕 생 양 태

狗狼星 구랑성 天 의견충돌 대립 발생
관재구설수 이별배신자 이득봉갈등

화택규

三甲순 死甲 / 육갑납음 屋上土 / 대장군방 寅東北方 / 삼살방 午未方 / 상문방 寅東北方 / 상극방 午未方 / 세파방 酉西北方 / 오늘생기 寶보 / 오늘복단일 辰 / 오늘신살 酉 3 6 / 황도흑도 청룡황도 / 2 8 건제12신 收수 / 九星 五黃 / 이사주당 寵 / 안장주당 여자 / 복단일 - / 대공망일 정심·임병 / 神殺神殺 지귀·왕망 / 오늘행충처 축도 / 축원겁천불 헌겁천불 / 금일지옥명 미륵보살 / 한빙지옥

불공 제의식 吉한 행사일
칠성기도일	산신축원일	용왕축원일	조왕하강일	나한기도일	불공	천도재	신굿	재수굿	용왕굿	조왕굿	병굿	고사
×	◎	×	◎	×	◎	×	×	◎	×	×	◎	×

吉凶 길흉 大小 일반 행사일
결혼	입학	투자	계약	등산	여행	이사	합방	점안식	개업준공	신축상량	수술침	서류제출	직원채용
◎	◎	×	×	◎	◎	×	×	◎	◎	◎	◎	-	×

당일 래정법
巳時 에 온사람은 사사강정에 방해자, 배신사, 배신사 의욕상실 색상사 장남은 불리함.
午時 에 온사람은 취직 해결할 문제 합격됨, 금전기재건, 관재구설 금전의제문제.
未時 에 온사람 의욕없는자, 금전구재건 관재구설로 얽혀 억울한 일 매사불성사
申時 온 사람은 금전문제, 사업문제, 관재구설문제 운이 단단히 꼬여, 자식문제 교육문제 갈등사 갖고심
時 관재로 얽히게 됨. 자식으로 인해 큰 지출.
戌時 온 사람은 무거니 문제, 금전구재 갈등사, 강하게 자식문제, 새로운 일사각 진행됨.

필히 피해야 할일 제품제작·친구초대·수렵·싱크대교체·주방고치기·애완동물들이기·흙 파는일

백초귀장술의 오늘에 초사언
| 戌 |
| 亥 酉 |
| 子 申 W |
| 丑 未 |
| 寅 午 |
| 卯 辰 巳 |

시간 점占 丙戌공망-午未
子時	관청쟁투, 남편 극, 작업궁색, 객 願害
丑時	사업 구재이득, 귀인상봉, 수상기쁨
寅時	적의 침범사, 불리하고 완수불, 가출사
卯時	골육 동업건, 남녀색정사, 방심분 도난
辰時	관재 병재로 불길, 가출사 지손사 하극상
巳時	작업 명예사, 여자심정화변 당산실직문제
午時	금전손실 진퇴양난 이사 여행 불리
未時	금전손실 다툼, 가내불안 낙상근심 질병
申時	신용훼손, 색줄불 도망은 흉 금전용통흉
酉時	가내 과로사반발, 신부정, 물조심 하극상
戌時	가출건, 금방직, 애사 지체 여자災난손해
亥時	과욕불성사, 야반도주, 타인의 침해 대흉

오늘 행운 복권 운세
복권사면 좋은 띠는 원숭이띠 ①⑲, 29
행운복권방은 집에서 서남쪽에 있는곳

申子辰生	서북쪽을 피하고, 서남쪽으로 이사하면 안 된다. 재수가 없고 하는 일마다 꼬이고, 病苦 질병발생. 바람기 발동.
巳酉丑生	서쪽문을 피하고, 동남쪽으로 이사하면 안 된다. 재수가 없고 하는 일마다 꼬이고, 病苦 질병발생. 바람기 발동.
寅午戌生	북쪽문을 피하고, 북동쪽으로 이사하면 안 된다. 재수가 없고 하는 일마다 꼬이고, 病苦 질병발생. 바람기 발동.
亥卯未生	동쪽문을 피하고, 서북쪽으로 이사하면 안 된다. 재수가 없고 하는 일마다 꼬이고, 病苦 질병발생. 바람기 발동.

운세풀이
辰띠:이동수,우왕좌왕, 弱 다툼 未띠:직접 일이 꼬임 관재구설 戌띠:최고운상승세, 두마음 丑띠:만남,결실,화합,문서
巳띠:매사불편, 방해자,배신 申띠:귀인상봉, 금전이득, 현금 亥띠:의욕과다, 스트레스큼 寅띠:이동수,애별,변동 움직임
午띠:해결신,시험합격, 풀림 酉띠:매사꼬임,과거고생, 질병 子띠:시급한 일, 뜻대로 안됨 卯띠:빈주머니,걱정근심,사기

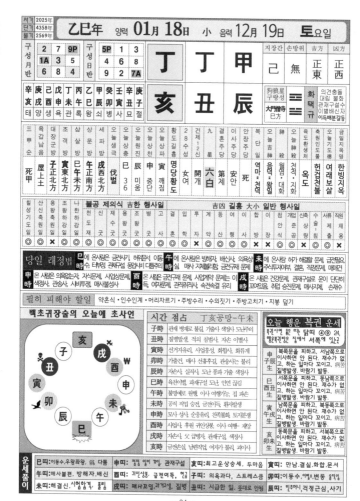

서기	2025年
단기	4358年
불기	2569年

乙巳年 양력 **01**月 **18**日 小 음력 **12**月 **19**日 **土**요일

구성월반	2	7	9P	구성일반	5P	1	3
	1A	3	5		4	6	8
	6	8	4		9	2	7A

丁 丁 甲
亥 丑 辰

辛亥	庚戌	戊申	丁未	丙午	乙巳	甲辰	癸卯	壬寅	辛丑	庚子
태	양	욕	관록	왕	쇠	병	사	절

지장간	손방위	吉方	凶方
己	無	正東	正西

狗狼星 구랑성
大門僧寺
巳方

화택규

의견충돌 관재구설수 대립 불화 이별배신지 이득배반갈등

三甲旬: 死甲
六甲納音: 屋上土
대장군방: 子正北方
조객방: 寅東北方
삼살방: 午正南方
세파방: 酉西北方
오늘상충: 巳
오늘상천: 辰
오늘원진: 寅
오늘상파: 申
오늘상해: 36
황도흑도: 명당황도
2 8 수성: 女
건제12신: 開
九星: 六白
결혼주당: 第
이사주당: 安
안장주당: 死
단일: 역마지천덕
오늘神殺: 음덕·천의
오늘神殺: 월덕·대화
축원인도불: 옥도
축제인도불: 허공천불
지옥이름: 여래보살
한빙지옥

불공 제의식 吉한 행사일

칠성기도	산신축원	용왕축원	조왕하강	나한기도	불공	천도재	신중기도	재수굿	용왕굿	조왕굿	병굿	고사	결혼	입학	투자	계약	여행	이사	합방	點	개업	신축상량	수술	서류	직원채용
◎	◎	◎	×	◎			◎	◎	◎	◎	×	×	×	×	◎	◎	×	×	×	×	×	◎	×	◎	◎

당일 래정법
巳에 온사람은 금샤기 허튼일 이동 午에 온사람은 방해자, 배신사, 의욕상실 未에 온사람 허가 해결할 문제, 급한일 시에 온사람 다토투성 관재구설 몽사비 대품인 時에 매사 지체됨 금전구재 문제 주머자머니, 결혼, 직장문제 매매긴
申時 온사람은 자식과 이별수, 손재수, 가산문제 酉時 온사람은 금전구재, 사업문제 이별수, 여자문제, 관재수타나 속전속결 유리 戌時 온사람은 건강문제, 관재구설로 운이 단단히 꼬여있음, 취업 승진문제 매사지체, 관재수

필히 피해야 할일 약혼식·인수인계·머리자르기·주방수리·수의짓기·주방고치기·지붕 덮기

백초귀장술의 오늘에 초사언

時간 점占   丁亥공망-午未

子時	관재 병제로 불길, 가출사 색정사 모녀곤
丑時	질병발생, 적의 침범사, 자손 이별사
寅時	선거자유리, 사업흥성, 화합사, 화류계
卯時	가출건, 매사 선흥후길, 관송사는 불리
辰時	관송사 실자사, 도난 풍파 구재 색정사
巳時	육친무정建, 파재무정 도난 인연 끊김
午時	불명예로 원행, 이사 여행가능, 집 떠남
未時	공직 작업 승진, 급한무득, 환자발생
申時	사업사, 후원 귀인상봉, 이사 여행· 관광
酉時	자손사, 父 급병자, 관재구설 색정사
戌時	금전손실, 남편적으로 여자가 불리, 과사사
亥時	

오늘 행운 복권 운세
복권사면 좋은 띠는 닭띠 ④⑨ 24,
행운복권방은 집에서 서쪽門 에 있소

申子辰生	복묶운을 피하고, 서남쪽으로 이사하면 안 된다. 재수가 없고, 하는 일마다 꼬이고, 病苦 질병발생. 바람기 발동.
巳酉丑生	서쪽을 피하고, 동남쪽으로 이사하면 안 된다. 재수가 없고, 하는 일마다 꼬이고, 病苦 질병발생. 바람기 발동.
寅午戌生	북쪽을 피하고, 서북쪽으로 이사하면 안 된다. 재수가 없고, 하는 일마다 꼬이고, 病苦 질병발생. 바람기 발동.
亥卯未生	동쪽을 피하고, 서북쪽으로 이사하면 안 된다. 재수가 없고, 하는 일마다 꼬이고, 病苦 질병발생. 바람기 발동.

운세풀이

巳띠:이동수,우왕좌왕, 弱body 다툼
午띠:매사불편, 방해자,배신
未띠:해결신, 시험합격, 풀림
申띠: 점점 일이 꼬임, 관재구설
酉띠:귀인상봉, 금전이득, 현금
戌띠: 매사꼬임,과거고생, 질병
亥띠:최고운상승세, 두마음
子띠:의욕과다, 스트레스큼
丑띠:시급한 일, 뜻대로 안됨
寅띠: 만남,결실,화합,문서
卯띠:이동수,이별수,변동 움직임
辰띠:빈주머니, 걱정근심, 사기

- 34 -

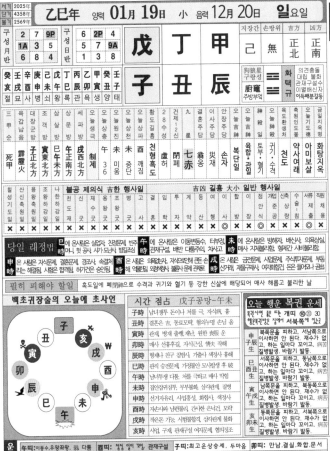

서기 2025년								
단기 4358년	乙巳年	양력 01月 19日	小	음력 12月 20日	日요일			
불기 2569년								

乙巳年 양력 01月 19日 小 음력 12月 20日 日요일

구성월반			구성일반			지장간	손방위	吉方	凶方
2	7	9P	6	2P	4	己	無	正北	正南
1A	3	5	5	7	9A				
6	8	4	1	3	8				

戊 丁 甲
子 丑 辰

癸亥	壬戌	辛酉	庚申	己未	戊午	丁巳	丙辰	乙卯	甲寅	癸丑	壬子
절	묘	사	병	쇠	왕	록	관	욕	생	양	태

狗狼星구랑성 廚竈 주방부엌

화택규

의견충돌 대립 불화 관재구설수 이별손길자 아득함분갈등

三甲旬	육갑납음	대장군방	조객방	삼살방	세파방	오늘생지	오늘원진	오늘상충	오늘상파	황도길흉	28길흉	건제12신	九星	결혼주당	이사주당	안장주당	오늘吉神	神殺	오늘神殺	육도환생처	축원인도불	오늘기도덕	금일지옥
死甲	霹靂火	子正北方	寅東北方	巳酉丑	午未方	酉	午 36	未 미움	酉 깨짐	천형흑도	虛허	閉폐	七赤	翁옹	災재	손자	복단일	돈부·혈기	귀·소	천도	약왕여래	아미보살	화탕지옥

칠성기도일	산신축원일	용왕축원일	조왕하강일	나한하강일	불공 제의식 吉한 행사일					吉凶 길흉 大小 일반 행사일									
					천신	신축	재수	용왕	조왕	병굿	고사	결혼	입학	투자	계약	등산	여행	이장	점안	개업	신축상량	수술	서류제출	직원채용
×	×	×	×	×	×	×	×	×	×	×	×	×	×	×	×	×	×	×	×	×	×	×	×

필히 피해야 할일 흑도일에 閉폐神으로 수격과 귀기와 혈기 등 강한 신살에 해당되어 매사 해롭고 불리한 날

백초귀장술의 오늘에 초사언

시간 점占 戊子공망-午未

子時	남녀쟁투 돈나누 처를 극, 자식띠,
丑時	결혼은 吉, 동료모략, 형아녀명 손자 음
寅時	관재, 병재 출행,재난, 완한 흉嗣 운
卯時	매사 선흉후길, 자식근심, 情夫 작해
辰時	형제나 친구 강함나, 가출사 색정사 흉해
巳時	관위 승전문제, 가정불란 모사발생 후 破
午時	남녀쟁투 다툼, 처를 극하고 매사 막힘
未時	갉신잡귀침투, 부부불화, 삼각관계, 잘병
申時	선거녀유리, 사업흥성, 화합사, 색정사
酉時	자손시와 남편불리, 간녀姦 은저근, 모략
戌時	작은돈 가능, 시비불협합 삼각관계 불화
亥時	사업 구제 관재구설 여자근심, 형의징조

오늘 행운 복권 운세

복귀사면 행운 좋은 따는 개띠 ⑩ ㉓ 30
행복탈귀땡 장땅 진 집에서 서북쪽에 있는

申子辰生	북쪽문을 피하고, 서북쪽으로 이사하면 안 된다. 재수가 없고 병든다는 일마다 꼬인다, 病든다, 질병발생. 바람기 발동.
巳酉丑生	서쪽문을 피하고, 동남쪽으로 이사하면 안 된다. 재수가 없고 일마다 꼬인다, 病든다, 질병발생. 바람기 발동.
寅午戌生	남쪽문을 피하고, 북쪽으로 이사하면 안 된다. 재수가 없고 일마다 꼬인다, 病든다, 질병발생. 바람기 발동.
亥卯未生	북쪽문을 피하고, 서쪽으로 이사하면 안 된다. 재수가 없고 일마다 꼬인다, 病든다, 질병발생. 바람기 발동.

운세풀이

午띠	이동수우왕좌왕, 弱 다툼	酉띠	청탐 이익 꼬임, 관재구설	子띠	최고운상승세, 두마음	卯띠	만남,결실,화합,문서
未띠	매사불편, 방해자,배신	戌띠	귀인상봉, 금전이득, 현금	丑띠	의욕과다, 스트레스큼	辰띠	이동수,애뭐,변동 움직임
申띠	해결신,시험합격, 풀림	亥띠	매사꼬임,과거고생, 질병	寅띠	시급한 일, 뜻대로 안됨	巳띠	빈주머니,걱정근심, 사기

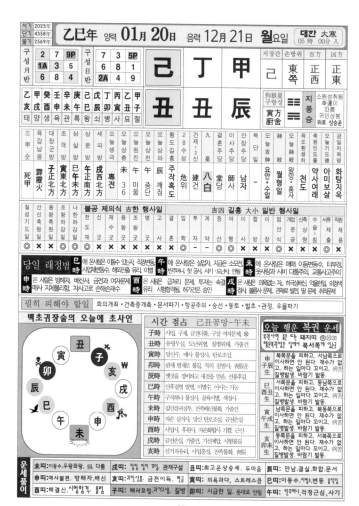

구성 월반			구성 일반			己	丁	甲	지장간	손방위	吉方	凶方
2	7	9P	7	3	5P				己	東쪽	正西	正東
1A	3	5	6	8	1	丑	丑	辰	寅方			
6	8	4	2A	4	9				廚舍			

乙甲癸壬辛庚己戊丁丙乙甲
亥戌酉申未午巳辰卯寅丑子
태양생욕관록왕쇠병사묘절

狗狼星
구랑성
寅方
廚舍

지풍승 ☰☰

소원성취됨
추ртер
이름
귀인상봉
위로 상승운

삼 갑 순	육 갑 납 음	대 장 군 방	조 객 방	삼 살 방	상 문 방	세 파 방	오 늘 생 기	오 늘 상 충	오 늘 원 진	오 늘 상 천	오 늘 상 파	황 도 길 흉	2 8 수	건 제 12 신	九 星	결 혼 주 당	안 장 주 당	복 단 일	오 늘 吉 神	神 殺	오 늘 神 殺	육 도 환 생 처	축 원 인 도 불	오 늘 기 도 德	금 일 지 옥 명
死甲	震霹火	子正北方	寅東北方	巳午未南方	卯正南方	戌西北方	專전	未	午	辰	午	주작 흑도	危위	建건	八白	堂당	師사	남자	안心·수일	월형일	왕小·좀사	천도	아미보살	하탕지옥

칠 성 기 도 일	산 신 기 도 일	용 왕 기 도 일	조 왕 기 도 일	나 한 기 도 일		불공 제의식 吉한 행사일							吉凶 길흉 大小 일반 행사일											
					천 도 재	신 굿	재 수 굿	용 왕 굿	조 왕 굿	병 굿	고 사	결 혼	입 학	투 자	계 약	등 산	여 행	이 사	합 방	점 안 식	개업 준공 식	신축 상량	서류 제출	직원 채용
◎	×	×	◎	×	×	×	×	×	×	×	×	×	×	×	×	-	-	-	◎	×	×	◎	×

백초귀장술의 오늘에 초사인

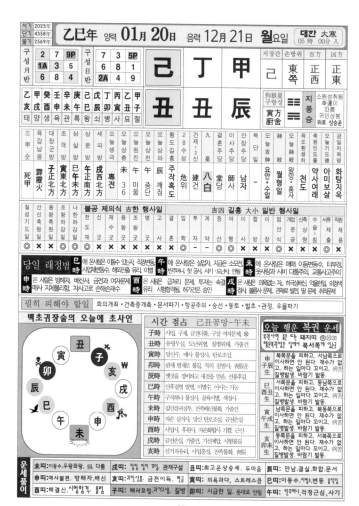

시간 점占 己丑공망-午未

子時	사업 구재 금전까봄 구설 여자문제 ⊗
丑時	유명무실 도난위험, 질병위태, 가출근심
寅時	망신수; 매사 불성사, 탄로조심
卯時	관재 병재로 불길, 적의 침범사, 刑獄충
辰時	옛정을 장비하고 새것을 얻음, 선후有길
巳時	산후질병 발병, 인륜수; 아녀는 가능
午時	극적화나 불성사, 골육수/別, 색정사
未時	자손 실직사, 망신 탄로조심, 금전손실
酉時	사업사, 후원사, 자손화합사 가쁨, 근심
戌時	금전如意, 가출건, 가선제압, 사험불길
亥時	선거자유리, 사업友리, 진전함화, 刑獄

오늘 행운 복권 운세

복권사면 좋은 띠는 돼지띠 ⑪⑥31
행운복권방 에서 북서쪽에 있는 집

申 子 辰 生	북쪽문을 피하고, 서남쪽으로 이사하면 안 된다. 재수가 없고 病, 하는 일마다 꼬이고, 病苦 질병발생, 바람기 발동
巳 酉 丑 生	서북쪽을 피하고, 동남쪽으로 이사하면 안 된다. 재수가 없고 하는 일마다 꼬이고, 病苦 질병발생, 바람기 발동
寅 午 戌 生	남쪽문을 피하고, 북쪽으로 이사하면 안 된다. 재수가 없고 하는 일마다 꼬이고, 病苦 질병발생, 바람기 발동
亥 卯 未 生	동쪽문을 피하고, 서쪽으로 이사하면 안 된다. 재수가 없고 하는 일마다 꼬이고, 病苦 질병발생, 바람기 발동

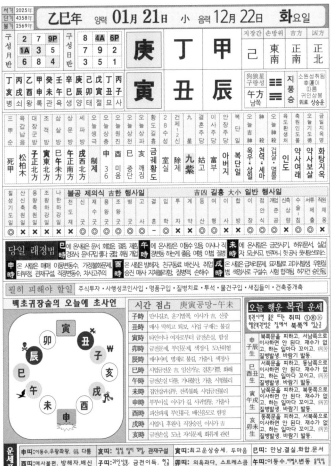

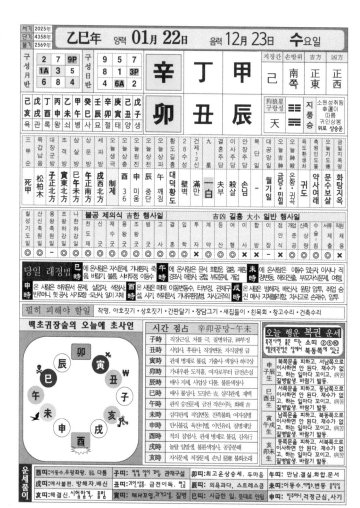

구성월반			구성일반			지장간	손방위	吉方	凶方
2	7	9P	9	5	7	己	南쪽	正東	正西
1A	3	5	8	1	3P				
6	8	4	4	6A	2				

辛 丁 甲
卯 丑 辰

己戊丁丙乙甲癸壬辛庚己戊
亥戌酉申未午巳辰卯寅丑子
욕 관 왕 쇠 병 사 묘 절 태 양 생

狗狼星 구랑성
天

소원성취됨 幸運이 따름 귀인상봉 위로 상승운

지풍승

三甲旬	육갑납음	대장군방	조객방	삼살방	상문방	세파방	오늘행운방	오늘상충	오늘원진	오늘상천	황도길흉	28수성	건제12신	九星	결혼주당	이사주당	안장주당	대공망일	오늘신살	오늘吉神	축원보살	오늘기도	오늘피함	금일부적
死甲	松柏木	寅東北方	午正南方	巳午未方	戌西北方	酉正西方	制處	酉	申	午	대덕황도	壁벽	滿만	一白	夫부	殺살	손님		월기일	금신 미일	귀도	문수보살	화탕지옥	부적
								3 6	미움 깨짐												여래	살	

불공 제의식 吉한 행사일

칠성기도일	산신축원	용왕축원	조왕하강일	나한기도	천도재	신중기도	병굿	고사	결혼	입학	투자	계약	등사	합방	이장	개업	신축	상량	서류제출	직원채용
吉凶 길흉 大小 일반 행사일																신축상량				
◎	◎	◎	-	◎	◎	◎	◎	-	◎	◎	◎	◎	◎	◎	◎	안 공 량	◎	◎	◎	◎

당일 래정법

巳에 온사람은 자식문제 가내화合 축음
午時 음 바람기 불륜, 사研귀신 이동수
申時 온 사람은 허워문서 문제 실압서, 색정사
巳時 반주머니, 헛공사 사기모함 도난 사 애정사

午에 온사람은 두문 화합운, 결혼 재혼 뭐
에 온사람은 이동수 있는자 이사나 직장
변동수 애정사 궁합, 부모효제, 개업
酉에 온사람은 매매 이동변동수, 터부정, 관재구
時 설, 사기 허워문서 가내우환질병, 차사고주의

未에 온사람은 이동수 있는자, 이사나 직
장변동, 해외진출, 부모자식문제, 여행
戌에 온사람은 방위탈, 배신사, 원망 암투, 취업승
진 매사 지체불리함, 차사고로 손재수, 암투

필히 피해야 할일 : 작명, 아호짓기 · 상호짓기 · 간판달기 · 장담그기 · 새집들이 · 친목회 · 창고수리 · 건축수리

백초귀장술의 오늘에 초사언

시간 점占	辛卯공망-午未
子時	직장근심, 처를 극, 질병위급, 神부정
丑時	사업najin 후원사, 직장변동, 자식질병 금
寅時	관재 병재로 불길, 가출사 색장사 하극상
卯時	가내우환 도적흉, 여자로부터 금전손실
辰時	매사 지체 사업상 다툼, 불륜색정사
巳時	매사 불성사, 도망은 吉 삼각관계 재액
午時	관록 승진문제 금전 작은분직, 화해 吉
未時	삼각관계 직업변동, 친족불화 여자갈병
申時	만나불길, 육친무정, 이간유발, 질병재앙
酉時	적의 침범사, 관재 병재로 불길, 증거행
戌時	놀랄 일발생 불륜색장사, 공증분쟁
亥時	자식문제 직장문제, 흔남 問題 불화소과

오늘 행운 복권 운세
복권사면 좋은 띠는 소띠 ②⑧⑤
행운복권방은 집에서 북동쪽으 있는곳

申辰生	북쪽문을 피하고, 서남쪽으로 이사하면 안 된다. 재수가 없 고, 하는 일마다 꼬이고, 病苦 질병발생, 바람기 발동.
巳酉生	서쪽문을 피하고, 동남쪽으로 이사하면 안 된다. 재수가 없 고, 하는 일마다 꼬이고, 病苦 질병발생, 바람기 발동.
寅戌生	남쪽문을 피하고, 북동쪽으로 이사하면 안 된다. 재수가 없 고, 하는 일마다 꼬이고, 病苦 질병발생, 바람기 발동.
亥卯未生	동쪽문을 피하고, 서북쪽으로 이사하면 안 된다. 재수가 없 고, 하는 일마다 꼬이고, 病苦 질병발생, 바람기 발동.

운세풀이	酉띠:이동수,우왕좌왕, 弱,다툼	子띠:점점 일이 꼬임, 관재구설	卯띠:최고운상승세, 두마음	午띠:만남,결실,화합,문서
	戌띠:해결신,시험합격, 풀림	丑띠:귀인상봉, 금전이득, 현금	辰띠:의욕과다, 스트레스큼	未띠:이동수,이별수,변동 움직임
	亥띠:해결신,시험합격, 풀림	寅띠:매사꼬임,과거고생, 질병	巳띠:시급한 일, 뜻대로 안됨	申띠:빈주머니, 걱정근심, 사기

- 38 -

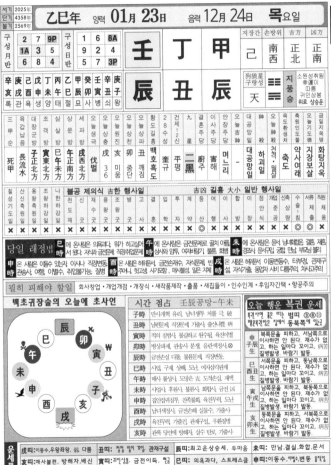

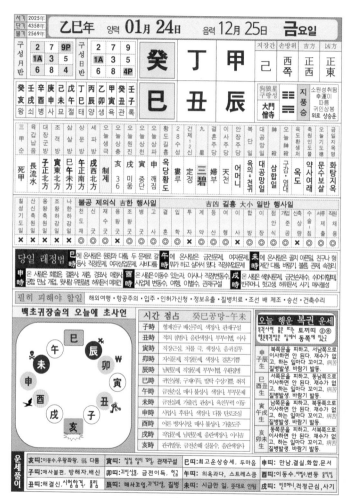

서기 2025年 단기 4358年 불기 2569年

乙巳年 양력 **01月 24日** 음력 **12月 25日** **금요일**

구성월반: 2 7 9P / 1A 3 5 / 6 8 4
구성일반: 2 7 9 / 1A 8 4 / 6 8 4P

지장간 己 손방위 西쪽 길방 正西 凶方 正東

癸 丁 甲
巳 丑 辰

狗狼星구랑성　大門僧寺　지풍승
소원성취원 추運이 따름 귀인상봉 위로 상승운

癸亥왕 壬戌쇠 辛酉병 庚申사 己未묘 戊午절 丁巳태 丙辰양 乙卯생 甲寅욕 癸丑관 壬子록

死甲 / 長流水 / 正北方 / 寅東北方 / 午正南方 / 戌西北方 / 制제 / 亥 36 / 戌 중일 / 申 / 오당황 / 妻루 / 定정 / 三碧 / 婦부 / 天천 / 어머니 / 대공망일 / 삼합일 / 굶귀·옥녀 / 옥도 / 약사여래 / 화탕지옥 / 복단일 / 약사여래 / 화탕지옥

활성기도일 × 산신기도원일 × 용왕축원일 × 조왕하강일 ○ 나한일 ○
불공 제의식 吉한 행사일
천도재 × 신중기도 × 재수굿 × 조왕굿 × 병굿 ○ 길흉 × 재수 ○ 일진 ○

吉凶 길흉 大小 일반 행사일
투자 × 개업 × 신축 × 수리 × 서류제출 ○ 직원채용 ○
합 ○ 안장 × 준공 × 상량 × 침침 ×

당일 래정법
巳時 巳에 온사람은 원한다 다툼 두 문제로 갈 수...
午時 午에 온사람은 금전문제, 여자문제...
未時 未에 온사람은 자식 이픈일, 친구나 형...
申時 온사람은 직장은 재수, 갈등사...
酉時 온사람은 이사나 직장변동수...
戌時 온사람은 색정사로, 금전순환수...

필히 피해야 할일: 해외여행·항공주의·입주·인허가신청·정보유출·질병치료·조선배 제조·승선·건축수리

백초귀장술의 오늘에 초사언

시간 점占　癸巳공망-午未

子時	형제친구 배신주의, 색정사, 관재구설
丑時	적의 침범사, 유산·위장, 부부갈등, 이사
寅時	직장근심, 처를 극, 색정사, 음귀침투
卯時	자식문제, 직장문제, 색정사, 결혼7慶
辰時	남편문제, 직장문제, 자식근심, 우환질병
巳時	귀인상봉, 구재가신, 빌착 수상?權, 취직
午時	금전손실, 매사 불성사, 색정사, 부부문제
未時	금전실패, 가출건, 관송사, 육친무력 이동
申時	선산사 후원사, 남녀색정사, 다툼 단독조심
酉時	어든 병자사망, 매사 불성사, 가출도주
戌時	직업문제, 남편문제, 유산색정사, 이사吉
亥時	관재발동, 금전손재 실물수, 음란색정사

오늘 행운 복권 운세
복권 사띠는 쪽을 띠는 토끼띠 ②⑦
행운복권방은 집에서 동쪽 방향 ①⑧

子辰生 복쪽문을 피하고, 서남쪽으로 이사하면 안 된다. 재수가 없고, 하는 일마다 꼬이고, 病苦
巳酉生 서쪽문을 피하고, 동남쪽으로 이사하면 안 된다. 재수가 없고, 하는 일마다 꼬이고, 질병발생, 바람기 발동
寅午戌生 남쪽문을 피하고, 북쪽으로 이사하면 안 된다. 재수가 없고, 하는 일마다 꼬이고, 病苦
亥卯未生 북쪽문을 피하고, 서북쪽으로 이사하면 안 된다. 재수가 없고, 하는 일마다 꼬이고, 질병발생, 바람기 발동

운세풀이
亥띠: 이동수, 우왕좌왕, 弱 다툼
子띠: 매사불편, 방해자, 배신
丑띠: 해결신, 시험합격, 풀림
寅띠: 점점 일이 꼬임, 관재구설
卯띠: 귀인상봉, 금전이득, 현금
辰띠: 매사꼬임, 과거고생, 질병
巳띠: 최고운상승세, 두마음
午띠: 의욕과다, 스트레스조심
未띠: 시급한 일, 뜻대로 안됨
申띠: 만남, 결실, 화합, 문서
酉띠: 이동수, 이별수, 변동 움직임
戌띠: 빈주머니, 걱정근심, 사기

- 40 -

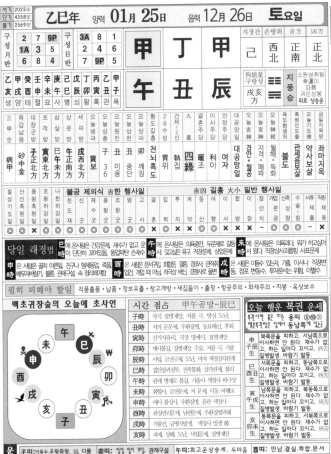

乙巳年 양력 **01月 25日** 음력 **12月 26日** 土요일

					지장간	손방위	吉方	凶方
구성월반	2 7 9P	구성일반	3A 8 1		己	西北	正南	正北
	1A 3 5		2 4 6					
	6 8 4		7 9P 5					

甲 丁 甲
午 丑 辰

乙 甲 癸 壬 辛 庚 己 戊 丁 丙 乙 甲
亥 戌 酉 申 未 午 巳 辰 卯 寅 丑 子
생 양 태 절 묘 사 병 쇠 왕 록 관 욕

狗狼星 구랑성 戌亥方 | 소원성취원 후풍이 따름 귀인상봉 위로 상승운

지풍승

三甲순 | 육갑납음 | 대장군방 | 조객방 | 삼살방 | 세파방 | 오늘행공 | 오늘원진 | 오늘상충 | 황도길흉 | 2 8 오성 | 건제12신 | 九星 | 결혼주당 | 이사주당 | 안장주당 | 대공망일 | 오늘吉神 | 오늘神殺 | 축원인도불 | 오늘기도신 | 오늘吉凶日

病甲 | 砂中金 | 寅東北方 | 寅東北方 | 午正南方 | 戌西北方 | 寅보 | 子 | 丑 미움 | 卯 깨짐 | 천뇌흑 | 胃위 | 執집 | 四綠 | 竈조 | 利이 | 여자 | 대공망일 | 경안월·월살 | 지격·패가 | 불도 | 관세음보살 | 약사여래

좌마지옥

칠성기도일 | 산신기도일 | 용왕기도일 | 조왕기도일 | 나한기도일 | 천도 | 신중 | 재수굿 | 조왕굿 | 병굿 | 고사 | 결혼 | 입주 | 투자 | 학 | 행 | 여행 | 방 | 점안 | 개업 | 신축 | 수 | 서류제출 | 재제액

◎ | ◎ | ◎ | ◎ | × | × | × | × | × | × | × | × | × | ◎ | ○ | × | × | - | ◎ | ◎ | ◎ | ○ | -

당일 래정법

巳時 - 午時 - 未時 - 申時 - 酉時 - 戌時 - 亥時

필히 피해야 할일: 작품출품·납품·정보유출·창고개방·새집들이·출장·항공주의·화재주의·지붕·옥상보수

백초귀장술의 오늘에 초사언

시간 점占 甲午공망-辰巳

子時	자식 질병재앙, 처를 극, 방심 도난
丑時	하극 돈문제, 우환질병, 동료배신 후회
寅時	선거자유리, 직장 명예사, 질병재앙
卯時	매사불길, 질병재앙, 수술 처를 극, 가출
辰時	사업, 금전구재, 도난 여자 색정삼각관계
巳時	잡귀침범삼각, 관재불화, 삼각관계 불리
午時	관재 병액로, 불길, 가출사 색정사 하극상
未時	화합사, 금전문제 처 문제 이동 여행사
申時	매사 불성사, 우환질병, 음란 색정사
酉時	관청관련사건, 남녀문제, 우환질병피해
戌時	가출건, 금방재앙불길, 색정사 발생 ⊗
亥時	파재 실böng, 도난 사업문제, 질병재앙

오늘 행운 복권 운세

복권사면 좋은 띠는 용띠 ⑤⑩⑳
행운복권방은 집에서 동남쪽에 있다

申子辰生	북쪽문을 피하고, 서남쪽으로 이사하면 안 된다. 재수기 없고, 하는 일마다 꼬이고, 病苦 질병발생. 바람기 발동
巳酉丑生	서쪽문을 피하고, 동남쪽으로 이사하면 안 된다. 재수가 없고, 하는 일마다 꼬이고, 病苦 질병발생. 바람기 발동
寅午戌生	남쪽문을 피하고, 북북쪽으로 이사하면 안 된다. 재수가 없고, 하는 일마다 꼬이고, 病苦 질병발생. 바람기 발동
亥卯未生	동쪽문을 피하고, 서북쪽으로 이사하면 안 된다. 재수가 없고, 하는 일마다 꼬이고, 病苦 질병발생. 바람기 발동

운세풀이

子띠: 이동수,우왕좌왕,弱,다툼
丑띠: 매사불편, 방해자,배신
寅띠: 해결신,시험합격, 풀림
卯띠: 점점 일이 꼬임, 관재구설
辰띠: 귀인상봉, 금전이득, 현금
巳띠: 매사꼬임,과거고생, 질병
午띠: 최고운상승세, 두마음
未띠: 의욕과다, 스트레스큼
申띠: 시급한 일, 뜻대로 안됨
酉띠: 만남,결실,화합,문서
戌띠: 이동수,이별수,변동 움직임
亥띠: 빈주머니,걱정근심,사기

- 41 -

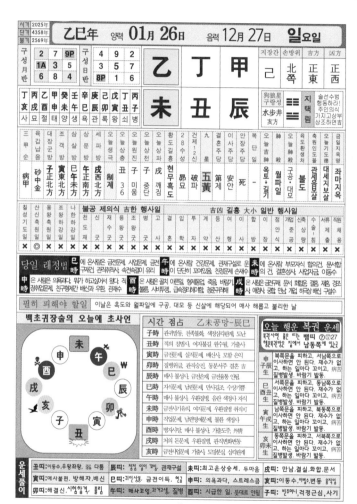

서기	2025年
단기	4358年
불기	2569年

乙巳年 양력 **01**月 **26**日 음력 12月 27日 일요일

구성월반	2	7	9P	구성년반	4	9	2
	1A	3	5		3	5	7
	6	8	4		8P	1	6

乙 丁 甲
未 丑 辰

저장간	손방위	吉方	凶方
己	北쪽	正東	正西

丁丙乙甲癸壬辛庚己戊丁丙
亥戌酉申未午巳辰卯寅丑子
사 묘 절 태 양 생 욕 관 록 왕 쇠 병

狗狼星 구랑성
水步井
亥方

지택림

솔선수범
행동하라!
주인의식
가지고상부
상조하면좋

三甲순	육갑납음	대장군방	조객방	삼살방	세파방	오늘생기	오늘상충	오늘상파	오늘원진	오늘상천	황도길흉	2 8 九 성	건제12신	九星	결혼주당	이사주당	안장주당	복단일	神殺	오늘神殺	오늘吉神	육도환생처	축일인	천간지옥	일지옥명

病中 砂中金 正東北方 正東北方 午正南方 酉正西北方 制制 丑 子 戌 현무흑도 昴묘 破파 五黃 第제 安안 死 - 옥堂·길커 월덕일 구공·대모 불도 관세음보살 좌마지옥

칠성기도일	산신축원일	용왕축원일	조왕축원일	나한기도일		불공 제의식 吉한 행사일						吉凶 길흉 大小 일반 행사일									

천도재 신중기도 재수굿 용왕굿 조왕굿 병굿 결혼 입택 투자 계약 등산 여행 합방 이장 점안식 개업 신축상량 서류제출 직원채용

× ◎ × × × × × × × × × × × × × × × × × × ○ × × ×

당일 레정법
巳時 에 온사람은 금전문제, 사업문제, 금전 午時 에 온사람 건강문제, 관재구설로 운 未時 온사람 부모자식 합의건, 문서합
구재건 관재리사 속전속결! 유리 時가 단단히 꼬여있음, 친정문제 손재수 時 의 건 결혼성사 사업자금 이동수

申時 온사람은 하극상 믿는자식 배신사, 관재 酉時 온사람 금전문제, 사업문제, 관재수, 바람기 戌時 온사람 금전문제 문서 회합건 결혼 재혼 경조
時 장차업근심, 친구형제갈등 배신과 우환 관재수 時 발동 사기조심 매사 신경질, 금전손해, 실물 청춘구류! 時 사 애정사 궁합 만남 개업 하극상 배신 경조

필히 피해야 할일
이날은 흑도와 월파일에 구공, 대모 등 신살에 해당되어 매사 해롭고 불리한 날

백초귀장술의 오늘에 초사언

시간 점占	乙未공망-辰巳
子時	관재병송, 친족불화, 색정상대방 유혹
丑時	적의 참략사, 여자불리 원수불, 가출사
寅時	금전문제 실직문제 배신사, 모함 은미
卯時	질병위급, 관직승진, 동분서주 결혼 문
辰時	매사 불성사, 금전손재, 금전융통 곤란
巳時	자식문제 남편문제 만나길조, 수월심뱀
午時	매사 불성사, 우환질병, 음란 색정사 자식
未時	금전가치유고, 여자문제, 우환질병 취직이
申時	금전문제, 남편문제와실 애정사 색정사
酉時	병자죽음, 매사 불성사, 가출도주, 外情
戌時	처의 돈문제, 우환질병, 관직직위변동
亥時	금전이문제, 가출사, 도망분실 상부喪事

	未띠	최고운상승세, 두마음	戌띠	만남,결실,화합,문서
표띠	이동수,우왕좌왕, 謝 다툼	辰띠 정정 이익 꼬임, 관재구설	申띠	의욕과다, 스트레스큼	亥띠	이동수,액땜,변동 움직임
寅띠	매사불편, 방해자,배신	巳띠 기인상봉, 금전이득, 현금	子띠	빈주머니, 걱정근심, 사기
卯띠	해결신,시험합격, 풀림	午띠	매사꼬임,과거2생, 질병	酉띠	시급한 일, 뜻대로 안됨		

운세풀이

오늘 행운 복권 운세
복권사면 좋은 띠는 뱀띠 ⑦①27
행운복권방은 집에서 남동쪽에 있음

申子辰生	복권문을 피하고, 서남쪽으로 이사하면 안 된다. 재수가 없 고, 하는 일마다 꼬이고, 病苦 질병발생. 바람기 발동.
巳酉丑生	서쪽문을 피하고, 동남쪽으로 이사하면 안 된다. 재수가 없 고, 하는 일마다 꼬이고, 病苦 질병발생. 바람기 발동.
寅午戌生	북쪽문을 피하고, 북동쪽으로 이사하면 안 된다. 재수가 없 고, 하는 일마다 꼬이고, 病苦 질병발생. 바람기 발동.
亥卯未生	남쪽문을 피하고, 서북쪽으로 이사하면 안 된다. 재수가 없 고, 하는 일마다 꼬이고, 病苦 질병발생. 바람기 발동.

서기 2025년
단기 4358년
불기 2569년

乙巳年　양력 01月 27日　음력 12月 28日　月요일

구성월반			구성일반		
2	7	9P	5	1	3
1A	3	5	4	6	8
6	8	4	9P	2	7A

丙 丁 甲
申 丑 辰

지장간	손방위	吉方	凶方
己	北東	正北	正南

狗狼星
구랑성 ☰ 지택림 天

솔선수범 행동하라!
주인의식 가지고상부 상조하면됨

己亥 戊戌 丁酉 丙申 乙未 甲午 癸巳 壬辰 辛卯 庚寅 己丑 戊子
절 묘 사 병 쇠 왕 록 관 욕 생 양 태

三甲순 病甲

육갑납음 山下火

대장군방 子(正北方)

삼살방 寅東北方

상문방 午(正南方)

세파방 酉(正西方)

오늘생기 制처

오늘상천 寅 36

오늘상파 亥

황도길흉 巳 중단

28수 깨짐

건제12신 畢필

九星 危위

결혼주당 災 재앙

안장주당 손자

복단일 -

대공망 오부길일

神殺 양인・복신

오늘神殺 인토

축원생신 인도

조객방 卯(正東方)

금일지옥 관세음보살

아미보살

좌마지옥

六白

당일 레정법

巳時 온사람은 여자로 인해 손재수. 직장문제, 상업문제, 색정사, 관재구설
午時 온사람은 금전문제, 사업문제, 친정에 유리. 부모문제, 관재my사, 속전속결이 유리
未時 온사람은 남편문제, 직장문제, 첫수 고로 완전히듬, 지금은 불리 손재수
申時 온 사람은 금전구재, 취직문제, 종교문제, 망신수
酉時 온 사람은 장사문제, 친구형제간 배신 금전사업문제
戌時 온 사람은 이동수 변동수라 해외 이별, 행방불명, 죽음 문제

필히 피해야 할일

승선・낚시・어로작업・요트타기・벌목・사냥・수렵・수렵・수렵・주방고치기・흙 다루고 땅 파는 일.

백초귀장술의 오늘에 초사언

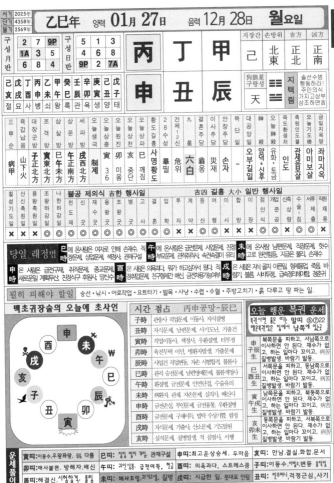

시간 점占	丙申공망-辰巳
子時	관송사 작업문제 이동사 자식질병
丑時	자식문제, 남편문제, 사기도난, 가출건
寅時	직업이동사, 색정사, 우환질병, 터부정
卯時	육친무례 이견, 병환발생, 가출문제
辰時	사업건 작업변동, 자손 시험합격, 불귀사
巳時	관직 승전문제, 남편명예문제, 불륜색정사
午時	환자병 금전문제, 안전단절, 수술유의
未時	病者sa 자손문제 실직사 배신사
申時	금전문제 부인문제 금전용통, 우환질병
酉時	금전문제, 구재이득, 발탈 수상기문, 한정
戌時	자식문제, 가출사, 산소탈이 기로원
亥時	실직문제, 질병발생, 적 침범사, 서행

오늘 행운 복권 운세

복권사면 좋은 띠는 말띠 ⑤⑦22
행운권방은 집에서 남쪽에 있음

申辰生	북쪽문을 피하고, 서남쪽으로 이사하면 안 된다. 재수가 없고, 하는 일마다 꼬이고, 病苦 질병발생, 바람기 발동.
巳生	서쪽문을 피하고, 동남쪽으로 이사하면 안 된다. 재수가 없고, 하는 일마다 꼬이고, 病苦 질병발생, 바람기 발동.
寅戌生	남쪽문을 피하고, 동북쪽으로 이사하면 안 된다. 재수가 없고, 하는 일마다 꼬이고, 病苦 질병발생, 바람기 발동.
卯未生	동쪽문을 피하고, 서북쪽으로 이사하면 안 된다. 재수가 없고, 하는 일마다 꼬이고, 病苦 질병발생, 바람기 발동.

운세풀이

寅띠:이동수,우왕좌왕, 弱, 다툼
卯띠:매사불편, 방해자,배신
辰띠:해결신,시험합격, 풀림

巳띠:귀인상봉, 금전이득, 관재구설
午띠:귀인상봉, 금전이득, 현금
未띠:매사꼬임,과거2세, 질병

申띠:최고운상승세, 두마음
酉띠:의욕과다, 스트레스큼
戌띠:시급한 일, 뜻대로 안됨

亥띠:만남,결실,화합,문서
子띠:이동수,이변수,변동 움직임
丑띠:빈주머니,걱정근심, 사기

乙巳年　양력 **01**月 **28**日　음력 **12**月 **29**日　**화요일**

구성월반			구성일반		
2	7	9P	6	2	4
1A	3	5	5P	7	9A
6	8	4	1	3	8

丁 丁 甲
酉 丑 辰

지장간	손방위	吉方	凶方
己	無	正西	正東

狗狼星
구랑성
寺觀
절사관

지택림

술선수비
행동하라!
주의의식
가지고상부
상조하여뜸

辛	庚	己	戊	丁	丙	乙	甲	癸	壬	辛	庚
亥	戌	酉	申	未	午	巳	辰	卯	寅	丑	子
태	양	왕	욕	관	록	왕	쇠	병	사	묘	절

三甲旬　육대장군　조객　삼살　세파　오늘생기　오늘상파　오늘상충　황도길흉　건제十二신　九星　결혼주당　이사주당　안장주당　오늘神　神殺　오늘神殺처　육도환생처　축원인도일　오늘지옥

病甲　山下火　子正北方　寅東北方　巳午未南方　午正南方　酉正西方　制제　卯 36　寅 미움　戊 깨짐　구진흑도　觜자　成성　七赤　堂당　師사　남자　만통사일　수사·처화　삭격·소모　귀도　관세음보살　좌마지옥

칠성기도일　산신축원일　용왕축원일　조왕하강일　나한하강일　불공 제의식 吉한 행사일　吉凶 길흉 大小 일반 행사일

신축　재수　조왕　병굿　결혼　입학　투자　계약　병원　사업　개업　신축　착공　서류제출　직원제재

× × × × ◎ ◎ ◎ ◎ ◎ × ◎ × × ◎ × ×

당일 래정법
巳에 온사람은 하가 해결할 문제 합격여부 午에 온사람은 의욕없는자, 금전구재건 未에 온사람은 금전문제 사업문제 자식
時 취업 승진 매사불성사, 금전차단손실 時부 직장문제 재운로 손님 時 문제로 다툼, 진정분제 매사불성사 時 문제 관청관재수, 속전속결이 유리

申 이 사람은 건강문제, 관재구설로 운이 단단히 묶여 酉 이 사람은 무시 문제 갈등사 갈고싶은 욕 戌 이 사람은 이것저것 자식의 부모도와 문제, 직장
時 꼬여있음, 취업 승진문제, 남녀사문제 손재수 時 심으로 자식으로 손님 발행 갈등사 안됨 우환질병 時 취업문제, 친구형제간 배신, 묘지 이장문제

필히 피해야 할일　친목회·소장제출·항소·옷재단·새옷맞춤·태아옷구입·머리자르기·벌목·산행

백초귀장술의 오늘에 초사언

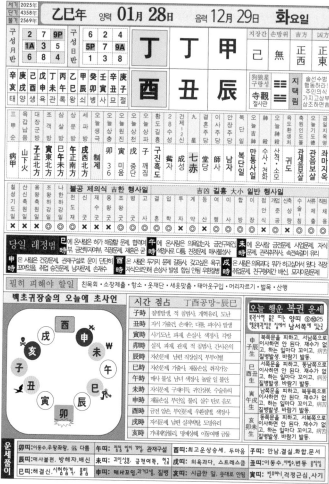

| 酉 |
| 戌 |
| 申 W |
亥		未
子		午
丑		巳
寅		辰
卯

시간 점占　丁酉공망-辰巳

子時　질병발생, 적 침범사, 개혁리다
丑時　자식 가출건, 손재수, 다툼, 파가사 발생
寅時　사기도난, 파재, 손실사, 색정사, 걱방
卯時　실직, 파재, 관재, 적 침범사, 간사음해
辰時　자손문제 남편 직장실직 부부불별
巳時　자손문제 가출사 재물손실 취직가능
午時　매사 불성, 남녀 색정사, 놀랄 일 불안
未時　재물손실 부인잡음 질병침투, 수술유의
申時　재물손실 부인잡음 질병 관재 도난 관직
酉時　금전 암손 부인문제 우환질병 색정사
戌時　자식문제 남편 실직투쟁, 도망유리
亥時　가내재앙불리, 명예훼손 이동여행 고란

오늘 행운 복권 운세

복권방은 집에서 북쪽 ⑯⑮25
행운처갈 자리는 양띠 남서쪽에 있소

申子辰生　복쪽문을 피하라, 서남쪽으로 이사하면 안 된다. 재수가 없고 病苦 질병발생. 바람기 발동.

巳酉丑生　동쪽문을 피하라, 동남쪽으로 이사하면 안 된다. 재수가 없고 病苦 질병발생. 바람기 발동.

寅午戌生　남쪽문을 피하라, 북동쪽으로 이사하면 안 된다. 재수가 없고 病苦 질병발생. 바람기 발동.

亥卯未生　복쪽문을 피하라, 서남쪽으로 이사하면 안 된다. 재수가 없고 病苦 질병발생. 바람기 발동.

운세풀이

卯띠: 이동수,우왕좌왕, 弱 다툼 　午띠: 정정 이익 꼬임, 관재구설 　酉띠: 최고운상승세, 두마음 　子띠: 만남,결실,화합,문서

辰띠: 매사불편, 방해자,배신 　未띠: 귀인상봉, 금전이득, 현금 　戌띠: 의욕과다, 스트레스큼 　丑띠: 이동수,이별수,변동 움직임

巳띠: 해결신,시험합격, 풀림 　申띠: 매사꼬임,과거고생, 질병 　亥띠: 시급한 일, 뜻대로 안됨 　寅띠: 빈주머니, 걱정근심, 사기

- 44 -

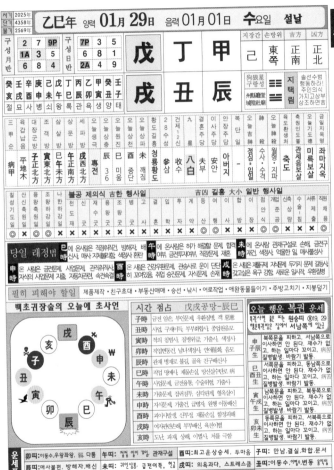

서기 2025년
단기 4358년
불기 2569년

乙巳年 양력 **01**월 **29**일 음력 **01**월 **01**일 **수**요일 설날

구성월반
2	7	9P
1A	3	5
6	8	4

구성일반
7P	3	5
6	8	1
2A	4	9

戊 丁 甲
戊 丑 辰

癸亥 壬戌 辛酉 庚申 己未 戊午 丁巳 丙辰 乙卯 甲寅 癸丑 壬子
절 묘 사 병 쇠 왕 록 관 욕 생 양 태

지장간 己
손방위 東쪽
吉方 正南
凶方 正北

狗狼星구랑성
西睡東廚 서수동주
竈廁房順조측방순

솔선수범 행동하고 주의의식 가지고상부 상조하면 吉

三甲旬
病甲

육임
子正北方

대장군방
卯東北方

삼살방
午正南方

세파방
戌西北方

오늘상충
辰 3

오늘원진
酉

오늘상천
未

오늘상파
申 중단

오늘상해
깨짐

황도길흉
청룡황도

28수
參삼

건제12신
收수

九星
八白

결혼주당
安안

이사주당
安안

안장주당
아버지

복단일
-

오늘吉神
정충

神殺
수사·수격

육도환생처
월殺·지파

축원인도불
축도

오늘기도덕
미륵보살

급살지옥 오늘기도 발원 좌마지옥

칠성기도일
◎

산신기도일
×

용왕기도일
×

조왕기도일
×

나한기도일
◎

불공 제의식 吉한 행사일
천도재 ×
신중기도 ×
재수굿 ×
용왕굿 ×
조왕굿 ×
병굿 ×

吉凶 길흉 大小 일반 행사일
결혼 ×
입학 ㉱
투자 ㉱
계약 ×
등 여 ×
행 ×
이 합 ×
이 장 ㉱
개업 ㉱
신축 ◎
수리 ×
서류제출 ◎
직원채용 ◎

당일 래정법
巳에 온사람은 관직승진건 방해사 배신 午에 온사람은 하극할 문제 합격 未에 온사람은 관재구설로 손해 금전구설 색정사지 매사 지체불리함 구설 색정사 女하 금전손실 직장문제 관직취직사 色 관刑사 재혼 時 관재 신규 억울한 일 색정사불리
申에 온사람은 금전문제 사업문제 주색잡기문제 酉에 온사람은 건강우환문제 관직취직사 운 단 戌에 온사람은 제물과 자손문제 갈등사 자식의 사업문제 자동차관련 손실수 時 티 꼬이곤, 취업 승진문제, 자식문제 갈고습은 욕 강함. 새로운 일시작 子孫잘됨

필히 피해야 할일
제품제작 · 친구초대 · 부동산매매 · 승선 · 낚시 · 어로작업 · 애완동물들이기 · 주방고치기 · 지붕덮기

백초귀장술의 오늘에 초사언

시간 점占 戊戌공망-辰巳

子時 금전 암손 부인문제 우환질병 객 顯廳
丑時 사업 구재이득 부부화합사 출업완음모
寅時 적의 침투사, 질병위급, 가출나, 색정사
卯時 작업변동건, 남녀색정사, 연애불화, 음모
辰時 관재 병재로 불길, 골육 친구배신사
巳時 직업 명예사 재물손실 당산살금전쇠, 病
午時 사업문제 금전융통, 수술위험 가출나
未時 자식문제 관재구설 급변還, 원행 이동別
申時 자식문제 가출건, 금전까, 원행 이동배신
酉時 파소발생 신부정, 재물손실, 함정깨패
戌時 여자나친권손해 부부배신 육친아별
亥時 도난 파재 상해, 이별사, 처를 극함

오늘 행운 복권 운세
복권사면 윤살띠 @19, 29
행운복권방은 집에서 서남쪽에 있소

申子辰生 복쪽문을 피하고, 서남쪽으로 이사하면 안 된다. 재수가 없고, 하는 일마다 꼬이고, 病苦 질병발생. 바람기 발동.

巳酉丑生 서쪽문을 피하고, 동남쪽으로 이사하면 안 된다. 재수가 없고 하는 일마다 꼬이고, 病苦 질병발생. 바람기 발동.

寅午戌生 남쪽문을 피하고, 북동쪽으로 이사하면 안 된다. 재수가 없고 하는 일마다 꼬이고, 病苦 질병발생. 바람기 발동.

亥卯未生 동쪽문을 피하고, 서쪽으로 이사하면 안 된다. 재수가 없고, 하는 일마다 꼬이고, 病苦 질병발생. 바람기 발동.

운세풀이

卯띠:이동수,우왕좌왕, 弱, 다툼
辰띠:매사불편, 방해자,배신
巳띠:해결신,시험합격, 풀림

午띠:점직 일이 '꼬임', 관재구설
未띠:귀인상봉, 금전이득, 현금
申띠:매사꼬임,과거고생, 질병

酉띠:최고운상승세, 두마음
戌띠:의욕과다, 스트레스큼
亥띠:시급한 일, 뜻대로 안됨

子띠:만남,결실,화합,문서
丑띠:이동수,이별수,변동 움직임
寅띠:빈주머니,걱정근심,사기

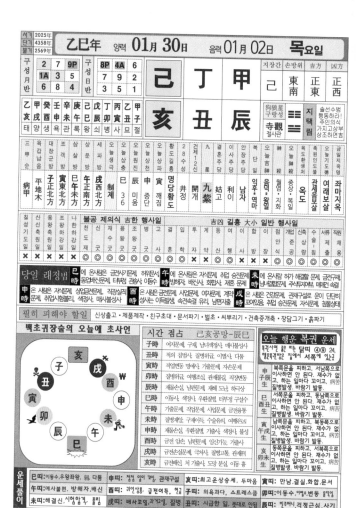

서기	2025년
단기	4358년
불기	2569년

乙巳年 양력 **01**月 **30**日 음력 **01**月 **02**日 **목요일**

구성월반	2	7	9P	구성일반	8P	4A	6
	1A	3	5		7	9	2
	6	8	4		3	5	1

己 丁 甲
亥 丑 辰

지장간	손방위	吉方	凶方
己	東南	正東	正西

乙亥 태양 / 癸酉 양 / 壬申 욕 / 辛未 관록 / 庚午 왕 / 戊辰 쇠 / 丙卯 병 / 甲子 절

狗狼星 구랑성 寺觀 절사관

솔선수범 행동한다! 주인의식 가지고싶부 가조하면업

지택림

당일 래정법

時에 온사람은 금전사기문제, 하위문서나 **午時**에 온사람은 자식문제 취업 승진문제 **未時**에 온사람은 하극 해결할 문제 금전기재 동업배신문제나 타부정 관송사 이동수 방해자나 배신사 화합사 재혼 문제 주차자파나 매매진 숙업

申時 사람은 자식문제 상업문제로, 직장상죄 **酉時** 온사람은 금전문제 사업문제, 여유문제, 계약 성사 **戌時** 사람은 자식간문제, 관재구설 운이 단단 문제 취업사진문제, 색정사, 매사불성사 온 時 성사는 아름답음, 속전속결 유리, 남편지출 時 성사는 취업 승진문제, 자식문제, 질병상태

필히 피해야 할일 신상출고 · 제품제작 · 친구초대 · 문서파기 · 벌초 · 씨뿌리기 · 건축증개축 · 장담그기 · 흙파기

백초귀장술의 오늘에 초사언

시간 점占	己亥공망-辰巳
子時	여자문제 구재 남녀색정사, 매물상사
丑時	적의 참범사, 질병위급, 이별사, 다툼
寅時	작업변동 명예사 가출문제 자손문제
卯時	질병위급, 여행조심, 직장변동
辰時	재물손실 남편문제 재혼 도난 하극상
巳時	이동사 색정사 우환질병 타부정 구설수
午時	가출문제 직업문제 사업문제 금전용무
未時	질병재앙, 수술유아 수술문제, 여행조심
申時	재물손실 우환질병 가출사, 색정사, 불성
酉時	금전 얽힘 남편문제, 임신가능, 가출사
戌時	금전손실문제 극차사, 질병고통, 관재刑
亥時	금전贈사 처 가출사, 도망 분실 이동흉

오늘 행운 복권 운세

복권운은 띠를 따라 ④⑨ 24,
행운복권방은 집에서 서쪽에 있는곳

申子辰 生	복권운을 피하고, 서남쪽으로 이사하면 안 된다. 피하고, 하는 일마다 꼬이고, 病苦 질병발생. 바람기 발동
巳酉丑 生	서쪽문을 피하고, 동남쪽으로 이사하면 안 된다. 재수가 없고, 하는 일마다 꼬이고, 病苦 질병발생. 바람기 발동
寅午戌 生	북쪽문을 피하고, 서북쪽으로 이사하면 안 된다. 재수가 없고, 하는 일마다 꼬이고, 病苦 질병발생. 바람기 발동
亥卯未 生	동쪽문을 피하고, 서북쪽으로 이사하면 안 된다. 재수가 없고, 하는 일마다 꼬이고, 病苦 질병발생. 바람기 발동

운세풀이

巳띠:이동수,우왕좌왕, 弱, 다툼 **申띠:**적심 이익 겸손, 관재구설 **亥띠:**최고 운상승세, 두마음 **寅띠:**만남,결실,화합,문서

午띠:매사불편, 방해자,배신 **酉띠:**귀인상봉, 금전이득, 현금 **子띠:**의욕과다, 스트레스큼 **卯띠:**이동수,이별수,변동 움직임

未띠:해결신, 시험합격, 풀림 **戌띠:**매사꼬임,과거2쟁, 질병 **丑띠:**시급한 일, 뜻대로 안됨 **辰띠:**빈주머니,걱정근심, 사기

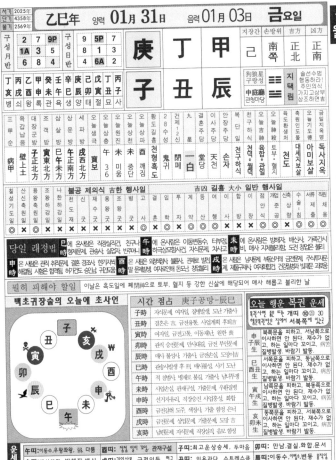

서기 2025년	乙巳年	양력 **01**月 **31**日	음력 **01**月 **03**日	**금**요일
단기 4358年				
불기 2569年				

지장간 손방위 吉方 凶方
己 南쪽 正北 正南

구성월반
2	7	9P
1A	3	5
6	8	4

구성일반
9	5P	7
8	1	3
4	6A	2

庚 丁 甲
子 丑 辰

狗浪星
구랑성
中庭廳
관청마당

지택림

술수수렴
행동하라!
주의의식
가지고상부
상조하면불

丁	丙	乙	甲	癸	壬	辛	庚	己	戊	丁	丙
亥	戌	酉	申	未	午	巳	辰	卯	寅	丑	子
병	쇠	왕	록	관	욕	생	양	태	절	묘	사

| 三甲순 | 육갑납음 | 대장군방 | 조객방 | 상문방 | 세파극 | 오늘생극 | 오늘상충 | 오늘원진 | 오늘상파 | 오늘상천 | 황도길흉 | 28수성 | 건제12신 | 결혼주당 | 이사주당 | 안장주당 | 복단일 | 천구하식 | 오늘吉神 | 육도환생처 | 축일탄생불 | 오늘기도불 | 금일지옥명 |
| 病甲 | 壁上土 | 寅東北方 | 寅東北方 | 戌西北方 | 寅보 | 午 | 子 | 未 | 酉 | 午 | 황도 | 3 6 | 閉폐 | 一白 | 堂당 | 天天 | 손자 | 천구하식 | 천덕·월덕 | 토부·혈지 | 천도 | 대세지보살 | 아미타불 | 독사지옥 |

칠성기도일	산신축원일	용왕축원일	조왕하강일	나한하강일	불공 제의식 吉한 행사일							吉凶 길흉 大小 일반 행사일											
					천도재	신중기도	용왕굿	조왕굿	병굿	고사	결혼	입학	투자	계약	여행	이사	합방	점안식	개업	신축	수리	서류제출	직원채용
◎	×	◎	×	◎	◎	×	◎	◎	×	×	×	×	◎	×	◎	×	◎	◎	◎	×	×	◎	◎

필히 피해야 할일 이날은 흑도일에 폐閉神으로 토부, 혈지 등 강한 신살에 해당되어 매사 해롭고 불리한 날

백초귀장술의 오늘에 초사언

시간 점占	庚子공망-辰巳
子時	자식문제 여자리, 잘빼입문 도난 가출사
丑時	결혼은 吉, 금전융통, 사업개획 후회吉
寅時	여자리, 금전고통, 이동재난, 원한 喪
卯時	취업 승진문제 만나게된 금전 부인문제
辰時	매사 불상사 가출사 금전손실 도망가능
巳時	관송사바람 후 쾌 매사불성 사기 도난
午時	적 참방사 병재로 불길, 가출사 남녀투쟁
未時	사업손실 자산손실 가출문제, 우환질병
申時	선거자유리, 직장승진 사업흥성, 화합
酉時	금전문제 도주, 색정사 가출 함정 은닉
戌時	금전문제 상업문제 가출문제 도망 吉
亥時	남편문제 자식문제 직장실직 음모 함정

오늘 행운 복권 운세

복권사면 좋은 띠는 개띠 ⑩㉚ 30
행운복권방은 집에서 서북쪽에 있으

甲辰生	서쪽문을 피하고, 서남쪽으로 이사하면 안 된다. 재수가 없고, 하는 일마다 꼬이고, 病苦 질병발생. 바람기 발동
乙酉生	북쪽문을 피하고, 동남쪽으로 이사하면 안 된다. 재수가 없고, 하는 일마다 꼬이고, 病苦 질병발생. 바람기 발동
午戌生	남쪽문을 피하고, 북동쪽으로 이사하면 안 된다. 재수가 없고, 하는 일마다 꼬이고, 病苦 질병발생. 바람기 발동
亥卯未生	동쪽문을 피하고, 서북쪽으로 이사하면 안 된다. 재수가 없고, 하는 일마다 꼬이고, 病苦 질병발생. 바람기 발동

운세풀이

午띠:이동수,우왕좌왕, 弱,多툼 酉띠:정점 이り '띠앙, 관재구설 子띠:최고운상승세, 두마음 卯띠:만남,결실,화합,문서
未띠:매사불편, 방해자,배신 戌띠:귀인상봉, 금전이득, 적질 丑띠:의욕과다, 스트레스큼 辰띠:이동수,이별수,변동 음직임
申띠:해결신,시험합격, 풀림 亥띠:매사꼬임,과거고생, 질병 寅띠:시급한 일, 뜻대로 안됨 巳띠:빈주머니,걱정근심,사기

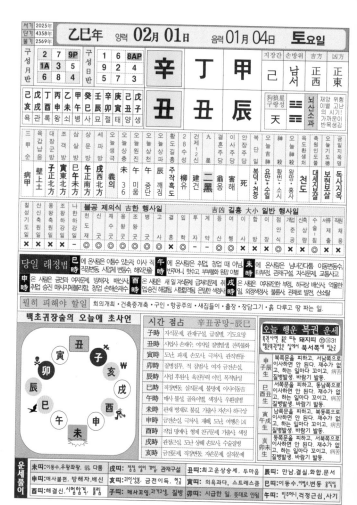

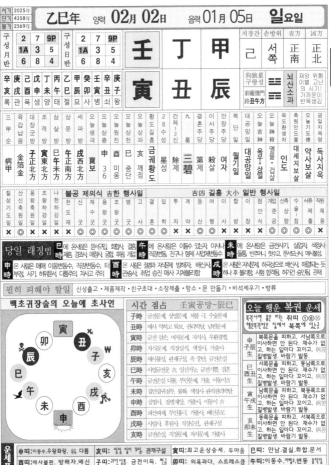

서기 2025년	乙巳年	양력 **02**月 **02**日	음력 **01**月 **05**日	**일**요일
단기 4358년				
불기 2569년				

乙巳年 양력 **02**月 **02**日 음력 **01**月 **05**日 **일**요일

구성월반			구성일반		
2	7	9P	2	7	9P
1A	3	5	1A	3	5
6	8	4	6	8	4

壬 丁 甲
寅 丑 辰

지장간	손방위	吉方	凶方
己	서쪽	正南	正北

辛 庚 己 戊 丁 丙 乙 甲 癸 壬 辛 庚
亥 戌 酉 申 未 午 巳 辰 卯 寅 丑 子
록 관 왕 생 양 태 절 묘 사 병 쇠 왕

狗狼星구랑성
辟邁廟冏
路辛方

재앙 위험
이별 고난
의 시기!
가까운데
반목생김

뇌산소과

三甲순 육갑납음 대장군방 조객방 삼살방 상문방 세파방 오늘생극 오늘상충 오늘원진 오늘상천 오늘상파 황흑도길흉 2 8 수성 건제12신 九星 결혼주당 이사주당 안장주당 복단일 대공망일 오늘神殺 오늘吉神 축ен인도 오늘환생처 기도神 본命축인도 대세지보살 금일옥황

病甲 金箔金 寅東北方 午正南方 戌西北方 寶 申 酉 亥 金궤황도 星성 除제 三碧 第제 殺살 여자 월기일 大공망일 옥우·삼살 멸월·겁살 인도 약사보살 독사지옥

칠성기도 산신축원 용왕축원 조왕하강 나한하강 불공 제의식 吉한 행사일 吉凶 길흉 大小 일반 행사일

천도재 신굿 재수굿 용왕굿 조왕굿 병굿 결혼 입학 투자 계약 등사 여행 이사 합방 이 점 개업 신축 수리 서류 직원
안 준 상 제출 제 채
식 공 량 침 용

× ○ × × × × ◎ × × × × ○ × × × × ○ × ○ ○ × × ○ × × ○ ×

당일 래정법
巳에 온사람은 문서잡음 화함나 결혼, 午에 온사람은 이동수 있다 이사나 未에 온사람은 금전사기 실랑사, 색정사
직장변동, 점포나 이동수, 궁합 위해 개업 직장변동, 친구나 형제 사업변동수 다툼, 반목사 하극상 문서분사 매사불성

申온 사람은 매매 이동변동수, 타 酉온 사람은 직장실직 문제 방해자, 배신사 戌온 사람은 자식문제, 하극상으로 배신사 해결는 동
時 부정사 하극상 문서분사 時 되는분 관재로 다툼 時 하나 후 불리함 시험 합격됨 하면서 승전됨 관재

꼭 피해야 할일 신상출고·제품제작·친구초대·소장제출·항소·문 만들기·비석세우기·방류

백초귀장술의 오늘에 초사언

時 점占 **壬寅공망-辰巳**

子時 금전문제 상업문제, 처를 극 수술문제
丑時 매사 막히고 퇴보, 권리박탈, 남편문제
寅時 금전 안정 여자문제 자식사, 우환질병
卯時 자식문제 직장실직, 색정사 가출사
辰時 매사불성 관재구설, 속 중단 금전손실
巳時 사업관련손 흉, 입산가능, 금전기쁨, 결혼
午時 금전손실 다툼, 부모불째, 가출, 이동이득
未時 잡귀침투놀램, 불화, 색정사 관직권리박탈
申時 질병침투, 질병재앙, 가출사, 이동이 吉
酉時 파산염려세, 부인문제, 가출사, 배신음모
戌時 사업사, 후원사, 직장승진, 관재구설
亥時 금전손실 직장문제 자식문제, 가출사

오늘 행운 복권 운세
복권사면 좋은 띠는 쥐띠 ①⑥⑯
행운복권방은 집에서 북쪽으로 있는곳

申子辰生	북쪽문을 피하고, 서남쪽으로 이사하면 안 된다. 재수가 없고, 하는 일마다 꼬이고, 病苦 질병발생. 바람기 발동.
巳酉丑生	서북쪽문을 피하고, 동남쪽으로 이사하면 안 된다. 재수가 없고, 하는 일마다 꼬이고, 病苦 질병발생. 바람기 발동.
寅午戌生	남쪽문을 피하고, 북서쪽으로 이사하면 안 된다. 재수가 없고, 하는 일마다 꼬이고, 病苦 질병발생. 바람기 발동.
亥卯未生	동쪽문을 피하고, 서남쪽으로 이사하면 안 된다. 재수가 없고, 하는 일마다 꼬이고, 病苦 질병발생. 바람기 발동.

운세풀이
申띠:이동수,우왕좌왕, 弱 다툼 亥띠: 점직 이어 꼬임 관재구설 寅띠:최고운상승세, 두마음 巳띠: 만남,결실,화합,문서
酉띠:매사불편, 방해자,배신 子띠:귀인상봉, 금전이득, 현금 卯띠: 의욕과다, 스트레스큼 午띠:이동수,애로,변동 움직임
戌띠:해 결신, 시험합격, 풀림 丑띠: 매사꼬임,과거고생, 질병 辰띠: 시급한 일, 뜻대로 안됨 未띠: 빈주머니,걱정근심, 사기

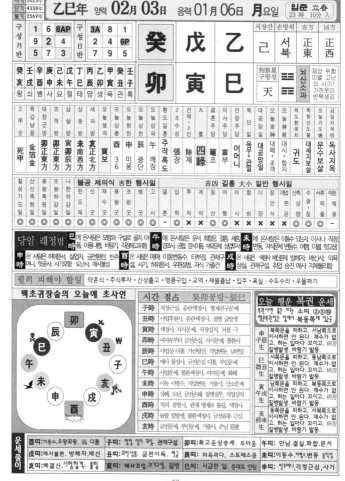

서기 2025年
단기 4358年
불기 2569年

乙巳年 양력 02月 03日 음력 01月 06日 月요일

입춘 立春
23時 10分 入

구성월반			구성일반		
1	6	8AP	3A		
9	2	4	2	4	6P
5	7	3	7	9	5

癸 戊 乙
卯 寅 巳

지장간 손방위 吉方 凶方
己 서북 正東 正西

狗狼星 구랑성
재앙 위험 이별 고난 의 시기! 가까운이 반목생김
天

癸 壬 辛 庚 己 戊 丁 丙 乙 甲 癸 壬
亥 戌 酉 申 未 午 巳 辰 卯 寅 丑 子
왕 쇠 병 사 묘 절 태 양 생 욕 관 록

三甲旬 死甲
대장군방 金猪西方金
조객방 卯正東方
삼살방 亥卯未南方
세파방 亥正北方
오늘생기 寅보 36
오늘복단 酉
오늘상파 辰
황도길흉 午 주작흑도
2건제12신 建 張 중단
九星 四綠
결흉 除
안장주당 四綠
복단일 竈조
대공망일 富부
오늘神殺 우머리
오늘殺處 대공망일
오늘吉神 어머니
도환살처 귀도
원산혈처 대세지보살
인도행 문수보살
지일복덕 독사지옥

불공 제의식 吉한 행사일 | 吉凶 길흉 大小 일반 행사일

칠성기도 ◎
산신축원 ◎
용왕축원 ◎
조왕하강 ◎
나한하강 ◎
천의 ◎
재앙 ◎
조왕굿 ×
병굿 ×
고사 ×
결혼 ×
입학 ×
투자 ×
계약 ×
등산 ×
여행 ◎
이사 ×
합방 ×
안장 ◎
개업 ×
준공 ×
상량 ×
서류제출 ×
직원채용 ×

당일 래정법
巳時 에 온사람은 모함과 구설로 끝이 아픈 격 午時 에 온사람은 문서 화합은 결혼 재혼 未時 에 온사람은 이동수 있으나 이사나 직장
변동 운이둥꽁 바람기 직장이동수 未時 업무나 이성 궁합 문서합 부모문제 생속받싸 변동, 자식문제 변동수, 여행 헛근심
申時 온사람은 하극상에 싸운다, 금전손실 빈주머 酉時 에 온사람은 문서 설 사기, 하극상다 우환질병 자식 가출건 戌時 상네, 관직주껨 취업 승진 매사 지체불리함

필히 피해야 할일
약혼식·주식투자·신상출고·명품구입·교역·재물출납·입주·욕실·수도수리·우물파기

백초귀장술의 오늘에 초사언

시간 점占 癸卯공망-辰巳

子時 직장근심, 음란색정사, 형제지간문제
丑時 사업후원사, 음란색정사, 질병 급발생
寅時 색정사 자식문제 직장실직 처를 극
卯時 여자로부터 금전손실 자식문제 불청사
辰時 사업상 다툼, 가내평정, 직업면제 불청사
巳時 매사 불성사 금전손실 다툼, 부모문제
午時 사업문제 불성색정사 여자문제 화해
未時 이동 야반수, 작업변동, 가출사, 산소문제
申時 금전문제 손재수 질병발생, 작업상제
酉時 적의 침범사, 관재 병화로 불길, 색정사
戌時 놀람 알발생 불문색정사 금전융통 근심
亥時 금전문제 부인문제 가출사, 손님 問題

오늘 행운 복권 운세
복권사면 좋은 띠는 소띠 ②⑧⑫
행운의귀(金)가 집에서 북동쪽에 있으

申
子
辰
生
북쪽문을 피하고, 서남쪽으로 이사하면 된다. 재수가 없고, 하는 일마다 꼬이고, 病苦
질병발생. 바람기 발동.

巳
酉
丑
生
서쪽문을 피하고, 동남쪽으로 이사하면 된다. 재수가 없고, 하는 일마다 꼬이고, 病苦
질병발생. 바람기 발동.

寅
午
戌
生
남쪽문을 피하고, 서북쪽으로 이사하면 된다. 재수가 없고, 하는 일마다 꼬이고, 病苦
질병발생. 바람기 발동.

亥
卯
未
生
북쪽문을 피하고, 서북쪽으로 이사하면 된다. 재수가 없고, 하는 일마다 꼬이고, 病苦
질병발생. 바람기 발동.

운세풀이

酉띠:이동수,우왕좌왕, 弱, 다툼
戌띠:매사불편, 방해자,배신
亥띠:해결신, 시험합격, 풀림

子띠:점점 일이 꼬임, 관재구설
丑띠:귀인상봉, 금전이득, 현금
寅띠:매사꼬임,과거고생, 질병

卯띠:최고운상승세, 두마음
辰띠:의욕과다, 스트레스큼
巳띠:시급한 일, 뜻대로 안됨

午띠:만남,결실,화합,문서
未띠:이동수,이별수,변동 움직임
申띠:빈주머니,걱정근심,사기

- 50 -

| 서기 2025年
단기 4358年
불기 2569年 | 乙巳年 | 양력 02月 04日 | 음력 01月 07日 | 火요일 |

구성 월반	1	6	8AP
	9	2	4
	5	7	3

구성 일반	4	9	2
	3	5	7
	8	1	6P

甲 戊 乙
辰 寅 巳

지장간 戊 / 손방위 북쪽 / 吉方 正北 / 凶方 正南

| 乙亥생 | 甲戌양 | 壬申절 | 辛未묘 | 庚午병 | 戊辰쇠 | 丁卯왕 | 丙寅록 | 乙丑관 | 甲子욕 |

狗狼星 구랑성 / 僧堂寺廟 승당사묘
뇌산소과 / 재앙 위험 이별 고난의 시기! 가까운이 반목생김

三甲순 病甲 / 육갑납음 覆燈火 / 대장군방 卯正東方 / 조객방 卯正東方 / 삼살방 寅辰方 / 세파방 未方 / 오늘생기 亥方 / 오늘상충 戌 36 / 오늘원진 亥 미움 / 오늘천살 卯 깨짐 / 황도길흉 金궤황도 / 28수성 翼익 / 건제12신 滿만 / 九星 五黃 / 결혼주당 婦부 / 이사주당 師사 / 안장주당 며느리 / 복단일 천덕·수일 / 神殺 천적·지격 / 오늘殺 구공·고초 / 육도환생처 축도 / 축원인도불 대세지보살 / 오늘기도德 지장보살 / 동사지옥

	불공 제의식 吉한 행사일									吉凶 길흉 大小 일반 행사일												
필성기도일	신축원일	용왕축원일	조왕하강일	나한하강일	천도재	신굿	재수굿	용왕굿	조왕굿	병굿	고사	결혼	입학	투자	계약	등기	여행	이장	합방	안장	상량	서류제출	직원채용
◎	×	×	◎	×	◎	-	◎	◎	◎	◎	×	×	◎	×	◎	×	◎	×	◎	◎	◎	◎	◎

당일 래정법

巳時에 온사람은 뭐가 하고싶어서 왔다 / 午時에 온사람은 금전문제로 골치 아픔 / 未時에 온사람은 문서 남과化합 결혼 재혼
申時에 온사람은 하고싶어 이사나 직장변동 / 酉時에 온사람은 금전과火난 자식문제 / 戌時에 온사람은 이동관송사 투쟁관구

필히 피해야 할일 새집들이·친목회·금전수금·출판출고·건축증개축·집수리·승선·바다낚시·동토

백초귀장술의 오늘에 초사언

시간 점占 / 甲辰공망-寅卯

子時	어린자식 잘병사, 사업후원사, 손님 愿害
丑時	부인질병문제, 금전손실 관재, 도난 방해
寅時	질병재앙, 직장관공문제, 직장변동 말조심
卯時	파재, 극차사, 관송사 분쟁, 수술위급
辰時	금전손재 여자문제, 사업문제, 금전사통
巳時	사업 구재, 상해, 도난, 자손문제 관재
午時	관재구설, 직장변탈, 도적손실, 화재주의
未時	사업사, 후원사, 음란불륜사, 화합사
申時	음란유혹사통, 적의 침범사, 우환질병
酉時	남녀색정사, 남편직장 관리사, 질병심투
戌時	질병침투, 색정사, 적의 침범사, 가출문제
亥時	사업후원에 방해자성, 질병재앙, 소송 凶

오늘 행운 복권 운세

복권사면 좋은 띠는 범띠 ③⑧⑬
행운복권방은 집에서 동북쪽

申子辰生	복福문을 피하고, 서남쪽으로 이사하면 안 된다. 재수가 없고 질병발생. 바랍기 발동.
巳酉丑生	서쪽문을 피하고, 동남쪽으로 이사하면 안 된다. 재수가 없고 질병발생. 바랍기 발동.
寅午戌生	남쪽문을 피하고, 북쪽으로 이사하면 안 된다. 재수가 없고 질병발생. 바랍기 발동.
亥卯未生	동쪽문을 피하고, 서북쪽으로 이사하면 안 된다. 재수가 없고 질병발생. 바랍기 발동.

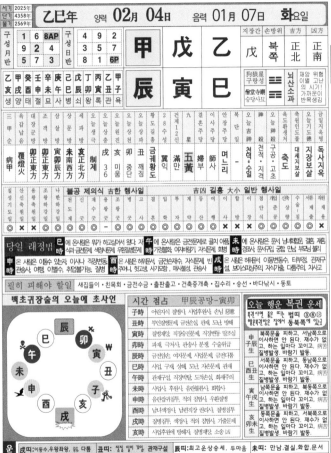

운세풀이

戌띠: 이동수, 우왕좌왕, 弱, 다툼
亥띠: 매사불편, 방해자, 배신
子띠: 해결신, 시험합격, 풀림
丑띠: 점 이아 귀인, 관재구설
寅띠: 귀인상봉, 금전이득, 현금
卯띠: 매사꼬임, 과거고생, 질병
辰띠: 최고운상승세, 두마음
巳띠: 의욕과다, 스트레스큼
午띠: 시급한 일, 뜻대로 안됨
未띠: 만남, 결실, 화합, 문서
申띠: 이동수, 이별수, 변동 움직임
酉띠: 빈주머니, 걱정근심, 사기

- 51 -

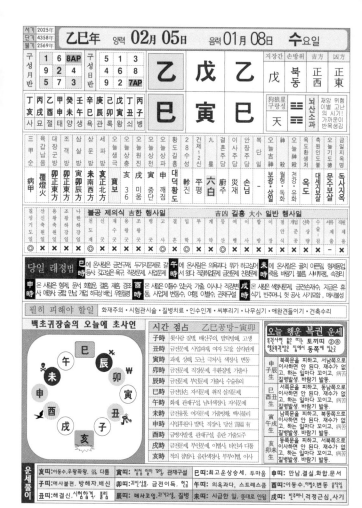

서기 2025년
단기 4358년
불기 2569년

乙巳年 양력 02月 05日 음력 01月 08日 水요일

구성월반			구성일반		
1	6	8AP	5	1	3
9	2	4	9	2	7AP
5	7	3			

	지장간	손방위	吉方	凶方
乙 戊 乙 巳 寅 巳	戊 天	북동	正西	正東

狗狼星 구랑성
뇌산소과
재앙 위험 이별 고난의 시기! 가까운이 반목생긴

丁亥 丙戌 乙酉 甲申 癸未 壬午 辛巳 庚辰 己卯 戊寅 丁丑 丙子
사 묘 절 태 양 생 욕 관 록 왕 쇠 병

三甲旬	육갑납음	조객방	상문방	세파방	오늘생극	오늘상충	오늘원진	오늘상천	오늘상파	황도길흉	28수성	건제12신	九星	결혼주당	안장주당	복단일	오늘神殺	神殺	오늘吉神	축 원수도덕	금 일 지 옥 명

병甲 복등화 寅正東方 未正南方 戌正北方 寶보 亥 3·6 寅 申 대덕황도 軫진 平평 六白 廚주 災재 손님 보공·상비 월염·독화 천강·유화 옥도 大세지옥살 문수보살 독사지옥

당일 래정법
巳에 온사람은 금전구재 두가지문제로 午에 온사람은 의욕없나 뭐가 하고싶어 未에 온사람은 골치 아픈일 형제동업 등사 자꾸 꼬여 직장문제 취직문제 時 음 바람이 불러 사비투쟁 속상

申에 온사람은 형제 문서 화합은 결혼 경조사 애정사 궁합 婚 개업 하러 酉에 온사람은 급변동 여자 문제 가슴 이사나 직장변 戌에 온사람은 색정문제 금전손재수 지금은 휴 時 변덕수 한 일 病

필히 피해야 할일 화재주의·시험관시술·질병치료·인수인계·씨뿌리기·나무심기·애완견들이기·건축수리

시간 점占	乙巳공망—寅卯
子時	윗사람 질병, 배산주의, 빌딱방해, 고생
丑時	금전문제 사업파재, 여자 도망, 삼각관계
寅時	파재 상배 도난 극차사 색정사 변동
卯時	금전문제 직장문제 우환질병 가출사
辰時	금전융통 부모문제 가출사 수술하러
巳時	금전손신 자식문제 취직 실직문제
午時	화재 관재구설 남녀색정사, 자식문제
未時	금전융통, 여자문제 가출방해, 빠난일러
申時	금전문제 사업색사 발탁 직장시 당선 결혼
酉時	금방위발생 관재구설 음란 가출도주
戌時	금전문제 부인문제 이별사 타인러 다툼
亥時	적의 참비나 음란색정사 부부이별 아사

오늘 행운 복권 운세

申子辰生	북쪽문을 피하고, 서남쪽으로 이사하면 안 된다. 재수가 없고, 하는 일마다 꼬이고, 病苦 질병발생. 바람기 발동
巳酉丑生	서쪽문을 피하고, 동남쪽으로 이사하면 안 된다. 재수가 없고, 하는 일마다 꼬이고, 病苦 질병발생. 바람기 발동
寅午戌生	남쪽문을 피하고, 북동쪽으로 이사하면 안 된다. 재수가 없고, 하는 일마다 꼬이고, 病苦 질병발생. 바람기 발동
亥卯未生	동쪽문을 피하고, 서북쪽으로 이사하면 안 된다. 재수가 없고, 하는 일마다 꼬이고, 病苦 질병발생. 바람기 발동

운세풀이
亥띠: 이동수,우왕좌왕, 弱, 다툼 寅띠: 점정 의의 끼임, 관재구설 巳띠: 최고운상승세, 두마음 申띠: 만남,결실,화합,문서
子띠: 매사불편, 방해자,배신 卯띠: 귀인상봉, 금전이득, 현금 午띠: 의욕과다, 스트레스큼 酉띠: 이동수,액땜수,변동 움직임
丑띠: 해결신,시험합격, 풀림 辰띠: 매사꼬임,과거고생, 질병 未띠: 시급한 일, 뜻대로 안됨 戌띠: 빈주머니, 걱정근심, 사기

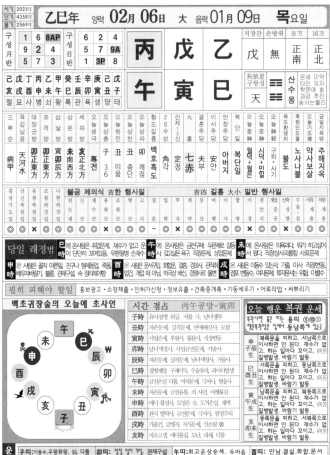

운세 달력 (2025년 2월)

서기 2025년
단기 4358년
불기 2569년

乙巳年 양력 **02**月 **06**日 大 음력 **01**月 **09**日 **목**요일

2월

구성월반			구성일반		
1	6	8AP	6	2	4
9	2	4	5	7	9A
5	7	3	1	3P	8

丙 戊 乙
午 寅 巳

	지장간	손방위	吉方	凶方
	戊	無	正南	正北

狗狼星 구랑성
天

산수몽

운세 미약 타인 의지 학문에 吉 과감 추진 송사는불리

己亥	戊戌	丁酉	乙未	甲午	壬辰	辛卯	庚寅	戊子
절	묘	사	병	쇠	왕	록	관	욕	생	양	태

三甲순 病甲

육갑납음 天河水

대장군방 卯正東方

조객방 卯正東方

삼살방 寅卯辰方

세파방 未方

오늘생기 專전

오늘상충 子 36

오늘상파 丑

오늘원진 卯

오늘상천 丑 미움

황도길흉 백호흑도

건제12신 角破

九星 定 7적

결혼주당 七赤

이사주당 夫

안장주당 安

복단일 복단일

오늘吉神 월덕·월은

심덕·사기

귀기·불도

육환殺 노사노불

축인戌亥 약사보살

오늘神殺 불도

추해지옥 보살

복공 巳卯寅午

- 53 -

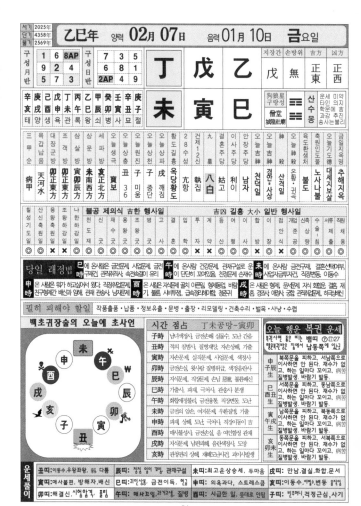

서기 2025年
단기 4358年
불기 2569年

乙巳年 양력 02月 07日 음력 01月 10日 金요일

구성월반				구성일반			
1	6	8AP		7	3	5	
9	2	4		6	8	1	
5	7	3		2AP	4	9	

丁 戊 乙
未 寅 巳

지장간	손방위	吉方	凶方
戊	無	正東	正西

辛亥 庚戌 己酉 戊申 丁未 丙午 乙巳 甲辰 癸卯 壬寅 辛丑 庚子
태 양 생 욕 관 왕 쇠 병 사 묘 절

狗猿星 구랑성
僧堂 城隍此廟

운세 미약 타인 의지 학문에 吉 관재구설 송사는불리

산수몽

三甲旬 病甲

육갑납음 天河水

대장군방 卯正東方

조객방 卯正東方

삼살방 未南西方

상문방 辰正北方

세파방 寅보

오늘생극 丑 36

오늘상천 子 중단

오늘원진 戌 깨짐

황도길흉 尤항

건제12신 執집

九星 八白

결혼주당 姑고

이사주당 利이

안장주당 남자

오늘吉神 천덕합

오늘神殺 경안 · 사상

오늘神殺 오황 · 귀곡

육도환생처 불도

축원인도불 노사나불

금일지옥명 추해지옥

대세지보살

칠성기도일 ◎

산신축원일 ◎

용왕축원일 ◎

조왕축원일 ×

나한기도일 ◎

불공 제의식 吉한 행사일

천도재 ◎ | 신굿 × | 재수굿 ◎ | 용왕굿 × | 조왕굿 × | 병굿 고사 ◎ | 결혼 × | 입학 × | 투자 자 × | 계약 약 × | 등산 산 ◎ | 여행 행 ◎ | 이사 사 ◎

吉凶 길흉 大小 일반 행사일

합 × | 이 점 안 ◎ | 개업 준공 ◎ | 신축 상량 × | 서류 제출 ◎ | 직원 채용 ◎

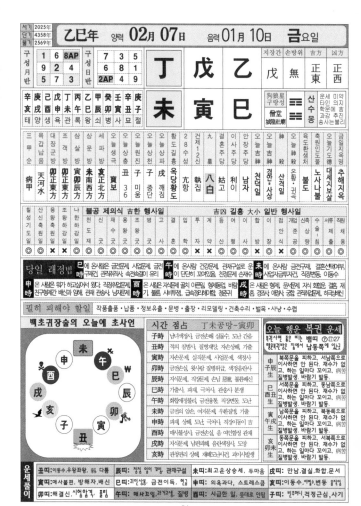

당일 태정법

巳에 온사람은 금전문제, 사업문제, 금전 구재건 관재구설 속전속결이 유리.

午時에 온사람 건강problem, 관재구설로 운 이 단단히 꼬여있음. 친정문제 손재수

未時에 온사람 금전구재, 결혼도 돈문제, 時 사업자금문제 직장변동, 이동수

申時 온 사람은 뭐가 하고싶어서 왔다 직장취업문제, 時 친구형제간 배신과 암해, 관재구설 사비투쟁, 급속정리해야됨 또 이동수.

酉에 온사람 자식문제 골치 아픔, 형제동업 바람기 戌에 온사람 형제, 문서문제 자식 회환문제, 결혼, 재 時 경조사 애정사 궁합 관재구설 배신, 하극상배신, 時

필히 피해야 할일 작품출품 · 납품 · 정보유출 · 문병 · 출장 · 리모델링 · 건축公사 · 벌목 · 사냥 · 수렵

백호귀장술의 오늘에 초사언

시간 점占 丁未공망-寅卯

子時 남녀색정사 금전손해 실물수, 도난 간음
丑時 적의 참범人, 질병재앙, 자손상해, 가출
寅時 자손문제, 실직문제, 사업문제, 색정사
卯時 금전손실 女l자질 질병위급, 색정음란사
辰時 자식문제, 직장문제 남녀도주 음란, 불륜배신
巳時 가출시, 파재, 극차사, 관송사 분쟁
午時 화합애정불리, 금전융통, 직장변동, 도난
未時 금전의 암손, 여자문제 우환질병, 가출
申時 파재 상부사, 도난 극차사, 직장이동이 吉
酉時 매사불성사, 금전손실, 음 여l차임정 관재
戌時 자식문제, 남편침해, 음란색정사, 도망
亥時 관청관리 원욕, 재해 극차사건, 과이성발생

오늘 행운 복권 운세

복권사면 좋은 띠는 뱀띠 ⑦⑫27
행운복권방은 집에서 남동쪽에 있는곳

子 辰 生 | 申 북쪽문을 피하고, 서남쪽으로 이사하면 안 된다. 재수가 없고, 하는 일마다 꼬이고, 病苦 질병발생. 바람기 발동.

巳 酉 丑 生 | 申 서쪽문을 피하고, 동남쪽으로 이사하면 안 된다. 재수가 없고, 하는 일마다 꼬이고, 病苦 질병발생. 바람기 발동.

寅 午 戌 生 | 辰 남쪽문을 피하고, 동북쪽으로 이사하면 안 된다. 재수가 없고, 하는 일마다 꼬이고, 病苦 질병발생. 바람기 발동.

亥 卯 未 生 | 亥 동쪽문을 피하고, 서남쪽으로 이사하면 안 된다. 재수가 없고, 하는 일마다 꼬이고, 病苦 질병발생. 바람기 발동.

운세풀이

丑띠: 이동수,우왕좌왕, 弱 다툼
寅띠: 매사불편, 방해자,배신
卯띠:해결신,시험합격, 풀림

辰띠: 점검 이의 끄임, 관재구설
巳띠: 귀인상봉, 금전이득, 현금
午띠: 매사꼬임,과거고생, 질병

未띠:최고운상승세, 두마음
申띠: 의욕과다, 스트레스과
酉띠: 시급한 일, 뜻대로 안됨

戌띠: 만남,결실,화합,문서
亥띠: 이동수,애탐,변동 움직임
子띠: 빈자머니,걱정근심, 사기

- 54 -

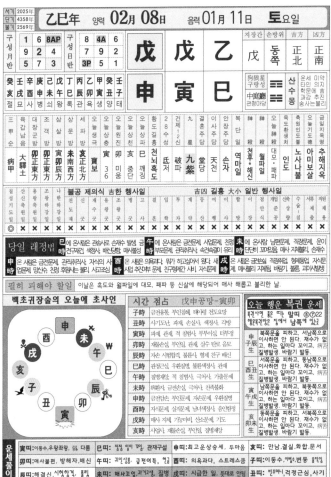

서기 2025年	乙巳年	양력 **02**月 **08**日	음력 **01**月 **11**日	**土**요일
단기 4358年				
불기 2569年				

2월

| 지장간 | 손방위 | 吉方 | 凶方 |
| 戊 | 동쪽 | 正北 | 正南 |

戊 戊 乙
申 寅 巳

狗頭星 구랑성
中庭廳 관청마당

산수몽

운세 미약 의지
타인 추진
학문에 吉
과감 추진
송사는불리

구성 월반	1	6	8AP
	9	2	4
	5	7	3

구성 일반	8	4A	6
	9	5	1
	3P	7	2

癸亥 절 · 壬戌 묘 · 辛酉 사 · 庚申 병 · 己未 쇠 · 戊午 록 · 丁巳 관 · 丙辰 욕 · 乙卯 생 · 甲寅 양 · 癸丑 태

三甲순: 病甲
육갑납음: 大驛土
대장군방: 卯正東方
조객방: 寅未南方
삼살방: 亥正北方
세파방: 寶보
오늘상충: 寅 3 6
오늘상천: 卯
오늘원진: 未
황도길흉: 巳 중단
2 8 수: 깨짐
건제 1 2 신: 危
九星: 破
결혼주당: 堂
이사주당: 天
안장주당: 손자
복단일: 역마일
神殺: 천우·해신
神殺: 월덕·패
오늘神殺: 대모·패파
육효기도발원처: 인도
오늘인물활동: 노사나불
금일지옥명: 추해지옥

불공 제의식 吉한 행사일

| 성기도일 | 산신축원 | 용왕축원 | 조왕하강일 | 나한기도일 |
| ◎ | × | × | × | × |

吉凶 길흉 大小 일반 행사일

| 천도재 | 신굿 | 재수굿 | 용왕굿 | 조왕굿 | 병굿 | 고사 | 결혼 | 입학 | 투자 | 계약 | 여행 | 이사 | 합방 | 점안식 | 개업 | 신축상량 | 수술 | 서류제출 | 직원채용 |
| × | × | × | × | × | × | × | × | × | × | × | × | × | × | × | × | × | × | × | × |

당일 래정법

巳時에 온사람은 관송사로 손재수 발생 午時에 온사람은 금전문제 사업문제 친정 未時에 온사람은 남편문제, 직장문제, 운이 단단히 꼬여, 매사불성사, 속전속결이 좋아 사오수

申時 이 사람은 금전문제, 관직유직사, 자식의 사 酉時 이 사람은 의욕과다, 뭐가 하고싶어서 왔다 새 戌時 이 사람은 금전수, 직장문제, 형제동업 자식문제 업문제로 맞선수 친정 후원사는 불리 사고조심 時 사업 추진하나 잘안됨 친구형제간 사배 자식문제 時 제 관재구설 지혜딴 바람기 불륜 관재사발생

필히 피해야 할일 이날은 흑도와 월파일에 대모 패파 등 신살에 해당되므로 매사 해롭고 불리한 날.

백초귀장술의 오늘에 초사인

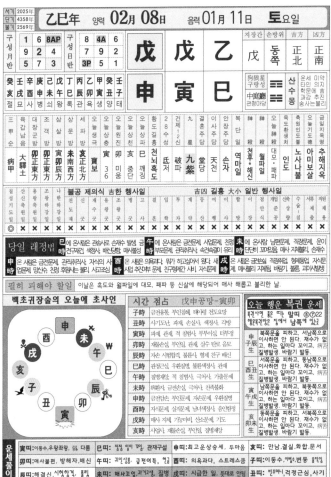

시간 점占	戊申공망→寅卯
子時	금전융통, 부인질병에 패子령 천도요망
丑時	사기도난, 과재, 손실수, 색정사, 각방
寅時	파재, 관재, 적 참화사, 부부이심, 타부정
卯時	재물손실, 부인질, 관재, 살수 탄로 음모
辰時	자손 사험합격, 불름사, 형제 친구 배신
巳時	관청근심, 우환질병, 불름색정사, 관재
午時	질병재앙, 적 침범사, 극차사, 가줄문제
未時	금전융통, 금전신뢰, 극차사, 친족불화
申時	금전암손, 부인문제, 자손문제, 우환질병
酉時	자식문제, 직장문제, 남녀색정사, 음인형정
戌時	매사 지체, 가줄마비, 산소문제 기도
亥時	사업사, 재물손실, 부인익, 질병재앙

오늘 행운 복권 운세

복권사면 좋은 띠는 말띠 ⑤⑦22
행운복권방 집에서 남쪽에 있는곳

子辰申生 북쪽문을 피하고, 서남쪽으로 이사하면 안 된다. 재수가 없 고, 하는 일마다 꼬이고, 病苦 질병발생. 바람기 발동.

巳酉丑生 서쪽문을 피하고, 정남쪽으로 이사하면 안 된다. 재수가 없 고, 하는 일마다 꼬이고, 病苦 질병발생. 바람기 발동.

寅午戌生 남쪽문을 피하고, 북동쪽으로 이사하면 안 된다. 재수가 없 고, 하는 일마다 꼬이고, 病苦 질병발생. 바람기 발동.

亥卯未生 동쪽문을 피하고, 서북쪽으로 이사하면 안 된다. 재수가 없 고, 하는 일마다 꼬이고, 病苦 질병발생. 바람기 발동.

운세풀이

寅띠:이동수,우왕좌왕, 弱 다툼
卯띠:매사불편, 방해자,배신
辰띠:해결신, 시험합격, 풀림
巳띠: 점점 이의 꼬임,관재구설
午띠: 귀인상봉, 금전이득, 현금
未띠: 매사꼬임,과거고생, 질병
申띠:최고운상승세, 두마음
酉띠: 의욕과다, 스트레스큼
戌띠:시급한 일, 뜻대로 안됨
亥띠: 만남,결실,화합,문서
子띠:이동수,액改,변동 움직임
표띠: 빈주머니,걱정근심, 사기

- 55 -

구성월반			구성일반		
1	6	8AP	9	5	7
9	2	4	8P	1	3
5	7	3	4	6A	2

지장간 손방위 吉方 凶方
戊 동남 正西 正東

己 戊 乙
酉 寅 巳

乙亥	甲戌	癸酉	壬申	辛未	庚午	己巳	戊辰	丁卯	丙寅	乙丑	甲子
태	양	생	욕	관	록	왕	쇠	병	사	묘	절

狗狼星
구랑성
寺觀社廟
사관사묘

산수몽

운세 미약
타인 의지
학문에 吉
과감 추진
송사는불리

三甲순	대장군방	조객방	삼살방	세파방	오늘생기	오늘천의	오늘상천	황도길방	2 8 수성	건제12신	九星	결혼주당	이사주당	안장주당	복단일	오늘神殺	오늘神殺	축원인도불	기도효험	오늘귀인	추해길흉신
病甲	大驛土															음덕·봉생	흉신·오귀	귀곡·검봉	귀도	노사나불	단살
	卯正東方	寅卯辰南方	亥子丑北方	寅보	卯	寅	子	現무	房	危	一白	翁옹	害해	死	-						

불공 제의식 吉한 행사일 / 吉凶 길흉 大小 일반 행사일

칠성기도일	산신축원일	용왕축원일	조왕하강일	나한하강일	불공천도재	신축상량	수 술	서류제출	직원채용
◎	◎	×	◎	×	×	×	×	×	◎

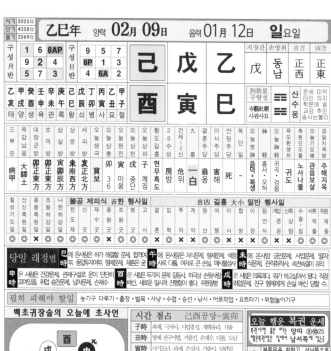

당일 래정법

巳時 온사람은 허가 해결할 문제, 합격하고 음동녀
午時 온사람은 자식문제, 형제문제, 색정사
未時 온사람은 금전문제, 사업문제, 딸자식문제
申時 온사람은 건강문제, 자식문제, 관재구설
酉時 온사람은 무거지 문제, 두가지 손재수 갈등
戌時 온사람은 자식문제, 배신 새로운 일시작 진행함이 좋다

필히 피해야 할일 : 농기구 다루기·출장·벌목·사냥·수렵·승선·낚시·어로작업·요트타기·위험놀이기구

백초귀장술의 오늘에 초사언

시간 점占 己酉공망-寅卯

子時	파재 극차사, 사업흥성 개혁유리, 가출
丑時	형제 친구아별, 가출건, 손재수, 다툼, 모사
寅時	사기도난, 파재 손실사, 가출사, 남녀별
卯時	실직, 親조문제, 적 침범사, 가출문제
辰時	금전융통, 형제자매갈, 재혼별견, 부부아별
巳時	질병재앙, 시업투자손사, 금전손실, 색정사
午時	매사 불성, 남녀 색정사, 뜻대로 이동하별
未時	형제친구문제, 구재이득, 수술유리, 원女
申時	자손문제, 실직사업 손실, 처첩 극 실수 탄로
酉時	금전 암손, 부인문제, 우환질병, 색정사
戌時	재물손실, 우환질병, 부부변심, 삼각관계
亥時	가내재앙불리, 가출사, 이동여행 금물

오늘 행운 복권 운세

복권사면 좋은 따는 양띠 ⑤⑩㉕
행운복권방은 지에서 남서쪽에 있는

申子辰生	복권문을 피하고, 서남쪽으로 이사하면 안 된다. 재수가 없고, 하는 일마다 꼬이고, 病苦 질병발생, 바람기 발동
巳酉丑生	서북쪽으로 피하고 이사하면 안 된다, 재수가 없고, 하는 일마다 꼬이고, 病苦 질병발생, 바람기 발동
寅午戌生	남쪽으로 피하고, 북동쪽으로 이사하면 안 된다, 재수가 없고, 하는 일마다 꼬이고, 病苦 질병발생, 바람기 발동
亥卯未生	동북쪽으로 피하고, 서북쪽으로 이사하면 안 된다, 재수가 없고, 하는 일마다 꼬이고, 病苦 질병발생, 바람기 발동

운세풀이

卯띠:이동수,우왕좌왕, 弱 다툼
辰띠:매사불편, 방해자,배신
巳띠:해결신, 시험합격, 풀림

午띠:점점 일이 꼬임, 관재구설
未띠:귀인상봉, 금전이득, 현금
申띠:매사꼬임,과거고생, 질병

酉띠:최고운상승세, 두마음
戌띠:의욕과다, 스트레스큼
亥띠:시급한 일, 뜻대로 안됨

子띠:만남,결실,화합,문서
丑띠:이동수,애별,변동 움직임
寅띠:빈주머니,걱정근심, 사기

- 56 -

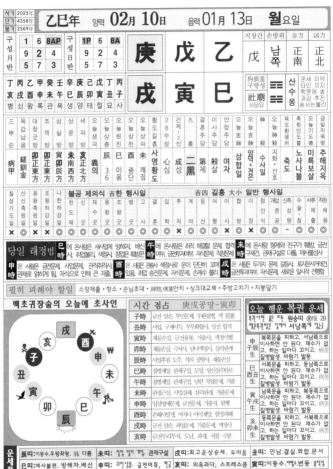

2월

구성월반	1	6	8AP	구성일반	1P	6	8A
	9	2	4		9	2	4
	5	7	3		5	7	3

庚 戊 乙
戌 寅 巳

丙乙甲癸壬辛庚己戊丁丙
亥戌酉申未午巳辰卯寅丑子
병 쇠 왕 록 관 욕 생 양 태 절 묘 사

	지장간	손방위	吉方	凶方
	戊	남쪽	正南	正北

狗狼星구랑성
祉廟 사당묘
산수몽

운세 미약 인의 의지 학문에 吉 근감 추진 송사는불리

三甲순 육갑납음 대장군방 조객방 삼살방 상문방 세파방 오늘생극 오늘상충 오늘상천 오늘원진 황도길흉 건제12신 九星 결혼주당 이사주당 안장주당 오늘吉神 神殺 오늘神殺 육도환생처 축인인묘 길흉 금일형충

病甲 鑢釧金 卯正東方 卯正東方 未南方 亥正北方 辰 義의 巳 미움 酉 중단 사 명충도 心심 成성 二黑 第제 殺살 여자 삼합일 양덕·천관 수사일 지화·신호 축도 노사나불 미륵불 추해지옥

불공 제의식 吉한 행사일 吉凶 길흉 大小 일반 행사일

칠성기도일	산신축원일	용왕축원일	조왕하강일	나한기도일	불공 천도재	제의식 신축	재수굿	용왕굿	조왕굿	병굿	고사	결혼	입학	투자	계약	등산	여행	이사	합방	점안식	개업준공	신축상량	수술	서류제출	직원채용
×	◎	×	◎	×	○	◎	○	○	○	×	◎	○	×	×	×	◎	◎	×	◎	×	◎	○	-	◎	◎

当日 래정법
巳時에 온사람은 새사업에 방해되나 배신 午時에 온사람은 취직 해결문제 합격 未時에 온사람은 형제나 친구가 훼방 금전 申時 사고 취업문제 색장사 庚時 귀인상봉 金전이득 자식문제 직원문제 戌時 기쁨과 관재구설로 다툼 매사불성사

巳時 온사람은 금전손실 사업문제 관재송사로 본인사 색장사 酉時 있음 취업 승진문제 자식문제 손재수 불리 申時 래관자는 얽히게 됨 자식으로 인해 큰 지출 酉時 금전차자여 자식문제 새로운 일 자식 질병발생

필히 피해야 할일 소장제출·항소·손님초대·神物 佛像안치·싱크대교체·주방고치기·지붕덮기

백초귀장술의 오늘에 초사인

시간 점占 庚戌공망-寅卯	오늘 행운 복권 운세
子時 금전 암손 부인문제 우환질병 객 應辱	복권사면 좋은 띠는 원숭띠 ⑨19, 29 행운복권방은 집에서 서남쪽에 吉
丑時 사업 구재이득, 부부화합나 당선 합격	
寅時 재물손실 금전용통, 가출나, 색장이별	申子生 북쪽문을 피하고, 서남쪽으로 이사하면 안 된다. 재수가 없고, 하는 일마다 꼬이고, 病苦 질병발생. 바람기 발동.
卯時 재물손실 극차나 남녀색장사 실과관계	
辰時 사업문제 도주, 적의 참패사, 재물손실	巳酉丑生 서쪽문을 피하고, 동남쪽으로 이사하면 안 된다. 재수가 없고, 하는 일마다 꼬이고, 病苦 질병발생. 바람기 발동.
巳時 질병재앙 관재구설 모함 당선실격타로	
午時 질병재앙 관재구설 남편 직업문제 가출	寅午戌生 남쪽문을 피하고, 북쪽으로 이사하면 안 된다. 재수가 없고, 하는 일마다 꼬이고, 病苦 질병발생. 바람기 발동.
未時 관재직، 사업galile، 삼각관계, 가출문제	
申時 입산생매장 금전손실 가출사، 원행	亥卯未生 동쪽문을 피하고, 서북쪽으로 이사하면 안 된다. 재수가 없고, 하는 일마다 꼬이고, 病苦 질병발생. 바람기 발동.
酉時 손해발생 여자나 아이들병 함정매해	
戌時 금전 암손 과입문제 가출문제 색장사	
亥時 금전반목나투자, 도난, 파해, 처를 극함	

운세풀이
辰띠:이동수,우왕좌왕, 弱势 다툼   未띠: 점점 이익 줄어듬 관재구설   戌띠:최고운상승세, 두마음   丑띠: 만남,결실,화합,문서
巳띠:매사불편, 방해자,배신   申띠:귀인상봉 금전이득, 현급   亥띠: 의욕과다, 스트레스큼   寅띠:이동수,이별수,변동 움직임
午띠:해결신,시험합격, 풀림   酉띠: 매사꼬임,과거고생, 질병   子띠: 시급한 일, 뜻대로 안됨   卯띠: 빈주머니,걱정근심, 사기

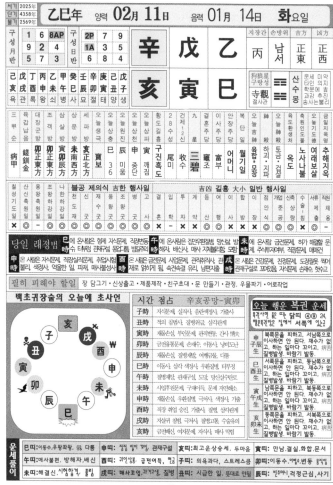

서기 2025년				
단기 4358년	乙巳年	양력 02月 11日	음력 01月 14日	화요일
불기 2569년				

구성월반			구성일반				지장간	손방위	吉方	凶方
1	6	8AP	2P	7	9	辛	戊	乙	丙	남서	正東	正西
9	2	4	1A	3	5							
5	7	3	6	8	4	亥	寅	巳				

己亥	戊戌	丁酉	丙申	甲午	癸巳	壬辰	辛卯	己丑	戊子
욕	관	록	왕	쇠	병	사	절	태	양	생

狗狼星 구랑성 寺觀 절사관

☰☵ 산수몽

운세 미약 타인 의지 학문에 흥 교류 추진 충서는분

三甲순	육갑납음	대장군방	조객방	삼살방	상문방	세파방	오늘상충	오늘원진	오늘상파	오늘상해	황도길흉	28수성	건제12신	九星	결혼주당	이사주당	안장주당	복단일	神殺	오늘神殺	오늘吉神	축원인도불	오늘기도덕	금일지옥명	추해지옥
病甲	鑯釧金	卯正東方	卯正東方	東南方	亥正北方	寶보	辰 36	申 중단	寅 깨짐	尾미	收수	三碧	富조	富부	어머니	월덕일	천월합· 하괴·지재	톱귀·겁살	옥녀	노사나불	여래보살	추해지옥

칠성기도일	산신기도일	용왕기도일	조왕기도일	나한기도일	불공 제의식 吉한 행사일								吉凶 길흉 大小 일반 행사일											
					천도재	신중기도	재수굿	용왕굿	조왕굿	병굿	고사	결혼	입택	투자	계약	여행	이장	합방	이사	점안식	개업	신축상량	수술	서류 제출	직원 채용
×	○	–	◎	◎	◎	◎	◎	◎	◎	×	–	×	×	×	×	×	×	○	○	–

당일 태정법

子時에 온사람은 형제 자산문제, 직장변동 午時에 온사람은 잔꾀로환장방. 망신살 방해 酉時에 온사람은 금전문제, 허가 해결할 것 申時에 수 타라죠 관재구설 용심다툼 범사문 時 남모래 배신사, 매사 지체불성 모함 時제, 주러자와부, 직장문제, 매매건

申時에 온사람은 자산문제, 직장취업문제, 취업사험 酉時에 온사람은 금전문제, 관라주사, 속직빠름 戌時에 온사람은 건강문제, 관재구설 도망갈 짝꺼
時불리, 색상사, 억울한 일 피재, 매사불성사 時재로 얽히게 됨. 속전속결 유리. 남편갈증 時관재구설로 고민됨 자산문제 손재수 핫수고

필히 피해야 할일 장 담그기·신상출고·제품제작·친구초대·문 만들기·관정. 우물파기·어로작업

백초귀장술의 오늘에 초사언

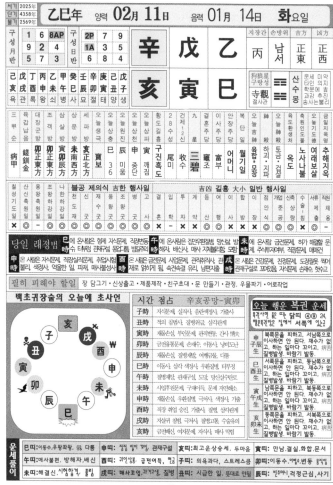

시간 점占	辛亥공망-寅卯
子時	자식문제, 실직사, 음란색정사, 가출사
丑時	적의 침범사, 질병위급, 심각관계
寅時	재물손실 부모문제 관재변동, 간사 情夫
卯時	재물손실 금전문제 손해근, 이동사 낭비근사
辰時	재물손실 질병재앙, 여행즌욕, 다툼
巳時	이동사 삼각 색정사 우환걸병, 타부정
午時	질병재앙, 관재구설 도망, 망신상가희로
申時	재물손실 우환질병 극차사 색정사 가출
酉時	직장 취업문제 승진 가출사 질병, 심각관계
戌時	자손근 참범, 극차사 질병고통, 수술유의
亥時	금전배신 여자문제, 자식사 매사 막힘

오늘 행운 복권 운세

복권사면 쫓는 띠는 닭띠 ④⑧ 24, 행운복권방은 집에서 서쪽 방향

申子辰 生	북쪽문을 피하고, 서남쪽으로 이사하면 안 된다. 재수가 없 고, 하는 일마다 꼬이고, 病苦 질병발생, 바람기 발동.
巳酉丑 生	서쪽문을 피하고, 동남쪽으로 이사하면 안 된다. 재수가 없 고, 하는 일마다 꼬이고, 病苦 질병발생, 바람기 발동.
寅午戌 生	남쪽문을 피하고, 북동쪽으로 이사하면 안 된다. 재수가 없 고, 하는 일마다 꼬이고, 病苦 질병발생, 바람기 발동.
亥卯未 生	동쪽문을 피하고, 서북쪽으로 이사하면 안 된다. 재수가 없 고, 하는 일마다 꼬이고, 病苦 질병발생, 바람기 발동.

운세풀이

巳띠:	이동수·우왕좌왕, 弱, 다툼	申띠:	점점 이이 꼬임, 관재구설	亥띠:	최고운상승세, 두마음	寅띠:	만남·결실·화합·문서
午띠:	매사불편, 방해자 배신	酉띠:	귀인상봉, 금전이득, 현금	子띠:	의욕과다, 스트레스큼	卯띠:	이동수·이별수·변동 움직임
未띠:	해결신·시험합격·풀림	戌띠:	매사꼬임·과거고생·질병	丑띠:	시급한 일, 뜻대로 안됨	辰띠:	빈주머니·걱정근심·사기

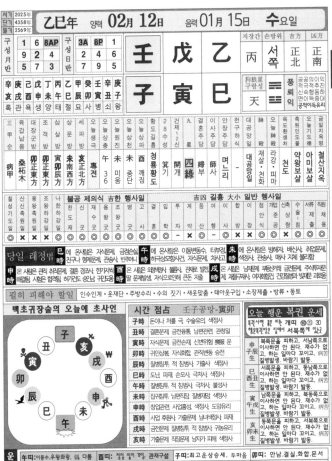

서기 2025년	乙巳年	양력 02月 12日	음력 01月 15日	수요일
단기 4358년				
2569년				

구성월반
1	6	8AP
9	2	4
5	7	3

구성일반
3A	8P	1
2	4	6
7	9	5

| 지장간 | 손방위 | 吉方 | 凶方 |
| 丙 | 서쪽 | 正北 | 正南 |

壬 戊 乙
子 寅 巳

辛 庚 己 戊 丁 丙 乙 甲 癸 壬 辛 庚
亥 戌 酉 申 未 午 巳 辰 卯 寅 丑 子
록 관 욕 생 양 태 절 묘 사 병 쇠 왕

狗狼星
구랑성
天

공공의이익
적재적소배치
신중행동둔
면이득증대
공적이득유리

三甲순 病甲

육갑납음 桑柘木

대장군방 卯正東方

조객방 卯正辰方

삼살방 未南西方

상문방 亥正北方

세파극 專전

오늘생극 午

오늘상충 未

오늘원진 酉

오늘상파 청룡황도 箕기

황도길흉 開개

28수성 四綠

건제12신 婦부

九星 師부

결혼주당 며느리

안장주당 -

천구하식 大공망일

대공망일 대공망일

靜神 재살·천화

오늘神살 라강·피마

축토신생처 천도

오늘吉신 약왕보살

금일지옥 아미보살

철산지옥

불공 제의식 吉한 행사일
| 칠성기도 | 산왕대원 | 용왕대원 | 조왕하강 | 나한하강 | 천하신 | 신축 | 재수굿 | 용왕굿 | 조왕굿 | 병굿 | 고사 | 결혼 | 입학 | 투자 | 계약 | 여행 | 이사 | 합방 | 점안 | 개업 | 신축상량 | 수술 | 서류제출 | 직원채용 |
| ○ | × | × | ○ | ○ | ◎ | × | ○ | ○ | ◎ | ○ | ○ | ◎ | ○ | - | × | ○ | × | ○ | × | ◎ | × | ◎ | ○ |

| 필히 피해야 할일 | 인수인계·옷재단·주방수리·수의 짓기·새옷맞춤·태아옷구입·소장제출·방류·동토 |

백초귀장술의 오늘에 초사언

시간 점占	壬子공망-寅卯
子時	돈아나 퇴를 극 수술유의 색정사
丑時	결혼문제 금전융통 남편관련 관청일
寅時	자식문제 금전손재 신변위험 辭職 운
卯時	귀인상봉 자식화합 관직변동 승진
辰時	잘병침투, 적 침범사 가출사 색정사
巳時	도난 파재 손모사 극차사 색정사
午時	잘병침투, 적 침범사 극차사 불상사
未時	집귀침투 남편작첩 색정사 우환질병
申時	잘병관련 남녀상쟁 색정사 도망유리
酉時	사업 후원사 가출문제 남녀쟁사 파재
戌時	금전문제 잘병질투 적 침범사 귀농유리
亥時	가출문제 직장문제 남자가 파해 색정사

오늘 행운 복권 운세

획권에쏠 될 뜻는 개띠 ⑩②③ 30
행운복권방는 지에서 서북쪽에 있는 상

申子辰生	북쪽문을 피하고, 서남쪽으로 이사하면 안 된다. 재수가 없고 하는 일마다 꼬이고, 病苦 질병발생. 바람기 발동.
巳酉丑生	남쪽문을 피하고, 동남쪽으로 이사하면 안 된다. 재수가 없고 하는 일마다 꼬이고, 病苦 질병발생. 바람기 발동.
寅午戌生	북쪽문을 피하고, 북동쪽으로 이사하면 안 된다. 재수가 없고 하는 일마다 꼬이고, 病苦 질병발생. 바람기 발동.
亥卯未生	동쪽문을 피하고, 서북쪽으로 이사하면 안 된다. 재수가 없고 하는 일마다 꼬이고, 病苦 질병발생. 바람기 발동.

- 59 -

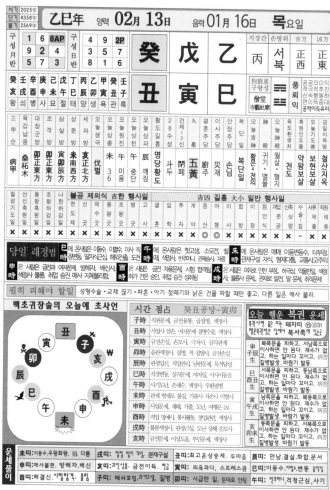

서기	2025年
단기	4358年
불기	2569年

乙巳年　양력 **02**月 **13**日　음력 **01**月 **16**日　**목**요일

구성月반	1	6	8AP
	9	2	4
	5	7	3

구성日반	4	9	2P
	3	5	7
	8	1	6

癸 戊 乙
丑 寅 巳

지장간	손방위	吉方	凶方
丙	서북	正西	正東

癸亥	壬戌	辛酉	庚申	己未	戊午	丁巳	丙辰	乙卯	癸丑	壬子
왕	쇠	병	사	묘	절	태	양	생	욕	관	록

풍뢰익

공공의이익 적극적추진 신속행동화 권력이득요긴 공적이득요긴

狗狼星 구랑성 僧堂 寺觀세廟

三甲旬	육갑납음	대장군	조객방	삼살방	세파방	오늘생극	오늘상충	오늘상천	오늘원진	황도길흉	2 8 宿 성	건제 12신	九星	결혼주당	이사주당	안장주당	복단일	神殺	오늘神殺	육도환생처	축원인도불	오늘기도덕목	금일吉凶
病甲	桑柘木	卯正東方	卯正東方	寅正東方	未南西方	戊正北方	伐벌	未 3 6	辰 미움	명당황도	斗두	閉폐	五黃	廚주	炎재	손님		귀기·천의	황은·혈지	천도	약왕보살	보현보살	철산지옥

칠성기도일	산신기도일	용왕축원일	조왕하강일	나한하강일	불공 제의식 吉한 행사일								吉凶 길흉 大小 일반 행사일											
					천도	신굿	재수굿	용왕굿	조왕굿	병굿	성주굿	결혼	입학	투자	계약	여행	이사	합방	이장	안장	개업	신축상량	수술	서류제출	직원채용
×	×	×	×	×	×	×	×	×	×	×	×	×	×	×	◎	◎	×	×	×	×	×	×	−	×

당일 래정법 子에 운세는 이동수 : 이별수 이사 직행 **午時**에 온사람은 헌걸움 소모적 실 **未時**에 온사람은 매매 이동변동수 터부정, 관재구설 자식 행재근심 교통사고주의 **申時** 사람은 금전과 여자문제 방해자, 배신나. **酉時** 색정수 불룸, 취업 승진 매사 지체불통함. **戌時** 하가건은 승인 취업 승진 성취됨. **亥時**사 불화사 문제, 관재로 발전 할 염려함

필히 피해야 할일 성형수술·교제 끊기·파혼·약혼 · 애기낳기와 낡은 건물 파철 때만 좋고, 다른 일은 매사 불리.

백초귀장술의 오늘에 초사언	시간 점占　癸丑공망-寅卯	오늘 행운 복권 운세

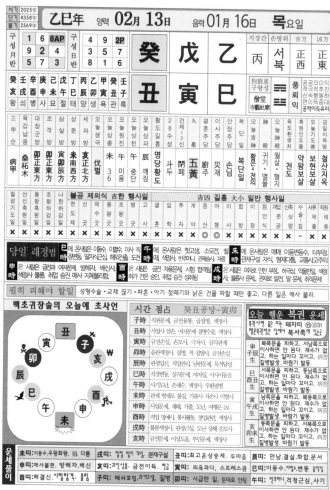

운세풀이	未띠:이동수,우왕좌왕, 弱 다툼	戌띠: 점점 일이 꼬임 관재구설	표띠:최고운상승세, 두마음	辰띠: 만남,결실,화합,문서
	申띠:해결신,시험합격, 풀림	亥띠:귀인상봉, 금전이득, 현금	寅띠:의욕과다, 스트레스큼	巳띠:이동수,액변동수 움직임
		子띠: 매사불편,과거고생,질병	卯띠: 시급한일, 뜻대로 안됨	午띠: 빈주머니,걱정근심, 사기

- 60 -

서기 2025년	乙巳年	양력 02月 14日	음력 01月 17日	金요일
단기 4358년				
불기 2569년				

구성월반	1	6	8AP
	9	2	4
	5	7	3

구성일반	5	1	3P
	9	2	4
	7A		

甲 戊 乙 丙
寅 寅 巳

지장간	손방위	吉方	凶方
丙	북쪽	正南	正北

乙 癸 壬 辛 庚 己 戊 丁 丙 乙 甲
亥 酉 申 未 午 巳 辰 卯 寅 丑 子
생 양 태 절 묘 사 병 쇠 왕 록 관

狗狼星 구랑성
丑方 북동쪽

風 雷 益

공공의이익
신속행동하며
공적이득중유리

삼갑순 生甲 大溪水

六甲納音
大溪水

대장군방 卯正東方

삼살방 寅正東方

상문방 未南西方

세파방 亥正北方

오늘생극 專전

오늘상충 酉

오늘상천 巳

오늘원진 亥

황도길흉 천형흑도

28수성 牛수

건제12성 建건

九星 六白

이사주당 安안

안장주당 安안

복단일 -

오늘길신 옥우・용덕・월덕

神殺 오귀・풍파

오늘神殺 왕망・천격

육덕화위 인도

금기일지 철산지옥

약왕보살 약사보살

칠성기도일	산신축원일	용왕축원일	조왕하강일	나한기도일	불공제의식 吉한 행사일							吉凶 길흉 大小 일반 행사일												
					천도재	신중기도	재수굿	용왕굿	병굿	고사	결혼	입택	투자	계약	등록	여행	이사	방문	점안	개업	신축	수술	서류	조문	채용
×	×	×	×	×	◎	◎	×	×	×	×	◎	×	◎	×	◎	×	×	◎	×	×	×	×	×	×	×

당일 택정법
巳에 온사람은 문서 화합은 결혼, 재혼
時 애정사 궁합 관재구설 자식문제

午時 에 온사람은 이동수 있자 이사 직장변동 관재구설, 사업변동수, 해외진행 이별수

未時 에 온사람은 자식문제, 살림사 금전사기 반대사, 원행사 하극상 도난사 망신수

申時 온 사람은 매매 이동변동수, 터부정, 관재구설 설 사기 하극상으로 선배 대흉주의 차사고주의

酉時 온 사람은 방해사 배신사, 우환질병, 취업 승진은 매사 지체됨 상문은 손해수

戌時 온 사람은 골육상쟁 허위문서 배신문서 관청은 불용 원밥좋 시험합격 하면 승진됨

필히 피해야 할일
회의개최・건축증개축・구인・구직・해외여행・항공주의・애완동물들이기・낚시・손님초대

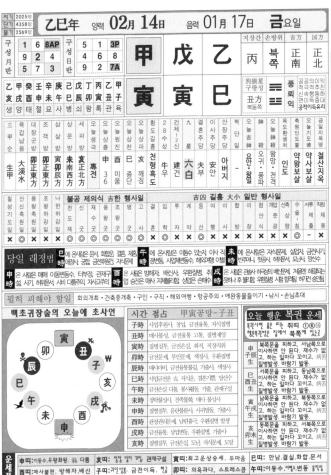

백초귀장술의 오늘에 초사인

寅
卯 丑
辰 子 W
巳 亥
午 戌
未 酉
申

시간 점占   甲寅공망-子丑

子時 사급추원사, 창업, 금전융통, 자식질병
丑時 매사불성, 금전손실 고통, 질병재앙
寅時 질병침투, 금전손실, 취직, 직장직위
卯時 금전문제, 부인문제, 색정사, 우환질병
辰時 금전융통불길, 골육상쟁, 가출사, 색정사
巳時 사업금전문 흉, 자식운, 결혼기쁨, 망신수
午時 금전손실 다툼, 봉사활동, 가출, 관재구설
未時 잡귀침범사, 진축불륜사, 매사 불성사
申時 질병침투, 음란색정사, 시기애정사, 가출사
酉時 관공관직사, 남편출세 금융융통, 가출사
戌時 금전융통, 상업매매, 우환질병, 가출사
亥時 질병침투, 금전손실, 5女 자식문제, 도망

오늘 행운 복권 운세

복권사면 죽는 띠는 쥐띠 ①⑥⑯
행운의좋방은 집에서 북쪽

申子辰生 복권운은 피하고, 서남쪽으로 이사하면 안 된다. 재수가 없고 하는 일마다 꼬이고, 病苦 질병발생. 바람기 발동

巳酉丑生 서북운은 피하고, 동남쪽으로 이사하면 안 된다. 재수가 없고 하는 일마다 꼬이고, 病苦 질병발생. 바람기 발동

寅午戌生 동북운은 피하고, 남쪽으로 이사하면 안 된다. 재수가 없고 하는 일마다 꼬이고, 病苦 질병발생. 바람기 발동

亥卯未生 북쪽운은 피하고, 서쪽으로 이사하면 안 된다. 재수가 없고 하는 일마다 꼬이고, 病苦 질병발생. 바람기 발동

운세풀이

申띠:이동수,우왕좌왕, 弱 다툼   亥띠: 적게 이익 많음, 관재구설   寅띠:최고운상승세, 두마음   巳띠: 만남,결실,화합,문서
酉띠:매사불편, 방해자,배신   子띠:귀인상봉, 금전이득, 현금   卯띠:의욕과다, 스트레스큼   午띠:이동수,애로,변동 움직임
戌띠:해결신,시험합격, 풀림   丑띠:매사꼬임,과거고생, 질병   辰띠:시급한 일, 뜻대로 안됨   未띠:빈매미,걱정근심, 사기

서기	2025年
단기	4358年
불기	2569年

乙巳年 양력 02月 15日 음력 01月 18日 토요일

구성월반		
1	6	8AP
9	2	4
5	7	3

구성일반		
6	2	4
5	7	9AP
1	3	8

乙	戊	乙
卯	寅	巳

지장간	손방위	吉方	凶方
丙	북동	正東	正西

丁	丙	乙	甲	癸	壬	辛	庚	己	戊	丁	丙
亥	戌	酉	申	未	午	巳	辰	卯	寅	丑	子
사	묘	절	태	양	생	욕	관	록	왕	쇠	병

狗狼星 구랑성	괘	풍뢰익	
天	☴☳	풍뢰익	공공의이익 적극적추진 신속행동하면이득증대 공적이득유리

三甲순	육갑납음	대장군방	조객방	삼살방	상문방	세파방	오늘생극	오늘상충	오늘원진	오늘상천	오늘상파	황도길흉	28수성	건제12신	九星	결혼주당	이사주당	안장주당	복단일	오늘吉神	神殺	오늘神殺	육도환생처	축원인도불	오늘기도德	금일지옥명
生甲	大溪水	卯正東方	卯正東方	寅卯辰方	未南西方	亥正北方	專전	酉 36	申 미움	辰 중단	午 깨짐	주작흑도	女여	除제	七赤	姑고	利이	남자	복단일	옥우*관일	대패·조객	함지·대시	귀도	약왕보살	문수보살	철산지옥

칠성기도일	산신축원일	용왕축원일	조왕하강일	나한하강일	불공 제의식 吉한 행사일							吉凶 길흉 大小 일반 행사일														
					천도재	신굿	재수굿	용왕굿	조왕굿	병굿	고사	결혼	입학	투자	계약	등산	여행	이사	합방	이장	점안식	개업준공	신축상량	수술·침	서류제출	직원채용
◎	◎	×	◎	◎	◎	×	×	×	◎	◎	◎	×	◎	×	×	◎	◎	×	×	×	◎	×	×	◎	◎	×

당일 래정법

巳時에 온사람은 모함과 구설로 골치 아픔, 이동나쁨, 바람기, 직장해고위험

午時에 온사람은 문서, 화합운, 결혼, 재혼, 경조사, 궁합, 문서이동, 부모문제, 상업투자

未時에 온사람은 이동수 있는자, 이사나 직장변동, 자식문제 변동수, 여행, 이별, 헛고생

申時 온 사람은 허위문서, 실업자, 금전환란, 빈주머니, 헛공사, 사기모함 ·도난사, 매사불성

酉時 온 사람은 직장변동, 이동변동수, 터부정, 관재구설, 사기, 허위문서, 우환질병, 자식 가출건

戌時 온 사람은 색정사 배신문제 방해자, 배신사, 형제간 암투, 관재구설, 취업 승진 매사지체불리함

필히 피해야 할일 문 만들기 · 간판달기 · 코인사입 · 물건구입 · 태아인공수정 · 새집들이 · 어로작업

백초귀장술의 오늘에 초사언

시간 점占	乙卯공망-子丑
子時	직장근심, 처를 극, 질병위급, 색정사
丑時	사업후원사, 금전융통, 부인질병, 가출
寅時	재물파산 불길, 가출사, 질병침투 하극상
卯時	금전융통흉, 여자문제, 직장직위 취업
辰時	사업상 금전손실, 부인문제, 우환질병
巳時	매사불성사, 자손실직사, 직위 삼각관계
午時	관직 승전문제, 금전 문제, 불륜 주색주의
未時	금전융통, 삼각관계, 직업변동, 여자질병
申時	만사불길, 직장 취업청탁 불리, 질병재앙
酉時	적 침범사, 가출,, 불륜색정사, 골육 흉
戌時	금전문제, 부인문제, 다툼, 이별사, 질병
亥時	사업문제, 투자확장, 우환질병 손님 惡意

오늘 행운 복권 운세

복권사면 좋은 띠는 **소띠** ②⑤⑩
행운복권방은 집에서 **북동쪽**에 있는곳

申子辰生	북쪽문을 피하고, 서남쪽으로 이사하면 안 된다. 재수가 없고, 하는 일마다 꼬이고, 病苦 질병발생. 바람기 발동.
巳酉丑生	서쪽문을 피하고, 동남쪽으로 이사하면 안 된다. 재수가 없고, 하는 일마다 꼬이고, 病苦 질병발생. 바람기 발동.
寅午戌生	남쪽문을 피하고, 북동쪽으로 이사하면 안 된다. 재수가 없고, 하는 일마다 꼬이고, 病苦 질병발생. 바람기 발동.
亥卯未生	동쪽문을 피하고, 서북쪽으로 이사하면 안 된다. 재수가 없고, 하는 일마다 꼬이고, 病苦 질병발생. 바람기 발동.

운세풀이

酉띠:이동수,우왕좌왕, 중재, 다툼	子띠: 점점 일이 꼬임, 관재구설	卯띠:최고운상승세, 두마음	午띠: 만남,결실,화합,문서
戌띠:매사불편, 방해자,배신	丑띠:귀인상봉, 금전이득, 현금	辰띠: 의욕과다, 스트레스큼	未띠:이동수,이별수,변동 움직임
亥띠:해결신,시험합격, 풀림	寅띠: 매사꼬임,과거고생, 질병	巳띠: 시급한 일, 뜻대로 안됨	申띠: 빈주머니,걱정근심,사기

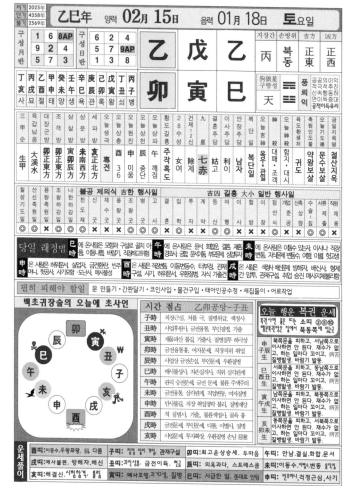

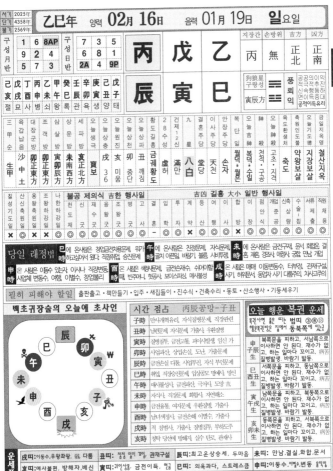

서기 2025年	乙巳年	양력 02月 16日	음력 01月 19日	日요일
단기 4358年				
불기 2569年				

			지장간	손방위	吉方	凶方
구성월반	1 6 8AP / 9 2 4 / 5 7 3	구성일반	7 3 5 / 6 8 1 / 2A 4 9P	丙 戊 乙	丙	無	正北	正南

丙 戊 乙
辰 寅 巳

己 戊 丁 丙 乙 甲 癸 壬 辛 庚 己 戊
亥 戌 酉 申 未 午 巳 辰 卯 寅 丑 子
絶 胎 養 生 浴 帶 祿 旺 衰 病 死 墓

狗狼星 구랑성 / 寅辰方 풍뢰익

공공의이익 적극적추진 신속행동동편 면이득중편 공적이득리

| 三甲旬 生甲 | 육갑납음 沙中土 | 대장군방 卯正東方 | 조객방 丑正東方 | 삼살방 寅北東方 | 상문방 未南西方 | 세파극 亥正北方 | 오늘상충 寶보 36 | 오늘원진 戌 중궁 | 오늘상파 卯 깨짐 | 오늘상천 丑 | 황흑도길흉 金궤황도 | 28수성 虛허 | 건제12신 滿만 | 九星 八白 | 이흑주당 堂당 | 안장주당 天천 | 복단일 손자 | 오늘吉神 월덕·월은 | 神殺 천적·구궁 | 오늘神殺 복단·수십 | 육도환생처 고조·지객 | 축원인 축도 | 금기일옥황 지장보살 | 지옥인 철산지옥 | 금기일옥황 약왕보살 |

| 칠성기도일 × | 산신제일 ◎ | 용왕축원일 × | 조왕하강일 × | 나한제일 ◎ | 불공 제의식 吉한 행사일 | | | | | | | | 吉凶 길흉 大小 일반 행사일 | | | | | | | | | | | |
| | | | | | 천도재 ◎ | 신굿 ◎ | 재수굿 ◎ | 용왕굿 ◎ | 조왕굿 × | 병굿 ◎ | 결혼 ◎ | 입택 - | 투자 ◎ | 계약 ◎ | 등록 ◎ | 여행 ◎ | 이장 × | 합방 ◎ | 点 이점 ◎ | 개업 ◎ | 신축 ◎ | 수리 준공 × | 서류 제출 ◎ | 직원 채용 ◎ |

필히 피해야 할일 : 출판창고·책만들기·입주·새집들기·진수식·건축수리·동토·산소행사·기둥세우기

백초귀장술의 오늘에 초사언

辰 巳 卯 W 午 寅 未 丑 申 子 酉 亥 戌

시간 점占	丙辰공망-子丑
子時	만사개혁유리, 자식질병문제, 직장관련
丑時	남녀문제, 자식문제, 가출사, 우환질병
寅時	잘병침투, 금전山貞, 과가재남성 임신 가
卯時	사업파산, 상업손실, 도난, 가출문제
辰時	금전순실 다툼, 사업부진, 자식 부모문제
巳時	취업 직장승진문제, 입상공모 당선사, 망신
午時	매사불성사, 금전손재, 극차사, 도망 흉
未時	자산사, 직장문제, 화재난 자연손소
申時	남녀색정사, 여자문제, 우환질병, 가출사
酉時	남녀색정사, 금전순해, 이별수, 가출사
戌時	적 침범사, 가출사, 질병침투, 부하도주
亥時	청탁 당선해 방해되나, 실수 탄로, 관재사

오늘 행운 복권 운세
복권사면 좋은 띠는 범띠 ③⑧⑱
행운복권방은 집에서 동북쪽에 있는곳

申子生	북쪽문을 피하고, 서남쪽으로 이사하면 안 된다. 재수가 없 고, 하는 일마다 꼬인다. 病苦 질병발생. 바람기 발동.
巳酉生	서쪽문을 피하고, 동남쪽으로 이사하면 안 된다. 재수가 없 고, 하는 일마다 꼬인다. 病苦 질병발생. 바람기 발동.
寅午生	남쪽문을 피하고, 북동쪽으로 이사하면 안 된다. 재수가 없 고, 하는 일마다 꼬인다. 病苦 질병발생. 바람기 발동.
亥卯生	동쪽문을 피하고, 서북쪽으로 이사하면 안 된다. 재수가 없 고, 하는 일마다 꼬인다. 病苦 질병발생. 바람기 발동.

운세풀이

戌띠:이동수,우왕좌왕, 弱, 다툼	丑띠: 최고운상승세, 두마음	辰띠:최고운상승세, 두마음	未띠: 만남,결실,화합,문서
亥띠:매사불편, 방해자,배신	寅띠:귀인상봉, 금전이득, 현금	巳띠: 의욕과다, 스트레스큼	申띠:이동수,이별수,변동 움직임
子띠:해결신,시험합격, 풀림	卯띠: 매사꼬임,과거고생, 질병	午띠: 시급한 일, 뜻대로 안됨	酉띠: 빈주머니, 걱정근심, 사기

- 63 -

서기 2025년	단기 4358년	불기 2569년

乙巳年　양력 **02**月 **17**日　음력 **01**月 **20**日　**월**요일

丁 戊 乙
巳 寅 巳

구성월반			구성일반		
1	6	8AP	8	4A	6
9	2	4	7	9	2
5	7	3	3	5	1P

지장간	손방위	吉方	凶方
丙	無	正西	正東

辛亥태　庚戌양　己酉생　戊申욕　丁未관　丙午록　乙巳왕　甲辰쇠　癸卯병　壬寅사　辛丑묘　庚子절

狗狼星 구랑성 前門 현관문

풍뢰익
공공의이익 목적적추진 신속행동후에 역동증대 공적이득유리

三甲旬　육갑납음　대장군방　조객방　삼살방　세파방　오늘생극　오늘상파　오늘상충　오늘원진　황도길흉　28숙길흉　건제12신　九星　결혼주당　이사주당　안장주당　오늘吉神　오늘神殺　오늘흉살　육도환생처　글자기도덕명　철산지옥　문수보살

生甲　沙中土　卯正東方　卯正東方　寅南西方　亥正北方　專전　亥　미움36　申대덕　危위　쭈평　九紫　翁옹　害해　死 -　보광·상성　천의·유화　월염·廻刺　옥도　쿠왕보살　문수보살

불공 제의식 吉한 행사일													吉凶 길흉 大小 일반 행사일											
칠성기도일	산신축원일	용왕축원일	조왕하강일	나한하강일	불공	천도재	신굿	재수굿	조왕굿	병굿	고사	결혼	입학	투자	계약	서류	여행	이사	안장	준공	개업	신축	수리	직원 채용
×	×	×	×	×	×	×	×	×	×	×	×	-	○	◎	×	×	×	-	○	○	×	×	×	×

당일 래정법
巳에 온사람은 금전구재, 관재송사문제 갈등사 **午**에 온사람은 금전차용여부, 뭐가 하고 **未**에 온사람은 친구형제동업, 골치 아픈일 時時 동사 갈등사 죽음사 유직불문 사업투자문제 時 고생하나 왝 직장변동사 진급불안 時 만남, 바람기 불륜 문서문제, 속장되

申時 온사람은 형제, 문서 화합은 결혼, 재혼, 애정사 **酉**時 온사람은 뭣가 하고싶어 와서 이사나 이동수 있다 가출 이사나 직장변동 **戌**時 온사람은 색정사로 급한 관송사로 발전 급질 하강 내방 건강문제 **時** 관재구설 매사불성 취업가망 하연질병 時 사업체 변동수, 여행 이별수 관재구설 時 사기, 빈주머니, 헛 고생 시모님질병

필히 피해야 할일 새 작품제작·출품·새집들이·인수인계·질병치료·시험관시술·경락·복약·문병·머리자르기

백초귀장술의 오늘에 초사언

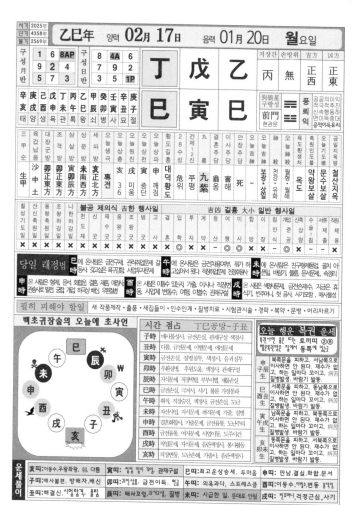

시간 점占 丁巳공망-子丑

子時 매사불성사, 금전손실, 관재구설 색정사
丑時 다툼, 금전문제, 애정문제, 애정갈등
寅時 금전손실, 질병침투, 색정사, 음귀침투
卯時 유왕할듯 후원도움, 색정사, 관재구설
辰時 자식문제 직장변동, 부부변심, 재물손실
巳時 금전손실, 극차사 사기, 불륜 가정풍파
午時 취직 직장진전, 색정사, 금전융통, 도난
申時 자손사, 자식문제, 취직문제, 가출, 질병
申時 결혼화합사, 직장문제, 금전융통, 도난사
酉時 금전융통, 여자문제, 사업이동, 도주사건
戌時 직업문제, 자식문제, 음란색정사, 봉사활동
亥時 직장변동, 관재손해, 가출사, 음란색정사

오늘 행운·복권 운세
복권사면 좋은 띠는 **토끼띠 ②⑧** 행운복권방은 집에서 **동쪽**에 있으

申子辰生　복福운을 피하고, 서남쪽으로 이사하면 안 된다. 재수가 없고, 하는 일마다 꼬이고, 病苦 질병발생, 바람기 발동.
巳酉丑生　서쪽운을 피하고, 동남쪽으로 이사하면 안 된다. 재수가 없고, 하는 일마다 꼬이고, 病苦 질병발생, 바람기 발동.
寅午戌生　남쪽운을 피하고, 북쪽으로 이사하면 안 된다. 재수가 없고, 하는 일마다 꼬이고, 病苦 질병발생, 바람기 발동.
亥卯未生　북쪽운을 피하고, 서북쪽으로 이사하면 안 된다. 재수가 없고, 하는 일마다 꼬이고, 病苦 질병발생, 바람기 발동.

운세풀이
亥띠:이동수,우왕좌왕, 弱, 다툼　子띠:매사불편, 방해자,배신　丑띠:해결신, 시험합격, 풀림　寅띠: 점점 일이 꼬임, 관재구설　卯띠:귀인상봉, 금전이득, 현금　辰띠: 매사꼬임, 과거고생, 질병　巳띠:최고운상승세, 두마음　午띠:의욕과다, 스트레스큼　未띠:이시급한 일, 뜻대로 안됨　申띠:만남,결실,화합,문서　酉띠:이동수,이별수,변동 움직임　戌띠:빈주머니, 걱정근심, 사기

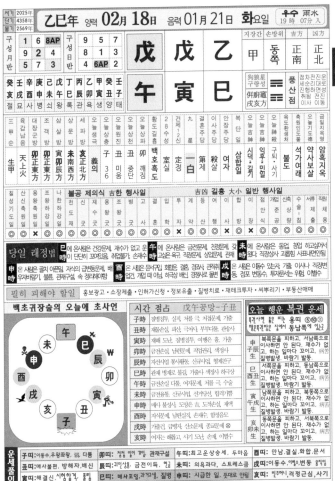

서기 2025년	乙巳年	양력 02月 18日	음력 01月 21日	화요일	우수 雨水 19時 07分 入
단기 4358년					
불기 2569년					

	1	6	8AP		9	5	7
구성월반	9	2	4	구성일반	8	1	3
	5	7	3		4	6AP	2

戊 戊 乙
午 寅 巳

癸	壬	辛	庚	己	戊	丁	丙	乙	甲	癸	壬
亥	戌	酉	申	未	午	巳	辰	卯	寅	丑	子
절	묘	사	병	쇠	왕	록	관	욕	생	양	태

지장간 甲
손방위 동쪽
吉方 正南
凶方 正北

狗頭星 구양성
併廚竈 戊亥方
풍산점
점차전진된 세순리대로 진행하면성 취됨 전진 이사 이동

三甲旬 生甲	육갑납음 天上火	대장군방 卯正東方	조객방 丑正東方	삼살방 未南西方	상문방 亥正北方	세파극 子	오늘상충 丑 3.6	오늘원진 卯	오늘상천	오늘상파	황도길흉 白虎黑 室	28수성 定	건제12신 一白	九星 第제	결혼주당 第재	이사주당 여자	안장주당	복단일	오늘吉神 삼합일	오늘吉神 심불·길거	오늘神殺 일주·구퇴 · 밀업	축원인도재 오늘불成神 석午가례	오늘神殺 약사여래	금일지옥 암흑지옥

칠성기도일 ◎ 산신축원일 ◎ 용왕축원일 ◎ 조왕하강일 ◎ 나한하강일 ✕

불공 제의식 吉한 행사일
| 천도 재 | 신 불 공 | 재수굿 | 용왕굿 | 조왕굿 | 병굿 | 고사 | 결혼 | 입학 | 투자 | 계약 | 등산 | 여행 | 이사 | 합방 |
| ◎ | ◎ | ◎ | ◎ | ◎ | ◎ | ◎ | ✕ | ◎ | ✕ | ◎ | ◎ | ◎ | ✕ | ◎ |

吉凶 길흉 大小 일반 행사일
| 점 안식 | 개업준공 | 신축상량 | 수 술 | 서류제출 | 직원채용 |
| ◎ | ◎ | ◎ | ◎ | ◎ | ◎ |

당일 래정법
巳時 온사람은 건강문제, 재수가 없고 운 午時 에 온사람은 금전문제, 진정문제 갈 未時 에 온사람은 동업 창업 하고싶어 왔다. 직장상사 괴롭힘 사투·배신 병

申時 온 사람은 골치 아픔일, 자식의 급변동문제 배 酉時 온 사람은 문서화합, 경조사 관심사 戌時 온 사람은 이동수 있는자 가출·이사 직장변

필히 피해야 할일 — 홍보광고·소장제출·인허가신청·정보유출·질병치료·재테크투자·씨뿌리기·부동산매매

백초귀장술의 오늘에 초사언

時間 占占	戊午공망-子丑
子時	질병급제, 실직, 처를 극, 처첩관계, 가출
丑時	재물손실, 파산, 극차사, 부모자묘, 관송사
寅時	재해 도난, 질병침투, 여행충 흉, 가출
卯時	금전손실, 남편문제, 작첩관리, 색정사
辰時	자산잔입 형제찬소, 신규사업, 형제찬子
巳時	관재 병재로 불길, 가출사 색정사 하극상
午時	금전손실 다툼, 여자문제, 처를 극, 수술
未時	금전융통, 산귀침입, 선거당선, 합격기쁨
申時	매사 불성사, 도망은 吉, 도처손실, 재해
酉時	자식문제, 남편실직, 손재수, 함심공유
戌時	가출건, 급병자, 산소문제, 종교문제 ✕
亥時	여자는 해롭고, 사기 도난, 손재, 아발수

오늘 행운 복권 운세
복권사는 띠는 용띠 ⑤⑩㉟ 행운복권방은 집에서 동남쪽에 있는곳

申子生 남쪽문을 피하고, 서남쪽으로 이사하면 안 된다. 재수가 있고, 하는 일마다 꼬이고, 病苦 질병발생. 바람기 발동.

巳酉丑生 서쪽문을 피하고, 동남쪽으로 이사하면 안 된다. 재수가 있고, 하는 일마다 꼬이고, 病苦 질병발생. 바람기 발동.

寅午戌生 남쪽문을 피하고, 북동쪽으로 이사하면 안 된다. 재수가 있고, 하는 일마다 꼬이고, 病苦 질병발생. 바람기 발동.

亥卯未生 동쪽문을 피하고, 서북쪽으로 이사하면 안 된다. 재수가 없고, 하는 일마다 꼬이고, 病苦 질병발생. 바람기 발동.

운세풀이
子띠: 이동수,우왕좌왕, 弱 다툼
丑띠: 매사불편, 방해자,배신
寅띠:해결신,시험합격, 풀림
卯띠: 점직, 의외 꼬임, 관재구설
辰띠:귀인상봉, 금전이득, 현금
巳띠: 매사꼬임,과거고생, 질병
午띠:최고운상승세, 두마음
未띠: 의욕과다, 스트레스큼
申띠: 시급한 일, 뜻대로 안됨
酉띠: 만남,결실,화합,문서
戌띠: 이동수,이별수,변동 움직임
亥띠: 빈주머니,걱정근심,사기

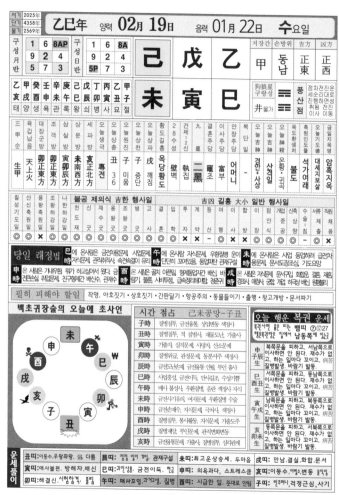

서기	2025年
단기	4358年
불기	2569年

乙巳年 양력 **02**月 **19**日 음력 **01**月 **22**日 **수**요일

구성월반	1	6	8AP
	9	2	4
	5	7	3

구성일반	1	6	8A
	9	2	4
	5P	7	3

己 戊 乙
未 寅 巳

乙	甲	癸	壬	辛	庚	己	戊	丁	丙	乙	甲
亥	戌	酉	申	未	午	巳	辰	卯	寅	丑	子
태	양	양	욕	관	록	쇠	병	사	묘	절

| 지장간 | 손방위 | 吉方 | 凶方 |
| 甲 | 東南 | 正東 | 正西 |

狗狼星 구랑성
井 물밥

풍산점

절차초진운
세손리디로로
진행하면안녕성
취함 전진
이사 이동

점차초진운
세손리디로로
진행하면안녕성
취함 전진
이사 이동

三甲旬	육갑납음	대장군방	조객방	삼살방	세파방	오늘생극	오늘상천	오늘상파	오늘상충	오늘원진	황도길흉	건제12신	九星	결혼주당	이사주당	안장주당	복단일	오늘神殺	오늘神殺	오늘吉神	육도환생처	축원인도불	오늘기도덕	금일지옥
生甲	天上火	卯正東方	寅正東方	亥南西方	未南西方	專전	丑 3 6	子 미움	戌 깨짐	옥당황도	執집	二黑	竈조	富부	어머니	-	경신·상	산격일	옥황·귀곡	불도	석가여래	대세지보살	암흑지옥
			세	문							壁벽			당			-						

칠성기도일	산신축원일	용왕축원일	조왕하강일	나한하강일	불공 제의식 吉한 행사일								吉凶 길흉 大小 일반 행사일									
					천도재	신굿	재수굿	용왕굿	조왕굿	병굿	고사	결혼	입학	투자	계약	여행	산행	이사	방향	장담	점안식	개업	신축	수리	서류제출	동토
◎	◎	○	◎	○	○	◎	×	○	○	○	◎	×	○	○	○	◎	◎	×	×	-	○	×	×	◎	◎

당일 래정법
巳에 온사람은 금전용문제, 사업문제에 **午**에 온사람 자식문제, 우환잘병 운이 **未**에 온사람은 사업 동업이나 금전과 관재구설 관재수나이나, 속전속결이 유리 단단히 꼬여있음, 동업파탄 관재구설 용문제, 문서도장조심 기도요망

申時 온 사람은 가내우환 위가 피는사람 싸우대 운영환자문제 취업문제, 친구형제간이 배신수, 관재수 **酉**時 온 사람은 골치 아픈일 색정사문제로 자식문제, 손재수가 발생 **戌**時 온 사람은 자식문제, 문서합 동업건 결혼 재혼, 경조사 애정사 궁합 재물손재수 부부불화 색정사 관재수

필히 피해야 할일
작명, 아호짓기·상호짓기·간판달기·항공주의·동물들이기·출행·창고개방·문서파기

백초귀장술의 오늘에 초사언
<table>
<tr><td>時間 점占</td><td>己未공망-子丑</td></tr>
<tr><td>子時</td><td>잘병잠투, 금전용통, 상가부정 색정사</td></tr>
<tr><td>丑時</td><td>잘병잠투, 적 잠범사, 재물도난, 가출사</td></tr>
<tr><td>寅時</td><td>가출사, 실직문제, 사망자, 산소문제</td></tr>
<tr><td>卯時</td><td>잘병잠투, 관청문제, 동분서주, 색정사불리</td></tr>
<tr><td>辰時</td><td>금전융통실 금전융통 안됨, 부인 흉사</td></tr>
<tr><td>巳時</td><td>사업융성 금전이득, 만사길조, 수길기쁨</td></tr>
<tr><td>午時</td><td>매사 불성사, 우환잘병, 음란 색정사 자식</td></tr>
<tr><td>未時</td><td>금전산기심, 여자문제, 우환잘병 수술</td></tr>
<tr><td>申時</td><td>잘병재난, 자식문제, 극차사, 색정사</td></tr>
<tr><td>酉時</td><td>잘병잠투, 봉사활동, 자식문제, 가출도주</td></tr>
<tr><td>戌時</td><td>잘병재앙, 부인문제, 관직변화면동</td></tr>
<tr><td>亥時</td><td>금전융통용통 가출사, 잘병잠투, 삼각관계</td></tr>
</table>

오늘 행운 복권 운세
복권사면 좋은 띠는 뱀띠 ⑦17.27
행운복권방운 집에서 남동쪽에 있교

申子辰生	복권문운 피하고, 서남쪽으로 이사하면 안 된다. 재수가 없꼬 하는 일마다 꼬이고, 病苦 질병발생, 바람기 발동.
巳酉丑生	서쪽운 피하고, 동남쪽으로 이사하면 안 된다. 재수가 없꼬 하는 일마다 꼬이고, 病苦 질병발생, 바람기 발동.
寅午戌生	북쪽문운 피하고, 북동쪽으로 이사하면 안 된다. 재수가 없꼬 하는 일마다 꼬이고, 病苦 질병발생, 바람기 발동.
亥卯未生	동쪽문운 피하고, 서남쪽으로 이사하면 안 된다. 재수가 없꼬 하는 일마다 꼬이고, 病苦 질병발생, 바람기 발동.

운세풀이
丑띠:이동수,우왕좌왕, 弱 다툼 **辰띠:** 정점 일어 끼임, 관재구설 **未띠:**최고운상승세, 두마음 **戌띠:** 만남,결실,화합,문서
寅띠:매사불편, 방해자,배신 **巳띠:**귀인상봉, 금전이득, 현금 **申띠:** 의욕과다, 스트레스큼 **亥띠:**이동수,애惡,변동 움직임
卯띠:해결신, 시험합격, 풀림 **午띠:** 매사꼬임,과거고색, 질병 **酉띠:** 시급한 일, 뜻대로 안됨 **子띠:** 빈축머니, 걱정근심, 사기

- 66 -

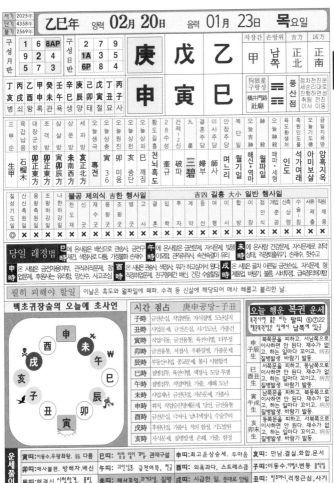

구성 월반	1	6	8AP
	9	2	4
	5	7	3

구성 일반	2	7	9
	1A	3	5
	6P	8	4

庚 戊 乙

申 寅 巳

	지장간	손방위	吉方	凶方
	甲	남쪽	正北	正南

狗狼星 구랑성
橋井門樓
社廟

풍산점

점차전진운
세◇리◇대로
진행하면면성
취朝 전진
이사 이동

2월

丁亥병	丙戌쇠	乙酉왕	甲申록	癸未관	壬午욕	辛巳생	庚辰양	己卯태	戊寅절	丁丑묘	丙子사

三甲순	육갑납음	대장군방	조객방	상문방	상극방	세파방	오늘상충	오늘상천	오늘원진	오늘상파	황도길흉	2 8 宿	건제12신	九星	결혼주당	안장주당	복단일	오늘吉神	神殺	오늘神殺	육도환생처	축원인도불	오늘기도덕	금일지옥명
生甲	石榴木	卯正東方	卯正東方	未南西方	亥正北方	專전	寅 36	亥 중단	巳 깨짐	亥 미움	천뇌흑도	奎규	破파	三碧	婦부	師사	며느리	월기일	해신·염마	월염일	패가·세원	인도	석가여래	아미보살	암록지옥

칠성기도일	산신축원일	용왕축원일	조왕축원일	나한기도일		불공 제의식 吉한 행사일							吉凶 길흉 大小 일반 행사일										
					천도재	신굿	재수굿	용왕굿	조왕굿	병굿	고사	결혼	입학	투자	계약	여행	이사	합방	점안식	개업	신축상량	서류제출	직원채용
◎	×	×	×	×	×	×	×	×	×	×	×	×	×	×	×	×	×	×	×	×	×	×	×

당일 래정법

巳에 온사람은 배신으로 관송사, 금전구재 午에 온사람은 금전문제, 자손문제, 빛관재 未에 온사람은 건강문제, 자손사로 최악 時 재난 색상사로 다툼, 가정불하 손재수 時 이픈일 관재구설사, 속전속결이 유리 時 상태, 직장퇴출인가 손자수, 동요사

申에 온사람은 금전사업, 관직취직사문제, 酉에 온사람은 관송사 색상사 원가 하고싶어서 왔다 戌에 온사람은 골치 아픈일 금전손실, 자손문제, 형 時 업무, 후원사는 유리함, 막순사 사고조심 時 직장취업문제, 친구형제간 배신 건강 수술할일 時 제동업, 바람기, 불륜, 사비투쟁, 급속정리해야함

필히 피해야 할일 | 이날은 혹도와 월파일에 파재, 수격 등 신살에 해당되어 매사 해롭다고 불리는 날.

백초귀장술의 오늘에 초사언

시간 점占	庚申공망-子丑
子時	금전손실, 작업변동, 자식결혼, 도난실직
丑時	사업문제, 금전손실, 사기도난, 가출건
寅時	작업이동, 금전융통, 육친이별, 타부정
卯時	금전융통, 처갓사, 우환질병, 가출문제
辰時	부동산사업 종교문제, 봉사 시험합격
巳時	질병침투, 육친문제, 색정사 도망 투쟁
午時	질병침투, 작업witch, 가출, 재해 도난
未時	사업문제, 후원건, 자손문제, 가출사
申時	취직 작업운전妨해문제, 당선 금전융통
酉時	금전손실, 극차사 남녀색정사 수술주의
戌時	후원문제, 처사사 적의 함정 기도원인
亥時	자식문제, 질병발생, 손해, 가출, 함정

오늘 행운 복권 운세

복권사려면 좋은 띠는 말띠 ⑤◇22
행운복권방은 집에서 남쪽에 있소

申子辰生	북쪽문을 피하고, 서남쪽으로 이사하면 안 된다. 재수가 없고, 하는 일마다 꼬이고, 病苦 질병발생. 바람기 발동.
巳酉丑生	서쪽문을 피하고, 동남쪽으로 이사하면 안 된다. 재수가 없고, 하는 일마다 꼬이고, 病苦 질병발생. 바람기 발동.
寅午戌生	남쪽문을 피하고, 북동쪽으로 이사하면 안 된다. 재수가 없고, 하는 일마다 꼬이고, 病苦 질병발생. 바람기 발동.
亥卯未生	동쪽문을 피하고, 서북쪽으로 이사하면 안 된다. 재수가 없고, 하는 일마다 꼬이고, 病苦 질병발생. 바람기 발동.

운세풀이

寅띠:이동수,우왕좌왕, 弱 다툼 卯띠:매사불편, 방해자,배신 辰띠:해결신,시험합격, 풀림

巳띠:적정 일이 꼬임, 관재구설 午띠:귀인상봉, 금전이득, 현금 未띠: 매사꼬임,과거고생, 질병

申띠:최고운상승세, 두마음 酉띠: 의욕과다, 스트레스큼 戌띠: 시급한 일, 뜻대로 안됨

亥띠: 만남,결실,화합,문서 子띠:이동수,이별◇변동 움직임 丑띠: 빈주머니,걱정근심,사기

- 67 -

서기	2025年
단기	4358年
불기	2569年

乙巳年 양력 **02**月 **21**日 음력 **01**月 **24**日 **金**요일

구 성 월 반	1	6	8AP
	9	2	4
	5	7	3

구 성 일 반	3A	8	1
	2P	4	6
	7	9	5

辛 戊 乙
酉 寅 巳

	지장간	손방위	吉方	凶方
	甲	남서	正西	正東

己	戊	丁	丙	乙	甲	癸	壬	辛	庚	己	戊
亥	戌	酉	申	未	午	巳	辰	卯	寅	丑	子
욕	관	묘	왕	쇠	병	사	묘	절	태	양	생

狗狼星 구랑성 午方 남쪽

풍산점

정치전진운 세순리따로 진행하면연 취ول 전진 이사 이동

三甲순	육갑납음	대장군방	조객방	삼살방	세파방	오늘생극	오늘상충	오늘상천	오늘원진	오늘상파	황도길흉	28수성	건제2신	九星	결혼주당	이사주당	안장주당	神殺	神殺	오늘神殺	육도환생처	축원인도불	오늘기도덕	금일沖
生甲	石榴木	卯正東方	卯正東方	寅卯辰東方	未南西方	亥北方	卯	寅	戌	子	현무흑도	婁	危	四綠	廚	災	손님				음식 · 봉황			

처리 · 점등
흉사 · 귀도
석가여래
암흑지옥

칠성기도일	산신축원일	용왕축원일	조왕하강일	나한하강일	불공 제의식 吉한 행사일					吉凶 길흉 大小 일반 행사일											
					천도재	신굿	재수굿	용왕굿	조왕굿	병굿	고사	결혼	입학	투자	계약	등산	여행	이사	점안식	개업	신축상량	수술	서류제출	항출
◎	✕	◎	◎	◎	◎	◎	◎	◎	◎	✕	✕	✕	✕	✕	✕	✕	✕	-	✕	◎	✕	✕	✕

당일 래정법
巳時 巳에 온사람은 허가 해결할 문제 합격사 午時 午에 온사람은 금전문제 형제문제 색정사 未時 未에 온사람 금전문제 사업문제 딸과 문 관부귀래 사비다툼 관송사
申時 申에 온사람은 잘봉관자왕, 관재구설로 운이 단 酉時 酉에 온사람은 무지 문제 갈등사, 하극상 손윙사람 戌時 戌에 온사람은 의욕미나. 뭐가 하고싶어서 왔다 직장 단히 꼬여있음. 취업 승진문제. 남녀로 손재수 배신 새로운 일사각 진행함이 좋다. 우환질병 꼬임문제, 친구 형제사이에 손실 배신 당할 수

필히 피해야 할일 새집들이 · 장담그기 · 항공주의 · 승선 · 낚시 · 어로작업 · 요트타기 · 위험놀이기구

백초귀장술의 오늘에 초사언

시간 점占	辛酉공망-子丑
子時	자산난업, 봉사활동, 자식사, 임신가능
丑時	자식사문제, 손재수, 가출사건, 질병위급
寅時	사기도난, 파재, 손실사, 색정사 가출
卯時	질병침투, 실직, 금전손실 적 침범사
辰時	금전융통, 타인내 다툼, 배신 음모, 불화
巳時	직장승진 명예직위 응모당선, 취직가능
午時	매사 불성, 남녀색정사, 우환질병, 실직
申時	재물손실 시업파재 극차사 재해, 도난
酉時	직장승진 금전융통, 부모문제, 가출난건
戌時	금전손실 시업문제 금직, 질병근심, 변심
亥時	가내재앙 자손근심, 실직문제 처를 극

오늘 행운 복권 운세
복권사면 좋은 띠는 양띠 ⑤⑩㉕ 행운의방位 지에서 남서쪽에 있소

申子辰 生	북쪽문을 피하고, 서남쪽으로 이사하면 안 된다. 재수가 없고, 하는 일마다 꼬이고, 病苦질병발생. 바람기 발동
巳酉丑 生	서쪽문을 피하고, 동남쪽으로 이사하면 안 된다. 재수가 없고, 하는 일마다 꼬이고, 病苦질병발생. 바람기 발동
寅午戌 生	남쪽문을 피하고, 북동쪽으로 이사하면 안 된다. 재수가 없고, 하는 일마다 꼬이고, 病苦질병발생. 바람기 발동
亥卯未 生	동쪽문을 피하고, 서북쪽으로 이사하면 안 된다. 재수가 없고, 하는 일마다 꼬이고, 病苦질병발생. 바람기 발동

운세풀이
卯띠: 이동수, 우왕좌왕, 弱 다툼
辰띠: 매사불편, 방해자, 배신
巳띠: 해결신, 시험합격, 풀림
午띠: 적정 이여 이여 아이 관재구설
未띠: 귀인상봉, 금전이득, 현금
申띠: 매사 꼬임, 과거고생, 질병
酉띠: 최고운상승세, 두마음
戌띠: 의욕과다, 스트레스큼
亥띠: 시급한 일, 뜻대로 안됨
子띠: 만남, 결실, 화합, 문서
丑띠: 이동수, 이별수, 변동 움직임
寅띠: 빈주머니, 걱정근심, 사기

- 68 -

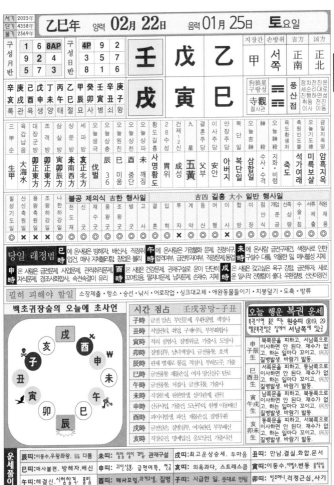

- 69 -

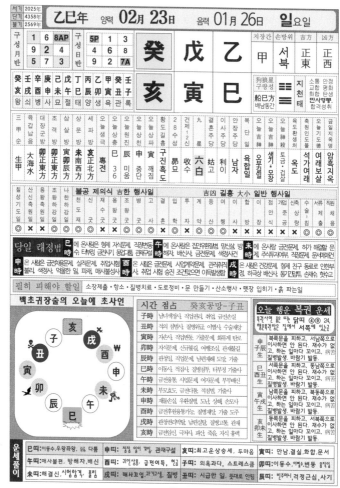

구성월반	1	6	8AP	구성일반	5P	1	3	癸 戊 乙		지장간	손방위	吉方	凶方
	9	2	4		4	6	8	亥 寅 巳		甲	서북	正東	正西
	5	7	3		9	2	7A						

| 癸亥 쇠 | 壬戌 병 | 辛酉 사 | 庚申 왕 | 己未 묘 | 戊午 절 | 丁巳 태 | 丙辰 양 | 乙卯 생 | 甲寅 욕 | 癸丑 관 | 壬子 록 |
| 狗狼星 구랑성 船巳方 배남동간 | | | | | | | | 지천태 | | ☷☷ | 소통 안정 화합 탄생 만사형통 합격성취 |

三甲 生甲 | 육갑납음 大海水 | 대장군방 卯正東方 | 조객방 卯正東方 | 삼살방 寅南方 | 세파방 未南西方 | 오늘생기 亥正北方 | 오늘상충 巳 3 6 | 오늘상천 辰 미움 | 오늘원진 申 중단 | 오늘상파 寅 깨짐 | 황도길흉 九진흑도 | 건제12신 收수 | 九星 六白 | 결혼주당 姑고 | 이사주당 利이 | 안장주당 남자 | 복단일 음양합일 | 오늘神殺 생기·묘향 | 오늘吉神 토금·길일 | 육도환생처 옥도 | 축원인도불 석가여래 | 오늘기도덕 역마지옥 | 금일지옥명 암흑지옥 |

당일 레정법
巳時 에 온사람은 형제 자식문제, 직장변동 / 午時 에 온사람은 잔꾀부질병 망신살 방 / 未時 에 온사람은 금전문제, 허가 解결할 문
申時 온사람은 금전용문제, 실직문제, 취업문제 / 酉時 온 사람은 금전문제 사업체문제, 관직취직사 / 戌時 온사람은 건강문제, 형제 친구 동업 인터부
불리, 색장사, 억울한 일, 피해, 매사불성사 時 취업 사험 승진 조각팀오면 이득됨생긴 時 하극상 배신사, 동기간외함, 손재수, 헛수고

필히 피해야 할일 소장제출·항소·질병치료·도로정비·문 만들기·산소행사·뗏장 입히기·흙 파는일

백초귀장술의 오늘에 초사언

時間 점占 癸亥공망-子丑	
子時	남녀색정사, 직급관직, 취업, 금전손실
丑時	적의 참범사, 질병위급, 이별사, 수술재앙
寅時	자손사, 작업변동, 가출문제, 화류계 색정
卯時	자식문제, 신규불길, 여행조심, 관재刑길
辰時	관청일, 작업문제, 남편재해 도망 가출
巳時	이동사, 적취사, 질병심각, 타부정 가출사
午時	금전용통, 사업문제, 여자문제, 부부배신
未時	부모효도, 금전대통, 적침병, 가출사
申時	재물손실, 우환질병, 도난 색魔 손모사
酉時	금전후원용통가능, 질병재앙, 가출 도주
戌時	관청관련刑벌, 남편갈등 질병고통, 관재
亥時	금전암신 극차사 파산 죽음 자식 흉액

오늘 행운 복권 운세
복권사면 윷띠 좋은 닭띠 ④⑨ 24,
행운복권방은 집에서 서쪽에 있는곳

申子辰生	북쪽문을 피하고, 서쪽으로 이사하면 안 된다. 재수가 급띠 2, 하는 일마다 꼬이고, 病苦 질병발생. 바랄끼 발동.
巳酉丑生	서쪽문을 피하고, 동쪽森으로 이사하면 안 된다. 재수가 없고, 하는 일마다 꼬이고, 病苦 질병발생. 바랄끼 발동.
寅午戌生	남쪽문을 피하고, 북쪽森으로 이사하면 안 된다. 재수가 없고, 하는 일마다 꼬이고, 病苦 질병발생. 바랄끼 발동.
亥卯未生	동쪽문을 피하고, 서쪽森으로 이사하면 안 된다. 재수가 없고 하는 일마다 꼬이고, 病苦 질병발생. 바랄끼 발동.

서기 2025년	乙巳年	양력 02月 24日	음력 01月 27日	月요일	陽遁中元
단기 4358년					
불기 2569년					

구성월반			구성일반			지장간	손방위	吉方	凶方
1	6	8AP	6	2P	4	甲	북쪽	正北	正南
9	2	4	5	7	9A				
5	7	3	1	3	8				

甲 戊 乙
子 寅 巳

乙亥生	甲戌	癸酉	壬申	辛未	庚午	己巳	戊辰	丁卯	乙丑	甲子
	양	태	절	묘	사	병	쇠	왕	관	욕

狗猫星 구랑성 社廟 사당묘	☷☳ 지천태	소통 안정 교합 명화 화합 탄생 만사형통 합격성취

三甲旬	육갑납음	대장군방	조객방	삼살방	세파방	오늘상충	오늘상천	오늘원진	오늘상파	오늘상해	황도길흉	28宿성수	건제12신	九星	결혼주당	안장주당	오늘吉神	천구하식시	神殺	오늘神殺처	육도환생처	오늘태어난띠	금일지옥
死甲	海中金	卯正東方	寅卯辰方	亥子丑方	亥南西方	義의	午	未	酉	청룡황도	畢필	開개	七赤	堂당	天천	손자	양?·모?	재살·라강	척?·피마	천도	아미타불	아미보살	검수지옥
							3 6	미움	깨짐														

칠성기도	산신축원	용왕축원	조왕하강	나한하강	천도재	신굿	수왕굿	조상굿	병굿	결굿	입학	투자	계약	여행	이사	합방	점안	개업	신축상량	서류제출	직원채용
◎	◎	◎	○	○	×	×	×	×	×	×	×	×	×	×	×	×	○	◎	◎	◎	◎

불공 제의식 吉한 행사일   吉凶 길흉 大小 일반 행사일

당일 래정법

巳時에 온사람은 자식문제, 실직 바람기, 반려 첫 공사 보이스피싱주? 모사?
午時에 온사람은 남녀간 배신사, 이동 변동수, 터주정, 관재구설 차사고
未時에 온사람은 직장취업문제, 방해자, 배신사, 매사 지체됨으로, 창업은 불리함
申時에 온 사람은 관송사 급방문제에 처음엔 해결되는 듯하나 후에 불됨 시?은 외?하나 후에 불통
酉時에 온 사람은 땅과문제, 직장실직문제, 취업안됨, 반가 반대
戌時에 온 사람은 금전문제, 사업문제, 주식투자손실 부동산 관재로 얽힘 산소탈 재물구재나 여자관련이 온돌들어옴

필히 피해야 할일 : 신상출고·제품제작·창고개방·옷재단·입주·건축증개축·흙 다루고 땅 파는 일

백초귀장술의 오늘에 초사인

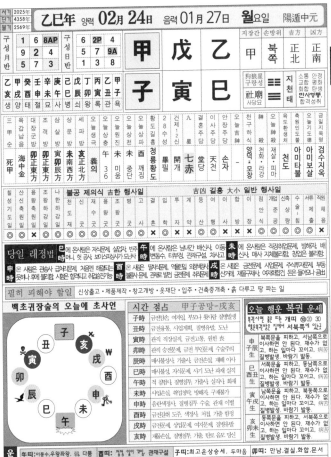

시간 점占	甲子공망-戌亥
子時	금전손실 여자일, 부모나 윗사람 질병발생
丑時	금전융통, 사업계획, 질병침급, 도난
寅時	관직 직장실직, 금전고통, 원천 흉
卯時	관직 승진문제, 금전 부인문제, 수술수익
辰時	매사불성사 가출사, 금전손실, 질병 이사
巳時	매사불성 자식문제, 사기 도난 파재 실직
午時	적 참과사, 질병침투, 가출사, 실직사, 화재
未時	사업손실, 취업good, 방해자, 구재불가
申時	음란색정사, 질병침투 수술, 관재 이별
酉時	금전문제, 상업문제, 여자문제, 질병발생
戌時	금전손실, 상업문제, 가출, 태로 음모 망신
亥時	재물손실, 질병침급, 가출, 태로 음모 망신

오늘 행운 복권 운세

복권사면 좋은 개띠 ⑩ ⑳ ㉚
행운복권방은 지역에 서북쪽에 있음

申子辰生 : 북쪽문을 피하고, 서남쪽으로 이사하면 不된다. 재수가 없고 병마, 질병발생. 바람기 발동

巳酉丑生 : 서쪽문을 피하고, 동남쪽으로 이사하면 안 된다. 재수가 없고 병마, 질병발생. 바람기 발동

寅午戌生 : 남쪽문을 피하고, 북동쪽으로 이사하면 안 된다. 재수가 없고 병마, 질병발생. 바람기 발동

亥卯未生 : 동쪽문을 피하고, 서북쪽으로 이사하면 안 된다. 재수가 없고 병마, 질병발생. 바람기 발동

운세풀이

午띠 : 이동수·우왕좌왕, 弱노 다툼
未띠 : 매사불편, 방해자, 배신
申띠 : 해결신, 시험합격, 풀림
酉띠 : 정신 어려움 꼬임, 관재구설
戌띠 : 과이산불, 금전이득, 현금
亥띠 : 매사꼬임, 과거2생, 질병
子띠 : 최고운상승세, 두마음
丑띠 : 의욕과다, 스트레스큼
寅띠 : 시급한 일, 뜻대로 안됨
卯띠 : 만남,결실,화합,문서
辰띠 : 이동수,애慾변동 움직임
巳띠 : 빈주머니, 걱정근심, 사기

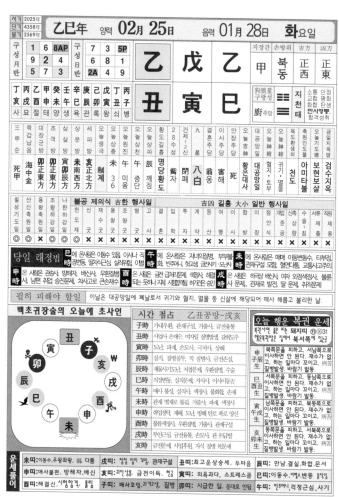

백초귀장술의 오늘에 초사언

운세풀이

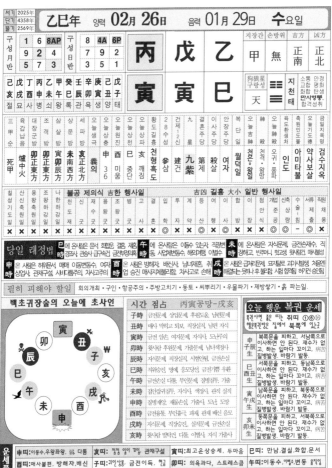

서기 2025년	乙巳年	양력 02月 26日	음력 01月 29日	수요일
단기 4358년				
불기 2569년				

2월

구성월반				구성일반			
1	6	8AP		8	4A	6P	
9	2	4		7	9	2	
5	7	3		3	5	1	

丙 戊 乙
寅 寅 巳

지장간	손방위	吉方	凶方
甲	無	正南	正北

己	戊	丁	丙	乙	甲	癸	壬	辛	庚	己	戊
亥	戌	酉	申	未	午	巳	辰	卯	寅	丑	子
절	묘	사	병	쇠	왕	록	관	욕	생	양	태

狗狼星 구랑성 — 소통 안정
天 교합 평화
지천태 만사형통
합격성취

三甲순: 死甲
육갑납음: 爐中火
대장군방: 卯正東方
조객방: 卯正東方
삼살방: 寅南辰方
상문방: 未南申方
세파방: 亥正北方
오늘상극: 義의
오늘상충: 申
오늘원진: 酉 미움도
오늘삼재: 亥 깨집도
황도길흉: 천형흑도
건제12신: 建건
九星: 九紫
결혼주당: 第제
이사주당: 殺살
안장주당: 여自
복단일: 월덕일
神殺: 천은·황?
오늘神殺: 천적·오귀·풍파
아미타불
검수지옥
약사보살

칠성기도	산신축원	용왕축원	조왕하강	나한기도	불공 제의식 吉한 행사일							吉凶 길흉 大小 일반 행사일											
					천신	신축	재수굿	용왕굿	조왕굿	병굿	굿	결혼	입	투	계	여	이	합	방	장	점 안	개업 준공	신축 상량	서류 제출	직원 채용
×	×	×	×	×	×	×	×	×	×	×	×	◎	×	×	◎	×	◎	×	×	×	◎	○	-	◎

당일 래정법

巳時 운남은 문서 화합문제, 결혼, 재물문제 / 午時 운남은 이동수 있는자 직장변동 / 未時 운남은 자신문제, 금전손재수, 직장관리고, 반목시, 퇴근고, 왜근림고, 매사불성

申時 운남은 혼인문제, 자식문제, 이동변동수, 여자문제 / 時 운남은 승진 매사지체불성, 차사고로 손해 / 時 해결노는 듯하나 후불됨

필히 피해야 할일 회의개최·구인·항공주의·주방고치기·동토·씨뿌리기·우물파기·제방쌓기·흙 파는일

백초귀장술의 오늘에 초사언

시간 점占 丙寅공망-戊亥

子時	금전문제 상업문제 후원도움, 남편문제
丑時	매사 막히고 퇴보, 직장실직 남편 자식
寅時	금전 얻는 여자문제, 자식사 도난주의
卯時	윗사람 후원문제, 가출문제, 남녀색정사
辰時	자식문제 직장실직 시험합격 금전손실
巳時	직위승진, 명예 응모당선, 금전기쁨 우환
午時	금전손실 다툼, 부모문제 질병침투, 가출
未時	잠신풍귀침투, 자식사, 색정사, 관직 실직
申時	금전융통, 부인문제 파재 관재 배신 음모
酉時	금전융통문제, 부부화합사 자식사
戌時	자식문제 직장승진, 실직문제, 금전손실
亥時	윗사람 발탁건, 다툼, 이별사, 자식 가출사

오늘 행운 복권 운세

복권사면 좋은 띠는 쥐띠 ①⑥⑯
행운복권방은 집에서 북쪽에 있소

申子辰生	복권문을 피하고, 서남쪽으로 이사하면 안 된다. 재수가 없다. 질병발생. 바람기 발동.
巳酉丑生	복권문을 피하고, 동남쪽으로 이사하면 안 된다. 재수가 없다. 질병발생. 바람기 발동.
寅午戌生	복권문을 피하고, 북동쪽으로 이사하면 안 된다. 재수가 없다. 질병발생. 바람기 발동.
亥卯未生	복권문을 피하고, 서북쪽으로 이사하면 안 된다. 재수가 없다. 질병발생. 바람기 발동.

운세풀이

申띠: 이동수,우왕좌왕, 쇠 다툼
酉띠: 매사불편, 방해자,배신
戌띠: 해 결신, 시험합격, 풀림
亥띠: 집입 이의 '꿈맹, 관재구설
子띠: 가인상봉, 금전이득, 현금
丑띠: 매사꼬임,과거고생, 질병
寅띠: 최고운상승세, 두마음
卯띠: 의욕과다, 스트레스큼
辰띠: 시급한 일, 뜻대로 안됨
午띠: 만남,결실,화합,문서
午띠: 이동수,애별,변동 움직임
未띠: 빈주머니,걱정근심, 사기

- 73 -

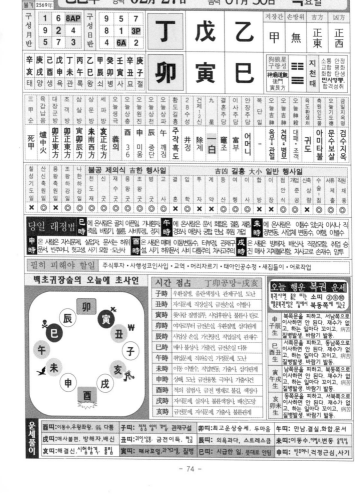

- 74 -

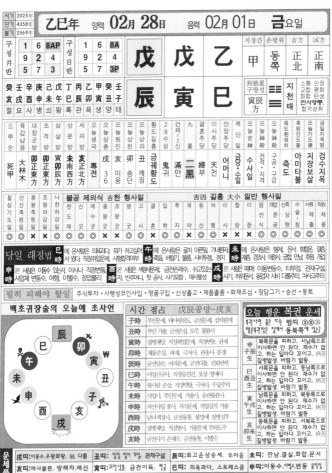

서기	2025년
단기	4358년
불기	2569년

乙巳年　양력 02月 28日　음력 02月 01日　금요일

구성월반	1	6	8AP
	9	2	4
	5	7	3

구성일반	1	6	8A
	9	2	4
	5	7	3P

戊 戊 乙
辰 寅 巳

지장간	손방위	吉方	凶方
甲	동쪽	正北	正南

癸	壬	辛	庚	己	戊	丁	丙	乙	甲	癸	壬
亥	戌	酉	申	未	午	巳	辰	卯	寅	丑	子
절	묘	사	병	쇠	왕	록	관	욕	생	양	태

狗狼星
구랑성

寅卯方

지천태

소통 안정
교합 명화
화합 탄생
만사형통,
합격성취

三甲旬 死甲

육갑납음 大林木

대장군방 卯正東方

조객방 卯正東方

삼살방 亥正北方

세파방 未南西方

오늘상충 戊 36

오늘상천 亥 미움

오늘상파 丑 깨짐

황도길흉 金궤黃도

2·8 구성 鬼귀

건제12신 滿만

九星 二黑

결혼주당 婦부

이사주당 天천

안장주당 어머니

복단일 수사일

오늘神殺 적객 · 지격

오늘神殺 구공 · 금감

육도환생처 축도

축원인도불 지장보살

오늘기도덕 아미타불

금일지옥명 검수지옥

칠성기도일 ◎	산신기도일 ◎	용왕기도일 ×	조왕기도일 ×	나한기도일 ◎	불공			제의식			吉한 행사일					吉凶 길흉 大小 일반 행사일						
					천도재 ×	신축재 ×	재수굿 ◎	용왕굿 ×	조왕굿 ×	병굿 ×	고사 ◎	결혼 ◎	입학 ◎	투자 ×	계약 ×	등기 ◎	여행 ◎	이사 ◎	합방 ×	점안식 ×	개업 준공 ×	신축상량 ×	수술 ×	서류제출 ◎	직원채용 ◎

당일 래정법

巳時 에 온사람은 의혹마나 뭐가 하고싶어서 왔다 직장진급문제 사험합격여부

午時 에 온사람은 골치 아픈일 가용화근 죽음 바람기 불륜 사비투쟁 정치

未時 에 온사람은 형제 문서 화해은 결혼 재혼 경조사 애정사 궁합 만남 축하 기쁨

申時 온 사람은 잇고픈 이사나 이별 자식문제 색정사로 반주머니 헛 공사 사기모함 매사불성

酉時 온 사람은 색정문제 금전손재수 쉬고있는 터부정 관재구설

戌時 사기 하극상으로 동갑자 사비 다툼주의 자소신주의

필히 피해야 할일 주식투자 · 사행성코인사입 · 명품구입 · 신상출고 · 제품출품 · 화재조심 · 장담그기 · 송선 · 동토

백초귀장술의 오늘에 초사언

시간 점占	戊辰공망-戌亥
子時	부인문제 태아령천도, 금전문제 심각관계
丑時	부인 가출, 금전손실 도주, 불륜사
寅時	잘병재앙 직업권리문제 직장변동, 관재
卯時	재물손실 파재 극차사, 관송사 분쟁
辰時	금전압손 여자문제, 금전융통, 진퇴반복
巳時	사업신규사 직장승진근, 포상 명예사
午時	윗사람 손실 직장변탈 극차사, 수술주의
未時	사업 부인문제, 가출사 금전압손
申時	자산손실 봉사 자식문제, 직업실직 가출
酉時	남녀색정사, 금전융통, 불명예 질병침투
戌時	잘병재앙 적급방사 가줄문제 부하도주
亥時	금전시기 손재수, 금전압손, 이별사

오늘 행운 복권 운세

복권사면 좋은 띠는 범띠 ③⑧⑱
행운방위권 지에서 동북쪽에 있는.

申辰生	북쪽문을 피하고, 서남쪽으로 이사하면 안 된다. 재수가 없 고, 하는 일마다 꼬이고, 病苦 질병발생. 바람기 발동.
巳酉生	서쪽문을 피하고, 동남쪽으로 이사하면 안 된다. 재수가 없 고, 하는 일마다 꼬이고, 病苦 질병발생. 바람기 발동.
午戌生	남쪽문을 피하고, 동북쪽으로 이사하면 안 된다. 재수가 없 고, 하는 일마다 꼬이고, 病苦 질병발생. 바람기 발동.
亥未生	동쪽문을 피하고, 서북쪽으로 이사하면 안 된다. 재수가 없 고, 하는 일마다 꼬이고, 病苦 질병발생. 바람기 발동.

운세풀이

戌띠:이동수,우왕좌왕, 弱 다툼
亥띠:애사불편, 방해자,배신
子띠:해결신,시험합격, 풀림

丑띠:점점 일이 꼬임, 관재구설
寅띠:귀인상봉, 금전이득, 현금
卯띠:매사불편,과거고생, 질병

辰띠:최고운상승세, 두마음
巳띠:의욕과다, 스트레스큼
午띠:시급한 일, 뜻대로 안됨

未띠:만남,결실,화합,문서
申띠:이동수,이별수,변동 움직임
酉띠:빈주머니,걱정근심,사기

- 75 -

乙巳年 양력 03月 01日 음력 02月 02日 土요일

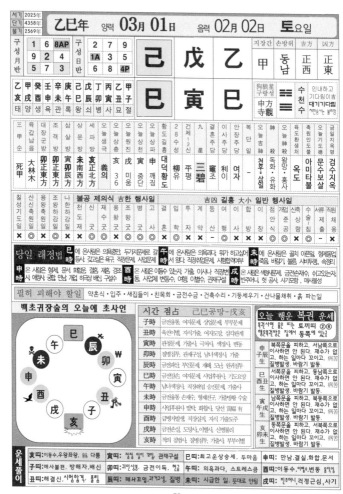

구성월반		
1	6	8AP
9	2	4
5	7	3

구성일반		
2	7	9
1A	3	5
6	8	4P

己 戊 乙
巳 寅 巳

지장간	손방위	吉方	凶方
甲	동남	正西	正東

乙亥 癸酉 壬申 辛未 庚午 己巳 戊辰 丁卯 丙寅 乙丑 甲子
태 양 생 욕 관 록 왕 쇠 병 사 묘 절

狗狼星 구랑성
申方
寺觀

인내하고
기다림이吉
대기기다림
재진술가 불안정

수천수

三甲旬
死甲

대장군방
大林木

조객방
卯正東方

삼살방
寅卯辰方

세파방
亥

오늘생극
戌

오늘원진
亥

오늘상천
申

오늘상파
깨집

황도길흉
대덕황도

2 8 9 수성

건제12신
柳유

九星
平평

결혼주당
三碧

이사주당
竈조

안장주당
利이

복단일
여자

오늘태신
천주·삼살

神殺
독화·홍사

오늘神殺
왕이·홍사

육도환생처
옥도

축원인도불
아미타불

금일지옥명
검수보살

금일영실
검수지옥

불공 제의식 吉한 행사일

칠성기도일	산신축원	용왕축원	조왕하강일	나한기도일	천도	신중	재수굿	조왕굿	병굿	고사	결혼
×	◎	×	◎	×	×	◎	×	◎	◎	×	×

吉凶 길흉 大小 일반 행사일

입학	투자	계약	서류	여행	이장	点	개업	신축상량	수술	서류제출	직원출장
×	◎	×	-	◎	×	×	◎	×	×	◎	×

당일 래정법

子時에 온사람은 의욕상실 두자문제로 감자 時
午時에 온사람은 의욕난자 뭐가 하고싶어서 未時에 온사람은 골치 이픈일 형제문제
申時은 사람은 형제 문제 관송사 時 戌時은 사람은 색정문제 직장변동
卯띠: 해결신, 시원함으로, 풀림

백초귀장술의 오늘에 초사언

時間 점占 己巳공망-戌亥

子時	금전융통, 여자문제, 상업문제, 부모문제
丑時	육친이별, 자식근심, 여자도주, 삼각관계
寅時	관재문제, 가출사, 극차사, 색정사, 변동
卯時	잘병환자, 관재구설, 남녀색정사, 가출
辰時	금전파산, 부인문제, 재물 도난 원귀침투
巳時	금전융손, 여자문제, 사업후원사, 기도요망
午時	남녀색정사, 직장취업 승진문제, 가출사
未時	금전융통, 건출사, 형제문제, 가출방황, 수술
申時	사업문제 남녀 발탁, 화합사, 당선 貴物有
酉時	금전용통 직장실직 자식 가출도주
戌時	금전손실 모망사,이별사, 신병불리
亥時	적의 참방사, 잘병질투, 가출사, 부부이별

오늘 행운 복권 운세

복권운 좋은 띠는 토끼띠 ②⑧
행운복권방은 집에서 동쪽에 있는

申辰子生	복측문을 피하고, 서남쪽으로 이사하면 안 된다. 재수가 없고, 하는 일마다 꼬인다, 病苦 질병발생. 바람끼 발동
巳酉丑生	서쪽문을 피하고, 동쪽으로 이사하면 안 된다. 재수가 없고 하는 일마다 꼬인다, 病苦 질병발생. 바람끼 발동
寅午戌生	남쪽문을 피하고, 북동쪽으로 이사하면 안 된다. 재수가 없고 하는 일마다 꼬인다, 病苦 질병발생. 바람끼 발동
亥卯未生	북쪽문을 피하고, 서북쪽으로 이사하면 안 된다. 재수가 없고 하는 일마다 꼬인다, 病苦 질병발생. 바람끼 발동

운세풀이

亥띠	이동수,우왕좌왕, 弱, 다툼
子띠	매사불편, 방해자,배신
丑띠	해결신, 시원함으로, 풀림
寅띠	적정 않이 '''평, 관재구설
卯띠	귀인상봉, 금전이득, 현금
辰띠	매사 꼬임,과거2생, 질병
巳띠	최고운상승세, 두마음
午띠	의욕과다, 스트레스큼
未띠	시급한 일, 뜻대로 안됨
申띠	만남,결실,화합,문서
酉띠	이동수,이별수,변동 움직임
戌띠	빈주머니, 걱정근심, 사기

반드시 피해야 할일
약혼식·입주·새집들이·친목회·금전수금·건축수리·기둥세우기·산나물채취·흙 파는일

서기 2025년	乙巳年	양력 03月 02日	음력 02月 03日	일요일
단기 4358년				
불기 2569년				

	지장간	손방위	吉方	凶方
甲	남쪽	正西	正東

庚 戊 乙
午 寅 巳

狗娘星 구랑성
天

수천수

인내하고 기다림이흉
대기기다림

丁亥 병 | 乙酉 쇠 | 甲申 왕 | 癸未 록 | 壬午 관 | 辛巳 욕 | 庚辰 생 | 己卯 양 | 戊寅 태 | 丁丑 절 | 丙子 묘 | 乙亥 사

三甲旬	육갑납음	대장군방	조객방	삼살방	상문방	세파방	오늘일진	오늘원진	오늘상충	오늘상천	오늘상파	황도길흉	28수성	건제12신	九星	결혼주당	이사주당	안장주당	복단일	대공망일	오늘吉神	오늘神殺	축원성취일	오늘기도덕명	금일지옥명
死甲	傍土	卯正東方	寅正東方	未南西方	戊正北方	子	丑	卯				백호흑도	星성	定정	四綠	第제	安안	死	삼합일		월덕·사신	이우·미성	하괴·사기	불도	정광여래	약사지옥	도산지옥
							伐벌	3 6	중단	깨짐													

불공 제의식 吉한 행사일								吉凶 길흉 大小 일반 행사일												
칠성기도	산신축원	용왕축원	조왕하강	나한기도	천도재	신굿	재수굿	용왕굿	조왕굿	병굿	고사	결혼	입학	투자	계약	등録	여행	이사	합방	점안식	개업준공	신축상량	수술	서류제출	직원채용
◎	×	◎	◎	◎	◎	◎	◎	◎	◎	◎	◎	◎	◎	×	◎	×	◎	-	◎	◎	◎	◎	◎	◎

당일 래정법 巳에 온사람은 건강문제, 관재구설로 운 午에 온사람은 의욕없고, 두문제로 갈등 未에 온사람은 의욕과다 뭐가 하고싶어
時 단단히 꼬여있음, 동업파탄 손재수 時 사 갖고온 윤근 직장문제, 취업문제 時 와 섰다. 직장취업문제, 결혼문제

申 온사람은 골치 아픔일, 하나는 해결됨 죽음 戌 온사람은 빨리, 문서 화합은 결혼, 경조사 애정 戌 온사람은 부모도움 받을수 있으나, 기출 아사가 직장변동 時 바람기 발동, 사비투쟁, 급속정리해야 숨겨둔일 時 時 궁합 만나 개업 하상태 배신 경생사 묘밥 時 時 사업체 변동수, 여행 이별수, 관재구설

필히 피해야 할일 홍보광고 · 새작품제작 · 출품 · 새집들이 · 인수인계 · 씨뿌리기 · 질병치료 · 벌초 · 흙파기

백초귀장술의 오늘에 초사언

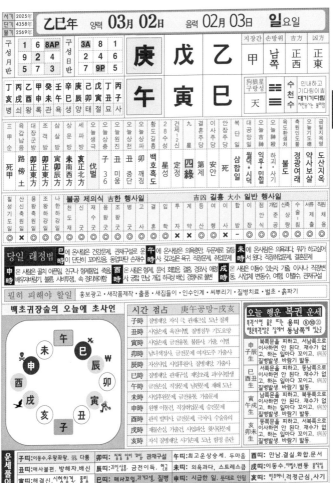

시간 점占	庚午공망–戊亥
子時	잘방해요 자식 극 관재구설 도난 질병
丑時	사업急례 육친不配, 질병침투 기도요망
寅時	사업急례 금잔융통, 불륜사, 가출, 이별
卯時	남녀색정사, 금전문제 여자도주 가출사
辰時	자산시업 사업후원사, 잘병재있, 가출사
巳時	잘병재앙 관재구설, 재앙소멸, 과아方발랑
午時	금전용심 직장변問 남녀색정사 애해 도난
未時	사업후원무례 금전융통, 가출急問
申時	금잔 지앙사 직장변업急례 승진문제
酉時	관직 변破사, 금전문제, 극처사, 수술유의
戌時	재물손실 가출건 사업파산 윗사람문제
亥時	자식 잘병재앙, 사기손實, 도난 함정 음란

오늘 행운 복권 운세

복권사면 좋은 띠는 용띠 ⑤⑩㉑
행운복권방은 집에서 동남쪽에 있는곳

申子辰生	북쪽문을 피하고, 서남쪽으로 이사하면 안 된다. 재수가 없 고, 하는 일마다 꼬이고, 病苦 질병발생. 바람기 발동.
巳酉丑生	서쪽문을 피하고, 동남쪽으로 이사하면 안 된다. 재수가 없 고, 하는 일마다 꼬이고, 病苦 질병발생. 바람기 발동.
寅午戌生	남쪽문을 피하고, 북동쪽으로 이사하면 안 된다. 재수가 없 고, 하는 일마다 꼬이고, 病苦 질병발생. 바람기 발동.
亥卯未生	동쪽문을 피하고, 서북쪽으로 이사하면 안 된다. 재수가 없 고, 하는 일마다 꼬이고, 病苦 질병발생. 바람기 발동.

운세풀이	子띠:이동수,우왕좌왕, 弱, 다툼	卯띠:청원 입격 고민 관재구설	午띠:최고운상승세, 두마음	酉띠:만남,결실,화합,문서
	丑띠:매사불편, 방해자,배신	辰띠:귀인상봉, 금전이득, 현금	未띠:의욕과다, 스트레스큼	戌띠:이동수,애m,변동 움직임
	寅띠:해결신,시험합격, 풀림	巳띠:매사꼬임,과거2생, 질병	申띠:시급한 일, 뜻대로 안됨	亥띠:빈주머니, 걱정근심, 사기

- 77 -

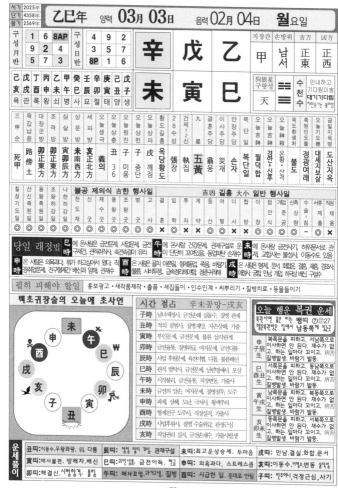

乙巳年 　양력 **03**月 **03**日 　음력 **02**月 **04**日 　**월**요일

구	1	6	8AP	구	4	9	2
성 월	9	2	4	성 일	3	5	7
반	5	7	3	반	8P	1	6

辛 戊 乙
未 寅 巳

| 지장간 | 손방위 | 吉方 | 凶方 |
| 甲 | 남 서 | 正東 | 正西 |

己	戊	丁	丙	乙	甲	癸	壬	辛	庚	己
亥	戌	酉	申	未	午	巳	辰	卯	寅	丑	子
욕	관	묘	왕	쇠	병	사	묘	절	태	양	생

狗狼星 구랑성
天

인내하고 기다림이 吉
대기기다림

| 三甲旬 | 육갑납음 | 대장군방 | 조객방 | 삼살방 | 세파방 | 오늘생극 | 오늘상충 | 오늘상천 | 오늘원진 | 오늘상파 | 황도길흉 | 28수성 | 건제12신 | 九星 | 결혼주당 | 이사주당 | 안장주당 | 복단일 | 오늘吉神 | 오늘神殺 | 육도환생처 | 축원인도불 | 오늘기도덕 | 금일지옥 |
| 死甲 | 路傍土 | 卯正東方 | 卯正東方 | 寅東南方 | 未南西方 | 正北方 義의 | 丑 己 | 戊 깨김 | 戌 당금 | 黃 당황龍道 | 危 張장 | 執집 | 五黃 | 翁옹 | 災재 | 손자 | 월덕 천덕합 | 경안 · 신후 | 오봉 · 삼격 | 불도 | 星광如來 | 大세지보살 | 도산지옥 |

칠성기도일	산신기도일	용왕기도일	조왕기도일	나한기도일	불공제의식 吉한 행사일			吉凶 길흉 大小 일반 행사일													
					천도재	신축	수왕굿	조왕굿	병굿	고사	결혼	입학	투자	계약	등산	여행	이사	합방	개업	신축	수리	서류	제출	항소
◎	◎	◎	◎	◎	×	×	×	×	×	×	×	◎	◎	×	×	◎	×	◎	◎	◎	-	◎

당일 레정법 子時에 온사람은 금전문제 사업문제 금전 午時에 온사람 건강문제, 관재구설로 운 未時에 온사람 금전사기, 허위문서로 관
申時 이 사람은 의욕미부 뭐가 하고싶어서 왔다 직 戌時 이 사람은 골치 아픈일, 형제동업 손재 바람기, 색정
장남일문제, 친구형제간 배신과 양해, 관재수 時 물품, 사매투쟁, 금전장까메웁 정착구매 時 애정사 궁합 만남 개입 하극상

필히 피해야 할일 　홍보광고 · 새작품제작 · 출품 · 새집들이 · 인수인계 · 씨뿌리기 · 질병치료 · 동물들이기

백초귀장술의 오늘에 초사언

시간 점占	辛未공망-戊辰
子時	남녀색정사, 금전손해 실물수, 질병 관재
丑時	적의 침범사, 질병재앙, 자손상해, 가출
寅時	부인문제, 금전문제, 불륜 삼각관계
卯時	금전융통, 질병위급, 여자문제, 색정사
辰時	사업 후원문제, 육찬친벌, 다툼, 불륜배신
巳時	관직 발탁사, 금전문제, 낚낚병관재, 모상
午時	시작불리, 금전융통, 질병변동, 가출사
未時	금전융통, 여자문제, 질병침투, 도주
申時	파재, 상해, 도난 극차사, 황액주머
酉時	형제친구 도주사, 직장실직, 가출사
戌時	사업흥위사, 질병 수술위급, 관재손실
亥時	직업관리 실직, 금전손재수, 가출사발생

오늘 행운 복권 운세
복권사면 좋은 띠는 뱀띠 ⑦⑫27
행운권은방위 집에서 남동쪽에 있소

申 辰 生	복쪽문을 피하고, 서남쪽으로 이사하면 안 된다. 재수가 없고 病苦 하는 일마다 꼬임, 쇠농, 病苦
巳 酉 生	서쪽문을 피하고, 동남쪽으로 이사하면 안 된다. 재수가 없고 質病발생. 바람기 발동.　病苦
寅 午 戌 生	북쪽문을 피하고, 북동쪽으로 이사하면 안 된다. 재수가 없고 質病발생. 바람기 발동.　病苦
亥 卯 生	북쪽문을 피하고, 서북쪽으로 이사하면 안 된다. 재수가 없고 質病발생. 바람기 발동.

운세풀이

丑띠:이동수,우왕좌왕, 弱, 다툼 　辰띠:정정 있어 꼬임, 관재구설 　未띠:최고운상승세, 두마음 　戌띠:만남,결실,화합,문서

寅띠:매사불편, 방해자,배신 　巳띠:과어살돌, 금전이득, 현금 　申띠:의욕과다, 스트레스큼 　亥띠:이동수,애정사,변동 음직임

卯띠:해결신,시험합격, 풀림 　午띠:매사 꼬임,과거2생, 질병 　酉띠:시급한 일, 뜻대로 안됨 　子띠:빈주머니,걱정근심,사기

- 78 -

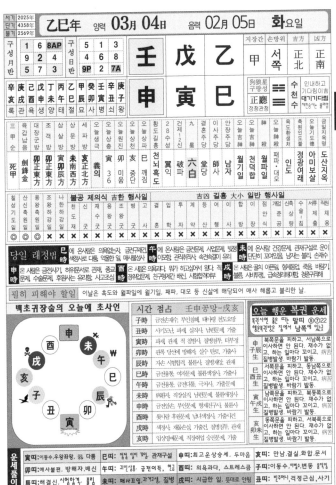

서기 2025년	乙巳年	양력 **03**月 **04**日	음력 **02**月 **05**日	**火**요일
단기 4358년				
불기 2569년				

구성월반			구성일반			지장간	손방위	吉方	凶方
1	6	8AP	5	1	3	甲	서쪽	正北	正南
9	2	4	4	6	8				
5	7	3	9P	2	7A				

壬 戊 乙
申 寅 巳

| 辛亥 | 庚戌 | 己酉 | 戊申 | 丁未 | 丙午 | 乙巳 | 甲辰 | 癸卯 | 壬寅 | 辛丑 | 庚子 |
| 록 | 관 | 욕 | 생 | 양 | 태 | 절 | 묘 | 사 | 병 | 쇠 | 왕 |

狗狼星 구랑성
正廳 정청관청

수천수

안내하고 기다림이 吉 대기기다림의

三甲旬	육갑군방	대장군방	조객방	삼살방	상문방	세파방	오늘상천	오늘원진	오늘상충	황흑도길흉	28수성	건제12신	九星	결혼주당	안장주당	오늘吉神	오늘吉神	神殺	오늘神殺	오늘神殺	축원인도불	오늘기도덕	금일지옥명
死甲	劍鋒金	卯正東方	卯正東方	東南方	亥正北方	義의	寅	卯	巳	천뇌흑도	翼익	破파	六白	堂당	師사	月기일	천덕합	월파대모	패마·대모	인도	정광여래	아미보살	도산지옥
							3 6		미움					남자	여자							

불공 제의식 吉한 행사일 / 吉凶 길흉 大小 일반 행사일

칠성기도일	산신축원일	용왕축원일	조왕하강일	나한하강일	천도재	신굿	재수굿	용왕굿	조왕굿	병굿	고사	결혼	입학	투자	계약	여행	이사	합방	점안식	개업	신축상량	수술	서류제출	직원채용출산
◎	◎	◎	×	×	×	×	×	×	×	×	×	×	×	×	×	×	×	×	×	×	×	×	×	×

당일 래정법

巳時에 온사람은 의욕없는자, 금전구재건, 색정사로 다툼, 역할에 일 매시불성사

午時에 온사람은 금전문제, 사업문제, 빚쟁이 이동문 관재수도나, 속전속결이 유리

未時에 온사람은 건강문제, 관재구설로 운이 단단히 꼬여있음, 딸문제, 손재수

申時온 사람은 금전사기, 허위문서로 관재, 종교 문제 구설 수, 수술문제, 후원사는 유리함, 사고조심

酉時온 사람은 골치 아픈일 형제동업 죽음 문제 직장취업문제, 친구형제간 배신, 사업파산우려

戌時온 사람은 뚫불법, 샤비하면, 급속장비해밍 청춘구짜비

필히 피해야 할일 이날은 흑도와 월파일에 월기일, 파재, 대모 등 신살에 해당되어 매사 해롭고 불리한 날.

백초귀장술의 오늘에 초사언

시간 점占	壬申공망-戌亥
子時	금전손재수, 부인질병, 태어났 친도요망
丑時	사기15수, 파재, 실직사, 남편문제, 가출
寅時	파재, 관재, 적 침범사, 질병문제, 타부정
卯時	색정, 당하여 방해자, 살수 탄로, 가출사
辰時	자손 시험합격, 불리사, 질병재앙, 관재
巳時	금전융통, 여자문제, 불륜색정사, 가출사
午時	금전융통, 금전다툼, 극차사, 가출문제
未時	病재건, 직장실직, 남편문제, 불륜애정사
申時	금전손재, 부인문제, 형제찬구사, 불륜사
酉時	윗사람 후원문제, 남녀색정사, 가출건?
戌時	색정사, 재물손실, 가출건, 질병침투, 관재
亥時	입상명예문제, 직장취업 승진문제, 관재

오늘 행운 복권 운세

복권사면 좋은 띠는 말띠 ⑤⑦22
행운복권방은 집에서 남쪽에 있소

申酉戌生	북쪽문을 피하고, 서남쪽으로 이사하면 안 된다. 재수가 없 고, 하는 일마다 꼬이고, 病苦 질병발생. 바람기 발동.
亥子丑生	서쪽문을 피하고, 동남쪽으로 이사하면 안 된다. 재수가 없 고, 하는 일마다 꼬이고, 病苦 질병발생. 바람기 발동.
寅卯辰生	남쪽문을 피하고, 동북쪽으로 이사하면 안 된다. 재수가 없 고, 하는 일마다 꼬이고, 病苦 질병발생. 바람기 발동.
巳午未生	동쪽문을 피하고, 서북쪽으로 이사하면 안 된다. 재수가 없 고, 하는 일마다 꼬이고, 病苦 질병발생. 바람기 발동.

운세풀이

寅띠:이동수,우왕좌왕, 슴 다툼
卯띠:매사불편, 방해자,배신
辰띠:해결신,시험합격, 풀림

巳띠:점함 이익,勞 관재구설
午띠:귀인상봉, 금전이득, 扼숭
未띠:매사꼬임,과거고생, 질병

申띠:최고운상승세, 두마음
酉띠:의욕과다, 스트레스큼
戌띠:시급한 일, 뜻대로 안됨

亥띠:만남,결실,화합,문서
子띠:이동수,이별수,변동 움직임
丑띠:빈주머니,걱정근심, 사기

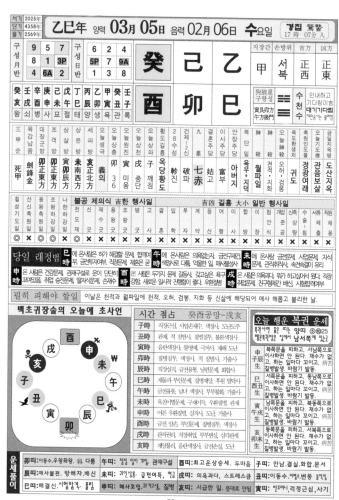

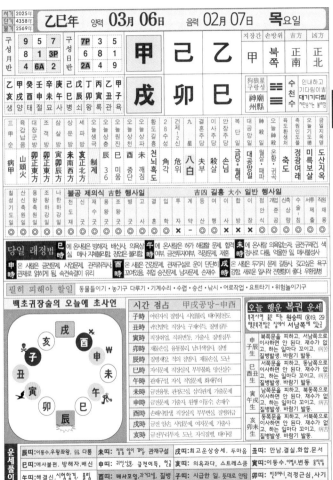

| 서기 2025년 | | | | | | 乙巳年 | 양력 **03**月 **06**日 | 음력 **02**月 **07**日 | **목**요일 |

| 단기 4358년 |
| 불기 2569년 |

3월

구성월반	9	5	7	구성일반	7P	3	5
	8	1	3P		6	8	1
	4	6A	2		2A	4	9

| | 지장간 | 손방위 | 吉方 | 凶方 |
| 甲 | 甲 | 북쪽 | 正南 | 正北 |

甲 己 乙
戌 卯 巳

| 乙亥生 | 甲戌양 | 癸酉태 | 壬申절 | 庚午묘 | 己巳사 | 戊辰병 | 丁卯쇠 | 丙寅왕 | 乙丑록 | 子관 |

狗狼星 구랑성 神廟 州縣

水天水

인내하고 기다림이늠 대기기다림이 "참는것이 승리"

三甲旬 病甲

갑납음 大驛土 山頭火

육갑 공망 辰巳방

상절 正東方

상파 正東方

세파 未南西方

오늘일충 亥중단

오늘원진 辰 36

오늘삼살 酉

오늘상파 未

황도길흉 천뇌흑도

건제2신 角각

28수 危위

九星 八白

결혼주당 夫부

안장주당 殺살님

복단일 금안·월살

神산殺살 월살·패가

오늘神殺 歸·貴魂

육도환생인도 축도

축원인도 精광여래

글용지옥명 대기기다림

도산지옥 미륵보살

制制

불공 제의식 吉한 행사일

칠성기도	산신축원	용왕축원	조왕하강	나한기도	천도	신굿	재수굿	조왕굿	병굿	결혼	입학	투자	계약	여행	이사	점	개업	신축	서류	직원
																		상		
◎	◎	◎	◎	◎	◎	◎	◎	◎	◎	◎	×	—	×	×	×	◎	◎	◎	◎	◎

당일 래정법 巳에 온사람은 방해자, 배신사, 의육심 午時 에 온사람은 하가 해결할 문제 未時 에 온사람 의욕심나, 금전구재건 색 손심 매사 지체됨官 장남은 불길 時 애인, 금전투쟁받탈, 직장문제 재혼 時 정사로 다툼 억울한 일 매사성사

申時 온 사람은 금전문제 관재구설문 過客래로 얽히며 일 속전속결이 유리 酉時 온 사람은 금전문제 갈등사, 관재로 발전 주업 승신문제, 남자문제, 손재수 戌時 온 사람은 무거 문제 갈등사, 자식사는 욕구강함 새로운 일사작 진행함이 좋다. 우환질병

필히 피해야 할일 동물들이기·농기구 다루기·기계수리·수렵·승선·낚시·어로작업·요트타기·위험놀이기구

백초귀장술의 오늘에 초사언

戌 亥 酉 子 申W 丑 未 寅 午 卯 巳 辰

시간 점占 甲戌공망-申酉

子時	어린아식 잘방사 사업불리, 태아령잔도
丑時	귀인발탁, 직장사 구재이득, 잘방결과
寅時	직장취업, 직위변동, 가출사, 잘방길흉
卯時	재물손실, 융통불길, 남녀색정사 문제
辰時	잘방액운, 적의 침범사, 재물손실 도난
巳時	자식문제 직장실직 부부불화, 망신살수
午時	관재구설, 자식 작업조세, 화재주의
未時	금전용통, 관청직살 남자친생 가출문제
申時	금전손실, 가출사, 원행 이동수, 손재수
酉時	손재수很비용, 직장실직, 부부불화, 잘방위급
戌時	금전 암손 사업문제, 여자문제, 가출사
亥時	금전무리투자, 도난 자식질병, 태아령

오늘 행운 복권 운세

복권사면 좋은 띄 돼 원숭띠 ⑨19, 29 행운복권방은 집에서 서남쪽에 있는곳

申子辰生	북쪽문을 피하고, 서남쪽으로 이사하면 안 된다. 제수가 없고 질병발생. 바람기 발동. 病苦
巳酉丑生	서북쪽문을 피하고, 남쪽으로 이사하면 안 된다. 제수가 없고 질병발생. 바람기 발동.
寅午戌生	남쪽문을 피하고, 북동쪽으로 이사하면 안 된다. 제수가 없고 질병발생. 바람기 발동.
亥卯未生	동쪽문을 피하고, 서북쪽으로 이사하면 안 된다. 일에 하나도 진행 못함. 病苦 질병발생. 바람기 발동.

운세풀이

辰띠:이동수,우왕좌왕, 弱 다툼 巳띠:매사불편, 방해자,배신 午띠:해결신,시험합격, 풀림

未띠: 점정 잃어 꼬임, 관재구설 申띠:귀인상봉, 금전이득, 현금 酉띠: 매사꼬임,과거2색, 질병

戌띠:최고운상승세, 두마음 亥띠:의욕과다, 스트레스큼 子띠:시급한 일, 뜻대로 안됨

丑띠: 만남,결실,화합,문서 寅띠:이동수,애정,변동 움직임 卯띠: 빈주머니,걱정근심, 사기

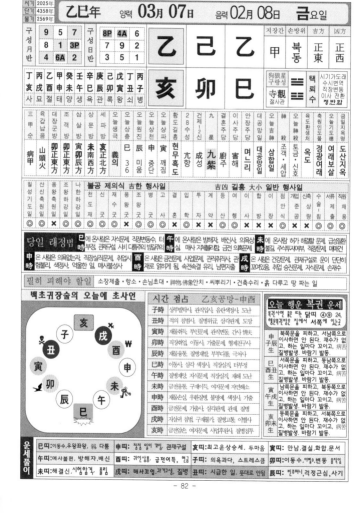

| 서기 2025年 | 乙巳年 | 양력 03月 07日 | 음력 02月 08日 | 金요일 |

| 단기 4358年 |
| 불기 2569年 |

구성월반
9	5	7
8	1	3P
4	6A	2

구성일반
8P	4A	6
7	9	2
3	5	1

乙 己 乙
亥 卯 巳

丁 丙 乙 甲 癸 壬 辛 庚 己 戊 丁 丙
亥 戌 酉 申 未 午 巳 辰 卯 寅 丑 子
사 절 묘 절 태 양 생 욕 관 왕 쇠 병

지장간 손방위 吉方 凶方
甲 북동 正東 正西

狗狼星 구랑성
寺觀 절사관

택
뢰
수

시기가도래
수시변역
직장변동
이사 전환
정반.합

삼갑순
病甲

三甲순 山頭火
대장군방 卯正東方
조객방 寅正東方
삼살방 寅未南西方
세파방 亥正北方
오늘생극 義의
오늘상충 巳 36
오늘상천 辰 미움
오늘원진 寅 중단
황도길흉 玄황
28수성 成성
九星 九紫
결혼주당 廚주
이사주당 害해
안장주당 며느리
오늘吉神 대공망일
神殺 삼합일
오늘神殺 조객·세압
육도환생처 토끼·신축
축원인도불 정광여래
오늘귀불 여래보살
오늘지옥 도산지옥

칠성기도일 ◎
산신기도원 巳
용왕기도원 ×
조왕기도원 乙
나한기도일 표

불공 제의식 吉한 행사일
천도재 ◎
신중기도 申
재수굿 ×
용왕굿 子
조왕굿 ×
병굿 ×
고사 寅
결혼 ×
입주 ×
여행 ×
이장 ×

吉凶 길흉 大小 일반 행사일
합방 ×
이사 巳
점안식 ×
개업준공 申
신축상량 ×
수리 ×
서류제출 ◎
제출 丑
직원채용 ◎

당일 래정법
巳에 온사람은 자식문제, 직장변동수, 터문제 午時 온사람은 방해자, 배신사, 의욕상실 未에 온사람 허가 해결할 문제, 급성질환
부정 관재구설 사비 디툼주의 방탕주의 時 매사 지제불성 금전 의욕상실 풀릴 주색주야사, 직장문제, 매매건
申時 온사람은 의욕없는자, 직장실직문제, 취업시 酉時 온사람은 금전문제, 사업문제, 관재문제사 戌에 온사람 건강문제, 관재구설로 운이 단단히
힘불니, 색정사, 애정사 관송사 매사불성사 재로 얽혀서 손실 속전속결 유리, 남편자출 時 얽혀 취업 승진문제, 자식문제, 손재수

필히 피해야 할일
소장제출·항소·손님초대·神物 佛像안치·씨뿌리기·건축수리·흙 다루고 땅 파는 일

백초귀장술의 오늘에 초사언

亥 子 戌
丑 酉 W
寅 卯 辰 午 未 申
巳

시간 점占 乙亥공망-申酉
子時 상부별하사, 관직작사, 음란색정사, 도망
丑時 적의 침범사, 질병위급, 삼각관계, 도망
寅時 재물취득, 부인문제, 관직변동, 간사 情夫
卯時 직장취업, 이동사, 가출문제, 형제친구사
辰時 재물융통, 잘병발생, 부부다툼, 출행시
巳時 이동사, 실직, 색정사, 직장실직 타부정
午時 잘병재앙, 자식문제, 직장실직, 재해 도난
未時 금전용통, 구매득득, 여자문제 자연예사
申時 재물융통, 우환질병, 불명예, 색정사, 가출
酉時 관직변동, 가출사, 삼각관계, 질병, 잘병
戌時 자산권 침범, 구재문제, 잘병급제, 야불사
亥時 금전지손, 여자문제, 사업후원사, 잘병침투

오늘 행운 복권 운세
복권사면 좋은 띠는 닭띠 ④⑨ 24,
행운복권방은 집에서 서쪽方 이요

申辰生 북쪽운을 피하고, 서남쪽으로
이사하면 안 된다. 재수가 없
고, 하는 일마다 꼬이고, 病苦
질병발생. 바람기 발동.

巳丑生 서쪽운을 피하고, 동남쪽으로
이사하면 안 된다. 재수가 없
고, 하는 일마다 꼬이고, 病苦
질병발생. 바람기 발동.

寅戌生 남쪽운을 피하고, 북동쪽으로
이사하면 안 된다. 재수가 없
고, 하는 일마다 꼬이고, 病苦
질병발생. 바람기 발동.

亥卯未生 동쪽운을 피하고, 서북쪽으로
이사하면 안 된다. 재수가 없
고, 하는 일마다 꼬이고, 病苦
질병발생. 바람기 발동.

운세풀이
巳띠:이동수,우왕좌왕, 弱,다툼 申띠: 적정 의혹 꼬임, 관재구설 亥띠:최고운상승세, 두마음 寅띠: 만남,결실,화합,문서
午띠:매사불편, 방해자,배신 酉띠:과이상봉, 금전이득,현금 子띠:의욕과다, 스트레스큼 卯띠:이동수,액땜,변동 움직임
未띠:해결신,시험합격, 풀림 戌띠:매사꼬임,과거고생, 질병 표띠:시급한 일, 뜻대로 안됨 辰띠:빈주머니, 걱정근심, 사기

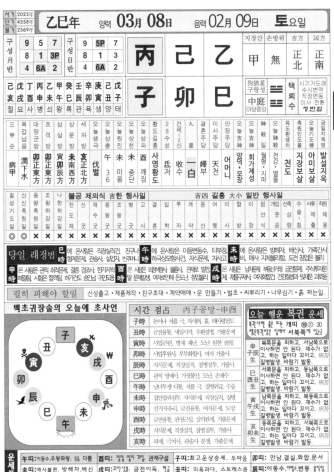

서기 2025년	乙巳年	양력 03月 08日	음력 02月 09日	土요일
단기 4358年				
불기 2569年				

구성월반	9	5	7
	8	1	3P
	4	6A	2

구성일반	9	5P	7
	8	1	3
	4	6A	2

丙
子

己
卯

乙
巳

지장간	손방위	길방	흉방
甲	無	正北	正南

己戊丁丙乙甲癸壬庚己戊
亥戌酉申未午巳辰寅丑子
절묘사병쇠왕록관욕생양태

狗狼星
구랑성
中庭
마당중앙

택
력
수

시기가도래
수시변역
직장변동
이사 전환
정.반.감.

三甲순 病甲

六갑납음 澗下水

大장군방 卯正東方

조객방 卯正東方

삼살방 寅未南西方

세파방 亥未西方北

오늘생긴 伐벌

오늘상충 午 36

오늘상파 未 미움

오늘상천 酉 깨짐

황도길흉 사명황도

건제12신 氐저

九星 收수

결혼주당 一白

이사주당 婦부

안장주당 天천

오늘吉神 양덕·무앙

오늘吉神 회가제성

殺殺일 월형·지파

오늘神殺 전호·멸몰

오늘吉神 천도

오늘흉살처 지장보살

금시충방위 아미보살

복불지옥 복설지옥

칠성기도일 ◎

산신축원일 ◎

용왕축원일 ○

조왕하강일 ×

나한하강일

불공 제의식 吉한 행사일
천도 굿 / 신중 굿 / 재수 굿 / 용왕 굿 / 조왕 굿 / 병굿 / 고사 / 개업 / 입학 / 여행 / 이장

吉凶 길흉 大小 일반 행사일
결혼 / 약혼 / 입주 / 투자 / 계약 / 등기 / 합방 / 안장 / 기공 / 개업 / 준공 / 신축 / 상량 / 수술 / 서류 / 제출 / 직원 / 채용 / 출행

| ◎ | ◎ | ○ | × | | ◎ | × | × | × | × | × | × | × | × | × | × | × | × | × | × | × |

필히 피해야 할일
신상출고·제품제작·친구초대·계약매매·문 만들기·벌초·씨뿌리기·나무심기·흙 파는일

백초귀장술의 오늘에 초사언	시간 점占 丙子공망-申酉	오늘 행운 복권 운세

복권사면 좋은 띠는 개띠 ⑩ ⑳ 30
행운복권방은 집에서 서북쪽에 위치

子時	돈나가 처를 극, 자식病, 흉, 태아절상医
丑時	금전융통, 새일시작, 우환걱정, 가출문제
寅時	사업곤란, 병제 재난, 도난 원한 煩惱
卯時	사업후원사, 부부화합나, 여자 가출사
辰時	자식문제, 직장실직, 질병검토, 가출사
巳時	금전손모, 가정불안 도난, 손재수
午時	남녀투쟁 다툼, 처를 극, 잘병감금, 수술
未時	잡안걱정근심, 자식문제, 직장실직, 질병
申時	선거자유시, 금전융통, 여자문제, 도망
酉時	금전융통, 관송다심, 삼각관계, 가출문제
戌時	자식문제, 직장실직, 질병침투, 가출사
亥時	파재, 극차시, 관송사 분쟁, 가출문제

申辰生	북쪽문을 피하고, 서남쪽으로 이사하면 안 된다. 재수가 있고, 하는 일마다 꼬이고, 病苦 발생 질병발생. 바람기 발동.
巳酉丑生	서쪽문을 피하고, 동남쪽으로 이사하면 안 된다. 재수가 있고, 하는 일마다 꼬이고, 病苦 발생 질병발생. 바람기 발동.
寅午戌生	남쪽문을 피하고, 북동쪽으로 이사하면 안 된다. 재수가 있고, 하는 일마다 꼬이고, 病苦 발생 질병발생. 바람기 발동.
亥卯未生	동쪽문을 피하고, 서북쪽으로 이사하면 안 된다. 재수가 있고, 하는 일마다 꼬이고, 病苦 발생 질병발생. 바람기 발동.

운세풀이	午띠:이동수,우왕좌왕, 弱, 다툼	子띠:최고운상승세, 두마음	卯띠:만남,결실,화합,문서
	未띠:매사불편, 방해자,배신	丑띠:귀인상봉, 금전이득, 현금	辰띠:의욕과다, 스트레스큼
	申띠:해결신,시험합격, 풀림	寅띠:매사꼬임,과거고생, 질병	巳띠:빈주머니,걱정근심, 사기
	酉띠:보두미,몸과마음이 분주	戌띠:시급한 일, 뜻대로 안됨	

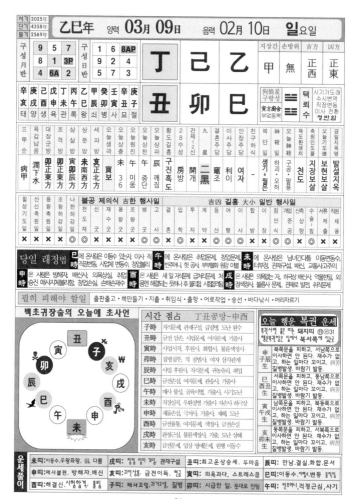

서기 2025年
단기 4358年
불기 2569年

乙巳年 양력 03月 09日 음력 02月 10日 일요일

구성月반			구성日반		
9	5	7	1	6	8AP
8	1	3P	9	2	4
4	6A	2	5	7	3

丁己乙
丑卯巳

장간	손방위	吉方	凶方
甲	無	正西	正東

狗狼星 구랑성
實方廟舍
부엉동북

택뢰수

시기가도래
수시변역 직장변동
이사 전환
정.반.갑

辛庚己戊丁丙乙甲癸壬辛庚
亥戌酉申未午巳辰卯寅丑子
태양욕생욕관록왕쇠병사묘절

三甲순	육갑남녀	대장군방	조객방	삼살방	상문방	세파방	오늘일진	오늘상충	오늘원진	오늘상천	오늘상파	황도흑도	28수성	건제12신	九星	결혼주당	이사주당	안장주당	천구하식	복단일	神殺神殺	오늘吉神	축원인道	오늘神殺	오늘지옥	금일神불
病甲	澗下水	正東方	正東方	寅卯辰方	正南方	正北方	亥보	寶보	未	午	辰	가구진흑미움	房방	開개	二黑	竈조	利이	여자	-	生기.월인	하괴.오허	구공.팔풍	천도	지장보살	발설지옥

칠성기도일	산신축원일	용왕축원일	조왕축원일	나한기도일	불공 제의식 吉한 행사일									吉凶 길흉 大小 일반 행사일										
					천도	신굿	재수굿	용왕굿	조왕굿	병굿	고사	결혼	입택	투자	계약	여행	이장	합방	안장	점안식	개업	신축상량	서류제출	직원채용재
×	×	×	◎	×	×	×	×	×	×	◎	×	×	×	×	×	◎	×	◎	×	×	◎	×	◎	×

당일 래정법

巳時 에 온사람은 이동수 있거나 이사 직
午時 에 온사람은 취업문제, 창업문제
未時 에 온사람은 남녀간다툼 이동변동수
申時 온 사람은 방해자, 배신사, 의욕상실 취업
酉時 온 사람은 새 일자리문제 금전문제 처
戌時 온 사람은 의욕없는자, 하극상 배신사, 억울한일, 외

필히 피해야 할일 : 출판출고·책만들기·지출·취임식·출항·어로작업·승선·바다낚시·머리자르기

백초귀장술의 오늘에 초사언 | 시간 점占 丁丑공망-申酉 | 오늘 행운 복권 운세

子時	자식문제 관재구설 금쩔썰 도난 완수
丑時	금전 얽혀 사업문제, 여자문제, 가출사
寅時	사업시작, 후원사, 화합사, 불륜색정사
卯時	질병발생, 적 침범사, 여자 삼각관계
辰時	사업 후원사 자식문제, 귀농유리 취업
巳時	금전손실 여자문제 관송사 가출사
午時	매사 불성 금전융통 가출사 사기당근
未時	직장권직 우환질병 가출사 자손사 하극상
申時	사업시작 금전융통 가출사 재물 도난
酉時	금전융통, 여자문제, 색정사, 금전손실
戌時	관재구설 불륜색정사 가출 도난 상배
亥時	금전문제 입상 명예문제, 원행 이동수

운세풀이

未띠:이동수.우왕좌왕, 걍 다툼
戌띠: 점직 의외 꼬임 관재구설
寅띠:매사불편, 방해자,배신
亥띠:귀인상봉, 금전이득, 현곰
子띠: 매사꼬임,과거고생, 질병
丑띠:최고운-상승세, 두마음
卯띠: 시급한 일, 뜻대로 안됨
辰띠: 만남.결실.화합.문서
巳띠:이동수, 이별수,변동 움직임
午띠: 빈주머니, 걱정근심, 사기

- 84 -

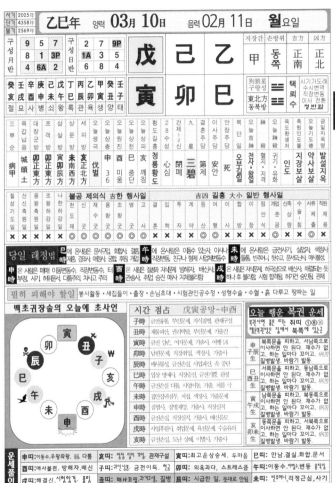

九星月盤
9	5	7
8	1	3P
4	6A	2

九星日盤
2	7	9P
1A	3	5
6	8	4

戊 己 乙
寅 卯 巳

癸壬辛庚己戊丁丙乙甲癸壬
亥戌酉申未午巳辰卯寅丑子
절 묘 병 쇠 왕 록 관 욕 생 양 태

지장간	손방위	吉方	凶方
甲	동쪽	正南	正北

狗狼星 구랑성 東北方 동북방 | 택 롱 수 | 시기가도래 수시변동 직장변동 직장 전환 정.반.합

三甲旬 病甲
六甲納音 城頭土
대장군방 正東方
조객방 正東方
삼살방 正南方
세파방 寅卯巳方
오늘상충 亥 6
오늘원진 伐벌
황도길흉 申 酉 미움
건제12성 亥 깨짐
九星 心심
결혼주당 亥 성朝당
안장주당 第제
복단일 死사
오늘吉神 오日가加里길
神殺 귀가 지격
오늘神殺 혈지 지격
육도환생처 인도
축원인도불 지장보살
금일지옥 발설지옥

불공 제의식 吉한 행사일
吉凶 길흉 大小 일반 행사일

칠성기도일	산신기도일	용왕축원일	조왕하강일	나한하강일	천도	신굿	재수굿	조왕굿	병굿	고사	결혼	입학	투자	계약	등기	이장	개업	준공	신축 상량	서류제출	직원채용
×	×	×	×	×	○	○	○	×	×	○	×	×	◎	×	○	×	×	×	○	◎	×

당일 래정법
巳時 巳에 온사람은 문서교입 회합사 결혼 자식문제 경조 애정사 궁합 취업 개업
午時 午에 온사람은 이동수 있는자 이사나 직장변동 친구나 형제 사업파트너동요
未時 未에 온사람은 금전사기 실업자 색정사 돈띠 반주머니 핫심교 문제로씨 매매성사

申時 申은 온사람은 매매 이동변동수, 직장변동수, 터부정 사기 허운들떠 다툼주의 차사고 주의
酉時 酉은 온사람은 자식문제 부모문제 배신사 색정사 관송사 취업 승진 매사 지체불리함
戌時 戌은 온사람은 하나는 하무로 불합사 시험 합격됨 하기전 승진됨 관재

필히 피해야 할일 봉사활동·새집들이·출장·손님초대·시험관인공수행·성형수술·수혈·흙 다루고 땅파는 일

백초귀장술의 오늘에 초사언

오늘 행운 복권 운세
복권사면 좋은 따는 쥐띠 ①⑥⑯
행운권쥐는 집에서 북쪽에 있소

시간 점占 戊寅공망-申酉

子時	금전융통, 부모문제 자식질병 관재구설
丑時	재물과실, 관직취업, 부모문제 가출건
寅時	금전 암손, 여자문제, 가출사, 여행 凶
卯時	남녀문제, 관직승진, 색정사, 가출사
辰時	매물심도 금전손실 사업파산 속 중단
巳時	일상 명예사 직장승진 금전기쁨, 관직
午時	금전손실 다툼, 사업災損, 가출, 서를 극
未時	잡귀침범心서 직장, 색정사 가출문제
申時	금전이득, 질병위환, 가출사 직장실직
酉時	금전손실 직장실직 가출사 배신음모
戌時	사업후원사 취업문제, 육친문제 수술유의
亥時	금전손실 도난 상해, 이별사, 가출사

申子生	복쪽문을 피하고, 서남쪽으로 이사하면 안 된다. 재수가 없구 질병발생. 바람기 발동
巳酉丑生	서쪽문을 피하고, 동남쪽으로 이사하면 안 일하가 적다. 病苦 하는 일마다 꼬인다. 病苦
寅午戌生	남쪽문을 피하고, 북동쪽으로 이사하면 안 된다. 하는 일마다 꼬이고, 病苦 질병발생. 바람기 발동
亥卯未生	동쪽문을 피하고, 서북쪽으로 이사하면 안 된다. 재수가 없고 하는 일마다 꼬인다. 病苦 질병발생. 바람기 발동

운세풀이
申띠:이동수,우왕좌왕, 弱다툼 亥띠:청성 이이 꺼집, 관재구설 寅띠:최고운상승세, 두마음 巳띠:만남,결실,화합,문서
酉띠:매사불편, 방해자,배신 子띠:귀인상봉, 금전이득, 현금 卯띠:의욕과다, 스트레스큼 午띠:이동수,이별수,변동 움직임
戌띠:해결신,시험합격, 풀림 丑띠:매사꼬임,과거고생, 질병 辰띠:시급한 일, 뜻대로 안됨 未띠:빈주머니,걱정근심, 사기

3월

서기	2025년
단기	4358년
불기	2569년

乙巳年 양력 03月 11日 음력 02月 12日 火요일

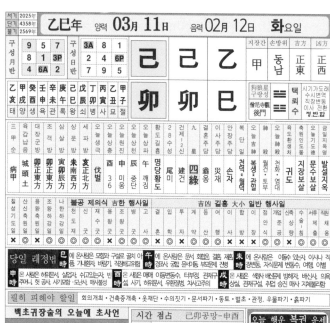

구성 월반	9	5	7
	8	1	3P
	4	6A	2

구성 일반	3A	8	1
	2	4	6P
	7	9	5

己 己 乙
卯 卯 巳

지장간	손방위	吉方	凶方
甲	동남	正東	正西

狗狼星
구랑성
僧尼寺觀
後門

시기가도래
수시변역
직장변동
이사 정돈
정반감

택뢰수

乙亥	甲戌	癸酉	壬申	辛未	庚午	己巳	戊辰	丁卯	丙寅	乙丑	甲子
태	양	욕	생	관	록	왕	쇠	병	사	묘	절

三甲순	육갑납음	대장군	조객	삼살	세파	오늘생극	오늘상천	오늘상파	오늘원진	황도길흉	건제 12신	九星	결혼주당	이사주당	안장주당	神殺	殺	오늘神殺	오늘吉神	오늘환생처	복단일	귀문관살	복통보살	지장보살	문수보살	발몽살지옥
病甲	城頭土	卯正東方	寅正東方	未南西方	亥正北方	伐벌	酉 36	申	辰	명당길흉 午 깨끗함	建건	四綠	翁옹	災재	손자			봉생·관옥	월건·토부	천화·염대	귀도					

칠성기도일	산신기도일	용왕기도원	조왕하강일	나한기도일	불공 제의식 吉한 행사일						吉凶 길흉 大小 일반 행사일											
					천신	신사	재수굿	용왕굿	산신굿	조왕굿	결혼	약혼	입주	투자	계약	여행	이합	안장	개업	기업	신축	수리	서류제출	침술	출행
×	◎	×	×	×	×	◎	×	굿	굿	×	×	×	×	×	×	×	×	×	×	×	×	×	×	×	×	×

당일 래정법

巳時에 온사람은 모함이 구설로 끝이 아닌 官재로 가네받고 바람기 직장변동有

午時에 온사람은 문서 화합은 결혼 재혼 경사有 궁합 문서동 부모문제 쟁탈전

未時에 온사람은 이동수 있는자 이사나 직장변동, 자식문제 변동수, 여행, 이별

申時에 온사람은 해운달이 살았다 쉬고있는자 빈주머니 헛공사 사기모함 모사꾼, 매사불성

酉時에 온사람은 사기 허무문서 우환질병 차사고주의

戌時에 온사람은 색정사배신 방해작 배신사 취업 승진 매사 지체불입함

필히 피해야 할일 회의개최·건축증개축·옷재단·수의짓기·문서파기·동토·벌초·관정·우물파기·흙파기

백초귀장술의 오늘에 초사언

시간 점占 己卯공망-申酉

子時	재물근심, 음란색정사, 여자 삼각관계
丑時	유산상속건, 형제친구문제, 고충, 이별사
寅時	직장실직, 가출, 치료극, 불성취 취업불가
卯時	여자로부터 금전손실, 질병발생, 불성사
辰時	금전문제, 산가지길 손실, 질병질환, 가출
巳時	매사 불성사, 사업급변손실 다툼, 색정사
午時	직장승진문제, 불륜색정사, 가출문제
未時	이동 이별수, 직업변동, 가출사, 수술위험
申時	자식문제, 극차사, 질병발생함, 작업실직
酉時	취직 희망사, 질병발생, 색정사, 음란사
戌時	놀랄 일발생, 금전융통, 배신 도망 가출
亥時	금전문제, 부인문제, 가출사, 도난

오늘 행운 복권 운세

복권사면 좋은 띠는 소띠 ②⑤⑩
행운복권방 있는 곳에서 북동쪽에 가세요

申子辰 生	복권문을 피하라, 서남쪽으로 이사하면 안 된다. 재수가 없고, 하는 일마다 꼬이고, 病苦 질병발생, 바람기 발동
巳酉丑 生	서북문을 피하라, 동남쪽으로 이사하면 안 된다. 재수가 없고 하는 일마다 꼬이고, 病苦 질병발생, 바람기 발동
寅午戌 生	남쪽문을 피하라, 북쪽으로 이사하면 안 된다. 재수가 없고, 하는 일마다 꼬이고, 病苦 질병발생, 바람기 발동
亥卯未 生	북동문을 피하라, 남쪽으로 이사하면 안 된다. 재수가 없고, 하는 일마다 꼬이고, 病苦 질병발생, 바람기 발동

운세풀이

酉띠:이동수,우왕좌왕, 弱믐 다툼
戌띠:매사불편, 방해자,배신
亥띠:해결신,시험합격, 풀림

子띠:적극큰일, 쟁취, 관재구설
丑띠:귀인상봉, 금전이득, 현금
寅띠:매사꼬임,과거고생, 질병

卯띠:최고운상승세, 두마음
辰띠:의욕과다, 스트레스큼
巳띠:시급한일, 뜻대로 안됨

午띠:만남,결실,화합,문서
未띠:이동수,이별수,변동 움직임
申띠:빈주머니,걱정근심, 사기

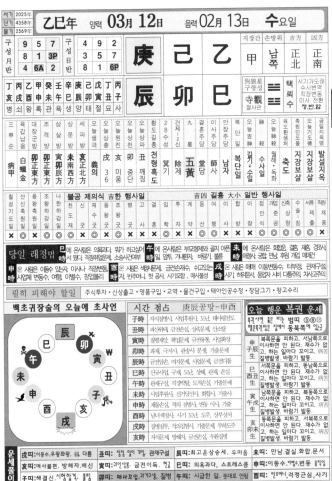

乙巳年　양력 03月 12日　음력 02月 13日　수요일

3月

구성월반	9	5	7	구성일반	4	9	2
	8	1P	3P		3	5	7
	4	6A	2		8	1	6P

庚　己　乙
辰　卯　巳

지장간	甲
손방위	남쪽
吉方	正北
凶方	正南

丁亥 丙戌 乙酉 甲申 癸未 壬午 辛巳 庚辰 己卯 戊寅 丁丑 丙子
병 쇠 왕 록 관 욕 생 양 태 절 묘 사

狗狼星 구랑성
寺觀 절사관

시기가도래 수시변ית 직장변동 애정 전환 정.반.갑

三甲旬	육갑납음	대장군방	조객방	삼살방	상문방	세파방	오늘행충	오늘원진	오늘상천	오늘상파	황도길흉	28수	건제12신	九星	결혼주당	이사주당	안장주당	복단일	오늘吉神	神殺	오늘神殺	축일神殺	오행成칙할일	지장간보살	지장간보살	발설지옥
病甲	白蠟金	卯正東方	寅卯辰方	亥남東方	亥南西方	未南西方	戌중단	丑	전형흑도	箕기	除제	五黃	堂당	師사	남자	복단일	길신·수일	수라일	축일	지장보살	지장보살	발설지옥
								義의 36														

불공 제의식 吉한 행사일　　吉凶星 길흉 大小 일반 행사일

| 칠성기도일 | 산신축원일 | 용왕축원일 | 조왕하강일 | 나한기도일 | 천도재 | 신굿 | 재수굿 | 용왕굿 | 조왕굿 | 병굿 | 고사 | 결혼 | 입학 | 투자 | 계약 | 등여 | 이行 | 이장 | 점안식 | 개업 | 신축상량 | 수주 | 서류제출 | 직원채용 |
| ✕ | ◎ | ✕ | ◎ | ✕ | ◎ | ✕ | ◎ | ◎ | ◎ | ◎ | ✕ | ◎ | ◎ | ◎ | ✕ | ◎ | ◎ | ◎ | ◎ | ✕ | ◎ | ◎ | ◎ | ◎ |

당일 래정법

巳時 에 온사람은 의욕과다 뭐가 하고싶어서 왔다 직장취업문제 소송사기 午時 에 온사람은 부모형제와 골치 아픈일 형제 問題 갖고싶은 욕심, 가내환자, 바람기 불륜 未時 에 온사람은 화합憂 결혼 재혼 경사失 애정사 궁합 만남 취직 개업 매매건

申時 온 사람은 의욕없 이사나 직장변동, 점占있고 酉時 온 사람은 생활問題, 금전소각사 수입公는 戌時 온 사람은 매매 이동변동수, 터부정 관재구설 사업체 변동수, 여행 이별수, 장업불리 時 온사람 빈주머니, 헛 공사, 사기모함, 매사불성 時 사기 후위문서 동업자 사비 다툼주의 차사고주의

필히 피해야 할일

주식투자 · 신상출고 · 명품구입 · 교역 · 물건구입 · 태아인공수정 · 장담그기 · 창고수리

백초귀장술의 오늘에 초사언

시간 점占	庚辰공망-申酉
子時	자식질병사 사업부진사 도난 태아령천도
丑時	파산病패 금전손실 상속문제 산소탈
寅時	질병災út 취업問제 금전유통, 사업왕창
卯時	재물과 극차사, 관송사 분쟁, 가출문제
辰時	금전진出 여자관계, 사업問제, 금전問제
巳時	신규사업 구재 도난 상해 관재 손실
午時	관재구설 직장변동 도적손실 가출문제
未時	질병재앙 직장산직出 소송사난 화합사 갖자손
申時	재물손실 적의 침투사, 변동 이사 가출
酉時	남녀색정사 사기 도난 도주, 상부상처
戌時	질병침투, 적의침투사, 가출문제 부하도주
亥時	자식문제, 방해자, 금전손실, 우환질병

오늘 행운 복권 운세

행운의 숫자 / 행운의 색깔 행운의 장 / 범띠 ③⑧⑧ 동북쪽에 있소

申子生 : 북쪽문을 피하고, 서남쪽으로 이사하면 안 된다. 재수가 없고 질병발생. 바람기 발동.
酉丑生 : 서쪽문을 피하고, 동남쪽으로 이사하면 안 된다. 일병 손재수. 질병발생. 바람기 발동.
寅午戌生 : 남쪽문을 피하고, 서북쪽으로 이사하면 안 된다. 재수가 없고, 하는 일마다 꼬이고, 病苦
亥卯未生 : 동쪽문을 피하고, 서북쪽으로 이사하면 안 된다. 재수가 없고, 하는 일마다 꼬이고, 病苦 질병발생. 바람기 발동.

운세풀이

戌띠 : 이동수, 우왕좌왕, 弱을 다툼
亥띠 : 매사불편, 방해자, 배신☆
子띠 : 해결신, 시험합격, 풀림
표띠 : 점점 일이 꼬임, 관재구설
寅띠 : 귀인상봉, 금전이득, 현금
卯띠 : 매사 숙사, 과거고생, 질병
辰띠 : 최고운성상세, 두마음
巳띠 : 의욕과다, 스트레스큼
午띠 : 시급한 일, 뜻대로 안됨
未띠 : 만남,결실,화합,문서
申띠 : 이동수, 이별수, 변동 움직임
酉띠 : 빈주머니, 걱정근심, 사기

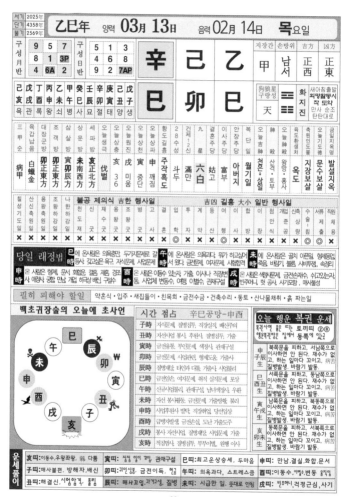

서기 2025年 단기 4358年 불기 2569年　　乙巳年　양력 03月 13日　음력 02月 14日　木요일

辛巳
己卯
乙巳

구성월반
9	5	7
8	1	3P
4	6A	2

구성일반
5	1	3
4	6	8
9	2	7AP

지장간 甲　손방위 南西　吉方 正西　凶方 正東

狗狼星 구랑성 天　새아침출입 회망찰듯이 작 도착 만사 순조 탄탄대로

회지진

己亥 戊戌 丁酉 丙申 乙未 甲午 癸巳 壬辰 辛卯 庚寅 己丑 戊子
욕 관 욕 왕 쇠 병 사 묘 절 태 양 생

病甲　白蠟金　卯正東方　卯正東方　未南西方　亥正北方　伐벌 3 6　亥 戌　寅 미움 중깅침 깨징　주작흑도　滿만　六白　姑고　富부　아버지　월기일　神殺 산석·토부　오늘환생처 왕상·홍사　오늘길흉인도불　지장보살　복수보살

吉凶 길흉 大小 일반 행사일

불공 제의식 吉한 행사일
산신기도일 × 용왕기도일 × 조왕기도일 × 나한기도일 × 불공 × 제신굿 × 재수굿 × 수왕굿 × 용왕굿 × 조왕굿 × 병굿 × 고사 × 결혼 × 입학 × 투자 × 계약 × 등기 × 여행 × 이사 × 합방 × 점안식 × 개업 × 신축상량 × 수술침 × 서류제출 × 직원채용 ×

당일 래정법 巳에 온사람은 의욕과잉 두가지문제로 갈등　午에 온사람은 의욕과다 뭐가 하고싶어　未에 온사람은 골치 아픈일 형제동업　時 삼각 갈등요 욕, 자식문제 사업문제　時 와서 금전문제 여자문제 상업문제　時 바람기 불륜 샤기녀질 속셈배

申 온사람은 형제 문제 갈등 색정사 화합, 화류 재수 경조　酉 온사람은 이동수 있는자 직장변동 戌 온사람은 색정사로 갈등 이동수도 時 사 이동수 궁합 만남 개업 하강상 배신 구설수　時 숭진 사업체 변동수 여행 이별 관재구설　時 변동주의, 헛 공사 사기모함, 매사불성

필히 피해야 할일 약혼식·입주·새집들이·친목회·금전수금·건축수리·동토·산나물채취·흙 파는일

백초귀장술의 오늘에 초사언

시간 점占　辛巳공망-申酉

子時 자식문제 잘병침투, 직장실직 배신주의
丑時 자산손실 봉사 후원사, 잘병침투 가출
寅時 금전용통, 부인문제, 색정사, 관재구설
卯時 금전문제 사업문제, 형제도움 과시욕구
辰時 잘병재난 태아H 다툼 가출사 사업불리
巳時 금전문제 여자문제 취직 실직문제 포상
午時 산규사업문제 관재구설 남녀색정사 우환
未時 금전문제 사업문제 가출문제 불리
申時 사업원사 발탁 직장취업 당선입상
酉時 금방병발생 금전손실 도난 가출도주
戌時 봉사 자선사업 잘병재난 사업문제 가출
亥時 적함병사 잘병침투, 부부이별, 원병 아H

오늘 행운 복권 운세

복권사려면 좋은 띠는 토끼띠 ⑧⑧ 행운권방쪽 집에서 동북쪽 있는곳

申子辰生 북북쪽문을 피하고, 서남쪽으로 이사하면 안 된다. 재수가 없고, 하는 일마다 꼬이고, 病死
巳酉丑生 서쪽문을 피하고, 동남쪽으로 이사하면 안 된다. 재수가 없고, 하는 일마다 꼬이고, 病死
寅午戌生 남쪽문을 피하고, 북북쪽으로 이사하면 안 된다. 재수가 없고, 하는 일마다 꼬이고, 病死
亥卯未生 북쪽문을 피하고, 서북쪽으로 이사하면 안 된다. 재수가 없고, 하는 일마다 꼬이고, 病死

운세풀이

亥띠:이동수,우왕좌왕, 弱 다툼
子띠:매사불편, 방해者,배신
丑띠:해결신,시험합격, 풀림

寅띠:적정 이어 꼬임, 관재구설
卯띠:귀인상봉, 금전이득, 현금
辰띠: 매사꼬임,과거2생, 질병

巳띠:최고운상승세, 두마음
午띠:의욕과다, 스트레스큼
未띠:시급한 일, 뜻대로 안됨

申띠:만남,결실,화합,문서
酉띠:이동수,애민자,변동 움직임
戌띠:비뀐이,걱정근심, 사기

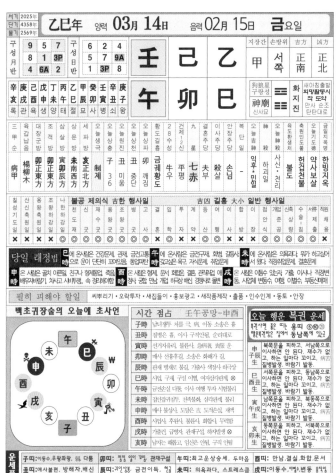

乙巳年 양력 **03月14日** 음력 **02月15日** **金**요일

구성월반			구성일반		
9	5	7	6	2	4
8	1	3P	5	7	9A
4	6A	2	1	3P	8

壬 **己** **乙**
午 **卯** **巳**

지장간	손방위	吉方	凶方
甲	서쪽	正南	正北

辛 庚 己 戊 丁 丙 乙 甲 癸 壬 辛
亥 戌 酉 申 未 午 巳 辰 卯 寅 子
록 관 욕 생 양 태 절 묘 사 병 쇠 왕

狗狼星 구랑성
神廟 신사묘

새아침출발 쾌괘활동시 작도법 만사 순조 탄탄대로

화지진

3월

三甲순	육갑납음	대장군방	조객방	삼살방	상문방	세파방	오늘생극	오늘상충	오늘상천	오늘원진	오늘상파	황도길흉	건제 2신	九星	결혼주당	이사주당	안장주당	복단일	神殺	오늘神殺	오늘吉神	오늘흉신 좋은날	도화 환생처	남자 인연 도화	결혼 띠 피하기
病甲	楊柳木	卯正東方	卯正東方	寅卯辰東方	未南西方	亥正北方	子	丑 미움	丑 중단	丑 깨짐	36	金궤황도	平평	七赤	夫부	殺살	손님		이무・미살	하괴일	사신・천의	불도	헌걸천불	양사보살	아빙사자

칠성기도일	산신축원일	용왕축원일	조왕축원일	나한기도일	불공 제의식 吉한 행사일							吉凶 길흉		大小 대소		일반 행사일						
					천도재	신중기도	재수굿	용왕굿	조왕굿	병굿	고사	결혼	입학	투자	계약	등	여	행	이	사	방	장	식	개업	준공	신축	상침	수술	침출	서류	제출	직원	채용
×	×	×	×	×	×	×	×	×	×	×	×	×	×	×	×	×	×	×	×	×	×	×

당일 래정법 **巳**時에 온사람은 건강문제, 관재, 금전고통, 원한질병으로 운이 단단히 꼬여있음. 동남쪽발 **午**時에 온사람은 금전구재, 화병 갈등사. 직원이속 욕. 자식문제, 취업문제 **未**時에 온사람은 의욕없다. 위가 하고싶어 왔다. 직장취업문제, 결혼문제

申時 온 사람은 골치 아픈일, 친구나 형제동업 죽음 배우자리듬기 차사고 사부터앓, 속 장과이픔배신 **酉**時 온 사람은 형제, 문서 화합은, 결혼, 관심사업 경사애인 궁합 만남 개업 하감상배신 **戌**時 온 사람은 이동수 있어서 이사 직장변동 점포 변동수, 여행, 이별수, 부모상배애

백초귀장술의 오늘에 초사언

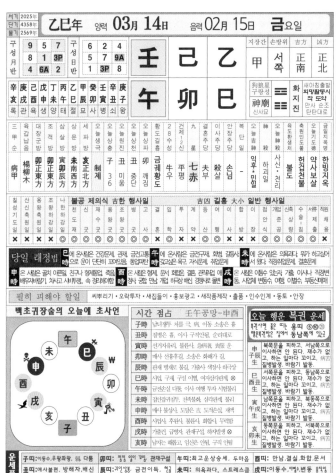

시간 점占	壬午공망-申酉
子時	남녀쟁투 서불 극, 病, 이동 소송은 흉
丑時	질병은 흉, 이사 구작안됨, 순리대로
寅時	선거자유리, 불리자, 願得高, 刑刱 운
卯時	매사 선흉후길, 소송은 화해가 길
辰時	관재 병액로, 불길, 가출사 색정사 하극상
巳時	사업 구재 금전 이別, 여자삼각관계 ⊗
午時	금전손실 다툼, 이사 여행 투자 시험불리
未時	갑갑답답함, 친척불화, 삼각관계 불리
申時	매사 불성사, 도망은 흉, 도적找음 재액
酉時	가출건, 금전사, 관재구설, 하극상불 ⊗
戌時	남녀는 해醉고, 임신운 안됨, 구직 안됨
亥時	

오늘 행운 복권 운세

북서쪽을 피할 때는 용띠 ⑧⑱㉘
북쪽복권방은 집에서 동남쪽에 있는곳

申子辰생	북쪽문을 피하고 서쪽으로 이사하면 안 된다. 재수가 없고, 하는 일마다 꼬이고, 病苦 질병발생. 바람기 발동.
巳酉丑생	서쪽문을 피하고, 동남쪽으로 이사하면 안 된다. 재수가 없고, 하는 일마다 꼬이고, 病苦 질병발생. 바람기 발동.
寅午戌생	남쪽문을 피하고, 북동쪽으로 이사하면 안 된다. 재수가 없고, 하는 일마다 꼬이고, 病苦 질병발생. 바람기 발동.
亥卯未생	동쪽문을 피하고, 서북쪽으로 이사하면 안 된다. 재수가 없고, 하는 일마다 꼬이고, 病苦 질병발생. 바람기 발동.

운세풀이	
子띠: 이동수,우왕좌왕, 弱, 다툼	卯띠: 점점 이익 늘고, 관재구설
丑띠: 매사불편, 방해자,배신	辰띠: 귀인상봉, 금전이득, 현금
寅띠: 해결신,시험합격, 풀림	巳띠: 매사꼬임, 과거고생, 질병
午띠: 최고운상승세, 두마음	酉띠: 만남,결실,화합,문서
未띠: 의욕과다, 스트레스큼	戌띠: 이동수,애별,변동 움직임
申띠: 시급한 일, 뜻대로 안됨	亥띠: 빈주머니, 걱정근심, 사기

乙巳年　양력 03月 15日　음력 02月 16日　土요일

구성月반			구성日반			癸	己	乙	지장간	손방위	吉方	凶方
9	5	7	7	3	5	未	卯	巳	甲	서북	正東	正西
8	1	3P	6	8	1							
4	6A	2	2AP	4	9							

癸	壬	辛	庚	己	戊	丁	丙	乙	甲	癸	壬
亥	戌	酉	申	未	午	巳	辰	卯	寅	丑	子
왕	쇠	병	사	묘	절	태	양	생	욕	관	록

狗狼星 구량성 水步井
새아침해돋이 회망절루시 작 도약 만사 순조 탄탄대로
화지진 ☷☳

三甲순	육갑납음	조객방	삼살방	상문방	세파극	오늘생극	오늘상충	오늘원진	오늘상천	황도길흉	28수성	건제12신	九星	이주당	안장주당	복단일	대공망일	오늘吉神	오늘神殺	축일환생처	오늘기도덕	글일지옥명
病甲	楊柳木	卯正東方	東南方	亥正北方	伐벌	子극	子 미움	戌 깨짐	女여	大덕황도	定정	八白	廚주 해	며느리	삼합일		대공망일	월덕·보광	혈기·사기	불도	대세지보살	한빙지옥

칠성기도일	산신축원일	용왕축원일	조왕하강일	나한하강일	불공 제의식 吉한 행사일						吉凶 길흉 大小 일반 행사일										
					천도재	신중기도	재수굿	조왕굿	병굿	결혼식	입주상량	투자계약	계약	여행	이사	등교	점안식	개업준공	상호제출	서류제출	직원채용
×	×	×	×	⊙	⊙	⊙	⊙	⊙	×	⊙	×	×	⊙	⊙	×	⊙	×	⊙	⊙	×	×

당일 래정법

巳時 에 온사람은 금전문제, 사업문제, 금전구재, 관직취직사, 속전속결이 유리

午時 에 온사람 건강문제, 금전문제로 운 이 단단히 꼬여있음, 동업파탄 손재수

未時 에 온사람 문서합의, 부모자식간 문제, 교합사는 불성사, 이동수도 있음

申時 에 온사람은 문서문제로 직접 또는 온 사람은 골치 아픈일 형제동료 죽음 애정 정이변동사, 친구형제간 배신과 암해, 관재수

戌時 에 온사람 금전문제, 사업계, 여자문제, 관직주사, 돈과여자 음양 화합은 경사 애정사 궁합 만남 개업 하자있는 배신 음모 좋은 재혼

필히 피해야 할일 소장제출·인허가신청·정보유출·질병치료·수혈·출산준비·리모델링·건축수리

백초귀장술의 오늘에 초사언

時間 점占	癸未공망—申酉
子時	관재발동, 남녀색정사, 금전손해 실물수
丑時	적의 침범사, 불길하고 원수될, 가출사
寅時	자손문제, 실직문제, 연애배신사, 모함
卯時	질병위급, 여행조심, 관직승진 결혼 흉
辰時	금전문제 가출사 색정사 부부불륜, 소송흉
巳時	사업, 구재이득, 귀인상봉, 수상기쁨
午時	화합 애정사불리 금전손실 매사 불성사
未時	유명무실, 가출건, 동료나 골육배반 구설
申時	남녀 애정사 불리, 금전손실, 여행은 불리
酉時	병자사망, 매사 불성사, 가출도주, 외간
戌時	작업문제, 남편문제, 잡안불화, 불합격
亥時	금전에손실, 처 가출사, 도망 분실, 이동흉

오늘 행운 복권 운세

복권사면 좋은 띠는 뱀띠 ⑦⑫27
행운복권방은 집에서 남동쪽에 있는 곳

申子辰	북쪽문을 피하고, 서남쪽으로 이사하면 좋다. 꼬리고, 病苦 하는 일마다 꼬인다. 질병발생. 바람끼 발동.
巳酉丑	서쪽문을 피하고, 동남쪽으로 이사하면 안 된다. 재수가 없 病苦 고, 하는 일마다 꼬인다. 질병발생. 바람끼 발동.
寅午戌	남쪽문을 피하고, 서북쪽으로 이사하면 안 된다. 재수가 없 病苦 고, 하는 일마다 꼬인다. 질병발생. 바람끼 발동.
亥卯未	동쪽문을 피하고, 서남쪽으로 이사하면 안 된다. 재수가 없 病苦 고, 하는 일마다 꼬인다. 질병발생. 바람끼 발동.

운세풀이

표띠: 이동수,우왕좌왕, 弘 다툼
寅띠: 매사불편, 방해자,배신
卯띠: 해결신,시험합격, 풀림

辰띠: 정정 이익 꼬임, 관재구설
巳띠: 귀인상봉, 금전이득, 현금
午띠: 매사꼬임, 과거고생, 질병

未띠: 최고운상승세, 두마음
申띠: 의욕과다, 스트레스큼
酉띠: 시급한 일, 뜻대로 안됨

戌띠: 만남,결실,화합,문서
亥띠: 이동수,액맥,변동 욷지낌
子띠: 빈주머니,걱정근심, 사기

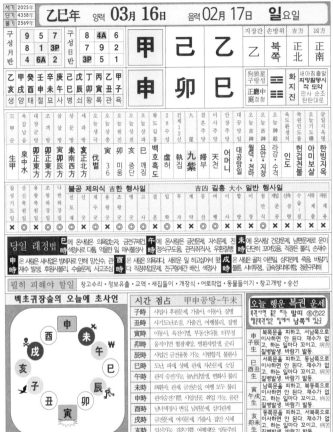

서기 2025년	乙巳年	양력 03月 16日	음력 02月 17日	일요일
단기 4358년				
불기 2569년				

구성 월반	9	5	7	구성 일반	8	4A	6
	8	1	3P		7	9	2
	4	6A	2		3P	5	1

甲　己　乙
申　卯　巳

지장간	손방위	吉方	凶方
乙	북쪽	正北	正南

새아침출발
회망활틀아니
작 도약
만사 순조
탄탄대로

乙　甲　癸　壬　辛　庚　己　戊　丁　丙　乙　甲
亥　戌　酉　申　未　午　巳　辰　卯　寅　丑　子
생　양　태　절　묘　사　병　쇠　왕　록　관　욕

狗狼星
正廳
中庭정청

화지진

필히 피해야 할일: 창고수리 · 정보유출 · 교역 · 새집들이 · 개장식 · 어로작업 · 동물들이기 · 창고개방 · 승선

시간 점占　甲申공망-午未

子時	사업사 후원문제. 가출사. 이동사. 질병
丑時	사기도난조심. 가출건, 여행불리, 질병
寅時	이동사. 육친이별. 부동산다툼. 타부정
卯時	움직이면 형제재앙, 병화자발생, 순리
辰時	사업건 금전융통 가능. 시험합격. 불튼사
巳時	5년 파재 상해. 관재. 자손문에. 女님
午時	관직 승전가능. 놀라잴발생. 변화시 불리
未時	晦時사. 금전사 이동수. 여행 모두 불리
申時	관재승건기쁨. 사업성공. 취업 기쁨. 음란
酉時	남녀애정사 변심. 남매문제. 삼각관계
戌時	금전문에 여자문에 가능사. 잡인 시세
亥時	임신가능. 갈증기쁨. 여행애정. 망동주의

오늘 행운 복권 운세

子辰生	북쪽문을 피하고, 서남쪽으로 이사하면 안 된다. 재수가 없고, 하는 일마다 꼬이고, 病苦질병발생. 바람기 발동.
酉丑生	동쪽문을 피하고, 동남쪽으로 이사하면 안 된다. 재수가 없고, 하는 일마다 꼬이고, 病苦질병발생. 바람기 발동.
寅戌生	남쪽문을 피하고, 북동쪽으로 이사하면 안 된다. 재수가 없고, 하는 일마다 꼬이고, 病苦질병발생. 바람기 발동.
卯未生	동북문을 피하고, 서북쪽으로 이사하면 안 된다. 재수가 없고, 하는 일마다 꼬이고, 病苦질병발생. 바람기 발동.

운세풀이

寅띠	이동수,우왕좌왕, 弱心 다툼
卯띠	매사불편, 방해자,배신
辰띠	해결신, 시험합격, 품림
巳띠	점점 이익 꿈잎 관재구설
午띠	귀인상봉. 금전이득, 현금
未띠	매사꼬임,과거3사, 질병
申띠	최고운상승세, 두마음
酉띠	의욕과다, 스트레스큼
戌띠	시급한 일, 뜻대로 안됨
亥띠	만남,결실,화합,문서
子띠	이동수,액逢수,변동 융직임
丑띠	빈주머니,걱정근심, 사기

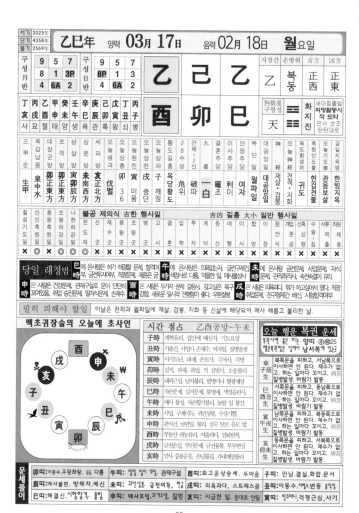

서기 2025年	乙巳年	양력 03月 17日	음력 02月 18日	月요일
단기 4358年				
불기 2569年				

구성월반
9	5	7
8	1	3P
4	6A	2

구성일반
9	5	7
8P	1	3
4	6A	2

乙 己 乙
酉 卯 巳

지장간 손방위 吉方 凶方
乙 북동 正西 正東

丁丙乙甲癸壬辛庚己戊丁丙
亥戌酉申未午巳辰卯寅丑子
사 묘 절 태 양 생 욕 관 록 왕 쇠 병

狗狼星
구랑성
天

화지진

새아침출발
꾀맛꿀무사이
직 도락
만사 순조
탄탄대로

三甲旬 生甲 泉中水

육갑납음 正陰

대장군 卯正東方

조객방 寅卯辰方

삼살방 亥南西方

세파방 亥正北方

오늘생기 卯

오늘상충 戌 36

오늘상파 子

오늘원진 깨침

황도길흉 伐벌

28수 危위

건제12신 破파

九星 一白

결혼주당 竈조

안장주당 利이

복단일 女여

대공망일 月미午

神殺 재살·정충

오늘神殺 적적·지화

육호환생처 귀도

인도령 헌년전불

금일지옥 관음보살 한빙지옥

불공 제의식 吉한 행사일
| 칠성기도 | 산신축원 | 용왕축원 | 조왕하강 | 나한하강 | 천도 | 재수굿 | 용왕굿 | 조왕굿 | 병굿 | 고사 | 결혼 | 입학 | 투자 | 계약 | 여행 | 이사 | 합방 | 점안식 | 개업 | 신축상량 | 수술 | 서류 | 직원채용 |
| × | ◎ | × | ◎ | ○ | × | × | × | × | × | ○ | ○ | × | × | × | ○ | × | ○ | × | × | × | ○ | ○ | ○ |

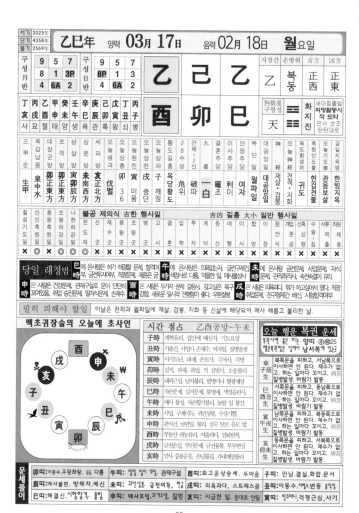

당일 래정법

子時에 온사람은 허가 해결문제 문제로 합격하나 午時에 온사람은 의욕과다, 금전구재건 未時에 온사람은 금전문제 사업문제 자식

申時 온 사람은 건강문제 관재구설로 운이 단단히 酉時 온 사람은 두기자 문제 갈등사 갖고싶어 戌時 온 사람은 취업문제 친구형제간 배신 사업

필히 피해야 할일
이날은 천적과 월파일에 재살, 검봉, 지화 등 신살에 해당되어 매사 해롭게 불리는 날.

백초귀장술의 오늘에 초사언

시간 점占 乙酉공망-午未

子時	개혁유리, 집안에 배신자, 기도요망
丑時	가출건, 사업가 손재수, 여자로, 질병발생
寅時	사기도난 파재, 손모사, 극차사, 강방
卯時	실직, 파재, 파업, 적 침범사, 소송불리
辰時	내부근심, 남자불리, 발탈아나 형환재해
巳時	자손문제, 실직문제, 불명예, 색정음란사
午時	매사 불성, 자손화가불리, 놀람 일 불안
未時	사업 근심문제, 여자상봉, 수감기쁨
申時	관직건, 남녀힘, 불리, 실수 탄로 음모 발
酉時	부동산 권리문제, 자출산바, 진퇴반복
戌時	금전조달, 부인문제, 금전융통, 부부화심

오늘 행운 복권 운세
복권사면 좋은 띠는 양띠 ⑤⑤25
행운복권방은 집에서 남서쪽에 있는

申子辰生	북쪽문을 피하고, 서남쪽으로 이사하면 안 된다, 재수가 없고, 하는 일마다 꼬이고, 病苦 질병발생, 바람기 발동.
巳酉丑生	서쪽문을 피하고, 동남쪽으로 이사하면 안 된다, 재수가 없고, 하는 일마다 꼬이고, 病苦 질병발생, 바람기 발동.
寅午戌生	북쪽문을 피하고, 북쪽으로 이사하면 안 된다, 재수가 없고, 하는 일마다 꼬이고, 病苦 질병발생, 바람기 발동.
亥卯未生	동쪽문을 피하고, 북쪽으로 이사하면 안 된다, 재수가 없고, 하는 일마다 꼬이고, 病苦 질병발생, 바람기 발동.

운세풀이
卯띠:이동수, 우왕좌왕, 弱 다툼 午띠: 점점 일이 꼬임, 관재구설 酉띠: 최고운상숭세, 두마음 子띠: 만남, 결실, 화합, 문서
辰띠:매사불편, 방해자, 배신 未띠: 귀인상봉, 금전이득, 학교 戌띠: 의욕과다, 스트레스큼 丑띠: 이동수, 이별수, 변동 움직임
巳띠:해결신, 시험합격, 풀림 申띠: 매사꼬임, 과거고생, 질병 亥띠: 시급한 일, 뜻대로 안됨 寅띠: 빈주머니, 걱정근심, 사기

- 92 -

乙巳年　양력 **03**月 **18**日　음력 02月 19日　**화**요일

구성월반	9	5	7
	8	1	3P
	4	6A	2

구성일반	1P	6	8A
	9	2	4
	5	7	3

丙 己 乙
戌 卯 巳

	지장간	손방위	吉方	凶方
	乙	無	正南	正北

己戊丁丙乙甲癸壬辛庚己戊
亥戌酉申未午巳辰卯寅丑子
절 묘 사 병 쇠 왕 록 관 욕 생 양 태

狗猿星
구랑성

☰ 화 天 ☷ 지 진

새아침솔밀
쇠막활동시
작 도약
탄탄대로

三甲旬	육갑납음	대장군방	조객방	상문방	세파방	오늘상극	오늘상충	오늘원진	오늘상파	황도길흉	28수성	건제12신	九星	결혼주당	안장주당	복단일	대공망일	神殺방위	오늘神殺	축원당처	오늘기도일	금일지옥	한빙지옥
生甲	屋上土	卯正東方	卯正東方	未南西方	亥正北方	寶보 36	辰 미움	酉 깨짐	未	천뇌흑도	室실 危위	二黑	第제	安安	死 死	-	육합·금궤	월덕 오황 귀곡	헌겁천불	미륵보살		한빙지옥

불공 제의식 吉한 행사일 / 吉凶 길흉 大小 일반 행사일

칠성기도	산신축원	용왕축원	조왕하강	나한하강	천도재	재수굿	용왕굿	조왕굿	병굿	고사	결혼	입학	투자	계약	등산	여행	이사	합방	점안식	개업	신축상량	수술	서류 제출	직원 채용
✕	✕	✕	✕	✕	✕	✕	✕	✕	✕	✕	✕	✕	✕	✕	✕	○	○	-	◎	◎	✕	✕	✕	✕

당일 래정법
巳 온사람은 새로운 일로 방해나 배신 / 午 에 온사람은 취직 해결할 문제 합격여 / 未 에 온사람 의욕없는자, 금전구재건 관
時 사, 의욕상실 색정사 장난은 불길 時 부, 금전문제,여자문제, 직장문제, 재혼 時 재수 애정사별금사

申 온 사람은 금전문제, 사업문제, 관재구재사 / 酉 온사람 건강문제, 관재구설로 운 단단히 / 戌 온 사람 무기 문제 갈등사 갉고싶은 욕구
時 관재로 얽힘 자식으로 인해 큰 지출 / 時 꼬였음 취업 승진문제, 남자문제, 손재수 / 時 강함. 자식문제, 새로운 일시작 전환

필히 피해야 할일 기계수리 · 주방고치기 · 농기구 다루기 · 벌목 · 사냥 · 수렵 · 승선 · 낚시 · 위험놀이기구

백초귀장술의 오늘에 초사언

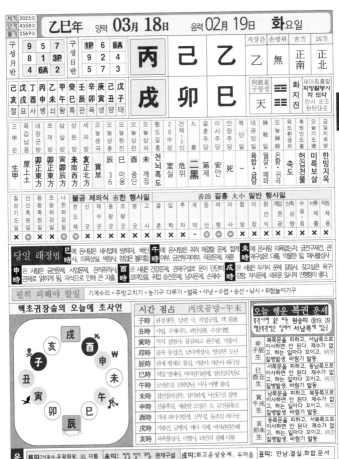

시간 점占	丙戌공망-午未
子時	관재 행투, 남편 극, 직업궁성, 객 愿意
丑時	사업, 구재이득, 귀인상봉, 수상기쁨,
寅時	적의 참변심, 불리하고 원수불, 가출사
卯時	골육 동업건, 남녀색정사, 방심면 도난
辰時	관재 병재로 불길, 가출사 자손사 하극상
巳時	직업 명예사, 여자심부름, 망신살수도
午時	금전손실 진퇴양난, 이사 여행 불리
未時	잡귀침투로 병마, 가출사, 색정사 잘병
申時	산후후유, 새왕발 도망친 出, 금전융통사
酉時	가내 과아닌방행, 신부정 몸조심 하극상
戌時	가출건, 급병자, 매사 지체 핵약빗변손해
亥時	과욕불상심사, 이별사 타인의 참해 대통

오늘 행운 복권 운세
복권사면 좋은 띠는 **원숭띠** ⑨19, 29
행운복권방은 집에서 **서남쪽**에 있는곳

申子辰生	북쪽문을 피하고, 서남쪽으로 이사하면 안 된다. 재수가 없 고, 하는 일마다 꼬이고, 病苦 질병발생, 바람기 발동.
巳酉丑生	서쪽문을 피하고, 남쪽으로 이사하면 안 된다. 재수가 없 고, 하는 일마다 꼬이고, 病苦 질병발생, 바람기 발동.
午戌生	남쪽문을 피하고, 북쪽으로 이사하면 안 된다. 재수가 없 고, 하는 일마다 꼬이고, 病苦 질병발생, 바람기 발동.
亥卯未生	동쪽문을 피하고, 서쪽으로 이사하면 안 된다. 재수가 없 고, 하는 일마다 꼬이고, 病苦 질병발생, 바람기 발동.

3 월

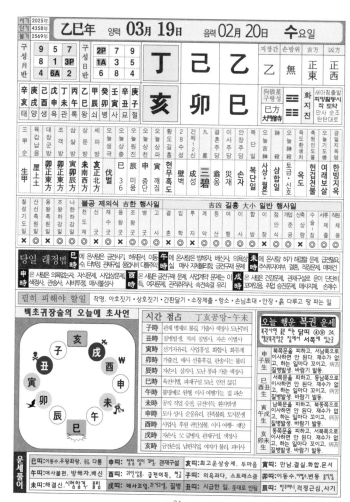

서기 2025年	乙巳年	양력 03月 19日	음력 02月 20日	수요일
단기 4358年				
불기 2569年				

구성월반
9	5	7
8	1	3P
4	6A	2

구성일반
2P	7	9
1A	3	5
6	8	4

丁 己 乙
亥 卯 巳

지장간 乙 손방위 無 길방 正東 흉방 正西

狗狼星 구랑성
巳方
大門佛寺

새아침출발
획당활활수시
작 도락
만사 순조
탄탄대로

화진

辛亥 庚戌 己酉 戊申 丁未 丙午 乙巳 甲辰 癸卯 壬寅 辛丑 庚子
태 양 욕 관 록 왕 쇠 병 사 묘 절

三甲순	육갑납음	대장군방	조객방	삼살방	세파방	오늘생극	오늘상충	오늘상천	오늘원진	황도길흉	28수성	건제12신	九星	결혼주당	이사주당	안장주당	오늘神殺	오늘吉神	오늘흉殺殺	건축처	육도환생처	오기일록	여래불	축원일지옥
生甲	屋上土	卯正東方	寅正東方	亥南西方	亥正北方	伐벌	巳 36	辰 미움	寅 깨끗	현무흑도	壁벽	成성	三碧	翁옹	災재	손자	복덕신	사상·월인	삼합일	토금·신호	옥도	헌걸천불	여래탄불	아빙지옥

불공 제의식 吉한 행사일
칠성기도일	산신축원일	용왕축원일	조왕하강일	나한제도일	불천도재	신굿	재수굿	용왕굿	조왕굿	병굿	고사	결혼	입학	투자	계약	여행	이사	합방	이장	점안식	개업준공	신축상량	수리	서류제출	직원채용
×	◎	×	◎	×	×	◎	◎	×	◎	×	◎	◎	◎	◎	◎	×	◎	×	×	×	◎	◎	◎	◎	◎

吉凶 길흉 大小 일반 행사일

당일 래정법
巳에 온사람은 금전사기, 하극상이 이동 午에 온사람은 방해자, 배신사, 의욕상실 未에 온사람 허가 해결될 문제 급질병사, 色時 함정 관재근심 몸과 마음비워 時기 時간 매사 지체불편 금전재물 문제 주머니자루빔, 결혼, 직장문제 매매건 申時 온사람은 의욕없는자, 자식문제, 사업화재 酉時 온사람은 금전구재, 사업약혼 문제는 이득 戌時 온사람은 건강문제, 관재구설로 운이 단단히 色時 색정사, 관송사, 샤비투쟁, 매사불성사 時 색정사, 여자문제, 관재구재사, 속전속결 유리 꼬여있음, 취업 승진문제, 매사지체, 손재수

꼭히 피해야 할일 : 작명, 야호짓기·상호짓기·간판달기·소장제출·항소·손님초대·안장·흙 다루고 땅 파는 일

백초귀장술의 오늘에 초사언

시간 점占 丁亥공망-午未
子時	관재 병액로 불길, 가출사 색장사 도난주의
丑時	질병발생, 적의 침범사, 자손 이별사
寅時	선거자리사, 사업흥성, 화합사, 화류계
卯時	가출건, 관재 선흉후길, 관송사는 불리
辰時	자손사, 실자사, 도난 문제 가출 색장사
巳時	육친잔별, 과재구설 도난, 안면 급질병사, 관직
午時	불명예로 원행, 이사 여행가능, 집 파손
未時	공직 작업 승진, 금전이득, 환자발생
申時	사업건 후원 귀인상봉, 전쟁불화 토지분쟁
酉時	사업사, 후원 귀인상봉, 이사 여행·광창
戌時	자손사, 父급방사, 관재구설 색장사
亥時	금전circumstance, 남편작업, 여자가 불리, 파가사

오늘 행운 복권 운세
복권사면 좋은 띠는 닭띠 ④⑧ 24,
행운복권방은 집에서 서쪽에 있소

申子辰生	북쪽문을 피하고, 서남쪽으로 이사하면 안 된다. 재수가 없고, 하는 일마다 꼬이고, 病苦 질병발생. 바람기 발동.
巳酉丑生	서북쪽 피하고, 동남쪽으로 이사하면 안 된다. 재수가 없고, 하는 일마다 꼬이고, 病苦 질병발생. 바람기 발동.
寅午戌生	남쪽문을 피하고, 동북쪽으로 이사하면 안 된다. 재수가 없고, 하는 일마다 꼬이고, 病苦 질병발생. 바람기 발동.
亥卯未生	동쪽문을 피하고, 서북쪽으로 이사하면 안 된다. 재수가 없고, 하는 일마다 꼬이고, 病苦 질병발생. 바람기 발동.

운세풀이
巳띠:이동수,우왕좌왕, 弱, 다툼 　申띠: 점정, 의욕 꺾임, 관재구설
午띠:매사불편, 방해자,배신　　 酉띠: 귀인상봉, 금전이득, 현금
未띠:해결신,시험합격, 풀림　　 戌띠: 매사꼬임,과거고생, 질병
亥띠:최고운상승세, 두마음　　 寅띠: 만남,결실,화합,문서
子띠: 의욕과다, 스트레스큼　　 卯띠:이동수,이별수,변동 움직임
丑띠:시급한 일, 뜻대로 안됨　　 辰띠: 빈주머니,걱정근심, 사기

- 94 -

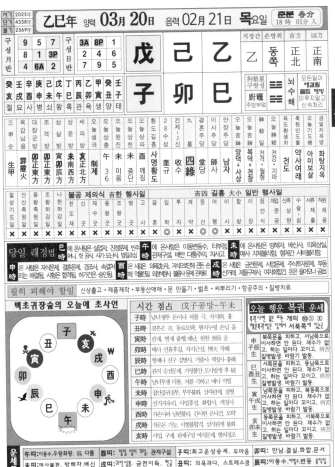

서기 2025年	乙巳年	양력 03月 21日	음력 02月 22日	金요일
단기 4358年				
불기 2569年				

구	9	5	7	구	4	9	2P
성	8	1	3P	성	3	5	7
월반	4	6A	2	일반	8	1	6

己 己 乙
丑 卯 巳

지장간	손방위	吉方	凶方
乙	동남	正西	正東

狗狼星 구랑성
寅方 廚舍

모든일이 해괘됨
풀림 해방
미루지말고
신속처리

뇌수해

乙	癸	壬	辛	庚	己	戊	丁	丙	乙	甲
亥	戌	酉	申	未	午	辰	卯	寅	丑	子
태	양	생	욕	관	록	왕	쇠	병	사	묘	절

三甲旬	대장군방	조객방	삼살방	세파방	오늘생기	오늘복덕	오늘상충	오늘원진	황도길흉	2　8　宿	건제12신	九星	결혼주당	이사주당	신장살방	천구하식	복단일	神殺	오늘神殺	오늘吉神	축원인도불	오늘기도	일진법요성
生甲	卯正東方	寅正東方	亥東北方	專전	未	午	辰	未미움	玄귀진흉도	婁루	開개	五黃	姑고	富부	손없는날		월덕합		오귀·궁강	고초·구감	천도불	약사여래	화탕지옥
霹靂火							36							아버지		생기·상						地獄

칠성기도	산신축원	용왕축원	조왕하강	나한하강	불공 제의식 吉한 행사일								吉凶 길흉 大小 일반 행사일												
					천도재	신축굿	용왕굿	조왕굿	병굿	결혼	입택	투자	계약	등요	여행	이사	합방	상장	제출	서류	채용	직원
◎	◎	×	◎	◎	×	◎	×	×	×	×	◎	×	×	×	×	◎	×	×	×	×	−	−	×

당일 래정법

巳時에 온사람은 이동수 있으나 직장변동 사업변동수 해외문출 우려 이별

午時에 온사람은 살만사 지금은 소모전 반면하나 헛 공사 사기·문서 외입

未時에 온사람은 매사 이동변동수 터부정 웃사람과 사비 다툼주의 교통사고주의

申時 온사람은 방해자 배신사 금전과 여자문제 매사 지체됨으로 차사고로 손해손재수

酉時 온사람은 급차리 문제 투자는 속결 유리 시험합격됨 하기으로 승인

戌時 온사람은 열공되나 의욕없는 상태 금전구재 문제 관재로 발전 딸 문제 취득문제

필히 피해야 할일

출판출고·인수인계·출항·조선 배 제조·승선·방류·출장·항공주의·동토·벌목

백초귀장술의 오늘에 초사언

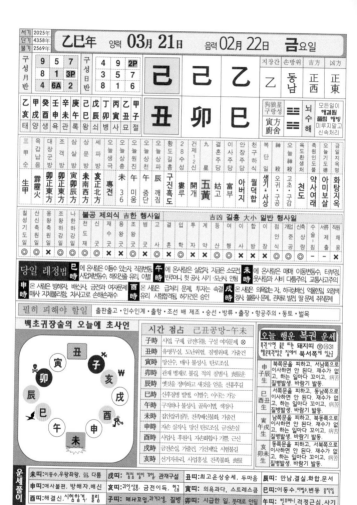

시간 점占 己丑공망−午未	
子時	사업 구재 금전가뭄, 구재 여자문제 ⊗
丑時	유명무실, 도난위험, 질병위태, 가출근친
寅時	망산수, 매사 불성사, 탄로조심
卯時	관재 병재로 불길, 적의 침범사, 殘病殺
辰時	옛찾음 장비하고 새것을 얻음, 선후화길
巳時	산후질병 발병, 약病수, 아녀는 가능
午時	구직하나 불성사 골육수별, 색정사
未時	갑작뇌규질병, 재물波재물화물, 가출근친
申時	자손 실자나, 말친 탄로조심, 질병손실
酉時	사업시나 후원사 자녀회합나 기쁨, 근심
戌時	금전손실 가출건, 기선매입사 시험불길
亥時	선거자유리, 사업흥실, 친족불화, 殘病

오늘 행운 복권 운세

복권사면 좋은 띠는 돼지띠 ⑪⑯31
행운찾는 방향 집에서 북서쪽이 있나

申子辰生	북쪽문을 피하고, 서남쪽으로 이사하면 안 된다. 재수가 없 고, 하는 일마다 꼬이고, 病苦 질병발생, 바람기 발동
巳酉丑生	서쪽문을 피하고, 동남쪽으로 이사하면 안 된다. 재수가 없 고, 하는 일마다 꼬이고, 病苦 질병발생, 바람기 발동
寅午戌生	남쪽문을 피하고, 동북쪽으로 이사하면 안 된다. 재수가 없 고, 하는 일마다 꼬이고, 病苦 질병발생, 바람기 발동
亥卯未生	동쪽문을 피하고, 서북쪽으로 이사하면 안 된다. 재수가 없 고, 하는 일마다 꼬이고, 病苦 질병발생, 바람기 발동

운세풀이

未띠:이동수·우왕좌왕, 弱 다툼　戌띠: 점진 임아 깨짐, 관재구설　丑띠:최고운상승세, 두마음　辰띠: 만남,결실,화합,문서

申띠:매사불편, 방해자,배신　亥띠:귀인상봉, 금전이득, 현닌　寅띠: 의욕과다, 스트레스큼　巳띠:이동수,액맥수,변동 움직임

酉띠:해 결신,시험합격, 풀림　子띠: 매사꼬임,과거고생, 질병　卯띠: 시급한 일, 풍대로 안됨　午띠: 빈주머니,걱정근심, 사기

− 96 −

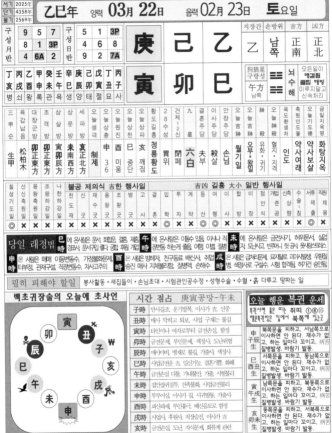

서기 2025年	乙巳年	양력 03月 22日	음력 02月 23日	土요일
단기 4358年				
불기 2569年				

구 성 월 반	9	5	7	구 성 일 반	5	1	3P
	8	1	3P		4	6	8
	4	6A	2		9	2	7A

庚 己 乙
寅 卯 巳

	지장간	손방위	吉方	凶方
	乙	남쪽	正南	正北

狗狼星 구랑성
午方 남쪽

모든일 ≡≡ 뇌수해 해결됨 풀림 행방 이루지말고 신속처리

丁亥	丙戌	乙酉	甲申	癸未	壬午	辛巳	庚辰	己卯	戊寅	丁丑	丙子
병	쇠	왕	록	관	욕	생	양	태	절	묘	사

三甲순 生甲 松柏木

| 육대장군방 卯正東方 | 조객방 卯正東方 | 삼살방 寅卯辰方 | 세파방 未南西方 | 오늘생극 戌正北方 | 오늘상충 申 3 6 | 오늘상천 酉 미옴 | 오늘원진 巳 중단 | 오늘상파 亥 깨짐 | 황도길흉 청룡황도 胃胃 | 2 8 수 星 위 | 건제12신 閉 폐 | 九星 六白 | 결혼주당 夫 부 | 이사주당 殺 살 | 안장주당 손님 | 오늘吉神 월기일 | 神殺 오늘神殺 오부 · 왕망 · 유화 · 귀기 | 육도환생처 혈지 · 지격 | 축원인도불 약사여래 | 오늘기도덕 약사보살 | 금일지옥 화탕지옥 |

制 제

칠성기도일	산신축원일	용왕축원일	조왕하강일	나한기도일	천도	신 굿	재수 굿	조상 굿	병 굿	길 흉	결 혼	입 학	투 자	계 약	동 토	여 행	이 사	합 방	이 장	점 안 식	개업 준공	상 량	수 숙	서류 제출	직원 채용
◎	×	×	×	×	×	×	×	×	×	×	×	×	×	×	×	×	×	×	×	×	○	×	×	×	×

당일 태정법
巳에 온사람은 문서 화합은 결혼 재혼 午에 온사람은 이동수 있음 이사나 직장 未에 온사람은 금전사기, 하위문서 실업
申 온 사람은 매매 이동변동수, 가정불화문제 酉 온 사람은 방해자, 친구동료 배신사, 취업 戌 온 사람은 금전문제, 묘지발동 조상에방해, 우환질병
時 터부정, 관재구설, 직장변동수, 차사고주의 時 승진, 매사 지체불리, 잘봐야 손해수 時 병 색장사로 구설수, 시험 합격됨, 하기전 승진됨

필히 피해야 할일 | 봉사활동 · 새집들이 · 손님초대 · 시험관인공수정 · 성형수술 · 수혈 · 酉 다루고 땅파는 일

백초귀장술의 오늘에 초사언

시간 점占 庚寅공망-午未

子時	만사길조, 운기발복, 이사가 吉, 신중
丑時	매사 막히고 꼬임, 사업 구재는 불길
寅時	타인만나 여자로부터 금전손실, 함정
卯時	금전문제, 부인문제, 색정사, 도난위험
辰時	매사마비, 병재로 불길, 가출사, 색정사
巳時	사업급전은 吉 임산부는, 걸혼기쁨, 화해
午時	금전숙실 가출 개를봄, 가출事, 시험불리
未時	갚난관귀관, 전쪽불佛, 사업급전불리
申時	부부이심, 이사가 길, 사귀발동, 가출사
酉時	파산파재, 부인흉극, 배신으로, 함정
戌時	사업사, 후원사, 직장승진, 이사가 吉
亥時	금전손실 도난, 자식문제, 화류계 관련

오늘 행운 복권 운세

복권사면 좋은 띠는 쥐띠 ①⑥
행운방위는 집에서 북쪽 방향이오

申辰生	복권문을 피하고, 서남쪽으로 이사하면 안 된다. 재수가 없고, 하는 일마다 꼬이고, 病苦 질병발생. 바람기 발동.
酉丑生	서북쪽을 피하고, 동북쪽으로 이사하면 안 된다. 재수가 없고, 하는 일마다 꼬이고, 病苦 질병발생. 바람기 발동.
午寅生	남쪽을 피하고, 북쪽으로 이사하면 안 된다. 재수가 없고, 하는 일마다 꼬이고, 病苦 질병발생. 바람기 발동.
亥卯未生	동쪽을 피하고, 서북쪽으로 이사하면 안 된다. 재수가 없고, 하는 일마다 꼬이고, 病苦 질병발생. 바람기 발동.

운세풀이

申띠: 이동수,우왕좌왕, 弱، 다툼	亥띠: 적정, 이인, 깔끔, 관재구설	寅띠: 최고운상승세, 두마음	巳띠: 만남,결실,화합,문서
酉띠: 매사불편, 방해자,배신	子띠: 귀인상봉, 금전이득, 현금	卯띠: 의욕과다, 스트레스큼	午띠: 이동수,예측불변동 움직임
戌띠:해결신,시험합격, 풀림	丑띠: 매사꼬임,과거고생, 질병	辰띠: 시급함 만건, 뜻대로 안됨	未띠: 빈주머니,걱정근심, 사기

- 97 -

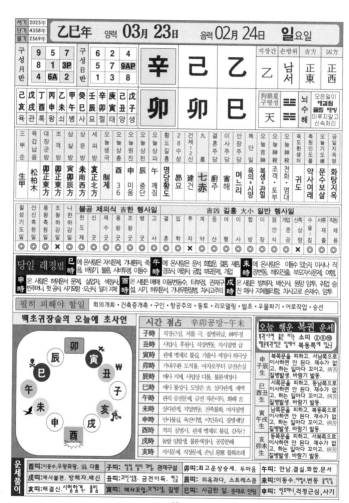

서기	2025年
단기	4358年
불기	2569年

乙巳年 양력 **03**月 **24**日 음력 **02**月 **25**日 **월**요일

구성월반			구성일반		
9	5	7	7	3	5
8	1	3P	6	8	1
4	6A	2	2A	4	9P

壬辰 己卯 乙巳

지장간	손방위	吉方	凶方
乙	서쪽	正北	正南

狗狼星 구랑성 天
뇌수해
모든일이 해결될 풀림 매빙 이루지말고 신속처리

辛亥 庚戌 己酉 戊申 丁未 丙午 乙巳 甲辰 癸卯 壬寅 辛丑 庚子
록 관욕 생 양 태 절 묘 사 병 쇠 왕

三甲순 生甲 / 육갑납음 長流水 / 대장군방 卯正東方 / 조객방 卯正東方 / 삼살방 寅南西方 / 세파방 未南西方 / 오늘생기 亥 / 오늘상충 戌 / 오늘상천 亥 / 오늘상파 卯 / 오늘상해 丑 / 황도흑도 천형흑도 / 28수신 畢필 / 건제12신 除제 / 九星 八白 / 결혼주당 婦부 / 이사주당 天천 / 안장주당 어머니 / 오늘吉神 대공망일 / 神殺 병모·수일 / 오늘神殺 독화·월해 / 육도환생처 축도 / 축원인도불 약사여래 / 기도발원 지장보살 / 금일지옥 화탕지옥

칠성기도일	산신축원일	용왕축원일	조왕하강일	나한기도일	불공 제의식 吉한 행사일				吉凶 길흉 大小 일반 행사일															
					천도재	신굿	재수굿	용왕굿	병굿	고사	결혼	입택	투자	계약	등기	여행	이사	합방	이장	점안	개업	신축상량	수술	서류제출	동토출행
×	×	×	×	×	×	×	×	×	×	×	○	×	×	×	×	×	×	×	×	×	×	×	×	×

당일 래정법 巳에 온사람은 의욕과다, 뭐가 하고싶고 午에 온사람은 금전문제로 골치 아픔 未에 온사람은 문서 남녀問題로, 결혼, 재혼 時 옛것을 버리고 새로 하고싶어 時 과 내 문제로 다툼 時 경사나 문서변동수, 여자변동수
申 온 사람은 이동수 있고 이사나 직장변동 酉 온 사람은 하극상사, 금전산재수, 자식문제 빈 戌 온 사람은 하극상 이동변동수, 터부정, 관재구 時 관송사, 여행 이별수, 취업불가능, 잘풀림 時 금, 헛공생 시비꼬임, 매사불성 않은 괘 時 설 자식가출, 동업자 사비 다툼주의 차사고주의

필히 피해야 할일 주식투자·신축출고·명품구입·문서매매·물건구입·새집들이·창고수리·지붕덮기

백초귀장술의 오늘에 초사언

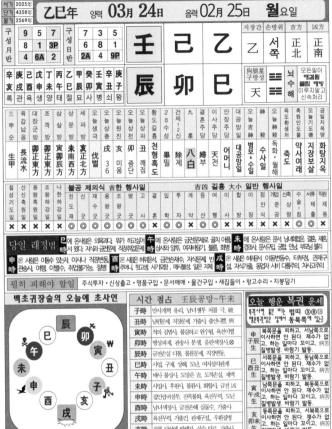

시간 점占	壬辰공망-午未
子時	남자개혁 유리, 남녀쟁투 처를 극, 破
丑時	남자문제 작은문제, 가출나 출산나쁨, 病
寅時	적의 참받나, 불길하고 완수욕, 육친불
卯時	병상쾌래, 관송사 분쟁, 음란색정사,⊗
辰時	금전손실 대흥, 불륜문제, 직장변동
巳時	사업 구제, 상해, 도난, 여자남편주배
午時	매사 불성사, 도망은 喜, 도둑은심 재액
未時	사업나 후원나, 불륜나, 화합나 금전 凶
申時	잡업남녀침투, 관직불용, 육친무력, 도난
酉時	남녀색정사, 금전손해 실물수, 가출나
戌時	육친무덕 가출건, 관재구설, 우환걱정
亥時	관록 당선에 방해있으나 살수 탄로, 가출나

오늘 행운 복권 운세

복권사면 좋은 띠는 범띠 ③⑧⑱
행운복권방은 집에서 **동북쪽**에 있는

子辰生	복권운을 피하고, 서남쪽으로 이사하면 안 된다. 재수가 없고, 하는 일마다 꼬이고, 病苦 질병발생, 바람기 발동.
巳酉丑生	서북쪽을 피하고, 동남쪽으로 이사하면 안 된다. 재수가 없고, 하는 일마다 꼬이고, 病苦 질병발생, 바람기 발동.
午戌生	남쪽을 피하고, 북쪽으로 이사하면 안 된다. 재수가 없고, 하는 일마다 꼬이고, 病苦 질병발생, 바람기 발동.
亥卯未生	동쪽으로 피하고, 서북쪽으로 이사하면 안 된다. 재수가 없고, 하는 일마다 꼬이고, 病苦 질병발생, 바람기 발동.

운세풀이	
戌띠: 이동수,우왕좌왕, 弱, 다툼	丑띠: 점점 일이 꼬임, 관재구설
亥띠: 매사불편, 방해자, 배신	寅띠: 귀인상봉, 금전이득, 현금
子띠: 해결신, 시험합격, 풀림	卯띠: 매사꼬임,과거고생, 질병
辰띠: 최고운상승세, 두마음	未띠: 만남,결실,화합,문서
巳띠: 의욕과다, 스트레스큼	申띠: 이동수,애별리,변동 움직임
午띠: 시급한 일, 뜻대로 안됨	酉띠: 빈주머니, 걱정근심, 사기

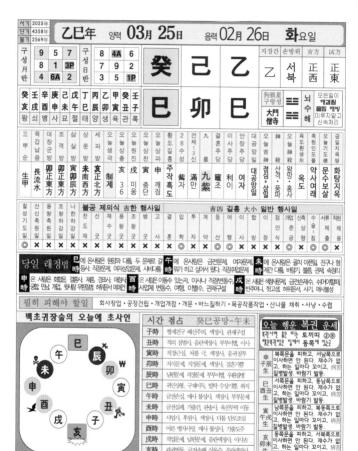

乙巳年 양력 03月 25日 음력 02月 26日 화요일

구성月반	9	5	7	구성日반	8	4A	6
	8	1	3P		7	9	2
	4	6A	2		3	5	1P

癸　己　乙
巳　卯　巳

乙　서 正　正
　　북 西　東

癸亥	壬戌	庚酉	己申	戊未	丁午	丙辰	乙卯	甲丑	癸子
쇠	왕	병	사	묘	절	태	양	욕	관록

지장간 손방위 吉方 凶方

狗狼星
구랑성
大門
僧寺

뇌
수
해

모든일이
해결됨
풀림 해빙
바람피르지말고
신속처리

당일 래정법

巳에 온사람은 원한과 다툼, 두 문제로 갈 午에 온사람은 금전문제, 여자문제, 未에 온사람은 골치 아픈일 친구나 형
巳時 등, 갈등관계 午時 실증문제, 여자상업문제, 사비틀임 未時 제, 동업 두문제로 갈등

申에 사람은 직장변동, 결혼사, 재혼, 경조사 애경사 酉에 사람은 이동수 있는자, 이사나 직장변동수, 戌에 사람은 생사관계, 금전손재수, 수산이별배신,
申時 궁합 만남 개업, 왓람 운통형 酉時 사업체 변동수, 여행, 이별수, 관재구설 戌時 배반사, 헛공사, 하루종사 문서 매매성

필히 피해야 할일 회사창업·공장건립·개업개점·개문·바느질하기·목공작품작업·산나물 채취·사냥·수렵

백초귀장술의 오늘에 초사언

時間 점占 癸巳공망-午未

子時	형제친구 배신주의, 색정사, 관재구설
丑時	적의 참범사, 음란색정사, 부부이별, 이사
寅時	불조 극 색정사, 색정사, 음귀침투
卯時	자손문제 직장문제, 색정사, 결혼기쁨
辰時	남편문제 직장문제, 부부이별, 우환질병
巳時	귀인상봉, 구재이득, 발탁 수상기쁨, 취직
午時	금전손실 남편문제, 음란상사, 색정사, 부부문제
未時	금전실패 가출건, 관송사, 육친무력 이동
申時	사업시, 후원사, 색정사, 다툼, 남모르조심
酉時	어른 병자사망, 매사 불성사, 가출도주
戌時	직장취업사, 색정사 음란색정사, 이사동
亥時	관재발동, 금전손재, 실술수, 음란색정사

오늘 행운 복권 운세
복권사면 좋은 띠는 토끼띠 ②⑧
행운복권방은 집에서 동쪽에 있는곳

辰巳生	북쪽문을 피하고, 남쪽으로 이사하면 안 된다. 재수가 없고, 하는 일마다 꼬이고, 病苦 질병발생, 바람기 발동.
酉丑生	서쪽문을 피하고, 남쪽으로 이사하면 안 된다. 재수가 없고, 하는 일마다 꼬이고, 病苦 질병발생, 바람기 발동.
午未生	남쪽문을 피하고, 북동쪽으로 이사하면 안 된다. 재수가 없고, 하는 일마다 꼬이고, 病苦 질병발생, 바람기 발동.
亥卯生	동쪽문을 피하고, 서북쪽으로 이사하면 안 된다. 재수가 없고, 하는 일마다 꼬이고, 病苦 질병발생, 바람기 발동.

운세풀이

亥띠:이동수,우왕좌왕, 弱, 다툼 寅띠: 점점 일이 꼬임, 관재구설 巳띠:최고운상승세, 두마음 申띠: 만남,결실,화합,문서
子띠:매사불편, 방해자,배신 卯띠:귀인상봉, 금전이득, 현금 午띠: 의욕과다, 스트레스큼 酉띠: 이동수,이별수,변동 움직임
丑띠:해결신,시험합격, 풀림 辰띠: 매사꼬임,과거고생, 질병 未띠: 시급한 일, 뒤로 미루면 戌띠: 빈주머니, 걱정근심, 사기

구성월반	9	5	7	구성일반	9	5	7	甲	己	乙		지장간	손방위	吉方	凶方
	8	1	3P		8	1	3					乙	북쪽	正南	正北
	4	6A	2		4	6AP	2	午	卯	巳					

乙亥	甲戌	癸酉	辛未	庚午	戊辰	丁卯	乙丑	甲子	狗狼星 구랑성	뇌천대장	풍성 살성 발전 대장
생	양	태	절	묘	사병	쇠	왕록	관대	戌亥方		너무과하니 매사 조심조심

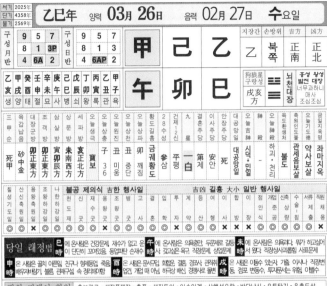

三甲순	육갑납음	대장군방	조객방	삼살방	세파방	오늘생극	오늘상충	오늘원진	오늘상천	오늘상파	황도길흉	28수성	건제12신	九星	결혼주당	이사주당	안장주당	오늘吉神	神殺	오늘神殺흉신	육도환생처	축원인도불	오늘기도덕	금일봉안
死甲	砂中金	卯正東方	卯正東方	寅卯辰方	未南西方	亥正北方	子	丑	丑	卯	금궤황도	參삼	平평	一白	第제	安안	死	대공망일	심ㆍ미일	하괴ㆍ천리	불도	관세음보살	약사보살
							3 6	중단	미움	깨집													좌마지옥

당일 래정법

巳에 온사람은 건강문제, 재수 없고 운세 / 운에 온사람은 의욕없고 두문비교 갈등사 / 未에 온사람은 의욕나미 뭐가 하고싶어서 왔다

申時 온 사람은 골치 아픈일, 친구나 형제동업 죽음 / 酉時 온 사람은 문서귀인 회합사, 결혼, 경과사 관재수 / 戌時 온 사람은 이동수 있는자 이름 이사나 직장변동 배우자변심 불화 관재구설 속 정신피로 / 업권 개업 대마 하강상 배신 경쟁사로 몰버 / 점포 변동수, 투자문서는 위험 이별수

필히 피해야 할일 : 홍보광고 · 새작품제작 · 출품 · 새집들이 · 인수인계 · 사행성오락 · 바다낚시 · 요트타기 · 육축도살

백초귀장술의 오늘에 초사언

시간 점占	甲午공망-辰巳
子時	자식 질병예방, 처를 극, 방심 도난
丑時	처의 돈문제 우환질병, 동료배신 후원
寅時	선거자금리 직장 명예나, 질병예방
卯時	매사불길, 질병재발 수술 처를 극 가출
辰時	사업 금전꾸미, 도난 여자 색정삼각관계
巳時	잡신침범침투, 잔녹불화 삼각관계 불리
午時	관재 병재로 불길, 가출人 색정사 하수상
未時	화재나 근심불안, 처 문제로 이동 여행수
申時	매사 불성사 우환질병 음란 색정사
酉時	관송관리문제 낚방문제, 우환질병재해
戌時	가출건 급방문발생 색정사 발생 ⊗
亥時	파신 상배 도난 사업문제 질병재발

오늘 행운 복권 운세
복권사면 좋은 띠는 용띠 ⑤⑩⑳
행운복권방은 집에서 동남쪽에 있는곳

申 子 生	북쪽문을 피하고, 서남쪽으로 이사하면 안 된다. 재수가 없고 질병발생. 바람기 발동.
巳 酉 丑 生	서쪽문을 피하고, 동남쪽으로 이사하면 안 된다. 재수가 없고 病氣 질병발생. 바람기 발동.
亥 卯 未 生	동쪽문을 피하고, 북쪽으로 이사하면 안 된다. 재수가 없고 病氣 질병발생. 바람기 발동.
寅 午 戌 生	동쪽문을 피하고, 서북쪽으로 이사하면 안 된다. 재수가 없고 病氣 질병발생. 바람기 발동.

운세풀이	子띠: 이동수·우왕좌왕, 弱함 다툼	卯띠: 정정 이의 있음, 관재구설	午띠: 최고운상승세, 두마음	酉띠: 만남·결실,화합·문서
	丑띠: 매사불편, 방해자·배신	辰띠: 이익공, 금전이득, 현금	未띠: 의욕과다, 스트레스큼	戌띠: 빈주머니·이별수, 손 심함
	寅띠: 해결신,시험합격, 풀림	巳띠: 매사꼬임, 과거2청, 질병	申띠: 시급한 일, 뜻대로 안됨	亥띠: 빈주머니, 걱정근심, 사기

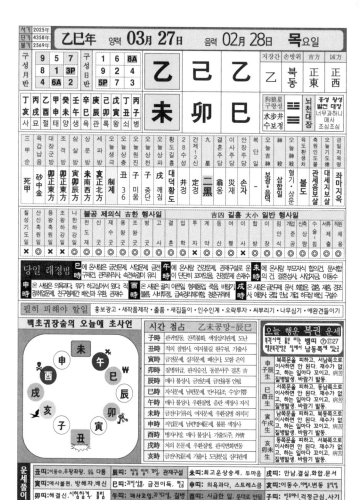

서기	2025年	乙巳年	양력 **03月 28日**	음력 02月 29日	**金**요일
단기	4358年				
불기	2569年				

구성월반			구성일반			丙	己	乙		지장간	손방위	吉方	凶方
9	5	7	2	7	9	申	卯	巳		乙	無	正北	正南
8	1	3P	1A	3	5								
4	6A	2	6P	8	4								

狗狼星 구랑성 / 天

뇌천대장 / 풍성 작성 발전 대장

너무과하니 매사 조심조심

己亥 절	戊戌 묘	丁酉 사	乙未 병	癸巳 쇠	壬辰 왕	辛卯 관	己卯 욕	戊丑 생	子 양	태

三甲순	육갑납음	대장군방	조객방	삼살방	상문방	세파방	오늘생기	오늘상충	오늘원진	오늘상천	오늘상파	황도길흉	28수성좌	건제12신	九星	결혼주당	이사주당	안장주당	복단일	대공망일	神殺	오늘神殺	육도환생처	원진법 인도불	금일지옥	길흉지수
死甲	山下火	卯正東方	卯正東方	寅卯辰方	未南西方	亥正北方	制害	寅	卯	巳	亥	白호흑도	鬼귀	執집	三碧	堂당	師사	남자	복단일	수격일	라.강·겁살	인도	관세음보살	아미보살	좌마지옥
					制care	3.6		미움중	깨짐																

불공 제의식 吉한 행사일

칠성기도일	산신축원일	용왕축원일	조왕하강일	나한기도일	불공	천도재	신중기도	재수굿	용왕굿	조왕굿	병굿	고사	결혼	입학	투자	계약	등산	여행	이사	합방	이장	점안식	개업	신축상량	수술침	서류제출	직원채용
×	×	×	◎	◎	◎	◎	◎	◎	◎	◎	×	◎	×	×	×	×	×	×	◎	×	×	×	×	×	×	×	×

당일 레점법

巳時에 온사람은 여자로 인해 손해수, 직장에 時

丙時에 온사람은 금전문제 사업문제 친정에 부모문제, 상업문제, 색장사 숙박업이

未時에 온사람은 남편문제 직장문제 핫수

申時온 사람은 금전문제, 취직문제, 종교문제

酉時온 사람은 의욕나, 뭐가 하고싶어서 왔다 직

戌時온 사람은 자식 골치 이픈일, 형제동업 죽음 바

새로운일 계획추간, 친정식구 후원사, 망신수

정관계불여 친정식구가 배신, 금전화용건생업 時 불륜, 사비투쟁, 급속정리해야 청춘귀

필히 피해야 할일 작품출품·납품·정보유출·교역·새집들이·문서파기·동물들이기·승선·낚시·어로작업

백초귀장술의 오늘에 초사언

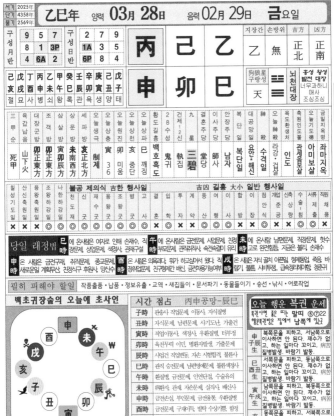

時 간 점卜	丙申공망-辰巳
子時	관송사 작업문제 이동사 자식질병
丑時	자식문제, 남편문제 사기도난, 가출건
寅時	작업이동사, 색장사, 우환질병, 타부정
卯時	육친무력 이민, 병화재발생, 가출도주
辰時	사업건 작업변동, 자손 시험합격, 불길사
巳時	관직 승진문제, 남편직장애로, 불륜색정사
午時	환자발생, 관재 안전납결, 수술주의
未時	病環신, 관재 자손문제, 실직사, 배신사
申時	금전손실 부인문제, 금전융통, 우환질병
酉時	금전문제 구재이득, 발탁 수상기쁨, 함정
戌時	자식문제 가출사 산소문제 기도원참
亥時	실직문제, 질병발생, 적 침범사, 시행

오늘 행운 복권 운세

복권사면 좋은 띠는 말띠 ⑨⑦22

행운복권방은 집에서 남쪽에 있는

子辰申生	복권운을 피하고, 서남쪽으로 이사하면 안 된다. 재수가 없고 하는 일마다 꼬이고, 病苦 질병발생. 바람기 발동.
酉丑生	서쪽을 피하고, 동남쪽으로 이사하면 안 된다. 재수가 없고 하는 일마다 꼬이고, 病苦 질병발생. 바람기 발동.
午戌生	남쪽을 피하고, 북동쪽으로 이사하면 안 된다. 재수가 없고 하는 일마다 꼬이고, 病苦 질병발생. 바람기 발동.
卯未生	동쪽을 피하고, 서북쪽으로 이사하면 안 된다. 재수가 없고 하는 일마다 꼬이고, 病苦 질병발생. 바람기 발동.

운세풀이

寅띠:이동수,우왕좌왕, 弱음 다툼

卯띠:매사불편, 방해자,배신

辰띠:해결신,시험합격, 풀림

巳띠: 점점 귀인상봉, 관재구설

午띠:귀인상봉, 금전이득, 현금

未띠: 매사꼬임,과거고생, 질병

申띠:최고운상승세, 두마음

酉띠:의욕과다, 스트레스큼

戌띠: 시급한 일, 뜻대로 안됨

亥띠: 만남,결실,화합,문서

子띠:이동수,애인변동 읠싈꿈

丑띠:빈주머니,걱정근심, 사기

- 103 -

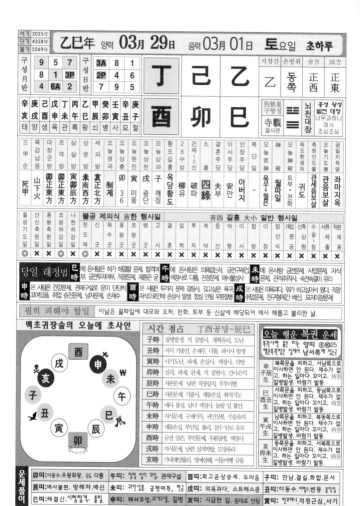

서기	2025년	\	\	\	\	\	\	\
단기	4358년	乙巳年	양력	03月 30日	음력 03月 02日	일요일		
불기	2569년							

구성월반	9	5	7	구성일반	4P	9	2			지장간	손방위	吉方	凶方
	8	1	3P		3	5	7		戊	己	乙	乙	동남	正南	正北
	4	6A	2		8	1	6		戊	卯	巳				

癸亥	壬戌	辛酉	庚申	己未	戊午	丁巳	丙辰	乙卯	甲寅	癸丑	壬子
절	묘	사	병	쇠	록	관	욕	생	양	태	

狗狼星 구랑성 州㢺廳堂 城隍祠廟

뇌천대장 뇌천대장

흉성 살성 발전 대장 너무과하니 조심조심

三甲旬	육갑납음	대장군방	조객방	삼살방	상문방	세파방	오늘생기	오늘상충	오늘원진	오늘상천	오늘상파	황도	2.8수성	건제12신	九星	결혼주당	이사주당	안장주당	오늘吉神	神殺	神殺	오늘神殺	태세 관세음보살	도액	원진	도마처	오늘지옥	오늘태어난 길흉
死甲	平地木	卯正東方	卯正東方	寅卯辰	未南方	亥西北方	專전	辰	巳미움	酉중단	未깨짐	천뇌흑도	星성	危위	五黃	姑고	利이	남자	남자대사	금당·육합	패사·월살	오황·귀곡	축도	미륵보살	좌차지옥	좌차지옥

칠성기도일: ◎ × × × ◎ × × ×
산신축원일: × × × × × ×

용왕축원일 / 나한기도일 / 불공 제의식 吉한 행사일 / 吉凶 길흉 大小 일반 행사일

천도	신중	재수	조왕	병굿	결혼	입주	투자	계약	등	여	이합	진	개업	신축	서류	직원
재	수	굿	굿	사	례	학	자	약	산	행	방	장	식	공	량	침
◎	×	×	×	×	×	◎	×	×	×	×	◎	×	×	◎	×	◎

巳에 온사람은 직장변동건 방해자, 배신 午에 온사람은 허가 해결할 문제 합격 未에 온사람 관재구설로 손해 금전구 時신사, 매사 지체입감 색성사 환자 時여부 금전투자여부 직장문제 재혼 時재건 색성사 억울함 일 매사불성사

申온 사람은 금전문제, 사업문제, 관재구설사 酉온 사람은 건강문제,관송사 운이 단단 戌온 사람은 재물래건 자식문제 두시 문제 갈등사 時자신의 사업문제 자동차관련 속전속결 時 꼬이는곳 취업 승진문제 자신문제 時갈고싶은 욕구 강함 새로운 일시작, 우환질병

필히 피해야 할일: 소장제출·항소·손님초대·도로정비·농기구 다루기·물놀이·벌목·수렵·승선·낚시·어로작업

백초귀장술의 오늘에 초사언

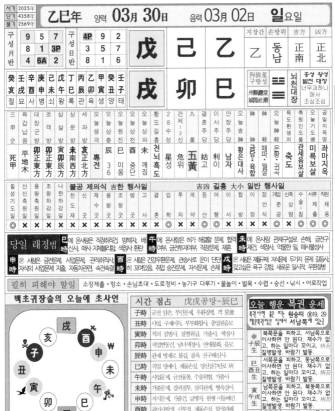

시간 점占	戊戌공망·辰巳
子時	금전 압초 부인문제 우환질병 객 思惠
丑時	사업 구재이득, 부부화합사, 종업원문제
寅時	적의 참방사, 질병위급, 가출사, 색정사
卯時	작업변동건 남녀색정사, 안해불화, 음모
辰時	관재 병재로 불길, 골육 원근배신사
巳時	작업 명예사, 재물손실 당산살 직로 刑殺
午時	사업문제, 구재이득, 수조여행, 가출사
未時	가출문제, 잡귀침투, 삼각관계, 형육살이
申時	자식문제, 가출건, 금전재 원행 이동배신
酉時	과아버일로 신부정, 재물손실 함정파해
戌時	여자파견손해, 부부배신 육친이별
亥時	도난 가출, 상해, 이별사, 처를 극함

오늘 행운 복권 운세

특권 사면 좋은 원숭띠 ⑨19, 29
행운방권방은 집에서 서남쪽에 있는집

子卯生	북쪽문을 피하라, 서남쪽으로 이사하면 안 된다. 재수가 없고, 하는 일마다 꼬이고, 病苦 질병발생. 바람기 발생
酉未生	동쪽문을 피하라, 동남쪽으로 이사하면 안 된다. 재수가 없고, 하는 일마다 꼬이고, 病苦 질병발생. 바람기 발생
寅午生	남쪽문을 피하라, 북쪽으로 이사하면 안 된다. 재수가 없고, 하는 일마다 꼬이고, 病苦 질병발생. 바람기 발생
亥卯生	동쪽문을 피하라, 서북쪽으로 이사하면 안 된다. 재수가 없고, 하는 일마다 꼬이고, 病苦 질병발생. 바람기 발생

운세풀이

卯띠:	이동수·우왕좌왕, 弱 다툼	午띠:	점列 이이 끼임, 관재구설	酉띠:	최고운상승세, 두마음	子띠:	만남,결실,화합,문서
辰띠:	매사불편, 방해자,배신	未띠:	귀인상봉, 금전이득, 현금	戌띠:	의욕과다, 스트레스큼	丑띠:	이동수,이별수,변동 움직임
巳띠:	해 결신, 시험합격, 풀림	申띠:	매사 꼬임, 과거2생, 질병	亥띠:	시급한 일, 뜻대로 안됨	寅띠:	빈주머니, 걱정근심, 사기

서기	2025年	乙巳年	양력	03月	31日	음력 03月 03日	**월**요일	**삼짇날**
단기	4358年
불기	2569年

구 성 월 반	9	5	7	구 성 일 반	5P	1	3
	8	1	3P		4	6A	2
	4	6A	2		9	2	7A

己
亥

己
卯

乙
巳

지장간	손방위	吉方	凶方
乙	남쪽	正東	正西

狗猿星 九星坐 : 뇌천대장 풍성 상성
寺觀 절사관 : 발전 대장 너무과하니
매사 조심조심

乙亥	癸酉	壬申	辛未	庚午	己巳	戊辰	丁卯	丙寅	乙丑	甲子
태양	생	욕	관	록	왕	쇠	병	사	묘	절

三甲旬	육갑납음	대장군방	조객방	삼살방	상문방	세파방	오늘상충	오늘상천	오늘원진	오늘상파	오늘상해	황도길흉	2 8 수 성	건제12신	九星	결혼주당	이사주당	안장주당	복단일	오늘吉神	神殺	오늘神殺	육도환생처	축일원진	오늘吉神	금일지옥명
死甲	平地木	卯正東方	卯正東方	寅南西方	亥正北方	制제	巳 미움	辰 깨짐	申 중단	寅 현무흑도	張 성	成 성	六白	堂당	天천	손자	삼합일	월덕합	수사일	유화·토금	옥도	관세음보살	여래보살	좌마지옥

칠성기도일	산신기도일	용왕축원일	조왕하강일	나한기도일	불공 제의식 吉한 행사일						吉凶 길흉 大小 일반 행사일												
					천도재	신굿	재수굿	용왕굿	조왕굿	병굿	결혼	입택	투자	계약	등 여	여 행	이 사	합 방	점 안	개업 준공	신축 상량	서류 제출	직원 채용
◎	×	×	◎	×	◎	◎	×	◎	◎	×	◎	◎	×	◎	×	×	◎	×	◎	◎	◎	◎	◎

당일 래정법	巳 에 온사람은 금전사 문제, 부모문제로 午 에 온사람은 자식문제, 취업 승진문제 未 에 온사람은 허가 해결할 문제 금전구재
	時 방해자, 배신사 회합사, 재혼 문제 時 여자상봉, 매사불성사 時 끼고있음, 취업 승진문제, 자식문제 침몰상태
	申 에 온사람은 자식문제, 상담금전관계, 직장실직 酉 에 온사람은 금전문제, 사업문제, 여자문제, 계약관계 戌 에 온사람은 건강문제, 관재구설로 운이 단단히
	時 문제, 취업사 청탁불리, 색장사, 매사불성사 時 성사는 이득매칭, 속전속결 유리, 남편의문 時 끼고있음, 취업 승진문제, 자식문제 침몰상태

필히 피해야 할일	성형수술·투석·농기구 다루기·벌목·사냥·수렵·승선·낚시·어로작업·위험놀이기구·흙파기

백초귀장술의 오늘에 초사언

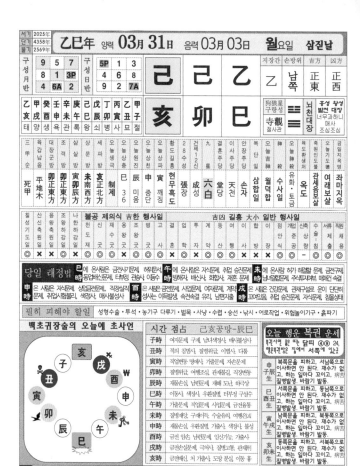

시간 점占	己亥공망-辰巳
子時	여자문제 구재, 남녀색정사 매사불성사
丑時	적의 침범사, 질병위급, 아별사, 다툼
寅時	작변동생 명예사 가출문제, 자손문제
卯時	질병위급, 여행조심, 관재불길, 직장변동
辰時	재물손실, 남편문제, 재해 도난, 하극상
巳時	이동사 색정사 우환질병 타부정 구설수
午時	가출문제, 매사 불성사 사업문제 금전융통
未時	형제자매 구재이득, 수술주의, 여행금지
申時	재물손실 우환질병 가출사, 색정사, 불성
酉時	금전 암손, 남편문제 임신가능, 가출사
戌時	금전분쟁실물, 색정사, 질병고통, 관재수
亥時	금전문제, 처 가출사, 도망 분실, 이동 흉

오늘 행운 복권 운세

복권사면 좋은 띠는 닭띠 ④⑧ 24, 행운복권방 집에서 서쪽 쪽에 있음

子辰巳生	쥐띠 문을 피하고, 서남쪽으로 이사하면 안 된다. 재수가 없 고, 하는 일마다 꼬이고, 病苦 질병발생. 바램입 발동.
酉丑生	소띠 문을 피하고, 동남쪽으로 이사하면 안 된다. 재수가 없 고, 하는 일마다 꼬이고, 病苦 질병발생. 바램입 발동.
寅午戌生	남쪽문을 피하고, 북동쪽으로 이사하면 안 된다. 재수가 없 고, 하는 일마다 꼬이고, 病苦
亥卯未生	동쪽문을 피하고, 서북쪽으로 이사하면 안 된다. 재수가 없 고, 하는 일마다 꼬이고, 病苦 질병발생. 바램입 발동.

운세풀이	申띠:점점 이여 막힘, 관재구설	亥띠:최고운상승세, 두마음	寅띠:만남,결실,화합,문서
	子띠:이동수,우왕좌왕, 왕 다툼	酉띠:귀인상봉, 금전이득, 연금	子띠:의욕과다, 스트레스큼	卯띠:이동수,애,변동 움직임
	午띠:매사불편, 방해자,배신	戌띠:매사꼬임,과거2생, 질병	丑띠:시급한 일, 뜻대로 안됨	辰띠:빈주머니,걱정근심,사기
	未띠:해결신,시험합격, 풀림			

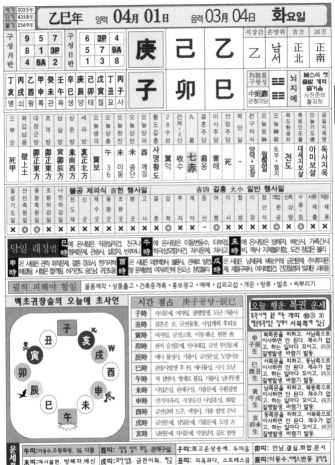

서기 2025年
단기 4358年
불기 2569年

乙巳年 양력 04月 01日 음력 03月 04日 화요일

구성월반			구성일반		
9	5	7	6	2P	4
8	1	3P	5	7	9A
4	6A	2	1	3	8

庚子

己卯

乙巳

지장간	손방위	吉方	凶方
乙	남서	正北	正南

丁亥병 丙戌쇠 乙酉왕 甲申록 癸未관 壬午생 庚辰양 己卯태 丁丑묘 丙子사

狗狼星 구랑성
中庭廟 관청마당

≡≡ 뇌지예
≡≡

불소의 첫 출발 개око
준비 금기
사전준비 철저히

三甲순	육갑납음	대장군방	조객방	삼살방	세파방	오늘생극	오늘상충	오늘상파	오늘상천	황도길흉	2 8수	건제12신	九수	결혼주당	이사주당	안장주당	천구하식	오늘吉神	오늘神殺	육도환생처	축원인도불	오늘기도덕	금일지옥명
死甲	壁上土	卯正東方	卯正東方	寅卯辰 南方	亥正北方	寶보	午	未	酉	사명황도	翼익	收수	七赤	翁옹	害해	死		양덕·복성	월형일	토부·혈기	천도불	대세지보살	아비지옥	독사지옥
							3 6	미움	중단														

질성기도일	산신축원일	용왕축원일	조왕하강일	나한하강일	불공 제의식 吉한 행사일					吉凶 길흉 大小 일반 행사일										
					천신 재수굿	용왕굿	조왕굿	병굿	굿	결혼	입택 이사	투자 계약	등 여행	이장	합방	신축	수 장	서류 제출	직원 채용	
×	◎	◎	×	◎	×	×	×	×	×	사	학	자	약	산	행	방	장	식	공	량	침
										×	◎	×	×	×	×	◎	×	×	◎	×	×

당일 래정법

巳에 온사람은 직장실직건 친구나 午에 온사람은 이동변동수 터주것 未에 온사람은 방해사 배신사 가족건너
時 형제문제 관송사 실업나 반대마니 時 하극상모함사건 자식문제 차사고 時 비, 매사 지체불성함, 도전 창업은 불리

申에 온사람은 관리 취직운교 결혼 경조사 현관위 画에 온사람은 외병왔싸 불륜사 관재구설 발전 戌에 온사람은 남편문제 취업애간 금전문제 주식투자문
時 해결됨 사람은 합격됨 하기간도 승입 구입유용 時 되는 문제싸움 여자로인해 돈나갈, 창업불리 時 제 자동차관재 여자친찰문제 건강별벨 빛대 과로음

필히 피해야 할일 물품제작·상품출고·건축증개축·홍보광고·매매·섭외교섭·개문·방류·벌초·씨뿌리기

시간 점占	庚子공망-辰巳	
子時	자식문제 여자식, 잘봉밟발 도난 가출사	
丑時	결혼운 吉, 금전융통, 사업계획 후외吉	
寅時	여자श, 금전고통, 이동재나 원한 庚	
卯時	관직 승진문제 만나대립, 금전 부인문제	
辰時	매사 불성사, 가출사, 금전손실 도망이吉	
巳時	관송사발생-후 刑 매사불성 사기 도난	
午時	적 관재나 病패로 불성, 가출사 남녀쟁투	
未時	사업손실, 관재구설, 가출문제, 우환질병	
申時	선거거주리, 직장승진 사업흥성, 화합	
酉時	금전갈취 도주, 색정사 가출 합격 은닉	
戌時	금전문제 상업관재 가출사, 매나도 도당 吉	
亥時	남편문제 자식문제 직장실직 음모 함정	

운세풀이

午띠:이동수,우왕좌왕, 弱, 다툼
未띠:매사불편, 방해자,배신
申띠:해결신,시험합격, 풀림

酉띠: 점집일이 꼬임,관재구설
戌띠:귀인상봉, 금전이득, 현금
亥띠: 매사꼬임,과거고생, 질병

子띠:최고운상승세, 두마음
丑띠:의욕과다, 스트레스큼
寅띠:시급한 일, 뜻대로 안됨

卯띠:만남,결실,화합,문서
辰띠:이동수,액년변동 움직임
巳띠:빈주머니,걱정근심,사기

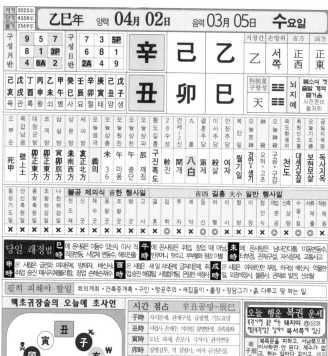

서기 2025年	乙巳年	양력 **04**月 **02**日	음력 **03**月 **05**日	**수요일**
단기 4358年				
불기 2569年				

구성월반:
9	5	7
8	1	3P
4	6A	2

구성일반:
7	3	5P
6	8	1
2A	9	4

辛 **己** **乙**
丑 **卯** **巳**

지장간 乙 / 손방위 서쪽 / 吉方 正西 / 凶方 正東

狗狼星 구랑성 / 天 / 뇌지예

봄소식 첫 출발 개혁 즐거움 사전준비 철저히

己亥 육 / 戊戌 관 / 丁酉 록 / 丙申 왕 / 乙未 쇠 / 甲午 병 / 癸巳 사 / 壬辰 묘 / 辛卯 절 / 庚寅 태 / 己丑 양 / 戊子 생

당일 래정법
巳時 에 온사람은 이동수 있는자 이사 직
午時 에 온사람은 취업 창업 때 아님
未時 에 온사람은 남녀간다툼 이동변동수
申時 이 사람은 금전과 여자문제 방해자 배신사
酉時 온 사람은 새 일 자손문제 급재문제 친정
戌時 온 사람은 여자관련 부부, 하극상 배신사 억울함
필히 피해야 할일: 회의개최·건축증개축·구인·항공주의·새집들이·출장·장담그기·윷 다루고 땅 파는 일.

백초귀장술의 오늘에 초사언

시간 점合 辛丑공망-辰巳

子時	자식문제 관재구설 급질병 기도요망
丑時	사업사 손해는 여자질 잘병발생 잔족불화
寅時	도난 파재 손모사 관직변동
卯時	질병침투 적 침범사 여자 금전손실
辰時	사업 후원사 육친무력 야긴 목작남녕
巳時	직장변동 실직문제 불명예 이사동길
午時	문서발동 실물손재 색정사 우환설합
未時	관재 병패로 불길 가출사 자손사 하극상
申時	금전손실 극차사 재해 도난 여행출 凶
酉時	직업 명예사 형제 친구문제 가출사 색정
戌時	직업변동 모사 성취 손모사 수술문제
亥時	금전문제 직장변동 실물문제 실직문제

오늘 행운 복권 운세

복권방 ... 돼지띠 ⑪ ⑯ 31
행운권방 ... 집에서 북서쪽에 있음

- 申辰生: 북쪽문을 피하고, 서남쪽으로 이사하면 안 된다. 재수가 없고, 하는 일마다 꼬이고, 질병발생. 바람기 발동.
- 巳丑生: 서쪽문을 피하고, 동남쪽으로 이사하면 안 된다. 재수가 없고, 하는 일마다 꼬이고, 질병발생. 바람기 발동.
- 午戌生: 남쪽문을 피하고, 북서쪽으로 이사하면 안 된다. 하는 일마다 꼬이고, 病苦.
- 亥卯生: 동쪽문을 피하고, 서북쪽으로 이사하면 안 된다. 하는 일마다 꼬이고, 病苦. 질병발생. 바람기 발동.

운세풀이

- 未띠: 이동수·우왕좌왕, 弱 다툼
- 申띠: 매사불편, 방해자 배신
- 酉띠: 해결신, 시험합격, 풀림
- 戌띠: 점점 일이 꼬임, 관재구설
- 亥띠: 귀인상봉, 금전이득, 현금
- 子띠: 매사꼬임, 과거고생, 질병
- 丑띠: 최고운상승세, 두마음
- 寅띠: 의욕과다, 스트레스큼
- 卯띠: 시급한 일, 뜻대로 안됨
- 辰띠: 만남·결실·화합·문서
- 巳띠: 이동수·애/ 변동 움직임
- 午띠: 빈주머니, 걱정근심, 사기

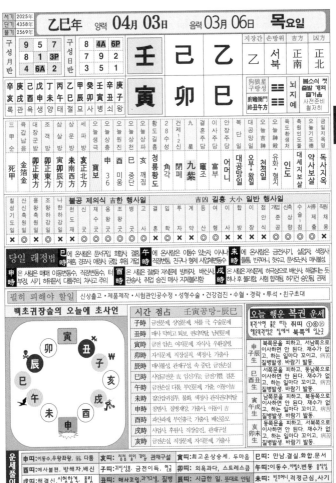

서기	2025年
단기	4358年
불기	2569年

乙巳年 양력 **04**月 **03**日 음력 **03**月 **06**日 **목요일**

	지장간	손방위	吉方	凶方
	乙	서북	正南	正北

4월

구성月반	9	5	7	구성年반	8	4A	6P
	8	1	3P		7	9	2
	4	6A	2		3	5	1

壬寅 己卯 乙巳

辛亥록 庚戌관 己酉욕 戊申생 丁未양 丙午태 乙巳절 甲辰묘 癸卯사 壬寅병 辛丑쇠 庚子왕

狗狼星 구랑성 路北午方

복소식 꼇 출발 개혁 사전준비 철저히

뇌지예 ☰☰ ☰☰

삼甲순 死甲 | 육갑납음 金箔金 | 대장군 卯正東方 | 조객 卯正東方 | 삼살 未南西方 | 상문 亥正北方 | 세파 申 寶보 | 오늘생기 酉 36 | 오늘상충 亥 깨짐 | 오늘원진 戌 미움 | 오늘상천 청룡황도 | 황도길흉 角각 | 28수성 閉폐 | 건제12신 九紫 | 九星 九紫 | 결혼주당 富조 | 안장주당 어머니 | 이사주당 大공망일 | 오늘神殺 오부·왕망 | 오늘吉神 천적일 | 오늘흉神 유화·혈지 | 복단일 인도日 | 천강일 양숙살문 | 육도환생처 약사지옥 | 금일지옥행 독사지옥

칠성기도일	산신축원일	용왕축원일	조왕하강일	나한기도일	천도	신중 재수굿	용왕굿	조왕굿	병굿	고사	결혼	입학	투자	계약	등화	여행	이사	합방	점안	개업	신축상량	수술	서류 제출	직원 채용
×	◎	×	◎	×	×	×	×	×	×	×	×	×	×	×	×	◎	×	×	×	×	×	◎	×	×

당일 래정법 子時에 온사람은 문서관입 회합사 결혼사, 午時에 온사람은 이동수 있다가 이사나 이동 未時에 온사람은 금전사기, 실업사 색정사
申時에 온 사람은 매매 이동변동수, 직장변동수, 터 酉時에 온 사람은 질병과 자식문제 방해자, 배신사 戌時에 온 사람은 자식문제 하극상으로 배신사 해결돈는 듯
부정 사기 허운문서 다툼관의 차사고 주의 관송사 취업 승진 매사 지체불성 하나 후 불리 사험 합격됨 허가난 승인됨 관재

필히 피해야 할일 신상출고·제품제작·시험관인공수정·성형수술·건강검진·수혈·경락·투석·친구초대

백초귀장술의 오늘에 초사언

시간 점占	壬寅공망─辰巳
子時	금전문제 상업문제 처를 극 수술문제
丑時	매사 막히고 퇴보, 권리박탈 남녀불화
寅時	금전 암손, 여자문제, 자식사, 우환질병
卯時	자식문제, 직장실직, 색정사, 가출사
辰時	매사불성 관재구설 속 중단, 금전손실
巳時	사업금전 吉 임신가능, 금전기쁨, 결혼
午時	금전손실 다툼, 부모문제, 가출, 이동수
未時	잡귀침투청부, 불화, 색정사 관재구설병
申時	질병사, 잘병발생, 가출사, 이동이 吉
酉時	파산파재 부인문제, 가출사, 매산묘모
戌時	사업사, 후원사 직장승진, 자식문제
亥時	금전손실 직장문제, 자식문제, 가출사

오늘 행운 복권 운세
복권사면 좋은 띠는 쥐띠 ①⑥⑯
행운과 귀인운 집에서 북쪽에 있소

申子辰生	서쪽문을 피하고, 서남쪽으로 이사하면 안 된다. 재수가 없 고, 하는 일마다 꼬이고, 病苦 질병발생. 바람기 발동
巳酉丑生	북쪽문을 피하고, 동남쪽으로 이사하면 안 된다. 재수가 없 고, 하는 일마다 꼬이고, 病苦 질병발생. 바람기 발동
寅午戌生	남쪽문을 피하고, 동쪽으로 이사하면 안 된다. 재수가 없 고, 하는 일마다 꼬이고, 病苦 질병발생. 바람기 발동
亥卯未生	동쪽문을 피하고, 서북쪽으로 이사하면 안 된다. 病苦 고, 하는 일마다 꼬이고, 病苦

운세풀이

申띠: 이동수,우왕좌왕, 弱 다툼	亥띠: 질병 이어 있음, 관재구설	寅띠: 최고운상승세, 두마음	巳띠: 만남,결실,화합,문서
酉띠: 매사 불편, 방해자,배신	子띠: 과학, 금전이득, 현금	卯띠: 의욕과다, 스트레스금	午띠: 이동수,이별수,변동 움직임
戌띠: 해결신, 시험합격, 풀림	丑띠: 매사꼬임,과거고생, 질병	辰띠: 시급한 일, 뜻대로 안됨	未띠: 빈주머니, 걱정근심, 사기

乙巳年 양력 **04**月 **04**日 음력 03月 07日 금요일

청명 淸明
21時 49分 入

구성月반			구성日반			癸	庚	乙	지장간 손방위 吉方 凶方
8	4A	6	9	5	7				乙 북쪽 正東 正西
7	9	2	8	1	3P	卯	辰	巳	
3	5	1P	4	6A	2				

| 癸亥 | 壬戌 | 辛酉 | 庚申 | 己未 | 戊午 | 丁巳 | 丙辰 | 乙卯 | 甲寅 | 癸丑 | 壬子 |
| 왕 | 쇠 | 병 | 사 | 묘 | 절 | 태 | 양 | 욕 | 관 | 록 |

狗狼星 구랑성
天

뇌지예

붕소식 첫 출발 개혁
돌변
사전준비
철저히

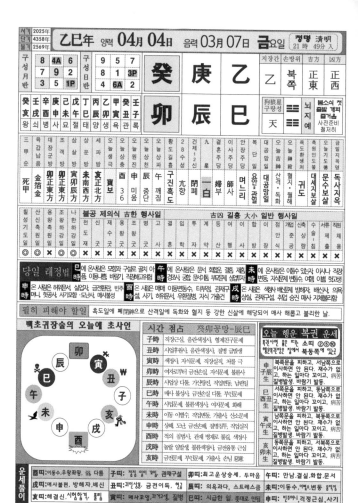

三甲순	육갑납음	대장군방	조객방	삼살방	세파방	오늘상극	오늘상충	오늘원진	오늘상천	오늘상파	황도길흉	2 8 수성	건제 1 2 신	九星	결혼주당	이사주당	안장주당	대공망일	오늘吉神	神殺神	육도환생처	축원인도불	오늘기도德	금일지옥
死甲	金箔金	卯正東方	卯正東方	未南西方	亥正北方	酉보	申 3 6	辰 미움	午 중단	午 깨짐	건제황천	尤항	閉폐	一白	姑부	師사	며느리	대공망일	산격·월해	혈지·월	대세지보살	문수보살	독사지옥

칠성기도일	산신축원일	용왕축원일	조왕축원일	나한기도일	불공 제의식 吉한 행사일						吉凶 길흉 大小 일반 행사일									
					천도재	신중기도	재수굿	용왕굿	조왕굿	병굿	고사	결혼	입택	투자	계약	등록	여행	이발	합방	출행
					○	○	○	○	○	×	○	×	×	×	×	×	×	×	×	×

| | | | | | | 안장 | 개업 | 신축상량 | 수술 | 서류제출 | 직원채용 |
| | | | | | | × | × | × | × | × | × |

당일 레정법

巳에 온ば람은 모함과 구설로 끌치 아와 **午**에 온ば람은 문서 화합은 결혼 재혼 **未**에 온ば람은 이동수 있거나 이사나 직장
時 변동 이동수, 터닥방 직원변동주의 時 경사나 궁합 문제 부모문제 삼각관계 時 변동 자식문제 변동수 수멸 의욕 찻걱정

申에 사람은 허무민사 상봉과 금전관리 빈주 **酉**에 사람은 매매 이동변동수, 터부정관재 **戌**에 사람은 색상사 색정사 배신사 배신사 의욕
時 헛공사, 사기모함·도난사, 매사불성 時 설·사기 허무민사 우환질병 자식 가출건 時 상실, 관재구설 취업 승진 매사 지체불성함

필히 피해야 할일 흑도일에 폐閉神으로 산격일에 독화와 혈지 등 강한 신살에 해당되어 매사 해롭다 불리는 날.

백초귀장술의 오늘에 초사언

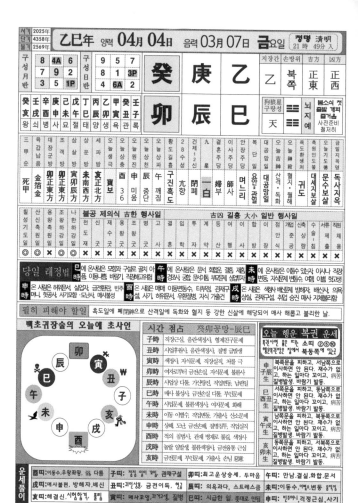

시간 점占	癸卯공망-辰巳
子時	직장근심, 음란색정사, 형제친구문제
丑時	사업후원건, 음란색정사, 질병 급발생
寅時	색정사 자식문제, 직장실직, 처를 극
卯時	여자로부터 금전손실 자식문제 불봉사
辰時	사업상 다툼, 가내방정, 직업변동, 남녀직
巳時	매사 불성되 금전손실 다툼, 부인문제
午時	남편문제 금전용통 실물사 여자문제 화해
未時	이동 이별수, 직업변동, 가출사 산소문제
申時	상배 도난 금전손실, 잘병침투, 직업실직
酉時	적의 침범사, 관재 병재로 불길, 색정사
戌時	금전융통 어렵고 불성사 금전융통 근심
亥時	금전문제 부인문제 가출사 숨김 문제

오늘 행운 복권 운세
복권사면 좋은 띠는 소띠 ②⑤⑩
행운방향겍하는 집에서 북동쪽에 있다

子辰生	복북쪽을 피하고, 서남쪽으로 이사하면 안 된다. 재수가 없고, 하는 일마다 꼬이고, 病苦질병발생. 바람기 발동.
巳酉丑生	서쪽을 피하고, 동남쪽으로 이사하면 안 된다. 재수가 없고, 하는 일마다 꼬이고, 病苦질병발생. 바람기 발동.
午戌生	남쪽을 피하고, 북동쪽으로 이사하면 안 된다. 재수가 없고, 하는 일마다 꼬이고, 病苦질병발생. 바람기 발동.
亥卯未生	동쪽을 피하고, 서북쪽으로 이사하면 안 된다. 재수가 없고, 하는 일마다 꼬이고, 病苦질병발생. 바람기 발동.

운세풀이

酉띠:이동수,우왕좌왕, 弱 다툼 **子띠:**정정 열정 액정 관재구설 **卯띠:**최고운상승세, 두마음 **午띠:** 만남,결실,화합,문서
戌띠:매사불편, 방해자,배신 **丑띠:**귀인상봉, 금전이득, 현금 **辰띠:**의욕과다, 스트레스큼 **未띠:** 이동수,이별수,변동 움직임
亥띠:해결신,심신안정, 풀림 **寅띠:**매사꼬임,과거고생, 질병 **巳띠:** 시급한 일, 뜻대로 안됨 **申띠:** 빈주머니, 걱정근심, 사기

- 110 -

구성월반			구성일반			지장간	손방위	吉方	凶方
8	4A	6	1	6	8A	甲庚乙	乙	북동	正北	正南
7	9	2	9	2	4				
3	5	1P	5	7	3P	辰辰巳			

乙亥生 癸酉양 壬申태 辛未절 庚午묘 己巳병 戊辰쇠 丁卯왕 丙寅록 乙丑관 甲子욕

狗狼星구랑성 僧堂寺廟절사당묘 뇌지예 복소식 첫출발 개혁 거듭남 사전존치 철저히

三甲旬 病甲 / 육갑납음 覆燈火 / 대장군방 卯正東方 / 조객방 亥正北方 / 삼살방 西南方 / 세파방 亥正北方 / 오늘상충 戌 3.6 / 오늘상천 亥 미움 / 오늘원진 卯 깨짐 / 오늘삼살 丑 끊김 / 황도길흉 청룡황도 / 28수길흉 氏저 / 건제12신 建건 / 九星 二黑 / 이주당 災재 / 안장주당 손님 / 복단일 - / 神殺 온황·귀곡 / 오늘神殺 옥수·수일 / 축원생신 황축 / 오늘기도발원 대세지보살 / 금일지옥명 지장보살 독사지옥

制 정東方 / 卯 / 正東方 / 寅 / 正北方 / 亥 / 戌 / 亥 / 丑 / 氏 / 建 / 二黑 / 災 / 손님

칠성기도일	산신축원일	용왕축원일	조왕하강일	나한하강일	불공 제의식 吉한 행사일							吉凶 길흉 大小 일반 행사일											
					천도재	신중기도	재수굿	용왕굿	조왕굿	병굿	고사	결혼	입택이사	여행	계약	등산	개업	신축 상량	수술	침질	견질	사냥	재해	목욕
◎	×	◎	◎	◎	◎	◎	◎	◎	-	◎	×	×	◎	×	◎	◎	×	×	◎	×	◎	◎	×	-

당일 태양법 子에 온사람은 뭐가 하고싶어서 왔나 / 午에 온사람은 금전문제로 골치 아픔 / 未에 온사람은 문서 남녀불화, 亥卯 재물 / 申時 온 사람은 이동수 있다, 이사나 직장변동 / 酉時 온 사람은 하극상수, 금전손재수, 자식문제, 빈 / 戌時 온 사람은 하극상 이동변동수, 터부정, 관재구설 관송사, 여행, 이별수, 취업불가능, 잘병 / 주머니 헛고생 사기모함 매사불성 관송사 / 설 보이나 마음의 자식 가출, 다툼주의, 차사고

필히 피해야 할일 새집들이·친목회·금전수금·출판출고·건축증개축·집수리·승선·바다낚시·동토

백초귀장술의 오늘에 초사언

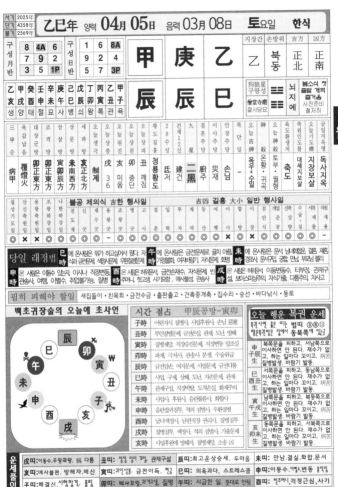

辰 巳 卯 午 寅 未 丑 申 子 酉 亥 戌

시간 점占	甲辰공망-寅卯	
子時	어린자식 잘해나 사업후원나 손녀 愛憂	
丑時	부인잘병문제 금전손실 관재 도난 방해	
寅時	파재 극차나, 관송나 분쟁, 수술위급	
卯時	금전암손나 여자문제 사업문제 금전대풍	
辰時	금전암손 여자문제 사업문제 금전대풍	
巳時	사업 구제 상해 도난, 자손문제 관재	
午時	관재구설 직장변동, 도적盜실 화재주의	
未時	나산나 후원나 음란불륜나, 화해나	
申時	음란잡귀침투, 적의 침범나 우환질병	
酉時	남녀색정나, 남편직장 관라나, 잘병침투	
戌時	잘병침투, 색정나, 적의 침범나 가출문제	
亥時	사업후원받 방해되나, 잘병발생 소송 凶	

오늘 행운 복권 운세

복권사면 좋은 띠는 범띠 ③⑧⑱ / 행운방위에 집에서 동북쪽에 있소

子辰巳生	북쪽문을 피하고, 서북쪽으로 이사하면 안 된다. 재수가 없 는, 하는 일마다 꼬이고, 病苦 질병발생. 바람기 발동.
酉丑生	서북쪽문을 피하고, 동남쪽으로 이사하면 안 된다. 재수가 없 는, 하는 일마다 꼬이고, 病苦 질병발생. 바람기 발동.
寅午戌生	남쪽문을 피하고, 북동쪽으로 이사하면 안 된다. 재수가 없 는, 하는 일마다 꼬이고, 病苦 질병발생. 바람기 발동.
亥卯未生	동쪽문을 피하고, 서쪽으로 이사하면 안 된다. 재수가 없 는, 하는 일마다 꼬이고, 病苦 질병발생. 바람기 발동.

운세풀이

戌띠:이동수,우왕좌왕, 弱 다툼
亥띠:매사불편, 방해자,배신
子띠:해결신,시험합격, 풀림
丑띠:정3월 없어 꼬임, 관재구설
寅띠:과인상봉, 금전이득, 현금
卯띠:매사꼬임,과거고생, 질병
辰띠:최고운상승세, 두마음
巳띠:의욕과다, 스트레스큼
午띠:시급한 일, 뜻대로 안됨
未띠:만남,결실,화합,문서
申띠:이동수,이별수,변동 움직임
酉띠:빈주머니,걱정근심,사기

- 111 -

서기	2025年						
단기	4358年	乙巳年	양력 **04**月 **06**日	음력 **03**月 **09**日		**일**요일
불기	2569年						

구성 月반	8	4A	6	구성 日반	2	7	9
	7	9	2		1A	3	5
	3	5	1P		6	8	4P

乙 庚 乙
巳 辰 巳

지장간	손방위	吉方	凶方
乙	無	正西	正東

丁亥	丙戌	乙酉	甲申	癸未	壬午	庚辰	己卯	戊寅	丁子
사	묘	절	태	양	생	욕	관	록	왕

狗狼星 구랑성 天

뇌지예

봄소식 첫 출발 개학 즐거움
사전준비 철저히

三甲순 病甲
覆燈火

卯正東方
卯正東方
寅南西方
未南西方
亥正北方
寅寶보

황도길흉방
명당황도
房방

건제12신
除제
三碧

결혼주당
夫부

이사주당
安안

안장주당
아버지

복단일

오늘吉神
음양·삼살

神殺오 허·중 중

오늘神殺
라강·검봉

육도환생처
옥도

축원인도불
대세지불

금일지옥명
문수보살

금일지옥명
독사지옥

불공 제의식 吉한 행사일 / 吉凶 길흉 大小 일반 행사일

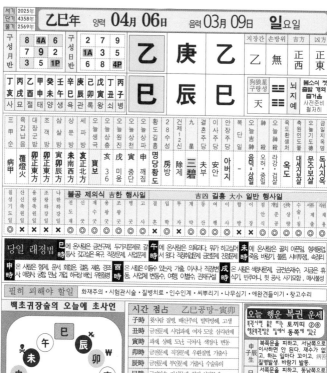

당일 래정법

巳時 온사람은 금전구재, 두자문제로 갈등 午時 온사람은 의욕없다. 뭐가 하고싶어서 未時 온사람은 골치 아픈일, 형제동업

申時 온 사람은 형제, 문서 화합은, 결혼, 재혼, 경조 酉時 온사람은 이동수 있는자, 가출, 이사나 직장변동 戌時 온사람은 색생사주, 금전순재수, 지금은 휴

필히 피해야 할일 화재주의·시험관시술·질병치료·인수인계·씨뿌리기·나무심기·애완견들이기·창고수리

백초귀장술의 오늘에 초사언

巳 辰 卯
午 未 寅
申 丑
酉 戌 子 亥

시간 점占	乙巳공망-寅卯
子時	윗사람 질병, 배산주의 발탁양능, 고생
丑時	금전문제 사업파재 여자 도망 삼각관계
寅時	파재, 상해, 도난 극차사 색정사 변동
卯時	금전문제 직장문제 우환질병 가출사
辰時	금전문제 부모문제 가출사 수술위급
巳時	금전남녀 자식문제 취직 실직문제
午時	금전융통 관재구설 남녀색정사 자식문제
未時	금전융통, 여자문제, 가출방행 백사불리
申時	사업변위하반 발탁, 직장나, 당선 關爵 有
酉時	금전개발생, 관재구설 음란 도주사
戌時	금전융통 부인문제 실업 타인과 다툼
亥時	적의 참방사 금전색정사 부부싸움

오늘 행운 복권 운세
복권사면 좋은 띠는 **토끼띠 ②⑧**
행운복권방은 집에서 **동쪽**에 있오

申子辰生	북쪽을 피하고, 서남쪽으로 이사하면 안 된다. 재수가 없고, 하는 일마다 꼬이고, 病苦 질병발생. 바램일 발동.
巳酉丑生	서쪽을 피하고, 동남쪽으로 이사하면 안 된다. 재수가 없고, 하는 일마다 꼬이고, 病苦 질병발생. 바램일 발동.
寅午戌生	남쪽을 피하고, 북동쪽으로 이사하면 안 된다. 재수가 없고, 하는 일마다 꼬이고, 病苦 질병발생. 바램일 발동.
亥卯未生	동쪽을 피하고, 서북쪽으로 이사하면 안 된다. 재수가 없고, 하는 일마다 꼬이고, 病苦 질병발생. 바램일 발동.

운세풀이

亥띠:이동수·우왕좌왕, 弱弱 다툼
子띠:매사불편, 방해자,배신
丑띠:해결신,시험합격, 풀림

寅띠:점점 일이 꼬임, 관재구설
卯띠:귀인상봉, 금전이득, 현금
辰띠:매사꼬임,과거고생, 질병

巳띠:최고운상승세, 두마음
午띠:의욕과다, 스트레스큼
未띠:시급한 일, 뜻대로 안됨

申띠:만남,결실,화합,문서
酉띠:이동수,이별수,변동 움직임
戌띠:빈주머니,걱정근심, 사기

- 112 -

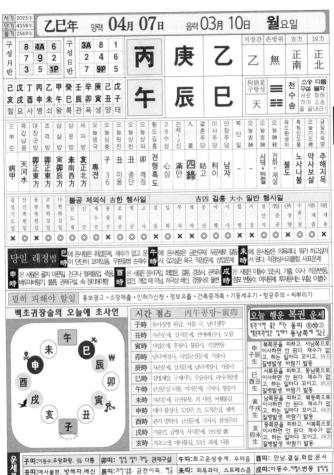

세기 2025年	乙巳年	양력 **04**月 **07**日	음력 03月 10日	**월**요일
단기 4358年				
불기 2569年				

			지장간	손방위	吉方	凶方
구성月반	8 4A 6 / 7 9 2 / 3 5 1P	구성日반 3A 8 1 / 2 4 6 / 7 9P 5	**丙午** **庚辰** **乙巳**	乙	無	正南	正北

己亥절 戊戌묘 丁酉사 丙申병 乙未쇠 甲午왕 癸巳록 壬辰관 辛卯욕 庚寅생 己丑양 戊子태

狗狼星 구랑성 天

천수송

소수 다름 구설 불화 서로 화해 하여 소송 을 끝내라!

4월

三甲순 病甲 | 육갑납음 天河水 | 대장군방 卯正東方 | 조객방 卯正東方 | 삼살방 亥正北方 | 세파방 未南西方 | 오늘道충 子 36 | 오늘원진 丑 미움 | 오늘상파 卯 깨짐 | 황도길흉 천형흑도 | 28수성 心심 | 건제12신 滿만 | 九星 四綠 | 결혼주당 姑고 | 이사주당 利이 | 복단일 子자 | 오늘吉神 - | 오늘吉神 - | 오늘神殺 시덕·인월 | 축원인도불 천화·재살 | 오늘好怕처 불도 | 나쁜신불 노사나불 | 금일음양국 약사보살 | 추해지옥

월성기도일	산신재원일	용왕재원일	조왕하강일	나한재원일	불공 제의식 吉한 행사일					吉凶 길흉 大小 일반 행사일							
					천도굿	신굿	재수굿	용왕굿	조왕굿	병굿	고사	결혼	입택	투자	계약	여행	이장	안장	준공	상량	서류제출	개업
×	◎	×	◎	×	×	◎	◎	◎	◎	×	×	◎	×	×	×	◎	×	◎	◎	×	×

당일 래정법

巳時에 온사람은 겁살문제, 재수가 없고 운 **運** 午時에 온사람은 금전문제, 두통제로 갈등 時에 온사람은 의욕과다, 뭐가 하고싶어

申時에 온사람은 골치 아픔, 친구나 형제동업 죽음 배우자바람기, 불륜, 관재구설 속 정부와바람 **酉時** 온 사람은 문서화합, 결혼, 경사나 관리라, 개업 해당사항 경쟁사로 불성 **戌時** 온 사람은 이동수 있는자 7층, 이사 직장변동, 여자문제 투자문제는 위험 이별수

필히 피해야 할일 홍보광고 · 소장제출 · 인허가신청 · 정보유출 · 건축증개축 · 기둥세우기 · 항공주의 · 씨뿌리기

백초귀장술의 오늘에 초사언

시간 점근	丙午공망-寅卯
子時	유다질병 위급, 서를 극, 남녀쟁투
丑時	자손문제, 실직문제, 연애배신사, 모함
寅時	사업문제, 후원사, 불륜사, 직업변동
卯時	남녀색정사, 사업금전문제, 가출사
辰時	자손문제, 실직문제, 남녀색정사, 가출사
巳時	질병재앙, 구재이득, 수술위주, 과가사발생
午時	금전손실 다툼, 여자문제 극차사, 형송사
未時	자손문제, 금전융통, 죄 사면, 여행길흉
申時	매사 불성사, 모함件, 흉 도주사건, 재액
酉時	권리 발탁사, 금전문제, 극차사, 함정주의
戌時	가출건, 급병자, 자문문제, 산소탈 ⊗
亥時	자손고민, 매사불성, 모난 재앙, 다툼

오늘 행운 복권 운세

택권사는 꼭 좋은 "따는 용띠 ⑤⑩⑳ 행운복권방은 집에서 동남쪽에 있소

申 子 辰 生	북쪽문을 피하고, 서남쪽으로 이사하면 안 된다. 재수가 없고, 하는 일마다 꼬이고, 病苦 질병발생, 바람기 발동
巳 酉 丑 生	서쪽문을 피하고, 동남쪽으로 이사하면 안 된다. 재수가 없고, 하는 일마다 꼬이고, 病苦 질병발생, 바람기 발동
寅 午 戌 生	남쪽문을 피하고, 북쪽으로 이사하면 안 된다. 재수가 없고, 하는 일마다 꼬이고, 病苦 질병발생, 바람기 발동
亥 卯 未 生	동쪽문을 피하고, 서북쪽으로 이사하면 안 된다. 재수가 없고, 하는 일마다 꼬이고, 病苦 질병발생, 바람기 발동

운세풀이

子띠:이동수,우왕좌왕, 弱,다툼 丑띠:매사불편, 방해자,배신 寅띠:해결신,시험합격, 풀림 卯띠:적정 이민,관재구설 辰띠:귀인상봉, 금전이득, 현금 巳띠:매사꼬임,과거고생, 질병 午띠:최고운상승세, 두마음 未띠:의욕과다, 스트레스큼 申띠:시급한 일, 뜻대로 안됨 酉띠:만남,결실,화합,문서 戌띠:이동수,액,변동 움직임 亥띠:빈주머니,걱정근심,사기

- 113 -

서기	2025年
단기	4358年
불기	2569年

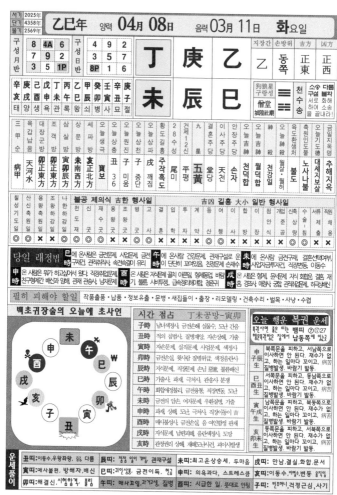

乙巳年 양력 04月 08日 음력 03月 11日 화요일

구성월반				구성일반			
	8	4A	6		4	9	2
	7	9	2		3	5	7
	3	5	1P		8P	1	6

丁	庚	乙
未	辰	巳

지장간	손방위	吉方	凶方
乙	동쪽	正東	正西

辛	庚	己	戊	丁	丙	乙	甲	癸	壬	辛	庚
亥	戌	酉	申	未	午	巳	辰	卯	寅	丑	子
태	양	생	욕	관	록	왕	쇠	병	사	묘	절

狗狼星 구랑성: 僧堂 城隍社廟

천수송 ☰ ☵

소송 다툼 구설 불화 서로 화해하여 소송을 끝내라!

三甲순	육갑납음	대장군방	조객방	삼살방	상문방	세파방	오늘생극	오늘상충	오늘원진	오늘상천	오늘상파	황도길흉	28수성	건제12신	九星	결혼주당	이사주당	안장주당	오늘吉神	오늘吉神	神殺	오늘神殺	육도환생처	축원인도불	오늘기도德	금일지옥명
病甲	天河水	卯正東方	卯正東方	寅卯辰方	未南西方	亥正北方	寶보	丑 36	子 미움	子 중단	戌 깨짐	주작흑도	尾미	平평	五黃	堂당	天천	손자	천덕합	월덕합	천강일	월살·월허	불도	노사나불	대세지보살	추해지옥

칠성기도일	산신축원일	용왕축원일	조왕하강일	나한하강일	불공 제의식 吉한 행사일: 천도재	신굿	재수굿	용왕굿	조왕굿	병굿	고사	吉凶 길흉 大小 일반 행사일: 결혼	입학	투자	계약	등산	여행	이사	합방	이장	점안식	개업준공	신축상량	수술·침	서류제출	직원채용
◎	◎	×	×	◎	◎	◎	◎	×	×	◎	◎	×	×	×	×	◎	◎	×	×	×	×	×	◎	◎	×	×

당일 래정법

巳時에 온사람은 금전문제, 사업문제, 금전구재건, 관직취직사, 속전속결이 유리

午時에 온사람 건강문제, 관재구설로 운이 단단히 꼬여있음, 친정문제 손재수

未時에 온사람 금전구재, 결혼선택여부, 사업자금투자건, 직장변동, 이동수

申時 온 사람은 뭐가 하고싶어서 왔다. 직장취업문제, 친구형제간 배신과 임해, 관재 관송사, 남자문제

酉時 온 사람은 자식문제 골치 아픈일, 형제동업, 바람기, 불륜, 시비투쟁, 급속정리해야함, 청춘귀

戌時 온 사람은 형제, 문서문제, 자식 화합운, 결혼, 재혼, 경조사, 애정사, 궁합, 관직취업문제, 하극상배신

필히 피해야 할일

작품출품·납품·정보유출·문병·새집들이·출장·리모델링·건축수리·벌목·사냥·수렵

백초귀장술의 오늘에 초사언

시간 점占 丁未공망-寅卯

子時	남녀색정사, 금전손해 실물수, 도난 간음
丑時	적의 침범사, 질병재앙, 자손상해, 가출
寅時	자손문제, 실직문제, 사업문제, 색정사
卯時	금전손실, 윗사람 질병위급, 색정음란사
辰時	자식문제, 직장문제, 손님 惡意, 불륜배신
巳時	가출사, 파재, 극처사, 관송사 분쟁
午時	화합애정불리, 금전융통, 직장변동, 도난
未時	금전의 암손, 여자문제, 우환질병, 가출
申時	파재, 상해, 도난, 극처사, 직장이동이 吉
酉時	매사불성사, 금전손실, 음 여인함정 관재
戌時	자식문제, 남편피해, 음란색정사, 도망
亥時	관청권리 상해, 재해도난사건, 괴이사발생

오늘 행운 복권 운세

복권사면 좋은 띠는 **뱀띠** ⑦⑰27

행운복권방은 집에서 **남동쪽**에 있는곳

申子辰生	북쪽문을 피하고, 서남쪽으로 이사하면 안 된다. 재수가 없고, 하는 일마다 꼬이고, 病苦 질병발생. 바람기 발동.
巳酉丑生	서쪽문을 피하고, 동남쪽으로 이사하면 안 된다. 재수가 없고, 하는 일마다 꼬이고, 病苦 질병발생. 바람기 발동.
寅午戌生	남쪽문을 피하고, 북동쪽으로 이사하면 안 된다. 재수가 없고, 하는 일마다 꼬이고, 病苦 질병발생. 바람기 발동.
亥卯未生	동쪽문을 피하고, 서북쪽으로 이사하면 안 된다. 재수가 없고, 하는 일마다 꼬이고, 病苦 질병발생. 바람기 발동.

운세풀이

丑띠: 이동수,우왕좌왕, 불화 다툼	**辰띠:** 점점 일이 꼬임, 관재구설	**未띠:** 최고운상승세, 두마음	**戌띠:** 만남,결실,화합,문서
寅띠: 매사불편, 방해자,배신	**巳띠:** 귀인상봉, 금전이득, 현금	**申띠:** 의욕과다, 스트레스큼	**亥띠:** 이동수,이별수,변동 움직임
卯띠: 해결신,시험합격, 풀림	**午띠:** 매사꼬임,과거고생, 질병	**酉띠:** 시급한 일, 뜻대로 안됨	**子띠:** 빈주머니,걱정근심,사기

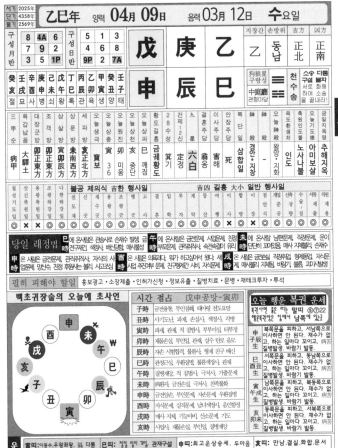

서기 2025년	乙巳年	양력 04月 09日	음력 03月 12日	수요일
단기 4358年				
불기 2569年				

구성월반			구성일반			戊	庚	乙		지장간	손방위	方方	凶方
8	4A	6	5	1	3				乙	동남	正北	正南
7	9	2	7	9	2	申	辰	巳				
3	5	1P	9P	2	7A							

癸亥 壬戌 辛酉 庚申 己未 戊午 丁巳 丙辰 乙卯 甲寅 癸丑 壬子
절 묘 사 병 쇠 왕 관 욕 생 양 태

狗狼星 구랑성
中庭 관청마당
천수송

소송 다툼 구설 송사 서로 화해 하여 송사를 끝내라!

戊
申

庚
辰

乙
巳

오늘 행운 복권 운세

불공 제의식 吉한 행사일   吉凶 길흉 大小 일반 행사일

당일 레점법
巳에 온사람은 관송사로 손재수 발생
午에 온사람은 금전문제, 사업문제, 친정
未에 온사람은 남편문제, 직장문제, 운이
申時 온사람은 금전문제, 관재구설, 자식의 사
戌에 온사람은 금전손실, 직장문제, 형제동업, 자식문제

필히 피해야 할일 - 홍보광고·소장제출·인허가신청·정보유출·질병치료·문병·재테크투자·투석

백초귀장술의 오늘에 초사언

시간 점占	戊申공망-寅卯
子時	금산융통, 부인임신, 매사 불성
丑時	사기도난, 파재, 손실사, 색정사
寅時	파재, 관재, 적 참불사, 부부이심
卯時	재물손실, 부인질병, 관재, 실수
辰時	자손 시험합격, 불화사, 형제 친구 배신
巳時	관청근심, 우환질병, 불안색정사, 관재
午時	잘병쟁치, 적 침범사, 극차사, 가출문제
未時	病患者, 금전손실, 극차사, 친족불화
申時	금전손실, 부인문제, 자손문제, 우환질병
酉時	자식문제, 실직문제, 남녀색정사, 음란행위
戌時	매사 지체, 가능마비, 산소문제, 기도
亥時	사업난, 재물손실, 부인질병, 잘병색정

오늘 행운 복권 운세

운세풀이
寅띠:이동수,우왕좌왕,弱,다툼
卯띠:매사불편, 방해자,배신
辰띠:해결신,시험합격,풀림
巳띠:점점 일이 꼬임,관재구설
午띠:귀인상봉,금전이득,현금
未띠:매사꼬임,과거2생,질병
申띠:최고운상승세, 두마음
酉띠:의욕과다, 스트레스큼
戌띠:시급한 일, 뜻대로 안됨
子띠:이동수,액땜,변동 움직임
丑띠:빈주머니,걱정근심,사기
寅띠:만남,결실,화합,문서

- 115 -

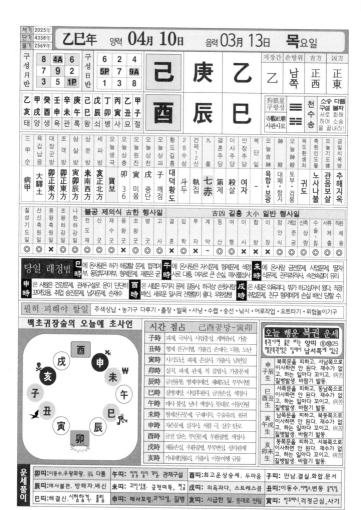

세기	2025년
단기	4358년
불기	2569년

乙巳年　양력 04月 10日　음력 03月 13日　목요일

구성월반			구성일반				지장간	손방위	吉方	凶方
8	4A	6	6	2	4		乙	남쪽	正西	正東
7	9	2	5P	7	9A					
3	5	1P	1	3	8					

己 庚 乙
酉 辰 巳

乙	甲	癸	壬	辛	庚	己	戊	丁	丙	乙	甲
亥	戌	酉	申	未	午	巳	辰	卯	寅	丑	子
태	양	생	욕	관	록	왕	쇠	병	사	묘	절

狗狼星 구랑성
천수송
소송 다툼 구설 불화 하여 소송 끝내라!

三甲순

육갑납음	대장군방	조객방	삼살방	상문방	세파방	오늘생기	오늘상충	오늘원진	오늘상파	황흑도길흉	28수성	건제12신	九星	결혼주당	안장주당	복단일	오늘神殺	오늘吉神	오늘神殺	육도환생처	오늘인묘불	금일지옥명	추해지옥
病甲	大驛土	正東方	寅卯辰方	未南西方	正北方	寶	卯	戌	子	대덕 덕합	斗두	執집	七赤	第제	殺살	여자	-	월합·보광	대패·함지	土토	귀도	노사나불	직성구혼보살

칠성기도일	산신축원일	용왕축원일	조왕축원일	나한기도일	불공 제의식 吉한 행사일										吉凶 길흉 大小 일반 행사일									
					천도	신굿	재수 굿	용왕 굿	조왕 굿	병굿	고사	결혼	입학	투자	계약	여행	이사	합방	이장	점안식	개업 준공	신축 상량	서류 제출	직원 채용
◎	◎	×	◎	◎	◎	◎	◎	◎	◎	×	◎	◎	◎	×	◎	×	◎	×	-	×	◎	×	×	◎

당일 래정법

巳時에 온사람은 허가 해결할 문제 합격하나 午時에 온사람은 자손문제 형제문제 색정 未時에 온사람은 금전문제 사업문제 딸자식문제 동업자바뀌야, 형제무덕 재혼은 곧 時사로 다툼, 여자로 큰 손실 매사불성사 時식구문, 관재수문서, 속전속결이 유리

申 이 사람은 건강문제, 관재구설로 운이 단단히 酉 이 사람은 무귀나 문제 갈등사 하극상 손님 戌 이 사람은 매사 꼬이고, 뭣가 하고싶어서 왔다. 직장 꼬여있음, 취업 승진문제, 남녀문제 손재수 時배신 새로운 일사라 전환된이 유리 時직업문제, 친구 동업자에 손실 배신 당할 수

필히 피해야 할일　주색상납·농기구 다루기·출장·벌목·사냥·수렵·승선·낚시·어로작업·요트타기·위험놀이기구

백초귀장술의 오늘에 초사언

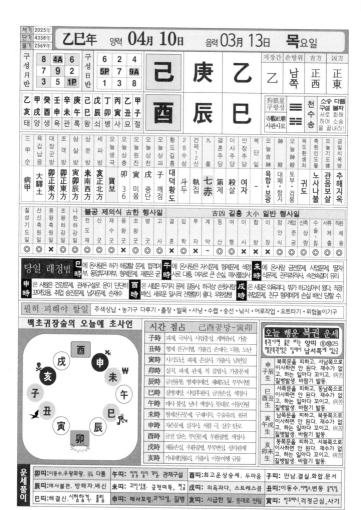

시간 점占	己酉공망=寅卯
子時	파재 극차나, 시업융성, 개혁유리, 가출
丑時	형제 관구병, 가출건, 손재는 다툼, 도난
寅時	사기도난, 파재, 손실나, 가출나, 남녀빈
卯時	금전문제, 여자문제, 적정 질병나, 가출로문제
辰時	금전용통, 형제자매건, 재해극노 부부변복
巳時	질병재앙, 사업투쟁나, 금전손실, 색정사
午時	매사 불성, 남녀 색정나, 뜻대로 이동안됨
未時	형제친구문제, 구재이득, 수술유의 원귀
申時	실직 관재, 파재, 관재, 방문건 유의, 색정사
酉時	금전 암손, 부모불복, 우환질병, 색정사
戌時	재물손실, 우환질병, 부부변심, 삼각관계
亥時	가내환란불리, 가출나, 이동여행 금물

오늘 행운 복권 운세

복권사면 좋은 양띠 ⑤⑩25
행운복권방은 집에서 남서쪽에 있나

申子辰生	북쪽문을 피하고, 서쪽으로 이사하면 안 된다. 재수가 없고, 하는 일마다 꼬이고, 病苦질병발생. 바램이 없다
巳酉丑生	서쪽문을 피하고, 동남쪽으로 이사하면 안 된다. 재수가 없고, 하는 일마다 꼬이고, 病苦질병발생. 바램이 없다
寅午戌生	남쪽문을 피하고, 북쪽으로 이사하면 안 된다. 재수가 없고, 하는 일마다 꼬이고, 病苦질병발생. 바램이 없다
亥卯未生	동쪽문을 피하고, 서쪽으로 이사하면 안 된다. 재수가 없고, 하는 일마다 꼬이고, 病苦질병발생. 바램이 없다

운세풀이

卯띠:이동수,우왕좌왕, 弱, 다툼　午띠:점정 이익 깨김, 관재구설　酉띠:최고운상승세, 두마음　子띠:만남,결실,화합,문서
辰띠:매사불편, 방해자,배신　未띠:귀인상봉, 금전이득, 현금　戌띠:의욕과다, 스트레스큼　丑띠:이동수,애﹅봄,변동 움직임
巳띠:해결신,시험합격, 풀림　申띠:매사꼬임,과거고생, 질병　亥띠:시급한 일, 뜻대로 안됨　寅띠:빈주머니, 걱정근심, 사기

乙巳年 양력 **04**月 **11**日 음력 **03**月 **14**日 **금**요일

	지장간	손방위	吉方	凶方
	乙	남서	正南	正北

구성월반	8	4A	6	구성일반	7P	3	5
	7	9	2		6	8	1
	3	5	1P		2A	4	9

庚 庚 乙
戌 辰 巳

狗狼星 구랑성
社廟 사당묘

천수송

수송 구성불락 하여 화해 소송 끝내라!

丁亥	丙戌	乙酉	甲申	癸未	壬午	辛巳	庚辰	己卯	戊寅	丁丑	丙子
병	쇠	왕	관	욕	생	양	태	절	묘	사	

4월

三甲旬	육갑납음	대장군방	조객방	삼살방	상문방	세파방	오늘 생극	오늘 상충	오늘 원진	오늘 상천	오늘 상파	황도 흑도	건제 12신	九星	결혼주당	이사주당	안장주당	오늘 吉神	神殺	오늘 흉신 惡殺	축원인도불	오늘기도덕	제 사	神불	죽은 이 생일	불공
病甲	鑓釧金	卯正東方	卯正東方	寅卯辰 東方	未南方	亥正北方	辰 36	巳 미움	酉 중단	未 깨심	丑	병호록	破軍	八白	竈조	富부	어머니	월덕 천은		월파 귀곡 구감	공망 축도	노사나불	미륵보살	수해지옥	

칠성기도일	산신축원일	용왕축원일	조왕축원일	나한기도일	불공 제의식 吉한 행사일						吉凶 길흉 大小 일반 행사일													
					천도재	신중기도	재수굿	용왕굿	조왕굿	고사	결혼	약혼	입택 이사	여행	이장	합방	점안식	개업 준공	신축 상량	수술	서류 제출	직원 채용
◎	◎	×	×	×	×	×	×	×	×	×	×	×	×	×	×	×	×	×	×	×	×	×

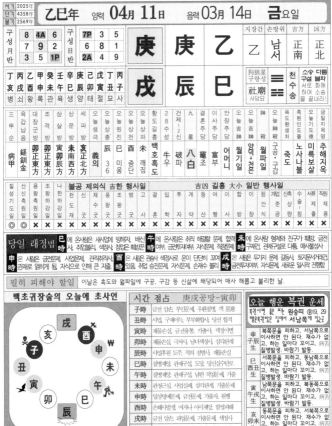

당일 래정법

巳時 巳에 온사람은 새사업에 방해자, 배신 午時 午에 온사람은 취직 해결할 문제 합격 여부 未時 未에 온사람은 형제와 친구가 화합, 금전 주머니불리, 색정사 장모로 본때문 금전투자여부, 자손문제 직장문제 구재건 관재구설로 다툼, 매사불성사

申時 申에 온사람은 금전문제, 사업문제, 관직자산사 酉時 酉에 온사람은 방해자 운이 단호히 끊고 戌時 戌에 온사람은 무거 문제 걸림사 료문관구재건 관재로 얽히게 될 일에 아픈 자금 金전투자여부, 자손문제 손재수 불리 금전투자여부, 자손 문제 일자리 전쟁방

꼭히 피해야 할일 이날은 흑도와 월파일에 구공, 구감 등 신살에 해당되어 매사 해롭고 불리한 날.

백초귀장술의 오늘에 초사언

시간 점占	庚戌공망-寅卯
子時	금전 암손 부모문제, 우환질병, 객 憂愍
丑時	사업 구재, 자손, 부부화합사, 당선 합격
寅時	재물손실, 금전용통, 가출사, 색정사이별
卯時	재물손실, 극차사, 남녀색정사, 삼각관계
辰時	사업후원 투자, 적의 침범사, 재물손실
巳時	잘방문제, 관재구설, 도망 망신살수탈로
午時	잘방문제, 관재구설, 남편 직업문제, 가출
未時	관청근심, 사업실패, 삼각관계, 가출문제
申時	입산병원문제, 관재구설, 가출사, 원행
酉時	손해수입문제, 여자나 아이피로, 함정취해
戌時	금전 암손, 직업관계, 가출문제, 색정사
亥時	금전부리자, 도난, 파재, 처를 극함

오늘 행운 복권 운세

복권사면 좋은 띠는 **원숭띠** ⑨19, 29
행운복권방은 집에서 서남쪽에 있는 곳

申子辰生	복권방을 피하고, 서남쪽으로 이사하면 안 된다. 재수가 없고, 하는 일마다 꼬이고, 病苦 질병발생. 바람기 발동.
巳酉丑生	복권방을 피하고, 동쪽으로 이사하면 안 된다. 재수가 없고, 하는 일마다 꼬이고, 病苦 질병발생. 바람기 발동.
寅午戌生	남쪽을 피하고, 북동쪽으로 이사하면 안 된다. 재수가 없고, 하는 일마다 꼬이고, 病苦 질병발생. 바람기 발동.
亥卯未生	동쪽을 피하고, 서북쪽으로 이사하면 안 된다. 재수가 없고, 하는 일마다 꼬이고, 病苦 질병발생. 바람기 발동.

운세풀이		
辰띠:이동수,우왕좌왕, 弱, 다툼	未띠: 점점 이익 쌓임, 관재구설	戌띠:최고운상승세, 두마음
巳띠:매사불편, 방해자,배신	申띠: 귀인상봉, 금전이득, 현금	亥띠: 의욕과다, 스트레스큼
午띠:해결신, 시험합격, 풀림	酉띠: 매사꼬임,과거고생, 질병	子띠: 시급한 일, 뜻대로 안됨
丑띠: 만남,결실,화합,문서	寅띠:이동수,이별수,변동 움직임	卯띠: 빈주머니, 걱정근심, 사기

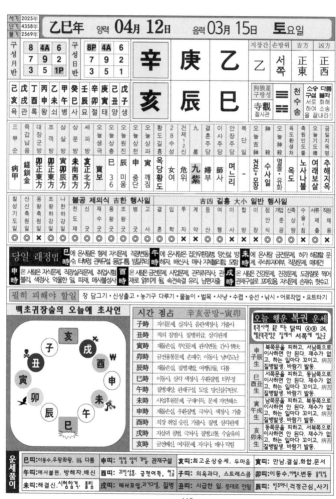

서기 2025년	乙巳年	양력 **04月 12日**	음력 03月 15日	**土**요일
단기 4358년				
불기 2569년				

구성월반			구성일반		
8	4A	6	8P	4A	6
7	9	2	7	9	2
3	5	1P	3	5	1

辛 庚 乙
亥 辰 巳

지장간	손방위	吉方	凶方
乙	서쪽	正東	正西

己	戊	丁	丙	乙	癸	壬	辛	庚	己	戊
亥	戌	酉	申	未	巳	辰	卯	寅	丑	子
욕	관	록	왕	쇠	병	사	묘	절	태	양

狗狼星 구랑성
寺觀 절사관

천구성 천구송
소송 다툼 구설 불화 하여 소송 을 끝내라!

三甲旬	육갑납음	대장군방	조객방	삼살방	상문방	세파방	오늘상충	오늘원진	오늘상천	오늘상파	오늘상해	황도길흉	2 8 수	건제 12 신	九星	결혼주당	이사주당	안장주당	吉神	오늘神殺	오늘吉神殺	복단일	오늘吉凶神殺	축원인도일	九星 別 名	천강 破 직 살
病甲	鑞鑲金	卯正東方	寅正東方	未南西方	亥西北方	寅東北方	寶보	巳 3 6	辰 깨짐	寅 중ంంం	女여	危위	九紫	婦부	師사	며느리	천은·뇌공	수사일	멸문·유화	옥도	노새사별	추해지옥

칠성기도일	산신기도일	용왕기도일	조왕기도일	나한기도일	불공 제외식 吉한 행사일								吉凶 길흉 大小 일반 행사일													
					천도재	신중기도	재수굿	용왕굿	조왕굿	병굿	굿사	결혼	입주	투자	계약	등사	합방	여행	이장	점안식	개업 준공	신축상량	서류제출	직원채용
◎	◎	×	×	×	◎	◎	◎	×	×	×	×	◎	◎	×	×	×	◎	◎	×	×	◎	◎	×	×

당일 래정법

巳時에 온사람은 형제 자식문제, 직장변동 타意업 관재구설 동업다툼 빚문제로

午時에 온사람은 잠언부정함병 망신살 방해로 하자, 배신사, 매사 재물탈함 모함

未時에 온사람은 금전문제, 하가 해결할 문제 주변사자녀사, 직장변동 매매건

申時에 온사람은 자식문제, 직장실직문제 취업사험 불리, 색정사, 억울한 일, 피해 매사불성사

酉時에 온사람은 금전문제, 자식문제 친정문제, 도망갈兄 색정사 억울한 일

戌時에 온사람은 건강문제, 친정문제, 도갈방兄 자식문제 손재수 헛수고

필히 피해야 할일
장 담그기·신상출고·농기구 다루기·물놀이·벌목·사냥·수렵·승선·낚시·어로작업·요트타기

백초귀장술의 오늘에 초사언

시간 점占	辛亥공망―寅卯
子時	자식문제 실직사 음란색정사, 가출사
丑時	적의 침범사, 질병위급, 삼각관계
寅時	재물손실 부인문제 관직변동, 간사 情사夫
卯時	금전용통문제, 손재수, 이동사, 낭비고소
辰時	재물손실 질병재난, 여행금물, 다툼
巳時	이동사 삼각 색정사, 우환질병 타인정
午時	질병재앙, 관재구설 모략, 망신실추된정
未時	사업후원문제, 구재이득, 문제 자연해소
申時	재물손실 직장문제 색정사 색정사, 다툼
酉時	직장 취업문제 승진, 가출사, 질병, 삼각관계
戌時	자손사 찾병, 극차사 질병고통, 수술유의
亥時	금전배신 여자문제 자식사, 매사 막힘

오늘 행운 복권 운세
복권사면 좋은 띠는 닭띠 ④⑧ 24,
행운복권방은 집에서 **서쪽**에 있는집

申子辰生	복권운을 피하고, 서남쪽으로 이사하면 안 된다. 재수가 없고, 하는 일마다 꼬이고, 病苦질병발생. 바람기 발동.
巳酉丑生	서쪽을 피하고, 동남쪽으로 이사하면 안 된다. 재수가 없고, 하는 일마다 꼬이고, 病苦질병발생. 바람기 발동.
寅午戌生	북쪽을 피하고, 서남쪽으로 이사하면 안 된다. 재수가 없고, 하는 일마다 꼬이고, 病苦질병발생. 바람기 발동.
亥卯未生	동쪽을 피하고, 서북쪽으로 이사하면 안 된다. 재수가 없고, 하는 일마다 꼬이고, 病苦질병발생. 바람기 발동.

운세풀이

巳띠:이동수,우왕좌왕, 弱,다툼 **申띠**:점점 일이 꼬임, 관재구설 **亥띠**:최고운상승세, 두마음 **寅띠**:만남,결실,화합,문서

午띠:매사불편, 방해자,배신 **酉띠**:꾸인일풀림, 금전이득, 현금 **子띠**:의욕과다, 스트레스큼 **卯띠**:이동수,이별수,변동 움직임

未띠:해결신, 시험합격, 풀림 **戌띠**:매사꼬임,과거고생, 질병 **丑띠**:시급한 일, 뜻대로 안됨 **辰띠**:빈주머니, 걱정근심, 사기

- 118 -

서기	2025年
단기	4358年
불기	2569年

乙巳年 양력 **04**月 **13**日 음력 **03**月 **16**日 일요일

구성 월반			구성 일반		
8	4A	6	9	5P	7
7	9	2	8	1	3
3	5	1P	4	6A	2

壬 庚 乙
子 辰 巳

지장간	손방위	吉方	凶方
癸	서북	正北	正南

辛	庚	己	戊	丁	丙	乙	甲	癸	壬	辛	庚
亥	戌	酉	申	未	午	巳	辰	卯	寅	丑	子
록	관	욕	생	양	태	절	묘	사	병	쇠	왕

狗狼星 구랑성
天

青龍 黃道
백그 부때
산에서 나쁜기운이 퍼져있음

산 풍 고

육갑납음	대장군방	조객방	삼살방	상문방	세파방	오늘상충	오늘상천	오늘원진	오늘상파	오늘상해	황도길흉	건제12신	九星	결혼주당	이사주당	안장주당	천구하식	神殺	오늘지신	육도환생처	축일인모처	오늘기도덕	오늘神殺
病甲	卯正東方	卯正東方	寅東方	未南西方	亥正北方	午 미움	未 충단	未 깨짐	酉 거침	천뇌흑도	成 성	一白	廚 주	災 재	손님	대공망일	신호· 패가	귀 · 지격	천도	약왕보살	아미보살	철심지옥

칠성기도일	산신축원일	용왕축원일	조왕하강일	나한하강일	불공 제의식 吉한 행사일						吉凶 길흉 大小 일반 행사일													
					천도재	신중기도	재수굿	용왕굿	병굿	굿	결혼	입택	투자	계약	여행	이사	합방	이장	안장	개업준공	신축상량	수영	서류제출	직원채용
×	×	×	×	×	×	×	×	×	×	×	×	×	×	×	×	×	×	×	×	×	×	×	×	×

당일 레정법

巳에 온사람은 자식문제, 금전손실 午에 온사람은 이동변동수, 터부정, 未에 온사람은 방해자, 배신사, 취업문제
時 친구나 형제동업 관송사 배신사 時 하극상모함사 자식문제 차사고 時 색정사 관송사 매사 지체 불리함

申에 온사람은 관직 취업문제, 결혼 경조사 酉에 온사람은 외롭고 쉬고싶어 문서 戌에 온사람은 남녀색정 주변관계 투쟁사주변
時 해결됨 사람은 합격됨 허가 건은 승인 구입도움 時 합의 時 매사 재물구재사 여자문제 건강별병 빈정 관계숨

필히 피해야 할일 기계수리 · 주방수리 · 수의 짓기 · 새옷맞춤 · 태아옷구입 · 소장제출 · 동토 · 어로작업

백초귀장술의 오늘에 초사언

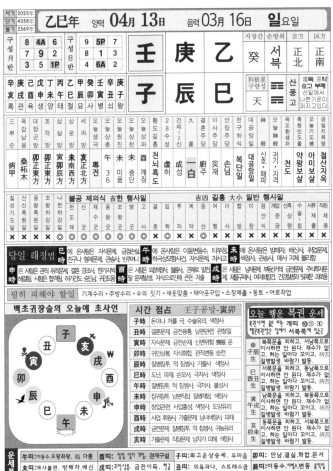

子	亥	×
丑	戌	W
寅	酉	
卯	申	
辰	未	
巳	午	

시간 점占 壬子공망-寅卯

子時	돈아나 토를 극 수술유의 색정사
丑時	결혼운제 금전융통 남편관련 관청일
寅時	자식문제 금전손재 신변위험 賽兩 운
卯時	귀인상봉 자식화합 관직변동 승전
辰時	질병침투 적 침범사 가출사 색정사
巳時	도난 파재 손모사 극차사 색정사
午時	질병침투 적 침범사 극차사 불성사
未時	잡귀문제 남편문장 질병명집 색정사
申時	창업관련 사업융성 색정사 도망유리
酉時	사업 후원사 가출문제 남녀색정사
戌時	금전문제 질병침투 적 침범사 귀둥유리
亥時	가출문제 직장문제 남가가 파재 색정사

오늘 행운 복권 운세
복권사면 좋은 띠는 개띠 ⑩②⑤ 30
행운복권방은 집에서 서북쪽에 있는곳

申子辰生	북쪽문을 피하고, 서쪽으로 이사하면 안 된다. 재수가 없고, 하는 일마다 꼬이고, 病苦 질병발생. 바람기 발동.
巳酉丑生	서쪽문을 피하고, 동남쪽으로 이사하면 안 된다. 재수가 없고, 하는 일마다 꼬이고, 病苦 질병발생. 바람기 발동.
寅午戌生	남쪽문을 피하고, 북쪽으로 이사하면 안 된다. 재수가 없고, 하는 일마다 꼬이고, 病苦 질병발생. 바람기 발동.
亥卯未生	동쪽문을 피하고, 서쪽으로 이사하면 안 된다. 재수가 없고, 하는 일마다 꼬이고, 病苦 질병발생. 바람기 발동.

운세풀이	
午띠: 이동수,우왕좌왕, 弱함, 다툼	酉띠: 정점 이의 개띠, 경쟁재구설	子띠: 최고운상승세, 두마음	卯띠: 만남,결실,화합,문서
未띠: 매사불편, 방해자,배신	戌띠: 귀인상봉, 금전이득, 현금	丑띠: 의욕과다, 스트레스큼	辰띠: 이동수,액,변동 움직임
申띠: 해결신,시험합격, 풀림	亥띠: 매사꼬임,과거고생, 질병	寅띠: 시급한 일, 뜻대로 안됨	巳띠: 빈주머니,걱정근심, 사기

구성월반	8	4A	6	구성일반	1	6	8AP
	7	9	2		9	2	4
	3	5	1P		5	7	3

癸 庚 乙
丑 辰 巳

지장간	손방위	길方	凶方
癸	북쪽	正西	正東

狗狼星 구랑성
僧堂寺廟 社廟

산풍고

毒瘕 瘟疫
患고 邪魔
산밑에서 나쁜기운이 퍼지고있다

癸亥왕	壬戌쇠	辛酉병	庚申사	己未묘	戊午절	丁巳태	丙辰양	乙卯생	甲寅욕	癸丑관	壬子록

三甲순	육갑납음	대장군방	조객방	삼살방	상문방	세파방	오늘극충	오늘원진	오늘상천	오늘상파	황도길흉	2 8 수성	건제12신	九星	결혼주당	이사주당	안장주당	복단일	오늘神殺	오늘吉神	神殺	오늘吉神殺	육도환생처	축원인도불	오늘吉凶	일진순위
病甲	桑柘木	卯正東方	卯正東方	寅南西方	未南西方	亥正北方	未 36	午 미움	辰 용띠	戌 깨짐	현무흑도	危	收	二黑	夫부	安안	아버지		황은 이황	하괴일	혹사·지자	천도	약왕보살	철산지옥	伐벌	

칠성기도일	산신축원일	용왕축원일	조왕하강일	나한기도재	불공 제의식 吉한 행사일						吉凶 길흉 大小 일반 행사일										
					천도재	신중기도	조왕굿	병굿	고사	결혼	입택	투자	계약	여행	이사	합방	이장	안장	개업 준공	신축 상량	수술 침	질병	직원채용
×	×	×	×	×	×	×	×	×	×	×	×	×	×	×	×	×	×	×	×	×	×

당일 래정법 巳에 온사람은 이동수, 이별수, 애정사 / 午에 온사람은 헛고생 소모전, 금전문제, 실물수 未에 온사람은 매매 이동변동수, 터부정, 관재구설 / 申時: 이동수, 터부정, 관재구설, 자중, 申時 온 사람은 금전과 여자문제, 방해자, 배신사 / 酉에 온 사람은 금전 채용문제, 시험 합격됨 / 戌에 온 사람은 여자로 인한 부정, 하극상, 억울한일, 색정사 불륜, 취업 승진 매사 지체불리함 / 時 사 불륜사 문제, 관재로 발전 딸 문제, 취업문제 성취됨

필히 피해야 할일 신상출고·제품제작·친구초대·문 만들기·벌초·씨뿌리기·나무심기·지붕고치기·장 담그기

백초귀장술의 오늘에 초사언

시간 점占	癸丑공망一寅卯
子時	직위문제 금전융통, 금실병, 색정사
丑時	사업사 안症 여자문제 잘풍흉술 색정사
寅時	금전손실 손모사, 극차시, 실각위해
卯時	윤인색정사 질병, 적 참패사, 금전손실
辰時	관청업산 직급관리 남편문제 목적달성
巳時	직장변동, 실직문제, 여자믹 이사이동수
午時	사기도난 손재수, 색정사, 우환질병
未時	관재 병문제 불길, 가출사 자손사 이별사
申時	사업문제 재해, 가출, 도난, 여행수 ⊗
酉時	취업 승진사 색정사, 도난 상배 손모사
戌時	불륜색정사, 관재근심, 도난 상해 손모사
亥時	금전문제 이성다툼, 부인문제 색정사

오늘 행운 복권 운세
복권사면 좋은 띠는 돼지띠 ⑪⑯31
행운복권방은 집에서 북서쪽에 있는곳

申辰子生	복쪽운을 피하고, 서남쪽으로 이사하면 안 된다. 재수가 없 고, 하는 일마다 꼬이고, 病苦 발생.
巳酉丑生	서쪽운을 피하고, 남쪽으로 이사하면 안 된다. 재수가 없고, 하는 일마다 꼬이고, 病苦 발생, 바람기 발동.
寅午戌生	남쪽운을 피하고, 북동쪽으로 이사하면 안 된다. 재수가 없고, 하는 일마다 꼬이고, 病苦 발생, 바람기 발동.
亥卯未生	동쪽운을 피하고, 서북쪽으로 이사하면 안 된다. 재수가 없고, 하는 일마다 꼬이고, 病苦 발생, 바람기 발동.

운세풀이	子띠:이동수,우왕좌왕, 弱 다툼	戌띠: 점점 일이 꼬임, 관재구설	丑띠:최고운상승세, 두마음	辰띠: 만남,결실,화합,문서
	申띠:매사불편, 방해자,배신	亥띠:귀인상봉, 금전이득, 현금	寅띠: 의욕과다, 스트레스큼	巳띠:이동수,애별수,변동 움직임
	酉띠:해결신,시험합격, 풀림	子띠: 매사꼬임,과거고생, 질병	卯띠: 시급한 일, 뜻대로 안됨	午띠: 빈주머니,걱정근심, 사기

서기 2025年			
단기 4358年	**乙巳年** 양력 **04**月 **15**日 음력 **03**月 **18**日 **화**요일		
불기 2569年			

구성월반			구성년반			甲 庚 乙	지장간	손방위	吉方	凶方
8	4A	6	2	7	9P		癸	북동	正南	正北
7	9	2	1A	3	5	**寅 辰 巳**				
3	5	1P	8	4	6		丑方 북동쪽	산풍고		

乙亥生	甲戌양	癸酉태	壬申절	辛未묘	庚午사	己巳병	戊辰쇠	丁卯왕	丙寅록	甲子욕

三甲旬	육갑납음	대장군방	조객방	삼살방	상문방	세파방	오늘상충	오늘원진	오늘상천	오늘상파	황도길흉	건제12신	九星	결혼주당	이사주당	안장주당	복단일	神殺	오늘神殺	육도환생처	축원인도일	오늘기도덕

| 生甲 | 大溪水 | 卯正東方 | 卯正東方 | 未南西方 | 亥西北方 | 專전 | 申 36 | 酉 미움 | 巳 깨짐 | 사명황도 | 開개 | 三碧 | 姑고 | 利이 | 남자 | 복단일 | 양덕·천덕 | 천적일 | 인도 | 약왕보살 | 철산지옥 |

불공 제의식 吉한 행사일 / 吉凶 길흉 大小 일반 행사일

칠성기도일	산신축원일	용왕축원일	조왕하강일	나한강림일	불공	천의	신굿	재수굿	용왕굿	조왕굿	병굿	고사	결혼	입주	계약	등사	여행	이장	합방	점안식	개업	신축상량	수술	서류제출	직원채용
×	×	×	×	×	×	×	×	×	×	×	×	×	◎	×	◎	○	◎	×	×	◎	◎	×	×	×	×

당일 래정법

巳時 온사람은 분주 화합은 결혼, 재혼, 애정사 궁합 금전문제 자손문제

午時 에 온사람은 이동수 있는자 이사 직장변동, 사업변동수, 해외여행 이별

未時 에 온사람은 자식문제, 살끼나 금전사기 반주머니 뒤집음 3자문제 하극상 모호 망신수

申時 온 사람은 매매 이동변동수, 터부정, 관재구설 설 사기 하극상 사비 대둔주의 자식고독 살

酉時 온 사람은 방해자, 배신사, 우환질병, 취 업 승진 매사 지제불리함

戌時 온 사람은 관송사 하극상 억울한일 배신 당해 청춘 해결됨 3자문제로 피해 발동 후분 원진발동 시험합격됨 하려면 승진됨

필히 피해야 할일 : 인수인계 · 머리자르기 · 주방수리 · 수의 짓기 · 애로작업 · 방류 · 도로정비 · 동토 · 안장

백초귀장술의 오늘에 초사언

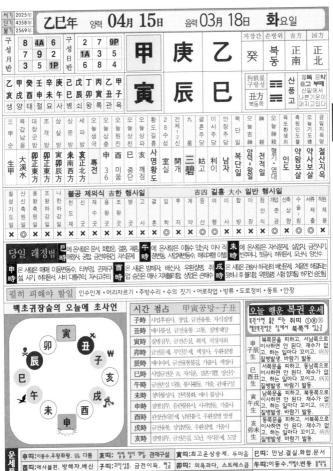

시간 점수	甲寅공망-子丑
子時	사업항위사, 창업, 금전융통, 자식질병
丑時	매사불성, 금전용통 고통, 질병재앙
寅時	질병감은, 금전손실, 취직, 직장관위
卯時	금전문제, 부인문제, 색정사, 우환질병
辰時	매사꺼비, 금전용통불길, 금전손실 색정사
巳時	사업금전운 흥, 자식운, 결혼기쁨, 망산수
午時	금전손실 다툼, 봉사활동, 가출, 관재구설
未時	잡병발생사 관직변화 매사 불성사
申時	잘병발전, 음란색정사 사귀변동, 가출사
酉時	관청권리문제 금전융통, 남녀불금 우환질병 발생
戌時	금전융통, 상업변동, 우환질병, 가출사
亥時	질병발생, 금전손실 도난, 자문불리 모함

오늘 행운 복권 운세

행운복권 좋은 띠는 쥐띠 ①⑧⑯

행운복권방소는 집에서 북쪽에 있는곳

申子辰生	복권운을 피하고, 서남쪽으로 이사하면 안 된다. 재수가 없고, 하는 일마다 꼬이고, 病苦 질병발생. 바람기 발동.
巳酉丑生	서쪽을 피하고, 동남쪽으로 이사하면 안 된다 재수가 없어 하는 일마다 꼬이고, 病苦 질병발생. 바람기 발동.
寅午戌生	남쪽을 피하고, 북동쪽으로 이사하면 안 된다. 재수가 없고 하는 일마다 꼬이고, 病苦 질병발생. 바람기 발동.
亥卯未生	동쪽을 피하고, 서북쪽으로 이사하면 안 된다. 재수가 없고 하는 일마다 꼬이고, 病苦 질병발생. 바람기 발동.

운세풀이

申띠:이동수,우왕좌왕, 弱., 다툼 / 酉띠:매사불편, 방해자,배신 / 戌띠:해결신,시험함격, 풀림

亥띠:친정 이사 꼬임, 관재구설 / 子띠:귀인상봉, 금전이득, 현금 / 丑띠:매사꼬임,과거고색, 질병

寅띠:최고운상승세, 두마음 / 卯띠:의욕과다, 스트레스큼 / 辰띠:시급한 일, 뜻대로 안됨

巳띠:만남,결실,화합,문서 / 午띠:이동수,이별수,변동 움직임 / 未띠:빈주머니,걱정근심, 사기

- 121 -

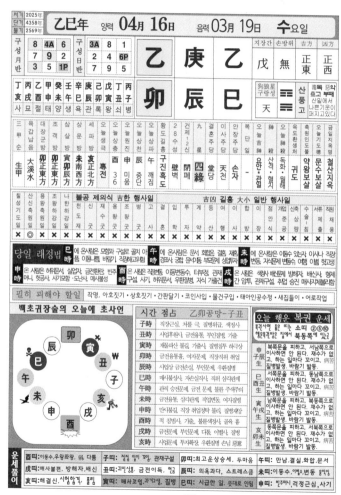

서기 2025年		
단기 4358年		
불기 2569年		

乙巳年　양력 **04**月 **16**日　음력 **03**月 **19**日　**수**요일

지장간	손방위	吉方	凶方
戊	無	正東	正西

구성월반

8	4A	6
7	9	2
3	5	1P

구성일반

3A	8	1
2	4	6P
7	9	5

乙　庚　乙
卯　辰　巳

狗狼星
구랑성
天

흉독 문약
효고 부패
신일에서
나쁜기운이
퍼지고있다

丁亥 사 | 丙戌 묘 | 乙酉 절 | 甲申 태 | 癸未 양 | 壬午 생 | 辛巳 욕 | 庚辰 관 | 己卯 왕 | 戊寅 쇠 | 丁丑 병

三甲旬 生甲 | 大將軍 大溪水 | 조객방 正東方 | 삼살방 卯正辰方 | 세파방 亥南方 | 오늘불공 專한 | 오늘행사 酉 | 황도길흉 午 | 건제12신 閉 | 九星 壁 | 결혼주당 閉 | 이사주당 四綠 | 안장주당 堂 | 오늘神殺 온한 | 오늘吉神 | 神殺 | 육도환생처 | 축일원진 | 오늘지충 | 금일형충

칠성기도일 ◎ | 산신축원일 × | 용왕축원일 × | 조왕하강일 × | 나한하강일 × | 천도 × | 신축 × | 수왕 × | 왕곳 × | 곳 × | 병곳 × | 결 × | 입학 × | 투자 × | 계약 × | 문서 × | 방장 × | 개업 × | 신축 × | 상양 × | 서류제출 × | 직원채용 ×

당일 래경비

巳時 에 온사람은 모함과 구설로 끝나 이용함, 이용문제, 바람기, 직장매끄러움

午時 에 온사람은 문서 화합은, 결혼, 재혼, 경조 문사동, 부모문제 상속문제

未時 에 온사람은 이동수 있는자 이사나 직장변동, 자식문제 변동수, 여행 헛고생

申時 온 사람은 하루묘 싫망, 금전관건 반자 | 酉時 온 사람은 잘봤는, 이동변동수, 타부정, 관재구설 | 戌時 온 사람은 색상과 백호관제 방해작, 배신사, 형제

꼭피 피해야 할일 작명, 아호짓기·상호짓기·간판달기·코인사업·물건구입·태아인공수정·새집들이·어로작업

백초귀장술의 오늘에 초사언

卯辰寅巳丑子午未申戌酉亥W

시간 점占	乙卯공망-子丑
子時	직장근심, 처물 극, 질병위급, 색정사
丑時	사업확장사, 금전융통, 부인질병, 가출
寅時	재물파손 불길, 가출사, 질병침투 하극상
卯時	금전융통흥, 여자문제, 직장이동 취업
辰時	원업상 금전손실, 부인문제, 우환질병
巳時	매사불성사, 자손실직사, 직위 삭각단계
午時	관직 승전문제, 금전 문제 불을 주색주의
未時	금전융통, 삼각관계, 직업변동, 여자갈등
申時	만사길조, 직장 취업ությու 불리, 질병會이
酉時	직 침범사, 가출, 재앙초래 관재사 곤욕 음
戌時	금전문제, 부인문제, 다툼 이별사, 질병
亥時	사업문제, 투자화합, 우환질병 손님 回喜

오늘 행운 복권 운세

복권사면 좋은 띠는 **소띠** ②⑤⑩
행운복권방은 집에서 **북동쪽**에 있는곳

申辰子生	복록운을 피하고, 서남쪽으로 이사하면 안 된다. 재수가 없고, 하는 일마다 꼬이고, 病자 질병발생. 바람기 발동.
巳酉丑生	서북쪽을 피하고, 동남쪽으로 이사하면 안 된다. 재수가 없고, 하는 일마다 꼬이고, 病자 질병발생. 바람기 발동.
寅午戌生	남쪽을 피하고, 북동쪽으로 이사하면 안 된다. 재수가 없고, 하는 일마다 꼬이고, 病자 질병발생. 바람기 발동.
亥卯未生	동쪽을 피하고, 서북쪽으로 이사하면 안 된다. 재수가 없고, 하는 일마다 꼬이고, 病자 질병발생. 바람기 발동.

운세풀이

酉띠:이동수,우왕좌왕,弱,다툼 | 子띠:점점 이익,꿈,관재구설 | 卯띠:최고운상승세, 두마음 | 午띠:만남,결실,화합,문서

戌띠:매사불편, 방해자,배신 | 丑띠:귀인상봉, 금전이득, 현금 | 辰띠:의욕과다, 스트레스큼 | 未띠:이동수,이별수,변동 움직임

亥띠:해결신,시험합격, 풀림 | 寅띠:매사꼬임,과거고생, 질병 | 巳띠:시급한 일, 뜻대로 안됨 | 申띠:빈주머니, 걱정근심, 사기

서기 2025年	乙巳年	양력 **04**月 **17**日	음력 **03**月 **20**日	**목**요일	토왕용사

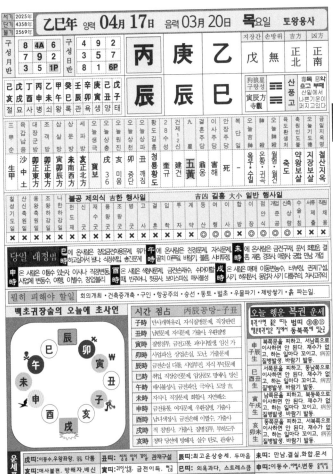

구성月반	8	4A	6	구성日반	4	9	2
	7	9	2		3	5	7
	3	5	1P		8	1	6P

丙 庚 乙
辰 辰 巳

	장간	손방위	吉方	凶方
	戊	無	正北	正南

己亥절	戊戌묘	丁酉사	丙申병	乙未쇠	甲午왕	癸巳록	壬辰관	辛卯욕	庚寅생	己丑양	戊子태

狗狼星 구랑성
寅方方 寺觀

산풍고

독특 문의
흉고 부패
신일에
나쁜기운이
퍼지고있다

三甲순	대장군방	조객방	삼살방	세살방	오늘상충	오늘원진	오늘상천	황도길흉	2 8 성수	건제 12신	九星	결혼주당	이사주당	안장주당	복단일	神殺	오늘神殺	육도환생처	축일인	오늘기도덕	금일지옥	철산지옥
生甲	沙中土	卯正東方	寅東方	未南方	亥보	36	卯미움	청룡황 중단	奎규	建건	五黃	翁옹	害해	死사	-	옥우·수일	월정·월건	축묘	약왕보살	지장보살

성기도일	신중기도일	용왕축원일	조왕하강일	나한 한강일	불공 제의식 吉한 행사일					吉凶 길흉 大小 일반 행사일							
					천신굿	재수굿	용왕굿	조왕굿	병굿	사당	입주	여행	이장	점안식	개업준공	신축상량	수출	서류제출	계약	등록
×	×	×	×	×	×	×	×	×	×	×	◎	×	◎	×	◎	×	×	×	×	◎

당일 레정법
巳時에 온사람은 창업금전화용문제, 뭐가 하고싶어서 왔냐, 색상문제, 송년문제
午時에 온사람은 친정문제, 자식문제, 골치 아픈일, 바람기, 불륜, 샤비투쟁
未時에 온사람은 금전구재, 문서 화류병, 결혼 재혼, 경사나 애정사 궁합 만남 개업
申時온 사람은 이동수 있는자, 이사나 직장변동, 사업체 변동수, 여행, 이별수, 창업불리
酉時온 사람은 색상문제, 금전손재수, 쉬어야할, 반주머니, 헛공사, 보이스피싱 매사불성
戌時온 사람은 매사 싸증나고, 토산끼, 관재구설, 사기 유유된자, 동업파 사기 디툼주의 차사고주의

필히 피해야 할일 : 회의개최 · 건축중개축 · 구인 · 항공주의 · 승선 · 동토 · 벌초 · 우물파기 · 제방쌓기 · 흙 파는 일.

백초귀장술의 오늘에 초사언

시간 점占 丙辰공망-子丑

子時	만사개혀유리, 자식질병문제, 직장관련
丑時	남편문제, 자식문제, 가출사, 우환질병
寅時	잘병참꾼, 금전고통, 파사방발생 임신 가
卯時	사업파산, 상업손실, 도난, 가출문제
辰時	금전손실 다툼, 사업부진, 자식 부인문제
巳時	취업, 직장승진문제, 입산공모 명예사 맞신
午時	매사불성사, 금전파산, 극차사, 도망 吉
未時	자식사, 직장문제, 화합사, 자연해소
申時	금전융통, 여자문제, 우환질병, 가출사
酉時	남녀색정사, 금전손해 이별수, 가출사
戌時	적 참방사, 가출사, 잘병참꾼, 부하동주
亥時	창반 당선에 방해표나 실수 타묘, 관재사

오늘 행운 복권 운세

복권사면 좋은 띠는 범띠 ③⑧⑱
행운복권방은 집에서 **동북쪽** 이 쪽

申子생	북쪽문을 피하고, 서남쪽으로 이사하면 안 된다. 재수가 없고 病苦 질병발생. 바람기 발동.
巳酉丑생	서쪽문을 피하고, 동남쪽으로 이사하면 안 된다. 재수가 없고, 病苦 질병발생. 바람기 발동.
寅午戌생	남쪽문을 피하고, 북동쪽으로 이사하면 안 된다. 재수가 없고, 病苦 질병발생. 바람기 발동.
亥卯未생	동쪽문을 피하고, 서북쪽으로 이사하면 안 된다. 재수가 없고, 病苦 질병발생. 바람기 발동.

운세풀이

戌띠: 이동수,우왕좌왕, 弱,다툼   丑띠: 적정, 이여 꺼힘, 관재구설   辰띠: 최고운상승세, 두마음   未띠: 만남,결실,화합,문서
亥띠: 매사불편, 방해자,배신   寅띠: 귀인상봉, 금전이득, 현금   巳띠: 의욕과다, 스트레스큼   申띠: 이동수,애탈수,변동 움직임
子띠: 해결신,시험합격, 풀림   卯띠: 매사꼬임,과거고색, 질병   午띠: 시급한 일, 뜻대로 안됨   酉띠: 빈주머니,걱정근심, 사기

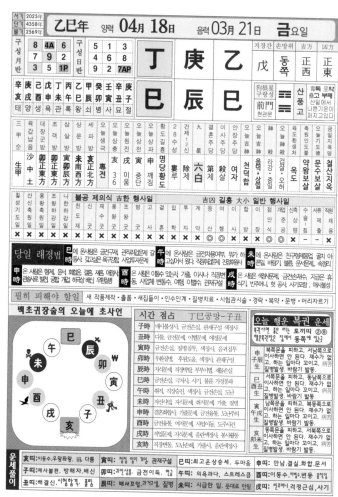

서기 2025年
단기 4358年
불기 2569年

乙巳年 양력 **04**月**18**日 음력 03月 21日 **금**요일

구성월반			구성일반		
8	4A	6	5	1	3
7	9	2	4	6	8
3	5	1P	9	2	7AP

丁 庚 乙
巳 辰 巳

지장간 戊 손방위 동쪽 吉方 正西 凶方 正東

辛	庚	己	戊	丁	丙	乙	甲	癸	壬	辛	庚
亥	戌	酉	申	未	午	巳	辰	卯	寅	丑	子
태	양	생	욕	관	록	쇠	병	사	묘	절

狗狼星
구랑성
前門
현관문

毒毒病약
잃고 부패
신일에는
나쁜기운이
퍼지고있다

산
풍
고

三甲旬	육갑납음	대장군	조객방	삼살방	세파방	오늘생기	오늘상충	오늘원진	오늘상천	오늘상파	황도길흉	28수성	건제12신	九星	결혼주당	이사주당	안장주당	오늘吉神	神殺	오늘神殺	殺	육도환생처	축일인원도	오늘기도덕	금일지옥명
生甲	沙中土	卯正東方	卯正東方	寅卯辰未南西方	亥正北方	亥	戌	중단	3 6	미움	명당황도	婁	除제	六白	第제	殺殺	여자	천덕합		음덕·성일	라강·오하	걸살·충일	옥녀	우왕보살	문수보살	철산지옥

칠성기도일 ×
산신축원일 ×
용왕축원일 ×
조왕하강일 ×
나한하강일 ×
불공 제의식 吉한 행사일
천도재 ×
신중기도 ×
재수굿 ×
용궁굿 ×
조상굿 ×
병굿 ×
고사 ×
결혼 ◎
입학 ×
투자 ◎
계약 ×
등 ×
吉凶 길흉 大小 일반 행사일
점안식 ×
개업준공 ×
신축상량 ×
수리 ×
서류제출 -
직원채용 ×
재물 ×

당일 태정법
巳時 巳에 온사람은 금전구재, 관재구설문제 갈
午時 午에 온사람은 금전차용여부, myf 하
未時 未에 온사람은 친구형제동업 꿈자
申時 申時 ...
酉時 酉時 ...
戌時 戌時 ...

필히 피해야 할일 새 작품제작·출품·새집들이·인수인계·질병치료·시험관시술·경락·복약·문병·머리자르기

백초귀장술의 오늘에 초사언

시간 점占	丁巳공망-子丑
子時	매사불성사, 금전손실, 관재구설 색정사
丑時	다툼, 금전문제 myf문제 애정문제
寅時	금전손실, 질병침투, 색정사, 음귀침투
卯時	우환질병, 후원도움, 색정사, 관재구설
辰時	자식문제, 직장변동, 부부갈등, 재물손실
巳時	금전손실, 극차사 사기 불륜 가정불화
午時	취직, 직장승진, 색정사, 금전문제 도난
未時	자산취득, 자식문제, 취직문제, 가출, 질병
申時	결혼화합사, 가출문제, 금전융통, 도난주의
酉時	금전융통, 여자문제, 사업이동, 도주사건
戌時	작업문제, 자식문제, 음란색정사, 봉사활동
亥時	직장변동, 자손문제, 가출사, 음란색정사

오늘 행운 복권 운세
복권사면 좋은 띠는 **토끼띠** ②⑥
행운복권방 집에서 **동쪽**에 있소

申辰生 북쪽문을 피하고, 서남쪽으로 이사하면 안 된다. 재수가 없고, 하는 일마다 꼬이고, 病苦 질병발생. 바람기 발동.

巳酉丑生 서쪽문을 피하고, 동남쪽으로 이사하면 안 된다. 재수가 없고, 하는 일마다 꼬이고, 病苦 질병발생. 바람기 발동.

寅午戌生 남쪽문을 피하고, 북동쪽으로 이사하면 안 된다. 재수가 없고, 하는 일마다 꼬이고, 病苦 질병발생. 바람기 발동.

亥卯未生 동쪽문을 피하고, 서북쪽으로 이사하면 안 된다. 재수가 없고, 하는 일마다 꼬이고, 病苦 질병발생. 바람기 발동.

운세풀이
亥띠: 이동수,우왕좌왕, 弱 다툼
子띠: 매사불편, 방해자,배신
丑띠: 해결신,시험합격, 풀림
寅띠: 점점 이이 꼬임, 관재구설
卯띠: 귀인상봉, 금전이득, 현금
辰띠: 매사꼬임,과거고생, 질병
巳띠: 최고운상승세, 두마음
午띠: 의욕과다, 스트레스큼
未띠: 시급한 일, 뜻대로 안됨
申띠: 만남,결실,화합,문서
酉띠: 이동수,이별수,변동 움직임
戌띠: 빈주머니,걱정근심, 사기

- 124 -

구성 월반	8	4A	6	구성 일반	6	2	4
	7	9	2		5	7	9A
	3	5	1P		1	3P	1

	지장간	손방위	吉方	凶方
戊 庚 乙	戊	동남	正南	正北
午 辰 巳				

狗猿星 구랑성 / 併桃竜 戊亥方 / 택화혁 / 변파 희명 획진 개례 은 해야 후회없이표 효상로불신

癸	壬	辛	庚	己	戊	丁	丙	乙	甲	癸	壬
亥	戌	酉	申	未	午	巳	辰	卯	寅	丑	子
절	묘	사	병	쇠	왕	록	관	욕	생	양	태

4 월

三甲旬	육갑납음	대장군방	조객방	상문방	상충	세파	오늘상천	오늘상충	오늘원진	오늘상파	황도길흉	28수 신	건제12신	九星	이사주당	혼인주당	안장주당	복단일	오늘吉神	오늘神殺	육도환생처	축일인도불	오늘끝소리	글용왕지옥
生甲	天上火	卯正東方	卯正東方	未南西方	正北方	子	미움	卯	깨끗함		胃위	滿만	七赤	竈조	어머니	-	-	식덕·미덕	재살·천화	불도	석가여래	약사보살	암흑지옥
								3 6				천형흑											
義의					正北方																		

칠성기도	산신기도	용왕기도	조왕기도	나한기도	불공 제의식 吉한 행사일						吉凶 길흉 大小 일반 행사일															
					천도	신중	조왕	병굿	고사	결혼	입택	투자	계약	등 여	이 사	합 방	이 장	점 안	개업 준	신축 상량	수 술	서류 제 출	직원 채용
◎	◎	×	×	×	○	×	◎	◎	◎	○	×	×	×	◎	◎	×	×	×	◎	◎	◎	◎	○

당일 래정법

巳時 에 온사람은 건강문제, 재수가 없고 궁 함이 단단치 꼬여있음 주겉같고, 손재수

午時 에 온사람은 금전문제, 진정문제, 갈 고요은 육감, 직장문제, 상업문제, 관재

未時 있다. 직장상사 괴롭힘 사표내면안됨

申時 이 사람은 골치 아픔일, 자식의 급병동문제 배 우자바람기, 불륜, 관재구설, 속 정체함

酉時 온 사람은 문서문제, 화합은 경조, 경조사 애정사궁합 급질병, 가능 아녀자 기능 이사나 애정사궁합

戌時 동, 점포 변동수, 투자문는 위험 이별수

에 온사람은 동업 창업 하고싶어서 왔다.

필히 피해야 할일 과식금지·소장제출·인허가신청·정보유출·질병치료·재테크투자·씨뿌리기·부동산매매

백초귀장술의 오늘에 초사인	시간 점占 戊午공망-子丑	오늘 행운 복권 운세
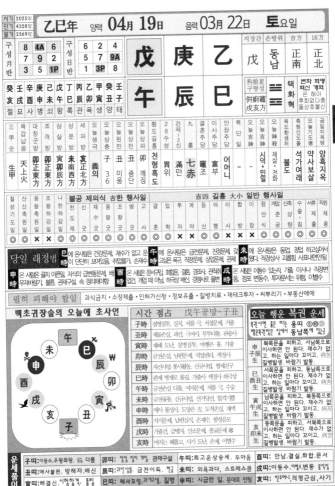	子時 잘벌침투, 실직, 처물 극, 처정문제 가출	복권사면 좋은 띠는 용띠 ⑤⑮② / 행운복권방 오늘 운세 지역에 동남쪽에 있ㅁ
	丑時 재물손실, 파고, 극차, 부부다툼, 관송사	申子辰生 북쪽문을 피하고, 서남쪽으로 이사하면 안 된다. 재수가 [ ] 고, 하는 일마다 꼬이고, 病苦 질병발생. 바람기 발동
	寅時 재해 도난, 질병침투, 여행은 흉, 가출	
	卯時 금전손실, 남편문제, 직장관직, 색정사	巳酉丑生 서쪽문을 피하고, 동남쪽으로 이사하면 안 된다. 재수가 없고, 하는 일마다 꼬이고, 病苦 질병발생. 바람기 발동
	辰時 자손사업 봉사활동, 신규사업, 형제친구	
	巳時 관재 병재로 불길, 가출사 색정사 하극상	寅午戌生 남쪽문을 피하고, 북동쪽으로 이사하면 안 된다. 재수가 없고, 하는 일마다 꼬이고, 病苦 질병발생. 바람기 발동
	午時 금전손실 다툼, 여자문제, 처물 극, 수술	
	未時 금전융통, 신규사업, 선거당선 합격기쁨	
	申時 매사 불성사, 도망은 흉, 토직사업, 재액	亥卯未生 동쪽문을 피하고, 서북쪽으로 이사하면 안 된다. 재수가 없고, 하는 일마다 꼬이고, 病苦 질병발생. 바람기 발동
	酉時 자식문제, 남편실직, 손재수, 함격움소	
	戌時 가출건, 급병자는 산소문제 종교문제 ⊗	
	亥時 여자는 해롭고, 사기 도난 손재 이별수	

운세풀이

子띠:이동수,우왕좌왕, 弱함, 다툼 / 卯띠: 점점 이익 꼬임, 관재구설 / 午띠:최고운상승세, 두마음 / 酉띠: 만남,결실,화합,문서
丑띠:매사불편, 방해자,배신 / 辰띠:귀인상봉, 금전이득, 현금 / 未띠: 의욕과다, 스트레스큼 / 戌띠:이동수,이별수,변동 움직임
寅띠:해결신,시험합격, 풀림 / 巳띠: 매사꼬임,과거고생, 질병 / 申띠: 시급한 일, 뜻대로 안됨 / 亥띠: 빈주머니,걱정근심, 사기

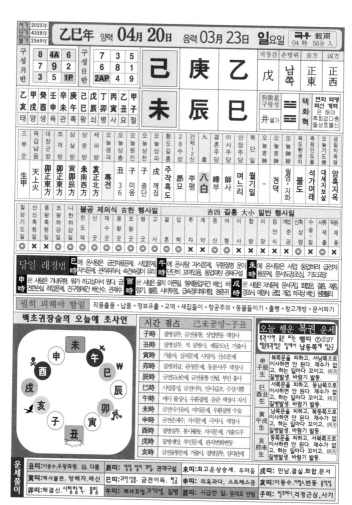

서기 2025년
단기 4358년
불기 2569년

乙巳年 양력 04月 20日 음력 03月 23日 일요일 곡우 穀雨 入 04時 56分 入

구성월반			구성일반		
8	4A	6	7	3	5
7	9	2	6	8	1
3	5	1P	2AP	4	9

지장간 戊
손방위 남쪽
吉方 正東
凶方 正西

己 庚 乙
未 辰 巳

狗狼星 구랑성 井 물가
변화 쾌명 팩신 개혁 是 해민 후회없다勿 56als호불신
택화혁

乙亥	癸酉	壬申	辛未	庚午	戊辰	丁卯	丙寅	甲子
태양	생	욕	관	록왕	쇠	병	사	묘 절

三甲旬	육갑납음	대장군방	조객방	삼살방	세파방	오늘생극	오늘상충	오늘원진	오늘상천	오늘상파	황도길흉	28수성	건제12신	九星	결혼주당	이안장주당	복단일	오늘吉神	오늘神殺	축원인도불	오늘기도덕	금일지옥	대세지보살	암흥지옥	석가여래
生甲	天上火	卯正東方	卯正東方	寅卯辰東方	未南西方	專전	丑 36	子 미움	戌 깨짐	주작흑도	昴 묘	平평	八白	婦부	며느리	월덕	-	천덕	월엄·지화	붙도				

칠성기도일 ◎
산신축원일 ◎
용왕축원일 ×
조왕하강일 ×
나한하강일 ×
불공 제의식 吉한 행사일
천의 ◎
신굿 ×
재수굿 ◎
조왕굿 ×
병굿 ×
결혼 ◎
입학 ◎
투자 ◎
계약 ×
여행 ◎
이장 ×
吉凶 길흉 大小 일반 행사일
개업 ◎
신축 ◎
상량 ×
서류제출 ◎
직원채용 ◎

당일 래정법
巳時 에 온사람 금전차용문제 사업문제 ◎ 午時 에 온사람 자신문제 우환질병 운이 ◎ 未時 에 온사람 사업 동업하려 금전차용문제 ◎
申時 이 온사람 가내걱정 뭐가 하고싶어서 왔다 ◎ 酉時 온사람 자식문제 색정사 여자문제 ◎ 戌時 온사람 부모문제 금전사 취직문제 ◎

필히 피해야 할일 작품출품·납품·정보유출·교역·새집들이·항공주의·동물들이기·출항·창고개방·문서파기

백초귀장술의 오늘에 초사인

시간 점占   己未공망-子丑

子時 잘병침투, 금전융통, 삼각관계 색정사
丑時 잘병침투, 적 잠병사, 재물도난, 가출사
寅時 가출사, 실직문제 사망사, 산소문제
卯時 금전위급, 관재문제, 동분서주 색정사
辰時 금전단손문제, 금전용통 인질, 부인 원조
巳時 사업용통 금전시급, 만나김조, 수심기쁨
午時 매사 불성사, 우환질병 음란 색정사 자식
未時 금전단순이유, 여자문제, 우환질병 수술
申時 금전손재수, 자식문제, 극차사, 색정사
酉時 잘병침투, 봉사불성, 자식문제 가출도주
戌時 잘병재앙, 부인문제, 관직변화동
亥時 금전용통문제, 가출사, 잘병침투, 삼각관계

오늘 행운 복권 운세
복권사면 좋은 띠는 뱀띠 ⑪⑰27
행운방향은 집에서 남동쪽◐ 쪽으로

申子生 복족문을 피하고, 서남쪽으로 이사하면 안 된다. 재수가 없고, 하는 일마다 꼬이고, 病苦 질병발생. 바람기 발동.
巳酉生 서쪽문을 피하고, 동남쪽으로 이사하면 안 된다. 재수가 없고, 하는 일마다 꼬이고, 病苦 질병발생. 바람기 발동.
寅午戌生 복북쪽을 피하고, 서북쪽으로 이사하면 안 된다. 재수가 없으니, 하는 일마다 꼬이고, 病苦 질병발생. 바람기 발동.
亥卯生 남쪽문을 피하고, 북동쪽으로 이사하면 안 된다. 재수가 없으니, 病苦 질병발생. 바람기 발동.

운세풀이

丑띠:이동수,우왕좌왕, 弱,다툼 辰띠:적절 의미 꺼내, 관재구설 未띠:최고운상승세, 두마음 戌띠:만남,결실,화합,문서
寅띠:매사불편, 방해자,배신 巳띠:귀인상봉, 금전이득, 현급 申띠:의욕과다, 스트레스큼 亥띠:이동수,이별수,변동 움직임
卯띠:해결신,시험합격, 풀림 午띠:매사꼬임,과거고생, 질병 酉띠:시급한 일, 뜻대로 안됨 子띠:빈주머니,걱정근심, 사기

- 126 -

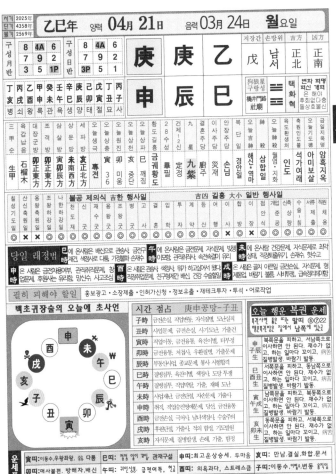

서기 2025년	乙巳年	양력 04月 21日	음력 03月 24日	月요일
단기 4358년				
불기 2569년				

		지장간	손방위	吉方	凶方
구성월반	구성일반	戊	南	正	正
8 4A 6	8 4A 6		西	北	南
7 9 2	3P 5 1				
3 5 1P					

庚 庚 乙

申 辰 巳

狗猿星 狗狼성
橋井關 社期

변효 뢰명
혁신 개혁
온 해야
되었읍니다
돌상을불로신

택
화
혁

<table>
<tr><td>丁丙甲癸壬辛庚己戊丁丙</td></tr>
<tr><td>亥戌申未午巳辰卯丑子</td></tr>
<tr><td>병쇠왕록관욕생양태절묘사</td></tr>
</table>

三甲순	대갑순	조객방	삼살방	상문방	세파극	오늘상충	오늘원진	오늘상파	황도길흉	28宿	건제12신	九星	결혼주당	안장주당	복단일	오늘吉神	神殺	오늘神殺	축원인도불	오늘기도덕	금일지장	암흑지옥
生甲	石榴木	卯正東方	卯正東方	亥正北方	未南西方	寅	卯	巳	金궤황도	畢필	定정	九紫	廚주	災재	경안일	해신·역마	삼합일	월덕 지화	석가여래	아미보살	암흑지옥
					專전	36	미움	깨집음													

	불공 제의식 吉한 행사일							吉凶 길흉 大小 일반 행사일														
칠성기도	산신축원	용왕축원	조왕하강	나한기도	불공	신축	재수굿	용왕굿	조왕굿	병굿	고사	결혼	입학	투자	계약	여행	이사	합방	이장	점안	개업	신축	수술	서류	직원
◎	×	×	×	◎	×	×	◎	×	◎	◎	×	×	×	◎	×	×	◎	×	×	×	◎	×	×

당일 레정법

巳時에 온사람은 배신으로 관송사 금전구재 午時에 온사람은 금전경사 자식문제 빙鄭 未時에 온사람은 건강문제 자식문제 초상
時간은, 색정사로 다툼, 가정불화 손재수 관재구설 관재 야수받음 직장변동 손재수, 헛수고

申時에 온 사람은 관직취업件 관재구설 직장 戌時에 온 사람은 골치 아픈일 금전손실, 자식문제, 형 戌時에 온 사람은 골치 아픈일 금전손실, 자식문제, 형
업무제 후원件는 유리함, 망신수, 사고조심 時 직장변동件 친구형제간 배신, 진강 수술할일 時 제동업 바람기 용恩, 샤우투쟁, 금속장신제배함

필히 피해야 할일 홍보광고 · 소장제출 · 인허가신청 · 정보유출 · 재테크투자 · 투석 · 어로작업

백초귀장술의 오늘에 초사언

시간 점占 庚申공망-子丑

子時	금전손실 직업변동, 자식질병, 모녀실희
丑時	사업문제, 금전손실, 사기도난, 가출건
寅時	직업이동, 금전융통, union별, 타부정
卯時	금전융통, 처접사, 우환질병, 가출문제
辰時	부동산사업 종교문제 봉사 시험합격
巳時	잘병急病, 육친이별, 색장사, 도망 투쟁
午時	잘병急病, 직업問題, 가출, 재해 도난
未時	사업懷손 금전손실 자손문제, 관직件
申時	취직 직업승진吉問題 당선 금전융통
酉時	금전손실 극차시 남녀색장사 수술주의
戌時	금전손재 가출사, 적의 함정 기도원인
亥時	자식문제로, 질병발생, 손해, 가출, 함정

오늘 행운 복권 운세

복권사면 좋은 떠는 말띠 ⑤⑦22
행운복권방위 집에서 남쪽에 있오

子時生	북쪽문을 피하고, 서남쪽으로 이사하면 안 된다, 재수가 없고, 하는 일마다 꼬이고, 病苦 질병발생, 바람기 발동
酉時生	서쪽문을 피하고, 동남쪽으로 이사하면 안 된다, 재수가 없고, 하는 일마다 꼬이고, 病苦 질병발생, 바람기 발동
午時生	남쪽문을 피하고, 북쪽으로 이사하면 안 된다, 재수가 없고, 하는 일마다 꼬이고, 病苦 질병발생, 바람기 발동
卯時生	동쪽문을 피하고, 서북쪽으로 이사하면 안 된다, 재수가 없고, 하는 일마다 꼬이고, 病苦 질병발생, 바람기 발동

운세풀이	寅띠:이동수,우왕좌왕, 弱함 다툼	巳띠:정정 이익 꾀임, 관재구설	申띠:최고운상승세, 두마음	亥띠:만남,결실,화합,문서
	卯띠:매사불편, 방해자,배신	午띠:귀인상봉, 금전이득, 현금	酉띠:의욕과다, 스트레스큼	子띠:이동수,애정사,변동 웅직임
	辰띠:해결신,시험합격, 풀림	未띠:매사꼬임,과거고생, 질병	戌띠:시급한 일, 뜻대로 안됨	丑띠:민추머니,걱정근심, 사기

- 127 -

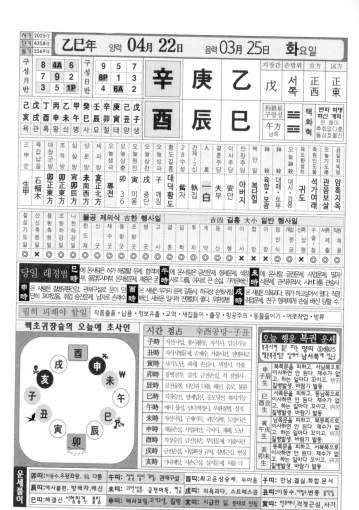

서기 2025년	乙巳年	양력 04月 22日	음력 03月 25日	화요일
단기 4358年				
불기 2569年				

구성월반			구성일반		
8	4A	6	9	5	7
7	9	2	8P	1	3
3	5	1P	4	6A	2

辛 庚 乙
酉 辰 巳

지장간	손방위	吉方	凶方
戊	서쪽	正西	正東

己 戊 丁 丙 乙 甲 癸 壬 辛 庚 己 戊
亥 戌 酉 申 未 午 巳 辰 卯 寅 丑 子
욕 관록 왕 쇠 병 사 묘 절 태 양 생

狗狼星 구랑성
午方 남쪽

택화혁

변화 혁명 획신 개혁
是 해야 추회없다흥 돌상호불신

三甲旬	육갑납음	대장군방	조객방	삼살방	세파방	오늘생극	오늘상충	오늘상천	오늘원진	오늘상파	황도길흉	2 8 수	건제 12 신	九星	결혼주당	이사주당	안장주당	神 단	神殺	오늘吉神	육도환생처	축일인연법	오늘神殺	오늘吉神	二十八宿	오늘日辰	관음보살
生甲	石榴木	卯正東方	卯正東方	寅南西方	亥正北方	專전	卯	寅	戌	子	대덕황도	觜자	執집	一白	夫부	安안	아버지	봉다일	귀도	석가여래	암흑지옥	관음보살
								미움	중단	깨짐		36									

불공 제의식 吉한 행사일

칠성기도일	산신축원일	용왕축원일	조왕하강일	나한하강일	천도재	신굿	재수굿	용왕굿	조왕굿	병굿	고사	결혼	입학	투자	계약	등산	여행	이사	합방	개업	휴업	신축상량	수술	서류제출	직원채용
⊗	×	○	⊗	○	○	○	○	○	○	○	○	×	×	×	×	○	○	×	×	○	×	○	×	○	○

吉凶 길흉 大小 일반 행사일

당일 래정법

巳時에 온사람은 하가 해결할 문제 합격하나 午時에 온사람은 금전문제, 형제문제 색정문제 未時에 온사람은 금전손재 사업문제 딸자

申時 온 사람은 질병우환강, 관재구설 운이 답 酉時에 온사람은 두기지 문제 갈등사, 하극상 손재수 時에 온사람은 의욕나, 뭐가 하고싶어서 왔다 직장

時 단이 꼬여있음, 취업 승진문제, 남자로 손재수 時 때 배신 새로운 일사작 진행하기 좋다 우환질병 戌時 취업문제, 친구 형제동가에 손실 배신 당할 수

필히 피해야 할일 작품출품 · 납품 · 정보유출 · 교역 · 새집들이 · 출장 · 항공주의 · 동물들이기 · 어로작업 · 방류

백초귀장술의 오늘에 초사언

시간 점占 辛酉공망-子丑

子時	자산사업, 봉사활동, 자식사, 임신가능
丑時	자식사병문제, 손재수, 가출사건, 잘병위급
寅時	사기도난, 파재, 손실사, 색정사, 가출
卯時	질병침투, 실직, 금전손실 적 침투사
辰時	금전융통, 타인과 다툼, 배신 음모, 불륜
巳時	직장승진, 명예입신, 음모답신, 취직가능
午時	매사 불성, 남녀색정사, 우환질병, 실직
未時	재물손실 사업파재, 극차사, 매혹 도난
申時	재물손실 사업파재, 극차사, 매혹 도난
酉時	직장승진 금전압수 부인문제 가출사건
戌時	금전손실 사업외 금지 잘병걱정, 변심
亥時	가내평안 자손근심 실직문제 처를 극

오늘 행운 복권 운세

복권사면 좋은 띠는 양띠 ⑤⑩25
행운복권방은 집에서 남서쪽에 있는곳

申子辰生	북쪽문을 피하고, 서남쪽으로 이사하면 안 된다. 재수가 없고, 하는 일마다 꼬이고, 病苦 질병발생. 바람이 발동.
巳酉丑生	서쪽문을 피하고, 동남쪽으로 이사하면 안 된다. 재수가 없고, 하는 일마다 꼬이고, 病苦 질병발생. 바람이 발동.
寅午戌生	동쪽문을 피하고, 북동쪽으로 이사하면 안 된다. 재수가 없고, 하는 일마다 꼬이고, 病苦 질병발생. 바람이 발동.
亥卯未生	북쪽문을 피하고, 서북쪽으로 이사하면 안 된다. 재수가 없고, 하는 일마다 꼬이고, 病苦 질병발생. 바람이 발동.

운세풀이

卯띠:이동수,우왕좌왕, 弱,多 다툼
辰띠:매사불편, 방해자,배신
巳띠:해결신,시험합격, 풀림

午띠: 점점 일이 꼬임, 관재구설
未띠: 귀인상봉, 금전이득, 현금
申띠: 매사꼬임,과거고생, 질병

酉띠:최고운상승세, 두마음
戌띠:의욕과다, 스트레스큼
亥띠:시급한 일, 뜻대로 안됨

子띠: 만남,결실,화합,문서
丑띠:이동수,에변주,변동 움직임
寅띠: 빈주머니, 걱정근심, 사기

乙巳年 양력 04月 23日 음력 03月 26日 수요일

구성월반			구성일반				지장간	손방위	吉方	凶方
8	4A	6	1P	6	8A		戊	서북	正南	正北
7	9	2	9	2	4					
3	5	1P	5	7	3					

壬 庚 乙
戌 辰 巳

辛亥	庚戌	己酉	戊申	丁未	丙午	乙巳	甲辰	癸卯	壬寅	辛丑	庚子
록	관	욕	생	양	태	절	묘	사	병	쇠	왕

狗狼星 구랑성
寺觀 절사관

변화 회맹
죄신 개재
은 해야 추월습다름
돌상호불신

三甲순	육갑납음	대장군방	조객방	삼살방	상문방	세파방	오늘상충	오늘원진	오늘상천	오늘상파	황도길흉	2 8 수 성	건제12신	九星	결혼주당	안장주당	복단일	오늘吉神	神殺	오늘神殺	육도환생처	인물별보	금일지옥	축도
生甲	大海水	卯正東方	卯正東方	未南西方	亥正北方	辰東南方	伐벌	辰 36	酉 미움	未 중단	白 호 흑 도	參삼	破깨짐	二黑	姑고	利이	천적·봉사	월덕합	대모·구망	천적·고초	축도	석가여래	암철지옥	미륵보살

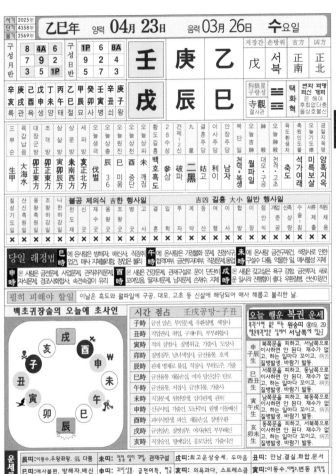

칠성기도일	산신축원일	용왕축원일	조왕하강일	나한기도일	불공제의식 吉한 행사일					吉凶 길흉 大小 일반 행사일												
					천도재	신중기도	재수굿	용왕굿	조왕굿	병굿	고사	결혼	입학	투자	계약	여행	이장	점안식	개업	신축상량	서류제출	직원채용
×	×	×	×	×	×	×	×	×	×	×	×	×	×	×	×	×	×	×	×	×	×	×

당일 래정법
巳時 에 온사람은 방허자, 배산사, 직장위, 업긴 매사 지체됨만 장앤은 불리
午時 에 온사람은 가정불화 문제 친정문제, 합의부짜, 금전의자애, 색정사로 인한
未時 에 온사람은 금전구재건, 색정사로 인한 남녀불상사 지체
申時 온 사람은 금전문제, 사업문제, 관재구설문제, 자식문제, 손님숙설이 유리
酉時 온 사람은 건강문제, 관재구설로 얽현 자식문제, 손님숙설로 짜증 단단히 얽힘 풀림
戌時 온 사람은 딸자식문제, 남자문제, 손해수 지체
亥時 온 사람은 구설수 다툼 억울한 일 매사불성 지체

필히 피해야 할일 이날은 흑도와 얼파일에 구공, 대모, 고초 등 신살에 해당되어 매사 해롭고 불리한 날.

백초귀장술의 오늘에 초사언

시간 점占 壬戌공망-子丑

子時	금전 암손 부인문제 우환질병, 색정사
丑時	적장관리 취업, 구재가능, 부부화합사
寅時	적의 침범사, 질병위급, 가출사, 도망사
卯時	질병침투, 남녀색정사 금전융통, 호색
辰時	관재 병재로 불길, 적찾사 부하도주, 가출
巳時	금전융통 재물손실 여자 망신살수 탄로
午時	금전융통, 처첩사 금전다툼, 가출사
未時	금전손실 다툼 암투 색정삼각관계
申時	신규사업 가출건 도난주의 이별사 이동수
酉時	파재생손발생 파산 재물손실 질병위환
戌時	금전암손 질병침투, 여자관련, 부부불화신
亥時	직장승진 명예사고 응모당선, 가출사건

오늘 행운 복권 운세

복권사면 좋은 띠는 원숭띠 ⑨19, 29
행운복권방은 집에서 서남쪽에 있슴

申子生	북쪽문을 피하고, 서남쪽으로 이사하면 안 된다. 재수가 없고, 하는 일마다 꼬이고, 病苦 질병발생, 바람기 발동.
巳酉丑生	서쪽문을 피하고, 동남쪽으로 이사하면 안 된다. 재수가 없고, 하는 일마다 꼬이고, 病苦 질병발생, 바람기 발동.
午寅戌生	남쪽문을 피하고, 북동쪽으로 이사하면 안 된다. 재수가 없고, 하는 일마다 꼬이고, 病苦 질병발생, 바람기 발동.
亥卯未生	동쪽문을 피하고, 서북쪽으로 이사하면 안 된다. 재수가 없고, 하는 일마다 꼬이고, 病苦 질병발생, 바람기 발동.

운세풀이

辰띠:이동수,우왕좌왕, 弱 다툼
巳띠:매사불편, 방해자,배신
午띠:해결신,시험합격, 클림
未띠:점점 일이 꼬임, 관재구설
申띠:귀인상봉, 금전이득, 현금
酉띠:매사꼬임,과거고생, 질병
戌띠:최고운상승세, 두마음
亥띠:의욕과다, 스트레스큼
子띠:시급한 일, 뜻대로 안됨
표띠:만남,결실,화합,문서
寅띠:이동수,이별수,변동 움직임
卯띠:빈주머니,걱정근심,사기

4월

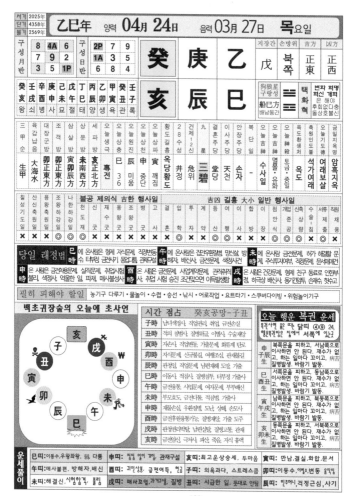

서기 2025年		
단기 4358年	乙巳年	양력 **04**月 **24**日 음력 03月 27日 **목**요일
불기 2569年		

구성월반				구성일반		
8	4A	6		2P	7	9
7	9	2		1A	3	5
3	5	1P		6	8	4

癸 庚 乙
亥 辰 巳

지장간 戊
손방위 북쪽
吉方 正東
凶方 正西

| 癸亥 왕 | 壬戌 쇠 | 辛酉 병 | 庚申 사 | 己未 묘 | 戊午 절 | 丁巳 태 | 丙辰 양 | 乙卯 생 | 甲寅 관 | 癸丑 록 |

狗狼星 구랑성 택
船巳方 화
배남동간 혁
변화 픽맹 혁신 개혁
은 후회없다흉
돌상호혈된

三甲旬 生甲 大海水

육갑납음 卯正東方

대장군방 卯正東方

조객방 未南西方

삼살방 巳

세파방 辰

오늘생극 申

오늘상충 옥당황도

오늘상천 危깨짐

황도흑도 三碧

건제12신 堂당

九星 天천

결혼주당 손자

이사주당

안장주당

복단일 수사일

오늘吉神 멸월·유화

오늘凶神 토극·출입

축관인 옥도

환생처 여래보살

인도일 석가여래

지옥도 암흑지옥

불공 제의식 吉한 행사일

칠성기도일	산신기도일	용왕기도일	조왕하강일	나한기도일	불공	신중	재수	조왕	병굿	굿
×	×	◎	×	×	◎	◎	◎	×	×	×

吉凶 길흉 大小 일반 행사일

결혼	입주	투자	계약	등록	여행	이사	합방	점안	개업	신축	수리	서류제출	상담 공식	수술침술	출행
×	◎	×	◎	◎	×	◎	◎	×	◎	×	×	◎	×	◎	×

당일 래정법
巳時 에 온사람은 형제 자신문제 직장변동
午時 에 온사람은 잔꾀로환장세 망신살 방해
未時 에 온사람은 금전문제 허가 해결할 문
申時 에 온사람은 금전화합문제 실직문제, 취업사별 亥時 에 온사람은 금전문제 관리하심, 관재구설 戌時 에 온사람은 2건진문제, 형제 친구 동료로 인한부
時 불리, 색장사, 억울한 일 파재, 매사별성사 時 時

필히 피해야 할일
농기구 다루기·물놀이·수렵·승선·낚시·어로작업·요트타기·스쿠버다이빙·위험놀이기구

백초귀장술의 오늘에 초사언

시간 점占 癸亥공망-子丑

子時	남녀색장사, 작업구설, 취업, 금전손실
丑時	적의 참방사, 질병침급, 이별사, 수술재앙
寅時	자손사 작업변동, 가출문제, 화류계 탄로
卯時	자식문제, 사업화금결, 여행문외, 관재봉조
辰時	관작임, 작업문제, 남편재해 도망 가출
巳時	금전사 적침사, 질병침투, 타인생 가출사
午時	금전용통, 사업문제, 여자문제, 부부배신
未時	부모효도, 금전개통, 작업임, 가출사
申時	매물손실, 우환질병, 도난, 상해, 손모사
酉時	금전화원용통가. 질병불침, 가출 도주
戌時	관앙관귀덕발, 남편갈등, 질병고통, 관재
亥時	금전암시, 극차사 파산 죽음 자식 흉액

오늘 행운 복권 운세
복권사면 좋은 띠는 **닭띠** ④⑧ 24.
행운감색은 직역에서 **서쪽**에 있습

申子辰生	북복문을 피하고, 서남쪽으로 이사하면 안 된다. 재수가 없고 … 하는 일마다 꼬이고, 病苦 질병발생. 바람기 발동.
巳酉丑生	서북쪽을 피하고, 동남쪽으로 이사하면 안 된다. 재수가 없고 … 하는 일마다 꼬이고, 病苦 질병발생. 바람기 발동.
寅午戌生	남쪽문을 피하고, 북쪽으로 이사하면 안 된다. 재수가 없고 … 하는 일마다 꼬이고, 病苦 질병발생. 바람기 발동.
亥卯未生	동쪽문을 피하고, 남쪽으로 이사하면 안 된다. 재수가 없고 … 하는 일마다 꼬이고, 病苦 질병발생. 바람기 발동.

운세풀이
巳띠:이동수,우왕좌왕, 弱, 다툼
午띠:매사불편, 방해자,배신
未띠:해결신,시험합격, 풀림

申띠:점정 일이 예상치 않게, 관재구설
酉띠:귀인상봉, 금전이득, 현고
戌띠:매사꼬임,과거고생, 질병

亥띠:최고운상승세, 두마음
子띠:의욕과다, 스트레스큼
丑띠:시급한 일, 뜻대로 안됨

卯띠:만남,결실,화합,문서
寅띠:이동수,이별수,변동 움직임
辰띠:빈주머니,걱정근심, 사기

- 130 -

乙巳年 양력 **04**月 **25**日 음력 **03**月 28日 **金**요일　陽遁下元

4月

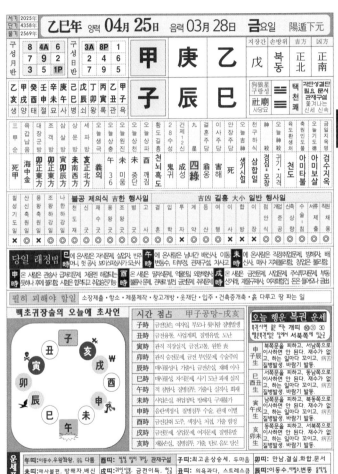

구성월반		
8	4A	6
7	9	2
3	5	1P

구성일반		
3A	8P	1
2	4	6
7	9	5

甲 庚 乙
子 辰 巳

지장간	손방위	吉方	凶方
戊	북동	正北	正南

狗狼星 구랑성 祠廟 사당안　괄단성괄단 필요 문서 관재구설 쫓겨나는 신세 신속

택천쾌

乙亥생 甲戌양 癸酉태 壬申절 辛未묘 庚午사 己巳병 戊辰쇠 丁卯왕 丙寅관 乙丑욕 甲子생

三甲순 死甲　육갑납음 海中金　대장군방 正東方　조객방 正東方　삼살방 卯辰巳　상문방 未　세파방 亥南方　오늘상충 午 36　오늘원진 未　오늘상천 酉 미움　오늘상파 酉 깨짐　황도길흉 천뇌흑　건제12신 成성　九星 四綠　결혼주당 翁　이사주당 害해　안장주당 死　천구하식 생기법　神殺 삼합일　오늘神殺 점구·묘장　육축혈신 귀기·지격　오늘神殺 천도　오늘기도일 아미타불　오늘피할날 검수지옥 五黃殺

칠성기도 × 산신축원 ◎ 용왕축원 × 조왕축원 ◎ 나한기도 ◯ 불공 제의식 吉한 행사일: 천도 ◎ 신중기도 ◎ 재수굿 ◎ 조상굿 ◎ 병굿 × 살풀이 × 吉凶 길흉 大小 일반 행사일: 결혼 × 입택 × 투자 × 계약 × 여행 × 역학 × 산행 × 사행 × 방생 × 점안 ◎ 개업 ◎ 신축 × 수리 × 서류 × 직원 ◯

필히 피해야 할일: 소장제출·항소·제품제작·창고개방·옷재단·입주·건축중개축·흙 다루고 땅 파는 일

백초귀장술의 오늘에 초사언

시간 점占	甲子공망-戌亥
子時	금전손실 여자일, 부모 윗사람 잘봉앙함
丑時	금전융통, 사업계획, 질병유발, 도난
寅時	관직 직장실직, 금전고통, 원한 злость
卯時	관직 승진문제, 금전 부인문제 수술주의
辰時	매사불성사 가정불안 금전손실 재해 이사
巳時	매사불성사 자식문제, 사기 도난 파재 실직
午時	적 참사사, 질병침투, 가출사, 실직사 화재
未時	사업손실 취업관련, 방해자, 구재불성
申時	윤산색질사, 질병침투 수술, 관재 이별
酉時	금전손실 도주, 색정사, 처첩, 가출 함정
戌時	금전문제, 상업문제, 여자문제, 질병유발
亥時	재물손실, 질병침투, 가출, 탄로 음모 망신

운세풀이
午띠:이동수·우왕좌왕, 弱弱 다툼　酉띠:점점 일이 꼬임, 관재구설　子띠:최고운상승세, 두마음　卯띠:만남,결실,화합,문서
未띠:매사불편, 방해자,배신　戌띠:귀인상봉, 금전이득, 현금　丑띠:의욕과다, 스트레스큼　辰띠:이동수,액땜,변동 움직임
申띠:해결신,시험합격, 풀림　亥띠:매사꼬임,과거2생, 질병　寅띠:시급한 일, 뜻대로 안됨　巳띠:빈주머니,걱정근심, 사기

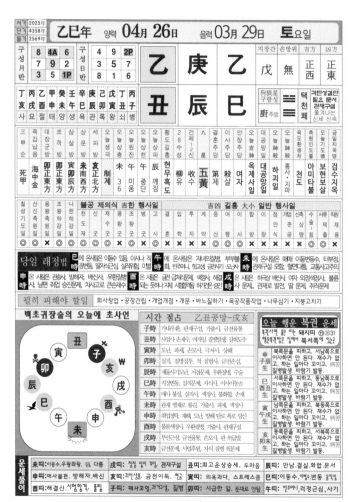

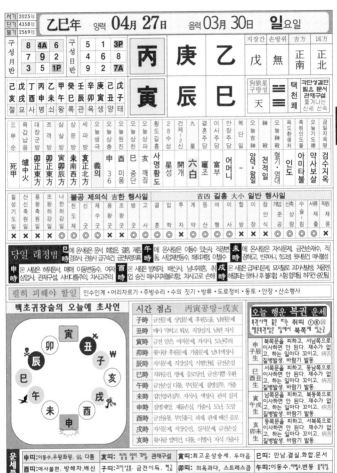

서기 2025년		乙巳年	양력 04月 27日	음력 03月 30日	일요일
단기 4358년					
불기 2569년					

구성월반	8	4A	6	구성일반	5	1	3P	丙	庚	乙	지장간 戊	손방위 無	吉方 正南	凶方 正北
	7	9	2		4	6	8							
	3	5	1P		9	2	7A	寅	辰	巳				

己亥절 戊戌묘 丁酉사 乙未왕 甲午록 壬辰관 辛卯욕 庚寅생 戊子양 태

狗狼星 구랑성 天 / 택천쾌 / 과단성결단 필요 風雲 관재구설 풀거나는 신세 신속

三甲순 死甲 / 육갑납음 爐中火 / 대장군방 卯正東方 / 조객방 卯正東方 / 삼살방 南西方 / 상문방 未南西方 / 세파방 亥正北方 / 오늘상충 申 / 오늘상천 酉 / 오늘상파 亥 / 황흑도길흉 사명황도 / 건제12신 星성 / 九星 開開 / 결혼주당 六白 / 이사주당 竈조 / 안장주당 富부 / 오늘吉神 어머니 / 神殺 / 오늘神殺 영신·역마 / 육도환생처 인도 / 축시환생처 아미타불 / 오늘문복처 약사보살 / 오늘기도덕 검수지옥

칠성기도일 × / 산신축원일 × / 조왕축원일 × / 나한기도일 × / 불공 천의 굿 ◎ / 제의식 재수 굿 ◎ / 吉한 행사일 조왕 굿 ◎ / 병굿 × / 결혼 사 × / 입학 혼 ◎ / 투자 자 ◎ / 계약 약 ◎ / 길흉 大小 일반 행사일 / 합방 행 ◎ / 이사 사 × / 점안식 안 × / 개업 준공 ◎ / 신축상량 × / 수술 제·침 × / 서류 체결 × / 직원채용 ×

당일 례정법
巳時 온사람은 문서 화합은 결혼 재혼 경조사 관송사 급격속 급해될문제
午時 온사람은 이동수 있는자 직장변동 사업변동수 해외진행 이별수
未時 온사람은 자식문제 금전손재수 직장애니 고나빛문제 매물성
申時 온사람은 허위문서 매매 이동변동수 여자문제 상업사 관재구설 사비다툼주의 차사고주의
戌時 온사람은 방위조심 승진 매사지체불리함 차사고로 손해 해결능 듯하나 후불임 사업합격 하면 승전됨

필히 피해야 할일 인수인계·머리자르기·주방수리·수의 짓기·방류·도로정비·동토·안장·산소일

백초귀장술의 오늘에 초사언

寅 卯 辰 巳 午 未 申 酉 戌 亥 子 丑 W

시간 점占 丙寅공망-戌亥

子時	금전문제 상담문제 후원도움, 남편문제
丑時	매사 막히고 퇴보, 직장실직 남편 자식
寅時	금전 안도 여자문제 자식사 도난주의
卯時	윗사람 후원문제, 가출문제 남녀색정사
辰時	자식문제 직장실직 시험인덕 금전손실
巳時	직장승진 명예 용모당선 금전기쁨 우환
午時	금전손실 다툼, 부모문제 갈림침투, 가출
未時	갈등생사문제, 직장실 애정사 색정사
申時	질병재앙 재물손실 가출사 도난 도망
酉時	금전융통, 부인흉극, 파재 관재 배신 음모
戌時	자식문제 직장문제, 실직문제 금전손실
亥時	윗사람 발탁건 다툼, 이별사 자식 가출사

오늘 행운 복권 운세
복권사면 좋은 띠는 쥐띠 ①⑥16
행운귀방은 집에서 북쪽에 있는곳

申子辰生	복포문을 피하고, 서남쪽으로 이사하면 안 된다. 재수가 없고, 하는 일마다 꼬이고, 病苦 질병발생. 바람기 발동
巳酉丑生	서북문을 피하고, 동남쪽으로 이사하면 안 된다. 재수가 없고, 하는 일마다 꼬이고, 病苦 질병발생. 바람기 발동
寅午戌生	남북문을 피하고, 북쪽으로 이사하면 안 된다. 재수가 없고, 하는 일마다 꼬이고, 病苦 질병발생. 바람기 발동
亥卯未生	동북문을 피하고, 서쪽으로 이사하면 안 된다. 재수가 없고, 하는 일마다 꼬이고, 病苦 질병발생. 바람기 발동

운세풀이
申띠:이동수·우왕좌왕·弱 다툼 | 酉띠:매사불편, 방해자, 배신 | 戌띠:해결신, 시험합격, 풀림
子띠:귀인상봉· 금전이득, 現금 | 丑띠:매사꼬임,과거고생, 질병 | 寅띠:최고운상승세, 두마음
卯띠:의욕과다, 스트레스큼 | 辰띠:시급한 일, 뜻대로 안됨 | 巳띠:만남,결실,화합,문서
午띠:이동수,이별수,변동 움직임 | 未띠:빈주머니, 걱정근심, 사기

- 133 -

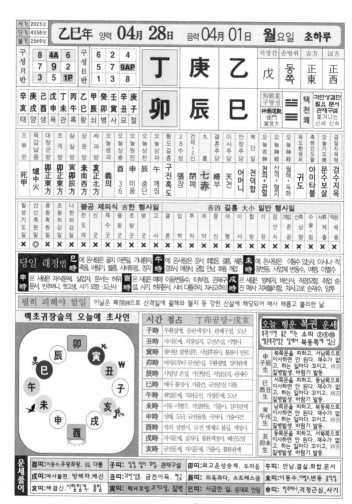

서기 2025年 | 단기 4358年 | 불기 2569年 | 乙巳年 양력 **04**月 **28**日 음력 **04**月 **01**日 **월**요일 **초하루**

구성월반				구성일반			지장간	손방위	吉方	凶方
8	4A	6		6	2	4	戊	동쪽	正東	正西
7	3	5		5	7	9AP				
3	5	1P		1	3	8				

丁 庚 乙
卯 辰 巳

辛亥 庚戌 己酉 戊申 丁未 丙午 乙巳 甲辰 癸卯 壬寅 辛丑 庚子
태 양 생 욕 관 록 쇠 병 사 묘 절

狗狼星 구랑성
神廟道觀 後門 寅辰方

택천쾌

과단결단 필요 문서 관재구설 쫓겨나는 신세 신속

三甲旬	육갑납음	대장군방	조객방	삼살방	세파방	오늘생극	오늘상충	오늘원진	황도길흉	건제12신	九星	결혼주당	이사주당	안장주당	복단일	오늘神殺	오늘吉神	九月흉신	도환겸처	주당거리	기도성명
死甲	爐中火	卯正東方	卯正東方	亥巳方	義의	酉	申	辰		건제	九星	張장	閉폐	七赤	婦부	天천	천덕합	천의·복덕	월해·혈지	귀도	아미타불 검수지옥 문수보살

불공 제의식 吉한 행사일 | 吉凶 길흉 大小 일반 행사일

칠성기도일	산신축원	용왕축원	조왕하강	나한기도	불공	신중	재수굿	용왕굿	조왕굿	병굿	고사	결혼	입주	투자	계약	등기	여행	이사	합방	신축	수술	서류	직원
×	◎	×	×	×	×	×	×	×	×	×	×	×	×	×	×	×	×	×	×	×	×	×

당일 래정법
子時에 온사람은 골치 아프고, 가出打내, 午時에 온사람은 문서 관재로 결혼, 재혼, 未時에 온사람은 이동수 앉자 이사나 직죽음 바람기, 불륜, 사기투쟁, 정치, 경사로 애정사 궁합 만남 취업 개업, 장변동, 사업에 변동수, 여행, 이별수

申時에 온사람은 자식문제, 실직문제 문서는 하극상, 酉時에 온사람은 방위문제, 관재구설, 戌時에 온사람은 병원녀, 직장문제 이동수있재온 빈자리나, 헛고생 사기 모함, 동남사, 온사람 사기 하극상문 사비 대통주의 차사고주의 진 매사 지체됨로라, 차사고로 손해수, 입학

필히 피해야 할일 | 이날은 폐閉神으로 산격일에 왈해와 혈지 등 강한 신살에 해당되어 매사 해롭고 불리한 날.

백초귀장술의 오늘에 초사언

시간 점술 丁卯공망-戌亥

子時	우환질병, 음란색정사, 관재구설, 도난
丑時	자식문제, 직장실직, 금전손실, 이별사
寅時	윗사람 잘섬김문, 사업투자위시, 불운사 단산
卯時	여자로부터 금전손실, 우환질병, 삼각관계
辰時	사업상 손실 가내불안 직업실직, 관재수
巳時	매사 불성사, 가출건, 금전손실 대통
午時	취업문제, 질병수진, 가출문제, 도난
未時	금전 변동수, 질병 변동, 가출사, 이별수
申時	상해, 도난, 금전융통, 극차사, 가출사건
酉時	적의 침범사, 금전 병로로, 불길, 색상사
戌時	자식문제, 실직사, 불륜색정사, 배신도망
亥時	금전문제, 자문문제, 가출사, 불륜관계

오늘 행운 복권 운세
복권운 좋은 띠는 소띠 ②⑤⑩ 행운복권방은 집에서 북동쪽에 있는 곳

申辰生 북쪽문을 피하고, 서남쪽으로 이사하면 안 된다. 재수가 없고 하는 일마다 꼬이고, 病苦 질병발생. 바램끼 발동.

巳酉丑生 서쪽문을 피하고, 동남쪽으로 이사하면 안 된다. 재수가 없고 하는 일마다 꼬이고, 病苦 질병발생. 바램끼 발동.

午戌生 남쪽문을 피하고, 북동쪽으로 이사하면 안 된다. 재수가 없고 하는 일마다 꼬이고, 病苦 질병발생. 바램끼 발동.

亥卯未生 북쪽문을 피하고, 서북쪽으로 이사하면 안 된다. 재수가 없고 하는 일마다 꼬이고, 病苦 질병발생. 바램끼 발동.

운세풀이
酉띠:이동수,우왕좌왕, 弱, 다툼
戌띠:매사불편, 방해자,배신
亥띠:해결신,시험합격, 풀림
子띠: 점점 일이 꼬임, 관재구설
丑띠:과거고생, 금전이득, 현금
寅띠:매사꼬임,과거고생, 질병
卯띠:최고운상승세, 두마음
辰띠: 의욕과다, 스트레스큼
巳띠:시급한 일, 뜻대로 안됨
午띠: 만남,결실,화합,문서
未띠:이동수,이별수,변동 움직임
申띠: 빈주머니, 걱정근심, 사기

- 134 -

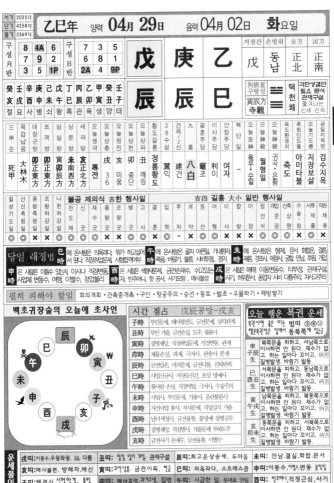

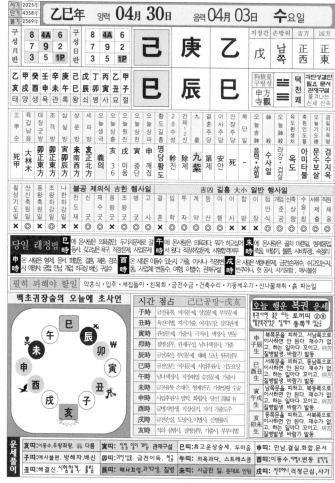

서기 2025년													

서기 2025년 / 단기 4358년 / 불기 2569년

乙巳年 양력 **04月 30日** 음력 **04月 03日** 수요일

구성월반
8	4A	6
7	9	2
3	5	1P

구성일반
8	4A	6
7	9	2
3	5	1P

己 庚 乙
巳 辰 巳

지장간 戊 / 손방위 남쪽 / 吉方 正西 / 凶方 正東

狗猿星 구랑성 申方 寺觀

택천쾌

과단성결단
필요 문서
관제구설
쫓겨나는
신세 신속

乙 甲 癸 壬 辛 庚 己 戊 丁 丙 乙 甲
亥 戌 酉 申 未 午 巳 辰 卯 寅 丑 子
태 양 생 욕 관 록 왕 쇠 병 사 묘 절

三甲순	육갑납음	대장군방	조객방	삼살방	상문방	세파방	오늘생극	오늘상충	오늘원진	오늘상천	오늘상파	황도길흉	건제2신	九星	결혼주당	이사주당	안장주당	복단일	神殺	오늘吉神	殺神	오늘神殺	축원인도불	오늘태어난아이	일지원진	검수지옥
死甲	大林木	卯正東方	卯正東方	東南방	未南西方	亥正西方	義의	亥	戌 미움	寅 중단	명당황도	軫진	除제	九紫	第제	安안	死	-	음식·삼살	수山일	라강·검살	옥녀	아미타불	문수보살	검수지옥

불공 제의식 吉한 행사일 / 吉凶 길흉 大小 일반 행사일

칠성기도	산신축원	용왕축원	조왕하강	나한하강	불공	천도재	신중기도	재수굿	용궁굿	조왕굿	병굿	고사	결혼	입주	투자	계약	등기	개업	기공	신축	수술	서류	이장
✕	◎	✕	◎	◎	◎	◎	✕	◎	◎	✕	✕	✕	◎	◎	◎	◎	◎	✕	◎	◎	◎	◎	✕

당일 래정법

巳時 巳에 온사람은 의욕만. 무거시문제로 갈 己등사 갖고運욕. 직장문제. 사업문제

午時 午에 온사람은 의욕뿐. 뭐가 하고싶어서 왔다 직장취업문제. 색정사

未時 未에 온사람은 골치 아픈일, 형제동업 죽음 바람기 불륜. 샤비투쟁. 속셈//

申時 申에 온사람은 형제 문서 화합은 안됨 이사 이동수, 관재구설 사비투쟁, 급전손실수 쇠고身 죽음 바람기 불륜사 관재 이별수, 많은 사람을 상대하는 영업직 진급 승진

戌時 戌에 온사람은 이동수 있는자 가출 이사나 직장변동 점포 변동수, 여자상업 이별수 빈주머니 헛 공사, 사기모함 , 여행은 불리

필히 피해야 할일 약혼식 · 입주 · 새집들이 · 친목회 · 금전수금 · 건축수리 · 기둥세우기 · 산나물채취 · 흙 파는일

백초귀장술의 오늘에 초사언

시간 점占	己巳공망-戌亥
子時	금전융통, 여자문제 상담결혼 부부문제
丑時	육찬이별, 자식가출, 여자도난, 삼각관계
寅時	관청문제, 가출나 극차사. 색정사 변동
卯時	질병침투, 관재구설 남녀색정사, 가출
辰時	금전마사 부모문제 애정불 도난 원귀침투
巳時	금전사가는 여자문제 사업투쟁사, 기도요망
午時	남녀색정사, 직장취업 승진문제 가출사
未時	금전융통 손재수, 형제찬구, 가출방탕 수술
申時	색정사 여자로 금전지출 화해사, 당선 喜쁨有
酉時	금전개발생, 직장실직 자식 가출도주
戌時	금전이득, 도망사, 여행사, 산병불리
亥時	적의 침투사, 질병침투, 가출사 부부이별

오늘 행운 복권 운세

복권사면 좋은 띠는 토끼띠 ②⑧
행운복권방 은 집에서 동쪽⁰쪽

申子辰生 복권문을 피하고, 서남쪽으로 이사하면 안 된다. 재수가 없고, 하는 일마다 꼬이고, 病苦

巳酉丑生 서쪽문을 피하고, 동남쪽으로 이사하면 안 된다. 재수가 없고, 하는 일마다 꼬이고, 病苦 질병발생. 바람기 발동

寅午戌生 북쪽문을 피하고, 북동쪽으로 이사하면 안 된다. 재수가 없고 질병발생. 바람기 발동

亥卯未生 남쪽문을 피하고, 서북쪽으로 이사하면 안 된다. 재수가 없고 질병발생. 바람기 발동

운세풀이

亥띠:이동수,우왕좌왕, 弱,다툼   寅띠:적은 일이 '꼬임, 관재구설
子띠:매사불편, 방해자,배신   卯띠:귀인상봉, 금전이득, 현금
丑띠:해결신,시험합격, 풀림   辰띠:매사꼬임,과거2생, 질병

巳띠:최고운상승세, 두마음   申띠:만남,결실,화합,문서
午띠:의욕과다, 스트레스큼   酉띠:이동수,이별수,변동 움직임
未띠:시급한 일, 뜻대로 안됨   戌띠:빈주머니,걱정근심, 사기

서기 2025年				
단기 4358年	乙巳年	양력 **05**月 **01**日	음력 **04**月 **04**日	**목**요일
불기 2569年				

구성월반	8	4A	6	구성일반	9	5	7	庚	庚	乙		지장간	손방위	吉方	凶方
	7	9	2		8	1	3					戊	남서	正西	正東
	3	5	1P		4	6AP	2	午	辰	巳					

丁亥	丙戌	乙酉	甲申	癸未	壬午	辛巳	己卯	戊寅	丑子		狗狼星 구랑성		화산녀	나그네 여행 쓸을데. 불안정 판斷할때
병	쇠	왕	록	관	욕	생	양	태	절묘사		天			

三刑殺	육갑납음	대장군방	조객방	삼살방	상문방	세파방	오늘생극	오늘상충	오늘원진	오늘상천	황도길흉	28성수	건제12성	九星	결혼주당	이사주당	안장주당	복단일	대공망일	오늘지신	오늘神殺	축원이도불	오늘吉神	금일원진
死甲	路傍土	卯正東方	卯正東方	寅辰方	未南西方	亥正北方	子빌벌	丑미움	丑중단	卯깨짐	천형흑도	角각	滿만	一白	翁옹	災재	손자	복단일	月엄 · 시덕	익후 · 미밀	천봉 · 천리	불도	정광여래	약사보살	도산지옥	금일지옥

불공 제의식 吉한 행사일								吉凶 길흉 大小 일반 행사일															
천수천안	신중 기도일	용왕 축원일	조왕 하강일	나한 하강일	천도 재	신 굿	재 수 굿	용왕 굿	조왕 굿	병 굿	고 사	결 혼	입 학	투 자	계 약	등 화	여 행	이 사	합 방	점 안 식	개업 준공	신축 상량	수 술 · 침	서류 제출	직원 채용
×	×	×	×	×	×	×	×	×	×	×	×	×	×	×	×	×	×	×	×	×	×	×	×	×	×

당일 래정법 巳에 온사람은 건강관계, 관재구설로 운 午에 온사람은 의욕과다 두문제로 갈등 未에 온사람은 의욕다. 뭐가 하고싶어
時 時 時
時 時 時 時

申온 사람은 골치 아픔일, 친구나 형제동업 죽음 酉온 사람은 형제, 문서 화합은 결혼, 경조사 애정事 戌온 사람은 이동수 있는자, 가출, 이사나, 직장변
時 배우자바람기, 불륜, 사바색임, 속 장사배하땀 時 時 동, 사업체 변동수, 창업, 이별수, 관재구설

필히 피해야 할일 입주 · 새집들이 · 친목회 · 금전수금 · 창고수리 · 건축수리 · 동토 · 관정 우물파기 · 기둥세우기

백초귀장술의 오늘에 초사언	시간 점占	庚午공망-戌亥		오늘 행운 복권 운세

	시간	점占 내용
	子時	잘병관災, 자식 극 관재육신, 도난 질책
	丑時	사업순제, 육친가閨, 질병잠해 기도요망
	寅時	사업순제, 금전용유, 불화서 가능, 이별
	卯時	남녀색정사, 금전문제 여자도주 가출사
	辰時	자손사, 이별관위나 질병관災, 파가함발
	巳時	잘병생財, 관재구설 재앙소啇, 파소사발생
	午時	금전순心, 직장문제 남목문제, 재해 도난
	未時	사업문제, 금전융통, 가출문제
	申時	원병 이동건 직장변화문제, 승진문제
	酉時	관직 발탁사, 금전문제 극치사 수술하面
	戌時	재물손실 가출건, 사업파산 왕서목문제
	亥時	자식 질병재앙, 사기손제, 도난 胎성 음란

子띠: 이동수,우왕좌왕, 弱 다툼	卯띠: 점점 이익 呀呀 관재구설	午띠:최고운 상승세, 두마음	酉띠: 만남,결실,화합,문서
丑띠:매사불편, 방해자,배신	辰띠:귀인상봉, 금전이득, 힘급	未띠: 의욕과다, 스트레스큼	戌띠:이동수,애인변동, 울화
寅띠:해결신,시험합격, 풀림	巳띠: 매사꼬임,과거2생, 질병	申띠: 시급한 일, 뜻대로 안됨	亥띠: 빈주머니,걱정근심,사기

乙巳年 　양력 05月 02日 　음력 04月 05日 　金요일

구성월반			구성일반		
8	4A	6	1	6	8A
7	9	2	9	2	4
3	5	1P	5P	7	3

辛 庚 乙
未 辰 巳

지장간	손방위	吉方	凶方
戊	서쪽	正東	正西

己	戊	丁	丙	乙	甲	癸	壬	辛	庚	己	戊
亥	戌	酉	申	未	午	巳	辰	卯	寅	丑	子
관	록	왕	쇠	병	사	묘	절	태	양	생	

狗狼星 구랑성
天
화산려
⚌⚍
나그네
여행 불을
즐기나
小불안정
판촉할

三甲旬	육갑납음	대장군방	조객방	삼살방	상문방	세파방	오늘생극	오늘상충	오늘상파	오늘상해	오늘원진	오늘상천	황도길흉	2 8 宿 성	건제12신	九星	결혼주당	이사주당	안장주당	복단일	오늘神殺	오늘吉神	육도환생처	축원인도불	오늘기도德	금일지옥명	別	대세지보살	도산지옥
死甲	路傍土	卯正東方	寅正東方	未南西方	亥正北方	義의	丑 3 6	子 중단	戌 깨짐	酉	주작흑도	亢항	平평	二黑	堂당	師사	남자	월기일	세음·신후	천적일	천강·월살	불도	정광여래					

칠성기도일	산신축원일	용왕축원일	조왕축원일	나한기도일	불공 제의식 吉한 행사일								吉凶 길흉 大小 일반 행사일												
					천도재	신굿	재수굿	용왕굿	조왕굿	병굿	고사	결혼	입택	투자	계약	등기	개업	수술	서류	여행	이장				
×	×	◎	×	×	×	×	×	×	×	×	×	×	×	×	×	×	×	○	×	×	×				

필히 피해야 할일 | 새작품제작·출품·새집들이·인수인계·후임자간택·사행성오락·코인투자·벌초·씨뿌리기

백초귀장술의 오늘에 초사언

未		
申	午	
酉	巳	W
戌		辰
亥		卯
子	寅	
	丑	

시간 점占	辛未공망-戌亥
子時	남녀색정사, 금전손해 실물수, 잘병 관재
丑時	적의 침범사, 질병재앙, 자손상쇠, 가출
寅時	부인문제 금전문제 불륜 삼각관계
卯時	금전융통, 잘병위급, 여자문제, 금전다툼
辰時	사업 후원문제 육친불화 다툼, 불화배신
巳時	관직 발탁사, 금전도움, 남편문제나 포상
午時	사직문제, 금전융통, 직장변동, 가출사
未時	금전의 암손, 여자문제, 잘병침투, 도주
申時	파재 상해, 도난 가출사, 관재 황혼주의
酉時	형제문구 도주사, 직장실직, 가출사
戌時	사업문제 이동사, 잘병 수술위급, 관재구설
亥時	작업건의 실직, 금전손재사, 가출사발생

오늘 행운 복권 운세
복권사면 좋은 띠는 뱀띠⑦⑰27
행운복권방은 집에서 남동쪽쪽에 있소

申子辰生	복쪽을 피하고, 서남쪽으로 이사하면 안 된다. 재수가 없고, 하는 일마다 꼬이고, 病苦 질병발생. 바람기 발동.
巳酉丑生	서쪽을 피하고, 동남쪽으로 이사하면 안 된다. 재수가 없고, 하는 일마다 꼬이고, 病苦 질병발생. 바람기 발동.
寅午戌生	남쪽을 피하고, 서북쪽으로 이사하면 안 된다. 재수가 없고, 하는 일마다 꼬이고, 病苦 질병발생. 바람기 발동.
亥卯未生	동쪽을 피하고, 서북쪽으로 이사하면 안 된다. 재수가 없고, 하는 일마다 꼬이고, 病苦 질병발생. 바람기 발동.

운세풀이

丑띠	이동수,우왕좌왕, 弱 다툼	辰띠	점진 일이 꼬임, 관재구설	未띠	최고운상승세, 두마음	戌띠	만남,결실,화합,문서
寅띠	매사불편, 방해,배신	巳띠	귀인상봉, 금전이득, 현금	申띠	의욕과다, 스트레스큼	亥띠	이동수,액션수,변동 움직임
卯띠	해결신,시험합격, 풀림	午띠	매사꼬임,과거고생, 질병	酉띠	시급한 일, 뜻대로 안됨	子띠	빈주머니, 걱정근심, 사기

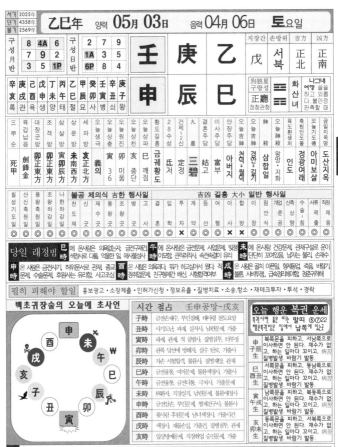

서기	2025年
단기	4358年
불기	2569年

乙巳年 양력 05月 03日 음력 04月 06日 土요일

구성 월반	8	4A	6
	7	9	2
	3	5	1P

구성 일반	2	7	9
	1A	5	7
	6P	8	4

壬 庚 乙
申 辰 巳

| 辛亥 | 庚戌 | 己酉 | 戊申 | 丁未 | 丙午 | 乙巳 | 甲辰 | 癸卯 | 壬寅 | 辛丑 | 庚子 |
| 록 | 관 | 욕 | 생 | 양 | 태 | 절 | 묘 | 사 | 병 | 쇠 | 왕 |

지장간 戊
손방위 서북
吉方 正北
凶方 正南

狗狼星 구랑성
正廳 정청관성

화산녀

나그네 여행 을 하고 외 롭다. 촌 촌불로 때

三甲旬	육갑납음	대장군방	조객방	삼살방	상문방	세파방	오늘원진	오늘상충	오늘상천	황도길흉	건제12신	九星	결혼주당	이사주당	안장주당	오늘吉神	神殺	오늘神殺	축원인도불	오늘吉神	금일독성	도산지옥
死甲	劍鋒金	卯正東方	卯正東方	寅南西方	辰正北方	午正南方	寅	卯	亥	금궤황도	定	三碧	姑	富	아버지	겸낙·길위	삼합일	왕·지화	인도	정광여래	아미보살
							義의		36		중단간	미움		정		고						

불공 제의식 吉한 행사일 / 吉凶 길흉 大小 일반 행사일

| 칠성기도일 | 산신축원일 | 용왕축원일 | 조왕하강일 | 나한한강일 | 천도재 | 신굿 | 재수굿 | 용왕굿 | 조왕굿 | 병굿 | 고사 | 결혼 | 입학 | 투자 | 계약 | 등용 | 여행 | 이사 | 합방 | 점안식 | 개업준공 | 신축상량 | 수술 | 서류제출 | 직원채용 |
| ◎ | ◎ | ◎ | ◎ | ◎ | ◎ | ◎ | ◎ | ◎ | ◎ | ◎ | ◎ | ◎ | ◎ | ◎ | ◎ | ◎ | × | × | ◎ | ◎ | ◎ | ◎ | ◎ | ◎ | ◎ |

당일 레정법
巳時 에 온사람은 의욕없는자, 금전구재건 午時 에 온사람은 금전문제 사업문제, 빗꼬임 未時 에 온사람은 건강문제, 관재구설로 운이
색정사로 대흉, 억울한 일, 매사불성사 이후면 관재구설, 속전속결이 유리 단단히 꼬여있음. 남자는 불리. 손재수
申時 에 온사람은 금전사기, 하위문서로 관재, 종교문제 酉時 에 온사람은 의욕없는자, 금전구재건 戌時 에 온사람은 골치 아픈일, 질병침투, 정신불안, 관재
문제, 수술문제로 후원사는 유리함, 사고조심 장관직업사, 친구형제간 배신 사험합격여부 사기도난, 급속정리해야함 청춘구관

필히 피해야 할일 : 홍보광고·소장제출·인허가신청·정보유출·질병치료·소송.항소·재테크투자·투석·경락

백초귀장술의 오늘에 초사언

時	申 酉 未
	戌 午
	亥 巳
	子 辰
	丑 寅 卯

시간 점占 壬申공망-戌亥

子時	금전손재수, 부인질병, 태아령 천도요망
丑時	사기도난, 파재, 실자손, 남편문제, 가출
寅時	파재, 관재, 적 참밤사, 질병침투, 타부정
卯時	관록 당선에 방해있음. 실수 탄로, 가출사
辰時	자손 사업합격, 불륜사, 질병재앙, 관재
巳時	금전용통, 여자문제, 불륜색정사, 가출사
午時	금전융통, 금전다툼, 극좌사, 가출문제
未時	병환자, 직장실직, 남편불만, 불륜관계사
申時	금전실추, 부인문제, 형제찬구사, 불륜사
酉時	윗사람 후원문제, 남녀색정사, 가출가인
戌時	색정사, 재물손실 가출건, 질병침투, 관재
亥時	입양명예훼손, 직장취업 승진문제, 가출

오늘 행운 복권 운세
복권사면 좋은 띠는 말띠 ⑤⑦22
행운복권방은 집에서 남쪽에 있는

申 子 生	복쪽문을 피하고, 서남쪽으로 이사하면 안 된다. 재수가 없 으며 하는 일마다 꼬이고, 病苦 질병발생. 바람기 발동.
巳 酉 生	서쪽문을 피하고, 동남쪽으로 이사하면 안 된다. 재수가 없 으며 하는 일마다 꼬이고, 病苦 질병발생. 바람기 발동.
午 戌 生	남쪽문을 피하고, 북동쪽으로 이사하면 안 된다. 재수가 없 으며 하는 일마다 꼬이고, 病苦 질병발생. 바람기 발동.
卯 未 生	동쪽문을 피하고, 서북쪽으로 이사하면 안 된다. 재수가 없 으며 하는 일마다 꼬이고, 病苦 질병발생. 바람기 발동.

운세 풀이	寅띠:이동수,우왕좌왕, 弱弱 다툼	巳띠: 정점 이익, 금전 관재구설	申띠:최고운상승세, 두마음	亥띠: 만남,결실,화합,문서
	卯띠:애사불편, 방해자,배신	午띠: 귀인상봉, 금전이득, 현금	酉띠: 의욕과다, 스트레스큼	子띠:이동수,이별수,변동 웅직임
	辰띠:해결신,시험합격, 풀림	未띠: 매사꼬임,과거고생, 질병	戌띠: 시급한 일, 뜻대로 안됨	丑띠: 빈주머니, 걱정근심, 사기

5月

- 139 -

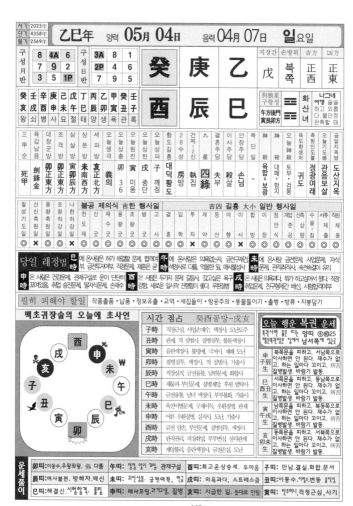

서기	2025年
단기	4358年
불기	2569年

乙巳年 양력 05月 04日 음력 04月 07日 일요일

구성月반		
8	4A	6
7	9	2
3	5	1P

구성日반		
3A	8	1
2P	4	6
7	9	5

時	日	月	年
癸	庚	乙	
酉	辰	巳	

지장간	손방위	吉方	凶方
戊	북쪽	正西	正東

狗狼星 구랑성 / 午方後門 寅艮卯方 · 화산녀 · 나그네 여행 쓸쓸하고 외롭다. 불안정 판촉할 때

癸	壬	辛	庚	己	戊	丁	丙	乙	甲	癸	壬
亥	戌	酉	申	未	午	巳	辰	卯	寅	丑	子
왕	쇠	병	사	묘	절	태	양	생	욕	관	록

三甲순	육갑납음	대장군방	조객방	삼살방	상문방	세파방	오늘생극	오늘상충	오늘원진	오늘상천	오늘상파	황도길흉	28수성	건제12신	九星	결혼주당	이사주당	안장주당	복단일	神殺	神殺	오늘神殺	육도환생처	축원인도불	오늘기도德	금일지옥명
死甲	劍鋒金	卯正東方	卯正東方	寅卯辰方	未南西方	亥正北方	義의	卯 36	寅 미움	戌 중단	子 깨짐	대덕황도	房방	執집	四綠	夫부	殺살	손님	-	육합*보광	대패·함지	토부·검봉	귀도	정광여래	관음보살	도산지옥

칠성기도일	산신축원일	용왕축원일	조왕하강일	나한하강일	불공 제의식 吉한 행사일							吉凶 길흉 大小 일반 행사일														
					천도재	신굿	재수굿	용왕굿	조왕굿	병굿	고사	결혼	입학	투자	계약	등산	여행	이사	합방	이장	점안식	개업준공	신축상량	수술-침	서류제출	직원채용
◎	×	◎	◎	×	◎	◎	◎	◎	◎	◎	◎	◎	◎	×	◎	◎	◎	×	◎	◎	◎	◎	◎	◎	◎	◎

당일 래정법

巳時 에 온사람은 하가 해결할 문제, 합격여부, 금전투자여부, 직장문제, 재혼은 굳

午時 에 온사람은 의욕없는자, 금전구재건 색정사로 다툼, 억울한 일, 매사불성사

未時 에 온사람 금전문제, 사업문제, 자식문제, 관직취직사, 속전속결이 유리

申時 온 사람은 건강문제, 관재구설로 운이 단단히 꼬여있음, 취업 승진문제, 딸자식문제, 손재수

酉時 온 사람은 두가지 문제 갈등사, 갖고싶은 욕구강함, 새로운 일시작 진행함이 좋다, 우환질병

戌時 온 사람은 의욕과다, 뭐가 하고싶어서 왔다, 직장 취업문제, 친구형제간 배신, 시험합격여부

필히 피해야 할일 작품출품 • 납품 • 정보유출 • 교역 • 새집들이 • 항공주의 • 동물들이기 • 출행 • 방류 • 지붕덮기

백초귀장술의 오늘에 초사언

시간 점占 癸酉공망-戌亥

子時	직장근심, 사업손재수, 색정사, 도난도주
丑時	관재, 적 침범사, 질병침투, 불륜색정사
寅時	음란색정사, 불명예, 극처사, 재해 도난
卯時	질병침투, 색정사, 적 침범사, 가출사
辰時	직장실직, 금전융통, 남편문제, 화합사
巳時	재물과 부인문제, 질병재앙, 후원 발탁사
午時	금전융통, 남녀 색정사, 부부불화, 가출사
未時	육친이별문제, 구재이득, 우환질병, 관재
申時	어른 우환질병, 실직사, 도난, 가출사
酉時	금전 암손, 부인문제, 질병침투, 색정사
戌時	관작권리, 직장취업, 부부변심, 삼각관계
亥時	재앙불리, 음란색정사, 금전손실, 도난

오늘 행운 복권 운세

복권사면 좋은 띠는 **양띠** ⑤⑩25
행운복권방은 집에서 **남서쪽**에 있는곳

申子辰生	북쪽문을 피하고, 서남쪽으로 이사하면 안 된다. 재수가 없고, 하는 일마다 꼬이고, 病苦 질병발생. 바람기 발동.
巳酉丑生	서쪽문을 피하고, 동남쪽으로 이사하면 안 된다. 재수가 없고, 하는 일마다 꼬이고, 病苦 질병발생. 바람기 발동.
寅午戌生	남쪽문을 피하고, 북동쪽으로 이사하면 안 된다. 재수가 없고, 하는 일마다 꼬이고, 病苦 질병발생. 바람기 발동.
亥卯未生	동쪽문을 피하고, 서북쪽으로 이사하면 안 된다. 재수가 없고, 하는 일마다 꼬이고, 病苦 질병발생. 바람기 발동.

운세풀이

卯띠:이동수,우왕좌왕, 弱 다툼	午띠: 점점 일이 꼬임, 관재구설	酉띠:최고운상승세, 두마음	子띠: 만남,결실,화합,문서
辰띠:매사불편, 방해자,배신	未띠: 귀인상봉, 금전이득, 현금	戌띠: 의욕과다, 스트레스큼	丑띠:이동수,이별수,변동 움직임
巳띠:해결신,시험합격, 풀림	申띠: 매사꼬임,과거고생, 질병	亥띠: 시급한 일, 뜻대로 안됨	寅띠: 빈주머니,걱정근심,사기

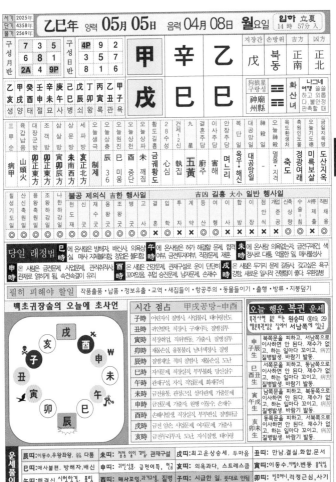

서기 2025년	乙巳年	양력 05月 05日	음력 04月 08日	月요일	입하 立夏
단기 4358년					14時 57分 入
불기 2569년					

구성월반	7 3 5	구성일반	4P 9 2
	6 8 1		3 5 7
	2A 4 9P		8 1 6

甲 辛 乙
戌 巳 巳

지장간	손방위	吉方	凶方
戌	북동	正南	正北

乙亥生	癸酉	壬申	辛未	庚午	己巳	戊辰	丁卯	丙寅	乙丑	甲子
양	태	절	묘	사	병	쇠	왕	록	관	욕

狗狼星 구랑성
神廟 州縣

화산녀

나그네 쓸쓸 하고 외롭게 하고 외롭게 판촉할 때

三甲旬 病甲
육갑납음 山頭火
대장군방 卯正東方
조객방 巳正東方
삼살방 東南方
세파방 亥正北方
오늘생극 制ъ체
오늘상충 辰
오늘상천 酉
오늘원진 戌
황도길방 金궤황도
28수성 心심
건제12신 執집
九星 五黃
결혼주당 廚주
안장주당 며느리
복단일 -
대공망일 -
神殺방 축토공망
오늘神殺 멸몰·해신일
축토생왕 -
오늘길흉신 정광여래
미륵보살 -
금방지옥
도산지옥

불공 제의식 吉한 행사일

칠성기도일	산신축원일	용왕축원일	조왕하강일	나한기도일	천도재	신굿	용왕굿	조왕굿	병굿	고사	결혼	입택	투자	계약	등기	여행	이사	합방	이장	개업	신축상량	수술	서류제출	직원채용
					재	굿	굿	굿	굿	사	혼	학	자	약	산	행	사	방	장	식	공	렁	침	출
×	×	×	×	×	×	×	×	×	×	×	×	×	×	×	×	×	×	×	×	×	×	×	×	×

당일 래정법

巳時 에 온사람은 방해자, 배신사, 의욕상실   午時 에 온사람은 허가 해결할 문제 합격됨   未時 에 온사람은 의욕없다, 금전구재건 색정으로 반대   색

申時 온 사람은 금전문제, 사업문제, 관재구설수 매사 지체되고 얽혀짐, 속전속결이 유리   酉時 온 사람은 건강문제, 관재구설로 운이 단단히 꼬여 있음, 취업 승진문제, 남자문제, 손재수   戌時 온 사람은 두가지 문제 갈등사, 갈고싶은 욕구, 신규사업 추진은 불리, 우환질병

필히 피해야 할일   작품출품·납품·정보유출·교역·새집들이·항공주의·동물들이기·출항·방류·지붕덮기

백초귀장술의 오늘에 초사언

시간 점占   甲戌공망-申酉

子時	어린자식 질병사 사업불리, 태아령천도
丑時	귀인발탁, 직장사, 구재이득, 질병침투
寅時	직장취업, 직위변동, 가출사, 질병유화
卯時	재물손실 융통불리 남녀색정사, 질병
辰時	질병재앙, 적의 참해사, 재물손실 도난
巳時	자식문제 직장실직 부부불화, 망신살수
午時	금전문제 사업문제 부부문제, 화재주의
未時	금전융통, 관송구설 삼각관계, 가출문제
申時	금전문제, 가출자, 원행 이동수, 손재수
酉時	손재수/배우셈, 직장실직, 부부변심, 질병침습
戌時	금전 암손 사업문제, 여자문제 가출수
亥時	금전이자문제, 도난 자식질병, 태아령

오늘 행운 복권 운세

복권사면 좋은 띠는   원숭띠 ⑨19, 29
행운복권방은 집에서 서남쪽에 있음

巳午未生	북북문을 피하고, 서남쪽으로 이사하면 안 된다. 재수가 없고, 하는 일마다 꼬이고, 病苦 질병발생. 바람기 발동
申酉戌生	서쪽문을 피하고, 동남쪽으로 이사하면 안 된다. 재수가 없고, 하는 일마다 꼬이고, 病苦 질병발생. 바람기 발동
寅午戌生	남쪽문을 피하고, 북동쪽으로 이사하면 안 된다. 재수가 없고, 하는 일마다 꼬이고, 病苦 질병발생. 바람기 발동
亥卯未生	동쪽문을 피하고, 서북쪽으로 이사하면 안 된다. 재수가 없고, 하는 일마다 꼬이고, 病苦 질병발생. 바람기 발동

운세풀이

辰띠:이동수,우왕좌왕, 弱, 다툼   未띠:점점 이익 꼬임, 관재구설   戌띠:최고운상승세, 두마음   丑띠:만남,결실,화합,문서
巳띠:해실수편, 방해자,배신   申띠:귀인상봉, 금전이득, 현금   亥띠:의욕과다, 스트레스큼   寅띠:이동수,애별,변동 움직임
午띠:해결신,시험합격, 풀림   酉띠:매사꼬임,과거2생, 질병   子띠:시급한 일, 뜻대로 안됨   卯띠:빈주머니,걱정근심, 사기

乙巳年 양력 **05**月 **06**日 음력 04月 09日 **화**요일

구성 월반			구성 일반		
7	3	5	**5P**	1	3
6	**8**1	1	4	6	8
2A	4	**9P**	9	2	**7A**

지장간 戊 손방위 無 吉方 正東 凶方 正西

乙 辛 乙
亥 巳 巳

丁亥 丙戌 乙酉 甲申 癸未 壬午 辛巳 庚辰 己卯 戊寅 丁丑 丙子
사 묘 절 태 양 생 욕 관 록 왕 쇠 병

狗狼星 구랑성 寺觀 절사관

화산녀

나그네 여行을 울을 이롭다. 불안文 판촉할 때

三甲旬 甲病 病甲

육갑납음 山頭火

대장군방 卯正東方

조객방 卯正東方

삼살방 寅南辰方

상문방 未南

세파방 亥正北方

오늘생겨 義의

오늘상충 巳 36

오늘원진 辰 미움

오늘상천 申 중단

오늘상파 寅 깨짐

황도길흉 대덕황도

건제12신 尾 破山

九星 六白

결혼주당 婦부

이사주당 天천

안장주당 어머니

대공망일 월덕합일

神殺 왕망·대모

오늘神殺 옥도

오늘吉神 공망여래

복단환성여 황인도

도산지옥

여래보살

三甲旬, 山頭火, 卯正東方, 卯正東方, 寅南辰方, 未南, 亥正北方 등

칠성기도일	산신축원일	용왕축원일	조왕하강일	나한하강일	불공 제의식 吉한 행사일						吉凶 길흉 大小 일반 행사일											
					천도재	신굿	재수굿	용왕굿	조왕굿	병굿	결혼	입학	투자	계약	여행	이사	합방	점안식	개업준공	신축상량	수술	서류제출	직원채용
◎	×	×	×	×	×	×	×	×	×	×	사	흔	학	자	약	산	행	사	방	량	술	서

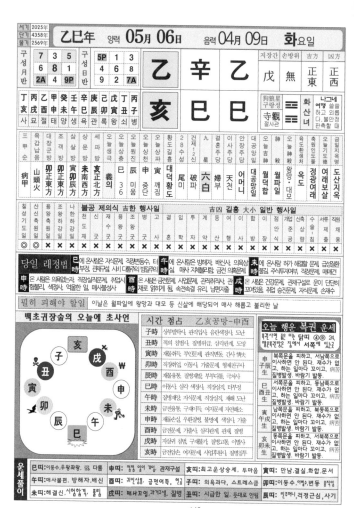

당일 래정법

巳에 온사람 자식문제, 직장변동수, 터

午에 온사람 방해자, 배신사, 의욕상실

未에 온사람 하극상 문제, 금전융화

申時 온사람 의욕없는자, 직장실직문제, 취업시

酉時 온사람 금전문제 사업문제, 관재수, 관직주의사

戌時 온사람 건강문제, 관재구설로 운이 단단히

申時 힘들고, 색정사, 억울한 일, 매사불성사

酉時 재로 얽혀위 묶 속전속결 유리, 남편문제

戌時 꼬여짐, 취업 승진문제, 자식문제, 손재수

반드시 피해야 할일 이날은 월파일에 왕망과 대모 등 신살에 해당되어 매사 해롭고 불리한 날

백초귀장술의 오늘에 초사언

亥 子 戌
丑 酉 W
寅 申
卯 未
辰 午
巳

시간 점占	乙亥공망─申酉
子時	상부별부人 관직임난 음란색정사 도난
丑時	적의 침범사, 질병위급, 삼각관계, 도망
寅時	재물취득, 부인문제, 관직변동, 간사 情사
卯時	직장변동, 이동사, 가출문제 형제관구사
辰時	재물융통, 질병재앙, 부부다툼, 극차사
巳時	이동사 삼각 색정사 직장실직 타부병
午時	잘병재앙, 자식문제 직장실직, 재해 도난
未時	재물손실 구재사兵, 여자문제 지손문제
申時	재물손실 우환질병 불명예, 색정사, 기출
酉時	금전문제, 가출사 삼각관계 관재, 질병
戌時	지식귀 참비 구재물가, 잘병고통, 손재사
亥時	금전압손 여자문제 사업휴와사 잘병횡투

오늘 행운 복권 운세

복권사면 좋은 띠는 닭띠 ④⑧ 24, 행운복권방 집에서 서쪽에 있는곳

申子辰生 북쪽문을 피하고, 서남쪽으로 이사하면 안 된다. 재수가 있고, 하는 일마다 꼬이고, 病苦 질병발생. 바람기 발동.

巳酉丑生 서쪽문을 피하고, 동남쪽으로 이사하면 안 된다. 재수가 있고, 하는 일마다 꼬이고, 病苦 질병발생. 바람기 발동.

寅午戌生 남쪽문을 피하고, 북동쪽으로 이사하면 안 된다. 재수가 있고, 하는 일마다 꼬이고, 病苦 질병발생. 바람기 발동.

亥卯未生 북쪽문을 피하고, 서북쪽으로 이사하면 안 된다. 재수가 있고, 하는 일마다 꼬이고, 病苦 질병발생. 바람기 발동.

운세풀이

巳띠:이동수,우왕좌왕, 弱 다툼

午띠:매사불편, 방해자,배신

未띠:해결신,시험합격, 풀림

申띠: 적은 이익 ''메익', 관재구설

酉띠:귀인상봉, 금전이득, 현금

戌띠: 매사꼬임,과거고생, 질병

亥띠:최고운상승세, 두마음

子띠:의욕과다, 스트레스큼

丑띠:시급한 일, 뜻대로 안됨

寅띠: 만남,결실,화합,문서

卯띠:이동수,애정사,변동 움직임

辰띠: 빈주머니,걱정근심, 사기

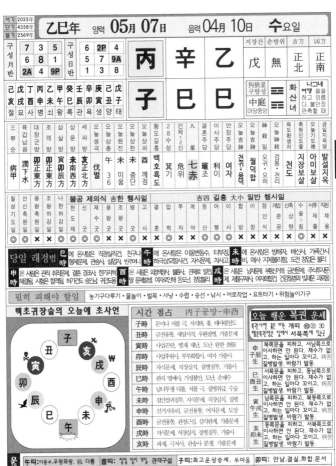

5월

| | 지장간 | 손방위 | 吉方 | 凶方 |
| 丙 辛 乙 | 戊 | 無 | 正北 | 正南 |
| 子 巳 巳 |

| 구성월반 | 7 3 5 / 6 8 1 / 2A 4 9P | 구성일반 | 6 2P 4 / 5 7 9A / 1 3 8 |

己 戊 丁 丙 乙 甲 癸 壬 辛 庚 己 戊
亥 戌 酉 申 未 午 巳 辰 卯 寅 丑 子
절 묘 사 병 쇠 왕 록 관 욕 생 양 태

狗狼星 구랑성 中庭 마당중앙

화산녀

나그네 여행하고 외롭 하며 판늘할 때

三甲旬: 病甲
육갑납음: 澗下水
대장군방: 卯正東方
조객방: 寅卯東方
삼살방: 東南方
세문방: 未南西方
오늘생극: 伐벌
오늘상충: 午 36
오늘상파: 未 미움
오늘상천: 酉 중궁
황흑도: 朱雀黑道
28수성: 箕기
건제2신: 危위
九星: 七赤
결혼주당: 竈조
이사주당: 利이
안장주당: 여자
오늘吉神: 月恩日
神殺: 오귀·천리
오늘神殺: 검봉·오허
육도환생처: 天도
축인인묘월: 지장보살
오늘기도불: 아미보살
발설지옥

불공 제의식 吉한 행사일 / 吉凶 길흉 大小 일반 행사일

칠성기도일 ◎ | 산신축원일 ◎ | 용왕축원일 × | 조왕하강일 × | 나한기도일 × | 불공 천도 × | 제사 수왕굿 × | 고사 왕굿 × | 결혼 굿 ◎ | 입학 사 ○ | 투자 학 × | 계약 자 ◎ | 등기 약 ◎ | 여행 산 ◎ | 이사 행 × | 점안식 사 × | 개업 방 ○ | 준공식 장 ◎ | 신축상량 식 × | 수술 공 ◎ | 서류제출 량 ◎ | 직원채용 침 ◎ | 출행 출 ×

당일 래정법

巳時 온사람은 직장실직건, 친구나 자식문제, 손재수, 반대사

午時 온사람은 이동변동수, 터주객, 관송사, 삼각관계, 자식문제, 차사고주의

未時 온사람은 방해사, 배신사, 가족간비밀, 매사 지체불성, 도전 창업은 불리

申時 온사람은 관리 죄우불리, 결혼 경조사 한가지문제

酉時 온사람은 색정사 불리, 관재 발전, 매사불성사

戌時 온사람은 남편문제, 뇌졸중, 금전문제, 주식투자, 재물구재사, 여자복잡건, 간인집안문제, 빛내문제, 관재

필히 피해야 할일: 농기구다루기 · 물놀이 · 벌목 · 사냥 · 수렵 · 승선 · 낚시 · 어로작업 · 요트타기 · 위험놀이기구

백초귀장술의 오늘에 초사언

시간 점占	丙子공망-申酉
子時	돈나가 처들 극, 자식근 흥, 태아령산도
丑時	금전융통, 새일시작후 우환질병, 가출문제
寅時	사업곤란, 병재 재난, 도난 원한 殺상해
卯時	사업후원사, 부부화합사, 여자 가출사
辰時	자식문제, 직장실직, 질병침투, 가출사
巳時	관리 명예사, 가정불안, 도난, 손재수
午時	남녀투쟁 대통, 처를 극, 질병위급, 수술
未時	잡귀침투, 자식문제, 직장실직, 질병
酉時	선거자리건, 금전용통, 여자문제, 도망
酉時	금전융통, 관송근심, 삼각관계, 가출문제
戌時	자식문제, 직장실직, 질병침투, 가출사
亥時	파재, 극차사, 관송사 분쟁, 가출문제

오늘 행운 복권 운세

복귀사면 좋은 개띠 행운복권방은 집에서 서북쪽에 있다

申子辰生	복福운을 피하고, 서남쪽으로 이사하면 안 된다. 재수가 없 으며 하는 일마다 꼬이고, 病苦 질병발생. 바람기 발동.
巳酉丑生	서북쪽을 피하고, 동남쪽으로 이사하면 안 된다. 재수가 없 으며 하는 일마다 꼬이고, 病苦 질병발생. 바람기 발동.
寅午戌生	남북쪽을 피하고, 북쪽으로 이사하면 안 된다. 재수가 없 으며 하는 일마다 꼬이고, 病苦 질병발생. 바람기 발동.
亥卯未生	북쪽을 피하고, 서북쪽으로 이사하면 안 된다. 재수가 없 으며 하는 일마다 꼬이고, 病苦 질병발생. 바람기 발동.

운세풀이

午띠: 이동수, 우왕좌왕, 弱, 다툼
未띠: 매사불편, 방해자, 배신
申띠: 해결신, 시험합격, 풀림
酉띠: 적정, 이別, 꿈자리 개띠, 관재구설
戌띠: 귀인상봉, 금전이득, 현갈
亥띠: 매사꼬임, 과거고생, 질병
子띠: 최고운상승세, 두마음
丑띠: 의욕과다, 스트레스큼
寅띠: 시급한 일, 뒷대로 안됨
卯띠: 만남, 결실, 화합, 문서
辰띠: 이동수, 액液, 변동 움직임
巳띠: 빈주머니, 걱정근심, 사기

- 143 -

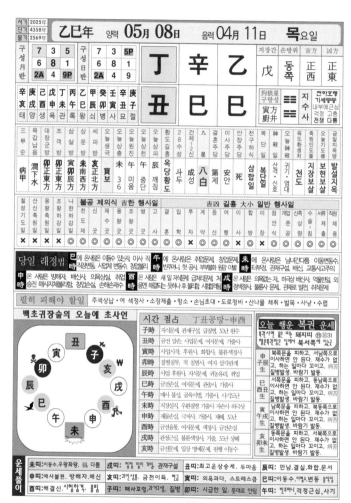

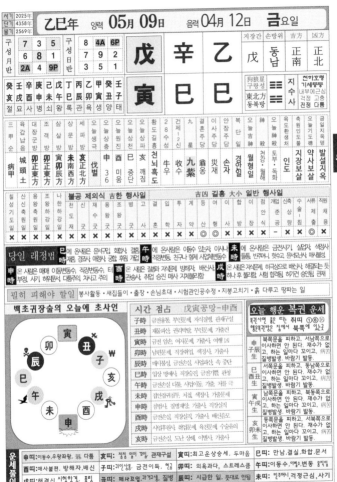

서기 2025年	乙巳年	양력 05月 09日	음력 04月 12日	金요일

단기 4358年
불기 2569年

구성월반			구성일반		
7	3	5	8	4A	6P
6	8	1	7	9	2
2A	4	9P	3	5	1

戊 辛 乙 乙
寅 巳 巳

지장간	손방위	吉方	凶方
戊	동남	正南	正北

癸	辛	庚	己	戊	丁	丙	乙	甲	癸	壬
亥	酉	申	未	午	巳	辰	卯	寅	丑	子
절	묘	사	병	쇠	왕	록	관	욕	생	양	태

狗猿星 기세토두
九狼星 구랑성
東北方 내부애근심
東北方 걱정 고충
동북방 전쟁 다툼

지수사

천하호령
내부애근심
걱정 고충
전쟁 다툼

三甲旬 病甲 | 육갑납음 城頭土 | 대장군방 卯正東方 | 삼살방 卯正東方 | 상문방 未南 | 세파방 亥正北方 | 오늘상극 伐벌 | 오늘상충 申 | 오늘원진 36 | 오늘상파 未酉 | 황도길흉 亥 깨짐 | 28수성 天뇌흑 | 건제12신 牛午 | 九星 收수 | 이사주당 九紫 | 안장주당 災재 | 복단일 損수 | 오늘吉神 慶유일 | 神殺 翁형 | 육도환생처 천 · 독화 | 축원인도불 인도 | 지장보살 지장보살 | 약사여래불 발설지옥 |

complex — 행사일 section

칠성기도일	산신기도일	용왕축원일	용왕기도일	나한기도일	불공제의식 吉한 행사일					吉凶 길흉 大小 일반 행사일										
					조왕하강일	천의	재수굿	용왕굿	조왕굿	병굿	결혼	입택	투자	계약	등여	이합	이사	개업	신축	서류	직원 제출 채용
×	×	×	×	×	×	×	×	×	×	×	◎	×	×	×	◎◎	×	-	×	×	×	×

당일 래정법

巳에 온사람은 문서구입 회괴사, 경조 午에 온사람은 이동수 있스나 이별사 아니 未에 온사람은 금전사기, 실물사, 색정사
時 재물, 경조사 애정사 궁합 후원 개업 時 직장변동 친구나 형제 사업파산변동수 時

申에 온사람은 매매 이동변동수, 직장변동수, 터 戌에 온사람은 자식문제, 하극상으로 배신사 해결는 듯
時 부정, 사기 허위문서 대통주의 차사고 주의 時 관송사, 취업 승진 매사 지체불리함 時 하나 후불통함 사업 합격됨 6개전 승진됨 관재

必히 피해야 할일 : 봉사활동, 새집들이 · 출장 · 손님초대 · 시험관인 수정 · 지붕고치기 · 흙 다루고 땅파는 일

백초귀장술의 오늘에 초사언

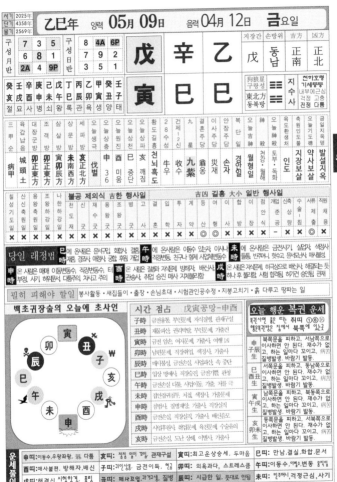

時間 占卜   戊寅공망─申酉

子時	금전융통, 부인문제, 자식질병, 관재구설
丑時	재물파산 관재막힘, 부모문제 가출건
寅時	금전 암손, 여자문제, 가출사, 여행凶
卯時	남편문제, 직장변동, 색정사, 다툼사
辰時	매사불성, 금전조심 사업파산 속 중단
巳時	입상 명예사 직장승진 금전기쁨, 관청
午時	금전손실 다툼, 사업поз류, 가출, 처를 극
未時	잘방망머문제, 처첩, 색정사, 가출문제
申時	금전융통, 잘병재앙, 가출사, 직장실직
酉時	살병사고, 직장실직, 색정사, 배신피해
戌時	사업후원사, 취업문제, 육친문제, 수술유의
亥時	금전손실 도난 상처, 여친사, 가출사

오늘 행운 복권 운세

복권사면 좋은 띠는 쥐띠 ①⑥
행운방향은 집에서 북쪽에 있소

申子辰生	복돼지문을 피하고, 서남쪽으로 이사하면 안 된다. 재수가 없고, 하는 일마다 꼬이고, 病苦질병발생. 바램기, 발동.
巳酉丑生	서복문을 피하고, 동남쪽으로 이사하면 안 된다. 재수가 없고, 하는 일마다 꼬이고, 病苦질병발생. 바램기, 발동.
寅午戌生	남복문을 피하고, 북동쪽으로 이사하면 안 된다. 재수가 없고, 하는 일마다 꼬이고, 病苦질병발생. 바램기, 발동.
亥卯未生	동복문을 피하고, 서북쪽으로 이사하면 안 된다. 재수가 없고, 하는 일마다 꼬이고, 病苦질병발생. 바램기, 발동.

운세풀이

申띠:이동수,우왕좌왕, 緊 다툼 | 亥띠: 취물 잃어 '깜', 관재구설 | 寅띠:최고운상승세, 두마음 | 巳띠: 만남,결실,화합,문서

酉띠:매사불편, 방해자,배신 | 子띠:귀인상봉, 금전이득, 현금 | 卯띠: 의욕과다, 스트레스큼 | 午띠:해몽 수,이별수,변동 움직임

戌띠:해결신,시험합격, 풀림 | 丑띠:啇사꼬임,과거고생, 질병 | 辰띠: 시급한 일, 뜻대로 안됨 | 未띠: 빈주머니, 걱정근심, 사기

5월

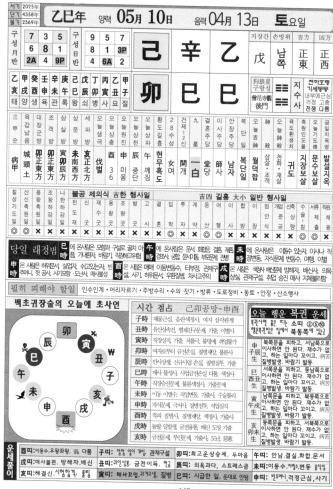

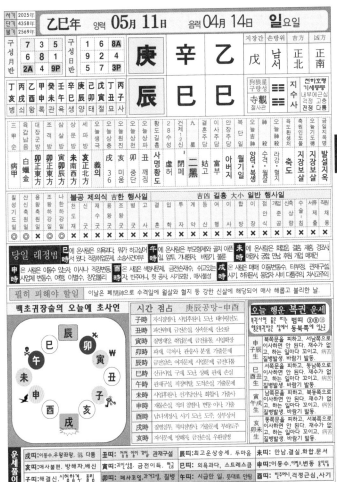

乙巳年 양력 **05**月 **11**日 음력 04月 14日 **일**요일

		지장간	손방위	吉方	凶方
구성월반	7 3 5 / 6 8 1 / 2A 4 9P	戊	남서	正北	正南
구성일반	1 6 8A / 9 2 4 / 5 7 3P				

庚辛乙
辰巳巳

| 丁亥 병 | 丙戌 쇠 | 乙酉 왕 | 甲申 록 | 癸未 관 | 壬午 욕 | 辛巳 생 | 庚辰 양 | 己卯 태 | 戊寅 절 | 丁丑 묘 | 丙子 사 |

狗猥星 구랑성 寺觀 절사관 지수사 ䷂ 천하호행 기세등투 내부예근심 걱정 고층 전정 다툼

三甲旬	육갑납음	대장군방	조객방	삼살방	세파방	오늘상충	오늘원진	오늘상천	오늘상파	오늘상해	황도길흉	28宿 성수	건제12신	九星	결혼주당	이사주당	안장주당	복단일	오늘神殺	오늘吉神	九星 택조	축원일불	오늘기도덕	금일부적	발설지옥
病甲	白蠟金	卯正東方	卯正東方	寅卯辰西方	亥正北方	義의	戌 36	亥 중단	丑 깨짐	寅	사명황도	虛허	閉폐	二黑	姑고	富부	아버지	월기일	양劒·봉황	劒峰·월엄	축토	지장보살	지장보살	발설지옥

불공 제의식 吉한 행사일 / 吉凶 길흉 大小 일반 행사일

칠성기도일	산신축원일	용왕축원일	조왕하강일	나한기도일	불공 천도 재	신중기도	조왕굿	병굿	결혼	입학	투자	계약	여행	이사	합방	이점	개업	신축 상량	수술 침	서류 제출	직원 채용
◎	◎	◎	✕	✕	✕	✕	✕	✕	✕	✕	✕	✕	✕	✕	✕	✕	✕	✕	✕	✕	✕

당일 래정법

巳時에 온사람은 의욕없다 뭐가 하고싶어

午時에 온사람은 부모효녀 골치 아픈

未時에 온사람은 화합은 결혼, 재혼, 경조사

申時에 온 사람은 이동수 있는자 이사나 직장변동 점포이동수, 투쟁, 관재구설

酉時에 온 사람은 색정문제, 금전순환, 쉬고싶다 반주머니 첫 공사 시끄러짐

戌時에 온사람은 매매 이동변동수, 터부정, 관재구설 사업변동수 여행 이별수, 창업발심

시간 점占	庚辰공망−申酉
子時	자식질병사, 사업문제사 모난 태아령초래
丑時	파산파재 금전손실 상속문제 산소탈
寅時	잘병재앙, 취업문제, 금전융통, 사업피로
卯時	화재 극차사 관송사 분쟁, 가출문제
辰時	금전관송사 여자문제 사업문제 금전다툼
巳時	산규사업 구재 모난 상해 관재 손실
午時	관재구설 직장변동 도적손실 가출문제
未時	잘병우환 신규사업 실패거래 화재사 구재
申時	색물손실 적의 질병사 변동 이사 가출
酉時	남녀색정사 사기 모난 도주, 상부상처
戌時	잘병침투, 적의질병사 가출문제 부하도주
亥時	자식문제 방해자사 금전손실 우환질병

필히 피해야 할일

이날은 폐閉神으로 수격일에 월살과 혈지 등 강한 신살에 해당되어 매사 해롭고 불리한 날

백초귀장술의 오늘에 초사언

오늘 행운 복권 운세

평소 나에게 유독 잘 따르는 범띠 ③⑥⑱ 행운복권방은 집에서 동북쪽에 있소

申子辰生	북쪽문을 피하고, 서남쪽으로 이사하면 안 된다. 재수가 없고, 하는 일마다 꼬이고, 病苦 질병발생, 바람기 발동.
酉丑巳生	서쪽문을 피하고, 서북쪽으로 이사하면 안 된다. 재수가 없고, 하는 일마다 꼬이고, 病苦 질병발생, 바람기 발동.
午寅戌生	남쪽문을 피하고, 동북쪽으로 이사하면 안 된다. 재수가 없고, 하는 일마다 꼬이고, 病苦 질병발생, 바람기 발동.
卯未亥生	동쪽문을 피하고, 서북쪽으로 이사하면 안 된다. 재수가 없고, 하는 일마다 꼬이고, 病苦 질병발생, 바람기 발동.

운세풀이

戌띠:이동수,우왕좌왕, 弱病 다툼
亥띠:매사불편, 방해자, 배신
子띠:해결신,시험합격, 풀림
丑띠:점정 귀인, 관재구설
寅띠:귀인상봉, 금전이득, 현급
卯띠:매사꼬임,과거2생, 질병
辰띠:최고운상승세, 두마음
巳띠:의욕과다, 스트레스큰
午띠:시급한 일 뜻대로 안됨
未띠:만남,결실,화합,문서
申띠:이동수,애봉,변동 움직임
酉띠:빈주머니,걱정근심,사기

5월

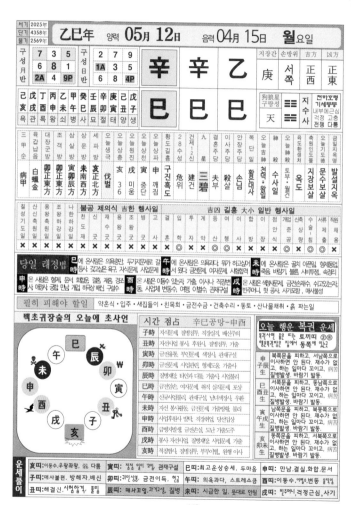

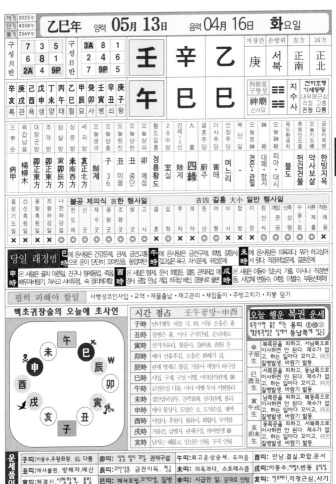

구성월반			구성일반			지장간	손방위	吉方	凶方
7	3	5	3A	8	1	庚	서북	正南	正北
6	8	1	2	4	6				
2A	4	9P	7	9P	5				

壬午
辛巳
乙巳

辛亥	庚戌	己酉	戊申	丁未	丙午	乙巳	甲辰	癸卯	壬寅	辛丑	庚子
록	관	욕	생	양	태	절	묘	사	병	쇠	왕

狗狼星 구랑성
神廟 신사묘

전하호령
기세둥두
내부애금심
걱정 다툼
전정 다툼

지수사

三甲旬 | 육갑납음 | 대장군방 | 조객방 | 삼살방 | 세살방 | 오늘상충 | 오늘원진 | 오늘상천 | 오늘상파 | 황도길흉 | 28수성 | 건제12신 | 九星 | 결혼주당 | 이사주당 | 안장주당 | 복단일 | 오늘吉神 | 神殺 | 오늘神殺 | 육도환생처 | 축원인도불 | 오늘기도덕 | 금일지옥명
病甲 | 楊柳木 | 卯正東方 | 卯正東方 | 未南西方 | 亥正北方 | 子 3 6 | 丑 미움 | 卯 깨짐 | 청룡황도 | 室室 | 除제 | 四線 | 廚주 | 害해 | 머느리 | 첨은 - 관앙 | 대묘·대시 | 불도 | 헌겁보살 | 약사보살 | 한빙지옥

청룡황도
室室
制제
子 36
丑 미움
卯 깨짐
四線
廚주
害해
머느리

칠성기도	산신축원	용왕축원	조왕하강	나한하강	불공 제의식 吉한 행사일								吉凶 길흉 大小 일반 행사일								
					천도재	신축	재수굿	용왕굿	조왕굿	병굿	고사	결혼	입학	투자	계약	등기	여행	이사	합방	점안식	개업	신축 상량	수술	서류제출	직원채용
×	×	×	◎	◎	×	×	×	×	×	×	◎	◎	◎	×	×	×	×	◎	◎	×	◎	◎	×	◎	×

당일 래정법
巳時 에 온사람은 건강문제, 관재, 금전문제
午時 에 온사람은 금전구재, 화병, 갈등사
未時 에 온사람은 의욕없다, 뭐가 하고싶어 서왔다. 직장위생관계, 결혼문제

申時 온사람은 골치 아픔, 친구나 형제동업 죽음 酉時 온사람은 부모문제, 관직주업 애정사 戌時 온사람은 여자는 애인사 남자는 직장변동 사업체 변동수, 여행 이별수, 부동산매매

필히 피해야 할일
사행성코인사업·교역·재물출납·재고관리·새집들이·주방고치기·지붕 덮기

백초귀장술의 오늘에 초사언

시간 점占	壬午공망-申酉
子時	남녀쟁투 처를 극, 病, 이동 소송은 흉
丑時	질병은 흉, 이사 구직안됨, 순리대로
寅時	선거자유리, 불리자, 음해화生, 색정 운
卯時	매사 선흉후길, 소송은 화해가 길
辰時	관재 병재로 불길, 가출사 색정사 하극상
巳時	사업 구재 구설 이별losing, 여자상관직업부정 ⊗
午時	금전손실 다툼, 이사 여행 투자 시험불리
未時	잡귀잡귀침투, 잔병질환 살작패패, 불리
申時	매사 불성사, 도적손실 은 도적得실, 매사
酉時	사업사, 후원사, 불류사, 화재사, 무력함
戌時	가출건, 급병자, 관재구설, 하극상먼 ⊗
亥時	남자는 해害고, 임신문 은 안됨, 구직 안됨

오늘 행운 복권 운세

복권사면 좋은 띠는 용띠 ⑤⑩②
행운복권방은 집에서 동남쪽에 있소

申子辰生	복쪽문을 피하고, 서남쪽으로 이사하면 안 된다. 재수가 없 고, 하는 일마다 꼬인고, 病苦발생, 바람기 발동.
巳酉丑生	서쪽문을 피하고, 동남쪽으로 이사하면 안 된다. 재수가 없 고, 하는 일마다 꼬인고, 病苦
寅午戌生	남쪽문을 피하고, 북동쪽으로 이사하면 안 된다. 재수가 없 고, 하는 일마다 꼬인고, 病苦발생, 바람기 발동.
亥卯未生	동쪽문을 피하고, 서북쪽으로 이사하면 안 된다. 재수가 없 고, 하는 일마다 꼬인고, 病苦발생, 바람기 발동.

운세풀이

子띠:이동수,우왕좌왕, 弱, 다툼
丑띠:매사불편, 방해자,배신
寅띠:해 결신, 시험합격, 풀림

卯띠: 점점 일이 꼬임, 관재구설
辰띠:과이정성, 금전이득, 현금
巳띠: 매사 꼬임,과거고생, 질병

午띠:최고운상승세, 두마음
未띠: 의욕과다, 스트레스큼
申띠:시급한 일, 뜻대로 안됨

酉띠: 만남,결실,화합,문서
戌띠:이동수,애롭,변동 움직임
亥띠: 빈주머니, 걱정근심, 사기

구성 월반	7	3	5	구성 일반	4	9	2			지장간	손방위	吉方	凶方
	6	8	1		3	5	7	癸 辛 乙	庚	북쪽	正東	正西
	2A	4	9P		8P	1	6	未 巳 巳				

癸亥왕	壬戌쇠	辛酉병	庚申사	己未묘	戊午절	丁巳태	乙辰양	甲卯생	壬寅욕	癸丑관	壬子록

狗狼星 구랑성
水步井 우물가

진밀 진근
사귀 좋은만남
서로힘을
회합 도움

수지비

三甲旬	육갑납음	대장군방	조객방	삼살방	상문방	세파방	오늘생극	오늘상충	오늘상천	오늘상파	황도길흉	건제2신	九星	결혼주당	이사주당	안장주당	복단일	오늘神殺	오늘神殺	육도환생처	축원인도불	오늘기도덕	금일특수성불
病甲	楊柳木	卯正東方	卯正東方	寅卯辰方	未南西方	亥正北方	伐벌	子쥐	子	戌	명당황도	滿만	五黃	夫부	天芝천	어머니	대공망일	천은·삼합	공망·구랑	불도	건강천신불	대세지보살	한빙지옥
								36	미움	깨침												

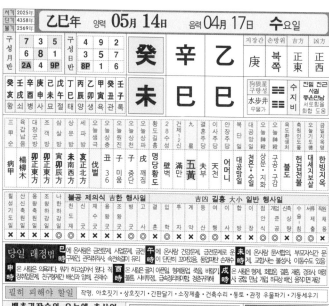

당일 래정법
巳時 온사람은 금전문제 사업문제, 금전 구재건 관재구설사, 속전속결이 유리
午時 온사람은 건강문제, 금전문제로 운이 단단히 꼬여있음. 동업파탄 손재수
未時 온사람은 문서합의 부모자식간 문제, 교합사는 불성사, 이동수도 있음
申時 온사람은 의욕없는자, 뭐가 하고싶어서 왔어 직장문제 친구형제간 배신 파재 관재수
酉時 온사람은 금전 이혼문제, 죽음 바람기 탄로 여자문제 관재구설 급속정리 정관구재
戌時 온사람은 골치 아픈일, 뭐가 하고싶어서 왔어 색정사 삼각관계 불륜, 사비투서
亥時 온사람은 금전문제 질병 신끼 방해자 배신 원한있음 관재

필히 피해야 할일 작명, 아호짓기 · 상호짓기 · 간판달기 · 소장제출 · 건축수리 · 동토 · 관정 우물파기 · 기둥세우기

백초귀장술의 오늘에 초사언

時間 점占	癸未공망-申酉
子時	관귀발동, 남녀색정사, 금전손해 실물수
丑時	적의 침범사, 불길하고 원수됨, 가출사
寅時	자손문제, 실직문제, 연애배신사, 모함
卯時	잘병위급, 여행조심, 관직승진 결혼 吉
辰時	남편문제, 가출사 색정사, 부부화합 소송흉
巳時	사업 금전문제, 귀인상봉, 수출기쁨
午時	화합 애정사불리 금전손실 매사 불성사
未時	유명무실, 기쁨산재 동료나 골육배신 가출사
申時	사업사 손재수, 후원사무리, 여행은 불리
酉時	병자사망, 매사 불성사, 가출도주, 외면
戌時	작업문제, 남편문제 잡아매화 불합격
亥時	금전배신은 처 가출사 도망 분실 이동 흉

오늘 행운 복권 운세
복권사면 좋은 따는 뱀띠 ⑦②②27
행운복권방은 집에서 남동쪽에 있는곳

申子辰生	북쪽문을 피하고, 서남쪽으로 이사하면 안 된다. 재수가 없 고, 하는 일마다 꼬이고, 病苦 질병발생, 바람기 발동.
巳酉丑生	서쪽문을 피하고, 동남쪽으로 이사하면 안 된다. 재수가 없고, 하는 일마다 꼬이고, 病苦 질병발생, 바람기 발동.
寅午戌生	남쪽문을 피하고, 북동쪽으로 이사하면 안 된다. 재수가 없으면 하는 일마다 꼬이고, 病苦 질병발생, 바람기 발동.
亥卯未生	동쪽문을 피하고, 서북쪽으로 이사하면 안 된다. 재수가 없고, 하는 일마다 꼬이고, 病苦 질병발생, 바람기 발동.

운세풀이	丑띠:이동수,우왕좌왕, 弱 다툼	辰띠:점점 일이 꼬임, 관재구설	未띠:최고운상승세, 두마음	戌띠:만남,결실,화합,문서
	寅띠:매사불편,방해자,배신	巳띠:이앙삭즙/금전이득,현금	申띠:의욕과다, 스트레스큼	亥띠:이동수,이별수,변동 움직임
	卯띠:해결신,시험합격, 풀림	午띠:매사꼬임,과거고생, 질병	酉띠:시급한 일, 뜻대로 안됨	子띠:빈주머니, 걱정근심, 사기

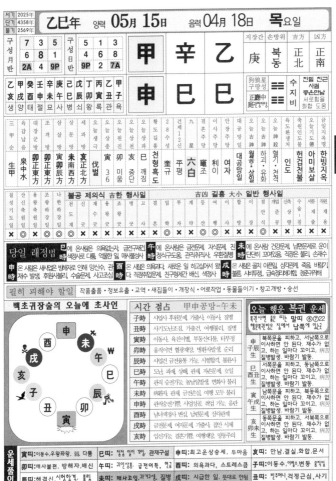

서기 2025年	乙巳年	양력 **05**月 **15**日	음력 **04**月 **18**日	**목**요일

단기 4358年
불기 2569年

| 구성 月반 | 7 3 5 / 6 8 1 / 2A 4 9P | 구성 日반 | 5 1 3 / 4 6 8 / 9P 2 7A | 甲 申 | 辛 巳 | 乙 巳 | | 庚 | 손방위 북동 | 吉方 正北 | 凶方 正南 |

乙亥生 / 甲戌양 / 癸酉태 / 壬申절 / 辛未묘 / 庚午사 / 己巳병 / 戊辰쇠 / 丁卯왕 / 丙寅록 / 乙丑관 / 甲子욕

狗狼星 구랑성 正廳中 정청중 ☷☳ 수지비 진밀 진근 사귐 좋은만남 서로웜을 화합 도움

五甲순: 生甲
육갑납음: 泉中水
대장군방: 卯正東方
조객방: 卯正東方
삼살방: 亥北西方
세파방: 伐벌
오늘생극: 寅 3 6
오늘상충: 卯 미움
오늘상천: 亥 중단
오늘원진: 戌 과김
황도길흉: 천형흑
2수성: 奎규
건제12신: 平평
九星: 六白 육백
결혼주당: 竈조
이사주당: 利이
안장주당: 여자
오늘吉神: 대공망일
오늘神殺: 월염大 상문
육도환생처: 헐기 · 천적
축원인도불: 헌겁천불
오늘神殺: 인도
축원인도불: 아미보살
금일지옥: 한빙지옥

불공 제의식 吉한 행사일 | **吉凶 길흉 大小 일반 행사일**

천성기도일	신중기도일	용왕축원일	조왕하강일	나한하강일	불공 제의식	산신축원	용신축원	조왕축원	병굿	고사	결혼	입학	투자	계약	등사	여행	이장	합방	안장	점안식	개업준공	신축상량	수술	서류 제출	직원 채용
×	◎	×	◎	◎	×	◎	◎	×	×	굿	굿	굿	사	×	×	혼	학	자	약	산	행	사	장	×	×
									×	◎	×	×	×	×	×	◎	×	×	×	◎	◎	◎	◎	×	×

당일 래정법
巳에 온사람은 의욕없는자, 금전구레진, 금전과 여자문제로 운이 안풀린다
午에 온사람은 금전문제, 자손문제, 진 색정사로 다툼, 억울한 일 매사불성사
未에 온사람은 건강문제, 남편문제로 운이 단단히 꼬여있음, 직장실직 손재수
申時 온사람은 직업없는자, 지금은 빈손, 환자, 병자, 망신수, 관재 官
酉時 온사람은 의욕없다, 새로운 일 하고싶어서 왔다 관재구설 접수불길
戌時 온사람은 골치 아픈일, 삼각관계, 죽음 바람기, 戌時 불륜, 사비투쟁, 급속정리해야 청춘귀절됨
時 재수 발생, 후원사불리, 수술문제, 사고조심 時

필히 피해야 할일 작품출품 · 정보유출 · 교역 · 새집들이 · 개장식 · 어로작업 · 동물들이기 · 창고개방 · 승선

백초귀장술의 오늘에 초사언

시간 점占	甲申공망-午未
子時	사업src 후원문제, 가출사, 이동사, 질병
丑時	사기도난조심, 가출건, 여행불리, 질병
寅時	이동수, 육찬이별, 부동산다툼, 타인영향
卯時	움직이면 혈광재앙, 병환자발생, 순리
辰時	사업건 금전용통 가능, 시험합격, 불류사
巳時	도난 파재 상해, 관재, 자손문제, 女일
午時	관직 승전가능, 놀날일발생, 변화사 불리
未時	병환자, 관재, 가출사, 색정사 애정 모두 불리
申時	관직승전기쁨, 사업일운, 취업 가능, 음산
酉時	남녀색장사 변신, 남녀문제, 삼각관계
戌時	금전문제, 여자문제, 가출사, 잠산시체
亥時	임신가능, 결혼기쁨, 여행splite, 망동주의

오늘 행운 복권 운세
복권방운 字띠 띠 말띠 ⑤⑦22
행운복권방은 집에서 남쪽에 있는A

子時生 복권운을 피하고, 서남쪽으로 이사하면 안 된다. 재수가 없 고, 하는 일마다 꼬이고, 病苦질병발생. 바람기 발동

丑酉生 서북문을 피하고, 正남쪽으로 이사하면 안 된다. 재수가 없 고, 하는 일마다 꼬이고, 病苦질병발생. 바람기 발동

午戌生 남동문을 피하고, 북쪽으로 이사하면 안 된다. 재수가 없 고, 하는 일마다 꼬이고, 질병발생. 바람기 발동

卯未生 동남문을 피하고, 서북쪽으로 이사하면 안 된다. 재수가 없 고, 하는 일마다 꼬이고, 질병발생. 바람기 발동

운세풀이

寅띠:이동수,우왕좌왕, 弱,다툼
卯띠:매사불편, 방해자,배신
辰띠:해결신,시험합격, 풀림

巳띠:질병,이 이 꼬임, 관재구설
午띠:귀인상봉, 금전이득, 현금
未띠:매사꼬임,과거고생, 질병

申띠:최고운상승세, 두마음
酉띠:의욕과다, 스트레스큼
戌띠:시급한 일, 뜻대로 안됨

亥띠:만남,결실,화합,문서
子띠:이동수,이별수,변동 움직임
丑띠:빈주머니,걱정근심, 사기

乙巳年 양력 **05**月 **16**日 음력 **04**月 **19**日 **金**요일

구성月반			구성日반		
7	3	5	2	4	
6	8	1	5P	7	9A
2A	4	9P	1	3	

乙 辛 乙
酉 巳 巳

지장간	손방위	吉方	凶方
庚	無	正西	正東

丁 丙 甲 癸 壬 辛 庚 己 戊 丁 丙
亥 戌 酉 申 未 午 巳 辰 卯 寅 子
사 묘 절 태 양 생 욕 관 록 쇠 병

狗狼星
구랑성
天

수지비

진밀 진근
사귐
후초만남
서로힘을
합할 도움

三甲순	육갑납음	대장군방	조객방	삼살방	세파방	오늘생극	오늘상충	오늘상천	오늘원진	오늘상파	황도길흉	건제12신	九星	결혼주당	이사주당	안장주당	오늘吉神	神殺	오늘神殺	육도환생처	축원인도불	오늘기도덕	금일지옥명
生甲	泉中水	卯正東方	卯正東方	寅卯辰南方	未南西方	寶日正北方	卯	寅	戌	丑	주작흑도	定	七赤	第竈	安	死	오늘吉神		삼합일	옥안 · 미실	혹사 · 적화	귀도	헌건천불	한빙지옥

불공 제의식 吉한 행사일							吉凶 길흉 大小 일반 행사일															
천도재	신축상량	용왕축원	조왕하강	나한하강	불공	산신축원	천제	재수굿	용왕굿	조왕굿	병굿	고사	결혼	입학	투자	계약	등산	여행	이사	합방	점안식	개업	신축	수리	서류	직원채용	질병
×	×	×	×	×	×	×	×	×	×	×	×	○	×	×	×	×	×	○	○	×	×	×	×	×	×	×

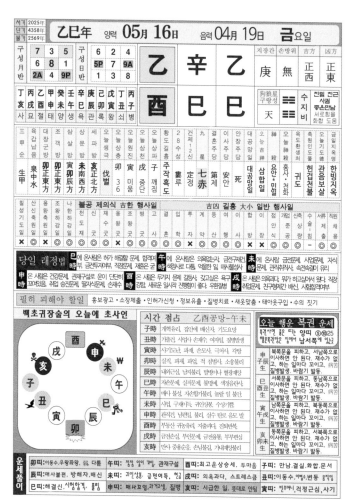

당일 래정법

巳에 온사람은 허가 해결할 문제 합격하고 午에 온사람은 의욕없는자, 금전구째여 직정, 未에 온사람은 금전문제, 사업문제, 자식 時부 관송사, 직장문제, 재운으로 온이 時 근심 애상사로 다툼, 억울일 時 문제로 관직취직사, 속전속결이 유리

申에 온사람은 건강문제, 관재구설로 운이 단단히 묶여 酉에 온사람은 묘지 이장문제, 갈등사, 갖고싶은 戌에 온사람은 취업문제, 친구형제간에 배신 시험합격됨여부 時 교여있음, 취업 승진문제, 딸자식 문제, 손재수 時 욕심, 새로운 일 시작 전환됨이 좋다. 우환질병 時

필히 피해야 할일 홍보광고·소장제출·인허가신청·정보유출·질병치료·새옷맞춤·태아옷구입·수의 짓기

백초귀장술의 오늘에 초사언

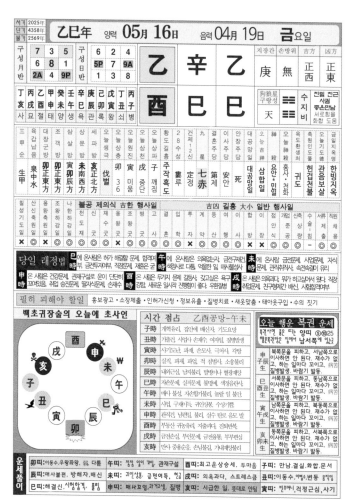

시간 점占	乙酉공망-午末	오늘 행운 복권 운세
子時	개폐유리 잠인애 배신자, 기도요망	
丑時	가출건, 사업나 손재수, 여자입, 잘방위해	
寅時	사기근심, 파재, 손모사, 극차사, 각방	
卯時	실직, 파재, 파업, 적 침범사, 소송불리	
辰時	내부근심, 남녀불리, 발탈사나 혈광재앙	
巳時	자손문제, 실직문제, 불행에 색정손재시	
午時	매사 불성, 자손불가귀로, 놀랄 일 불안	
未時	사업 구제사나 후원사, 여자 손재수	
申時	관재건, 남녀힘, 불리 실수 탄로 음모 발	
酉時	부부갈등 귀농하고, 지출파다. 진퇴반복	
戌時	금전손실, 부인문제, 금전융통, 부부변심	
亥時	만사 중용순응, 손재불리, 가내빠앙불리	

오늘 행운 복권 운세

북쪽사각 點은 띠는 양띠 ⑤⑩25
행운복권방은 집에서 남서쪽에 있는

申辰生	북쪽문을 피하고, 서남쪽으로 이사하면 안 된다. 재수가 [] 질병발생, 바람기 발동.
酉巳丑生	서쪽문을 피하고, 동남쪽으로 이사하면 안 된다. 재수가 [] 질병발생, 바람기 발동. 病苦
午寅戌生	남쪽문을 피하고, 북동쪽으로 이사하면 안 된다. 재수가 [] 질병발생, 바람기 발동.
卯亥未生	동쪽문을 피하고, 서북쪽으로 이사하면 안 된다. 재수가 [] 질병발생, 바람기 발동.

운세풀이

卯띠:이동수,우왕좌왕, 弱 다툼
辰띠:매사불편, 방해자,배신
巳띠:해결신,시험합격, 풀림

午띠:점점 일이 꼬임, 관재구설
未띠:귀인상봉, 금전이득, 현금
申띠:매사불입,과거2생봉, 질병

酉띠:최고운상승세, 두마음
戌띠:의욕과다, 스트레스큼
亥띠:시급한 일, 뜻대로 안됨

子띠:만남,결실,화합,문서
丑띠:이동수,예합수,변동 움직임
寅띠:빈주머니,걱정근심, 사기

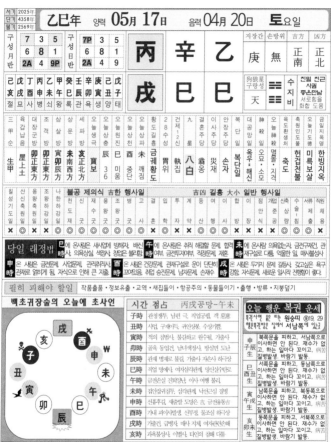

서기	2025년
단기	4358년
불기	2569년

乙巳年 양력 **05月 17日** 음력 **04月 20日** **土**요일

구성월반	7	3	5	구성일반	7P	3	5
	6	8	1		6	8	1
	2A	4	9P		2A	4	9

丙 辛 乙
戌 巳 巳

지장간	손방위	吉方	凶方
庚	無	正南	正北

己	戊	丁	丙	乙	甲	癸	壬	辛	庚	己	戊
亥	戌	酉	申	未	午	巳	辰	卯	寅	丑	子
절	묘	사	병	쇠	왕	록	관	욕	생	양	태

狗狼星
구랑성
天

진밀 진근
사귐
좋은만남
서로힘을
화합 도움

수지비

三甲순 生甲

육십납음 屋上土

대장군방 正東方

조객방 正東方

삼살방 南東方

상문방 正西方

세파방 亥

오늘상극 寶

오늘원진 3 6

황도길흉 酉

건제12신 미움

九星 깨짐

결혼주당 執집

이사주당 八白

안장주당 翁옹

복단일 災재

神殺 손자

오늘태어난생아 옥무·해신 오모·소모

육도환생처 축도

인도 헌겁천불

금일기도발원 미륵보살

한빙지옥

5月

칠성기도일 ×

산신축원일 ◎

용왕축원일 ○

조왕축원일 ×

나한기도일 ×

불공 제의식 吉한 행사일

천의 ×

재의 ×

조왕 ◎

병길 ◎

결 ○

입 ◎

투 ×

계 ◎

동 ◎

여 ○

官 ◎

吉凶 길흉 大小 일반 행사일

이 ×

점 ◎

개업 ○

신축 ○

수·서류제출 ○

직원채용 ○

안 ○

준 ○

상 ◎

공 ◎

량 ◎

식 ◎

혼 ◎

행 ◎

사 ○

약 ○

산 ◎

방 ◎

장 ○

필히 피해야 할일 작품출품·정보유출·교역·새집들이·항공주의·동물들이기·출행·방류·지붕덮기

백초귀장술의 오늘에 초사언

시간 점占	丙戌공망-午未

子時	관성쟁투, 남편 극, 직업공박, 객 愿憂
丑時	사업 구재이득, 귀인상봉, 수상기쁨,
寅時	적의 침범사, 불길하고 원수될, 가출사
卯時	옴을 동업건, 남녀색정사, 방해면 도난
辰時	관재 병패로 불길, 가출사 자손사 하극상
巳時	직업 명예사, 여자삼각관계 망신살구설적
午時	금전손실 진퇴양난 이사 여행 불리
未時	잃음난려권, 놀음판에 낙선으로 질병
申時	선흥후길, 새출발 도망은 吉 금전융통됨
酉時	개식 과이어발생 신부모 물조심 하극상
戌時	가출건, 급병자, 매사 지체 여자관련손해
亥時	파요불성사, 이별사, 타인의 침해 다툼

오늘 행운 복권 운세

복권사면 좋은 띄는 원숭띠 ⑨19, 29
행운복권방은 집에서 서남쪽 띄

申 子辰 生	북쪽문을 피하고, 서쪽으로 이사하면 안 된다. 재수가 없고, 하는 일마다 꼬이고, 病고 질병발생. 바람기 발동
巳 酉丑 生	서쪽문을 피하고, 동남쪽으로 이사하면 안 된다. 재수가 없고, 하는 일마다 꼬이고, 病苦 질병발생. 바람기 발동
寅 午戌 生	남쪽문을 피하고, 북쪽으로 이사하면 안 된다. 재수가 없고, 하는 일마다 꼬이고, 病苦 질병발생. 바람기 발동
亥 卯未 生	동쪽문을 피하고, 서북쪽으로 이사하면 안 된다. 재수가 없고, 하는 일마다 꼬이고, 病苦 질병발생. 바람기 발동

운세풀이

辰띠:이동수,우왕좌왕, 弱身 다툼
巳띠:매사불편, 방해자,배신
午띠:해결신,시험합격, 풀림

未띠:점정 일어남 또임, 관재구설
申띠:귀인상봉, 금전이득, 현금
酉띠:매사꼬임,과거고생, 질병

戌띠:최고운상승세, 두마음
亥띠:의욕과다, 스트레스큼
子띠:시급한 일, 풍대로 안됨

丑띠:만남,결실,화합,문서
寅띠:이동수,이별수,변동 움직임
卯띠:빈주머니,걱정근심,사기

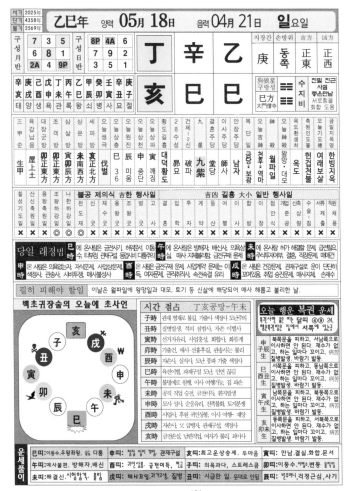

서기 2025년
단기 4358년
불기 2569년

乙巳年 양력 05月 18日 음력 04月 21日 일요일

구성月반	7 3 5	구성日반	8P 4A 6		지장간	손방위	吉方	凶方
	6 8 1		7 9 2		庚	동쪽	正東	正西
	2A 4 9P		3 5 1			서로끌는		

丁 辛 乙
亥 巳 巳

辛 庚 己 戊 丁 丙 乙 甲 癸 壬 辛 庚
亥 戌 酉 申 未 午 巳 辰 卯 寅 丑 子
태 양 생 욕 관 록 왕 쇠 병 사 묘 절

狗狼星 구랑성
巳方 大門僧寺

진밀 친근
사귐
좋은만남
회합 도움

수지비

三甲旬   生甲 屋上土

대장군 卯正東方

조객방 寅正東方

삼살방 南西方

상문방 亥正北方

세파방 伐별

오늘상극 巳 3 6

오늘원진 辰

오늘상천 寅 중안

오늘상파 申 깨짐

황도길흉 대덕황도

28성수 昴묘

건제12신 破파

九星 九紫

결혼주당 堂당

안장주당 師사

복단일 남자

神殺 금덕 · 보광

오늘神殺 월덕합 · 대모

축원인도일 옥도

헌건보살 헌건보살

금일지옥 한빙지옥

당일 래정법
巳에 온사람은 금전사기, 하루종일 이동 午에 온사람은 방해자, 배신사, 의욕상실 未에 온사람 허가 해결될 문제, 급전의욕
~手관재 관재구설 동업사 다툼의 時 매사 지체됨 금전재물 金 주변사자야 결혼, 직장문제, 매매건
申時 온사람은 의욕없는자, 자식문제, 사업문제 酉時 온사람 금전구재 문제, 사업문제 운 戌時 건강문제, 금전문제, 운이 단단히
색정사, 관송사, 사비투쟁, 매사불성사 여자문제, 관재구설사, 속전속결 유리 꼬여있음, 취업 승진문제, 매사지체, 손재수

필히 피해야 할일
이날은 월파일에 왕망일과 대모, 토기 등 신살에 해당되어 매사 해롭고 불리한 날.

백초귀장술의 오늘에 초사언

子時	관재 병재로 불길, 가출人 색정사 도난사
丑時	질병발생, 적의 침범사, 자손 이별사
寅時	선거자유리, 사업흥성, 화합사, 화류계
卯時	가출건, 매사 선흥후길, 관송사는 불리
辰時	부부불화, 실직사, 도난 풍파 가출 색정사
巳時	육친이별, 파재구설 실직 안면 끊김
午時	불명예로 원행 이사 여행가능, 집 파손
未時	공직 영전 승진 발탁사 도난실 환자발생
申時	욕사 성사 순응유리 친족불화 토지분쟁
酉時	사업사, 후원 진상사발, 이사 여행불리 재앙
戌時	자손사 父 급병자 관재구설 색정사
亥時	금전손실 남녀색정사 여자가 불리 파산사

시간 점占   丁亥공망-午未

오늘 행운 복권 운세
복권사면 운 옮 따는 닭띠 ④⑧ 24.
행운복권방은 집에서 서쪽 방향 있는곳

申子辰
生
북쪽문을 피하라. 서남쪽으로 이사하면 안 된다. 재수가 없으 病死며
亥, 하는 일마다 재수가 없고, 病死

巳酉丑
生
서쪽문을 피하라. 동남쪽으로 이사하면 안 된다. 재수가 없으 病死며
辰, 하는 일마다 재수가 없고, 病死

寅午戌
生
남쪽문을 피하라. 북동쪽으로 이사하면 안 된다. 재수가 없으 病死며
未, 하는 일마다 재수가 없고, 病死

亥卯未
生
동쪽문을 피하라. 서북쪽으로 이사하면 안 된다. 재수가 없으 病死며
戌, 하는 일마다 재수가 없고, 病死

운세풀이

巳띠:이동수,우왕좌왕, 弱 다툼 申띠:직장 일이 꼬임, 관재구설 亥띠:최고운상승세, 두마음 寅띠: 만남,결실,화합,문서

午띠:매사불편, 방해자,배신 酉띠:귀인상봉, 금전이득, 현금 子띠:의욕과다, 스트레스큼 卯띠:이동수,이별수,변동 움직임

未띠:해결신,시험합격, 풀림 戌띠:매사꼬임,과거고생, 질병 丑띠:시급한 일, 뜻대로 안됨 辰띠: 빈주머니, 걱정근심, 사기

- 154 -

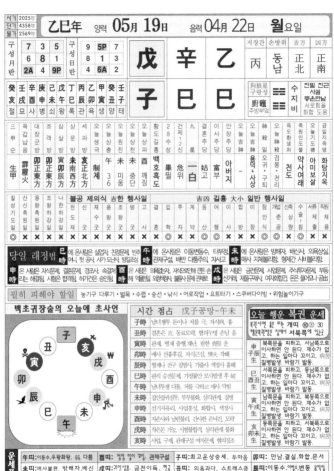

서기	2025年
단기	4358年
불기	2569年

乙巳年 양력 05月 19日 음력 04月 22日 월요일

구성月반		
7	3	5
6	8	1
2A	4	9P

구성日반		
9	5P	7
8	1	3
4	6A	2

戊	辛	乙
子	巳	巳

지장간	손방위	吉方	凶方
丙	동남	正北	正南

狗狼星 구랑성	廚竈 주방부엌	수지비	친밀 친근 사귐 좋은만남 서로힘을 화합 도움

癸	壬	辛	庚	己	戊	丁	丙	乙	甲	癸	壬
亥	戌	酉	申	未	午	巳	辰	卯	寅	丑	子
절	묘	사	병	쇠	왕	록	관	욕	생	양	태

三甲순	육갑납음	대장군방	조객방	삼살방	상문방	세파방	오늘생극	오늘상충	오늘원진	오늘상천	오늘상파	황도길흉	28수성	건제12신	九星	결혼주당	이사주당	안장주당	오늘吉神	오늘吉神	神殺일	오늘神殺	육도환생처	축원인도불	오늘기도德	금일지옥명
生甲	霹靂火	卯正東方	卯正東方	寅卯辰方	未南西方	亥正北方	制제	午 36	未 미움	未 중단	酉 깨짐	백호흑도	畢필	危위	一白	姑고	富부	아버지	-	용덕*사상	오귀·구퇴	검봉·천리	천도	약사여래	아미보살	화탕지옥

칠성기도일	산신축원일	용왕축원일	조왕하강일	나한하강일	불공 제의식 吉한 행사일							吉凶 길흉 大小 일반 행사일													
					천도재	신굿	재수굿	용왕굿	조왕굿	병굿	고사	결혼	입학	투자	계약	등산	여행	이사	합방	이장	점안식	개업준공	신축상량	수술·침	서류제출	직원채용
◎	×	×	×	×	×	×	×	×	×	×	×	×	◎	×	×	◎	◎	×	×	×	◎	◎	×	◎	×	×

당일 래정법

巳時 에 온사람은 실업자, 친정문제, 빈주머니, 헛 공사, 사기·도난사, 밤길조심

午時 에 온사람은 이동변동수, 터부정, 관재구설, 배반 다툼주의, 차사고

未時 에 온사람은 방해자, 배신사, 의욕상실, 매사 지체불리함, 형제간 시비불리함.

申時 온 사람은 자식문제, 결혼문제, 경조사, 속결처리는 해결됨, 시험은 합격됨, 허가건은 승인됨

酉時 온 사람은 의욕없는자, 자식으로인해 큰돈 손해 억울한일 오장색정사, 불륜사 문제 관재로

戌時 온 사람은 금전문제, 사업문제, 주식투자문제, 부동산거래, 재물구재사, 여자화합건, 돈은 들어오나 곧나감

필히 피해야 할일 농기구 다루기 • 벌목 • 수렵 • 승선 • 낚시 • 어로작업 • 요트타기 • 스쿠버다이빙 • 위험놀이기구

백초귀장술의 오늘에 초사언

시간 점占 戊子공망-午未

子時	남녀쟁투 돈이나 처를 극, 자식病, 흉
丑時	결혼은 吉, 동료모략, 협의누명 손님 옴
寅時	관재, 병재 출행,재난, 원한 喪服 운
卯時	매사 선흉후길, 자식근심, 情夫 작해
辰時	형제나 친구 침범사, 가출사 색정사 흉해
巳時	관직 승진문제, 가정불안 모사발생 후 破
午時	남녀투쟁 다툼, 처를 극하고 매사 막힘
未時	잡안잡귀침투, 부부불화, 삼각관계, 질병
申時	선거자유리, 사업흥성, 화합사, 색정사
酉時	자손사와 남편불리, 간사한 은닉건, 모략
戌時	작은돈 가능, 시험불합격, 삼각관계 불화
亥時	사업, 구재, 관재구설 여자문제, 협의징조

오늘 행운 복권 운세

복권사면 좋은 띠는 **개띠** ⑩⑳ 30

행운복권방은 집에서 **서북쪽**에 있는곳

申子辰生	북쪽문을 피하고, 서남쪽으로 이사하면 안 된다. 재수가 없고, 하는 일마다 꼬이고, 病苦 질병발생. 바람기 발동.
巳酉丑生	서쪽문을 피하고, 동남쪽으로 이사하면 안 된다. 재수가 없고, 하는 일마다 꼬이고, 病苦 질병발생. 바람기 발동.
寅午戌生	남쪽문을 피하고, 북동쪽으로 이사하면 안 된다. 재수가 없고, 하는 일마다 꼬이고, 病苦 질병발생. 바람기 발동.
亥卯未生	동쪽문을 피하고, 서북쪽으로 이사하면 안 된다. 재수가 없고, 하는 일마다 꼬이고, 病苦 질병발생. 바람기 발동.

운세풀이

午띠:이동수,우왕좌왕, 弱 다툼	酉띠: 점점 일이 꼬임, 관재구설	子띠:최고운상승세, 두마음	卯띠: 만남,결실,화합,문서
未띠:매사불편, 방해자,배신	戌띠:귀인상봉, 금전이득, 현금	丑띠: 의욕과다, 스트레스큼	辰띠:이동수,이별수,변동 움직임
申띠:해결신,시험합격, 풀림	亥띠: 매사꼬임,과거고생, 질병	寅띠: 시급한 일, 뜻대로 안됨	巳띠: 빈주머니,걱정근심,사기

5월

서기 2025年

서기 2025年	乙巳年	양력 **05**月 **20**日	음력 04月 23日	**화**요일
단기 4358年				
불기 2569年				

구성월반	7	3	5
	6	8	1
	2A	4	9P

구성일반	1	6	8A
	9	2	4
	5P	7	3

	지장간	손방위	吉方	凶方
己 辛 乙				
丑 巳 巳	丙	남쪽	正西	正東

乙 癸 壬 辛 庚 己 戊 丁 丙 乙 甲
亥 戌 酉 申 未 午 巳 辰 卯 寅 丑 子
태 양 養 육 관 록 왕 쇠 병 사 묘 절

狗星星구망성	중	만사형통
寅卯 廚舍	건 천	만물성장 발전시기 윗사람자문 도움 요함

三甲旬 生甲
六갑납음 霹靂火

대장군방 卯正東方

조객방 巳東南方

삼살방 南方

세파방 亥西北方

오늘상충 午미움

오늘원진 36

오늘상파 辰

황도길흉 당황도

28九성 二黑

건제12신 成성

九星 二黑

결혼주당 夫

이사주당 殺살

안장주당 손님

천구하식 천구하식

복단일 월덕합

神殺 삼합일 산적·귀기

오늘吉神 천은·축도

오늘환생처 아미여래

금일지옥 화탕지옥

칠성기도일	산신축원일	용왕축원일	조왕하강일	나한하강일	불공 제의식 吉한 행사일								吉凶 길흉 大小 일반 행사일											
					천도	신중	재수	용왕	조왕	병굿	고사	결혼	입학	투자	계약	등산	여행	이사	0점	개업	신축	수리	서류	직원
																						상	제출	채용
◎	◎	×	◎	×	◎	◎	◎	×	×	◎	◎	×	◎	◎	◎	×	◎	×	×	◎	×	◎	◎	◎

당일 래정법	巳時	에 온사람은 이동수 있거나 직장변동 사업변동수, 해외진출 유리, 이별	午時	에 온사람은 살인사, 지금은 소모전, 반찬거 첫 공사 시기, 득녀사 안됨	未時	에 온사람은 매사 이동변동수, 터부정 윗사람과 사비 다툼주의, 교통사고주의
	申時	온 사람은 방해자, 배신사, 금전과 여자문제 매사 지체불리함, 차사고로 손해손재수	酉時	온 사람은 의욕없는 자, 색정사로 투가는 속결유리, 시험합격됨, 허가진은 승인	戌時	장사 불리손재문제, 관재로 발전 딸 문제, 취직문제

필히 피해야 할일	출판출고·인수인계·출항·조선 배 제조·승선·방류·출장·항공주의·동토·벌목

백초귀장술의 오늘에 초사언

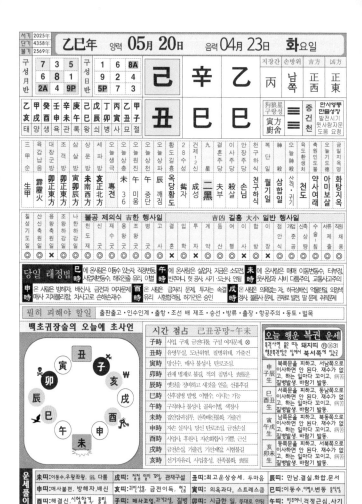

시간 점占 己丑공망-午未	
子時	사업 구재 금전이득, 구설 여자문제 ⊗
丑時	유명무실, 도난위해, 질병위태, 가출건
寅時	망신주, 매사 불성사, 탄로조심
卯時	관재 병재로 불길 적의 침범사, 객사조심
辰時	옛일을 정비하고 새것을 얻음, 선후곤귀
巳時	산후질병 발병, 아禍는사, 이사는 기쁨
午時	구직하여나 불성사 공유수탈, 색정사
未時	잠인잠귀침투, 진혼배신불화, 가출건
申時	자손 실직사, 망신 탄로조심, 금전조난
酉時	사업사, 자손 자손화합사 기쁨, 근신
戌時	선거자유리, 사업흥성, 친족불화, 병患
亥時	선거자유리, 사업흥성, 친족불화, 병患

오늘 행운 복권 운세

복권사면 좋은 띠는 돼지띠 ⑪⑯31
행운복권방 윗쪽 점은 방향 북서쪽띠 있는곳

申辰生	북쪽문을 피하고, 서남쪽으로 이사하면 안 된다. 재수가 없고, 하는 일마다 꼬이고, 病苦 질병발생. 바람기 발동.
巳酉丑生	서쪽문을 피하고, 동남쪽으로 이사하면 안 된다. 재수가 없고, 하는 일마다 꼬이고, 病苦 질병발생. 바람기 발동.
寅午戌生	남쪽문을 피하고, 북동쪽으로 이사하면 안 된다. 재수가 없고, 하는 일마다 꼬이고, 病苦 질병발생. 바람기 발동.
亥卯未生	동쪽문을 피하고, 정남쪽으로 이사하면 안 된다. 재수가 없고, 하는 일마다 꼬이고, 病苦 질병발생. 바람기 발동.

운세풀이	戌띠:점점 이익 7名 관재구설	丑띠:최고운상승세, 두마음	辰띠: 만남,결실,화합,문서
	未띠:이동수,우왕좌왕, 弱 다툼		
	亥띠:귀인상봉, 금전이득, 현名	寅띠: 의욕과다, 스트레스큼	巳띠:이동수,이별수,변동 움직임
	申띠:매사불편, 방해자,배신		
	子띠:매사꼬임,과거고생, 질병	卯띠:시급한 일, 뜻대로 안됨	午띠:빈주머니, 걱정근심, 사기
	酉띠:해결신, 시험합격, 풀림		

- 156 -

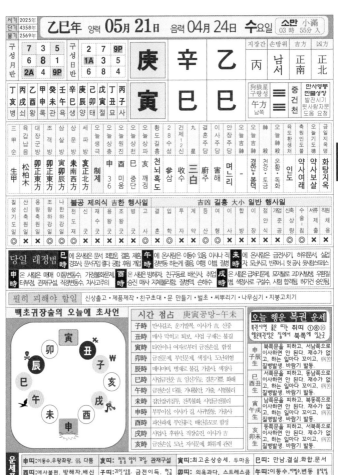

서기 2025년	乙巳年	양력 05月 21日	음력 04月 24日	水요일	소만 小滿
단기 4358년					03時 55分入
불기 2569년					

구성月반			구성日반						지장간	손방위	吉方	凶方
7	3	5	2	7	9P				丙	남서	正南	正北
6	8	1	1A	3	5					南西		
2A	4	9P	6	8	4							

庚辛乙
寅巳巳

丁亥	丙戌	乙酉	甲申	癸未	壬午	辛巳	庚辰	己卯	戊寅	丁丑	丙子	狗狼星 구랑성
병	쇠	왕	관	욕	생	양	태	절	묘	사		方午 남북

만사형통 만물냉장 말전되기 윗사람자문 도움받음
중건천

<table>
<tr><td>三甲순</td><td>육갑납음</td><td>대장군방</td><td>조객방</td><td>삼살방</td><td>상문방</td><td>세파방</td><td>오늘생기</td><td>오늘상충</td><td>오늘원진</td><td>오늘상천</td><td>오늘상파</td><td>황도길흉</td><td>건제12신</td><td>九星</td><td>결혼주당</td><td>이사주당</td><td>안장주당</td><td>오늘吉神</td><td>神殺</td><td>오늘神殺</td><td>육도환생처</td><td>축원인도불</td><td>오늘기도</td><td>금일염불</td></tr>
<tr><td>生甲</td><td>松柏木</td><td>卯正東方</td><td>卯正東方</td><td>東南方</td><td>未南西方</td><td>亥正西方</td><td>制剂</td><td>申
3,6</td><td>酉
미움</td><td>亥
개김</td><td>寅
흑살</td><td>천뇌흑도</td><td>收수</td><td>三白</td><td>廚주</td><td>害해</td><td>며느리</td><td>경안·복덕</td><td>처깅·지덕</td><td>오황·독화</td><td>인도</td><td>약사여래</td><td>약사보살</td><td>화탕지옥</td></tr>
</table>

칠성기도일	산신축원일	용왕축원일	조왕하강일	나한하강일	불공 제의식 吉한 행사일								吉凶 길흉 大小 일반 행사일									
					천도재	신중기도	재수굿	용왕굿	조왕굿	병굿	결혼	입택	투자	계약	등기	여행	이장	개업	기복	신축	수술	서류제출	직원채용
◎	×	×	◎	×	×	×	×	×	×	×	×	△	◎	◎	△	◎	×	◎	◎	×	◎	◎	◎

당일 레정법 | **巳時**에 온사람은 문서 화합은 결혼 재혼 경사나 문서합격증서 궁합 문제 개업 | **午時**에 온사람은 이동수 있음 이사나 직장변동 점포변동 자식문제 여행 이별 질병 | **未時**에 온사람은 금전사기 허위문서 실업 자 모녀친 반대사나 헛공사 윗사람부탁

申時 온 사람은 매매 이동변동수 가정불안 관재구설 직장변동수 차사고우환 | 酉時 온 사람은 방해자 친구동료 배신사 취업 승진 매사 지체불안 잘풀림 손해수 | 戌時 온 사람은 금전 취업문제 질병 색정사로 구설사 시험 합격됨 하기간 승진됨

필히 피해야 할일 | 신상출고·제품제작·친구초대·문 만들기·벌초·씨뿌리기·나무심기·지붕고치기

백초귀장술의 오늘에 초사언

시간 점占	庚寅공망−午未
子時	마사김초, 운기발복, 이사가 吉, 산증
丑時	매사 막히고 퇴보, 사업 구재는 불길
寅時	타인이나 여자로부터 금전손실 합격
卯時	금전문제, 부인문제, 색정사, 도난위험
辰時	매사버미 병패로 불길, 가출사, 색정사
巳時	사업권리, 금 임산부, 결혼기쁨, 화해
午時	금전손실 다툼, 가내불안 가출, 시험불리
未時	갈등갈라짐사, 관직좋음사 사업قشفقشفقشف
申時	부부이심 이사가 길, 사기방문, 가출사
酉時	파산파재, 부인문제 배신음모로 함심
戌時	사업사 후원사 직장승진, 이사가 吉
亥時	금전손실 도난 자식문제 화해게 관련

오늘 행운 복권 운세
복권사면 좋은 따는 쥐띠 ①⑥⑯
행운복권방 짐에서 북쪽에 있소

申子辰生	북쪽문을 피하고, 서남쪽으로 이사하면 好 된다. 재수가 없 고, 하는 일마다 꼬이고, 病苦 질병발생. 바람기 발동.
巳酉丑生	서쪽문을 피하고, 동남쪽으로 이사하면 好 된다. 재수가 없 고, 하는 일마다 꼬이고, 病苦 질병발생. 바람기 발동.
寅午戌生	남쪽문을 피하고, 북동쪽으로 이사하면 好 된다. 재수가 없 고, 하는 일마다 꼬이고, 病苦 질병발생. 바람기 발동.
亥卯未生	동쪽문을 피하고, 북쪽으로 이사하면 好 된다. 재수가 없 고, 하는 일마다 꼬이고, 病苦 질병발생. 바람기 발동.

| 운세풀이 | 申띠:이동수·우왕좌왕, 弱물 다툼 | 酉띠:매사불편, 방해자,배신 | 戌띠:해결신, 시험합격, 풀림 | 亥띠:정정 꼬임, 관재구설 | 子띠:귀인상봉, 금전이득, 현금 | 丑띠:매사꼬임,과거고생, 질병 | 寅띠:최고운상승세, 두마음 | 卯띠:의욕과다, 스트레스큼 | 辰띠:시급한 일, 픔대로 안됨 | 巳띠:만남,결실,화합,문서 | 午띠:이동수,애정변동 움직임 | 未띠:빈주머니, 걱정근심, 사기 |

- 157 -

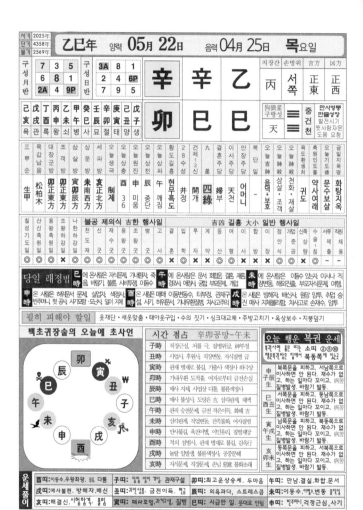

서기	2025年
단기	4358年
불기	2569年

乙巳年 양력 **05**月 **22**日 음력 04月 25日 **목**요일

구	7	3	5	구	3A	8	1
성	6	8	1	성	2	4	6P
월반	2A	4	9P	일반	7	9	5

辛
卯

辛
巳

乙
巳

지장간	손방위	吉方	凶方
丙	서쪽	正東	正西
중건천			
天			

狗狼星 구랑성
발전시키고
윗사람문
도움 요청

만사형통
만물성장

己亥 욕	戊戌 관	丁酉 록	丙申 왕	乙未 쇠	甲午 병	癸巳 사	壬辰 묘	辛卯 절	庚寅 태	己丑 양	戊子 생

三甲旬	육갑납음	대장군방	조객방	삼살방	상문방	세파방	오늘화합	오늘상극	오늘원진	오늘상천	오늘상파	황도길흉	28宿성	건제12신	九星	결혼주당	이사주당	안장주당	복단일	오늘吉神	神殺神殺	오늘神殺	축원생기	오늘기도덕	글자지명명	화탕지옥
生甲	松柏木	卯正東方	寅東北方	未南西方	亥正北方	制制			酉	辰	午	현무흑도	井 3 6	開 중단	四綠	婦부	天옹	어머니	●월德·保호	살살·조객	전화·재살	귀도	약사여래	문수보살	화탕지옥

칠성기도	산신축원	용왕축원	조왕하강	나한도	천수경	신장축원	조병공	조병곳	결혼	입학	투자	계약	여행	이장	함	점안식	개업준공	신축상량	서류제출	직원채용
불공 제의식 吉한 행사일									**吉凶 길흉 大小 일반 행사일**										
◎	◎	◎	×	◎	◎	◎	×	×	×	◎	×	◎	◎	×	×	×	◎	◎	◎	◎

당일 래정법
巳時 에 온사람은 자식문제, 가내환란, 축財
午時 에 온사람은 화합건, 경조사, 재혼, 未時 에 온사람은 이동수 있으나 이사나 직
申時 온 사람은 하위문서 문제, 실업자, 색정사 酉時 온 사람은 정신문제, 투쟁쟁, 관재구설 戌時 온 사람은 방위사, 배신사, 원망 암투, 취업 승진

필히 피해야 할일 옷재단·새옷맞춤·태아옷구입·수의 짓기·싱크대교체·주방고치기·옥상보수·지붕덮기

백초귀장술의 오늘에 초사언

시간 점占	辛卯공망-午未
子時	직장근심, 차물 극, 질병위급, 神부정
丑時	사업사 후원사 직장변동, 자식질병 급
寅時	관재 병재로, 불길, 가출사 색정사 하극상
卯時	가내우환 도적흉, 여자로부터 금전손실
辰時	매사 지체, 사업상 다툼, 불륜색장사
巳時	매사 불성사, 도망은 吉, 삼각관계, 재앙
午時	관직 승진문제, 금전 재수有, 화재 吉
未時	삼각관계 직업변동, 친족불화 여자질병
申時	직장변동 사업이변, 이앙사, 질병재앙
酉時	적의 침범사, 관재 병재로 불길, 감옥行
戌時	놀랄 일발생 불륜색장사 공중분해
亥時	자식문제 직장문제, (순)怒 恩思 불화초래

오늘 행운 복권 운세
복권사면 좋은 띠는 소띠 ②⑤⑩
행운복권방은 집에서 북동쪽에 있는

申辰띠	북쪽문을 피하고, 서남쪽으로 이사하면 안 된다. 재수가 없고, 하는 일마다 꼬이고, 病苦
巳酉丑띠	서쪽문을 피하고, 동남쪽으로 이사하면 안 된다. 재수가 없고, 하는 일마다 꼬이고, 病苦 질병발생. 바람기 발동.
寅午戌띠	남쪽문을 피하고, 북쪽으로 이사하면 안 된다. 재수가 없고, 하는 일마다 꼬이고, 病苦 질병발생. 바람기 발동.
亥卯未띠	동쪽문을 피하고, 북서쪽으로 이사하면 안 된다. 재수가 없고, 하는 일마다 꼬이고, 病苦 질병발생. 바람기 발동.

운세풀이

酉띠: 이동수,우왕좌왕, 弱, 다툼
子띠: 점점 열이 꼬임, 관재구설
卯띠: 최고운상승세, 두마음
午띠: 만남,결실,화합,문서
戌띠: 매사불편, 방해자,배신
丑띠: 귀인상봉, 금전이득, 현금
辰띠: 의욕과다, 스트레스큼
未띠: 이동수,이별수,변동 움직임
亥띠: 해결신,시험합격, 풀림
寅띠: 매사꼬임,과거고생, 질병
巳띠: 시급한 일, 뜻대로 안됨
申띠: 빈주머니, 걱정근심, 사기

- 158 -

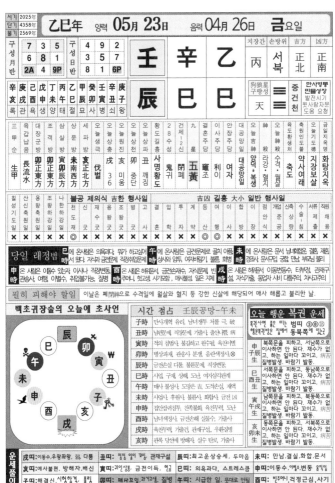

구성 月반	7	3	5	구성 日반	4	9	2
	6	8	1		3	5	7
	2A	4	9P		8	1	6P

	지장간	손방위	吉方	凶方
壬 辛 乙	丙	서북	正北	正南
辰 巳 巳				

辛亥 庚戌 己酉 戊申 丁未 丙午 乙巳 甲辰 癸卯 壬寅 辛丑 庚子
록 관 욕 생 양 태 절 묘 사 병 쇠 왕

狗狼星 구랑성
天

중 건 천

만사형통 만물생장 빌전시나 윗사람자문 도움 요청

三甲순 生甲 | 육갑납음 長流水 | 조객방 卯正東方 | 삼살방 卯正東方 | 상문방 寅東北方 | 세파방 亥東南方 | 오늘상충 戌 36 | 오늘상천 亥 | 오늘원진 卯 | 오늘상파 未中宮 | 황도흑도 死 미움 | 건제12신 사명황도 | 九星 鬼가 | 결혼주당 五鬼 | 이사주당 竈 | 안장주당 利の | 대공망일 여자 | 神殺 대공망일 | 오늘神殺 라강·복성망 | 육도환생처 수적·월살 | 축일인도불 축도 | 금기일지옥 약사여래 지장보살 | 급낭지옥 화탕지옥

칠성기도일 ×
산신축원일 ×
용왕축원일 ×
조왕하강일 ×
나한하강일 ×

불공 제의식 吉한 행사일
천덕 × | 재수 ◎ | 조왕 굿 × | 병굿 × | 고사 ×

吉凶 길흉 大小 일반 행사일
결혼 ×| 입학 × | 투자 × | 계약 × | 등여 × | 이장 ◎ | 여행 ◎ | 산행 × | 제사 ○ | 기복 × | 안장 ◎ | 개업 × | 상량 × | 신축 × | 수리 × | 서류제출 × | 직원채용 ×

백초귀장술의 오늘에 초사언

시간 점占 壬辰공망~午未

子時 만사개먹 유리, 남녀쟁투 처들 극, 破
丑時 남녀분에 직장문제 가출나 출산질, 病
寅時 적의 참방나 불길하고 완무일, 육신이별
卯時 병살과패 관송사 불평, 운산색정사, ⊗
辰時 금전火실 다툼, 불평문제, 직장변동,
巳時 사업, 구재, 상메, 도난, 여자삼각차병
午時 매사 불성사, 모略운, 돈, 도적손실, 재액
未時 사업사, 후원사, 불표사, 화환사 금전 凶
申時 잡안끈라심정, 천록불봉 육천财액 도난
酉時 남녀색상사, 금전손해 실물수, 가출사
戌時 육친무력 가출건, 관재구설, 우환질병
亥時 관록 당선에 방해자, 실수 탄로, 가출사

乙巳年 양력 **05**月 **24**日 음력 04月 27日 **토**요일

		지장간	손방위	吉方	凶方

구성
月반

7	3	5
6	8	1
2A	4	**9P**

구성
日반

5	1	**3P**
4	9	2
9	2	**7A**

癸
巳

辛
巳

乙
巳

丙 북쪽 正西 正東

癸亥 壬戌 辛酉 庚申 己未 戊午 丁巳 丙辰 乙卯 甲寅 癸丑 壬子
왕 쇠 병 사 묘 절 태 양 생 욕 관 왕

狗狼星
구랑성
大門
僧寺

중 건 천

만사형통
만물성장
발전시기
윗사람자문
도움 요청

三甲旬 生甲 長流水 | 대장군방 卯正東方 | 조객방 卯正東方 | 삼살방 未南西方 | 상문방 亥正北方 | 세파방 制亥 | 오늘상충 亥 36 | 오늘원진 寅 | 오늘상천 申 | 청도길흉 진깨짐 | 28수성 柳유 | 건제12신 建건 | 九星 六白 | 결혼주당 第제 | 이사주당 安안 | 대공망일 死 | 神殺 殺수사·토부 | 오늘神殺 황도·왕망 | 육도환생처 옥도 | 혼인문도로 태세 | 약사여래불 | 화탕지옥 보살 |

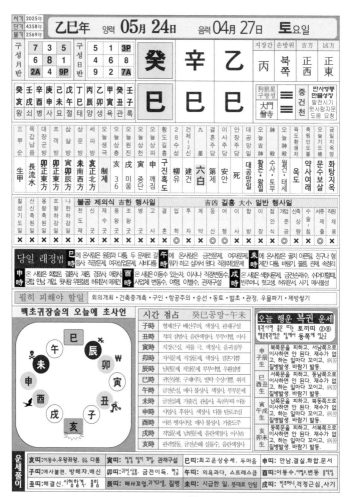

칠성기일	산신재일	용왕축원일	조왕하강일	나한재일	불공 제의식 吉한 행사일						吉凶 길흉 大小 일반 행사일											
					천도재	신중기도	재수굿	용왕굿	조왕굿	병굿	고사	결혼	입택	투자	계약	여행	이장	합방	이점	개업	신축 상량	서류 제출	직원 채용
×	×	×	×	×	×	×	×	×	×	×	×	⊚	⊚	×	×	×	×	×	×	×	×	×	×

당일 래정법

巳에 온사람은 원찮고 다툼. 두 문제로 갈등 午에 온사람은 금전문제, 여자문제 未에 온사람은 골치 아픈일 친구나 형
申時 동사 직장문제 여자상업문제 사사문제 時 때가 하고 싶어서 왔다 직장취업문제 未時 제관계 다툼 바람기 불륜 관재 손재수
申時 온사람은 문서문제, 결혼은 재혼 애정사 궁합 酉時 온사람은 이동수 이사나 직장변동수 戌時 온사람은 매사불편 픙두고 다툼 외생정 해우되다 사기 매사불성

必 회의개최·건축증개축·구인·항공주의·승선·동토·벌초·관정·우물파기·제방쌓기
필히 피해야 할일

백초귀장술의 오늘에 초사언

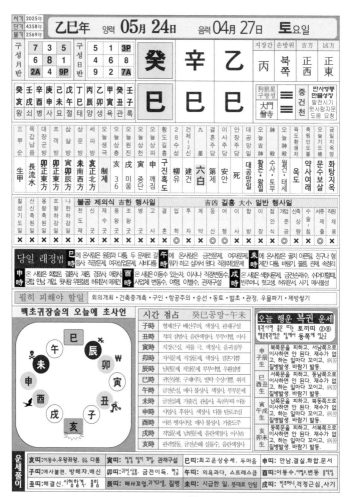

시간 점占	癸巳공망-午未
子時	형제친구 배산주의, 색정사, 관재구설
丑時	적의 참변사, 음란색정사, 부부이별, 이사
寅時	직장근심, 처를 극, 색정사, 음귀심부
卯時	자식문제, 직장문제, 색정사, 결혼기쁨
辰時	남편문제 직장문제 부부반목 우환질병
巳時	귀인상봉, 구재이득, 발탁 수상기쁨, 취직
午時	금전손실, 매사 불성사, 색정사, 부모질환
未時	금전실패, 가출건, 관송사, 육친무력 이동
申時	남편문제 사업이나 색정사, 다툼 타묘조심
酉時	어른 병자사망, 매사 불성사, 가출도주
戌時	직장문제, 남편문제, 관재색정사, 이사남
亥時	관재병발, 금전손해 실물수, 음란색정사

오늘 행운 복권 운세

복권사면 좋은 띠는 **토끼띠 ②⑧**
행운복권방은 집에서 **동쪽** 에 있음

申子辰生	북쪽문을 피하고, 서남쪽으로 이사하면 안 된다. 재수가 없 고, 하는 일마다 꼬이고, 病苦 질병발생. 바람기 발동.
巳酉丑生	서북문을 피하고, 동남쪽으로 이사하면 안 된다. 재수가 없 고, 하는 일마다 꼬이고, 病苦 질병발생. 바람기 발동.
寅午戌生	남쪽을 피하고, 서남쪽으로 이사하면 안 된다. 재수가 없 고, 하는 일마다 꼬이고, 病苦 질병발생. 바람기 발동.
亥卯未生	동쪽문을 피하고, 북쪽으로 이사하면 안 된다. 재수가 없 고, 하는 일마다 꼬이고, 病苦 질병발생. 바람기 발동.

운세풀이

亥띠:이동수,우왕좌왕, 弱 다툼 | 寅띠: 점점 일이 꼬임, 관재구설
子띠:애사불편, 방해자, 배신 | 卯띠:귀인상봉, 금전이득, 현금
丑띠:해결신, 시험합격, 풀림 | 辰띠: 매사꼬임,과거2생, 질병
巳띠:최고운상승세, 두마음 | 申띠: 만남,결실,화합,문서
午띠: 의욕과다, 스트레스큼 | 酉띠:이동수,애별4 변동 움직임
未띠: 시급한 일, 뜻대로 안됨 | 戌띠: 빈손머니,걱정근심, 사기

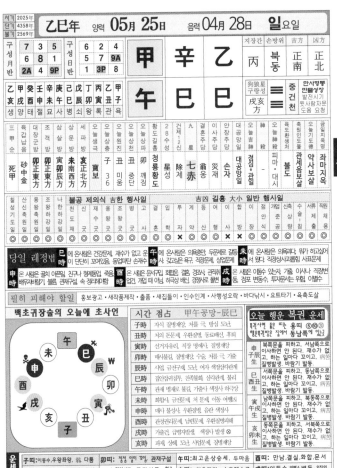

서기 2025年
단기 4358年
불기 2569年

乙巳年 양력 05月 25日 음력 04月 28日 일요일

구성월반	7	3	5	구성일반	6	2	4
	6	8	1		5	7	9A
	2A	4	9P		1	3P	8

甲 辛 乙
午 巳 巳

| 지장간 | 손방위 | 吉方 | 凶方 |
| 丙 | 북동 | 正南 | 正北 |

乙亥 甲戌 壬申 辛未 庚午 戊辰 丁卯 乙丑 甲子
생 양 태 절 묘 사 병 쇠 왕 관 욕

狗狼星 구랑성
戌亥方

중 건 천

만사형통 만물성장 발전시기 윗사람도움 도움 요청

三甲순 死甲 | 육갑납음 砂中金 | 대장군방 卯正東方 | 조객방 卯正東方 | 삼살방 亥正北方 | 세파방 寅方 | 오늘상충 子보 | 오늘원진 丑 36 | 오늘상천 卯 | 오늘상파 卯 미움 | 황도길흉 청룡황 星星 | 2 8 宿 깨짐 | 건제12신 除제 | 九星 七赤 | 결혼주당 翁옹 | 이사주당 災재 | 안장주당 손자 | 대공망일 대공망일 | 오늘吉神 첨안·과살 | 神殺神殺 | 오늘神殺 피마·대시 | 육도환생 불도 | 축원인도불 관세음보살 | 오늘기도덕 약사여래불 | 오늘神殺 좌마지옥

당일 레정법
巳時 에 온사람은 건강문제, 재수가 없고 운때, 뭐가 단단히 꼬여있음, 동업파탄 손재수.
午時 에 온사람은 의욕없고 두문불출 갈등사 갈급증 욕구, 직장문제, 상업문제.
未時 에 온사람은 의욕다, 뭐가 하고싶어서 왔다. 직장상사괴롭힘 사표문제.
申時 온 사람은 골치 아픈일, 친구나 형제동업 죽음.
酉時 온 사람은 직장취업문제, 자식, 사업문제.
戌時 온 사람은 매사 걸린게 빙빙 배신 관직 좋은 일, 해결됨.
亥時 온 사람은 방해자, 배신사, 의욕상실 매사 자신없. 배신 경쟁사 몰락.

배자녀관계 불륜, 관재구설 속 공타발동.
운때, 개업 매사 야함, 허극상변, 경쟁사 불륜.
정도 변동수, 투자손은 위험 이별수.

필히 피해야 할일
홍보광고 · 새작품제작 · 출품 · 새집들이 · 인수인계 · 사행성오락 · 바다낚시 · 요트타기 · 육축도살

백초귀장술의 오늘에 초사언

時間 점占 甲午공망-辰巳

子時	자식 질병재앙, 처를 극, 방심 도난
丑時	처의 돈문제, 우환질병, 동료배신, 후회
寅時	선거자유리, 직장 명예사, 질병재앙
卯時	매사불리, 질병재앙, 수술 처를 극 가출
辰時	사업 금전구재, 도난 색정삼각관계
巳時	급전급구, 전축불, 삼각관계, 불리
午時	관재 병재로, 불길, 가출사 색정사 하극상
未時	화재사, 금전문제 처 문제, 이동 여행흉
申時	매사 불성사, 우환질병, 음란 색정사
酉時	관광관리문제, 남편문제, 우환질병파재
戌時	가출건, 급병질환불, 색심사 발생 ⊗
亥時	파재 상해, 도난 사업문제, 질병재앙

오늘 행운 복권 운세
복권사면 좋은 띠는 용띠 ⑤⑩②
행운복권방은 집에서 동남쪽에 있는

申子辰生 | 북쪽문을 피하고, 서남쪽으로 이사하면 안 된다. 재수가 없으며, 하는 일마다 꼬이고, 病苦 질병발생. 바람기 발동.
巳酉丑生 | 서쪽문을 피하고, 동쪽으로 이사하면 안 된다. 재수가 없으며, 하는 일마다 꼬이고, 病苦 질병발생. 바람기 발동.
寅午戌生 | 남쪽문을 피하고, 북쪽으로 이사하면 안 된다. 재수가 없으며, 하는 일마다 꼬이고, 病苦 질병발생. 바람기 발동.
亥卯未生 | 동쪽문을 피하고, 서북쪽으로 이사하면 안 된다. 재수가 없으며, 하는 일마다 꼬이고, 病苦 질병발생. 바람기 발동.

서기	2025年										
단기	4358年	乙巳年		양력 05月 26日		음력 04月 29日		월요일			
불기	2569年										

구성月반	7	3	5	구성日반	7	3	5	乙	辛	乙	지장간	손방위	方方	凶方
	6	8	1		6	8	1				丙	無	正東	正西
	2A	4	9P		2AP	4	9	未	巳	巳				

丁亥	丙戌	乙酉	甲申	癸未	壬午	辛巳	庚辰	己卯	戊寅	丁丑	丙子
사	묘	절	태	양	생	욕	관	록	왕	쇠	병

狗狼星 구랑성 水步井 우물가 | 중건천

만사성취 만물성장 발전시기 윗사람자문 도움 요청

三甲旬	육갑납음	대장군방	조객방	삼살방	세파방	오늘생극	오늘상충	오늘상천	오늘상파	오늘상해	오늘원진	28수성	건제12신	九星	결혼주당	이사주당	안장주당	복단일	神殺	오늘神殺	육도환생처	천구하식시	해와손님	오늘吉방위	오늘길흉	나쁜날
死甲	砂中金	卯正東方	卯正東方	寅卯辰方	未南西方	亥北方	制제	丑3	亥6	子	戌 미움	戌 깨짐	명 단	張	滿 만	八白	堂당	師사	남자	月덕·삼합	구공·지화	불도	관세음보살	대세지보살	좌마지옥

칠성기도일	산신축원일	용왕축원일	조왕하강일	나한하강일	불공 제의식 吉한 행사일						吉凶 길흉 大小 일반 행사일													
					천도재	신굿	재수굿	용왕굿	조왕굿	병굿	고사	결혼	입택	투자	계약	등산	여행	이사	합방	점안식	개업	신축상량	수술	서류제출	직원채용
◎	✕	◎	✕	◎	✕	◎	◎	◎	◎	✕	✕	✕	✕	◎	✕	◎	✕	✕	✕	✕	◎	◎	◎	✕	◎

당일 태정법

巳에 온사람은 금전문제, 사업문제, 금전 午에 온사람 건강문제, 관재구설로 운 未에 온사람 부모자식 합의건, 문서합
구재건, 관취유리나, 속전속결이 유리 이 단단히 꼬여있음, 친정문제 손재수 의 건, 결혼성사, 사업자금, 이동수

申에 온 사람은 색정사로 색정사 행 직 酉에 온사람은 관직 취문제로 관 戌에 온 사람은 외생생사 불합사 관리
時 장녀압문제 친정형제간 배신과 우환 걱정 時 송사구설 관로장, 실업 손재수 조정 時 애정사 궁합 답급 개입 하자 빼신 구설수
時 불길, 샤튀정, 급속장피해, 정준구재 時

필히 피해야 할일

홍보광고 · 새작품제작 · 출품 · 새집들이 · 인수인계 · 오락투자 · 흙다루기 · 낚시 · 어로작업

백초귀장술의 오늘에 초사언

시간 점占	乙未공망-辰巳
子時	관귀발동, 잔작불성, 색정상직불허, 도난
丑時	적의 참방사, 여자물길 원수원, 가출사
寅時	금전문제 실직문제 배신사, 모함 은익
卯時	질병위급, 관재송건, 동분서주 결혼 文
辰時	매사 불성사, 금전도에 금전용통 안됨
巳時	자식문제, 남편불로 만나길흉, 수술기쁨
午時	매사 불성사, 우환질병, 음란 색정사 자식
未時	금전문제가구애의 여자문제, 우환질병 취직
申時	작업문제 남녀투쟁놀내, 불륜 색정사
酉時	병자사망, 여자 불성사, 가출도주, 外科再
戌時	처의 도문문제, 우환질병, 관직변동변동
亥時	금전손재관문제 가출사 도망분실 심리석문

오늘 행운 복권 운세

복권사면 좋은 띠는 뱀띠 ⑦⑰27
행운복권방은 지에서 남동쪽에 있소

子生	申	복록문을 피하고, 서남쪽으로 이사하면 안 된다. 재수가 없 고, 하는 일마다 꼬이고, 病苦 질병발생. 바람기 발동.
巳生		서북문을 피하고, 동남쪽으로 이사하면 안 된다. 재수가 없 고, 하는 일마다 꼬이고, 病苦 질병발생. 바람기 발동.
寅戌生		북쪽문을 피하고, 북동쪽으로 이사하면 안 된다. 재수가 없 고, 하는 일마다 꼬이고, 病苦 질병발생. 바람기 발동.
卯生		정북문을 피하고, 서북쪽으로 이사하면 안 된다. 재수가 없 고, 하는 일마다 꼬이고, 病苦 질병발생. 바람기 발동.

운세풀이

丑띠:이동수우왕좌왕, 弱,多暇

寅띠:매사불편, 방해자,배신

卯띠:해결신,시험합격, 풀림

辰띠:적정 이외 꼬임, 관재구설

巳띠:귀인상봉, 금전이득, 현금

午띠:매사꼬임,과거고생, 질병

未띠:최고운상승세, 두마음

申띠:의욕과다, 스트레스큼

酉띠:시급한 일, 뜻대로 안됨

戌띠:만남,결실,화합,문서

亥띠:이동수,이별수,변동 움직임

子띠:빈주머니, 걱정근심, 사기

서기 2025年								
단기 4358年	乙巳年	양력 05月 27日	음력 05月 01日	화요일	초하루

구성월반			구성일반			丙 辛 乙	丙	동쪽	正北	正南
7	3	5	8	4A	6		지장간	손방위	吉方	凶方
6	8	1	3P	5	1	申 巳 巳				
2A	4	9P								

己	戊	丁	丙	乙	甲	癸	壬	辛	庚	己	戊
亥	戌	酉	申	未	午	巳	辰	卯	寅	丑	子
절	묘	사	병	쇠	왕	록	관	욕	생	양	태

狗狼星 구랑성	天	풍천소축

매사 지연 급전순 미약하니 조금씩저축 참고기다림

三甲순 死甲 | 육갑납음 山下火 | 대장군방 正東方 | 조객방 正卯方 | 삼살방 正南方 | 세파방 亥破 | 오늘생극 制克 | 오늘상충 寅미움 | 오늘상천 卯깨짐 | 오늘원진 亥 | 황도길흉 天刑흑도 | 건제12신 翼흑 | 九星 九紫 | 결혼주당 婦부 | 이안장주당 天천 | 복단주당 어머니 | 대공망일 庚辰辛 | 神殺 오늘神殺 융합·상협 | 오늘神殺 하괴일 | 육도환생처 인도 | 축원인도불 혈기·천격 | 금일기도 관세음보살 | 아미지옥 | 금일부적 좌마지옥

칠성기도일	산신기도일	용왕기도일	조왕기도일	나한기도일	불공	제의식 吉한 행사일					吉凶 길흉 大小 일반 행사일													
					신축 재수 굿	신 수 굿	재앙 소멸굿	조왕 굿	병굿	고사	결혼	입학	투자	계약	여행	이사	합방	이장	점안식	개업 준공	신축 상량	수술	서류 제출	항세 침
×	×	×	○	×	○	○	○	○	○	×	△	×	×	×	×	×	×	△	×	×	×	×	×	×

당일 래정법

巳時 온사람은 여자로 인해 손재수. 직녁時에 온사람은 금전문제 사업문제 친정문제 관청관구설. 색정사, 未時에 온사람은 남편문제 직장문제 핫수로 부모문제 관재구사, 속전속결 戌時에 온사람은 금전구재 취직문제 종교문제 酉時에 온사람은 자식걸 이문제 형제동업 죽음 바申時에 새로운일 계획하고 친정식구 후원나 망신수 원함 金액 신 時에 온사람은 자식문제 진정풀이 배신 금전 빌림 사비투쟁. 급속정리 관청귀

필히 피해야 할일 작품출품·납품·정보유출·교역·새집들이·출장·항공주의·동물들이기·승선·낚시·어로작업

백초귀장술의 오늘에 초사언

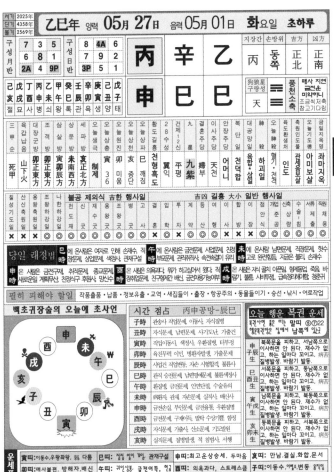

시간 점占	丙申공망-辰巳
子時	관송사 작업문제 이동사 자식질병
丑時	자식문제, 남편문제 사기도난, 가출건
寅時	작업이동사, 색정사, 우환질병, 타부정
卯時	육친무력 이민, 병화재발생, 가출문제
辰時	사업건 작업변동, 자손 시험합격, 불륜사
巳時	관직 승진문제, 남편명예문제, 불륜색정사
午時	환자질병 금전문제 인연단절, 수술유의
未時	병환자, 관재 자손문제 실직사, 배신사
申時	금전손실 부인문제 금전융통, 우환질병
酉時	금전융통 구재이득, 밝탄 수상가뭄, 함정
戌時	자식문제 가출사, 산소문제, 기도발원
亥時	실직문제, 질병발생, 적 침범사, 서행

오늘 행운 복권 운세

복권사면 좋은 띠는 말띠 ⑤⑦22 행운복권방은 집에서 남쪽에 있소

子生	북쪽문을 피하고, 서북쪽으로 이사하면 안 된다. 재수가 없고, 하는 일마다 꼬이고, 病苦 질병발생. 바람기 발동.
酉生	서쪽문을 피하고, 동쪽으로 이사하면 안 된다. 재수가 없고, 하는 일마다 꼬이고, 病苦 질병발생. 바람기 발동.
午生	남쪽문을 피하고, 북쪽으로 이사하면 안 된다. 재수가 없고, 하는 일마다 꼬이고, 病苦 질병발생. 바람기 발동.
卯生	동쪽문을 피하고, 서북쪽으로 이사하면 안 된다. 재수가 없고, 하는 일마다 꼬이고, 病苦 질병발생. 바람기 발동.

운세 풀이	寅띠:이동수,우왕좌왕, ﾃ 다툼	巳띠:점격 입격 ﾃ, 관재구설	申띠:최고운상승세, 두마음	亥띠: 만남,결실,화합,문서
	卯띠:매사불편, 방해자,배신	午띠:귀인상봉, 금전이득, 학녁	酉띠: 의욕과다, 스트레스큼	子띠:이동수,에픔,변동 옮김
	辰띠:해결신,시험합격, 풀림	未띠:매사꼬임,과거고생, 질병	戌띠:시급한 일, 뜻대로 안됨	丑띠: 빈주머니,걱정근심, 사기

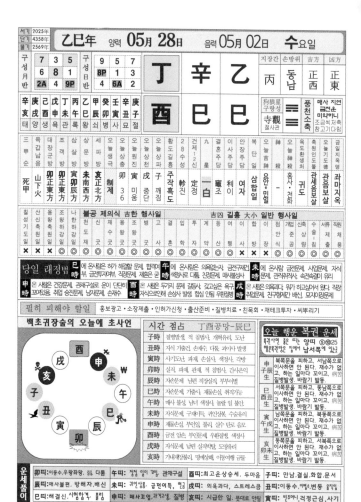

乙巳年 양력 05月 29日 음력 05月 03日 목요일

구성月반	7	3	5	구성日반	1P	6	8A
	6	8	1		9	2	4
	2A	4	9P		5	7	3

戊 辛 乙
戌 巳 巳

지장간	丙
손방위	남쪽
吉方	正南
凶方	正北

| 癸亥 | 壬戌 | 辛酉 | 庚申 | 己未 | 戊午 | 丁巳 | 乙卯 | 甲寅 | 癸丑 | 壬子 |
| 절 | 묘 | 사 | 병 | 쇠 | 왕 | 록 | 관 | 욕 | 생 | 양 | 태 |

狗狼星
구랑성
州郡廳堂
城隍社廟

풍천소축

매사 지연
금전손-
미의가니
조금씩 저축
참고기다림

| 三甲旬 | 육갑납음 | 대장군방 | 조객방 | 삼살방 | 상문방 | 세파방 | 오늘상충 | 오늘원진 | 오늘상천 | 오늘상파 | 황도길흉 | 건제12신 | 九星 | 결혼주당 | 이사주당 | 안장주당 | 神殺 | 神殺 | 오늘神殺 | 축도환생처 | 인금기도일 | 금일지옥 | 좌향보살 |
| 死甲 | 平地木 | 卯正東方 | 卯正東方 | 未南西方 | 酉正西方 | 辰 | 巳 | 酉 | 亥 | 寅 | 金剛황도 | 執집 | 二黑 | 第제 | 安안 | 死사 | 회가제성 | | | 축도 | 미륵보살 | 지극 | |

칠성기도일	산신축원일	조왕하강일	나한기도일	불공 제의식 吉한 행사일					吉凶 길흉 大小 일반 행사일										
				천신 축원	신중 기도	재수 굿	용왕 굿	조왕 굿	병굿	고사	결혼	입학	투자	계약	여행	이사	합방	이장	점안식	개업 준공	신축 상량	수술 침	서류 제출	직원 채용
◎	◎	○	×	×	×	○	○	○	○	◎	○	×	×	◎	○	○	○	×	○	○	◎	○	◎

백초귀장술의 오늘에 초사언

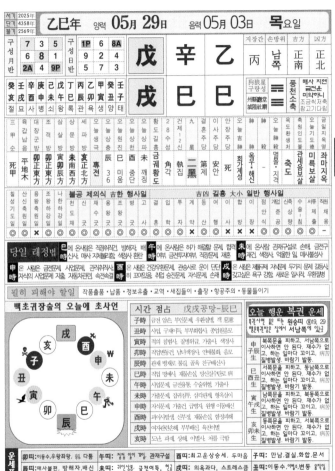

시간 점占	戊戌공망-辰巳
子時	점괘 암호. 부인문제 우환질병. 객 愿意
丑時	사업 구재라두. 부부화합사. 줄업관음모
寅時	적의 침범사. 질병위급. 가출사. 색정사
卯時	작권변동건. 남녀색정사. 연애불화. 음모
辰時	관재 병재로 불길. 골육 친구배신사
巳時	작업 명예사. 재물손실. 망신살수도로. 病
午時	사업문제. 금전용통. 수술위험. 가출사
未時	가출문제. 잠귀래문. 심각변심. 색정사
申時	자식문제. 극전금전손. 금왕자. 원행 이동배신
酉時	과아위난計. 신부정. 재물손실. 함정화패
戌時	여자자연손해. 부부배신건. 육친반別
亥時	도난 파直. 상해. 이별사. 처를 극함

오늘 행운 복권 운세
복권사면 좋은 띠는 원숭띠 ⑨19, 29
행운복권방 집에서 서남쪽append 당기

申子辰生	복쪽문을 피하고, 서남쪽으로 이사하면 안 된다. 재수가 없 고, 하는 일마다 꼬이고, 病든 질병발생. 바람기 발동
巳酉丑生	서쪽문을 피하고, 동남쪽으로 이사하면 안 된다. 재수가 없 고, 하는 일마다 꼬이고, 病든 질병발생. 바람기 발동
寅午戌生	남쪽문을 피하고, 북동쪽으로 이사하면 안 된다. 재수가 없 고, 하는 일마다 꼬이고, 病든 질병발생. 바람기 발동
亥卯未生	동쪽문을 피하고, 서북쪽으로 이사하면 안 된다. 재수가 없 고, 하는 일마다 꼬이고, 病든 질병발생. 바람기 발동

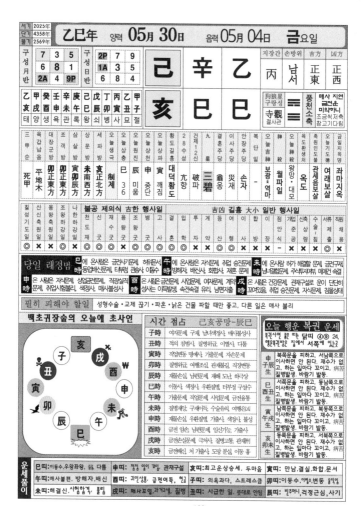

乙巳年　양력 **05**月 **30**日　음력 **05**月 **04**日　**金**요일

구성월반			구성일반		
7	3	5	2P	7	9
6	8	1	1A	3	5
2A	4	9P	6	8	4

己 辛 乙
亥 巳 巳

장간간	손방위	吉方	凶方
丙	남서	正東	正西

乙亥	甲戌	癸酉	壬申	辛未	庚午	己巳	戊辰	丁卯	乙丑	甲子
태	양	욕	관록	왕	쇠	병	사	묘	절

狗狼星 구랑성
寺觀 절사관

풍천소축
조금씨지축
창고지다림

매사 지연
급선소
미약맞니

三甲순 死甲
육갑납음 平地木
대장군방 卯正東方
조객방 卯正東方
삼살방 亥正北方
세파방 制煞
오늘생긴 巳辰
오늘원진 寅
오늘상충 대덕충괴
황도길흉 尤항
2주당 破파
9성 三碧
건제12신 翁옹
결혼주당 災재
이사주당 손자
복단일 -
오늘吉神 오늘神殺 오늘神殺처
오늘환생처
육도환생처
인도
오늘기도덕
여래정골보살
좌마지옥

칠성기도 ◎
산신축원 ×
용왕축원 ×
조왕하강 ×
나한하강 ×
불공 제의식 吉한 행사일
천도재 ◎
신굿 ×
재수굿 ×
용왕굿 ×
조왕굿 ×
병굿 ◎
고사 ×
결혼 ◎
입학 ◎
투자 ×
계약 ×
등산 ×
여행 ◎
이사 ×
합방 ×
이장 ◎

吉凶 길흉 大小 일반 행사일
개업 ◎
준공식 -
상량 금
수술 ×
서류제출 ◎
직원채용 ◎

필히 피해야 할일
성수술・교제 끊기・파혼・낡은 건물 파할 때만 종고, 다른 일은 매사 불리

백초귀장술의 오늘에 초사언

시간 점占　己亥공망-辰巳
子時 여자문제 구재 남녀색정사 매사불성사
丑時 적의 침범사, 질병위급, 이별사, 다툼
寅時 직업변동 명예사, 가출문제 자손문제
卯時 질병위급, 여행조심 관재문제, 직장변동
辰時 재물손실 남편문제 화해 도난 하극상
巳時 이동수 색정사, 우환잘병, 터부정 구설수
午時 가출문제 직업문제 사업문제 금전융통
未時 질병발생, 적의침범, 수술유의 관재구설
申時 재물손실 우환질병 가출사, 색정사, 불성
酉時 금전 암손 남편문제 임신가능, 가출사
戌時 금전손실문제 극차사, 질병고통, 관재해
亥時 금전예나, 처 가출사 도망 분실 이동 흉

오늘 행운 복권 운세
복권사면 좋은 띠는 닭띠 ④⑨ 24,
행운복권방은 집에서 서쪽吉 있는곳

申辰生 북쪽문을 피하고, 서남쪽으로 이사하면 안 된다. 재수가 있고 질병발생. 바람기 발동.
巳酉生 서쪽문을 피하고, 동남쪽으로 이사하면 안 된다. 재수가 있고 질병발생. 바람기 발동.
寅戌生 남쪽문을 피하고, 북동쪽으로 이사하면 안 된다. 재수가 없고 질병발생. 바람기 발동.
卯亥生 동쪽문을 피하고, 서남쪽으로 이사하면 안 된다. 재수가 없고 질병발생. 바람기 발동.

운세풀이

巳띠:이동수,우왕좌왕, 弱 다툼
午띠:매사불리, 방해자,배신
未띠:해결signal, 시험合격, 풀림
申띠: 적정 일이 꼬임, 관재구설
酉띠: 귀인상봉, 금전이득, 현금
戌띠: 매사꼬임,과거고생, 질병
亥띠:최고운상승세, 두마음
子띠: 의외재수과다, 스트레스과
丑띠:시급한 일, 뜻대로 안됨
寅띠: 만남,결실,화합,문서
卯띠:이동수,이별수,변동 움직임
辰띠: 빈주머니, 걱정근심, 사기

- 166 -

구성월반	7	3	5	구성일반	3A	8P	1
	6	8	1		2	4	6
	2A	4	9P		7	9	5

庚 辛 乙
子 巳 巳

| 丁亥 | 丙戌 | 乙酉 | 甲申 | 癸未 | 壬午 | 辛巳 | 己卯 | 戊寅 | 丙子 | 丁丑 |
| 병 | 쇠 | 왕 | 관 | 욕 | 생 | 양 | 태 | 절 | 묘 | 사 |

				손방위	吉方	凶方
丙		서쪽			正北	正南

狗狼星 구랑성 / 中庭廳 관청마당

풍천소축

매사 지연 급전순 미뤄야하니 조금씩외주 찾고가다림

三甲旬	육갑납음	대장군방	조객방	삼살방	상문방	세파방	오늘상극	오늘원진	오늘상천	오늘상파	황도길흉	건제 12신	九星	결혼주당	이사주당	안장주당	복단일	천구하식	오늘吉神	神殺	오늘흉신	육도환생처	축원인도불	오늘기도덕	금일沖	대세지보살	아미타불	독성사찰
死甲	壁上土	卯正東方	卯正東方	寅卯辰방	未南西方	寅正北方	午	未	未	午 36	백호흑도	危위	**四綠**	堂당	師사	남자	월기·천의		검봉	오귀·오허	천도						

칠성기도일	산신축원일	용왕축원일	조왕하강일	나한하강일	불공 제의식 吉한 행사일							吉凶 길흉 大小 일반 행사일													
					천신	재수굿	조왕굿	병굿	고사	결혼	입주	투자	계약	여행	이사	합방	이장	점안	개업준공	신축상량	수술	서류제출	직원채용		
◎	✕	✕	✕	✕	✕	✕	✕	✕	✕	◎	✕	◎	◎	◎	◎	✕	✕	◎	◎	◎	◎	◎	◎		

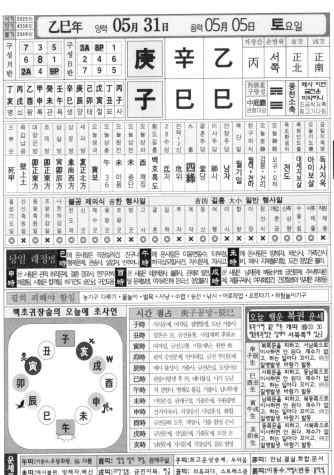

당일 래정법

巳時 에 온사람은 직장실직건 친구나 형제문제 관송사 살았자 반대나 …
午時 에 온사람은 이동변동수 터부정 하극상모략사 자식문제 차사고 …
未時 에 온사람은 방해자, 배신사, 가족간시비, 매사 지체불리, 도전 창업은 불리 …
申時 에 온사람은 금전구재 관직취업사 결혼 경조사 애정 …
酉時 에 온사람은 관직취업사 금전융통 여자문제 …
戌時 딸 문제발생 여자로인해 손실, 장남불리 …
亥時 에 온사람은 남녀색정사 금전융통 주식투자 …

필히 피해야 할일 농기구 다루기·물놀이·벌목·사냥·수렵·승선·낚시·어로작업·요트타기·위험놀이기구

백초귀장술의 오늘에 초사언

시간 점占	庚子공망-辰巳
子時	자식문제 여자일, 잘풀림후 도난 가줌사
丑時	결혼은 吉, 금전융통, 사업계획 후퇴吉
寅時	여자일, 금전고통, 아동재난 원한 喪
卯時	관직 승진문제 만나대립, 금전 부모문제
辰時	매사 불성사, 가줌사, 금전손실, 도망가借
巳時	관송사발생 후 관직 매사불성 사기 도난
午時	적 친밥사, 병원문, 불길 가줌사, 남녀투쟁
未時	사업손실 관재구설 가줌문제, 우환질병
申時	선거자리 직장승진 사업흥, 화합
酉時	금전융통 도주, 색정사, 가줌 함정 은익
戌時	금전문제 상업문제 가줌문제 도망 吉
亥時	남녀문제 자식문제 직장실직 음모 함정

오늘 행운 복권 운세
복권사면 좋은 띠는 개띠 ⑩ ㉑ 30
행운의귀방쪽은 지우여 서북쪽에 있소

申子辰生	북쪽문을 피하고, 서남쪽으로 이사하면 안 된다. 재수가 없고, 하는 일마다 꼬이고, 病苦 질병발생. 바람기 발동.
巳酉丑生	서쪽문을 피하고, 동남쪽으로 이사하면 안 된다. 재수가 없고, 하는 일마다 꼬이고, 病苦 질병발생. 바람기 발동.
寅午戌生	남쪽문을 피하고, 북동쪽으로 이사하면 안 된다. 재수가 없고, 하는 일마다 꼬이고, 病苦 질병발생. 바람기 발동.
亥卯未生	동쪽문을 피하고, 서북쪽으로 이사하면 안 된다. 재수가 없고, 하는 일마다 꼬이고, 病苦 질병발생. 바람기 발동.

운세풀이		
午띠: 이동수,우왕좌왕, 弱, 다툼	酉띠: 접정 애정 꺼림, 관재구설	子띠: 최고운상승세, 두마음	卯띠: 만남,결실,화합,문서
未띠: 매사불편, 방해자,배신	戌띠: 귀인상봉, 금전이득, 현금	丑띠: 의욕과다, 스트레스큼	辰띠: 이동수,애$증$,변동 움직임
申띠: 해결신, 시험합격, 풀림	亥띠: 매사꼬임,과거고생, 질병	寅띠: 시급한 일, 뜻대로 안됨	巳띠: 빈주머니,걱정근심, 사기

서기 2025年	乙巳年	양력 06月 01日	음력 05月 06日	일요일

단기 4358年
불기 2569年

구성月반	7	3	5		구성日반	4	9	2P
	6	8	1			3	5	7
	2A	4	9P			8	1	6

지장간	손방위	吉方	凶方
丙	서북	正西	正東

辛 辛 乙
丑 巳 巳

己戊丁丙乙甲癸壬辛庚己戊
亥戌酉申未午巳辰卯寅丑子
욕 관 묘 왕 쇠 병 사 묘 절 태 양 생

狗狼성 구랑성
火天大有 화천대유

天

대장군성공 공망장태일
거양택묘전
명예얻고
목표성취

三甲旬	육갑납음	대장군방	조객방	삼살방	세파방	오늘생기	오늘원진	오늘상천	오늘상파	황도흑도	2八수성	건제12신	九성	결혼주당	이사주당	안장주당	복단일	오늘神殺	神殺	오늘吉神	오늘吉神	축원인도불	나한인도불	도사지옥	금일지옥명
死甲	壁上土	卯正東方	寅正東方	亥正北方	亥正北方	義의	未 3 6	辰 미움	辰 깨짐	房방	成성	五黃	姑고	富부	天지	삼합일	생기 복덕	귀기·신후	천도	대세지보살	보현보살	도산지옥	

칠성기도일	산신기도일	용왕기도일	조왕기도일	나한기도일	불공 제의식 吉한 행사일						吉凶 길흉 大小 일반 행사일									
					천도재	신굿	재수굿	용왕굿	조왕굿	병굿	고사	결혼	입학	투자	계약	등산	여행	이사	합방	점안식	개업	신축 상량	수술	서류제출	증권매매
×	×	×	−	◎	◎	◎	◎	◎	사	◎	혼	학	자	약	신	행	사	방	장	식	공	량	수	행	매

당일 래정법
巳에 온사람은 이동수 있으자 이사 직장변동 사업체 변동수 해외진출
午時에 온사람은 취업 창업 매사 아님 반드시 뒷조심 부모형제 원망 이별
未時에 온사람은 남녀간다툼 이동변동수 타부정 관재구설 자식문제 교통사고
申時에 온사람은 금전과 여자문제 방해사 배신사 내색불리 매사 자체불리함
酉時에 온사람은 취업 승진 매사지제불리함 창업 손해 손재수
戌時에 온사람은 금전문제 직장문제 급부진퇴 취업 매사 불성사
亥時에 온사람은 의욕없는자 하극상 배신사 억울함
子時에 온사람은 의욕없는자 하극상 배신사 억울함
戌時에 온사람은 의욕없는자 금전융통 여노선 의욕상실 색정사 관재구설 매사불성 업상직 해결됨 사람합격됨 은밀한 색정사

필히 피해야 할일 소장제출·항소·손님초대·도로정비·봉사활동·새집들이·어로작업·요트타기

백초귀장술의 오늘에 초사언

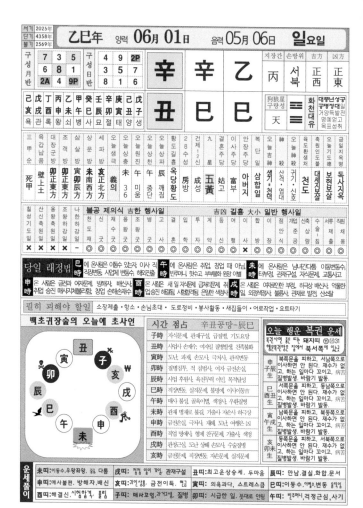

시간 점占 辛丑공망-辰巳
子時 자식문제 관재구설 급질병 기도요망
丑時 사업시 손재수 여자일 질병발생 잔질처방
寅時 도난 파재 손모사 극차사 관직변동
卯時 질병침투 적 침투사 여자 금전손실
辰時 사업 후원사 육친무덕 아인 목적달성
巳時 직장변동 실직문제 불명예 이사아동吉
午時 매사 불성 골육상별 색정사 우환질병
未時 관재 병재로 불길 가솔사 자손사 하극상
申時 금전손실 가출사 재해 도난 여행분 凶
酉時 직업 명예사 형제 친구문제 가출사 색정
戌時 관청근심 도난 상해 色모사 수술질병
亥時 금전문제 직장변동 자손문제 실직물제

오늘 행운 복권 운세
복권사면 좋은 띠는 돼지띠 ⑪⑯31
행운복권방는 집에서 북서쪽에 있는 곳

申子生	복폭문을 피하고, 서남쪽으로 이사하면 안 된다. 재수가 없고, 하는 일마다 꼬이고, 病苦 질병발생. 바람끼 발동.
巳酉生	서폭문을 피하고, 동남쪽으로 이사하면 안 된다. 재수가 없고, 하는 일마다 꼬이고, 病苦 질병발생. 바람끼 발동.
寅午生	북폭문을 피하고, 북동쪽으로 이사하면 안 된다. 재수가 없고, 하는 일마다 꼬이고, 病苦 질병발생. 바람끼 발동.
亥卯生	동쪽문을 피하고, 서북쪽으로 이사하면 안 된다. 재수가 없고, 하는 일마다 꼬이고, 病苦 질병발생. 바람끼 발동.

운세풀이
未띠:이동수,우왕좌왕, 弱, 다툼   戌띠:점입가경, 입이 꼬임, 관재구설   丑띠:최고운상승세, 두마음   辰띠: 만남,결실,화합,문서
申띠:매사불편, 방해자,배신   亥띠:과잉생동, 금전이득, 현금   寅띠: 의욕과다, 스트레스큼   巳띠:이동수,이별수,변동 움직임
酉띠:해결신, 시험합격, 풀림   子띠: 매사꼬임,과거고생, 질병   卯띠: 시급한 일, 뜻대로 안됨   午띠: 빈주머니,걱정근심, 사기

- 168 -

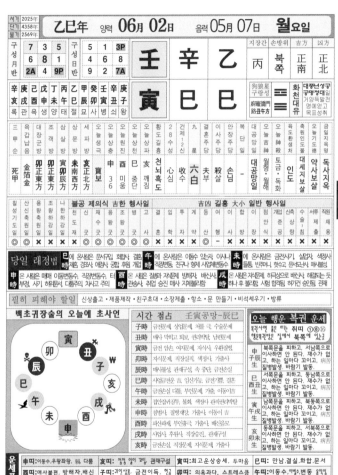

서기	2025年
단기	4358年
불기	2569年

乙巳年 양력 **06**月 **02**日 음력 05月 07日 **월요일**

구성월반	7	3	5	구성일반	5	1	3P
	6	8	1		4	6	8
	2A	4	9P		9	2	7A

| 지장간 | 손방위 | 吉方 | 凶方 |
| 丙 | 북쪽 | 正南 | 正北 |

壬辛乙
寅巳巳

辛庚己戊丁丙乙甲癸壬辛庚
亥戌酉申未午巳辰卯寅丑子
록 관 욕 생 양 태 절 묘 사 병 쇠 왕

狗狼星 구랑성 화천대유
路丑午方

대림년성고공망정대일
가망대천
명예없고
목표성취

三甲순	육갑납음	대장군방	조객방	삼살방	상문방	세파방	오늘상충	오늘원진	오늘상천	오늘상파	황도길흉	건제12신	九星	결혼주당	이사주당	안장주당	복단일	오늘길신	神殺	오늘 흉신	육도환생처	축원인도불	오늘기도덕	금일 합국
死甲	金箔金	卯正東方	卯正東方	寅卯辰方	未南西方	寅正北方	寅	申	酉	巳	亥	천뇌흑도	六白	夫	殺	손님	-	대공망일	월덕·월공	토극·약사	인도	대세지보살	독사지옥
							36		미음	중단	깨짐	水성	심성		부	살				토화			약사보살

칠성기도일	산신축원일	용왕축원일	조왕하강일	나한하강일	불공 제의식 吉한 행사일							吉凶 길흉 大小 일반 행사일									신축	서류	직원
					천도재	신중	재수	조왕	병굿	고사	결혼	입학	여행	이사	합방	점안	개업	신축	상	술	제
					굿	굿	굿	굿	굿	사	굿	자	약	산	행	식	장	식	공	량	채

| 필히 피해야 할일 | 신상출고·제품제작·친구초대·소장제출·항소·문 만들기·비석세우기·방류 |

백초귀장술의 오늘에 초사언	시간 점占 壬寅공망-辰巳	오늘 행운 복권 운세

백초귀장술의 오늘에 초사언

寅
卯 丑
辰 子 W
巳 亥
午 戌
未 酉
申

시간 점占	壬寅공망-辰巳
子時	금전문제 상업문제 처를 극 수술문제
丑時	매사 막히고 퇴보, 권리박탈 남녀문제
寅時	금전 암손 여자문제 자식사 우환질병
卯時	자식문제 직장실직 색정사 기출사
辰時	매사불성 관재구설 숨 중단 금전손실
巳時	사업번창운 喜 임신가능 금전융통, 결혼
午時	금전손실 다툼, 부모문제 가출, 이동이吉
未時	참방사, 질병懷음, 불화, 색정사 관재官府박탈
酉時	파산패재, 부인문제, 관재사, 배신음모
戌時	사업ى 후원사 직장승진, 관재구설
亥時	금전손실 직장문제 자식문제, 가출사

운세풀이	申띠:이동수,우왕좌왕, 弱 다툼	亥띠: 적체 의거 해소, 관재구설	寅띠:최고운상승세, 두마음	巳띠: 만남,결실,화합,문서
	酉띠:매사불편, 방해자,배신	子띠:기쁜일과, 금전이득, 현금	卯띠: 의욕과다, 스트레스큼	午띠:이동수,이별수,변동 움직임
	戌띠:해결신,시험합격, 풀림	丑띠: 매사꼬임,과거고생, 질병	辰띠: 시급한 일, 뜻대로 안됨	未띠:빈주머니, 걱정근심, 사기

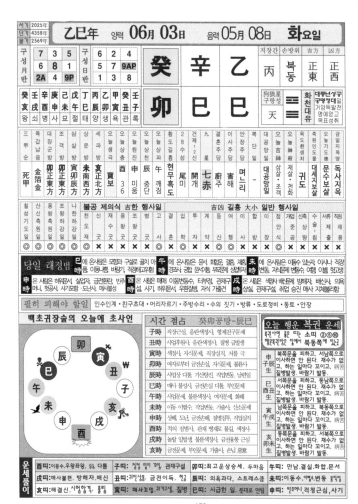

서기 2025년		乙巳年	양력 06月 03日	음력 05月 08日	화요일
단기 4358년					
불기 2569년					

	구성월반			구성일반			지장간	손방위	吉方	凶方
	7	3	5	6	2	4	丙	北東	正東	正西
	6	8	1	5	7	9AP				
	2A	4	9P	1	3	8				

癸 辛 乙
卯 巳 巳

癸亥	壬戌	辛酉	庚申	己未	戊午	丁巳	丙辰	乙卯	甲寅	癸丑	壬子
왕	쇠	병	사	묘	절	태	양	생	욕	관	록

狗狼星 구랑성 天

대공년성공 공망짼대일 거양득발전 명예얻고 목표성취

화천대유

三甲旬	대장군방	조객방	삼살방	세파방	오늘의상충	오늘의상형	오늘의상파	오늘의상해	황도길흉	2 8 성 수	건제 12 신	九星	결혼주당	이사주당	신 황	삼살방	오늘생기	오늘신살	오늘太白殺	금일 토왕용사	길 흉 일
死甲	金箔金	正東方	正東方	未南西方	亥正北方	寶보	酉	申	辰	현무흑도	尾미	開개	七赤	廚주	害해	며느리		대공망일	귀도	대세지보살	독사지옥
							3 6	중단											삼살·조객	재살·전화	백호·천화	

칠성기도일	산신축원일	용왕축원일	조왕하강일	나한기도일		불공 제의식 吉한 행사일						吉凶 길흉 大小 일반 행사일									
					천도	신굿	재수굿	용왕굿	조왕굿	병굿	고사	결혼	입학	투자	계약	등산	여행	이사	합방	점안식	개업 준공	신축 상량	수술 침	서류 제출	직원 채용
◎	◎	◎	◎	◎	⊙	⊙	⊙	×	×	×	◎	×	×	×	×	×	⊙	⊙	×	×	×	⊙	◎	◎

당일 래정법 巳에 온사람은 모함과 구설로 골치 아 午에 온사람은 문서 화합건, 결혼, 재혼 未에 온사람은 이동수 있는자, 이사나 직장 時 프며 이유를 캥겨서 직장(관재)구설 時 경사, 궁합 문서화 부모문제 상속문제 時 변동, 자식문제 변동수 여행 이별 운発생
申에 온사람은 허위문서 살칭사, 금전한탄, 酉에 온사람은 이동변동수, 터부정 관재구설 戌에 온사람은 색사 빠른결과 방해자, 배신사 의욕 時 관직취업문제 時 내부갈등 암투 다툼 네방에 상속문제 갈취 時 상실 관재구설 취업 승진 매사 지체不成

필히 피해야 할일 인수인계·친구초대·머리자르기·주방수리·수의 짓기·방류·도로정비·동토·안장

백초귀장술의 오늘에 초사언

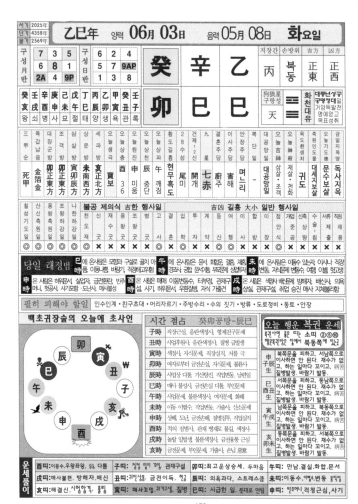

시간 점占	癸卯공망-辰巳
子時	직장근심, 음란색정사, 형제친구문제
丑時	사업후원사, 음란색정사, 질병 급방생
寅時	색정사 자식문제, 직장실직, 처를 극
卯時	여자로부터 금전손심, 자식문제, 불륜사
辰時	사업상 다툼, 가出방탕, 직업변동, 남녀직
巳時	매사 불성사, 금전손실 다툼, 부인문제
午時	사업문제, 불륜색정사, 여자문제 화해
未時	이동 이별수, 작업변동, 가출사, 산소문제
申時	남녀 다툼, 금전손해, 질병침투, 작업실직
酉時	적의 침범사, 관재 병재로 불길, 색정사
戌時	놀랄 일발생, 불륜색정사, 금전융통 근심
亥時	금전문제, 부인문제, 가출사, 손님 應

오늘 행운 복권 운세

복권사면 좋은 띠는 소띠 ②⑤⑩
행운복권방은 집에서 북동쪽

申子辰生	북쪽문을 피하고, 서남쪽으로 이사하면 안 된다. 재수가 없 고, 하는 일마다 꼬이고, 病苦 질병발생. 바람기 발동.
巳酉丑生	서쪽문을 피하고, 동남쪽으로 이사하면 안 된다. 재수가 없 고, 하는 일마다 꼬이고, 病苦 질병발생. 바람기 발동.
寅午戌生	남쪽문을 피하고, 동북쪽으로 이사하면 안 된다. 재수가 없 고, 하는 일마다 꼬이고, 病苦 질병발생. 바람기 발동.
亥卯未生	동쪽문을 피하고, 서북쪽으로 이사하면 안 된다. 재수가 없 고, 하는 일마다 꼬이고, 病苦 질병발생. 바람기 발동.

운세풀이

酉띠:이동수,우왕좌왕, 弱함 다툼
戌띠:매사불편, 방해자,배신
亥띠:해결신,시험합격, 풀림

子띠: 점점 일이 꼬임, 관재구설
丑띠:귀인상봉, 금전이득, 현금
寅띠:매사꼬임,과거고생, 질병

卯띠:최고운상승세, 두마음
辰띠: 의욕과다, 스트레스큼
巳띠:시급한 일, 뜻대로 안됨

午띠:만남,결실,화합,문서
未띠:이동수,이별수,변동 움직임
申띠:빈주머니, 걱정근심, 사기

- 170 -

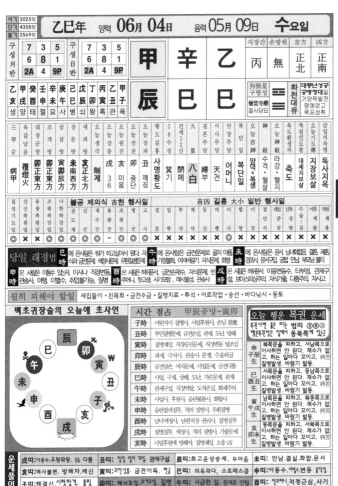

서기 2025年	乙巳年	양력 06月 04日	음력 05月 09日	수요일
단기 4358年				
불기 2569年				

甲 辛 乙
辰 巳 巳

지장간 丙 · 손방위 無 · 吉方 正北 · 凶方 正南

구성월반 7 3 5 / 6 8 1 / 2A 4 9P
구성일반 7 3 5 / 6 8 1 / 2A 4 9P

乙亥생 甲戌양 癸酉태 壬申절 辛未묘 庚午사 己巳병 戊辰쇠 丁卯왕 丙寅록 甲子욕

狗狼星 구랑성 僧堂寺 절사당묘

화천대유

대릉년성공 궁망명묘전 거양득록문 목표성취

三甲旬 病甲 / 覆燈火 / 卯正東方 / 寅正東方 / 未南方辰方 / 亥正北方 / 制제 / 戌 / 亥 미움 / 卯 깨움 / 사명당 箕기 / 36 / 중산 / 전222신 / 九星 / 결혼주당 閉폐 / 이사주당 八白 / 안장주당 婚부 / 복단일 天천 / 神신 / 殺殺 / 양인·봉황 / 수격·월살 / 축도 / 오늘神殺 / 육도환생처 라강·혈지 / 축원인도일 / 지장보살 / 금일지옥 독사지옥 / 대세지보살 / 복덕 어머니

불공 제의식 吉한 행사일 / 吉凶 길흉 大小 일반 행사일

6월

성기	신충원	용왕축원	조왕하강	나한하강	불공	산신축원	신神축원	재수굿	용왕굿	조왕굿	병굿	고사	결혼	입학	투자	계약	여행	이장	안장	개업	준공	수리·상량	서류·제출	직원채용
◎	×	×	◎	◎	◎	◎	◎	◎	◎	-	◎	◎	◎	×	×	×	×	×	×	◎	◎	◎	◎

당일 래정법

巳時 에 온사람은 뭐가 하고싶어서 왔나 午時 에 온사람은 금전문제 골치 아픔 未時 에 온사람은 문서 남자문제 갈등 재출

申時 온 사람은 이동수 있는자 이사나 직장변동 酉時 온 사람은 하극상수 자식문제 戌時 온 사람은 하극상수 이동변동수 터부정 문상구

필히 피해야 할일 새집들이·친목회·금전수금·질병치료·투석·어로작업·승선·바다낚시·동토

백초귀장술의 오늘에 초사언

시간 점占 甲辰공망·寅卯

子時	어린자식 질병사 사업후원사 손님 應酬
丑時	부인잡병문제 금전손실 관재 모녀 방해
寅時	잘방해沙, 직장승진문제 직장변동 말조심
卯時	파재, 극처사, 관송사 분쟁, 수술위급
辰時	금전손실 여자문제, 사업문제, 금전진동
巳時	사업 구재 상배 도난 자손문제 관재
午時	관재구설 직장발탈 도적손실, 화재주의
未時	사업上 후원사, 색정사 관송사 우환질병
申時	음난색정귀도, 적의 삼위사 우환질병
酉時	남녀색정사, 남편직장 관리사, 질병침투
戌時	잘방침투, 색정사 적의 삼위사 가출문제
亥時	사업후원에 방해沙, 잘방재沙, 소송 凶

오늘 행운 복권 운세

복권사면 좋은 띠는 범띠 ③⑧⑱
행운방위는 집에서 동북쪽

申子辰生 복문을 피하고, 서남쪽으로 이사하면 안 된다. 재수가 없고, 하는 일마다 꼬이고, 病苦 질병발생. 바람기 발동.

巳酉丑生 서쪽을 피하고, 동남쪽으로 이사하면 안 된다. 재수가 없고, 하는 일마다 꼬이고, 病苦 질병발생. 바람기 발동.

寅午戌生 남쪽을 피하고, 북동쪽으로 이사하면 안 된다. 재수가 없고, 하는 일마다 꼬이고, 病苦 질병발생. 바람기 발동.

亥卯未生 동쪽을 피하고, 서북쪽으로 이사하면 안 된다. 재수가 없고, 하는 일마다 꼬이고, 病苦 질병발생. 바람기 발동.

운세풀이

戌띠:이동수,우왕좌왕, 弱, 다툼 / 亥띠:매사불편, 방해자,배신 / 子띠:해결신,시험합격, 풀림 / 丑띠:칭찬 경인 구인, 관재구설 / 寅띠:과오쟁피, 과거2생, 질병 / 卯띠:매사꼬임,과거고생, 질병 / 辰띠:최고운상승세, 두마음 / 巳띠:의욕과다, 스트레스큼 / 午띠:시급한 일, 뜻대로 안됨 / 未띠:만남,결실,화합,문서 / 申띠:귀인상봉, 금전이득, 현금 / 酉띠:빈주머니, 걱정근심, 사기 / 戌띠:이동수, ㅇㅇ변동 ㅇㅇ

- 171 -

서기 2025年	乙巳年	양력 06月 05日	음력 05月 10日	목요일	망종 芒種
단기 4358年					18時 57分 入
불기 2569年					

구성월반	6	2	4	구성일반	8	4A	6
	5	7	9A		7	9	2
	1	3P	8		3	5	1P

乙 壬 乙
巳 午 巳

지장간	손방위	吉方	凶方
丙	無	正西	正東

丁亥	丙戌	乙酉	甲申	癸未	壬午	辛巳	庚辰	己卯	戊寅	丁丑	丙子
사	묘	절	태	양	생	욕	관	록	왕	쇠	병

狗狼星 구랑성
天

대쥬년구 정월덕살
거양독돌문 영예업고 목표성취

화천대유

三甲旬 病甲 覆燈火

육갑납음	대장군방	조객방	삼살방	세파방	오늘생기	오늘상충	오늘상천	오늘상파	황도길흉	건제12신	九星	결흉주당	이십주당	안장주당	복단일	神殺	오늘귀신	오늘태살	오늘吉神	九星殺	九星	오늘지옥	문사지옥
卯正東方	卯正東方	寅南西方	亥卯未方	亥北正方	寅 보	亥 36	戌 미움	寅 중갈	흑 깨짐	閉 폐	九紫	竈 조	利 이	여자	一자	우·월·황	수사일	혈지·유화	옥도	대세지보살	九紫	동사지옥	문사지옥

불공 제의식 吉한 행사일

산신제	용왕제	조왕제	나한제	불공기도일	성조운	병굿	고사	결혼	입택	투자	계약	등산	여행	이사	합방	안장	점안식	준공식	상량식	개업준공	수술	서류	이력서
◎	✕	✕	✕	✕	✕	✕	✕	✕	◎	◎	✕	✕	✕	✕	✕	◎	✕	✕	◎	✕	✕	◎	✕

당일 래정법

巳時 온사람은 금전구재, 두가지문제로 갈등 **午**時 온사람은 의욕과다, 뭔가 하고싶어서 왔다, 직장문제, 사업문제 **未**時 온사람은 골치 아픈일 형제동업 **申**時 온사람은 형제, 문서 화합은, 결혼, 재혼, 경조사 **酉**時 온사람은 색정사로, 금전손재수, 가출문제 **戌**時 온사람은 방위가 **亥**時 온사람은 자식문제, 사업문제, 변동수, 여행, 이별수, 관재구설

필히 피해야 할일 : 화재주의·시험면시술·질병치료·인수인계·씨뿌리기·나무심기·애완견들이기·건축수리

백초귀장술의 오늘에 초사언

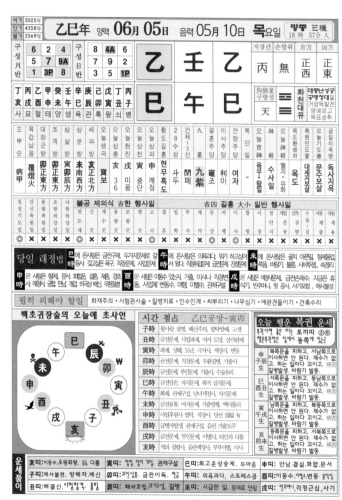

시간 점占	乙巳공망-寅卯
子時	윗사람 질책, 배산주의, 딸자식문제 고생
丑時	금전문제 사업파재 여자 도주 삼각처래
寅時	파재 상배 도난 극차사 색정사 변동
卯時	금전문제 직장문제 우환질병 가출사
辰時	금전문제 부인문제 가출사 수술유의
巳時	금전삼소 자식문제 취직 실직문제
午時	화재 관재구설 남녀색정사 자식문제
未時	금전융통 여자문제 가출방향 백사불리
申時	사업문제가 실직사, 직장실 당선 困難有
酉時	금전문제발생 관재구설 음란 가출도주
戌時	금전문제 부인문제 이별사 타인과 다툼
亥時	적의 침투사 음란색정사 부부이별 이사

오늘 행운 복권 운세

복권사면 좋은 띠는 **토끼띠 ②⑧**
행운복권방 집에서 **동쪽**에 있음

申子辰生	복룡문을 피하고, 서남쪽으로 이사하면 안 된다. 재수가 없 고, 하는 일마다 꼬이고, 病苦 질병발생. 바람기 발동.
巳酉丑生	서쪽문을 피하고, 동남쪽으로 이사하면 안 된다. 재수가 없 고, 하는 일마다 꼬이고, 病苦 질병발생. 바람기 발동.
寅午戌生	남쪽문을 피하고, 북쪽으로 이사하면 안 된다. 재수가 없고, 하는 일마다 꼬이고, 病苦 질병발생. 바람기 발동.
亥卯未生	동쪽문을 피하고, 북쪽으로 이사하면 안 된다. 재수가 없고, 하는 일마다 꼬이고, 病苦 질병발생. 바람기 발동.

운세풀이

寅띠:이동수,우왕좌왕, 弱, 다툼 **巳띠**:최고운상승세, 두마음 **申띠**:만남,결실,화합,문서
子띠:매사불편, 방해자,배신 **卯띠**:귀인상봉, 금전이득, 현금 **午띠**:의욕과다, 스트레스큼 **酉띠**:이동수,애별,변동 움직임
丑띠:해결신,시험합격, 풀림 **辰띠**:매사꼬임,과거고생, 질병 **未띠**:시급한 일, 뜻대로 안됨 **戌띠**:빈주머니,걱정근심, 사기

- 172 -

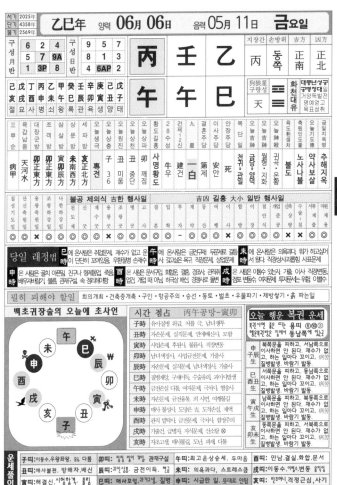

서기 2025年	단기 4358年	불기 2569年

乙巳年 양력 06月 06日 음력 05月 11日 금요일

구성月반		
6	2	4
5	7	9A
1	3P	8

구성日반		
9	5	7
8	1	3
4	6AP	2

丙	壬	乙
午	午	巳

지장간	손방위	吉方	凶方
丙	동쪽	正南	正北

己	戊	丁	丙	乙	甲	癸	壬	辛	庚	己	戊
亥	戌	酉	申	未	午	巳	辰	卯	寅	丑	子
절	묘	사	병	쇠	왕	록	관	욕	생	양	태

狗狼星 구랑성	괘	화천대유	
天	☲ ☰		대풍년성공 공명정대일 거양득발전 명예얻고 목표성취

三甲순	육갑납음	대장군방	조객방	삼살방	상문방	세파방	오늘생극	오늘상충	오늘원진	오늘상천	오늘상파	황도길흉	28수성	건제12신	九星	결혼주당	이사주당	안장주당	복단일	오늘吉神	오늘吉神	오늘神殺	육도환생처	축원인도불	오늘기도德	금일지옥명
病甲	天河水	卯正東方	卯正東方	寅卯辰方	未南西方	亥正北方	專전	子 36	丑 미움	丑 중단	卯 깨짐	사명황도	牛우	建건	一白	第제	安안	死	천귀*과일	금당*양덕	월령·지화	귀곡·오황	불도	노사나불	약사보살	추해지옥

칠성기도일	산신축원일	용왕축원일	조왕하강일	나한하강일	불공 제의식 吉한 행사일							吉凶 길흉 大小 일반 행사일														
					천도재	신굿	재수굿	용왕굿	조왕굿	병굿	고사	결혼	입학	투자	계약	등산	여행	이사	합방	이장	점안식	개업준공	신축상량	수술·침	서류제출	직원채용
◎	◎	×	◎	◎	◎	◎	◎	×	◎	◎	◎	◎	◎	-	◎	◎	◎	×	◎	◎	◎	◎	×	×	◎	◎

당일 래정법

- **巳時** 에 온사람은 취업문제, 재수가 없고 운이 단단히 꼬여있음, 우환질병 손재수
- **午時** 에 온사람은 금전구재, 두문제로 갈등사 갖고싶은 욕구, 직장문제, 상업문제
- **未時** 에 온사람은 의욕과다, 뭐가 하고싶어서 왔다, 직장상사괴롭힘 사표문제
- **申時** 온 사람은 골치 아픈일, 친구나 형제동업, 죽음, 배우자바람기, 불륜, 관재구설 속 정리해야함
- **酉時** 온 사람은 문서구입, 화합운, 결혼, 경조사, 관직취업건, 개업 때 아님, 하극상 배신, 경쟁사로 몰변
- **戌時** 온 사람은 이동수 있는자, 가출, 이사, 직장변동, 점포 변동수, 여자문제, 투자문서는 위험, 이별수

필히 피해야 할일 회의개최 • 건축증개축 • 구인 • 항공주의 • 승선 • 동토 • 벌초 • 우물파기 • 제방쌓기 • 흙 파는일

백초귀장술의 오늘에 초사언

시간 점占 丙午공망-寅卯

子時	유아질병 위급, 처를 극, 남녀쟁투
丑時	자손문제, 실직문제, 연애배신사, 모함
寅時	사업손재, 후원사, 불륜사, 직장변동
卯時	남녀색정사, 사업금전문제, 가출사
辰時	자손문제, 실직문제, 남녀색정사, 가출사
巳時	질병재앙, 구재이득, 수술유의, 괴이사발생
午時	금전손실 다툼, 여자문제, 극처사, 형송사
未時	자손문제, 금전융통, 죄 시면, 여행불길
申時	매사 불성사, 도망은 吉, 도적손실, 재액
酉時	관직 발탁사, 금전문제, 극처사, 함정주의
戌時	가출건, 급병자, 자식문제, 산소탈 ⊗
亥時	자초고생, 매사불길, 도난, 파재, 다툼

오늘 행운 복권 운세

복권사면 좋은 띠는 **용띠** ⑤⑩⑳
행운복권방은 집에서 **동남쪽**에 있는곳

申子辰生	북쪽문을 피하고, 서남쪽으로 이사하면 안 된다. 재수가 없고, 하는 일마다 꼬이고, 病苦 질병발생. 바람기 발동.
巳酉丑生	서쪽문을 피하고, 동남쪽으로 이사하면 안 된다. 재수가 없고, 하는 일마다 꼬이고, 病苦 질병발생. 바람기 발동.
寅午戌生	남쪽문을 피하고, 북동쪽으로 이사하면 안 된다. 재수가 없고, 하는 일마다 꼬이고, 病苦 질병발생. 바람기 발동.
亥卯未生	동쪽문을 피하고, 서북쪽으로 이사하면 안 된다. 재수가 없고, 하는 일마다 꼬이고, 病苦 질병발생. 바람기 발동.

운세풀이

子띠:이동수,우왕좌왕, 말조심 다툼	卯띠: 점점 일이 꼬임, 관재구설	午띠:최고운상승세, 두마음	酉띠: 만남,결실,화합,문서
丑띠:매사불편, 방해자,배신	辰띠:귀인상봉, 금전이득, 현금	未띠: 의욕과다, 스트레스큼	戌띠:이동수,이별수,변동 움직임
寅띠:해결신,시험합격, 풀림	巳띠: 매사꼬임,과거고생, 질병	申띠: 시급한 일, 뜻대로 안됨	亥띠: 빈주머니,걱정근심,사기

6월

乙巳年 양력 **06月 07日** 음력 **05月 12日** **토요일**

구성월반			구성일반		
6	2	4	1	6	8A
5	7	9A	9	2	4
1	3P	8	5P	7	3

丁 壬 乙
未 午 巳

지장간	손방위	吉方	凶方
丙	동남	正東	正西

辛亥 庚戌 己酉 戊申 丁未 丙午 乙巳 甲辰 癸卯 壬寅 庚子
태 양 생 욕 관록 쇠 병 사 묘 절

狗狼星 구랑성 僧堂 (사당성)

화천대유
대통령선공공명정대업
거양득필괄전
명예없고 목표성취

三甲순	육갑납음	대장군방	조객방	삼살방	상문방	세파방	오늘생극	오늘상충	오늘원진	황흑도길흉	건제12신	九星	결흉길흉	이사주당	안장주당	오늘吉神	神殺	오늘神殺	축원인도불	대세지보살	추해조신
病甲	天河水	卯正東方	卯正東方	未南西方	午正南方	寅正北方	丑 子	子 중단	戌 미움	구진흑도	除제	一黑	翁옹	災재	손자	육합+수혼		펼천·복일	불도	노사나불	추해조신
							3 6													

吉凶 길흉 大小 일반 행사일

당일 래정법

巳時 巳時 온家는 금전문제 사업문제 관재 午時 午時에 온사람 건강문제 관재구설로 운이 단단미 100여있음. 진정문제 손재수 未時 未時 온家는 금전구재 결혼선约수해 색정사금전자전 직장변동 이동수

申時 申時 온 사람은 뭐가 허고싶어서 옴 직장취업문제 酉時 酉時 온사람은 골치 아픈일 형제동업 戌時 戌時 온家는 문서화합 자식 효험즉 결혼

필히 피해야 할일
작품출품·납품·정보유출·문병·새집들이·출장·리모델링·건축수리·벌목·사냥·수렵

백초귀장술의 오늘에 초사언

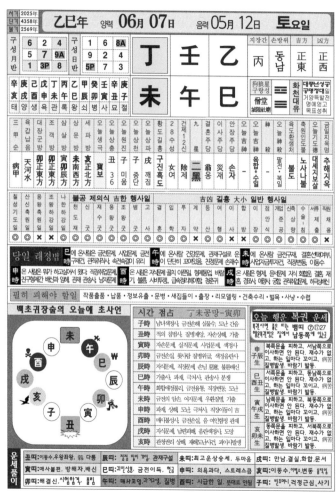

시간 점占	丁未공망-寅卯
子時	남녀색정사 금전손해 실물수, 도난 간음
丑時	적의 참범사 질병재앙, 자손상해, 가출
寅時	자손문제 실직문제 사업문제, 색정사
卯時	금전손실 윗사람 질병위급, 색정유혼사
辰時	자식문제 직장문제 손님 恩惠 불화배신
巳時	가출사, 파재, 극차사 관송사 분쟁
午時	화재예방불리, 금전용통, 직장변동, 도난
未時	금전의 암손 여자문제 우환질병, 가출
申時	파재 상해, 도주 극차사 직장이동수
酉時	금전손실 금전손실 음 여자함정 관재
戌時	자식문제 남녀피해 음란색정사, 도망
亥時	관재관리 상해 災賦드차사건 과사발생

오늘 행운 복권 운세

복권사려 좋은 띠는 뱀띠 ⑦⑫27
행운방향 쪽은 집에서 남동쪽에 있는

申子辰
생 복록문을 피하고, 서남쪽으로 이사하면 안 된다. 재수가 없고, 하는 일마다 꼬이고, 病苦 질병발생. 바람기 발동

巳酉丑
생 서북쪽 문을 피하고, 동남쪽으로 이사하면 안 된다 재수가 없고, 하는 일마다 꼬이고, 病苦 질병발생. 바람기 발동

寅午戌
생 남쪽문을 피하고, 북쪽으로 이사하면 안 된다, 재수가 없고, 하는 일마다 꼬이고, 病苦 질병발생. 바람기 발동

亥卯未
생 동쪽문을 피하고, 서쪽으로 이사하면 안 된다, 재수가 없고, 하는 일마다 꼬이고, 病苦 질병발생. 바람기 발동

운세풀이

子띠: 이동수·우왕좌왕, 弱운 다툼
丑띠: 정신산란 이합 관재구설
寅띠: 매사불편, 방해자, 배신
卯띠: 해결신·시험합격, 풀림
午띠: 최고운상승세, 두마음
巳띠: 귀인상봉, 금전이득, 적극
午띠: 매사 꼬임, 과거고생, 질병
未띠: 최고운상승세, 두마음
申띠: 의욕과다, 스트레스큼
酉띠: 시급함 다툼, 뜻대로 안됨
戌띠: 만남, 결실, 화합, 문서
亥띠: 이동수, 이별수, 변동 움직임
寅띠: 빈순마니, 걱정근심, 사기

서기 2025年	乙巳年	양력 06月 08日	음력 05月 13日	**일요일**
단기 4358年				
불기 2569年				

구성 월반			구성 일반			戊	壬	乙	지장간	손방위	길방	흉방
6	2	4	7	9					丙	南쪽	正北	正南
5	7	9A	1A	3	5							
1	3P	8	6P	8	4	申	午	巳				

癸亥 절	壬戌 묘	辛酉 사	庚申 병	己未 쇠	戊午 왕	丁巳 관	丙辰 욕	乙卯 생	甲寅 양	癸丑 태	壬子 절

가정 가족 에게관심과 세심한배려 필요 정서적 현모양처

三甲순	육갑납음	대장군방	조객방	삼살방	세파방	오늘문국	오늘상충	오늘원진	오늘상천	오늘상파	황도길흉	건제12신	九星	결혼주당	이사주당	신살	神殺	오늘神殺	육도환생처	축인보는덕	오늘기도덕	오늘지옥명	추해지옥
病甲	大驛土	卯正東方	卯正東方	東南方	西北方	寅보	寅	卯	巳	3.6	청룡황도	虛미움	二碧	堂당 깨짐	師사	滿만	三碧	堂당	師사	남자	월인·염마	지격·오귀	인도	노사나불	아미보살

칠성기도일	산신축원일	용왕축원일	조왕하강일	불공 제의식 吉한 행사일									吉凶 길흉 大小 일반 행사일												
				신축 굿	재수 굿	용왕 굿	조왕 굿	병굿	고사	결혼	입학	투자	계약	등사	여행	이사	합방	点안	개업	신축	수술	서류 제출			
◎	×	×	×	◎	◎	◎	◎	◎	◎	×	×	◎	×	×	◎	×	×	×	◎	×	-	◎			

당일 레정법

巳에 온사람은 관송사로 손재수 발생 午에 온사람은 금전문제, 사업문제, 관정 未에 온사람은 남편문제, 직장문제, 운이
申온 사람은 금전문제, 관직주사사, 자식의 사 酉온 사람은 의욕과다, 뭐가 하고싶어서 왔다. 戌온 사람은 금전융, 직장취업, 형제동업, 자식문제
時 업무에 망산슴 관정 후원바는 불리, 사고조심 時 업무 추진P에 문제 친구형제간 사비 자손문제 제, 매사불리 지체됨 바람기 불륜, 고나발생

필히 피해야 할일 새집들이 · 친목회 · 금전수금 · 창고수리 · 건축수리 · 동토 · 관정 우물파기 · 기둥세우기

백초귀장술의 오늘에 초사언

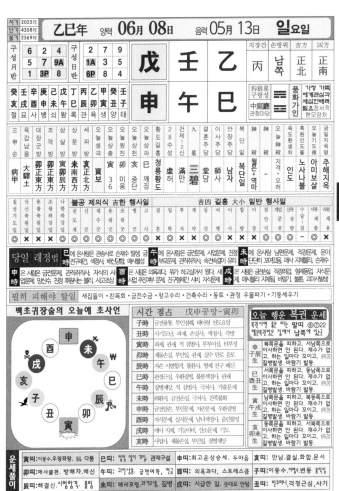

시간 점占	戊申공망-寅卯
子時	금전융통, 부인질병, 태야점 천도요망
丑時	사기도난, 파재, 손실사, 색정사, 각방
寅時	파재, 관재, 적 참방사, 부부아심, 타부정
卯時	재물손실, 부인질, 관재, 살수 탄로 음모
辰時	자손 시험합격, 불성사, 형제 친구 배신
巳時	관재구설, 우환갈칭, 불효 색정사, 관재
午時	질병재앙, 직 참방사, 극차사, 가출문제
未時	病患재, 금전손실, 극차시, 진퇴불안
申時	금전관송, 부인문제, 자손문제, 우환걸병
酉時	자식문제, 실직문제, 남녀색정사, 음인함정
戌時	매사 지체, 가중애비, 산소문제 기도
亥時	사업사, 재물손실, 부인질, 질병재앙

오늘 행운 복권 운세
복권사면 좋은 띠는 말띠 ⑥⑦22
행운복권방은 집에서 남쪽쪽 에 있소

子午生	복福문을 피하고, 서남쪽으로 이사하면 안 된다. 재수가 없고, 하는 일마다 꼬이고, 病苦 질병발생, 바람기 발동.
巳酉生	서쪽문을 피하고, 동남쪽으로 이사하면 안 된다. 재수가 없고, 하는 일마다 꼬이고, 病苦 질병발생, 바람기 발동.
寅午戌生	남쪽문을 피하고, 북쪽쪽으로 이사하면 안 된다. 재수가 없고, 하는 일마다 꼬이고, 病苦 질병발생, 바람기 발동.
亥卯未生	동쪽문을 피하고, 서북쪽으로 이사하면 안 된다. 재수가 없고, 하는 일마다 꼬이고, 病苦 질병발생, 바람기 발동.

운세풀이

寅띠:이동수,우왕좌왕, 弱弱 다툼
卯띠:매사불편, 방해자,배신
辰띠:해결신,시험합격, 풀림

巳띠: 직장 이 이 꼬임, 관재구설
午띠: 귀인상봉, 금전이득, 현금
未띠: 매사 꼬이고, 과거2생, 질병

申띠:최고운상승세, 두마음
酉띠: 의욕과다, 스트레스큼
戌띠: 시급한 일, 뜻대로 안됨

亥띠: 만남,결실,합,理.문서
子띠:이동수,이별수,변동 움직임
丑띠: 빈주머니,걱정근심,사기

6월

- 175 -

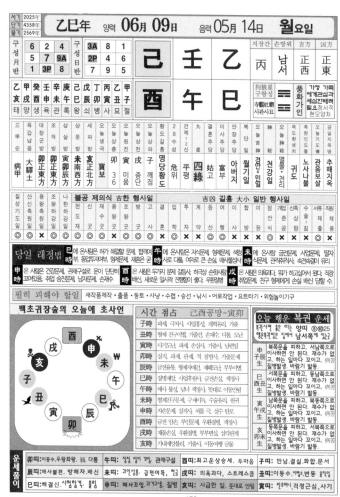

| 서기 2025年 | | 乙巳年 | 양력 **06月 09日** | 음력 **05月 14日** | **월요일** |

| 단기 4358年 |
| 불기 2569年 |

구성 월반	6	2	4	구성 일반	3A	8	1
	5	7	9A		2P	4	6
	1	3P	8		7	9	5

| 지장간 | 손방위 | 吉方 | 凶方 |
| 丙 | 남서 | 正西 | 正東 |

己 壬 乙
酉 午 巳

乙	甲	癸	壬	辛	庚	己	戊	丁	丙	乙	甲
亥	戌	酉	申	未	午	巳	辰	卯	寅	丑	子
태	양	욕	생	관	록	왕	쇠	병	사	묘	절

狗狼星 구랑성
鬼怒神 사려사묘

풍화가인

가정 가庭
예게관심사
세심호배려
필요.정서적
현도앙심

| 三甲旬 | 육갑납음 | 대장군방 | 조객방 | 삼살방 | 세파방 | 오늘생기 | 오늘상충 | 오늘원진 | 오늘상천 | 황도길흉 | 건제12신 | 九星 | 결혼주당 | 이사주당 | 안장주당 | 복단일 | 神殺 | 오늘神殺 | 축원인 | 오늘吉神 | 천구하식시 | 조객방 | 삼살방 | 나이 일지육 | 대공망일 |
| 病甲 | 大驛土 | 卯正東方 | 卯正東方 | 寅東北方 | 未南西方 | 寅南西方 | 寶보 | 卯 | 戌 | 미움受 | 명당황도 | 危위 | 四綠 | 姑고 | 富부 | 아버지 | 월기일 | 겨신·밀덕 | 천강일 | 멸보·천리 | 귀도 | 노사一불 | 관음보살 | 추해지옥 |

| | | | 36 | 寶보 | | | | | | | | | | | | | |

불공 제의식 吉한 행사일									吉凶 길흉 大小 일반 행사일																	
천도재	신굿	재수굿	용왕굿	조왕굿	병굿	고사	결혼	입학	투자	계약	등기	여행	이사	합방	점안식	개업준공	신축상량	수술	서류제출	직원채용
×	×	×	×	×	×	×	○	○	×	×	×	×	×	×	×	×	×	×	×	×

당일 레정법 己에 온사람은 허가 해결할 문제, 합격여 午에 온사람은 자식문제, 형제문제 색정 未에 온사람은 금전문제, 사업문제, 딸나 時 사무 부, 동업투자件, 형제갈등, 재혼문 時 사근 다툼, 여자로 큰 손실 매사불성사 時 색정사, 관재위구사, 속전속결이 유리

申 온 사람은 건강문제, 관재구설로 운이 단단히 時 꼬여있음, 취업 승진문제, 남자갈등, 손재수 **酉** 온 사람은 화합 자손 관련 갈등사 하극상 **戌** 온 사람은 7근 형제갈등사, 손재 배신 당할수 時 배신 새로운 일사작 진행함이 좋다 우환질병 時 취업문제, 친구 형제간에 손실 배신 당할수

필히 피해야 할일 새작품제작 · 출품 · 동토 · 사냥 · 수렵 · 승선 · 낚시 · 어로작업 · 요트타기 · 위험놀이기구

| 백초귀장술의 오늘에 초사언 | 시간 점占 己酉공망-寅卯 | 오늘 행운 복권 운세 |

백초귀장술 운행 방위 양띠 ⑤⑩25 행운복권방 지켜야 남서쪽에 있다

子時	파재 극차사 사업청심 개혁유리, 가출
丑時	형제 찬구이별, 가출건, 손재수, 다툼, 모み
寅時	사기도난, 파재 손실사, 가출사, 남편일
卯時	실직, 파재, 관재, 적 침범사, 가출문제
辰時	금전용통, 형제자매건, 재해도난, 부부불화
巳時	잘방광음, 사업확장사, 금전손실, 색정사
午時	매사 불성합, 남녀 색정사, 돈의교, 이동안됨
未時	형제찬구결혼, 구재사기, 수술유의, 원건
申時	금전 암손, 부모문제, 우환질병, 색정사
酉時	금전 암손, 부모문제, 우환질병, 부부반목, 색정사
戌時	재물손실, 우환질병, 남녀색정, 삼각관계
亥時	가내화경불리, 가출사, 이동여행 가결

申子辰 生	북문을 피하고, 서남쪽으로 이사하면 안 된다. 재수가 없고, 하는 일마다 꼬이고, 病苦 질병발생. 바람기 발동
巳酉丑 生	서문을 피하고, 서남쪽으로 이사하면 안 된다. 재수가 없고, 하는 일마다 꼬이고, 病苦 질병발생. 바람기 발동
寅午戌 生	남문을 피하고, 북쪽문으로 이사하면 안 된다. 재수가 없고, 하는 일마다 꼬이고, 病苦 질병발생. 바람기 발동
亥卯未 生	동쪽문을 피하고, 서북쪽으로 이사하면 안 된다. 재수가 없고, 하는 일마다 꼬이고, 病苦 질병발생. 바람기 발동

운세풀이	卯띠:이동수,우왕좌왕, 弱,弱 다툼	午띠:점심 이이 꼬임, 관재구설	酉띠:최고운상승세, 두마음	子띠: 만남,결실,화합,문서
	辰띠:매사불편, 방해자,배신	未띠:귀인상봉, 금전이득, 현금	戌띠: 의욕과다, 스트레스큼	丑띠:이동수,이별수,변동 움직임
	巳띠:해결신,시험합격, 풀림	申띠:매사꼬임,과거고생, 질병	亥띠: 시급한 일, 뜻대로 안됨	寅띠:빈주머니,걱정근심, 사기

- 176 -

乙巳年 양력 **06**月 **10**日 음력 **05**月 **15**日 **화**요일

구성월반	6	2	4	구성일반	4P	9	2
	5	7	9A		3	5	7
	1	3P	8		8	1	6

庚 壬 乙
戌 午 巳

지장간	손방위	吉方	凶方
丙	서쪽	正南	正北

丁	丙	甲	癸	壬	庚	己	戊	丁	丙
亥	戌	酉	未	申	辛	辰	卯	寅	子
병	쇠	왕	록	관	욕	생	양	태	절	묘	사

가정 가족 에게 관심과 세심한 배려 필요 정서적 현모양처

풍화가인

狗狼星 구랑성
社廟 사당위

三甲순: 病甲 / 육갑납음: 鏙釗金 / 대장군방: 卯正東方 / 조객방: 卯正東方 / 삼살방: 亥南西方 / 세파방: 辰北方 / 오늘상충: 義의 / 오늘원진: 36 / 오늘상천: 辰 / 오늘상파: 미옳음 / 황도길흉: 酉 깨짐 / 2 8 수성: 室실 / 건제 12신: 定정 / 九星: 五黃 / 결혼주당: 夫부 / 이사주당: 殺살 / 안장주당: 손님 / 神살: 천장·천은 / 오늘吉神: 삼합일 / 오늘神殺: 강각·소모 / 축원인도불: 축도 / 오늘기도불: 노사나불 / 주당하강일: 추해지옥

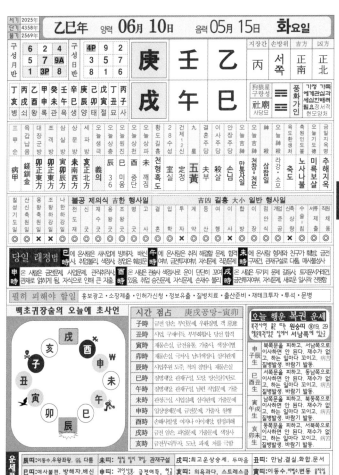

칠성기도일	산신축원일	용왕축원일	조왕하강일	불공제의식 吉한 행사일								吉凶 길흉 大小 일반 행사일							
				천도	신굿	재수굿	용왕굿	조왕굿	병굿	고사	결혼	입학	투자	계약	등산	여행	이사	방사	점안식	개업	신축상량	수술	서류	직원채용
◎	◎	×	◎	×	×	×	◎	◎	◎	×	×	◎	×	×	◎	◎	×	◎	×	×	◎	◎	×	◎

당일 래정법
巳時 온 사람은 새사업에 방해자, 배신 / 午時 온 사람은 취직 해결할 문제, 합격여부 / 未時 온 사람은 형제와 친구가 훼방 금전
時 취업문제, 색정사 창업은 훼방꾼 / 時 여부, 금전손실수, 자식문제, 직장문제 / 時 구재건 관재구설로 다툼, 매사불성사

申時 온 사람은 금전문제, 관리주머니, 관재구설 / 酉時 온 사람은 관송사 색정사로 인해 단독 / 戌時 온 사람은 무거워 문제 갈등사 토지문제
時 과재로 얽히게 됨 자식으로 인해 큰 지출 / 時 손재수, 취업 승진문제, 자식문제, 손재수 불리 / 時 금전투자여부, 자식문제에 새로운 일사 진행함

필히 피해야 할일: 홍보광고 · 소장제출 · 인허가신청 · 정보유출 · 질병치료 · 출산준비 · 재테크투자 · 투석 · 문병

백초귀장술의 오늘에 초사인

시간 점占	庚戌공망-寅卯
子時	금전 암초 부인문제 우환질병 객 憂愛
丑時	사업 구재이득, 부부화합사 당선 합격
寅時	재물손실 금전융통, 가출사, 색정이별
卯時	사업문제 실직사 남녀색정사 관재구설
辰時	사업후원 도주, 적의 침투사 재물손실
巳時	질병재앙 관재구설, 도난, 당산살균투로
午時	질병재앙 관재구설 남편 작업문제 가출
未時	금전손실 사업실패, 삼각관계, 가출사
申時	입상명예문제 금전문제, 가출사, 원행
酉時	손해수발생 여자나 아이걱정, 함정피해
戌時	금전 암초 파업문제 가출문제, 색정사
亥時	금전무리투자, 도난, 파재 극적 극함

오늘 행운 복권 운세
북권행운이면 젊은 따는 원숭띠 ⑩19, 29
행운복권방은 집에서 서남쪽에 있는곳

申子辰生	복福문을 피하고, 서남쪽으로 이사하면 안 된다. 재수가 없 질병발생. 바람기 발동. 病苦
巳酉丑生	서福문을 피하고, 동남쪽으로 이사하면 안 된다. 재수가 없 질병발생. 바람기 발동. 病苦
寅午戌生	남福문을 피하고, 북동쪽으로 이사하면 안 된다. 일마다 꼬인 질병발생. 바람기 발동.
亥卯未生	북福문을 피하고, 서북쪽으로 이사하면 안 된다. 재수가 없 질병발생. 바람기 발동.

운세풀이
辰띠:이동수,우왕좌왕, 弱 다툼 / 未띠: 짐집 일이 꼬임, 관재구설 / 戌띠:최고운상승세, 두마음 / 丑띠: 만남,결실,화합,문서
巳띠:매사불편, 방해자,배신 / 申띠: 귀인상봉, 금전이득, 현금 / 亥띠: 의욕과다, 스트레스큼 / 寅띠:이동수,이별수,변동 움직임
午띠:해결신,시험합격, 풀림 / 酉띠: 매사꼬임,과거고생, 질병 / 子띠: 시급한 일, 뜻대로 안됨 / 卯띠: 빈주머니, 걱정근심, 사기

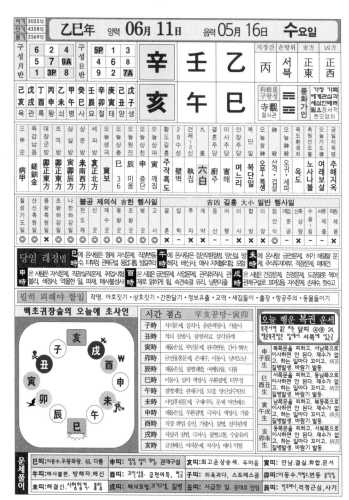

서기 2025年	乙巳年	양력 06月 11日	음력 05月 16日	수요일
단기 4358年				
불기 2569年				

구성월반			구성일반			지장간	손방위	吉方	凶方
6	2	4	5P	1	3	丙	서북	正東	正西
5	7	9A	9	2	7A				
1	3P	8							

辛 壬 乙
亥 午 巳

己	戊	丙	乙	癸	壬	辛	庚	己	戊
亥	戌	酉	申	未	午	辰	卯	丑	子
욕	관록	왕	쇠	병	사	묘	절	태	양	생

풍화가인
寺觀 절사관
가정 가족
예계관심과
세심꼭배려
필요청석적
현모양처

狗狼星
구랑성

三甲旬	육갑납음	대장군방	조객방	삼살방	세파방	오늘생기	오늘상충	오늘원진	오늘상천	오늘상파	황도길흉	2十8宿성	건제12신	九星	결혼주당	이사주당	신살주당	복단일	오늘神殺	오늘吉神	오늘凶神殺처	축원인도불	오늘화엄성중	나한인도불	지장한명	추해지옥
病甲	鏡釧金	卯正東方	寅卯辰방	東南間방	亥正北方	寶보	巳 36	辰 미움당	寅 단합	申 깨짐	寅 주작흑	壁벽	執집	六白	廚주	害해	며느리	오부·봉색	오귀·세파	옥녀	노사나불	살지옥				

칠성기도일	산신기도일	용왕축원일	조왕기도일	나한기도일	불공 제의식 吉한 행사일						吉凶 길흉 大小 일반 행사일									
					천도재	신중기도	조왕굿	병굿	재수굿	용왕굿	결혼	입택	투자	계약	여행	개업	이사	안장	준공	상량	서류제출	직원채용
×	×	×	○	×	○	○	×	○	×	○	×	×	×	×	○	×	×	○	○	○	×	○ ×

당일 래정법
巳時 온사람은 형제 자식문제 직장변동 午時 온사람은 잔괴우환질병 맛신설 방해 未時 온사람은 금전문제 하가 해결할 문제
申時 온사람은 자식문제 직장실직문제 취업사회 酉時 온사람은 사업문제 관재우환사 戌時 온사람은 건강문제 도장찍어 적
時 불리 색정사 억울한 일 파재 매사불성사 時 애로 얽혀짐 속전속결 유리 남녀다툼 時 관재구설 꼬이는 자식문제 손재수 핫수고

필히 피해야 할일 : 작명, 아호짓기, 상호짓기, 간판달기, 정보유출, 교역, 새집들이, 출장, 항공주의, 동물이기

백초귀장술의 오늘에 초사언

시간 점占	辛亥공망-寅따
子時	자식문제 실작사 윤년발동사 가출사
丑時	적의 침범사, 질병위급, 삼각관계
寅時	재물손실 부인문제 관재변동, 간사情사
卯時	금전융통문제 손재수, 이동사 낭비다단
辰時	재물손실 질병재난 여행금물 다툼
巳時	이동수 삼각 색정사 우환질병 타부정
午時	질병재앙 관재구설 모략 망신살수탈로
未時	사업문제건 구재문제 문제 자연損실
申時	재물손실 우환질병 극차사 색정사 가출
酉時	직장 취업 승진 가출사 질병 삼각관계
戌時	자식 참변 극차사 질병고통, 수술유의
亥時	금전배신 여자문제 자식사 매사 막힘

오늘 행운 복권 운세
복권사려면 운쪽 띠를 따라 ④⑨ 24,
행운복권방은 집에서 서쪽에 있음

申子辰生	복복문을 피하고, 서남쪽으로 이사하면 안 된다. 재수가 없고 하는 일마다 꼬이고, 病苦 질병발생. 바람기 발동.
巳酉丑生	서쪽문을 피하고, 동남쪽으로 이사하면 안 된다. 재수가 없고 하는 일마다 꼬이고, 病苦 질병발생. 바람기 발동.
寅午戌生	남쪽문을 피하고, 북동쪽으로 이사하면 안 된다. 재수가 없고 하는 일마다 꼬이고, 病苦 질병발생. 바람기 발동.
亥卯未生	동쪽문을 피하고, 서북쪽으로 이사하면 안 된다. 재수가 없고 하는 일마다 꼬이고, 病苦 질병발생. 바람기 발동.

운세풀이
巳띠:이동수,우왕좌왕, 弱, 다툼
午띠:매사불편, 방해자,배신
未띠:해결신,시험합격, 풀림
申띠: 적중, 일이 꼬임, 관재구설
酉띠:괴입상충, 금전손실, 핵길
戌띠:매사꼬임,과거고생, 질병
亥띠:최고운상승세, 두마음
子띠:의욕과다, 스트레스큼
丑띠:시급한 일, 뜻대로 안됨
寅띠: 만남,결실,화합,문서
卯띠:이동수,이별수,변동 음직임
辰띠: 빈주머니, 걱정근심, 사기

- 178 -

乙巳年 양력 **06月 12日** 음력 **05月 17日** **목요일**

구성월반			구성일반		
6	2	4	6	2P	4
5	7	9A	5	7	9A
1	3P	8	1	3	8

壬 壬 乙
子 午 巳

지장간	손방위	吉方	凶方
丙	북쪽	正北	正南

辛亥 庚戌 己酉 戊申 丁未 丙午 乙巳 甲辰 癸卯 壬寅 庚子
록 관욕 생 양 태 절 묘 사 병 쇠 왕

狗狼星 구랑성 天
風火家人 가정 가족에게관심과 세심한배려 필요 정서적 현모양처

三甲旬	육갑납음	대장군방	조객방	삼살방	상문방	세파방	오늘상충	오늘상파	오늘상천	황도길흉	28수성	건제12신	九星	결혼주당	이사주당	안장주당	대공망일	神殺	오늘神殺	육환혼처	축원인도불	아미보살	기도일지
病甲	桑柘木	卯正東方	寅正東方	南西方	專천	午	未 미움 36	未 중단	未 깨짐	금궤황도	奎규	破파	七赤	婦부	天천	어미	-	大空망일	월덕일	검봉·천화	천도	약왕보살	철산지옥

칠성기도일	산신기도일	용왕축원일	조왕하강일	나한기도일	**불공 제의식 吉한 행사일**					**吉凶 길흉 大小 일반 행사일**											
					천의	신수굿	재수굿	조왕굿	병굿	결입	투게	계신	합이	이합	안	준상식	공량	서류출침	제출	원출	
×	×	×	×	×	×	×	×	×	×	×	×	×	×	×	×	×	×	×	×	×	

당일 레정법
巳時에 은사람은 자손문제, 금전손실 친구나 형제동업, 관송사 반자녀
午時에 은사람은 이동변동수, 타인것수 하극상모함사건, 자식문제, 자녀고시
未時에 은사람은 방해사, 배신사, 취업문제 색정사 관송사 매사 지체 불로불
申時 은사람 관직 취직문제, 결혼 경조사 한자녀뿐 병자
酉時 은사람 양방향사 불리사, 관제로 발전 딸문제
戌時 은사람 남녀색사 뒤숭쑹한 금전문제 주식투자

필히 피해야 할일 이날은 월파일에 수사에 검봉, 천화 등 신살에 해당되어 매사 해롭고 불리한 날.

백초귀장술의 오늘에 초사연

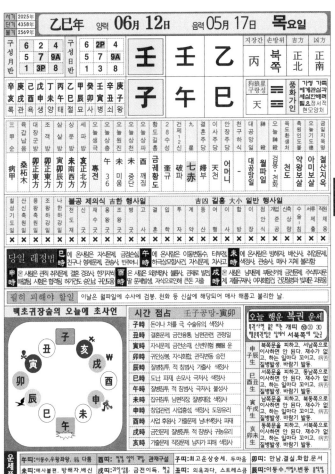

시간 점占 壬子공망-寅卯

子時	돈나나 처들 극 수술유의 색정사
丑時	결혼문제 금전융통 남편문제 관청입
寅時	자식문제 금전손재 산넘위험 賽晴운
卯時	귀인상봉 자식화합 관직변동 승전
辰時	질병침투 적 침범사 구재 색정사
巳時	도난 재물 손모사 극차시 색정사
午時	질병침투 적 침범사 극차시 불성사
未時	잡귀침투 남편직결 잘쟁재상 색정사
申時	창업관련 사업흥소 색정사 도망유리
酉時	사업문제 기출문제 남녀색정사 패재
戌時	금전문제 질병침투 적 침범사 구병유리
亥時	기출문제 직장문제 남녀가 패해 색정사

오늘 행운 복권 운세
북과부적 개띠 ⑩㉓ 30
행운복권방은 집에서 서북쪽으로 있는곳

申子辰生	북쪽문을 피하고, 서남쪽으로 이사하면 안 된다. 재수가 없고, 하는 일마다 꼬이고, 病苦
巳酉丑生	서쪽문을 피하고, 동남쪽으로 이사하면 안 된다. 재수가 없고, 하는 일마다 꼬이고, 질병발생. 바람기 발동
寅午戌生	남쪽문을 피하고, 북쪽으로 이사하면 안 된다. 재수가 없고 하는 일마다 꼬이고, 질병발생. 바람기 발동
亥卯未生	동쪽문을 피하고, 서북쪽으로 이사하면 안 된다. 재수가 없고, 病苦 / 질병발생. 바람기 발동

운세풀이
午띠: 이동수,우왕좌왕, 弱 다툼 　酉띠: 정점 이익 먹음, 관재구설 　子띠: 최고운상승세, 두마음 　卯띠: 만남,결실,화합,문서
未띠: 매사불편, 방해자,배신 　戌띠: 귀인상봉, 금전이득, 흑子 　丑띠: 의욕과다, 스트레스큼 　辰띠: 이동수,이별수,변동 음즈성
申띠: 해결신, 시험합격, 풀림 　亥띠: 매사꼬임,과거고생, 질병 　寅띠: 시급한일, 뜻대로 안됨 　巳띠: 빈주머니,적정근심, 사기

6월

구성月반	6	2	4	구성日반	7	3	5P			지장간	손방위	吉方	凶方
	5	7	9A		6	8	1		癸	壬	乙	丙	북동	正西	正東
	1	3P	8		2A	4	9		丑	午	巳				

癸	壬	辛	庚	己	戊	丁	丙	乙	甲	癸	壬
亥	戌	酉	申	未	午	巳	辰	卯	寅	丑	子
왕	쇠	병	사	묘	절	태	양	생	욕	관	왕

가정 가족 에게경조사 세심한배려 필요&정서 현모양처

풍화가인

狗狼星 구랑성 僧堂寺廟 社廟

三甲순	대공망	조객방	상문방	세파방	오늘생극	오늘상충	오늘상파	오늘상해	오늘원진	황도길흉	2 8 宿	건제12신	九星	결혼주당	이사주당	안장주당	복단일	神殺	오늘吉神	天狗下食처	오늘神殺	오늘 神殺	오늘 吉神	오늘 凶神
病甲	桑柘木	正東方	正南方	未南西方	亥正北方	伐벌	未 3 6	午 중단	辰 깨짐	대덕황도	婁루	危위	八白	竈조	利이	여자		음덕·보광	월해·월살	천도	왕망보살	철산지옥		

칠성기도일	산신축원일	용왕축원일	조왕축원일	나한기도일	불공 제의식 吉한 행사일								吉凶 길흉 大小 일반 행사일										
					천도재	신굿	재수굿	용왕굿	조왕굿	병굿	고사	결혼	입택	계약	여행	이장	합방	点	개업	신축	수리	서류제출	직원채용
×	×	×	×	×	◎	×	×	×	×	×	×	×	×	○	×	×	×	○	-	×	-	×	◎

백초귀장술의 오늘에 초사언

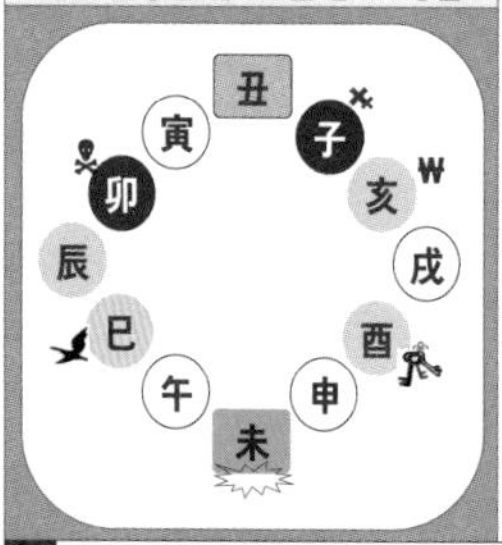

시간 점占	癸丑공망-寅卯
子時	직위문제, 금전용통, 급질병, 색정사
丑時	사김이 안됨, 여자문제 잘방승패, 색정사
寅時	금전손실, 손모사 극차사, 삼각관계
卯時	음란색정사, 잘병, 적 침범사, 금전손실
辰時	형함김신, 직업관직, 남편문제, 목적달성
巳時	직장변동, 실직문제, 여자일, 이사이동수
午時	사기도난, 손재수, 색정사, 우환질병
未時	관재 병액로, 불길, 가줄사 자손사 이별사
申時	매사 불성사, 색정사, 가줄, 도난 여행흉사
酉時	직업 명예사, 봉사활동, 창업천운, 색정사
戌時	불류색정사, 관재극적, 도난 상해 손모사
亥時	금전문제, 이성도움, 부인문제, 색정사

乙巳年　양력 **06**月 **14**日　음력 **05**月 **19**日　**토요일**

구성월반	6	2	4
	5	7	9A
	1	3P	8

구성일반	8	4A	6
	7	9	2
	3P	8	1

甲　壬　乙
寅　午　巳

乙甲癸壬辛庚己戊丁丙乙甲
亥戌酉申未午巳辰卯寅丑子
생양태절묘사병쇠왕록관욕

지장간	손방위	吉方	凶方
丙	無	正南	正北

狗狼星구랑성
丑方 복두꽃

인내하라! 상급단계개혁 변동손재골 봉시정신조 용심절대금지

수정

三甲순 生甲 大溪水

육갑납음 卯正東方

대장군방 卯正東方

조객방 寅東方

삼살방 未南西方

상문방 未正西方

세파방 亥正北方

오늘생극 專制

오늘의충 36

오늘원진 申

황도흑도 酉미움

건제12신 巳중단

九星 亥깨짐

결혼주당 成성

이사주당 九紫

안장주당 第제

복단일 安安

神殺 死死

오늘神殺 생기 귀기

육호환殺 수격 귀기

축원인도불 토금 신호

오늘기도발 인도

글일지옥 양外보살 약사보살

철산지옥 약사보살

불공 제의식 吉한 행사일

칠성기도일	산신축원일	용왕축원일	조왕하강일	나한기도일	천도재	신굿	재수굿	용왕굿	조왕굿	병굿	고사	결혼	입학	투자	계약	등	여행	이사	합방	이장
×	×	×	×	×	×	○	○	○	○	×	×	○	○	×	×	×	×	○	×	×

吉凶 길흉 大小 일반 행사일

개업	준공	신축상량	수술	서류제출	직원채용
○	×	○	○	×	×

당일 래정법

巳時 에 온사람은 문서 화합손 결혼 재혼 문제 애정사 궁합 금전용관 자식문제

午時 에 온사람은 이동수 있는자 이사 이동수 직장변동 사업변동수 해외진행 합법

未時 에 온사람은 자식문제 실업사 금전사기 반대사 억울 하극됨이 모사 맞선수

申時 온사람은 매매 이동변동수 타부정 관재구설 설 사기 하극문서 사비 다툼주의 차사고주의

酉時 온사람은 방해자 배신사 우환질병 취업 승진은 매사 재불리함 상심은 손해수

戌時 온사람은 관송사 하극상의 배신문제 조용히 해결됨 하나 후 불합됨 우환질병 시험 합격됨 하면 승진됨

필히 피해야 할일 소장제출 · 항소 · 손님초대 · 어로작업 · 낚시 · 물놀이 · 승선 · 출항 · 바다낚시 · 요트타기 · 우물파기

백초귀장술의 오늘에 초사언

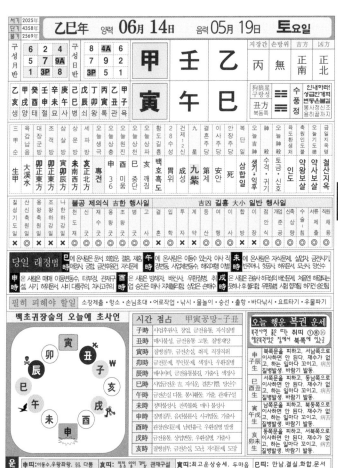

寅
卯　丑
辰　子
巳　亥
午　戌
未　酉
申

시간 점du	甲寅공망-子丑
子時	사업후원사, 창업, 금전용통, 자식질병
丑時	매사불성, 금전용통 고통, 질병재앙
寅時	질병침투, 금전손실, 취직, 직장권위
卯時	금전문제, 부인문제로 색정사, 우환질병
辰時	매사 마비, 금전용통불길, 가출사, 색정사
巳時	사업ائ 전운 손 자식운, 결혼기쁨, 당선수
午時	금전손실 다툼, 봉사활동, 가출, 관재구설
未時	청탁불성사, 친족불화 매사 불성사
申時	질병침투, 음란불륜사, 사기盗難, 가출사
酉時	관재관리문제, 남녀酒色 우환질병 발병
戌時	금전문제, 상업관계, 우환질병, 가출사
亥時	질병침투, 금전손실, 도난, 자식문제 도망

오늘 행운 복권 운세

복권사면 좋은 <u>띠는</u> **쥐띠** ①⑧⑯
행운복권방은 집에서 **북쪽** 에 있는곳

子辰生	북문을 피하라, 서남쪽으로 이사하면 안 된다. 재수가 없고, 하는 일마다 꼬이고, 病苦 질병발생, 바람기 발동
巳酉丑生	서남문을 피하라, 동쪽으로 이사하면 안 된다. 재수가 없고, 하는 일마다 꼬이고, 病苦 질병발생, 바람기 발동
寅午戌生	남쪽문을 피하라, 북쪽으로 이사하면 안 된다. 재수가 없고, 하는 일마다 꼬이고, 病苦 질병발생, 바람기 발동
亥卯未生	동쪽문을 피하라, 서북쪽으로 이사하면 안 된다. 재수가 없고, 하는 일마다 꼬이고, 病苦 질병발생, 바람기 발동

운세풀이

申띠:이동수,우왕좌왕, 弱,多툼	亥띠: 적취 이익 창출, 관재구설	寅띠:최고운상승세, 두마음	巳띠: 만남,결실,화합,문서
酉띠:매사불편, 방해자,배신	子띠:귀인상봉, 금전이득, 현금	卯띠: 의욕과다, 스트레스큼	午띠:이동수,애정변동 읽음受
戌띠:해결신,시험합격, 풀림	丑띠: 매사꼬임,과거고생, 질병	辰띠: 시급한 일, 뜻대로 안됨	未띠: 빈주머니,걱정근심, 사기

6월

乙巳年 양력 **06**月 **15**日 음력 **05**月 **20**日 **일요일**

구성월반			구성일반			乙	壬	乙	지장간	손방위	吉方	凶方
6	2	4	9	5	7				己	無	正東	正西
5	7	9A	8	1	3P	卯	午	巳				
1	3P	8	4	6A	2							

丁亥	丙戌	乙酉	甲申	癸未	壬午	辛巳	庚辰	己卯	戊寅	丁丑	丙子	狗狼星 구랑성	인내하라! 성급한행동
사	묘	절	태	양	생	욕	관	록	왕	쇠	병	天	봉사청소조 용의끝나라

수풍정

三甲순	육갑납음	대장군방	조객방	삼살방	세파방	오늘산국	오늘생기	오늘천간	오늘지파	황도흑도	2 8 성수	건제 제 12 신	九星	결혼주당	이장주당	복단일神殺	오늘神殺	오늘神殺	육도환생처	축원인도불	오늘지옥명
生甲	大溪水	卯正東方	正東方	亥南方	亥방	專전	酉 36	申 미움	辰 중단	옥당황도 꺼침	묘昴	收수	一白	翁옹	災재	손자	속제·무장	하괴·삼살	귀도	文수보살 왕정보살	철산지옥

칠성기도일	산신축원일	용왕축원일	조왕하강일	나한재도일	천의天醫	재수굿	조왕굿	용왕굿	吉凶 길흉 大小 일반 행사일											
◎	◎	◎	◎	◎	◎	◎	◎	◎	결혼	입택	투자	계약	이사	여행	합방	안장	개업	준공	상량	서류제출 등
									X	X	X	X	X	X	◎	X	X	◎	◎	◎

당일 래정법

巳時 에 온사람은 모함과 구설로 끌치 아니 **午時** 에 온사람은 문서 화합은 결혼 재혼 **未時** 에 온사람은 이동수 있는자 이사나 직장 변동 자문건에 변동수, 여행 이별 헛고생

申時 애 온사람은 하극상나 살인나, 금전환자 빌려 **酉時** 에 온사람은 직장변동, 이동변동수, 터부정, 관재 **戌時** 온 사람은 색정사 배신당,방해사, 배신사, 상부 관운나 헛공사 사기모함 ·도난사 매사불성 온 사람은 쌍구 사기 하극상에 우환질병, 자식 가출도 간 암투, 관재구설 취업 승진 매사지체불운 風

필히 피해야 할일 : 신상출고·제품제작·친구초대·문 만들기·벌초·씨뿌리기·나무심기·지붕고치기

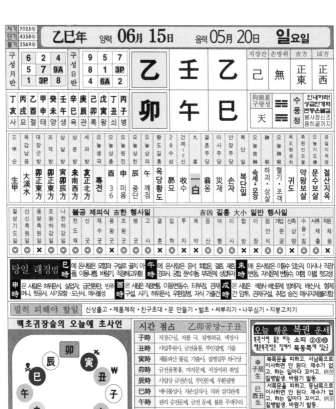

백초귀장술의 오늘에 초사언

시간 점占	乙卯공망-子丑
子時	직장근심, 처를 극, 질병위급, 색맹사
丑時	사업후원나, 금전용통, 부인질병, 가출
寅時	재물파산 불길, 가출나, 질병침투 하극상
卯時	금전융통훈, 여자문제, 직장직위 취업
辰時	사업상 금전손실, 부모문제, 우환질병
巳時	매사불성나, 자손실직사, 직위 삼각관계
午時	관직 승전문에, 금전 문제, 불륜 주색주의
未時	금전용통, 삼각관계, 직업변동, 여자질병
申時	만사불길, 직장 취업상문 불길, 질병재앙
酉時	적 침범사나, 가출, 불륜색정사나 골육 상
戌時	금전문제, 부인문제나 다툼, 야불리, 질병
亥時	사업문제, 투자화재나, 우환질병 손님 愿尿

오늘 행운 복권 운세

북권사면 좋은 따는 소띠 ②⑧⑳
행운복권방은 집에서 북동쪽吁 있는곳

申子辰生	북쪽문을 피하고, 서남쪽으로 이사하면 안 된다. 재수가 없 고, 하는 일마다 꼬이고, 병으 질병발생. 바람기 발동.
巳酉丑生	서쪽문을 피하고, 동남쪽으로 이사하면 안 된다. 재수가 없 고, 하는 일마다 꼬이고, 病으 질병발생. 바람기 발동.
寅午戌生	남쪽문을 피하고, 북쪽으로 이사하면 안 된다. 재수가 없 고, 하는 일마다 꼬이고, 病으 질병발생. 바람기 발동.
亥卯未生	동쪽문을 피하고, 서북쪽으로 이사하면 안 된다. 재수가 없 고, 하는 일마다 꼬이고, 病으 질병발생. 바람기 발동.

운세풀이	酉띠 :이동수,우왕좌왕, 弱,다툼	子띠 : 점점 의의 망길, 관재구설	卯띠 :최고운상승세, 두마음	午띠 : 만남,결실,화합,문서
	戌띠 :매사불편, 방해자,배신	丑띠 :귀인상봉, 금전이득, 현금	辰띠 : 의욕과다, 스트레스큼	未띠 :이동수,액,변동 옮김수
	亥띠 :해결신,시험합격, 풀림	寅띠 : 매사꼬임,과거고생, 질병	巳띠 : 시급한 일, 뜻대로 안됨	申띠 :빈주머니, 걱정근심, 사기

- 182 -

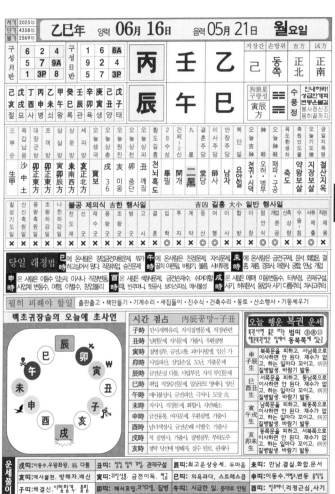

서기	2025년
단기	4358년
불기	2569년

乙巳年 양력 06月 16日 음력 05月 21日 **月**요일

구성월반	6	2	4	구성일반	1	6	8A
	5	7	9A		9	2	4
	1	3P	8		5	7	3P

丙 壬 乙
辰 午 巳

지장간	손방위	吉方	凶方
己	동쪽	正北	正南

己	戊	丁	丙	甲	癸	壬	辛	庚	己	戊
亥	戌	酉	申	未	午	巳	辰	卯	寅	丑
절	묘	사	병	쇠	왕	록	관	욕	생	양	태

狗狼星
구랑성
寅辰方

인내하라!
성급한개적
변동은실패
봉사정신초
용herngeh화

당일 래정법

필히 피해야 할일 : 출판고·책만들기·기계수리·새집들이·진수식·건축수리·동토·산소행사·기둥세우기

백초귀장술의 오늘에 초사언

巳
辰
卯
寅
午
未 丑
申 子
酉 亥
戌

시간 점占	丙辰공망-子丑
子時	만사개혀유리, 자식질병문제, 직장관련
丑時	남편문제, 자식문제, 가출난, 우환발생
寅時	질병침투, 금전고통, 파오사발생, 임신 가
卯時	사업파산, 상업손실, 도난, 가출문제
辰時	금전손실 다툼, 사업번진, 자식 부인문제
巳時	형살, 직장승진문제, 입상평도 색생나 망신
午時	매사불성사, 금전파산 극차사, 도망 흉
未時	자식나, 직장문제, 화합나, 자연해소
申時	금전융통, 여자문제, 우환질병, 가출사
酉時	남녀색정사, 금전손해 이별수, 가출사
戌時	적 침범사, 가출나, 질병침투, 부하도주
亥時	청탁 당선에 명예회 실수 탄로, 관재사

오늘 행운 복권 운세
복권사면 좋은 띠띠 ③⑧⑬ 행운복권방 은 집에서 동북쪽에 있곳

乙巳年 양력 **06**月 **17**日 음력 **05**月 **22**日 **火요일**

구성 月반	6	2	4	구성 日반	7	2	9
	5	7	9A		1A	3	5
	1	3P	8		6	8	4P

丁 **壬** **乙**
巳 **午** **巳**

지장간	손방위	吉方	凶方
己	동남	正西	正北

辛亥	庚戌	己酉	戊申	丁未	丙午	乙巳	甲辰	癸卯	壬寅	辛丑	庚子
태	양	생	욕	관	록	왕	쇠	병	사	묘	절

狗狼星 구랑성 前門 현관문

인내마라! 急급한계획 변동은불길
봉사정신초
홍과끝까지

三甲순	육갑납음	대장군방	조객방	삼살방	상문방	세파방	오늘상충	오늘원진	오늘상천	오늘상파	황흑길흉	건제12신	九星	결혼주당	이사주당	안장주당	오늘吉神	神殺	오늘神殺	축원인도불	오늘기도덕	금일당일
生甲	沙中土	卯正東方	寅正東方	寅卯辰方	南東方	西方	亥	戌	寅	36	현무흑	幣자	閉폐	三碧	姑고	富부	아버지	음.유왕	혈기·유화	휴가·중일	옥도	약왕보살	문수보살	철남지옥

질성기도일	신살육원일	용왕축원일	조왕하강일	나한불공일	불공 제의식 吉한 행사일						吉凶 길흉 大小 일반 행사일												
					천신굿	신장굿	재수굿	용왕굿	조왕굿	병굿	고사	결혼	입학	계약	여행	이사	개업	기공	신축	상량	수술	서류제출	직원채용
×	×	×	×	×	×	×	×	×	×	×	×	×	×	×	×	×	×	×	×	×	×	×	×

당일 래정법

巳時 온사람은 금전구재, 관재구설로 갈 **午時** 온사람은 금전차용여부, 뭐가 하 **未時** 온사람은 친구형제동업 꿈이 하 갖고싶어 욕구강함 사업문서분제 고생하여 왔다 직장취업문제 진정병부나 臣의 바람기 불륜 문서문제, 속장지

申時 온사람은 형제, 문서 화합은, 결혼, 재혼, 이별수, **酉時** 온사람은 이동수 있는자 가출, 이사나, 직장變 **戌時** 온사람은 색정속라닌, 금전손재수, 지금은 휴 관숙사로 발전 궁합 개업 직장변동 배신 우환명병 동, 사업체 변동수, 여행 이별수 관재구설 식 시기, 반주머니, 헛공사, 사기모함, 매사불성

필히 피해야 할일 이날은 흑도일에 폐閉神으로 혈지에 유화 등 강한 신살에 해당되어 매사 해롭고 불리한 날.

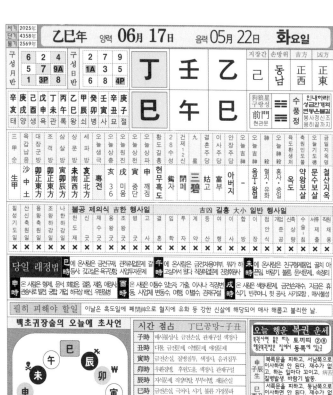

백초귀장술의 오늘에 초사언

시간 점占 丁巳공망-子丑

子時	매사불성사, 금전손실, 관재구설 색정사
丑時	다툼, 금전문제, 이별문제, 애정문제
寅時	금전손실, 질병침투, 색정사, 음귀침투
卯時	우환질병, 후원도움, 색정사, 관재구설
辰時	자식문제, 직장취탈, 부부싸움, 색술손실
巳時	금전손실 관재사 사기 불륜 가정불화
午時	취직, 직장승진, 색정사, 금전손실, 도난
未時	자손사업 자식문제, 취직문제, 가출, 질병
申時	결혼화합사, 가출문제, 금전융통, 도난주의
酉時	금전융통, 여자문제, 사업이동, 도난주의
戌時	작업문제, 자식문제, 음귀색정사, 봉사활동
亥時	직장변동, 도난분실, 가출사, 음부색정사

오늘 행운 복권 운세

복권사면 좋은 띠는 **토끼띠 ②⑧**
행운복권방은 집에서 **동쪽**쪽이다

子時生	북쪽을 피하고, 서남쪽으로 이사하면 안 된다. 재수가 있고, 하는 일마다 꼬이고, 병마 질병발생. 바람기 발동.
酉丑生	서쪽을 피하고, 동남쪽으로 이사하면 안 된다. 재수가 있고, 하는 일마다 꼬이고, 병마 질병발생. 바람기 발동.
寅午戌生	남쪽을 피하고, 북동쪽으로 이사하면 안 된다. 재수가 있고, 하는 일마다 꼬이고, 병마 질병발생. 바람기 발동.
亥卯未生	동쪽을 피하고, 서북쪽으로 이사하면 안 된다. 재수가 있고, 하는 일마다 꼬이고, 병마 질병발생. 바람기 발동.

운세풀이

亥띠: 이동수,우왕좌왕, 弱弱, 다툼 **寅띠:** 정점 의의 과임, 관재구설 **巳띠:** 최고운상승세, 두마음 **申띠:** 만남,결실,화합,문서

子띠: 매사불편, 방해자,배신 **卯띠:** 귀인상봉· 금전이득, 현금 **午띠:** 의욕과다, 스트레스큼 **酉띠:** 이동수,이별수,변동 움직임

丑띠: 해결신,시험합격, 풀림 **辰띠:** 매사꼬임,과거고생, 질병 **未띠:** 시급한 일, 뜻대로 안됨 **戌띠:** 빈주머니,걱정근심, 사기

서기 2025年		

乙巳年 양력 06月 18日   음력 05月 23日   수요일

구성월반			구성일반			지장간	손방위	吉方	凶方
6	2	4	3A	8	1	己	南쪽	正南	正北
5	7	9A	2	4	6				
1	3P	8	7	9P	5				

癸亥	壬戌	辛酉	庚申	己未	戊午	丁巳	丙辰	乙卯	甲寅	癸丑	壬子
절	묘	사	병	쇠	왕	록	관	욕	생	양	태

戊 壬 乙
午 午 巳

狗狼星 구랑성
併廚竈 戊亥方

인내하라!
성급한개혁
변투른길
매사정신조
용히클같吉

수풍정

三刑 순	갑납음	대장군방	조객방	삼살방	상문방	세파방	오늘생극	오늘원진	오늘상천	오늘상파	황도길흉	28 건제12신	九星	결혼주당	이사주당	안장주당	복단일	오늘吉神	육휴신살	천의신살	오늘神殺	길흉요건
生甲	天上火	卯正東方	卯正東方	寅卯辰方	未南西方	亥北方	義의	子3	丑미움	丑깨짐	卯중단	사명황도 건	參삼	四綠	夫부	殺살	손님	월덕·관괴	양인·금강	천격·토부	불도	석가여래 약사보살 암흑지옥

칠성기도일	산신축원일	용왕축원일	조왕축원일	나한기도일	불공제의식 吉한 행사일							吉凶 길흉 大小 일반 행사일												
					천도재	신굿	재수굿	용궁굿	조왕굿	병굿	고사	결혼	입택	투자	계약	등여	여행	이사	개업	신축	수술	서류제출	직원채용
⊗	⊗	⊗	⊗	⊗	⊗	⊗	⊗	⊗	⊗	⊗	⊗	⊗	⊗	⊗	⊗	○	⊗	⊗	⊗	⊗	⊗	⊗	-

당일 래정법
巳에온사람은 건강문제, 재수가 없고 운時이 단단히 꼬여있음 작업불가, 손재수

午에온사람은 금전문제, 진정문제, 갖고온사람 금전손재수 직장문제 상업문제, 관재

未에온사람은 동업 창업 하고싶어時왔다. 직장상사 괴롭힘 사표·배면당함

申時온 사람은 골치 아픈일, 자식의 금전동업문제 배신 우자녀문제, 불륜, 관재구설 속 정신미불안함

酉時온 사람은 문서잡업, 화합못길 결혼 경사와 관재문제, 관재구설 개업 막야 해당상 배신 경쟁사로 불변

戌時온 사람은 이동수 있는자 가출 이사나 직장변동, 정포 변동수, 투자문서는 위험 이별수

필히 피해야 할일
질병치료·시험관아기시술·투석·수혈·경락·항공주의·위험놀이기구·제방쌓기·흙 파는일

백초귀장술의 오늘에 초사언

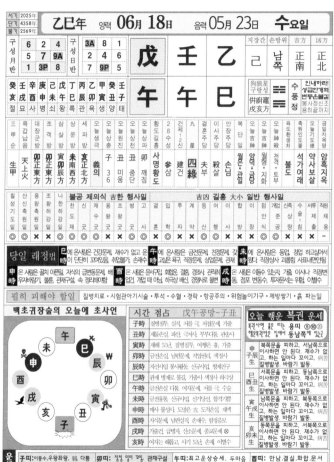

時間 점占	戊午공망-子丑
子時	잘병침투, 실직, 처туре 극, 처첩문제 가출
丑時	재물손실 파산 극차사 부모불통, 관송사
寅時	재해 극신 질병침투, 여행은 흉, 가출
卯時	금전실 남녀문제, 작업관리 색정사
辰時	자산신입 봉사활동, 산규사업 형제관구
巳時	관재 병액로 불길 가출사 색정사 하극상
午時	금전손실 다툼, 여자문제, 처를 극 수술
未時	금전융통, 산규사업 산규참신 합격기쁨
申時	매사 불성사, 모함은 흉, 도적손실, 재액
酉時	자식문제, 남녀실직, 손재수, 합정음모
戌時	가출건, 금방직 산소문제 색정사문제 ⊗
亥時	여자는 해롭고, 사기 도난 손재 이별수

오늘 행운 복권 운세
복권사면 좋은 띠는 용띠 ⑤⑩㉕
행운복권방은 집에서 동남쪽에 있음

子辰生	북쪽을 피하고, 서남쪽으로 이사하면 안 된다. 재수가 없고, 하는 일마다 꼬이고, 病든다 질병발생, 바람기 발동.
酉丑生	서쪽을 피하고, 동남쪽으로 이사하면 안 된다. 재수가 없고, 하는 일마다 꼬이고, 病든다 질병발생, 바람기 발동.
寅午戌生	남쪽을 피하고, 동북쪽으로 이사하면 안 된다. 재수가 없고, 하는 일마다 꼬이고, 病든다 질병발생, 바람기 발동.
亥卯未生	동쪽을 피하고, 서북쪽으로 이사하면 안 된다. 재수가 없고, 하는 일마다 꼬이고, 病든다 질병발생, 바람기 발동.

운세풀이	
子띠:	이동수, 우왕좌왕, 弱 다툼
丑띠:	매사불편, 방해자, 배신
寅띠:	해결신, 시험합격, 풀림
卯띠:	점진 의의 꺾임, 관재구설
辰띠:	개인사업, 금전이득, 현금
巳띠:	매사꼬임, 과거고생, 질병
午띠:	최고운상승세, 두마음
未띠:	의욕과다, 스트레스큼
申띠:	시급한 일, 풍대로 안됨
酉띠:	만남, 결실, 화합, 문서
戌띠:	이동수, 이별수, 변동 움직임
亥띠:	빈주머니, 걱정근심, 사기

6 월

- 185 -

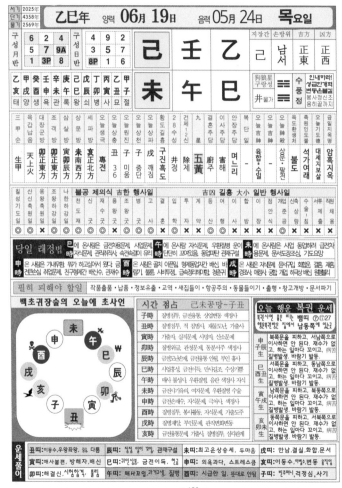

서기 2025년												
단기 4358년	乙巳年		양력 06월 19일		음력 05월 24일			목요일				
불기 2569년												

구성월반	6	2	4	구성일반	4	9	2			지장간	손방위	吉方	凶方
	5	7	9A		5	5	7	己	壬	乙	己	남서	正東	正西
	1	3P	8		8P	1	6						

己 壬 乙
未 午 巳

乙 甲 癸 壬 辛 庚 己 戊 丁 丙 乙 甲
亥 戌 酉 申 未 午 巳 辰 卯 寅 丑 子
태 양 욕 대 관 록 왕 쇠 병 사 묘 절

狗猿星 구랑성	수풍정	인내하라! 성급히개혁 변동문은낭길 봉사정신조 력흙끝까지

三甲순	육갑납음	대장군방	조객방	삼살방	상문방	세파방	오늘생극	오늘상충	오늘원진	오늘상천	황도길흉	2 8 성수	건제12신	九星	결혼주당	이사주당	안장주당	오늘吉神	오늘吉神	오늘神殺	축일의	오늘지옥	오늘일진	일지옥불 목욕
生甲	天上火	卯正東方	卯正東方	寅未南西方	亥正北方	丑	子	戌	구진흑도	井	除제	五黃	廚주	害해	며느리	용담·수임	상문·팔전	불도	석가여래	암흑지옥

專전 3 6 미움 깨짐 정 천덕·월덕·천은·수일 - 천 -

칠성기도일	산신불공	용왕축원일	조왕하강일	나한기도일	불공 제의식 吉한 행사일					吉凶 길흉 大小 일반 행사일											
					천의	신살	재수	용왕	조왕	병의	고사	결혼	입 택	여 행	이 사	합 방	점 안	개업 준공	신축 상량	서류 제출	직원 채용
×	×	×	×	×	굿	굿	굿	굿	굿	굿	×	혼	장	약	산	髮	장	×	×	×	×

당일 래정법	己 에 온사람은 금전융통문제, 사업문제로	午 에 온사람 자식문제, 우환질병 운이	未 에 온사람은 사업 동업하려 금전차
	財수문제 관재수나, 속전속결이 유리	단단히 꼬여있음, 재수판단 관재구설	時 용문제, 문서도장조심 기도요망
申 이 사람은 가정불화 무가 하고있어 왔다 金	酉 온사람은 골치 아픈일, 형제동업간 배신 戌	온사람은 자손문제, 문서화합, 결혼, 재혼
時 건강손실 취업문제, 친구형제간 배신수, 관재수	時 배신 불륜, 사바투쟁, 금전융통사비해 청춘귀	時 경조사 애정사 궁합 개업 하각방 변동수

필히 피해야 할일	작품출품·납품·정보유출·교역·새집들이·항공주의·동물들이기·출행·창고개방·문서파기

백초귀장술의 오늘에 초사언	시간 점占 己未공망-子丑		오늘 행운 복권 운세
	子時	잘병침투, 금전용통, 상업면동 색상사	복권사면 좋은 띠는 뱀띠 ⑦⑰27 행운복권방 길에서 남동쪽에 있음
	丑時	잘병침투, 적 참범사, 재물도난, 가출사	
	寅時	가출사, 실직문제, 사망자, 산소문제	申 子辰 生 복록문을 피하라, 서남쪽으로 이사하면 안 된다. 재수가 없고 하는 일마다 꼬이고, 病苦 질병발생. 바람기 발동
	卯時	잘병위급, 관청문제, 동본서가 색정사	
	辰時	금전문제, 금전용통 안됨, 부인 문사	
	巳時	사업흥성, 금전이득, 만사길조, 수장기쁨	巳 酉丑 生 서쪽문을 피하라, 동남쪽으로 이사하면 안 된다. 재수가 없고 하는 일마다 꼬이고, 病苦 질병발생. 바람기 발동
	午時	매사 불성사, 우환질병, 음란 색정사 자식	
	未時	금전기유의, 여자문제, 우환질병 수술	寅 午戌 生 남쪽문을 피하라, 북동쪽으로 이사하면 안 된다. 재수가 없고 하는 일마다 꼬이고, 病苦 질병발생. 바람기 발동
	申時	금전손재수, 자식문제, 극차사, 색정사	
	酉時	잘병위급, 병재수, 자식문제, 가출도주	亥 卯未 生 서북쪽문을 피하라, 정동쪽으로 이사하면 안 된다. 재수가 없고 하는 일마다 꼬이고, 病苦 질병발생. 바람기 발동
	戌時	잘병재앙, 부인문제, 관직면동변동	
	亥時	금전용통문제, 가출사, 잘병위독, 삼각관계	

운세풀이	丑띠:이동수,우왕좌왕, 弱,다툼	辰띠:해결신,시험합격, 풀림	未띠:최고운상승세, 두마음	戌띠:만남,결실,화합,문서
	寅띠:매사불편, 방해자,배신	巳띠:귀인상봉, 금전이득, 언금	申띠:의욕과다, 스트레스큼	亥띠:이동수,이별수,변동 움직임
	卯띠:해결신,시험합격, 풀림	午띠:매사꼬임,과거고생, 질병	酉띠:시급한 일, 뜻대로 안됨	子띠:빈주머니,걱정근심,사기

구성월반	6	4	2	구성일반	5	1	3	庚	壬	乙
	5	7	9A		9P	2	7A			
	1	3P	8		4	6	8	申	午	巳

| 지장간 | 손방위 | 吉方 | 凶方 |
| 己 | 서쪽 | 正北 | 正南 |

| 丁亥 | 丙戌 | 乙酉 | 癸未 | 壬午 | 辛巳 | 己辰 | 戊卯 | 丁寅 | 丙子 |
| 병 | 쇠 | 왕 | 록 | 관 | 욕 | 생 | 양 | 태 | 절 | 묘 | 사 |

狗狼星 구랑성
楜井廟 社廟

택산함

황갑접고조아
면만사영폐
성귀인상봉
결혼연애상

三甲순 生甲 | 육갑납음 石榴木 | 대장군방 卯正東方 | 조객방 卯正東方 | 삼살방 寅南西方 | 세파방 卯正北方 | 오늘색극 專전 | 오늘상충 寅 36 | 오늘원진 卯 미움 | 오늘상천 亥 중단 | 오늘상파 청룡황 鬼귀 | 황도길흉 청룡황도 | 건제12신 滿만 | 九星 六白 | 결혼주당 婦부 | 이사주당 天천 | 안장주당 복단일 | 오늘吉神 복덕·염마 | 神殺 | 오늘神殺 청룡·삼형 지격·오귀 | 육도환생처 인도 | 축인온인도덕 석가여래 | 오늘기도德 아미보살 | 금일지옥 암흑지옥 |

| 칠성기도일 ◎ | 산신기도일 × | 용왕기도일 × | 조왕기도일 × | 나한기도일 × | 불공 천도재 × | 제의식 신중맞이 × | 吉한 행사일 재수굿 × | 조왕굿 × | 병굿 × | 고사 × | 告凶 길흉 大小 일반 행사일 입주 ◎ | 투자 ◎ | 계약 × | 동토 × | 여행 ◎ | 이장 ◎ | 이사 × | 점안식 ◎ | 개업 ○ | 신축상량 × | 수리 × | 제출산 ◎ | 직원채출 - | 出 × |

백초귀장술의 오늘에 초사언

時간 점占	庚申공망-子丑
子時	금전문제 작업변동, 자식질병, 도난실직
丑時	사업문제, 금전손실, 사기도난, 가출건
寅時	작업이동, 금전용통, 육친녀불, 타부정
卯時	금전융통, 처음사, 우환질병, 가출문제
辰時	부동산사업 종교문제에 봉사 시험합격
巳時	잘병캠프, 육친이별, 색상사 도망 투쟁
午時	잘병캠프, 작업변동, 가출, 재해 도난
未時	자식문제 질병발생 손해, 가출, 질병
申時	취직 작업승진애로문제로 당선, 금전융통
酉時	금전손실 극차사, 남녀색정사, 수술주의
戌時	후원건성, 가출사, 적의 함정, 기모임원
亥時	자식문제, 질병발생, 손해, 가출, 질병

오늘 행운 복권 운세
복권사면 좋은 띠는 말띠 ⑤⑦22
행운복권방은 집에서 남쪽에 있소

申子辰生	복쪽문을 피하고, 서남쪽으로 이사하면 안 된다. 재수가 없 고, 하는 일마다 꼬이고, 病苦 질병발생. 바람기 발동.
巳酉丑生	서쪽문을 피하고, 동남쪽으로 이사하면 안 된다. 재수가 없 고, 하는 일마다 꼬이고, 病苦 질병발생. 바람기 발동.
寅午戌生	남쪽문을 피하고, 북동쪽으로 이사하면 안 된다. 재수가 없 고, 하는 일마다 꼬이고, 病苦 질병발생. 바람기 발동.
亥卯未生	동쪽문을 피하고, 서북쪽으로 이사하면 안 된다. 재수가 없 고, 하는 일마다 꼬이고, 病苦 질병발생. 바람기 발동.

6월

- 187 -

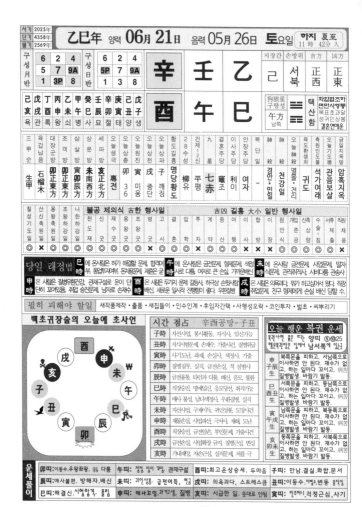

서기 2025년	乙巳年	양력 06月 22日	음력 05月 27日	일요일
단기 4358년				
불기 2569년				

구성월반			구성일반				지장간	손방위	길방	흉방
6	2	4	7P	3	5		己	북쪽	正南	正北
5	7	9A	6	8	1					
1	3P	8	2A	4	9					

壬	壬	乙
戌	午	巳

狗狼星 구랑성
寺觀 절사관

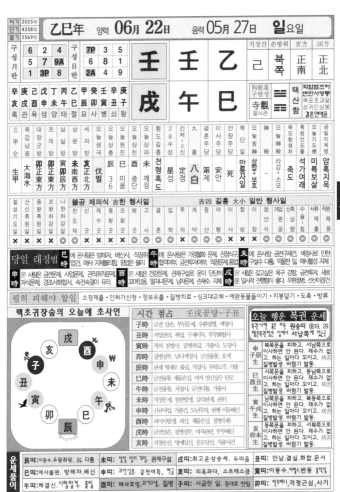

辛亥	庚戌	己酉	戊申	丁未	丙午	甲辰	癸卯	辛丑	庚子
록	관	욕	생	양	태	절	묘	사	병	쇠

三甲순	육갑납음	대장군방	조객방	삼살방	상문방	세파방	오늘생기	오늘복단	오늘상충	오늘원진	황도길흉	28성숙	건제12신	九星	결혼주당	혼인주당	이사주당	안장주당	복단일	오늘吉神	神殺	오늘神殺	육도환생처	축일금기	석가여래	미륵보살	암흑지옥

生甲 大海水 卯正東方 卯正東方 亥正北方 辰 酉 未 伐벌 辰 3∂ 미움 전형흑도 星성 定정 八白 第제 安안 死사 마통사일 삼합·보호 - 락강·축옥 축처 석가여래 미륵보살 암흑지옥

칠성기도일	산신기도일	용왕기도일	조왕기도일	나한기도일	불공 제의식 吉한 행사일				吉凶 길흉 大小 일반 행사일											

					천도재	신굿	수왕굿	조왕굿	병굿	고사	결혼	입학	투자	계약	여행	이사	개업	신축	수술	서류	직원
×	×	×	×	×	◎	◎	◎	◎	◎	◎	×	×	◎	×	◎	×	◎	×	◎	◎	◎

당일 래정법 巳에 온사람은 방화사, 배신사, 직장乄 午時에 온사람은 가정불화 문제, 친정乄乄 未時에 온사람은 금전구재건 색정사로 인한 업乄 매사 지체壬문 장남乄 문제 합의乄乄 금전불화乄乄 직업문제乄업짐

申時 온 사람은 금전문제, 사업문제, 관재구설 급乄 酉時 온 사람은 갖고싶은 욕구 강함, 금전투자, 새로 자식壬문, 경조사회합乄, 속전속결이 유리 戌時 꼬야있음, 딸재壬문, 남녀壬색, 손재乄 자체 亥時 온 일사각 진행壬이 좋다. 우환질병 산소l0l명건

필히 피해야 할일 소장제출·인허가신청·정보유출·질병치료·싱크대교체·애완동물들이기·지붕덮기·도축·방류

백초귀장술의 오늘에 초사언

시간 점占   壬戌공망-子丑

子時	금전 암손, 부모문제, 우환질병, 색정사
丑時	직업관리, 취업, 구재, 부부화합사
寅時	적의 침범사, 질병위급, 가출사, 도망
卯時	질병침투, 남녀색정사, 금전융통, 호색
辰時	관재 병재로 불리, 적침사, 부하고, 가출
巳時	금전융통 재물손실, 여자 망신실수 탄로
午時	금전융통, 처첩사, 금전다툼, 가출사
未時	금전용통 사업문제, 여자 실물, 색정사
申時	신규사업 가출건 도난주의, 원행 이동불길
酉時	과아손발생, 파산, 재물손실, 질병우환
戌時	금전용통, 질병침투, 여자관련, 부부불화
亥時	직장승진, 명예입신, 응모당선, 가출사탄

오늘 행운 복권 운세

행운복권방소 집에서 서남쪽에 있고

申辰生	복포문을 피하고, 서남쪽으로, 이사하면 안 된다. 재수가 없 고, 하는 일마다 꼬이고, 病苦 질병발생. 바람기 발동.
巳酉丑生	서쪽문을 피하고, 남쪽으로, 이사하면 안 된다. 재수가 없 고, 하는 일마다 꼬이고, 病苦 질병발생. 바람기 발동.
午戌生	남북쪽문을 피하고, 북동쪽으로, 이사하면 안 된다. 재수가 없 고, 하는 일마다 꼬이고, 病苦 질병발생. 바람기 발동.
亥卯未生	동북쪽문을 피하고, 서북쪽으로, 이사하면 안 된다. 재수가 없 고, 하는 일마다 꼬이고, 病苦 질병발생. 바람기 발동.

운세풀이

辰띠:이동수,우왕좌왕, 弱 다툼   未띠:점점 일이 꼬임, 관재구설   戌띠:최고운상승세, 두마음   丑띠:만남,결실,화합,문서

巳띠:매사불편, 방해자,배신   申띠:귀인상봉, 금전이득, 현금   亥띠:의욕과다, 스트레스콤   寅띠:이동수,이별乄,변동 움직임

午띠:해결signal,시험합격, 풀림   酉띠:매사꼬임,과거고생, 질병   子띠:시급한 일, 뜻대로 안됨   卯띠:빈주머니, 걱정근심, 사기

- 189 -

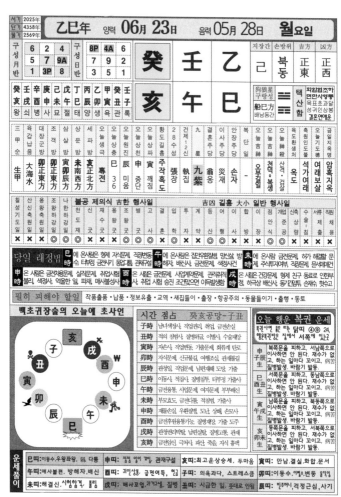

서기	2025年		乙巳年	양력 **06**月 **23**日	음력 **05**月 **28**日	**월**요일
단기	4358年
불기	2569年

구성월반

6	2	4
5	7	9A
1	3P	8

구성일반

8P	4A	6
7	9	2
3	5	1

癸 壬 乙
亥 午 巳

| 지장간 | 손방위 | 吉方 | 凶方 |
| 己 | 북동 | 正東 | 正西 |

癸壬辛庚己戊丁丙乙甲癸壬
亥戌酉申未午巳辰卯寅丑子
왕 쇠 병사 묘 절 태 양 생 욕 관 록

狗狼星
구랑성
船已方
배님동간

택
산
함

화합경조가
만사아망루
목표초과달
성귀인상봉
결혼연애잘

삼갑순: 生甲　大海水　正東方　正東方　未南方　巳　辰36　申　주작흥흥　張흥　執집　九紫　翁흥　災재　손자　오부길일　천덕·월덕　삭제·결심　옥도　석가여래　암흑지옥

불공 제의식 吉한 행사일

| 칠성기도일 | 산신축원일 | 용왕축원일 | 조왕하강일 | 나한하강일 | 불공 | 천도재 | 신중기도 | 재수굿 | 용왕굿 | 조왕굿 | 병굿 | 고사 | 결혼 | 입학 | 투자 | 계약 | 등기 | 여행 | 이사 | 합방 |
| × | × | × | ◎ | × | ◎ | ◎ | ◎ | ◎ | × | × | ◎ | × | × | ◎ | × | × | ◎ | × | × | × |

吉凶 길흉 大小 일반 행사일

점안식 개업 신축상량 수혈 서류제출 직원채용

| × | × | ◎ | ◎ | × |

당일 레정법

巳에 온사람은 형제 자손문제, 직장변동수　午에 온사람은 잡귀침공왕, 망신살 발동　未에 온사람은 금전문제, 허가 해결할 문제
申에 온사람은 금전화용문제, 실직문제, 취업사험　酉에 온사람은 금전문제, 사업파재문제, 관재까지　戌에 온사람은 건강문제, 금전 동우도 꺼려있음

필히 피해야 할일: 작품출품·납품·정보유출·교역·새집들이·출장·항공주의·동물들이기·출행·동토

백초귀장술의 오늘에 초사언

亥 子 戌
丑 酉 W
寅 申
卯 未
辰 午
巳

시간 점占 癸亥공망-子丑

子時　남녀색정사, 작업관리, 취업, 금전손실
丑時　적의 침범사, 잘병위급, 이별사, 수술재앙
寅時　자손사, 작업변동, 가출자문제, 화류계 탄로
卯時　자식문제, 신규사업, 여행조심, 금전융통
辰時　관청일, 직업문제, 남편재해, 도망, 가출
巳時　이동사, 적찰사, 잘병침투, 타부정 가출사
午時　금전융통, 사업문제, 여자문제, 부부배신
未時　부모효도, 금전조심, 적찰병, 가출사
申時　재물손실, 우환질병, 도난, 상해, 손모사
酉時　금전문원용통가능, 잘병위급, 가출 도주
戌時　관청관리부탁, 남편갈등, 질병고통, 관재
亥時　금전화신, 극차사, 파산 죽음, 자식 흉액

오늘 행운 복권 운세

복귀사면 좋은 띠 닭띠 ④⑨ 24,
행운의 방향은 집에서 서쪽

申子辰生: 북쪽문을 피하고, 서남쪽으로 이사하면 안 된다. 재수가 없고 병든다. 질병발생. 바람기 발동.
巳酉丑生: 서쪽문을 피하고, 동남쪽으로 이사하면 안 된다. 재수가 없고 병든다. 질병발생. 바람기 발동.
寅戌生: 남쪽문을 피하고, 북쪽으로 이사하면 안 된다. 재수가 없고 꼬이고, 病苦. 질병발생. 바람기 발동.
卯未生: 동쪽문을 피하고, 서북쪽으로 이사하면 안 된다. 재수가 없고 꼬이고, 病苦. 질병발생. 바람기 발동.

운세풀이

巳띠: 이동수·우왕좌왕, 弱, 다툼
午띠: 매사불편, 방해자, 배신
未띠: 해결신, 시험합격, 풀림
申띠: 점점 정리, 개혁, 관재구설
酉띠: 귀인상봉, 금전이득, 현금
戌띠: 매사꼬임, 과거고생, 질병
亥띠: 최고운상승세, 두마음
子띠: 의욕과다, 스트레스큼
丑띠: 시급한 일, 뜻대로 안됨
寅띠: 만남·결실·화합·문서
卯띠: 이동수·이별수·변동 움직임
辰띠: 빈주머니, 걱정근심, 사기

- 190 -

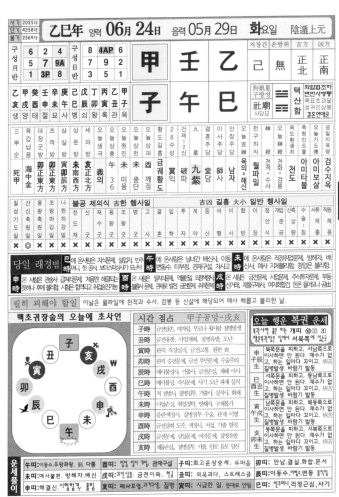

乙巳年 양력 06月 24日 음력 05月 29日 화요일 陰遁上元

구성월반			구성일반		
6	2	4	8	4AP	6
5	7	9A	7	9	2
1	3P	8	3	5	1

지장간	손방위	吉方	凶方
己	無	正北	正南

甲 壬 乙
子 午 巳

乙亥生 甲戌生 壬申生 辛未生 庚午生 己巳生 戊辰生 丁卯生 丙寅生 乙丑生 甲子生
양 태 절 묘 사 병 쇠 왕 관 욕

狗狼星
구랑성
社廟
사당묘

택산함

화엄경조하
면이다행복
慶귀신상봉
결혼연애운

三甲旬	육갑납음	대장군방	조객방	삼살방	세파방	오늘생기	오늘복덕	오늘상충	오늘원진	오늘상천	오늘상파	황도길흉	2 8 수	건제 12신	九星	결혼주당	이사주당	안장주당	오늘吉神	神殺	오늘神殺	육도환생처	축원인도불	금일지옥
死甲	海中金	卯正東方	寅卯辰方	寅卯辰方	亥正北方	義의	午	未	子	酉	戌	황금궤宝	翼익	破파	九紫	堂당	師사	남자	월파일	천적·수사	천화 검봉	천도	아미타불	검수지옥
							3 6	미움	중단													아미보살	

칠성기도일	산신축원일	용왕축원일	조왕하강일	나한하강일	불공 제의식 吉한 행사일							吉凶 길흉 大小 일반 행사일										
					천도재	신중기도	조왕굿	병굿	결혼	입택	투자	계약	여행	이사	점안식	개업	신축상량	수술	서류제출	직원채용		
×	◎	×	×	×	×	×	×	×	×	×	×	×	×	×	×	×	×	×	×	×		

백초귀장술의 오늘에 초사언

<table>
<tr><th colspan="2">시간 점占   甲子공망-戌亥</th></tr>
<tr><td>子時</td><td>금전반손, 여자일, 부모가 왔나? 질병발생</td></tr>
<tr><td>丑時</td><td>금전융통, 사업계획, 질병유발, 도난</td></tr>
<tr><td>寅時</td><td>관록 직장실직, 금전고통, 원한 우</td></tr>
<tr><td>卯時</td><td>관직 승진문제, 금전 부인문제, 수술건</td></tr>
<tr><td>辰時</td><td>매사불성사, 가출사 금전손실, 재해 이사</td></tr>
<tr><td>巳時</td><td>매사불실, 자식문제 사기 도난 파패 실직</td></tr>
<tr><td>午時</td><td>적 참패시, 질병발생, 가출사 실자사, 화재</td></tr>
<tr><td>未時</td><td>사업손실 취업청탁 방해하 구재불가</td></tr>
<tr><td>申時</td><td>음란색정사, 질병침투 수술, 관재 이별</td></tr>
<tr><td>酉時</td><td>금전반손 도주, 색정사 서립 가출 함정</td></tr>
<tr><td>戌時</td><td>금전문제, 상업문제, 여자문제, 질병유발</td></tr>
<tr><td>亥時</td><td>매事손실, 질병침투, 가출, 탄로 음모 망신</td></tr>
</table>

오늘 행운 복권 운세

복권사면 쫒는 띠는 개띠 ⑩⑳30
행운보권방은 집에서 서북쪽에 있음

申辰生	복福문을 피하고, 서남쪽으로 이사하면 안 된다. 재수가 있고 하는 일마다 吉조요. 病苦 질병발생. 바람기 발동.
巳丑生	북北쪽문을 피하고, 동남쪽으로 이사하면 안 된다. 재수가 있고 하는 일마다 吉조요. 病苦 질병발생. 바람기 발동.
寅戌生	남南쪽문을 피하고, 북동쪽으로 이사하면 안 된다. 재수가 있고 하는 일마다 吉조요. 病苦 질병발생. 바람기 발동.
亥生	서북문을 피하고, 서북쪽으로 이사하면 안 된다. 재수가 있고 하는 일마다 吉조요. 病苦 질병발생. 바람기 발동.

운세풀이

午띠:이동수,우왕좌왕, 弱 다툼	酉띠: 점점 일이 꼬임, 관재구설	子띠:최고운상승세, 두마음	卯띠: 만남,결실,화합,문서
未띠:매사불편, 방해자,배신	戌띠:과이성공, 금전이득, 현금	丑띠: 의욕과다, 스트레스큼	辰띠:이동수,애별,이별 움직임
申띠:해결신,시험합격, 풀림	亥띠: 매사꼬임,과거고생, 질병	寅띠: 시급한 일, 뜻대로 안됨	巳띠:빈주머니,걱정근심, 사기

6월

서기	2025年											
단기	4358年											
불기	2569年											

乙巳年 양력 06月 25日 음력 06月 01日 **수요일 초하루**

구성月반	6	2	4	구성日반	7	3	5P
	5	7	9A		6	8	1
	1	3P	8		2A	4	9

乙 壬 乙
丑 午 巳

지장간	손방위	吉方	凶方
丁	동쪽	正西	正東

丁	丙	甲	癸	壬	庚	己	戊	丁	丙
亥	戌	酉	申	未	午	巳	辰	卯	寅	子
사	묘	절	태	양	생	욕	관	록	왕	쇠	병

狗狼星 구랑성
주방부엌

택산함

화갑김조하 면민사영평 목표초과달 성귀인상봉 결혼연애운

廚

三甲旬	육갑납음	대장군방	조객방	삼살방	세파방	오늘생극	오늘상천	오늘상파	오늘상충	오늘원진	황도길흉	건제12신	九星	결혼주당	이사주당	안장주당	오늘吉神	神殺	오늘神殺	육도환생처	축인묘	오늘吉course 띠	기도덕	불공기도德	검수지옥
死甲	海中金	卯正東方	卯正東方	寅南辰方	亥正北方	制制	未	辰	未 중	대덕황도	軫	危위	八白	夫부	安안	아버지	대공망일	월살·백호	천도	아미타불	보현보살	검수지옥

制制 未 36 辰 미움 중단 깨짐

칠성기도일	산신축원일	용왕축원일	조왕하강일	나한하강일	불공 제의식 吉한 행사일				吉凶 길흉 大小 일반 행사일															
					천도재	신축굿	재수굿	용왕굿	조왕굿	병굿	고사	결혼	입학	투자	계약	등록	여행	합방	이사	점안	개업	신축	수리	서류 제출	직원 채용
◎	◎	◎	×	◎	◎	◎	◎	◎	×	×	×	×	◎	×	×	×	×	◎	◎	×	×	◎	◎	◎

당일 래정법 巳에 온사람은 이동수 있음 이사나 직 午에 온사람은 재수갑병 부부불 未에 온사람은 매매 이동변동수, 터부정, 時 장생통, 딸자손근심 실랑험 이별 時 화개 관재구설 모함 혈관통, 교통사고주의

申 온 사람은 관송사 빙해자, 배신사, 우환질병 酉 온 사람은 금전사문제, 색정사, 해결됨 戌 時 은 하극상 색정사 애정 외정색정사, 변심 時 사, 남편 문제 승진문제, 자식으로 큰손재수 時 되는 듯하나 지체 시컬됨됨 하므로 승인 時 사 문제, 관재로 발전, 딸 문제, 취직문제

필히 피해야 할일 농기구 다루기·물놀이·벌목·사냥·수렵·승선·낚시·어로작업·요트타기·위험놀이기구

백초귀장술의 오늘에 초사언

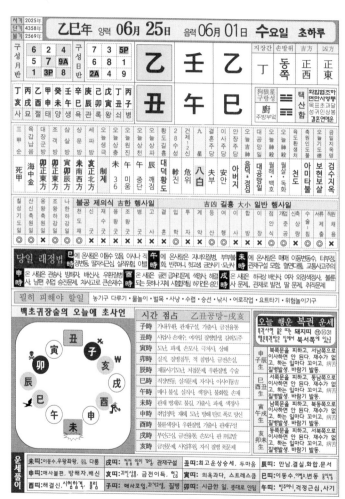

시간 점占	乙丑공망−戌亥
子時	가내우환, 관재구설, 가출사, 금전융통
丑時	사과사 손재수, 여자일 질병발생, 갈취도주
寅時	직업변동, 손모사, 극차사, 상해
卯時	실직, 질병침투, 적 침투사, 금전손실
辰時	색정사2다녀, 처음문제, 우환질병, 수술
巳時	직업변동, 실직문제, 자식사 이사이동문제
午時	매사 불성, 실직사, 색정사, 불화함 손재
未時	금전손모사, 극처사, 가출사, 파재 색정사
申時	취업청탁 쾌속 도난 방해 탄로 폭로 망신
酉時	불륜색정사, 우환질병, 가출사, 관재구설
戌時	부인근심, 금전융통, 손모사, 관 부딪칠말
亥時	금전문제 사업문제 자식 질병 死문제

오늘 행운 복권 운세 북권사면 座을 띠는 돼지띠 ⑪1631 행운좋방은 집에서 북서쪽이 있다

申子生	북쪽문을 피하고, 서남쪽으로 이사하면 안 된다. 재수가 없 고, 하는 일마다 꼬이고, 病苦 질병발생. 바람기 발동.
巳酉丑生	서쪽문을 피하고, 동北쪽으로 이사하면 안 된다. 재수가 없 고, 하는 일마다 꼬이고, 病苦 질병발생. 바람기 발동.
寅午戌生	남쪽문을 피하고, 북쪽으로 이사하면 안 된다. 재수가 없 고, 하는 일마다 꼬이고, 病苦 질병발생. 바람기 발동.
亥卯未生	동쪽문을 피하고, 서북쪽으로 이사하면 안 된다. 재수가 없 고, 하는 일마다 꼬이고, 病苦 질병발생. 바람기 발동.

운세풀이 未띠:이동수·우왕좌왕, 弱, 다툼　　戌띠:점점 일이 꼬임, 관재구설　　丑띠:최고운상승세, 두마음　　辰띠: 만남,결실,화합,문서

申띠:매사불편, 방해자,배신　　亥띠:귀인상봉, 금전이득, 현금　　寅띠: 의욕과다, 스트레스큼　　巳띠:이동수,애믹수,변동 움직임

酉띠:해결신, 시험함격, 풀림　　子띠: 매사꼬임,과거고생, 질병　　卯띠: 시급한 일, 뜻대로 안됨　　午띠: 빈주머니, 걱정근심, 사기

- 192 -

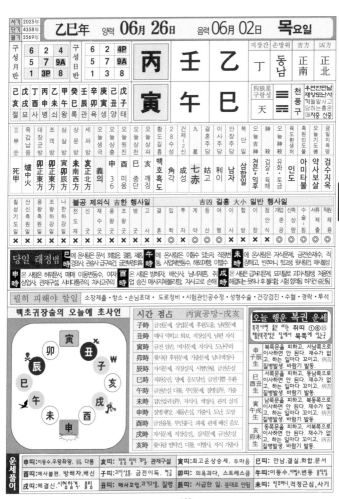

서기 2025年				
단기 4358年	乙巳年	양력 06月 26日	음력 06月 02日	목요일
불기 2569年				

구성月반	6	2	4	구성日반	6	2	4P
	5	7	9A		5	7	9A
	1	3P	8		1	3	8

丙 壬 乙

寅 午 巳

지장간	손방위	吉方	凶方
丁	동남	正南	正北

己 戊 丁 丙 甲 癸 壬 辛 庚 己 戊
亥 戌 酉 申 未 午 巳 辰 卯 寅 丑 子
절 묘 사 병 쇠 왕 록 관 욕 생 양 태

狗狼星 구랑성 天 | 우연안란남 재앙도난사 기들말고 매사침착
천풍구

三甲순	육갑납음	대장군방	조객방	삼살방	세파방	오늘생극	오늘상충	오늘원진	오늘상천	오늘상파	황도흑도	28수성	건제12신	九星	결혼주당	이사주당	안장주당	복단일	오늘吉神	神殺	오늘神殺	육도환생처	축원인도불	오늘기도덕	금일지옥
死甲	爐中火	卯正東方	卯正東方	亥正北方	義의	申 36	酉 미움	亥 깨짐			황호흑도	角각	成성	七赤	姑고	利이	남자	삼합일	천덕·월역	검살·육해	유화·토금	인도	아미타불	약사보살	검수지옥

칠성기도일 / 산신축원일 / 용왕축원일 / 조왕하강일 / 나한기도일 / 불공 제의식 吉한 행사일 / 吉凶 길흉 大小 일반 행사일

칠성기도일	산신축원일	용왕축원일	조왕하강일	나한기도일	천도재	신굿	재수굿	용왕굿	조왕굿	병굿	고사	결혼	입택	투자	계약	여행	이장	안장	점안식	개업준공	신축상량	수술	서류제출	직원채용
×	×	×	×	×	×	×	×	×	×	×	◎	×	◎	◎	◎	×	×	◎	×	◎	◎	×	×	×

당일 태정법
巳時 윗사람과 문서 회합은 결혼 재물 午時 에 온사람은 이동수 있는자 직장변 未時 에 온사람은 자식문제 금전수금수 직
巳時 경조사 관송사 급속히 금전用문제 午時 동사람 사업재됐수 해외이행 야볼수 未時 장해고, 반꾸미니 희고생 왓사람의 매사불성
申時 에 온사람은 3해문서 매매 이동변동수 여자 酉時 에 온사람은 방해자 배신사 난치재혼 戌時 에 온사람은 금전문제, 묘지탈 고부사불화 색정
申時 상업사. 관재구설 사기모함주의 차사고주의 酉時 승진 매사지체불표, 차사고로 손해 戌時 해결노는 둣하나 후불퇴함 사업 하면진 순탄함

필히 피해야 할일
소장제출·항소·손님초대·도로정비·시험관인공수정·성형수술·건강검진·수혈·경락·투석

백초귀장술의 오늘에 초사언

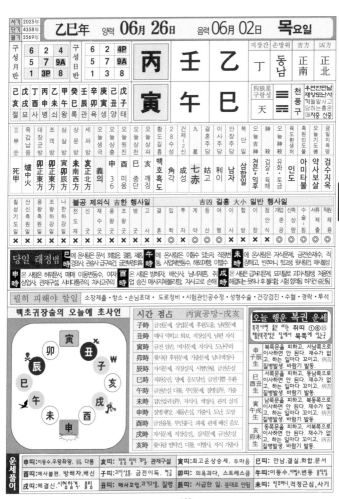

시간 점占 丙寅공망-戊亥
子時	금전문제 상업문제 후원조득, 남편문제
丑時	매사 막히고 퇴보, 직장실직 남편 자식
寅時	금전 얇은 여자문제, 자식사 도난주의
卯時	윗사람 후원문제, 자식문제 남녀색정사
辰時	금전문제, 직장실직 시험취직 금전손실
巳時	취직승진, 땅에 운도문권, 금전기쁨 우환
午時	금전손실 다툼, 부모문제 질병침투, 가출
未時	잠신질병귀문, 자식시, 색정사 관리 실직
申時	자식 방해자, 바람기 가출사, 손님 도망
酉時	금전용통, 부인문제 파재 관재 배신 음모
戌時	자식문제 직장승진, 실직문제 금전손실
亥時	윗사람 탄탄권, 다툼, 아볼사 자식 가출사

오늘 행운 복권 운세
복권사면 좋은 띠는 쥐띠 ①⑥⑯
행운권번호가 집에서 북쪽에 있음

申子辰生	북쪽문을 피하고, 서남쪽으로 이사하면 안 된다. 재수가 없고, 하는 일마다 꼬이고, 病苦 질병발생. 바람기 발동.
巳酉丑生	서쪽문을 피하고, 동남쪽으로 이사하면 안 된다. 재수가 없고, 하는 일마다 꼬이고, 病苦 질병발생. 바람기 발동.
寅午戌生	남쪽문을 피하고, 서북쪽으로 이사하면 안 된다. 재수가 없고, 하는 일마다 꼬이고, 病苦 질병발생. 바람기 발동.
亥卯未生	동쪽문을 피하고, 서북쪽으로 이사하면 안 된다. 재수가 없고, 하는 일마다 꼬이고, 病苦 질병발생. 바람기 발동.

운세풀이
申띠:이동수,우왕좌왕, 弱,다툼 亥띠: 점점 일이 꼬임, 관재구설 寅띠:최고운상승세, 두마음 巳띠: 만남,결실,화합,문서
酉띠:매사불편, 방해자,배신 子띠:귀인상봉, 금전이득, 현금 卯띠: 의욕과다, 스트레스큼 午띠:이동수,이별수,변동 움직임
戌띠:해결신,시험합격, 풀림 丑띠: 매사꼬임,과거고생, 질병 辰띠: 시급한 일, 뜻대로 안됨 未띠: 빈주머니,걱정근심, 사기

- 193 -

6월

구성月반	6	2	4	구성日반	5	1	3	丁	壬	乙	장간	손방위	吉方	凶方
	5	7	9A		4	6	8P				丁	남쪽	正東	正西
	1	3P	8		9	2	7A	卯	午	巳				

辛亥	庚戌	己酉	戊申	丁未	丙午	乙巳	甲辰	癸卯	辛丑	庚子	狗狼星 구랑성 神廟道觀 (신묘도관) 後門 寅방方	천풍구 ䷫	우연한만남 재앙따로사서 기들릴수고 당하는흉운 매자중 신앙
태양	생	욕	관	록	왕	쇠	병	사	묘	절

三甲순	육갑납음	대장군방	삼살방	상문방	세파방	오늘생긴	오늘상충	오늘원진	오늘상천	황도길흉	건제12신	九星	결혼주당	이사주당	안장주당	오늘神殺	오늘神殺	축원일진불공	오늘기도덕	금일컬러
死甲	爐中火	卯正東方	巳午未南方	亥正北方	酉 36	義의	申 미움	辰 중단	酉 깨짐	옥당황도	收수	六白	堂당	天천	손자	천을·몽양	하괴·대시	상음·혈기	아미타불	문수보살	검수지옥

칠성기도	신당축원	조왕축원	나한기도	불공 제의식 吉한 행사일						吉凶 길흉 大小 일반 행사일									
				산신축원	용왕축원	조상천도	병굿	고사	결혼	입택	투자	계약	등사	합방	이장	개업	신축	수 술	서류제출	직원채출
✕	✕	✕	✕	✕	✕	✕	✕	✕	✕	✕	✕	✕	✕	○	✕	○	○	○	○	✕

당일 래정법
巳 巳時 에 온사람은 골치 아픈일 가내우환 죽음 바람기 불륜 샤투쟁, 정치
午 午時 에 온사람은 문서 화합은 결혼 경사 애정사 궁합 만남 문제 개업
未 未時 에 온사람은 이동수 았으나 이사나 직장변동, 사업체 변동수, 여행, 이별수

申 申時 온 사람은 자식문제, 실업자, 색정사 반주머니 빈총하기 툇고생, 시기 모함 · 도난사
酉 酉時 온 사람은 이동수 있는자, 터부정, 관재구설 사기, 하극상, 매사 지체 불리함
戌 戌時 온 사람은 방해자, 배신사, 직장문제 취업 승진매사 지체 불리함, 차사고로 손재수, 암투

필히 피해야 할일
신상출고 · 제품제작 · 친구초대 · 문 만들기 · 벌초 · 씨뿌리기 · 나무심기 · 지붕고치기

백초귀장술의 오늘에 초사언

시간 점占	丁卯공망-戌亥	오늘 행운 복권 운세
子時	우환질병, 음란색정사, 관재구설, 도난	
丑時	자식문제 직장실직 금전손실 야반사	
寅時	윗사람 질병침투, 사업휴업신 불리사 단묘	
卯時	여자로부터 금전손실 우환질병 삼각재관계	
辰時	사업상 손실 가택병신, 직업실직 관재수	
巳時	매사 불성사, 가출건, 금전손실 대흉	
午時	취업관재 적위손절 가정불화 도난	
未時	이동 이별수, 직업변동, 가출사, 삼각관계	
酉時	상배 도난 금전융통 극차사 가출사건	
酉時	관격 침범사, 금전 병재로 불길, 색정사	
戌時	자식문제, 실직자, 불륜색정사 배신도망	
亥時	금전문제 자식문제, 가출사 불륜색정사	

오늘 행운 복권 운세
복권사면 좋은 띠는 소띠 ②⑤⑩
행운복권방은 집에서 북동쪽
申子辰: 북쪽문을 피하고, 서남쪽으로 이사하면 안 된다. 재수가 없고, 하는 일마다 꼬이고, 病苦
巳酉丑: 서쪽문을 피하고, 동남쪽으로 이사하면 안 된다. 재수가 없고, 하는 일마다 꼬이고, 病苦 질병발생. 바람기 발동
寅午戌: 남쪽문을 피하고, 북쪽으로 이사하면 안 된다. 재수가 없고 질병발생. 바람기 발동
亥卯未: 동쪽문을 피하고, 서북쪽으로 이사하면 안 된다. 재수가 없고 질병발생. 바람기 발동

운세풀이

酉띠: 이동수·우왕좌왕, 誅음 다툼
戌띠: 매사불편, 방해자,배신
亥띠: 해결신,시험합격, 풀림

子띠: 점점 일이 꼬임, 관재구설
丑띠: 귀인상봉, 금전이득, 현금
寅띠: 매사꼬임,과거2생, 질병

卯띠: 최고운상승세, 두마음
辰띠: 의욕과다, 스트레스큼
巳띠: 시급한 일, 뜻대로 안됨

午띠: 만남,결실,화합,문서
未띠: 이동수,액땜,변동 움직임
申띠: 빈주머니, 걱정근심, 사기

- 194 -

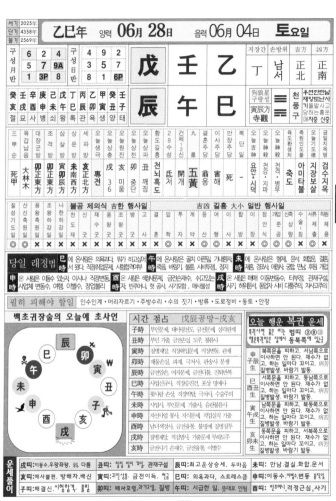

서기 2025년	乙巳年	양력 06月 28日	음력 06月 04日	토요일
단기 4358年				
불기 2569年				

구성月반	6 2 4	구성日반	4 9 2	戊	壬	乙		지장간	손방위	吉方	凶方
	5 7 9A		3 5 7	辰	午	巳	丁	남서	正北	正南
	1 3P 8		8 1 6P							

癸亥절 壬戌사 辛酉병 庚申쇠 己未왕 戊午록 丁巳관 丙辰욕 乙卯생 甲寅양 癸丑태 壬子절

狗狼星 구랑성 寅辰方 寺觀

天風姤 우연한만남 재양되도사 기들말사고 당하는흉운 매사중 신중

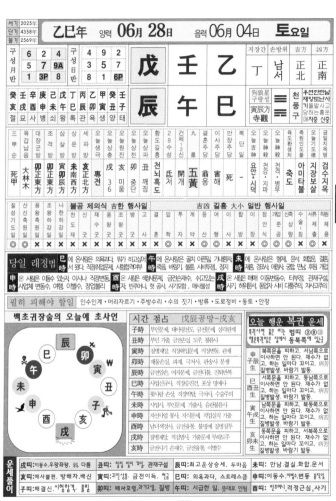

불공 제의식 吉한 행사일

칠성기도 ◎ 신중기도 ◎ 용왕제 ○ 조왕하강 × 나한하강 × 불상 × 신상 × 재수 × 수왕굿 × 조왕굿 × 병굿 × 굿 × 결혼 × 입학 × 투자 × 계약 × 등산 × 여행 × 이사 × 합방 × 점안식 × 개업 ◎ 신축상량 × 수술 ◎ 서류제출 ◎ 직원채용 ◎

당일 래정법

巳時에 온사람은 의욕심, 뭐가 하고싶어 **午時**에 온사람은 골치 아픔일, 개제됨, **未時**에 온사람은 형제, 문서 화합은 결혼, 직장이전문제, 시험합격여부 죽음 바람기, 불륜, 새투쟁, 정치 재물, 경조사, 애정사 궁합 만남 개업

申時 이 사람은 이동수 있는자, 이사나, 직장변동, **酉時** 온 사람은 색정문제, 금전손재수, 쉬고있는 **戌時** 온 사람은 매매, 이동변동수, 터부정, 관재구설, 사업체 변동수, 여행, 이별수, 창업불리 자, 반주머니, 핀잔줌, 사기모함, 매사불성 사업체 변동수, 동업자 사내 다름주의 차사고주의

필히 피해야 할일	인수인계 · 머리자르기 · 주방수리 · 수의 짓기 · 방류 · 도로정비 · 동토 · 안장

백초귀장술의 오늘에 초사언

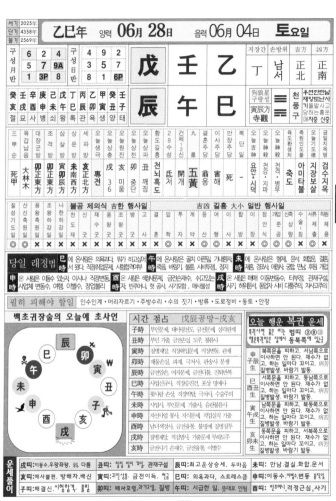

시간 점占 戊辰공망-戌亥

子時 부인회갈 태아점진도, 금전문제, 삼각해정
丑時 부인 가출, 금전손실, 도주, 불화나
寅時 질병재앙, 직장변동문제, 직장변동, 관재
卯時 재물손실, 파재, 극차사, 관송사 분쟁
辰時 금전산귀도 여자문제, 금전사문, 진퇴반복
巳時 사업산귀지, 직장승진건, 포상 명예사
午時 윗사람 손실 직장변동, 극차사, 수술주의
未時 사업나, 부인문제, 가출사나, 음란불륜사나
申時 질병침투, 부인문제, 자식문제, 작업실직 가출
酉時 남녀색정사, 금전용통, 불명에 질병침투
戌時 질병재앙, 적끝반사 가출문제 부모근심
亥時 금전이기 손재수, 금전융통, 이별수

오늘 행운 복권 운세

복권사면 띠는 범띠 ③⑧⑱ 행운복권방은 집에서 동북쪽에 있소

申子辰生 복福운을 피하고, 서남쪽으로 이사하면 안 된다. 재수가 없고, 하는 일마다 꼬이고, 病苦 질병발생. 바람기 발동.

巳酉丑生 서쪽으로 피하고, 동남쪽으로 이사하면 안 된다. 재수가 없고, 하는 일마다 꼬이고, 病苦 질병발생. 바람기 발동.

寅午戌生 북쪽을 피하고, 북동쪽으로 이사하면 안 된다. 재수가 없고, 하는 일마다 꼬이고, 病苦 질병발생. 바람기 발동.

亥卯未生 남쪽을 피하고, 서북쪽으로 이사하면 안 된다. 재수가 없고, 하는 일마다 꼬이고, 病苦 질병발생. 바람기 발동.

운세풀이

戌띠:이동수,우왕좌왕, 弱, 다툼 丑띠:적합,이익,금전,관재구설 辰띠:최고운상승세, 두마음 未띠:만남,결실,화합,문서
亥띠:매사불편, 방해자,배신 寅띠:귀인상봉, 금전이득, 현금 巳띠:의욕과다, 스트레스큼 申띠:이동수,이별수,변동 움직임
子띠:해결신, 시험합격, 풀림 卯띠:매사꼬임,과거고생, 질병 午띠:시급한 일, 뜻대로 안됨 酉띠:빈주머니, 걱정근심, 사기

- 195 -

6월

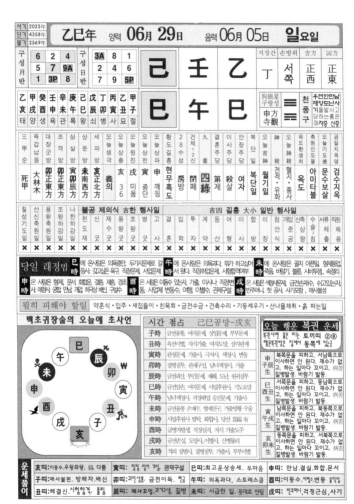

乙巳年　양력 **06**月 **29**日　음력 **06**月 **05**日　**일요일**

구성 월반	6	4	2	구성 일반	3A	8	1
	5	7	9A		2	4	6
	1	3P	8		7	9	5P

	지장간	손방위	吉方	凶方
己 壬 乙	丁	서쪽	正西	正東
巳 午 巳				

乙亥	甲戌	癸酉	壬申	辛未	庚午	己巳	戊辰	丁卯	丙寅	乙丑	甲子
태	양	생	욕	관	록	왕	쇠	병	사	묘	절

狗狼星
구랑성
申方寺觀

천풍구

우연한만남 재앙?도난사 기둥빨사고 당하는흉운 대자충 신중

三甲旬	육갑납음	대장군방	조객방	삼살방	상문방	세파방	오늘생기	오늘상충	오늘원진	오늘상천	오늘상파	황도길흉	건제12성	九星	결혼주당	이사주당	안장주당	복단일	神殺	오늘神殺	오늘吉神	혈기·흉사	옥도	아미타불	문수보살	검수지옥
死甲	大林木	卯正東方	卯正東方	寅東北方	亥正西方	亥正北方	亥 36	戌 미움	寅 중단	申 깨짐	현무흑도	房閉	四綠	第제	殺살	여자	복단일	월덕합							

칠성기도일	산신축원일	용왕축원일	조왕하강일	나한하강일		불공 제의식 吉한 행사일								吉凶 길흉 大小 일반 행사일											
					천도재	신중기도	재수굿	용왕굿	조왕굿	병굿	고사	결혼	입학	투자	계약	여행	등산	행사	장담그기	집안내부수리	기둥세우기	신축	수술	서류제출	침맞음
×	×	×	×	×	×	×	×	×	×	×	×	×	×	×	×	×	×	×	×	×	×	×	×	×	×

백초귀장술의 오늘에 초사언

시간 점占		己巳공망-戌亥
子時	금전용통 여자문제 상업문제 부부문제	
丑時	육친이별 자식가출, 여자도난, 삼각관계	
寅時	관청문제 가출사 구재사, 색정사 변동	
卯時	질병침투, 관재구설 남녀색정사 가출	
辰時	금전파산 부모문제, 재해, 모녀 원리감투	
巳時	금전손실 여자문제 사업후원사 기도요망	
午時	남녀색정사 직장변심 승진문제, 가출사	
未時	금전용통 손재수, 형제친구, 가출방행 수술	
酉時	사고부상사 방탕, 화재사, 당선 禮職 후	
戌時	금전윤리발 직장실직 자식 가출도주	
亥時	적의 침투사, 질병침투, 가출사, 부부애별	

오늘 행운 복권 운세	
부권시에 羊은 토끼띠② ⑧ 행운복권방은 집에서 동쪽쪽 에 있음	

申子辰生	북쪽문을 피하고, 서남쪽으로 이사하면 안 된다. 재수가 없 고, 하는 일마다 꼬이고, 病苦 질병발생. 바람기 발동.
巳酉丑生	서쪽문을 피하고, 동남쪽으로 이사하면 안 된다. 재수가 없 고, 하는 일마다 꼬이고, 病苦 질병발생. 바람기 발동.
寅午戌生	남쪽문을 피하고, 북동쪽으로 이사하면 안 된다. 재수가 없 고, 하는 일마다 꼬이고, 病苦 질병발생. 바람기 발동.
亥卯未生	동쪽문을 피하고, 정남쪽으로 이사하면 안 된다. 재수가 없 고, 하는 일마다 꼬이고, 病苦 질병발생. 바람기 발동.

운세풀이

亥띠: 이동수,우왕좌왕, 弱함, 다툼	寅띠: 점점 일이 꼬임, 관재구설	巳띠: 최고운상승세, 두마음	申띠: 만남,결실,화합,문서
子띠: 매사불편, 방해자,배신	卯띠: 과아욕심, 금전이득, 현금	午띠: 의욕과다, 스트레스큼	酉띠: 이동수,애롭변동 움직임
丑띠: 해결신, 시험합격, 풀림	辰띠: 매사꼬임,과거고생, 질병	未띠: 시급한 일, 뜻대로 안됨	戌띠: 빈주머니,걱정근심,사기

乙巳年　양력 06月 30日　음력 06月 06日　**월요일**

구성月반	6	2	4	구성日반	2	7	9
	5	7	9A		1A	3	5
	1	3P	8		6	8P	4

庚	壬	乙
午	午	巳

지장간	손방위	吉方	凶方
丁	서북	正西	正東

丁亥　丙戌　乙酉　甲申　癸未　辛巳　庚辰　戊寅　丁丑　丙子
병　쇠　왕　록　관　욕　생　태　절　묘

狗狼星 구랑성 天

우연한만남 재앙도난사 기들불사고 당하는흉운 매장殺 신중

天風姤

삼갑순: 死甲
육갑납음: 路傍土
대장군방: 卯正東方
조객방: 卯正東方
삼살방: 寅東北方
세파방: 未南西方
상문방: 亥西北方
오늘상충: 子
오늘원진: 丑
오늘상파: 卯
황도길흉: 사명황도
2 8 수: 心심
九星: 三碧
건제12신: 建건
결혼주당: 竈조
이사주당: 富부
복단일: 어머니

대공망일: 양력·금요
오늘神殺: 월덕·관일
오늘吉凶星: 수사·적격
축일지옥
기도성취
불도
정광여래
오늘지옥명: 다산지옥
돌살오살

불공 제의식 吉한 행사일

칠성기도일	산신기도일	용왕기도일	조왕기도일	나한기도일	천도재	신중기도	재수굿	용왕굿	조왕굿	병굿	고사	결혼	입학	투자	계약	등산	여행	이사	합방
×	×	◎	◎	×	◎	◎	×	◎	◎	×	×	◎	◎	◎	◎	×	×	×	◎

吉凶 길흉 大小 일반 행사일

개업	신축	수리	서류제출	직원채용
안	준	상		
장	공	량	장	출
◎	×	◎	◎	×

당일 래정법

巳時 온사람은 건강문제, 관재구설로 운이 단단히 꼬이네, 동업파탄 손재수

午時 온사람은 의욕과다, 두문제로 갈등 사기 갖고픈욕심, 직장문제 취업문제

未時 온사람은 의욕과다, 뭐가 하고싶어서 왔다. 직장취업문제, 결혼문제

申時 온 사람은 골치 아픈일, 친구나 형제동업 배우자바람끼, 불륜, 샤핑재수, 속 정부불화

酉時 온사람은 형제, 문서 화합은 결혼, 경조사 애정사 궁합 만남 개업 하라는선배 배신 경쟁사 몰락

戌時 온 사람은 이동수 있는자 가출 이사나 직장변동 사업체 변동수, 여행 이별수, 관재구설

필히 피해야 할일　회의개최·건축증개축·구인·항공주의·승선·동토·벌초·우물파기·제방쌓기·흙 파는일

백초귀장술의 오늘에 초사언

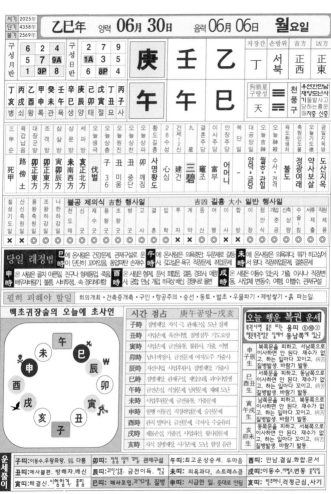

時	時間 점占　庚午공망-戌亥
子時	잘방래방 자식극 관재극설 5단질책
丑時	사업손재 육찬분별 질병침투 기도요망
寅時	사업논재 금전충돌 불화사, 가출, 이별
卯時	남녀색정사 금전문제 여자도주 가출사
辰時	자산사업 사업후원사, 금전회복 가출사
巳時	잘방래방 관재구설 재앙초래, 파재처발생
午時	금전순조 직장문제 남편문제 째때 5단
未時	사업후원문제, 금전용통, 가출문제
申時	윈병 가출사 직장취업문제 음란문제
酉時	관재 발탁사 금전문제, 극차사 수술유의
戌時	재물손실 가출건, 사업파산 윗사람문제
亥時	자식 잘방래방 사기손재 5단 한정 음란

오늘 행운 복권 운세

복권사면 좋은 따는 용띠 ⑤⑩②
행운복권방은 집에서 동남쪽에 있는곳

申子辰生	북쪽문을 피하고, 서남쪽으로 이사하면 안 된다. 재수가 없고, 하는 일마다 꼬이고, 病으로 질병발생. 바람기 발동
巳酉丑生	서쪽문을 피하고, 동북쪽으로 이사하면 안 된다. 재수가 없고, 하는 일마다 꼬이고, 病으로 질병발생. 바람기 발동
寅午戌生	남쪽문을 피하고, 북쪽으로 이사하면 안 된다. 재수가 없고, 하는 일마다 꼬이고, 病으로 질병발생. 바람기 발동
亥卯未生	동쪽문을 피하고, 남쪽으로 이사하면 안 된다. 재수가 없고, 하는 일마다 꼬이고, 病으로 질병발생. 바람기 발동

운세풀이

子띠: 이동수·우왕좌왕, 弱, 다툼
丑띠: 매사불편, 방해자,배신
寅띠: 해결신·시험합격, 풀림
卯띠: 직업, 이익 '명예 관재구설
辰띠: 귀인상봉, 금전이득, 현금
巳띠: 빼사꼬임, 과거2생, 질병
午띠: 최고운상승세, 두마음
未띠: 의욕과다, 스트레스큼
申띠: 시급한 일, 뜻대로 안됨
酉띠: 만남.결실.화합.문서
戌띠: 이동수,액뻠이별,변동 음직임
亥띠: 빈주머니,걱정근심, 사기

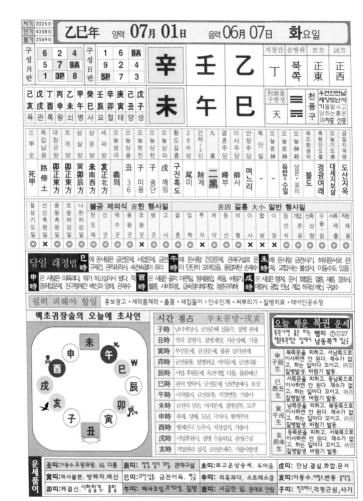

서기	2025年
단기	4358年
불기	2569年

乙巳年 양력 07月 01日 음력 06月 07日 화요일

구성 月반	6	2	4		구성 日반	1	6	8A
	5	7	9A			9	2	4
	1	3P	8			5P	7	3

辛未 壬午 乙巳

己亥	戊戌	丁酉	丙申	乙未	甲午	癸巳	壬辰	辛卯	庚寅	己丑	戊子
욕	관	록	왕	쇠	병	사	묘	절	태	양	생

지장간 丁
손방위 북쪽
吉方 正東
凶方 正西

狗狼星
구랑성
天

천
구

우연한만남
재앙도난사
기둥발살사고
당하는흉운
매자중 신중

三甲순	육갑납음	대장군방	조객방	삼살방	상문방	세파방	오늘생극	오늘상충	오늘원진	오늘상천	오늘상파	황흑도길흉	28수성	건제12신	결혼주당	이사주당	안장주당	복단일	오늘吉神	오늘神殺	육도환생처	축원인도불	오늘기도덕	금일보살
死甲	路傍土	卯正東方	卯正東方	東南方	午正南方	亥正北方	義의 子	子 미울	戊 깨집	구진흑도	尾미	除제	婦부	師사	며느리	-	-	육합·쉴일	합·표미	불도	정광여래	대세지보살	도산지옥

칠성기도	산신기도	용왕기도	조왕기도	나한기도	불공 제의식 吉한 행사일									吉凶 길흉 大小 일반 행사일													
					천도재	신굿	재수굿	용왕굿	조왕굿	병굿	고사	결혼	입학	투자	계약	등기	여행	이사	합방	점안식	개업	신축	수술	서류제출	직원채용		
◎	◎	◎	◎	◎	◎	◎	×	◎	◎	◎	◎	×	×	◎	×	◎	◎	×	×	◎	◎	◎	◎	◎	◎		

당일 래정법

巳時 巳에 온사람은 금전문제, 사업문제, 금전내면 午時 午에 온사람 건강문제, 관재구설로 운 未時 未에 온사람 금전사기, 허위문서로 관 규제건 관재손재수 속전속결이 유리 이 단단히 꼬여있음. 동업파탄 손재수 時에 교함사는 불성사. 이동수도 있음

申時 申 온 사람은 의욕없는자, 직업 酉時 酉에 온사람 골치 아픈일, 娛痛 戌時 戌에 온사람 의욕과다, 두건사 삼각관계, 죽음 바람기, 쟁재 경조사 장애입문제, 친구형제간 배신과 양비, 관재수 애정사 궁합 만남 기대 허당 배신 구설수

필히 피해야 할일 홍보광고·새작품제작·출품·새집들이·인수인계·씨뿌리기·질병치료·태아인공수정

백초귀장술의 오늘에 초사언

時간 점占	辛未공망-戌亥
子時	남녀색정사, 금전손해 실물수, 잘병 관액
丑時	적의 침범사, 질병위급, 자손실패, 가출
寅時	부인문제, 금전문제 불륜 삼각관계
卯時	금전융통, 잘병위급, 여자문제, 금전다툼
辰時	사업 후원문제, 육친 반목, 다툼, 불륜배신
巳時	관재 발탈사, 금전문제, 남편 방해사, 포상
午時	시작불리, 금전융통, 직장변동, 가출사
未時	금전의 압손, 여자문제, 잘병침투, 도주
酉時	형제친구 도주사, 직장실직, 가출사
戌時	작업권리 실직, 금전손재수, 가출시발생

오늘 행운 복권 운세

복권사면 좋은 띠는 뱀띠 ①②⑦
행운의방위가 지켜주 남동쪽에 있는

申子辰 生	북쪽문을 피하고, 서남쪽으로 이사하면 안 된다. 재수 있고, 하는 일마다 꼬이고, 病苦 질병발생. 바람기 발동.
巳酉丑 生	서쪽문을 피하고, 동남쪽으로 이사하면 안 된다. 재수가 없고, 하는 일마다 꼬이고, 病苦 질병발생. 바람기 발동.
寅午戌 生	남쪽문을 피하고, 북쪽으로 이사하면 안 된다. 재수가 없고, 하는 일마다 꼬이고, 病苦 질병발생. 바람기 발동.
亥卯未 生	동쪽문을 피하고, 서북쪽으로 이사하면 안 된다. 재수가 없고, 하는 일마다 꼬이고, 病苦 질병발생. 바람기 발동.

운세풀이

丑띠:이동수,우왕좌왕, 弱弱 다툼
寅띠:애사불편, 방해자,배신
卯띠:해결신,시험합격, 풀림
辰띠:정점 이어 꺾임 관재구설
巳띠:귀인상봉, 금전이득, 현금
午띠:매사꼬임,과거고생, 질병
未띠:최고운상승세, 두마음
申띠:의욕과다, 스트레스큼
酉띠:시급한 일, 뜻대로 안됨
戌띠:만남,결실,화합,문서
亥띠:이동수,이별수,변동 움직임
子띠:빈주머니, 걱정근심, 사기

- 198 -

乙巳年 양력 07月 02日 음력 06月 08日 水요일

구성월반			구성일반			壬	壬	乙		직장간	손방위	吉方	凶方
6	2	4	9	5	7	申	午	巳		丁	北東	正北	正南
5	7	9A	8	1	3								
1	3P	8	4P	6A	2								

辛亥	庚戌	己酉	戊申	丁未	丙午	乙巳	甲辰	癸卯	壬寅	辛丑	庚子
록	관	욕	생	양	태	절	묘	사	병	쇠	왕

狗狼星 구랑성
正廳 정청앞

天風姤

우연한만남 재앙닥난사 기들말사고 매장중 신중

三甲旬	육갑납음	대장군방	조객방	삼살방	상문방	세파방	오늘원진	오늘상충	오늘상천	오늘상파	황도길흉	건제12신	九星	결혼주당	이사주당	안장주당	오늘吉神	神殺	오늘神殺	殺	오늘吉神	축원인도불	오늘띠생기복덕	금일지옥
死甲	劍鋒金	卯正東方	卯卯辰方	東南方	午正南方	辰正北方	寅	卯	亥	申	청룡황도	建	一白	廚	災	손님	월공·상명	천우·역마	세형·역마		인도	정광여래	아미보살	도산지옥
						義의	36		중단	미움		箕기	滿만		주	재								

칠성기도일 · 산신축원일 · 조왕축원일 · 나한강림일 · 불공 제의식 吉한 행사일 · 吉凶 길흉 大小 일반 행사일

칠성기도일	산신축원일	조왕축원일	나한강림일	천도재	신수	재수굿	조왕굿	병굿	고사	결혼	입주	계약	등요	여행	이합	안장	점안식	개업	신축상량	수술	서류제출	직원채용
◎	◎	◎	✕	◎	◎	◎	◎	◎	◎	◎	◎	◎	◎	◎	◎	✕	◎	◎	◎	◎	◎

당일 래정법

巳時 에 온사람은 의욕상실, 금전재원, 색정사로 다툼, 억울한 일, 매사불성사

午時 에 온사람은 금전문제 사업문제, 빙꿍이동수, 관리원직사, 속전속결이 유리

未時 에 온사람 건강문제, 관재구설로 운이 단단히 꼬여있음, 남자는 불리, 손재수

申時 온 사람은 금전시기, 여자문제, 종교, 빈꿍이동수, 수술문제, 후원사는 유리함, 사고조심

酉時 온 사람은 의욕없는자, 하고싶어서 왔다 직장, 취업문제, 상업, 진급문제, 친구형제간 배신, 사험합격여부

戌時 온 사람은 금전과 여자, 뭐가 하고싶어서 왔다 직장문제, 색정사로 바람기, 사위문제, 금속장비자동차

필히 피해야 할일
새집들이 · 친목회 · 금전수금 · 창고수리 · 건축수리 · 동토 · 관정 우물파기 · 기둥세우기

백초귀장술의 오늘에 초사언

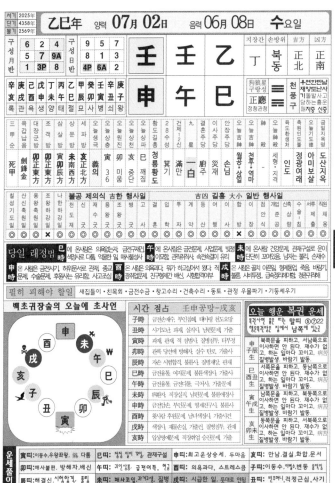

시간 점占	壬申공망-戌亥
子時	금전손재수, 부인침해, 태야령 천도요망
丑時	사기도난 파재 실재수, 남녀문제 가출
寅時	파재 관재, 적 참화사, 잘병입루, 타부정
卯時	관록 당선에 방해세, 살수 탄로, 구설사
辰時	자손 시험합격, 물림사, 질병재앙, 관재
巳時	금전융통, 여자문제 불륜색정사, 가줄사
午時	금전융통, 금전다툼, 극차사, 가출문제
申時	병환자, 직장문제, 부인문제 형제찬구시, 불륜사
酉時	윗사람 후원문제 나타색정사, 가출사간
戌時	색정사, 재물손심, 가출건, 잘병질투, 관재
亥時	입생애환문제, 직장변업 승진문제, 가출

오늘 행운 복권 운세

특정사램 몸에 따는 말띠 ⑤⑦22
행운복권방은 집에서 남쪽에 있는

申子辰生	북쪽문을 피하고, 서남쪽으로 이사하면 안 된다. 재수가 없고 하는 일마다 꼬이고, 病苦 질병발생. 바람기 발동
巳酉丑生	서쪽문을 피하고, 동남쪽으로 이사하면 안 된다. 재수가 없고 하는 일마다 꼬이고, 病苦 질병발생. 바람기 발동
寅午戌生	남쪽문을 피하고, 북쪽으로 이사하면 안 된다. 재수가 없고 하는 일마다 꼬이고, 病苦 질병발생. 바람기 발동
亥卯未生	동쪽문을 피하고, 서쪽으로 이사하면 안 된다. 재수가 없고 하는 일마다 꼬이고, 病苦 질병발생. 바람기 발동

운세풀이

寅띠: 이동수,우왕좌왕, 弱 다툼	巳띠: 점점 일이 꼬임, 관재구설	申띠:최고운상승세, 두마음	亥띠: 만남,결실,화합,문서
卯띠:매사불편, 방해자,배신	午띠: 귀인상봉, 금전이득, 혁신	酉띠: 의욕과다, 스트레스큼	子띠:이동수,이별수,변동 움직임
辰띠:해결신,시험합격, 풀림	未띠: 매사꼬임,과거고생, 질병	戌띠: 시급한 일, 뜻대로 안됨	丑띠: 빈주머니,걱정근심, 사기

구성월반			구성일반			지장간	손방위	吉方	凶方
6	2	4	8	4A	6	丁	無	正西	正東
5	7	9A	7P	9	2
1	3P	8	3	5	1

癸 壬 乙 巳
酉 午 巳

狗狼星 구랑성
寅卯卯方
後門남쪽이울쪽

안정줄심요. 화합이면결 실성구귀인 결손환과순 중이울본일

화풍정

癸亥	壬戌	辛酉	己未	戊午	丙辰	乙卯	甲寅	壬子
旺	쇠	병	사	묘	절	태	양	생	욕	관	록

三甲旬	육갑납음	대장군방	조객방	삼살방	상문방	세파방	오늘상극	오늘상천	오늘상파	오늘상충	황도길흉	건제12신	九星	결혼주당	이사주당	안장주당	복단일	紳殺	오늘神殺	육도환생처	축원인도불	글앙기도불	오늘吉凶
死甲	劍鋒金	卯正東方	卯正東方	南西方	卯正東方	卯正東方	義의	卯 36	寅 미움	子 중앙	명당황도	九紫	夫부	安안	아버지	平평	경신·미생	천강·대살	멸도·절기	귀도	정광여래	관음보살	도산지옥

칠성기도일	산신기도일	용왕기도일	조왕기도일	나한기도일	불공 제의식 吉한 행사일						吉凶 길흉 大小 일반 행사일											
					천도재	신중기도	재수굿	용왕굿	조왕굿	병굿	결혼	입학	투자	계약	등산	여행	이사	합방	고사	개업	신축	수리	서류제출	제작	항공
◎	×	◎	◎	◎	◎	◎	◎	◎	◎	×	×	◎	◎	◎	◎	◎	◎	◎	◎	◎	◎	◎	◎	◎	◎

당일 애정법
巳時 巳에 온사람은 하기 해결할 문제 합격여부 午午에 온사람은 의욕없구나 금전규제라 未時未에 온사람은 금전문제, 사업문제, 자식 문제 관재구설수, 속전속결이 유리
金時 申에 온사람은 간탐문제, 관재구설로 얽히게 酉時酉에 온사람은 무뇌 문제, 배신 戌時戌에 온사람은 여자문제, 뭐가 하고싶어서 왔는대 정과단단 취업 승진문제, 말자식문제 손재수 酉강함, 새로운 일시작 전환된다 우환질병 취업문제 친구형제간 배신 사업함고여부

필히 피해야 할일 새작품제작·출품·새집들이·인수인계·후임자간택·사행성오락·코인투자·벌초·씨뿌리기

백초귀장술의 오늘에 초사언

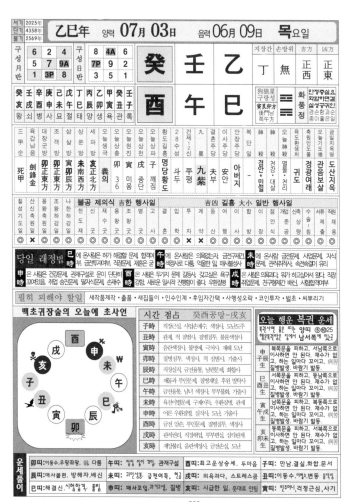

시간 점占	癸酉공망-戌亥
子時	직장구설, 사업손실수, 색상사, 도난도주
丑時	관재 적 잠병사, 질병침투, 불윤색상사
寅時	음란색상사, 불명예, 극차사, 재해 도난
卯時	질병침투, 색창사, 적 잠병사, 가출사
辰時	직장실직, 금전융통, 남편문제, 화합사
巳時	질병사 부인문제, 질병재앙, 후원 발탁사
午時	금전용통, 남녀 색상사, 부부불화, 가출사
未時	육친가정문제, 금전손실, 우환질병, 관재
申時	어른 우환질병, 실직사, 도난, 가출사
酉時	금전 않은 부인문제, 질병침투, 색상사
戌時	관재관리, 직장취업, 부부변심, 삼각관계
亥時	재물불리, 음란색정사, 금전손실, 도난

오늘 행운 복권 운세
복권사면 좋은 띠는 양띠 ⑤⑩25
행운복권방은 집에서 남서쪽에 있는집

申子辰生	복권문을 피하고, 서남쪽으로 이사하면 안 된다. 재수가 없고 질병발생. 바람기 발동.
巳酉丑生	서쪽문을 피하고, 동남쪽으로 이사하면 안 된다. 재수가 없고 질병발생. 바람기 발동.
寅午戌生	남쪽문을 피하고, 북쪽으로 이사하면 안 된다. 재수가 없고 질병발생. 바람기 발동.
亥卯未生	동쪽문을 피하고, 서북쪽으로 이사하면 안 된다. 재수가 없고 질병발생. 바람기 발동.

운세풀이

卯띠: 이동수.우왕좌왕, 弱병, 다툼
辰띠: 매사불편, 방해자, 배신
巳띠: 해결신, 시험합격, 풀림

午띠: 정점 꼬이는 짓이, 관재구설
未띠: 귀인상봉, 금전이득, 현금
申띠: 매사꼬임, 과거고생, 질병

酉띠: 최고운상승세, 두마음
戌띠: 의욕과다, 스트레스큼
亥띠: 시급한 일, 뜻대로 안됨

子띠: 만남.결실.화합,문서
丑띠: 이동수, 이별수,변동 음직임
寅띠: 빈주머니, 적정 근심, 사기

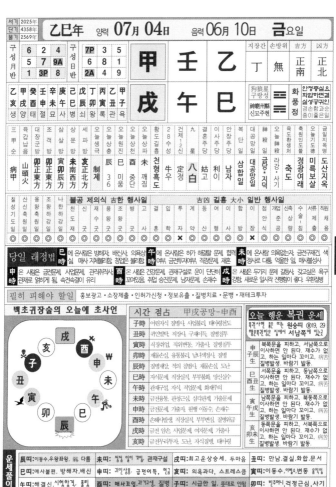

| 구성월반 | 6 2 4 / 5 7 9A / 3P 8 | 구성일반 | 7P 3 5 / 6 8 1 / 2A 4 9 | 甲 戌 | 壬 午 | 乙 巳 | 지장간 丁 | 손방위 無 | 吉方 正南 | 凶方 正北 |

乙亥生 甲戌양 癸酉태 壬申절 庚午묘 辛未사 戊辰병 己巳쇠 丙寅왕 乙丑록 甲子관

三甲旬	육갑납음	대장군방	조객방	삼살방	상문방	세파방	오늘행충	오늘원진	오늘상천	오늘상파	황도흑도	건제12신	九星	결혼주당	이사주당	안장주당	복단일	神殺	오늘기도일	육도환생처	축원인도일	오늘吉神	오늘凶神	글자지옥
病甲	山頭火	卯正東方	正東方	卯正東方	未南西方	亥正北方	巳 미월	酉 중단	未 깨짐	巳 험줌	천형흑도	定	八白	姑 고	利 이	삼합일	복단일	金◦지옥	대공망일	강◦사기	축도	정광여래	미륵보살	도산지옥
		制威		制化		制伏	36															

칠성기도일 ◎ / 산신기도일 ◎ / 용왕기도일 ◎ / 조왕기도일 ◎ / 나한기도일 ◎ / 불공 천도 ◎ / 제의식 재수굿 ◎ / 吉한 행사일 용왕굿 ◎ 조왕굿 ◎ 병굿 ◎ 고사 ✕ 결혼 ◎ 입학 ◎ 투자 ✕ 계약 ◎ 등사 ◎ 여행 ◎ 이장 ◎ 吉凶 길흥 합방 ◎ 大小 일반 행사일 점안 ✕ 개업 ◎ 신축상량 ◎ 수술 ◎ 서류제출 ◎ 직원채용 ◎

7월

당일 레정법 | 巳時 에 온사람은 방해자, 배신사, 의욕상실 | 午時 에 온사람은 허가 해결할 문제 합격, 금전문제 빈 장은 불발 | 未時 에 온사람 의욕없는자, 금전구재건, 색정사 여부, 금전차사여부, 직장문제, 재혼 / 戌時 에 온사람은 매사 얽혀온 일 매사불성 / 申時 온 사람은 금전문제, 사업문제, 관재구설 / 戌時 온사람은 건강문제, 관재구설로 운이 단단히 꼬여있음 / 成時 온사람은 무거니 문제 갈등사 갖고옴 우환질병 우환질병

필히 피해야 할일 | 홍보광고 · 소장제출 · 인허가신청 · 정보유출 · 질병치료 · 문병 · 재테크투자

백초귀장술의 오늘에 초사언

시간 점占	甲戌공망-申酉
子時	어린이질 질병사, 사업불리 태아령초
丑時	귀인발탁, 직장사, 구재이득, 질병침투
寅時	직장취업, 직위변동, 가출사, 질병침투
卯時	재물손실, 융통불리, 남녀색정사, 잘병
辰時	잘병재앙, 적의 침투사, 재물손실, 도난
巳時	자식문제, 직장실직, 부부불화, 망신실수
午時	관재구설 자식, 작업문제, 화재주의
未時	금전용통, 관재근심, 삼각관계, 가출문제
申時	금전문제, 가출사, 원병 이동수, 손재수
酉時	손재수발생, 직장실직, 부부변심, 질병위급
戌時	금전 암손, 사업문제, 여자문제, 가출사
亥時	금권부리투자, 도난, 자식질병, 태아령

오늘 행운 복권 운세
복권사면 좋은 띠는 원숭띠 ⑧19, 29
행운복권방은 집에서 서남쪽에 있는곳

申子辰生	북쪽문을 피하고, 서남쪽으로 이사하면 안 된다. 재수가 없 고, 하는 일마다 꼬이고, 病苦 질병발생. 바램이 불통
巳酉丑生	서쪽문을 피하고, 동남쪽으로 이사하면 안 된다. 재수가 없 고, 하는 일마다 꼬이고, 病苦 질병발생. 바램이 불통
午戌生	남쪽문을 피하고, 북쪽쪽으로 이사하면 안 된다. 재수가 없 고, 하는 일마다 꼬이고, 病苦 질병발생. 바램이 불통
亥卯未生	동쪽문을 피하고, 서북쪽으로 이사하면 안 된다. 재수가 없 고, 하는 일마다 꼬이고, 病苦 질병발생. 바램이 불통

운세풀이	辰띠: 이동수, 우왕좌왕, 弱病 다툼	未띠: 정점 일이 '70일, 관재구설	戌띠: 최고운상승세, 두마음	丑띠: 만남, 결실, 화합, 문서
	巳띠: 매사불편, 방해자, 배신	申띠: 귀인상봉, 금전이득, 학습	亥띠: 의욕과다, 스트레스큼	寅띠: 이동수, 이별수, 변동 옮김임
	午띠: 해결신, 시험합격, 풀림	酉띠: 매사꼬임, 과거2생, 질병	子띠: 시급한 일, 뜻대로 안됨	卯띠: 빈주머니, 걱정근심, 사기

- 201 -

구성월반			구성일반				지장간	손방위	吉方	凶方
6	2	4	6P	5	2	乙	丁	동쪽	正東	正西
5	7	9A	7	9A	4	壬				
1	3P	8	1	3	8	乙				

乙
壬
乙
亥
午
巳

狗狼星 구랑성
寺觀 절사관

안정주실오
화합마련녹
실생궁귀안정
경손함과손
충이없는것

丁亥사 丙戌묘 乙酉절 甲申태 癸未양 壬午생 辛巳욕 庚辰관 己卯록 戊寅왕 丁丑쇠 丙子병

三甲旬	육갑납음	대장군방	조객방	삼살방	세파방	오늘상충	오늘원진	오늘상천	오늘상파	황도흑도	28수성	건제12신	九星	결혼주당	이사주당	안장주당	대공망일	神殺	오늘神殺	육도환생처	축원인도불	오늘기도덕	금일지옥	여래보살	도산지옥
病甲	山頭火	卯正東方	卯正東方	亥正北方	巳	巳 3	辰 6	寅 미움	亥 깨짐	주작흑	女 여	執 집	七赤	堂 당	天 천	손자	오부길일	세파 오귀	삼각 접살	옥도	정광여래	도산지옥

義의

七성기도일	산신축원일	용왕축원일	조왕하강일	나한기도일	불공 제의식 吉한 행사일						吉凶 길흉 大小 일반 행사일													
					천도재	신중기도	재수굿	용왕굿	병굿	고사	결혼	입택	투자	계약	여행	이장	점안식	개업	신축상량	수술	서류제출	직원채용
◎	◎	×	◎	일	×	×	×	×	×	굿	×	×	사	학	자	약	산	행	사	장	식	공	량	안	준	상		제							×	×	◎	◎	×	×	×	◎	◎	◎	◎	×	×	×	×

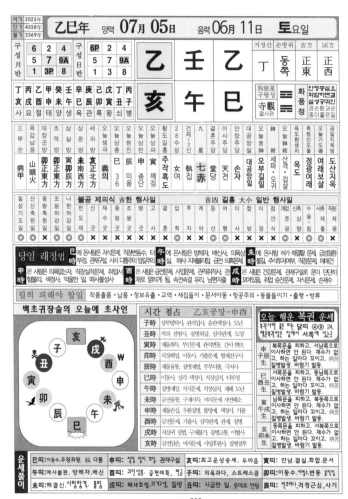

당일 래정법	巳에 온사람은 자식문제, 직장변동수, 터	午에 온사람은 방해자, 배신사, 의욕상실	未에 온사람은 허가 해결할 문제, 금전융통
	時 부정, 관재구설 사비 다툼주의 빌불관계	時 매사 지체불리 손님 금전 의욕상실	時 빌림 주식투자여부, 직장문제 매매건
申時 온 사람은 의욕없는자, 직장실직문제, 취업사	酉時 온 사람은 금전문제, 사업문제, 관직주직사, 여	戌時 온 사람은 건강문제, 관재구설로 운이 단단히
헴불리, 색정사, 억울한 일 매사불성사	자묘로 얽혀입 음 속전속결 유리, 남면자출	때꼬임, 취업 승진문제, 자식문제, 손재수

필히 피해야 할일	작품출품·납품·정보유출·교역·새집들이·문서이동·항공주의·동물들이기·출행·방류

백초귀장술의 오늘에 초사언

시간 점占	亥子공망-申酉
子時	상비불화나, 관직입사, 음란색장사 도난
丑時	적의 침범사, 질병위급, 삼각관계 도망
寅時	재물취득, 부인문제, 관직변동, 간사 情夫
卯時	직장변동, 이동수, 가출문제, 형제찬구사
辰時	재물융통, 질병재앙, 부부다툼, 극차사
巳時	이동수, 삼각 색장사, 직장실직, 타부정
午時	질병재앙, 자식문제, 직장실직, 재물 도난
未時	금전용통, 구직문제, 여자문제, 색장사
申時	재물손실, 우환질병, 불장패, 색장사, 가출
酉時	금전문제, 가출사, 삼각관계, 관재 질병
戌時	질병이 침범, 구재불성, 질병고통, 여씨사
亥時	금전암손, 여자문제, 사업후원사, 질병침투

오늘 행운 복권 운세
복권사면 좋은 띠는 닭띠 ④⑨ 24,
행운복권방은 집에서 서쪽에 있는곳

申子辰生	복권문을 피하고, 서남쪽으로 이사하면 안 된다. 재수가 있고 나, 하는 일마다 꼬이고, 病苦 질병발생. 바람기 발동.
巳酉丑生	서쪽문을 피하고, 동남쪽으로 이사하면 안 된다. 재수가 있고 나, 하는 일마다 꼬이고, 病苦 질병발생. 바람기 발동.
寅午戌生	남쪽문을 피하고, 북쪽으로 이사하면 안 된다. 재수가 있고 나, 하는 일마다 꼬이고, 病苦 질병발생. 바람기 발동.
亥卯未生	동쪽문을 피하고, 서북쪽으로 이사하면 안 된다. 재수가 있고 나, 하는 일마다 꼬이고, 病苦 질병발생. 바람기 발동.

운세풀이		
巳띠:이동수,우왕좌왕, 弱함 다툼	申띠:점점 일이 꼬임, 관재구설	亥띠:최고운상승세, 두마음	寅띠:만남,결실,화합,문서
午띠:매사불편, 방해자,배신	酉띠:귀인상봉, 금전이득, 현금	子띠:의욕과다, 스트레스큼	卯띠:이동수,이별수,변동 움직임
未띠:해결신, 시험합격, 풀림	戌띠:매사꼬임,과거고생, 질병	丑띠:시급한 일, 뜻대로 안됨	辰띠:빈주머니, 걱정근심, 사기

서기	2025년
단기	4358년
불기	2569년

乙巳年 양력 07月 06日 음력 06月 12日 일요일

구성월반	6	2		구성일반	5	1P	3
	5	7	9A		4	6	8
	1	3P	8		9	2	7A

丙 壬 乙
子 午 巳

지장간	손방위	吉方	凶方
丁	동남	正北	正南

己	戊	丁	丙	甲	癸	辛	庚	己	己
亥	戌	酉	申	午	巳	辰	卯	寅	丑
절	묘	사	병	쇠	왕	록	관욕	생	양

狗狼星
구랑성
中庭
마당중앙

화
풍
정

안정주의요
화압가면결
살성궁귀인
경손함과손
증이좋은길

三甲旬	육갑납음	대장군방	조객방	삼살방	상문방	세파방	오늘생기	오늘천의	오늘지파	황도길흉	건제12신	九星	결혼주당	이사주당	안장주당	대공망일	오늘吉神	神殺 오늘神殺	복단일	오늘日辰	축원인도불	금일지옥
病甲	澗下水	卯正東方	卯正東方	寅南西方	辰正北方	未西方	未	酉	未	황도중단	建	六白	翁옹	害해	死사		월파·옥의	수사·천화		지장보살	아미보살	발설지옥
				申	36	미움	깨짐	虛허													

불공 제의식 吉한 행사일 | 吉凶 길흉 大小 일반 행사일

칠성기도	산신축원	용왕축원	조왕하강	나한하강	천도재	신축	재수	용왕	조왕	병굿	고사	결혼	입학	투자	계약	등산	여행	이사	합방	이장	점안식	개업	신축	수술	서류제출	직원채용
◎	◎	×	×	×	◎	◎	◎	◎	×	×	×	×	◎	×	×	◎	×	×	×	-	×	×	×	-	×	×

필히 피해야 할일 | 이날은 월파일에 수사와 천화, 오허 등 신살에 해당되어 매사 해롭고 불리한 날.

7
월

백초귀장술의 오늘에 초사언

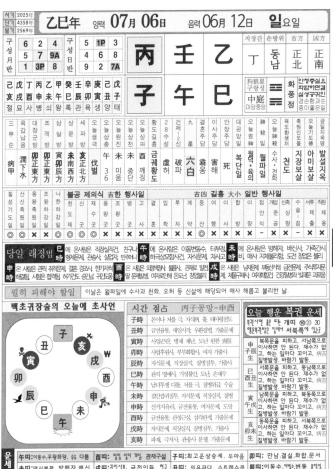

시간 점占	丙子공망–申酉
子時	돈이나 처를 극, 자식凶, 홍, 태아령犬조
丑時	금전융통, 여인시작, 우환질병, 가출문제
寅時	사업건근, 병재 재난, 도난 원한 喪服
卯時	사업후원사, 부부화합사, 여자 가출사
辰時	자식문제, 직장실직, 질병침투, 가출사
巳時	관직 명예사, 가정불안, 모난 손재수
午時	남녀부정 다툼, 처를 극, 질병위급, 수술
未時	잠깐쟁투사, 자식문제, 직장문제, 질병
申時	선거자유리, 금전용통, 여자문제, 도망
酉時	금전용통, 관송극, 살아날기, 가출문제
戌時	자식문제, 직장실직, 질병침투, 가출사
亥時	파재, 극차사, 관송사 분쟁, 가출문제

오늘 행운 복권 운세

복권사면 좋은 개띠 ⑩③ 30
행운권산 있는 서북쪽에 있음

申子辰生	북쪽을 피하고, 서남쪽으로 이사하면 안 된다. 재수가 없 는 일마다 꼬이고, 病苦 질병발생. 바람기 발동.
巳酉丑生	서쪽을 피하고, 동남쪽으로 이사하면 안 된다. 재수가 없 는 일마다 꼬이고, 病苦 질병발생. 바람기 발동.
寅午戌生	남쪽을 피하고, 북동쪽으로 이사하면 안 된다. 재수가 없 는 일마다 꼬이고, 病苦 질병발생. 바람기 발동.
亥卯未生	동쪽을 피하고, 서북쪽으로 이사하면 안 된다. 재수가 없 는 일마다 꼬이고, 病苦 질병발생. 바람기 발동.

운세풀이	
午띠: 이동수,우왕좌왕, 弱 다툼	酉띠: 첩첩 의외 꼬임, 관재구설	子띠:최고운상승세, 두마음	卯띠: 만남,결실,화합,문서
未띠:매사불편, 방해자,배신	戌띠:귀인상봉, 금전이득, 현금	丑띠: 의욕과다, 스트레스큼	辰띠:이동수,에夫나,변동 움직임
申띠:해결신,시험합격, 풀림	亥띠:매사꼬임,과거고생, 질병	寅띠: 시급한 일, 뜻대로 안됨	巳띠: 빈주머니,걱정근심, 사기

- 203 -

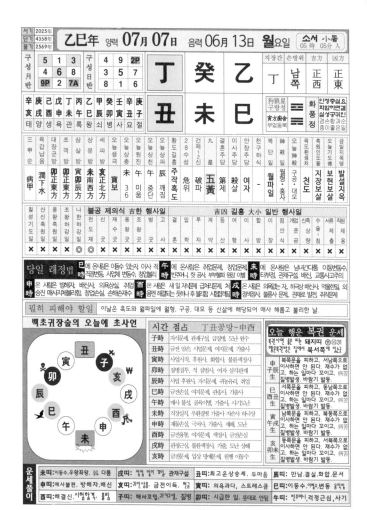

乙巳年 양력 **07**月**08**日 음력 **06**月**14**日 **화**요일

구성월반	5	1	3
	4	6	8
	9P	**2**	**7A**

구성일반	**3A**	8	**1P**
	2	4	6
	7	9	5

戊 癸 乙
寅 未 巳

	지장간	손방위	吉方	凶方
	丁	남서	正南	正北

狗狼星 화 안정중요일
구랑성 풍 화합피하면
東北方 정 실성공구인
동북방 경손함과조
은돈음 날

癸亥	壬戌	辛酉	庚申	己未	戊午	丁巳	丙辰	乙卯	甲寅	癸丑	壬子
절	묘	사	병	쇠	왕	관	욕	생	양	태

三甲순	육갑납음	대장군방	조객방	삼살방	상문방	세파방	오늘상충	오늘원진	오늘상천	오늘상파	오늘상해	황도길흉	건제12신	九星	결혼주당	이사주당	안장주당	복단일	神殺	오늘神殺	육도환생처	축인일	인도환생	오늘 기도 덕	금일지옥
病甲	城頭土	卯正東方	卯正東方	未南西方	午正南方	辰正東南方	申	亥	戌	丑	寅	金궤	危	四綠	竈	富	어머니		월기 · 일유	토끼 · 유화	인도	지장보살	약사보살	발설지옥
						3·6	미움	깨짐			미움	깨짐		위		조	부							

吉凶 길흉 大小 일반 행사일

칠성기도	산신축원	용왕축원	조왕하강	나한하강	불공 제의식 吉한 행사일										吉凶 길흉 大小 일반 행사일							
					천도재	신중기도	재수굿	용왕굿	조왕굿	병굿	고사	결혼	입학	투자	계약	등산	여행	이사	합방	점안식	개업준공	신축상량	수술	서류제출	직원채용
×	×	×	×	×	×	×	◎	◎	◎	×	◎	×	×	×	◎	◎	×	×	×	×	◎	×	×

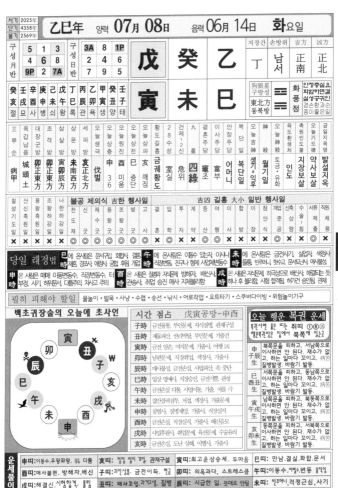

당일 래정법

巳 에 온사람은 문서합 화합사 결혼 午 에 온사람은 이동수 있다거나 이사나 未 에 온사람은 금전사기 살인사 색정사
時 관재구설 경조사 애정사 궁합 취업 개업 時 직장변동 친구나 형제 사업파산동수 時 돈줄, 반주머니 헛수고 문서화합사 매매불성

申 이 사람은 매매 이동변동수 직업변동수 이사나 酉 이 사람은 질병사 재앙불 색정사 배신사 해결됨 戌 이 사람은 자손문제 하극상으로 배신사 급
時 부정사기 수술주의 재수가 없고 손해순재 時 관송사 취업 승진 매사 지제불리함 時 하나 문제돈 사업 합격됨 하지만 승돈됨 관재

필히 피해야 할일 물놀이 · 벌목 · 사냥 · 수렵 · 승선 · 낚시 · 어로작업 · 요트타기 · 스쿠버다이빙 · 위험놀이기구

백초귀장술의 오늘에 초사언

시간 점占	戊寅공망—申酉
子時	금신용통, 부모문제 자식질병, 관재구설
丑時	재물파산 관재방해, 부모문제 가출건
寅時	금전 암손 여자문제 가출사, 여행 凶
卯時	남편문제 직장변동, 색정사, 가출사
辰時	매사불성 금전손실 사업파산 속 중단
巳時	입상 명예회 직장승진 금전기쁨, 관성
午時	금전손실 다툼, 사업부진, 가출, 처를 극
未時	잠난잠귀침투, 처첩 색정사, 가출문제
申時	침범사 질병재앙, 가출사, 직장실직
酉時	금전융통, 직장실직 가출문제 배신음모
戌時	사업원서나 취업문제 육친문제 수술유의
亥時	금전손실 도난 상해, 이별사, 가출사

오늘 행운 복권 운세

복권사면 좋은 띠는 쥐띠 ①⑥⑯
행운복권방은 집에서 북쪽에 있는곳

申子辰生	북쪽문을 피하고, 서남쪽으로 이사하면 안 된다. 재수가 없 고 하는 일마다 꼬이고, 病苦 질병발생. 바램이 발동.
巳酉丑生	서쪽문을 피하고, 동쪽木으로 이사하면 안 된다. 재수가 없고 하는 일마다 꼬이고, 病苦 질병발생. 바램이 발동.
寅午戌生	남쪽문을 피하고, 북쪽으로 이사하면 안 된다. 재수가 없 고 하는 일마다 꼬이고, 病苦 질병발생. 바램이 발동.
亥卯未生	동쪽문을 피하고, 서쪽으로 이사하면 안 된다. 재수가 없고 하는 일마다 꼬이고, 病苦 질병발생. 바램이 발동.

운세풀이

申띠:이동수,우왕좌왕, 弱함 다툼   **子띠:** 빛의 이이 ᄀᄋᆯ, 관재구설   **寅띠:**최고운상승세, 두마음   **巳띠:** 만남,결실,화합,문서

酉띠:매사불편, 방해자,배신   **丑띠:**과거고생, 금전이득, 현금   **卯띠:** 의욕과다, 스트레스큼   **午띠:**이동수,이별수,변동 움직임

戌띠:해결신,시험합격, 풀림   **寅띠:** 매사꼬임,과거고생, 질병   **辰띠:** 시급한 일, 뜻대로 안됨   **未띠:** 빈주머니, 걱정근심, 사기

서기	2025年
단기	4358年
불기	2569年

乙巳年 양력 **07月 09日** 음력 **06月 15日** **수**요일

구성월반			구성일반						지장간	손방위	吉方	凶方
5	1	3	2	7	9	己	癸	乙	丁	서쪽	正東	正西
4	6	8	1A	3	5P							
9P	2	7A	6	8	4	卯	未	巳				

乙亥	甲戌	癸酉	壬申	辛未	庚午	己巳	戊辰	丁卯	丙寅	乙丑	甲子
태	양	생	욕	관	록	쇠	병	사	묘	절	

狗狼星
구랑성
僧尼寺觀
後門

좋은만실명
상 가득하여
최길결별종
곤하하심퇴
로 바뀜

뇌화풍

三甲旬	대장군방	조객방	삼살방	세파방	오늘생극	오늘상충	오늘원진	황도길흉	28수성	건제12신	九星	결혼주당	이사주당	안장주당	오늘神殺	神殺	오늘吉神	오늘神殺	오늘피해야할지역	오늘吉神	금일하괘
病甲	城頭土 正東方	卯正東方	寅卯辰 西南方	亥正北方	伐별	酉 36	申 미움	午깨짐	대덕황도	壁벽	三碧	婦부	師사	며느리	천덕·복광		상문·조객	천의·신후	귀도	지장보살	발설지옥

칠성기도일	산신축원일	용왕축원일	조왕하강일	나한하강일	불공 제의식 吉한 행사일							吉凶 길흉 大小 일반 행사일									
					천신기도	신중기도	재수굿	용왕굿	산신굿	조왕굿	병굿	고사	결혼	입학	여행	이사	합방	신축 상량	수술	서류제출	제출
◎	◎	◎	◎	×	×	×	◎	◎	◎	◎	◎	◎	◎	◎	×	×	×	◎	◎	◎	◎

당일 래정법 巳時 巳에 온사람은 모함과 구설로 끌치 아니 / 午時 午에 온사람은 문서 화합은 결혼 궁합 / 未時 未에 온사람은 이동수 있는자 이사나 직
時 으로 손해 가게되나, 바람기, 직장변동수 / 時 경사수 궁합 문서운동 부모근심 질병 / 時 장변동, 자식문제 변동수, 여행, 이별
申時 申에 온사람은 허우정다, 살피고 수고주는자 / 酉時 酉에 온사람은 매매 이동변동수, 터부정 관재구설 / 戌時 戌에 온사람은 색정사 배신사 방해되나, 배신사, 의욕
헛공사, 사기모함, 매사불성 / 손님, 사기, 하극상문제, 우환질병, 가내고부의 / 상실, 관재구설 취업 승진 매사 지체불성

필히 피해야 할일 작명, 아호짓기·상호짓기·간판달기·소장제출·항소·손님초대·도로정비·태아옷구입

백초귀장술의 오늘에 초사언

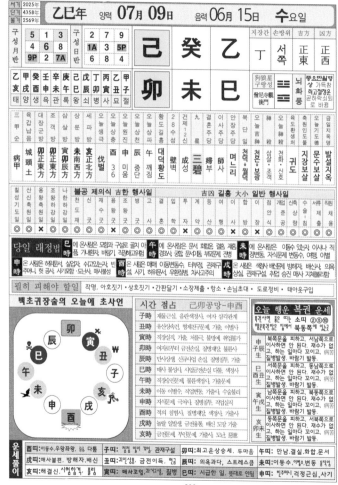

卯
辰 寅
巳 丑 W
午 子
未 亥
申 戌
酉

시간 점占	己卯공망-申酉
子時	재물근심, 음란색정사, 여자 삼각관계
丑時	유산상속근, 형제찬구문제, 가출, 이별사
寅時	직장실직 가능, 처놀금, 불명예, 취급불가
卯時	여자로부터 금전손실, 질병재앙, 불류사
辰時	금전융통, 신규사업 손실 질병발display, 가출
巳時	매사 불성사, 사업손실손실 다툼, 색정사
午時	직장승진문제, 불륜색정사, 가출문제
未時	이동 이별수, 작업변동, 가출사, 수술불리
申時	금전융통 극손사 질병발생, 작업실직
酉時	적의 침범사, 질병발생, 색정사, 가출사
戌時	놀람 암투발, 금전용통, 배신 도망 가출
亥時	금전문제 부모문제, 가출사 도난 질병

오늘 행운 복권 운세
복권사면 좋은 띠는 **소띠** ②⑤⑧
행운복권방은 집에서 **북동쪽**에 있음
申辰巳生	북쪽문을 피하고, 서남쪽으로 이사하면 안 된다. 재수가 없고, 하는 일마다 꼬이고, 病苦
巳酉丑生	서쪽문을 피하고, 동남쪽으로 이사하면 안 된다. 재수가 없고, 하는 일마다 꼬이고, 질병발생. 바람기 발동
午寅生	남쪽문을 피하고, 北동쪽으로 이사하면 안 된다. 재수가 없고, 하는 일마다 꼬이고, 질병발생. 바람기 발동
亥卯未生	동쪽문을 피하고, 서남쪽으로 이사하면 안 된다. 재수가 없고, 하는 일마다 꼬이고, 질병발생. 바람기 발동

운세풀이

酉띠:이동수·우왕좌왕, 弱 다툼 / 卯띠:최고운상승세, 두마음 / 午띠:만남,결실,화합,문서
戌띠:매사불편, 방해자,배신 / 辰띠:의욕과다, 스트레스큼 / 未띠:이동수,이별수,변동 옮김수
亥띠:해결신,시험합격, 풀림 / 巳띠:시급한 일, 뜻대로 안됨 / 申띠:빈주머니,걱정근심,사기

- 206 -

서기 2025년	乙巳年	양력 07月 10日	음력 06月 16日	木요일
단기 4358년				
불기 2569년				

구성월반	5	1	3	구성일반	1	6	8A
	4	6	8		9	2	4
	9P	2	7A		5	7	3P

庚 癸 乙
辰 未 巳

지장간	손방위	吉方	凶方
丁	서북	正北	正南

丁亥	乙酉	甲申	癸未	壬午	辛巳	庚辰	己卯	戊寅	丁丑	丙子
병	쇠	왕	관	욕	생	양	태	절	묘	사

狗狼星 구랑성
寺觀 사관

風요만질병 가득창
최고절명일
골화학쇠퇴
로 바뀜

三甲순	육갑납음	대장군방	조객방	삼살방	상문방	세파방	오늘생극	오늘상충	오늘원진	오늘상천	오늘상파	황도흑도	건제 2 8 수성	九星	결혼주당	이사주당	안장주당	복단일	오늘神殺	神殺	오늘吉神	오늘흉신	육도환생처	축원인도불	오늘기도덕목	금일지옥
病甲	白蠟金	卯正東方	卯正東方	未南方	亥正北方	戌의	亥 중단	卯 미움	卯 깨짐	백호흑도	奎규 收수	二黑	廚주	災재	손님	월살·식익	천강일	적격·지파	축모살	지장보살	지장보살	발설지옥				

불공 제의식 吉한 행사일   吉凶 길흉 大小 일반 행사일

칠성기도	신불기도	용왕축원일	조왕하강일	나한기도재	천도재	신축상량	재수굿	용왕굿	조왕굿	병고	결혼	입택	투자	계약	여행	이장	합방	문안	개업	준공	상표	서류 제출	직원 채용	外出
×	◎	◎	◎	◎	◎	◎	◎	◎	◎	×	×	×	×	◎	×	×	◎	◎	×	◎	◎	×	◎	×

당일 래정법

巳時에 온사람은 의욕이나 뭐가 하고싶어서 왔다 직장취업문제 소송사문여부

午時에 온사람은 부모형제와 골치아픈일 모두 엉키고 쓴다

未時에 온사람은 화합건 금전 재물 경조사 애정사 궁합 만남 추워 가출 매매건

申時 온 사람은 이동수 있는자 이사나 직장변동 전근건 사업체 변동수 여행 이별수 장업불리

酉時 온 사람은 색정사로 금전손재수 쉬고오는 休식건

戌時 온 사람은 부동산 매매 이동변동수 터부정 관재구설 운이 다니부리나 헛 공사 사기도난 매사불성

亥時 운이 막혀 사기 허위문서 동업자 사비 다툼주의 금전손실 차사고주의

필히 피해야 할일   신상출고·제품제작·친구초대·문 만들기·벌초·씨뿌리기·나무심기·지붕고치기

백초귀장술의 오늘에 초사인

辰 巳 卯 寅 W
午 丑
未 子
申 亥
酉 戌

시간 점占	庚辰공망–申酉
子時	자식질병사 사업후원사 도난 태아령천도
丑時	파라위태 금전손실 상속문제 산소탈
寅時	질병재앙 취업문제 금전융통 사업확장
卯時	파재 극차시 관송사 분쟁 가출문제
辰時	금전건은 여자문제 사업문제 색정사
巳時	산가사업 구재 도난 상해 관재 손실
午時	관재구설 직장변동 도적손실 가출문제
未時	사업후원사 선거당선사 화합사 가출사
申時	금전융통 직업문제 변동 이사 가출사
酉時	남녀색정사 사기 도난 도주 상부상처
戌時	질병침투 직위강퇴사 가출문제 부하도주
亥時	자식문제 방해되 금전손실 우환걱정

오늘 행운 복권 운세

복권사면 좋은 띠는 범띠 ③⑧⑱
행운방향은 집에서 동북쪽에 있다

申子生	북쪽문을 피하고, 서남쪽으로 이사하면 안 된다. 재수가 없고, 하는 일마다 꼬이고, 病苦 질병발생. 바람기 발동.
巳酉生	서쪽문을 피하고, 동남쪽으로 이사하면 안 된다. 재수가 없고, 하는 일마다 꼬이고, 病苦 질병발생. 바람기 발동.
寅午戌生	남쪽문을 피하고, 북동쪽으로 이사하면 안 된다. 재수가 없고, 하는 일마다 꼬이고, 病苦 질병발생. 바람기 발동.
亥卯未生	북쪽문을 피하고, 서북쪽으로 이사하면 안 된다. 재수가 없고, 하는 일마다 꼬이고, 病苦 질병발생. 바람기 발동.

운세풀이

戌띠: 이동수,우왕좌왕, 弱 다툼
亥띠: 매사불편, 방해자,배신
子띠: 해결신,시험합격, 물림

丑띠: 점점 입이 꼬임, 관재구설
寅띠: 귀인상봉, 금전이득, 현금
卯띠: 매사꼬임,과거고생, 질병

辰띠: 최고운상승세, 두마음
巳띠: 의욕과다, 스트레스큼
午띠: 시급한 일, 뜻대로 안됨

未띠: 만남,결실,화합,문서
申띠: 이동수,이별수,변동 움직임
酉띠: 빈주머니, 걱정근심, 사기

- 207 -

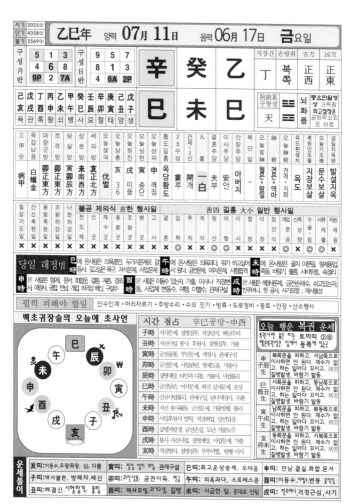

서기 2025년	乙巳年	양력 07月 11日	음력 06月 17日	金요일
단기 4358년				
불기 2569년				

구성월반	구성일반	辛 癸 乙	지장간	손방위	吉方	凶方
5 1 3	9 5 7	巳 未 巳	丁	북쪽	正西	正東
4 6 8	8 1 3					
9P 2 7A	4 6A 2P					

己亥 戊戌 丁酉 丙申 乙未 甲午 癸巳 壬辰 辛卯 庚寅 己丑 戊子
욕 관 록 왕 쇠 병 사 묘 절 태 양 생

狗狼星 구랑성 天

천은 뇌화풍 풍요만물번상 가득참 최고절정운 곧하락쇠퇴로 바뀜

三甲旬 病甲

육갑납음 白蠟金

대장군 卯正東方

조객방 卯正東方

삼살방 寅南西方

상문방 未南西方

세파방 亥正北方

오늘일진 伐벌

오늘에상극 3 6

오늘상천 亥

오늘상파 戌

오늘원진 寅

황도흑도 미음

건제12성 옥당황도

九星 깨끗

결혼주당 翁옹 開개

이사주당 一白

안장주당 未

복단일 安安

神殺 월덕 천덕

天乙귀인 역마

척 치화 옥도

지장 보살

문수 보살

밥설지옥

칠성기도일 ×
산신축원일 ×
용왕축원일 ×
조왕하강일 ×
나한하강일 ×
천신 ×
재왕 ×
조왕굿 ×
병굿 ×
고사 ×
결혼 ×
입주 ◎
계약 ×
개업 ◎
합방 ×
이장 ×
안장 ×
기복 ×
준 ×
식 ×
신축 ○
상량 ×
수술 ×
서류제출 ×
원행 ×

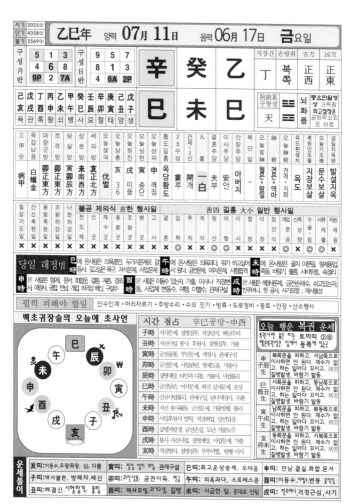

당일 래정법
巳時 온사람은 의욕없고, 두가지문제로 갈등, 사업문제 갖고픈 문제, 자식문제, 사업문제
午時 온사람은 의욕다, 뭐가 하고싶어서 왔다. 금전문제, 여자문제, 사업합격
未時 온사람은 골치 아픔, 형제문제 죽음 바람기 불륜, 샤비투쟁, 속상함
申時 온 사람은 형제, 문서 화합은 결혼, 재혼, 경조사, 문제 이사나 지위변동, 사업변동수
酉時 온 사람은 사업문제, 금전융통, 여자문제, 사업문제 시급함
戌時 온 사람은 형제문제, 금전손재수, 쉬고있는가, 반자식, 여자일 새롭게 만남 개업 하와상배신 구설수

필히 피해야 할일 인수인계·머리자르기·주방수리·수의 짓기·방류·도로정비·동토·안장·산소행사

백초귀장술의 오늘에 초사언

시간 점사 辛巳공망-申酉

子時 자식문제, 질병침투, 작살실직, 배신주의
丑時 자식사업 봉사 후원사, 질병침투, 가출
寅時 금전용통, 부인문제, 색정사 관재구설
卯時 금전문제, 사업문제, 형제도움, 가출사
辰時 금전용통, 타인과 다툼, 질병, 가출사 사업불리
巳時 금전취소, 여자문제, 취직 실직문제, 포상
午時 산규처음분리, 관재구설, 남녀색정사, 우환
未時 자손 봉사발동, 금전문제, 가출방향, 불리
申時 사업부진사업, 질병, 적장병업, 당선길상
酉時 급병학발생, 금전손실, 도난, 가출도주
戌時 봉사 자산사업, 질병재앙, 사업문제, 가출
亥時 적장병사, 질병침투, 부부이별, 원행 이사

오늘 행운 복권 운세
복권사면 좋은 띠는 토끼띠 ②⑧
행운귀방은 집에서 동쪽 방향에 있소

申子辰
북쪽문을 피하고, 서남쪽으로 이사하면 안 된다. 재수가 없고, 하는 일마다 꼬이고, 病苦 질병발생. 바람기 발동

巳酉丑
서쪽문을 피하고, 동남쪽으로 이사하면 안 된다. 재수가 없고, 하는 일마다 꼬이고, 病苦 질병발생. 바람기 발동

寅午戌
남쪽문을 피하고, 북쪽으로 이사하면 안 된다. 재수가 없고, 하는 일마다 꼬이고, 病苦 질병발생. 바람기 발동

亥卯未
동쪽문을 피하고, 서북쪽으로 이사하면 안 된다. 재수가 없고, 하는 일마다 꼬이고, 病苦 질병발생. 바람기 발동

운세풀이

亥띠:이동수,우왕좌왕, 弱, 다툼
子띠:애사불편, 방해자,배신
丑띠:해결신,시험합격, 풀림
寅띠:정점 情的 띠로 끼는 관재구설
卯띠:귀인상봉, 금전이득, 현금
辰띠:매사 꼬임,과거고생, 질병
巳띠:최고운상승세, 두마음
午띠:의욕과다, 스트레스큼
未띠:시급한 일, 뜻대로 안됨
申띠:만남,결실,화합,문서
酉띠:이동수,이별수,변동 움직임
戌띠:빈주머니, 걱정근심, 사기

- 208 -

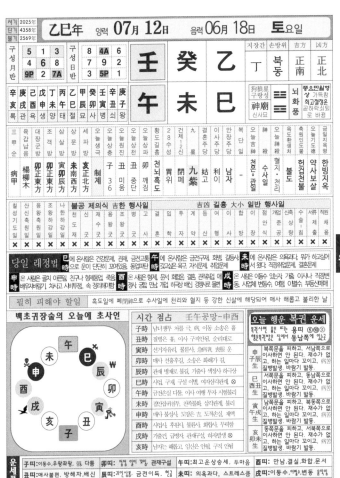

| 서기 2025年 | 乙巳年 | 양력 07月 12日 | 음력 06月 18日 | 土요일 |

구성월반			구성일반			癸 癸 乙	지장간	손방위	吉方	凶方
5	1	3	7	3	5	未 未 巳	丁	無	正東	正西
4	6	8	6	8	1					
9P	2	7A	2AP	4	9					

癸亥	壬戌	辛酉	庚申	己未	戊午	丁巳	乙辰	乙卯	甲寅	壬子
왕	쇠	병	사	묘	절	태	양	생	욕	관 록

狗狼星
구랑성
水步井
亥方

뇌
화
풍

풍으만월명
상 가득창
직고절절손
괸하락심퇴
로 바뀜

三甲旬

病甲

楊柳木

육갑납음	대장군방	조객방	삼살방	상문방	세파방	오늘생기	오늘복단	오늘상천	오늘상파	황도길흉	건제12신	九星	결혼주당	이사주당	안장주당	복단일	오늘神殺	오늘吉神	태공망일	오늘神殺	육도환생처	축원인도불	오늘기도덕	금일지옥명
	正東方	正東方	正北方	正北方	未南方	丑	子	子	丑	현무흑도	建	八白	堂	天	손자		대공망일	경신·수일	불도		헌겁천불		한빙지옥
							미중단	미 깨심단		昴 묘	建		당	천				소모·상문				대세지보살	
					伐벌		36																

칠성기도일	산신기도일	용왕기도일	조왕기도일	나한기도일	불공 제의식 吉한 행사일								吉凶 길흉 大小 일반 행사일												
					천도재	신축	재수굿	용왕굿	조왕굿	병굿	고사	결혼	입학	투자	계약	등기	여행	이사	합방	수술	침	서류제출			
✕	✕	✕	✕	✕	✕	✕	✕	✕	✕	✕	✕	✕	✕	✕	✕	✕	✕	✕	✕	✕	✕	✕			

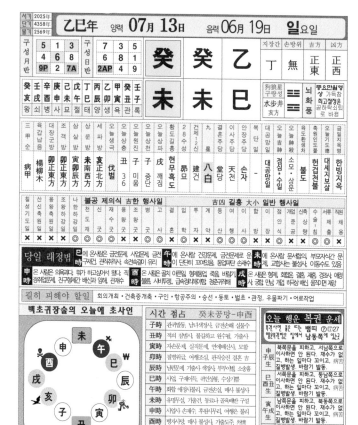

당일 래정법

巳 時 에 온사람은 금전문제, 사업문제 금전 時 궁합 관재구설 속전속결이 유리

午 時 에 온사람 건강문제, 금전문제로 운 時 이 단단히 꼬여있음, 동업파탄 손재수

未 時 에 온사람 문서합의, 부모자산 문 時 제, 교합사는 불성사, 이동수도 있음

申 時 에 온사람은 의욕과다 뭐가 하고싶어서 왔다 직 時 장변동문제, 친구형제간 배신과 애해, 관재수

酉 時 온사람은 골치 아픈일, 형제동업 죽음 바람기 時

戌 時 온사람은 형제, 화합巳 결혼, 재혼 경사사 애정사 궁합 만남 개업 허달배신 문님터 제발 時

필히 피해야 할일

회의개최 · 건축증개축 · 구인 · 항공주의 · 승선 · 동토 · 벌초 · 관정, 우물파기 · 어로작업

백초귀장술의 오늘에 초사언

시간 점占

癸未공망-申酉

오늘 행운 복권 운세

子時	관재밀동, 남녀색정사, 금전손배 실물수
丑時	적의 참범나, 불길하고 원수될, 가출사
寅時	자손문제, 실직문제, 연애배신사, 모함
卯時	질병위급, 여행조심, 관직승진 결혼 吉
辰時	남편문제 가출사 색장사 부부불륜 소송흉
巳時	사업 구재이득, 귀인상봉, 수상기쁨
午時	화합 애정사불리 금전손실 매사 불성사
未時	유명무실, 가출건, 동료나 골육배반 구설
申時	사업사 손재수, 후원사 원수내리, 여행은 불리
酉時	병자사망, 매사 불성사, 가출도주, 외sea
戌時	작업문제, 남편문제, 갈등불화, 불화함
亥時	금전배신, 처 가출사, 모망 분실, 이동 흉

복권사면 좋은 띠는 뱀띠 ①⑦②⑦
행운복권방은 집에서 남동쪽이 있소

申子辰生	북쪽문을 피하고, 서남쪽으로 이사하면 안 된다. 재수가 없 고, 하는 일마다 꼬이고, 病苦 질병발생. 바람기 발동
巳酉丑生	서쪽문을 피하고, 동남쪽으로 이사하면 안 된다. 재수가 없 고, 하는 일마다 꼬이고, 病苦 질병발생. 바람기 발동
寅午戌生	남쪽문을 피하고, 동북쪽으로 이사하면 안 된다. 재수가 없 고, 하는 일마다 꼬이고, 病苦 질병발생. 바람기 발동
亥卯未生	동쪽문을 피하고, 서북쪽으로 이사하면 안 된다. 재수가 없 고, 하는 일마다 꼬이고, 病苦 질병발생. 바람기 발동

운세풀이

丑띠:이동수,우왕좌왕, 弱,多通   巳띠:정역난통, 뜻대로 안됨, 관재구설   未띠:최고운상승세, 두마음   戌띠:만남,결실,화합,문서

寅띠:매사불편, 방해자,배신   午띠:귀인상봉, 금전이득, 현금   申띠:의욕과다, 스트레스큼   亥띠:동음수,애물,변동 움직임

卯띠:해결신,시험합격, 풀림   未띠:매사꼬임,과거2생, 질병   酉띠:시급한 일, 뜻대로 안됨   子띠:빈주머니,걱정근심, 사기

- 210 -

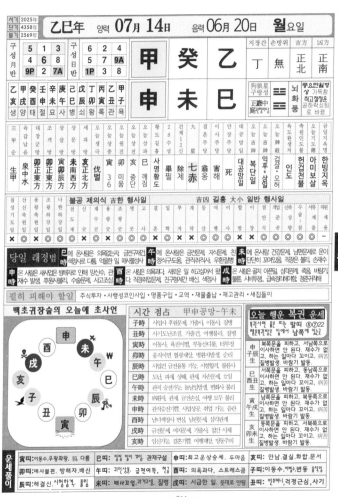

구성월반			구성일반		
5	1	3	6	2	4
4	6	8	5	7	9A
9P	2	7A	1P	3	8

지장간	손방위	吉方	凶方
丁	無	正北	正南

甲 癸 乙
申 未 巳

乙亥生양 甲戌帶 壬申절 辛未묘 庚午사 己巳병 戊辰쇠 丁卯왕 丙寅록 乙丑관 甲子욕

狗狼星 구랑성
正廳중청
中廳당청

주요신殺상 가득참
최고절정운 곤히휴식팀으로 비겸

三甲旬 生甲 / 육갑납음 泉中水 / 대장군 卯正東方 / 조객방 寅東南方 / 삼살방 未南西方 / 상문방 亥西北方 / 세파방 伐벌 / 오늘의간극 寅 / 오늘의살 卯 중단 / 오늘의원진 巳 깨끗함 / 오늘의천간 巳 / 황도길흉 畢필 / 2 8 수성 除제 / 건제12신 七赤 / 九星 翁옹 / 결혼주당 審害 / 안장주당 死 / 대공망일 대공망일 / 오늘神殺 복단일 / 오늘신殺 이후·상부 / 육도환생처 겁살·오취 / 축인인도불 인도 / 오늘기도덕 헌건선불 / 지옥명 아미보살 / 한빙지옥

칠성기도일	산신제일	용왕축원일	조왕하강일	나한제일	불공 제의식 吉한 행사일							吉凶 길흉 大小 일반 행사일												
					천도재	신굿	재수굿	용왕굿	조왕굿	병굿	고사	결혼	입학	투자	계약	등기	여행	이사	합방	점안식	개업준공	신축상량	수술	서류제출	직원채용
×	◎	×	◎	△	◎	×	×	◎	×	◎	◎	◎	×	×	×	◎	◎	×	×	×	×	◎	◎	◎	−

당일 래정법 巳에 온사람은 의욕없으나 금전구재건 午에 온사람은 금전문제, 자식문제 辰에 온사람은 건강문제, 남편문제 운이 색정사로 다툼, 억울한 일 매사불성사 時 정신가도움, 관직자귀사, 우환질병 時 단단히 꼬여있음. 직장은 불리. 손재수

申에 온사람은 새사업은 병원치료 인해 맞난수 관 未에 온사람은 금전손재수, 쟁투 일 히고싶어서 왔 戌에 온사람은 골치 아픈일, 삼각관계, 죽음 바람기, 재수 발생. 후원사불리. 수술관리. 사고조심 다. 직장취업문제. 친구형제간 배신. 색정사 時 불륜. 사비투쟁. 급속정리해야함 정존구워

필히 피해야 할일 주식투자 · 사행성코인사업 · 명품구입 · 교역 · 재물출납 · 재고관리 · 새집들이

백초귀장술의 오늘에 초사언

시간 점占	甲申공망-午未
子時	사업사 후원문제 가줄사, 이동사, 질병
丑時	사기도난조짐, 가출건, 여행월리, 질병
寅時	이동사, 육친외불, 부동산문제, 타부정
卯時	용작이면 헐광완장, 병화재발생, 순리
辰時	사업건 금전용통 가능, 시험합격, 불참사
巳時	도난 파재 상해, 관재 자손문제, 女일
午時	관직 승진가능, 놀날일발생, 변화사 불리
未時	관직승진가능, 금전융통, 여행 모두 불리
申時	관재송사문제, 사업상윤, 취업, 가능, 음란
酉時	남녀색정사 변심, 남편문제, 삼각관계
戌時	금전문제 여자문제 가출사, 잡안 사체
亥時	임신가능, 결혼기쁨, 여행월친, 당동주의

오늘 행운 복권 운세
복권사면 윷띠 愛 말띠 ⑤⑦22
행운복권방은 집에서 남쪽에 있소

申子辰生	북쪽문을 피하고, 서북쪽으로 이사하면 안 된다. 재수가 없고, 하는 일마다 꼬이고, 病苦 질병발생. 바람기 발동.
巳酉丑生	서쪽문을 피하고, 동남쪽으로 이사하면 안 된다. 재수가 없고, 하는 일마다 꼬이고, 病苦 질병발생. 바람기 발동.
寅午戌生	남쪽문을 피하고, 북동쪽으로 이사하면 안 된다. 재수가 없고, 하는 일마다 꼬이고, 病苦 질병발생. 바람기 발동.
亥卯未生	동쪽문을 피하고, 서북쪽으로 이사하면 안 된다. 재수가 없고, 하는 일마다 꼬이고, 病苦 질병발생. 바람기 발동.

7월

운세풀이

寅띠:이동수,우왕좌왕, 弱, 다툼 巳띠: 점정, 인연, 개혁, 관재구설 申띠:최고운상승세, 두마음 亥띠: 만남,결실,화합,문서
卯띠:매사불편, 방해자,배신 午띠:귀인상봉, 금전이득, 화 酉띠:의욕과다, 스트레스큼 子띠:이동수,애생,변동 움직임
辰띠:해결신,시험합격, 풀림 未띠:매사꼬임,과거고생, 질병 戌띠:시급한 일, 뜻대로 안됨 丑띠:빈주머니,걱정근심, 사기

- 211 -

乙巳年 양력 **07**月 **15**日 음력 **06**月 **21**日 **화**요일

| 구성月반 | 5 1 3 | 4 6 8 | 9P 7A |
| 구성日반 | 5 1 3 | 4P 6 8 | 9 2 7A |

乙 癸 乙
酉 未 巳

| 지장간 | 손방위 | 吉方 | 凶方 |
| 丁 | 동쪽 | 正西 | 正東 |

丁 丙 乙 癸 壬 辛 庚 己 戊 丁 丙
亥 戌 酉 申 未 午 巳 辰 卯 寅 子
사 묘 절 태 양 생 욕 관 록 왕 쇠 병

狗狼星
구랑성 　 天

풍수환

흩어질때남 정면들파촘
욕심이화근
현재와역전
현상반면되다

| 三甲순 | 육갑납음 | 대장군방 | 조객방 | 삼살방 | 상문방 | 세파방 | 오늘상충 | 오늘원진 | 오늘상천 | 오늘상파 | 황도길흉 | 건제12신 | 九星 | 결혼주당 | 이사주당 | 안장주당 | 복단일 | 神殺 殺겹살·비음 | 오늘吉神 殺神 | 육도환생처 | 오늘神殺 | 금일지옥 | 천구하식시 | 본명성 |
| 生甲 | 泉中水 | 卯正東方 | 卯正東方 | 巳酉丑 | 亥南北方 | 亥南北方 | 寅이물움 | 戌중단 | 구진흑도 | 觜破 | 六白 | 第제 | 殺살 여자 | 복단일 | 대공망일 | 삼직·비셜 | 귀도 | 헌걸선녕 | 관음보살 지옥 | 한밤중자시 |

칠성기도일	산신축원일	용왕축원일	조왕하강일	나한기도일	불공 제의식 吉한 행사일							吉凶 길흉 大小 일반 행사일								
					천도재	신중기도	재수굿	용왕굿	조왕굿	병굿	고사	결혼	입택	투자	계약	등기	여행	이장	점안식	개업 신축 수리 서류·증서	제출 출행
×	×	×	×	×	굿	굿	굿	굿	굿	굿	사	혼	학	자	산	행	사	방	장	식 공 량 출
					×	×	×	×	×	×	×	×	×	×	×	×	×	×	×	× × × ×

당일 래정법

巳에 온사람은 하극상 문제, 합격여부 午에 온사람은 의욕과다, 금전구재건 未에 온사람은 금전문제, 사업문제, 자식
時 반대업체와갈등사, 직장문제, 재혼은 굿 時 색정사로 고생, 애돌리며 매사불성사 時 문제, 관직취업사, 속전속결이 유리

申 온 사람은 건강문제, 관재구설로 운이 단단히 酉 온 사람은 두가지 문제 갈등사, 갖고있는 욕구 戌 온 사람은 의욕없는자, 직장실직문제, 취업사
時 꼬여있음, 취업 승진문제, 딸자식문제, 손재수 時 강함, 새로운 일사 진행함이 좋다 우환질병 時 취업문제, 진급해야함 배신 사험합격여부

필히 피해야 할일 새집들이·친목회·금전수금·창고수리·건축수리·동토·관정 우물파기·기둥세우기

백초귀장술의 오늘에 초사언

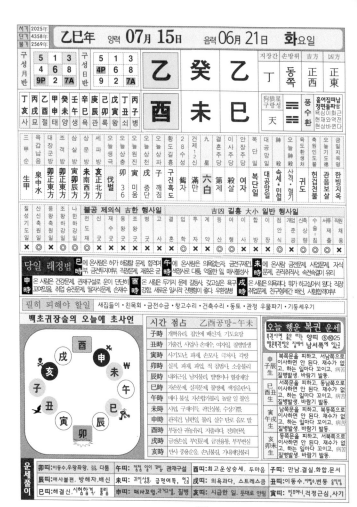

시간 점占	乙酉공망-午未
子時	개혁유리, 잡는데 배신자, 기도요망
丑時	가출건, 사업사 손재수, 여자질, 잘될듯말듯
寅時	사기도난 파재, 손모사, 극차사, 강방
卯時	실직, 파재, 파업, 적 참범사, 소송불리
辰時	내러근심, 남자질병, 발탈카나 현상계약
巳時	자손문제 실직문제 불성혼 색정음란사
午時	매사 불성 자산합기불리, 놀랄 일 불성
未時	남녀 구애가드, 관직승용, 수상기쁨
申時	관재근심, 남편질, 불리 실수 탄로 음모 불
酉時	부동산 귀속유리, 자손과다, 진위번복
戌時	금전손실 부인문제 금전융통, 부부변심
亥時	남녀 중용승소, 손님불길 가내화평불리

오늘 행운 복권 운세

북쪽사람 좋은 따는 양띠 ⑤⑩⑤⑤
행운찾는곳 집에서 남서쪽에 있음

申子辰生	북쪽문을 피하라, 서남쪽문 이사하면 안 된다. 재수가 없 질병발생. 바람기 발동.
巳酉丑生	서쪽문을 피하라, 동남쪽으 이사하면 안 된다. 재수가 없 질병발생. 바람기 발동.
寅午戌生	남쪽문을 피하라, 북동쪽문 이사하면 안 된다. 재수가 없 질병발생. 바람기 발동.
亥卯未生	동쪽문을 피하라, 서북쪽문 이사하면 안 된다. 재수가 없 질병발생. 바람기 발동.

운세풀이

卯띠: 이동수, 우왕좌왕, 弁 다툼
辰띠: 매사불편함, 방해자, 배신
巳띠: 해결신, 시험합격, 풀림
午띠: 직장 이동 개띠, 관재구설
未띠: 귀인상봉, 금전이득, 연애
申띠: 매사꼬임, 과거고생, 질병
酉띠: 최고운상승세, 두마음
戌띠: 의욕과다, 스트레스큼
亥띠: 시급한 일, 뜻대로 안됨
子띠: 만남, 결실, 화합, 문서
丑띠: 이동수, 액운소멸, 변동 움직임
寅띠: 빈주머니, 걱정 근심, 사기

乙巳年 양력 07月 16日 음력 06月 22日 수요일

지장간	손방위	吉方	凶方
乙	동남	正南	正北

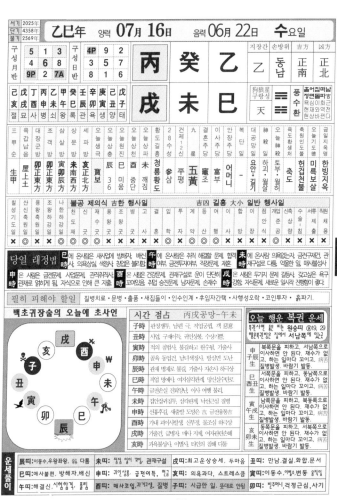

구성월반			구성일반		
5	1	3	4P	9	2
4	6	8	3	5	7
9P	2	7A	8	1	6

丙 癸 乙
戌 未 巳

己亥	戊戌	丁酉	丙申	乙未	甲午	癸巳	壬辰	辛卯	庚寅	己丑	戊子
절	묘	사	병	쇠	왕	관	욕	생	양	태	

狗狼星 구랑성
天

풍수환

흙에집떠남 정면面파云
육십이회근
현상보역전
현상바뀌고

三甲순	육갑납음	대장군방	조객방	삼살방	세문방	오늘상충	오늘원진	오늘상천	오늘상파	황도길방	건제12신	九星	결혼주당	이사주당	안장주당	대공망일	神殺	오늘神殺	육도환생처	축원인도불	오늘기도영험	나한전성명
生甲	屋上土	卯正東方	寅正東方	寅卯辰	未南西方	寅보	巳 미움	酉 깨짐	청룡황 청룡황	參삼	平평	五黃	竈조	富부	어머니	-	단	안心일· 길기	괴로·토부·월염	축도	헌겁천불 미륵보살	한빙지옥

불공 제의식 吉한 행사일

칠성기도일	산신축원일	용왕축원일	조왕하강일	나한기도일	불공	제 수	의 왕 굿	조 왕 굿	병 굿	고 사	결 혼	입 학	투 자	계 약
×	◎	×	◎	◎	×	×	×	×	×	◎	×	×	×	×

吉凶 길흉 大小 일반 행사일

여 행	이 사	기 출	입 주	개업 준공	신축 상량	수 술	서류 제출	직원 채용
○	×	○	×	◎	×	×	○	○

당일 래정법

巳時 巳에 온사람은 새사업에 방해자나, 배신, 의욕상실 생색사 장문은 불길함.

午時 午에 온사람은 취직 해결문제 합격여부, 금전구재건, 관재구재여부, 직장문제, 재혼

未時 未에 온사람은 의욕없는자, 금전구재건, 관재로 다툼, 억울한 일 매사불성사

申時 申에 온사람은 금전문제, 사업문제, 관재구재수, 여자로 인해 困전재로 얽혀됨 자식으로 인해 큰 지출

戌時 戌에 온사람은 취업 승진문제, 남자문제, 손재수

戌時 戌에 온사람은 무거나 문제, 허가 해결된 것 같어 금전 강화, 자식문제, 새로운 일자 진행함이 좋다.

필히 피해야 할일

질병치료·문병·출품·새집들이·인수인계·후임자간택·사행성오락·코인투자·흙파기.

백초귀장술의 오늘에 초사언

時	
子時	관청쟁투, 남편 극, 직업공박, 객 愿意
丑時	사업 구재得, 귀인상봉, 수상기쁨.
寅時	적의 참방사, 불길하고 원수불, 가출사
卯時	움зл음 동업건, 남녀색정사, 방심면 도난
辰時	관재 병재로 불길, 가출사 자손사 하극상
巳時	직업 명예사, 여자자손문제, 당선실연파로
午時	금전손실 진퇴양난, 이사 여행 불리
未時	잘남귀인접 부모효도, 낙석으로 질병
申時	선흥후길, 새출발 도망은 吉, 금전융통吉
酉時	가내 과사발불, 신부정, 물조심 하극상
戌時	가출건, 급병치료 매사 지체 여자災性손해
亥時	과욕勞상사, 여행시 타인의 침해 다툼

시간 점占 丙戌공망一午未

오늘 행운 복권 운세

복권사면 좋을 띠 원숭띠 ⑨19, 29
행운방객방은 집에서 서남쪽에 있습

申子辰生	북쪽문을 피하고, 서남쪽으로 이사하면 안 된다. 재수가 없 고, 하는 일마다 꼬이고, 病苦 질병발생. 바람기 발동.
巳酉丑生	서쪽문을 피하고, 동남쪽으로 이사하면 안 된다. 재수가 없 고, 하는 일마다 꼬이고, 病苦 질병발생. 바람기 발동.
寅午戌生	남쪽문을 피하고, 동북쪽으로 이사하면 안 된다. 재수가 없 고, 하는 일마다 꼬이고, 病苦 질병발생. 바람기 발동.
亥卯未生	동쪽문을 피하고, 서북쪽으로 이사하면 안 된다. 재수가 없 고, 하는 일마다 꼬이고, 病苦 질병발생. 바람기 발동.

운세풀이

辰띠:이동수,우왕좌왕, 弱 다툼
未띠: 청풍 이익, 끼임, 관재구설
戌띠:최고운상승세, 두마음
丑띠: 만남,결실,화합,문서

巳띠:매사불편, 방해자,배신
申띠:귀인상봉, 금전이득, 현금
亥띠: 의욕과다, 스트레스큼
寅띠:이동수,액破수,변동 움직임

午띠:해 결신, 시험합격, 풀림
酉띠: 매사꼬임,과거고생, 질병
子띠:시급한 일, 뜻대로 안됨
卯띠: 빈주머니, 걱정근심, 사기

7월

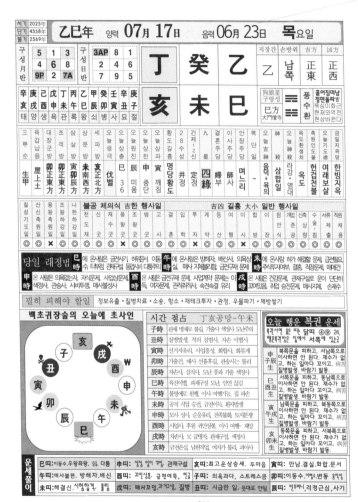

서기	2025年
단기	4358年
불기	2569年

乙巳年 양력 07月 18日 음력 06月 24日 금요일

구성月반				구성日반			
	5	1	3		2	7P	9
	4	6	8		1A	3	5
	9P	2	7A		6	8	4

戊	癸	乙
子	未	巳

지장간	손방위	吉方	凶方
乙	남서	正北	正南

癸	壬	辛	庚	己	戊	丁	丙	乙	甲	癸	壬
亥	戌	酉	申	未	午	巳	辰	卯	寅	丑	子
절	묘	사	병	쇠	왕	록	관	욕	생	양	태

狗狼星 구랑성 廚竈 주방부엌 ☵☳ 풍수환

흩어짐떠남 정면돌파吉 욕심이화근 현재와역전 현상바뀐다

三甲순	육갑납음	대장군방	조객방	삼살방	상문방	세파방	오늘생극	오늘상충	오늘원진	오늘상천	오늘상파	황도길흉	28수성	건제12신	九星	결혼주당	이사주당	안장주당	오늘吉神	오늘吉神	神殺일	오늘神殺	육도환생처	축원인도불	오늘기도德	금일지옥명
生甲	霹靂火	卯正東方	卯正東方	寅卯辰方	未南西方	亥正北方	制제	午 36	未 미움	未 중단	酉 깨짐	천형흑도	鬼귀	執집	三碧	廚주	災재	손님	-	금당*해신	천형·대패	수격·고초	천도	약사여래	아미보살	화탕지옥

칠성기도일	산신축원일	용왕축원일	조왕하강일	나한하강일	불공 제의식 吉한 행사일							吉凶 길흉 大小 일반 행사일													
					천도재	신굿	재수굿	용왕굿	조왕굿	병굿	고사	결혼	입학	투자	계약	등산	여행	이사	합방	이장	점안식	개업준공	신축상량	수술-침	서류제출	직원채용
×	×	×	×	×	×	×	×	×	×	×	×	×	◎	×	×	◎	◎	×	×	×	×	×	×	◎	-	×

당일 래정법

巳時 에 온사람은 실업자, 친정문제, 빈주머니, 헛 공사, 사기·도난사, 밤길조심

午時 에 온사람은 이동변동수, 터부정, 관재구설, 배반 다툼주의, 차사고

未時 에 온사람은 방해자, 배신사, 의욕상실, 매사 지체불리함, 형제간 시비불리함.

申時 온 사람은 자식문제, 결혼문제, 경조사, 속결처리는 해결됨, 시험은 합격됨, 허가건은 승인됨

酉時 온 사람은 의욕없는자, 자식으로인해 큰돈 손해 억울한일 외정색정사, 불륜사 문제 관재로

戌時 온 사람은 금전문제, 사업문제, 주식투자문제, 부동산거래, 재물구재사, 여자화합건, 돈은 들어오나 곧나감

필히 피해야 할일 신상출고 • 제품제작 • 부동산매매 • 문 만들기 • 벌초 • 씨뿌리기 • 항공주의 • 질병치료

백초귀장술의 오늘에 초사언

시간 점占 戊子공망-午未

子時	남녀쟁투 돈이나 처를 극, 자식病, 흉
丑時	결혼은 吉, 동료모략, 혐의누명 손님 옴
寅時	관재, 병재 출행,재난, 원한 喪服 운
卯時	매사 선흉후길, 자식근심, 情夫 작해
辰時	형제나 친구 침범사, 가출사 색정사 흉해
巳時	관직 승전문제, 가정불안 모사발생 후 破
午時	남녀투쟁 다툼, 처를 극하고 매사 막힘
未時	집안잡귀침투, 부부불화, 삼각관계, 질병
申時	선거자유리, 사업흥성, 화합사, 색정사
酉時	자손사와 남편불리, 간사한 은닉건, 모략
戌時	작은돈 가능, 시험불합격, 삼각관계 불화
亥時	사업, 구재, 관재구설 여자문제, 혐의징조

오늘 행운 복권 운세

복권사면 좋은 띠는 **개띠** ⑩⑳ 30

행운복권방은 집에서 **서북쪽**에 있는곳

申子辰生	북쪽문을 피하고, 서남쪽으로 이사하면 안 된다. 재수가 없고, 하는 일마다 꼬이고, 病苦 질병발생. 바람기 발동.
巳酉丑生	서쪽문을 피하고, 동남쪽으로 이사하면 안 된다. 재수가 없고, 하는 일마다 꼬이고, 病苦 질병발생. 바람기 발동.
寅午戌生	남쪽문을 피하고, 북동쪽으로 이사하면 안 된다. 재수가 없고, 하는 일마다 꼬이고, 病苦 질병발생. 바람기 발동.
亥卯未生	동쪽문을 피하고, 서북쪽으로 이사하면 안 된다. 재수가 없고, 하는 일마다 꼬이고, 病苦 질병발생. 바람기 발동.

운세풀이

午띠:이동수,우왕좌왕, 弱, 다툼	酉띠: 점점 일이 꼬임, 관재구설	子띠:최고운상승세, 두마음	卯띠: 만남,결실,화합,문서
未띠:매사불편, 방해자,배신	戌띠:귀인상봉, 금전이득, 현금	丑띠: 의욕과다, 스트레스큼	辰띠:이동수,이별수,변동 움직임
申띠:해결신,시험합격, 풀림	亥띠: 매사꼬임,과거고생, 질병	寅띠: 시급한 일, 뜻대로 안됨	巳띠: 빈주머니,걱정근심,사기

7월

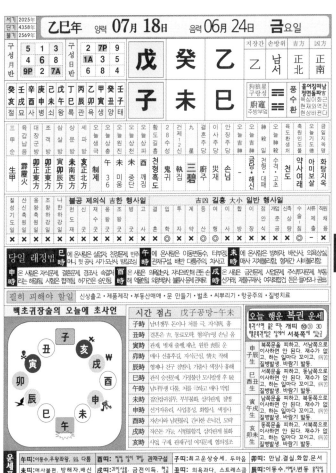

구성 월반	5	1	3	구성 일반	1	6	8AP	己	癸	乙	지장간	손방위	吉方	凶方
	4	6	8		9	2	4				己	서쪽	正西	正東
	9P	7	7A		5	7	3	丑	未	巳				

乙亥	甲戌	癸酉	壬申	辛未	庚午	己巳	戊辰	丁卯	丙寅	乙丑	甲子
태	양	생	욕	관	록	왕	쇠	병	사	묘	절

狗狼星 구랑성
寅方 廚舍

흙어집머난 정면돌파吉 육심이화근 현재와역전 현상바뀐다

풍수환

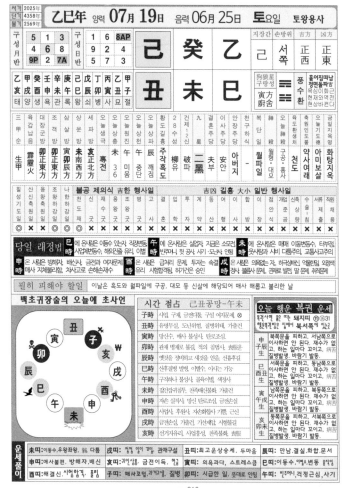

三甲순	육갑납음	대장군방	조객방	삼살방	상문방	세파방	오늘상충	오늘원진	오늘상천	오늘상파	황도길흉	건제12신	九星	결혼주당	이사주당	안장주당	천구하식	神殺	오늘神殺	육도환생처	축인시두법	오늘길흉	나이별吉凶
生甲	霹靂火	卯正東方	寅正東方	巳午未南方	亥正北方	未南	未	午	辰	未 미움	주작흑도	破깨짐	二黑	夫부	安안	아버지	월파일	월염·대모	구공·홍사	천도	약사여래	아미보살	화탕지옥

불공 제의식 吉한 행사일 | 吉凶 길흉 大小 일반 행사일

칠성기도일	산신축원일	용왕축원일	조왕하강일	나한하강일	불공	제의식	천도재	신축	재수굿	용왕굿	조왕굿	병굿	고사	결혼	입주	투자	계약	등산	여행	이사	합방	상장	안장	개업	준공식	신축상량	수 술	서류 제출	직원 채용
◎	×	×	×	◎	×	×	×	×	×	×	×	×	×	×	×	×	×	×	×	×	×	◎	×	×	×	×	×	×

당일 래정법	巳時	巳時에 온사람은 이동수 있는자 직장변동, 사업변동수, 해외진출 유리, 이별	午時	午時에 온사람은 살림수, 지금은 소멸적, 반대사나, 헛공사, 시키 도난수, 안됨	未時	未時에 온사람은 매매, 이동변동수, 터부정, 우환질병, 사비, 다틈주의, 교통사고주의
	申時	申時에 온사람은 방해자, 배신사, 금전과 여자문제, 매사 지체불리함, 차사고로 손해손재수	酉時	酉時에 온사람은 급한일 매사 투쟁, 속결건, 사업재정 허가문제 해가건은 승인	戌時	戌時에 온사람은 하극상비, 하강실직사 억울한일 외생여자 연루, 관재로 발전 문서 분실수, 도난 가능, 남편 자식문제, 처남편 쥐뿔문제

필히 피해야 할일	이날은 흑도와 월파일에 구공, 대모 등 신살에 해당되어 매사 해롭고 불리한 날

백초귀장술의 오늘에 초사언 | 시간 점占 己丑공망-午未 | 오늘 행운 복권 운세

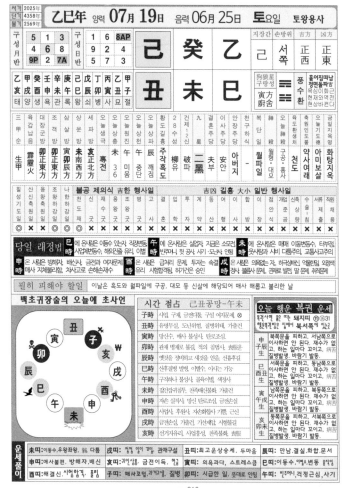

子時	사업 구재 금전회통, 구설 여자문제
丑時	유방부상, 도난위협, 질병위태, 가출건
寅時	망신수, 매사 불성사, 탄로조심,
卯時	관재 병재로 불길, 적의 참범사, 蜘蛛운
辰時	옛정을 장비하고 새次을 얻음, 선용유길
巳時	산후질병 별별, 이별수, 이사는 가능
午時	구직하나 불성사, 골육의별, 색정사
未時	잡귀침범칠, 친족배신불화, 가출건
申時	자손 문제사 망신 탄로조심, 금전손실
酉時	사업사, 후원사, 자손화합사 기쁨, 근신
戌時	금전손실, 가출건, 기산재난, 시험불길
亥時	선거자유리, 사업흥성, 친족불화, 색정사

오늘 행운 복권 운세
복권사면 쫓는 띠는 돼지띠 ⑪⑯31
행운복권방 있는곳 북서쪽에 있는

申子生	복록문을 피하고, 서남쪽을 피하라. 이사하면 안 된다. 재수가 없고, 하는 일마다 꼬이고, 病苦 질병발생. 바람끼 발동
巳酉丑生	서쪽문을 피하고, 동남쪽으로 이사하면 안 된다. 재수가 없고 하는 일마다 꼬이고, 病苦 질병발생. 바람끼 발동
寅午戌生	남쪽문을 피하고, 북쪽으로 이사하면 안 된다. 재수가 없고 하는 일마다 꼬이고, 病苦 질병발생. 바람끼 발동
亥卯未生	동쪽문을 피하고, 서북쪽으로 이사하면 안 된다. 재수가 없고 하는 일마다 꼬이고, 病苦 질병발생. 바람끼 발동

운세풀이	未띠:이동수,우왕좌왕, 弱,다툼	戌띠: 점정, 의외 꺼, 관재구설	丑띠:최고운상승세, 두마음	辰띠: 만남,결실,화합,문서
	申띠:매사불편, 방해자,배신	亥띠:귀인상봉, 금전이득, 현금	寅띠: 의욕과다, 스트레스큼	巳띠:이동수,예측불허,변동 움직임
	酉띠:해결신,시험합격, 풀림	子띠: 매사꼬임,과거고생, 질병	卯띠: 시급한 일, 뜬대로 안됨	午띠: 빈주머니,걱정근심, 사기

서기 2025년			
단기 4358년			
불기 2569년			

乙巳年 양력 **07月 20日** 음력 **06月 26日** **일요일 초복**

| 구성월반 | 5 | 1 | 3 |
| | 9P | 2 | 7A |

구성일반	9	5	7P
	8	1	3
	4	6A	2

庚 **癸** **乙**
寅 **未** **巳**

| | 지장간 | 손방위 | 吉方 | 凶方 |
| 己 | | 서북 | 正南 | 正北 |

狗狼星 구랑성
午方 남쪽

풍수환

홀어집떠남 정면볼파듯 복심이침근 현재와역전 현상비전됨

| 丁亥 | 丙戌 | 乙酉 | 甲申 | 癸未 | 壬午 | 辛巳 | 庚辰 | 己卯 | 戊寅 | 丁丑 |
| 병 | 쇠 | 왕 | 록 | 관 | 욕 | 생 | 양 | 태 | 절 | 묘 |

三甲旬	육갑납음	대장군방	조객방	삼살방	상문방	세파방	오늘상극	오늘원진	오늘상천	오늘상파	황흑도길흉	건제12신	九星	결혼주당	이사주당	안장주당	오늘神殺	神殺	육도환생처	축원인도불	오늘기도덕	금일지옥
生甲	松柏木	卯正東方	卯正東方	寅艮東方	未南西方	亥正北方	制百	酉미움	巳깨짐	亥	金궤황도	危위	一白	姑고	利이	男자	오부길일	오합·망공	유화·토갑	인도	약사여래	화탕지옥
							中36													약사보살	

불공 제의식 吉한 행사일 / 吉凶 길흉 大小 일반 행사일

| 칠성기도 | 산신축원 | 용왕축원 | 조왕하강 | 나한기도 | 불공 | 제의식 | 천도재 | 신중기도 | 재수굿 | 용왕굿 | 조왕굿 | 병굿 | 고사 | 결혼 | 입학 | 투자 | 계약 | 등산 | 여행 | 이사 | 합방 | 이장 | 점안식 | 개업 | 신축상량 | 수술 | 서류제출 | 직원채용 |
| ◎ | ◎ | ◎ | ◎ | × | × | × | 굿 | 굿 | 굿 | 굿 | 굿 | 굿 | × | ◎ | × | × | ◎ | ◎ | × | ◎ | ◎ | × | - | ◎ | ◎ | ◎ | ◎ | ◎ |

당일 래정법
巳時 에 온사람은 문서 화합건, 결혼, 재혼, 경조사 문가함 궁함 결혼 재혼 개업
午時 에 온사람은 이동수 있으나 이사나 직장변동 하는게 좋음 여행 이별 질병
未時 온사람은 금전사기, 하위문서, 실압사 모여쇠고 반대나, 핫 궁사 유흥벌석사
申時 온 사람은 매매 이동변동수, 가정불화문제, 관직주작사, 속셈 때론 개업
酉時 온사람은 변동수, 친구동료 배신사, 취업 승진 매사 지제불함 질병
戌時 온 사람은 급차여부 묘지작업, 고과사병관련, 속셈 색정사로 구설수, 남편 합격됨 하턱 승인됨

필히 피해야 할일 물놀이·벌목·사냥·수렵·승선·낚시·어로작업·요트타기·스쿠버다이빙·원출놀이기구

백초귀장술의 오늘에 초사언

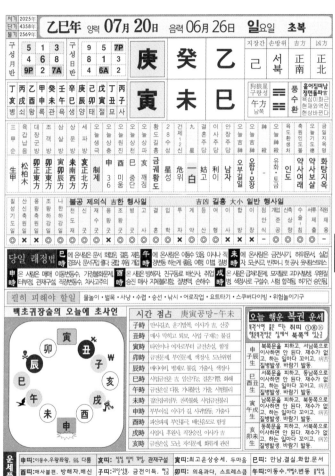

時間 占	庚寅공망-午未
子時	만사길조, 운기발복, 이사가 吉, 산중
丑時	매사 막히고 퇴보, 사업 구재는 불길
寅時	타인이나 여자로부터 금전손실, 함정
卯時	금전문제, 부인문제, 색장사, 도난위험
辰時	매사불리 병재로 불길, 가출사 색장사
巳時	사업문제 흉 입산기도, 질병근심, 화재
午時	금전손실 다툼, 가족불안, 시험불리
未時	잡안잠위험, 친족불화, 사급근관불리
申時	부부이심 이사 좋음, 사업번창, 자식사
酉時	파산재물, 부인흥극, 배신음모로 함정
戌時	사업시 후원사 직장승진 이사가 吉
亥時	금전손실 도난, 자식문제, 화투게 관련

오늘 행운 복권 운세
복권사면 윤운 띠는 쥐띠 ①⑥
행운복권방은 집에서 북쪽

申子辰生	북쪽을 피하고, 서남쪽으로 이사하면 안 된다. 하는 일마다 꼬이고, 病苦 질병발생 바람기 발동.
巳酉丑生	서쪽을 피하고, 동남쪽으로 이사하면 안 된다. 재수가 없고 하는 일마다 꼬이고, 病苦 질병발생 바람기 발동.
寅午戌生	남쪽을 피하고, 북동쪽으로 이사하면 안 된다. 재수가 없고 하는 일마다 꼬이고, 病苦 질병발생 바람기 발동.
亥卯未生	동쪽을 피하고, 서북쪽으로 이사하면 안 된다. 재수가 없고 하는 일마다 꼬이고, 病苦 질병발생 바람기 발동.

운세풀이	
申띠: 이동수·우왕좌왕, 弱음 다툼	亥띠: 적정 일이 꼬임 관재구설	寅띠: 최고운상승세, 두마음	巳띠: 만남·결실·화합·문서
酉띠: 매사불편, 방해자, 배신	子띠: 귀인상봉, 금전이득, 현금	卯띠: 의욕과다, 스트레스큼	午띠: 이동수, 이별수·변동 움직임
戌띠: 해결신, 시험합격, 풀림	丑띠: 매사꼬임, 과거2색, 질병	辰띠: 시급한 일, 뜻대로 안됨	未띠: 빈주머니, 걱정근심, 사기

- 217 -

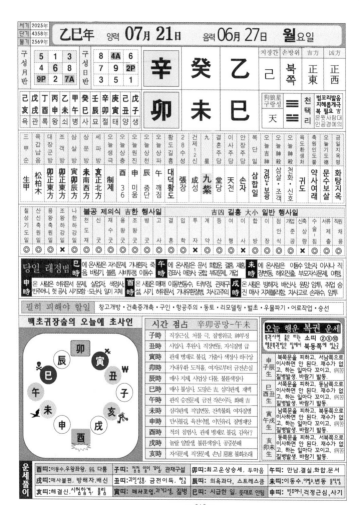

乙巳年 양력 07月 21日 음력 06月 27日 月요일

구성월반			구성일반		
5	1	3	8	4A	6
4	6	8	7	9	2P
9P	2	7A	3	5	1

辛 癸 乙
卯 未 巳

지장간	손방위	吉方	凶方
己	북쪽	正東	正西

己 戊 丁 丙 乙 甲 癸 壬 辛 庚 己 戊
亥 戌 酉 申 未 午 巳 辰 卯 寅 丑 子
욕 관 록 왕 쇠 병 사 묘 절 태 양 생

狗狼星
구랑성
天

범꼬리밟음
지혜롭게극
복 필요
온윗사람대
인공경예의

천택리

三甲순	육갑납음	대장군방	조객방	삼살방	상문방	세파방	오늘층	오늘원진	오늘상천	오늘상파	오늘상해	오늘원수	건제12신	九星	결혼주당	이사주당	안장주당	복단일	오늘神殺	오늘吉神	오늘神殺	육도환생처	축원인도불	오늘기도덕	금일지옥명
生甲	松柏木	卯正東方	寅南東方	未南西方	亥正北方	制제	酉	申 3 6	午 미움짐	卯 깨짐	대덕황도	張장	成성	九紫	堂당	天천	손자	삼합일	경안·보광	전화·조객	귀도	문수보살	화탕지옥

천도	신중	재수	용왕	조왕	병 굿	고 사	결 혼	입 학	투 자	계 약	여 행	이 사	합 방	점 안	개업 준공	신축 상량	수 술	서류 제출	직원 채용
◎	◎	◎	◎	◎	◎	◎	X	◎	◎	X	X	◎	◎	◎	◎	◎	◎	◎	◎

巳時에 온사람은 자손문제, 가내우환, 午時에 온사람은 문서 화합사, 금전, 재물, 未時에 온사람은 이동수 있는자 이사나 직
申時 는 바람기, 불륜, 샤바투쟁, 이동수
酉時 은 매매 이동변동수, 터부정, 관재구설
戌時 은 방해자, 배신사, 원망 암투, 취업 승

백초귀장술의 오늘에 초사언

시간 점占	辛卯공망-午未
子時	직장근심, 처를 극, 질병위급, 神부정
丑時	사업上 후원사, 직장변동, 자식결혼 급
寅時	관재 병재로 불길, 가출나 색정사 하극상
卯時	가내우환 도적ál, 여자로부터 금전손실
辰時	매사 지체, 사업상 다툼, 불륜색정사
巳時	매사 불성사, 도망 손失, 삼각관계, 재혼
午時	관직 승전事, 금전 작은이득, 화해 吉
未時	삼각關계, 작업변동, 친척불화, 여자질병
申時	만사불길, 급病, 이민吉사, 질병재앙
酉時	적의 침범사, 극처사로 병災로 불길, 감옥行
戌時	놀랄 일발생, 불륜색정사, 공务변해
亥時	자식문제, 직장관련, 손님 愛別 불화초대

오늘 행운 복권 운세

복권사면 좋은 띠는 소띠 ②③⑤
행운복권방 집에서 북동쪽에 있는곳

申
子
辰
生

북쪽문을 삼가고, 서남쪽으로
이사하면 안 된다. 재수가 없고
病苦
, 하는 일마다 꼬이고, 病苦
질병발생. 바람기 발동.

巳
酉
丑
生

서쪽문을 삼가고, 동남쪽으로
이사하면 안 된다. 재수가 없고
病苦
, 하는 일마다 꼬이고, 病苦
질병발생. 바람기 발동.

寅
午
戌
生

남쪽문을 삼가고, 북동쪽으로
이사하면 안 된다. 재수가 없고
病苦
, 하는 일마다 꼬이고, 病苦
질병발생. 바람기 발동.

亥
卯
未
生

동쪽문을 삼가고, 서북쪽으로
이사하면 안 된다. 재수가 없고
病苦
, 하는 일마다 꼬이고, 病苦
질병발생. 바람기 발동.

운세풀이

酉띠:이동수,우왕좌왕, 弱 다툼
戌띠:매사불편, 방해자,배신
亥띠:해결신,시험합격, 풀림

子띠: 적은 일에 呻吟, 관재구설
丑띠:귀인상봉, 금전이득, 현금
寅띠:매사꼬임,과거고생, 질병

卯띠:최고운상승세, 두마음
辰띠: 의욕과다, 스트레스큼
巳띠: 시급한 일, 뜻대로 안됨

午띠: 만남,결실,화합,문서
未띠: 이동수,액,변동 움직임
申띠: 빈주머니, 걱정근심, 사기

- 218 -

서기	2025年										
단기	4358年										
불기	2569年										

乙巳年 양력 **07**月 **22**日 음력 06月 28日 **화**요일

대서 大暑
22時 29分 入

구성月반			구성日반			
5	1	3	6	8	1	
4	6	8	7	3	1	
9P	**2**	**7A**	**2A**	**4**	**9P**	

壬 癸 乙
辰 未 巳

지장간	손방위	吉方	凶方
己	北東	正北	正南

辛	庚	己	戊	丁	丙	乙	甲	癸	壬	辛
亥	戌	酉	申	午	巳	辰	卯	寅	丑	子
록	관	욕	생	양	태	절	묘	사	병	쇠 왕

狗狼星
구망성
天

범꼬리발음
지해통계곡
천 택 리
물 필요 흉
은 믧사람대
인공경예의

三甲순	육갑납음	대장군방	조객방	삼살방	상문방	세파방	오늘생극	오늘원진	오늘상천	오늘상파	오늘상충	황흑도길흉	건제12신	九星	결혼주당	이사주당	안장주당	대공망일	神殺吉神	오늘吉神	육도환생처	오늘神殺	금일지옥
生甲	長流水	卯正東方	卯正東方	寅東方	未南方	亥正北方	伐벌	亥	卯 미움	丑 깨짐		黃堡黑도	翼익	八白	翁옹	害해	死	대공망일	천공일	축도	전격·지파	야자地옥

※ 건제12신, 九星 column...

칠성기도일	산신축원일	용왕축원일	조왕하강일	나한재일	불공	제의식				吉한 행사일				

칠성기도일	산신축원일	용왕축원일	조왕하강일	나한재일	천도재	신중기도	재수굿	용왕굿	조왕굿	병굿	고사	결혼	입택	手계	융어	이장	합방	여행	이점	개업	신축	수술	서류제출	직원채용
×	×	×	×	×	◎	◎	◎	◎	◎	×	◎	×	×	×	◎	×	◎	×	×	×	-	◎	◎	×

당일 래정법

巳時에 온사람은 의외事다. 뭔가 하고싶어 午時에 온사람은 금전문제로 골치 아픔 未時에 온사람은 문서 남편前業 괴롭 家苦 재초 왔다. 자과 금전。 직장변동수 상相와 앙담. 여女者 색정사 불통. 화병 경조사 문中기근 궁합 만남 부모님 불리

申時에 온사람은 이동수 있는자 이사나 직장변동 酉時에 온사람은 금전문제, 자식문제, 빈주머니 戌時에 온사람은 해결할것 이동변동수. 타부정 관재구설 문中관송사. 여행, 이별수 취업불가능. 잘됨 주머니 헛공사 사기모함. 매사불성 일 苦주. 자시가능 자식 사비 다툼수고 처사고초문

꼭히 피해야 할일 | 주식투자·신상출고·명품구입·교역·물건구입·새집들이·창고수리·지붕덮기

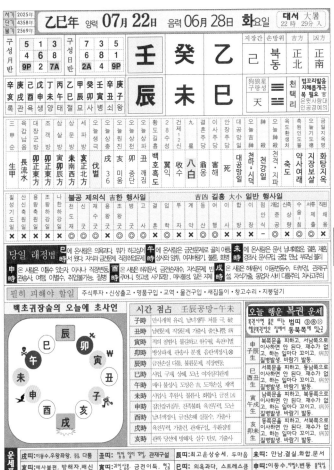

백초귀장술의 오늘에 초사언

시간 점占	壬癸공망~午未
子時	만사개혁 관인, 남녀쟁투 처음 극 화합
丑時	남편문제 직장문제 가출사 출산쟁投, 薄病
寅時	적의 침투사 불리하고 위극됨, 육친이별
卯時	병상파래, 관송사 분쟁, 음란색정사.×
辰時	금전손실 대통, 불문제로 직장변동.
巳時	사업 구재 상해, 도난 여자파산관계
午時	매사 불성사 도망은 흉, 도적도심 재액
未時	사업시 후원사, 불성사, 화합사, 금전 凶
申時	급전압래문제, 관청불화, 육친무력, 다툼
酉時	남녀색정사 금전손해 실물수, 가출사
戌時	육친무력 가출건 관재구설, 우환질병
亥時	관록 당선에 방해적 실수 탄로, 가출사

오늘 행운 복권 운세
복권사면 좋은 띠는 범띠 ③⑧⑱
행운복권방은 집에서 동북쪽에 있는곳

申子辰生	북쪽문을 피하고, 서남쪽으로 이사하면 안 된다. 재수가 없고 하는 일마다 꼬이고. 病苦 질병발생. 바람기 발동.
巳酉丑生	서쪽문을 피하고, 동남쪽으로 이사하면 안 된다. 재수가 없고 하는 일마다 꼬이고. 病苦 질병발생. 바람기 발동.
午戌生	남쪽문을 피하고, 북동쪽으로 이사하면 안 된다. 재수가 없고 하는 일마다 꼬이고. 病苦 질병발생. 바람기 발동.
亥卯未生	동쪽문을 피하고, 서북쪽으로 이사하면 안 된다. 재수가 없고 하는 일마다 꼬이고. 질병발생. 바람기 발동.

7月

운세풀이	戌띠:이동수,우왕좌왕, 弱됨 대통	丑띠:질병 이미 끼임 관재구설	辰띠:최고운상승세, 두마움	未띠:만남,결실,화합,문서
	亥띠:매사불편, 방해자,배신	寅띠:귀인상봉, 금전이득, 현금	巳띠:의욕과다, 스트레스큼	申띠:이동수,애롱수,변동 윰직임
	子띠:해결신, 시험합격, 풀림	卯띠:매사꼬임,과거고생, 질병	午띠:시급한 일, 뜻대로 안됨	酉띠:빈주머니,걱정근심,사기

- 219 -

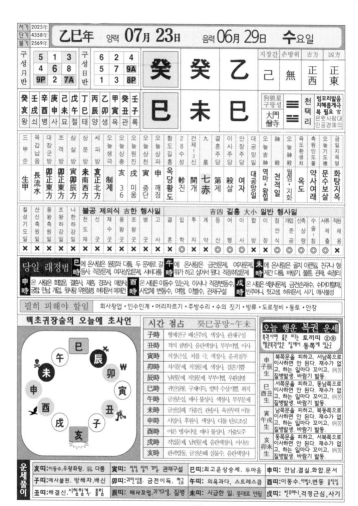

서기 2025년	乙巳年	양력 07月 23日	음력 06月 29日	水요일
단기 4358년				
불기 2569년				

구성 월반	5	1	3	구성 일반	6	2	4
	4	6	8		5	7	9A
	9P	2	7A		1	3	8P

癸 癸 乙
巳 未 巳

지장간 己　손방위 無　吉方 正西　凶方 正東

狗狼星
구랑성
大門
僧寺

천택리

범꼬리밟음
지혜롭게극
복필요 言
은혜사람대
인공경예의

| 癸亥왕 | 壬戌쇠 | 辛酉병 | 庚申사 | 己未묘 | 戊午절 | 丁巳태 | 丙辰양 | 乙卯생 | 甲寅욕 | 癸丑관 | 壬子록 |

三甲순 生甲 | 대갑납음 長流水 | 조객방 卯正東方 | 삼살방 卯正東方 | 세파방 亥正北方 | 오늘생극 制殺 | 오늘상충 亥 36 | 오늘원진 戌 미움 | 오늘천관 寅 깨짐 | 황도길흉 午黄道 | 2 8 九 星 九星 | 건제십이신 斬진 | 九星 開開 | 결혼주당 七殺 | 이사주당 第제 | 안장주당 殺살 | 대공망일 여자 | 天神 대공망일 | 神殺 역마·왕망 | 오늘神殺 월염·지화 | 축원인도불 천적일 | 육도환생처 옥도 | 오늘기도덕 약사여래 | 금일기도축원 문수보살 | 금일지옥명 화탕지옥

칠성기도일 ✕	산신축원일 ✕	용왕축원일 ✕	조왕하강일 ✕	불공제의식 吉한 행사일				吉凶 길흉 大小 일반 행사일							
				신중기도 ✕	재수굿 ✕	조왕굿 ✕	병굿 ✕	결혼 ✕	입학 ✕	투자 ✕	계약 ✕	여행 ✕	이사 ◎	개업 ○	신축 ○	수리 ○	서류제출 ◎	직원채용 ✕
				✕	✕	✕	✕	고사	입학	자	약	산	행	사	장	업	안	준	상	복	원	제	용

당일 래정법
巳 온사람은 원망과 다툼, 두 문제로 갈 | 午 온사람은 금전문제, 여자문제수 | 未 온사람은 골치 아픔, 친구나 형
時 時리 직장문제, 여자상업문제로 사나 | 時때 이동 갈수 삶이와 왔다 직장취업문제
申 온 사람은 화합은 쟁투 재는 경쟁사, 이사나 직장변동수 | 酉 온 사람은 색정수로 이사나 직장변동수 | 戌 온사람은 금전구재, 헛고생 하루종일 사기 매사불성
時 만남 개교, 왔다 우환질병 하루종일 매매진 | 時 사업체 변동수, 여행, 이별수, 관재구설 | 時 반구하니, 헛고생 하루종일 사기 매사불성

필히 피해야 할일 회사창업·인수인계·머리자르기·주방수리·수의 짓기·방류·도로정비·동토·안장

백초귀장술의 오늘에 초사언

시간 점占	癸巳공망-午未
子時	형제친구 배신구의, 색정사, 관재구설
丑時	적의 참방사 음란색정사, 부부이별, 이사
寅時	직장구설, 처를 극, 색정사, 음귀침투
卯時	자식문제, 직장문제, 색정사, 검은기쁨
辰時	남편문제, 직장문제, 부부아별, 우환질병
巳時	귀인상봉, 구재이득, 발탁 승진기쁨, 취직
午時	금전손실, 매사 불성사, 색정사, 부부문제
未時	금전실패, 가출건, 관송사, 육친무력 이동
申時	사업사, 후원사, 색정사, 다툼 탄로조심
酉時	손battle 병자사망, 매사 불성사, 가출도주
戌時	직업문제, 남편문제, 음란색정사, 이사heading
亥時	관재발동, 금전損害 실물수, 음란색정사

오늘 행운 복권 운세

북권사면 좋은 띠는 토끼띠 ②⑧
행운E자가 지에서 동쪽에 있으며

申 子 辰 生	복록문을 피하고, 서남쪽으로 이사하면 안 된다. 재수가 있고, 일, 하는 일마다 잘되고, 질병발생. 바람기 발동.
巳 酉 丑 生	서북문을 피하고, 동남쪽으로 이사하면 안 된다. 재수가 있고, 일, 하는 일마다 잘되고, 질병발생. 바람기 발동.
寅 午 戌 生	북문을 피하고, 북동쪽으로 이사하면 안 된다. 재수가 있고, 일, 하는 일마다 잘되고, 질병발생. 바람기 발동.
亥 卯 未 生	북문을 피하고, 서북쪽으로 이사하면 안 된다. 재수가 있고, 일, 하는 일마다 잘되고, 질병발생. 바람기 발동.

운세풀이

亥띠:이동수,우왕좌왕, 弱 다툼 | 寅띠:적침 이익 끼임, 관재구설 | 巳띠:최고운상승세, 두마음 | 申띠:만남,결실,화합,문서
子띠:매사불편, 방해자,배신 | 卯띠:귀인상봉, 금전이득, 현금 | 午띠:의욕과다, 스트레스큼 | 酉띠:이동수,이별수,변동 움직임
丑띠:해결신,시험합격, 풀림 | 辰띠:매사꼬임,과거고생, 질병 | 未띠:시급한 일, 뜻대로 안됨 | 戌띠:빈주머니,걱정근심, 사기

- 220 -

乙巳年　양력 **07**月 **24**日　음력 **06**月 **30**日　**목**요일

구성月반	5	1	3	구성日반	5	1	3	甲	癸	乙		지장간	손방위	吉方	凶方
	4	6	8		4	6	8					己	無	正南	正北
	9P	2	7A		9	2P	7A	午	未	巳					

乙亥生	甲戌양	癸酉태	壬申절	辛未묘	庚午사	己巳병	戊辰쇠	丁卯왕	丙寅록	乙丑관	甲子욕

狗狼星
구랑성
戌亥方

천택리

범포리발음
지록흔개국
목 필요 吉
윷왓삼대
인공접예의

三甲旬	육갑납음	대장군방	조객방	삼살방	상문방	세파방	오늘생극	오늘원진	오늘상충	오늘상천	오늘상파	황도길흉	건제12신	九星	결혼주당	이사주당	안장주당	대공망일	神殺	오늘吉神	육도환생처	축인인도환	오늘기도덕	금일지옥
死甲	砂中金	卯正東方	卯正東方	寅卯辰方	未南西方	辰正北方	子 3 6	丑 미움	丑 중단	丑 깨짐	천뇌흑	角각	六白	竈조	富부	어머니	대공망일	복단일 · 관일	혈지 · 천리	불도	관세음보살	약사보살	좌마지옥

칠성기도일	산신기도일	용왕축원일	조왕하강일	나한재일	불공 제의식 吉한 행사일								吉凶 길흉 大小 일반 행사일											
					천도재	신축굿	용왕굿	조왕굿	병굿	고사	결혼	입학	투자	계약	등여	이사	여행	점	개업	신축	수술	서류제출	직원채출
◎	◎	×	×	×	×	×	×	×	×	×	×	×	×	×	×	×	×	×	×	×	×	×	×

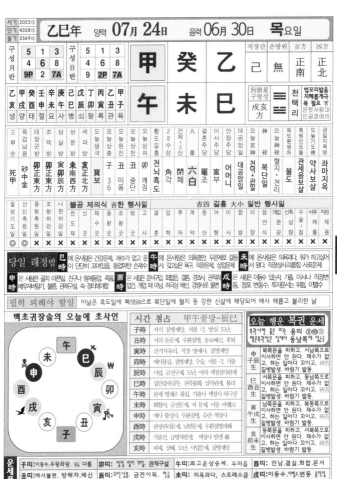

당일 래정법	巳時	온 사람은 건강문제, 재수가 없고 운이 단단히 꼬여있음. 동업파탄 손재수
	午時	온 사람은 의욕장애, 두문에서 갈등사 갖고온者, 직장문제 상업문제
	未時	온 사람은 의욕과다 뭐가 하고싶어서 왔다. 직장상사괴롭힘 사쁜문제
申時	온 사람은 골치 아픔일, 친구나 형제동업 죽음, 배우자변심, 불륜, 관재구설 속 정신피함	
酉時	온 사람은 문서잘되고 화합은 결혼, 경사랑 관재발생 업권 개업 되는 아님 하극상 배신 경쟁사로 몸줌	
戌時	온 사람은 이유수 있는자, 가출 이사나 직장변동 점포 변동수, 투자문서는 위험 이별수	

꼭 피해야 할일	이날은 흑도일에 폐閉神으로 복단일에 혈지 등 강한 신살에 해당되어 매사 해롭고 불리한 날

백초귀장술의 오늘에 초사언

시간 점占	甲午공망-辰巳
子時	자식 질병문제, 처를 극, 방심 도난
丑時	처의 도문제, 우환질병, 동료배신 후회
寅時	선거자유리 직장 명예사, 질병재앙
卯時	매사불리, 질병재앙 수술 처를 극 가출
辰時	사업, 금전구재, 도난 색정삼각관계
巳時	잠깐만리화림, 천륜불화 실직관직, 불리
午時	관재 병액로 불리, 가출사 색정사 하극상
未時	화재사, 금전분쟁, 처 문제 이동 여행吉
申時	매사 불성사 우환질병 음란 색정사
酉時	관직취직문제, 남녀문제, 우환질병괴해
戌時	가출건, 급병위급발생, 색정사 발생 ⊗
亥時	파재 상해, 도난 사고문제, 질병재앙

오늘 행운 복권 운세

복권사면 좋은 따는 용띠 ⑤⑩②
행운복권방은 집에서 **동남쪽**에 있는곳

申子辰生	북쪽문을 피하고, 서南쪽으로 이사하면 안 된다. 재수가 없고, 하는 일마다 꼬이고, 病苦 질병발생. 바람기 발동.
巳酉丑生	서쪽문을 피하고, 동남쪽으로 이사하면 안 된다. 재수가 없고, 하는 일마다 꼬이고, 病苦 질병발생. 바람기 발동.
寅午戌生	남쪽문을 피하고, 북동쪽으로 이사하면 안 된다. 재수가 없고, 하는 일마다 꼬이고, 病苦 질병발생. 바람기 발동.
亥卯未生	동쪽문을 피하고, 서북쪽으로 이사하면 안 된다. 재수가 없고, 하는 일마다 꼬이고, 病苦 질병발생. 바람기 발동.

운세풀이	子띠:이동수,우왕좌왕, 弱, 다툼	卯띠: 점진 일의 꺼정, 관재구설	午띠:최고운상승세, 두마음	酉띠: 만남,결실,화합,문서
	丑띠:매사불편, 방해자,배신	辰띠:귀인상봉, 금전이득, 현금	未띠: 의욕과다, 스트레스큼	戌띠:이동수,애정사,변동 움직임
	寅띠:해결신,시험합격, 풀림	巳띠: 매사꼬임,과거2생, 질병	申띠: 시급한 일, 뜻대로 안됨	亥띠: 빈주머니,걱정근심, 사기

구성월반	5	1	3	구성일반	4	9	2	지장간	손방위	吉方	凶方
	4	6	8		3	5	7	己	동쪽	正東	正西
	9P	2	7A		8P	1	6				

乙	癸	乙
未	未	巳

狗狼星 구랑성
水步井 우물안

천택리

범꼬리밟음 지혜출계곡 복.필요.
은핏사람대 인공경예의

| 丁亥 묘 | 丙戌 묘 | 乙酉 태 | 甲申 양 | 癸未 생 | 壬午 욕 | 辛巳 관 | 庚辰 록 | 己卯 왕 | 戊寅 쇠 | 丁丑 병 | 丙子 사 |

三甲旬	육갑납음	대장군방	조객방	삼살방	상문방	세파방	오늘생극	오늘상충	오늘상천	오늘원진	황도길흉	2 8 수성	건제12신	九星	결혼주당	이사주당	안장주당	神殺	神殺	오늘吉神	오늘神殺	오늘太白	황흑도	건축地보살	세오늘령	길흉성요일
死甲	砂中金	卯正東方	卯正東方	寅午戌方	未南西方	亥正北方	制剋	丑	子	戌 36	현무흑	虎항	建건	五黃	婦부	天천	어머니			성수.수일	토부.상문	불도	대세지보살	좌마지옥

불공 제의식 吉한 행사일

吉凶 길흉 大小 일반 행사일

칠성기도일	산신축원일	용왕축원일	조왕하강일	나한기도일	천신하강일	신축상량일	재수굿	용왕굿	조왕굿	병굿	고사	결혼	입택	투자	계약	등기	여행	이사	합방	질병	개업준공	신축상량	수술	서류제출	출행
✕	◎	◎	✕	✕	◎	◎	✕	✕	✕	✕	◎	✕	◎	◎	✕	◎	◎	◎	◎	◎	✕	◎	◎	◎	◎

당일 래정법

巳時 온사람은 금전문제 사업관계 금전에 **午**時 온사람 건강문제, 관재구설로 운 **未**時 온사람 부모자식 합의건, 문서합
관재수발동 관재구설 속전속결이 유리 이 단단히 꼬여있음, 친정문제 손재수 時의 건 결혼성사, 사업자금, 이동수

申時 온사람은 의욕다기 뭐가 하고싶어서 직 **酉**時 온 사람은 골치 아픈일, 형제동업 죽음 바람기, **戌**時 온 사람은 금전문제 문서 화합은 결혼, 재혼, 경조
장작업관재, 친구형제한, 배신 해꼬, 원 관재수 사, 애정사 궁합 만남 개업 하극상 배신 구설수

필히 피해야 할일

홍보광고 · 새작품제작 · 출품 · 새집들이 · 인수인계 · 오락투자 · 씨뿌리기 · 나무심기 · 애완견들이기

백초귀장술의 오늘에 초사언

시간 점占	乙未공망-辰巳
子時	관재발동, 관쟁불화, 색정삼각관계, 도난
丑時	적의 참범사, 여자불길 완두병, 가출사
寅時	금전문제 실물문제, 배신사, 모함 은익
卯時	질병위급, 관직승진, 동분서주 결혼 吉
辰時	매사 불성사, 금전문제 금전용통 吉함
巳時	자식문제 남편문제 만사길조, 수상기쁨
午時	매사 불성사, 우환질병, 음란 색정사 자식
未時	금전신규라, 여자문제, 우환질병 취직여
申時	금전문제 실물도주사, 불륜 배신사
酉時	병자사망, 매사 불성사, 가출도주, 外待사
戌時	처의 돈문제, 우환질병, 관직변화변동
亥時	금전과 색정문제 가출사 모함피신 삼각관계

오늘 행운 복권 운세

복권사면 좋은 띠는 뱀띠 ⑦⑫27
행운복건방 지에서 남쪽에 있음

申子辰生	복권문을 피하고, 서남쪽으로 이사하면 안 된다. 재수가 없고, 하는 일마다 꼬이고, 病苦 질병발생. 바람기 발동.
巳酉丑生	서쪽문을 피하고, 동남쪽으로 이사하면 안 된다. 재수가 없고, 하는 일마다 꼬이고, 病苦 질병발생. 바람기 발동.
寅午戌生	남쪽문을 피하고, 북동쪽으로 이사하면 안 된다. 재수가 없고, 하는 일마다 꼬이고, 病苦 질병발생. 바람기 발동.
亥卯未生	동쪽문을 피하고, 서북쪽으로 이사하면 안 된다. 재수가 없고, 하는 일마다 꼬이고, 病苦 질병발생. 바람기 발동.

운세풀이

丑띠: 이동수,우왕좌왕, 좀 다툼
寅띠: 매사불편, 방해자,배신
卯띠: 해결신, 시험합격, 풀림

辰띠: 정점 이이 띠冈 관재구설
巳띠: 과이생충, 금전이득, 현금
午띠: 매사꼬임,과거고생, 질병

未띠: 최고운상승세, 두마음
申띠: 의욕과다, 스트레스큼
酉띠: 시급한 일, 뜻대로 안됨

戌띠: 만남,결실,화합,문서
亥띠: 이동수,이별수,변동 움직임
子띠: 빈주머니, 걱정근심, 사기

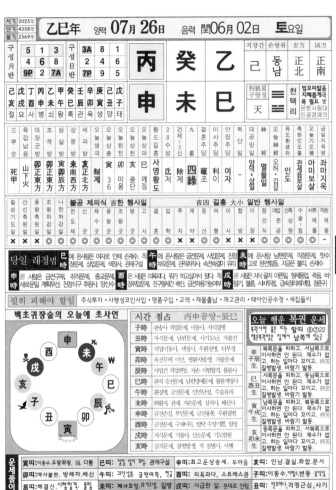

서기	2025년
단기	4358년
불기	2569년

乙巳年 양력 **07**月 **26**日 음력 閏**06**月 **02**日 **土**요일

구성月반	5	1	3
	4	6	8
	9P	2	7A

구성日반	3A	8	1
	2	4	6
	7P	9	5

丙 癸 乙
申 未 巳

	지장간	손방위	吉方	凶方
	己	동南	正北	正南

狗狼星 구랑성
天
범꼬리밟음 지혜틈격극 복 필요 吉 온웬사람대 인공예의

己亥	戊戌	丁酉	丙申	乙未	甲午	癸巳	壬辰	辛卯	庚寅	己丑	戊子
절	묘	사	병	쇠	왕	록	관	욕	생	양	태

三甲순	육갑납음	대장군방	조객방	삼살방	상문방	세파방	오늘상충	오늘원진	오늘상천	오늘상파	황도길흉	건제12신	九星	결혼주당	이사주당	안장주당	복단일	神殺	오늘殺神	육도환생처	축원인도불	오늘기도덕	오늘吉凶神
死甲	山下火	卯正東方	卯正東方	寅卯辰方	未南西方	亥正北方	寅	卯	亥	巳	사명황도	制	四綠	竈조	利이	여자	-	양인·삼살	오허·천적	인도	관재殺 아미보살	좌마지옥

制36 卯 미움 氏저 四綠 竈조 깨짐

칠성기도일	산신축원일	용왕축원일	조왕축원일	나한기도일	불공 제의식 吉한 행사일						吉凶 길흉 大小 일반 행사일											
					천도재	신중기도	재수굿	용왕굿	조왕굿	병굿	고사	결혼	입주	투자	계약	등	여행	이사	합방	점안	개업	신축	수술	서류	직원
×	×	×	×	⊚	×	×	×	×	×	×	×	×	⊚	×	×	×	⊚	×	⊚	×	○	⊚	○	⊚	⊚

7월

당일 래정법

巳時 에 온사람은 여자로 인해 손재수, 직업문제, 상업문제, 색정사, 관재구설

午時 에 온사람은 금전문제, 사업문제, 친정관계, 부모문제, 관재수문제, 속전속결이 유리

未時 에 온사람은 남편문제, 직장문제, 헛수고 로몬 일로 완래뜸, 지금은 불리, 손재수

申時 온 사람은 금전구재, 취직문제, 종교문제, 새로운일 계획무산, 친정식구 후원사, 망신수

酉時 온 사람은 음란나, 위가 하고있었다 왔다 직장문제, 친정부모 친구동료 배신, 금전용기손해

戌時 온 사람은 자식 골치 아픔, 형제동업 죽음 바람기 불륜, 사비투쟁, 급속정리해야 청춘귀

필히 피해야 할일 주식투자·사행성코인사업·명품구입·교역·재물출납·재고관리·태아인공수정·새집들이

백초귀장술의 오늘에 초사언

시간 점占	丙申공망-辰巳
子時	금전사 작업문제, 이동나 자식질병
丑時	자식문제, 남편문제 사기도난, 가출근
寅時	직업이동나, 색정사 우환질병, 타부정
卯時	육친무력 이민, 병환질병발생, 가출문제
辰時	사급근 작업변동, 자손 시험합격, 불륜사
巳時	관직 승진문제, 남편문제애정 불륜색장사
午時	환갑방 금전문제, 안전띠문제, 수술의라
未時	써워라 관재 자손문제, 실자사 배신사
申時	금전손실 부인문제 금전융통, 우환질병
酉時	금전문제 자손사애증, 남편 수갑근 함정
戌時	자식문제 가출사 산소탈, 기도발원
亥時	실직문제 질병발생 적 침범사, 서행

오늘 행운 복권 운세

복권사면 좋은 따는 말띠 ⑧⑫22
행운복권방은 집에서 남쪽에 있오

申子辰生	북쪽문을 피하고, 서남쪽으로 이사하면 안 된다. 재수가 없고, 하는 일마다 꼬이고, 病苦 질병발생, 바람기 발동.
巳酉丑生	서쪽을 피하고, 동남쪽으로 이사하면 안 된다. 재수가 없고, 하는 일마다 꼬이고, 病苦 질병발생, 바람기 발동.
亥卯未生	남쪽문을 피하고, 북동쪽으로 이사하면 안 된다. 재수가 없고, 하는 일마다 꼬이고, 病苦 질병발생, 바람기 발동.
寅午戌生	동쪽을 피하고, 서북쪽으로 이사하면 안 된다. 재수가 없고, 하는 일마다 꼬이고, 病苦 질병발생, 바람기 발동.

운세풀이

寅띠:이동수,우왕좌왕, 弱,다툼
卯띠:매사불편, 방해자,배신
辰띠:해결신, 시험합격, 풀림

巳띠: 점점 이익 꼬임, 관재구설
午띠: 귀인상봉, 금전이득, 현금
未띠: 매사꼬임,과거고생, 질병

申띠:최고운상승세, 두마음
酉띠: 의욕과다, 스트레스큼
戌띠: 시급한 일, 뜻대로 안됨

亥띠: 만남,결실,화합,문서
子띠:이동수,애인,변동 움직임
丑띠: 빈주머니,걱정근심, 사기

- 223 -

乙巳年 양력 **07**月 **27**日 음력 閏**06**月 **03**日 **일**요일

구성월반			구성일반		
5	1	3	2	7	9
4	6	8	1AP	3	5
9P	2	7A	6	8	4

丁癸乙
酉未巳

지장간	손방위	吉方	凶方
己	남쪽	正西	正東

辛亥	庚戌	己酉	戊申	丁未	丙午	乙巳	甲辰	癸卯	壬寅	辛丑	庚子
태	양	생	욕	관	록	왕	쇠	병	사	묘	절

狗狼星 구랑성 / 寺觀 절사관
천산둔
작전상우퇴 · 필요 퇴각
퇴임 물러남
흉은 때를 기다려야함

三甲旬: 死甲 | 山下火 | 卯正東方 | 卯正東方 | 未南西方 | 亥正北方 | 卯 중단? | 寅 중단? | 子 | 房방 | 滿만 | 三碧 | 第제 | 安안 | 死 | - | 봉황·미영 | 검봉·혈가 | 투·귀 검봉 | 귀도 | 관음보살 | 좌마지옥

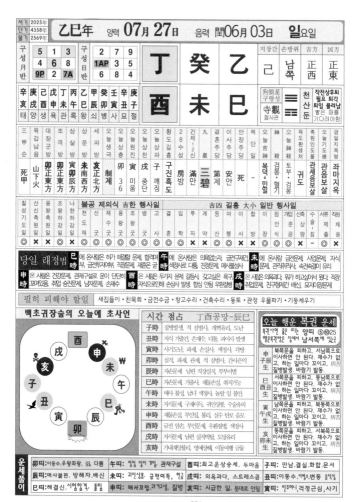

불공 제의식 吉한 행사일 / 吉凶 길흉 大小 일반 행사일

칠성기도일	산신축원일	용왕축원일	조왕하강일	나한기도일	천도재	신굿	재수굿	병굿	여행	결혼	입학	투자	계약	산행	이사	매매	방문	개업	준공	신축	수리	서류	직원
◎	×	×	◎	×	○	×	×	×	×	○	×	×	◎	×	×	○	○	×	○	×	×	○	×

당일 래정법

- **巳시**: 에 온사람은 허가 해결할 문제 합격여부
- **午시**: 에 온사람은 의욕손상 금전크게손재 직장문제 재혼은 굳
- **未시**: 에 온사람 금전문제 사업문제 자식
- **申시**: 이 온사람은 건강문제 관재구설로 얽어 단단히 꼬여있음 취업 승진문제 남녀문제 손재수
- **酉시**: 이 온사람은 두자식 문제 갈등사 갖고싶은 욕구 색정사로 인해 손실수 발생 관직 취업문제 친구형제간배신 묘지 문제
- **戌시**: 에 온사람은 뮤가 하고싶어 왔다 직장문제 상업문제 관재구설
- **亥시**: 에 온사람은

필히 피해야 할일
새집들이 · 친목회 · 금전수금 · 창고수리 · 건축수리 · 동토 · 관정 우물파기 · 기둥세우기

백초귀장술의 오늘에 초사언

시간 점占	丁酉공망-辰巳
子時	질병발생 적 침범사, 개혁운시 도난
丑時	자식 가출건, 손재수, 다툼, 과이사 발생
寅時	사기도난 파재 손실사, 색정사, 각방
卯時	실직 파재 관재 적 침범사, 간사false
辰時	자손문제 남편 직장실직 부부위불
巳時	자식문제 가출사 재물손실 취직가능
午時	매사 불성 남녀 색정사 놀랄 일 불안
未時	자식문제 구해가드, 귀인상봉, 수술유의
申時	남녀색정사 불화반목 재물 상ㅅ 탄로 озвод
酉時	금전 압박 부인문제 우환질병 색정사
戌時	자식문제 남편 실직복병 도망유리
亥時	가내재앙불리 명예욕망 이동변livewired 금물

오늘 행운 복권 운세
복권사면 좋은 띠는 양띠 ③⑩25
행운복권방은 집에서 남서쪽 에 있는

- **申子辰生**: 복복문을 피하고, 서남쪽으로 이사하면 안 된다. 재수가 없고, 하는 일마다 꼬이고, 病苦 질병발생. 바람기 발동.
- **巳酉丑生**: 서쪽문을 피하고, 동남쪽으로 이사하면 안 된다. 재수가 없고, 하는 일마다 꼬이고, 病苦 질병발생. 바람기 발동.
- **寅午戌生**: 북쪽문을 피하고, 북동쪽으로 이사하면 안 된다. 재수가 없고, 하는 일마다 꼬이고, 病苦 질병발생. 바람기 발동.
- **亥卯未生**: 북쪽문을 피하고, 서북쪽으로 이사하면 안 된다. 재수가 없고, 하는 일마다 꼬이고, 病苦 질병발생. 바람기 발동.

운세풀이

- **卯띠**: 이동수, 우왕좌왕, 弱, 다툼
- **午띠**: 점점 이익 꼬임, 관재구설
- **酉띠**: 최고운상승세, 두마음
- **子띠**: 만남, 결실, 화합, 문서
- **辰띠**: 매사불편, 방해太사, 배신
- **未띠**: 귀인상봉, 금전이득, 현금
- **戌띠**: 의욕과다, 스트레스큼
- **丑띠**: 이동수, 이별수, 변동 움직임
- **巳띠**: 해결신, 시험합격, 풀림
- **申띠**: 매사꼬임, 과거고생, 질병
- **亥띠**: 시급한 일, 뜻대로 안됨
- **寅띠**: 빈주머니, 걱정근심, 사기

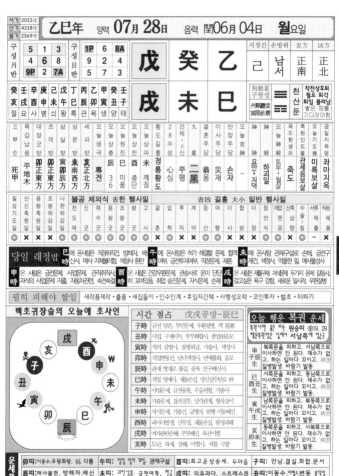

서기	2025년						
단기	4358년	乙巳年	양력 07月 28日	음력 閏06月 04日	月요일		
불기	2569년						

구성월반

5	1	3
4	6	8
9P	2	7

구성일반

1P	6	8A
9	2	4
5	7	3

戊 癸 乙
戌 未 巳

	지장간	손방위	吉方	凶方
	己	남 南	正南	正北

癸亥절 壬戌묘 辛酉사 庚申병 己未쇠 戊午왕 丁巳록 丙辰관 乙卯욕 甲寅생 癸丑양 壬子태

狗狼星 구랑성
州廚竈
倉庫嗣財

작전상후퇴 필요 퇴각 天 필요할 때를 山 기다려야함 遁

삼갑순 死甲 / 육갑납음 平地木 / 대장군 卯正東方 / 조객방 寅東北方 / 삼살방 未南西方 / 상문방 亥西方方 / 세파방 亥西方 / 오늘화충 專전 / 오늘육충 辰 / 오늘삼합 巳酉 / 황도흑도 미움 / 건제12신 청룡황신 중단 / 九星 二黑 / 결혼주당 翁옹 / 이사주당 災재 / 안장주당 손자 / 神殺 유학·지덕 / 神殺 하괴일 / 오늘神殺 투부·월엄 / 오늘인묘처 축도 / 관세음보살 미륵보살 / 금일지옥 좌마지옥

불공 제의식 吉한 행사일 | 吉凶 길흉 大小 일반 행사일

칠성기도일 ◎ / 산신축원일 × / 용왕축원일 × / 조왕하강일 × / 나한하강일 × / 불공 ◎ / 신상 × / 재수 ◎ / 용왕굿 ◎ / 조왕굿 ◎ / 병굿 × / 고사 × / 결혼 × / 입학 ◎ / 투자 ◎ / 계약 × / 등산 ◎ / 여행 ◎ / 이장 × / 합방 × / 점안식 ◎ / 개업 ◎ / 신축상량 × / 수술 - / 서류제출 × / 직원채용 ×

巳時에 온사람은 직장취직건 방해자, 午時에 온사람은 허가 해결될 문제, 합격 未時에 온사람은 관재구설로 손해, 금전구설, 신사, 매사 지체되며 색정사 환란 여부, 금전투자여부, 직원문제, 재출 재건 색정사, 억울한 일 매사불성사

申時 온 사람은 금전문제, 사업문제, 관재구설사, 酉時 온 사람은 건강문제, 관송사로 운이 단단히 戌時 온 사람은 하위문서 처녀 두퇴 문제 갈등사 자식의 사업문제 지출, 자동차관련 속속결제 되며 꼬여있음, 취업 승진문제, 자식문제, 손재수 갈고싶은 욕구 강함 색정사 우환질병

새작품제작·출품·새집들이·인수인계·후임자선택·사행성오락·코인투자·벌초·터파기

백초귀장술의 오늘에 초사언

戌 亥 酉 子 申 丑 未 寅 午 卯 巳 辰

시간 점占   戊戌공망-辰巳

子時	금전 암손, 부인문제, 우환질병, 객 문책
丑時	사업 구재文, 부부화합사, 증업員응
寅時	적의 침범사, 질병위급, 가출사, 색정사
卯時	작업변동건, 남녀색정사, 안해불화 음모
辰時	관재 병재로 불길, 골육 친구배신사
巳時	작업 명예사, 재물손실 망신살수탈 女 病
午時	사업문제, 금전융통, 수술위험, 가출사
未時	가출문제, 잡귀침투, 삼각관계, 형옥살이
申時	금전문제, 부인문제, 금방사 완쾌 아동嗣난
酉時	파라부잔액 신부정, 재물손실 함정파해
戌時	여자로인연해 부부불신 육친무덕
亥時	도난, 파재, 상해, 이별사, 처를 극함

오늘 행운 복권 운세

복권사면 좋은 띠는 **원숭띠** @19, 29
행운복권방은 집에서 **서남쪽**에 있는 집

申子辰生	복권문을 피하고, 서남쪽으로 이사하면 안 된다. 재수가 없 고, 하는 일마다 꼬이고, 病苦질병발생. 바람기 발동.
巳酉丑生	서쪽문을 피하고, 동남쪽으로 이사하면 안 된다. 재수가 없 고, 하는 일마다 꼬이고, 病苦질병발생. 바람기 발동.
寅午戌生	북쪽문을 피하고, 서남쪽으로 이사하면 안 된다. 재수가 없 고, 하는 일마다 꼬이고, 病苦질병발생. 바람기 발동.
亥卯未生	동쪽문을 피하고, 서북쪽으로 이사하면 안 된다. 재수가 없 고, 하는 일마다 꼬이고, 病苦질병발생. 바람기 발동.

卯띠:이동수,우왕좌왕, 弱合 다툼 / 午띠:청춘 귀인상봉, 金연,관재구설 / 酉띠:최고운상승세, 두마음 / 子띠:만남,결실,화합,문서
辰띠:매사불편, 방해자,배신 / 未띠:귀인상봉, 금전이득, 현금 / 戌띠:의욕과다, 스트레스큼 / 丑띠:이동수,이별수,변동 움직임
巳띠:해결신,시험합격, 풀림 / 申띠:매사꼬임,과거고생, 질병 / 亥띠:시급한 일, 뜻대로 안됨 / 寅띠:빈주머니,걱정근심, 사기

7월

- 225 -

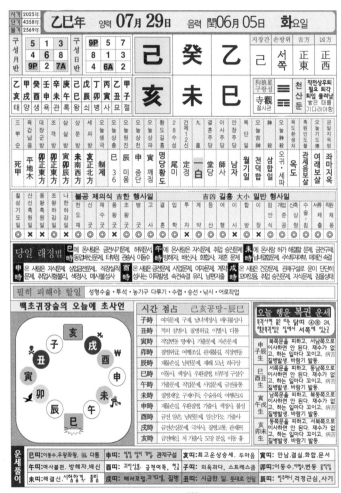

시기 2025年	乙巳年	양력 07月 29日	음력 閏06月 05日	화요일
단기 4358년				
불기 2569년				

구성월반			구성일반			지장간	손방위	吉方	凶方
5	1	3	9P			己	서쪽	正東	正西
4	6	8	8	1	3				
9P	2	7A	4	6A	2				

己	癸	乙
亥	未	巳

| 乙亥 | 甲戌 | 壬申 | 辛未 | 庚午 | 己巳 | 戊辰 | 丁卯 | 丙寅 | 甲子 |
| 태양 | 생 | 욕 | 관 | 왕 | 쇠 | 병 | 사 | 묘 | 절 |

작전상우퇴
필요 퇴각
퇴익 윤허남
吉은 때를
기다려야됨

狗狼星 구랑성
寺觀 절사관
천산둔

三甲旬	갑납	대장군방	조객방	삼살방	세파방	오늘상충	오늘원진	오늘상파	황도길흉	건제12신	九星	결혼주당	이장주당	복단일	오늘신살	神殺	오늘길흉	오늘태세처	축원인도불	관세음보살	좌마지옥	금일영송
死甲	平地木	卯正東方	寅卯辰方	亥卯未東方	巳南西方	制 제	巳 36	辰 미움	寅	명당황도	尾미	定 정	一白	堂당	師사	남자	천덕합	삼합일	오귀·세파	옥도		

칠성기도	산신기도	용왕기도	조왕기도	나한기도	불공 제의식 吉한 행사일							吉凶 길흉 大小 일반 행사일										
					천도재	신중기도	재수굿	조상굿	병굿	결혼	입택	투자	계약	여행	이장	점안식	개업	신축	수술	서류	직원 채용	출행
◎	×	×	◎	◎	◎	×	◎	◎	×	×	◎	×	×	×	◎	◎	◎	◎	◎	×	×	◎

당일 래정법 巳에 온사람 금전사기문제, 사유문난 午에 온사람은 자손문제, 취업 승진문제 未에 온사람 허가 해결할 문제, 금전구재,

時에 온사람은 이동수, 타향 관송사 女동수 時에 온사람 방해사, 배신사, 화합사, 재혼 문제 時에 남녀 갈등문제, 자식문제, 매매문 속결

申時에 온사람은 자손문제, 상업문제, 관재수 酉時에 온사람 금전문제, 사업문제, 계약문제 戌時에 온사람 건강문제, 관재구설로 운이 단단히

時 이동수, 취업사, 색정사, 색정사, 매사불성사 時에 상담사 이득발생, 속전속결 유리, 남편지출 時 꼬여있음, 취업 승진문제, 자식문제, 침몰상태

필히 피해야 할일 성형수술·투석·농기구 다루기·수렵·승선·낚시·어로작업

백초귀장술의 오늘에 초사언	시간 점占	己亥공망-辰巳	오늘 행운 복권 운세

子時	여자문제, 구재, 남녀색정사, 매사불성사
丑時	적의 참범사, 잘병위급, 이별사, 다툼
寅時	직업변동 명예사, 가출문제 자손문제
卯時	잘병위급, 여행위급, 관재질환, 직장변동
辰時	재물손실, 남편문제, 재해 도난, 하극상
巳時	이동사 색정사 우환질병 타부정 구설사
午時	가출문제 직업문제 사업문제 금전용통
未時	잘병발생, 구재이득, 수술유의 여행금지
申時	금전문제 우환질병 가출사 색정사 불성
酉時	금전 암손, 남편문제, 임산부노, 가출사
戌時	금전손실문제 극차사 잘병고통, 관재刑
亥時	금전융통난, 처 가출사, 도망 분실 흉

오늘 행운 복권 운세

복권사면 좋은 띠는 닭띠 ④⑧ 24,

행운복권방은 집에서 서쪽에 있는곳

申子辰生	북쪽문을 피하고, 서남쪽으로 이사하면 안 된다. 재수가 없고 질병발생. 바람기 발동.
巳酉丑生	서쪽문을 피하고, 동남쪽으로 이사하면 안 된다. 재수가 없고 하는 일마다 꼬인다, 病苦
寅午戌生	남쪽문을 피하고, 북동쪽으로 이사하면 안 된다. 재수가 없고 질병발생, 바람기 발동.
亥卯未生	동쪽문을 피하고, 서북쪽으로 이사하면 안 된다. 재수가 없고 질병발생, 바람기 발동, 病苦

운세풀이

巳띠:이동수,우왕좌왕, 弱弱 다툼
午띠:매사불편, 방해자,배신
未띠:해결신,시험합격, 풀림
申띠:귀인상봉, 금전이득, 현금
酉띠:매사꼬임,과거고생, 질병
戌띠:매사 불리,과거고생, 질병
亥띠:최고운상승세, 두마음
子띠:의욕과다, 스트레스큼
丑띠:시급한 일, 뜻대로 안됨
寅띠:만남,결실,화합,문서
卯띠:이동수,이별수,변동 움직임
辰띠:빈주머니,걱정근심, 사기

- 226 -

乙巳年 양력 **07**月 **30**日 음력 閏**06**月 **06**日 **수**요일

구성월반	5	1	3	구성일반	8	4AP	6
	4	6	8		7	9	2
	9P	2	7A		3	5	1

庚 癸 乙
子 未 巳

지장간	손방위	吉方	凶方
己	서북	正北	正南

丁亥병	丙戌쇠	乙酉왕	癸未관	壬午욕	辛巳생	己卯양	戊寅태	丁丑절	子묘사

狗狼星 구랑성
中程廳 관정마당

작전상후퇴 필요 퇴각
吉凶 때를 기다려야함

천산둔

三甲순	육갑납음	대장군방	조객방	삼살방	상문방	세파방	오늘원진	오늘상충	오늘상천	오늘상파	황건길흉	건제2신	九星	결혼주당	이사주당	안장주당	복단일	오늘吉神	오늘神殺	수신·고초	천도	대세지보살	아미보살	동사대길
死甲	壁上土	卯正東方	正東方	亥辰方	辰南方	正西方	午	未	未	천덕	箕	執집	九紫	姑고	富부	아버지	금일·해신	귀기·독화	수격·고초	천도	대세지보살	아미보살	동사대길

불공 제의식 吉한 행사일 | 吉凶 길흉 大小 일반 행사일

칠성기도	산신축원	용왕축원	조왕하강	나한한강	천신	신중	재수굿	용왕굿	조왕굿	병굿	고사	결혼	입학	투자	계약	등기	여행	이사	합방	우물	제봉	개업	신축	수혈	서류제출	직원채용
◎	✕	◎	✕	✕	✕	✕	✕	✕	✕	◎	✕	◎	✕	✕	✕	✕	-	✕	✕	✕	✕	✕	✕	✕	✕	✕

당일 래정법

巳時에 온사람은 직장실직건 친구나 형제문제 관송사 실직나 반안매 | 午時에 온사람은 이동변동수 터부정 하극상모함시기 자식문에 처사고 | 未時에 온사람은 방해나 배신사 가족건이나 매사 지체불리함 도전 창업은 불리

申時 온사람은 관리 취직문제 결혼 경조사 애정문제 궁합 만남 개업 하극상 배신 구재문제 | 酉時 온사람은 외성왕성 여자문제 관각사 금전융통 동쎄 | 戌時 온사람은 남자문제 취업증진 금전문제 주식투자 재물문제 여자회롭 빛해결 과욕

필히 피해야 할일 | 작품출품·납품·정보유출·교역·새집들이·출장·항공주의·동물들이기·출행·방류

백초귀장술의 오늘에 초사언

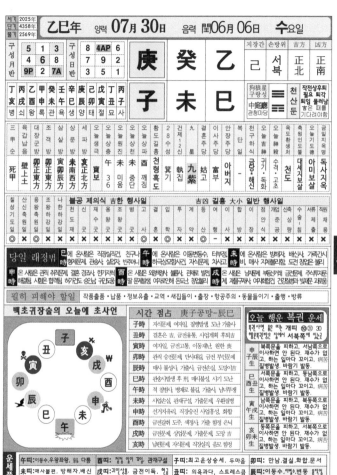

| 子時 | 丑時 | 寅時 | 卯時 | 辰時 | 巳時 | 午時 | 未時 | 申時 | 酉時 | 戌時 | 亥時 |

시간 점占 庚子공망-辰巳

子時	자식문제 여자일, 질병발생 도난 가출나
丑時	결혼은 吉, 금전융통, 사업계획 후퇴吉
寅時	여자일, 금전고통, 이동사발, 완만 喜
卯時	관직 승진運, 만나대길, 금전 부인문제
辰時	매사 불성사, 가출사, 금전손실 도망分吉
巳時	관송사발생 후 刑 매사불성 사기 도난
午時	적 참부사 병제로 불성, 가출사 남녀투쟁
未時	사업손실, 관재구설, 가출문제, 우환질병
申時	선거자유리, 직장증진 사업흥성, 화합
酉時	금전문제 도주, 색정사 가출 함정 은닉
戌時	금전문제 상업문제 가출문제 도망 吉
亥時	남편문제 자식문제 직장실직 음모 함정

오늘 행운 복권 운세
복권사면 좋은 띠는 개띠 ⑩㉓30
행운복권방 집에서 서북쪽에 있는

| 申子辰生 | 복권운을 피하고, 서남쪽으로 이사하면 안 된다. 재수가 없
나, 하는 일마다 꼬이고, 病苦
질병발생. 바람기 발동. |
| 巳酉丑生 | 서쪽문을 피하고, 동남쪽으로 이사하면 안 된다. 재수가 없
나, 하는 일마다 꼬이고, 病苦
질병발생. 바람기 발동. |
| 寅午戌生 | 남쪽문을 피하고, 북쪽으로 이사하면 안 된다. 재수가 없
나, 하는 일마다 꼬이고, 病苦
질병발생. 바람기 발동. |
| 亥卯未生 | 동쪽문을 피하고, 북쪽으로 이사하면 안 된다. 재수가 없
나, 하는 일마다 꼬이고, 病苦
질병발생. 바람기 발동. |

운세풀이

午띠:이동수,우왕좌왕, 弱, 다툼 | 戌띠:점啓 애가 깨임, 관재구설 | 子띠:최고운상승세, 두마음 | 卯띠: 만남,결실,화합,문서
未띠:매사불편, 방해자,배신 | 亥띠:이상실현, 금전이득, 현금 | 丑띠: 의욕과다, 스트레스큼 | 辰띠:이동수,이별수,변동 움직임
申띠:해결신,시험합격, 풀림 | 寅띠: 매사꼬임,과거2생, 질병 | 寅띠: 시급한 일, 뜻대로 안됨 | 巳띠: 빈주머니,걱정근심, 사기

서기 2025年	乙巳年	양력 07月 31日	음력 閏06月 07日	木요일
단기 4358年				
불기 2569年				

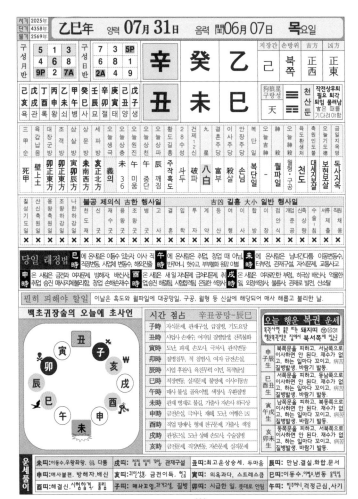

구성월반	5	1	3	구성일반	7	3	5P
	4	6	8		6	8	1
	9P	2	7A		2A	4	9

辛 癸 乙
丑 未 巳

己亥육 戊戌관 丁酉왕 丙申쇠 乙未병 甲午사 癸巳묘 壬辰절 辛卯태 庚寅양 戊子생

지장간	손방위	吉方	凶方
己	북쪽	正西	正東

작전상후퇴 필요 퇴각 경손 집을 때를 기다려야함

狗狼星 구랑성 天
천산둔

三甲旬 死甲 / 六甲순 / 대장군 卯正東方 / 조객방 卯正東方 / 삼살방 亥南西方 / 상문방 亥正北方 / 세파방 未午미움 / 오늘생극 午 36 / 오늘상충 辰 깨짐 / 오늘원진 / 황도길흉 주작흑도 / 28별자리 斗두 / 건제12신 破파 / 九星 八白 / 결혼주당 富부 / 이사주당 殺살 / 복단일 손님 / 오늘神殺 월파일 복단일 / 오늘吉神 - / 오늘흉살 천도 구걸 / 축원인도처 / 오늘행사처 / 대세지보살 / 보현보살 / 독사지옥

壁上土 / 義의

불공 제의식 古한 행사일 | 吉凶 길흉 大小 일반 행사일

칠성기도일 ✕ / 산신축원일 ✕ / 용왕축원일 ✕ / 조왕하강일 ✕ / 나한하강일 ✕ / 불공 ✕ / 천도재 ✕ / 신굿 ✕ / 재수굿 ✕ / 용왕굿 ✕ / 조왕굿 ✕ / 병굿 ✕ / 고사 ✕ / 결혼 ✕ / 입학 ✕ / 투자 ✕ / 계약 ✕ / 등산 ✕ / 여행 ✕ / 이사 ✕ / 안장 ✕ / 점안식 ✕ / 개업준공 ✕ / 신축상량 ✕ / 수술 ✕ / 서류제출 ✕ / 채용 ✕ / 이발 ✕

당일 래정법

巳에 온사람은 이동수 있거나 이사 직장 午에 온사람은 취업 창업 때 아님 未에 온사람은 남녀간다툼 이동변동수 / 時직장변동 사업체 변동수 해외진출 時 반대사 하수고 부부불화 애정 이별 時 부부갈등 관재구설 자식문제 교통사고

申온사람은 금전과 여자문제 배신사 관재 酉온사람은 새일 처음확장 금전절타산 戌온사람은 여자문제 하극상 배신사 억울함 / 時수금건 승진 매사지체 해결됨 창업 손해손재수 時업소장 해결됨 사항문제 은밀한 색정사 時 외정색정사 불리사 관재로 발전 산소탈

필히 피해야 할일 | 이날은 흑도와 월파일에 대공망일, 구공, 월형 등 신살에 해당되어 매사 해롭고 불리한 날.

백초귀장술의 오늘에 초사언

시간 점占 | 辛丑공망-辰巳

子時	자식문제, 관재구설, 급질병, 기도요망
丑時	사업사 손재수, 여자일 질병발생, 색정불화
寅時	도난 과제, 손모사, 극차사, 관직변동
卯時	질병침투, 적 참방사, 여자 금전손실
辰時	4 취웅사, 육친무력 이별, 목적달성
巳時	직장변동, 실직문제, 불잃에 이사나동
午時	매사 불성 골육아별, 색정사 우화질병
未時	관재 병패로 불길, 가출사 자손사 하극상
申時	금전손실 극차사 여직, 도난 여행손 근심
酉時	직장 명예사 형제 친구문제 가출사, 색정
戌時	관청근심 도난 상해 손모사, 수술질병
亥時	금전문제 직장변동, 자녀문제, 실직문제

오늘 행운 복권 운세

복권사면 좋은 띠는 돼지띠 ⑪16,31
행운복권방은 집에서 북서쪽에 있는

申子辰生	북쪽문을 피하고. 서남쪽으로 이사하면 안 된다. 재수가 없고, 하는 일마다 꼬이고, 病苦 질병발생. 바람기 발동.
巳酉丑生	서쪽문을 피하고. 동남쪽으로 이사하면 안 된다. 재수가 없고, 하는 일마다 꼬이고, 病苦 질병발생. 바람기 발동.
寅午戌生	남쪽문을 피하고. 북쪽문으로 이사하면 안 된다. 재수가 없고, 하는 일마다 꼬이고, 病苦 질병발생. 바람기 발동.
亥卯未生	동쪽문을 피하고. 서북쪽으로 이사하면 안 된다. 재수가 없고, 하는 일마다 꼬이고, 病苦 질병발생. 바람기 발동.

운세풀이

未띠:이동수,우왕좌왕, 弱을 다툼 / 戌띠:점진 이의 있음, 관재구설 / 丑띠:최고운상승세, 두마음 / 辰띠:만남,결실,화합,문서
申띠:매사불편, 방해자,배신 / 亥띠:이성문제, 금전이득, 현금 / 寅띠:의욕과다, 스트레스큼 / 巳띠:이동수,애情,변동 움직임
酉띠:해결신,시험합격, 풀림 / 子띠:매사꼬임,과거고생, 질병 / 卯띠:시급한 일, 뜻대로 안됨 / 午띠:빈주머니,걱정근심, 사기

- 228 -

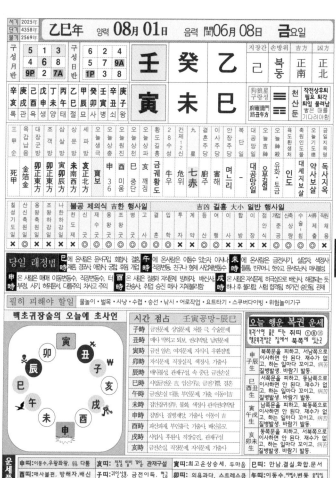

서기	2025年
단기	4358年
불기	2569年

乙巳年　양력 **08**月 **01**日　음력 閏**06**月 **08**日　**金**요일

구성 월반			구성 일반			지장간	손방위	吉方	凶方
5	1	3	6	2	4	己	북동	正南	正北
4	6	8	5	7	9A				
9P	2	7A	1P	3	8				

辛亥	庚戌	己酉	戊申	丁未	丙午	乙巳	甲辰	癸卯	壬寅	辛丑	庚子
록	관	욕	생	양	태	절	묘	사	병	쇠	왕

壬　癸　乙
寅　未　巳

狗狼星 구랑성	천산둔	작전상우퇴
原獯廁門 원진측부방		필요 퇴각 퇴及 물러남 좋은 때를 기다려야함

三甲旬	육갑납음	대장군방	조객방	삼살방	상문방	세파방	오늘생기	오늘상충	오늘원진	오늘상천	황도길흉	건제12신	九星	결혼주당	이사주당	안장주당	복단일	오늘지신	오늘환생처	황혼인도불	길흉신살	금일지옥
死甲	金箔金	卯正東方	卯正東方	寅東北方	未南西方	亥正北方	寅 중단	酉 미움	巳 깨짐	亥	金궤황도	牛 危	七赤	廚주	害해	며느리	-	대공망일	오귀·토공	인도	대세지보살	독사지옥

칠성기도일	산신기도일	용왕축원일	조왕축원일	나한기도일	불공 제의식 吉한 행사일												吉凶 길흉 大小 일반 행사일														
					천도	신중	재수	용왕	조왕	병굿	고사	결혼	입택	계약	등용	여행	이장	합방	점	개업	신축	수리	서류	직원					
◎	◎	×	×	×	굿	굿	굿	굿	굿				출	학	자	약	산	행	방	장	식	공	침	출					
					◎	◎	◎	×	×	◎	◎	◎	×	◎	◎	◎	×	◎	◎	×	×	◎	×	◎					

당일 래정법

巳時에 온사람은 문서거입 회합 결혼, **午**時에 온사람은 이동수 있으나 이사나 직장변동, 친구나 정예 사업변동수

未時에 온사람은 금전사기 실업자 색정사 들통 반하다, 헛수고 문서도사 매매불성

申時에 온 사람은 매매 이동변동수, 직장변동수, 터 부정 남녀 시비 다툼수 애정은 정리 **酉**時에 온 사람은 질병과 자식문제 방해자, 배신사 **戌**時에 온 사람은 자식문제, 하극상으로 배신사, 해결날 듯 하나 후 불화 시험 합격됨 하기것 승진됨 관재

필히 피해야 할일 물놀이 · 벌목 · 사냥 · 수렵 · 승선 · 낚시 · 어로작업 · 요트타기 · 스쿠버다이빙 · 위험놀이구구

백초귀장술의 오늘에 초사언

시간 점占	十支공망-辰巳
子時	금전문제, 상업문제 처를 극 수술문제
丑時	남녀 딱히고 퇴보, 관재까탈, 남녀문제
寅時	금전 얽힘, 여자문제, 자식나, 우환관財
卯時	자식문제 직장실직 색정사, 가출사
辰時	매사불성 관재구설 처음질병, 가출손실
巳時	사급급살은 吉, 임신가능, 금전기쁨, 결혼
午時	금전손실 다툼, 부인문제 가출, 이동수吉
未時	갑닶갑자완뿐, 불화, 색정사 관직여부財봐
申時	매사불성 질병재앙, 자식나, 여자나 이동이 吉
酉時	파산파재, 부인흉극, 가출사, 배신음모
戌時	사업나 후원나 직장승진, 관재구설
亥時	금전손실 직장문제, 자문문제, 가출사

오늘 행운 복권 운세

금전사앙 **딿은 띠는 쥐띠 ① ⑥ ⑯** 행운복권방은 집에서 **북쪽**에 있소

申子辰生	북쪽문을 피하고, 서남쪽으로 이사하면 안 됨다. 재수가 없고, 하는 일마다 꼬이고, 病苦 질병발생. 바람기 발동
巳酉丑生	서쪽문을 피하고, 동북쪽으로 이사하면 안 됨다. 재수가 없고, 하는 일마다 꼬이고, 病苦 질병발생. 바람기 발동
寅午戌生	남쪽문을 피하고, 동북쪽으로 이사하면 안 됨다. 재수가 없고, 하는 일마다 꼬이고, 病苦 질병발생. 바람기 발동
亥卯未生	동쪽문을 피하고, 서북쪽으로 이사하면 안 됨다. 재수가 없고, 하는 일마다 꼬이고, 病苦 질병발생. 바람기 발동

운세풀이

申띠:이동수,우왕좌왕, 弱, 다툼　　**亥띠:** 점정, 하가 끼, 관재구설　　**寅띠:**최고운상승세, 두마음

酉띠:매사불편, 방해자,배신　　**子띠:**이인상공, 금전이득, 현금　　**卯띠:** 의욕과다, 스트레스콤

戌띠:해결신, 시험합격, 풀림　　**丑띠:** 매사꼬임,과거2생, 질병　　**辰띠:** 시급한 일, 뜻대로 안됨

巳띠: 만남,결실,화합,문서　　**午띠:**이동수,애&, 변동 움직임　　**未띠:** 빈주머니,걱정근심, 사기

7월

- 229 -

서기 2025년
단기 4358년
불기 2569년

乙巳年 양력 **08**月 **02**日 음력 閏**06**月 **09**日 토요일

구성 월반	5	1	3	구성 일반	5	1	3
	4	6	8		4	6	8P
	9P	2	7A		9	2	7A

지장간 己 손방위 無 吉方 正東 凶方 正西

癸 **癸** **乙**
卯 **未** **巳**

癸亥 왕	壬戌 쇠	辛酉 병	庚申 사	己未 묘	戊午 절	丁巳 태	丙辰 양	乙卯 생	甲寅 욕	癸丑 관	壬子 록

狗狼星
구랑성 天

현상유지
현결같음
참고야해변
회원출소
사는지언됨

뇌풍항

三甲旬	대장군방	조객방	삼살방	세파방	오늘상충	오늘원진	오늘상천	오늘상파	황도길흉	2 8 수성	건제12신	九星	결혼주당	안장주당	복단일	대공망일	오늘神殺	오늘吉神	육도환생처	축원인도불	오늘기도덕	금일지옥
死甲	金箔金	卯正東方	卯正東方	亥南西方	寶보	酉 3 6	申 미움	辰 깨짐	黃道	女 여	成성	六白	婚부	天천	어머니	대공망일	오늘神殺 살살·조객	전화·대살	귀도	대세지보살	문수보살	독사지옥

불공 제의식 吉한 행사일

칠성기도일	산신축원일	용왕축원일	조왕하강일	나한기도일	천도제	신굿	재수굿	조왕굿	병굿	고사	결혼	입학	투자	계약	등산	여행	이사	합방	점안식	개업준공	신축상량	수술	서류제출	직원채용
					天	神	財				⊙	⊙		⊙	×	⊙	○	-						

吉凶 길흉 大小 일반 행사일

당일 래정법

巳時: 관재구설 모함이나 구설로 끝이 아니…이동·룸·왕래 직장재수분란
午時: 에 온사람은 문서 화합은 결혼, 재혼, 경사수, 궁합, 문안돼 부모동분 상봉잔
未時: 에 온사람은 이동수 있는자 이사나 직장변동, 자포분제 변동수 0체 이별 헛생각
申時: 온 사람은 하극분서 실장사 금전환란 반주 온 사람은 이동변동수 터주정 관재구설
戌時: 온 사람은 색상 매매 이동변동수 여행 이별 자식 기출건
時: 온사람 매나, 헛공사, 부부문제, 속상해 해하운
時: 온사람 상실 관재구설 취업 승진 매사 지체불입

필히 피해야 할일 소장제출·항소·손님초대·새옷맞춤·태아옷구입·수의짓기·싱크대교체·주방고치기·우물파기

백초귀장술의 오늘에 초사언

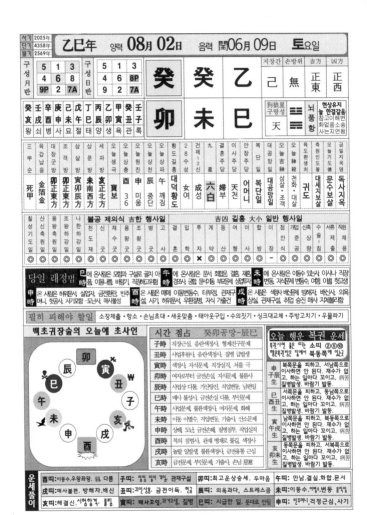

卯 辰 寅
巳 丑 W
午 子
未 亥
申 戌
酉

시간 점占 癸卯공망-辰巳

子時	직장근심, 음란색정사, 형제친구문제
丑時	사업후원사, 음란색정사, 질병 급발생
寅時	색정사 자식문제 직장실직 처를 극
卯時	여자로부터 금전손실 자식문제 불륜사
辰時	사업상 다툼, 가내憂患, 직업변동, 남편일
巳時	매사 불성사 금전손실 다툼, 부인문제
午時	사업문제 불륜색정사 여자문제, 화해
未時	이동 이별수, 직업변동, 가출사 산소문제
酉時	상배, 두려움 불륜색정사 관청일, 직업실직
戌時	놀랄 일발생 불륜색정사 금전융통 근심
亥時	금전문제 부인문제 가출사, 손님 怨恨

오늘 행운 복권 운세

복권사면 좋은 띠는 **소띠** ②⑤⑩
행운복권방은 집에서 **북동쪽**에 있는곳

申子辰 生	복福문을 피하고, 서남쪽으로, 재수가 없 고, 하는 일마다 꼬이고, 病苦, 질병발생, 바람기 발동
巳酉丑 生	서쪽문을 피하고, 동남쪽으로 이사하면 안 된다. 재수가 없고 하는 일마다 꼬이고, 病苦, 질병발생, 바람기 발동
寅午戌 生	남쪽문을 피하고, 북쪽으로 이사하면 안 된다. 재수가 없 고, 하는 일마다 꼬이고, 病苦, 질병발생, 바람기 발동
亥卯未 生	동쪽문을 피하고, 서북쪽으로 이사하면 안 된다. 재수가 없고 하는 일마다 꼬이고, 病苦, 질병발생, 바람기 발동

운세풀이

酉띠: 이동수, 우왕좌왕, 弱, 다툼 　子띠: 점점 의의 꼬임, 관재구설 　卯띠: 최고운상승세, 두마음 　午띠: 만남, 결실, 화합, 문서
戌띠: 매사불편, 방해자, 배신 　丑띠: 귀인상봉, 금전이득, 현금 　辰띠: 의욕과다, 스트레스큼 　未띠: 이동수, 액, 변동 움직임
亥띠: 해결신, 시험합격, 풀림 　寅띠: 매사꼬임, 과거고생, 질병 　巳띠: 시급한 일, 뜻대로 안됨 　申띠: 빈주머니, 걱정근심, 사기

- 230 -

구성월반	5	1	3	구성일반	4	9	2	甲	癸	乙		지장간	손방위	吉方	凶方
												己	無	正北	正南
	9P	**2**	**7A**		**8**	**5**	**6P**	辰	未	巳					

| 乙亥생 | 甲戌양 | 癸酉태 | 壬申절 | 庚午묘 | 己巳사 | 戊辰병 | 丁卯쇠 | 丙寅왕 | 乙丑록 | 甲관육 | 狋狼星 구랑성 僧堂寺廟 살당사묘 | ☷☱ 뇌풍항 | 현상유지 늘 한결같음 화있음소송 사는지연됨 |

三甲순	육갑납음	대장군방	조객방	삼살방	상문방	세파방	오늘생극	오늘상충	오늘원진	오늘상천	오늘상파	황도흑도	건28수	九星	결혼주당	이사주당	안장주당	복단일	神殺	오늘吉神	오늘神殺	축일보는법	오늘行事吉凶	금일지옥행
病甲	覆燈火	卯正東方	卯正東方	寅卯辰方	未南西方	丑正北方	制 戌 36	亥 미움	卯 중얼	丑 깨짐	백호흑도	虛허	五黃	竈조	利이	여자	-	천덕 · 시덕	천강일	천적 · 지파	축도	대세지보살	독사지옥

불공 제의식 吉한 행사일									吉凶 길흉 大小 일반 행사일													
천도재	신중기도	용왕축원	조왕하강	나한기도	천신굿	재수굿	용왕굿	조왕굿	병굿	굿	고사	결혼	입학	투자	계약	등	여행	이사	합방	이장	안장	점안식	개업	상장	수술	서류제출	직원채용
◎	×	×	◎	×	◎	◎	◎	◎	-	◎	◎	◎	◎	×	×	◎	◎	◎	×	×	◎	×	×	×	◎	◎	◎

당일 래정법

巳時 에 온사람은 뭐가 하고싶어 왔다 / 午時 에 온사람은 금전문제로 골치 아픔 / 未時 에 온사람은 문서 남편문제, 결혼, 재혼, 식위 금전문제 색정사 우환질병으로, 기정불화 여자바람기 자손문제 화병 / 경조사 문서다급 궁합 만남 부모님불리

申時 온사람은 욕심을 갖으나 이사나 직장변동 / 酉時 온사람은 금전손재수, 자손문제, 색정사, 이동변동, 터부정, 관재구설 / 戌時 온사람은 하위살수, 이동변동수, 터부정, 관재구설 급전 관송사, 여행, 이별수, 취업불가능, 질병 / 주색나, 헛고생 사기모함, 매사불성, 관송사 / 설 보이나피라 자손문제 다툼주의 차사고

꼭히 피해야 할일 새집들이 · 친목회 · 금전수금 · 건축증개축 · 해외여행 · 항공주의 · 위험놀이기구

백초귀장술의 오늘에 초사언

시간 점占	甲辰공망-寅卯
子時	어린자식 질병사, 사업후원사, 손님 思念
丑時	부인갈등문제, 금전진통, 관재 도난 병해
寅時	질병재앙, 직장승진문제, 지장변동 말조심
卯時	파재, 극차사, 관송사 분쟁, 수술위급
辰時	금전단손 여자문제, 사업문제, 금전심통
巳時	사업 구재 상봉, 도난 자손문제, 관재
午時	관재구설 직장변동, 도난손실, 화재주의
未時	사업사, 후원사, 음란불륜사, 화합사
申時	음란갈등문제, 적의 심모사, 우환질병
酉時	남녀색정사, 남편외정 관리사, 질병심푸
戌時	질병침투, 색정사, 적의 침투사, 가출문제
亥時	사업witch위해 방해자, 질병재앙, 소송 凶

오늘 행운 복권 운세

복권사면 좋은 띠는 범띠 ③⑧⑱
행운복권방은 집에서 동북쪽으로

申子辰生	복desk운을 피하고, 서남쪽으로 이사하면 안 된다. 재수가 없고, 하는 일마다 꼬이고, 病苦 질병발생. 바람기 발동
巳酉丑生	서쪽문을 피하고, 동쪽으로 이사하면 안 된다. 재수가 없고 하는 일마다 꼬이고, 病苦 질병발생. 바람기 발동
寅午戌生	남쪽문을 피하고, 북쪽으로 이사하면 안 된다. 재수가 없고 하는 일마다 꼬이고, 病苦 질병발생. 바람기 발동
亥卯未生	동쪽문을 피하고, 서쪽으로 이사하면 안 된다. 재수가 없고 하는 일마다 꼬이고, 病苦 질병발생. 바람기 발동

운세풀이	
戌띠:이동수,우왕좌왕, 弱身 다툼	**丑띠:** 점정, 이이, 이별, 관재구설	**辰띠:**최고운 상승세, 두마음	**未띠:** 만남,결실,화합,문서
亥띠:매사불편, 방해자,배신	**寅띠:**귀인상봉, 금전이득, 현금	**巳띠:** 의욕과다, 스트레스큼	**申띠:**이동수,애ㅐ수,변동 움직임
子띠:해결신,시험합격, 풀림	**卯띠:** 매사꼬임,과거고생, 질병	**午띠:** 시급한 일, 뒤대로 안됨	**酉띠:** 빈주머니, 걱정근심, 사기

8월

- 231 -

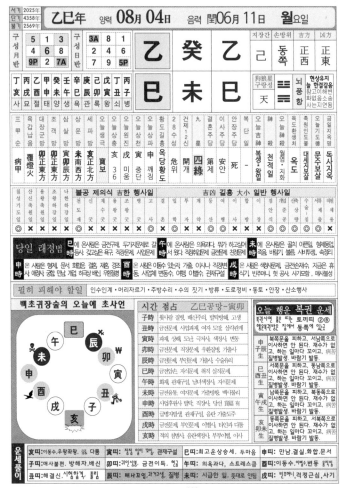

서기 2025年	乙巳年	양력 08月 04日	음력 閏06月 11日	월요일
단기 4358年				
불기 2569年				

구성월반	5	1	3	구성일반	3A	8	1	지장간	손방위	吉方	凶方
								己	동쪽	正西	正東
	9P	2	7A		2	4	6				
					7	9	5P				

丁亥 사 丙戌 묘 乙酉 절 甲申 태 癸未 양 壬午 생 辛巳 욕 庚辰 관 己卯 록 戊寅 왕 丁丑 쇠 丙子 병

| 乙 巳 | 癸 未 | 乙 巳 |

狗狼星 구랑성 天

현상유지 늘 현결음을 참고이래변 화없음소송 늘지연됨

三甲순 病甲 | 육갑납음 覆燈火 | 대장군 卯正東方 | 조객방 卯正東方 | 삼살방 寅南方辰方 | 세파방 未南方辰方 | 오늘상충 亥 중단 | 오늘원진 寅보 | 오늘상천 寅 미음슴 | 황도길흉 戌 36 | 2 8 수성 危위 | 건제12신 開개 | 九星 四綠 | 결혼주당 第제 | 이사주당 安안 | 안장주당 死 | 오늘神殺 봉생·왕망 | 神殺 천적일 | 오늘吉神 월인·지화 | 오늘행사 옥도 | 축원인도불 대세지보살 | 오늘기도덕 독거지옥 | 일진홍국 독사지옥

불공 제의식 吉한 행사일 | 吉凶 길흉 大小 일반 행사일

당일 래정법

巳時 온사람은 금전구재, 두가지문제로 갈등 午時 온사람은 의욕과나, 뭐가 하고싶어 未時 온사람은 굴시 아픔일, 형제동긴 事일로 갈고심은 욕, 직장문제, 사업문제 왔다 직장변동수, 금전손재 진정손재 일 바람기, 불륜, 샤비투쟁, 속중임

申時 온사람은 형제, 문서 화합은, 결혼, 재혼, 경조 酉時 온사람은 이동수 있는자, 가출, 이사나 직장변동 戌時 온사람은 색상무원, 금전손자수, 지금은 事 이동수, 궁합 만남 개업 허달문제 애정 事 사업문제, 부모문제, 여행, 이별수, 관재구설 事 의욕기, 빈주머니, 헛 공사, 사기모함, 매사불성

필히 피해야 할일 | 인수인계·머리자르기·주방수리·수의 짓기·방류·도로정비·동토·안장·산소행사

백초귀장술의 오늘에 초사언 | 시간 점占 | 乙巳공망─寅卯 | 오늘 행운 복권 운세

子時 윗사람 잘봉, 배신주의 발받방에 고생
丑時 금전문제 사업파제, 여자 도망, 삼각관계
寅時 파재, 상해, 도난 극차사 색정사 변동
卯時 금전문제 직장문제 우환질병, 가출사
辰時 금전문제 부모문제 가출사 수술위의
巳時 금전화는 자식문제 취직 실직문제
午時 화재 관재구설 남녀색정사 자식문제
未時 금전융통 여자문제 가출방황 백사불리
申時 사업자원사 발탁, 직장사, 당선 頭目 有
酉時 금전문제 부모문제 여행, 삭구설 관刑 有
戌時 금전문제 부모문제 이별사 타인과 다툼
亥時 적의 격발사 음란색정사 부부개별 이사

亥띠:이동수·우왕좌왕, 弱 다툼 寅띠:점점 이의 '익힘, 관재구설 巳띠:최고운상승세, 두마음 申띠:만남,결실,화합,문서
子띠:매사불편, 방해자,배신 卯띠:이성화합, 금전이득, 현금 午띠:의욕과다, 스트레스큼 酉띠:이동수,애뜸,변동 움직임
丑띠:해결신, 시험합격, 풀림 辰띠:매사꼬입, 과거고생, 질병 未띠:시급한 일, 뜻대로 안됨 戌띠:빈주머니, 걱정근심, 사기

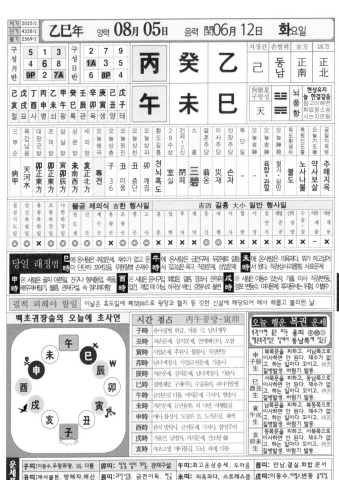

서기	2025년
단기	4358년
불기	2569년

乙巳年　양력 08月 05日　음력 閏06月 12日　火요일

구성월반	5	1	3
	4	6	8
	9P	2 7A	

구성일반	2	7	9
	1A	3	5
	6	8P	4

丙　癸　乙
午　未　巳

	지장간	손방위	吉方	凶方
	己	동남	正南	正北

狗狼星 구랑성　天

現狀地
참고하여
화암음소
사는지역별

뇌풍항

己亥　戊戌　丁酉　丙申　乙未　甲午　癸巳　辛辰　庚卯　己寅　戊子
절　묘　사　병　쇠　왕　록　관　욕　생　양　태

三甲순	육갑납음	대장군방	조객방	삼살방	상문방	세파방	오늘상충	오늘상천	오늘상파	황도흑도	건제12신	九星	결혼주당	이사주당	안장주당	복단일	오늘吉神	오늘神殺	육도환생처	축원인도불	오늘기도덕	금일지옥
病甲	天河水	卯正東方	卯正東方	寅卯辰南方	午正南方	子正北方	子 3 6	丑 미움	丑 중단	천뇌흑도	閉폐	三碧	翁옹	災재	손자	-	-	육합·관일	혈지·왕망	불도	노사나불	약사보살	추해지옥

	불공 제의식 吉한 행사일									吉凶 길흉 大小 일반 행사일											
천성기도일	신광기도일	용왕축원일	조왕하강일	나한하강일	불공	산신축원	칠성불공	용왕굿	조왕굿	병굿	고사	결혼	입주	투자	계약	등사	여행	이장	안장	준공식	상량	開업	修술	修방	서류제출	직원채용
◎	◎	◎	×	◎	◎	◎	◎	◎	×	×	×	×	×	◎	×	◎	◎	×	◎	×	×	-	×

당일 래정법

巳時 온사람은 취업문제, 재수가 없고 운 午時 에 온사람은 금전꾸재 두문제로 갈등 未時 온사람은 의욕과다, 뭐가 하고싶어서 왔다 직장생사귀문힘 사쑤문제
이 단단히 꼬여있음, 우환질병 손재수 가 갑갑함 육 직장문제 상업문제 時 서 왔다, 직장생사귀문힘 사쑤문제

申時 온 사람은 골치 아픈일, 친구나 형제동업 죽음 酉時 온 사람은 문서구입 화합운 結혼, 경조사 관재위 戌時 온 사람은 이동수 있는자 가출 이사 직장변동 배우자쁘리 불륜, 관재구설 속 장매매함 점포 변동수, 여자쁘리 투자수 는 위험 이별수

필히 피해야 할일　이날은 흑도일에 페閉신으로 왕망과 혈지 등 강한 신살에 해당되어 매사 해롭고 불리한 날.

백초귀장술의 오늘에 초사언

시간 점占	丙午공망-寅卯
子時	유라넬방 위급, 처를 극, 남녀쟁투
丑時	자손문제, 실직문제, 연애배신사, 모함
寅時	사업son제, 후원사, 불륜사, 직장변동
卯時	남녀색정사, 사업금전문제, 가출사
辰時	자손문제, 실직문제, 남녀색정사, 가출사
巳時	잘방위, 구재나吉, 수술이유, 과아내발생
午時	금전손실 다툼, 여자문제, 극차사, 향흉사
未時	자손문제, 금전융통, 좀 사탄, 여행흉길
申時	매사 불성사, 도망은 吉, 도처로손, 재액
酉時	관직 변위사, 금전문제, 극차사, 함창주의
戌時	가출건, 금방위사, 자손문제, 산소탈 ⊗
亥時	자손고민, 매사불성且, 모近 파패 다툼

오늘 행운 복권 운세

복권사면 좋은 띠는 용띠 ⑤⑩②
행운복권방은 집에서 남동쪽에 있는곳

申子辰生	북쪽문을 피하고, 서남쪽으로 이사하면 안 된다. 재수가 없good 고, 하는 일마다 꼬이고, 病苦 질병발생. 바람기 발동.
巳酉丑生	서쪽문을 피하고, 동남쪽으로 이사하면 안 된다. 재수가 없good 고, 하는 일마다 꼬이고, 病苦 질병발생. 바람기 발동.
寅午戌生	남쪽문을 피하고, 정북쪽으로 이사하면 안 된다. 재수가 없good 고, 하는 일마다 꼬이고, 病苦 질병발생. 바람기 발동.
亥卯未生	동쪽문을 피하고, 서북쪽으로 이사하면 안 된다. 재수가 없good 고, 하는 일마다 꼬이고, 病苦 질병발생. 바람기 발동.

운세풀이	子띠: 이동수, 우왕좌왕, 뭵음, 다툼	卯띠: 적정, 이의, 뭵음, 관재구설	午띠: 최고운상승세, 두마음	酉띠: 만남, 결실, 화합, 문서
	丑띠: 매사불편, 방해자, 배신	辰띠: 기인상봉, 금전이득, 뭵음	未띠: 의욕과다, 스트레스큼	戌띠: 이동수, 이별수, 변동 옮김수
	寅띠: 해결신, 시험합격, 풀림	巳띠: 매사꼬임, 과거고생, 질병	申띠: 시급한 일, 뜻대로 안됨	亥띠: 빈주머니, 걱정근심, 사기

8월

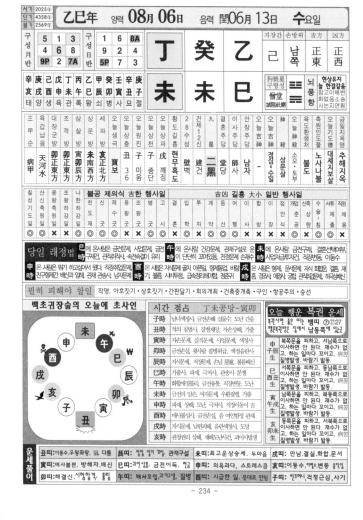

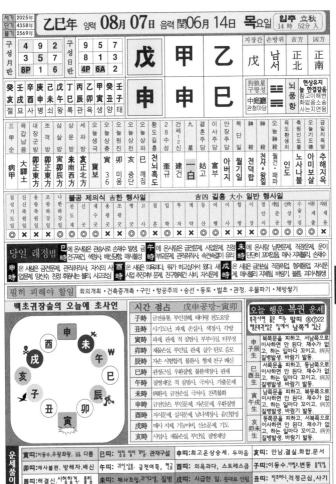

구성월반	4	9	2	구성일반	9	5	7	戊	甲	乙		지장간	손방위	吉方	凶方
	3	5	7		8	1	3					戊	남서	正北	正南
	8P	1	6		4P	6A	2	申	申	巳					

癸亥	壬戌	辛酉	庚申	己未	戊午	丁巳	乙卯	甲寅	癸丑	壬子
절	묘	사	병	쇠	왕	관	욕	생	양	태

狗狼星 구랑성
中庭廳 관청마당

현상유지 한결같음
참고이해편 없음소송
사는지연됨

三甲순	육갑남음	대장군방	조객방	삼살방	상문방	세파방	오늘생극	오늘상충	오늘원진	오늘상천	오늘상파	28二수성	건제12신	九星	결혼주당	이사주당	안장주당	복단일	神殺	오늘神殺	육도환생처	축원인도불	오늘기도경	금일지옥
病甲	大驛土	卯正東方	寅卯辰방	南方	未南西方	亥正北方	寶생	寅	卯	亥	午	奎 규	建 건	一白 일백	姑 고	富 부	아버지	天덕합 천구*왕합	천농*왕합	천덕 천구	인도	노사나불 아미보살	추해지옥

불공 제의식 吉한 행사일 | 吉凶 길흉 大小 일반 행사일

천 도 재	신 축 원 불 공	재 수 굿	용 왕 굿	조 왕 굿	병 굿	고 사	결 혼	입 학	투 자	계 약	등 산	여 행	이 사	합 방	이 장	점 안 식	개업 준공	신축 상량	수 술	서류 제출	직원 채용
◎	×	×	×	×	×	×	×	×	×	◎	×	◎	×	×	×	×	◎	◎	×	◎	◎

당일 래정법

巳時 에 온사람은 관송사로 손재수 발생 금午時 에 온사람은 금전문제, 사업문제, 친정문 부모문제, 관송사하는 매사불성사

未時 에 온사람은 남편문제, 직장문제, 운이 막혀 불리 매사 지체됨 온사람은 금전문제, 관재구설수, 자식의 사 申時 업문에 맞수는 친정 후원사는 불리 시고죠심 酉時 온 사람은 매사 꼬임 위가 허고손재 왔다 새 戌時 온 사람은 금전손실 직장문제 형제동업 자식문 사업 자손문제 친구동료가 사비 자손문제 時 제 매사불리 자체됨 바람기 불륜 관사발생

필히 피해야 할일 회의개최·건축증개축·구인·항공주의·승선·동토·벌초·관정·우물파기·제방쌓기

백초귀장술의 오늘에 초사언

시간 점占 | 戊寅공망-寅卯
子時	금전용통, 부인환희 태)령 천도요망
丑時	사기도난, 파재, 손실사, 색정사, 각방
寅時	파재, 관재, 적 잠복사, 부부이심, 타부정
卯時	재물손실, 부인집, 관재, 실수 탄로, 음모
辰時	자손 시험합격, 불화사, 형제 친구 배신
巳時	관재구설, 우환질병, 불륜색정사, 관재
午時	잘병생사, 적 침범사, 극차사, 가출문제
未時	병환자, 금전손실, 극차사, 전쟁불화
申時	금전손실, 부인문제, 자손문제, 우환질병
酉時	자식문제, 실직문제, 남녀색정사, 음신회득
戌時	매사 지체, 가정비사, 산소문제, 기도
亥時	사업사, 재물손실, 부인집, 잘병재앙

오늘 행운 복권 운세

복권사면 좋은 때는 말띠 ⑤⑦)22
행운복권방은 집에서 남쪽에 있는

申子辰生	북쪽문을 피하고, 서남쪽으로 이사하면 안 된다. 재수가 없고, 하는 일마다 꼬이고, 病苦 질병발생. 바람기 발동.
巳酉丑生	서쪽문을 피하고, 동남쪽으로 이사하면 안 된다. 재수가 없고, 하는 일마다 꼬이고, 病苦 질병발생. 바람기 발동.
寅午戌生	북쪽문을 피하고, 동북쪽으로 이사하면 안 된다. 재수가 없고, 하는 일마다 꼬이고, 病苦 질병발생. 바람기 발동.
亥卯未生	동쪽문을 피하고, 서북쪽으로 이사하면 안 된다. 재수가 없고, 하는 일마다 꼬이고, 病苦 질병발생. 바람기 발동.

8월

운세풀이

寅띠	이동수,우왕좌왕, 弱 다툼	巳띠	점점 이의 月弱, 관재구설	申띠	최고운상승세, 두마음	亥띠	만남,결실,화합,문서
卯띠	매사불편, 방해자,배신	午띠	귀인상봉, 금전이득, 현금	酉띠	의욕과다, 스트레스큼	子띠	이동수,애별리,변동 움직임
辰띠	해결신, 시험합격, 풀림	未띠	매사꼬임,과거고생, 질병	戌띠	시급한 일, 뜻대로 안됨	丑띠	빈주머니,걱정근심,사기

- 235 -

| 단기 4358년 |
| 불기 2569년 |

구 성 월 반	4	9	2	구 성 일 반	8	4A	6	己	甲	乙	지장간	손방위	吉方	凶方
	3	5	7		7P	9	2	酉	申	巳	戊	서쪽	正西	正東
	8P	1	6		3	5	1							

| 乙 甲 癸 壬 辛 庚 己 戊 丁 丙 乙 甲 |
| 亥 戌 酉 申 未 午 巳 辰 卯 寅 丑 子 |
| 태 양 생 욕 관 록 쇠 병 사 묘 절 |

狗狼星 구랑성
寺觀山廟 사관산묘

뇌풍항

현상소지 한겁갑음
화없음소송
사는지연됨

三甲	육갑납음	대장군방	조객방	삼살방	상문방	세파방	오늘생기	오늘상충	오늘원진	오늘상천	오늘상파	황도길흉	건제12신	九星	결혼주당	이사주당	안장주당	복단일	神殺	오늘吉神	육도환생처	축일인묘불	오늘神殺	관성명궁	기도일	九星	추해지옥
病甲	大驛土	卯正東方	卯正東方	寅卯辰 南方	未南方	亥正北方	寶	卯	寅	戌	子	현무흑도	危	九紫	夫	殺	損남	-	神 殺	홍사 · 금궤	귀축 · 감강	귀도	노사나불	관음보살

3 6 미움 중단 깨짐

칠성기도일	산신축원일	용왕축원일	조왕하강일	나한하강일	불공 제의식 吉한 행사일				吉凶 길흉 大小 일반 행사일														
					천의	신	재수	용왕	조왕	병굿	결혼	입학	투자	계약	등 여	여행	합 방	이 장	점 안	개업	신축	수 술	서류 제출	고 사
					굿	굿	굿	굿	굿	사	혼	학	자	약	산	행	사	방	장	식	공	상	제	사
●	●	●	●	●	●	●	●	●	●	●	●	●	●	●	●	●	●	●	●	●	●	●	●	●

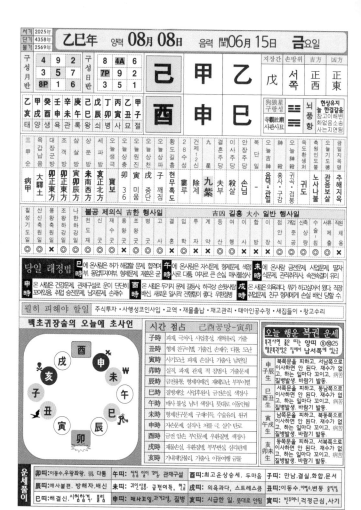

당일 래정법	己에 온사람은 허가 해결할 문제 합격여부 午에 온사람은 자식문제 형제문제 색정 未에 온사람은 금전문제 사업문제 딸나 時 問題 꼬이음
申時 온사람은 건강문제 관재구설로 운이 단단히	酉時 온사람은 무거 문제 갈등사 하극상 손해수 戌時 온사람은 의욕나 뭐가 하고싶어서 왔다 직장

필히 피해야 할일: 주식투자 · 사행성코인사업 · 교역 · 재물출납 · 재고관리 · 태아인공수정 · 새집들이 · 창고수리

백초귀장술의 오늘에 초사언

시간 점占	己酉공망−寅卯
子時	파재 극욕사 사업청성 개혁유리 가출
丑時	형제 친구아별 가출건 손재수 다툼 도난
寅時	사기다툼 파재 관재손실 가출사 남편정
卯時	실직 파재 관재 적 침범사 가출문제
辰時	금전용품 형제자매건 재물출고 부부이별
巳時	질병재앙 사급추원사 금전손실 색사근심
午時	매사 불성 남녀 색정사 뜻대로 이동진행
未時	금전손실 극차남 문제 수술마의 원귀
申時	자손문제 살자사 처를 극 실수 탄로
酉時	금전 압류 부인문제 우환질병 색정사
戌時	재물손실 우환질병 가출사 심각위해
亥時	가내화합사 가출사 이동어별 금물

오늘 행운 복권 운세

복권사면 좋은 띠는 양띠 5⑩25
행운방위 집에서 남서쪽 向 있음

申子辰生	북쪽문을 피하고, 서남쪽으로 이사하면 안 된다. 재수가 없다 질병발생. 바람끼 발동.
巳酉丑生	서쪽문을 피하고, 동남쪽으로 이사하면 안 된다. 재수가 없다 질병발생. 바람끼 발동.
寅午戌生	남쪽문을 피하고, 북동쪽으로 이사하면 안 된다. 재수가 없다 질병발생. 바람끼 발동.
亥卯未生	동쪽문을 피하고, 서북쪽으로 이사하면 안 된다. 재수가 없다 질병발생. 바람끼 발동.

운세풀이

卯띠:이동수,우왕좌왕, 弱 다툼
辰띠:예사불편, 방해자,배신
巳띠:해결신.시험합격, 풀림

午띠:점진 이일 成功, 관재구설
未띠:귀인상봉, 금전이득, 현금
申띠: 매사꼬임,과거고생, 질병

酉띠:최고운상승세, 두마음
戌띠:의욕과다, 스트레스큰
亥띠:시급한 일, 뜻대로 안됨

子띠:만남,결실,화합,문서
丑띠:이동수,애인,변동 움직임
寅띠: 빈주머니, 걱정근심, 사기

- 236 -

서기 2025년	乙巳年	양력 08月 09日	음력 閏06月 16日	土요일
단기 4358년				
불기 2569년				

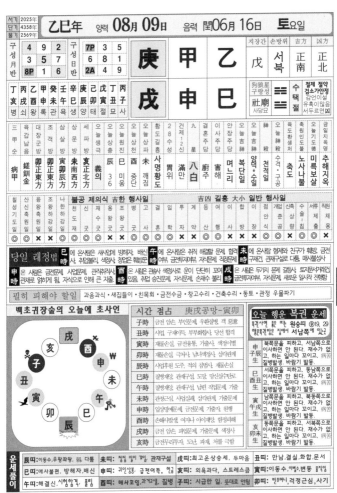

구성 월반	4 9	2 7
	3 5	7
	8P 1	6

구성 일반	7P	3	5
	6	8	1
	2A	4	9

庚 甲 乙
戌 申 巳

	장간간	손방위	길방	흉방
	戊	서북	正南	正北

丁亥병 丙戌쇠 甲申왕 癸未록 壬午관 辛巳욕 庚辰생 己卯양 戊寅태 丁丑절 丙子묘

狗狼星 구랑성 社廟 사당묘

수택절

정제 절약 검소안정 갑인이설 유혹이많음 서두르면凶

三甲순 病甲

육갑납음 鎈釧金

대장군 卯正東方

조객방 寅卯辰方

삼살방 寅卯辰方

세파방 亥方

오늘상충 巳

오늘상파 酉

오늘원진 未

오늘상천 깨짐

황도길흉 사명황도

2 8 9 1 2 6 九星 八白

건제12신 胃위 滿만

결혼주당 廚주

이사주당 害해

안장주당 天느끼

오늘길신 복단일

神殺 천적일

오늘神殺 수격·구궁

육도환생처 축도

축원인도불 노사나불

오늘기도덕 미륵보살

금일지옥 추해지옥

卯正東方 寅卯辰方 未南西方 亥正北方 義의 辰 36 酉 未 중단 八白 廚주 害해 복단일 양공·수길 천적일 축도 노사나불 미륵보살 추해지옥

칠성기도일	산신축원일	용왕축원일	조왕하강일	한하강일	불공 제의식 吉한 행사일									吉凶 길흉 大小 일반 행사일										
					천도재	신축상량	재수굿	용왕굿	조왕굿	병굿	고사	결혼	입학	투자	계약	등기	여행	이사	합방	이장	점안식	개업준공	신축상량	서류제출	직원채용
◎	◎	◎	✕	◎	✕	◎	✕	✕	◎	✕	◎	✕	◎	✕	✕	◎	◎	✕	◎	◎	✕	◎	◎	◎

당일 래정법
巳에 온사람은 새사업에 방해나, 배신 午에 온사람은 취직 해결할 문제 합격 未에 온사람은 형제와 친구가 훼방, 금전
時 사, 취고문제, 색정사 창업은 해롭다 時 여부, 금전투자야부 자식문제 작은연애 時 구재건 관재구설로 다툼, 매사불성사
申 온 사람은 금전문제, 관리주사나, 관재로아픔 酉 온 사람은 관송사 색정사로 불리, 자식문제 戌 온 사람은 무거 문제 갈등사 토지문서규산
時 관재로 얽히게 됨 자식으로 인해 큰 지출 時 있음, 취업 승진문제, 자식문제, 손재수 불리 時 금전거래야부, 자식문제, 새로운 일사 잘진행

필히 피해야 할일 과음과식 · 새집들이 · 친목회 · 금전수금 · 창고수리 · 건축수리 · 동토 · 관정 우물파기

백초귀장술의 오늘에 초사언

시간 점占	庚戌공망-寅卯
子時	금전 암초 부인문제 우환질병 갯 愿憂
丑時	사업 구재야부, 부부화합나 당선 합격
寅時	재물손실, 금전융통, 가출사, 색정이별
卯時	재물손실 구직사 남녀색정사 삼각관계
辰時	사업투원 도주, 적의 참비나 재물손실
巳時	잘방혜산 관재구설 도망 망신살수탄로
午時	잘방혜산 관재구설 남편 작은문제 가출
未時	관재근심 사업금패 삼각관계 가출문제
申時	입상반뢰제 금전문제, 가출사, 원행
酉時	손재수발생 여자나 아이자랑 함정질패
戌時	금전 암초 파업문제 가출문제 색정사
亥時	금전무리투자, 도난, 파재, 척물 극물

오늘 행운 복권 운세
복권사면 좋은 띠는 원숭띠 ⑲19, 29
행운복권방 있는곳 서남쪽에 있소

申子辰生 복묘문을 피하고, 서남쪽으로 이사하면 안 된다. 재수가 없고, 하는 일마다 꼬이고, 病苦 질병발생. 바람기 발동.

巳酉丑生 서묘문을 피하고, 동남쪽으로 이사하면 안 된다. 재수가 없고, 하는 일마다 꼬이고, 病苦 질병발생. 바람기 발동.

寅午戌生 남묘문을 피하고, 북동쪽으로 이사하면 안 된다. 재수가 없고, 하는 일마다 꼬이고, 病苦 질병발생. 바람기 발동.

亥卯未生 동묘문을 피하고, 서북쪽으로 이사하면 안 된다. 재수가 없고, 하는 일마다 꼬이고, 病苦 질병발생. 바람기 발동.

운세풀이

辰띠:이동수,우왕좌왕, 弱밥 다툼	未띠:적敵덧,이어 꼬임, 관재구설	戌띠:최고운상승세, 두마음 丑띠: 만남,결실,화합,문서
巳띠:매사불편, 방해자,배신	申띠:귀인상봉, 금전이득,현금	亥띠: 의욕과다, 스트레스큼 寅띠:이동수,애吸소,변동 음직임
午띠:해결신,시험합격, 풀림	酉띠: 매사꼬임,과거고생, 질병	子띠: 시급한 일, 뜻대로 안됨 卯띠: 빈研머니,걱정근심,사기

8月

乙巳年 양력 08月 10日 음력 閏06月 17日 일요일

구성 월반	4	9	2	구성 일반	6P	2	4
	3	5	7		5	7	9A
	8P	1	6		1	3	8

辛 甲 乙
亥 申 巳

지장간	손방위	吉方	凶方
戊	북 쪽	正東	正西

狗狼星
구랑성
寺觀
절사관

水澤節
수택절

절제 절약
검소가안정
강인이실
욕심많음
서두르면凶

己 戊 丁 丙 乙 甲 癸 壬 辛 庚 己 戊
亥 戌 酉 申 未 午 巳 辰 卯 寅 丑 子
욕 관 묘 왕 쇠 병 사 묘 절 태 양 생

三甲旬	육갑납음	대장군방	조객방	삼살방	상문방	세파방	오늘생의	오늘상충	오늘원진	오늘상천	오늘상파	황도길흉	건제12신	九星	결혼주당	이사주당	안장주당	복단일	神殺	오늘神殺	육도환생처	축원인도불	오늘기도덕	금일봉안
病甲	鑮釧金	卯正東方	卯正東方	寅卯辰方	未南西方	亥正北方	寶		辰	申	亥	구진흑도	昴平	七赤	姑婦	天天	어머니		보호·성살	천강·유하	월해·화	옥도	노사나불	여래보살 추해지살

칠성기도일	산신축원일	용왕축원일	조왕축원일		불공 제의식 吉한 행사일					吉凶 길흉 大小 일반 행사일										
					천도재	신굿	재수굿	용왕굿	조왕굿	병굿	고사	결혼	입학	투자	계약	등사	여행	이장	기업	신축	수술	서류제출	직원채용
×	◎	◎	◎	×	×	×	×	×	×	×	×	○	×	×	×	×	×	×	×	×	○	-	◎

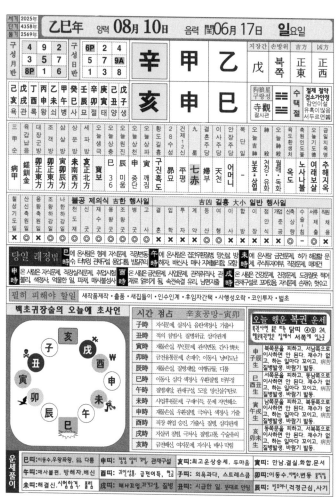

당일 래정법

巳에 온사람은 형제, 자신문제, 직장변동사 / 午에 온사람은 잠변우환질병 망신살, 바람끼 / 未에 온사람은 금전문제, 허가 해결할 문
時 제이고 / 申 온 사람은 자신문제, 직장취업문제, 취업사험 / 酉 온 사람은 금전문제, 사업문제, 관각자손사 / 戌 온사람은 금전문제, 도장찍은 것후회, 사험불됨

필히 피해야 할일: 새작품제작·출품·새집들이·인수인계·후입자간택·사행성오락·코인투자·벌초

백초귀장술의 오늘에 초사언

시간 점占 辛亥공망-寅卯

子時	자식문제 실직사, 음란색정사
丑時	적의 침범사, 질병위급, 삼각관계
寅時	재물손실, 부인문제, 관재구설, 간사 情夫사
卯時	금전융통문제, 손재수, 이동수, 남녀다툼
辰時	재물손실, 질병재발, 여행금물, 다툼
巳時	이동사 삼각 색정사, 우환질병, 터부정
午時	질병재앙, 관재구설, 도망, 망신살수탈낙
未時	사업투자문제, 부인사괴, 문제 자연해소
申時	재물손실, 우환질병, 극차사, 색정사, 가출
酉時	직장 취업 문제, 가출사, 질병, 삼각관계
戌時	자살사 가정불화, 극차사, 질병고통, 수술유의
亥時	금전배신 여자문제, 자식사, 매사 막힘

오늘 행운 복권 운세

행운의 숫자는 닭띠 ④② 24,
행운의 방위는 집에서 서쪽④② 方

申子辰生	북쪽문을 피하고, 서남쪽으로 이사하면 안 된다. 재수 없고 하는 일마다 꼬이고, 病苦 질병발생. 바람기 발동
巳酉丑生	서쪽문을 피하고, 동남쪽으로 이사하면 안 된다. 재수 없고 하는 일마다 꼬이고, 病苦 질병발생. 바람기 발동
寅午戌生	남쪽문을 피하고, 북쪽으로 이사하면 안 된다. 재수 없고 하는 일마다 꼬이고, 病苦 질병발생. 바람기 발동
亥卯未生	동쪽문을 피하고, 서북쪽으로 이사하면 안 된다. 재수 없고 하는 일마다 꼬이고, 病苦 질병발생. 바람기 발동

운세풀이

巳띠: 이동수, 우왕좌왕, 弱, 다툼 申띠: 정정, 애정 깨짐, 관재구설 亥띠: 최고운상승세, 두마음 寅띠: 만남, 결실, 화합, 문서
午띠: 매사불편, 방해자, 배신 酉띠: 귀인상봉, 금전이득, 현금 子띠: 의욕과다, 스트레스큼 卯띠: 이동수, 이별수, 변동 움직임
未띠: 해결신, 시험합격, 풀림 戌띠: 매사꼬임, 과거고생, 질병 丑띠: 시급한 일, 뜻대로 안됨 辰띠: 빈주머니, 걱정근심, 사기

구성성반	4	9	2	구성일반	5	1P	3		지장간	손방위	方方	凶方
	3	5	7		4	6	8	壬 甲 乙	戊	북동	正北	正南
	8P	1	6		9	2	7A	子 申 巳				

辛亥	庚戌	己酉	丁未	丙午	甲辰	癸卯	辛丑	庚子	狗狼星 구랑성	정제 절약 검소안정
록	관욕	생	양	태	절	묘	쇠	왕	天	감언이설 유혹이설 서두르면凶

三甲旬	육갑납음	대장군방	조객방	삼살방	세파방	오늘상충	오늘원진	오늘상천	오늘상파	황도길흉	28宿성수	건제2신	九星	결혼주당	이사주당	신황하직	천구하식일	대공망일	神殺	오늘神殺	육도환생처	축원인도불	오늘기도	금일지옥
病甲	桑柘木	卯正東方	寅正東方	寅卯辰方	未南方	亥正北方	午36	未미움	酉깨움	청룡황도	畢필	定정	六白	竈조	利이	여자	천공公망일	천은 · 미망	사기 · 구퇴	천도	왕후장상	아미보살	철산지옥

칠성기도일	산신축원일	용왕축원일	조왕하강일	나한	불공 제의식 吉한 행사일							吉凶 길흉 大小 일반 행사일											
					천도재	신축	재수굿	용왕굿	조왕굿	병굿	고사	결혼	입주	투자	계약	여행	이장	점안식	개업	신축	수술	서류	직원
✕	✕	✕	✕	✕	✕	✕	✕	✕	✕	○	○	✕	○	✕	✕	✕	○	✕	○	○	✕	○	✕

당일 래정법
- **巳時** 에 온사람은 자손문제, 금전손실 친구나 형제동료 관송사 반좌니
- **午時** 에 온사람은 이동변동수, 터부정, 하극상모함사 자식문제 천신
- **未時** 에 온사람은 방해자, 배신사, 취업문제 색정사 관송사 매사 지체 불리함
- **申時** 온사람은 관직 취직문제, 결혼 경조사 한가지씨 해결됨 시험은 합격됨 하기도 승남 구관도움
- **酉時** 온사람은 양귀해사 불리사, 관재로 발전 색정사 삼각관계
- **戌時** 온사람은 남편문제, 해복관계 금전문제 주식투자 자동차관련 여자화합건 건강질병사 빛대문 관재수

필히 피해야 할일 소장제출 · 인허가신청 · 정보유출 · 질병치료 · 동토 · 안장

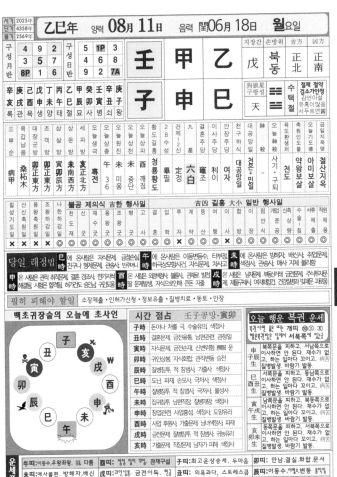

백초귀장술의 오늘에 초사인

시간 점占 壬辰공망-寅卯

子時	돈나나 처들 극 수술유의 색정사
丑時	결혼문제 금전융통, 남편관련 관청일
寅時	자손문제 금전손재 신변위험 !!!쾌흉 운
卯時	귀인상봉, 자식화합 관변변동 승천
辰時	질병침투, 적 침범사 기줄사 색정사
巳時	도나 매사 손모사 극차사 색정사
午時	질병침투, 적 침범사 극차사 불성사
未時	잡귀침투, 남편무관 잘방깨짐 색정사
申時	창업관련 사업출성 색정사 도망유리
酉時	사업 후원사 기출문제 남녀색정사 파패
戌時	금전문제 질병침투, 적 침범사 귀동유리
亥時	기출문제 직장문제 남자가 피패 색정사

운세풀이

子띠	최고운상승세, 두마음
午띠	이동수,우왕좌왕, 弱심 다툼
丑띠	의욕과다, 스트레스큼
未띠	매사불편, 방해자,배신
寅띠	시급한 일, 뜻대로 안됨
申띠	해결신,시험합격, 풀림
卯띠	만남,결실,화합,문서
酉띠	점정 의에 '약이 관재구설
辰띠	이동수,이별수,변동 움직임
戌띠	귀인상봉, 금전이득, 햄結
巳띠	빈빈마나,걱정근심, 사기
亥띠	매사꼬임,과거고생, 질병

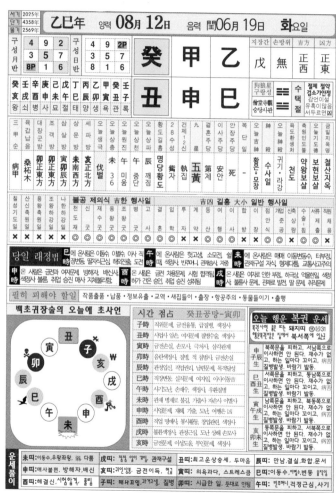

乙巳年　양력 08月 12日　음력 閏06月 19日　火요일

구성월반			구성일반		
4	9	2	4	9	2P
3	5	7	3	5	7
8P	1	6	8	1	6

癸甲乙
丑申巳

지장간	손방위	吉方	凶方
戊	無	正西	正東

狗狼星 구랑성
廚堂사방 승당사간

수택절

절제 절약
검소가안정
담안이많음
유흑이많음
서두르면圓

癸壬辛庚己戊丁丙乙甲癸壬
亥戌酉申未午巳辰卯寅丑子
왕쇠병사묘절태양생욕대록

三甲순	육갑납음	대장군방	조객방	삼살방	상문방	세파방	오늘상충	오늘상파	오늘상천	오늘상해	오늘원진	황도길흉	건제12신	九星	결혼주당	이사주당	안장주당	복단일	神殺	오늘吉神	오늘神殺	육도환생처	축원인도불	오늘기도덕	오늘피해야할
病甲	桑柘木	卯正東方	卯正東方	卯寅南東方	亥正北方	未南西方	未 벌	午 36	午 미웅	辰 중단	午 깨짐	명당황도	紫斗 집	五黃	執집	第제	安안	死		황은·모창	귀기·라강	천도	양위보살	복전보살	철갑살

칠성기도일	산신축원일	용왕축원일	조왕하강일	나한하강일	불공 제의식 吉한 행사일								吉凶 길흉 大小 일반 행사일									
					천도재	신중기도	재수굿	용왕굿	조왕굿	병굿	고사	결혼	입주	계약	등	여행	이사	합방	상량	점안	개업	신축	수술	서류제출	재출
×	×	×	×	×	◎	◎	◎	◎	◎	◎	○	이	○	이	◎	×	◎	○	×	○	△	×	×	×	×

당일 래정법

巳 온사람은 이동수 이别수 이사 죽음 장녀동 딸자근심 해로된多 도전
午 에 온사람은 헛공사 소모전 금전 색정사 반대나 관재송사 자중
未 에 온사람은 매매 이동변동수 터부정 관재구설 자식 형제다툼 교통사고주의
申 에 온사람은 금전 여자문제 병자나 색정사 불륜 취업 승진 매사 지체됨
酉 에 온사람은 금전 차용문제 시험 합격됨 딸문제 남편문제 목적달성
戌 에 온사람은 여자로 인한 부정 하극상 억울한일 매사 불용사 문제 관재로 발전 딸 문제 취직문제

백초귀장술의 오늘에 초사언

시간 점占	癸丑공망-寅卯
子時	직위문제, 금전융통, 급길병, 색정사
丑時	사업가 임자 여자문제 잘봐추술 색정사
寅時	금전손실, 손모사, 극차사, 삼각관계
卯時	윤신색정사, 질병, 적 참봐사, 금전손실
辰時	관재신상 작급러님, 남편문제, 목적달성
巳時	직장변동, 실직문제, 여자일, 이사동남
午時	사기도난, 손害스, 색정사, 우환질병
未時	관재 병객로 불길, 가출사 자손사 이별사
申時	사업문제, 재해, 가출, 도난, 여행손 凶
酉時	작업 땅매사 놀부활동, 창업관전 색정사
戌時	불륜색정사, 관재구설, 도난 상해 손모사
亥時	금전문제 이성도움, 부인문제, 색정사

오늘 행운 복권 운세

북쪽사면 ꗆ띠 돼지띠 ⑪1631
행운복권방은 집에서 북서쪽에 있는

申子辰생	북쪽문을 피하고, 서남쪽으로 이사하면 안 된다. 재수가 없고 하는 일마다 꼬이고, 病苦 질병발생. 바람기 발동
巳酉丑생	서쪽문을 피하고, 동쪽으로 이사하면 안 된다. 재수가 없고 하는 일마다 꼬이고, 病苦 질병발생. 바람기 발동
寅午戌생	남쪽문을 피하고, 북쪽으로 이사하면 안 된다. 재수가 없고 하는 일마다 꼬이고, 病苦 질병발생. 바람기 발동
亥卯未생	동쪽문을 피하고, 서쪽으로 이사하면 안 된다. 재수가 없고 하는 일마다 꼬이고, 病苦 질병발생. 바람기 발동

운세풀이

未띠:이동수,우왕좌왕, 弱, 다툼
申띠:매사불편, 방해자,배신
酉띠:해결신,시험합격, 풀림
戌띠:점정 이어 问号 관재구설
亥띠:귀인상봉, 금전이득, 현금
子띠:매사꼬임,과거고생, 질병
표띠:최고운상승세, 두마음
寅띠:의욕과다, 스트레스큼
卯띠:시급한 일, 뜻대로 안됨
辰띠:만남,결실,화합,문서
巳띠:이동수,애别수,변동 움직임
午띠:빈주머니,걱정근심, 사기

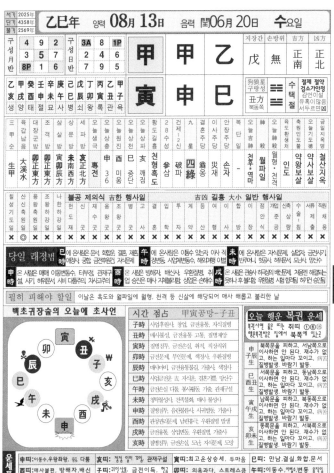

구성 월반	4	9	2	구성 일반	3A	8	1P
	3	5	7		2	4	6
	8P	1	6		7	9	5

甲
寅

甲
申

乙
巳

지장간	손방위	吉方	凶方
戊	無	正南	正北

乙亥	甲戌	癸酉	壬申	辛未	庚午	己巳	戊辰	丁卯	丙寅	甲子
生	양	태	絶	묘	사	병	쇠	왕	록	관	욕

狗狼星
구성성
丑方
북동местно

수택**절**

절제 절약
검소가안정
김언이살
유족이많음
서두르면凶

三甲旬	육갑납음	대장군방	조객방	삼살방	세파방	오늘상충	오늘원진	오늘상천	황도길흉	2 8 수성	건제12신	九星	결혼주당	이사주당	신살일	복단일	오늘神殺	神殺	오늘吉神	육도환생처	축원인도불	오늘기도덕	금일지옥
生甲	大溪水	卯正東方	卯正東方	亥南方	巳正北方	專전	申36	酉미움	亥깨짐	천형흑	參삼	破파	**四綠**	翁옹	災재	손자		천후·역마	월염·천격	인도	약왕보살	약사보살	철산지옥

칠성기도일	산신축원일	용왕축원일	조왕축원일	나한기도일	불공 제의식 吉한 행사일									吉凶 길흉 大小 일반 행사일											
					천도재	신굿	재수굿	용왕굿	조왕굿	병굿	고사	결혼	입택	투자	계약	등기	이사	합방	점안	개업준공	신축상량	수술	서류제출	직원채용
×	×	×	×	×	×	×	×	×	×	×	×	×	×	×	×	×	×	×	×	×	×	×	×	×	×

당일 래정법

己時 에 온사람은 문서 화합은, 결혼, 재혼 문제

午時 에 온사람은 이동수 있자, 아자 직, 이동변동수, 자산문제, 궁합 금전은헛수 자산문제 상배혼수, 사업변동수, 해외문제 아별 수 빈주머니, 헛공사, 하극상때, 모난자, 맛산수

未時 에 온사람은 자식문제, 살끔자, 금전나기

申時 온사람은 매매 이동변동수, 타부정, 관재구설 설 시기, 하극상문서, 사비 대충하는 차나고주의

酉時 온사람은 방해자, 배신사, 우환질병 취업 승인은 매사 지체불안 상업은 손해수

戌時 온사람은 관직者 하극상白官문제 처음에는 해결되는 듯하나 후是불리함 우환질병 시험합격됨 하면住 승진됨

필히 피해야 할일 이날은 흑도와 월파일에 월형, 천격 등 신살에 해당되어 매사 해롭고 불리한 날

백초귀장술의 오늘에 초사언

시간 점占	甲寅공망-子丑
子時	사업후원사, 창업, 금전융통, 자식질병
丑時	매사불성, 금전융통 고통, 질병재앙
寅時	질병침투, 금전손실, 취직, 직장실위
卯時	금전문제, 부인문제, 색정사, 우환질병
辰時	매사막힘, 금전융통불길, 가출사, 색정사
巳時	금전용진, 사업, 자식운, 갑작기병, 관송사
午時	금전손실 다툼, 봉사활동, 가출, 관재구설
未時	잠병불성사, 친족불화합 매사 불성사
申時	질병침투, 음란색정사 사기도난사, 가출사
酉時	관재관청문제, 남녀화근 우환질병 발생
戌時	금전융통, 상업변동, 우환질병, 가출사
亥時	질병침투 금전손실 5다 자식문제 도망

오늘 행운 복권 운세

복권사면 좋은 띠는 **쥐띠** ①⑥⑯
행운복권방은 집에서 **북쪽**에 있는곳

子辰生	북쪽문을 피하고, 서남쪽으로 이사하면 안 된다. 재수가 없 고, 하는 일마다 꼬이고, 病苦 질병발생. 바람기 발동.
巳酉生	서쪽문을 피하고, 동남쪽으로 이사하면 안 된다. 재수가 없 고, 하는 일마다 꼬이고, 病苦 질병발생. 바람기 발동.
寅午戌生	남쪽문을 피하고, 북동쪽으로 이사하면 안 된다. 재수가 없 고, 하는 일마다 꼬이고, 病苦 질병발생. 바람기 발동.
亥卯未生	동쪽문을 피하고, 서북쪽으로 이사하면 안 된다. 재수가 없 고, 하는 일마다 꼬이고, 病苦 질병발생. 바람기 발동.

운세풀이

申띠:이동수,우왕좌왕, 弱 다툼 **酉띠:**매사불편, 방해자,배신 **戌띠:**해결신,시험합격, 風

子띠: 점정 급어 끼임, 관재구설 **丑띠:**귀인상봉, 금전이득, 현금 **寅띠:**최고운상승세, 두마음

卯띠: 의욕과다, 스트레스큼 **辰띠:** 사급한 일, 뜻대로 안됨 **巳띠:** 만남,결실,화합,문서

午띠: 빈주머니,걱정근심,사기 **未띠:** 빈주머니,걱정근심,사기

8월

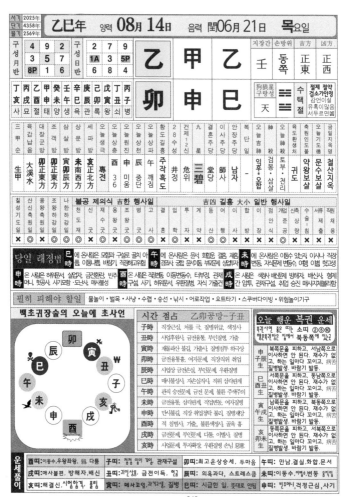

서기 2025年	乙巳年	양력 08月 14日	음력 閏06月 21日	목요일
단기 4358年				
불기 2569年				

구성 월반	4	9	2	구성 일반	2	7	9
	3	5	7		1A	3	5P
	8P	1	6		6	8	4

乙 甲 乙
卯 申 巳

| 지장간 | 손방위 | 吉方 | 凶方 |
| 壬 | 동쪽 | 正東 | 正西 |

狗狼星
구랑성
天

수택절

절제 절약
검소가상정
감언이설
유혹이많음
서두르면則

丁 丙 乙 甲 癸 壬 辛 庚 己 戊 丁 丙
亥 戌 酉 申 未 午 巳 辰 卯 寅 丑 子
사 묘 절 태 양 생 욕 관 록 왕 쇠 병

三甲순	육갑납음	대장군방	조객방	삼살방	상문방	세파방	오늘생극	오늘상충	오늘원진	오늘상천	오늘상파	황도길흉	건제2신	九星	결혼주당	이사주당	안장주당	복단일	神殺	오늘殺神	육도환생처	축인인묘	오늘吉神	기도덕	천덕
生甲	大溪水	卯正東方	正東方	南西方	亥正北方	酉	申	辰	주작흑도	危	三碧	堂	師	남자	일부 · 옥당	검봉 · 삼살	토부 · 천귀	귀도	양황보살	문수보살	철산지옥
		卯正東方	東南西方	亥正北方	專전	36	미움	중단	깨짐	위												

| 월성기도일 | 산신축원일 | 용왕축원일 | 조왕축원일 | 나한기도일 | 천신하강일 | 재수굿 | 용왕굿 | 조왕굿 | 병굿 | 神殺 | 결혼 | 입주 | 계약 | 개업 | 신축 | 수리 | 서류 | 제출 | 출행 |
| ✕ | ✕ | ✕ | ✕ | ✕ | ✕ | ✕ | ✕ | ✕ | ✕ | ✕ | ✕ | ✕ | ✕ | ✕ | ✕ | ✕ | ✕ | ✕ | ✕ |

불공 제의식 吉한 행사일 / 吉凶 길흉 大小 일반 행사일

당일 태정법
巳 時: 온사람은 모함과 구설로 골치 아픔 이동수 있음 바람기 직장변동
午 時: 에 온사람은 문서 화합은 結혼 재혼 경조사 관문서 부모효도 상부터상호 변동
未 時: 에 온사람은 이동수 있는자 이사나 직장 변동 자손문제 변동수 애별 헛공사
申 時: 온 사람은 하수문서 살길자 금전환타 빈대 자존심
酉 時: 온 사람은 직장변동 이동변동수 타부정 관재수
戌 時: 온 사람은 색정사 문제로 방해자 배신사 형제 애니 횡재사 사기모함 도난사 매사불성
亥 時: 온 사람은 구설 시기 하수문서 우환질병 자식 가출건

필히 피해야 할일 물놀이 · 벌목 · 사냥 · 수렵 · 승선 · 낚시 · 어로작업 · 요트타기 · 스쿠버다이빙 · 위험놀이기구

백초귀장술의 오늘에 초사언

시간 점占	乙卯공망-子丑
子時	직장근심, 처를 극, 질병위급, 색정사
丑時	사업후원도 금전융통, 부인질병 가출
寅時	재물파산 불길, 가출시, 질병침투 하극상
卯時	금전융통흉, 여자문제, 직장직위 취업
辰時	사업상 금전순조 부인문제로 우환질병
巳時	매사불성사 자손실자사 직위 삼각관계
午時	관직 승전문제, 금전 문제 불륜 주매주의
未時	금전용통, 삼각관계 직업변동, 여자질병
申時	만남불길, 직장 취업장투 불리, 질병객사
酉時	적 침범사, 가출, 불륜색정사, 골육 зл
戌時	금전勤사, 부인문제로 다툼, 야별사, 질병
亥時	사업勤사 투자화성 우환질병 손님 怨喜

오늘 행운 복권 운세
복권사면 윮 뜨는 소띠 ②⑤⑩
행운방위가 좋은 곳은 북동쪽

申子辰	북쪽문을 피하고, 서남쪽으로 이사하면 안 된다. 재수가 있고, 하는 일마다 꼬이고, 病苦 질병발생. 바람기 발동
巳酉丑生	서쪽문을 피하고, 동남쪽으로 이사하면 안 된다. 재수가 있고, 하는 일마다 꼬이고, 病苦 질병발생. 바람기 발동
寅午戌生	남쪽문을 피하고, 북쪽으로 이사하면 안 된다. 재수가 있고, 하는 일마다 꼬이고, 病苦 질병발생. 바람기 발동
亥卯未生	동쪽문을 피하고, 서북쪽으로 이사하면 안 된다. 재수가 있고, 하는 일마다 꼬이고, 病苦 질병발생. 바람기 발동

운세풀이

卯띠: 이동수·우왕좌왕, 弱, 다툼	子띠: 적정 이익, 깨우침, 관재구설	卯띠: 최고운상승세, 두마음	午띠: 만남,결실,화합,문서
戌띠: 매사불편, 방해자,배신	丑띠: 귀인상봉, 금전이득, 현금	辰띠: 의욕과다, 스트레스큼	未띠: 이동수,이별수,변동 움직임
亥띠: 해결신, 시험합격, 풀림	寅띠: 매사꼬임,과거고생, 질병	巳띠: 시급한 일, 뜻대로 안됨	申띠: 빈주머니, 걱정근심, 사기

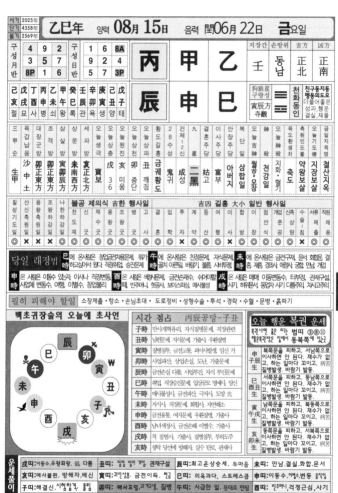

서기	2025年
단기	4358年
불기	2569年

乙巳年 양력 **08**月 **15**日 음력 閏**06**月 **22**日 **金**요일

구성월반	4	9	2		구성일반	1	6	8A
	3	5	7			9	2	4
	8P	1	6			5	7	3P

丙 甲 乙
辰 申 巳

	지장간	손방위	吉方	凶方
	壬	동남	正北	正南

狗狼星 구랑성 / 寅辰方 寺廟

천화동인

친구동지동업 · 변동의의욕 더불어좋은 성과 · 행운 · 결실 · 재물

己亥	戊戌	丁酉	丙申	乙未	甲午	癸巳	壬辰	辛卯	庚寅	戊子
절	묘	사	병	쇠	왕	관	욕	생	양	태

三甲旬 生甲 / 沙中土 / 육갑납음 / 卯正東方 / 대장군방 卯正東方 / 조객방 寅東北方 / 삼살방 寅卯辰方 / 상문방 戌 / 세파방 寅보 / 오늘상충 36 / 오늘원진 戌 / 오늘상천 亥 / 오늘상파 卯 미움 / 오늘상해 깨짐 / 황도길흉 金궤황도 / 건제12신 鬼귀 / 九星 二黑 / 결혼주당 姑고 / 이사주당 富부 / 안장주당 아버지 / 복단일 삼합일 / 神殺 천강 · 혈기 / 오늘神殺 지화 · 혈기 / 오늘귀인 축도 / 축원인도일 인도 / 오늘吉神 약왕보살 / 오늘凶殺 지장보살 / 철산지옥

칠성기도일	산신기도일	조왕기도일	용왕기도일	나한기도일	불공 제의식 吉한 행사일						吉凶 길흉 大小 일반 행사일												
					천의	신중	재수	용왕	조왕	병굿	고사	결혼	입학	투자	계약	여행	이사	합방	점안	개업	기공	신축	수리	서류제출	직원채용
◎	×	×	×	×	◎	◎	×	×	◎	◎	×	×	×	×	×	◎	×	×	×	×	×	×	×

당일 래정법

巳時에 온사람은 창업금전 융통문제, 뭐가 하고자하나 와서 직장취업 승진문제.

午時에 온사람은 친정문제, 자식문제로 골치 아픔, 바람기 불륜, 사비투쟁

未時에 온사람은 금전구재, 문서 화합은 결혼 재혼, 경조사 애정사 궁합 만남 기업

申時 이동수 있으나 이사나 직장변동 **酉時** 세왕사주고, 금전손재수, 자식문제 부부 **戌時** 매매 이동변동수, 터부정, 관재구설 사업체 변동수, 여행, 이별수, 창업불리, 질병 빈주머니, 헛공사 보이스피싱 매사불성, 이 하극상 동업자 사기 대출문의 차사고무리.

필히 피해야 할일 · 소장제출 · 항소 · 손님초대 · 도로정비 · 성형수술 · 투석 · 경락 · 수렴 · 문병 · 흙파기

8월

백초귀장술의 오늘에 초사언

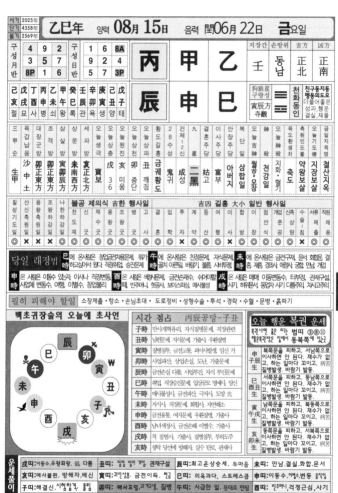

시간 점占	丙辰공망-子丑
子時	만사개혜요리, 자식질병문제, 직장관련
丑時	남녀문제 자식문제 가출사 우환질병
寅時	질병침투, 금전고통, 과아시발생 임신 가
卯時	사업파산 상업손실 도난 가출문제
辰時	금전손실 다툼, 사업부진 자식 부모문제
巳時	금전, 직장승진문제 입상문제 명예사 망신
午時	매사불성사, 금전파산 극차사, 도망 흉
未時	자식사, 직장문제, 화합사 자연해소
申時	금전융통, 여자문제, 우환질병, 가출사
酉時	남녀색정사, 금전손해 여자구설
戌時	적 침범사, 가출사, 질병침투, 부하도주
亥時	청탁 당산제 방해사, 살수 탄로, 관재사

오늘 행운 복권 운세

복권사면 좋은 띠는 범띠 ③⑧⑬
행운복권방은 집에서 **동북쪽**에 있는곳

申辰生	북쪽문을 피하고, 서남쪽으로 이사하면 안 된다. 재수가 없고, 하는 일마다 꼬이고, 病苦 질병발생. 바람기 발동.
巳酉丑生	서쪽문을 피하고, 동남쪽으로 이사하면 안 된다. 재수가 없고, 하는 일마다 꼬이고, 病苦 질병발생. 바람기 발동.
寅午戌生	남쪽문을 피하고, 북동쪽으로 이사하면 안 된다. 재수가 없고, 하는 일마다 꼬이고, 病苦 질병발생. 바람기 발동.
亥卯未生	동쪽문을 피하고, 북서쪽으로 이사하면 안 된다. 재수가 없고, 하는 일마다 꼬이고, 病苦 질병발생. 바람기 발동.

운세풀이

戌띠:이동수,우왕좌왕,弱 다툼 寅띠:적 이익 '''이익 '''관재구설 辰띠:최고운상승세, 두마음 未띠:만남, 결실, 화합, 문서
亥띠:매사불편, 방해자, 배신 卯띠:과아성공, 금전이득, 연금 巳띠:의욕과다, 스트레스큼 申띠:이동수, 이별, 변동 움직임
子띠:해결신, 시험합격, 풀림 辰띠:매사꼬임, 과거고생, 질병 午띠:시급한 일, 뜻대로 안됨 酉띠:빈주머니, 걱정근심, 사기

- 243 -

乙巳年 양력 **08**月 **16**日 음력 閏**06**月 **23**日 **토**요일

구성월반
4	9	2
3	5	7
8P	1	6

구성일반
9	5	7
8	1	3
4	6A	2P

丁 甲 乙
巳 申 巳

지장간	손방위	吉方	凶方
壬	남쪽	正西	正東

辛	庚	己	戊	丁	丙	乙	甲	癸	壬	辛	庚
亥	戌	酉	申	未	午	巳	辰	卯	寅	丑	子
태	양	육	욕	관	록	왕	쇠	병	사	묘	절

狗狼星 구랑성 前門 현관문 · 천화동인
친구동지 행동의논 더불어줄 성과·행운 결실.재물

| 三甲순 生甲 | 沙中土 | 卯正東方 | 卯正東方 | 亥南正方 | 亥正北方 | 專전 | 亥 | 戌 3 6 | 申 미움象 | 깨짐 | 大德황도 | 柳유 | 收수 | 一白 | 夫부 | 殺살 | 손님 | 월덕합 | 천적일 | 토금.접집 | 옥도 | 왕왕日살 | 철산지곡 |

불공 제의식 吉한 행사일 / 吉凶 길흉 大小 일반 행사일

칠성기도일	산신축원일	용왕축원일	조왕하강일	나한기도일	불공	신축	재수굿	용왕굿	조왕굿	병굿	고사	결혼	입학	투자	계약	등교	여행	이사	합방	점안식	개업준공	신축상량	수술	서류제출	직원채용
×	×	×	×	×	◎	◎	◎	◎	◎	◎	×	◎	◎	×	×	×	◎	◎	×	×	×	×	◎	×	◎

당일 레정법

巳時 온лом이 금전거래, 관재구설이나 갈등 · **午時** 온람이 금전.여유이나 뭐가 뭔지 아리송 · **未時** 온람은 친구애.지인공사 공치 아
申時 온람은 여행, 문서 화려문제 결혼, 재회, 이성시 · **酉時** 온 사람은 이동수 있으자, 가출, 이사나 직장변동 · **戌時** 온 사람은 색정사이나, 금전손재수, 지금은 과시욕현 보려 반면 기업 개업 有실수 등 · 매사불성

필히 피해야 할일

새 작품제작·출품·새집들이·인수인계·질병치료·시험관시술·경락·복약·문병·머리자르기

백초귀장술의 오늘에 초사인

시간 점сок 丁巳공망-子丑

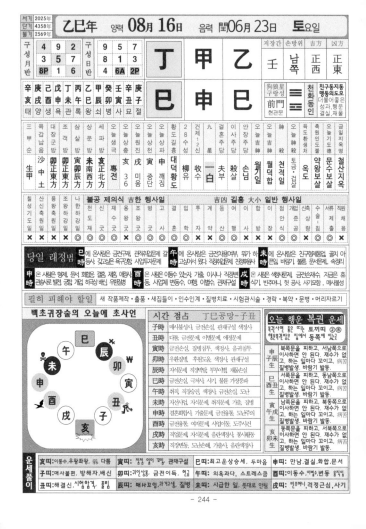

子時	매사불성사, 금전손실, 관재구설 색장사
丑時	다툼, 금전문제, 이별문제, 애정문제
寅時	금전손실, 질병침투, 색장사, 음귀침투
卯時	우환질병, 후원도움, 색장사, 관재구설
辰時	금전손실, 직장변동, 부모문제, 재물손실
巳時	금전손실, 국사시 사기 불길 가정풍파
午時	취직 직장승진 색장사 금전손실 도난
未時	자산사업 자식문제 취직문제 가출, 질병
申時	결혼勝事 가출문제, 금전융통 도난사건
酉時	금전융통, 색장사 색장이동, 도주사건
戌時	작업문제 자식문제, 음란색장사 봉사활동
亥時	직장변동, 도난손해, 가출사, 음란색장사

오늘 행운 복권 운세

복권사면 좋은 띠는 **토끼띠 ②⑧**
행운방권은 집에서 **동쪽**에 있다

申子辰生	북쪽문을 피하고, 서남쪽으로 이사하면 안 된다. 재수가 없고, 하는 일마다 꼬이고, 病치료
巳酉丑生	서쪽문을 피하고, 동남쪽으로 이사하면 안 된다. 하는 일마다 꼬이고, 病治
寅午戌生	남쪽문을 피하고, 북쪽으로 이사하면 안 된다. 재수가 없고, 하는 일마다 꼬이고, 病治
亥卯未生	북쪽문을 피하고, 서남쪽으로 이사하면 안 된다. 재수가 없고, 질병발생. 바람기 발동.

운세풀이

亥띠: 이동수·우왕좌왕, 弱事, 다툼 | 寅띠: 직업, 이익, 끼임, 관재구설 | 巳띠: 최고운상승세, 두마음 | 申띠: 만남.결실.화합.문서
子띠: 매사불편. 방해자.배신 | 卯띠: 가外입장, 금전이득, 학교 | 午띠: 의욕과다, 스트레스금 | 酉띠: 이동수,이별수,변동 움직임
丑띠: 해결신. 시험합격. 풀림 | 辰띠: 매사꼬임,과거1살, 질병 | 未띠: 시급한 일, 뜻대로 안됨 | 戌띠: 빈주머니, 걱정근심, 사기

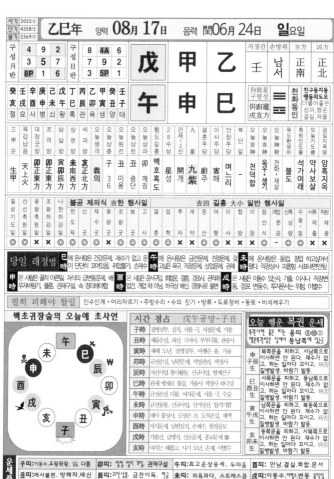

서기	2025년
단기	4358년
불기	2569년

乙巳年 양력 08月 17日 음력 閏06月 24日 **일**요일

구성월반	4	9	2
	3	5	7
	8P	1	6

구성일반	8	4A	6
	7	9	2
	3	5P	1

戊 甲 乙
午 申 巳

| | 지장간 | 손방위 | 吉方 | 凶方 |
| | 壬 | 남서 | 正南 | 正北 |

癸亥 壬戌 辛酉 庚申 己未 戊午 丁巳 丙辰 乙卯 甲寅 癸丑 壬子
절 묘 사 병 쇠 왕 록 관 욕 생 양 태

狗狼星 구랑성 ≡ 천화동인
併廚竈 戌亥方 친구동지동 맹동의도모 더불어結合 성과, 헌운 결실, 재물

三甲旬 生甲 | 육갑납음 天上火 | 대장군방 卯正東方 | 조객방 卯正東方 | 삼살방 寅東北方 | 상문방 未南西方 | 세파방 亥正北方 | 오늘생극 子 | 오늘상충 丑 3 6 | 오늘상천 丑 | 오늘상파 卯 미웅 | 황도길흉 卯 깨짐 | 건제2신 破 중단 | 九星 九紫 | 결혼주당 廚주 | 이사주당 害해 | 안장주당 며느리 | 복단일 천덕합 | 오늘吉神 옹+재살 | 오늘神殺 천화·재살 | 오늘吉神 불도 | 축원인도일 석가여래 | 오늘神煞 약사보살 | 금일지옥 암철지옥

칠성기도일 ◎ | 산신기원일 ◎ | 용왕축원일 ◎ | 조왕기도일 ◎ | 나한기도 △ | 불공 제의식 吉한 행사일 | | | | | | 吉凶 길흉 大小 일반 행사일

| 천도재 | 신중기도 | 재수굿 | 용왕굿 | 조왕굿 | 병굿 | 고사 | 결혼 | 입학 | 여행 | 이사 | 합방 | 이장 | 점안식 | 개업준공 | 신축상량 | 수술 | 서류제출 | 직원채용 |
| ◎ | ◎ | ◎ | ◎ | ◎ | × | × | × | × | × | × | × | × | × | × | × | × | × | × |

당일 래정법

巳時 온사람은 건강문제, 재수가 없고 운 午時 온사람은 금전문제, 친정문제 갖 未時 온사람은 동업, 창업 하고싶어 時 단단히 꼬여있음. 취업문제, 손재수 고민 육, 직장변동 상업문제로 관재 時 직장상사 괴롭힘 사표 써야됨

申時 온 사람은 공직 이편일 자식의 급변동문제 酉 온 사람은 문서구입 화합사, 결혼, 경사 관재 戌 온 사람은 이동수 있는자 가출, 이사나 직장변동 우자랑임, 불륜, 관재구설 속 정리해야함 時 관송사 개업 때 이음 하극상 배신 경쟁사로 몰려 時 동, 점포 변동수, 투자문서는 위험 이별수

필히 피해야 할일 인수인계·머리자르기·주방수리·수의 짓기·방류·도로정비·동토·비석세우기

| 백초귀장술의 오늘에 초사언 | 시간 점占 戊午공망-子丑 | 오늘 행운 복권 운세 |

子時	잘병침투, 실직, 처를 극, 처첩문제 가출
丑時	재물손실, 파산, 극차사, 부모障病, 관송사
寅時	재해 도난, 질병침투, 여행은 흉, 가출
卯時	금전손실, 남편문제, 작은변미, 색정사
辰時	자산사업 봉사활동, 신규사업, 형제친구
巳時	관재 병해로 불길, 가출사 색정사 하극상
午時	금전손실 다툼, 여자문제, 처를 극, 수술
未時	금전융통, 신규사업 선거자선 합격기쁨
申時	매사 불성사, 모함은 흉, 도전손실, 재액
酉時	자식문제, 남편실직, 손재수, 함정음모
戌時	가출건, 금변피, 산소문제 종교문제 ⊗
亥時	여자는 해롭고, 사기 도난 손재, 이별수

복권사면 좋은 띠는 **용띠** ⑤⑩㉒ 행운복권방은 집에서 **동남쪽** 에 있는

申子辰生	북쪽을 피하고, 서남쪽으로 이사하면 안 된다. 재수가 없고, 하는 일마다 꼬이고, 病苦 질병발생. 바람기 발동
巳酉丑生	서쪽을 피하고, 동남쪽으로 이사하면 안 된다. 재수가 없고, 하는 일마다 꼬이고, 病苦 질병발생. 바람기 발동
寅午戌生	남쪽을 피하고, 북쪽으로 이사하면 안 된다. 재수가 없고, 하는 일마다 꼬이고, 病苦 질병발생. 바람기 발동
亥卯未生	동쪽을 피하고, 서쪽으로 이사하면 안 된다. 재수가 없고, 하는 일마다 꼬이고, 病苦 질병발생. 바람기 발동

운세풀이

子띠: 이동수,우왕좌왕, 弱, 다툼	卯띠: 점정 앤미, 7 7, 관재구설	午띠:최고운상승세, 두마음	酉띠: 만남,결실,화합,문서
丑띠:매사불편, 방해자,배신	辰띠:귀인상봉, 금전이득, 현금	未띠: 의욕과다, 스트레스큼	戌띠:이동수,액,변동 웅직임
寅띠:해결신,시험합격, 풀림	巳띠: 매사꼬임,과거2생, 질병	申띠: 시급한 일, 뜻대로 안됨	亥띠: 빈주머니,걱정근심,사기

- 245 -

8 월

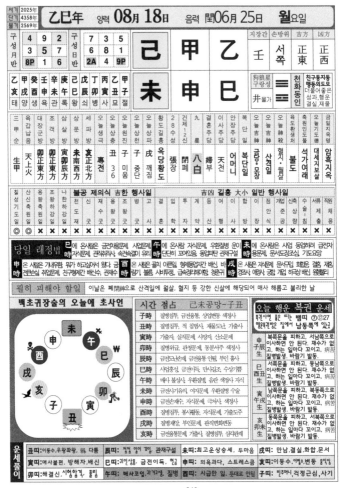

서기 2025년	乙巳年	양력 08月 18日	음력 閏06月 25日	月요일
단기 4358년				
불기 2569년				

구성月반

4	9	2
3	5	7
8P	1	6

구성日반

7	3	5
6	8	1
2A	4	9P

己 甲 乙
未 申 巳

지장간	손방위	吉方	凶方
壬	서쪽	正東	正西

狗狼星 구랑성 井 물가

천화동인

친구동지자동 행동의의도 성과·행운 결실·재물

乙亥 甲戌 癸酉 壬申 辛未 庚午 己巳 戊辰 丁卯 丙寅 乙丑 甲子
태양 생 욕 관 록 쇠 병 사 묘 절

三甲순 生甲 天上火

대장군방 卯正東方

대객방 寅南東方

삼살방 未南西方

상문방 亥北方

세파방 丑

오늘상충 子미움

오늘상천 子

오늘원진 子중단

황도길흉 옥당황도

건제12신 張장

九星 閉폐

결혼주당 八白

이사주당 婦부

안장주당 天천

복단일 어머니

오늘지신 金的·모양

오늘한산처 횟大·월살

행운의복권방

불도 남동방

석가여래

대세지보살

암흑지옥

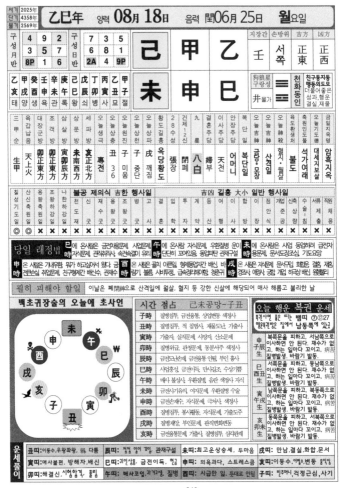

불공 제의식 吉한 행사일 — **吉凶 길흉 大小 일반 행사일**

칠성기도일	산신축원일	용왕축원일	조왕축원일	나한기도일	불공	천도 재	신축	수술	경락	여행	이사	합방	개업 준공	신축상량	수숙	서류제출	직원채용

당일 래정법

巳時 에 온사람은 금전화용문제, 사업문제 時에 관재라쉬 속전속결하 유

午時 에 온사람 자식문제, 우환질병 운이 단단히 꼬여요, 동업파탄 관재구설

未時 에 온사람은 사업 동업문제 금전차 용문제, 문서도장조심, 기도요망

申時 온 사람은 가내우환 위가 하고싶어서 왔다. 금

酉時 온 사람은 골치 이픈일, 형제동업문제 배신, 転자息近 취업문제 친구형제간 배신, 관재수

戌時 온 사람은 자식문제, 문서 화합은, 결혼, 재혼 時 바란비, 불륜, 사비투쟁, 급속정리문제 청춘귀

戌時 온 사람은 자식문제, 문서 화합은, 결혼, 재혼 時 경락사, 애정사, 궁합, 기업, 하극상 배신, 원만치

필히 피해야 할일 — 이날은 폐閉神으로 산격일에 월살, 혈지 등 강한 신살에 해당되어 매사 해롭고 불리한 날

백초귀장술의 오늘에 초사언

未 申 午 巳 W
酉 辰
戌 卯
亥 寅
子 丑

시간 점占 — 己未공망-子丑

子時	잘병침투, 금전융통, 상업변동 색정사
丑時	질병침투, 적 침범사, 재물도난, 가출사
寅時	가출사, 실직문제 사망자, 산소문제
卯時	잘병위급, 관청문제, 동분서주 색정사
辰時	금전근심사 금전용변 안됨, 부인 흉사
巳時	사업융성 금전기쁨, 만사길조, 수상기쁨
午時	매사 불성사, 우환걸병 음란 색정사 자식
未時	금전신규사, 여자문제, 우환걸병 수술
申時	금전손애손, 자식문제, 극차사, 색정사
酉時	잘병침투, 봉사활동, 자식문제, 직장도주
戌時	금전용문제, 여자문제, 관직변위변동
亥時	금전용문제, 가출사, 잘병침투, 심리적압박

오늘 행운 복권 운세

복권사면 좋은 따는 뱀띠 ①⑰27
행운복권방 집에서 남동쪽 유리

申 子 辰 生	북쪽문을 피하고, 서쪽으로 이사하면 안 된다. 재수가 없고, 하는 일마다 꼬이고, 病苦. 질병발생. 바람기 발동
巳 酉 丑 生	서쪽문을 피하고, 동남쪽으로 이사하면 안 된다. 재수가 없고, 하는 일마다 꼬이고, 病苦. 질병발생. 바람기 발동
寅 午 戌 生	남쪽문을 피하고, 북동쪽으로 이사하면 안 된다. 재수가 없고, 하는 일마다 꼬이고, 病苦. 질병발생. 바람기 발동
亥 卯 未 生	동쪽문을 피하고, 서북쪽으로 이사하면 안 된다. 재수가 없고, 하는 일마다 꼬이고, 病苦. 질병발생. 바람기 발동

운세풀이

丑띠:이동수,우왕좌왕, 弱., 다툼 辰띠:적극 이익, 가능, 관재구설 未띠:최고운상승세, 두마음 戌띠:만남,결실,화합,문서

寅띠:매사불편, 방해자,배신 巳띠:귀인상봉, 금전이득, 현금 申띠:의욕과다, 스트레스큼 亥띠:이동수,에움수,변동 움직임

卯띠:해결신,시험합격, 풀림 午띠:매사꼬임,과거고생, 질병 酉띠:시급한 일, 뜻대로 안됨 子띠:빈주머니, 걱정근심, 사기

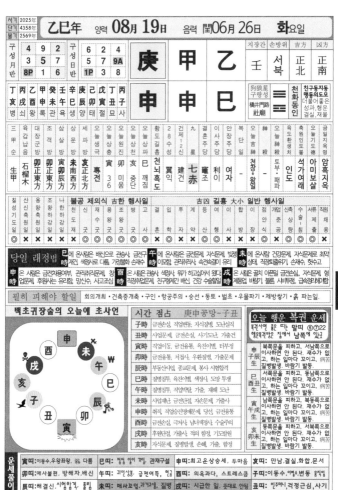

구성 月반	4	9	2	구성 日반	6	2	4
	3	5	7		5	7	9A
	8P	1	6		1P	3	8

庚 甲 乙
申 申 巳

| 지장간 | 손방위 | 吉方 | 凶方 |
| 壬 | 서북 | 正北 | 正南 |

狗狼星 구랑성 橋井門路 社厠 천화동인

친구들동지 맹통우도모 더불어 결실.횡운.재물

丁亥 丙戌 乙酉 甲申 癸未 壬午 辛巳 庚辰 己卯 戊寅 丁丑 丙子
병 쇠 왕 록 관 욕 생 양 태 절 묘 사

육 甲순 生甲 石榴木

卯正東方
卯正東方
寅卯辰方
未申方
寅正北方
寅 36
卯 미움
亥 중단
巳 깨짐
翼익 天깨독
建건 七赤
破조 利리
여자 -
처창·왕림 투부·패살 인도 석가여래 아미보살 암косм지옥

불공 제의식 吉한 행사일
吉凶 길흉 大小 일반 행사일

× × × × × × ○ ○ × ○ × × × ◎ × ◎ ○ ○ △ × × × ◎ ○ ◎ ○ ◎ ○

당일 래정법

巳時 / 午時 / 未時 / 申時 / 酉時 / 戌時

필히 피해야 할일: 회의개최·건축증개축·구인·항공주의·승선·동토·벌초·우물파기·제방쌓기·흙 파는일.

8월

백초귀장술의 오늘에 초사언

시간 점占 庚申공망=子丑

子時 금전손실, 직업변동, 자식질병, 도난실직
丑時 사업문제, 금전손실, 사기도난, 가출건
寅時 직업이동, 금전융용, 육친이별, 타부정
卯時 금전융용, 처첩사, 우환질병, 가출문제
辰時 부동산대립, 종교문제, 봉사 시간문제
巳時 질병상문, 육친가별, 색상사, 도망 투쟁
午時 질병상문, 작업변동, 가출, 재해 도난
未時 사업문제, 금전대립, 자손문제, 가출사
申時 취직, 작업승진재물에 당첨, 금전융용
酉時 금전손실, 극차사, 남녀문제, 수술건
戌時 후원신뢰, 가출사, 적의 함정, 기도발원
亥時 자식문제, 질병발생, 손재, 가출, 함정

오늘 해운 복권 운세

申子辰生 북쪽문을 피하고, 서쪽으로 이사하면 안 된다. 재수가 없고, 하는 일마다 꼬이고, 病苦 질병발생. 바람기 발동.
巳酉丑生 서쪽문을 피하고, 동쪽으로 이사하면 안 된다. 재수가 없고, 하는 일마다 꼬이고, 病苦 질병발생. 바람기 발동.
寅午戌生 남쪽문을 피하고, 북쪽으로 이사하면 안 된다. 재수가 없고, 하는 일마다 꼬이고, 病苦 질병발생. 바람기 발동.
亥卯未生 동쪽문을 피하고, 서북쪽으로 이사하면 안 된다. 재수가 없고, 病苦 질병발생. 바람기 발동.

운세풀이

寅띠:이동수,우왕좌왕, 弱, 다툼
卯띠:매사불편, 방해자,배신
辰띠:해결신,시험합격, 풀림
巳띠: 점점 이여 꼬임, 갈등구설
午띠:귀인상봉, 금전이득, 가출
未띠: 매사꼬임,과거고생, 질병
申띠:최고운상승세, 두마음
酉띠: 의욕과다, 스트레스큼
戌띠: 시급한 일, 뜻대로 안됨
亥띠: 만남,결실,화합,문서
子띠:이동수,액운, 변동 움직임
丑띠: 빈주머니,걱정근심,사기

- 247 -

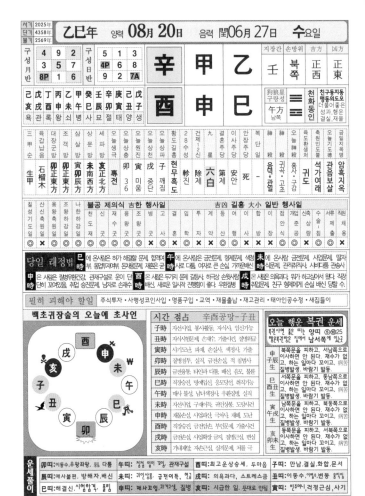

서기 2025年	乙巳年	양력 08月 20日	음력 閏06月 27日	수요일
단기 4358年				
불기 2569年				

구성월반	4 9 2	구성일반	5 1 3	辛	甲	乙	지장간	손방위	吉方	凶方
	3 5 7		4P 6 8	酉	申	巳	壬	북쪽	正西	正東
	8P 1 6		9 2 7A							

己戊丁丙乙甲癸壬辛庚己戊
亥戌酉申未午巳辰卯寅丑子
욕 관 록 왕 쇠 병 사 묘 절 태 양 생

狗狼星 구랑성
午方 남쪽

친구동자동 맹동의모모
성과.행운 결실.재물

三甲순 生甲 石榴木

육갑납음방 대장군방 卯正東方

조객방 卯正東方

삼살방 寅卯辰方

세파방 未南方

오늘상충 亥3.6

오늘상파 卯

오늘상해 寅 미움

오늘원진 戌 중단

황도길흉 현무흑도

건제12신 軫진 除제

九星 六白

결혼주당 第제

이사주당 安안

안장주당 死사

복단일 -

神殺 음나·관일

神殺 귀곡·구랑

오늘神殺 천화·고초

축귀도액방법 귀포

오늘吉方 석가여래

오늘凶方 관음보살

금일재앙소멸 암魔지옥

불공 제의식 吉한 행사일										吉凶 길흉 大小 일반 행사일												
칠성기도일	산신축원일	용왕축원일	조왕하강일	나한기도일	천도재	신굿	재수굿	용왕굿	조왕굿	병굿	고사	결혼	입학	투자	계약	등산	여행	이사	합방	移徙	서류제출	출행
◎	×	◎	×	×	×	◎	◎	◎	×	×	×	◎	◎	×	×	×	×	×	×	×	×	◎

당일 래정법

巳時 이 사람은 허가 해결할 문제 합격내 동기간 문제, 운에문제, 財物로.
午時 이 사람은 금전문제, 형제문제, 색정...
未時 이 사람은 금전문제, 사업문제, 딸자...
申時 이 사람은 질병관재각, 관재구설 운이 다...
戌時 이 사람은 무기 문제 갈등사 하극상 손윗사람 문...
이 사람은 직장 취업문제, 친구 형제 ...에 손실 배신 당할 수...

필히 피해야 할일 • 주식투자 • 사행성코인사업 • 명품구입 • 교역 • 재물출납 • 재고관리 • 태아인공수정 • 새집들이

백초귀장술의 오늘에 초사언

시간 점占 辛酉공망—子丑

子時	자산사업, 봉사활동, 자녀사, 임신가능
丑時	자식문제로 손재수, 가출사건, 질병위급
寅時	사기도난, 파재, 손실고, 색정사 가출
卯時	질병침투, 실직, 금전손실, 직 침범사
辰時	금전용통, 타인과 다툼, 배신 음모, 불화
巳時	직장승진, 명예입신, 윗덕발전, 취직가능
午時	매사 불성, 남녀색정사, 우환질병, 실직
未時	자산사업 구재이득, 귀인상봉, 도망자건
酉時	재물손실 사업파재 극차사 재혜 도난
戌時	금전손실, 사업파장 금지, 질병근심, 변심
亥時	가내평온, 자손근심, 실물문제, 처를 극

오늘 행운 복권 운세

복권사면 좋은 양띠 ⑤⑩25
행운방위 찾는곳 남서쪽에 있노

申子辰生	북쪽문을 피하고, 서남쪽으로 이사하면 안 된다. 재수가 없고 하는 일마다 꼬이고, 病苦 질병발생. 바람기 발동
巳酉丑生	서쪽문을 피하고, 동남쪽으로 이사하면 안 된다. 재수가 없고 하는 일마다 꼬이고, 病苦 질병발생. 바람기 발동
寅午戌生	남쪽문을 피하고, 북쪽으로 이사하면 안 된다. 재수가 없고 하는 일마다 꼬이고, 病苦 질병발생. 바람기 발동
亥卯未生	동쪽문을 피하고, 서북쪽으로 이사하면 안 된다. 재수가 없고 하는 일마다 꼬이고, 病苦 질병발생. 바람기 발동

운세풀이

卯띠: 이동수우왕좌왕, 喁弸 다툼
辰띠: 매사불편, 방해자, 배신
巳띠: 해결신, 시험합격, 풀림
午띠: 점직, 애정 戀㥥, 관재구설
未띠: 귀인상봉, 금전이득, 현금
申띠: 매사꼬임, 과거고생, 질병
酉띠: 최고운상승세, 두마음
戌띠: 의욕과다, 스트레스큼
亥띠: 시급한 일, 뜻대로 안됨
子띠: 만남, 결실, 화합, 문서
丑띠: 이동수, 액땜스,변동 움직임
寅띠: 빈주머니, 걱정근심, 사기

乙巳年 양력 08月 21日 음력 閏06月 28日 木요일

구성月반	4	9	2	구성日반	4P	9	2
	3	5	7		3	5	7
	8P	1	6		8	1	6

壬 甲 乙
戌 申 巳

지장간	손방위	吉方	凶方
庚	북동	正南	正北

狗狼星 구랑성 寺觀

산택손

투자하는적 시기, 후반 소원성취 중도장애 좌절이후이득

辛亥	庚戌	己酉	戊申	丁未	丙午	乙巳	甲辰	癸卯	壬寅	辛丑	庚子
록	관	욕	생	양	태	절	묘	사	병	쇠	왕

三甲旬	대장군	조객방	삼살방	상문방	세파방	오늘생극	오늘원진	오늘상천	오늘상파	황도길흉	2 8 수성	건제12신	결혼주당	이사주당	안장주당	복단일	오늘吉神	神殺	오늘神殺	육도환생처	오늘태어난아이	九星	금일지옥	암흑지옥
生甲	卯正東方	卯正東方	寅卯辰方	未南西方	亥正北方	伐벌	巳 미움	酉 중단	未 깨짐	사명황도	角각	滿만	五黃오황	翁옹	災재	손자	-	모창·월덕	복덕·염파	축도	석가여래	미륵보살	암흑지옥

大海水

칠성기도	산왕축원일	용왕축원일	조왕축원일	나한기도	불공 제의식 吉한 행사일									吉凶 길흉 大小 일반 행사일										
					천도재	신중기도	재수굿	용왕굿	산신굿	병굿	결혼	입택 이사	여행	이장	점안	개업 준공	신축 상량	수술 침	서류 제출	직원 채용
×	×	×	×	×	◎	◎	◎	◎	◎	×	×	◎	◎	◎	×	×	×	◎	×	×

당일 래정법 巳時 에 온사람은 방해자, 배신사, 직장문제 午時 에 온사람은 가정불화 문제, 친정근심, 未時 에 온사람은 금전구재이, 색정사로 인한
申時 온 사람은 금전문제, 사업문제, 관재구재문제, 酉時 온 사람은 건강문제, 관재구설로 운이 단단히 戌時 온 사람은 갈등사와 욕구 2개, 금전투자 새로

필히 피해야 할일 새집들이·친목회·금전수금·창고수리·건축수리·동토·관정 우물파기

백초귀장술의 오늘에 초사언

시간 점占   壬戌공망-子丑

子時	금전 암손 부모문제, 우환질병, 색정사
丑時	직업관리, 취업, 구재이득, 부부화합사
寅時	적의 잠복사, 질병위급, 가출사, 도망사
卯時	질병침투, 남녀색정사, 금전암투, 호색
辰時	관재 방해로 불성, 직장사, 부하도주, 가출
巳時	금전융통 재물손실, 여자 망신살수 탄로
午時	금전암투, 처첩사, 금전다툼, 가출사
未時	직장문제, 원한발생, 삼각관계, 관재
申時	신규사업, 가출건, 도주사, 원행 이동사
酉時	파이사업의 파산, 재물손실, 질병우환
戌時	금전손실, 질병침투, 여자화원, 부부배신
亥時	금전승진 땅에입신, 윤모당적, 가출사건

오늘 행운 복권 운세

복권사면 좋은 원숭띠 ⑪19, 29
행운방향은 집에서 서남쪽에 있는

申子辰生	북쪽문을 피하고, 서남쪽으로 이사하면 안 된다. 재수가 없 고, 하는 일마다 꼬인다. 病苦 질병발생. 바람기 발동.
巳酉丑生	서쪽문을 피하고, 동북쪽으로 이사하면 안 된다. 재수가 없 고, 하는 일마다 꼬인다. 病苦 질병발생. 바람기 발동.
寅午戌生	남쪽문을 피하고, 북동쪽으로 이사하면 안 된다. 재수가 없 고, 하는 일마다 꼬인다. 病苦 질병발생. 바람기 발동.
亥卯未生	동쪽문을 피하고, 서북쪽으로 이사하면 안 된다. 재수가 없 고, 하는 일마다 꼬인다. 질병발생. 바람기 발동.

운세풀이	辰띠:이동수,우왕좌왕,弱 다툼	未띠:점점 일이 꼬임, 관재구설	戌띠:최고운상승세, 두마음	丑띠:만남,결실,화합,문서
	巳띠:매사불편, 방해자,배신	申띠:귀인상봉, 금전이득, 연애	亥띠:의욕과다, 스트레스큼	寅띠:이동수,이별수,변동 움직임
	午띠:해결신,시험합격, 풀림	酉띠:매사꼬임,과거고생, 질병	子띠:시급한 일, 뜻대로 안됨	卯띠:빈주머니,걱정근심, 사기

8월

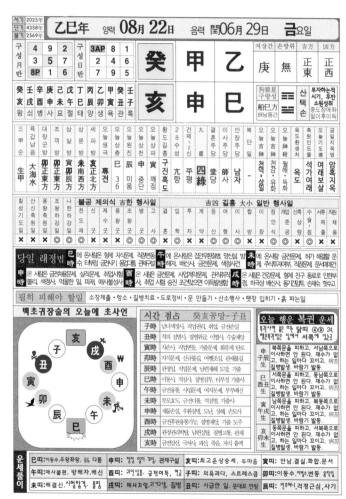

乙巳年　양력 08月 22日　음력 閏06月 29日　金요일

구성월반			구성일반		
4	9	2	3AP	8	1
3	5	7	2	4	6
8P	1	6	7	9	5

癸 甲 乙
亥 申 巳

지장간	손방위	吉方	凶方
庚	無	正東	正西

癸壬辛庚己戊丁丙乙甲癸壬
亥戌酉申未午巳辰卯寅丑子
왕쇠병사묘절태양생욕관록

狗狼星 구랑성
船巳方 배닌동간

산택손

투자하는적 시기, 후반 소원성취 중도장애좌 절이후좌

불공 제의식 吉한 행사일　吉凶 길흉 大小 일반 행사일

당일 래정법

巳時에 온사람은 형제 자손문제 직장변동수 午時에 온사람은 잔꾸병잘병 맛일 방 未時에 온사람은 금전문제 하가 해결할 문제 주색주야하다 직장문제 문서매매건

申時에 온사람은 금전융화건 실직문제 酉時에 온사람은 금전문제 사업변동건 戌時에 온사람은 자식문제 형제 친구 동료로 인한부

필히 피해야 할일 소장제출·항소·도로정비·문 만들기·산소행사·맷장 입회기·흙 파는일

백초귀장술의 오늘에 초사언

시간 점占	癸亥공망-子丑
子時	남녀색정사, 직장관리, 취업, 금전손실
丑時	적의 참패사, 잘병위급, 야반도난, 수술재앙
寅時	자손사 직업문제, 가출문제 화류계 탄로
卯時	자식문제, 산소탈, 여행조심, 관재불길
辰時	관청사, 직업문제 남편해롭 도망 가출
巳時	이동사 적침사, 잘병침투, 타부정 가출사
午時	금전융통, 사업문제 여자문제 부부배신
未時	부모효도, 금전진퇴, 적침불 가출사
申時	재물손실 우환질병, 도난 상해 손모사
酉時	금전부운융통가능, 잘병재앙, 가출 도주
戌時	관청관직문제 남편갈등, 잘병고통, 관재
亥時	금전암신 극차사 파산 죽음 자식 흉액

오늘 행운 복권 운세

巳띠:이동수·우왕좌왕, 弱다 다툼
午띠:매사불편, 방해자,배신
未띠:해결신,시험합격, 풀림

申띠:점점 일이 꼬임, 관재구설
酉띠:귀인상봉, 금전이득, 현금
戌띠:매사 꼬임,과거고생, 질병

亥띠:최고운상승세, 두마음
子띠:의욕과다, 스트레스큼
丑띠:시급한 일, 뜻대로 안됨

寅띠:만남,결실,화합,문서
卯띠:이동수,이별수,변동 움직임
辰띠:빈주머니,걱정근심, 사기

운세풀이

乙巳年 양력 **08**月 **23**日 음력 07月 01日 **土**요일　처서 處暑 05時 34分 入

구성월반	4	9	2	구성일반	2	7P	9
	3P	5	7		1A	3	5
	8P	1	6		6	8	4

甲 甲 乙
子 申 巳

지장간	손방위	吉方	凶方
庚	東쪽	正北	正南

狗狼星 구랑성　산택손
社廟 사묘

투자하는적 시기, 후반 소원성취 중도장애후 절이후이득

乙亥生	癸戌양	壬酉태	庚申절	己未묘	戊午사	丁巳병	丙辰쇠	乙卯왕	甲寅록	乙丑관	甲子욕

三甲순	육갑납음	대장군방	조객방	삼살방	상문방	세파방	오늘일진	오늘생기	오늘복단	오늘천파	오늘지파	황도길흉	건제12신	九星	결혼주당	이사주당	안장주당	오늘吉神	天狗하식	神殺	육도환생처	축원인도불	오늘기도덕	금일지옥명
死甲	海中金	卯正東方	卯正東方	寅艮東方	未南西方	亥正北方	義의	未	未	酉	卯	青龍황도	氐저	三碧	夫부	安안	아버지	-	복생·미성	삼합일	-	천도	아미타불	아미보살	검수지옥
							丁36	中단	깨짐	중단	미움													

칠성기도일	산신기도일	용왕축원일	조왕하강일	나한기도일	불공 제의식 吉한 행사일											吉凶 길흉 大小 일반 행사일									
					천도재	신중기도	재수굿	용왕굿	조왕굿	병굿	고사	결혼	입학	투자	계약	등기	여행	이사	합방	点眼	개업준공	신축상량	수술	서류제출	직원채용
×	×	×	×	×	×	×	×	×	×	×	○	×	×	×	×	×	○	×	×	×	×	×	×	×	○

당일 래정법

巳時 에 온사람은 자식문제 실직문제 반주 午時 에 온사람은 남녀간 배신사, 이동사에 온사람은 직장취업문제 방해자 배신사, 헛공사 보상관계사? 모사꾼 時 변동수, 터부정 관재구설 차사고 時 신사, 매사 지체불량, 장애 불리함

申時 은사람은 관송사 급각문제 처음엔 해결된 듯 酉 은사람은 딸녀자문제, 억울한일 외왕생사 戌 온사람은 금전문제, 사업문제, 주식투자문제 부동시 동사 꾀에 불합 未 사람 합격운고 직업운직장 時 山관사 문제, 관재수 금전손 금전문제 처녀상봉 時 산가래, 재물구재사, 여자문제로 돈안들어옴, 금반

필히 피해야 할일: 홍보광고 · 소장제출 · 인허가신청 · 정보유출 · 동토

백초귀장술의 오늘에 초사언

시간 점占	甲子공망-戌亥
子時	금전암손, 여자일, 부모자 왔다갔다 잘배웅함
丑時	금전융통, 사업계획, 질병유발, 도난
寅時	관직 직장실직, 금전고통, 원한 女
卯時	관직 승전문제, 금전 부인문제 수술수고
辰時	매사불성사, 가출사, 금전손실, 재해 이사
巳時	매사불성, 자식문제, 사기 도난 파재 질병
午時	적 분파사, 잘병침투, 가출사, 실자자, 화재
未時	시급운심, 취업창업, 방해업자 구재불가
申時	음란색정사, 질병침투 수술, 관재 이별
酉時	금전융통 도주, 색장사, 처첩, 가출 함정
戌時	금전문제 상업문제 여자문제 잘병유발
亥時	재물손실, 잘병침투, 가출 탄로 음모 망신

오늘 행운 복권 운세

북서쪽문 結 喆 叱 때 개띠 ⑩㉚㉚ 행운복권방은 집에서 서북쪽에 있소

申子辰生	복폭문을 피하고, 서남쪽으로 이사하면 안 된다. 재수가 없고, 하는 일마다 꼬이고, 病苦 질병발생. 바람기 발동.
巳酉丑生	북폭문을 피하고, 동남쪽으로 이사하면 안 된다. 재수가 없고, 하는 일마다 꼬이고, 病苦 질병발생. 바람기 발동.
寅午戌生	남폭문을 피하고, 동북쪽으로 이사하면 안 된다. 재수가 없고, 하는 일마다 꼬이고, 病苦 질병발생. 바람기 발동.
亥卯未生	동폭문을 피하고, 서북쪽으로 이사하면 안 된다. 재수가 없고, 하는 일마다 꼬이고, 病苦 질병발생. 바람기 발동.

운세풀이

午띠:이동수,우왕좌왕, 弱,다툼　酉띠:적정,이익 꾀, 관재구설　子띠:최고운상승세, 두마음　卯띠:만남,결실,화합,문서

未띠:매사불성,방해자,배신　戌띠:귀인상봉, 금전이득, 현금　丑띠:의욕과다, 스트레스큼　辰띠:이동수,애로,변동 움직임

申띠:해결신,시험합격, 풀림　亥띠:매사꼬임,과거고생, 질병　寅띠:시급한 일, 뜻대로 안됨　巳띠:빈주머니,걱정근심,사기

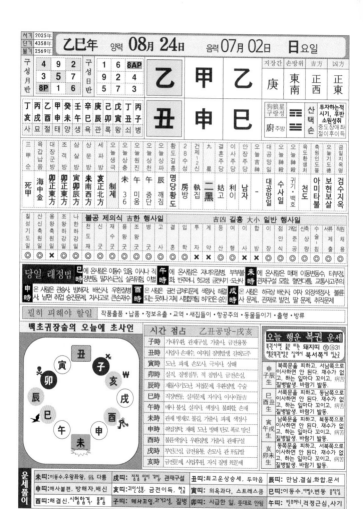

백초귀장술의 오늘에 초사언

| 서기 2025年 | 乙巳年 | 양력 08月 24日 | 음력 07月 02日 | 日요일 |

| 구성월반 | 4 9 2 / 3 5 7 / 8P 1 6 | 구성일반 | 1 6 8AP / 9 2 4 / 5 7 3 |

乙 甲 乙
丑 申 巳

| 지장간 | 손방위 | 吉方 | 凶方 |
| 庚 | 東南 | 正西 | 正東 |

丁	丙	乙	癸	壬	庚	己	戊	丙
亥	戌	酉	未	午	辛	辰	卯	寅
사	묘	절	태	양	생	욕	관	록

狗狼星 구랑성
廚 주방

산택손

투자하는적 시기, 후반 소œ성취 중도장애좌 절이후이득

불공 제의식 吉한 행사일

| 천덕 | 신축 | 왕 | 천구 | 하강 | 홍신 | 재앙 | 조 | 병 | 결 | 입 | 투 | 계 | 등 | 여 | 이 | 합 | 이 | 점 | 개업 | 신축 | 수 | 서류 | 직원 |
| ◎ | ◎ | × | ◎ | ◎ | ◎ | ◎ | ◎ | × | ◎ | ◎ | ◎ | × | ◎ | × | ◎ | × | ◎ | × |

時間 점占   乙丑공망-戌亥

子時	가내우환, 관재구설, 가출사, 금전송사
丑時	사업사 손재수, 여자잘 잘병발생, 간taken도주
寅時	도난, 파재, 손모사, 극차사, 상해
卯時	실직, 질병살점, 적 침범사, 금전손실
辰時	재물사기도난 처첩문제, 우환잘병, 수송
巳時	직장변동, 실직문제, 자식사, 이사이동fl
午時	매사 불성, 실rsa, 색정사, 불화합, 손해
未時	관재 병마pa 도난, 가출사, 파재 색정사
申時	취업청탁 재해 도난 방해 탄로 폭로 망신
酉時	불륜색정사 우환잘병, 가출사 관재刑害
戌時	부인인덕, 금전융통, 손모사, 관 刑害받
亥時	금전문제 사업투쟁, 자식 잘병 刑罪害

오늘 행운 복권 운세

복권사면 좋은 띠는 돼지띠 ①1631
행운복권방 집에서 북서쪽에 있ঠ

申辰生	북쪽문을 피하고, 서남쪽으로 이사하면 좋고, 하는 일마다 재수기 病死生 질병발생. 바람기 발동.
巳生	서쪽문을 피하고, 동남쪽으로 이사하면 안 된다. 재수가 病死生 없고, 하는 일마다 꼬이고, 질병발생. 바람기 발동.
寅戌生	남쪽문을 피하고, 북동쪽으로 이사하면 안 된다. 하는 病死生 일마다 꼬이고, 질병발생. 바람기 발동.
卯未生	서북쪽문을 피하고, 동쪽으로 이사하면 안 된다. 재수가 없 病死生 고, 질병발생. 바람기 발동.

- 252 -

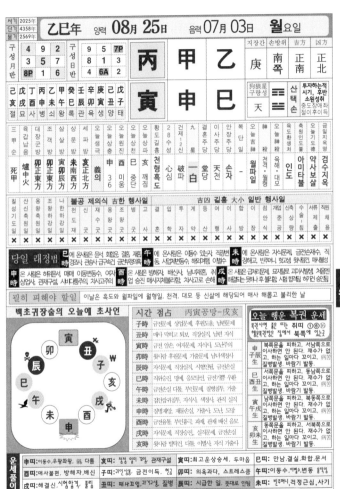

乙巳年 양력 08月 25日 음력 07月 03日 월요일

구성月반			구성日반		
4	9	2	9	5	7P
3	5	7	8	1	3
8P	1	6	4	6A	2

丙 甲 乙
寅 申 巳

己亥	戊戌	丁酉	丙申	乙未	甲午	癸巳	壬辰	辛卯	庚丑	戊子
절	묘	사	병	쇠	왕	록	관	욕	생	양	태

장간	손방위	吉方	凶方
庚	南쪽	正南	正北

狗狼星 구랑성	투자하는적 시기, 후반 소원성취
天	산택손 중도장애좌절이후이득

三甲순	육갑납음	대장군방	조객방	삼살방	세파방	오늘생극	오늘상충	오늘상천	오늘상파	황도길흉	2 8 수성	건제12신	九星	결혼주당	이사주당	안장주당	오늘吉神	神殺	오늘神殺	육道환생처	축원인도불	금일主星
死甲	爐中火	卯正東方	寅卯辰方	亥子丑方	亥正北方	義의	申	酉	巳	亥	心심	36	전형氣살	破파	一白	堂당	天천	손자	月破日	천적·월형	육해·대모	아미타불	검수지옥

칠성기도일	산신축원일	용왕축원일	조왕하강일	나한하강일	불공 제의식 吉한 행사일						吉凶 길흉 大小 일반 행사일											
					천도	신중	재수	용왕	조왕	병굿	고사	결혼	입학	투자	계약	등기	여행	이사	안장	점안	개업	신축	수리	서류제출	직원채용
×	×	×	×	×	×	×	×	×	×	×	×	×	×	×	×	×	×	×	×	×	×	×	×	×	×

필히 피해야 할일 이날은 흑도와 월파일에 월형일, 천격, 대모 등 신살에 해당되어 매사 해롭고 불리한 날

백초귀장술의 오늘에 초사언

시간 점占 丙寅공망-戌亥	
子時	금전문제 상업문제 후원도움, 남편문제
丑時	매사 막히고 퇴보, 직장실직 남편 자식
寅時	금전 안좀 여자문제, 자식사 도난주의
卯時	윗사람 후원문제 가줌문제 남녀색정사
辰時	자식문제 직장실직 시험진학, 금전손실
巳時	자아손진 명예, 모모당권, 금전가볍 후원
午時	금전손실 다툼, 부모문제 질병침투, 가출
未時	잡안잠귀침투, 자식사 색정사 관직 다툼
申時	형제빨광, 재물손실 가출사, 도난 도망
酉時	금전융통, 부인문제 관재 관재 배신 음모
戌時	자식문제 직장승진, 실직문제 금전손실
亥時	윗사람 발탁신, 다툼, 이별사 자식 가출사

운세풀이	申띠: 이동수,우왕좌왕, 弱, 다툼	亥띠: 점정 입이 꼬임, 관재구설	寅띠: 최고운상승세, 두마음	巳띠: 만남,결실,화합,문서
	酉띠: 매사불편, 방해자,배신	子띠: 귀인상봉, 금전이득, 현금	卯띠: 의욕과다, 스트레스큼	午띠: 이동수,애정,변동 음직임
	戌띠: 해결신,시험합격, 풀림	丑띠: 매사꼬임,과거고생, 질병	辰띠: 시급한 일 뜻대로 안됨	未띠: 빈주머니,걱정근심, 사기

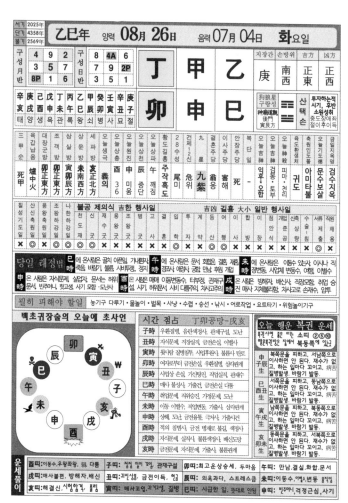

서기	2025년
단기	4358년
불기	2569년

乙巳年　양력 08月 26日　음력 07月 04日　화요일

丁 **甲** **乙**
卯 **申** **巳**

구성월반			구성일반		
4	9	2	8	4A	6
3	5	7	7	9	2P
8P	1	6	3	5	1

辛 庚 己 戊 丁 丙 乙 甲 癸 壬 辛 庚
亥 戌 酉 申 未 午 巳 辰 卯 寅 丑 子
태 양 생 욕 관 록 왕 쇠 병 사 묘 절

지장간 손방위 吉方 凶方
庚　南西　正東　正西

狗狼星구망성
神前佛후門
寅艮方

산택손

투자하는적 시기, 후반 소원성취 중도장애좌 절이후左則

三甲旬	육갑납음	대장군방	조객방	삼살방	세파방	오늘생기	오늘상천	오늘상파	오늘원진	황도길흉	건제12신	九星	결혼주당	이사주당	안장주당	오늘길신	오늘神殺	오늘환생처	육도환생처	12지금일금일지옥	아미타불	불수보살	검우지옥
死甲	爐中火	卯正東方	卯正東方	寅卯辰 未南西方	亥正北方	義의	酉	申	辰	주작흑도	除제	九紫	翁옹	害해	死	-	이루	검통	피마	귀도			
							36	미움	깨짐							이부 · 웅	토부	처리				

칠성기도일	산신축원일	용왕축원일	조왕축원일	나한기도일	불공 제의식 吉한 행사일							吉凶 길흉 大小 일반 행사일											
					천도재	신축	재수굿	용왕굿	조왕굿	병굿	고사	결혼	입학	투자	계약	등산	여행	이사	합방	장담그기	신축 상량	수술 침	서류제출	직원채용
×	×	×	×	×	×	×	×	×	×	○	△	×	×	×	○	×	○	×	×	×	×	×	×

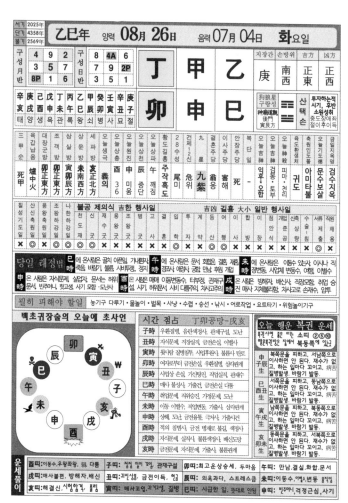

당일 래정법

巳時에 온사람은 골치 아픔사, 가내재난,午時에 온사람은 문서 화합응 결혼 件수,未時에 온사람은 이동수 있는자 이사나 직 죽음 바람기 불륜, 관재구설 경사 애정사 궁합 만남 개업 장변동, 사업체 변동수, 여행, 이별수

申時 온 사람은 자식문제, 살았, 문서는 허위酉時에 온 사람은 매매 이동변동수 터부정 관재구戌時에 온 사람은 방해사, 직장변동, 취업 승 時 문서 빈주머니 헛공사 사기 모함 다툼사 설 사기 허위문서 사비 대충주의 자식관주의 진 매사 지체물렴, 차사고로 손재수, 입학

필히 피해야 할일　농기구 다루기・물놀이・벌목・사냥・수렵・승선・낚시・어로작업・요트타기・위험놀이기구

백초귀장술의 오늘에 초사언

시간 점占	丁卯공망-戌亥
子時	우환걸병, 음란색정사, 관재구설, 도난
丑時	자식문제, 직장실직, 금전손실, 이별사
寅時	윗사람 갈범상трав, 사업후원, 불륜사 탄로
卯時	여러곳부터 금전손실 우환질병, 삼각관계
辰時	사업당 손실 가내질병 작업실직 관재수
巳時	매사 불성사, 가출건, 금전손실 대흉
午時	취업문제 직위승진, 가정문제, 도난
未時	금전융통, 직장변동, 가출사, 삼각관계
申時	상해, 도난 금전융통, 큐타사, 가출사건
酉時	적의 침범사, 금전 병록될 불길 색상사
戌時	자식문제, 실직사, 불륜색정사, 배신모략
亥時	금전융통사 자식문제, 가출사, 불륜색정사

오늘 행운 복권 운세

복권사면 좋은 띠는 소띠 ②⑤⑩
행운복권방은 집에서 북동쪽이좋다

申辰子生	복권문은 피하고, 서남쪽으로 이사하면 안 된다. 재수가 없고 病苦 질병발생, 바람기 발동.
巳酉丑生	서쪽문을 피하고, 동남쪽으로 이사하면 안 된다. 재수가 없고 病苦 질병발생, 바람기 발동.
午寅戌生	북쪽문을 피하고, 북동쪽으로 이사하면 안 된다. 재수가 없고 病苦 질병발생, 바람기 발동.
亥卯未生	동쪽문을 피하고, 서북쪽으로 이사하면 안 된다. 재수가 없고 病苦 질병발생, 바람기 발동.

운세풀이

酉띠:이동수,우왕좌왕, 弱 다툼 子띠: 점점 이일 꼬임, 관재구설 卯띠:최고운상승세, 두마음 午띠: 만남,결실,화합,문서
戌띠:매사불편, 방해자,배신 丑띠:귀인상봉, 금전이득, 현금 辰띠: 의욕과다, 스트레스큼 未띠:이동수,이별수,변동 움직임
亥띠:해결신,시험합격, 풀림 寅띠: 매사꼬임,과거고생, 질병 巳띠: 시급한 일, 뜻대로 안됨 申띠: 빈주머니,걱정근심, 사기

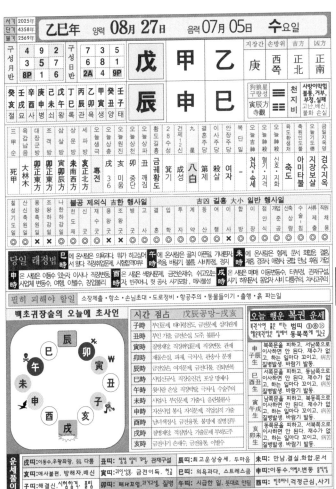

서기	2025년
단기	4358년
불기	2569년

乙巳年 양력 **08月 27日** 음력 **07月 05日** **수**요일

		지장간	손방위	吉方	凶方
		庚	西쪽	正北	正南

구성월반
4	9	2
3	5	7
8P	1	6

구성일반
3	5	
6	8	1
2A	4	**9P**

戊 甲 乙
辰 申 巳

사방이막힘
거부, 부정, 실패
불화 손실

천지비

狗狼星 구랑성
寅辰方
寺廟

癸亥 절 | 壬戌 묘 | 辛酉 사 | 庚申 병 | 己未 쇠 | 戊午 왕 | 丁巳 관 | 丙辰 욕 | 乙卯 생 | 甲寅 양 | 癸丑 태

死甲
大林木

卯正東方
卯正東方
未南西方
戌正北方
亥

六甲納音 | 대장군방 | 조객방 | 삼살방 | 상문방 | 세파방 | 오늘일진 | 오늘상충 | 오늘원진 | 오늘상천 | 오늘상파 | 황도길흉 | 건제12신 | 九星 | 결혼주당 | 이사주당 | 안장주당 | 복단일 | 오늘神殺 | 오늘神殺 | 육도환생처 | 축원인도불 | 오늘기도덕목

戊 | 亥 | 卯 | 미움 | 중단 | 깨짐 | 36 | 專 | 箕 | 八白 | 第 | 殺 | 여자 | | 天子·舍堂 | 혈기·지격 | 신호·지화 | 축도 | 지장보살 | 아미타불 | 김수지옥

불공 제의식 吉한 행사일 | 吉凶 길흉 大小 일반 행사일

칠성기도일	산신축원일	용왕축원일	조왕하강일	나한하강일	천도재	신축상량	수재	서류제출	직원채용		불공 제의식 吉한 행사일		개업준공	신축상량	수재	서류제출	직원채용

(행사일 표시 기호 행: ◎ × ◎ × ◎ ... 등)

당일 래정법

巳時 巳時에 온사람은 의욕과다 뭐가 하고싶어 와
午時 午時에 온사람은 골치 아픈일 가해자, 과
未時 未時에 온사람은 형제, 문서 화합은 결혼, 경사 애정사 궁합 만남 취업 개업
申時 申時은 사람은 이동수 있는자 이사나 직장변동, 점포 변동수
酉時 酉時 사람은 방해자, 배신사, 금전손재수, 수급관송사, 취업 승진 매사 지체불리함
戌時 戌時 사람은 매매 이동변동수, 터주중상 급차손

필히 피해야 할일 | 소장제출・항소・손님초대・도로정비・항공주의・동물들이기・출행・흙 파는일

백초귀장술의 오늘에 초사언

時間 점占	戊辰공망-戌亥
子時	부인문제 대해련친, 금전문제 삼각관계
丑時	부인 가출, 금전손실 도주, 불화사
寅時	잘봉괴로 직장애로문제, 직장변동, 관재
卯時	재물손실, 파재 극차사, 관송사 분쟁
辰時	금전손실, 여자문제, 금전용통, 전화번복
巳時	사업손재, 직장승진건, 포상 명예사
午時	윗사람 손상 직장변동 극차사 수술주의
未時	사업사, 부인문제, 자식사 음란불화사
申時	자손사, 봉사 자식문제, 작업실패 가출
酉時	남녀색정사, 금전융통, 불명예 질병침투
戌時	잘봉괴로 직장변동 가출문제 부하작주
亥時	금전손기 손재수, 금전융통, 이별수

오늘 행운 복권 운세

복권사면 좋은 띠는 범띠 ③⑧⑱
행운복권방은 집에서 동북쪽에 있는곳

申子辰生	북쪽문을 피하고, 서남쪽으로 이사하면 안 된다. 재수가 없고 하는일마다 꼬이고, 病苦 질병발생. 바람기 발동.
巳酉丑生	서쪽문을 피하고, 동남쪽으로 이사하면 안 된다. 재수가 없고 하는일마다 꼬이고, 病苦 질병발생. 바람기 발동.
寅午戌生	남쪽문을 피하고, 북동쪽으로 이사하면 안 된다. 재수가 없고 하는일마다 꼬이고, 病苦 질병발생. 바람기 발동.
亥卯未生	동쪽문을 피하고, 서북쪽으로 이사하면 안 된다. 재수가 없고 하는일마다 꼬이고, 病苦 질병발생. 바람기 발동.

운세풀이
戌띠: 이동수,우왕좌왕, 弱,多通	丑띠: 점점 일이 꼬임, 관재구설	辰띠: 최고운상승세, 두마음	未띠: 만남,결실,화합,문서
亥띠: 매사불편, 방해자,배신	寅띠: 귀인상봉, 금전이득, 현금	巳띠: 의욕과다, 스트레스큼	申띠: 이동수,액방수,변동 움직임
子띠: 해결신, 시험합격, 풀림	卯띠: 매사꼬임,과거고생, 질병	午띠: 시급한 일, 뜻대로 안됨	酉띠: 빈주머니,걱정근심,사기

8월

- 255 -

乙巳年 양력 08月 28日 음력 07月 06日 목요일

구성월반			구성일반		
4	9	2	6	2	4
3	5	7	5	7	9A
8P	1	6	1	3	8P

己	甲	乙
巳	申	巳

지장간	손방위	吉方	凶方
庚	西北	正西	正東

狗狼星 구랑성
申方 寺廟

천지비

사방막힘 불통, 거부, 부정, 실패 고난, 배신, 불화·손실

乙	甲	癸	壬	辛	庚	己	戊	丁	丙	乙	甲
亥	戌	酉	申	未	午	巳	辰	卯	寅	丑	子
태	양	생	욕	관	록	왕	쇠	병	사	묘	절

三甲旬	육갑납음	대장군방	조객방	삼살방	상문방	세파방	오늘생극	오늘상천	오늘상파	오늘상충	황도길흉	건제12신	九星	결혼주당	이사주당	안장주당	복단일	神殺	오늘神殺	오늘吉神	오늘神殺	죽음의	오늘神殺	오늘기도덕	오늘吉神	오늘神殺	입관염습일
死甲	大林木	卯正東方	卯正東方	未南方	未南方	亥	義의	亥	戌	寅	申	大德황도	收수	七赤	竈조	富부	어머니		월합·용신	하괴일	토금 · 지파	옥도	아미타불	문수보살	검수지옥
								3 6		미움	중단	깨짐														

칠성기도일 · 산신기도일 · 용왕축원일 · 조왕축원일 · 나한하강일 · 불공 제의식 吉한 행사일 · 吉凶 길흉 大小 일반 행사일

천도	신중도	재수굿	용왕굿	조왕굿	병굿	고사	결혼	입학	투자	계약	등산	여행	이사	합방	점안	개업	신축	수술	서류제출	직원채용	출행
×	◎	×	◎	×	◎	◎	◎	◎	×	×	◎	×	◎	×	◎	◎	×	×	◎	-

당일 래정법
子時 에 온사람은 의욕과만, 두가지문제로 갈등사
午時 에 온사람은 의욕과다, 뭐가 하고싶어서 왔다 직장취업문제, 사업관계
未時 에 온사람은 골치 아픈일, 형제동업
申時 온사람은 형제, 문서 화합은 결혼, 재혼, 경조사
戌時 온사람은 부모, 금전손재수, 쉬고싶다
時 사 이것가 신규 만남 개업 허락함 배신 구설수
時 온사람, 사업체 변동수, 여행 이별수, 관재구설
時 빈주머니, 헛장사, 매사불성

필히 피해야 할일 맞선 · 여 색정사 · 주색상납 · 친구초대 · 문 만들기 · 벌초 · 씨뿌리기 · 지붕고치기

백초귀장술의 오늘에 초사언

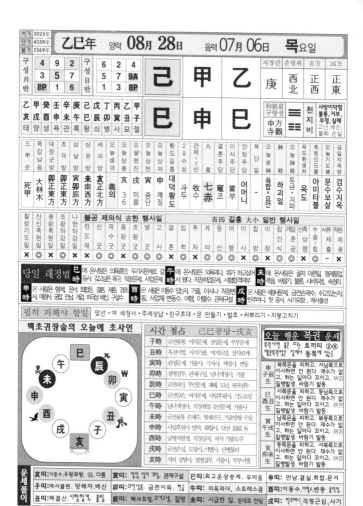

시간 점占	己巳공망-戌亥
子時	금전융통, 여자문제 상담문제 부부문제
丑時	관재구설, 자식가출, 여자문제, 삼각관계
寅時	관송문제, 가출사, 극차사, 색정사, 변동
卯時	질병침투, 관재구설, 남녀색정사, 가출
辰時	금전융통, 부모문제, 재해, 도난, 원귀침투
巳時	금전융통, 여자문제, 사업문제 가도요망
午時	남녀색정사, 직장취업 승진문제, 가출사
未時	금전융통, 금전손실, 형제친구, 가출방해 수술
申時	사업후원사 발탁, 화합사, 당선 貴賤有
酉時	금전융통발, 직장실직, 자식 가출도주
戌時	금전손실, 도망사, 이별사, 산병침리
亥時	적의 참탐사, 질병침투, 가출사, 부부이별

오늘 행운 복권 운세
복권사면 좋은 띠는 **토끼띠 ②⑧**
행운복권방은 집에서 **동쪽**이 좋다

申子辰 生	북쪽문을 피하고, 서남쪽으로 이사하면 안 된다. 재수가 없고, 하는 일마다 꼬이고, 病苦 질병발생. 바람기 발동.
巳酉丑 生	서쪽문을 피하고, 동남쪽으로 이사하면 안 된다. 재수가 없고 하는 일마다 꼬이고, 病苦 질병발생. 바람기 발동.
寅午戌 生	남쪽문을 피하고, 북동쪽으로 이사하면 안 된다. 재수가 없고 하는 일마다 꼬이고, 病苦 질병발생. 바람기 발동.
亥卯未 生	동쪽문을 피하고, 서북쪽으로 이사하면 안 된다. 재수가 없고 하는 일마다 꼬이고, 病苦 질병발생. 바람기 발동.

운세풀이

亥띠:이동수,우왕좌왕, 弱, 다툼
子띠:매사불편, 방해자,배신
丑띠:해결신, 시험합격, 풀림
寅띠:귀인상봉, 금전이득, 현금
卯띠:매사꼬임,과거고생, 질병
辰띠:직장 이이 '뭐성, 관재구설
巳띠:최고운상승세, 두마음
午띠:의욕과다, 스트레스큼
未띠:시급한 일, 뜻대로 안됨
申띠:만남,결실,화합,문서
酉띠:이동수,이별수,변동 움직임
戌띠:빈주머니,걱정근심, 사기

서기 2025년				
단기 4358년	乙巳年	양력 08月 29日	음력 07月 07日	金요일 칠석
불기 2569년				

					지장간	손방위	吉方	凶方
구성月반	4 9 2 / 3 5 7 / 8P 1 6	구성日반	5 1 3 / 4 6 8 / 9 2P 7A	庚 甲 乙 午 申 巳	庚 天	北쪽	正西	正東

사방이막힘
불통, 거부, 부정, 실패
고난,배신,
불화 손실

狗狼星
구랑성
天

丁亥	丙戌	乙酉	甲申	癸未	壬午	庚辰	己巳	丁卯	丙子
병	쇠	왕	관	욕	생	양	태	절	묘

三甲순	육갑납음	대장군방	조객방	삼살방	세파방	오늘생극	오늘상충	오늘원진	황도길흉	건제12신	九星	결혼주당	이사주당	안장주당	대공망일	오늘神殺	오늘吉神	육도환생처	축원인도불	오늘기도덕	금일지옥명
死甲	路傍土	卯正東方	寅正東方	未南西方	亥東北方	伐벌	子 36	丑 미움	丑 중단	백호흑1	開개	六白	婦부	師사	며느리		천가·생기	익후·미성	불도	정광여래	도산지옥

축원인도불 란 약사보살
오늘기도덕 정광여래
금일지옥명 도산지옥

질성기도일	신살축원일	용왕축원일	조왕하강일	나한하강일	불공 제의식 吉한 행사일					吉凶 길흉 大小 일반 행사일										
					천도재	신중기도	재수굿	용왕굿	조왕굿	병굿	고사	결혼	입택	여행	이사	합방	이장	점안식	개업준공	신축상량	수술	서류제출	직원채용
◎	◎	◎	◎	◎	◎	◎	×	◎	◎	×	×	◎	◎	◎	◎	◎	◎	◎	◎	◎	◎	◎

당일 래정법

巳時 에 온사람은 건강문제, 관재구설로 운수가 단단히 꼬여있음, 동업파트 손재수

午時 에 온사람은 의욕과다, 두문제로 갈등사 갈등문제, 관재 직장문제, 취업문제

未時 에 온사람은 의욕과다, 뭐가 하고싶어서 왔다 직장문제, 상업문제, 결혼문제

申時 온 사람은 골치 아픔일, 친구나 형제동업 죽음

酉時 온 사람은 형제, 문서 화합은 결혼, 경사 애정사, 궁합

戌時 온 사람은 이동수 있는자 가출, 이사나 직장변동 사업체 변동수, 여행, 이별수, 관재구설

배우자바람기 불륜, 사비투쟁, 속 정배신 이별 午時 사 궁합 만남 개업 하자발생 배신 경흉사 달란

필히 피해야 할일 인수인계 · 머리자르기 · 주방수리 · 수의 짓기 · 방류 · 도로정비 · 동토 · 안장

백초귀장술의 오늘에 초사언	시간 점占 庚午공망-戌亥	오늘 행운 복권 운세

복권방위 좋은 띠 용띠 ⑤⑩⑳
행운복권방 집에서 동남쪽에 있음

子時	잘병재앙, 자식 극, 관재근심, 도난 질병
丑時	사업손재, 육친이별, 질병침투 기도요망
寅時	사업손재, 금전융통, 불리사, 가출, 이별
卯時	남녀색정사, 금전문제 여자도주 가출사
辰時	자산귀인, 사업추진사, 발탁진급 가능자
巳時	잘병재앙, 관재구설 확장손재, 과아비발생
午時	금전손실, 직장변동, 남녀문제, 재해 도난
未時	사업후원문제, 금전용통, 가출문제
申時	원행 이동건, 직장변동문제, 승진문제
酉時	관리 발탁사, 금전문제, 극차사, 수술유의
戌時	채용손실 가출건, 사업파트 윗사람문제
亥時	자식 잘병재앙, 사거손재, 도난 합정 음란

申子辰生	북쪽문을 피하고, 서남쪽으로 이사하면 안 된다. 재수가 없고, 하는 일마다 꼬이고, 病苦 질병발생. 바람기 발동.
巳酉丑生	서쪽문을 피하고, 동남쪽으로 이사하면 안 된다. 재수가 없고, 하는 일마다 꼬이고, 病苦 질병발생. 바람기 발동.
寅午戌生	남쪽문을 피하고, 동북쪽으로 이사하면 안 된다. 재수가 없고, 하는 일마다 꼬이고, 病苦 질병발생. 바람기 발동.
亥卯未生	동쪽문을 피하고, 서북쪽으로 이사하면 안 된다. 재수가 없고, 하는 일마다 꼬이고, 病苦 질병발생. 바람기 발동.

운세풀이	子띠:이동수,우왕좌왕, 弱함, 다툼	卯띠:점점 입이 꼬임, 관재구설	午띠:최고운 상승세, 두마음	酉띠: 만남,결실,화합,문서
	丑띠:매사불편, 방해자,배신	辰띠:과이성공, 금전이득, 혐금	未띠: 의욕과다, 스트레스큼	戌띠:이동수,이별수,변동 움직임
	寅띠:해결신,시험합격, 풀림	巳띠: 매사꼬임,과거고생, 질병	申띠: 시급한 일, 뜻대로 안됨	亥띠: 빈주머니,걱정근심,사기

8월

- 257 -

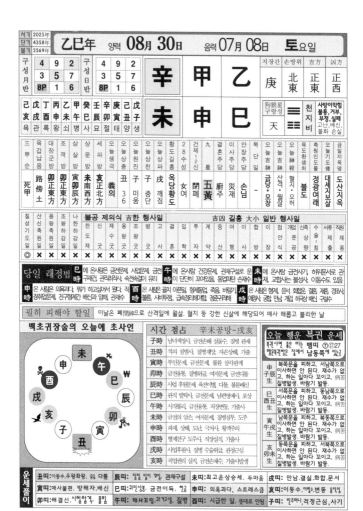

乙巳年　양력 08月 30日　음력 07月 08日　土요일

구성 月반	4	9	2	구성 日반	4	9	2
	3	5	7		3	5	7
	8P	1	6		8P	1	6

辛 甲 乙
未 申 巳

지장간 손방위 吉方 凶方
庚　北東　正東　正南

己亥 戊戌 丁酉 乙未 甲午 癸巳 壬辰 辛卯 庚寅 己丑 戊子
욕 관록 록 쇠 병 사 묘 절 태 양 생

狗狼星구랑성
天

사방야립입
불통,거부,
부정,실패
고난,배신,
불화 손실

천지비

甲辰乙卯丁酉

三甲순	육갑납음	대장군방	조객방	삼살방	상문방	세파방	오늘상충	오늘원진	오늘상천	오늘상파	황도흑도	건제12신	九星	결혼주당	이사주당	안장주당	복단일	오늘吉神	오늘神殺	육도환생처	축원인도불	오늘기도덕	금일봉축
死甲	路傍土	卯正東方	寅正東方	未南西方	義의	丑子36	子 중단	戌 미움	戌 깨짐	옥당황도	閉폐	五黃	女여	廚주	災재	손님	금당+모양	석녀·오취	불도	정광여래	대세지보살	도산지옥

칠성기도일	산신축원일	용왕축원일	조왕축원일	나한기도일	**불공 제의식 吉한 행사일**						**吉凶 길흉 大小 일반 행사일**													
					천의	신축	재수굿	용왕굿	조왕굿	병굿	고사	결혼	입주	계약	여행	이사	투자	소송	안장	개업	기공	신축	수리	서류제출	출행
◎	×	×	×	×	×	×	×	×	×	×	×	×	×	×	×	×	×	×	×	×	×	×	×	×

필히 피해야 할일
이날은 폐閉神으로 산격일에 월살, 혈지 등 강한 신살에 해당되어 매사 해롭고 불리한 날

백초귀장술의 오늘에 초사언

	未		
申		午	w
酉		巳	
戌		辰	
亥		卯	
	子	寅	
		丑	

시간 점占　辛未공망-戌亥

子時	남녀색정사, 금전손해 실물수, 잘병 관재
丑時	적의 침범사, 잘병환자, 자손상해, 가출
寅時	부인문제, 금전문제, 불륜 삼각관계
卯時	금전융통, 잘병위급, 여자문제, 금전다툼
辰時	사기 후원문제, 육친상쟁, 다툼, 불리해안
巳時	취직 발탁사, 금전문제, 남녀쟁애사, 모산
午時	시급발리, 금전융통, 직장변동, 가출사
未時	금전의 암손, 여자문제, 잘병침투, 도주
申時	파재, 상해, 도난, 극차사, 황액주의
酉時	형제찬구 도주사, 직장실직, 진로주부
戌時	사업후원사, 잘병 수술위급, 관재소심
亥時	직업관리 실직, 금전손재수, 가출사발생

운세풀이

丑띠:이동수,우왕좌왕, 弱 다툼
寅띠:매사불편, 방해자,배신
卯띠:해결신,시험합격, 풀림

辰띠:점점 이익 되는날, 관재구설
巳띠:귀인상봉, 금전이득, 현금
午띠:매사꼬임,과거고생, 질병

未띠:최고운상승세, 두마음
申띠:의욕과다, 스트레스콤
酉띠:시급한 일, 뜻대로 안됨

戌띠:만남,결실,화합,문서
亥띠:이동수,이벨수,변동 움직임
子띠:빈주머니,걱정근심,사기

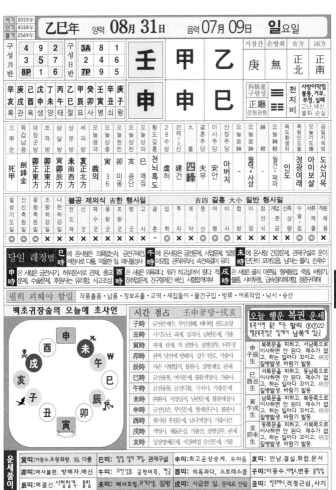

서기 2025년	乙巳年	양력 08月 31日	음력 07月 09日	일요일
단기 4358년				
불기 2569년				

구성월반	4	9	2	구성일반	3A	8	1
	3	5	7		2	4	6
	8P	1	6		7P	9	5

壬甲乙
申申巳

지장간	손방위	길방	凶方
庚	無	正北	正南

壬甲乙
申申巳

狗狼星 구랑성
正廳 정청관청
사방어막협 불통,거부, 부정,실패 고난,배신, 불화 손실

천지비

辛亥	庚戌	己酉	戊申	丁未	丙午	甲辰	癸卯	壬寅	辛丑	庚子
록	관	욕	생	양	태	절	묘	사	병	왕

三甲旬 死甲 / 육갑납음 劍鋒金 / 대장군방 卯正東方 / 조객방 卯正東方 / 삼살방 亥南東方 / 상문방 巳正北方 / 세월합 義의 / 오늘생긴 寅 / 오늘상충 卯 36 / 오늘원진 亥 미움 / 오늘상천 卯 깨침 / 황도길흉 천뇌흑도 / 2 8 9 수성 虛허 / 건제12신 建건 / 九星 四綠 / 결혼주당 夫부 / 이사주당 安안 / 안장주당 아버지 / 오늘吉神 월덕·상 / 神殺 월건·패가 / 오늘神殺 정광축여 / 육도환생처 인도 / 축원인도불 아미보살 / 오늘기도덕 도산지옥

칠성기도일	산신축원일	용왕축원일	조왕하강일	나한하강일	불공 제의식 吉한 행사일							吉凶 길흉 大小 일반 행사일								
					천도재	신중기도	재수굿	용왕굿	조왕굿	병굿	고사	결혼	입택	투자	계약	여행	이사	점안식	개업준공	신축상량	수술	서류제출	직원채용
◎	◎	◎	×	◎	×	×	×	×	×	×	×	×	×	×	-	◎	×	×	×	×	×	◎

당일 래정법

巳時 에 온사람은 의욕상실, 금전귀신, 색상사로 다툼 억울한 일 매사불성사

午時 에 온사람은 금전문제, 사업문제, 빈쟁이므로 관재구설수 속속속결이 유리

未時 에 온사람은 건강문제, 관재구설로 운이 단단히 꼬여있음, 남자는 불리 손재수

申時 에 온사람은 금전사기, 허위문서로 관재, 종교문제 수술문제, 후원사는 유리함, 사고조심

酉時 에 온사람은 골치아픈일 형제문제 관재로 얽힘 가정불화, 친구형제간 배신 사험함문제

戌時 에 온사람은 골치 아픈일 색정사로 얽힘 사업문제 금전융통 친구형제간 배신 사험함문제

亥時 불륜 사비투쟁, 급색으로 배신 청춘구緣함

필히 피해야 할일 작품출품·납품·정보유출·교역·새집들이·물건구입·방류·어로작업·낚시·승선

백초귀장술의 오늘에 초사언

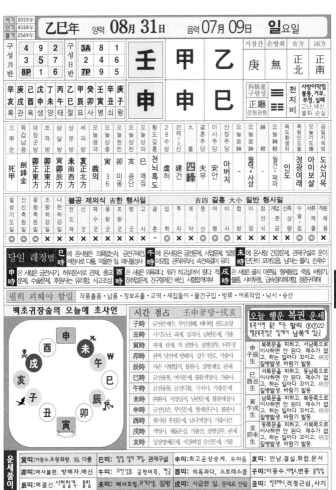

시간 점占	壬申공망-戌亥
子時	금전손재수, 부인질병, 태아欄 천도요망
丑時	사기도난 파재 실직사, 남편문제 가출
寅時	파재 관재 적 참팜사, 질병침투, 타부정
卯時	관록 당선吉 병해사 실수 탄로, 가출사
辰時	자손 시험합격, 불륜사 질병병깨 관재
巳時	금상융통, 여자문제 불륜색정사 가출사
午時	금전융통, 금전다툼, 극차사, 가출문제
未時	賃得자, 직장실직, 남편문제 불륜애정사
申時	금전손재수, 부인문제, 형제救구식, 불륜사
酉時	웟사람 후원문제, 남녀색정사 가출도건
戌時	색정사 재물손실, 가출건 질병침투, 관재
亥時	임신병환문제 직장병업 승진문제, 가출

오늘 행운 복권 운세
복권사면 좋은 띠는 말띠 ⑤⑦22
행운복권방은 집에서 남쪽에 있소

申子辰生	북쪽문을 피하고, 서쪽으로 이사하면 안 된다. 재수가 없 고, 하는 일마다 꼬이고, 病苦 질병발생, 바램기 발동.
巳酉丑生	서쪽문을 피하고, 동남쪽으로 이사하면 안 된다. 재수가 없 고, 하는 일마다 꼬이고, 病苦 질병발생, 바램기 발동.
寅午戌生	남쪽문을 피하고, 북쪽으로 이사하면 안 된다. 재수가 없 고, 하는 일마다 꼬이고, 病苦 질병발생, 바램기 발동.
亥卯未生	동쪽문을 피하고, 서북쪽으로 이사하면 안 된다. 재수가 없 고, 하는 일마다 꼬이고, 病苦 질병발생, 바램기 발동.

운세풀이	寅띠: 이동수,우왕좌왕, 弱,多情	巳띠: 점잔, 성의 꺾임, 관재구설	申띠: 최고운상승세, 두마음	亥띠: 만남,결실,화합,문서
	卯띠: 매사불편, 방해자,배신	午띠: 기인상봉, 금전이득, 현금	酉띠: 의욕과다, 스트레스큼	子띠: 이동수,애별,변동 움직임
	辰띠: 해결신,시험합격, 풀림	未띠: 매사꼬임,과거고생, 질병	戌띠: 시급한 일, 뜻대로 안됨	丑띠: 빈주머니,걱정근심, 사기

- 259 -

8월

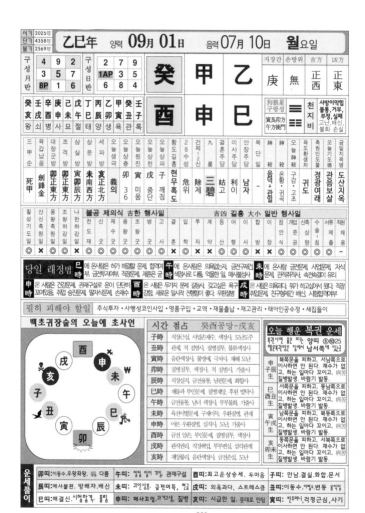

서기	2025年										
단기	4358年	乙巳年	양력 09月 01日	음력 07月 10日	月요일					
불기	2569年									

구성 월반	4	9	2	구성 일반	2	7	9	癸 甲 乙	지장간	손방위	吉方	凶方
	3	5	7		1AP	3	5	酉 申 巳	庚	無	正西	正東
	8P	1	6		6	8	4					

癸	壬	辛	庚	己	戊	丁	丙	乙	甲	癸	壬
亥	戌	酉	申	未	午	巳	辰	卯	寅	丑	子
왕	쇠	병	사	묘	절	태	양	생	욕	관	록

狗狼星 구랑성		천지비	사방이막힘 불통,거부, 부정,실패 고난,배신, 불화 손실
寅具卯방 午方後门			

三甲순	육갑납음	대장군방	조객방	삼살방	상문방	세파방	오늘상충	오늘원진	오늘상천	오늘상파	황도흑도	건제12신	九星	결혼주당	이사주당	안장주당	神殺	神殺	오늘길흉	제吉神	九星불기	太백방위
死甲	劍鋒金	卯正東方	卯正東方	亥卯未南方	未南方	寅南方	卯正北方	義의	卯 3 6	寅 미움	戌 중간	현무흑살	危위	三碧	姑고	利이	남자	옥황·관일	오황·귀곡	귀덕	정광오래 관음보살	도산지옥

칠성기도일	산신축원일	용왕축원일	조왕하강일	나한하강일	불공 제의식 吉한 행사일					吉凶 길흉 大小 일반 행사일																
					천신	신중	재수	용왕	조왕	병굿	고사	결혼	입학	투자	계약	여행	이장	합방	商 행사	방 함정	기둥세움	집수리	신축 상량	수술 침	서류제출	직원채용
◎	×	◎	◎	◎	◎	◎	◎	◎	◎	◎	×	×	◎	◎	×	◎	◎	×	◎	◎	×	◎	◎	×	◎	◎

당일 래정법
巳時 온사람은 허가 해결할 문제 합격여부 | 午時 온사람은 의욕없는자, 금전구재건
丑부 금전문제사비, 직장문제, 재충돈 굳 | 時 색정사로 다툼, 억울한 일 매사불성사 | 未時 온사람 금전문제, 사업문제, 자식, 관재구설사, 속전속결이 유리

申時 온사람은 건강문제, 관재구설로 운이 단단히 | 酉時 온사람 두사간 갈등사, 자식문제 큰자 | 戌時 온사람 음란색정사, 뭐가 하고싶어서 왔다 직장 꼬여있음, 취업 승진문제, 딸자식갈등 손재수 | 강함, 새로운 일시작 전환됨이 좋다. 우환질병 | 취업문제, 친구형제간 배신 사채업자

필히 피해야 할일 주식투자 · 사행성코인사업 · 명품구입 · 교역 · 재물출납 · 재고관리 · 태아인공수정 · 새집들이

백초귀장술의 오늘에 초사언

시간 점占	癸酉공망-戌亥
子時	직장근심 사업손재수, 색정사 도난근주
丑時	관재 적 참범사, 질병침투, 불류색정사
寅時	음란색정사, 불화費, 극차사, 재해 도난
卯時	질병침투, 색정사, 적 참범사, 가출사
辰時	직장실직, 금전용통, 남편문제, 화합사
巳時	재물과 부인문제, 질병재앙, 후원 발탁사
午時	금전용통, 남녀 색정사, 부부불화, 가출사
未時	육친무덕, 남녀색정사, 우환질병, 관재
申時	어른 우환질병, 실직사, 도난, 가출사
酉時	금전 암손, 부인문제, 질병침투, 색정사
戌時	관재구설, 직장변동, 부부변심, 삼각관계
亥時	재앙불리, 음란색정사, 금전손실, 도난

오늘 행운 복권 운세
복권사면 좋은 양띠 ⑤⑩25
행운복권방은 집에서 남서쪽 方

申子辰生	북쪽문을 피하고, 서남쪽으로 이사하면 안 된다. 재수가 없고, 病든다 질병발생. 바람기 발동
巳酉丑生	서쪽문을 피하고, 동남쪽으로 이사하면 안 된다. 재수가 없고, 病든다 질병발생. 바람기 발동
寅午戌生	남쪽문을 피하고, 북동쪽으로 이사하면 안 된다. 하는 일마다 꼬이고, 病든다 질병발생. 바람기 발동
亥卯未生	동쪽문을 피하고, 서북쪽으로 이사하면 안 된다. 하는 일마다 꼬이고, 病든다 질병발생. 바람기 발동

운세풀이	卯띠:이동수,우왕좌왕, 弱, 다툼	午띠: 점점 이어 화송, 관재구설	酉띠:최고운상승세, 두마음	子띠: 만남,결실,화합,문서
	辰띠:매사불편, 방해자,배신	未띠: 귀인상봉, 금전이득, 현금	戌띠: 의욕과다, 스트레스큼	丑띠:이동수,이별수,변동 움직임
	巳띠:해결신,시험합격, 풀림	申띠: 매사꼬임,과거고생, 질병	亥띠: 시급한 일, 뜻대로 안됨	寅띠: 빈주머니,걱정근심, 사기

- 260 -

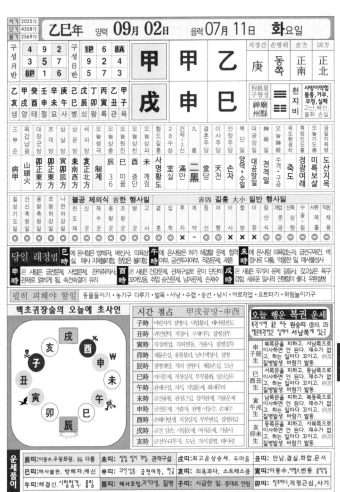

구성 月반	4	9	2	구성 日반	1P	6	8A
	3	5	7		9	2	4
	8P	1	6		5	7	3

甲 甲 乙
戌 申 巳

| 지장간 | 손방위 | 吉方 | 凶方 |
| 庚 | 동
쪽 | 正
南 | 正
北 |

| 乙亥生 | 甲戌養 | 癸酉胎 | 辛未絶 | 庚午病 | 己巳사 | 戊辰왕 | 丁卯록 | 丙寅관 | 乙丑욕 | 甲子욕 |

狗狼星
구랑성
神廟
州縣

사방아막힘
곤방,거부,
무정,삼패
고난,배신
불화 손실

천
지
비

三甲旬
病甲 | 육갑납음
山頭火 | 대장군방
卯正東方 | 조객방
寅卯辰方 | 삼살방
東南方 | 상문방
亥正北方 | 세파방
制화 | 오늘상충
辰
3 6 | 오늘원진
巳
미움 | 오늘상천
酉
중간단 | 오늘상파
깨짐 | 황도흑도
사명황도 | 건제12신
室
滿 | 九星
二黑 | 결혼주당
堂 | 이사주당
天천 | 안장주당
손자 | 복단일
大공망일
수격·수성 | 神殺
축도 | 오늘길흉신
천적일 | 축도환생처
정광여래 | 금일지옥
미륵지옥 | 금일지옥
도산지옥 |

불공 제의식 吉한 행사일

| 천도 재 | 신 중 기 도 | 재 수 굿 | 조 왕 굿 | 병 굿 |
| ◎ | ◎ | ◎ | ◎ | ◎ |

吉凶 길흉 大小 일반 행사일

| 결 혼 | 입 학 | 투 자 | 계 약 | 등 행 | 여 행 | 이 사 | 합 방 | 점 안 식 | 개업 준공 | 신축 상량 | 수 술 병 | 서류 제출 | 직원 채용 |
| ◎ | ◎ | ◎ | × | - | ◎ | ◎ | × | × | ◎ | ◎ | ◎ | ◎ | ◎ |

필히 피해야 할일 | 동물들이기·농기구 다루기·벌목·사냥·수렵·승선·낚시·어로작업·요트타기·위험놀이기구

백초귀장술의 오늘에 초사언

時間 점占 甲辰공망→申酉

오늘 행운 복권 운세
복권사면 좋은 띠는 원숭띠 ⑧19, 29
행운복권술 집에서 서남쪽에 있소

子時	어린자식 잘병사 사업불리, 태아령天도
丑時	귀인집門, 직장승진 구재이得, 질병침투
寅時	직장취업 직위변동, 가출사, 질병침투
卯時	재물손실 용품掛리, 남녀색정사, 이혼
辰時	질병위중, 적의 침투사, 재물손실, 도난
巳時	자미門제, 직장취직 부부불화, 망신살수
午時	관재구설, 자식, 직업문제, 화재予防
未時	금전융통, 관청구설, 남녀색정사 가출문제
申時	금전문제, 가출사, 원행 이동수, 손재수
酉時	손재수발생, 직장실직 부부변심, 질병재급
戌時	금전 않은 사람문제, 여자문제, 가출사
亥時	금전단리투자, 도난, 자식질병, 태아령

	복통문을 피하고, 서남쪽으로
申子辰 生	이사하면 안 된다. 재수가 없
	고, 하는 일마다 꼬이고, 病苦
	질병발생. 바람기 발동
	서쪽문을 피하고, 동남쪽으로
巳酉丑 生	이사하면 안 된다. 재수가 없
	고, 하는 일마다 꼬이고, 病苦
	질병발생. 바람기 발동
	남쪽문을 피하고, 북동쪽으로
寅午戌 生	이사하면 안 된다. 재수가 없
	고, 하는 일마다 꼬이고, 病苦
	질병발생. 바람기 발동
	동쪽문을 피하고, 서북쪽으로
亥卯未 生	이사하면 안 된다. 재수가 없
	고, 하는 일마다 꼬이고, 病苦
	질병발생. 바람기 발동

운세풀이

辰띠:이동수,우왕좌왕,弱 다툼	戌띠:최고운상승세, 두마음	丑띠: 만남,결실,화합,문서
巳띠:매사불편, 방해자,배신	申띠:귀인상봉, 금전이득, 현금	亥띠: 의욕과다, 스트레스큼	寅띠:이동수,애생,변동 움직임
午띠:해결신,시험합격,풀림	酉띠: 매사꼬임,과거고생, 질병	子띠: 시급한 일, 뜻대로 안됨	卯띠:빈주머니,걱정근심,사기

9월
- 261 -

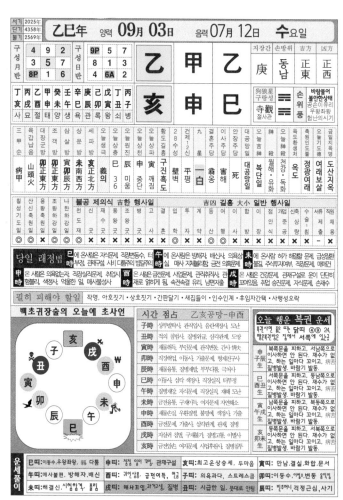

서기 2025年
단기 4358年
불기 2569年

乙巳年 양력 09月 03日 음력 07月 12日 수요일

구성월반			구성일반		
4	9	2	9P	5	7
3	5	7	8	1	3
8P	1	6	4	6A	2

乙 甲 乙
亥 申 巳

지장간 손방위 吉方 凶方
庚 동남 正東 正西

丁亥 丙戌 乙酉 甲申 癸未 壬午 辛巳 庚辰 己卯 戊寅 丁丑 丙子
사 묘 절 태 양 생 욕 관 록 왕 쇠 병

狗狼星 구랑성
寺觀 절사관

바람불어 불안한상태
꽁손이유리
우왕좌왕
험난의시기

손위풍

오늘 행운 복권 운세

백초귀장술의 오늘에 초사언

시간 점占 乙亥공망-申酉

子時 상가발탈나, 관재입나, 윤신왕술나 도난
丑時 적의 침범나, 질병위급, 삼각관계 도망
寅時 재물취득, 부모문제, 관직변동, 간사 情事
卯時 직장변동, 이동나, 가출문제, 행락관자나
辰時 재물용통, 질병재발, 부부다툼, 극차나
巳時 이동나 삼각 색정나 직장실직 타부정
午時 질병재발, 자식문제, 직장실직, 재해 도난
未時 금전융통, 구설나, 여자문제, 자산매소나
申時 재물손실, 우환질병, 불명예, 색정나 가출
酉時 금전문제, 가출나, 삼각관계, 관재, 질병
戌時 자살나 창병, 구설물가, 질병고통, 이별나
亥時 금전나는, 여자문제, 사업자산나, 질병참부

운세풀이

巳띠:이동수,우왕좌왕, 弱體 다툼
午띠:매사불편, 방해자,배신
未띠:해결신,시험합격, 물림

申띠:정정 이의, 관재구설
酉띠:귀인상봉, 금전이득, 현금
戌띠:매사꼬임,과거2생, 질병

亥띠:최고운상승세, 두마음
子띠:의욕과다, 스트레스큼
丑띠:시급한 일, 뜻대로 안됨

寅띠:만남,결실,화합,문서
卯띠:이동수,애정,변동 움직임
辰띠:빈주머니,걱정근심, 사기

- 262 -

乙巳年　양력 **09月 04日**　음력 **07月 13日**　**목**요일

구성 월반	4	9	2	구성 일반	8	4AP	6
	3	5	7		7	9	2
	8P	1	6		3	5	1

丙 甲 乙
子 申 巳

| 지장간 | 손방위 | 吉方 | 凶方 |
| 庚 | 남
쪽 | 正
北 | 正
南 |

己	戊	丁	乙	甲	癸	壬	辛	庚	己	戊
亥	戌	酉	未	午	巳	辰	卯	寅	丑	子
절	묘	사	병	쇠	왕	록	관	욕	생	양	태

狗狼星
구랑성
中庭廳
관청마당

바람불어
불안한상태
공손이유리
우왕좌왕
손위
풍
험난의시기

| 三甲旬 | 육갑납음 | 대장군방 | 조객방 | 삼살방 | 상문방 | 세파방 | 오늘생극 | 오늘상충 | 오늘원진 | 오늘상천 | 오늘상파 | 황도길흉 | 건제12신 | 九星 | 결혼주당 | 이사주당 | 안장주당 | 오늘吉神 | 神殺 | 오늘吉神 | 오늘神殺 | 복단일 | 오늘吉神 | 축원인도불 | 오늘기도덕 | 아미타불 | 금일지옥 |
| 病甲 | 澗下水 | 卯正東方 | 寅正東方 | 東南方 | 亥正西方 | 巳正東方 | 伐벌 | 未 | 未 | 未 미움 | 중단 깨짐 | 청룡황도 | 奎규 | 九紫황도 | 第제 | 殺살 | 여자 | 삼합일 | | | 복생·미일 | | | 천도 | 지장보살 | 철설지옥 |

칠성기도일	산신축원일	용왕축원일	조왕하강일	나한하강일	불공 제의식 吉한 행사일								吉凶 길흉 大小 일반 행사일								
					천도	신중	재수	조왕	병굿	고사	결혼	입학	투자	계약	여행	이사	합방	점	개업	신축	수	서류	직원
					재	굿	굿	굿	사	혼	학	자	약	산	행	사	방	장	식	공	행	침	출
◎	◎	◎	×	◎	◎	◎	◎	◎	◎	◎	◎	◎	◎	◎	◎	◎	×	◎	◎	◎	◎	◎	◎

당일 래정법 巳時에 온사람은 직장실직, 친구나 형제தⅰ间 관송사. 살고자 반목/ 午時에 온사람은 이동변동수. 타부정. 한국상가조사나 자식문제. 자녀교 未時에 온사람은 방해자. 배신사. 가족간시비 매사 지체불리. 도전 창업은 불리 申時에 온사람은 관직 취업건, 결혼 경조사 변동事. 해결됨 사험은 합격됨 하기 등 손님 구연있음 酉時에 온사람은 딸 문제발생. 여자亡命문제 온다. 부부문제 장관불리 戌時에 온사람은 남女밀정 부동산 문제 금전문제 주식투자 재물금전사. 여자動고질병과 빚내문 고원품

필히 피해야 할일 재테크투자·질병치료·제품제작·친구초대·문 만들기·벌초·흙 파는일.

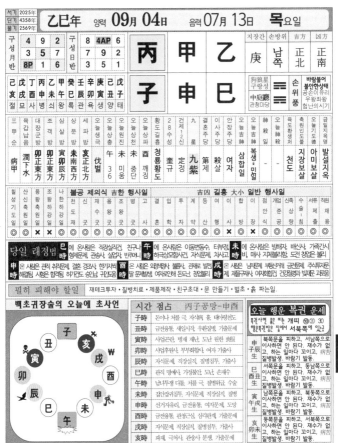

백초귀장술의 오늘에 초사언

時間 점占	丙子공망-申酉
子時	돈나가 쾌를 극 자식病 휴. 태아평안조
丑時	금전융통, 새업시작. 우환질병, 가출문제
寅時	사업곤란, 병재 재난, 도난 원한 刑류사
卯時	사업후원사, 부부화합사, 여자 가출사
辰時	자식문제, 직장실직, 질병침투, 가출사
巳時	관직 명예사, 가정불안. 도난 손재수
午時	남녀투쟁 다툼. 처를 극, 질병위급, 수술
未時	갇은잠귀침투, 자식문제, 직장실직, 질병
申時	선거자리己, 금전융통, 여자문제, 도망
酉時	금전용통, 관송지사, 삼각관계, 가출문제
戌時	자금문제, 직장실직, 질병침투, 가출사
亥時	파재, 극차사, 관송사 분쟁, 가출문제

오늘 행운 복권 운세
특정숫자면 띠 따는 개띠 6⑩② 30
행운복권방은 집에서 **서북쪽**이 좋다

申 子 辰 生	북쪽문을 피하고, 서남쪽으로 이사하면 안 된다· 재수가 없 고, 하는 일마다 꼬이고, 病苦 질병발생. 바람기 발동.
巳 酉 丑 生	서쪽문을 피하고, 동남쪽으로 이사하면 안 된다· 재수가 없 고, 하는 일마다 꼬이고, 病苦 질병발생. 바람기 발동.
寅 午 戌 生	남쪽문을 피하고, 북동쪽으로 이사하면 안 된다· 재수가 없 고, 하는 일마다 꼬이고, 病苦 질병발생. 바람기 발동.
亥 卯 未 生	동쪽문을 피하고, 서북쪽으로 이사하면 안 된다· 재수가 없 고, 하는 일마다 꼬이고, 病苦 질병발생. 바람기 발동.

운세풀이	午띠:이동수,우왕좌왕,弱삼,다툼	酉띠:정체,이인,관재구설	子띠:최고운상승세,두머음	卯띠:만남,결실,화합,문서
	未띠:매사불편,방해자,배신	戌띠:끼인샹황,금전이득,현금	丑띠:의욕과다,스트레스큼	辰띠:이동수,액,변동 움직임
	申띠:해결신,시험합격,풀림	亥띠:매사꼬임,과거고생,질병	寅띠:시급한 일,뜻대로 안됨	巳띠:빈주머니,걱정근심,사기

9월

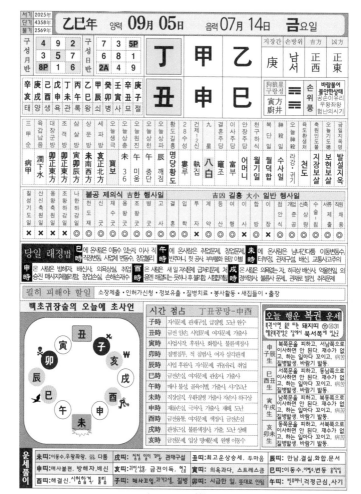

서기 2025年	乙巳年	양력 09月 05日	음력 07月 14日	金요일

단기 4358年
불기 2569年

구성월반
4	9	2
3	5	7
8P	1	6

구성일반
7	3	5P
6	8	1
2A	4	9

丁 甲 乙
丑 申 巳

지장간 손방위 吉方 凶方
庚 남서 正西 正東
寅方 廚井

| 辛亥 | 庚戌 | 己酉 | 戊申 | 丁未 | 丙午 | 乙巳 | 甲辰 | 癸卯 | 壬寅 | 辛丑 | 庚子 |
| 태 | 양 | 생 | 욕 | 관 | 록 | 왕 | 쇠 | 병 | 사 | 묘 | 절 |

狗狼星 구랑성
寅方 廚井

손위풍

바람불어 불안한상태 공손이유리 우왕좌왕 험난의시기

三甲순 / 병甲 / 육갑납음 澗下水 / 대장군방 卯正東方 / 조객방 寅正東方 / 삼살방 亥正北方 / 상문방 寅方 / 세파방 未 / 오늘생극 午 36 / 오늘상충 午 미울 / 오늘상천 辰 깨짐 / 오늘원진 / 황도길흉 명마황도 / 건제12신 執집 / 九星 八白 / 결혼주당 竈조 / 이사주당 富부 / 안장주당 어머니 / 천구하식 월덕 일 / 神殺 수사일 / 오늘신살 천살·귀기 / 축관인처 라강·귀기 / 복단일 천도 / 오늘吉神 지장보살 / 복기 대명일 / 보현보살 / 발설지옥

칠성기도일 ×	산신축원일 ×	용왕축원일 ×	조왕축원일 ×	나한기도일 ◎	불공 제의식 吉한 행사일						吉凶 길흉 大小 일반 행사일									
					천도재 ◎	신 중 재 수 굿 ×	조 왕 굿 ×	병 굿 ×	고 사 ×	결 혼 ◎	입 학 ×	투 자 ×	계 약 ×	등 산 ○	여 행 ◎	이 사 ×	합 방 ×	점 안 식 ×	개업 준공 ×	신축 상량 ×	수 술 ×	서류 제출 ×	항 장 ×	채 용 ×	기 타 ×

필히 피해야 할일 소장제출·인허가신청·정보유출·질병치료·봉사활동·새집들이·출장

백초귀장술의 오늘에 초사언

시간 점占	丁丑공망—申酉
子時	자식문제, 관재구설, 급질병, 도난 원수
丑時	금전 암손, 사업문제, 여자문제, 가출사
寅時	사업시작, 후원사, 화합사, 불화색정사
卯時	질병침투, 적 침범사, 여자 삼각관계
辰時	금전후원사, 자식문제, 귀농유리, 색사
巳時	금전손실, 여자문제, 가출사, 가출사
午時	매사 불성, 공허 허탈, 가출사, 사기도난
未時	직장실직, 우환질병, 가출사, 자손사, 하극상
申時	재물손실, 극차사, 가출사, 쟁해 도난
酉時	금전융통, 여자문제, 색정사, 금전손실
戌時	관재구설, 불화색정사, 가출, 도난 상해
亥時	금전문제, 입상 명예회복, 원병 이동수

오늘 행운 복권 운세
복권사면 좋은 띠는 돼지띠 ①⑥31
행운복권방은 집에서 북서쪽에 있는

申子辰生 : 북쪽문을 피하고, 서남쪽으로 이사하면 안 된다. 재수가 없으며, 하는 일마다 꼬이고, 病苦 질병발생. 바람기 발동.

巳酉丑生 : 서쪽문을 피하고, 동남쪽으로 이사하면 안 된다. 재수가 없으며, 하는 일마다 꼬이고, 病苦 질병발생. 바람기 발동.

寅午戌生 : 남쪽문을 피하고, 북동쪽으로 이사하면 안 된다. 재수가 없으며, 하는 일마다 꼬이고, 病苦 질병발생. 바람기 발동.

亥卯未生 : 동쪽문을 피하고, 서북쪽으로 이사하면 안 된다. 재수가 없으며, 하는 일마다 꼬이고, 病苦 질병발생. 바람기 발동.

운세풀이
未띠:이동수,우왕좌왕, 弱, 다툼
申띠:매사불편, 방해자,배신
酉띠:해결신, 시험합격, 풀림
戌띠:직장 이이 '꼬임 관재구설
亥띠:귀인상봉, 금전이득, 현금
子띠:매사꼬임,과거고생, 질병
丑띠:최고운상승세, 두마음
寅띠:의욕과다, 스트레스큼
卯띠:시급한 일, 뜻대로 안됨
辰띠:만남,결실,화합,문서
巳띠:이동수,이별수,변동 움직임
午띠:빈주머니,걱정근심, 사기

- 264 -

乙巳年　양력 **09**月 **06**日　음력 07月 15日　**土**요일　**백중**

구성月반	4	9	2	구성日반	6	2	4P
	3	5	7		5	7	9A
	8P	1	6		1	3	8

	지장간	손방위	吉方	凶方
	庚	서쪽	正南	正北

戊 甲 乙

寅 申 巳

癸亥절	壬戌묘	辛酉사	庚申병	己未쇠	戊午왕	丁巳록	丙辰관	乙卯욕	甲寅생	癸丑양	壬子태

狗狼星 구랑성 東北方

손위풍

바람불어 불안한상태 공손이유리 우왕좌왕 험난이우려

三甲旬	육갑납음	대장군방	조객방	삼살방	상문방	세파방	오늘생극	오늘원진	오늘상천	오늘상파	오늘상해	황도길흉	2 8 수	건 제 12 신	결혼주당	이사주당	안장주당	복단일	神살	神殺	오늘吉神	오늘神殺	육도환생처	축원인도불	오늘기도德	금일지옥명
病甲	城頭土	卯正東方	卯正東方	寅卯辰方	未南西方	亥正北方	伐벌	申	酉 미움	巳 충단	亥 깨짐	천형흑	胃위	破파	婦부	師사	며느리	월파		五가	天덕 · 천의	인도	지장보살	약사보살	발설지옥

칠성기도일	산신축원일	용왕축원일	조왕축원일	나한기도일	불공 제의식 吉한 행사일							吉凶 길흉 大小 일반 행사일													
					천도재	신축굿	재수굿	용왕굿	조왕굿	병굿	고사	결혼	입택	투자	계약	여행	이장	합방	개업	신축	수술	서류제출	직원채용
×	×	×	×	×	×	×	×	×	×	×	×	×	×	×	×	×	×	×	×	×	×	×	×	×	×

당일 래정법

巳時 巳에 온사람은 문서탈, 화해나 결혼, **午時** 午에 온사람은 이동수 있으나 이사나 **未時** 未에 온사람은 금전구기, 실업자, 색정사 재혼, 경조사, 애정사 궁합 휴원 개업 직장변동, 친구나 형제 사업변동수 등등, 반대나, 헛소고 문서도난 매사불성

申時 申에 온 사람은 매매 이동변동수, 직장변동수, 터 **酉時** 酉에 온 사람은 질병 자식문제 방해수, 배신사, **戌時** 戌에 온사람은 자손문제, 하극상으로 배신사, 해결도는 듯 부정 사기 허주사기 다툼주의 자식근심 관송사 취업 승진 매사 지체불리함 하나 후 불리함 시험 합격됨 하가근 승인됨 관재

필히 피해야 할일 이날은 흑도와 월파일에 월형, 천격, 대모 등 신살에 해당되어 매사 해롭고 불리한 날.

백초귀장술의 오늘에 초사언

시간 점占	戊寅공망-申酉
子時	금전용품, 부인문제, 자식질병, 관재구설
丑時	재물파산, 권리박탈, 부인문제, 가출건
寅時	금전 암손, 여자문제, 가출사, 여행 凶
卯時	남편문제, 직장취업, 색정사, 가출사
辰時	매사불성, 금전손실, 사업파산 속 중단
巳時	입상 명예사, 직장승진, 금전진퇴, 관청
午時	금전손실 다툼, 사업변동, 가출, 처를 극
未時	잠범damage침해, 직접, 색정사, 가출문제
申時	참범사, 질병재앙, 가출사, 직장실직
酉時	금전손실, 직장실직, 가출사, 배신문모
戌時	사업부진사, 취업문제, 육친문제, 수송하sa
亥時	금전손실, 도난 상해, 가출사, 가출사

오늘 행운 복권 운세

복권사면 좋을 띠는 쥐띠 ⑥⑯㉖
행운복권방은 집에서 北쪽에 있는곳

申子辰生	북쪽을 피하고, 서남쪽으로 이사하면 안 된다. 재수가 없고, 하는 일마다 꼬이고, 病苦 질병발생. 바람기 발동
酉丑生	서쪽을 피하고, 동남쪽으로 이사하면 안 된다. 재수가 없고, 하는 일마다 꼬이고, 病苦 질병발생. 바람기 발동
寅午戌生	남쪽을 피하고, 북쪽으로 이사하면 안 된다. 재수가 없고, 하는 일마다 꼬이고, 病苦 질병발생. 바람기 발동
亥卯未生	동쪽을 피하고, 서북쪽으로 이사하면 안 된다. 재수가 없고, 하는 일마다 꼬이고, 病苦 질병발생. 바람기 발동

9월

운세풀이

申띠:이동수,우왕좌왕, 弱, 다툼	**亥띠**: 점점 이이 '꼬임, 관재구설
酉띠:매사불편, 방해자,배신	**子띠**:귀인상봉, 금전이득, 현금
戌띠:해결신,시험합격, 풀림	**丑띠**: 매사꼬임,과거2생, 질병
寅띠:최고운상승세, 두머움	**巳띠**: 만남,결실,화합,문서
卯띠: 의욕과다, 스트레스큼	**午띠**:이동 수,이별수,변동 움직임
辰띠: 시급한 일, 뜻대로 안됨	**未띠**: 빈주머니,걱정근심, 사기

乙巳年 양력 09月 07日 음력 07月 16日 일요일 백로 白露 17時 52分 入

지장간	손방위	吉方	凶方

구성월반			구성일반		
3A	8	1	5	1	3
2P	4	6	4	6	8P
7	9	5	9	2	7A

己 乙 乙
卯 酉 巳

	庚	서북	正東	正西

乙亥	甲戌	癸酉	壬申	辛未	庚午	己巳	戊辰	丁卯	丙寅	乙丑	甲子
태	양	양	관	록	욕	쇠	병	묘	절

狗狼星 구랑성
僧尼寺廟 後門

바람불어 불안한상태 공손(?)유리 우왕좌왕 험난의시기

손위풍

삼갑순 病甲

육갑납음 城頭土

대장군방 卯正東方

조객방 寅東方方

삼살방 未南西方

세파방 亥正北方

오늘의 상충 酉 36

오늘의 원진 申 미움

오늘의 천파 辰 중단

황도길흉 명황정황도

건제12신 破묘

九星 六白

결혼주당 廚주

이사주당 災재

안장주당 손님

오늘神殺 월파일

神살 검봉·토부

삼살·조객 귀도

지장보살

발설지옥

칠성기도일	산왕불공일	용왕축원일	조왕하강일	나한하강일	불공제의식 吉한 행사일						吉凶 길흉 大小 일반 행사일														
					천도재	신중기도	재수굿	용왕굿	병굿	결혼	입주	투자	계약	등요	여행	이사	합방	안장	개업	준공	신축	수술	서류제출	제출	출행
×	×	×	×	×	×	×	×	×	×	○	×	×	×	×	×	×	×	×	×	×	×	×	×	×	×

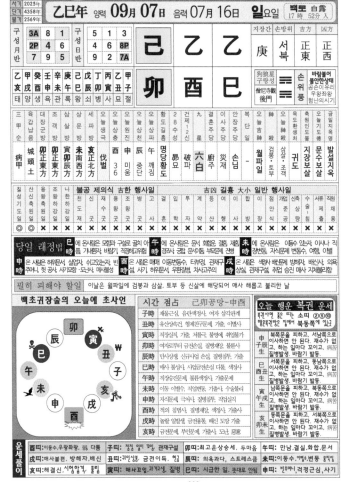

당일 래정법

巳時 에 온사람은 뫼함이나 구설로 골치 아파 午時 에 온사람은 문서 화합건 결혼 재혼 未時 에 온사람은 이동수 있는자 이사나 직 장변동, 자식문제 변동수, 여행, 이별

申時 온 사람은 허위문서 살았다 수고하는자 빈 酉時 온 사람은 매매 이동변동수, 터부정 관재구 戌時 온 사람은 색정사 백호관재 방해자, 배신사, 의욕 상실, 관재구설 취업 승진 매사 지제불

필히 피해야 할일 이날은 월파일에 검봉과 삼살, 토부 등 신살에 해당되어 매사 해롭고 불리한 날

백초귀장술의 오늘에 초사언

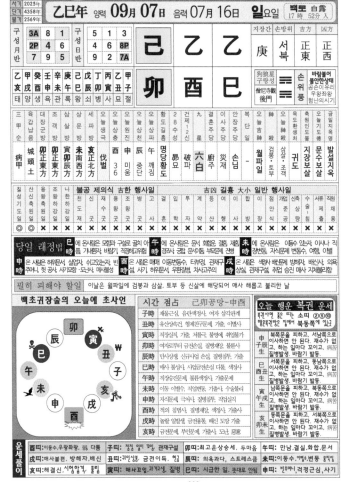

시간 점占 己卯공망-申酉

子時	재물근심, 음란색정사, 여자 삼각관계
丑時	유산상속건, 행복한고민문제, 이별사
寅時	직장실직, 가출, 차량사, 불성취, 취업불가
卯時	여자로부터 금전손실, 잘방해, 불성사
辰時	만남상봉, 신규사업 손실, 잘방해, 가출
巳時	매사 불성사, 사업금전손실 다툼, 색정사
午時	직장승진문제, 불파해살사, 가출문제
未時	이동 이별사, 직업변동, 가출사, 수술불리
酉時	자식문제, 극차사, 질병발생, 직업실직
戌時	놀날 일발생, 금전융통, 배신 도망 가출
亥時	금전문제, 부인문제, 가출사, 도난 應

오늘 행운 복권 운세

복권사면 좋은 띠는 소띠 ②⑤⑩
행운귀인 은 집에서 북동쪽에 있**

子卯生
북문쪽을 피하라. 서남쪽으로 이사하면 안 된다. 재수가 없 고, 하는 일마다 꼬이고, 病과 질병발생. 바람기 발동.

酉午生
서쪽문을 피하라. 동남쪽으로 이사하면 안 된다. 재수가 없 고, 하는 일마다 꼬이고, 病과 질병발생. 바람기 발동.

寅午未生
남쪽문을 피하라. 동북쪽으로 이사하면 안 된다. 재수가 없 고, 하는 일마다 꼬이고, 病과 질병발생. 바람기 발동.

亥卯未生
동쪽문을 피하라. 서북쪽으로 이사하면 안 된다. 재수가 없 고, 하는 일마다 꼬이고, 病과 질병발생. 바람기 발동.

운세풀이

酉띠:이동수,우왕좌왕, 弱, 다툼
戌띠:매사불편, 방해자,배신
亥띠:해결신,시험합격, 풀림
子띠: 점정, 이이 문제, 관재구설
丑띠:귀인상봉, 금전이득, 현금
寅띠: 매사꼬임,과거고생, 질병
卯띠:최고운상승세, 두마음
辰띠: 의욕과다, 스트레스큼
巳띠: 시급한 일, 뜻대로 안됨
午띠: 만남,결실,화합,문서
未띠:이동수,에까스,변동 움직임
申띠: 빈주머니,걱정근심, 사기

서기	2025년
단기	4358년
불기	2569년

乙巳年 양력 09月 08日 음력 07月 17日 月요일

구성월반	3A	8	1		구성일반	4	9	2
	2P	4	6			3	5	7
	7	9	5			8	1	6P

庚 乙 乙
辰 酉 巳

| 지장간 | 손방위 | 吉方 | 凶方 |
| 庚 | 북쪽 | 正北 | 正南 |

| 丁亥 병 | 丙戌 쇠 | 乙酉 왕 | 甲申 록 | 癸未 관 | 壬午 욕 | 辛巳 생 | 庚辰 양 | 己卯 태 | 戊寅 절 | 丁丑 묘 | 丙子 사 |

狗狼星 구랑성
寺觀 절사관

바람불어 불안한상태
공손이유리
우왕좌왕
험난의시기

三甲순	대장군방	삼살방	상문방	세파방	오늘원진	오늘상충	오늘상천	오늘상파	황도길흉	2 8 宿	건제 12神	九星	이사주당	안장주당	복단일	오늘吉神	神殺	육도환생처	축일인도불	오늘죽음	금일지옥
病甲	白蠟金	卯正東方	卯正東方	寅東北方	未南西方	亥正北方	卯 36	丑 중앙	천형흑도	畢필	危위	五黃	天부	안安	아버지	-	월원수·몽상	혈기·병부	축묘	지장보살	발설지옥
					義의	亥	卯													

불공 제의식 吉한 행사일

| 칠성기도 | 산신축원 | 용왕축원 | 조왕하강 | 나한기도 | 천도재 | 신중기도 | 재수굿 | 용왕굿 | 조왕굿 | 병굿 | 고사 | 결혼 | 입택 | 투자 | 계약 | 등기 | 여행 | 이장 |
| ◎ | ◎ | × | ◎ | ◎ | ◎ | ◎ | ◎ | ◎ | ◎ | × | ◎ | ◎ | ◎ | × | - | ◎ | × | × |

吉凶 길흉 大小 일반 행사일

| 합방 | 점안식 | 개업준공 | 신축상량 | 수술 | 서류제출 | 직원채용 |
| ○ | ○ | ○ | ○ | △ | ○ | × |

당일 레정법

巳에 온사람은 의욕과다 뭐가 고삽다 午에 온사람은 부모형제와 골치 아픈 未에 온사람은 화합은 결혼 재혼 경조사 였다 직장문제든 소송사건이부 時 일 반드 가내분상 바람기 불륜 時 애정사 궁합 만남 취업 개업 매매건

申 온 사람은 이동수 있는자 이사나 직장변동 酉 온 사람은 쌍생회관 금전손재수 쉬고갑는 戌 온 사람은 매매 이동변동수 터부정 관재구설 時 사업체 변동수 여행 이별수 창업불리 時 사람 여자문제 사업문제 금전손실 재물손실 時 하극상 동업파 배신 분쟁 속

필히 피해야 할일

농기구 다루기 · 물놀이 · 벌목 · 사냥 · 수렵 · 승선 · 낚시 · 어로작업 · 요트타기 · 위험놀이구구

백초귀장술의 오늘에 초사언

시간 점占 庚辰공망→申酉

子時	자식질병사, 사업투쟁사 도난 태아평산도
丑時	파산위태 금전손실 상속문제 산재돼
寅時	질병침투 화재점재, 금전융통, 사업화장
卯時	파재, 극차사, 관송사 분쟁, 가출문제
辰時	금전손실 여자문제, 사업문제 금전단통
巳時	산귀사업 구재 도난 상태 관재 손실
午時	관재구설 직장변동, 도적손실, 가출문제
未時	사업투쟁사 선거당선사 화합사 가출사
申時	재물손실 적의 관재사 변동 이사 가출
酉時	남녀색정사 사기 도난 도주, 상부상처
戌時	질병침투, 적의침범사 가출문제 부하도주
亥時	자식문제 방해되 금전손실 우환질병

오늘 행운 복권 운세

복권사면 좋은 띠는 범띠 ③⑧⑱
행운복권방 주인집 지혜서 동북쪽에 있소

申子辰生	복쪽운을 피하고, 서남쪽으로 이사하면 안 된다. 재수가 없고 하는 일마다 꼬이고, 病苦 질병발생. 바람기 발동.
巳酉丑生	서쪽운을 피하고, 동남쪽으로 이사하면 안 된다. 재수가 없고 하는 일마다 꼬이고, 病苦 질병발생. 바람기 발동.
寅午戌生	남쪽운을 피하고, 서남쪽으로 이사하면 안 된다. 재수가 없고 하는 일마다 꼬이고, 病苦 질병발생. 바람기 발동.
亥卯未生	북쪽운을 피하고, 서북쪽으로 이사하면 안 된다. 재수가 없고 하는 일마다 꼬이고, 病苦 질병발생. 바람기 발동.

9월

운세풀이

戌띠:이동수,우왕좌왕, 弱 다툼
亥띠:매사불편, 방해자,배신
子띠:해결신,시험합격, 풀림

丑띠:점점 이익 꼬임, 관재구설
寅띠:귀인상봉, 금전이득, 현금
卯띠:매사꼬임,과거고생, 질병

辰띠:최고운상승세, 두마음
巳띠:의욕과다, 스트레스큼
午띠:시급한 일, 뜻대로 안됨

未띠:만남,결실,화합,문서
申띠:이동수,애뿐,변동 움직임
酉띠:빈주머니,걱정근심, 사기

乙巳年 | 양력 **09**月 **09**日 | 음력 **07**月 **18**日 | **火**요일

구성월반	3A	8	1	구성일반	3A	8	1
	2P	4	6		2	4	6
	7	9	5		7	9	5P

辛 乙 乙
巳 酉 巳

지장간	손방위	吉方	凶方
庚	북동	正西	正東

己亥	戊戌	丁酉	丙申	乙未	甲午	癸巳	壬辰	辛卯	庚寅	己丑	戊子
육	관	록	왕	쇠	병	사	묘	절	태	양	생

狗狼星 구랑성
天

번성가믐화 평 귀의도움 순응하면 성공,웅집 모이는시기

택지췌

三甲旬	육갑납음	대장군방	조객방	삼살방	상문방	세파방	오늘행충	오늘원진	오늘상천	오늘상파	황도길흉	2 8 수성	건제 1 2 신	九星	결혼주당	이사주당	안장주당	오늘吉神	神殺	오늘神殺	축일원신	오늘吉神	오늘神殺	복단일
病甲	白蠟金	卯正東方	卯正東方	未南西方	午正南方	亥正北方	伐벌	亥 36	寅	申	주작흑도	觜자	成성	四綠	姑고	利이	남자	삼합일		천을·생기	사격·토금	신후·홍사	옥도	지장보살	발설지옥	문수보살

칠성기도일	산신축원일	용왕축원일	조왕하강일	나한하강일		천의	신수	재수	조객	병고	결	입	투	계	여	이	합	입	점	개업	신축	서류	직원
					불공 제의식 吉한 행사일	도	수	굿	굿	굿	사	혼	학	자	산	행	방	장	식	공	침	상	제
×	×	×	×	×		×	×	×	×	×	×	×	◎	◎	×	×	×	×	×	◎	×	◎	×

당일 래정법
巳에 온사람은 의욕과잉, 두가지문제로 갈등 午에 온사람은 의욕없고 뭐가 하고싶어 未에 온사람은 골치 아픈일 형제동업
時 動事 꼬임 갖고옴은 옳음 자식문제 사업문제 時 서 왔냐 금전문제 여자문제 사업문제 時 마음 바람기 불륜 사기모함 속궁
申에 온사람은 형제 문서 화합은 결혼 재혼 경조 酉에 온사람은 금전손재 부인문제 갈등 직장변동 戌에 온사람은 색정사문제 금전손재수 쉬고있는자
時 사 애정사 궁합 재물 기업 허라성 배신 구재 時 사 사업체 변동수 여행 이별수 관재구설 時 마음 반짝하나 숲 꼬임 시기모함 매사불성

필히 피해야 할일 소장제출 · 항소 · 손님초대 · 도로정비 · 건축수리 · 동토 · 산나물채취 · 흙 파는일

백초귀장술의 오늘에 초사언

時 점占	辛巳공망-申酉
子時	자식문제 잘방귀뜸, 직장실직 배산두애
丑時	자산사업 봉사, 후원사업, 잘방귀뜸, 가출
寅時	금전용통, 부인문제, 색정사 관재구설
卯時	금전문제 사업관련, 형제도움, 가출나
辰時	잘방귀묘 사업문제 다툼, 가출사 사업불성
巳時	금전과신 여자문제, 취직 실직문제 포상
午時	산규사업불리 관재구설 남녀색정사 우환
未時	자선 봉사봉충, 금전문제 가출방귀뜸, 불리
申時	금전문제 봉사나 색정사, 조카 당산업유
酉時	금방귀발생 금전손실 도난 가출도주
戌時	봉사 자산실직 잘방귀방 사업문제 가출
亥時	적침함사 잘방귀뜸, 부부이별, 완병수나

오늘 행운 복권 운세

申子辰生	복쪽문을 피하고, 서남쪽으로 이사하면 안 된다. 재수가 없고, 하는 일마다 꼬이고, 病苦 질병발생. 바람기 발동.
巳酉丑生	서북쪽 문을 피하고, 동남쪽으로 이사하면 안 된다. 재수가 없고, 하는 일마다 꼬이고, 病苦 질병발생. 바람기 발동.
寅午戌生	남쪽을 피하고, 북동쪽으로 이사하면 안 된다. 재수가 없고, 하는 일마다 꼬이고, 病苦 질병발생. 바람기 발동.
亥卯未生	동쪽문을 피하고, 서북쪽으로 이사하면 안 된다. 재수가 없고, 하는 일마다 꼬이고, 病苦 질병발생. 바람기 발동.

운세풀이

亥띠: 이동수,우왕좌왕, 弱음 다툼
子띠: 해결신,시험합격, 풀림
丑띠: 매사불편, 방해, 배신
寅띠: 정점 이익 만남 관재구설
卯띠: 귀인상봉, 금전이득, 현금
辰띠: 매사꼬임,과거고생, 질병
巳띠: 최고운상승세, 두마음
午띠: 의욕과다, 스트레스큼
未띠: 시급한 일, 뜻대로 안됨
申띠: 만남,결실,화합,문서
酉띠: 이동수,이별수,변동 움직임
戌띠: 빈주머니, 걱정근심, 사기

- 268 -

乙巳年 　양력 **09**月 **10**日 　음력 **07**月 **19**日 　**수**요일

구성月반	3A	8	1
	2P	4	6
	7	9	5

구성日반	2	7	9
	1A	3	5
	6	8P	4

壬 乙 乙
午 酉 巳

| | 지장간 | 손방위 | 吉方 | 凶方 |
| | 庚 | 無 | 正南 | 正北 |

辛亥 庚戌 己酉 戊申 丁未 丙午 乙巳 甲辰 癸卯 壬寅 辛丑 庚子
록 관 욕 생 양 태 절 묘 사 병 쇠 왕

狗狼星 구랑성
神廟 신사묘

택 귀 제

번영기쁨화평 귀인도움
순응하면 성공,응집 모이는시기

| 三甲순 | 육갑납음 | 대장군방 | 조객방 | 삼살방 | 상문방 | 세파방 | 오늘생극 | 오늘상충 | 오늘원진 | 오늘상천 | 오늘상파 | 황도길흉 | 건제12신 | 九星 | 결혼주당 | 이사주당 | 안장주당 | 복단일 | 神殺 | 오늘吉神 | 神殺 | 오늘흉신 | 육도환생처 | 배웠인도덕 | 오늘기도덕 | 금일지옥명 |
| 病甲 | 楊柳木 | 卯正東方 | 卯正東方 | 寅南東方 | 未南西方 | 亥正北方 | 子36 | 丑미움 | 丑중단 | 卯깨짐 | 卯귀혼황도 | 收수 | 三碧 | 堂당 | 天천 | 손자 | - | 천은·사상 | 구감·피마 | 천강·고초 | 불도 | 헌겁천불 | 약사보살 | 한빙지옥 |

황성기도일	산신축원일	용왕축원일	조왕하강일	나한하강일	불공 제의식 吉한 행사일									吉凶 길흉 大小 일반 행사일													
					천도재	신중재	재수굿	용왕굿	조왕굿	병굿	고사	결혼	입택	투자	계약	등기	여행	이장	합방	이사	점안	개업	신축상량	수술	서류	직원채용
○	○	○	×	×	○	○	○	○	○	○	○	○	○	○	○	○	○	○	×	○	○	○	○	○	○	○
×	×	×			×	×	×	×	×	×	×	×	×	×	×	×	×	×		×	×	×	×	×	×	×

당일 래정법

巳時 온사람은 건강문제, 관재, 금전고통, 금전고통, 운이 단단히 꼬여있음, 동업파탄

午時 온사람은 금전구재, 화병, 갈등사, 자식문제, 취업문제

未時 온사람은 의욕없는자, 뭐가 하고싶어서 왔다. 직장취업문제, 결혼문제

申時 온사람은 골치 아픈일, 친구나 형제동업 죽음, 배우자갈등, 자식과 사비쟁투, 속 궁합 만남

酉時 온사람은 형제, 문서 화합은, 결혼, 관재구설 애정사 궁합 만남 개업 하상바래 받고싶어함

戌時 온사람은 이동수 있는자, 가출, 이사나 직장변동, 사업체 변동수, 여행, 이별수, 부동산매매

필히 피해야 할일 신상출고·제품제작·친구초대·문 만들기·벌초·씨뿌리기·지붕고치기

백초귀장술의 오늘에 초사언

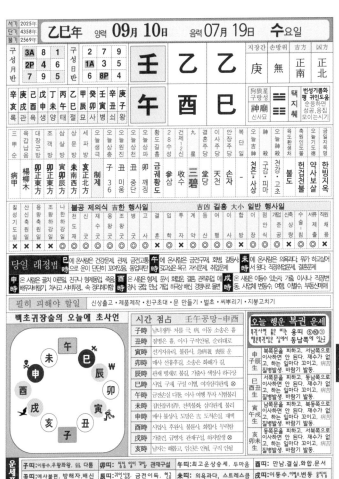

午 未 巳 申 辰 酉 卯 戌 寅 亥 子 丑

시간 점占	壬午공망-申酉
子時	남녀색투 처를 극, 病, 이동 소송운 흉
丑時	질병은 흉, 이사 구직안됨, 순리대로
寅時	선거자유리, 불리사, 爲애害運, 爲辱 운
卯時	매사 선흉후길, 소송은 화해가 길
辰時	관재 병액로, 불길, 가출사 색정사 하극상
巳時	사업 구재 구설 이별, 여자심각관재, ⊗
午時	금전손실 다툼, 이사 여행 투자 재물손실
未時	잠사급재구직수, 권태불화, 상대방에 불리
申時	매사 불성사, 도망은 흉, 도적손실, 재액
酉時	사업사 우환사, 불성사 부부이별 무합법
戌時	가출건, 금방찾음, 관재구설, 하극상낭 ⊗
亥時	남자는 해롭고, 임신은 안됨, 구직 안됨

오늘 행운 복권 운세

복권사면 쫓은 띠는 **용띠 ⑤⑩㉕**
행운복권방은 집에서 **동남쪽**에 있음

申子辰生	북쪽문을 피하고, 서남쪽으로 이사하면 안 된다. 재수가 없고, 하는 일마다 꼬이고, 病苦 질병발생. 바람이 발동.
巳酉丑生	서쪽문을 피하고, 동남쪽으로 이사하면 안 된다. 재수가 없고, 하는 일마다 꼬이고, 病苦 질병발생. 바람이 발동.
寅午戌生	남쪽문을 피하고, 북동쪽으로 이사하면 안 된다. 재수가 없고, 하는 일마다 꼬이고, 病苦 질병발생. 바람이 발동.
亥卯未生	동쪽문을 피하고, 서북쪽으로 이사하면 안 된다. 재수가 없고, 하는 일마다 꼬이고, 病苦 질병발생. 바람이 발동.

운세풀이	子띠:이동수,우왕좌왕, 弱, 다툼	卯띠: 점점 이익 꼬임, 관재구설	午띠:최고운상승세, 두마음	酉띠: 만남,결실,화합,문서
	丑띠:매사불편, 방해자,배신	辰띠:귀인상봉, 금전이득, 현금	未띠: 의욕과다, 스트레스큼	戌띠:이동수,이별수,변동 움직임
	寅띠:해결신,시험합격, 풀림	巳띠: 매사꼬임,과거고생, 질병	申띠: 시급한 일, 뜻대로 안됨	亥띠: 빈주머니,걱정근심, 사기

서기 2025年 단기 4358年 불기 2569年	乙巳年	양력 09月 11日	음력 07月 20日	木요일

구성 월반	3A	8	1	구성 일반	1	6	8A
	2P	4	6		9	2	4
	7	9	5		5P	7	3

지장간	손방위	吉方	凶方
庚	無	正東	正西

癸 乙 乙
未 酉 巳

癸亥 왕	壬戌 쇠	辛酉 병	庚申 사	己未 묘	戊午 절	丁巳 태	丙辰 양	乙卯 생	甲寅 욕	癸丑 관	壬子 록

狗狼星 구랑성
水步吊 수보정

택지췌

번성기풍화
펭 귀인도움
순응화합
성공.응집
모이는시기

三甲순 / 病甲 / 楊柳木

八字
세겹살
伐벌 / 丑 子 戌

황도길흉
대덕황도 / 井정 開개 二黑 翁옹 害해 死 -

대공망일
월덕.보광

구공.토부 / 불도

건겁천불

한빙지옥

불공 제의식 吉한 행사일 / 吉凶 길흉 大小 일반 행사일

(various × marks across calendar row)

당일 래정법
巳에 온사람은 금전문제 사업문제, 금전 午에 온사람 건강문제, 금전문제로 운 未에 온사람 문서합의 부모자식 문
時 구재문 관재구설 속전속결 時 이 단단히 꼬여있음. 동업파탄 손재수 時 제, 교합사는 불성사 이동수 있음
申 온사람은 의욕없다 하기싫다 직 酉 온사람은 골치 이픈일, 형제동업 죽음 戌 온사람 행운은 회생운 결혼, 재혼 경조사 애정
時 장차업문제, 친구형제문제 배신과 모략 時 망신살수 배신 사기모함 관재구설 時 궁합 맘 기업 하극상 배신 운지문 문점

필히 피해야 할일 인수인계 · 머리자르기 · 주방수리 · 수의 짓기 · 방류 · 도로정비 · 동토

백초귀장술의 오늘에 초사인

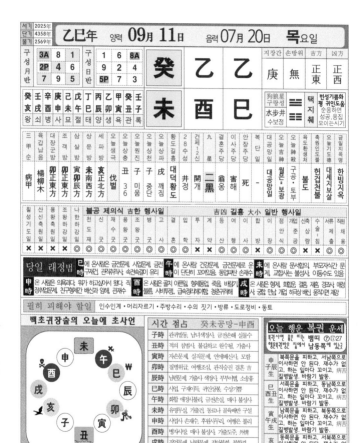

시간 점占	癸未공망-申酉
子時	관재발동, 남녀색정사, 금전손해 실물수
丑時	적의 침범사, 불길하고 원수됨, 가출사
寅時	자손문제, 실직문제, 연애배신사, 모함
卯時	질병위급, 여행조심, 관직승진 결혼 吉
辰時	매사불성사 가출사 색정사 부부번심, 소송흉
巳時	사업 구재하고, 귀인상봉, 수상기쁨
午時	화합 애정갚불리 금전손실, 매사 불성사
未時	유명무실 가출건, 동료나 골육배반 구설
申時	남녀 손재수, 직장퇴직사 여행불리
酉時	병자사망 매사 불성사, 가출도주, 外有
戌時	직업문제 남편문제 갈등불화, 불명료
亥時	금전배신은 처 기출사 도망 분실, 이동 흉

오늘 행운 복권 운세

북겨색깔 길흉 띠는 뱀띠 ⑦⑫27
행운方位 숫자 집에서 남동쪽에 있다

申辰生 북서문을 피하고, 서남쪽으로
이사하면 안 된다. 재수가 좋고
고, 하는 일마다 꼬이고, 病吉
질병발생. 바람기 발동.

巳
酉丑生 서북문을 피하고, 동남쪽으로
이사하면 안 된다. 재수가 좋
고, 하는 일마다 꼬이고, 病吉
질병발생. 바람기 발동.

寅
午戌生 남동문을 피하고, 북동쪽으로
이사하면 안 된다. 재수가 좋
고, 하는 일마다 꼬이고, 病吉
질병발생. 바람기 발동.

亥
卯未生 동문을 피하고, 서북쪽으로
이사하면 안 된다. 재수가 좋
고, 하는 일마다 꼬이고, 病吉
질병발생. 바람기 발동.

운세풀이

丑띠:이동수,우왕좌왕, 弗 다툼
寅띠:매사불편, 방해자,배신
卯띠:해 결신, 시험합격, 풀림
辰띠:적정 감정 띠는 뱀띠, 관재구설
巳띠:귀인상봉, 금전이득, 현금
午띠:매사꼬임,과거고생, 질병
未띠:최고운상승세, 두마음
申띠:의욕과다, 스트레스큼
酉띠:사급한 일, 뜻대로 안됨
戌띠:만남,결실,화합,문서
亥띠:이동수,이별수,변동 움직임
子띠:빈주머니,걱정근심, 사기

- 270 -

乙巳年 양력 09月 12日 음력 07月 21日 金요일

구성月반	3A	8	1	구성日반	9	5	7
	2P	4	6		8	1	3
	7	9	5		4P	6A	2

甲 乙 乙
申 酉 巳

지장간 손방위 吉方 凶方
庚 동쪽 正北 正南

狼狼星구랑성
正廳中廳안방 택지혜
번성기풍화평 귀인도움
순응하고융집
모이는시기?

乙亥	甲戌	癸酉	壬申	辛未	庚午	己巳	戊辰	丁卯	丙寅	乙丑	甲子
생양	태	양	절	묘	사	병	쇠	왕	록	관	욕

三甲순 生甲 泉中水

오늘	오늘	오늘	오늘
卯正東方	卯正東方	寅南辰方	未南戌方	亥正北方	伐벌	寅	卯 36	巳미음	卯중단	백호흑

鬼귀 閉폐 一白 第제 殺살 대궁망일 복단일 월덕·왕망 혈지·수격 인도 아미보살 한빙지옥

불공 제의식 吉한 행사일 ... 吉凶 길흉 大小 일반 행사일

칠성기도	산신제	용왕제	조왕원	나한기도	불공	神신중	제석	조상	병굿	고사	결혼	입주	투자	여행	등학	산행	이합	이장	개업	신축	수리	서류	작명
×	◎	◎	◎	×	×	×	×	×	×	×	×	×	×	×	×	×	×	◎	◎	×	×	×	×

필히 피해야 할일 이날은 흑도일에 폐閉神으로 수격일에 혈지 등 강한 신살에 해당되어 매사 해롭고 불리한 날

백초귀장술의 오늘에 초사인

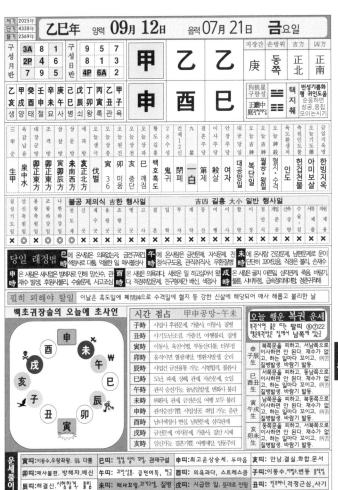

시간 점占 甲申공망~午未

子時	사사 후원문제, 가출사, 아동사, 질병
丑時	사기도난조심, 가출건, 여행불리, 질병
寅時	이동사, 육친이별, 부동산다툼, 타부정
卯時	움직이면 혈광재앙, 병환자발생, 순리
辰時	사업건 금전융통, 시험합격, 불리사
巳時	도난 관재 상해, 관재, 자손문제, 女일
午時	관직 승전가능, 놀날일발생, 변화사 불리
未時	病환자, 관재 금전손실, 여행 모두 불리
申時	관재숙관구설, 사업상문제, 취업 가능, 음란
酉時	남녀색정사 변심, 남편문제, 삼각관계
戌時	금전문제, 여자문제, 가출사, 잠난 시체
亥時	임신가능, 결혼기쁨, 여행재앙, 망동주의

오늘 행운 복권 운세
복권사면 좋은 띠는 말띠 ⑤⑦22
행운복권방은 집에서 남쪽에 있는곳

申子辰生	복туфle문을 피하고, 서남쪽으로 이사하면 안 된다. 재수가 없고, 하는 일마다 꼬이고, 病苦 질병발생. 바람기 발동.
巳酉丑生	북쪽문을 피하고, 동남쪽으로 이사하면 안 된다. 재수가 없고 하는 일마다 꼬이고, 病苦 질병발생. 바람기 발동.
寅午戌生	남쪽문을 피하고, 북동쪽으로 이사하면 안 된다. 재수가 없고, 하는 일마다 꼬이고, 病苦 질병발생. 바람기 발동.
亥卯未生	서북쪽문을 피하고, 정북쪽으로 이사하면 안 된다. 재수가 없고 하는 일마다 꼬이고, 病苦 질병발생. 바람기 발동.

운세풀이

寅띠	이동수,우왕좌왕, 弱, 다툼
卯띠	매사불편, 방해자,배신
辰띠	해결신,시험합격, 풀림
巳띠	적성급 이권, 관재구설
午띠	귀인상봉, 금전이득, 현금
未띠	매사꼬임,과거고생, 질병
申띠	최고운상승세, 두마음
酉띠	의욕과다, 스트레스큼
戌띠	시급한 일, 뜻대로 안됨
亥띠	만남,결실,화합,문서
子띠	이동수,이별수,변동 움직임
丑띠	빈주머니,걱정근심, 사기

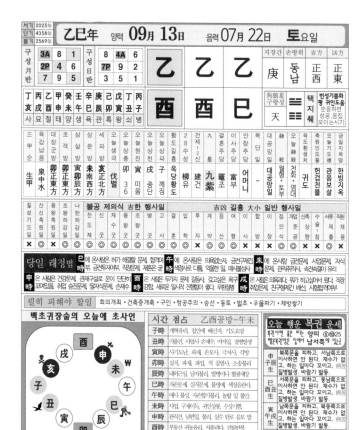

乙巳年 양력 09月 14日 음력 07月 23日 일요일

구성월반			구성일반		
3A	8	1	**7P**	3	5
2P	4	6	6	8	1
7	9	5	**2A**	4	9

丙 乙 乙
戌 酉 巳

지장간	손방위	吉方	凶方
庚	남쪽	正南	正北

己	戊	丁	乙	甲	癸	壬	辛	庚	己	戊
亥	戌	酉	未	午	巳	辰	卯	寅	丑	子
절	묘	사	병	쇠	왕	관	욕	생	양	태

狗狼星 구랑성
天

택지췌
번성기룬화 평 귀인도움
순응하면 성공,웅진 모이는시기

三甲순	육갑납음	대장군방	조객방	삼살방	상문방	세파방	오늘생극	오늘상충	오늘원진	오늘상천	오늘상파	황도흑도	건제12신	九星	결혼주당	이사주당	안장주당	대공망일	神殺 오늘神殺	오늘화개살	복단일인묘	혈기·독화	축도	천건천불	미륵천불	안빙지옥
生甲	屋上土	卯正東方	正東方	亥南方	未南方	亥正北方	寶보	辰 36	巳 미움	酉 중간	未 깨짐	천뇌흑도	除제	八白	婦부	師사	며느리	월기일	적적·와	혈기·독화	축도	천건천불	미륵천불	안빙지옥

칠성기도일	산신기도일	용왕기도일	조왕기도일	나한기도일	천도재	신중기도	재수굿	조왕굿	병굿	겹사	입학	투자	계약	여행	이사	합방	점안식	개업준공	신축상량	수술침	서류제출	직원채침
×	◎	×	×	×	◎	◎	◎	×	◎	◎	◎	◎	◎	◎	×	×	×	◎	◎	×	×	×

당일 래정법

巳時 巳에 온사람은 새사업에 방해자, 배신 의욕상실 색상사, 장午 不當함

午時 午에 온사람은 추진 해결할 문제, 협력 여부, 금전처리자금, 직장면제, 재혼

未時 未에 온사람 의욕없는자, 금전구재건 관재구설로 다툼, 억울한 일 매사불성사

申時 申온 사람은 금전문제, 사업문제, 관직주사업 관재구설로 얽혀들 자식으로 인해 큰 지출

酉時 酉온 사람은 건강문제, 관재구설로 운이 단단히 꼬여있음, 酉色사로 짜증, 재산탕진

戌時 戌온 사람은 두기지 문제 갈등사, 갖고음 자식문제, 새로운 일사 자체 진행됨이 좋다

백초귀장술의 오늘에 초사언

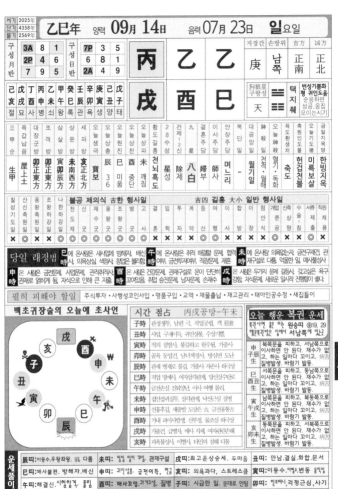

시간 점占	丙戌공망-午未
子時	관청관事, 남편 극, 직업згар, 객 願意
丑時	사업 구재관득, 귀인상봉, 수상기쁨
寅時	적의 침범사, 불길하고 원수될, 가출사
卯時	골육 동업건, 남녀색정사, 방심면 도난
辰時	관재 병재로 불길, 가출사 자손사 하극상
巳時	작업 땅사事, 산여상가친족병 당선상당천문
午時	금전손실 잔부연소사 이사 여행 불리
未時	잡난움게건, 삼각관계, 낙선근섬 질병
申時	선흥후길 새출발 모略은 吉 금전용통길
酉時	가내 과우자발생 신부정 물조심 하극상
戌時	가출건, 금방자, 매사 지체 여자속인손애
亥時	과욕불성사, 이별사, 타인의 침해 다툼

오늘 행운 복권 운세

뀌인사면 麗 따 원숭띠 ⑪19, 29
행운복권을 사면서 서남쪽마다

申子辰生 북북운을 피하고, 서북쪽으로 이사하면 안 된다. 재수가 없고, 하는 일마다 꼬이고, 病苦 질병발생. 바람기 발동.

巳酉丑生 서쪽운을 피하고, 동남쪽으로 이사하면 안 된다. 재수가 없고, 하는 일마다 꼬이고, 病苦 질병발생. 바람기 발동.

亥卯未生 남북운을 피하고, 북북쪽으로 이사하면 안 된다. 재수가 없고, 하는 일마다 꼬이고, 病苦 질병발생. 바람기 발동.

寅午戌生 동북운을 피하고, 서북쪽으로 이사하면 안 된다. 재수가 없고, 하는 일마다 꼬이고, 病苦 질병발생. 바람기 발동.

운세풀이

辰띠: 이동수·우왕좌왕함, 弱함 다툼	**未띠:** 정정 이익 계약 관재구설
巳띠: 매사불편, 방해자, 배신	**申띠:** 귀인상봉 금전이득, 현금
午띠: 해결신, 시험합격, 풀림	**酉띠:** 매사꼬임,과거2생, 질병
戌띠: 최고운상승세, 두마음	**丑띠:** 만남,결실,화합,문서
亥띠: 의욕과다, 스트레스큼	**寅띠:** 이동수,이별수,변동 움직임
子띠: 시급한 일, 뜻대로 안됨	**卯띠:** 빈주머니,걱정근심,사기

9월

乙巳年 양력 09月 15日 음력 07月 24日 月요일

구성월반		구성일반		저장간 손방위 吉方 凶方
3A 8 1	6P 2 4	庚	남 正 正
2P 4 6	5 7 9A		서 東 西
7 9 5	1 3 8		巳

丁乙乙 / 丁亥 乙酉 乙巳

辛	庚	己	戊	丁	丙	乙	甲	癸	壬	辛	庚
亥	戌	酉	申	未	午	巳	辰	卯	寅	丑	子
태	양	생	욕	관	록	쇠	병	사	묘	절	

狗狼星 구랑성 巳方
산천대축
山川大畜
금전융자상 큰사업투자 원대한 꿈
山처럼쌓임 무리는 금물

三甲순	대장군방	조객방	삼살방	상문방	세파방	오늘생기	오늘상충	오늘원진	오늘상천	오늘상파	황도길흉	건제12신	九星	결혼주당	이사주당	안장주당	복단일	神殺	오늘神殺	오늘吉神	오늘흉신	육도환생처	인군가는곳	금일日辰
生甲	屋上土	卯正東方	卯正東方	亥西北方	未南西方	伐벌	巳 36	辰 미웅	申 중값	午 깨짐	현무흑도	張장	滿만	七赤	廚주	災재	손님		천후•복덕	여락•상일	팔룡•오허	옥도	헌겁전불	한방지옥	오레보살

불공 제의식 吉한 행사일

칠성기도	산신축원	용왕축원	조왕하강	나한기도	불공	천도재	신축	재수굿	용왕굿	조왕굿	병굿
◎	❌	◎	❌	❌	◎	◎	❌	◎	◎	◎	❌

吉凶 길흉 大小 일반 행사일

결혼	입택	투자	계약	등재	여행	합방	이사	합격	개업	신축	서류제출	제제출
❌	❌	단	❌	단	◎	❌	❌	◎	◎	◎	◎	◎

당일 레정법

巳時 온사람은 금전싸기 하문받기 이동 / **午時** 온사람은 방해자, 배신사, 의외상 / **未時** 온사람 허가 해결할 문제, 금전융자

申時 온사람은 의욕없는 자식문제, 사업문제 / **酉時** 온사람은 금전구재, 문서 사업계약 문제 / **戌時** 온사람은 건강문제, 관재구설 운이 단단히

필히 피해야 할일

새집들이 · 친목회 · 금전수금 · 창고수리 · 건축수리 · 동토 · 관정 우물파기 · 기둥세우기

백초귀장술의 오늘에 초사인

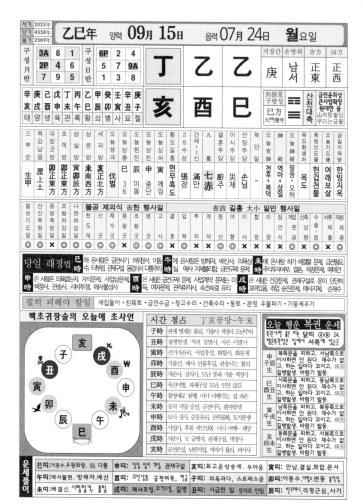

시간 점占	丁亥공망-午未
子時	관재 병제로 불길, 가출나 색상사 출행凶
丑時	질병발생, 적의 침범사, 자손 이별사
寅時	선거자유리, 사업흥성, 화합사, 화류게
卯時	가출건, 매사 선흥후길, 관송사는 불리
辰時	자손건 실직사, 취근 풍파 가출 색상사
巳時	육친무별, 파재구설 오늘 안전 끝김
午時	불성외로, 원행 이사 색맹사, 집 파손사
未時	공직 작업 승전, 금전손모, 환자발생
申時	모사 상사, 손윤자, 전화불화 토지분쟁
酉時	사업山 후원 귀안상봉, 이사 여행- 재상
戌時	자손사, 父 급병자, 관재구설, 색상사
亥時	금전손실 남편외업, 여자가 불리 과나사

오늘 행운 복권 운세

복권사면 좋은 띠는 ③ 24, 행운의 숫자는 집에서 서쪽에 있소

申子生	북쪽문을 피하고, 서남쪽으로 이사하면 안 된다. 재수가 있고 하는 일마다 꼬이고, 病든다 질병발생. 바람기 발동.
巳酉生	서북쪽문을 피하고, 동남쪽으로 이사하면 안 된다. 재수가 있고 하는 일마다 꼬이고, 病든다 질병발생. 바람기 발동.
寅午生	북쪽문을 피하고, 북북쪽으로 이사하면 안 된다. 재수가 있고 하는 일마다 꼬이고, 病든다 질병발생. 바람기 발동.
亥卯未生	동쪽문을 피하고, 서북쪽으로 이사하면 안 된다. 재수가 있고 하는 일마다 꼬이고, 病든다 질병발생. 바람기 발동.

운세풀이

巳띠	이동수,우왕좌왕, 弱, 다툼	申띠	잭정 빗난 꺼, 관재구설	亥띠	최고운상승세, 두마음	寅띠	만남,결실,화합,문서
午띠	매사불편, 방해자,배신	酉띠	귀인상봉, 금전이득, 현금	子띠	의욕과다, 스트레스큼	卯띠	이동수,이별수,변동 움직임
未띠	해결신, 시험합격, 풀림	戌띠	매사꼬임,과거고생, 질병	丑띠	시급한 일 뜻대로 안됨	辰띠	빈주머니, 걱정근심, 사기

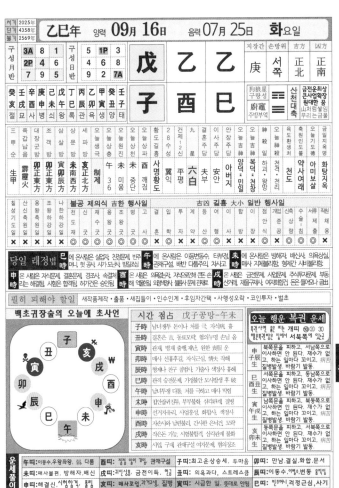

서기	2025년
단기	4358년
불기	2569년

乙巳年 양력 09月 16日 음력 07月 25日 화요일

구성월반			구성일반		
3A	8	1	5	1P	3
2P	4	6	4	6	8
7	9	5	9	2	7A

戊 乙 乙
子 酉 巳

지장간	손방위	吉方	凶方
庚	서쪽	正北	正南

癸	壬	辛	庚	己	戊	丁	丙	乙	甲	癸	壬
亥	戌	酉	申	未	午	巳	辰	卯	寅	丑	子
절	묘	사	병	쇠	왕	록	관	욕	생	양	태

狗狼星 구랑성
廁竈 주방부엌

산천대축 山川대축

금전운회상 은사업확장 원대한 꿈 무리를 말것

三甲순	육갑납음	대장군방	조객방	삼살방	상문방	세파방	오늘형충	오늘원진	오늘상천	오늘상파	황도길흉	건제12신	九星	결혼주당	이사주당	안장주당	오늘길신	神殺 오늘흉살	오늘태백살	오늘복단일	오늘吉神	육도환생처	빈부천별	오늘기도덕	금일지옥	금일부처
生甲	震霆火	卯正東方	卯正東方	寅卯辰方	亥南西方	亥正北方	午	未	未	未	사명황도	制	六白	未	부	아버지	천덕 · 월덕	혈기 · 천광	적격 · 처리	천도	약사여래	아미보살	탕탁보살		
							36	중단	깨집		평		안장												

칠성기도일	산신기도일	용왕축원일	조왕하강일	나한기도일	불공 제의식 吉한 행사일								吉凶 길흉 大小 일반 행사일												
					천도재	신굿	재수굿	용왕굿	조왕굿	병굿	고사	결혼	입주	투자	계약	여행	이사	합방	질병	점안	개업	신축	수술	서류제출	직원채용
×	×	×	×	×	◎	◎	◎	◎	◎	◎	◎	◎	◎	×	◎	◎	◎	◎	×	◎	◎	◎	×	×	×

당일 래정법

巳時 에 온사람은 살방사 친정문제 반주 / 午時 에 온사람은 이동변동수 타부정 未時 에 온사람은 방해자 배신사 의욕상실

申時 / 酉時 / 戌時 ...

필히 피해야 할일 새작품제작·출품·새집들이·인수인계·후임자선택·사행성오락·코인투자·벌초

백초귀장술의 오늘에 초사언

時간 점占 戊子공망–午未

子時	남녀쟁투 돈싸움 처를 극, 자식피움
丑時	결혼은 吉, 동묘모략, 형씨아녕 손님 金
寅時	관재, 병재 출행,재난,원한 喜喜 운
卯時	매사 선흥후곤, 자식극심, 情夫 작해
辰時	형제자 친구 참봉사 가출사 색정사 흉해
巳時	취업 승진문제, 가정불안 모사발생 후 吉
午時	남녀쟁투 다툼, 처를 극하고 매사 막힘
未時	남녀불화,부부불화 삼각관계 쟁점
申時	선거자리, 사업충실, 화합사, 색정사
酉時	자손녀와 남편불길 간부침 은녀건, 모략
戌時	작은돈 가능, 시험합격, 삼각관계 불화
亥時	사업, 구재 관재구설 여자문제, 혐의징조

오늘 행운 복권 운세
복권사면 좋은 때는 개띠 ⑩⑳ 30
행운복권방은 집에서 서북쪽에 있는곳

申子生	북쪽을 피하고, 서남쪽으로 이사하면 안 된다. 재수가 없고, 하는 일마다 꼬이고, 病苦 질병발생 바람기 발동.
巳酉丑生	서쪽을 피하고, 동남쪽으로 이사하면 안 된다. 재수가 없고, 하는 일마다 꼬이고, 病苦 질병발생 바람기 발동.
寅午戌生	남쪽을 피하고, 북동쪽으로 이사하면 안 된다. 재수가 없고, 하는 일마다 꼬이고, 病苦 질병발생 바람기 발동.
亥未生	동쪽을 피하고, 서북쪽으로 이사하면 안 된다. 재수가 없고, 하는 일마다 꼬이고, 病苦 질병발생 바람기 발동.

운세풀이

午띠	이동수,우왕좌왕,弱,다툼
未띠	매사불편, 방해자,배신
申띠	해결신,시험합격, 풀림
酉띠	점점 이어 개입 관재구설
戌띠	귀인상봉, 금전이득, 현금
亥띠	매사꼬임,과거고생, 질병
子띠	최고운상승세, 두마음
丑띠	의욕과다, 스트레스큼
寅띠	시급한 일, 뜻대로 안됨
卯띠	만남,결실,화합,문서
辰띠	이동수,이별수,변동 움직임
巳띠	빈주머니,걱정근심, 사기

- 275 -

9월

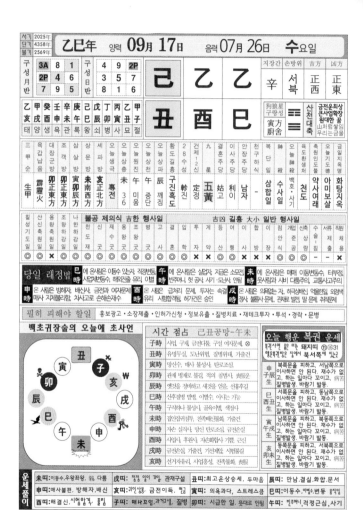

서기 2025년	乙巳年	양력 09月 17日	음력 07月 26日	수요일
단기 4358년				
불기 2569년				

구성 월반	3A	8	1	구성 일반	4	9	2P
	2P	4	6		3	5	7
	7	9	5		8	1	6

己 乙 乙
丑 酉 巳

지장간 辛 / 손방위 서북 / 吉方 正西 / 凶方 正東

乙 甲 癸 壬 辛 庚 己 戊 丁 丙 乙 甲
亥 戌 酉 申 未 午 巳 辰 卯 寅 丑 子
태 양 양 욕 관 록 왕 쇠 병 사 묘 절

狗狼星 구랑성
寅方 廚舍

산천대축
금전운최상 근사업왕장 원대한 꿈
山처럼쌓임 무리는큰길

당일 래정법
巳時: 巳에 온사람은 이동수 있는자 직장변동수
午時: 午에 온사람은 살방자 지금은 소전전
未時: 未에 온사람은 매매 이동변동수 터부정
申時: 申에 온사람은 방해자, 배신사, 금전과 여자문제
酉時: 酉에 온사람은 급부리 문제, 투자는 속결
戌時: 戌에 온사람은 하극상 백사불리

필히 피해야 할일 홍보광고·소장제출·인허가신청·정보유출·질병치료·재테크투자·투석·경락·문병

백초귀장술의 오늘에 초사언

시간 점占 己丑공망-午未

子時	사업 구재 금전이득, 구설 여자문제, ⊗
丑時	유명무실, 도난위험, 질병위태, 가출건
寅時	망신수, 매사 불성사, 탄로조심
卯時	색정事 발생, 불길, 적의 침범사, 費損운
辰時	옛것을 장비하고 새것을 얻음, 선음후길
巳時	산후질병 발병, 아낼수, 이사는 가능
午時	구직하나 불성사, 골육수別, 색정사
未時	잡신침투불길, 친족배신불화, 가출건
申時	자손 실직사, 망신 탄로손실, 금전손실
酉時	사업사, 후원사, 자손경사나 기쁨, 근심
戌時	금전손실, 가출건, 가산패라, 시험불길
亥時	선거자유리, 사업흥성, 친족불화, 색정사

오늘 행운 복권 운세
복권사면 좋은 띠 돼지띠 ⑪⑯31
행운복권방은 집에서 북서쪽에 있소

申子辰生	북쪽문을 피하고, 서남쪽으로 이사하면 안 된다. 재수가 없고, 하는 일마다 꼬인다, 病苦 질병발생. 바람기 발동.
巳酉丑生	서쪽문을 피하고, 동남쪽으로 이사하면 안 된다. 재수가 없고, 하는 일마다 꼬인다, 病苦 질병발생. 바람기 발동.
寅午戌生	남쪽문을 피하고, 북동쪽으로 이사하면 안 된다. 재수가 없고, 하는 일마다 꼬인다, 病苦 질병발생. 바람기 발동.
亥卯未生	동쪽문을 피하고, 서북쪽으로 이사하면 안 된다. 재수가 없고, 하는 일마다 꼬인다, 病苦 질병발생. 바람기 발동.

운세풀이
未띠:이동수,우왕좌왕, 弱, 다툼
申띠:매사불편, 방해자,배신
酉띠:해결신,시험합격, 풀림
戌띠:점진 이미 '과영', 관재구설
亥띠:귀인상봉, 금전이득, 현금
子띠: 매사꼬임,과거고생, 질병
丑띠:최고운상승세, 두마음
寅띠:의욕과다, 스트레스큼
卯띠:시급한 일, 뜻대로 안됨
辰띠:만남,결실,화합,문서
巳띠:이동수,이별수,변동 움직임
午띠:빈주머니,걱정근심, 사기

- 276 -

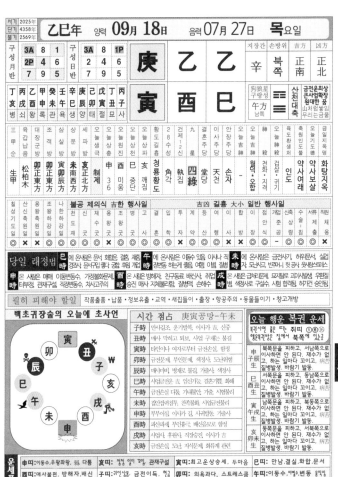

서기	2025년
단기	4358년
불기	2569년

乙巳年 양력 **09**月 **18**日 음력 **07**月 **27**日 **목**요일

구성월반	3A	8	1		구성일반	3A	8	1P
	2P	4	6			2	4	6
	7	9	5			7	9	5

庚 乙 乙
寅 酉 巳

| 丁亥 | 丙戌 | 乙酉 | 甲申 | 癸未 | 壬午 | 辛巳 | 庚辰 | 己卯 | 戊寅 | 丁丑 | 子 |
| 병 | 쇠 | 왕 | 록 | 관 | 욕 | 생 | 양 | 태 | 절 | 묘 | 사 |

| 지장간 | 손방위 | 吉方 | 凶方 |
| 辛 | 북쪽 | 正南 | 正北 |

狗狼星 구랑성 午方 남쪽

금전횡재상 큰사업확장 원대한 꿈 山처럼쌓일 무리는금물

三甲순 生甲 | 육갑납음 松柏木 | 대장군방 卯正東方 | 조객방 卯正東方 | 삼살방 寅卯辰方 | 상문방 未南方 | 세파방 亥正北方 | 오늘상충 制충 | 오늘원진 申 | 오늘상천 酉 | 오늘상파 巳 | 오늘상해 亥 | 황도흑도 청룡황도 | 건제12신 角각 | 28수성신 3 6 | 九星 四綠 | 결혼주당 堂당 | 이사주당 天천 | 안장주당 손사 | 오늘吉神 월덕·익 | 神殺 오늘神殺 | 오늘흉신 천화·지격 | 육도환생처 걸상·귀인 | 배인불 인도 | 오늘기도덕 약사여래 | 지옥 화탕지옥 | 금일지옥 약사보살

칠성기도일 ◎ | 산신기도일 × | 용왕축원일 × | 조왕축원일 ◎ | 나한기도강일 ◎ | 불공 제의식 吉한 행사일 신중기도 ◎ | 조왕 굿 × | 병굿 × | 신상 × | 약사 ◎ | 용왕 굿 × | 조왕 굿 × | 산신 굿 ◎ | 吉凶 길흉 大小 일반 행사일 개업 준공 ◎ | 신축 상량 - | 수술 침 ◎ | 서류제출 ◎ | 직원채용 ×

당일 래정법

巳時 에 온사람은 문서 화합은, 결혼, 재혼, 경조사 문상리공 구설 회합 개업

午時 에 온사람은 이동수 있음 이사나 직장변동 하는게 좋음 여행 이별 질병

未時 에 온사람은 금전사기, 허위문서, 실업 자 모난자, 반면나, 헛공사 웃음브러셔쓰

申時 온 사람은 매매 이동변동수, 가정불화문제, 터부정, 관재구설 승진 매사 지체불리

酉時 온 사람은 방해자, 친구동료 배신사, 주업 승진 매사 지체불리함, 잘맞춤 손해수

戌時 온 사람은 금전문제 묘지문제 고사사업문제 우환질병 색정사로 구설수, 차남 합격됨 하극 승진됨

필히 피해야 할일 작품출품·납품·정보유출·교역·새집들이·출장·항공주의·동물들이기·창고개방

백초귀장술의 오늘에 초사언

시간 점占	庚寅공망-午未
子時	만사길조, 운기발복, 이사가 吉 산중
丑時	매사 막히고 퇴보, 사업 구재는 불길
寅時	타인나나 여자로부터 금전손실, 함정
卯時	금전문제 부인문제 색정사, 도난위험
辰時	매사불리 병재로 불길 가출사 색정사
巳時	사업ष्त्र 흉 입산기도, 가출기쁨, 화해
午時	금전손실 대출, 가족불안 가출, 사업불리
未時	잡안잡귀침노, 친족불화, 사업금전불리
申時	부부이심 이사가 吉, 자손문제, 가출사
酉時	파산파재, 부인흉극, 배신도난으로 함정
戌時	사업소 후원사 직장승진, 이사가 吉
亥時	금전손실 도난 자식문제, 화류계 관련

오늘 행운 복권 운세

북쪽사람 좋은 띠는 쥐띠 ①⑥⑪ 행운복권방은 집에서 북쪽에 있소

申子辰生	북쪽을 피하고, 서남쪽으로 이사하면 안 된다. 재수가 없고, 하는 일마다 꼬이고, 질병발생 바람이 발동
巳酉丑生	서쪽을 피하고, 동남쪽으로 이사하면 안 된다. 재수가 없고, 하는 일마다 꼬이고, 病苦
寅午戌生	남쪽을 피하고, 북동쪽으로 이사하면 안 된다. 재수가 없고, 하는 일마다 꼬이고, 病苦
亥卯未生	동쪽을 피하고, 서북쪽으로 이사하면 안 된다. 재수가 없고, 하는 일마다 꼬이고, 질병발생 바람이 발동

9 월

운세풀이

申띠:이동수·우왕좌왕, 弱 다툼 | **亥띠:** 적정,의욕,꿈,관재구설 | **寅띠:**최고운 상승세, 두마음 | **巳띠:** 만남,결실,화합,문서
酉띠:매사불편, 방해자, 배신 | **子띠:**귀인상봉, 금전이득, 현금 | **卯띠:**의욕과다, 스트레스큼 | **午띠:**이동수,애塔사,변동 움직임
戌띠:해결신,시험합격, 풀림 | **丑띠:** 매사꼬임,과거고생, 질병 | **辰띠:** 시급한 일, 뜻대로 안됨 | **未띠:** 빈주머니,걱정근심, 사기

- 277 -

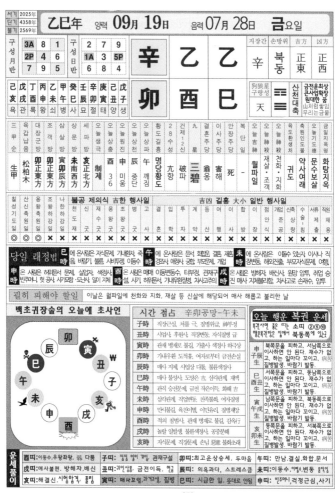

서기 2025年	단기 4358年	불기 2569年

乙巳年 양력 09月 19日 음력 07月 28日 금요일

구성月반		
3A	8	1
2P	4	6
7	9	5

구성日반		
2	7	9
1A	3	5P
6	8	4

時	日	月	年
辛	乙	乙	
卯	酉	巳	

지장간	손방위	吉方	凶方
辛	북동	正東	正西

己	戊	丁	丙	乙	甲	癸	壬	辛	庚	己	戊
亥	戌	酉	申	未	午	巳	辰	卯	寅	丑	子
욕	관	록	왕	쇠	병	사	묘	절	태	양	생

狗狼星 구랑성	괘	산천대축	
天	☶☰	산천대축	금전운최상 큰사업확장 원대한 꿈 山처럼쌓임 무리는금물

三甲순	육갑납음	대장군방	조객방	삼살방	상문방	세파방	오늘생극	오늘상충	오늘원진	오늘상천	오늘상파	황도길흉	28수성	건제12신	九星	결혼주당	이사주당	안장주당	복단일	오늘吉神	오늘神殺	오늘神殺	육도환생처	축원인도불	오늘기도德	금일지옥명
生甲	松柏木	卯正東方	卯正東方	寅卯辰方	未南西方	亥正北方	制제	酉 36	申 미움	辰 중단	午 깨짐	명당황도	亢항	破파	三碧	翁옹	害해	死	-	월파일	재살·조객	천화·지화	귀도	약사여래	문수보살	화탕지옥

칠성기도일	산신축원일	용왕축원일	조왕하강일	나한하강일	불공 제의식 吉한 행사일							吉凶 길흉 大小 일반 행사일														
					천도재	신굿	재수굿	용왕굿	조왕굿	병굿	고사	결혼	입학	투자	계약	등산	여행	이사	합방	이장	점안식	개업준공	신축상량	수술-침	서류제출	직원채용
◎	◎	◎	×	×	×	×	×	×	×	×	×	×	×	×	×	×	×	×	×	×	×	×	×	×	×	×

당일 래정법

- **巳時**에 온사람은 자식문제, 가내환자, 죽음 바람기, 불륜, 사비투쟁 이동수
- **午時**에 온사람은 문서, 회합운, 결혼, 재혼 경조사, 애정사, 궁합, 부모문제, 개업
- **未時**에 온사람은 이동수 있는자, 이사나 직장변동, 해외진출, 부모자식문제, 여행,
- **申時** 온 사람은 허위문서 문제, 실업자, 색정사, 빈주머니, 헛 공사, 사기모함 ·모난사, 일이 지체
- **酉時** 온 사람은 매매 이동변동수, 터부정, 관재구설 사기, 허위문서, 가내우환질병, 차사고주의
- **戌時** 온 사람은 방해자, 배신사, 원망 암투, 취업 승진 매사 지체불리함, 차사고로 손재수, 암투

필히 피해야 할일 이날은 월파일에 천화와 지화, 재살 등 신살에 해당되어 매사 해롭고 불리한 날

백초귀장술의 오늘에 초사언

시간 점占	辛卯공망-午未
子時	직장근심, 처를 극, 질병위급, 神부정
丑時	시업사, 후원사, 직장변동, 자식질병 급
寅時	관재 병재로 불길, 가출사 색정사 하극상
卯時	가내우환 도적흉, 여자로부터 금전손실
辰時	매사 지체, 사업상 다툼, 불륜색정사
巳時	매사 불성사, 도망은 吉, 삼각관계, 재액
午時	관직 승전문제, 금전 작은이득, 화해 吉
未時	삼각관계, 직업변동, 친족불화, 여자질병
申時	만사불길, 육친이별, 이만유리, 질병재앙
酉時	적의 침범사, 관재 병재로 불길, 감옥行
戌時	놀랄 일발생, 불륜색정사, 공중분해
亥時	자식문제, 직장문제, 손님 惡意 불화초래

오늘 행운 복권 운세

복권사면 좋은 띠는 **소띠** ②⑤⑩
행운복권방은 집에서 **북동쪽**에 있는곳

申子辰生	북쪽문을 피하고, 서남쪽으로 이사하면 안 된다. 재수가 없고, 하는 일마다 꼬이고, 病苦 질병발생. 바람기 발동.
巳酉丑生	서쪽문을 피하고, 동남쪽으로 이사하면 안 된다. 재수가 없고, 하는 일마다 꼬이고, 病苦 질병발생. 바람기 발동.
寅午戌生	남쪽문을 피하고, 북동쪽으로 이사하면 안 된다. 재수가 없고, 하는 일마다 꼬이고, 病苦 질병발생. 바람기 발동.
亥卯未生	동쪽문을 피하고, 서북쪽으로 이사하면 안 된다. 재수가 없고, 하는 일마다 꼬이고, 病苦 질병발생. 바람기 발동.

운세풀이

酉띠:이동수,우왕좌왕, 弱 다툼	子띠: 점점 일이 꼬임, 관재구설	卯띠:최고운상승세, 두마음	午띠: 만남,결실,화합,문서
戌띠:매사불편, 방해자,배신	丑띠:귀인상봉, 금전이득, 현금	辰띠: 의욕과다, 스트레스큼	未띠:이동수,이별수,변동 움직임
亥띠:해결신,시험합격, 풀림	寅띠: 매사꼬임,과거고생, 질병	巳띠: 시급한 일, 뜻대로 안됨	申띠: 빈주머니,걱정근심,사기

운세 달력 (2025년 09월 20일 토요일)

乙巳年 양력 **09月 20日** 음력 **07月 29日** 土요일

구성월반	3A	8	1
	2P	4	6
	7	9	5

구성일반	1	6	8A
	9	2	4
	5	7	3P

壬 乙 乙
辰 酉 巳

	지장간	손방위	吉方	凶方
	辛	無	正北	正南

辛亥 록	庚戌 관	己酉 욕	戊申 생	丁未 양	丙午 태	乙巳 절	甲辰 묘	癸卯 사	壬寅 병	辛丑 쇠	庚子 왕

狗狼星 구랑성 **天**

산천대축 山天대축

금전운희상 金사업확장 원대한 꿈 뿌리는못심

三甲순	육갑납음	대장군방	조객방	삼살방	상문방	세파방	오늘생극	오늘상충	오늘원진	오늘상천	오늘상파	황도길흉	건제2신	九星	결혼주당	이사주당	안장주당	대공망일	神殺	오늘吉神	神殺	오늘神殺	육도환생처	축도	천황·월파	오늘神殺	복단·병부	약사여래	지장보살	금일지옥	오늘기도덕	화탕지옥
生甲	長流水	卯正東方	卯正東方	寅卯辰方	未南西方	戌正北方	戌 미움	亥 중단	卯 깨짐	천형흑도	危 위	二黑	第剋	殺자	여자	대공망일		육합·명이		천형·월파	축도	약사여래	지장보살			

칠성기도일	산신축원일	용왕축원일	조왕하강일	나한기도일	천도재	신중기도	재수굿	용왕굿	조왕굿	병굿	고사	결혼	입주	계약	등산	여행	이장	점안식	개업준공	신축상량	수혈	서류제출	직원채용
불공 제의식 吉한 행사일											**吉凶 길흉 大小 일반 행사일**												
×	×	×	×	×	◎	◎	◎	◎	×	×	×	◎	×	×	×	◎	×	◎	◎	×	×	×	×

당일 래정법
巳時에 온사람은 의욕과다, 뭐가 하고싶어 午時에 온사람은 금전문제로 골치 아픔, 未時에 온사람은 문서 남녀화합리, 결혼, 재혼, 경조사 문서뭔 궁합 연애 부모님 묘지
申時에 온사람은 이동수 있는자 이사나 직장변동, 酉時에 온사람은 허위투서, 금전손재수, 자식문제, 戌時에 온사람은 이동변동수, 타부정, 관재구설 관송사, 여행, 취업불가능, 질병

꼭히 피해야 할일 농기구 다루기·물놀이·벌목·사냥·수렵·승선·낚시·어로작업·요트타기·위험놀이기구

백초귀장술의 오늘에 초사언

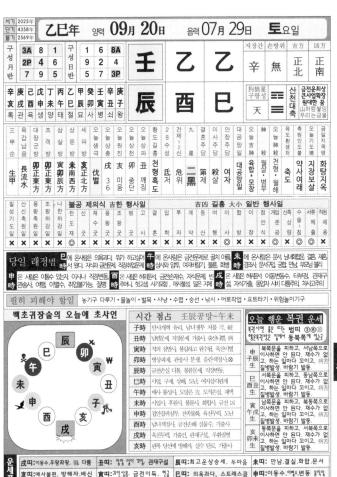

시간 점占	壬辰공망-午未
子時	만사개혁 유리, 남녀쟁투 처들 극, 破
丑時	남편문제 직장문제 가출사 출산 난산, 病
寅時	적의 참변사 불길하고 원수됨, 육친 이별
卯時	병상파재 관송사 분쟁 음란색정사⊗
辰時	금전손실 다툼, 불륜문제, 직장변동
巳時	사업, 구재, 상해, 도난, 여자삼각관계
午時	매사 불성사 도망은 吉, 도적손실, 재액
未時	사업사, 후원사 불성사, 화합사, 금전 凶
申時	잘난금전직불, 관직불 유천목적 도난
酉時	남녀색정사, 금전손재 실물수, 가출사
戌時	육친무덕 가출건, 관재구설, 우환질병
亥時	관록 당선에 방해자, 실수 탄로, 가출사

오늘 행운 복권 운세

복권사면 좋은 띠는 범띠 ③⑧⑱
행운복권방은 집에서 **동북쪽**이 좋다

申子辰生	북쪽문을 피하고, 서남쪽으로 이사하면 안 된다. 재수가 없으고, 하는 일마다 꼬이고, 病苦 질병발생. 바람기 발동.
巳酉丑生	서쪽문을 피하고, 동남쪽으로 이사하면 안 된다. 재수가 없으고, 하는 일마다 꼬이고, 病苦 질병발생. 바람기 발동.
寅午戌生	남쪽문을 피하고, 북쪽으로 이사하면 안 된다. 재수가 없으고, 하는 일마다 꼬이고, 病苦 질병발생. 바람기 발동.
亥卯未生	동쪽문을 피하고, 서북쪽으로 이사하면 안 된다. 재수가 없으고, 하는 일마다 꼬이고, 病苦 질병발생. 바람기 발동.

9월

운세풀이	
戌띠: 이동수,우왕좌왕, 弱, 다툼	표띠: 점점 이여 끗남, 관재구설
亥띠: 매사불편, 방해자,배신	寅띠: 귀인상봉, 금전이득, 현금
子띠: 해결신,시험합격, 풀림	卯띠: 매사꼬임,과거고생, 질병
辰띠: 최고운상승세, 두마음	未띠: 만남,결실,화합,문서
巳띠: 의욕과다, 스트레스큼	申띠: 이동수,이별수,변동 움직임
午띠: 시급한 일, 뜻대로 안됨	酉띠: 빈주머니, 걱정근심, 사기

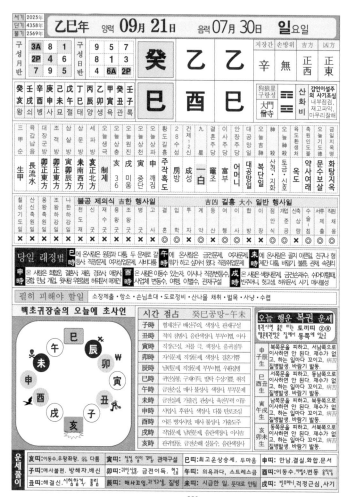

서기 2025年	乙巳年	양력 09月 21日	음력 07月 30日	일요일
단기 4358年				
불기 2569年				

구성월반	3A	8	1	구성일반	9	5	7
	2P	4	6		8	1	3
	7	9	5		4	6A	2P

癸 乙 乙
巳 酉 巳

辛 無 正西 正東

지장간 손방위 吉方 凶方

| 癸亥 | 壬戌 | 辛酉 | 庚申 | 己未 | 戊午 | 丁巳 | 丙辰 | 乙卯 | 甲寅 | 癸丑 | 壬子 |
| 왕 | 쇠 | 병 | 사 | 묘 | 절 | 태 | 양 | 생 | 욕 | 관 | 록 |

狗狼星
구랑성
大門
僧寺

산화비

감언이설주의 사기조심
내부절점식, 재고파악, 미두리잘됨

불필요한 行事일

三甲순	육갑납음	대장군방	조객방	삼살방	상문방	세파방	오늘상충	오늘원진	오늘상천	오늘상파	황도길흉	건제12신	九星	결혼주당	이사주당	안장주당	대공망일	神殺	오늘神殺	축일천간	오늘吉神	오늘神살	복단일	토폭·천격	오늘吉神	약사여래	문수보살	화엄보살
生甲	長流水	卯正東方	寅正東方	寅未南方辰方	亥正北方	亥	戌	寅	申	巳	房방	成성	一白	竈조	富부	어머니	富貴망일										
						制제	36	미움	중단	깨짐																		

칠성기도일	산신축원일	용왕축원일	조왕하강일	나한기도일	불공 제의식 吉한 行事일				吉凶 길흉 大小 일반 행사일															
×	×	×	×	×	천의 수	재수 굿	용왕 굿	조왕 굿	병굿	고사	결혼	투자	계약	여행	이사	합방	상장	제출	개업 준공	신축 상량	수술	서류 제출	소송
					◎	◎	×	×	×	×	○	◎	◎	◎	×	◎	○	○	○	○	○	○	×

당일 래정법
巳에 온사람은 원없다 다툼 두 문제로 갈 午에 온사람은 금전문제, 여자문제, 未에 온사람은 골치 아픈일, 친구나 형 時등사 직장문제, 여자상업문제, 새다툼 제가 하고 싶어서 왔다 직장변업문제 時제때문에 다툼, 바람기, 불륜, 관재, 속궁합
申時 온사람은 화합은 결혼사 재슈 경조사 애정사 궁합 酉에 온사람은 이동수 있는자 이사나 직장변동 戌에 온사람은 색정문제, 금전손재수, 쉬어 이별문제 궁합 만남 개업, 하청, 변동수 有 해주면좋음 매매건 時사업체 변동수, 여행, 이별수, 관재구설 時빈주머니, 헛고생, 하루일도 사기 매사불성

필히 피해야 할일
소장제출·항소·손님초대·도로정비·산나물 채취·벌목·사냥·수렵

백초귀장술의 오늘에 초사안

	시간 점占	癸巳공망-午未	오늘 행운 복권 운세
子時	형제찬구 배산false이, 색정사, 관재구설		
丑時	적의 참화, 음란색정사, 부부이별, 이사	
寅時	직장전직, 처를 극, 색정사, 융과심투	
卯時	자식문제, 직장문제, 색정사, 결혼기쁨	
辰時	남편문제, 직장문제, 부부아별, 우환질병	
巳時	관공상업, 구재이득, 발탁 수상기쁨, 취직	
午時	금전순실, 매사 불성사, 색정사, 부부문제	
未時	금전실패, 가출건, 관송사, 육친무력 이동	
申時	사업사 후원사, 색정사, 다툼 탄로조심	
酉時	어른 병자나진, 매사 불성사, 가출도주	
戌時	작업문제, 남편문제, 음란색정사, 아녀음	
亥時	관귀발동, 금전손해 실물수, 음란색정사	

亥띠:이동수,우왕좌왕, 弱, 다툼
子띠:매사불편, 방해자,배신
丑띠:해결신,시험합격, 풀림

巳띠:최고운상승세, 두마음
午띠:의외주과, 스트레스급
未띠:시급한 일, 뜻대로 안됨

申띠:만남,결실,화합,문서
酉띠:이동수,애인,변동 움직임
戌띠:빈주머니,걱정근심, 사기

운세풀이

| 乙巳年 | 양력 **09월 22일** | 음력 08월 01일 | **월**요일 | 초하루 |

甲　乙　乙

午　酉　巳

| 지장간 | 손방위 | 吉方 | 凶方 |
| 辛 | 동쪽 | 正南 | 正北 |

狗狼星 구랑성
戌亥
方

산화비

감언이설주의 사기조심
내부점검,
재고파악,
마무리잘해

구성월반
3A	8	1
2P	4	6
7	9	5

구성日반
8	4A	6
7	9	2
3P	5	1

| 乙亥 | 甲戌 | 癸酉 | 壬申 | 庚午 | 己巳 | 戊辰 | 丁卯 | 丙寅 | 甲 |
| 생 | 양 | 태 | 절 | 묘 | 사 | 쇠 | 왕 | 록 | 관욕 |

| 三九순 | 대공망방 | 대장군방 | 삼객방 | 삼살방 | 상문방 | 세파방 | 오늘생극 | 오늘상충 | 오늘원진 | 오늘상천 | 오늘상파 | 오늘형성 | 황도길흉 | 2 8 수성 | 건제12신 | 九星 | 결혼주당 | 이사주당 | 안장주당 | 대공망일 | 神殺 | 육도환생처 | 축원인도불 | 오늘기도덕 | 금일지옥 |
| 死甲 | 砂中金 | 卯正東方 | 卯正東方 | 寅東北方 | 未南西方 | 亥正北方 | 寶玉 | 丑 | 丑미움 | 卯깨짐 | 금궤황도 | 心심 | 收수 | 九紫 | 婦부 | 天천 | 어머니 | 대공망일 | 월덕·복생 | 구감·대패 | 전각·복덕 | 불도 | 관세음보살 | 약사보살 | 좌마지옥 |

불공 제의식 吉한 행사일　　　**吉凶 길흉 大小 일반 행사일**

| 천도재 | 신축 기도일 | 재수 굿 | 용왕 굿 | 조왕 굿 | 나한 기도일 | 불공 제의식 | 산신 축원일 | 칠성 기도일 | | 병 굿 | 고사 | 결혼 | 입학 | 등 여 | 여행 | 이 사 | 합 방 | 점 안 식 | 개업 준공 | 신축 상량 | 수 술 | 서류 제출 | 직원 채용 |
| ◎ | ◎ | ◎ | ◎ | ◎ | ◎ | ◎ | ◎ | | ◎ | ◎ | ◎ | ◎ | ◎ | ◎ | ◎ | ◎ | ◎ | ◎ | ◎ | ◎ | ◎ | ◎ |

당일 래정법
- **巳時** 에 온사람은 건강관계, 재수가 없고 운이 단단히 꼬여있음, 동업파탄 손재수
- **午時** 에 온사람은 의욕과잉 두문제로 갈등 갖고싶은 욕구, 직장문제, 상업문제
- **未時** 에 온사람은 의욕하나 뭐가 하고싶어서 왔다 직장생사리곱첩 사무문제

- **申時** 온 사람은 끝이 아픔, 친구나 형제동업 죽음, 배우자람입기 불륜, 관재구설 속 정매매업
- **酉時** 온 사람은 문서화합 화해건 결혼, 경조사 관심사, 여행 업件 개업 자 아픔 하극상 배신 경쟁사로 믈림
- **戌時** 온 사람은 이동수 있는자 가출 이사나 직장변동 점포 변동수, 투자문서는 위험 야반수

필히 피해야 할일　신상축고 · 제품제작 · 친구왕래 · 문 만들기 · 벌초 · 씨뿌리기 · 조선 배 제조 · 승선 · 바다낚시

백초귀장술의 오늘에 초사언

| 시간 점占 甲午공망-辰巳 |
子時	자식 질병재앙, 처를 극, 방심 도난
丑時	처의 문서애, 우환질병, 동료배신, 후퇴
寅時	선거자유리, 직장 명예사, 질병재앙
卯時	매사불리 질병재앙 수술 처를 극 가출
辰時	사업 금전진때, 도난 여자 색정삼각관계
巳時	잡귀침범, 전투불화 삼각관계 불리
午時	관재 병재로 불길, 가출人 색정사 하극상
未時	화합사 금전문제 서 문제 이동 여행吉
申時	매사 불성사, 우환질병 음란 색정사
酉時	금전융통 병원 남녀문제 우환질병재앙
戌時	가출건, 금방적발生, 색정사 발생 ⊗
亥時	파제 상해 도난 사업문제 질병재앙

오늘 행운 복권 운세

| 복권사면 좋은 띠는 **용띠** ⑤⑩② |
| 행운복권방은 집에서 **동남쪽** |

子辰生	북쪽문을 피하고. 서남쪽으로 이사하면 안 된다. 재수가 없고 하는 일마다 꼬이고, 病苦 질병발생. 바람기 발동.
酉丑生	서쪽문을 피하고. 동남쪽으로 이사하면 안 된다. 재수가 없고 하는 일마다 꼬이고, 病苦 질병발생. 바람기 발동.
寅午戌生	남쪽문을 피하고. 북동쪽으로 이사하면 안 된다. 재수가 없고 하는 일마다 꼬이고, 病苦 질병발생. 바람기 발동.
亥卯未生	동쪽문을 피하고. 서북쪽으로 이사하면 안 된다. 재수가 없고 하는 일마다 꼬이고, 病苦 질병발생. 바람기 발동.

운세풀이

- **子띠**:이동수,우왕좌왕, 弱함, 다툼
- **卯띠**: 청춘 이귀 끝맴 관재구설
- **午띠**:최고운상승세, 두마음
- **酉띠**: 만남,결실,화합,문서
- **丑띠**:매사불편, 방해자,배신
- **辰띠**:귀인상봉, 금전이득, 현금
- **未띠**:의욕과다, 스트레스큼
- **戌띠**:이동수,애사,변동 움직임
- **寅띠**:해결신,시험합격, 풀림
- **巳띠**: 매사꼬임,과거고생, 질병
- **申띠**:시급한 일, 뜻대로 안됨
- **亥띠**:빈주머니,걱정근심, 사기

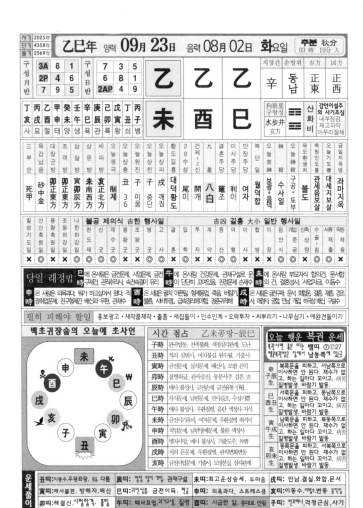

서기 2025年
단기 4358年
불기 2569年

乙巳年 양력 09月 23日 음력 08月 02日 화요일 추분 秋分 03時 19分 入

구성월반				구성일반		
3A	8	1		7	3	5
2P	4	6		6	8	1
9	5			2AP	4	9

지장간	손방위	吉方	凶方
辛	동남	正東	正西

乙 乙 乙
未 酉 巳

狗狼星 구랑성
水步井
亥方

山화비

강언이설주
의 사기조심
내부검검.
재고라무.
마무리질해

丁亥사 丙戌묘 乙酉절 甲申태 癸未양 壬午생 辛巳욕 庚辰관 己卯록 戊寅왕 丁丑쇠 丙子병

삼갑순	육갑납음	대장군방	조객방	삼살방	상문방	세파방	오늘상극	오늘상충	오늘원진	오늘상천	황도흑도	28수성	건제12신	九星	결혼주당	혼인주당	이안주당	복단일	神殺	오늘神殺	오늘吉神	육도환생처	오늘기도발원	금일지옥
死甲	砂中金	卯正東方	卯正東方	寅未南西方	亥正北方	亥正北方	制制	丑	子	戌	황도황진	尾미	開개	八白	竈조	利이	여자	월덕합	보광·음명	수사일	구공·토부	불도	관세음보살	좌마지옥

칠성기도일 ×
산신기도일 ×
용왕기도일 ×
조왕기도일 ×
나한기도일 ×

불공 제의식 古한 행사일

천신 ×
재신 ×
수한 ×
용왕 ×
조왕 ×

병굿 ×
고사 ×

입택 ×
입학 ×

이장 ×
안장 ×

吉凶 길흉 大小 일반 행사일

계약 ×
등행 ×
여행 ×
기복 ×

개업 ×
준공 ×

신축 ×
상량 ×

서류제출 ×
제재 ×

직원 채용 ×

당일 래정법

巳에 온사람은 금전문제, 사업문제, 금전 午에 온사람 건강문제, 관재구설로 운 未에 온사람 부모자식 합의건, 문서합
時 구재건, 관재구설 속전속결이 유리 時 이 단단히 꼬여있음. 직장문제 손재수 時 의 건, 결혼성사, 사업자금, 이동수

申 온 사람은 의외다. 무기 하고있는자 왔다 직 酉 온 사람은 공직 이끈일 형제동업 죽음 바람기 戌 온 사람은 금전개설 문서 합격건 결혼 재혼 경조
時 장위업문제 친구형제간 배신자 이별 우환 관재수 時 사 샤비득생. 동생 샤비득생 時 사 애정사 궁합 만남 개업 하람상배신 구설수

필히 피해야 할일

홍보광고 · 새작품제작 · 출품 · 색집들이 · 인수인계 · 오락투자 · 씨뿌리기 · 나무심기 · 애완견들이기

백초귀장술의 오늘에 초사인

	시간 점占 乙未공망-辰巳
子時	관재발동, 진퇴불안, 색정삼각분제, 도난
丑時	적의 참방사, 여자불길 완수형, 가출사
寅時	금전문제 실직문제 배신사 모함 은익
卯時	잘병위급, 관직승진, 동분서주 결혼 吉
辰時	금전문제, 금전융통 무역사
巳時	자식문제 남편문제 만나집조, 수상기쁨
午時	매사 불성사, 우환질병, 음란 색정사 자식
未時	금전사귀라, 여자문제 우환질병 쇠락미
申時	금전문제 색정사 불화합사 불륜 색장사
酉時	병자사명, 매사 불성사, 가출도주, 재난
戌時	처의 도문제, 우환질병, 관직변화변동
亥時	금전문제 가출사 도망분실 심리문제

오늘 행운 복권 운세

행운권 좋은 뱀띠 ⑦⑰27
행운복권방위 집에서 남동쪽에 있는곳

申辰生 복권문은 북동쪽, 서남쪽으로 이사하면 안 된다. 재수가 있고, 하는 일마다 꼬이고, 病苦
巳酉丑生 서북문을 피하고, 동남쪽으로 이사하면 안 된다. 하는 일마다 꼬이고, 病苦
寅午戌生 남쪽문을 피하고, 서북쪽으로 이사하면 안 된다. 재수가 없고, 질병발생. 바람기 발동.
亥卯未生 북쪽문을 피하고, 동남쪽으로 이사하면 안 된다. 재수가 없고, 질병발생. 바람기 발동.

운세풀이

丑띠:이동수,우왕좌왕, 弱 다툼
寅띠:매사불편, 방해자,배신
卯띠:해결신,시험합격, 풀림
辰띠:적정 이미 '끼어 있음',관재구설
巳띠:귀인상봉,금전이득, 현금
午띠:매사꼬임,과거고생, 질병
未띠:최고운상승세, 두마음
申띠:의욕과다, 스트레스큼
酉띠:시급한 일, 풍파로 안됨
戌띠:만남,결실,화합,문서
亥띠:이동수,에,칼,변동 움직임
子띠:빈주머니,걱정근심,사기

- 282 -

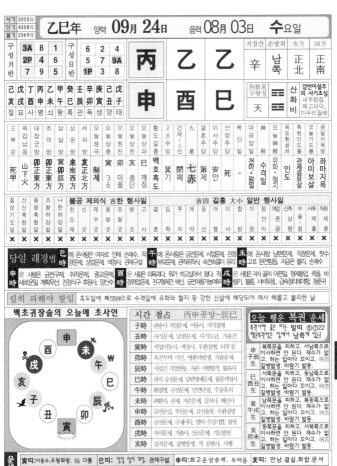

서기	2025년
단기	4358년
불기	2569년

乙巳年 양력 09月 24日 음력 08月 03日 수요일

구성 월반	3A	8	1
	2P	4	6
	7	9	5

구성 일반	6	2	4
	5	7	9A
	1P	3	8

丙 乙 乙
申 酉 巳

지장간	손방위	吉方	凶方
辛	남쪽	正北	正南

己	戊	丁	丙	乙	甲	癸	壬	辛	庚	己	戊
亥	戌	酉	申	未	午	巳	辰	卯	寅	丑	子
절	묘	사	병	쇠	왕	록	관	욕	생	양	태

狗狼星 구랑성	산화비	감언이설조 사기조심 내부점검 재고파악 마무리잘해
天		

三甲순	육갑납음	대장군방	조객방	삼살방	상문방	세파방	오늘행충	오늘원진	오늘상천	오늘상파	황도길흉	건제12신	九星	결혼주당	이사주당	안장주당	복단일	神殺	오늘神殺	육도환생처	축원인도불	오늘기도덕	금일지옥
死甲	山下火	卯正東方	寅正東方	東南方	亥正西方	辰正北方	寅	卯	亥	申	백호 흑도	閉 폐	七赤	第제	安안	死	-	천구·월형	수격일	인도	관세음보살	아미타불	좌마지옥

| | | | | | | | | 3 6 | 미움 | 중단 | | | | | | | | | | | |

칠성기도일	산신축원일	용왕축원일	조왕하강일	나한하강일	불공 제의식 吉한 행사일								吉凶 길흉 大小 일반 행사일								
					천도재	신중기도	재수굿	용왕굿	조왕굿	병굿	고사	결혼	입택	투자	계약	등록	여행	이장	点 이장	개업 준공	신축 상량	수술 침	서류 제출	직원 채용
×	×	×	×	×	×	×	×	×	×	×	×	×	×	×	×	×	×	×	×	×	×	×	×

당일 래정법

巳時에 온사람은 여자로 인해 손재수 직**午時**에 온사람은 금전문제 사업문제 친정에 未時에 온사람은 남편문제, 직장문제, 첫사장문제, 상업문제, 색정사 관재구설부모문제 관재유치사, 속전속결이 유리고로 완벽함. 지금은 불리 손재수

申時에 온사람은 금전문제, 취직문제, 종교문제, 새로운일 계획 관청 일 추진사 후원사 망신수 時 장사로 인해 금전손재 배신 금전압류 기능손실 애정사 궁합 만남 개업 하극상 배신 여자문제 사기 辰時에 온사람 직장문제 상업문제 관재구설 사비투서 화합사 함정 매매 이득사

필히 피해야 할일

흑도일에 폐閉神으로 수격일에 유화와 혈지 등 강한 신살에 해당되어 매사 해롭고 불리된 날

백초귀장술의 오늘에 초사언

시간 점占 丙申공망-辰巳

子時	관송사 직업문제 이동사 자식질병
丑時	자식문제, 남편문제, 사기도난, 가출건
寅時	작업이동사, 색정사, 우환질병, 타부정
卯時	윤전무력 이민 병환파별병 가출문제
辰時	사업건 작업변동, 자손 사업합격 불리사
巳時	관리 승진문제, 남편방해문제, 불륜색정사
午時	환자병 금전문제 연애난방 수술유의
未時	病環자, 관재 자손문제 실직사, 배신사
申時	금전손실 자식문제 금전융통, 우환질병
酉時	남편문제 구재이득, 발탁 수상기쁨, 함정
戌時	자식문제 가출사, 산소문제 기도대원
亥時	실직문제, 질병발생 적 침범사, 서행

오늘 행운 복권 운세

복권사면 좋은 띠는 말띠 ⑤⑦22
행운복권방은 집에서 남쪽方 에 있음

申子辰生	복팡쪽을 피하고, 서남쪽으로 이사하면 안 된다. 재수가 없고, 하는 일마다 꼬이고, 病苦 질병발생. 바람기 발동.
巳酉丑生	서북쪽을 피하고, 동남쪽으로 이사하면 안 된다. 재수가 없고, 하는 일마다 꼬이고, 病苦 질병발생. 바람기 발동.
寅午戌生	남쪽을 피하고, 북동쪽으로 이사하면 안 된다. 재수가 없고, 하는 일마다 꼬이고, 病苦 질병발생. 바람기 발동.
亥卯未生	동쪽을 피하고, 서북쪽으로 이사하면 안 된다. 재수가 없고, 하는 일마다 꼬이고, 病苦 질병발생. 바람기 발동.

운세풀이

寅띠	이동수,우왕좌왕, 弱 다툼	巳띠	정정 이익 깨밌 관재구설	申띠	최고운상승세, 두마음	亥띠	만남,결실,화합,문서
卯띠	매사불편, 방해자,배신	午띠	귀인상봉 금전이득, 현금	酉띠	의욕과다, 스트레스큼	子띠	이동수,이별수,변동 움직임
辰띠	해결신,시험합격, 풀림	未띠	매사꼬임,과거고생, 질병	戌띠	시급한 일, 뜻대로 안됨	丑띠	빈주머니, 걱정근심, 사기

9월

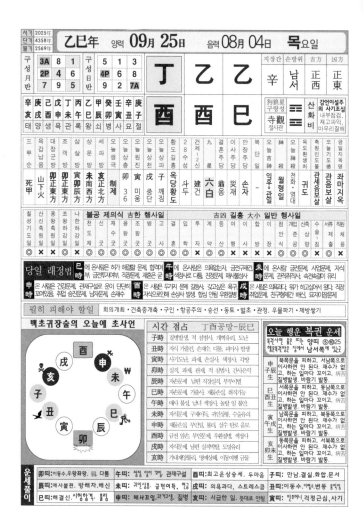

서기 2025년			
단기 4358년	乙巳年	양력 09月 26日	음력 08月 05日	金요일
불기 2569년			

구성월반
3A	8	1
2P	4	6
7	9	5

구성일반
4P	9	2
3	5	7
8	1	6

戊 乙 乙
戊 酉 巳

辛 酉 巳

지장간	손방위	吉方	凶方
辛	서쪽	正南	正北

狗狼星 구랑성
州縣church塲廟庙

산화비

감언이설조의 사기조심
내부험담,
재고파악,
마무리잘해

癸	壬	辛	庚	己	戊	丁	丙	乙	甲	癸	壬
亥	戌	酉	申	未	午	巳	辰	卯	寅	丑	子
절	묘	사	병	쇠	왕	관	욕	생	양	태	

三甲旬	육갑납음	대장군방	조객방	삼살방	상문방	세파방	오늘생극	오늘상충	오늘원진	황도흑도	건제12신	九星	결혼주당	이사주당	안장주당	神殺	神殺	오늘神殺	육도환생처	오늘길흉	월애·택기	관세음보살
死甲	平地木	卯正東方	卯正東方	未南西方	未南西方	亥正北方	專전	辰 36	巳 미움	酉 중단	天뇌흑	除제	五黃	堂당	師사	남자	모창수·수일	동화·팔괘	월애·택기	축도	좌지옥

칠성기도일	산신기도일	용왕기도일	조왕기도일	나한기도일	불공 제의식 吉한 행사일					吉凶 길흉 大小 일반 행사일											
					천도재	신중기도	재수굿	용왕굿	조왕굿	병굿	결혼	입주	투자	계약	등기	이사	여행	점안	개업	신축	수 서류 직원
준상 제채
공 량 출출
◎	×	×	×	×	×	×	×	×	×	×	×	×	×	×	×	◎	◎	×	×	×	× × ◎ ◎

당일 래정법
巳時 온사람은 직장취업 방해사, 배신사, 매사 자체분란, 색정사 환란
午時 온사람은 하가 해결할 문제, 합격 여부, 금전구재여부, 직장문제, 재혼
未時 온사람은 관재구설로 손해, 금전구재, 색정사 얽힌 일 매사불성사
申時 온사람은 금전문제, 사업문제, 자식의 사업문제 자출, 자동차재편, 속속속결
酉時 온사람은 건강문제, 관재, 구재할라 두기 문제 갈등사, 취업 승진문제, 자식문제, 손재, 갈고싶은 욕구 강함, 새로운 일시작, 우환질병

필히 피해야 할일
주식투자·사행성코인사입·명품구입·교역·재물출납·재고관리·태아인공수정·창고수리

백초귀장술의 오늘에 초사언

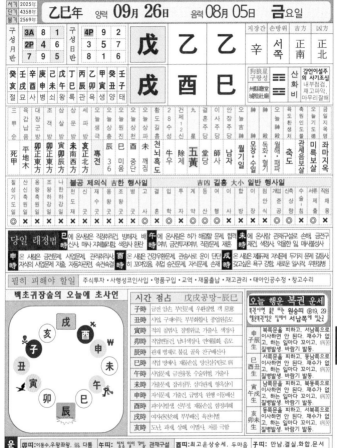

시간 점占   戊戌공망-辰巳

子時	금전 암손, 부인문제, 우환질병, 객 愿愿
丑時	사업, 구재가득 부부화합사, 종업원음모
寅時	적의 침범사, 질병위급, 가출사, 색정사
卯時	질병반으드, 남녀색정사, 연애불화사
辰時	관재 병재로 불길, 골육 친구배신사
巳時	직업 명예사, 재물손실, 망신살수도 病
午時	사업문제, 금전융통, 수술위험, 가출사
未時	가출문제, 잡귀침투, 삼각관계, 형옥살이
申時	사업문제, 구재이득, 금전위, 원행 이동면살
酉時	과아발탁 산부정, 재물손실 함정뇌매
戌時	여자화련손해, 부부배신, 육친무별
亥時	도난, 파재, 상해, 이별사, 처를 극함

오늘 행운 복권 운세
복권사면 좋은 띠는 원숭띠 ⑨19, 29
행운복권방은 집에서 서남쪽

申子辰生	복회문을 피하고, 서북쪽으로 이사하면 안 된다. 재수가 없고 하는 일마다 꼬이고, 病苦 질병발생. 바람기 발동.
巳酉丑生	서쪽문을 피하고, 동남쪽으로 이사하면 안 된다. 재수가 없고 하는 일마다 꼬이고, 病苦 질병발생. 바람기 발동.
寅午戌生	남쪽문을 피하고, 북쪽으로 이사하면 안 된다. 재수가 없고 하는 일마다 꼬이고, 病苦 질병발생. 바람기 발동.
亥卯未生	동쪽문을 피하고, 서쪽으로 이사하면 안 된다. 재수가 없고 하는 일마다 꼬이고, 病苦 질병발생. 바람기 발동.

9月

운세풀이
卯띠: 이동수,우왕좌왕, 弱함, 다툼	午띠: 점점 일이 꼬임, 관재구설	酉띠: 최고운상승세, 두마음	子띠: 만남,결실,화합,문서
辰띠: 매사불편, 방해자,배신	未띠: 귀인상봉, 금전이득, 현금	戌띠: 의욕과다, 스트레스큼	丑띠: 이동수,이별수,변동 움직임
巳띠: 해결신, 시험합격, 풀림	申띠: 매사꼬임,과거고생, 질병	亥띠: 시급한 일, 뜻대로 안됨	寅띠: 빈주머니,걱정근심, 사기

- 285 -

서기 2025年							
단기 4358年	乙巳年	양력 09月 27日	음력 08月 06日	土요일			
불기 2569年							

구성월반			구성일반			己	乙	乙	지장간	손방위	吉方	凶方
3A	8	1	**3AP**	8	1				辛	서북	正東	正西
2P	4	6		4	6	亥	酉	巳				
7	9	5		2	9 5							

乙	甲	癸	壬	辛	庚	己	戊	丁	丙	乙	甲
亥	戌	酉	申	未	午	巳	辰	卯	寅	丑	子
태	양	욕	생	관	록	왕	쇠	병	사	묘	절

狗狼星 구랑성
寺觀 절사관

風地觀 풍지관

관망 관조 정신수양 종교심취 제사고사애 위가 吉

건제12신 九星 결흉 이안 안장 今日神殺 오늘 吉神 오늘 神殺 축 인오술생 지기도명

死甲 平地木 卯正東方 卯正東方 亥南西方 制除 巳 辰 36 寅 현무흑도 女여 滿만 四綠 姑고 富부 아버지 천루·삼형 역마일 대살·오허 옥도 관재음보살 여래보살 좌마지옥 지장보살

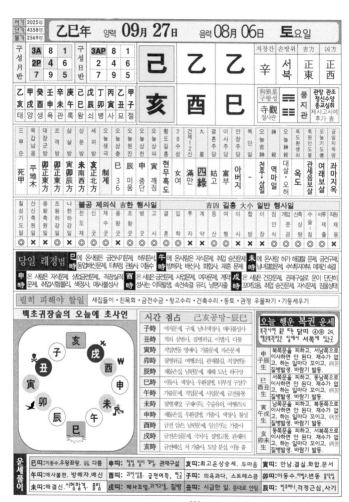

子時	여자문제 구재 남녀색창사 매사불성사
丑時	적의 잠범사 질병9급 이별사 다툼
寅時	작업반동 명예사 가출문제 자손문제
卯時	잘병위급 여행조심 관재환급 직장변동
辰時	재물손실 남편문제 재해 도난 하극상
巳時	이동사 색장사 우환질병 타부정 구설사
午時	가출문제 작업문제 사업문제 금전융통
未時	잘병문제 구직위득 수술유어 여행8급
申時	재물조심 우환질병 가출사 색장사 불성
酉時	근친 암즉 남편문제 임신가능 가출사
戌時	금전손실문제 극차사 잘병고통 관재해
亥時	금전해신 처 가출사 도망 분실 유흥 흉

당일 래정법 巳에 온사람은 금전사구재 하위문서 午에 온사람은 자손문제 취업 승진문제 未에 온사람 허가 해결될 문제 금전구재

오늘 행운 복권 운세

오늘 사람은 자손문제 상업문제 후원사 직장실직 酉에 온사람 이동수 여자문제 계약사 戌에 온사람은 건강문제 금전손재수 운이 단절이 문제 취업시험불합 색정사 매사불성사 성사는 이득발생 속결속결 유리, 남편자출

필히 피해야 할일 새집들이·친목회·금전수금·창고수리·건축수리·동토·관청 우물파기·기둥세우기

백초귀장술의 오늘에 초사언

運세풀이

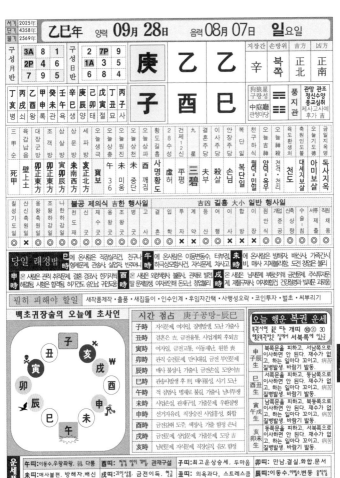

서기	2025년	乙巳年	양력 09月 28日	음력 08月 07日	일요일
단기	4358년				
불기	2569년				

庚 乙 乙
子 酉 巳

辛 — 지장간 북쪽 손방위 正北 吉方 正南 凶方

狗狼星 구랑성 / 中庭廳 마당
풍지관 / 관망 관조 정신수양 종교내왕 제사고사예 추가 능히

구성월반: 3A 8 1 / 2P 4 6 / 7 9 5
구성일반: 2 7P 9 / 1A 3 6 / 6 8 4

丁亥 丙戌 乙酉 甲申 癸未 壬午 辛巳 庚辰 己卯 戊寅 丁丑
병 쇠 왕 록 관 욕 생 양 태 절 묘 사

三甲旬 死甲
六甲納音 壁上土
대장군방 卯正東方
조객방 卯正東方
삼살방 寅東北方
상문방 未南西方
세파방 亥正北方
오늘의생기 午 36
오늘의천구 未
오늘의복단 未중단일
황도길흉 酉 사명황도
건제12신 虛 破
九星 三碧
결혼주당 夫
이사주당 殺
안장주당 손님
복단일 복단일
천구하식 酉·밀날
오늘신살 적격·천리
육도환생처 인도불
축원인도불 天도
글지옥 독사지옥
대세지보살 아미보살

칠성기도일	산신축원일	용왕축원일	조왕하강일	나한기도일	불공 제의식 吉한 행사일								吉凶 길흉 大小 일반 행사일										
					천도재	신중기도	재수굿	용왕굿	조왕굿	병굿	고사	결혼	입학	투자	계약	등여	여행	이사	합방	이점	개업	신축	수술	서류제출	직원채용
◎	✕	◎	◎	◎	◎	◎	✕	◎	◎	✕	◎	◎	✕	✕	◎	✕	✕	◎	◎	◎	✕	◎	✕	◎

당일 태정법
巳時: 온사람은 직장실직건 친구나 애인동거시 배신 이동변동수, 터주전에 未時: 온사람은 방해자, 배신사, 가족간시
申時: 온사람은 관직 취직문제, 결혼 경조사, 문제 母時... 酉時: 온사람은 외생생사, 남편문제, 관재구설 戌時: 온사람은 색정사, 배신 원수
巳時... 午時... 未時... 申時... 酉時... 戌時...

필히 피해야 할일
새작품제작·출품·새집들이·인수인계·후임자선택·사행성오락·코인투자·벌초·씨뿌리기

백초귀장술의 오늘에 초사언 / 시간 점占 庚子공망-辰巳

子時	자식문제, 여자일, 질병발생, 도난 가출사
丑時	결혼은 吉, 금전융통, 사업계획 후퇴吉
寅時	여자일, 금전고통, 이동재난, 원한 庚
卯時	관직 승진문제, 만사형통, 금전 부모문제
辰時	매사 불성사, 가출사, 금전손실, 도망사吉
巳時	관송사발생 후 刑 매사불성, 사기 도난
午時	적 침범사, 병화로, 불성, 가출사, 남녀투쟁
未時	사업손실, 관재구설, 가출남자, 우환질병
申時	선거자유리, 직장승진, 사업승진, 화합
酉時	금전이득, 도주, 색정사, 가출 함정 은닉
戌時	금전문제, 사업문제, 가출문제, 도망 吉
亥時	남편문제, 자식문제, 직장실직, 음모 함정

오늘 행운 복권 운세
북권사면 쫓는 띠는 개띠 10 20 30
행운복권방은 집에서 서북쪽에 있는곳

申子辰生	북쪽문을 피하고, 서남쪽으로 이사하면 안 된다. 재수가 없고, 하는 일마다 꼬이고, 病苦 질병발생. 바람기 발동.
巳酉丑生	서북쪽문을 피하고, 동남쪽으로 이사하면 안 된다. 재수가 없고, 하는 일마다 꼬이고, 病苦 질병발생. 바람기 발동.
寅午戌生	남쪽문을 피하고, 북동쪽으로 이사하면 안 된다. 재수가 없고, 하는 일마다 꼬이고, 病苦 질병발생. 바람기 발동.
亥卯未生	동쪽문을 피하고, 서북쪽으로 이사하면 안 된다. 재수가 없고, 하는 일마다 꼬이고, 病苦 질병발생. 바람기 발동.

운세풀이	
午띠	이동수,우왕좌왕, 弱함 다툼
未띠	매사불편, 방해자,배신
申띠	해결신, 시험합격, 풀림
酉띠	적절 이익 있음, 관재구설
戌띠	귀인상봉, 금전이득, 현금
亥띠	매사꼬임,과거고생, 질병
子띠	최고운상승세, 두마음
丑띠	의욕과다, 스트레스큼
寅띠	시급한 일, 뜻대로 안됨
卯띠	만남,결실,화합,문서
辰띠	이동수,이별수,변동 움직임
巳띠	빈주머니,걱정근심, 사기

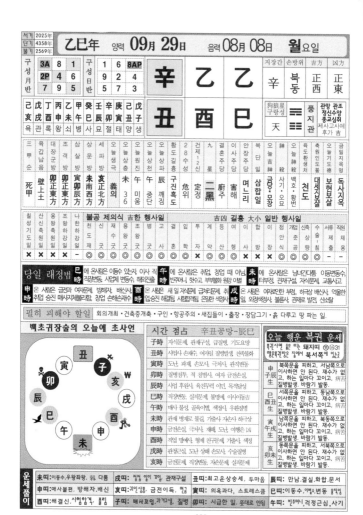

서기 2025年	乙巳年	양력 09月 29日	음력 08月 08日	月요일

단기 4358年
불기 2569年

구성월반			구성일반		
3A	8	1	1	6	8AP
2P	4	6	9	2	4
7	9	5	5	7	3

辛 乙 乙
丑 酉 巳

장간 손방위	吉方	凶方
辛 북동	正西	正東
乙		

狗狼星 구랑성
天

풍지관
관망 관조 정신수양 종교심취
제사고사에 후가 吉

己亥	戊戌	丁酉	乙未	癸巳	壬辰	辛卯	庚寅	戊子
육	관록	묘	왕	쇠	병	사	묘	절	태	양	생

三甲순	육갑납음	대장군방	조객방	삼살방	세파방	오늘생극	오늘상충	오늘상형	오늘원진	오늘상천	오늘상파	황도길흉	건제12신	九星	결혼주당	이사주당	안장주당	복단일	神殺	오늘흉신	오늘길신	육도환생처	행운인도움	오늘기도발원	토지기도명	독사지옥
死甲	壁上土	卯正東方	寅正東方	亥남동方	未南西方	義의	午 36	辰 미움음	午 진깨김	危위	定정	二黑	廚주	害해	느리니	삼합일	금당·몽왕	사기·오모	백호·황번	천도	대세지보살	보현보살	독사지옥

칠성기도일	산신기도일	용왕기도일	조왕기도일	나한기도일	불공 제의식 吉한 행사일									吉凶 길흉 大小 일반 행사일										
					천신축원	신축원	재수굿	용왕굿	조왕굿	병굿	고사	결혼	입학	투자	계약	등산	여행	이장	합방	점	개업준공	신축	상량	서류제출	이전
×	×	×	×	-	×	×	-	-	×	×	×	×	×	×	×	×	×	×	×	-	-	-

당일 래정법
巳時 온사람은 이동수 있으나 이사 직 / 午時 온사람은 취업 창업 때 아님 / 未時 온사람은 남녀간다툼 이동변동수,
직장변동, 사업체 변동수 해외진출 / 반주머, 핫신, 부부불화 원망 이별 / 터부정, 관재구설 자식문제, 교통사고
申時 온 사람은 금전과 여자문제 방해심, 배신사 / 酉時 온사람은 여자로부터 금전文제, 급부문제, 하극상 배신사, 억울함 / 戌時 온 사람은 여자로부터 방해, 하극상 배신사
취업 승진 매사 지체불리함, 창업 손해수 관재수 / 업승진 해결됨 시험합격됨 은밀한 색정사 / 외정색정사, 불륜사 관재로 발전 손재

필히 피해야 할일 회의개최·건축증개축·구인·항공주의·새집들이·출장·장담그기·흙 다루고 땅 파는 일.

백초귀장술의 오늘에 초사언

시간 점占	辛丑공망-辰巳
子時	자식문제, 관재구설, 급질병, 기도요망
丑時	사업사 손재수, 여자일 질병발생, 신속불혼
寅時	도난 파재 손모사, 극차사, 관직변동
卯時	질병침투, 적 침범사, 여자 금전손실
辰時	사업 후원사 유천부락 아인, 목적달성
巳時	직장변동, 실직문제, 불명예, 이사수동침
午時	매사 불성립 골육이별, 색정사, 우환질병
未時	관재 병재로 불길, 가össe자 자손사 하극상
申時	금전손실 극차사, 자해, 도난 여행注의
酉時	직업 명예사 형제 친구문제에 가출사, 색정
戌時	관재구설 도난 상해 손모사, 수술실병
亥時	금전문제 직장변동, 자녀문제, 실직문제

오늘 행운 복권 운세

복권사면 좋은 따는 돼지띠 ⑪ 1631
행운복권방은 집에서 북서쪽에 있소

申子辰生 북쪽문을 피하고, 서남쪽으로 이사하면 안 된다. 재수가 없고, 하는 일마다 꼬이고, 病苦
巳酉丑生 동쪽문을 피하고, 동남쪽으로 이사하면 안 된다. 재수가 없고, 하는 일마다 꼬이고, 病苦 질병발생. 바람기 발동.
寅午戌生 남쪽문을 피하고, 서북쪽으로 이사하면 안 된다. 재수가 없고, 하는 일마다 꼬이고, 질병발생. 바람기 발동.
亥卯未生 북쪽문을 피하고, 서쪽으로 이사하면 안 된다. 재수가 없고, 하는 일마다 꼬이고, 病苦 질병발생. 바람기 발동.

운세풀이

未띠: 이동수, 우왕좌왕, 弱 다툼 戌띠: 청춘 일이 꼬임, 관재구설 丑띠: 최고운상승세, 두마음 辰띠: 만남,결실,화합,문서
申띠: 매사불편, 방해자, 배신 亥띠: 귀인상봉, 금전이득, 현급 寅띠: 의욕과다, 스트레스큼 巳띠: 이동수,애정,변동 움직임
酉띠: 해결신, 시험합격, 풀림 子띠: 매사 꼬임,과거고생, 질병 卯띠: 시급한 일, 뜻대로 안됨 午띠: 빈주머니, 걱정근심, 사기

乙巳年 양력 **09**月 **30**日 음력 **08**月 **09**日 **화**요일

구성월반	3A	8	1
	2P	4	6
	7	9	5

구성일반	9	5	7P
	8	1	3
	4	6A	2

壬 乙 乙
寅 酉 巳

지장간	손방위	吉方	凶方
辛	無	正南	正北

辛 庚 己 戊 丁 丙 乙 甲 癸 壬 辛
亥 戌 酉 申 未 午 巳 辰 卯 寅 子
록 관 욕 생 양 태 절 묘 사 병 쇠 왕

狗狼星 구랑성
麻雕/生門
路 丑午方

풍퇴
관
제사고사에 후지 吉

관망 관조 정신수양 종교심취

三甲旬	육갑납음	조객방	삼살방	상문방	세파방	오늘상충	오늘원진	오늘상천	오늘상파	황제2신	건제12신	九星	결혼주당	이사주당	안장주당	복단일	대공망일	오늘神殺	오환생처	천구일	지충	금일지옥
死甲	金箔金	卯正東方	卯正東方	寅正東方	未南西方	亥정北方	申	酉	巳	亥	청룡황도	室실	一白	姑부	天天	어머니	복단일	대공망일	겁살·귀기	인도	대세지보살	독사지옥
						36	미움	깨짐	중단												약사보살	

칠성기도일	산신축원일	용왕축원일	조왕하강일	나한하강일	불공 제의식 吉한 행사일						吉凶 길흉 大小 일반 행사일									
					천신굿	재수굿	용왕굿	병굿	고사	결혼	입학	투자	계약	등사	여행	이사	합방	점개업	신축	수리	서류 제출	직원 채용
✕	✕	✕	✕	✕	✕	✕	✕	✕	✕	✕	✕	✕	✕	✕	✕	✕	✕	✕	✕	✕	✕

당일 래정법

巳時 에 온사람은 문서귀 화합사 결혼사 재촉 경사 이동사 궁합 취업 개업

午時 에 온사람은 이동수 있는자 이사나 직장변동수 친구나 형제 사업동업수

未時 에 온사람은 금전사기, 실업자 색정사 들통, 반까시, 하수고, 문서도나시 매매불성

申時 온 사람은 매매 이동변동수 직장변동수 터 부정 시기 하원단시 다른주의 자식근심주의

酉時 온 사람은 질병사 자손문제 방해사, 배신사

戌時 온 사람은 자손문제 하극상으로 배신사 해결로 듯하나 후불림 시험 합격됨 하기진 승진됨 관재

필히 피해야 할일 작품출품·납품·정보유출·교역·새집들이·출장·항공주의·동물들이기·출행·방류

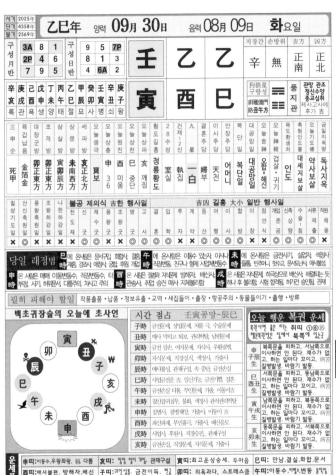

백초귀장술의 오늘에 초사언

寅
卯 丑
辰 子 W
巳 亥
午 戌
未 酉
申

時間 점占	壬寅공망─辰巳
子時	금전문제, 상업문제, 처를 극, 수술문제
丑時	매사 막히고 퇴보, 관재팩탈, 남편문제
寅時	금전 암손, 여자문제, 자식사 우환걱정
卯時	자식문제, 직장실직, 색정사, 가출사
辰時	매사불성, 관재구설, 속 중단 금전손실
巳時	사업금전운 흥 음, 임신가능, 금전기쁨, 결혼
午時	금전손실 다툼, 부인문제, 가출, 이동수吉
未時	갑갑답답증참, 질병 색정사 관재팩탈사
申時	침범사, 질병환공, 가출사, 이동이 吉
酉時	파산패재, 부인문제, 가출사, 배신음모
戌時	사업사, 후원사, 직장승진, 관재구설
亥時	금전손실, 직장문제, 자식문제, 여자문제

오늘 행운 복권 운세
복귄사면 좋은 띠는 쥐띠 ①⑥⑯
행운복권방은 집에서 북쪽○에 있다

申子辰生	북쪽문을 피하고, 서남쪽으로 이사하면 안 된다. 재수가 없고 질병발생. 바람기 발동.
巳酉丑生	서쪽문을 피하고, 동남쪽으로 이사하면 안 된다. 재수가 없고 질병발생. 바람기 발동.
寅午戌生	남쪽문을 피하고, 북동쪽으로 이사하면 안 된다. 재수가 없고 질병발생. 바람기 발동.
亥卯未生	동쪽문을 피하고, 서북쪽으로 이사하면 안 된다. 재수가 없고 질병발생. 바람기 발동.

9월

운세풀이

申띠:이동수,우왕좌왕,弱,다툼 　 亥띠: 적정, 이인 괴임, 관재구설 　 寅띠:최고운상승세, 두마음 　 巳띠: 만남,결실,화합,문서

酉띠:매사불편, 방해자,배신 　 子띠:귀인상봉, 금전이득, 현금 　 卯띠: 의욕과다, 스트레스큼 　 午띠:이동수,애뜸,변동 움직임

戌띠:해결신,시험합격,풀림 　 丑띠: 매사꼬임,과거고생,질병 　 辰띠: 시급한 일, 뜻대로 안됨 　 未띠: 빈주머니,걱정근심,사기

- 289 -

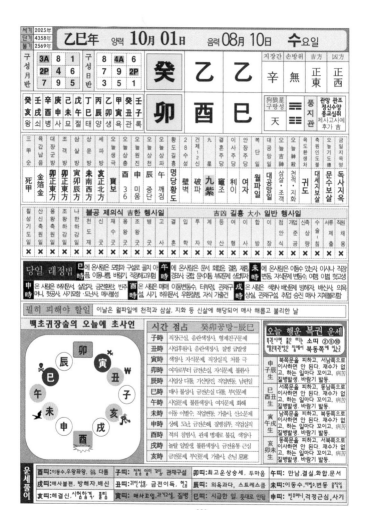

서기 2025年			
단기 4358年	乙巳年	양력 10月 01日	음력 08月 10日 수요일
불기 2569年			

구성월반
3A	8	1
2P	4	6
7	9	5

구성일반
8	4A	6
7	9	2P
3	5	1

癸 乙 乙
卯 酉 巳

癸 壬 辛 庚 己 戊 丁 丙 乙 甲 癸 壬
亥 戌 酉 申 未 午 巳 辰 卯 寅 丑 子
왕 쇠 병 사 묘 절 태 양 생 욕 관 록

장간 辛 無
손방위 正東
길방 正東
흉방 正西

狗狼星
구랑성 天
풍지관
관망 관조 정신수양 종교심취
제사고사에 후가 吉

三甲旬 死甲
대갑납음 金箔金
조객방 卯正東方
삼살방 寅卯辰方
세파방 亥南西方
오늘상충 寶보
오늘원진 酉
오늘삼천 申
오늘육해 辰
황도길흉 明당황도
건제 2 신 12 破파
九星 九紫
결혼주당 竈조
이사주당 利이
복단일 女여
대공망일 월파일
오늘吉神 대공망일
오늘神殺 삼살·조객
오늘凶神 천적·지화
축관인 귀도
오늘神殺 대세지보살
길지옥 독사지옥

불공 제의식 吉한 행사일
칠성기도일	산신축원일	용왕축원일	조왕하강일	나한하강일	천도재	신굿	재수굿	용왕굿	조왕굿	병굿	고사	결혼	입택	투자	계약	등재	악상	수혼	신축	수리	개업	서류제출	직원채용
×	×	×	×	×	×	×	×	×	×	×	×	×	×	×	×	×	×	×	×	×	×	×	×

당일 래정법
巳에 온사람은 모함과 구설로 끝치 아...
午에 온사람은 문서 화합은 결혼 재혼...
未에 온사람은 이동수 있자, 이사나 직장...
申에 온사람은 하극상서, 살괴자, 금전파로...
戌에 온사람은 색상 비뀌문제 방해자...

필히 피해야 할일
이날은 월파일에 천적과 삼살, 지화 등 신살에 해당되어 매사 해롭고 불리한 날

백초귀장술의 오늘에 초사언

시간 점占	癸卯공망-辰巳
子時	직장근심, 음란색정사, 형제친구문제
丑時	사업후원사, 음란색정사, 질병 급발생
寅時	색정사, 자식문제, 직장실직, 처를 극
卯時	여자로부터 금전약속, 자식문제, 불화사
辰時	사업상 다툼, 가내평전, 직업변동, 남편일
巳時	매사 불성사, 금전소실 다툼, 부인문제
午時	사업문제, 불봉색정사, 여자문제, 화재
未時	이동 ·이별수, 직업변동, 가출사, 산소문제
申時	사업, 금전손해, 질병침투, 작업실직
酉時	적의 침범사, 관재 병재로 불길, 색정사
戌時	놀람 알랄람, 불봉색정사, 금전융통 근심
亥時	금전문제, 부인문제, 가출사, 손님 恩來

오늘 행운 복권 운세
복권사면 좋은 띠는 소띠 ②⑧⑩
행운 복권방은 집에서 북동쪽에 있丞

申 子 辰生 북쪽문을 피하고, 서남쪽으로 이사하면 안 된다. 재수가 없...
巳 酉 丑生 서쪽문을 피하고, 동남쪽으로 이사하면 안 된다. 재수가 없...
寅 午 戌生 남쪽문을 피하고, 서북쪽으로 이사하면 안 된다. 재수가 없...
亥 卯 未生 동쪽문을 피하고, 서북쪽으로 이사하면 안 된다. 재수가 없...

운세풀이
子띠:이동수, 우왕좌왕, 쌍륜 다툼
丑띠:귀인상봉, 금전이득, 현공
寅띠:매사꼬임, 과거고생, 질병
卯띠:최고운상승세, 두마음
辰띠:외욕과다, 스트레스
巳띠:시급한일, 뜻대로 안됨
午띠:만남, 결실, 화합, 문서
未띠:이동수, 이별수, 변동 움직임
申띠:빈주머니, 격정 근심, 사기
酉띠:이동수, 우왕좌왕, 쌍륜 다툼
戌띠:매사불편, 방해자, 배신
亥띠:해결신, 시험합격, 풀림

- 290 -

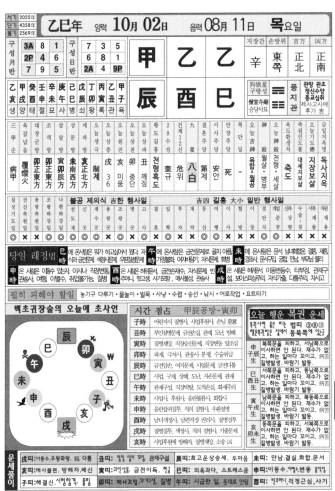

서기 2025년
단기 4358년
불기 2569년

乙巳年 양력 **10**月 **02**日 음력 **08**月 **11**日 **목**요일

구성 월반			구성 일반		
3A	8	1	7	3	5
2P	4	6	9	5	1
7	9	5	**2A**	4	**9P**

甲乙乙 辰酉巳

지장간	손방위	吉方	凶方
辛	東 쪽	正 北	正 南

狗狼星
구랑성
僧堂神前
승당신전

風地觀

관망 관조
정신수양
종교심취
제사고사에
후가 는

乙 亥 生	甲 戌 양	癸 酉 태	辛 未 足	庚 午 묘	戊 巳 사	丁 辰 병	丙 卯 왕	乙 寅 록	甲 子 육

三甲旬	육갑납음	대장군방	조객방	삼살방	상문방	세파방	오늘상충	오늘원진	오늘상천	오늘상파	황도길흉	건제12신	九星	결혼주당	이사주당	안장주당	복단일	神殺	오늘神殺	육도환생법	축원인도불	오늘기도덕	금일지옥
病甲	覆燈火	卯正東方	卯正東方	寅南西方	亥正北方	申南西方	制ето	戌	亥	卯	丑	천형흑도	危	八白	第	安	死	-	옥합宿·별이月	월살·세살	축도	지장보살	독사지옥
							개띠충	중닫	미움	깨짐	36	危규	위		제	안							

칠성기도일	산신축원일	용왕축원일	조왕하강일	나한하강일	불공 제의식 吉한 행사일								吉凶 길흉 大小 일반 행사일										
					천도재	신굿	재수굿	용왕굿	조왕굿	병굿	고사	결혼	입주	계약	여행	이사	합방	점안식	개업	신축	수술	서류제출	항소출
◎	✕	✕	◎	◎	◎	◎	◎	✕	◎	✕	✕	✕	◎	◎	✕	✕	✕	◎	✕	✕	✕	✕	✕

필히 피해야 할일 : 농기구 다루기·물놀이·벌목·사냥·수렵·승선·낚시·어로작업·요트타기

백초귀장술의 오늘에 초사언

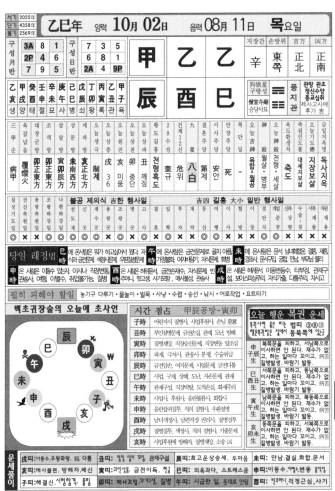

시간 점占	甲辰공망-寅卯
子時	어린자식 질병사, 사업후원사, 손님 愿念
丑時	부인질병문제나 금전손실, 관재 도난 방해
寅時	질병발생, 직장순리문제, 직장변동 말조심
卯時	파재, 극처사, 부부불화 분쟁, 수술위급
辰時	금전손사 여자문제, 사업문제 금전다툼
巳時	사업, 구재 상봉, 도난 자손문제, 관재
午時	관재구설, 직장변동 도처손실, 화재주의
未時	사길사, 후원사, 음란색정사, 화합사
申時	음란las함러구설, 적의 침범사 우환질병
酉時	남녀색정사, 남편직장 관리사, 질병침투
戌時	질병침투, 색정사, 적의 침범사, 가출문제
亥時	사업후원에 방해있음 질병재난, 소송 凶

오늘 행운 복권 운세

복권운 닿는 범띠 ③⑧⑱
행운복권방은 집에서 동북쪽 이다

申
子
生 북쪽문을 피하고, 서남쪽으로
이사하면 안 된다. 재수가 없
고, 하는 일마다 꼬이고, 病苦
질병발생. 바람기 발동.

巳
酉
丑生 서쪽문을 피하고, 동남쪽으로
이사하면 안 된다. 재수가 없
고, 하는 일마다 꼬이고, 病苦
질병발생. 바람기 발동.

寅
午
戌生 남쪽문을 피하고, 북쪽으로
이사하면 안 된다. 재수가 없
고, 하는 일마다 꼬이고, 病苦
질병발생. 바람기 발동.

亥
卯
未生 동쪽문을 피하고, 서북쪽으로
이사하면 안 된다. 재수가 없
고, 하는 일마다 꼬이고, 病苦
질병발생. 바람기 발동.

운세풀이	戌띠: 이동수·우왕좌왕, 弱함 다툼	丑띠: 점점 일이 꼬임, 관재구설	辰띠: 최고운상승세, 두마음	未띠: 만남·결실·화합·문서
	亥띠: 매사불편, 방해자·배신	寅띠: 귀인상봉, 금전이득, 현금	巳띠: 의욕과다, 스트레스큼	申띠: 이동수·이별수·변동 움직임
	子띠: 해결신, 시험합격, 풀림	卯띠: 매사꼬임, 과거고생, 질병	午띠: 시급한 일, 뜻대로 안됨	酉띠: 빈주머니, 걱정근심, 사기

- 291 -

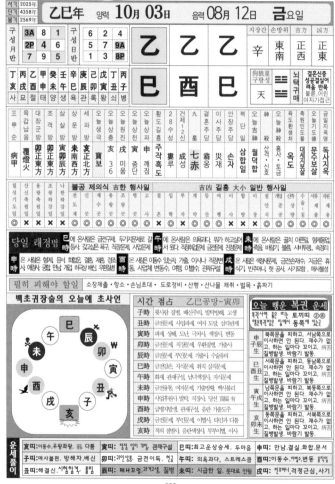

| 서기 2025년 단기 4358년 불기 2569년 | 乙巳年 | 양력 10月 03日 | 음력 08月 12日 | 金요일 |

乙巳年 양력 10月 03日 음력 08月 12日 金요일

구성월반	3A	8	1	구성일반	6	2	4
	2P	4	6		5	7	9A
	7	9	5		1	3	8P

지장간	손방위	吉方	凶方
辛	東南	正西	正東

乙 乙 乙
巳 酉 巳

| 丁亥 | 丙戌 | 乙酉 | 甲申 | 癸未 | 壬午 | 辛巳 | 庚辰 | 己卯 | 戊寅 | 丁丑 | 丙子 |
| 사 | 묘 | 절 | 태 | 양 | 생 | 욕 | 관 | 록 | 왕 | 쇠 | 병 |

狗狼星 구랑성
天

결혼신중 성공결실어 려움 반목 여자가접근

三甲旬	육갑납음	대장군방	조객방	삼살방	세파방	오늘상충	오늘원진	오늘상천	오늘상파	황도길흉	건제12신	九星	결혼주당	이사주당	안장주당	복단일	神殺	오늘길신	오늘神殺	축원인도불	오늘기도덕	금일지옥
病甲	覆燈火	卯正東方	卯正東方	寅卯辰方	亥	亥	戌	寅	36	주작흑도	제22신	九紫	竈	成성	七赤	翁옹	災재	神後천	삼합일	월덕합	산격·토금	大일천지옥

보 중단 미움 깨짐

황도 길흉 길흉 大小 일반 행사일

불공 제의식 吉한 행사일

질성기도일	산신축원일	용왕축원일	조왕하강일	나한하강일	불공제사	천도재	신중기도	재수굿	용왕굿	조왕굿	병굿	고사	결혼	입학	투자	계약	여행	합방	이사	移葬	점안식	개업준공	신축상량	수술침	서류 제출	직원 채용
◎	×	×	×	◎	◎	◎	◎	◎	×	×	◎	◎	◎	◎	×	×	◎	◎	◎	◎	◎	◎	◎	◎	×	◎

당일 래정법

巳時 온사람은 금전구재, 무가지문제로 갈등 午時 온사람은 의욕과다, 뭣가 하고싶어서 未時 온사람은 골치 아픔, 형제동업 時 등사 갖고픈 욕구, 직장문제, 사업문제 時 왔다 직장취업문제, 금전된데 친정문제 時 돈줄 바람기 불륜, 샤프투생, 속상심

申時 온사람은 형제, 문서 화합은 결혼, 재혼 경조 酉時 온사람은 이동수 있는자, 가출 이사나 시고색병 戌時 온사람은 색생문제, 금전손재수, 지금은 時 애정사 궁합 만남 개업 하자발생 배신 원망실종 時 딸문제, 사업체 변동수, 여행, 이별수, 관재구설 時 싸기 빈주머니, 헛 공사, 사기모함, 매사불성

필히 피해야 할 일

소장제출·항소·손님초대·도로정비·산행·산나물 채취·벌목·흙파기

백초귀장술의 오늘에 초사언

乙巳공망-寅卯

시간 점占	
子時	윗사람 질병, 배신주의 발탁방해, 고생
丑時	금전문제 사업바쁨, 여자 도망, 삼각관계
寅時	파재 상병, 도난, 극차사, 색정사 변동
卯時	금전문제 직장문제 우화질병, 가출사
辰時	금전융통 부모문제 가출사 수술유의
巳時	금전융소 자식문제 취직 실직문제
午時	화재 관재구설 남녀색정사, 자식문제
未時	금전융통, 여자문제, 가출방황, 빠질물러
申時	사업휴사관사 발탁, 직장사, 당선 關屬 직
酉時	금병취업진출 관재구설 음란 가출도주
戌時	금전문제 부모문제, 이별사, 타인과 다툼
亥時	적의 침범사, 음란색정사, 부부싸움, 이사

오늘 행운 복권 운세

복권사면 좋은 띠는 토끼띠 ②⑦
행운복권방은 집에서 동쪽方 이쪽

申子辰生	북쪽문을 피하고, 서남쪽으로 이사하면 안 된다. 재수가 없고, 하는 일마다 꼬이고, 病苦 질병발생. 바람기 발동
巳酉丑生	서쪽문을 피하고, 동남쪽으로 이사하면 안 된다. 재수가 없고, 하는 일마다 꼬이고, 病苦 질병발생. 바람기 발동
寅午戌生	남쪽문을 피하고, 북쪽으로 이사하면 안 된다. 재수가 없고, 하는 일마다 꼬이고, 病苦 질병발생. 바람기 발동
亥卯未生	동쪽문을 피하고, 서북쪽으로 이사하면 안 된다. 재수가 없고, 하는 일마다 꼬이고, 病苦 질병발생. 바람기 발동

운세풀이

亥띠:이동수,우왕좌왕, 弱,다툼 卯띠:빈취영,이익창출, 관재구설 巳띠:최고운상승세, 두마음 申띠:만남,결실,화합,문서
子띠:매사불편, 방해,배신 午띠:의욕과다, 스트레스큼 酉띠:이동수,애별,변동 움직임
丑띠:해결신,시험합격, 풀림 辰띠:매사꼬임,과거2생, 질병 未띠:시급한 일, 뜻대로 안됨 戌띠:빈주머니,걱정근심,사기

- 292 -

서기	2025年	\								
단기	4358年	乙巳年	양력 10月 04日	음력 08月 13日	土요일
불기	2569年				

구성월반	3A	8	1	구성일반	5	1	3				지장간	손방위	吉方	凶方
	2P	4	6		4	6	8	丙	乙	乙	辛	南쪽	正南	正北
	7	9	5		9	2P	7A							

己亥	戊戌	丁酉	丙申	乙未	甲午	癸巳	壬辰	辛卯	庚寅	己丑	戊子	午	酉	巳	狗狼星 구랑성	뇌택귀매	결혼시중 성혼결실어
절	묘	사	병	쇠	왕	관	욕	생	양	태					天		여름 반목 여자가접근

三甲旬	육갑납음	대장군방	조객방	삼살방	상문방	세파방	오늘상극	오늘원진	오늘상천	오늘상파	황도길흉	건제12신	九星	결혼주당	이사주당	안장주당	복단일	오늘吉神	오늘神殺	오늘吉凶星	육도환생처	천구하식시	오늘기도德
病甲	天河水	卯正東方	卯正東方	未南西方	亥正北方	專전	子 36	丑 미움	卯 깨짐	金궤황도	收수	六白	堂당	師사	남-자	천귀·불봉	천강·대시	멸문·구삼	불도	노사나불	약사지옥

월성기도일	신살축원일	용왕축원일	조왕하강일	나한하강일	불공 제의식 吉한 행사일							吉凶 길흉 大小 일반 행사일											
					천도재	신중기도	재수굿	용왕굿	조상천도	병굿	고사	결혼	입주	계약	여행	이장	합방	이사	개업	신축상량	수술침	서류제출	작명
◎	◎	×	◎	×	◎	◎	◎	◎	◎	×	◎	×	◎	◎	×	◎	×	×	×	×	◎	×	◎

당일 래정법	巳時 온사람은 취업문제, 재수가 없고 운 이 단저 포여있음. 우환질병 손재수	午時 온사람은 금전구재 무제인정 같등사 갈등은유 직장문제 상업문제	未時 온사람은 의욕없다. 뭐가 하고싶어 서 완다. 직장생사귀문제 사투문제
申時 온사람은 골치 아픈일, 친구나 형제동업 죽음 배우자바람기 불륜, 관재구설 속 장녀화合	酉時 온사람은 문서화합 결혼 경사 관재라 연관 개업 문제 하극상 배신 경쟁사로 불리함	戌時 온사람은 이동수 있는자 가출 이사 직장변동, 여자문제, 투자는은 위험 이별수

필히 피해야 할일	홍보광고·소장제출·인허가신청·정보유출·건축증개축·기둥세우기·항공주의·지붕고치기

백초귀장술의 오늘에 초사언

시간 점占	丙午공망─寅卯	
子時	유아질병 위급, 처를 극, 남녀쟁투
丑時	자손문제, 실직문제, 연애파혼사, 모함
寅時	사업손재, 후원사, 불륜사, 직장변동
卯時	남녀색정사, 사업금전문제, 가출사
辰時	자손문제, 실직문제, 남녀색정사, 가출사
巳時	질병재앙, 구재이득, 수술유의, 과아신발생
午時	금전손실 다툼, 여자문제, 극차사, 형송사
未時	자손문제, 금전융통, 죄 사면, 여행홀길
申時	매사 불성사, 도망은 好, 도적froya, 재액
酉時	관직 발탁사, 금전문제, 극차사, 함정주의
戌時	가줄건, 급병자, 자문제, 산소탈 ⊗
亥時	자손고병 매사불성, 모난 파재 다툼

오늘 행운 복권 운세
복권사면 좋은 띠는 용띠 ⑤⑩㉚ 행운권방향 집에서 東南쪽에 있소

申子辰생	북쪽문을 피하고, 서남쪽으로 이사하면 안 된다. 재수가 없고 하는 일마다 꼬이고, 病苦 질병발생. 바람기 발동
巳酉丑생	서쪽문을 피하고, 동남쪽으로 이사하면 안 된다. 재수가 없고 하는 일마다 꼬이고, 病苦 질병발생. 바람기 발동
寅午戌생	남쪽문을 피하고, 북쪽으로 이사하면 안 된다. 재수가 없고 하는 일마다 꼬이고, 病苦 질병발생. 바람기 발동
亥卯未생	동쪽문을 피하고, 서쪽으로 이사하면 안 된다. 재수가 없고 하는 일마다 꼬이고, 病苦 질병발생. 바람기 발동

운세풀이	子띠:이동수,우왕좌왕, 弱,다툼	丑띠:매사불편, 방해자,배신	寅띠:해결신,시험합격, 풀림	卯띠:정body 이익, 만남, 관재구설	辰띠:과이심, 금전이득, 현금	巳띠:매사꼬임,과거고생, 질병	午띠:최고운상승세, 두마음	未띠:의욕과다, 스트레스큼	申띠:시급한 일, 뜻대로 안됨	酉띠:만남,결실,화합,문서	戌띠:이동수,애,변동 음직임	亥띠:빈주머니,걱정근심, 사기

10월

- 293 -

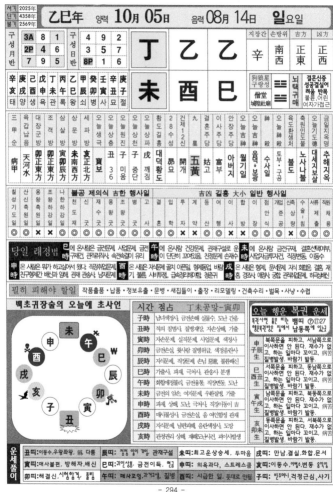

서기 2025年	乙巳年	양력 10月 05日	음력 08月 14日	일요일
단기 4358年				
불기 2569年				

구성월반			구성일반		
3A	8	1	4	9	2
2P	4	6	3	5	7
	7	9	5	8P	1	6

丁 乙 乙
未 酉 巳

지장간	손방위	吉方	凶方
辛	南西	正東	正西

狗狼星 구랑성
僧堂 城隍社廟

결혼신중 성공결실어 려움 반목 불륜.어린 여자가접근

辛	庚	戊	丁	丙	甲	癸	壬	庚
亥	戌	申	未	午	辰	卯	寅	子
태	양	욕	관	록	쇠	병	사	절

불공 제의식 吉한 행사일

吉凶 길흉 大小 일반 행사일

당일 레정법

백초귀장술의 오늘에 초사언

시간 점占	丁未공망—寅卯
子時	남녀색정사 금전손배 실물수 도난 근심
丑時	직의 칠패사 잘병재앙 자손상해 가출
寅時	자손문제 실직문제 사업문제 색정사
卯時	금전손실 횟사문제 잘병위급 색정음란사
辰時	자손문제 직장문제 손님 문제 불륜배신
巳時	가출사 파재 극차사 관송사 분쟁
午時	화재 예방불리 금전융통 직장변동 도난
未時	금전의 압손 여자문제 우환질병 가출
申時	파재 상해 도난 극차사 직장이동이 吉
酉時	매사불성사 금전손실 음 여인함정 관송사
戌時	자식문제 남편피해 음란색정사 도망
亥時	질병관리 상해 재물도난사건 파산발생

오늘 행운 복권 운세	당첨시각 좋은 띠는 뱀띠 ⑦②27 행운방위방은 집에서 남동쪽에 있나
申子辰생	북쪽문을 피하고, 서남쪽으로 이사하면 안 된다. 재수가 없 고, 하는 일마다 꼬이고, 病고 질병발생. 바람기 발동
巳酉丑생	서쪽문을 피하고, 동쪽으로 이사하면 안 된다. 재수가 없 고, 하는 일마다 꼬이고, 病고 질병발생. 바람기 발동
寅午戌생	남쪽문을 피하고, 북쪽으로 이사하면 안 된다. 재수가 없 고, 하는 일마다 꼬이고, 病고 질병발생. 바람기 발동
亥卯未생	동쪽문을 피하고, 서북쪽으로 이사하면 안 된다. 재수가 없 고, 하는 일마다 꼬이고, 病고 질병발생. 바람기 발동

필히 피해야 할일 작품출품·납품·정보유출·문병·새집들이·출장·리모델링·건축수리·벌목·사냥·수렵

운세풀이	
丑띠: 이동수,우왕좌왕, 弱, 다툼	辰띠: 적정 이익 창충, 관재구설
寅띠: 매사불편, 방해자,배신	巳띠: 귀인상봉, 금전이득, 현금
卯띠: 해결신,시험합격, 풀림	午띠: 매사꼬임,과거2색, 질병
未띠: 최고운상승세, 두마음	戌띠: 만남,결실,화합,문서
申띠: 의욕과다, 스트레스큼	亥띠: 이동수,액맥,변동 움직임
酉띠: 시급한 일, 뜻대로 안됨	子띠: 빈주머니,적정근심, 사기

乙巳年 양력 **10**月 **06**日 음력 **08**月 **15**日 **月**요일 **추석**

구성월반			구성일반		
3A	8	1	3A	8	1
2P	4	6	2	4	6
7	9	5	7P	9	5

	지장간	손방위	吉方	凶方
	辛	西쪽	正北	正南

戊 乙 乙
申 酉 巳

癸	壬	辛	庚	己	戊	丁	丙	乙	甲	癸	壬
亥	戌	酉	申	未	午	巳	辰	卯	寅	丑	子
절	묘	사	병	쇠	왕	록	관	욕	생	양	태

狗狼星 구랑성
中稅廳 중세청마당

뇌탁귀매

결혼신중 성장결심어 여출발 불효,어린 아지가접근

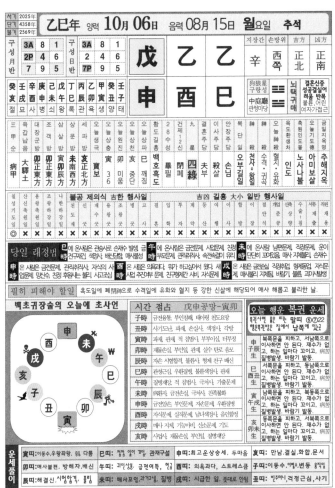

三甲旬	육갑납음	대장군방	조객방	삼살방	상문방	세파방	오늘행극	오늘상충	오늘원진	오늘상천	오늘상파	황도길흉	건제12신	九星	결혼주당	이사주당	안장주당	복단일	神殺	神殺	오늘吉神	오늘神殺	육도환생처	오늘기도덕	금일지옥	金日沖
病甲	大驛土	卯正東方	卯正東方	寅艮方	申西南方	亥正北方	寅	卯	亥	卯 미움	36	白虎흑도	開 폐	四綠	夫부	殺살	손님	오부길일	천적·귀곡	혈지·유화	인도	노사나불	아미보살	추해지옥	

월성기도일	복성기도일	조왕하강일	나한하강일	나한상강일	불공 제의식 吉한 행사일								吉凶 길흉 大小 일반 행사일											
					신축도제	신사제	개황도제	조왕굿	병굿	고사	결혼	입주	계약	여행	이장	안장	점안식	개업	산행	수출	사류(술)·침	재물	제사	출상
◎	×	×	×	×	×	×	×	×	×	×	×	×	×	×	×	×	×	×	×	×	×	×	×	×

당일 래정법
巳時 온사람은 관송사로 손재수 발생 **金時** 에 온사람은 금전문제 사업문제 친정에 천귀남녀 색정사 배신당함 매사불성 **未時** 에 온사람은 남편문제 직장문제 운이 단단히 꼬이십 매사 지체됨 손재수
午時 온사람은 금전문제 관직취직사 자식의 사 **酉時** 온사람은 이동수 있는자 이사나 직 **戌時** 온사람은 금전십 직장문제 형제동업 부 업문제 있고 딴에 변동 친구형제간 배신사 시고건길 **时** 업 주당봐문제 친구형제간 배신 자손문제 여 **时** 부 매사불편 관재질병 바람기 불륜 관송사발생

필히 피해야 할일 흑도일로 폐閉神으로 수격일에 유화와 혈지 등 강한 신살에 해당되어 매사 해롭고 불리한 날.

백초귀장술의 오늘에 초사언
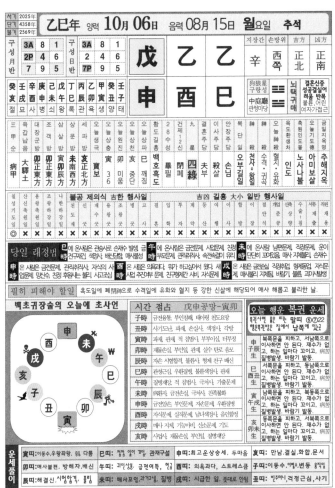

시간 점占 戊申공망-寅卯

子時	금전융통 부인침해 태아령 관도요망
丑時	사기도난, 파재, 손실, 색정사 , 각방
寅時	파재 관재 적 찾음사, 부부이심 타부정
卯時	재물손실 부인임, 관재 살수 탄로 음모
辰時	자손 시험합격, 불화사, 형제 친구 배신
巳時	관청구설, 우환질병, 불문색정사 관재
午時	질병재앙, 적 침범사, 극차사, 가출문제
未時	병재난 급속사 남녀색정사 천복불화
申時	금전관송 부인문제 자손근심 우환질병
酉時	자식문제, 실직문제 남녀색정사 음란불화
戌時	매사 막힘 가출마비 산소문제 기도
亥時	사업사, 재물손실 부인익 질병재앙

오늘 행운 복권 운세
복권사면 좋은 띠는 말띠 ⑦⑫22
행운복권방은 집에서 남쪽에 있다

申子生	북쪽문을 피하고, 서남쪽으로 이사하면 안 된다. 재수가 없 고, 하는 일마다 꼬이고, 病苦 질병발생. 바람기 발동.
酉丑生	서쪽을 피하고, 동남쪽으로 이사하면 안 된다. 재수가 없 고, 하는 일마다 꼬이고, 病苦 질병발생. 바람기 발동.
午戌生	남쪽을 피하고, 북쪽으로 이사하면 안 된다. 재수가 없 고, 하는 일마다 꼬이고, 病苦 질병발생. 바람기 발동.
卯未生	동쪽문을 피하고, 서북쪽으로 이사하면 안 된다. 재수가 없 고, 하는 일마다 꼬이고, 病苦 질병발생. 바람기 발동.

운세풀이	
寅띠:이동수,우왕좌왕, 弱 다툼	巳띠:청청 이월 끼임 관재구설
卯띠:매사불편, 방해자,배신	午띠:귀인상봉, 금전이득, 현금
辰띠:해결신, 시험합격, 풀림	未띠:매사꼬임,과거고생, 질병
申띠:최고운상승세, 두마음	亥띠:만남,결실,화합,문서
酉띠:의욕과다, 스트레스큼	子띠:이동수,애별,변동 움직임
戌띠:시급한 일 뜻대로 안됨	丑띠:빈주머니,걱정근심, 사기

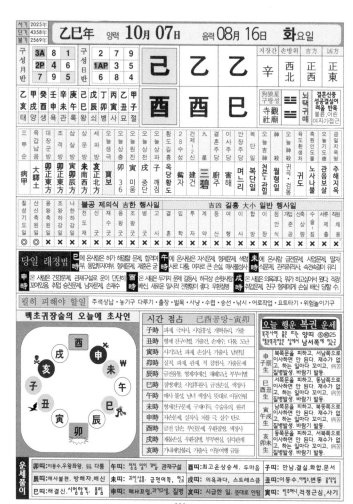

서기 2025年
단기 4358年
불기 2569年

乙巳年 양력 **10**月 **07**日 음력 **08**月 **16**日 **화**요일

구성월반			구성일반		
3A	8	1	2	7	9
2P	4	6	**1AP**	3	5
7	9	5	6	8	4

지장간 辛
방위 西北
길방 正西
흉방 正東

己 乙 乙
酉 酉 巳

乙亥 甲戌 癸酉 壬申 辛未 庚午 己巳 戊辰 丁卯 丙寅 乙丑 甲子
태 양 욕 관 록 왕 쇠 병 사 묘 절

狼狼星 구광성
寺觀 社廟

결혼신중 성공결실어 려움 반목
불륜.어린 여자가접근

三甲旬 病甲

육갑납음 大驛土

대장군방 卯正東方

조객방 丑正北方

삼살방 亥正北方

세파방 寅보

오늘상충 卯

오늘원진 寅

오늘상천 子

오늘상파 미움

황도흑도 옥당

2 8 4 6 성 星

건제十二신 破

九星 三碧

결혼주당 廚주

이사주당 害해

안장주당 며느리

복단일

神殺 천구·관앙

오늘神殺 귀곡·검봉

오늘神殺 귀도

인도화개 노사나불

지옥일 관음보살

추해지옥 관음보살

불공 제의식 吉한 행사일

칠성기도일	산신축원일	용왕축원일	조왕하강일	나한기도일	불공 제의식 吉한 행사일				吉凶 길흉 大小 일반 행사일							
					천도재	신중기도	재수굿	용왕굿	조왕굿	병굿	고사	결혼	입학	투자	계약	등산	여행	이사	합방	점안식	개업	신축상량	수술	서류제출	직원채용
◎	◎	◎	×	×	×	×	×	재	×	×	×	사	×	×	×	×	×	×	×	×	×	×	×

당일 래정법

巳時 巳에 온사람은 하가 해결할 문제 합격하고 **午**時 午에 온사람은 자식문제, 형제문제, 색정 **未**時 未에 온사람은 금전문제, 사업문제, 딸자
동업투자여부, 형제문제, 재혼은 굳 時 사로 다툼, 여자로 큰 손실, 매사불성사 時 식문제, 관직주위사, 속전속결이 유리

申時 申에 온사람은 건강문제, 관재구설로 운이 단단히 **酉**時 酉에 온사람은 자식문제, 손재수 직장문제 **戌**時 戌에 온사람은 금전문제가 뭐가 하고싶어서 왔다
꼬이고 있음 취업 승진문제 남녀불화로 손재수 時 배신 새로운 일사장 진행함이 좋다. 우환질병 時 취업문제 친구 형제동업으로 손실 배신 당할수 있

필히 피해야 할일 주색상납·농기구 다루기·출장·벌목·사냥·수렵·승선·낚시·어로작업·요트타기·위험놀이기구

백초귀장술의 오늘에 초사언

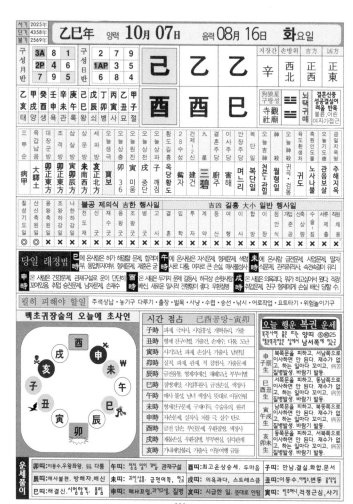

시간 점占 己酉공망-寅卯

子時	파재 극차사, 시업청심 개혁유리, 가출
丑時	형제 친구시별, 가출언, 손재수, 다툼, 도난
寅時	사기다툼, 파재, 손실사, 가출사, 남편외
卯時	실직, 퇴직, 관재, 직 참변사, 가출문제
辰時	금전융통, 형제자매간, 재혼당사, 색정사
巳時	질병재앙, 시업투쟁사, 금전손실, 색정사
午時	매사 불성업, 남녀 색정사, 뜻대로 이동안됨
未時	형제친구문제, 구재이득, 수술위의 원귀
申時	금전 암손, 부인문제, 우환질병, 색정사
酉時	재물손실, 우환질병, 부부변심, 심각한문제
戌時	가내우환불성, 가출사, 이동여행 금물

오늘 행운 복권 운세

복권사면 좋은 띠는 양띠 ⑧⑮25
행운복권방은 집에서 남서쪽에 있노

申子辰生	복락문을 피하고, 서남쪽으로 이사하면 안 된다, 재수가 없 고, 하는 일마다 꼬이고, 病苦 질병발생, 바람기 발동
巳酉丑生	서북쪽 문을 피하고, 북쪽으로 이사하면 안 된다, 재수가 없 고, 하는 일마다 꼬이고, 病苦 질병발생, 바람기 발동
寅午戌生	북쪽문을 피하고, 동북쪽으로 이사하면 안 된다, 재수가 없 고, 하는 일마다 꼬이고, 病苦 질병발생, 바람기 발동
亥卯未生	동쪽문을 피하고, 남쪽으로 이사하면 안 된다, 재수가 없 고, 하는 일마다 꼬이고, 病苦 질병발생, 바람기 발동

운세풀이

卯띠:이동수,우왕좌왕, 弱 다툼 **午띠**:점의 영의 '꼬임', 관재구설 **酉띠**:최고운상승세, 두마음 **子띠**:만남,결실,화합,문서
辰띠:매사불편, 방해자,배신 **未띠**:귀인상봉, 금전이득, 현금 **戌띠**:의욕과다, 스트레스큼 **丑띠**:이동수,애吉수,변동 움직임
巳띠:해결신, 시험합격, 풀림 **申띠**:매사꼬임,과거고생, 질병 **亥띠**:시급한 일, 뜻대로 안됨 **寅띠**:빈주머니,걱정근심,사기

- 296 -

서기	2025年	乙巳年	양력 10月 08日	음력 08月 17日	水요일	한로 寒露
단기	4358年					09時 41分 入
불기	2569年					

구성월반	2P	7	9	구성일반	1P	6	8A
	1A	3	5		9	2	4
	6	8	4		5	7	3

庚 丙 乙
戌 戌 巳

지장간	손방위	吉方	凶方
辛	北쪽	正南	正北

丁亥 병	丙戌 쇠	乙酉 왕	甲申 록	癸未 관	壬午 욕	辛巳 생	庚辰 양	己卯 태	戊寅 절	丁丑 묘

狗狼星구랑성
社廟 사당옥

결혼신중
결궁궁싫어
뇌택귀매 려움 반목
불륜,어린
여자가집근

三甲순	육갑납음	대장군방	조객방	삼살방	상문방	세파방	오늘상극	오늘상충	오늘원진	오늘상천	오늘상파	황도길흉	2 8수성	건제 12신	九星	결혼주당	이사주당	안장주당	神 오늘吉神	神殺오늘神殺	오늘神殺	육도환생처	축도	오늘기도德	금일지옥명
病甲	鑞釧金	卯正東方	卯正東方	寅東北方	未南西方	正北方	辰	巳 6	酉 미움	未 중단	未 깨짐	參걸	義二	黑	婦부	天천	어머니	-	천덕·수일	월해일	천격·토부	노사나불	미륵보살	추해지옥

칠성기도	산신축원	용왕축원	조왕축원	나한기도	불공 제의식 吉한 행사일							吉凶 길흉 大小 일반 행사일											
					천도	신중	재수	용왕	조왕	병굿	고사	결혼	입학	투자	계약	등산	여행	이사	합방	점안식	개업	신축상량	수술	서류제출	직원채용
◎	◎	◎	×	×	×	×	×	×	×	×	×	×	×	×	×	×	×	×	×	×	◎	×	×	×

당일 래정법

巳時 已에 온사람은 새사업에 방해자, 배신 午時 午에 온사람은 취직 해결할 문제, 합격 未時 未에 온사람은 형제와 친구가 훼방, 금전 주갑불리, 색상사 창업은 훼방문 여부, 금전주색자리, 자식문제 직장문제 구재건, 관재구설 로 다툼, 매사불성사

申時 申에 온사람은 금전문제, 사업문제, 酉時 酉에 온사람은 윗사람 윗 단단히 꼬여있음, 戌時 戌에 온사람은 무거 무기 문제, 갈등사 토지분산내리건 관재로 얽혀있음 되 자식으로 인해 큰 지출. 취업 승진문제, 자식문제, 손재수 불리 금전주식비애, 자식문제, 새로운 시작 진행함

필히 피해야 할일 회의개최·건축개축·구인·항공주의·승선·동토·벌초·관정·우물파기·제방쌓기

백초귀장술의 오늘에 초사언

시간 점占	庚戌공망-寅卯
子時	금전 얻음 부인문제, 우환질병, 객 憂患
丑時	사업 구애args 부부화합사 당선 합격
寅時	재물손실 금전유통, 가출사, 색장이별됨
卯時	재물손실 극차사, 남녀색정사 삼각관계
辰時	사업확원 도주, 적의 참투사 재물손실
巳時	질병재난 관재구설 모함, 당선當選관건
午時	질병재앙 관재구설 남편 작업死, 가출
未時	관직도심 사업실패 삼각관계 가출문제
申時	입상發福문제, 승전문제, 가출사, 원행
酉時	손해 財損실, 여자나 아이재앙 함정피해
戌時	금전 얻음 파업문제, 가출문제, 색상사
亥時	금전무리투자, 도난, 파재, 처를 극함

오늘 행운 복권 운세

복권사면 좋은 띠는 원숭띠 ⑨19, 29
행운복권방은 집에서 서남쪽에 있음

申子辰生	북쪽을 피하고, 서남쪽으로 이사하면 안 된다. 재수가 없고 병든病苦 하는 일마다 꼬이고, 질병발생. 바람기 발동
巳酉丑生	서북쪽을 피하고, 동남쪽으로 이사하면 안 된다. 재수가 없고 하는 일마다 꼬이고, 病苦 질병발생. 바람기 발동
寅午戌生	남쪽을 피하고, 북동쪽으로 이사하면 안 된다. 재수가 없고 病苦 하는 일마다 꼬이고, 질병발생. 바람기 발동
亥卯未生	동쪽을 피하고, 서북쪽으로 이사하면 안 된다. 재수가 없고 病苦 하는 일마다 꼬이고, 질병발생. 바람기 발동

운세풀이		
辰띠:이동수·우왕좌왕, 弱 다툼	未띠: 점진 이의 문제, 관재구설	戌띠:최고운상승세, 두마음	丑띠: 만남,결실,화합,문서
巳띠:매사불편, 방해자,배신	申띠:귀인상봉, 금전이득, 현금	亥띠: 의욕과다, 스트레스큼	寅띠:이동수,애로,변동 움직임
午띠:해결신,시험합격, 풀림	酉띠: 매사꼬임,과거고생, 질병	子띠: 시급한 일, 뜻대로 안됨	卯띠:빈주머니,걱정근심, 사기

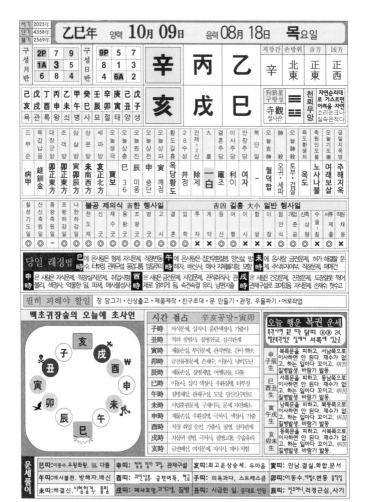

乙巳年　양력 **10**月 **09**日　음력 **08**月 **18**日　**목**요일

지장간	손방위	吉方	凶方
辛	北東	正東	正西

구성월반
2P	7	9
1A	3	5
6	4	8

구성일반
9P	5	7
8	1	3
6A	2	

辛 丙 乙
亥 戌 巳

己亥 戊戌 丁酉 丙申 乙未 甲午 癸巳 壬辰 辛卯 庚寅 己丑 戊子
욕 관 록 왕 쇠 병 사 묘 절 태 양 생

狗狼星 구랑성　寺觀 절사관

천뢰무망
자연순리대로 거스르면 어려움 자연소리는크나 실속은적다

三甲旬 病甲 / 옥갑납음 鐺釧金 / 대장군방 卯正東方 / 조객방 卯正東方 / 삼살방 亥南方 / 상문방 寅보 / 세파방 巳 36 / 오늘의상충 辰 미웅 / 오늘의원진 申 중괘 / 오늘의길흉 寅 깨짐 / 황도길흉 井정 / 건제 2 8 / 九星 一白 / 결혼주당 竈조 / 이사주당 利이 / 안장주당 여자 / 오늘太神 月덕합 / 神殺 오귀·세파 / 축鬼환쳐 토부·검살 / 복단일 옥女 / 오늘神殺 노사나불 / 오늘吉凶神 추해지옥 요래보살

불공 제의식 吉한 행사일
칠성기도	산신축원	용왕축원	조왕하강	나한기도	불공	천도재	신축상량	수술침	서류제출	제재
◎	-	◎	◎	◎						

吉凶 길흉 大小 일반 행사일
결혼	입학	투자	계약	여행	이장	점안	개업	신축	수리	서류	제출	침
×	○	×	×	×	×	×	○	○	○	○	×	×

당일 래정법
巳時에 온사람은 형제 자신문제 직장변동수 時수 타인의 관재구설 도난 손재수 시비다툼 남녀색정 모함
午時에 온사람은 잘방심장질병 맛심 방해 순수 색정사 배신사 매사 지체불성 모함
未時에 온사람은 금전문제 허가 해결할 문제 주변정리사 직장문제 매매건
申時에 온사람은 자식문제 직장업무문제 취업승진문제 괸구설문 불리, 색정사 억울한 일 따짐, 매사불성사
酉時에 온사람은 금전문제 관재로 얽히고 잘 속전속결이 유리, 남편자율 손재수
戌時에 온사람은 건강문제 친정문제 도와달라 짝사문제 관재구설 손재수

필히 피해야 할일
장 담그기 · 신상출소 · 제품제작 · 친구초대 · 문 만들기 · 관정 · 우물파기 · 어로작업

백초귀장술의 오늘에 초사언

시간 점占　辛亥공망-寅卯
子時	자식문제 실직사, 남녀색정사, 가출사
丑時	적의 침범사, 질병위급, 심각관계
寅時	재물손실, 부인문제 관재변동, 간사 情夫
卯時	금전융통문제 손재수, 이동사, 낭비근심
辰時	재물손실, 잘병刻치, 여행문제, 질통
巳時	이동사, 심각 색정사 우환질병 타부정
午時	잘병재앙, 관재구설, 모략, 방산상녀害
未時	사업후원문제 구재이득, 문제 자연해소
申時	재물손실 우환질병 극차사, 색정사 가출
酉時	직장 취업 승진, 가출사, 질병 심각관계
戌時	자살시 참범, 극차사, 잘병고통, 수술유의
亥時	금전배신 여자문제 자식사, 매사 막힘

오늘 행운 복권 운세
복권사면 됐 좋은 때는 닭띠 ⑧⑱ 24, 행운복권방은 집에서 서쪽에 있는곳

申子辰 生	북쪽문을 피하고, 서남쪽으로 이사하면 안 된다. 재수가 없 고, 하는 일마다 꼬이고, 病苦 질병발생. 바람기 발동.
巳酉丑 生	서쪽문을 피하고, 동남쪽으로 이사하면 안 된다. 재수가 없 고, 하는 일마다 꼬이고, 病苦 질병발생. 바람기 발동.
寅午戌 生	남쪽문을 피하고, 북쪽으로 이사하면 안 된다. 재수가 없 고, 질병발생. 바람기 발동.
亥卯未 生	동쪽문을 피하고, 서쪽으로 이사하면 안 된다. 재수가 없 고, 病苦 질병발생. 바람기 발동.

운세풀이
巳띠: 이동수우왕좌왕, 弱 다툼　　午띠: 매사불편, 방해자,배신
未띠: 해결신,시험합격, 풀림　　申띠: 점점 일이 꼬임, 관재구설
酉띠: 귀인상봉, 금전이득, 현금　　戌띠: 매사꼬임,과거고생, 질병
亥띠: 최고운상승세, 두마음　　子띠: 의욕과다, 스트레스큼
丑띠: 시급한 일, 뒤로 미룀　　寅띠: 만남,결실,화합,문서
卯띠: 이동수,이별수,변동 움직임　　辰띠: 빈주머니, 걱정근심, 사기

구성월반			구성일반						
2P	7	9	8	4AP	6				
1A	3	5	7	9	2				
6	8	4	3	5	1				

壬 丙 乙
子 戌 巳

지장간	손방위	吉方	凶方
辛	無	正北	正南

辛亥	庚戌	己酉	戊申	丁未	丙午	乙巳	甲辰	癸卯	壬寅	辛丑	庚子
록	관	욕	생	양	태	절	묘	사	병	쇠	왕

狗狼星
구랑성
天

천리무망
天

자연순리대로 거스르면 여름을 자연 소리указ다 실속的이다

三甲旬	육갑납음	대장군방	조객방	삼살방	상문방	세파방	오늘상충	오늘원진	오늘상천	오늘상파	황도길흉	건제12신	九星	결혼주당	이사주당	안장주당	천구하식	神殺	오늘神殺	육도환생처	오늘기도德	금일지옥
病甲	桑柘木	卯正東方	卯正東方	寅東北方	未南西方	亥正北方	午 36	未 미움	未 중단	酉 깨짐	천뇌흑도	鬼귀	九紫	姑	第제	安안	死 -	대공망	천화·패자	귀	천도	왕망보살	아미보살	철산지옥

청상기도일 산왕축원일 조왕축원일 나한축원일 불공 제의식 吉한 행사일 吉凶 길흉 大小 일반 행사일

				천의	신殺	재수 굿	용왕 굿	조왕 굿	병굿	고사	結혼	입택 入宅	투자	계약	등사	여행	이장	점안식	개업 준공	신축상량	수술침	서류제출	직원채용
X	X	X	X	X	X	X	X	X	X	⊚	X	◎	◎	X	⊚	◎	X	X	X	X	X	X	X

당일 레정법 巳時에 온사람은 자식문제, 금전실수 午時에 온사람은 이동변동수, 터부정, 未時에 온사람은 방해자, 배신사, 취업문제
친구나 형제문제, 관송사 반변시 한국성모함상, 자식문제, 차사고 색정사, 관송사, 매사 지체 불리함
申時 온 사람은 관직 취직문제, 결혼 경조사, 하가시비 酉時 온 사람은 외생사, 불리, 관재로 발전 戌時제 금전사 남편사 부동산 문제로 주리하는문.
해결됨 시험은 합격됨 하가되나 송남 구급조심 딸 문제발생 자식으로인해 지출 제물금잠사, 여자질병사 빈정실물 피해도 고전문

필히 피해야 할일 새집들이·친목회·금전수금·창고수리·건축수리·동토·관정 우물파기·기둥세우기

백초귀장술의 오늘에 초사언

시간 점占 壬子공망-寅卯

子時	돈아 채를 극 수술아의 색정사
丑時	결혼문제 금전융통 남편관련 관청일
寅時	자식문제 금전손재 신변위험 쟁의 운
卯時	귀인상봉 자식화합 관직변동 승전
辰時	질병침투 적 침범사 가출사·색정사
巳時	도난 파재 손모사 극차사 색정사
午時	질병침투 적 침범사 극차사 불성사
未時	잡귀침투 남편문제 잘병재앙 색정사
申時	창업문제 사업효심 색정사 도망문제
酉時	사업 후원사 가출문제 남녀색정사 파재
戌時	금전문제 잘병침투 적 침범사 구설다툼
亥時	가출문제 직업문제 남자가 피재 색정사

오늘 행운 복권 운세

복권사면 쫓을 띠는 개띠 ⑩②③ 30
행운복권방은 집에서 서북쪽에 길方

申子辰生	복권운을 피하고, 서남쪽으로 이사하면 안 된다. 하는 일마다 꼬이고, 질병발생. 바람기 발동.	病苦
巳酉丑生	북쪽문을 피하고, 남서쪽으로 이사하면 안 된다. 재수가 없 고, 하는 일마다 꼬이고, 질병발생. 바람기 발동.	病苦
寅午戌生	남쪽문을 피하고, 북동쪽으로 이사하면 안 된다. 재수가 없 고, 하는 일마다 꼬이고, 질병발생. 바람기 발동.	病苦
亥卯未生	동쪽문을 피하고, 서북쪽으로 이사하면 안 된다. 재수가 없 고, 하는 일마다 꼬이고, 질병발생. 바람기 발동.	病苦

운세풀이		
午띠: 이동수,우왕좌왕,약, 다툼	酉띠: 적절 이익 "계약, 관재구설	子띠: 최고운상승세, 두마음	卯띠: 만남,결실,화합,문서
未띠: 매사불편, 방해자,배신	戌띠: 끼인상황, 금전진이, 현금	丑띠: 의욕과다, 스트레스콤	辰띠: 이동수,예범수,변동 움직임
申띠: 해결신, 시험합격, 풀림	亥띠: 빠새꼬임,과가싸움, 질병	寅띠: 시급한 일, 뜻대로 안됨	巳띠: 빈주머니,걱정근심,사기

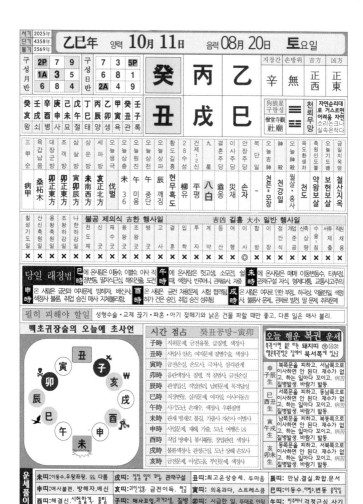

서기 2025年
단기 4358年
불기 2569年

乙巳年 양력 10月 11日 음력 08月 20日 토요일

구성月반			구성日반		
2P	7	9		7	3	5P
1A	3	5		6	8	1
6	8	4		2A	4	9

癸 丙 乙
丑 戌 巳

지장간	손방위	吉方	凶方
辛	無	正西	正東

癸 壬 辛 庚 己 戊 丁 丙 乙 甲 癸 壬
亥 戌 酉 申 未 午 巳 辰 卯 寅 丑 子
왕 쇠 병 사 묘 절 태 양 생 욕 관 록

狗狼星
구랑성
僧堂寺廟
社廟

천뢰망
天牢亡

자연순리대로 거스르면 어려움 자연의 소리든크게 축속온전다

三甲순 / 육갑납음 / 대장군방 / 조객방 / 삼살방 / 세파방 / 오늘생충 / 오늘상충 / 오늘상천 / 오늘상파 / 황도길흉 / 건제1신2성 / 九星 / 결혼주당 / 이사주당 / 안장주당 / 복단일 / 神殺 / 오늘神殺 / 오늘吉神 / 태을신 / 도환생처 / 천구하식시 / 지신뢰 / 오늘길흉

病甲 / 桑柘木 / 卯正東方 / 卯正東方 / 寅南方 / 亥正北方 / 伐벌 / 未 / 午 / 辰 / 미움 / 중깨짐 / 현무흑임 / 柳유 / 平평 / 八白 / 翁옹 / 災재 / 손자 / 천은·뭉망 / 천강일 / 월살·홍사 / 천도 / 우왕보살 / 부천보살 / 철산지옥

칠성기도일 / 산신기도일 / 용왕축원일 / 조왕하강일 / 나한기도일 / 불공 제의식 吉한 행사일 / 吉凶 길흉 大小 일반 행사일

천의 / 신 재수굿 / 용왕굿 / 조왕굿 / 병굿 / 고사 / 결혼 / 입학 / 투자 / 계약 / 여행 / 이합 / 안장 / 점안 / 개업준공 / 신축상량 / 수술 / 서류제출 / 출행

× × × × × | × × × × × × × × × × × × × ◎ × × × ×

<당일 래정법>
巳時 巳에 온사람은 이동수 이별수 아지 직장변동 딸자식근심 관송관증 도전
午時 午에 온사람은 헛고생 소모전 쇠 색정사 반하나 관재수 지출
未時 未에 온사람은 매매 이동변동수 터부정 관재구설 자식 형제다툼 교통사고주의
申時 申에 온사람은 금전문제 여자문제 색정사 배신사 취업사
酉時 酉에 온사람은 금전 자손문제 시험 합격됨 색정사 취업사 매사 지체불리함
戌時 戌에 온사람은 여자로 인한 부정 하극상 억울한일 색정사 관재문제 관록변 딸 문제 취무문제

필히 피해야 할일 | 성형수술·교제 끊기·파혼·아기 젖떼기와 낡은 건물 파할 때는 좋고, 다른 일은 매사 불리.

백초귀장술의 오늘에 초사언

시간 점占 癸丑공망-寅卯

子時 직위문제, 금전융통, 급질병, 색상사
丑時 사나사 않은 여자문제 갈등승승, 색상사
寅時 금전손실, 손모자, 극차사, 삼각관계
卯時 윤인색정사, 갈병, 적 참방사, 금전손실
辰時 관공리, 직업관리, 남편문제, 목적달성
巳時 직장변동, 실자문제, 여자일, 이사동능
午時 사기도난, 손재수, 색정사, 우환질병
申時 관재 병액로 불길, 가출사 자손사, 이별사
酉時 직업 명예사, 봉사활동, 창업관련, 색정사
戌時 불륜색정사, 관공리식, 도난 상해 손모사
亥時 금전문제, 이성도움, 부인문제, 색정사

오늘 행운 복권 운세
복권사면 좋은 때 돼지띠 ⑪①631
행운복권방 집에서 북서쪽에 있다

子時 북묘문을 피하고, 서남쪽으로 이사하면 안 된다. 재수가 없고, 하는 일마다 꼬이고, 病苦
丑時 서묘문을 피하고, 동남쪽으로 이사하면 안 된다. 재수가 없고, 하는 일마다 꼬이고, 病苦
寅時 동묘문을 피하고, 북묘쪽으로 이사하면 안 된다. 재수가 없고, 질병발생, 바람기 발동.
卯時 남묘문을 피하고, 북묘쪽으로 이사하면 안 된다. 재수가 없고, 질병발생, 바람기 발동.

운세풀이

未띠: 이동수,우왕좌왕, 弱을 다툼
申띠: 매사불편, 방해자,배신
酉띠: 해결신,시험합격, 풀림
戌띠: 점점 일이 꼬임, 관재구설
亥띠: 귀인상봉, 금전이득, 햑김
子띠: 매사꼬임,과거고색, 질병
丑띠: 최고운상승세, 두마음
寅띠: 의욕과다, 스트레스큼
卯띠: 시급한 일, 뜻대로 안됨
辰띠: 만남,결실,화합,문서
巳띠: 이동수,이별수,변동 움직임
午띠: 빈주머니,걱정근심, 사기

- 300 -

乙巳年 양력 **10**月 **12**日 음력 **08**月 **21**日 **일**요일

									지장간	손방위	吉方	凶方
구성월반	2P	7	9	구성일반	6	2	4P		辛	東쪽	正南	正北
	1A	3	5		5	7	9A					
	8	4			1	3	8					

甲 丙 乙
寅 戌 巳

乙亥生	甲戌양	癸酉태	辛未묘	庚午사	戊辰쇠	丁卯왕	丙寅록	甲子욕

狗狼星 구랑성 丑方 북동쪽 / 天雷무망 / 자연순리대로 거스르면 어려움 자연소리는크니 실속은적다

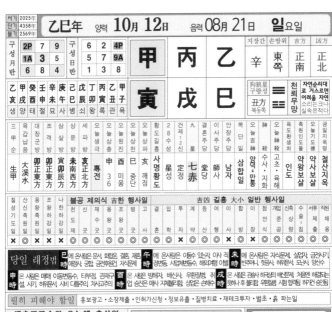

三甲순	육갑납음	대장군방	조객방	삼살방	상문방	세파방	오늘의상충	오늘의원진	오늘의상천	오늘의상파	황도흑도	건제12신	九星	결혼주당	이사주당	안장주당	오늘日辰	神殺	오늘吉神	육도환생처	축원인도불	오늘기도덕
生甲	大溪水	卯正東方	寅正東方	亥子丑方	午南方	申	酉	辰	亥	사명황도	定	七赤	堂당	師사	삼갑庫	양력·맏물	수사·지화	고초·육해	인도	약왕보살	철산지옥
						상충	36	미움	깨짐		중단										

칠성기도일	산신축원일	용왕축원일	조왕하강일	나한하강일	**불공 제의식 吉한 행사일**					**吉凶 길흉 大小 일반 행사일**												
					천신 축원	신불 수리	재수 굿	용왕 굿	조왕 굿	병 굿	결혼	입택 이사	투자	계약	등 산	여행	이장	항공	안장	개업 준공	기공 상량	신축 상침	수술 ·침	서류 제출	직원 채용
○	○	○	×	○	×	×	×	×	×	×	×	×	×	○	○	×	×	×	×	×	×	×

당일 레정법

巳時 에 온사람은 문서 화합손, 결혼, 재혼, 궁합, 금전용인, 자식문제

午時 에 온사람은 이동수 있는자 이사 직장변동, 사업변동수, 해외문제 이별수

未時 에 온사람은 자식문제, 실업자, 금전구기, 반꾸러수, 핫문서 허위문서 모난사 맞난수

申時 온사람은 매사 이동변동수, 터부정, 관재구설 사기 하극상 모함 시기 하위문서 사비 도롱주의 차사고주의

酉時 온 사람은 방해자, 배신사, 우환질병, 취업 승진문제 매사 지체불리함 실업은 손해수

戌時 온 사람은 관상사 하극상 의 배신문제, 처음에는 해결도기 5하나후 불리함 원함불성 시험 합격됨 하긴 승진됨

필히 피해야 할일 홍보광고·소장제출·인허가신청·정보유출·질병치료·재테크투자·벌초·흙 파는일

백초귀장술의 오늘에 초사언

시간 점占	甲寅공망-子丑
子時	사업후원사, 창업, 금전용통, 자식질병
丑時	매사불성, 금전융통 고통, 질병재앙
寅時	질병침투, 금전손실, 취직, 직장직업
卯時	금전문제, 부인문제, 색정사, 우환질병
辰時	매사마비, 금전융통불길, 가출사, 색정사
巳時	사업ند문제 후원사, 금전, 결혼기쁨, 망신수
午時	금전손실 다툼, 봉사활동, 가출, 관재구설
未時	잡귀발동사, 직녀불화로 매사 불성사
申時	질병침투, 윤리불륜사 사기도난, 가출사
酉時	관재관청사, 남편흉극 우환질병 발생
戌時	금전용통, 상업변동, 우환질병, 가출사
亥時	질병침투, 금전손실 도난 자식문제 도망

오늘 행운 복권 운세
복권사면 좋은 띠는 쥐띠 ①⑧⑯
행운복권방 집에서 북쪽 방향

申子辰	북쪽문을 피하고, 서쪽으로 이사하면 안 된다·재수가 없 고, 하는 일마다 꼬이고, 病苦 질병발생. 바람기 발동
巳酉丑	서쪽문을 피하고, 동쪽으로 이사하면 안 된다·재수가 없 고, 하는 일마다 꼬이고, 病苦 질병발생. 바람기 발동
寅午戌	남쪽문을 피하고, 북쪽으로 이사하면 안 된다·재수가 없 고, 하는 일마다 꼬이고, 病苦 질병발생. 바람기 발동
亥卯未	동쪽문을 피하고, 서쪽으로 이사하면 안 된다·재수가 없 고, 하는 일마다 꼬이고, 病苦 질병발생. 바람기 발동

운세풀이	
申띠:이동수,우왕좌왕, 弱, 다툼	亥띠:정정, 이애 '병, 관재구설
酉띠:매사불편, 방해자,배신	子띠:귀인상봉, 금전이득, 현금
戌띠:해결신,시험합격, 풀림	丑띠:매사꼬임,과거2생, 질병
寅띠:최고운상승세, 두마음	巳띠:만남,결실,화합,문서
卯띠:의욕과다, 스트레스큼	午띠:이동수,이별수,변동 움직임
辰띠:시급한 일, 뜻대로 안됨	未띠:빈주머니,걱정근심, 사기

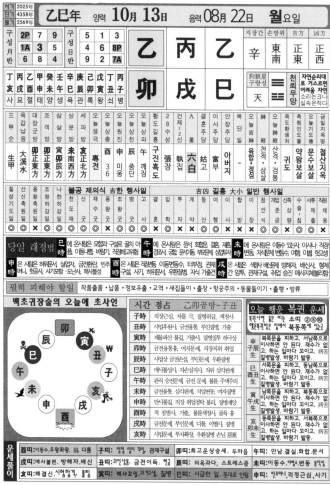

서기 2025년	乙巳年	양력 10月 14日	음력 08月 23日	화요일
단기 4358年				
불기 2569年				

구성月반			구성日반		
2P	7	9		4	9	2
1A	3	5		3	5	7
6	8	4		8	1	6P

丙 丙 乙
辰 戌 巳

지장간	손방위	吉方	凶方
辛	南쪽	正北	正南

己亥	戊戌	丁酉	乙未	甲午	癸巳	壬辰	辛卯	庚寅	己丑	戊子
절	묘	사	병	쇠	왕	관	욕	생	양	태

狗狼星 구랑성
寅辰方

천뢰공망
자연승리대로 거스르면 어려움 자연 소리크나 실속은적다

三甲旬	육갑납음	대장군방	조객방	삼살방	상문방	세파방	오늘길흉성	오늘吉神	오늘神殺	황도길흉	건제12신	九星	결혼주당	이사주당	안장주당	복단일	神殺	오늘吉神殺	육도환생처	축일당처	오늘吉凶
生甲	沙中土	卯正東方	卯正東方	未南西方	亥西北方	寶보	戌	亥	卯	청룡황도	破파	五黃	夫부	殺살	손님	천덕·일위	월덕일	왕·구앙	축도	귀왕보좌	천상지옥
				상충극	세파진		오늘미충	중단깨침		翼익	破파										철산지옥
							36														글지옥명

칠성기도일	산신축원일	용왕축원일	조왕축원일	나한기도일	불공 제의식 吉한 행사일						吉凶 길흉 大小 일반 행사일																
					천신	신축	재수굿	용왕굿	조왕굿	병굿	굿	고사	결혼	입학	투자	계약	여행	이사	안장	점안식	개업준공	신축상량	수리침	서류제출	직원채출
✕	✕	✕	✕	✕	✕	✕	✕	✕	✕	✕	✕	✕	✕	✕	✕	✕	✕	✕	✕	✕	✕	✕	✕	✕	✕

당일 래정법

巳時에 온사람은 창업غ전화문제, 무엇때문인지 해결하고있던, 직장취업 승진문제 午時에 온사람은 친정문제, 자식문제 끝이 어픔, 바람기 불통, 샤바투쟁 未時에 온사람은 금전구재, 문서 화합은 결혼, 재혼, 경사수 애정사 궁합 만날 기업

申時온 사람은 이동수 있으나 이사나 직장변동, 관재구설 사업체 변동수, 여행, 이별수, 창업불리 **酉時**온 사람은 색정사로, 금전손재수, 수여미불 이동수 있다, 사업변동수, 처 갓집에 **戌時**온 사람은 매매 이동변동수, 터부정, 관재구설 사기 유혹불리 도망사 사기 대통주의 차사주의미

꼭히 피해야 할일	이날은 월파일로 왕망과 구공 등 신살에 해당되어 매사 해롭게 불리한 날

백초귀장술의 오늘에 초사인

시간 점占	丙辰공망-子丑
子時	만사개혁유리, 자식질병문제, 직장관련
丑時	남편문제 자식문제, 가출사 우환질병
寅時	잘병춤루, 금전고통, 파의사발생 임신 가
卯時	사업파산 상업손실, 도난, 가출문제
辰時	금전손실 다툼, 사업부진, 자식 부모문제
巳時	취업 직장승진문제, 입사공모 명예사, 당선
午時	매사불성사, 금전파산 극차사, 도망 吉
未時	자식사, 직장취업 화합사, 자연해소
申時	금전용통, 여자문제, 우환질병, 가출사
酉時	남녀색정사, 금전손해 다툼수, 가출문제
戌時	적 침범사, 가출사, 질병침투, 부하도주
亥時	청탁 당선에 방해있음 실수 탄로, 관재

오늘 행운 복권 운세

행운의 숫자가 **3⑧⑧**
행운의색상은 **동북쪽**

申子辰생	북쪽을 피하고, 서남쪽으로 이사하면 안 된다. 재수가 없고 하는 일마다 꼬이고, 病苦 질병발생. 바람기 발동.
巳酉丑생	서쪽을 피하고, 동북쪽으로 이사하면 안 된다. 재수가 없고 하는 일마다 꼬이고, 病苦 질병발생. 바람기 발동.
寅午戌생	남쪽을 피하고, 북동쪽으로 이사하면 안 된다. 재수가 없고 하는 일마다 꼬이고, 病苦 질병발생. 바람기 발동.
亥卯未생	동쪽을 피하고, 서북쪽으로 이사하면 안 된다. 재수가 없고 하는 일마다 꼬이고, 病苦 질병발생. 바람기 발동.

10월

운세풀이

戌띠:	이동수,우왕좌왕, 弱, 다툼
亥띠:	매사불편, 방해자,배신
子띠:	해결신,시험합격, 풀림
丑띠:	적정 이의 금전, 관재구설
寅띠:	귀인상봉, 금전이득, 현금
卯띠:	매사꼬임,과거고생, 질병
辰띠:	최고운상승세, 두마음
巳띠:	의욕과다, 스트레스큼
午띠:	시급한 일, 뜻대로 안됨
未띠:	만남,결실,화합,문서
申띠:	이동수,이별수,변동 움직임
酉띠:	빈주머니,걱정근심, 사기

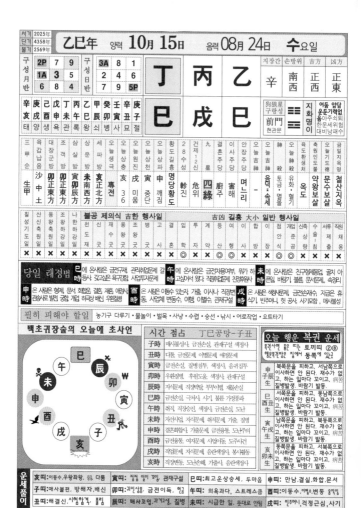

구성월반			구성일반						장기간	손방위	吉方	凶方
2P	7	9		3A	8	1			辛	南西	正西	正東
1A	3	5		4	6							
	6	8		7	9	5P						

丁 丙 乙
巳 戌 巳

辛	庚	己	戊	丁	丙	乙	甲	癸	壬	辛	庚
亥	戌	酉	申	未	午	巳	辰	卯	寅	丑	子
태	양	생	욕	관	록	왕	쇠	병	사	묘	절

狗狼星 구랑성
前門 현관문

☰☰ 지화명이

어둥 압당 운문기력업 아주쇠퇴 한운세위험 대비낭패수

불공 제의식 吉한 행사일 / 吉凶 길흉 大小 일반 행사일

신축기도일	산신제	용왕축원	조왕하강	나한기도		천도재	신굿	재수굿	용왕굿	조왕굿	병굿		결혼	입학	투자	계약	등기	여행	이장	합방	개업	신축상량	수술	서류제출	직원채용
×	×	×	×	×		×	×	×	×	×	×		◎	◎	○	◎	○	◎	◎	×	○	×	×	×

당일 래정법 — 巳時 온사람은 금전구재 관리자업문제 갈上 午時 온사람은 금전차용여부 뭐가 하 未時 온사람은 친구동업건 끌내 이 時 쁜사람 갖고싶은 욕구강함 사업투자문제 때 고소여파 왔다 직장변동건 진정하곤 時 끔빈 바람기 불륜 문서문제 색정사

申時 온사람은 형제 문서 화합은 결혼 재혼 애정사 관심사 부동산 본접 결합 기업 관재구설 움직임 酉時 온사람은 이동수 있는가 가출 이사나 직장변동 다툼 사업체 변동수 여행 이별수 관재구설 戌時 온사람은 색정색사로 금전손재수 지금은 고수 빈주머니 헛공사 사기모함 매사불성

필히 피해야 할일 — 농기구 다루기·물놀이·벌목·사냥·수렵·승선·낚시·어로작업·요트타기

백초귀장술의 오늘에 초사언

시간 점占 丁巳공망-子丑

子時	매사불성 직장문제 관재구설 색정사
丑時	다툼, 금전문제 야반문제 예정문제
寅時	금전손실, 질병침투, 색정사, 음귀침투
卯時	우환질병, 후원도움, 색정사 관재구설
辰時	자식문제 직장변동 부부의 재물손실
巳時	금전손실 극차사 사기 불륜 가정풍파
午時	취직 직장승진 색정사 금전손실 도난
未時	자산시업 자문문제 취직문제 가출, 질병
申時	결혼화합사 가출문제 금전융통, 도난주의
酉時	금전손실, 여자문제, 사업문제, 도주사건
戌時	직업문제 자식문제 음란색정사 봉사활동
亥時	직장변동, 도난질병, 가출사, 음란색정사

오늘 행운 복권 운세

복권사면 좋은 띠는 토끼띠 ②⑧
행운방향 받는 직장쪽 동쪽쪽이다

申子辰生	북쪽문을 피하고, 서남쪽으로 이사하면 안 된다. 재수가 없 고, 하는 일마다 꼬이고, 病苦 질병발생. 바람기 발동
巳酉丑生	서쪽문을 피하고, 동남쪽으로 이사하면 안 된다. 재수가 없 고, 하는 일마다 꼬이고, 病苦 질병발생. 바람기 발동
寅午戌生	남쪽문을 피하고, 북동쪽으로 이사하면 안 된다. 재수가 없 고, 하는 일마다 꼬이고, 病苦 질병발생. 바람기 발동
亥卯未生	동쪽문을 피하고, 서북쪽으로 이사하면 안 된다. 재수가 없 고, 하는 일마다 꼬이고, 病苦 질병발생. 바람기 발동

운세풀이

亥띠:이동수,우왕좌왕, 弱,다툼
子띠:매사불편, 방해자,배신
丑띠:해결신,시험합격, 풀림

寅띠:만남,결실,화합,문서
卯띠:귀인상봉, 금전이득, 현금
辰띠:매사꼬임,과거2생,질병

巳띠:최고운상승세, 두마음
午띠:의욕과다, 스트레스큼
未띠:시급한 일, 뜻대로 안됨

申띠:만남,결실,화합,문서
酉띠:이동수,이별수,변동 움직임
戌띠:빈주머니,적정근심, 사기

乙巳年 양력 10月 16日 음력 08月 25日 木요일

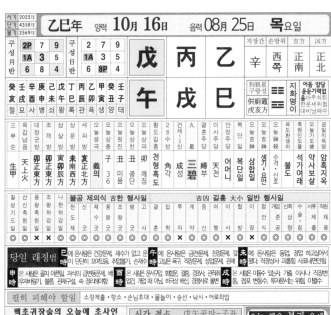

구성월반:
2P	7	9
1A	3	5
6	8	4

구성일반:
2P	7	9
1A	3	5
6	8P	4

| 戊 | 丙 | 乙 |
| 午 | 戌 | 巳 |

	지장간	손방위	吉方	凶方
	辛	西쪽	正南	正北

지화명이

癸	壬	辛	庚	己	戊	丁	丙	乙	甲	癸	壬
亥	戌	酉	申	未	午	巳	辰	卯	寅	丑	子
절	묘	사	병	쇠	왕	록	관	욕	생	양	태

三甲旬 육갑납음 대장군방 조객방 삼살방 세파방 오늘일진 오늘상극 오늘상충 오늘원진 황도길흉 28수성 건제12신 九星 결혼주당 이사주당 안장주당 복단일 오늘吉神 오늘神殺 축인도움 오늘기도발 약사보살 석가여래 지옥

生甲 天上火 卯正東方 卯正東方 未南西方 子 丑 卯 천형殺日 角 成 三碧 婦 天덕 복단일 삼합일 샘기·용안 수격·싱호 불도 석가여래 약사보살 축원인도불 약사보살 지화지옥

칠성기도일 산신기도원일 용왕기도원일 조왕기도일 나한기도일

불공 제의식 吉한 행사일 / 吉凶 길흉 大小 일반 행사일

천도재 신중기도 재수굿 용왕굿 조왕굿 병굿 고사 결혼 입학 투자 계약 등 이장 점안식 개업 신축상량 수술 서류제출 직원채용

◎ ◎ × × × ◎ ◎ × × × ◎ × ◎ × ◎

당일 래정법

巳時 에 온사람은 건강문제, 재수가 없고 운이 단히미 꼬여있소 취업문제, 손재수

午時 에 온사람은 금전문제, 친정문제 갖고있음 욕심, 직장문제 상업문제 관재

未時 에 온사람은 동업 창업 하고싶어 직장상사 괴롭힘 사퇴사면사람

申時 온 사람은 골치 아픈일, 자식의 급변동사로 배신 우환질병, 관재구설 속 정리해야함

酉時 온 사람은 문서탈 화합은, 결혼, 경조사 관재로 관송사 개혐 때 아픔 하극상 배신 경쟁사로 관재

戌時 온 사람은 이동수 있소 7궁 이사나 직장변동 점포 변동수, 투자로는 위험 이별수

필히 피해야 할일: 소장제출·항소·손님초대·물놀이·승선·낚시·어로작업

백초귀장술의 오늘에 초사언

시간 점占 戊午공망-子丑

子時	잘병침투, 실직, 취물 극 처damage문제 가출
丑時	재물손실 파산 극차사 부부다툼, 관송사
寅時	재해 도난 질병침투, 여행充 흉, 가줄
卯時	금전손실 남편문제, 직장관리, 색정사
辰時	금전 임신 봉사활동, 신규사업, 형제찬구
巳時	관재 병재로 불길, 가출sa 색정사 하극상
午時	금전손실 다툼, 여자문제 취물 극 수술
未時	금전융통, 신규사업, 선거당선 합격기쁨
申時	매사 불성사, 도망은 吉, 도둑손실 재액
酉時	자식문제, 남편질병, 손재수, 함정음모
戌時	가출건, 급병자 산소문제 종교문제 ⊗
亥時	여자는 해롭고, 사기 도난 손재 야불수

오늘 행운 복권 운세

복권사면 좋은 띠는 **용띠** ⑤⑩㉒
행운복권방은 집에서 **동남쪽**에 있소

申子辰生	북쪽문을 피하고, 서남쪽으로 이사하면 안 된다. 재수가 없고, 하는 일마다 꼬이고, 病苦질병발생. 바람끼 발동.
巳酉丑生	서쪽문을 피하고, 동남쪽으로 이사하면 안 된다. 재수가 없고, 하는 일마다 꼬이고, 病苦질병발생. 바람끼 발동.
寅午戌生	남쪽문을 피하고, 북동쪽으로 이사하면 안 된다. 재수가 없고, 하는 일마다 꼬이고, 病苦질병발생. 바람끼 발동.
亥卯未生	동쪽문을 피하고, 서북쪽으로 이사하면 안 된다. 재수가 없고, 하는 일마다 꼬이고, 病苦질병발생. 바람끼 발동.

운세풀이

子띠	이동수, 우왕좌왕, 弱, 다툼
丑띠	매사불편, 방해자, 배신
寅띠	해결신, 시험합격, 풀림
卯띠	질병침투, 밀어 찾고, 관재구설
辰띠	귀인상봉, 금전이득, 현금
巳띠	매사꼬임, 과거2생, 질병
午띠	최고운상승세, 두마음
未띠	의욕과다, 스트레스큼
申띠	시급한 일, 뜻대로 안됨
酉띠	이동수, 이별수, 변동 움직임
戌띠	만남, 결실, 화합, 문서
亥띠	빈총아니, 격정근심, 사기

10월

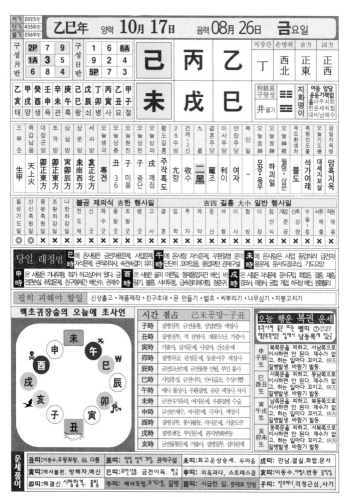

乙巳年 양력 **10月 18日** 음력 **08月 27日** **土**요일

지장간	손방위	吉方	凶方
丁	北쪽	正北	正南

구성월반				구성일반		
2P	7	9		9	5	7
1A	3	5		8	1	3
6	8	4		4P	6A	2

庚 丙 乙
申 戌 巳

丁	丙	乙	甲	癸	壬	辛	庚	己	戊	丁	丙
亥	戌	酉	申	未	午	巳	辰	卯	寅	丑	子
병	쇠	왕	록	관	욕	생	양	태	절	묘	사

狗狼星 구랑성	지화명이	어둠 압달
橋門路 社廟	☰☰ 地火明夷	운도기력쇠진 아주쇠퇴 대비 낙매

三甲순	육갑납음	대장군방	조객방	삼살방	세파방	오늘생극	오늘상충	오늘상천	오늘상파	오늘원진	황도길흉	건제12신	九星	결혼주당	이사주당	안장주당	오늘日辰	神殺	殺	오늘吉神	오늘흉신살처	축원인도방	금일지옥
生甲	石榴木	卯正東方	卯正東方	未南西方	寅	卯	巳	巳	金궤흉	氐	開	一白	第제	安안	死	천우·여마	월덕·왕일	천적·염대	인도	석가여래	아미지옥	八敗殺
		專천			3 6	미움	깨짐		저	開개		安제									

칠성기도일	산신축원일	용왕축원일	조왕하강일	나한한강일	불공 제의식 吉한 행사일						吉凶 길흉 大小 일반 행사일									
					천도재	신중 기도	재수굿	용왕굿	조왕굿	병굿	결혼	입택	투자	계약	등여행	여행	이장	점안식	개업	신축	수리	서류제출	직원채용
◎	×	×	×	×	◎	×	×	×	×	×	△	◎	◎	◎	○	×	▲	○	◎	◎	△	△	◎

당일 래정법
巳에 온사람은 배신으로 관송사 금전문제 / 午에 온사람은 금전손실 자식문제 빈정 / 未에 온사람 건강문제 자식문제로 좌착
時 직장잃고 색장사로 다툼 가정불화 손해수 / 時 이동함 관재유발수 속전속결이 유리 / 時 상태 직장문제인가 손재수, 핫수고

申에 온사람은 금전차용문제 관재자질병 장 / 酉에 온사람은 관송사 색상사 뭐가 하고싶어 / 戌에 온사람은 금전손실 자식문제 형
時 업무로 후원바는 유리함 망산수 사고조심 / 時 직장취업문제 친구형제간 배신, 건강 수술할일 / 時 제동검 바람기 불륜 사비투쟁, 급숙성지배

필히 피해야 할일 인수인계·머리자르기·주방수리·수의 짓기·방류·도로정비·동토·안장·산소매구

백초귀장술의 오늘에 초사언

시간 점占	庚申공망-子丑
子時	금전손실 직업변동 자식질병 도난실직
丑時	사업문제 금전손실 사기도난 가출건
寅時	직업이동 금전융통 육친이별 타부정
卯時	금전융통 처첨사 우환질병 가출건
辰時	부동산사업 종교문제 봉사 시혐있각
巳時	질병불통 육친무별 색상사 도망 투쟁
午時	질병침투 작업띠질 가출, 재해 도난
未時	사업변동 가출사 금전손실 도망
申時	취직 작업승진용문제예 당선, 금전융통
酉時	금전손실 극차사, 남녀색정사 수술주의
戌時	후원다변 가출사 적의 함정 기도원
亥時	자식문제 질병발생 손해, 가출, 함정

운세풀이

寅띠: 이동수,우왕좌왕, 弱일 다툼	申띠:최고운상승세, 두마음
卯띠:매사불편, 방해자,배신	酉띠: 의욕과다, 스트레스큼
辰띠:해결신,시험합격, 풀림	戌띠: 시급한 일, 뜻대로 안됨
巳띠: 귀인상봉, 금전이득, 현금	亥띠: 만남,결실,화합,문서
午띠: 귀인상봉, 금전이득, 현금	子띠:이동수,애붙,변동 움직임
未띠: 빈해짐,과거고생, 질병	丑띠: 빈껍데기,걱정근심, 사기
未띠: 만사형통함 재물과	丑띠:

서기 2025년								
단기 4358년	乙巳年	양력 10月 19日	음력 08月 28日	**일**요일
불기 2569년				

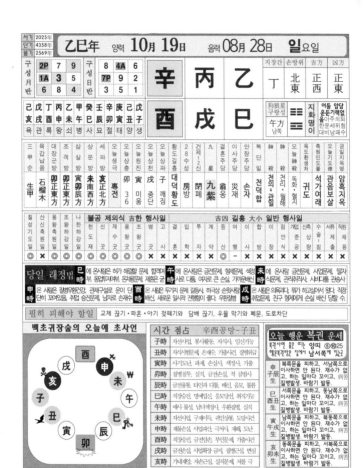

구성월반			구성일반				辛	丙	乙	지장간	손방위	吉方	凶方
2P	7	9	8	4A	6					丁	北東	正西	正東
1A	3	5	7P	9	2		酉	戌	巳				
6	8	4	3	5	1							

| 己亥 | 戊戌 | 丁酉 | 乙未 | 甲午 | 癸巳 | 辛卯 | 庚寅 | 戊子 |
| 욕 | 관 | 록 | 쇠 | 병 | 사 | 절 | 태 | 양 | 생 |

狗狼星 구랑성 / 午方 남쪽 — 지화명이

어들 앞달 윤은기력성 아주식회 한온세위험 대비낭패

三甲旬	육갑납음	대장군방	조객방	삼살방	상문방	세옥신	오늘상충	오늘원진	오늘상천	오늘상파	황도길흉	건제12신	九星	결혼주당	이사주당	안장주당	복단일	神殺	神殺	오늘吉神	神殺	육도환생처	축원인도불	오늘기도덕
生甲	石榴木	卯正東方	卯正東方	寅南西方	辰東北方	專전	卯 3 6	寅 중단	戌 미움	亥 깨짐	대덕 房방	閉폐	九紫	翁옹	災재	손자	천의 · 관일	천리 · 관일	독화 · 혈지	귀도	석가여래	관음보살	암흑지옥

칠성기도일	산신축원일	용왕축원일	조왕하강일	나한하강일	불공 제의식 吉한 행사일										吉凶 길흉 大小 일반 행사일											
					천신	신중	재수	용왕	조왕	병굿	고사	결혼	입택	투자	계약	등	여행	이장	합방	안장	개업	준공	상량	서류 제출	각원 제출
◎	✕	◎	◎	◎	天굿	神굿	재굿	용왕굿	조왕굿	굿	사	혼	학	자	약	산	행	사	방	장	식	공	량	출	출
◎	✕	◎	◎	◎	◎	✕	◎	◎	◎	✕	✕	✕	✕	✕	✕	-	✕	✕	✕	◎	◎	◎	◎	◎

당일 래정법	巳時	巳에 온사람은 허가 해결할 문제 합격여부 午時 동료부부 문제로 재운은 곧
	午時	午에 온사람은 금전문제 형제문제 색정문제 未時 서로 다툼, 여자로 큰 손실, 가까운배신
	未時	未에 온사람은 금전문제 사업문제 딸자 時 식문제, 관재구설사, 사비다툼 관송사
	申時	온 사람은 질병방문자, 관재구설로 운이 단단히 꼬여있음, 취업 승진문제 남자로 손해수
	酉時	酉에 온사람은 두문제로 서로 싸우는 순환사탈 時 배신 새로운 일사작 진행함이 좋다 우환질병
	戌時	戌에 온사람은 자식문제 친구 형제외己 손실 배신 당할수

필히 피해야 할일	교제 끊기 · 파혼 · 아기 젖떼기와 · 담배 끊기, 우물 막기와 폐문, 도로차단

백초귀장술의 오늘에 초사언

시간 점占	辛酉공망-子丑
子時	자산거입, 봉사활동, 자식사, 임신가능
丑時	자식시험문제, 손재수, 가출사건, 질병침습
寅時	사기도난, 파재, 손실사, 색정사, 가출
卯時	질병침투, 실직, 금전손실, 적 침하사
辰時	금전용통, 타인과 다툼, 배신 음모, 불륜
巳時	직장승진, 명예직업, 음모달성, 취직가능
午時	매사 불성, 남녀색정사, 우환질병, 실직
未時	직장실직사, 취업불성, 귀인상봉, 도망사건
申時	재물손실, 사업파산, 극차사, 재해, 도난
酉時	직장승진, 금전용통, 부인문제, 가출사건
戌時	금전손실, 사업파재 금지, 질병근심, 변심
亥時	가내화합, 자손근심, 실직문제, 재물 극

오늘 행운 복권 운세
복권사면 좋은 띠는 양띠 ⑤⑩25 행운상승의 좋은 방위 남서쪽 이곳
申子辰生	복쪽을 피하고, 서남쪽으로 이사하면 안 된다. 재수가 없고 고, 하는 일마다 꼬이고, 病苦 질병발생, 바람기 발동.
巳酉丑生	서쪽을 피하고, 동남쪽으로 이사하면 안 된다. 재수가 없 고, 하는 일마다 꼬이고, 病苦 질병발생, 바람기 발동.
寅午戌生	북쪽을 피하고, 북동쪽으로 이사하면 안 된다. 재수가 없 고, 하는 일마다 꼬이고, 病苦 질병발생, 바람기 발동.
亥卯未生	동쪽을 피하고, 서북쪽으로 이사하면 안 된다. 재수가 없 고, 하는 일마다 꼬이고, 病苦 질병발생, 바람기 발동.

운세풀이	卯띠:이동수,우왕좌왕, 弱 다툼	午띠:정정 이익 기쁨 관재구설	酉띠:최고운상승세, 두마음	子띠: 만남,결실,화합,문서
	辰띠:매사불편, 방해자,배신	未띠:귀인상봉, 금전이득, 현금	戌띠: 의욕과다, 스트레스큼	丑띠:이동수,애로,변동 움직임
	巳띠:해결신,시험합격, 풀림	申띠:빈주머니,걱정근심,사기	亥띠:시급한 일, 뜻대로 안됨	寅띠:빈주머니,걱정근심,사기

乙巳年 양력 **10**月 **20**日 음력 08月 29日 **월**요일 토왕용사

구 성 월 반	2P	7	9
	1A	3	5
	6	8	4

구 성 일 반	7P	3	5
	6	8	1
	2A	4	9

壬 丙 乙
戌 戌 巳

| | 지장간 | 손방위 | 吉方 | 凶方 |
| | 戊 | 無 | 正南 | 正北 |

狗狼星 구랑성
寺觀 절사관

地 화명이

어둥 압당
운문기력업
아주쇠집
한운세위험
대비닝해우

辛 庚 己 戊 丁 丙 乙 甲 癸 壬 辛 庚
亥 戌 酉 申 未 午 巳 辰 卯 寅 丑 子
록 관 욕 생 양 태 절 묘 사 병 쇠 왕

三甲旬 生甲 / 大海水 / 卯正東方 / 卯正東方 / 未南申辰方 / 亥正北方 / 辰 / 巳 미움 36 / 酉 중단 / 未 깨짐 / 백호살 心심 / 건제2신 길흥 / 九星 建건 / 결혼주당 八白 / 이사주당 堂당 / 안장주당 師사 / 남자 / 時 지국·수살 / 천구·월견 / 축도 / 석가여래 / 미륵보살 / 암흑지옥

불공 제의식 吉한 행사일 / 吉凶 길흥 大小 일반 행사일

| 칠성기도일 | 산신축원일 | 용왕축원일 | 조왕하강일 | 나한기도일 | 천도재 | 신 중 재 | 재수굿 | 용왕굿 | 조왕굿 | 병굿 | 고사 | 결혼 | 입학 | 투자 | 계약 | 등산 | 여행 | 이사 | 합방 | 안장 | 기공 | 상량 | 수술 | 서류제출 | 직원채용 |
|×|×|×|×|×|◎|◎|◎|◎|◎|◎|◎|×|◎|◎|◎|◎|◎|◎|×|◎|×|◎|×|◎|◎|

당일 래정법
巳時 에 온사람은 방해자, 배신사, 직장위 / 午時 에 온사람은 가정불화 문제, 친정묘사, / 未時 에 온사람은 금전꾸레고 색정사로 인한

申時 온 사람은 금전문제, 사업문제, 관직주직사 / 酉時 온 사람은 건강문제, 관재구설로 운이 단단히 / 戌時 온 사람은 갈긋싱은 욕구 강함, 금전박사, 새로

필히 피해야 할일 회의개최 · 건축증개축 · 구인 · 싱크대교체 · 애완동물들이기 · 지붕덥기 · 도축 · 방류

백초귀장술의 오늘에 초사언

시간 점占	壬戌 공망-子丑
子時	금전 암손 부인문제, 우환질병, 색정사
丑時	작각관계, 취업 구해문제, 부부화합사
寅時	적의 삼방사, 질병위급, 가출사, 도망사
卯時	질병침투, 남녀색상사 금전용통, 호색
辰時	관재 병재로 불길, 적양사, 부하도주, 가출
巳時	금전융통 재물손실, 여자 망신살수 탄로
午時	금전융통, 처첩사, 금전입, 가출사
未時	직장문제 원한발생 삼각관계, 관재
申時	신규사업 가출건, 도난주의, 업무 이동배신
酉時	파가색발생, 파산, 재물손실, 질병위환
戌時	금전암손, 질병침투, 여자재로, 부부배신
亥時	직장승진 명예따심, 운모당건, 가출사?

오늘 행운 복권 운세

복권사면 좋은 따는 **원숭띠** ⑨19, 29
행운권방은 집에서 **서남쪽**에 있소

申辰生	북쪽문을 피하고, 서남쪽으로 이사하면 안 된다. 재수가 없고, 하는 일마다 꼬이고, 病苦로 질병발생. 바람기 발동.
巳酉生	서쪽문을 피하고, 동남쪽으로 이사하면 안 된다. 재수가 없고, 하는 일마다 꼬이고, 病苦로 질병발생. 바람기 발동.
寅午戌生	남쪽문을 피하고, 북쪽으로 이사하면 안 된다. 재수가 없고, 하는 일마다 꼬이고, 病苦로 질병발생. 바람기 발동.
亥卯未生	동쪽문을 피하고, 서북쪽으로 이사하면 안 된다. 재수가 없고, 하는 일마다 꼬이고, 病苦로 질병발생. 바람기 발동.

운세풀이

辰띠	이동수,우왕좌왕, 弱 대통
巳띠	매사불편, 방해자,배신
午띠	해결신,시험합격, 풀림
未띠	점점 이이 꼬임, 관재구설
申띠	귀인상봉, 금전이득, 현금
酉띠	매사꼬임,과거고생, 질병
戌띠	최고운上상승세, 두마음
亥띠	의욕과다, 스트레스큼
子띠	시급한 일, 뜻대로 안됨
丑띠	만남,결실,화합,문서
寅띠	이동수,액逢슈,변동 움직임
卯띠	빈주머니, 걱정근심, 사기

10 월

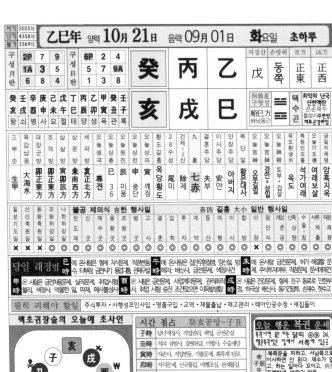

서기 2025年	乙巳年	양력 **10**月 **21**日	음력 09月 01日	**화**요일	초하루
단기 4358年					
불기 2569年					

| 구성月반 | 2P 7 9 / 1A 3 5 / 6 8 4 | 구성日반 | 6P 2 4 / 5 7 9A / 1 3 8 | 癸 丙 乙 亥 戌 巳 |
| | | | | 癸亥 戌 巳 |

지장간 戊
손방위 동쪽
吉方 正東
凶方 正西

狗狼星 구랑성
船巳方 배남동간

최악의 난국
신년액막
큰손재수
불성시무년방
액료공덕방법

癸亥왕 壬戌쇠 庚酉병 己申사 戊未묘 丁午절 丙巳태 乙卯양 甲寅생 癸丑욕 壬子관 … 록

택수곤

三甲旬 生甲 大海水
甲순 생갑 대장군방 卯正東方 대장군방 卯正東方 객방 寅南西方 상문방 상방 세파방 未南西方 오늘상충 巳36 오늘상천 辰 오늘원진 申 오늘상파 寅 오늘상해 건제12신 九星 결혼주당 이사주당 안장주당 복단일 오늘吉神 오늘凶神 육도환생 축인지도 길훙지도 암흑지살

尾闩 七赤 夫 安 아버지 황당대사 경인·상일 투두·검살 옥도 석가여래 여래보살 암혹지살

칠성기도일 × 산신기도일 × 용왕축원일 × 조왕축원일 × 나한기도일 × **불공 제의식 吉한 행사일** 천신 × 신장 굿 × 재수 굿 × 용왕 굿 × 조왕 굿 × 병굿 × 句 사 × **吉凶 길흉 大小 일반 행사일** 결혼 × 입주 × 여행 × 등산 × 계약 × 서류 × 개업 × 신축 × 수 상 × 안 준 공 × 직원 제 × 식 × …

백초귀장술의 오늘에 초사언

시간 점占	癸亥공망-子丑
子時	남녀생사 작납리, 취업, 금전손실
丑時	적의 참방사 질병유타, 이별사, 수술래앙
寅時	자손사 작업변동, 가출문제, 화류계 탄로
卯時	자식문제 신규불길, 여행조심, 관재불길
辰時	금전문제 남편화해 도망 가출
巳時	이동사 적침사 질병발부, 타부정 가출사
午時	금전융통, 사업문제 여자문제, 부부배신
未時	막보효도 금전다툼, 적침병, 가출사
申時	재물손실 금전융통사 도난 상해 손모사
酉時	금전원용융통가능, 잘병발생, 가출 도주
戌時	관재관리귀복, 남편갈등, 질병고통, 관재
亥時	금전압사 극차시 파산 죽음, 자식 흉액

오늘 행운 복권 운세
복권사면 좋은 띠는 닭띠 ④⑧ 24,
행운복권방은 집에서 서쪽方 이라오

子辰生	복쪽문을 피하고, 서남쪽으로 이사하면 안 된다. 재수가 없고, 하는 일마다 꼬이고, 病苦 질병발생. 바람기 발동.
酉丑生	서쪽문을 피하고, 동남쪽으로 이사하면 안 된다. 재수가 없고, 하는 일마다 꼬이고, 病苦 질병발생. 바람기 발동.
寅午生	남쪽문을 피하고, 북동쪽으로 이사하면 안 된다. 재수가 없고, 하는 일마다 꼬이고, 病苦 질병발생. 바람기 발동.
亥卯未生	동쪽문을 피하고, 서북쪽으로 이사하면 안 된다. 재수가 없고, 하는 일마다 꼬이고, 病苦 질병발생. 바람기 발동.

운세풀이

巳띠: 이동수.우왕좌왕, 와윰 다툼	申띠: 점찰 일이 꼬임, 관재구설	亥띠: 최고운상승세, 두마음	寅띠: 만남,결실,화합,문서
午띠: 매사불편, 방해자,배신	酉띠: 귀인상봉, 금전이득, 현금	子띠: 의욕과다, 스트레스과	卯띠: 이동수,애별,변동,없
未띠: 해결신,시험합격, 풀림	戌띠: 매사꼬임,과거고생, 질병	丑띠: 시급한 일, 뜻대로 안됨	辰띠: 빈주머니,걱정근심, 사기

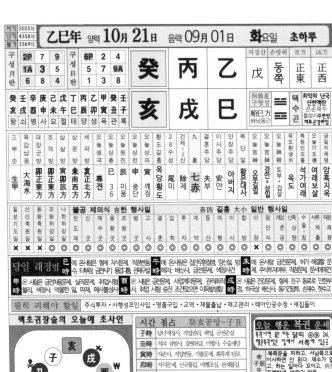

乙巳年 양력 **10**月 **22**日 음력 **09**月 **02**日 **수**요일 陰遁下元

구성월반			구성일반		
2P	7	9	5	1P	3
1A	3	5	4	6	8
6	8	4	9	2	7A

甲 丙 乙
子 戌 巳

지장간	손방위	吉方	凶方
戊	동남	正北	正南

乙亥 생	甲戌 양	癸酉 태	壬申 절	辛未 묘	庚午 사	己巳 병	戊辰 쇠	丁卯 왕	丙寅 록	乙丑 관	甲子 욕

狗狼星 구랑성
社廟 사당묘

최악의 난국
신병액람
큰손과물
불상사주변망
혜료곤경빠짐

택수곤

三甲旬	大將軍方	三殺方	客舌方	상문方	세파方	오늘의 생극	오늘의 殺방	오늘神殺天地	황도길흉	28수성	건제12성	九星	결혼주당	이사주당	안장주당	오늘神殺	천구하식	오늘生氣복덕	도로신인살처	축원인접家	오늘 복단일	글흉단길
死甲	海中金	卯正東方	卯正東方	寅正東方	未南西方	義의금	午 36	未 미음	未 중단	酉 깨짐	천뇌흑도	箕기	滿만	六白	姑고	利이	남자	―	심멸 ·미삼	재살 ·지격	천도	아미타불	아미보살	검수지옥

칠성기도일	산왕축원일	용왕축원일	조왕하강일	나한하강일	불공 제의식 吉한 행사일					吉凶 길흉 大小 일반 행사일												
					천도재	신굿	재앙굿	조왕굿	병굿	고사	결혼	입택	계약	여행	이장	합방	이사	개업	신축	수술	서류제출	직원채용
×	×	×	×	×	○	○	○	○	○	○	×	×	×	×	×	×	×	×	×	×	×	×

필히 피해야 할일 신상출고 · 제품제작 · 창고개방 · 옷재단 · 입주 · 건축증개축 · 흙 다루고 땅 파는 일

백초귀장술의 오늘에 초사언	시간 점占 甲子공망-戌亥	오늘 행운 복권 운세

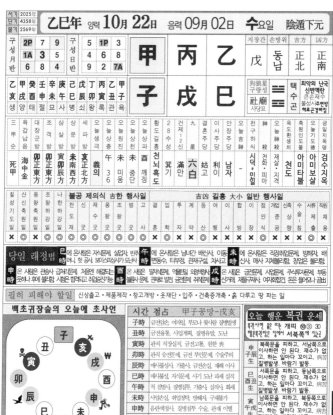

子時	금전손실 여자일, 부모나 윗사람 잘봉발생
丑時	금전융통, 사업계획, 질병유발, 도난
寅時	관직 직장실직, 금전고통, 원한 喪
卯時	관직 승전문제, 금전 부인문제, 수술주의
辰時	매사불성사 가줌사 금전손실, 재해 이사
巳時	매사불성, 자식문제 사기 모란 파재 실직
午時	적 참부사 잘병질환, 가줌사 실자사 화재
未時	사업승급 취업개혁 방해일 구설불가
申時	음란색정사, 잘병발병 수술, 관재 이별
酉時	금전길사 도주, 색정사, 처첩 가출 함정
戌時	금전관계 실물손실 여자문제 질병발생
亥時	재물손실, 잘병질환, 가줌 타로 음모 망신

오늘 행운 복권 운세
복권사면 종은 따는 개띠 ⑩㉓ 30
행운복권방은 집에서 **서북쪽**에 있음

申子辰生	북쪽문을 피하고, 서남쪽으로 이사하면 안 된다. 재수가 없고 病苦 / 하는 일마다 꼬이고, 病苦
巳酉丑生	서쪽문을 피하고, 동남쪽으로 이사하면 안 된다. 재수가 없고 / 하는 일마다 꼬이고, 病苦 질병발생. 바람기 발동
寅午戌生	남쪽문을 피하고, 북쪽으로 이사하면 안 된다. 재수가 없고 / 하는 일마다 꼬이고, 病苦 질병발생. 바람기 발동
亥卯未生	동쪽문을 피하고, 서쪽으로 이사하면 안 된다. 재수가 없고 病苦 / 하는 일마다 꼬이고, 病苦 질병발생. 바람기 발동

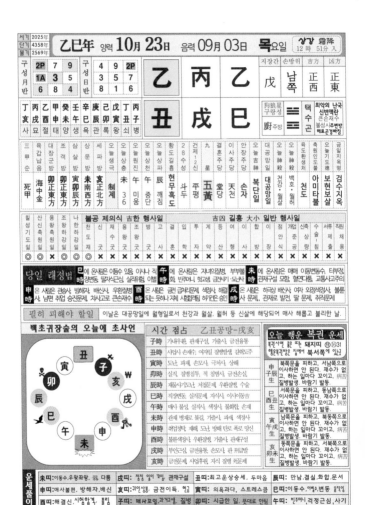

서기 2025年
단기 4358年
불기 2569年

乙巳年 양력 10月 23日 음력 09月 03日 木요일

상강 霜降
12時 51分 入

구성
月반

2P	7	9
1A	3	5
6	8	4

구성
日반

4	9	2P
3	5	7
8	1	6

乙 丙 乙
丑 戌 巳

지장간 戊
손방위 남쪽
吉方 正西
凶方 正東

丁 丙 甲 癸 壬 庚 己 戊 丁 丙
亥 戌 酉 申 未 午 巳 辰 卯 丑 子
사 묘 절 태 양 생 욕 관 록 쇠 병

狗狼星
구랑성
廚 주방

최악의 난각
신변액란
큰소자수
불성시,큰변방
해로궁할백신

택수
곤

三甲순 死甲

육갑납음 海中金

대장군방 卯正東方

조객방 卯正東方

삼살방 寅北東方

세파방 未南西方

오늘생기 制

오늘천충 未

오늘상충 午 미움

오늘원진 辰 깨짐

오늘천파 午 중단

황도길흉 현무흑도

건제12신 斗수

九星 五黄 평

혼주인 堂당

이사주당 天천

안장주당 손자

오늘神살 복단일

대공망일 대공망일

육도환생처 백호 · 월이

오늘吉神 천도

원진도충 아미타불

오늘神살 보현보살

금일吉凶요일 검수지옥

칠성기도 신축

신장축원 칠축

용왕축원 용왕

조왕축원 하강

나한하강 일

불공 제의식 吉한 행사일

천 신	재 수	용 왕	조 왕	병 굿	결 혼	입 학	투 자	계 약	등 관	여 행	이 장	개업 준 공	신축 상 량	수 술	서류 제 출	조 장

吉凶 길흉 大小 일반 행사일

굿 굿 굿 굿 사 학 약 산 행 사 장 식 공 량 출 출

당일 래정법

巳時 에 온사람은 이동수 있음 이사나 직 午時 에 온사람은 재수구잘병, 부부불화 未時 에 온사람은 매매 이동변동수 터부정, 관재구설 장변동, 딸사근심, 실직우환 이별 화 반대나, 현갈등, 금전파, 노안사 관재구설 모함, 혈연띠, 교통사고주의

申時 온사람은 관송사, 병하다, 배신사, 우환질병 酉時 온사람은 금전 금전사문제 색정사, 해결 戌時 온사람은 하극상 배신사, 여자 외정색정사, 불륜 사, 남편 취업 승진문제, 차사고로 큰손재수 문제 관직주색으로 발전, 딸 문제 취직문제

필히 피해야 할일
이날은 대공망일에 월형일로서 천강과 월살, 월회 등 신살에 해당되어 매사 해롭고 불리한 날.

백초귀장술의 오늘에 초사언

시간 점占 乙丑공망-戌亥

子時	가내우환, 관재구설, 가출사, 금전융통
丑時	사업시 손재수, 여자일 잘병발생, 갈림드가
寅時	도난 파재, 손모사, 극차사, 상해
卯時	실직, 잘병위통, 적 침범사, 금전손실
辰時	금전사기도난, 처잡문제, 우환질병, 구설
巳時	직장변동, 실직문제, 자식사, 이사이동
午時	매사 불성, 실직사, 색정사, 불화함, 손해
未時	관재 병패로 불길, 가출사, 파재, 색정사
申時	취업관재 재해, 도난 병패 탄로 폭로 망신
酉時	불륜색정사 가출사, 관재구설, 도망이롭
戌時	부인근심, 금전융통, 손모사, 관 刑피문
亥時	금전투쟁 사업휴위, 자식 질병 위문제

오늘 행운 복권 운세

복권사면 좋은 띠는 돼지띠 ⑪⑯31
행운복권방은 집에서 북서쪽에 있는

申子辰生 북쪽문을 피하고, 서남쪽으로
이사하면 안 된다. 재수가 없고
病苦
, 하는 일마다 꼬이고,
질병발생. 바람기 발동.

巳酉丑生 서쪽문을 피하고, 동남쪽으로
이사하면 안 된다. 재수가 없고
病苦
, 하는 일마다 꼬이고,
질병발생. 바람기 발동.

寅午戌生 남쪽문을 피하고, 동북쪽으로
이사하면 안 된다. 재수가 없고
病苦
, 하는 일마다 꼬이고,
질병발생. 바람기 발동.

亥卯未生 동쪽문을 피하고, 서북쪽으로
이사하면 안 된다. 재수가 없고
病苦
, 하는 일마다 꼬이고,
질병발생. 바람기 발동.

운세풀이

未띠:이동수,우왕좌왕, 弱, 다툼 　 戌띠: 점킹,이인 '예, 관재구설 　 丑띠:최고운상승세, 두마음 　 辰띠: 만남,결실,화합,문서
午띠:매사불편, 방해자,배신 　 亥띠:과이,성돈, 금전이득, 현금 　 寅띠: 의욕과다, 스트레스큼 　 巳띠:이동수,애틸자,변동 움직임
酉띠:해결신,시험합격, 풀림 　 子띠: 매사꼬임,과거고생, 질병 　 卯띠:시급한 일, 뜻대로 안됨 　 午띠: 빈주머니,걱정근심,사기

- 312 -

乙巳年　양력 **10**月 **24**日　음력 09月 04日　**金**요일

구성月반	**2P**	7	9	구성日반	**3A**	8	**1P**
	1A	3	5		2	4	6
	6	8	4		7	9	5

丙 丙 乙
寅 戌 巳

지장간	손방위	吉方	凶方
戊	남서	正南	正北

己 戊 丁 丙 乙 癸 壬 辛 庚 己 戊
亥 戌 酉 申 未 午 巳 辰 卯 丑 子
절 묘 사 병 쇠 왕 록 관 욕 생 양 태

狗狼星 구랑성
天

택수곤
☷☵

최악의 난국
신변액란
큰손재물
불성사주변방
해조경불칭침

三甲旬	大將軍方	조객방	삼살방	상문방	세파방	오늘太白	오늘神殺	오늘桃花	황도길흉	건제12신	九星	결혼주당	이사주당	안장주당	복단일	오늘吉神	神殺神殺	오늘神殺	오늘조객처	황흑도중단길흉	금일지옥	금일귀혼
死甲	爐中火	卯正東方	卯正東方	寅正東方	未南西方	正北方	申	酉	巳 亥	亥	四綠	翁용	害해	死	三合日			인도	아미타불	검수지옥	약사보살	
						36	중단	깨짐		牛우	사명황도											
										定정	四綠										

칠성기도일	신중기도일	용왕축원일	조왕축원일	나한기도일	불공 제의식 吉한 행사일					吉凶 길흉 大小 일반 행사일											
					천신 기도	신중 비방	재수 굿	용왕 굿	조왕 굿	병굿	고사	결혼	입학	투자	계약	등기	개업	신축 상량	수술	서류 제출	직원 채용
×	×	×	×	×	◎	◎	◎	◎	◎	×	◎	◎	◎	×	◎	◎	◎	◎	◎	◎	◎

필히 피해야 할일 회의개최 · 구인 · 항공주의 · 주방고치기 · 동토 · 씨뿌리기 · 우물파기 · 제방쌓기 · 흙 파는일

백초귀장술의 오늘에 초사인

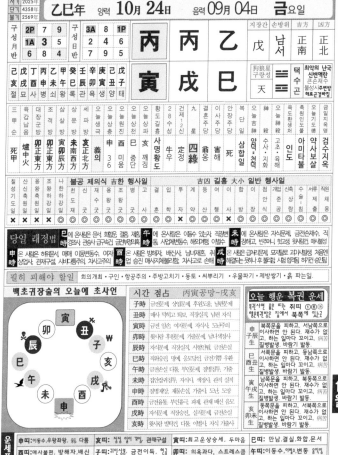

寅 卯 辰 巳 午 未 申 酉 戌 亥 子 丑 W

시간 점占	丙寅공망~戌亥
子時	금전문제 상업문제 후원득옴, 남편문제
丑時	매사 막히고 퇴보, 직장실직, 남편 자식
寅時	금전 암손 여자문제, 자식사, 도난주의
卯時	윗사람 후원문제, 가출문제 남녀쟁투사
辰時	자문제, 작은일 시병분됨, 금전손재
巳時	직위승진 명예, 웃어른신 금전기쁨 우환
午時	금전손실 다툼, 부인문제 질병침투, 가출
未時	잡귀침투불리, 자식사, 색장사 관직 실직
申時	질병위급 관재구설 가출사 도난 도망
酉時	금전융통, 부인흉극 파제 관재 배신 음모
戌時	자식문제 직장승진, 실직문제, 금전손실
亥時	윗사람 벌타래, 다툼, 이별사 자식 가출사

오늘 행운 복권 운세
복권사면 좋은 띠는 쥐띠 ①⑧⑯
행운복권방은 집에서 북쪽에 있는곳

申子辰生	북쪽문을 피하고, 서남쪽으로 이사하면 안 된다. 재수가 없고, 하는 일마다 꼬이고, 病苦 질병발생. 바랍끼 발동
巳酉丑生	북쪽문을 피하고, 동남쪽으로 이사하면 안 된다. 재수가 없고, 하는 일마다 꼬이고, 病苦 질병발생. 바랍끼 발동
寅午戌生	남쪽문을 피하고, 북쪽으로 이사하면 안 된다. 재수가 없고, 하는 일마다 꼬이고, 病苦 질병발생. 바랍끼 발동
亥卯未生	동쪽문을 피하고, 서북쪽으로 이사하면 안 된다. 재수가 없고, 하는 일마다 꼬이고, 病苦 질병발생. 바랍끼 발동

운세풀이
申띠:이동수,우왕좌왕, 弱 다툼　亥띠:적정 일이 吹改 관재구설　寅띠:최고운상승세, 두마음　巳띠:만남,결실,화합,문서
酉띠:매사불편, 방해자,배신　子띠:귀인상봉, 금전이득, 현급　卯띠:의욕과다, 스트레스큼　午띠:이동수,이별수,변동 움직임
戌띠:해결신,시험합격, 풀림　丑띠:매사꼬임,과거고생, 질병　辰띠:시급한 일, 뜻대로 안됨　未띠:빈주머니,걱정근심, 사기

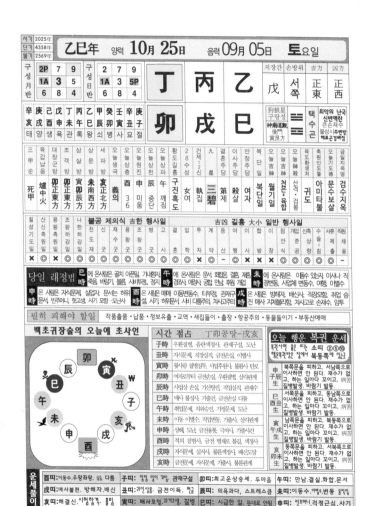

乙巳年　양력 **10**月 **26**日　음력 **09**月 **06**日　**일**요日

구성月반	2P	7	9	구성日반	1	6	8A
	1A	3	5		9	2	4
	6	8	4		5	7	3P

戊　丙　乙
辰　戌　巳

	지장간	손방위	吉方	凶方
	戊	서북	正北	正南

癸 壬 辛 庚 己 戊 丁 丙 乙 甲 癸 壬
亥 戌 酉 申 未 午 巳 辰 卯 寅 丑 子
절 묘 사 병 쇠 왕 관 욕 생 양 태

狗狼星
구랑성
寅辰方
寺觀

최악의 난국
신변액란
큰손자손
불심사주변방
해로곤명박명

택수곤

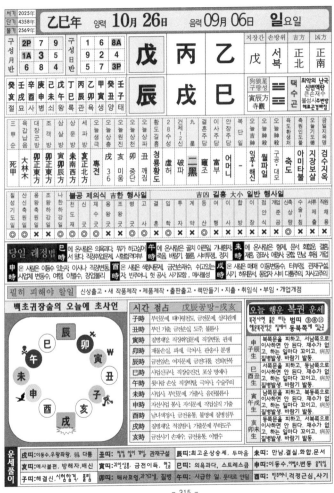

三甲旬	대장군방	조객방	삼살방	상문방	세파방	오늘생극	오늘상충	오늘원진	오늘상천	오늘상파	황도길흉	28수	건제	九星	결혼주당	이사주당	안장주당	복단일	오늘吉神	神殺	오늘太백살	오늘吉方	육도환생처	축인일들	오늘귀신	금일지옥	검수지옥
死甲	大林木	卯正東方	卯正東方	寅東北方	未南西方	土正北方	戌 미움	亥	卯	丑 중단	청룡황도	虛허	破깨침	二黑	竈조	富부	어머니	-	월덕·해신	구공·대모	축도	아미타불	지장보살				

불공 제의식 吉한 행사일 / 吉凶 길흉 大小 일반 행사일

칠성기도	산신축원	용왕축원	조왕하강	나한기도	불공	신중	재수	용왕	조왕	병굿	고사	결혼	입주	계약	등여	이사	합방	이장	점안식	개업 준공	신축 상량	수술	서류제출	직원채용
◎	◎	◎	◎	×	굿	굿	굿	굿	굿	굿	×	흉	×	×	×	×	×	×	×	×	×	×	×	×

당일 레정법
- **巳時**에 온사람은 의욕미, 뭐가 하고싶어 왔다 직장업문제, 사업전망좋아
- **午時**에 온사람은 골치 아프다, 가내재수, 죽음 바람기, 불륜, 샤비쟁, 정지
- **未時**에 온사람은 형제, 문서 화압문, 경과 애정사 궁합, 만남 취업 개업
- **申時** 온사람은 이동수 있는자 이사나 직장변동, 사업체 변동, 여행, 이별수, 관재구설
- **酉時** 온사람은 색상문제, 금전손재수, 여자문제, 진퇴양난, 헛공사, 사기모함, 매사불성
- **戌時** 온사람은 매매 이동변동수, 타부정 관재구설 색정사 애정사 궁합, 동상이별 내분 대통주의 차사고주의

필히 피해야 할일　신상출고·새 작품제작·제품제작·출판출고·책만들기·지출·취임식·부임·개업개점

백초귀장술의 오늘에 초사언

시간 점占	戊辰空망-戌亥
子時	부인문제 태이평친지, 금전문제, 삼각관계
丑時	부인 가출, 금전손실 도주, 불륜사
寅時	질병災난, 직장취업문제, 직장변동, 관재
卯時	재물손실 파재, 극차사, 관송사 분쟁
辰時	금전산녀, 여자문제, 금전문제, 진퇴반복
巳時	사업난규나, 직장승진건, 포상 명예사
午時	윗사람 손산 직장변동, 극차사, 수술주의
未時	사업나 부인문제 가출나, 음란불륜사
申時	자산직업 봉사 자식문제 작심식직 가출
酉時	남녀색정사, 금전용통, 불명예 질병침투
戌時	질병災난, 적참해난, 가출친척 부하도주
亥時	금전사기 손재수, 금전용통, 야밤수

오늘 행운 복권 운세

북쪽문을 쓸 行운은 범띠 ③⑧⑱
행운복권방은 집에서 **동북쪽** 방향

申子生	북쪽문을 피하고, 서남쪽으로 이사하면 안 된다. 재수가 없고 病苦 질병발생. 바람기 발동.
巳酉丑生	서쪽문을 피하고, 동남쪽으로 이사하면 안 된다. 재수가 없고 病苦 질병발생. 바람기 발동.
寅午戌生	남쪽문을 피하고, 북북쪽으로 이사하면 안 된다. 재수가 없고 病苦 질병발생. 바람기 발동.
亥卯未生	동쪽문을 피하고, 서북쪽으로 이사하면 안 된다. 재수가 없고 病苦 질병발생. 바람기 발동.

10월

운세풀이		
戌띠:이동수,우왕좌왕, 弱, 다툼	丑띠:적합 인연 귀인, 관재구설	辰띠:최고운상승세, 두마음	未띠:만남,결실,화합,문서
亥띠:매사불편, 방해자,배신	寅띠:귀인상봉, 금전이득, 현금	巳띠:의욕과다, 스트레스큼	申띠:이동수,애뜻,변동 움직임
子띠:해결신,시험합격, 풀림	卯띠:매사꼬임,과거고생, 질병	午띠:시급한 일, 뜻대로 안됨	酉띠:빈주머니,걱정근심,사기

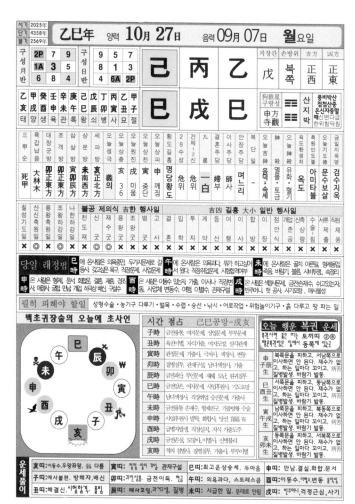

서기	2025년
단기	4358년
불기	2569P

乙巳年 양력 **10**월 **28**일 음력 **09**월 **08**일 **화**요일

구성 월반			구성 일반		
2P	7	9	8	4A	6
1A	3	5	7	9	2
6	8	4	3	5P	1

직장간	손방위	吉方	凶方
戊	북동	正西	正東

庚 丙 乙
午 戌 巳

丁	丙	乙	甲	癸	壬	辛	庚	己	戊	丁
亥	戌	酉	申	未	午	巳	辰	卯	寅	子
병	쇠	왕	관	욕	생	양	태	절	묘	사

狗狼星 구랑성 天 / 산지박

풍비박산 천척사주 운신자중말 띠x별다급 한위험덕침

三甲旬 死甲 / 육갑납음 路傍土 / 대장군방 卯正東方 / 조객방 卯正東方 / 삼살방 寅卯辰 / 상문방 南南西方 / 세파방 正北方 / 오늘일진 子 / 오늘원진 丑 / 오늘상충 丑 / 황도길흉 미움도 / 건제12신 천형흑도 / 九수성 成성 / 결혼주당 九紫 / 이사주당 廚주 / 안장주당 災재 / 복단일 손님 / 오늘吉神 삼합일 / 오늘神殺 월천구·천정 / 육도환생처 수격·신동 / 축원인도불 불도 / 금일지옥 정광여래 / 금일부살 약사보살

七星기도일 ◎ / 칠성기도 신축원일 × / 용왕축원일 ◎ / 조왕하강일 × / 나한신축일 ◎ / 불공 제의식 吉한 행사일: 천도재 ◎, 신중기도 ◎, 수륙재 ×, 조왕굿 ◎, 병굿 ◎, 고사굿 × / 吉凶 길흉 大小 일반 행사일: 결혼 ×, 입학 ◎, 투자 ◎, 계약 ◎, 여행 ◎, 이사 × / 이합 × / 개업 ◎, 기안 ◎, 신축 ◎, 수리 ◎, 서류제출 ◎, 직원채용 ◎

당일 래정법 巳時에 온사람은 건강문제, 관재구설 운午에 온사람은 의욕만만 두문제로 갈등 未時에 온사람은 의욕다 뭐가 하고싶어 時이 단단히 꼬여있음. 동업파트 손재수 事 갖고온것 움직, 직장문제 취업문제 時서 왔다 직장취업문제, 결혼문제

申時 배우자침투, 새차수, 속 정배가불 酉時 온사람 형제, 문서 화합은 결혼, 경사 애정사 戌時 온사람은 골치 아픔 친구나 형제동 죽음 면 시험합격, 하각망취나 불劇 時 사업체 변동수, 여행, 이별사 관재구설

꼭히 피해야 할일 소장제출·항소·손님초대·승선·낚시·어로작업·방류·지붕덮기

백초귀장술의 오늘에 초사언

時間 점占	庚午공망-戌亥
子時	잘병재앙, 자식 극, 관재리송, 도난 질책
丑時	사업손해 육친이별, 잘병침투 기도요망
寅時	사업손해, 금전융통, 불리요, 가출, 이별
卯時	남녀색정사, 금전문제 여자도주 가출사
辰時	자산잇심, 사업원심, 잘병재앙, 가출사
巳時	잘병재앙, 관재구설, 재앙초래, 과어내발생
午時	금전문심, 직장문제 남편문제 재해 도난
未時	사업후원문제, 금전융통, 가출문제
申時	원행·이동, 색정사, 잘병재앙, 승진문제
酉時	관직 방탈사, 금전문제 극차사, 수술유의
戌時	재물손실 가출건 사업파란 윗사람문제
亥時	자식 잘병재앙, 사기손재, 도난 함정 음란

오늘 행운 복권 운세

복권사면 좋은 띠는 **용띠** ⑤⑩② 행운목권방은 집에서 **동 남쪽**쪽

申 子辰生	북쪽을 피하고, 서남쪽으로 이사하면 안 된다. 재수가 없 고, 하는 일마다 꼬이고, 病苦 질병발생. 바람기 발동.
巳 酉丑生	서쪽을 피하고, 동남쪽으로 이사하면 안 된다. 재수가 없 고, 하는 일마다 꼬이고, 病苦 질병발생. 바람기 발동.
寅 午戌生	남쪽을 피하고, 북동쪽으로 이사하면 안 된다. 재수가 없 고, 하는 일마다 꼬이고, 病苦 질병발생. 바람기 발동.
亥 卯未生	동쪽을 피하고, 서북쪽으로 이사하면 안 된다. 재수가 없 고, 하는 일마다 꼬이고, 病苦 질병발생. 바람기 발동.

10월

운세풀이

子띠: 이동수,우왕좌왕, 弱운, 다툼	卯띠: 점점 이익 꼬임, 관재구설	午띠: 최고운상승세, 두마음	酉띠: 만남,결실,화합,문서
丑띠: 매사불편, 방해자,배신	辰띠: 꼬임상황, 금전이득, 현금	未띠: 의욕과다, 스트레스큼	戌띠: 이동수,이별수,변동 움직임
寅띠: 해결신,시험합격, 풀림	巳띠: 매사꼬임,과거고생, 질병	申띠: 시급한 일, 뜻대로 안됨	亥띠: 빈주머니,걱정근심,사기

- 317 -

乙巳年　양력 **10**月 **29**日　음력 09月 09日　**수**요일

구성월반			구성일반			지장간	손방위	吉方	凶方
2P	7	9	7	3	5P	戊	無	正東	正西
1A	3	5	6	8	1				
6	8	4	2A	4	9				

辛 丙 乙
未 戌 巳

己亥 戊戌 丁酉 丙申 乙未 甲午 癸巳 壬辰 辛卯 庚寅 己丑 戊子
욕 관 록 왕 쇠 병 사 묘 절 태 양 생

狗狼星 구랑성
天

산지박
풍비박산 척척산중 운산자욱함 때시 변디급 한위험닥침

三甲旬 死甲

육갑납음 路傍土

대장군 卯正東方

조객방 寅正東方

삼살방 亥東北方

세파방 酉南西方

오늘생극 義의

오늘상충 丑子 36

오늘상파 戌 미움

오늘원진 戌 깨짐

황도길흉 주작흑도

28수성 壁벽

건제12신 收수

九星 八白

결혼주당 夫부

안장주당 安안

복단일 -

오늘吉神 쳐귀·옥우

오늘神敎 하괴·월염

오늘神殺 월살·불도

축원인도불 정광여래

지옥명 대세지보살

지옥명 도산지옥

			불공 제의식 吉한 행사일								吉凶 길흉 大小 일반 행사일										
칠성기도일	산신축원일	용왕축원일	조왕하강일	나한기도일	천도재	신굿	재수굿	용왕굿	조왕굿	병굿	고사	결혼	입학	투자	계약	등산	여행	이사	합방	상량	수술	서류제출	직원채용
◎	◎	◎	◎	◎	◎	◎	◎	◎	◎	◎	×	×	×	◎	×	◎	×	×	◎	×	◎	×	◎

당일 래정법
巳時 에 온사람은 금전문제 사업문제 금전 구재건 관락유리나 속전속결이 유리
午時 에 온사람 건강문제 관재구설로 운이 단단히 꼬여있음. 동업파트 손재수
未時 에 온사람 금전사기 허위문서로 관재 교활사는 불성사, 이동수도 있음
申時 사람은 풀이 하고 싶어서 왔다 직장문제 친구형제간 배신과 음해, 관재수
酉時 온사람은 금전문제 직업 행방정근 즉 애정사 궁합 부모 재물 조상 경조사
戌時 애정사 궁합 만남 개업 허락문제 구설수

필히 피해야 할일 : 작명, 아호짓기 · 상호짓기 · 간판달기 · 신상출고 · 제품제작 · 친구초대 · 창고수리

백초귀장술의 오늘에 초사언

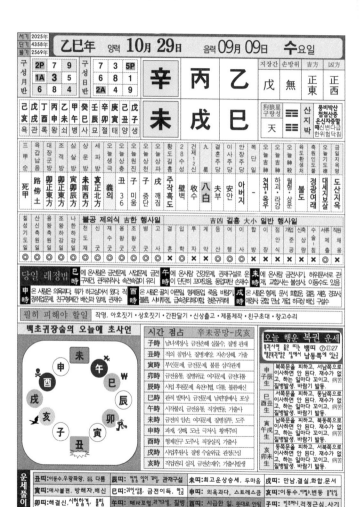

시간 점占　辛未공망-戌亥

子時	남녀색정사, 금전손해 실수, 질병 관재
丑時	적의 참방사, 질병재앙, 자손실해, 가출
寅時	부인문제, 금전문제, 불륜 삼각관계
卯時	금전용무, 관직승위, 여자문제, 색정사
辰時	사업 후원문제 육친무별, 다툼, 불륜배신
巳時	관직 발탁사, 금전문제, 남편문제사 포상
午時	시작불리, 금전융통, 직장변동, 가출사
未時	금전의 암손, 여자문제, 질병침투, 도주
申時	파재, 극부사, 모녀 극차사, 황혼객
酉時	형제친구 도주사, 직장실직, 가출사
戌時	사업 후원사 발탈 수술위급, 관장건드
亥時	작변판리 실직, 금전손실반, 가출사발생

오늘 행운 복권 운세
복권사는 좋은 띠는 뱀띠 ⑦27
행운번호운 집에서 남동쪽에 있음

申子辰生	복권문을 피하고, 서남쪽으로 이사하면 된다. 재수가 있고 하는 일마다 꼬이고, 病苦 질병발생. 바람기 발동.
巳酉丑生	서북문을 피하고, 동남쪽으로 이사하면 된다. 재수가 있고 하는 일마다 꼬이고, 病苦 질병발생. 바람기 발동.
寅午戌生	남쪽문을 피하고, 북동쪽으로 이사하면 된다. 재수가 있고 하는 일마다 꼬이고, 病苦 질병발생. 바람기 발동.
亥卯未生	동쪽문을 피하고, 서북쪽으로 이사하면 된다. 재수가 있고 하는 일마다 꼬이고, 病苦 질병발생. 바람기 발동.

운세풀이
丑띠:이동수,우왕좌왕, 弱 다툼
寅띠:매사불편, 방해자,배신
卯띠:해결신,시험합격, 풀림
辰띠:점점 일이 꼬임, 관재구설
巳띠:귀인상봉, 금전이득, 현금
午띠:매사꼬임,과거고생, 질병
未띠:최고운상승세, 두마음
申띠:의욕과다, 스트레스큼
酉띠:시급한 일, 뜻대로 안됨
戌띠:만남,결실,화합,문서
亥띠:이동수,액땜수,변동 움직임
子띠:빈주머니,걱정근심, 사기

- 318 -

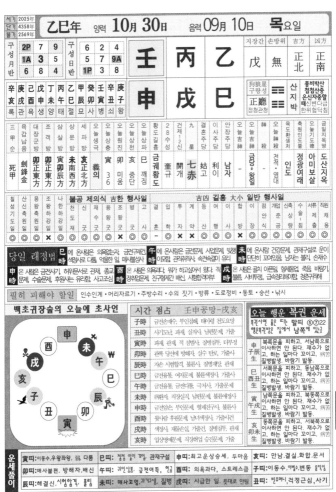

– 319 –

서기	2025년	乙巳年	양력 **10**月 **31**日	음력 **09**月 **11**日	**金**요일
단기	4358년				
불기	2569년				

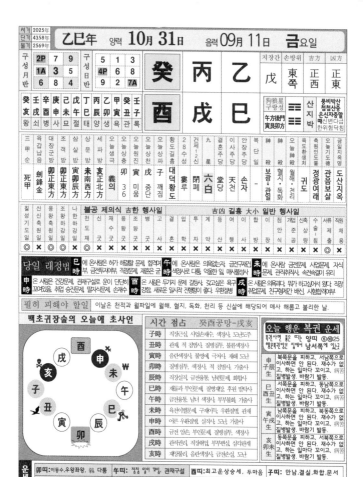

구성 월반			구성 일반				지장간	손방위	吉方	凶方
2P	7	9		5	1	3	戊	東쪽	正西	正東
1A	**3**	5		**4P**	6	8				
6	8	4		9	2	**7A**				

癸 丙 乙
酉 戌 巳

癸亥	壬戌	辛酉	庚申	己未	戊午	丁巳	丙辰	乙卯	甲寅	壬子
왕	쇠	병	사	묘	절	태	양	생	욕	관	록

狗狼星
구랑성
午方동위門
寅艮方位

풍비박산
척청쇠종
온신자중할
때니 변다듬
한위험 당침

三甲旬	육갑납음	대장군방	조객방	삼살방	상문방	세파방	오늘생기	오늘상충	오늘상천	오늘상파	오늘상해	오늘원진	황도길흉	건제2신	九星	결혼주당	이사주당	안장주당	복단일	神殺	오늘神殺	육도환생처	축원인도불	오늘기도덕	금일지옥	정광여래	도산지옥
死甲	劍鋒金	卯正東方	卯正東方	寅卯辰方	未南西方	亥正北方	義의	卯	寅	戌	子	卯 36	미움 중단	깨짐	대덕황도	閉폐	六白	堂당	天천	손자	神殺	보광·관음	혈지·독화	제석·천리	귀도	정광여래	도산지옥

칠성기도일	산신축원일	용왕축원일	조왕하강일	나한하강일	불공 제의식 吉한 행사일							古凶 길흉 大小 일반 행사일													
					천도재	신굿	재수굿	용왕굿	조왕굿	병굿	고사	결혼	입택	투자	계약	등기	여행	이사	합방	이장	점안식	개업준공	신축상량	수술	서류제출	항공주의
×	×	○	○	×	굿	굿	굿	굿	굿	사	혼	학	자	약	산	사	방	상	식	준	량	술	체	제	출
					×	×	×	×	×	×	×	×	×	×	×	×	×	×	×	×	×	×	×	×	×

당일 레정법			
巳時	巳에 온사람은 허가 해결할 문제 합격여부	**午時**	午에 온사람은 의욕없으나 금전과 귀인 금전재난
申時	申에 온사람은 건강문제, 관재구설로 운이 단단히꼬임	**酉時**	酉에 온사람 무거워 갔는사 걱정심운 운구설 직장

未에 온사람은 금전문제, 사업문제, 자식
문제, 관재주의가, 속전속결이 좋아

戌에 온사람은 억울한일 뭐가 하고싶어서 왔다. 직장
취업문제, 친구형제간 배신, 사업합격여부

필히 피해야 할일	이날은 천적과 월파일에 의해, 혈지, 독화, 천리 등 신살에 해당되어 매사 해롭고 불리한 날.

백초귀장술의 오늘에 초사인

시간 점占	癸酉공망-戌亥
子時	직장승진, 사업손재수, 색상사, 도난주의
丑時	관재, 적 참방사, 질병침해, 불륜색사사
寅時	음란색정사, 불명예, 극처사, 해결 도난
卯時	질병침해, 색정사, 적 참방사, 가출사
辰時	직장실직, 금전용통, 남녀문제, 화합사
巳時	재물사 부인문제 질병재앙, 후원 발탁사
午時	금전융통, 남녀 색정사, 부부불화, 가출사
未時	육친이별문제, 구재이득, 우환질병, 관재
申時	어른 우환질병, 실직사, 도난, 가출사
酉時	금전 암손, 부인문제, 질병침해, 색상사
戌時	관재구설, 직장변동, 부부니문제, 삼각관계
亥時	재앙불리, 음란색정사, 금전손실, 도난

오늘 행운 복권 운세
복권사면 좋은 띠는 양띠 ⑧⑥25
행운재물방위 집에서 **남서쪽**에 있다

子丑生	북쪽문 피하고, 서남쪽으로 이사하면 안 된다. 재수가 없고, 하는 일마다 꼬이고, 病죽음
寅酉生	서쪽문을 피하고, 동남쪽으로 이사하면 안 된다. 재수가 없고, 하는 일마다 꼬이고, 病죽음
午戌生	남쪽문을 피하고, 북쪽쪽으로 이사하면 안 된다. 재수가 없고, 하는 일마다 꼬이고, 病죽음
卯未生	동쪽문을 피하고, 서쪽쪽으로 이사하면 안 된다. 재수가 없고, 하는 일마다 꼬이고, 病죽음

운세풀이	
卯띠: 이동수,우왕좌왕, 弱,다툼	**午띠**: 점점 이익 꼬임, 관재구설
辰띠: 매사불편, 방해자,배신	**未띠**: 귀인상봉, 금전이득, 현금
巳띠: 해결신,시험합격, 풀림	**申띠**: 매사꼬임,과거고생, 질병
酉띠: 최고운상승세, 두마음	**子띠**: 만남,결실,화합,문서
戌띠: 의욕과다, 스트레스큼	**丑띠**: 이동수,애로,변동 움직임
亥띠: 시급한 일, 뜻대로 안됨	**寅띠**: 빈주머니, 걱정근심, 사기

서기	2025年
단기	4358年
불기	2569年

乙巳年 양력 **11**月 **01**日 음력 **09**月 **12**日 **土**요일

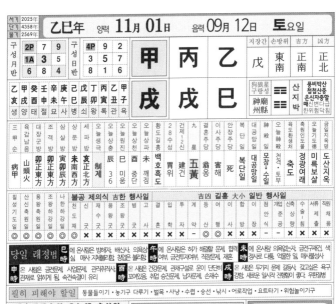

	지장간	손방위	吉方	凶方
	戊	東南	正南	正北

구성월반

2P	7	9
1A	3	5
6	8	4

구성일반

4P	9	2
3	5	7
8	1	6

甲 丙 乙
戌 戌 巳

乙亥 甲戌 癸酉 辛未 庚午 戊辰 丁卯 丙寅 乙丑 甲子
생 양 태 절 묘 사 병 쇠 왕 록 관 욕

狗狼星
神廟州縣

산지박

풍뇌박산
적천산중
온신자충갈
때시변단급
한위험다침

三甲순 病甲 | 육갑납음 山頭火 | 대장군방 卯正東方 | 조객방 卯正東方 | 삼살방 亥正北方 | 상문방 未南西方 | 세파방 | 오늘생극 制禍 | 오늘상충 辰 3 6 | 오늘상천 巳 미움 | 오늘원진 未 깨짐 | 황도길흉 胃위 | 건제2신 建건 | 九星 五黃 | 결혼주당 翁옹 | 이사주당 害해 | 안장주당 死 | 복단일 | 神殺 대공망일 | 오늘행사처 | 육도환생처 축도 | 축일神殺 | 오늘기도덕 정광여래 | 오늘불공 미륵보살 | 금일지옥 도산지옥 |

불공 제의식 吉한 행사일 ‖ 吉凶 길흉 大小 일반 행사일

칠성기도	산신축원	용왕축원	조왕하강	나한기도	불공	신중	재수굿	용왕굿	조왕굿	병굿	고사	결혼	입학	투자	계약	등	여행	이사	합방	이장	점안식	개업	신축상량	수술	서류제출	직원채용
◎	◎	◎	◎	◎	×	×	×	×	×	×	×	×	×	×	×	-	◎	◎	×	×	-	×	×	×	×

당일 래정법

子時 어린자식 잘방사 사업불리 태아병진도
丑時 귀인발탁 직장사 구재막아득, 잘병침투
寅時 직장취업 직위변동, 가출사, 잘병침투
卯時 재물손실 융통불리, 남녀색정사, 질병
辰時 잘병왕, 적이 참범시, 재물손실 도난
巳時 자식문제 직장실직 부부불화 망신살수
午時 관재구설 자식 작별문제 화재문제
未時 금전문제 관재관해 구재불성 관송문제 가출문제
申時 금전문제 가출자 원행 이동수, 손재수
酉時 손해재발생 직장실직 부부변심 잘병방타
戌時 금전 압류 사업문제 여자문제, 가출사
亥時 금전원리불리, 도난 자식잘병, 태아령

오늘 행운 복권 운세

복권사면 좋은 원숭띠 ⑨19, 29
행운방권 집에서 서남쪽에 있음

申子辰生 : 북쪽문을 피하고, 서남쪽으로 이사하면 안 된다. 재수가 없고, 하는 일마다 꼬이고, 病苦질병발생. 바람기 발동.

巳酉丑生 : 서쪽문을 피하고, 동남쪽으로 이사하면 안 된다. 재수가 없고, 하는 일마다 꼬이고, 病苦질병발생. 바람기 발동.

寅午戌生 : 남쪽문을 피하고, 북동쪽으로 이사하면 안 된다. 재수가 없고, 하는 일마다 꼬이고, 病苦질병발생. 바람기 발동.

亥卯未生 : 동쪽문을 피하고, 서북쪽으로 이사하면 안 된다. 재수가 없고, 하는 일마다 꼬이고, 病苦질병발생. 바람기 발동.

필히 피해야 할일 동물들이기·농기구 다루기·벌목·사냥·수렵·승선·낚시·어로작업·요트타기·위험놀이기구

백초귀장술의 오늘에 초사언

시간 점占 甲戌공망─申酉

10월

운세풀이

辰띠 : 이동수, 우왕좌왕, 弱5 다툼
巳띠 : 매사불편, 방해자, 배신
午띠 : 해결신, 시험합격, 풀림
未띠 : 점심 이여 꼬임, 관재구설
申띠 : 귀인상봉, 금전이득, 현금
酉띠 : 매사꼬임, 과거2생, 질병
戌띠 : 최고운상승세, 두마음, 문서
亥띠 : 의욕과다, 스트레스큼
子띠 : 시급한 일, 뜻대로 안됨
丑띠 : 만남, 결실, 화합, 문서
寅띠 : 이동수, 예방, 변동 옮김임
卯띠 : 빈화니, 걱정근심, 사기

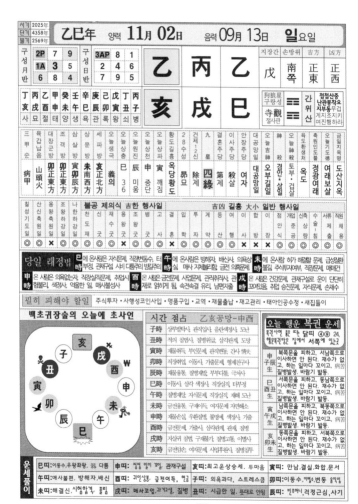

서기	2025년
단기	4358년
불기	2569년

乙巳年 양력 **11**月 **02**日 음력 **09**月 **13**日 **일**요일

구성 월반	2P	7	9
	1A	3	5
	6	8	4

구성 일반	3AP	8	1
	2	4	6
	7	9	5

乙 丙 乙
亥 戌 巳

지장간	손방위	吉方	凶方
戊	南쪽	正東	正西

丁 丙 乙 甲 癸 壬 辛 庚 己 戊 丁
亥 戌 酉 申 未 午 巳 辰 卯 寅 子
사 묘 절 태 양 생 욕 관 록 왕 쇠 병

狗狼星 구랑성 寺觀 사관

첩첩산중 난봉꽃자욱 지부동무겁 게자조지키 며진행하라

간위산

三甲旬 病甲 | 육갑납음 山頭火 | 대장군방 卯正東方 | 조객방 卯正東方 | 삼살방 正南方 | 상문방 西南方 | 세파방 正北方 | 오늘생기 義巳 | 오늘상천 辰 | 오늘상파 申 | 오늘원진 寅 | 황건 2.8 흑도 깨묘 | 건제12성 成 당황도 | 九星 四綠 | 결혼주당 第제 | 이사주당 殺살 | 안장주당 여자 | 대공망일 大공망일 | 神殺신살 오부길일 경신·삼살 | 오늘귀신 토끼·잡살 | 축원일 옥도 | 오늘태어난이도 정광여래 | 오늘불공 여래보살 | 도산지옥 |
|---|

불공 제의식 吉한 행사일 | 吉凶 길흉 大小 일반 행사일
최성기도일 | 산신축원일 | 용왕축원일 | 조왕하강일 | 나한하강일 | 불공 | 천궁 | 신굿 | 재수굿 | 용궁 | 조왕 | 병굿 | 고사 | 결혼 | 입학 | 투자 | 계약 | 여행 | 이사 | 합방 | 점안식 | 개업준공 | 신축상량 | 수술 | 서류제출 | 제사
◎ | ◎ | ◎ | × | ◎ | × | 굿 | 굿 | 굿 | 굿 | 사 | 혼 | 학 | 자 | 약 | 행 | 사 | 방 | 안 | 공 | 량 | 술 | 출 | 사
◎ | ◎ | ◎ | × | ◎ | × | ◎ | × | ◎ | × | × | ◎ | ◎

당일 래정법 | 巳時에 온사람은 자신문제, 직장변동수, 터문 | 午時에 온사람은 방해자, 배신사, 의욕상실 | 未時에 온사람 하가 해결할 문제 금성화합
申時에 온 사람은 의욕없다, 직장실직건, 헛공사 | 酉時 온사람은 금전문제, 사업문제, 관재구설 | 戌時 이동수 건강문제, 관재구설, 자식문제, 손재수

필히 피해야 할일 주식투자·사행성코인사업·명품구입·교역·재물출납·재고관리·태아인공수정·새집들이

백초귀장술의 오늘에 초사언

시간 점占 | 乙亥공망—申酉

子時	상부별가사, 관직오사, 음란색정사, 도난
丑時	적의 삼방사, 질병위급, 삼각관계, 도망
寅時	재물취득, 부인문제, 관직변동, 간사 情사
卯時	직장취업, 이동사, 가출문제, 형제화구사
辰時	재물융흥, 잘병재앙, 부부다툼, 극차사
巳時	이동사 삼각 색정사, 직장실직, 타부정
午時	잘병재앙, 자식문제, 직장실직, 재해 도난
未時	금전융흥, 구재사, 여자문제 자연 발소
酉時	금전문제, 가출사, 삼각관계, 관재, 잘병
戌時	자산과 침범, 구재불성, 잘병고통, 야투사
亥時	금전실손 여자문제 사업유리실, 잘병관주

오늘 행운 복권 운세
복권사면 좋은 띠는 닭띠 ④⑧ 24, 행운복권방은 집에서 서쪽 方 이냐2

申 子 辰 生	복쪽문을 피하고, 서남쪽으로 이사하면 안 된다. 재수가 없 고, 하는 일마다 꼬이고, 病身 질병발생. 바람기 발동.
巳 酉 丑 生	서쪽문을 피하고, 동남쪽으로 이사하면 안 된다. 재수가 없 고, 하는 일마다 꼬이고, 病者 질병발생. 바람기 발동.
寅 午 戌 生	남쪽문을 피하고, 북동쪽으로 이사하면 안 된다. 재수가 업 고, 하는 일마다 꼬이고, 病苦 질병발생. 바람기 발동.
亥 卯 未 生	동쪽문을 피하고, 서북쪽으로 이사하면 안 된다. 재수가 없 고, 하는 일마다 꼬이고, 病苦 질병발생. 바람기 발동.

운세풀이

巳띠:	이동수,우왕좌왕, 弱 다툼
午띠:	매사 불편, 방해자,배신
未띠:	해 결신, 시험합격, 풀림
申띠:	점점 일이 꼬임, 관재구설
酉띠:	귀인상봉, 금전이득, 현급
戌띠:	매사 꼬임,과거2색, 질병
亥띠:	최고운상승세, 두마음
子띠:	의욕과다, 스트레스큼
丑띠:	시급한 일, 뜻대로 안됨
寅띠:	만남,결실,화합,근주
卯띠:	이동수,이별수,변동 움직임
辰띠:	빈궁하다, 격정근심, 사기

乙巳年　양력 **11**月 **03**日　음력 09月 14日　**月**요일

구성월반	2P	7	9	구성일반	2	7P	9
	1A	3	5		1A	3	5
	6	8	4		6	8	4

丙 丙 乙
子 戌 巳

己	戊	丁	乙	癸	壬	辛	庚	己	戊
亥	戌	申	未	午	辰	卯	寅	丑	子
절	묘	사	병	쇠	왕	록	관	욕	생	양	태

지장간	손방위	吉方	凶方
戊	南西	正北	正南

狗狼星 구랑성 中庭廳 관청마당
청정산주 난관봉자요 지부동무 게지조지키 머진히행하리

간위산

| 三甲순 | 육갑납음 | 대장군방 | 조객방 | 삼살방 | 세파방 | 오늘색 | 오늘상충 | 오늘원진 | 오늘상천 | 오늘상파 | 황도길흉 | 건제12신 | 九星 | 결혼주당 | 이사주당 | 안장주당 | 神殺일 | 오늘神殺 | 축원인도불 | 기도일지 | 길흉 |

病甲 澗下水 卯正東方 寅卯辰方 亥正北方 伐벌 午 未 미궁 酉 천뇌흑도 畢필 滿만 **三碧** 竈조 富부 어머니 월기일 신덕·미양 재살·전화 귀·기·격 천도 지장보살 아미보살 발설지옥 금일지옥명

칠성기도일	산신축원일	용왕축원일	조왕하강일	나한하강일	불공 제의식 吉한 행사일									吉凶 길흉 大小 일반 행사일									
					천도	신굿	재수굿	용왕굿	조왕굿	병굿	고사	결혼	입학	투자	계약	여행	이사	안장	점안	기원	신축상량	서류제출	직원채용
◎	◎	×	◎	×	◎	×	×	×	×	×	×	×	×	×	×	×	◎	×	×	◎	×	◎	◎

당일 래정법	巳時 에 온사람은 직장실직근 친구나 영업문제 관송사 실상사 빈주머니	午時 에 온사람은 이동변동수 터주잡귀 하극상모략사 자식문제 차사고	未時 에 온사람은 방해자 배신사 가족걱심 매사 지체됨관 도전 창업은 불리
申時 온사람은 금전이 취직문제 결혼 경조사 분쟁사식업 해결됨 시험은 합격됨 승남 귀인도움	酉時 온사람은 의욕없는자 자식근심 病 이별사 금전손실 다툼주의 여자문제 관재구설	戌時 온사람은 남편문제 금전문제 주식투자는 실패 재물구자는 여자화결건 건강얿마 빗대로 됨

필히 피해야 할일 새집들이·친목회·금전수금·창고수리·건축수리·동토·싱크대교체·주방고치기

백초귀장술의 오늘에 초사언

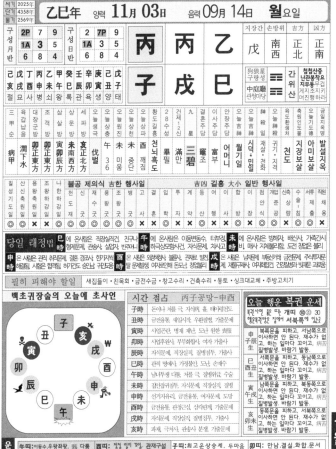

시간 점占	丙子공망-申酉
子時	돈아 투己 자식厄 흉, 태아령천도
丑時	금전융통, 샤입시직, 우환질병, 가출문제
寅時	사업곤란, 병재 재난, 도난 원한 喪服
卯時	사업후원사, 부부화합사, 여자 가출사
辰時	자손문제, 직장실직, 질병침투, 가출사
巳時	관직 명예사, 가정불안, 도난 손재수
午時	남녀색정사 다툼, 처를 극, 질병위급, 수술
未時	금전암손물제, 자식문제, 직장실직, 질병
申時	선거자유리, 금전융통, 여자문제, 도망
酉時	금전융통, 관직근심, 삼각관계, 가출문제
戌時	자식문제, 직장실직, 질병침투, 가출사
亥時	파재, 극차사, 관송사 분쟁, 가출문제

오늘 행운 복권 운세
복권사면 좋은 띠는 개띠 ⑩ ⑳ 30 행운복권방은 집에서 서북쪽에 있는곳
申子辰	복쪽문을 피하고, 서남쪽으로 이사하면 안 된다. 재수가 없 고, 하는 일마다 꼬이고, 病苦 질병발생. 바람기 발동.
巳酉丑	서쪽문을 피하고, 동남쪽으로 이사하면 안 된다. 재수가 없 고, 하는 일마다 꼬이고, 病苦 질병발생. 바람기 발동.
寅午戌	북쪽문을 피하고, 북동쪽으로 이사하면 안 된다. 재수가 없 고, 하는 일마다 꼬이고, 病苦 질병발생. 바람기 발동.
亥卯未	동쪽문을 피하고, 서북쪽으로 이사하면 안 된다. 재수가 없 고, 하는 일마다 꼬이고, 病苦 질병발생. 바람기 발동.

운세풀이	午띠:이동수·우왕좌왕, 弱 다툼	酉띠: 적정 이야 '꼬이', 관재구설	子띠:최고운상승세, 두마음	卯띠: 만남,결실,화합,문서
	未띠:매사불편, 방해자,배신	戌띠:귀인상봉, 금전이득, 햄運	丑띠: 의욕과다, 스트레스큼	辰띠:이동수,애별,변동 음직임
	申띠:해결신,시험합격, 풀림	亥띠: 매사꼬임,과거2셈, 질병	寅띠: 시급한 일, 뜻대로 안됨	巳띠: 빈주머니,걱정근심, 사기

11월

乙巳年　양력 11月 05日　음력 09月 16日　수요일

구성월반			구성일반		
2P	7	9	9	5	7P
1A	3	5	8	1	3
6	8	4	4	6A	2

戊 丙 乙
寅 戊 巳

지장간	손방위	吉方	凶方
戊	西北	正南	正北

癸	壬	辛	庚	己	戊	丁	丙	乙	甲	癸	壬
亥	戌	酉	申	未	午	巳	辰	卯	寅	丑	子
절	묘	사	병	쇠	왕	록	관	욕	생	양	태

狗狼星 구랑성
東北方

첨산산중 난관묵착요 지부동구업 게지조지키 머진행하러

간위산

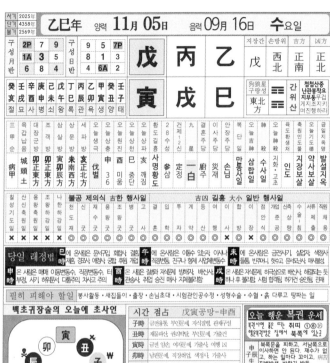

三甲순	육갑납음	대장군방	조객방	삼살방	상문방	세파극	오늘상충	오늘원진	오늘상천	오늘상파	황도길흉	건제12신	九星	결혼주당	이사주당	안장주당	복단일	神殺	오늘흉신	오늘길신	축원인도불	금일지옥	겁살방위보살
病甲	城頭土	卯正東方	卯正東方	未南西方	亥正北方	伐일 36	申	酉	巳 미움	亥 깨짐	사명황도	定 중단	一白	廚주	災재	손님	삼합일	수사일	지화·고초	인도	지장보살	약사보살	발설지옥

칠성기도일	신중기도일	용왕축원일	조왕하강일	나한재일	불공 제의식 吉한 행사일							吉凶 길흉 大小 일반 행사일												
					천신도재	신중재수굿	조왕굿	병굿	고사	용왕굿	산신제	입주	상량	이안	개업	기원	신축	준	서류제출	직원채용			
×	×	×	×	×	○	○	○	○	◎	◎	◎	○	×	×	×	◎	○	×	◎	○			

필히 피해야 할일 봉사활동 · 새집들이 · 출장 · 손님초대 · 시험관인공수정 · 성형수술 · 수혈 · 흙 다루고 땅파는 일

백초귀장술의 오늘에 초사언

시간 점占 寅寅공망-申酉

子時	금전융통, 부인문제, 자식결별, 관재구설
丑時	재물파산 권리박탈, 부인문제, 가출건
寅時	금전 암손, 여자문제, 가출사, 여행 凶
卯時	남편문제, 직장취업, 색정사, 가출사
辰時	매사 불성사, 금전손실, 사업파산, 배송 중단
巳時	입상 명예사, 직장승진 금전기쁨, 관성
午時	금전손실 다툼, 사업문제, 가출, 처를 극
未時	갈등파리함, 처첩, 색정사, 가출문제
申時	금전사, 질병병사, 가출사, 직장실직
酉時	금전손실 직장실직 가출사, 배신음모
戌時	사업후원사 취업문제, 육친문제 수술유의
亥時	금전손실 도난 상해, 이별사, 가출사

오늘 행운 복권 운세

북쪽사계 운을 주는 띠는 **①⑧⑯** 행운복권방은 집에서 **북쪽**으로

申子生	북쪽문을 피하고, 서남쪽으로 이사하면 안 된다. 재수가 없고, 하는 일마다 꼬이고, 病苦 질병발생. 바람기 발동
巳酉丑生	서쪽문을 피하고, 동남쪽으로 이사하면 안 된다. 재수가 없고, 하는 일마다 꼬이고, 病苦 질병발생. 바람기 발동
寅午戌生	남쪽문을 피하고, 북쪽으로 이사하면 안 된다. 재수가 없고, 하는 일마다 꼬이고, 病苦 질병발생. 바람기 발동
亥卯未生	동쪽문을 피하고, 서북쪽으로 이사하면 안 된다. 재수가 없고, 하는 일마다 꼬이고, 病苦 질병발생. 바람기 발동

11월

운세풀이	**申띠:**이동수,우왕좌왕, 弱음 다툼	**子띠:**해결신, 시험합격, 풀림
	酉띠:매사불편, 방해자,배신	**丑띠:**매사꼬임, 과거고생, 질병
	戌띠:해결신, 시험합격, 풀림	**寅띠:**최고운상승세, 두마음
		卯띠:의욕과다, 스트레스큼
	辰띠:시급한 일, 뜻대로 안됨	**巳띠:**만남,결실,화합,문서
	未띠:빈주머니,걱정근심, 사기	**午띠:**이동수,애정수,변동 움직임

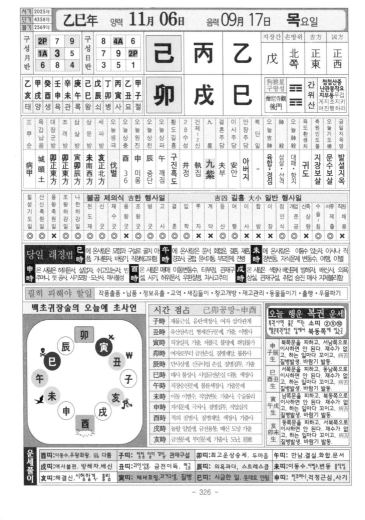

서기 2025年
단기 4358年
불기 2569年

乙巳年 양력 11月 06日 음력 09月 17日 목요일

구성月반
2P	7	9
1A	3	5
6	8	4

구성日반
8	4A	6
7	9	2P
3	5	1

지장간 戊 손방위 北쪽 吉方 正東 凶方 正西

己 丙 乙
卯 戌 巳

乙亥 甲戌 癸酉 壬申 辛未 庚午 己巳 戊辰 丁卯 丙寅 甲子
태양 생 욕 관 록 왕 쇠 병 사 묘 절

狗狼星 구랑성
僧尼看觀 後用

첨첨삼중 난공통착요 지묵동무게 게지조지키 머진행하리

간위산

불공 제의식 吉한 행사일   吉凶 길흉 大小 일반 행사일

당일 래령법

백초귀장술의 오늘에 초사언   시간 점占 己卯공망=申酉   오늘 행운 복권 운세

子時 재물근심, 음란색정사, 여자 삼각관계
丑時 유산낙대인, 형제친구문제, 가출, 이별사
寅時 직장실직 가출, 처불구, 불상에 취급불가
卯時 여자로부터 금전손실, 잘병재앙, 불성사
辰時 만사성통, 산근고환손실, 잘병침투, 가출
巳時 매사 발전사 사업근심으로 다툼, 색정사
午時 직장승진문제, 불문색정사, 가출문제
未時 이동 야별가, 직업변동, 가출사, 수술문제
申時 자식문제, 극차사, 잘병침투, 작업실직
酉時 적의 침범사, 잘병위중, 색정사, 가출
戌時 놀람 알발생 금전용통, 배신 도망 가출
亥時 금전문제, 부인문제, 가출사, 도난 應報

운세풀이

酉띠:이동수,우왕죄왕, 짐,다툼   子띠: 점정 이이 꼬임, 관재구설   卯띠:최고운 상승세, 두마음   午띠: 만남,결실,화합,문서
戌띠:매사불편, 방해자,배신   丑띠:귀인상봉, 금전이득, 현금   辰띠: 의욕과다, 스트레스큼   未띠:이동수,애~롱,변동 움직임
亥띠:해결신,시험합격, 풀림   寅띠: 매사꼬이고,과거2생, 질병   巳띠: 시급한 일, 동대로 안됨   申띠: 빈주머니,걱정근심, 사기

- 326 -

乙巳年 양력 **11**月 **07**日 음력 09月 18日 金요일　입동 立冬 13時 04分 入

구성월반	1P	6	8A	구성일반	7	3	5
	9	2	4		6	8	1
	5	7	3		2A	4	9P

庚 丁 乙
辰 亥 巳

지장간 戊　손방위 北東　吉方 正北　凶方 正南

丁亥 병	丙戌 쇠	乙酉 왕	甲申 록	癸未 관	壬午 욕	辛巳 생	庚辰 양	己卯 태	戊寅 절	丁丑 묘	子 사

狗狼星 구랑성　寺觀 사관　첨첨산중 난관봉착요 지부놓구법 게지조지키 여진행하리

三伏순　육갑납음　대장군방　조객방　삼살방　상문방　세파방　오늘생극　오늘神殺　오늘吉方　황도길흉　2 8 星　건제12신　九星　결혼주당　이사주당　안장주당　복단일　오늘吉神　神殺　육도환생처　축도　금일지옥　오늘기도덕

病甲　白蠟金　卯正東方　卯正東方　寅正東方　未南西方　正北方　義의　亥　卯　丑　사명황도　鬼귀　八白　姑고　利이　남자　황천대사　양인·천윤　수격일　축도　지장보살　지장보살　발설지옥

칠성기도일	산신기도일	용왕기도일	조왕기도일	나한기도일	불공 제의식 吉한 행사일								吉凶 길흉 大小 일반 행사일										
					천도재	신굿	재수굿	용왕굿	조왕굿	병굿	고사	결혼	입학	투자	계약	등양	여행	이장	점안	개업	신축상량	수술	서류제출	직원채용
◎	◎	×	◎	◎	×	×	◎	×	◎	×	◎	×	◎	×	×	×	◎	×	◎	×	×	◎	×

당일 래정법
巳 時에 사람은 의욕과다, 뭐가 하고싶어 午 時에 온사람은 부모형제와 골치 아픈 未 時에 온사람은 희망은 결혼, 재혼, 경조사 와 당신 직장생업문제 소송사건여부 일 음택, 가내환자, 바람기 불륜 일 색정사 궁합 만나 후원 기업 매매건
申 時 온 사람은 único 욕구 여자나 직장변동, 酉 時 온 사람은 색정문제 금전손재수, 수고있는 戌 時 온 사람은 매매 이동변동수, 터부정, 관재구설 時 사업에 변동수, 이별수, 창업얻길 일 자식 반목사나 남편 매사 불성사 時 사기 하극상 문제 동갑자 사비 다름주의 친구교제의 차사고주의

필히 피해야 할일　작품출품 · 정보유출 · 새집들이 · 창고개방 · 재고관리 · 동물들이기 · 출행 · 방류 · 지붕덮기

백초귀장술의 오늘에 초사언

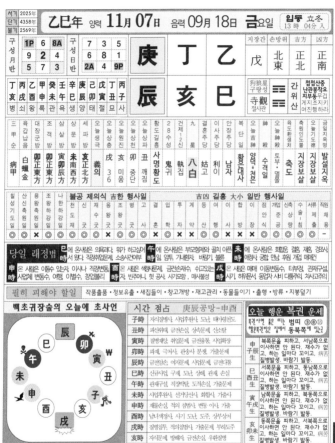

시간 점占	庚辰공망—申酉
子時	자식잘방사 사업후원사, 도난, 태아질환건
丑時	파산위태, 금전손실, 상하문제, 산소탈
寅時	잘병재앙, 취업문제, 금전융통, 사업확장
卯時	파재, 극차사, 관송사 분쟁, 가출문제
辰時	금전손실, 여자문제, 사업문제, 금전문제
巳時	산수사업, 구재, 도난, 상해, 관재, 손실
午時	관재구설, 직장변동, 도적소심, 가출문제
未時	사업후원사, 선거당선사, 화합사, 가출사
申時	재물손실, 적의 침투사, 사업, 금전문제
酉時	남녀색정사, 사기, 도난, 도주, 상부상처
戌時	잘병질환, 적의침투사, 가출문제, 부부도주
亥時	자식문제, 방해자, 금전손실, 우환질병

오늘 행운 복권 운세
복권사면 좋은 띠는 범띠 ③⑧⑱
행운복권방은 집에서 동북쪽

申子辰生	북쪽문을 피하고, 서남쪽으로 이사하면 안 된다. 재수가 없으며, 하는 일마다 꼬이고, 病苦 질병발생 바람기 발동.
巳酉丑生	서쪽문을 피하고, 동남쪽으로 이사하면 안 된다. 재수가 없으며, 하는 일마다 꼬이고, 病苦 질병발생 바람기 발동.
寅午戌生	남쪽문을 피하고, 북동쪽으로 이사하면 안 된다. 재수가 없으며, 하는 일마다 꼬이고, 病苦 질병발생 바람기 발동.
亥卯未生	동쪽문을 피하고, 서북쪽으로 이사하면 안 된다. 재수가 없으며, 하는 일마다 꼬이고, 病苦 질병발생 바람기 발동.

11월

운세풀이
戌띠: 이동수, 우왕좌왕, 弱, 다툼
亥띠: 매사불편, 방해자, 배신
子띠: 해결신, 시험합격, 풀림
丑띠: 정점 이앙 끝남, 관재구설
寅띠: 귀인상봉, 금전이득, 현금
卯띠: 매사꼬임, 과거고생, 질병
辰띠: 최고운상승세, 두마음
巳띠: 의욕과다, 스트레스큼
午띠: 시급한 일, 뜻대로 안됨
未띠: 만남, 결실, 화합, 문서
申띠: 이동수, 이별수, 변동 움직임
酉띠: 빈주머니, 걱정근심, 사기

서기 2025年					
단기 4358年	乙巳年	양력 11月 08日	음력 09月 19日	土요일	
불기 2569年					

구성월반			구성일반		
1P	6	8A	6	2	4
9	2	4	5	7	9A
5	7	3	1	3	8P

辛 丁 乙
巳 亥 巳

지장간	손방위	길방	흉방
戊	無	正西	正東

첩첩산중 난관봉착요
지부용구집
게지조지키
며진행하리라

狗狼星 구랑성
天

간위산

己	戊	丁	乙	甲	癸	壬	辛	庚	己	戊
亥	戌	酉	未	午	巳	辰	卯	寅	丑	子
육	관록	왕	쇠	병	사	묘	절	태	양	생

삼갑순: 病甲
白蠟金
伐벌
卯正東方 卯正東方 亥南方辰方 未南方辰方 寅正北方

亥36 戌 寅 구진흑 柳유 破파 七赤 堂당 天천 손자 천후·역마 월파 대모·태세 옥도 지장보살 문수보살 발톱발지옥
황도길흉: 중단 미움 깨짐

당일 래정법
巳에 온사람은 의욕만 두자문제로 갈 午에 온사람은 의욕과다 뭐가 하고싶어 未에 온사람은 골치 아픈일 형제들과
時등 갈팡질팡 욕심 자식문제 사업문제 時 왔다 금전문제 여자문제 사업협력 時 죽음 바람기 불륜 샤머깽꽁 속잡기
申에 온사람은 형제 문제 관람깸 갈등 배신 유혹 酉에 온사람은 색색문제 금전손재수 쉬고있는 戌에 온사람은 색정사로 금전손재수
時 사업문제 갈등 만남 개업 하극상 배신 구설수 時 사업체 변동수 여행 이별수 권리손제 財 別 說 공사 사기문제 매사불성

필히 피해야 할일
이날은 흑도와 월파일에 태세, 대모 등 신살에 해당되어 매사 해롭고 불리한 날

백초귀장술의 오늘에 초사언

시간 점占	辛巳공망-申酉
子時	자식문제 질병침투, 직장실직, 배신주의
丑時	자산사업 봉사 후원사, 질병침투, 가출
寅時	금전용통, 부인문제 색싱사 관재구설
卯時	금전문제 사급관계, 형제도움, 가출나
辰時	질병발생 타인나 다툼, 가출사 사업불리
巳時	금전사안 여자문제 취직 실직문제 포상
午時	산관재점불리 관재구설, 남녀색정사, 우환
未時	자선 봉사활동, 금전문제 가출방해, 불리
申時	매사불성사 금전손재 병재약업 당선진난
酉時	급병위독생 금전손실 도난 가출도주
戌時	봉사 자선사업 질병생별시 사업문제 가출
亥時	직장변동사 질병침투, 부부이별, 원병 이사

오늘 행운 복권 운세
복권사면 좋은 띠는 토끼띠 ②⑧
행운복권방은 집에서 동쪽方향

申子辰生	북쪽문을 피하고, 서남쪽으로 이사하면 안 된다. 재수가 없고, 하는 일마다 꼬이고, 病丢
巳酉丑生	서쪽문을 피하고, 동남쪽으로 이사하면 안 된다. 재수가 없고, 하는 일마다 꼬이고, 病丢 질병발생 바람기 발동
寅午戌生	남쪽문을 피하고, 북쪽으로 이사하면 안 된다. 재수가 없고, 하는 일마다 꼬이고, 病丢 질병발생 바람기 발동
亥卯未生	동쪽문을 피하고, 서북쪽으로 이사하면 안 된다. 재수가 없고, 하는 일마다 꼬이고, 病丢 질병발생 바람기 발동

운세풀이

亥띠: 이동수,우왕좌왕, 弱을, 다툼
子띠: 매사불편, 방해자,배신
丑띠: 해결신,시험합격, 풀림
寅띠: 청춘 이이 꼬임, 관재구설
卯띠: 기이난색, 금전이득, 현급
辰띠: 매사 꼬임,과거고생, 질병
巳띠: 최고운상승세, 두마음
午띠: 의욕과다, 스트레스큼
未띠: 시급한 일, 뜻대로 안됨
申띠: 만남,결실,화합,문서
酉띠: 이동수,애뙹,변동 융지리
戌띠: 빈주머니, 걱정근심, 사기

乙巳年 양력 **11**月 **09**日 음력 09月 20日 **일**요일

구성월반	1P	6	8A		구성일반	5	1	3
	9	2	4			4	6	8
	5	7	3			2P	7A	

壬丁乙
午亥巳

지장간	손방위	吉方	凶方
戊	無	正南	正北

狗狼星구랑성
神廟 신사묘

수화기제

최고之일 끝나는공행상 정도동때 후환번화에 대비필요요

辛亥	庚戌	己酉	戊申	丁未	丙午	乙巳	甲辰	癸卯	壬寅	辛丑	庚子
록	관	욕	생	양	태	절	묘	사	병	쇠	왕

三甲旬	육갑납음	대장군방	조객방	삼살방	상문방	세파방	오늘생극	오늘원진	오늘상천	오늘상파	황도길흉	2 8 宿	건제12신	九星	결혼주당	이사주당	안장주당	복단일	오늘神殺	神殺일진	오늘吉神	오늘흉신악살	축관인두법	오늘吉凶일람	금일기충
病甲	楊柳木	卯正東方	卯正東方	寅卯辰方	未南西方	亥正北方	制	制		丑미움	丑중단	卯깨짐	청룡황도	星성	六白	翁옹	害해	死사	-	보호·청룡	검봉·천리	불도	헌검절불	약사보살	한밤지옥

불공 제의식 吉한 행사일 · 吉凶 길흉 大小 일반 행사일

칠성기도일	산신축원일	용왕축원일	조왕하강일	나한하강일	불공 천의	신축 재수굿	용왕 굿	조왕 굿	병굿	고사	결혼	입택	투자	계약	등산	여행	이장	합방	개업	신축	수술	서류	직원
																		안장	제출	상침	채용
×	×	×	×	×	×	×	×	×	×	○	△	×	×	×	○	×	×	×	○	×	×	×	×

당일 래정법

巳에 온사람은 건강문제, 관재, 금전고통, 금전구재 문제 時으로 운이 단단히 꼬여있음 동업파탄

午에 온사람은 금전구재, 화병 갈등사 時 갈등상후 욕구, 자식문제 취업문제

未에 온사람은 의욕없고 뭐가 하고싶어 時 서 왔다 직장취업문제, 결혼문제

申時 온 사람은 골치 아픔일 친구나 형제원근 죽음 배우자변심, 차사고 사비투쟁, 속 정위해 만래

酉時 온 사람은 형제 문서 화합은, 결혼, 관권업 애 정사, 궁합 더 합격 하장상 배신 경쟁사로 불리

戌時 온 사람은 이동수 있는자, 가출, 이사나 직장변 동 사업체 변동수, 여행, 이별수, 부동산매매

필히 피해야 할일 : 성형수술·농기구 다루기·벌목·승선·낚시·어로작업·위험놀이기구·흙 다루고 땅 파는 일

백초귀장술의 오늘에 초사언

시간 점占	壬午공망-申酉
子時	남녀쟁투 처를 극, 病 이동 소송은 凶
丑時	질병은 흉, 이사 구직안됨, 순리대로
寅時	선거자유리, 불러사, 刺病災, 刺病 운
卯時	매사 선흉후길, 소송은 화해가 길
辰時	관재 병재로 불길, 가출사 색정사 하극상
巳時	사업 구재 구설 안됨, 여자 산규자로 凶
午時	금전소실 다툼, 이사 여행 투자 시험불리
未時	잡앙삼재침투, 전투불통 삼각관계 불리
申時	매사 불성사, 도망은 흉 도찬손실 색화
酉時	사업나 후원사 불성사, 화합사 무력함
戌時	가출건, 급병자, 관재구설, 하극상발 ⊗
亥時	남자는 해롭고, 임신은 안됨, 구설 안됨

오늘 행운 복권 운세

복권사면 좋은 띠는 용띠 ⑥⑯㉖
행운복권방 좋은 장소 동남쪽

申子辰生	북쪽문을 피하고, 서남쪽으로 이사하면 안 된다. 재수가 없 고, 하는 일마다 꼬이고, 病苦질병발생, 바람기 발동.
巳酉丑生	서쪽문을 피하고, 동남쪽으로 이사하면 안 된다. 재수가 없 고, 하는 일마다 꼬이고, 病苦질병발생, 바람기 발동.
寅午戌生	남쪽문을 피하고, 북쪽으로 이사하면 안 된다. 재수가 없 고, 하는 일마다 꼬이고, 病苦질병발생, 바람기 발동.
亥卯未生	동쪽문을 피하고, 서북쪽으로 이사하면 안 된다. 재수가 없 고, 하는 일마다 꼬이고, 病苦질병발생, 바람기 발동.

운세풀이	
子띠:이동수,우왕좌왕, 弱, 다툼	卯띠: 점선 이익 꼬임, 관재구설	午띠:최고운상승세, 두마음	酉띠: 만남,결실,화합,문서
丑띠:매사불편, 방해자,배신	辰띠:귀인상봉, 금전이득, 현금	未띠: 의욕과다, 스트레스큼	戌띠:이동수,이별수,변동 움직임
寅띠:해결신, 시험합격, 풀림	巳띠: 패사꼬임,과거고생, 질병	申띠: 시급한 일, 뜻대로 안됨	亥띠: 빈주머니,걱정근심, 사기

11월

- 329 -

乙巳年　양력 **11**月 **10**日　음력 **09**月 **21**日　**월**요일

구성월반			구성일반		
1P	6	8A	4	9	2
9	2	4	3	5	7
5	7	3	8P	1	6

지장간	손방위	吉方	凶方
戊	東쪽	正東	正西

癸 丁 乙
未 亥 巳

癸亥	壬戌	辛酉	庚申	己未	戊午	丁巳	丙辰	乙卯	甲寅	癸丑	壬子
왕	쇠	병	사	묘	절	태	양	생	욕	관	록

狗狼星
구랑성
水步井
수보정

水火旣濟

최고운 일
끝나는공양
상 정든말때
후분천화에
대비힐요함

三甲旬	육갑납음	대장군방	조객방	삼살방	세파방	오늘상충	오늘상천	오늘상파	오늘상해	오늘원진	황도흑도	건제12신	九星	결혼주당	이사주당	안장주당	대공망일	천구하식시	오늘太歲	오늘神殺	축원인도불	환생	오늘기도덕	九星불공	한빙지옥
病甲	楊柳木	卯正東方	寅正東方	亥남東方	未南方	丑	子	戌	명당황도	깨짐	成성	五黃	第제	殺살	여자	복덕일	대공망일	복덕일	삼합일	불도	복생ㆍ육의	張장	허건접불	한방지보살

伐벌　丑 36　子 미움　戊 중단

불공 제의식 吉한 행사일

칠성기도	산신축원	용왕축원	조왕하강	나한기도	불공	천도재	신중재수	조왕불공	산신불공	용왕불공	조상불공	병굿	고사	결혼	입학	투자	계약	등산	여행	이사	합방	방류	개업	점안식	신축	수리	서류제출	직원채용
×	×	×	◎	◎	굿	굿	굿	굿	굿	굿	굿	굿	-	학	학	학	산	행	이	방	장	굿	준	상	제	제	용

吉凶 길흉 大小 일반 행사일

당일 래정법

巳時에 온사람은 금전문제, 사업문제, 금전 午時에 온사람 건강문제, 금전문제로 운 未時에 온사람 문서합의 부모자간 문
구재건 관락쥐슈ㆍ속속결있어 유리 이 단단히 꼬여있음. 동업파탄 손재수 제. 교합사는 불성사. 이동수 있음

申時에 온사람은 의욕과다 뭐가 하고 싶어서 왔다 直 온 사람은 끝이 이쁨 형제동업 죽음 바랍니 戌 온 사람은 형제, 회원, 결혼, 재혼 경조사 애정
時 장신집중됨 친구찾았다 색정사로 애정 사기 時 다 직장변동 관재수 개변수 사비주장 정신건강 時 궁합 만남 개업 하자있는 배신 운 역모 함

필히 피해야 할일

소장제출ㆍ항소ㆍ손님초대ㆍ도로정비ㆍ수렵ㆍ송선ㆍ낚시ㆍ어로작업

백초귀장술의 오늘에 초사언

時干 点占	癸未공망-申酉
子時	관재발동, 남녀색장사, 금전손해 실물수
丑時	적의 칩범사, 불길하고 원수됨, 가출사
寅時	자손문제, 실직문제, 연애배신사, 모함
卯時	잘병위급, 여행조심, 관직승진 결혼 吉
辰時	남편문제, 가출사, 관직녹위, 부부이별, 소송흉
巳時	남녀 구재이득, 귀인상봉, 수상기쁨
午時	화합 애정상봉사, 금전순조, 매사 불성사
未時	유명무실 가출건, 동료나 골육배반 구설
申時	실내사 손재수, 부부이별수, 여행흉, 불리
酉時	병자사망, 매사 불성사, 가출도주, 外緣흉
戌時	작변문제, 남편문제, 잡안불화, 불합격
亥時	금전배신, 처 가출사 모략 중상, 이동 흉

오늘 행운 복권 운세

행운의 좋은 띄는 뱀띠 ⑦⑫27
행복해귀닝 집에서 남동쪽에 있네

申子辰生	복권문을 피하라. 서남쪽으로 이사하면 안 된다. 재수가 없고, 하는 일마다 꼬이고, 病흉
巳酉丑生	서쪽문을 피하라. 동남쪽으로 이사하면 안 된다. 재수가 없고, 하는 일마다 꼬이고, 病흉
寅午戌生	북쪽문을 피하라. 북북동쪽으로 이사하면 안 된다. 재수가 없고, 하는 일마다 꼬이고, 질병발생. 바랍니 발동
亥卯未生	남쪽문을 피하라. 서남동쪽으로 이사하면 안 된다. 재수가 없고, 질병발생. 바랍니 발동

운세풀이

丑띠:이동수,우왕좌왕, 弱,다툼　　辰띠: 정점 이익 이,관재구설
寅띠:매사불편, 방해자,배신　　巳띠:귀인상봉, 금전이득, 현금
卯띠:해결신,시험합격, 풀림　　午띠:매사꼬임,과거고생, 질병

未띠:최고운상승세, 두마음　　戌띠: 만남,결실,화합,문서
申띠:의욕과다, 스트레스큼　　亥띠:이동수,이별수,변동 움직임
酉띠:시급한 일, 뜻대로 안됨　　子띠:빈주머니,걱정근심, 사기

乙巳年　양력 **11**月 **11**日　음력 09月 22日　**화**요일

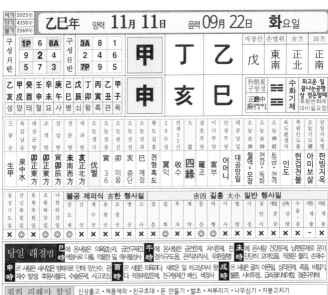

구성月반	1P	6	8A	구성日반	3A	8	1
	9	2	4		2	4	6
	5	7	3		7P	9	5

甲 丁 乙
申 亥 巳

지장간	손방위	吉方	凶方
戊	東南	正北	正南

狗狼星 구랑성
正廳中 정청중
庭에있음

수화기제

최고운 끝나는운행 상 정false몰략 대비요함

乙 甲 癸 壬 辛 庚 己 戊 丁 丙 乙 甲
亥 戌 酉 申 未 午 巳 辰 卯 寅 丑 子
생 양 태 절 묘 사 병 쇠 왕 록 관 욱

三甲旬	육갑남음	대장군방	조객방	삼살방	세문방	오늘생극	오늘상충	오늘원진	오늘상천	왕도길흉	28宿	건제12신	九星	혼주괘당	이사주당	안장주당	대공망일	오늘吉神	오늘神殺	축원인도불	오늘기도덕	금일지옥
生甲	泉中水	卯正東方	卯正東方	寅卯辰方	未南西方	亥正北方	伐일	卯	亥	巳	천형黑도	翼익	收수	四綠	竈조	富부	어머니	월덕·모창	토금·독화	인도	아미보살	한빙지옥

불공 제의식 吉한 행사일　　　吉凶 길흉 大小 일반 행사일

칠성기도	산신기도	용왕기도	조왕기도	나한기도	불공	신중	재수굿	용왕굿	조왕굿	병굿	고사	결혼	입학	移徙	여행	이장	합방	이사주당	개업	신축상량	수술	서류제출	직원채용
×	◎	×	×	×	×	×	◎	×	×	×	×	×	×	×	◎	×	×	×	×	×	-	×

당일 래정법

巳에 온사람은 의욕없는자, 금전구재건 時 색정사로 다툼, 억울한 일 매사불성사

午에 온사람은 금전문제, 자식문제, 친 時 정사구도움, 관재구설수, 우환질병

未에 온사람은 건강문제, 남편문제로 운이 時 단단히 꼬여있음. 직장은 불리, 손재수

申 이 사람은 새사업건 안배 망산수, 관 時 재수 발생, 후원사불리, 수술주의 사고조심

酉 온사람은 의욕적, 금전 일 하고싶어 와 時 색정사

戌 온사람은 골치 아픈일, 죽음 바람기 時 직장변동수, 친구형제간에 배신, 색정사

亥 온사람은 불윤, 색정사로, 급속정리해야 時 합당 미파사별

필히 피해야 할일 신상출고·제품제작·친구초대·문 만들기·벌초·씨뿌리기·나무심기·지붕고치기

백초귀장술의 오늘에 초사언

時간 점占	甲申공망-午未
子時	사남녀 후원문제, 가출사, 이동사, 질병
丑時	사기도난조짐, 가출건, 여행불리, 질병
寅時	이동사, 육친날벌, 부동산내왕, 터부정
卯時	움직이면 헐과왕진, 병환재발행, 순리
辰時	사업건 금전용통 가능, 시험합격, 불리사
巳時	모난 파료 상배 관재 재문건 女일
午時	관직 승전가능, 놀날랄발생, 변사가 불리
未時	관직사관직름, 여행관직실, 여행 모두 불리
申時	관직승잔기쁨, 사업상문 취업 가능, 음란
酉時	남녀색정사 변심, 남편문제, 삼각관계
戌時	금전문제, 여직문제, 가출사, 잡산 시체
亥時	임산가능, 결혼기쁨, 여행광사, 망동주의

오늘 행운 복권 운세
복권사면 좋은 띠는 말띠 ⑤⑦22
행운권은 집에서 남쪽 에 있다

申 子 辰 生	북쪽문을 피하고, 서남쪽으로 이사하면 안 된다. 재수가 없 고, 하는 일마다 꼬이고, 病苦 질병발생. 바람기 발동.
巳 酉 丑 生	서쪽문을 피하고, 동남쪽으로 이사하면 안 된다. 재수가 없 고, 하는 일마다 꼬이고, 病苦 질병발생. 바람기 발동.
寅 午 戌 生	남쪽문을 피하고, 북동쪽으로 이사하면 안 된다. 재수가 없 고, 하는 일마다 꼬이고, 病苦 질병발생. 바람기 발동.
亥 卯 未 生	동쪽문을 피하고, 서북쪽으로 이사하면 안 된다. 재수가 없 고, 하는 일마다 꼬이고, 病苦 질병발생. 바람기 발동.

운세풀이

寅띠:이동수,우왕좌왕, 弱사 다툼	巳띠:적정 일이 꼬임, 관재구설	申띠:최고운상승세, 두마음	亥띠:만남·결실,화합,문서
卯띠:매사불편, 방해자,배신	午띠:귀인상봉, 금전이득, 현금	酉띠:의욕과다, 스트레스큼	子띠:이동수,액맥수·변동 움직임
辰띠:해결신,시험합격, 풀림	未띠:매사꼬임,과거고생, 질병	戌띠:시급한 일, 뜻대로 안됨	丑띠:빈주머니,걱정근심, 사기

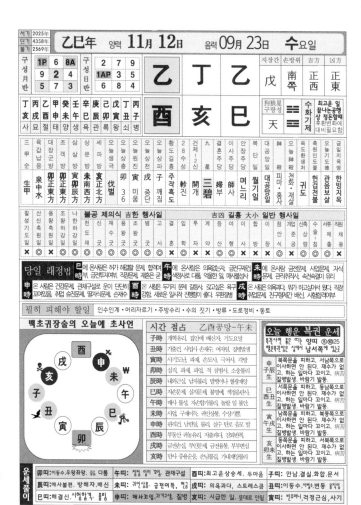

서기 2025年
단기 4358年
불기 2569年

乙巳年 양력 **11**月 **12**日 음력 09月 23日 **수**요일

구 성 월 반	1P	6	8A	구 성 일 반	2	7	9
	9	2	4		1AP	3	5
	5	7	3		8	4	5

乙 丁 乙
酉 亥 巳

지장간	손방위	吉方	凶方
戊	南쪽	正西	正東

狗狼星
구랑성
天

수
화
기제

최고운 일
끝나는공행
상 정돈할때
후훤변화에
대비필요함

丁亥	丙戌	乙酉	甲申	癸未	壬午	辛巳	庚辰	己卯	戊寅	丁丑	丙子
사	묘	절	태	양	생	욕	관	록	왕	쇠	병

三甲순	육갑납음	대장군방	조객방	삼살방	상문방	세파방	오늘생극	오늘상충	오늘원진	오늘상천	오늘상파	황도길흉	2 8 수 성	건 제 1 2 신	九星	결혼주당	이사주당	안장주당	복단일	대공망일	神殺	오늘神殺	육도환생처	축원인도불	오늘기도덕	금일지옥명
生甲	泉中水	卯正東方	寅東北方	亥子丑東南方	亥北正方	伐벌	卯	戌 미움	子 깨짐	子 주작흑도	軫진	開개	三碧	婦부	師사	월염일	느리	대공망일	피마·휴성	천라·재살	귀도	헌걸천불	한빙지옥	

칠성기도일	산신축원일	용왕축원일	조왕하강일	나한하강일	불공 제의식 吉한 행사일									吉凶 길흉 大小 일반 행사일											
					천 도 재	신 축 굿	재 수 굿	용 왕 굿	조 왕 굿	병 굿	고 사	결 혼	입 학	투 자	계 약	여 행	이 사	합 방	이 장	점 안 식	개업 준공	신축 상량	수 술	서류 제출	직원 채용
×	◎	◎	◎	◎	◎	×	◎	◎	◎	◎	◎	×	◎	◎	◎	◎	◎	×	×	◎	◎	◎	×	◎	×

당일 래정법
子에 온사람은 허가 해결할 문제, 합격여부 午에 온사람은 의욕과잉, 금전구재건, 未에 온사람 금전문제, 사업문제 자식
신규사업, 금전투자여부, 직장문제, 재혼은 굿 時 색정사로 다툼 억울한 일 매사불성사 時 문제, 관재구설사, 속전속결이 유리
申 온 사람은 건강문제, 관재구설로 운이 단단히 酉 온 사람은 두가지 문제 갈등사 갖고싶은 욕구 戌 온 사람은 무기 하고싶어서 왔다. 직장
꼬여있음, 취업 승진문제, 딸자식문제, 손재수 時 강한 새로운 일사라 진행함이 좋다. 우환질병 時 취업문제, 친구형제간 배신 사업파트너 문제

필히 피해야 할일
인수인계·머리자르기·주방수리·수의 짓기·방류·도로정비·동토

백초귀장술의 오늘에 초사언

시간 점占	乙酉공망-午未
子時	개혁유리, 잡안에 배신초, 기도요망
丑時	가출건, 사ар사 손재수, 여자일, 질병발생
寅時	사기도난, 파재, 손모사, 극차사, 감방
卯時	실직, 파재, 파업, 적 참범사, 소송불리
辰時	내부근심, 남녀불리, 발병여부 혈광재난
巳時	자손문제, 실직문제, 불장축, 색장음란사
午時	매사 불성, 자손함가불리, 놀랄 일 불안
未時	사업, 구재유리, 귀인상봉, 수상기쁨
申時	관직건, 남편참, 불리 살수 탈적 음모 발
酉時	부동산 귀농유리, 자손재나, 진퇴반복
戌時	금전손실, 부인문제, 금전융통, 부부변심
亥時	만사 중용순응, 출난문제, 가내태평관ঙ사

오늘 행운 복권 운세
복권사면 좋은 띠는 **양띠** ⑤⑩25
행운복권방은 집에서 **남서쪽**에 있음

申 子 辰 生	북쪽문을 피하고, 서남쪽으로 이사하면 안 된다. 재수가 없 고, 하는 일마다 꼬이고, 病苦 질병발생. 바람기 발동.
巳 酉 丑 生	서쪽문을 피하고, 정남쪽으로 이사하면 안 된다. 재수가 없 고, 하는 일마다 꼬이고, 病苦 질병발생. 바람기 발동.
午 戌 生	남쪽문을 피하고, 북동쪽으로 이사하면 안 된다. 재수가 없 고, 하는 일마다 꼬이고, 病苦 질병발생. 바람기 발동.
亥 卯 未 生	동쪽문을 피하고, 남쪽으로 이사하면 안 된다. 재수가 없 고, 하는 일마다 꼬이고, 病苦 질병발생. 바람기 발동.

운세풀이

卯띠: 이동수,우왕좌왕, 弱弱, 다툼
午띠: 점점 일이 꼬임, 관재구설
酉띠: 최고운상승세, 두마음
子띠: 만남,결실,화합,문서

辰띠: 매사불편, 방해자,배신
未띠: 귀인상봉, 금전이득, 현금
戌띠: 의욕과다, 스트레스큼
丑띠: 이동수,이별수,변동 움직임

巳띠: 해결신, 시험합격, 풀림
申띠: 매사 꼬임,과거고생, 질병
亥띠: 시급한 일, 뜻대로 안됨
寅띠: 빈주머니, 걱정근심, 사기

- 332 -

乙巳年 양력 **11**月 **13**日 음력 **09**月 **24**日 **목**요일

구성월반	1P	6	8A	구성일반	1P	6	8A
	9	2	4		9	2	4
	5	7	3		5	7	3

丙 丁 乙
戌 亥 巳

	지장간	손방위	吉方	凶方
	戊	南西	正南	正北

狗狼星 구랑성 天

수화기제

최고운 일 끝나는공행상 정든맘께 후환변화에 대비필요함

己亥	戊戌	丁酉	丙申	乙未	甲午	癸巳	壬辰	辛卯	庚寅	己丑	戊子
절	묘	사	병	쇠	왕	록	관	욕	생	양	태

三甲旬	육갑납음	대장군방	조객방	삼살방	상문방	세파방	오늘상충	오늘원진	오늘상천	오늘상파	황흑도길방	건제12신	九星	결혼주당	이사주당	안장주당	복단일	神殺	殺	오늘태어난생	도화환생처	천구하강일	금일지옥	오늘기도
生甲	屋上土	卯正東方	卯正東方	東南西方	午正南方	辰正西方	辰	巳 미움	酉	午 중 깨짐	金궤 角숙	閉폐	一白 一黑	廚주	災재	損남	익후·천으	월살·귀기	허	축도	헌겁천불	미륵보살	한빙지옥

칠성기도일	산신축원일	용왕축원일	조왕축원일	나한기도일	불공 제의식 吉한 행사일				吉凶 길흉 大小 일반 행사일														
					천도재	신중기도	재수굿	용왕굿	조왕굿	병굿	굿	고사	결혼	입학	투자	계약	등개업	여행	이안	합방	이점	개업	신축	수리	서류	직원
×	◎	×	×	◎	×	×	×	×	×	굿	사	혼	학	자	약	산	행	사	방	장	식	공	량	침	채
					×	×	×	×	×	×	×	×	×	×	×	×	×	×	×	×						

당일 래정법
巳時에 온사람은 새사업에 방해자, 배신 **午**時에 온사람은 취직 해결할 문제, 합격 **未**時에 온사람 의욕없는자, 금전꺼정, 관
의욕상실 색상가, 장윤문 불리함 여부, 금전투자여부, 직장문제, 재혼 재규설로 다툼, 억울한 일 매사불성사

申時 온 사람은 금전문제, 사업문제, 관직주에게, 관재로 얽혀 됨, 자식으로 인해 큰 지출 **酉**時 온 사람은 건강문제, 금전 운이 단절되, 내성을 **戌**時 온 사람은 무거 문제, 혼란 애증순이 욕구 강함, 자식문제, 새로운 일사교 진행함이 좋다.

필히 피해야 할일
이날은 **폐일神**으로 지격일에 월살과 철지 등 강한 신살에 해당되어 매사 해롭고 불리한 날

백초귀장술의 오늘에 초사언

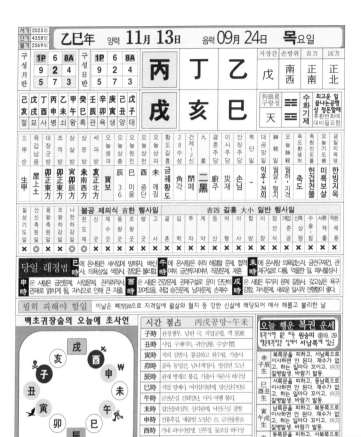

시간 점占	丙戌공망-午未
子時	관청쟁투, 남녀 극, 직업공란, 객 愿憲
丑時	사업 구해미득, 귀인상봉, 수상기쁨.
寅時	적의 감방사, 불길하고 원수침, 가출시
卯時	금전융건, 남녀색정사, 방심분 도난
辰時	관재 병화로 불길, 가출시 자손사 하극상
巳時	직업 명예사, 여자삼각관계, 망신살구재로
午時	금전손실 진퇴양난 이사 여행 불리
未時	옮김손해문, 도적손실 낙마근심 질병
申時	선흉후길, 새출발 모략은 吉 금전용통吉
酉時	가내 과아난별생 신부정 물조심 하극상
戌時	가출건, 금방치 매사 지체 여자재관련
亥時	과욕불성사, 이별사, 타인의 참해 다툼

오늘 행운 복권 운세
복권사면 **鷗** 띠 **원숭띠** @19, 29
행운복권방은 집에서 **서남쪽**에 있소

申子辰生	북쪽문을 피하고, 서남쪽으로 이사하면 안 된다. 재수가 없 고, 하는 일마다 꼬이고, 病苦 질병발생. 바람기 발동.
巳酉丑生	서쪽문을 피하고, 동북쪽으로 이사하면 안 된다. 재수가 없 고, 하는 일마다 꼬이고, 病苦 질병발생. 바람기 발동.
寅午戌生	남쪽문을 피하고, 북쪽으로 이사하면 안 된다. 재수가 없 고, 하는 일마다 꼬이고, 病苦 질병발생. 바람기 발동.
亥卯未生	동쪽문을 피하고, 서북쪽으로 이사하면 안 된다. 재수가 없 고, 하는 일마다 꼬이고, 病苦 질병발생. 바람기 발동.

운세풀이
辰띠: 이동수,우왕좌왕, 弱을 다툼	未띠: 점점 일이 꼬임, 관재구설	戌띠: 최고운상승세, 두마음	丑띠: 만남,결실,화합,문서
巳띠: 매사불편, 방해자,배신	申띠: 귀인상봉, 금전이득, 현금	亥띠: 의욕과다, 스트레스큼	寅띠: 이동수,이별수,변동 움직임
午띠: 해결신,시험합격, 풀림	酉띠: 매사꼬임,과거고생, 질병	子띠: 시급한 일 , 뜻대로 안됨	卯띠: 빈주머니, 걱정근심, 사기

11월

- 333 -

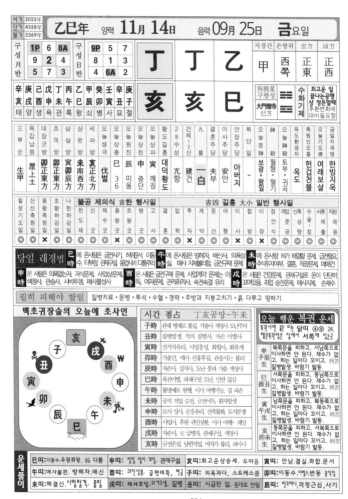

서기 2025年
단기 4358年
불기 2569年

乙巳年　양력 **11**月 **14**日　음력 **09**月 **25**日　**금**요일

구성월반
1P	6	8A
5	2	4
9	7	3

구성일반
9P	5	7
8	1	3
4	6A	2

丁　丁　乙
亥　亥　巳

지장간 甲
손방위 西쪽
吉方 正東
凶方 正西

狗狼星 구랑성
大門僧寺 巳方
수화기제
최고운 일
끝나는공행
상 정든말때
대비필요함

辛亥 庚戌 己酉 戊申 丁未 丙午 乙巳 甲辰 癸卯 壬寅 辛丑 庚子
태 양 욕 육 관록 왕 쇠 병 사 묘 절

三甲순 生甲 屋上土
육갑납음 卯正東方
대장군방 卯正東方
조객방 未南西方
삼살방 亥正北方
세파방 巳
오늘상극 辰
오늘상충 寅
오늘상파 寅중앙
오늘상해 大德황도
황도길흉 亢
28수성 建建
九星 一白
결혼주당 夫
이사주당 安부
복단일 아버지
神殺신살 오광·왕망
오늘殺방 투부·혈기
축원인도불 옥도
건겨천불 옥도
한빙지옥 한빙지옥
일日지옥

불공 제의식 吉한 행사일
칠성기도일 ◎
산신축원일 ◎
용왕축원일 ◎
조왕하강일 ×
나한기도일 ◎
천도재 ×
신굿 ◎
재수굿 ◎
조왕굿 ◎
병굿 ×
고사 ×
결혼 ◎
입학 ◎
투자 ×
서류제출 ◎
수술 ×

吉凶 길흉 大小 일반 행사일
개업 ◎
신축상량 ×
수술 ×
서류제출 ◎
안장 ◎
준공식 ◎
상량 ×

당일 래정법
巳時 온사람은 금전사기 허위문서 이동수
午時 온사람은 방해자, 배신사, 의욕상실 未時 온사람은 하기 해결할 문제 급한일
申時 온사람은 의욕없는자, 자식문제, 사업상문제
酉時 온사람은 금전문제, 사업문제 관재구설 戌時 온사람은 건강문제, 관재구설로 운이 단단히

필히 피해야 할일
질병치료·문병·투석·수혈·경락·주방과 지붕고치기·흙 다루고 땅파기

백초귀장술의 오늘에 초사언

시간 점占　丁亥공망-午未

子時 관재 병재로 불길, 가출사 색장사 도난不의
丑時 질병발생, 적의 침범사, 자손 이별사
寅時 선거자유, 사업흥성, 화합사, 화류계
卯時 가출건, 매사 선흥후길, 관송사는 불리
辰時 자손사 실직사, 도난 풍파 가출 색장사
巳時 육친무병, 파재구설 도난 안전 끊김
午時 불경례로 원행 이사 여행가능, 집 파손
申時 공직 작업 승진 금전이득 환자발생
酉時 모사 상신 순응하고 친족불화 토지분쟁
戌時 자손사 옷 급방자, 관재구설, 색장사
亥時 금전손실 남편문제 여자가 불리 괴이사

오늘 행운 복권 운세
복권사면 좋운 띠는 닭띠 ④⑧ 24,
행운복권방 집에서 서쪽方에 있는 띠

申子辰生 북쪽문을 피하고, 서남쪽으로 이사하면 안 된다. 재수가 없고 질병발생, 바람기 발동.

巳酉丑生 서쪽문을 피하고, 동남쪽으로 이사하면 안 된다. 재수가 없고 질병발생, 바람기 발동.

寅午戌生 남쪽문을 피하고, 북쪽으로 이사하면 안 된다. 재수가 없고 질병발생, 바람기 발동.

亥卯未生 동쪽문을 피하고, 북쪽으로 이사하면 안 된다. 재수가 없고 질병발생, 바람기 발동.

운세풀이
巳띠:이동수,우왕좌왕, 弱 다툼　申띠:적극 양의 꺼인, 관재구설　亥띠:최고운상승세, 두마음　寅띠:만남,결실,화합,문서
午띠:매사불편, 방해자,배신　酉띠:귀인상봉, 금전이득, 현금　子띠:의욕과다, 스트레스큼　卯띠:이동수,이별수,변동 음직임
未띠:해결신,시험합격, 풀림　戌띠:매사포임,과거고생, 질병　丑띠:시급한 일, 뜻대로 안됨　辰띠:빈주머니, 걱정근심, 사기

서기	2025년
단기	4358년
불기	2569년

乙巳年 양력 **11**월 **15**일 음력 **09**월 **26**일 **토**요일

구성월반			구성일반				지장간	손방위	吉方	凶方
1P	6	8A	8	4AP	6		甲	서북	正北	正南
9	2	4	9	7	2					
5	7	3	3	5	1					

戊 丁 乙
子 亥 巳

狗狼星 구랑성
廚竈 주방부엌

화로쇠합

방해자,장벽
흉을 극복해야
하며곳고친
하면문을닫는

| 癸亥절 | 壬戌태 | 辛酉병 | 庚申사 | 己未쇠 | 戊午왕 | 丁巳관 | 丙辰욕 | 乙卯생 | 甲寅양 | 癸丑태 | 壬子절 |

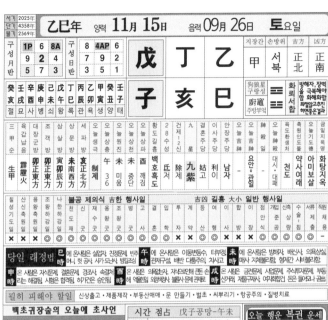

三甲순	육갑납음	조객방	대장군방	삼살방	상문방	세파방	오늘상충	오늘상천	오늘원진	오늘상파	황도길흉	건제12신	九星	결혼주당	이사주당	안장주당	神殺	오늘神殺	육도환생처	축원인도불	오늘기도덕
生甲	霹靂火	卯正東方	卯正東方	寅東北方	未南西方	午	未미움	未중단	백호흑도	氐저	除깨짐	九紫	姑고	利이	남자	요안・관일	대시・대패	약사여래	아미보살	하탕지옥

칠성기도일	산신축원일	용왕축원일	조왕하강일	나한하강일	불공 제의식 吉한 행사일							吉凶 길흉 大小 일반 행사일													
					천도재	신축	재수굿	용왕굿	조왕굿	병굿	고사	결혼	입택	계약	등자	여행	이사	합방	이장	안장	개업 준공	신축상량	수술 침공	서류제출	직원채용
✕	✕	✕	✕	○	○	○	○	○	✕	○	○	✕	✕	○	○	✕	✕	✕	✕	✕	✕	○	✕	✕	✕

당일 래정법
巳時 에 온사람은 실물水, 진정문제, 반모두머니, 헛 공사 사門도,사기 발달김신
午時 에 온사람은 이동변동수, 타부정, 관재구설 배반 다툼주의 차사고
未時 에 온사람은 방해자, 배신사, 의욕상실 매사 지체불만, 행재란 샤비불리호

申時 온사람은 자식문제, 결혼문제, 경조사 속갈거
酉時 온사람은 의욕없다, 자손갑유해 존손수 우환질병
戌時 온사람은 금전문제, 사업문제, 주식투자문제, 부동

필히 피해야 할일 : 신상출고・제품제작・부동산애매・문 만들기・벌초・씨뿌리기・항공주의・질병치료

백초귀장술의 오늘에 초사언

시간 점占	戊子공망-午未
子時	남녀쟁투 관숙사 차물 극 자식傷
丑時	결혼은 吉, 동료모략, 혐의누명 손님 옴
寅時	관재, 병객 출행,액나, 원한 病태운
卯時	매사 선흥후김, 자식근심, 情夫 작해
辰時	형妻사 관구 참방사, 가출사 색정사 흉해
巳時	관직 승진문제, 가정불안 모사발생 후解
午時	남녀투쟁 다툼, 차물 극女고 매사 막킴
未時	김심沼구김투, 부부불화, 삼각관계, 질병
申時	자손질병사, 사업흥소, 화합사, 색정사
酉時	자손사와 남편質의, 간사한 은익건, 모략
戌時	작은困 가도, 시험불합격, 삼각관계 불화
亥時	사업 구재 관재내성 여자문제, 혐의강조

오늘 행운 복권 운세

복권사면 좋은 따는 개띠 ⑩ ㉒ 30
행운복권방은 집에서 서북쪽에 있나

申子辰生	복권문을 피하고, 서남쪽으로 이사하면 안 된다. 재수가 없고, 하는 일마다 꼬이고, 病苦 질병발생. 바람기 발동
巳酉丑生	서쪽문을 피하고, 동남쪽으로 이사하면 안 된다. 재수가 없고, 하는 일마다 꼬이고, 病苦 질병발생. 바람기 발동
寅午戌生	북쪽문을 피하고, 북동쪽으로 이사하면 안 된다. 재수가 없고, 病苦 질병발생. 바람기 발동
亥卯未生	동쪽문을 피하고, 남쪽으로 이사하면 안 된다. 재수가 없고, 하는 일마다 꼬이고, 病苦 질병발생. 바람기 발동

운세풀이

午띠:이동수,우왕좌왕, 弱, 다툼 　 丑띠:점혀 이익이 있어, 관재구설 　 子띠:최고운상승세, 두마음 　 卯띠:만남,결실,화합,문서

未띠:매사불편, 방해자,배신 　 戌띠:끼이샀, 금전이득, 현금 　 표띠:의욕과다, 스트레스큼 　 辰띠:이동수,이別수,변동 움직임

申띠:해결신,시험합격, 풀림 　 亥띠:매사꼬임,과거2생, 질병 　 寅띠:시급한 일, 뜻대로 안됨 　 巳띠:빈주머니,걱정근심, 사기

- 335 -

11월

서기 2025年	乙巳年	양력 11月 16日	음력 09月 27日	일요일
단기 4358年				
불기 2569年				

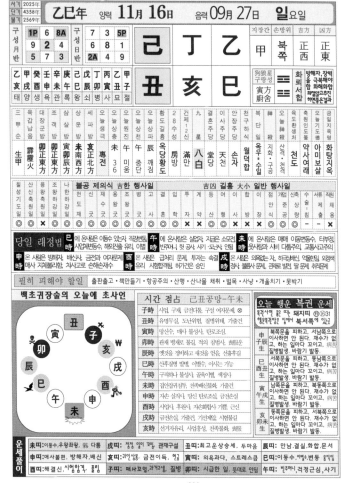

구성 月반			구성 日반		
1P	6	8A	7	3	5P
9	2	4	8	1	6
5	7	3	2A	4	9

己 丁 乙
丑 亥 巳

지장간	손방위	吉方	凶方
甲	북쪽	正西	正東

乙亥 甲戌 癸酉 辛未 庚午 戊辰 丁卯 丙寅 甲子
태 양 생 욕 관 록 왕 쇠 병 사 묘 절

狗狼星 구랑성
寅方 舍北

화로서合

방해자,장벽 을 극복해야 화해화합

已온 丁亥 乙巳

시간 점占 己丑공망-午未

子時	사업, 구재, 금전구득, 구설 여자문제 ⊗
丑時	유망부실, 도난위험, 질병반대, 가출근심
寅時	망신수, 매사 불성사, 탄로조심
卯時	관재 병재로 불길, 적의 침범사, 離婚운
辰時	옛것을 정비하고 새것을 얻음, 선몽한길
巳時	산후질병 발병, 이별수, 이사는 가능
午時	구직문서나 불성사, 금속이별, 색정사
未時	잡난잡귀침투, 친족배신불화, 가출근심
申時	자손 실물수, 당친 탄로조심, 금전손실
酉時	사업사, 후원사, 자손화합사 기쁨, 근심
戌時	금전손실, 가출건, 기산바람, 시험불길
亥時	선거자출사, 사업흥성, 친족화합사, 病因

오늘 행운 복권 운세

복권사면 좋은 띠는 돼지띠 ⑪ ⑯ ③①
행운방위일 집에서 북서쪽 방향이 이롭다

申子辰	북쪽을 피하고, 서남쪽으로 이사하면 안 된다. 재수가 없고, 하는 일마다 꼬이고, 病因 질병발생. 바람이 발동.
巳酉丑	서쪽을 피하고, 동쪽으로 이사하면 안 된다. 재수가 없고, 하는 일마다 꼬이고, 病因 질병발생. 바람이 발동.
寅午戌	남쪽을 피하고, 북동쪽으로 이사하면 안 된다. 재수가 없고, 하는 일마다 꼬이고, 病因 질병발생. 바람이 발동.
亥卯未	동쪽을 피하고, 서북쪽으로 이사하면 안 된다. 재수가 없고, 하는 일마다 꼬이고, 病因 질병발생. 바람이 발동.

운세풀이

未띠:이동수,우왕좌왕, 弱也 다툼
申띠:매사불편, 방해자,배신
酉띠:해결신, 시험합격, 풀림
戌띠:점진 이의 끝남 관재구설
亥띠:귀인상봉, 금전이득, 현금
子띠:매사꼬임,과거고생, 질병
丑띠:최고운상승세, 두마음
寅띠:의욕과다, 스트레스큼
卯띠:시급한 일, 풍파로 안됨
辰띠:만남,결실,화합,문서
巳띠:이동수,이별수,변동 움직임
午띠:빈주머니,걱정근심,사기

— 336 —

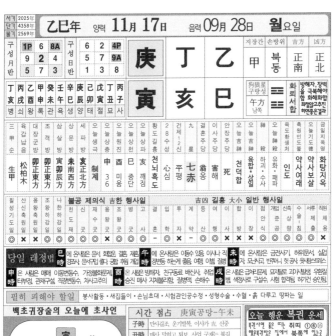

서기 2025年	乙巳年	양력 **11**月 **17**日	음력 **09**月 **28**日	**월**요일
단기 4358年				
불기 2569年				

구성월반			구성일반				庚	丁	乙	지장간	손방위	길방	흉방
1P	6	8A	6	2	4P		寅	亥	巳	甲	북동	正南	正北
9	2	4	5	7	9A								
5	7	3	1	3	8								

丁亥	丙戌	乙酉	甲申	癸未	壬午	辛巳	庚辰	己卯	戊寅	丁丑	丙子
병	쇠	왕	록	관	욕	생	양	태	절	묘	사

狗狼星
구랑성
午方
남쪽

방해자,장벽
임 극로하야
화해화합
좌산고치진
하여종운고저

화뢰서합

三甲순	육갑납음	대장군방	조객방	삼살방	상문방	세파방	오늘생극	오늘상충	오늘원진	오늘상천	황도길흉	2 8 수성	건제12신	九星	결혼주당	이사주당	안장주당	오늘吉神	神殺	오늘흉신 殺	오늘神殺처	육도환생처	축원인도불	오늘기도덕	금일지옥명
生甲	松柏木	卯正東方	卯正東方	寅卯辰方	未南方	亥正北方	制체	申 36	酉미움	亥깨짐	천뇌흑	心심	平평	七赤	翁옹	害해	死사	천덕합	융합·삼열	하괴·수사	유화·패가	인도	약사여래	약왕보살	화탕지옥

칠성기도일	산신축원일	용왕축원일	조왕하강일	나한하강일	불공 제의식 吉한 행사일						吉凶 길흉 大小 일반 행사일								
					천신굿	신중기도	재수굿	용왕굿	조왕굿	병고	고사	결혼	입택	여행	등산	이사	합방	점안식	개업	신축상량	수술	서류제출	직원채용
×	○	○	×	×	○	○	○	×	×	×	○	○	×	○	○	○	○	○	×	×	×	×	×

당일 래정법

巳時 巳에 온사람은 문서 화합은 결혼 재혼, 경사 문난단 궁합 취원 개업 **午時** 午에 온사람은 이동수 있음 이사나 직정 변동수 해외 이별 질병 **未時** 未에 온사람은 금전사기, 하극상인, 실종 쟁탈 하게 됨 좋음 억압 모난다, 반대나, 핫감자 욕됨되네요

申時 申 온 사람은 매매 이동변동수, 가정불화문제 口루주정 관재구설 직장변동수, 차사고주의 **戌時** 戌에 온사람은 방해자, 친구동료 배신사, 취업 戌時 戌에 온사람은 금전문제 묘지동 고마나발생 우환질병 색정사로 구설수, 시험 합격됨 하기선 승인됨

필히 피해야 할일 봉사활동·새집들이·손님초대·시험관인공수정·성형수술·수혈·흙 다루고 땅파는 일

시간 점占 庚寅공망-午未	
子時	만사급조, 운기발복, 이사나 吉, 산중
丑時	매사 막히고 퇴보, 사업 구재는 불길
寅時	타인이나 여자로부터 금전손실, 함정
卯時	금전문제 부인문제, 색정사, 도난위험
辰時	바라메 병세로 불길, 가출사, 색정사
巳時	사업급운은 흉 임신무고, 걸혼기쁨, 화해
午時	금전손실 다툼, 가깨됨은 가출, 시행불리
未時	잡안질병귀, 진출화희, 사업금전원리
申時	부부이심 수록 더 사개발동, 가출사
酉時	과소봐래, 부인흉근, 매산용모로 함정
戌時	사업사 부부사, 직장승진, 이사가 吉
亥時	금전손실 도난, 자식문제, 화류계 관련

오늘 행운 복권 운세

복권사면 좋은 띠는 **쥐띠** ①⑥⑯
행운복권방은 집에서 북쪽 방향이 吉쪽

申辰生	북쪽문을 피하고, 서남쪽으로 이사하면 안 된다. 재수가 없고, 하는 일마다 꼬이고, 病苦 질병발생. 바람기 발동.
巳生	서쪽문을 피하고, 동남쪽으로 이사하면 안 된다. 재수가 없고, 하는 일마다 꼬이고, 病苦 질병발생. 바람기 발동.
寅午生	남쪽문을 피하고, 북동쪽으로 이사하면 안 된다. 재수가 없고, 하는 일마다 꼬이고, 病苦 질병발생. 바람기 발동.
亥卯未生	동쪽문을 피하고, 서북쪽으로 이사하면 안 된다. 재수가 없고, 하는 일마다 꼬이고, 病苦 질병발생. 바람기 발동.

운세풀이

申띠:이동수,우왕좌왕, 弱, 다툼 亥띠: 점점 호전, 입장 개선, 관재구설 寅띠:최고운상승세, 두마음 巳띠: 만남,결실,화합,문서

酉띠:매사불편, 방해자,배신 子띠:귀인상봉, 금전이득, 현금 卯띠: 의욕과다, 스트레스큼 午띠:이동수,이별수,변동 움직임

戌띠:해결신,시험합격, 풀림 丑띠: 매사꼬임,과거고생, 질병 辰띠: 시급한 일, 뜻대로 안됨 未띠: 빈주머니,걱정근심,사기

- 337 -

11월

서기	2025년
단기	4358년
불기	2569년

乙巳年 양력 **11**月 **18**日 음력 **09**月 **29**日 **화**요일

구성월반			구성일반		
1P	6	8A	5	1	3
9	2	4	4	6	8P
5	7	3	9	2	7A

辛 丁 乙
卯 亥 巳

지장간	손방위	吉方	凶方
甲	無	正東	正北

狗狼星 구랑성 天

방해자,장벽 을 극복해야함 화해화합 화로서합

己亥	戊戌	丁酉	丙申	乙未	甲午	癸巳	壬辰	辛卯	庚寅	己丑	戊子
욕	관	록	왕	쇠	병	사	묘	절	태	양	생

三甲旬	六甲納音	대장군방	조객방	삼살방	세파방	오늘상충	오늘상천	오늘상파	오늘상해	황도길흉	28수성좌	건제12신	九星	결혼주당	이사주당	안장주당	복단일	오늘吉神	오늘神殺	육도환생처	원진·인동살	글지옥
生甲	松柏木	卯正東方	卯正東方	寅卯辰方	未南西方	亥正北方	酉 制禮	申 중단	辰 깨짐	午 현무흑도	尾 定정	六白	第제	殺살	여자	三合일	오늘吉神	천의·민영	삼살·客	전화·귀도	약사여래 문수보살 화탕지옥

칠성기도일	산신축원일	용왕축원일	조왕하강일	나한기도일	불공 제의식 吉한 행사일						吉凶 길흉 大小 일반 행사일								
					천신 재	신 재수굿	용왕굿	조왕굿	병굿	고사	결혼	입주	투자	계약	등	여행	이합	이 점	개업	신축	수	서류제출	제재
◎	◎	◎	○	◎	×	×	×	×	×	×	×	○	×	×	○	×	○	◎	◎	○	◎

당일 래정법 巳時에 온사람은 자손문제, 가내환자, 축 午時에 온사람은 문서 화합운, 경조사, 재folder운 未時에 온사람은 금전손재 있으나 이사나 직

申時 온 사람은 휴유문제, 실업자, 색정사 酉時 온 사람은 매매 이동변동수, 터부정, 관재구설 戌時 온 사람은 방해자, 배신사, 원망 암투, 취업 승

時 온 사람은 하문관사, 가내우환질병 차사고주의 時 진 매사 지체불리하고, 차사고로 손재수, 암투

필히 피해야 할일 소장제출 · 인허가신청 · 정보유출 · 질병치료 · 옷재단 · 새옷맞춤 · 태아용구입 · 수의 짓기

백초귀장술의 오늘에 초사언

시간 점占	辛卯공망-午未
子時	직장근심, 처를 극, 질병위급, 神부정
丑時	사남사 후원사, 직장변동, 자식질병 급
寅時	관재 병재로 불길, 가출사 색장사 하극상
卯時	개두운환 도적害, 여자로부터 금전손실
辰時	매사 지체, 사업상 다툼, 불륜색장사
巳時	매사 불성사, 도망은 吉, 삼각관계, 재액
午時	관直 승전문제, 남편 전직 이득, 회복 吉
未時	삼각관계, 직업변동, 전퇴불화, 여자상봉
申時	만사불길, 육친무력, 이별가famul, 질병재앙
酉時	적의 침범사, 관재 병재로 불길, 간욕기
戌時	놀랄 일발생, 자손 관련 좋은이득, 화해 吉
亥時	자식문제, 직장문제 손심 感愛 불화초래

오늘 행운 복권 운세

북쪽방향 좋은 띠는 소띠 ②⑤⑩ 행운복권방은 집에서 북동쪽에 가라

	복권운세
子辰生	북쪽을 피하고, 서남쪽으로 이사하면 안 된다. 재수가 없고, 하는 일마다 꼬이고, 病苦, 질병발생, 바람기 발동.
巳酉丑生	서쪽을 피하고, 동남쪽으로 이사하면 안 된다. 재수가 없고, 하는 일마다 꼬이고, 病苦, 질병발생, 바람기 발동.
寅午戌生	남쪽을 피하고, 북동쪽으로 이사하면 안 된다. 재수가 없고, 하는 일마다 꼬이고, 病苦, 질병발생, 바람기 발동.
亥卯未生	동쪽을 피하고, 서북쪽으로 이사하면 안 된다. 재수가 없고, 하는 일마다 꼬이고, 病苦, 질병발생, 바람기 발동.

	운세풀이
酉띠:	이동수,우왕좌왕, 弱을 다툼
戌띠:	매사불편, 방해자,배신
亥띠:	해결신,시험합격, 풀림
子띠:	점점 일이 꼬임, 관재구설
丑띠:	귀인상봉, 금전이득, 현금
寅띠:	매사꼬임,과거고생, 질병
卯띠:	최고운상승세, 두마음
辰띠:	의욕과다, 스트레스큼
巳띠:	시급한 일, 뜻대로 안됨
午띠:	만남,결실,화합,문서
未띠:	이동수,애별,변동 움직임
申띠:	빈주머니,걱정근심, 사기

- 338 -

乙巳年 양력 **11**月 **19**日 음력 **09**月 **30**日 **수**요일

구성月반			구성日반		
1P	6	8A	4	9	2
9	2	4	3	5	7
5	7	3	8	1	6P

壬 丁 乙
辰 亥 巳

지장간	손방위	吉方	凶方
甲	無	正北	正南

狗狼星 구랑성 天

화퇴서방

방해자,장벽 을 극복해야 함 화해화합 잡념없고초진 하여통운살길

辛亥 록	庚戌 관	己酉 욕	戊申 생	丁未 양	丙午 태	乙巳 절	甲辰 묘	癸卯 사	壬寅 병	辛丑 쇠	庚子 왕

三甲旬	육갑납음	대장군방	조객방	삼살방	상문방	세파방	오늘상극	오늘원진	오늘상천	황도길흉	2 8 수성	건제12성	결혼주당	이사주당	안장주당	대공망일	오늘吉神	神殺	육도환생처	축원인도불	오늘기도덕	금일지옥
生甲	長流水	卯正東方	卯正東方	寅卯辰方	未南西方	亥正北方	戌 벌열	亥 미움	卯 중단	丑 깨짐	사명황도	箕기	執집	五黃	竈조	富부	어머니	대공망일	복단일	토부·해신	축도	약사여래	화탕지옥
								3 6													지장보살	

칠성기도일	산신축원일	용왕축원일	조왕하강일	나한기도일		불공 제의식 吉한 행사일							吉凶 길흉 大小 일반 행사일											
					천신	신중	재수 굿	용왕 굿	조왕 굿	병굿	고사	결혼	입택 이사	여행	등	이 장	합 방	개업 준공	신축 상량	수 술	서류 제출	직원 채용
×	×	×	-	-	○	○	○	○	○	○	○	×	○	×	×	○	○	×	×	○	○	○

당일 래정법

巳時에 온사람은 의욕무가 뭐가 하고싶어 자사랑 금전운세 직장변동문제 온다

午時에 온사람은 금전문제로 골치 아픔 상사나 압박, 여자바람기, 불륜, 화병 온다

未時에 온사람은 부동산 관재구설 겹침, 재혼, 경조사 문구병 겹쳐 만나 부모님 불리

申時 온 사람은 이동수 있자 이사나 직장변동, **酉時** 온 사람은 하극단나 금전손재수 자식문제 빈 **戌時** 온 사람은 하극단나 이동변동수, 터부정 관재구 관송사, 여행, 이별수, 취업불가능, 질병 **時** 내색함, 헛고생 사기모함, 매사불성 잃은 지체 **時** 설 자식기출, 동업자 사비 대흉수의 차사고주의

필히 피해야 할일 작품출품·납품·정보유출·교역·새집들이·창고개방·재고관리·동물들이기

백초귀장술의 오늘에 초사인

時干 점占 壬辰공망-午未	
子時	만사개혁 유리, 남녀애정 처를 극, 破
丑時	남편문제 직업문제 가출사 출산нин, 病사
寅時	적의 참범시, 불길하고 원수됨, 육친이별
卯時	병상패객, 관송사 분쟁, 음산색정사, ⊗
辰時	금전손실 다툼, 불륜문제, 직장변동
巳時	사업, 구재 상봉, 도난, 여자남편관계
午時	매사 불성사, 도망은 吉, 도적도심 재액
未時	사업사, 후원사, 불륜사, 화합사, 금전이님
申時	잠김방구침투, 진퇴불화, 후원무력, 도난
酉時	남녀색정사, 금전손재 실물수, 가출사
戌時	육친무력 가출건, 관재구설, 우환질병
亥時	관록 당선에 방해있음 실수 탄로, 가출사

오늘 행운 복권 운세

복권사면 좋은 띠는 **범띠 ③⑧⑬**
행운의 숫자가 적혀서 **동북쪽**에 있소

子辰生	북쪽문을 피하고, 서남쪽으로 이사하면 안 된다. 재수가 없고, 하는 일마다 꼬이고, 病苦 질병발생. 바람기 발동.
酉丑生	서쪽문을 피하고, 동남쪽으로 이사하면 안 된다. 재수가 없고, 하는 일마다 꼬이고, 病苦 질병발생. 바람기 발동.
寅午戌生	남쪽문을 피하고, 북동쪽으로 이사하면 안 된다. 재수가 없고, 하는 일마다 꼬이고, 病苦 질병발생. 바람기 발동.
亥卯未生	동쪽문을 피하고, 서북쪽으로 이사하면 안 된다. 재수가 없고, 하는 일마다 꼬이고, 病苦 질병발생. 바람기 발동.

11 월

운세풀이

戌띠:이동수,우왕좌왕,弱,다툼
丑띠: 점직 이익 外이, 관재구설
辰띠:최고운상승세, 두마음
未띠: 만남,결실,화합,문서

亥띠:매사불편, 방해자,배신
寅띠:귀인상봉, 금전이득, 현금
巳띠: 의욕과다, 스트레스큼
申띠:이동수,이별수,변동 움직임

子띠:해결신,시험합격, 풀림
卯띠: 매사꼬임,과거고생, 질병
午띠: 시급한 일, 뜻대로 안됨
酉띠: 빈주머니,걱정근심, 사기

乙巳年 양력 **11**月 **20**日 음력 10月 01日 **목**요일 초하루

구성월반			구성일반		
1P	6	8A	**3A**	8	1
9	2	4	2	6	9
5	7	3	7	9	5P

癸 丁 乙
巳 亥 巳

지장간	손방위	吉方	凶方
甲	동쪽	正西	正東

狗狼星구랑성 大門僧寺

화리서합

방해자, 장벽 등을 극복해야 함. 화해화합 죄악같은고치되 하며통요로될값

癸亥王	壬戌쇠	辛酉병	庚申사	己未묘	戊午절	丁巳태	丙辰양	乙卯생	甲寅욕	癸丑관	壬子록

삼갑순	대장군방	조객방	삼살방	세파방	오늘상극	오늘상천	오늘상충	오늘원진	황도길흉	九星	결혼주당	이사주당	안장주당	대공망일	오늘지신	神殺	오늘吉神	축원보체	수사여래	환혼지옥	금일토정
生甲	長流水	卯正東方	卯正東方	寅南西方	未西南方	亥正北方	亥	戌	申	구진흑도	九星	破	夫	安	대공망일	월파일	殺	대모·중일			우노보살	화탕지옥
		制	制				36	미움		깨짐도	四綠	破	夫	安			殺				보살	

불공 제의식 吉한 행사일 **吉凶 길흉 大小 일반 행사일**

칠성기도일	산신축원일	용왕축원일	조왕축원일	나한기도일	천도재	신축 입주	수리 동토	개업 준공	여행	결혼	입학	투자	계약	등산	안장	합방	병원	점안식	수술	서류제출	직원채용
×	×	×	×	×	天굿	天굿	조왕굿	병굿	굿	×	학	×	×	×	×	×	×	×	×	×	×

당일 래정법

巳時 에 온사람은 원한다 대통. 두 문제로 갈등 午時 에 온사람은 금전문제, 여자문제 未時 에 온사람은 글치 아프며, 친구나 형

申時 온사람은 화합운. 결혼사 재혼, 경조사 酉時 온사람은 이동수 있는자 이사나 직장변동수 戌時 온 사람은 색정사로 금전손재수, 수미인 관송사

필히 피해야 할일 이날은 흑도와 월파일에 중일, 대모 등 신살에 해당되어 매사 해롭고 불리한 날

백초귀장술의 오늘에 초사연

시간 점占	癸巳공망-午未
子時	형제친구 배신주의, 색정사, 관재구설
丑時	적의 참방사, 윤란색정사, 부부이별, 이사
寅時	직장근심, 차물 극, 색정사, 음귀침투
卯時	자식문제, 직장문제, 색정사, 결혼기쁨
辰時	남편문제, 직장문제, 색정사, 우환질병
巳時	윤란색정사, 구재이득, 발탁 승진기쁨, 취직
午時	금전손실, 매사 불성사, 색정사, 부부문제
未時	금전손실, 가출건, 관송사, 육친무력 이동
申時	윤란색정사 후원사, 금전손실 大통 단조조심
酉時	어른 병자사주의, 매사 불성사, 가출도주
戌時	직업문제, 남편문제, 윤란색정사, 이사춤
亥時	관재형송사, 금전손해 실물수, 윤란색정사

오늘 행운 복권 운세

복권사면 좋은 띠는 **토끼띠 ②⑧**
행운복권방은 집에서 **동쪽** 쪽에 있음

申子辰生	복福쪽문을 피하고, 서남쪽으로 이사하면 안 된다. 재수가 없고 하는 일마다 꼬이고, 病苦 질병발생. 바람기 발동.
巳酉丑生	서쪽문을 피하고, 동남쪽으로 이사하면 안 된다. 재수가 없고 하는 일마다 꼬이고, 病苦 질병발생. 바람기 발동.
寅午戌生	남쪽문을 피하고, 북동쪽으로 이사하면 안 된다. 재수가 없고 하는 일마다 꼬이고, 病苦 질병발생. 바람기 발동.
亥卯未生	북쪽문을 피하고, 동쪽으로 이사하면 안 된다. 재수가 없고 하는 일마다 꼬이고, 病苦 질병발생. 바람기 발동.

운세풀이

亥띠: 이동수,우왕좌왕, 弱, 다툼 寅띠: 정점 이위 꺾임, 관재구설 巳띠: 최고운상승세, 두마음 申띠: 만남,결실,화합,문서

子띠: 매사불편, 방해자,배신 卯띠: 귀인상봉, 금전이득, 현금 午띠: 의욕과다, 스트레스큼 酉띠: 이동수,애롱,변동 움직임

丑띠: 해결신, 시험합격, 풀림 辰띠: 매사꼬임,과거고생, 질병 未띠: 시급한 일, 뜻대로 안됨 戌띠: 빈주머니, 걱정근심, 사기

서기	2025年
단기	4358年
불기	2569年

乙巳年 양력 11月 21日 음력 10月 02日 금요일

구성월반		
1P	6	8A
9	2	4
5	7	3

구성일반		
2	7	9
1A	3	5
6	8P	4

甲	丁	乙
午	亥	巳

지장간	손방위	吉方	凶方
壬	동남	正南	正北

狗狼星 구랑성: 戌亥方

택풍대과: 역부족, 벅찬 상태 위기에 직면 뒤로 후퇴가 유리, 주위도움요

乙	甲	癸	壬	辛	庚	己	戊	丁	丙	乙	甲
亥	戌	酉	申	未	午	巳	辰	卯	寅	丑	子
생	양	태	절	묘	사	병	쇠	왕	록	관	욕

三甲순	육갑납음	대장군방	조객방	삼살방	상문방	세파방	오늘생극	오늘상충	오늘원진	오늘상천	오늘상파	황도길흉	28수성	건제12신	九星	결혼주당	이사주당	안장주당	대공망일	오늘吉神	神殺	오늘神殺	육도환생처	축원인도불	오늘기도德	금일지옥명
死甲	砂中金	卯正東方	卯正東方	寅卯辰方	未南西方	亥正北方	寶보	子 36	丑 미움	丑 중단	卯 깨짐	청룡황도	牛우	危위	三碧	姑고	利이	남자	대공망일	월덕*보호	-	검봉·천리	불도	관세음보살	약사보살	좌마지옥

칠성기도일	산신축원일	용왕축원일	조왕하강일	나한하강일	불공 제의식 吉한 행사일: 천도재	신굿	재수굿	용왕굿	조왕굿	병굿	고사	吉凶 길흉 大小 일반 행사일: 결혼	입학	투자	계약	등산	여행	이사	합방	이장	점안식	개업준공	신축상량	수술·침	서류제출	직원채용
◎	◎	×	◎	◎	◎	◎	◎	×	◎	◎	◎	◎	◎	×	×	◎	◎	×	×	×	◎	◎	◎	◎	-	×

당일 래정법

巳時 에 온사람은 건강문제, 재수가 없고 운이 단단히 꼬여있음, 동업파탄 손재수

午時 에 온사람은 의욕충만, 두문제로 갈등사, 갖고싶은 욕구, 직장문제, 상업문제

未時 에 온사람은 의욕과다, 뭔가 하고싶어서 왔다. 직장상사괴롭힘 사표문제

申時 온 사람은 골치 아픈일, 친구나 형제동업, 죽음, 배우자바람기, 불륜, 관재구설 속 정리해야함

酉時 온 사람은 문서구입, 회합운, 결혼, 경조사, 관직취업건, 개업 때 아님, 하극상 배신, 경쟁사로 몰변

戌時 온 사람은 이동수 있는자, 가출, 이사나 직장변동, 점포 변동수, 투자문서는 위험, 이별수

필히 피해야 할일

성형수술 • 농기구 다루기 • 벌목 • 승선 • 낚시 • 어로작업 • 위험놀이기구 • 흙 다루고 땅 파는 일

백초귀장술의 오늘에 초사언

시간 점占 甲午공망-辰巳

子時	자식 질병재앙, 처를 극, 방심 도난
丑時	처의 돈문제, 우환질병, 동료배신, 후퇴
寅時	선거자유리, 직장 명예사, 질병재앙
卯時	매사불길, 질병재앙, 수술, 처를 극, 가출
辰時	사업, 금전구재, 도난, 여자 색정삼각관계
巳時	집안잡귀침투, 친족불화, 삼각관계, 불리
午時	관재 병재로 불길, 가출사 색정사 하극상
未時	회합사, 금전문제, 처 문제, 이동 여행지
申時	매사 불성사, 우환질병, 음란 색정사
酉時	관청권리문제, 남편문제, 우환질병피해
戌時	가출건, 급병자발생 색정사 발생 ⊗
亥時	파재, 상해, 도난, 사업문제, 질병재앙

오늘 행운 복권 운세

복권사면 좋은 띠는 용띠 ⑤⑩⑳

행운복권방은 집에서 동남쪽에 있다

申子辰生	북쪽문을 피하고, 서남쪽으로 이사하면 안 된다. 재수가 없고, 하는 일마다 꼬이고, 病苦질병발생. 바람기 발동.
巳酉丑生	서쪽문을 피하고, 동남쪽으로 이사하면 안 된다. 재수가 없고, 하는 일마다 꼬이고, 病苦질병발생. 바람기 발동.
寅午戌生	남쪽문을 피하고, 북동쪽으로 이사하면 안 된다. 재수가 없고, 하는 일마다 꼬이고, 病苦질병발생. 바람기 발동.
亥卯未生	동쪽문을 피하고, 서북쪽으로 이사하면 안 된다. 재수가 없고, 하는 일마다 꼬이고, 病苦질병발생. 바람기 발동.

운세풀이

子띠: 이동수, 우왕좌왕, 弱, 다툼	卯띠: 첩첩 일이 꼬임, 관재구설	午띠: 최고운상승세, 두마음	酉띠: 만남, 결실, 화합, 문서
丑띠: 매사불편, 방해자, 배신	辰띠: 귀인상봉, 금전이득, 현금	未띠: 의욕과다, 스트레스큼	戌띠: 이동수, 이별수, 변동 움직임
寅띠: 해결신, 시험합격, 풀림	巳띠: 매사꼬임, 과거고생, 질병	申띠: 시급한 일, 뜻대로 안됨	亥띠: 빈주머니, 걱정근심, 사기

11월

乙巳年 양력 11月 22日 음력 10月 03日 토요일 소설 小雪 10時 36分 入

구성월반	1P	6	8A	구성일반	1	6	8A
	9	2	4		9	2	4
	5	7	3		5P	7	3

乙 丁 乙
未 亥 巳

지장간	손없는곳	吉方	凶方
壬	남쪽	正東	正西

狗狼星구랑성
水步井亥方

택풍대과

역부족, 벅찬상태로 위기에 직면되로 후퇴기유리, 주위도움요

丁亥	丙戌	乙酉	甲申	癸未	壬午	辛巳	庚辰	己卯	戊寅	丁丑	丙子
사	묘	절	태	양	생	욕	관	록	왕	쇠	병

三甲순	육갑납음	대장군방	조객방	삼살방	상문방	세파방	오늘상극	오늘생기	오늘천의	오늘지파	황도길흉	건제12신	九星	결혼주당	이사주당	안장주당	복단일	神殺	오늘神殺	축원인도일	오늘日辰	지혜지명	좌마지옥
死甲	砂中金	卯正東方	卯正東方	未南西方	亥正北方	制제	丑	子	子	36	명당황도	成성	二黑	堂堂	天天	손자	바둑사일	생·염	불도	관세음보살	대세지보살	

불공 제의식 吉한 행사일

칠성기도	산신축원	용왕축원	조왕하강	나한기도	천도재	신중기도	병굿	고사	결혼	입학	투자	계약	등산	여행	이사	합방	개업	점안식	신축상량	수술	서류제출	직원채용
×	×	×	×	×	○	○	×	×	×	×	×	×	×	×	×	×	×	×	×	×	×	×

당일 래정법

巳時에 온사람은 금전문제, 사업문제, 금전 **午時**에 온사람 건강문제, 관재구설로 운 **未時**에 온사람 부모자식 합의건 문서
구재건, 관재송사수, 속전속결이 유리 이 단단히 꼬여있음, 직원관계 손재수 합의건 결혼성사, 사업합격, 이동수

申時 온사람은 의욕과다, 뭐가 하고싶어서 왔다. 직 **酉時** 온사람은 골치 아픈일, 형제동업 죽음, 바람기 **戌時** 온사람은 금전문제 문서 화합사, 결혼, 재혼, 장사 장업문제, 친구형제간 배신과 우환, 관재수 변동, 딸문제, 불륜, 샤투쟁, 급속정리해야 청춘귀밖에 사 애정사 궁합, 만남 기업 하감상 배신 구설수

필히 피해야 할일

소장제출·항소·손님초대·도로정비·사냥·육축도살·살생

백초귀장술의 오늘에 초사언

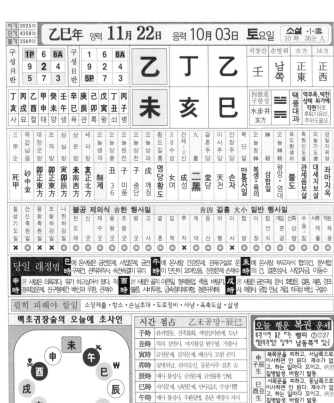

時間 점占	乙未공망-辰巳
子時	관재발동, 진퇴불초, 색장삼각관계, 도난
丑時	적의 질병사, 여자문제 관액 완구불, 가출사
寅時	금전문제, 실직문제, 배신사, 모함 은익
卯時	질병위급, 관직승진, 동분서주 결혼 吉
辰時	매사 불성사, 금전문제, 금전용통 구입
巳時	자식문제, 남편문제, 만나고초, 수상기쁨
午時	매사 불성사, 우환질병, 음란 색장사 자식
未時	금전시기의손, 여자문제, 우환질병 취직可
申時	작업문제, 남편문제불성, 불륜 색장사
酉時	형제작별, 매사 불성사, 가출도주, 외偵
戌時	처의 도문문제, 우환질병, 관직변화변동
亥時	금전문제, 가출사, 도망분실 삼위발동

오늘 행운 복권 운세

복권사면 좋은 띠는 뱀띠 ⑦⑰27
행운복권방은 집에서 남동쪽에 있음

申子辰띠 북쪽문을 피하고, 서쪽으로 이사하면 안 된다. 재수가 없고, 하는 일마다 꼬이고, 病苦 질병발생. 바람기 발동

巳酉丑띠 서쪽문을 피하고, 동쪽으로 이사하면 안 된다. 재수가 없고, 하는 일마다 꼬이고, 病苦 질병발생. 바람기 발동

寅午戌띠 남쪽문을 피하고, 북쪽으로 이사하면 안 된다. 재수가 없고, 하는 일마다 꼬이고, 病苦 질병발생. 바람기 발동

亥卯未띠 동쪽문을 피하고, 서북쪽으로 이사하면 안 된다. 재수가 없고, 하는 일마다 꼬이고, 病苦 질병발생. 바람기 발동

운세풀이

표띠: 이동수우왕좌왕, 弄弄 다툼
寅띠: 매사불편, 방해자, 배신
卯띠: 해결신, 시험합격, 풀림
辰띠: 점정 이이 이동수, 관재구설
巳띠: 귀인상봉, 금전이득, 학습
午띠: 매사꼬임, 과거고생, 질병
未띠: 최고운상승세, 두마음
申띠: 의욕과다, 스트레스큼
酉띠: 시급한 일, 뜻대로 안됨
戌띠: 만남, 결실, 화합, 문서
亥띠: 이동수, 액받음, 변동 움직임
子띠: 빈주머니, 걱정근심, 사기

乙巳年 양력 **11**月 **23**日 음력 10月 04日 **일**요일

구 성 月 반			구 성 日 반			지장간	손방위	吉方	凶方
1P	6	8A	9	5	7	壬	남서	正北	正南
9	2	4	8	1	3				
5	7	3	4P	6A	2				

丙 丁 乙
申 亥 巳

己戊丁丙乙甲癸壬辛庚己戊
亥戌酉申午午巳辰卯寅丑子
절 묘 사 병 쇠 왕 록 관 욕 생 양 태

狗狼星구랑성
天

택풍대과

역부족·벽찬상태 위기에 직면키로 후퇴가유리, 주위도움요

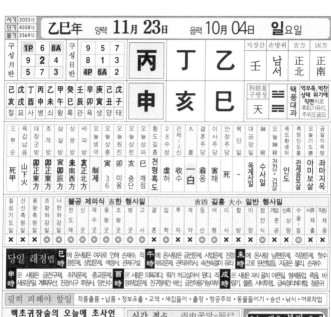

삼 갑 납 순	육 갑 납 음	대 장 군 방	조 객 방	삼 살 방	상 문 방	세 파 방	오 늘 생 극	오 늘 상 천	오 늘 상 파	황 도 길 흉	2 8 수	건 제 1 2 신	九 星	결 혼 주 당	이 사 주 당	안 장 주 당	복 단 일
死甲	山下火	卯正東方	卯正東方	寅卯辰方	未南西方	亥正北方	制화	卯미움6	亥중단	巳청룡흑	虛허	收수	一白	翁옹	害해	死사

神殺 오늘神殺 옥제사일 수사일 천강·검봉 인도 과세집일살 아미보살 좌마지옥

칠 성 기 도 일	산 신 축 원 일	용 왕 축 원 일	조 왕 하 강 일	나 한 재 일	불공 제의식 吉한 행사일					吉凶 길흉 大小 일반 행사일													
					천도재	신중기도	재수굿	용왕굿	조왕굿	병굿	고사	결혼	입택	투자	계약	등사	여행	이장	점안식	개업	신축상량	수술	서류제출	직원채용
✕	✕	✕	✕	◎	◎	◎	◎	◎	✕	✕	◎	◎	✕	◎	◎	◎	◎	✕	◎	◎	◎	✕	✕

당일 래정법 巳時에 온사람은 여자로 인해 손재수 직 午時에 온사람은 금전문제 사업문제 친정문 未時에 온사람은 남편문제, 직장문제, 헛수
장문제, 상업문제 색정사 관재구설 제, 부모문제 관청주부사 속전속결이 유리 고로 완전헤침, 지금은 불리 손재수

申時온 사람은 금전구재 취직문제, 종교문제로 酉時온 사람은 억울하다. 뭐가 하고싶어서 왔다. 직 戌時온 사람은 자식 문제 아픈일, 형제동업 죽음 바
새로운일 계획무산 친정식구 후원사 망신수 장운급돈, 친정쪽배신 금전손실수밖에 時장녕 불륜, 사기투쟁, 급속장기해야됨, 청춘귀

필히 피해야 할일 작품출품·납품·정보유출·교역·새집들이·출장·항공주의·동물들이기·승선·낚시·어로작업

백초귀장술의 오늘에 초사언 | 시간 점占 丙申공망-辰巳 | 오늘 행운 복권 운세

子時	금실사 작업문제 이동사, 자식잘병
丑時	자식문제, 남편문제, 사기도난, 가출건
寅時	직업이동사, 색정사, 우환질병, 타부정
卯時	육찬무력 이민, 병환발생, 가출문제
辰時	사업건 직업변동, 자손 사업침체, 불륜사
巳時	관직 승진문제, 남녀간색정에, 불륜색장사
午時	환장병, 금전문제, 안변한결, 수술유의
未時	병환자, 관재 자손문제, 실직사, 배신사
申時	금전손실 부인문제, 관직용원, 우환질병
酉時	금전융통, 구재가능, 내女색정사, 함정
戌時	자식문제, 남녀사, 산소문제, 기도발원
亥時	실직문제, 질병발생, 적 침범사, 색행

오늘 행운 복권 운세
복권사면 좋은 띠는 **말띠**
행운복권방은 집에서 **남쪽**에 있는곳

申子辰生	북쪽을 피하고, 서남쪽으로 이사하면 안 된다. 재수가 없고, 하는 일마다 꼬이고, 病苦 질병발생. 바람기 발동.
巳酉丑生	서쪽을 피하고, 동남쪽으로 이사하면 안 된다. 재수가 없고, 하는 일마다 꼬이고, 病苦 질병발생. 바람기 발동.
寅午戌生	남쪽을 피하고, 북쪽으로 이사하면 안 된다. 재수가 없고, 하는 일마다 꼬이고, 病苦 질병발생. 바람기 발동.
亥卯未生	동쪽을 피하고, 서북쪽으로 이사하면 안 된다. 재수가 없고, 하는 일마다 꼬이고, 病苦 질병발생. 바람기 발동.

운세풀이	
寅띠:이동수,우왕좌왕, 弱,다툼	巳띠: 점팀 일의 꼬입, 관재구설	申띠:최고운상승세, 두마음	亥띠: 만남,결실,화합,문서
卯띠:매사불편, 방해자,배신	午띠: 귀인상봉, 금전이득, 현고	酉띠: 의욕과다, 스트레스큼	子띠:이동수,애인생,변동 움직임
辰띠:해결신,시험합격, 풀림	未띠: 매사꼬임,과거고생, 질병	戌띠: 시급한 일, 뜻대로 안됨	丑띠:빈주머니,걱정근심, 사기

11월

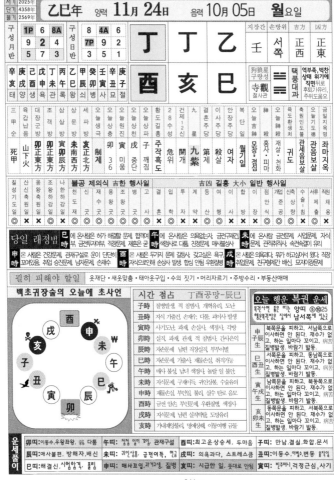

서기 2025년
단기 4358년
불기 2569年

乙巳年 양력 **11**月 **24**日 음력 **10**月 **05**日 **월**요일

구성월반
1P	6	8A
9	2	4
5	7	3

구성일반
8	4A	6
7P	9	2
3	5	1

丁 丁 乙
酉 亥 巳

지장간 손방위 吉方 凶方
壬 서쪽 正西 正東

狗狼星 구낭성
寺觀 사관

택풍대과
역부족, 벅찬상태 위기속 직면무로 후퇴기리니, 주위도움요

辛亥	庚戌	己酉	戊申	丁未	丙午	乙巳	甲辰	癸卯	壬寅	辛丑	庚子
태양	생	욕	관	록	왕	쇠	병	사	묘	절

三甲旬	육갑납음	대장군방	조객방	삼살방	상문방	세파방	오늘상충	오늘원진	오늘상천	오늘상파	오늘상해	황흑도길흉	건제12신	九星	결혼주당	이사주당	안장주당	복단일	神殺	오늘吉神	오늘神殺	축원인욕	용왕인도불공	조왕하강일	나한인도불공	관음재일	좌마살
死甲	山下火	卯正東方	寅正東方	未南西方	亥正北方	制화	卯 36	寅 미움	戌 중단	子 위	작흑성	開開	九紫	第제	殺살	여자	월기일	혼자·정심	재살·피마	귀도	관세음보살

불공 제의식 吉한 행사일 | 吉凶 길흉 大小 일반 행사일

칠성기도	산신축원	용왕축원	조왕하강	나한기도	천신신수	신수왕굿	재수왕굿	용왕굿	조왕굿	병굿	고사	결혼	입학	투자	계약	등산	여행	이사	합방	이장	안장	개업준공	신축상량	서류제출	직원채출
◎	×	×	◎	◎	×	×	×	×	×	×	◎	◎	×	◎	×	◎	◎	×	×	◎	◎	×	×	◎	◎

당일 래정법
巳時 온사람은 하극상 문제 합격여부 午時 온사람은 의욕없는자, 금전기째문 未時 온사람은 금전문제 사업문제 자식 금전투자여부, 직장문제, 재혼은 굳 색정사로 다툼, 친정문제 매사불성사 문제, 관재수나, 속전속결이 유리
申時 온사람은 건강문제, 관재구설로 운이 단단히 酉時 온사람은 두가지 문제 갈등사 이별사 戌時 온사람은 자식문제, 친구나동업 사업문제 꼬여있음, 취업 승진문제, 남녀문제, 손재수 자식으로인해 손난사 발생 합심 안됨 욕환불성 취업문제, 친구동업관계, 묘지이장문제

꼭히 피해야 할일
옷재단·새옷맞춤·태아옷구입·수의 짓기·머리자르기·주방수리·부동산매매

백초귀장술의 오늘에 초사언

시간 점占   丁酉공망-辰巳

子時	질병발생 적 침범사, 개혁유리, 도난
丑時	자식 가출건, 손재수, 다툼, 과아나 발생
寅時	사기도난 파재 손실사, 색정사, 규방
卯時	실직 파재 관재 적 침범사, 근신운이
辰時	자손문제 남편 직장실직 부부별폭
巳時	자손문제 가출나, 재물손실, 취직가능
午時	매사 불성사 남녀 색정사 놀랄 일 불안
未時	자식문제 구재이득, 귀인상봉, 수술유의
申時	재물손실 부모병 불리, 살수 탄로 음모
酉時	금전 얽는 부모문제, 우환질병, 색정사
戌時	자식문제, 남편 실직방탈, 도망유리
亥時	가내평화불리, 명예상배, 이동여행 근물

오늘 행운 복권 운세

복권사면 좋은 띠는 양띠 ⑩⑮25
행운복권방은 집에서 남서쪽에 있는곳

申子辰生 북쪽문을 피하고, 서남쪽으로 이사하면 안 된다. 재수가 없고 하는 일마다 꼬이고, 病苦 발생. 바람기 발동.

巳酉丑生 서쪽문을 피하고, 동남쪽으로 이사하면 안 된다. 재수가 없고, 하는 일마다 꼬이고, 病苦 발생. 바람기 발동.

寅午戌生 남쪽문을 피하고, 북동쪽으로 이사하면 안 된다. 재수가 없고, 하는 일마다 꼬이고, 病苦 발생. 바람기 발동.

亥卯未生 동쪽문을 피하고, 서북쪽으로 이사하면 안 된다. 재수가 없고, 하는 일마다 꼬이고, 病苦 발생. 바람기 발동.

운세풀이
卯띠: 이동수, 우왕좌왕, 弱 다툼
辰띠: 매사불편, 방해자, 배신
巳띠: 해결신, 시험합격, 풀림
午띠: 점직 일이 꼬임, 관재구설
未띠: 귀인상봉, 금전이득, 현금
申띠: 매사꼬임, 과거고생, 질병
酉띠: 최고운상승세, 두마음
戌띠: 의욕과다, 스트레스큼
亥띠: 시급한 일, 뜻대로 안됨
子띠: 만남,결실,화합,문서
丑띠: 이동수,애정사,변동 움직임
寅띠: 빈주머니,걱정근심,사기

구성月반	1P	6	8A	구성日반	7P	3	5			지장간	손방위	吉方	凶方
	9	2	4		8	1		戊	丁	乙	壬	서북	正南	正北
	5	7	3		2A	4	9	戊	亥	巳				

癸亥	壬戌	辛酉	庚申	己未	戊午	丁巳	丙辰	乙卯	甲寅	癸丑	壬子
절	묘	사	병	쇠	왕	록	관	욕	생	양	태

狗狼星 구랑성
州縣廳堂 城隍社廟

택풍대과
宅風大過

역부족, 박찬 상태 위기에 직면too리 주위도움요

三甲순	육갑납음	대장군방	조객방	삼살방	상문방	세파방	오늘생극	오늘길흉	오늘지신	오황천	건제12신	九星	결혼주당	이사주당	안장주당	오늘神殺	神殺	오늘殺	오늘神殺	오늘환희처	복단일	기도일	금일지옥	금일축원
死甲	平地木	卯正東方	卯正東方	寅卯辰方	未南西方	巳正南方	辰 중단	巳 미움	酉 깨짐	未	室실	八白	竈조	富부	어머니	월살·이부	오귀·지격	축도		미륵보살	좌마지옥			

칠성기도일	산신기도일	용왕기도일	조왕기도일	나한기도일	불공	신중기도	재수굿	조왕굿	병굿	고사	결혼	입주	투자	계약	여행	이사	합방	이장	점안	개업	신축	수술	서류제출	직원채용
◎	×	×	×	×	×	×	×	×	×	×	결	입	투	×	×	이	합	×	점	개업	신축	수	서류	채

당일 래정법

巳時에 온사람은 직장취직 방해사, 배신 여부, 금전투자여부, 색정사 문제

午時에 온사람은 허가 해결할 문제, 합격 여부, 금전투자여부, 직장문제, 재혼

未時에 온사람은 관재구설로 손해, 금전구설사, 자식문제, 색정사, 억울한 일 매사불성사

申時에 온사람은 금전문제, 사업문제, 관모주부사, 자식의 사업문제 자금, 자동차관련 속결속결

酉時에 온사람은 건강문제발생, 금전손재수, 여자문제, 취업 승진문제, 자식문제, 손재수

戌時에 온사람은 자식문제, 두기 문제, 갈등사, 자식근심 요구 강함, 새로운 일시, 우환질병

필히 피해야 할일

이날은 폐폐신으로 지격일에 월살과 혈기 등 강한 신살에 해당되어 매사 해롭고 불리한 날

백초귀장술의 오늘에 초사언

戊亥 酉 子 申 W 丑 未 寅 午 卯 辰

시간 점占	戊戌공망-辰巳
子時	금전 안는 부인문제 우환질병, 객 應客
丑時	사업 구재문제, 부부화합사, 종업원문제
寅時	적의 침범사, 질병위급사, 가출사, 색정사
卯時	직업변동건, 남녀색정사, 연애불화 음모
辰時	관재 병재로 불길, 골육 친구배신사
巳時	직업 명예사, 재물손실 망신살수도 病
午時	사업문제, 금전융통, 수술위험 가출사
未時	가출문제, 잠귀침투, 삼각관계, 형옥살이
申時	자식문제, 가출사, 금방자 손애 이동사
酉時	파이사발생, 신부정, 재물손실 함정피해
戌時	여자내연손해, 부부배신 육친무덕
亥時	도난, 파재, 상해, 이별사, 처를 극함

오늘 행운 복권 운세

복권사면 좋은띠는 **원숭띠** ⑨19, 29
행운복권방은 집에서 **서남쪽**이 좋아

申子辰生	북쪽문을 피하고, 서남쪽으로 이사하면 안 된다, 재수가 없고, 하는 일마다 꼬이고, 病苦 질병발생, 바람기 발동
巳酉丑生	서쪽문을 피하고, 동남쪽으로 이사하면 안 된다, 재수가 없고, 하는 일마다 꼬이고, 病苦 질병발생, 바람기 발동
寅午戌生	남쪽문을 피하고, 북쪽으로 이사하면 안 된다, 재수가 없고, 하는 일마다 꼬이고, 病苦 질병발생, 바람기 발동
亥卯未生	동쪽문을 피하고, 서쪽으로 이사하면 안 된다, 재수가 없고, 하는 일마다 꼬이고, 病苦 질병발생, 바람기 발동

운세풀이

卯띠:이동수,우왕좌왕, 弱, 다툼　　午띠:점직힘, 꺾임, 관재구설　　酉띠:최고운상승세, 두마음　　子띠:만남,결실,화합,문서

辰띠:매사불편, 방해자,배신　　未띠:귀인상봉, 금전이득, 현금　　戌띠:의욕과다, 스트레스큼　　丑띠:이동수,액색,변동 움직임

巳띠:해결신,시험합격, 풀림　　申띠:매사꼬임,과거고생, 질병　　亥띠:시급한 일, 뜻대로 안됨　　寅띠:빈주머니,걱정근심, 사기

11월

서기 2025年	乙巳年	양력 11月 26日	음력 10月 07日	수요일
단기 4358年				
불기 2569年				

구성월반	1P	6	8A
	9	2	4
	5	7	3

구성일반	6P	2	4
	5	7	9A
	1	3	8

지장간	손방위	吉方	凶方
壬	북쪽	正東	正西

己 丁 乙
亥 亥 巳

乙	甲	癸	壬	辛	庚	己	戊	丁	丙	乙	甲
亥	戌	酉	申	未	午	巳	辰	卯	寅	丑	子
태	양	욕	생	관	록	왕	쇠	병	사	묘	절

狗狼星
구랑성
寺觀
절사안

역북쪽,벽찬
택풍대과 상태 위기에 직面하니 후퇴/귀,주위도움

三甲旬	육갑납음	대장군방	조객방	삼살방	세파방	오늘생극	오늘원진	오늘상천	오늘상파	황흑도길흉	건제 十二神	九星	결혼주당	이사주당	안장주당	오늘神殺	복단일	神敎	오늘吉神	오늘행사처	육도환생처	인도	축원일지	오늘지옥	여래회상	좌보길흉
死甲	平地木	卯正東方	寅正東方	東南方	亥正北方	制制	巳 36	辰 미움	寅 중깸	대덕 황도	壁 建	七赤	婦부	師사	머리리	복단일	복광·월형일	혈기·고초	옥도	관세음보살	여래보살	좌마지옥				

칠성기도일	산신기도일	용왕축원일	조왕축원일	나한기도일	**불공 제의식 吉한 행사일**									**吉凶 길흉 大小 일반 행사일**												
					천신	신중	재수	용왕	조왕	병굿	고사	결	입	여	이	점	개업	신축	수	서류	직원					
					불공	기도	굿	굿	굿	굿	사	혼	학	행	사	안	준	상	술	제	채					
																장	공	량	침	출	출					
◎	×	×	◎	×	×	×	×	×	×	×	×	×	×	×	×	×	×	×	×	×	×					

당일 래정법	巳時	에 온사람은 금전시키문제, 하위문서 관송사 이동수	午時	에 온사람은 자손문제, 취업 승진문제 방해자, 배신사, 화합사, 재혼 문제	未時	에 온사람 하극 해결할 문제, 금전구재 남녀색정사, 주식투자문제, 매매변 속음
	申時	온 사람은 자손문제, 상업문제, 색정사, 직장실직, 관재구설	酉時	온사람은 금전문제, 부인문제, 관직주사문제, 방해자, 배신사, 의욕상실 속 전퇴 유리, 남편갈등	戌時	온사람은 하위문서 금전손실 주식투자문제, 사업문제, 관재 취업 승진문제, 자식문제, 질병상태

필히 피해야 할일	이날은 월형일과 혈기, 고초, 구강, 귀기 등 신살에 해당되어 매사 해롭고 불리운다.

백초귀장술의 오늘에 초사언

시간 점占	己亥공망-辰巳
子時	여자문제 구설, 남녀색정사 매사불성사
丑時	적의 잠범사, 질병위급, 이별사, 다툼
寅時	직업변동 명예사, 가출문제 자손문제
卯時	질병위급, 매매조심, 관재불길, 직장변동
辰時	재물손실, 남편문제, 재해 모난 하극상
巳時	이동사, 색정사, 우환질병, 타부정 구설수
午時	가출문제, 직업문제, 사업문제, 금전융통
未時	질병재난, 구재이득, 수술위험 여행 이별수
申時	금전손실, 우환질병 가출사 색정사, 불륜
酉時	금전 암손, 남편문제, 임신가능, 가출사
戌時	금전손실문제 극차사, 질병고통, 관재刑
亥時	금전배신 처 가출사, 도망 분실 아동 흉

오늘 행운 복권 운세
복권운 最고 운 좋은 띠는 양띠 ④⑨ 24,
행운복권방은 집에서 서쪽쪽 이있는

申子辰生	북쪽을 피하고, 서남쪽으로 이사하면 안 된다. 재수가 없 고, 하는 일마다 꼬이고, 病苦 질병발생. 바람기 발동.
巳酉丑生	서쪽을 피하고, 동남쪽으로 이사하면 안 된다. 재수가 없 고, 하는 일마다 꼬이고, 病苦 질병발생. 바람기 발동.
寅午戌生	남쪽을 피하고, 북동쪽으로 이사하면 안 된다. 재수가 없 고, 하는 일마다 꼬이고, 病苦 질병발생. 바람기 발동.
亥卯未生	동쪽을 피하고, 서북쪽으로 이사하면 안 된다. 재수가 없 고, 하는 일마다 꼬이고, 病苦 질병발생. 바람기 발동.

운세풀이	巳띠:이동수,우왕좌왕, 弱,다툼	申띠:점점 일이 꼬임, 관재구설	亥띠:최고운상승세, 두마음	寅띠: 만남,결실,화합,문서
	午띠:매사불편, 방해자,배신	酉띠:귀인상봉, 금전이득, 현금	子띠: 의욕과다, 스트레스큼	卯띠:이동수,애정사,변동 움직임
	未띠:해결신, 시험합격, 풀림	戌띠: 매사꼬임,과거고생, 질병	丑띠: 시급한 일, 뜻대로 안됨	辰띠: 빈주머니,걱정근심, 사기

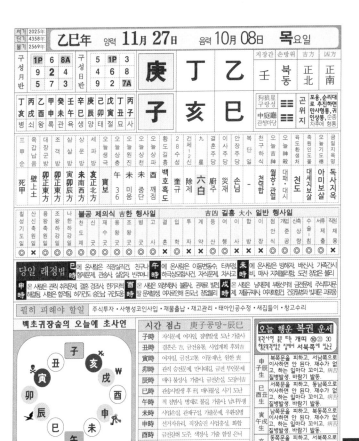

서기 2025年		
단기 4358年	乙巳年	양력 **11**月 **27**日　음력 **10**月 **08**日　**목**요일
불기 2569年		

구성월반
1P	6	8A
9	2	4
5	7	3

구성일반
5	1P	3
4	6	8
9	2	7A

庚　丁　乙
子　亥　巳

丁亥 병
丙戌 쇠
乙酉 왕
癸未 관
壬午 욕
辛巳 장
庚辰 생
己卯 양
戊寅 태
丁丑 절
丙子 묘
乙亥 사

| 지장간 | 손방위 | 吉方 | 凶方 |
| 壬 | 북동 | 正北 | 正南 |

狗狼星 구랑성
中庭廳 관청마당

포용, 순리대로 추진하면 만사형통, 귀인상응, 순종 자중이 형통

三甲순 死甲
육갑납음 壁上土
대장군방 卯正東方
조객방 卯正東方
삼살방 寅南辰方
상문방 未南申方
세파방 亥正北方
오늘상충 巳
오늘상파 申
오늘상천 酉
오늘원진 戌
황도길흉 午 未 미중
건제12신 九星 白碧六
결혼주당 이사주당 안장주당
천구하식 천상 오늘吉神 오늘凶神 육도환생처 축원인도일 기도일지
壁上土 奎규 除제 六白 廚주 災재 손님 천덕합 월공·관일 大退·大赦 천도불 아미지옥 독사지옥

칠성기도일 신중기도일 용왕축원일 조왕하강일 나한기도일 **불공 제의식 吉한 행사일** **吉凶 길흉 大小 일반 행사일**
산신제 신상 재수굿 용왕굿 조왕굿 병굿 결혼 입학 투자 계약 산행 여행 이사 점안식 개업 신축 수리 서류 직원
◎ × ◎ ◎ ◎ × ◎ ◎ ◎ × ◎ × ◎ ◎ ◎ × ◎ × ◎ ◎ ◎

당일 래정법
巳에 온사람은 직장직건 친구니 **時**問문제 관송사 실업자 반가너
午에 온사람은 이동변동수 터부정 하극상모함사건 자식문제 자시고민
未에 온사람은 방해사 배신사 가족간시기 매사 지체불길 도전 장운은 불리
申時 온 사람은 관직 취직문제, 결혼 경조사 한기대비 해결됨 시험은 합격됨 하기찬도 승진 구만도움
酉時 온 사람은 외정색정사 가출문제, 관제로 발전 여자로본일 처 도주사 기출문제
戌時 온 사람은 남녀색정사 불화문제 금전융통 주색투관 재물구하나 여자횡잡건 빛관문 괴로움

필히 피해야 할일 주식투자・사행성코인사업・재물출납・재고관리・태아인공수정・새집들이・창고수리

백초귀장술의 오늘에 초사인
(원형 띠 배치도)

시간 점占 庚子공망-辰巳

子時　자식문제 여자일, 질병발생 도난 가출사
丑時　결혼은 吉, 금전융통, 사업계획 추퇴吉
寅時　여자일, 금전고통, 이동재난, 원한 亥
卯時　관직 승전문제 만사대길 금전 부인문제
辰時　매사 불성사 가출사, 금전손실 도난
巳時　금전사업통 후 애 매사불성 사기 도난
午時　적 함정사 방해로 불길 가출사 남녀투쟁
未時　사업손실 관재구설 가출문제, 우환질병
申時　선거자유리 직장승진 사업불성, 화합
酉時　금전용러 도주, 색장사, 가출 함정 은닉
戌時　금전문제 상업문제 가출문제 도망 吉
亥時　남녀문제 자식문제 직장실직 음모 함정

오늘 행운 복권 운세
특별시막 젊은 띠는 개띠 ⑩㉒㉚
행운복권방을 집에서 서북쪽에 있나

申辰子生　북쪽문을 피하고, 서남쪽으로 이사하면 안 된다. 재수가 없고, 하는 일마다 꼬이고, 病苦질병발생. 바람기 발동.
巳丑生　서쪽문을 피하고, 동남쪽으로 이사하면 안 된다. 재수가 없고, 하는 일마다 꼬이고, 病苦질병발생. 바람기 발동.
寅午戌生　남쪽문을 피하고, 북동쪽으로 이사하면 안 된다. 재수가 없고, 하는 일마다 꼬이고, 病苦질병발생. 바람기 발동.
亥卯未生　동쪽문을 피하고, 서북쪽으로 이사하면 안 된다. 재수가 없고, 하는 일마다 꼬이고, 病苦질병발생. 바람기 발동.

운세풀이
午띠:이동수,우왕좌왕, 弱을 다툼
未띠:매사불편, 방해자,배신
申띠:해결신,시험합격, 풀림
酉띠:첨의 엉킴 짜임, 관재구설
戌띠:귀인상봉, 금전이득, 현금
亥띠:매사꼬임,과거고생, 질병
子띠:최고운상승세, 두마음
丑띠:의욕과다, 스트레스
寅띠:시급한 일, 뜻대로 안됨
卯띠:만남,결실,화합,문서
辰띠:이동수,이별수,변동 움직임
巳띠:빈주머니,걱정근심,사기

乙巳年 양력 **11**月 **28**日 음력 **10**月 **09**日 **金**요일

구성월반			구성일반					지장간	손방위	吉方	凶方
1P	6	8A		4	9	2P		壬	無	正西	正東
9	2	4		3	5	7					
5	7	3		8	1	6					

辛丑

丁亥

乙巳

己亥	戊戌	丁酉	丙申	乙未	甲午	癸巳	辛卯	庚寅	戊子
욕	관	록	왕	쇠	병	사	태	양	생

狗狼星
구랑성
天

☶☶
☶☶

곤위지

포용,순리대로 추진하면 만사형통, 인상봉, 순종 차후에 형통

三甲旬	육갑납음	대장군방	조객방	삼살방	상문방	세파방	오늘상충	오늘원진	오늘상천	오늘상파	황도길흉	건제12신	九星	결혼주당	이사주당	안장주당	복단일	神殺	오늘吉神	오늘神殺	축원인	오늘화복	원진살	기도발원처	보정살	독사일
死甲	壁上土	卯正東方	寅正東方	寅南西方	未南西方	巳正北方	未 중단	午 미움	午 깨짐	辰	玉堂黃道	畢루	五黃	夫부	安안	아버지	천사신일		오늘吉神	공·귀 지·화	천도	대세지보살	복위살	독사살
					義의		3 6							滿만					생·수·월					

칠성기도일	산신기도일	용왕기도일	조왕기도일	나한기도일	불공 제의식 吉한 행사일							吉凶 길흉 大小 일반 행사일													
					천신굿	신중굿	재수굿	용왕굿	조왕굿	병굿	굿사	결혼	입주	투자	계약	등산	여행	이사	합방	이장	점안식	개업준공	신축상량	수술	서류제출	직원채용
×	×	×	×	-	굿	굿	굿	굿	굿	사	혼	학	자	산	훈	×	방	장	식	공	량	상	출

당일 래정법

巳時 巳에 온사람은 이동수 있자나 이사 직변 午時 午에 온사람은 취업 창업 때 아님 직장변동 사업체 변동수 해외진출 未時 未에 온사람은 남녀간다툼 이동변동수 반대사나 헛수고 부부불화 원망 애증 타부정 관재구설 자산문제 교통사고 申時 申에 온사람은 금전과 여자문제 방해자, 배신사 酉時 酉는 윗사람 자식동업 戌時 戌은 여유로운 부정 하극상 배신사 억울함 취업 승진 매사지체불통함, 창업 손해손재수 업승진 해결됨 사험합격됨 은혜 색정사 時 외정색정사, 불륜사, 관재로 발전 산소탈

필히 피해야 할일 출판보고·책만들기·지출·친목회·금전수금·창고수리·건축수리·동토

백초귀장술의 오늘에 초사언

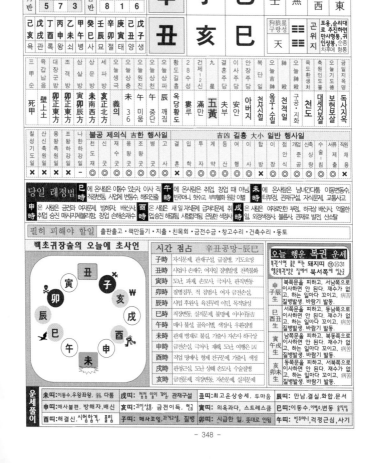

時干	時支	
子時	자식문제, 관재구설, 금결병, 기도요인	
丑時	사업사 손재수, 여자밀 질병질병 친척불화	
寅時	도난, 파재, 손모사, 극처사, 관직변동	
卯時	질병침투, 적 침투사, 여자 금전손실	
辰時	사업 후원사, 육친무애 애인, 목적달성	
巳時	직장변동, 실직문제, 불명예, 이사이동길	
午時	매사 불성사, 골육수별, 색정사, 우환질병	
未時	관재 병재로 불길, 가출사 자손사 하극상	
申時	금전융통, 극처사, 재해, 도난, 여행後 이별	
酉時	작업 명예사, 형제 친구문제, 가출사, 색정	
戌時	관송답쟁, 도난 상해 손모사, 수술질병	
亥時	금전문제 직장변동, 자손문제, 실직문제	

시간 점占 辛丑공망-辰巳

오늘 행운 복권 운세

복권사면 좋은 띠는 **돼지띠** ⑪⑯31
행운복권방은 집에서 **북서쪽** 方이다

子時生	북쪽문을 피하고, 서남쪽으로 이사하면 안 된다. 재수가 없고 하는 일마다 꼬이고, 病苦 질병발생. 바람기 발동.
酉時生	서쪽문을 피하고, 동남쪽으로 이사하면 안 된다. 재수가 없고 하는 일마다 꼬이고, 病苦 질병발생. 바람기 발동.
午時生	남쪽문을 피하고, 북동쪽으로 이사하면 안 된다. 재수가 없고 하는 일마다 꼬이고, 病苦 질병발생. 바람기 발동.
卯時生	동쪽문을 피하고, 서북쪽으로 이사하면 안 된다. 재수가 없고 하는 일마다 꼬이고, 病苦 질병발생. 바람기 발동.

운세풀이	未띠:이동수,우왕좌왕, 弱,다툼	戌띠: 점급,일이 꼬임, 관재구설	표띠:최고운상승세, 두마음	辰띠: 만남,결실,화합,문서
	申띠:매사불편, 방해자,배신	亥띠:귀인상봉, 금전이득, 현금	子띠:의욕과다, 스트레스큼	巳띠:이동수,이별수,변동 움직임
	酉띠:해결신, 시험합격, 풀림	子띠: 매사꼬임,과거고생, 질병	卯띠:시급한 일, 뜻대로 안됨	午띠: 빈주머니,걱정근심,사기

서기	2025년
단기	4358년
불기	2569년

乙巳年 양력 11月 29日 음력 10月 10日 土요일

구성 월반	1P	6	8A
	9	2	4
	5	7	3

구성 일반	3A	8	1P
	2	4	6
	7	9	5

壬 丁 乙
寅 亥 巳

지장간	손방위	吉方	凶方
壬	無	正南	正北

狗狼星
구랑성
御廚廁灶中
路丑午方

곤위지

포용,�,
만사형통,귀
인상봉, 순종
에 형통

辛	庚	己	戊	丁	丙	乙	甲	癸	壬	辛
亥	戌	酉	申	未	午	巳	辰	卯	寅	子
록	관	욕	생	양	태	절	묘	사	병	쇠	왕

| 三甲旬 | 육갑납음 | 대장군방 | 조객방 | 삼살방 | 상문방 | 세파방 | 오늘냥극 | 오늘살충 | 오늘원진 | 황도길흉 | 건제12신 | 九星 | 결혼주당 | 이사주당 | 안장주당 | 복단일 |
| 死甲 | 金箔金 | 卯正東方 | 卯正東方 | 寅南西方 | 未南西方 | 亥正北方 | 申36 | 酉미움 | 巳 깨짐 | 천뇌흑도 | 平평 | 四綠 | 姑고 | 利이 | 남자 | - |

대공망, 하괴 · 유화, 시덕 · 상일, 인도, 대세지보살, 약사보살, 독사지옥

칠성기도일	산신축원일	용왕축원일	조왕축원일	나한기도일	불공 제의식 吉한 행사일							吉凶 길흉 大小 일반 행사일															
					천도재	신축	재수굿	조왕굿	병굿	고사	결혼	입택	투자	계약	등	여	이	합	방	장	안 준	개업	신축	상	수	서류	직원 제출	채출
◎	◎	◎	◎	◎	×	×	◎	◎	×	×	×	×	×	×	×	×	×	×	×	◎	◎	◎	◎	◎	◎	◎	◎

당일 래정법
巳時 에 온사람은 문서수입 회환사 결혼사, 애정사 궁합 취원 개업
午時 에 온사람은 이동수 있는사 이사나 직장변동, 친구사 형제 사업변동수
未時 에 온사람은 금전사기, 살인사, 색정사 들틀, 반꾸머니, 핫수고 문서도난 매매불성
申時 온 사람은 매매 이동변동수, 직장변동수, 터부정 사기 휴유문서 다툼주의 차사고 주의
酉時 온 사람은 질병사 자손문제 방해사, 배신사
戌時 온 사람은 자손문제 하극상으로 배신사 해결되는 듯하나 후運 불리 사업 합격됨 하기는 순도됨 관재

필히 피해야 할일: 신상출고 · 제품제작 · 친구초대 · 소장제출 · 항소 · 문 만들기 · 비석세우기 · 방류

백초귀장술의 오늘에 초사언

時間 占事	壬寅공망-辰巳
子時	금전문제, 상업문제, 처를 극, 수술문제
丑時	매사 막히고 퇴보, 권리박탈, 남편문제
寅時	금전 안든, 여자문제, 자식사, 우환질병
卯時	자식문제, 직장실직, 색정사, 가출사
辰時	매사불성, 관재구설, 송사불리 금전손실
巳時	사업űber든, 身 일신가동, 금전기쁨, 결혼
午時	금전손실 다툼, 부모문제 가출, 이동吉
未時	갑갑하피곤, 불화, 색정사 관직권리박탈
申時	질병사, 질병재앙, 가출사, 이동수 吉
酉時	파산파재, 부인흉극, 가출사, 배신음모
戌時	금전사 후원사, 직장승진, 관재구설
亥時	금전손실 직장문제, 자식문제, 가출사

오늘 행운 복권 운세
복권사면 좋은 띠는 쥐띠 ①⑥
행운복권방은 집에서 **북쪽** 에 있는곳

申子辰生	북쪽문을 피하고, 서쪽으로 이사하면 안 된다. 재수가 없고, 하는 일마다 꼬이고, 病苦 질병발생. 바람기 발동.
巳酉丑生	서쪽문을 피하고, 북쪽으로 이사하면 안 된다. 재수가 없고, 하는 일마다 꼬이고, 病苦 질병발생. 바람기 발동.
寅午戌生	남쪽문을 피하고, 북쪽으로 이사하면 안 된다. 재수가 없고, 하는 일마다 꼬이고, 病苦 질병발생. 바람기 발동.
亥卯未生	동쪽문을 피하고, 서쪽으로 이사하면 안 된다. 재수가 없고, 하는 일마다 꼬이고, 病苦 질병발생. 바람기 발동.

운세풀이	申띠:이동수,우왕좌왕, 弱,다툼	亥띠: 의욕과다, 강정 관재구설	寅띠: 최고운상승세, 두마음	巳띠: 만남,결실,화합,문서
	酉띠:매사불편, 방해자,배신	子띠:귀인상봉, 금전이득, 현금	卯띠: 의욕과다, 스트레스큼	午띠:이동수,액멸수,변동 움직임
	戌띠:해결신,시험합격, 풀림	丑띠: 매사꼬임,과거고생, 질병	辰띠: 시급한 일, 뜻대로 안됨	未띠: 빈주머니, 걱정근심, 사기

11월

- 349 -

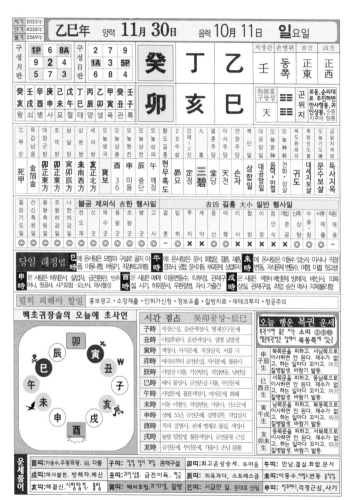

서기 2025년	乙巳年	양력 11月 30日	음력 10月 11日	일요일
단기 4358년				
불기 2569년				

지장간 손방위 吉方 凶方
壬 동쪽 正東 正西

구성월반
1P 6 8A
9 2 4
5 7 3

구성일반
2 7 9
1A 3 5P
6 8 4

癸
卯

丁
亥

乙
巳

癸壬辛庚己戊丁丙乙甲癸壬
亥戌酉申未午辰卯寅子
왕 쇠 병 사 묘 절 태 양 생 욕 관 록

狗狼星 구랑성
天

곤방지

포용, 순리대로 추진하면 만사형통, 귀인상봉, 순종 차주머 왕림

三甲순 死甲
육갑납음 金箔金
대장군방 卯東方
조객방 寅正方
삼살방 寅卯辰方
상문방 未南方
세파방 酉
오늘상충 3 6
오늘상파 申
오늘상천 辰
황도길흉 미중수
건제12신 破
九星 二黑
결혼주당 姑
이사주당 安
안장주당 깨끔
복단일 寶

대공망일 午
오늘神殺 전화·삼살
육도환생처 人道
축인인도 제왕
지장기도덕 기토
기도덕 사명
돼지띠 卯時
복단일 귀도
대세지보살
문수보살
토사공

불공 제의식 吉한 행사일
칠성기도 ◎ 산신축원 ◎ 용왕축원 ◎ 조왕하강 ◎ 나한기도 ◎
불공 제의식 吉한 행사일 吉凶 길흉 大小 일반 행사일

천의 ◎ 신축 ◎ 재수 ◎ 용왕 ◎ 조왕 ◎ 병굿 ◎ 고사 × 결혼 × 입학 ○ 투자 × 계약 × 등산 ○ 여행 × 이장 × 합방 ○ 점안 × 개업 ◎ 기공 × 신축 × 상량 × 수술 ○ 서류제출 × 제사 ◎ 출행 ◎

당일 태정법
巳時 子時에 온사람은 모함과 구설로 끌치 아픔
午時에 온사람은 문서 화합건 결혼 재혼 애정사 궁합
未時에 온사람은 이동수 있는자 이사나 직장변동 자손문제 변동수 여행 이별 횟갱새
申時에 온사람은 하극상 살인나 금전배신 번뇌
酉時에 온사람은 이동수있는자 터부정 관재구설
戌時에 온사람은 방해자 배신사 의욕상실 매사불성

필히 피해야 할일
홍보광고·소장제출·인허가신청·정보유출·질병치료·재테크투자·항공주의

백초귀장술의 오늘에 초사언

時	내용
子時	직장근심, 음란색정사, 형제친구문제
丑時	사업후원사, 금전이득, 질병 급발생
寅時	색정사, 자식문제, 직장실직, 처를 극
卯時	여자로부터 금전손실 자식문제, 불안사
辰時	사업상 다툼, 가내평진, 작업변동, 남편문제
巳時	매사 불성사, 금전손실 다툼, 부모문제
午時	사업문제, 불편색정사 여자문제, 화재
未時	이동 이별수, 취업관계, 가출사, 산소문제
申時	상봉, 도난 금전손실, 질병침투, 작업실수
酉時	관재 침범사, 관재 병재로 불길, 색정사
戌時	놀람 일별상 불편색정사, 금전융통 근심
亥時	금전문제, 부인문제, 가출사, 손님 怒害

오늘 행운 복권 운세
복권사면 좋은 띠는 소띠 ②⑤⑩
행운복권방은 집에서 북동쪽에 있는곳

申 子 辰 生	북쪽문을 피하고, 서쪽으로 이사하면 안 된다. 재수가 없고, 하는 일마다 꼬이고, 질병발생. 바람기 발동
巳 酉 丑 生	서쪽문을 피하고, 동남쪽으로 이사하면 안 된다. 재수가 없고, 하는 일마다 꼬이고, 질병발생. 바람기 발동
寅 午 戌 生	남쪽문을 피하고, 북동쪽으로 이사하면 안 된다. 재수가 없고, 하는 일마다 꼬이고, 질병발생. 바람기 발동 病苦
亥 卯 未 生	동쪽문을 피하고, 서쪽으로 이사하면 안 된다. 재수가 없고, 하는 일마다 꼬이고, 질병발생. 바람기 발동

운세풀이
酉띠: 이동수,우왕좌왕, 弱, 다툼
戌띠: 매사불편, 방해자,배신
亥띠: 해결신, 시험합격, 풀림
子띠: 점점 의 기운, 관재구설
丑띠: 귀인상봉, 금전이득, 현금
寅띠: 매사꼬임,과거고생, 질병
卯띠: 최고운상승세, 두마음
辰띠: 의욕과다, 스트레스큼
巳띠: 시급한 일, 뜻대로 안됨
午띠: 만남,결실,화합,문서
未띠: 이동수,애뇌,변동 움직임
申띠: 빈주머니, 걱정근심, 사기

서기 2025年		단기 4358年	불기 2569年

乙巳年 양력 **12月 01日** 음력 **10月 12日** **월**요일

	지장간	손방위	吉方	凶方
구성月반	1P 6 8A / 9 2 4 / 5 7 3	壬	동남	正北 正南
구성日반	1 6 8A / 9 2 4 / 5 7 3P			

甲 丁 乙
辰 亥 巳

狗狼星 구랑성 ≡≡ 곤위지
僧堂寺廟 승당사묘 ≡≡

포용, 순리대로 추진하면 만사형통, 귀 인상봉, 순종 차후에 형통

乙亥生	甲戌生	癸酉生	壬申生	辛未生	庚午生	己巳生	戊辰生	丁卯生	丙寅生	甲子生
양	태	절	묘	사	병	쇠	왕	록	관	욕

三甲旬	육갑납음	대장군방	조객방	삼살방	상문방	세파방	오늘생극	오늘상천	오늘상파	황도길흉	건제12성	九星	결혼주당	이사주당	안장주당	복단일	神殺	오늘吉神	오늘神殺	축도불공	오늘기도덕	오늘神殺
病甲	覆燈火	卯正東方	卯正東方	寅東北方	未南西方	亥正北方	戌 制체	亥 미움 3.6	卯 중단	丑 깨짐	사명황도	畢필	執집	二黑	翁옹	害해	死	-	양일·토부	수격·토부	멸물·소모	축도	대세지보살	지장보살	독사지옥

불공 제의식 苦한 행사일 · **吉凶 길흉 大小 일반 행사일**

칠성기도일	산신축원일	용왕축원일	조왕하강일	나한기도일	불공	신축	재수	용왕	조왕	병굿	입관	투장	계약	등재	여행	이사	합방	이장	점안식	개업	신축	수리	서류	직원
⊙	×	×	×	⊙	⊙	⊙	⊙	⊙	⊙	⊙	×	×	⊙	×	×	⊙	×	×	⊙	⊙	⊙	⊙	-	×

당일 래정법

巳時 에 온사람은 뭐가 허고싶어서 왔다 · 午時 에 온사람은 금전문제로 골치 아픔 · 未時 에 온사람은 문서 남녀화합, 결혼, 재혼, 궁합 문의, 부모님 불안

申時 온 사람은 이동수 있는자 이사나 직장변동 관송사, 여행, 이별수, 취업불가능, 질병 · 酉時 온 사람은 하极문서 금전손재수, 자손문제, 여자일 · 戌時 온 사람은 하극상 이동변동수 터부정 관재구설 보이스피싱 자식문제 다툼주의 차사고

필히 피해야 할일 작품출품·납품·정보유출·교역·새집들이·창고개방·재고관리·동물들이기·출행

백초귀장술의 오늘에 초사언

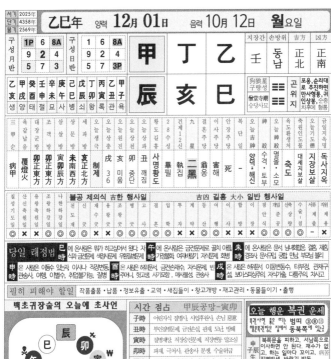

시간 점占 甲辰공망-寅卯

子時	어린자식 잘병사, 사급후원사, 손님 문제
丑時	부인갈등문제 금전손실 관재 도난 방해
寅時	질병재앙 직장승진문제, 직장변동 말조심
卯時	파재, 극차사, 관송사 분쟁, 수술위급
辰時	금전손rans 여자문제, 사업문제 대흉
巳時	사업 구재 상재 도난 자문문제 관재
午時	관재구설 직장해탈 도적손실, 화재주의
未時	사업사, 후원사, 음란불륜사, 화합사
申時	윤전갈취상부, 적의 급방사, 우환질병
酉時	남녀색정사, 남편직장 관리사, 질병침투
戌時	질병침투, 사업 관재사, 적의 급방사, 가출문제
亥時	사업후원사 방해도 질병재앙, 소송 凶

오늘 행운 복권 운세

복권사면 좋은 띠는 **범띠 ③⑧⑬**
행운복권방 이 쪽에서 **동북쪽** 에

申子辰生	북쪽문을 피하고, 서남쪽으로 이사하면 안 된다. 재수가 없고, 하는 일마다 꼬이고, 病苦 질병발생. 바람기 발동.
巳酉丑生	서쪽문을 피하고, 동남쪽으로 이사하면 안 된다. 재수가 없고, 하는 일마다 꼬이고, 病苦 질병발생. 바람기 발동.
寅午戌生	남쪽문을 피하고, 북동쪽으로 이사하면 안 된다. 재수가 없고, 하는 일마다 꼬이고, 病苦 질병발생. 바람기 발동.
亥卯未生	동쪽문을 피하고, 서북쪽으로 이사하면 안 된다. 재수가 없고, 하는 일마다 꼬이고, 病苦 질병발생. 바람기 발동.

운세풀이

戌띠: 이동수,우왕좌왕, 弱, 다툼	丑띠: 점점 일이 꼬임, 관재구설	未띠: 만남,결실,화합,문서
亥띠: 매사불편, 방해자,배신	寅띠: 귀인상봉, 금전이득, 현금	申띠: 이동수,이별수,변동 움직임
子띠: 해결신, 시험합격, 풀림	卯띠: 매사꼬임,과거고생, 질병	酉띠: 빈주머니, 걱정근심, 사기
	辰띠: 최고운상승세, 두마음	午띠: 시급한 일, 뜻대로 안됨
	巳띠: 의욕과다, 스트레스큼	

11월

- 351 -

구성월반	1P	6	8A	구성일반	9	5	7	乙	丁	乙	지장간	손방위	吉方	凶方
	9	2	4		3	1					壬	남쪽	正西	正東
	5	7	3		4	6A	2P	巳	亥	巳				

| 丁亥 사 | 丙戌 묘 | 乙酉 절 | 甲申 태 | 癸未 양 | 壬午 생 | 辛巳 욕 | 庚辰 관 | 己卯 록 | 戊寅 왕 | 丁丑 쇠 | 丙子 병 |

狗狼星구랑성 天

포용, 순리대로 추진하면 만사형통, 귀인상봉, 순종하면 행동

| 三甲순 | 육갑납음 | 대장군방 | 조객방 | 삼살방 | 상문방 | 세파방 | 오늘상충 | 오늘원진 | 오늘상천 | 오늘상파 | 황도길흉 | 건제12신 | 九星 | 결혼주당 | 이사주당 | 안장주당 | 복단일 | 神殺 | 오늘吉神 | 神殺 | 오늘神殺 | 육도환생처 | 축원인도불 | 오늘기도덕 | 금일지옥 |
| 病甲 | 覆燈火 | 卯正東方 | 寅東北方 | 未南西方 | 亥東北方 | 寅東北方 | 亥보 | 寅중단 | 寅깨짐 | 亥 36 | 玄 | 구진재흉 | 一白 | 翁파 | 第殺제 | 여자 | | 경신 · 역마 | 월파일 | 대모 · 태세 | 옥도 | 대세지보살 | 문수보살 | 독사지옥 |

破破 破 一白 第 殺

불공 제의식 吉한 행사일											吉凶 길흉 大小 일반 행사일														
천도재	신중기도	재수굿	용왕굿	조왕굿	병굿	고사	결혼	입학	투자	계약	등록	여행	이사	합방	산행	수술	서류 제출	문서 계약
◎	×	×	×	×	×	×	×	×	×	×	×	×	×	×	○	×	×	×

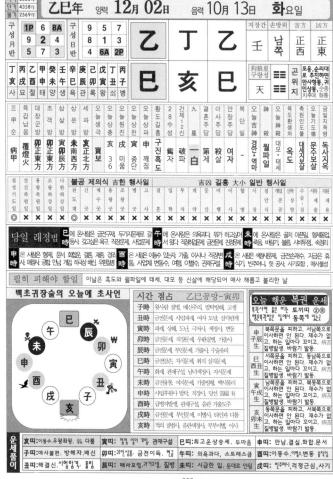

당일 래정법

巳時 온사람은 금전구재, 두가지문제로 갈등 ○○ 已時에 온사람은 의욕없다. 뭐가 하고싶어서 왔다 직장변동수 금전손실 건강문제

午時 온사람은 의욕없다. 뭐가 하고싶어서 왔다 직장변동수 금전손실 건강문제

未時 온사람은 골치 이픔, 형제문제 궂은일 관재구설 방쌍이룸

申時 온사람은 형제, 문서 화합을, 결혼, 재혼, 경조사

酉時 온사람은 이동수 있는자, 가출, 이사나, 직장변동

戌時 온사람은 색정사문제, 금전손재수, 지금은 색정사 여잉수 궁합 만남 개업 하당성 배신 우환질병

亥時 사업체 변동수, 여행, 이별수, 관재구설

戌時 실기 빈주머니, 헛 공사, 사기모함, 매사불성

필히 피해야 할일 이날은 흑도와 월파일에 태세, 대모 등 신살에 해당되어 매사 해롭고 불리한 날

백초귀장술의 오늘에 초사언

시간 점占 乙巳공망—寅卯

子時	윗사람 질병, 배신자의 발탁방법, 고생
丑時	금전문제 사업문제 여자 문제, 삼각관계
寅時	파재, 상배, 도난, 극차사, 색정사, 변동
卯時	금전문제 직장문제 우환질병, 가출사
辰時	금전문제 부인문제, 가출사, 수술유의
巳時	금전손순 자식문제, 취직 실직문제
午時	화재 관재구설 남녀색정사 자식문제
未時	금전융통, 여자문제, 가출방황, 백사불리
申時	사업추원사 발탁, 직장사, 당선 賞屬 有
酉時	금방찾음 문서 금전문제, 음란 가출손주
戌時	금전문제 부인문제, 야반나, 타인과 다툼
亥時	적의 참방사 음란색정사, 부부가뱀, 이사

오늘 행운 복권 운세

복권사면 좋은 띠는 토끼띠 ②⑧

행운색깔은 연두쪽에 개살색인 착에서 동쪽에 있다

子午卯生	북쪽문을 피하고, 서남쪽으로 이사하면 안 된다. 재수가 없고, 하는 일마다 꼬이고, 病고生
巳酉生	서쪽문을 피하고, 동남쪽으로 이사하면 안 된다. 재수가 없고, 하는 일마다 꼬이고, 病고生 질병발생, 바람기 발동
寅午戌生	남쪽문을 피하고, 북쪽으로 이사하면 안 된다. 재수가 없고, 하는 일마다 꼬이고, 病고生
亥卯未生	동쪽문을 피하고, 서쪽으로 이사하면 안 된다. 재수가 없고, 하는 일마다 꼬이고, 病고生 질병발생, 바람기 발동

운세풀이	亥띠:이동수, 우왕좌왕, 弱, 다툼	寅띠: 적색, 이익 경사, 관재구설	巳띠:최고운상승세, 두마음	申띠: 만남, 결실, 화합, 문서
	子띠:매사불편, 방해자, 배신	卯띠:귀인상봉, 금전이득, 현갈	午띠: 의욕과다, 스트레스큼	酉띠:이동수, 이별수, 변동 움직임
	표띠:해결신, 시험합격, 풀림	辰띠: 매사꼬임, 과거고생, 질병	未띠: 시급한 일, 뜻대로 안됨	戌띠: 빈주머니, 걱정근심, 사기

乙巳年 양력 **12**月 **03**日 음력 **10**月 **14**日 **수**요일

구성월반	1P	6	8A	구성일반	8	4A	6
	9	2	4		7	9	2
	5	7	3		3	5P	1

丙 丁 乙
午 亥 巳

	지장간	손방위	吉方	凶方
	壬	남서	正南	正北

狗狼星
구랑성 ☰☰ 天

화수미제

미결상태,미완성, 고통
상태,구절거리고
있음,참으면
좋은결과

己亥	戊戌	丁酉	丙申	乙未	甲午	癸巳	壬辰	辛卯	庚寅	己丑	戊子
절	묘	사	병	쇠	왕	록	관	욕	생	양	태

三甲순	육갑납음	대장군방	조객방	삼살방	상문방	세파방	오늘생극	오늘상충	오늘원진	오늘상천	오늘상파	황도길흉	건제2신	九星	결혼주당	이사주당	안장주당	복단일	오늘吉神	神殺	오늘神殺	축원인도불	오늘기도덕	금일지옥
病甲	天河水	卯正東方	卯正東方	寅卯辰方	未南西方	亥正北方	子 36	丑 미움	丑 중단	卯 깨짐	卯 위험	청룡황도	參삼	九紫	竈조	富부	어머니	월기일	청룡·보호		천리·오취	불도	노사나불	약사보살 추재지옥

칠성기도	산신기도	용왕기도	조왕기도	나한기도	불공	제의식				吉한 행사일						吉凶	길흉	大小	일반 행사일			
					한제 축원	신중 기도	조왕 축원	병굿	고사	결혼	입택	투자	등개	여행	이장	점안식	개업	산concept	수술	사귀제출	직원채출	
◎	◎	×	◎	◎	◎	◎	×	◎	◎	×	×	◎	×	×	◎	◎	◎	×	◎	◎	×	◎

당일 래정법
巳時에 온사람은 취업문제, 재수가 없고 운 午時에 온사람은 금전구재 두면머리 갈등 未時에 온사람은 의외수다, 뭐가 하고싶어
이 단단히 꼬여있음. 우환질병 손재수 서 時 갔다옴.금전 직장문제 상업문제 時 서 왔다. 직장상사싸움질림 사표문제

申時 온 사람은 골치 아픈일, 친구나 형제동료 죽음 酉時 온 사람은 문서합의, 화합교류, 결혼, 경조사 관재口 戌時 온 사람은 이동수 있으나 가출 이사 직장변동
배우자바람기 불륜 관재구설 속 정신魔가함 時 업건, 개업 매하 이동 하극상 배신 경쟁사로 둘변 時 정보 변동수 여行문제 투자문서는 위험 이별수

필히 피해야 할일 성형수술·농기구 다루기·승선·낚시·에로작업·위험놀이기구·흙 다루고 땅 파는 일

백초귀장술의 오늘에 초사언

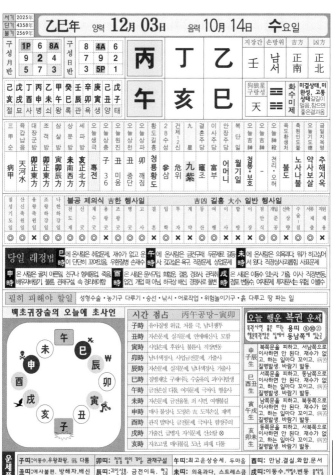

時	간 점占	丙午공망-寅卯
子時	유아질병 위급, 처를 극, 남녀쟁투
丑時	자손문제, 실직문제, 연애배신사, 모함
寅時	사업son에 후원사, 불성사, 직장변동
卯時	남녀색정사, 사업son전문제, 가출사
辰時	자손문제, 실직문제, 남녀색정사, 가출사
巳時	질병재앙, 구재사, 수술유의 색정사바람
午時	금전손실 다툼, 여자문제, 극차사, 형송사
未時	자손문제, 금전융통, 좌 사면, 여행길흉
申時	매사 불성사, 도망은 좋 도적손실, 쾌책
酉時	관직 뛰어나 금전문제, 극차사, 함정주의
戌時	가출건, 금방와 자식문제, 산소탈 ⊗
亥時	자손고病 매사불길, 도난, 파재, 다툼

오늘 행운 복권 운세

북쪽사면 좋은 딴띠 용띠 ⑤⑥③
행운複권숫자 찍어야 **동남쪽**게

子辰生	북쪽문을 피하고, 서남쪽으로 이사하면 안 된다. 재수가 없 고, 하는 일마다 꼬이고, 病苦 질병발생. 바람기 발동.
酉丑生	서쪽문을 피하고, 동쪽으로 이사하면 안 된다. 재수가 없 고, 하는 일마다 꼬이고, 病苦 질병발생. 바람기 발동.
寅午生	남쪽문을 피하고, 북동쪽으로 이사하면 안 된다. 재수가 없 고, 하는 일마다 꼬이고, 病苦 질병발생. 바람기 발동.
亥卯生	동쪽문을 피하고, 서북쪽으로 이사하면 안 된다. 재수가 없 고, 하는 일마다 꼬이고, 病苦 질병발생. 바람기 발동.

운세풀이

子띠: 이동수, 우왕좌왕, 근심, 다툼
丑띠: 매사 불편, 방해자, 배신
寅띠: 해결신, 시험합격, 풀림
卯띠: 정정, 이익, 깨임, 관재구설
辰띠: 갈인상봉, 금전이득, 현금
巳띠: 매사꼬임, 과거고생, 질병
午띠: 최고운상승세, 두마음
未띠: 의욕과다, 스트레스큼
申띠: 시급한 일, 뜻대로 안됨
酉띠: 만남,결실,화합,문서
戌띠: 이동수,액회수,변동 움직임
亥띠: 빈주머니,걱정근심,사기

12월

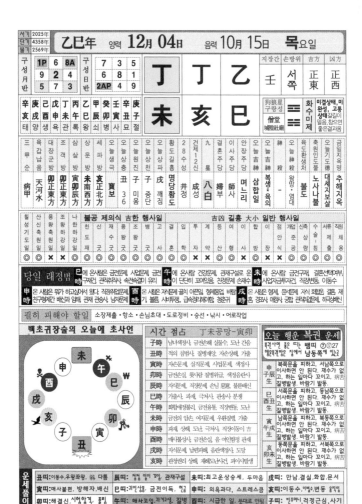

서기 2025年	乙巳年	양력 12月 04日	음력 10月 15日	목요일
단기 4358年				
불기 2569年				

丁 丁 乙
未 亥 巳

지장간 壬 / 방위 서쪽 / 吉方 正東 / 凶方 正西

구성월반
1P	6	8A
9	2	4
5	7	3

구성일반
7	3	5
6	8	1
2AP	4	9

辛亥 庚戌 己酉 戊申 丁未 丙午 乙巳 甲辰 癸卯 壬寅 庚子
태 양 생 욕 관 록 쇠 병 사 묘 절

狗狼星 구랑성
僧堂 城隍社廟

화수미제

미결상태,미완성,고통
상태. 갈길이 멀음.참으면 좋은결과됨

三甲순 病甲 / 육갑납음 天河水 / 대장군방 卯正東方 / 조객방 寅東北方 / 삼살방 未南西方 / 상문방 亥西北方 / 세용방 寅 / 오늘상충 子36 / 오늘상천 子 / 오늘상파 子 중단 / 오늘상해 미움 / 황도길흉 명당황道 / 건제12신 成 정 / 九星 八白 / 결혼주당 婦부 / 이사주당 師사 / 안장주당 며느리 / 오늘吉神 봉생+ 합일 / 神殺 - / 오늘凶神 왕망·염대 / 태어난아이 불칙 / 九천호오늘 다 / 오늘太歲旁에 노사나불 / 오늘귀천보살 대세지보살 / 오늘지옥천도 추해지옥

불공 제의식 吉한 행사일
칠성기도	산신축원	용왕축원	조왕하강	나한기도
×	×	〇	×	×

吉凶 길흉 大小 일반 행사일
천 도 재	신 굿	재 수 굿	용 왕 굿	조 왕 굿	병 굿	고 사	결 혼	입 학	투 자	계 약	등 산	여 행	이 사	합 방	移 葬	개업 준공	신축 상량	수 술	서류 제출	직 원 채 용
×	×	×	×	×	×	×	×	×	〇	×	×	〇	〇	×	〇	〇	×	×	×

당일 래정법
巳時 이 온사람은 금전문제, 사업문제, 금전구재, 관재구설 운
午時 에 온사람은 건강문제, 관재구설로 운이 단단히 꼬여있음, 진정문제 손재수
未時 에 온사람은 금전구재, 결혼,취업사기
申時 온 사람은 뭐가 하고싶어서 왔다. 직장취업문제, 친구형제간 배신과 관재 관송사, 남녀문제
酉時 온 사람은 자식문제, 질병, 형제동업 바람끼
戌時 온 사람은 형제, 문서화합, 자식 화합 결혼, 재혼 경조사 이별수, 교통, 관재구설
亥時 온 사람은 금전문제, 자식문제, 직장변동, 이동수

필히 피해야 할일 소장제출 · 항소 · 손님초대 · 도로정비 · 승선 · 낚시 · 어로작업

백초귀장술의 오늘에 초사언

시간 점占 丁未공망—寅卯

子時	남녀색정사, 금전손해 실물수, 도난 근심
丑時	직위 참배수, 질병재앙, 자손상해, 가출
寅時	자손문제, 실직문제, 사업문제, 색정사
卯時	금전손실, 윗사람 질병위급, 색정음란사
辰時	자식문제, 직장문제, 손님 尼憂, 불륜배신
巳時	금전사, 파재, 극차사, 관송사 분쟁
午時	화재위험沖, 금전융통, 직장변동, 도난
未時	금전의 암손, 여자문제, 우환질병, 가출
申時	파재, 상해, 도난, 극차사, 직장이동이 吉
酉時	매사불성, 금전손실금, 음 여인함정 관액
戌時	자식문제, 남편피해, 음란색정사, 도망
亥時	관송관리 상해, 재물손실수난, 파너위협

오늘 행운 복권 운세
복권사면 좋은 띠는 뱀띠 ⑦⑰27
행운복권방 집에서 남동쪽에 있음

卯辰巳生	북쪽문을 피하고, 서남쪽으로 이사하면 안 된다. 재수가 없고 하는 일마다 꼬이고, 病苦 질병발생, 바람기 발동.
酉戌生	서쪽문을 피하고, 동남쪽으로 이사하면 안 된다. 재수가 없고 하는 일마다 꼬이고, 病苦 질병발생, 바람기 발동.
寅午未生	남쪽문을 피하고, 동북쪽으로 이사하면 안 된다. 재수가 없고 하는 일마다 꼬이고, 病苦 질병발생, 바람기 발동.
亥卯未生	동쪽문을 피하고, 서북쪽으로 이사하면 안 된다. 재수가 없고 하는 일마다 꼬이고, 病苦 질병발생, 바람기 발동.

운세풀이

丑띠:이동수,우왕좌왕, 弱, 다툼
寅띠:매사불편, 방해자,배신
卯띠:해결신,시험합격, 풀림

辰띠:점진 이의 申,관재구설
巳띠:귀인상봉, 금전이득, 현금
午띠:매사꼬임, 과거고생, 질병

未띠:최고운상승세, 두마음
申띠:의욕과다, 스트레스큼
酉띠:시급한 일, 뜻대로 안됨

戌띠:만남,결실,화합,문서
亥띠:이동수, 이별수,변동 움직임
子띠:빈주머니,걱정근심, 사기

- 354 -

乙巳年 양력 **12**月 **05**日 음력 10月 16日 **금**요일

구성월반			구성일반				지장간	손방위	吉方	凶方
1P	6	8A	6	2	4		壬	서북	正北	正南
9	2	4	5	7	9A					
5	7	3	1P	3	8					

戊 申 丁 亥 乙 巳

癸亥	壬戌	辛酉	庚申	己未	戊午	丁巳	丙辰	甲卯	癸丑	壬子
절	묘	사	병	쇠	왕	록	관	욕	생	양	태

狗狼星 구랑성
中庭廳 관청마당

화수미제

미결상태, 미완성, 고통상태 믿음,참으면 좋은결과옴

장지간 손방위 吉方 凶方
壬 서북 正北 正南

三甲旬	육갑납음	대장군	조객방	삼살방	상문방	세파방	오늘생극	오늘원진	오늘상천	오늘상파	황도길흉	건제12신	결혼주당	이사주당	안장주당	神殺	神殺	오늘吉神	오늘神殺	축원인도불	오늘귀도환생처	글지옥
病甲	大驛土	卯正東方	卯正東方	寅方 卯辰方	未南方	丑正北方	寅 중극	卯 미움	卯	亥	천형흑도	九 危	鬼귀	七赤	廚주	災災살	손님	복단일	수사일	건강·토끼	인도	노사나불

글지옥 주해지옥 아미보살 수해지옥

불공 제의식 吉한 행사일

천덕	신	조	나	불	신	산	용	조	병	고	결	입	투	계	여	이	합	이	개업준공	신축상량	수술	서류	직원
성기도일	신중기도일	왕하강일	조왕하강일	공	도	신	왕	왕	굿	사	혼	학	자	약	산	행	방	사					
◎	×	×	×	×	◎	×	×	×	×	○	×	×	×	○	×	×	×	◎	×	×	-	×	◎

당일 레정법

巳時 에 온사람은 관송사로 손재수 발생 **午**時 에 온사람은 금전문제, 사업문제, 진정 **未**時 에 온사람은 남편문제, 직장문제, 운이 전근개선 색정사 배신 배당함 매사 불성 부모문제, 관직유리사 속전속결 유리 단단히 꼬여짐 매사 지체됨, 손재수

申時 온사람은 금전문제, 관직취직사, 자식의 사 **酉**時 사람은 의욕나 관직취직사 하나 분사 새 **戌**時 사람은 금전문제 직장문제 형제동업 자문 업문제 맞눈사 진정 후원사는 불성 사고조심 사업 주인문제 친구형제간 배신 자식근심 애 매 문제 자식질병 바람기 남녀 고비사발생

필히 피해야 할일 신상출고 · 제품제작 · 친구초대 · 문 만들기 · 벌초 · 씨뿌리기 · 항공주의 · 승선 · 동토

백초귀장술의 오늘에 초사인

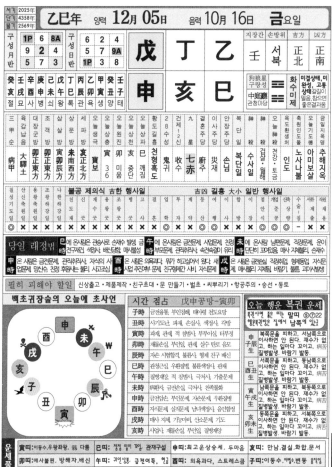

시간 점占	戊申공망—寅卯
子時	금전융통 부인참해 刑事병 刀요망
丑時	사기도난, 파재, 손실사, 색정사, 각방
寅時	파재, 관재, 적 참범사, 부부아심 타부정
卯時	재물손실 부부불화, 관재 실수 탄로 음모
辰時	자손 시험합격, 불륜사, 형제 친구 배신
巳時	관재구설 우환질병, 불륜색정사 관재
午時	질병재앙, 적 침범사, 극차사, 가출문제
未時	병환사, 금전손실 극차사, 친족불화
申時	금전손재 부인문제 자손문제 운사질병
酉時	자식문제 실직문제 남녀색정사 음란행정
戌時	부인 자체 기능미비, 산소문제, 기도
亥時	사심사 재물손실 부인실 질병재앙

오늘 행운 복권 운세

복권사면 좋은 띠는 말띠 ⑤⑦22
행운복권방은 집에서 남쪽에 있음

申子辰生	북쪽문을 피하고, 서남쪽으로 이사하면 안 된다. 재수가 없고 하는 일마다 꼬이고, 病苦 질병발생. 바람기 발동.
巳酉丑生	서쪽문을 피하고, 동남쪽으로 이사하면 안 된다. 재수가 없고 하는 일마다 꼬이고, 病苦 질병발생. 바람기 발동.
寅午戌生	남쪽문을 피하고, 북쪽으로 이사하면 안 된다. 재수가 없고 하는 일마다 꼬이고, 病苦 질병발생. 바람기 발동.
亥卯未生	동쪽문을 피하고, 서북쪽으로 이사하면 안 된다. 재수가 없고 하는 일마다 꼬이고, 病苦 질병발생. 바람기 발동.

운세풀이

寅띠: 이동수, 우왕좌왕, 弱함, 다툼
卯띠: 매사불편, 방해자, 배신
辰띠: 해결신, 시험합격, 풀림
巳띠: 정점 이외 고뇌, 관재구설
午띠: 귀인상봉, 금전이득, 현금
未띠: 매사꼬임, 과거고생, 질병
申띠: 최고운상승세, 두마음
酉띠: 의욕과다, 스트레스큼
戌띠: 시급한 일, 풋대로 안됨
亥띠: 만남, 결실, 화합, 문서
子띠: 이동수, 애생녀, 변동 움직임
丑띠: 빈주머니, 걱정근심, 사기

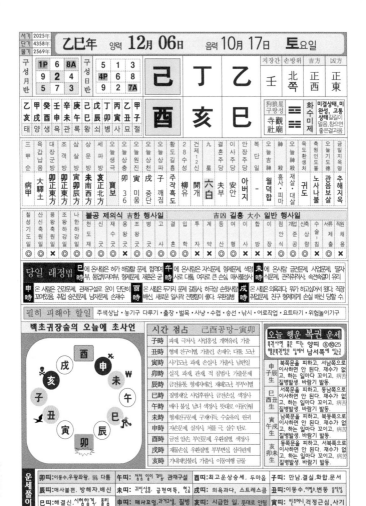

乙巳年 양력 12月 06日 음력 10月 17日 土요일

구성月반	1P	6	8A	구성日반	5	1	3
	9	2	4		4P	6	8
	5	7	3		9	2	7A

己 丁 乙
酉 亥 巳

장간간	손방위	吉方	凶方
壬	北쪽	正西	正東

乙 甲 癸 壬 辛 庚 己 戊 丁 丙 乙 甲
亥 戌 酉 申 未 午 巳 辰 卯 寅 丑 子
태 양 욕 관 록 왕 쇠 병 사 묘 절

狗狼星 구랑성
寺觀
社廟

화수미제

미결상태, 미완성, 고통
상태·길길이 믿음, 참으면 좋은결과옴

三甲순	육갑납음	대장군방	조객방	삼살방	세파방	오늘생극	오늘상충	오늘원진	오늘상천	오늘상파	황도흑도	2 8 수성	건제12신	九星	결혼주당	이사주당	안장주당	복단일	神殺	殺	오늘해당살	오늘지킴이	축관인 도로	길흉	오늘吉神	추워黃흑신
病甲	大驛土	卯正東方	卯正東方	東南西方	亥正北方	寶 보	卯 36	寅 중살	子 깨짐	寅 주작살	柳유	六白	開개	六白	夫부	安안	아버지		월덕합	복사·피마	귀도	노사나불	추해지옥		

칠성기도일	산신기도일	용왕기도일	조왕기도일	나한기도일	불공 제의식 吉한 행사일							吉凶 길흉 大小 일반 행사일										
					천도재	신중기도	재수굿	용왕굿	조왕굿	병굿	고사	결혼	입택이사	투자계약	점안식	개업준공	신축상량	수술	서류제출	직원채용	
◎	◎	◎	◎	◎	◎	◎	◎	×	×	◎	×	×	×	◎	◎	◎	◎	×	◎	◎	

백초귀장술의 오늘에 초사언

	시간 점占 己酉공망-寅卯	
子時	파재 극처사 사업ус페 개혁유리, 가출	
丑時	형제 친구나문제, 가출건, 손재수, 다툼, 모սト	
寅時	사기도난, 파재, 손실사, 가출사, 남녀별	
卯時	실직, 파재, 관재, 적 침범사, 가출문제	
辰時	금전융통, 부부재난건, 재혼근신, 부부불화	
巳時	잘병환자, 사업투자환나 금전손실, 색정사	
午時	매사 불성, 남녀 색정사 돈대道 이동안질	
未時	형제친구문제 구재이득, 수술요의 원녀	
申時	재운좋음, 쟁사실소 처를구, 살수 원근	
酉時	금전 암손 부인문제, 우환질병 색정사	
戌時	재물손심, 우환질병, 부부색사 실라원녀	
亥時	가내재앙불리, 가출사, 이동반응 금물	

오늘 행운 복권 운세

복권사면 좋은 띠는 양띠 ⑧⑩25
행운복권방은 집에서 남서쪽에 있는곳

申 子辰 生	복권문을 피하고, 서남쪽으로 이사하면 안 된다. 재수가 없 고, 하는 일마다 꼬이고, 病苦 질병발생. 바람기 발동	
巳 酉丑 生	서쪽문을 피하고, 동남쪽으 로 이사하면 안 된다. 재수가 없 고, 하는 일마다 꼬이고, 病苦 질병발생. 바람기 발동	
寅 午戌 生	남쪽문을 피하고, 북쪽으로 이사하면 안 된다. 재수가 없 고, 하는 일마다 꼬이고, 病苦 질병발생. 바람기 발동	
亥 卯未 生	동쪽문을 피하고, 서북쪽으로 이사하면 안 된다. 재수가 없 고, 하는 일마다 꼬이고, 病苦 질병발생. 바람기 발동	

운세풀이

卯띠:이동수,우왕좌왕, 弱함 다툼
辰띠:매사불편, 방해자,배신
巳띠:해결신,시험합격, 풀림

午띠:적의 이익 꼬임, 관재구설
未띠:귀인상봉, 금전이득, 현금
申띠:매사꼬임,과거2생, 질병

酉띠:최고운상승세, 두마음
戌띠:의욕과다, 스트레스큼
亥띠:시급한 일, 뜻대로 안됨

子띠: 만남,결실,화합,문서
丑띠:이동수,이별수,변동 움직임
寅띠: 빈주머니,걱정근심, 사기

乙巳年 양력 **12月 07日** 음력 10月 18日 **일요일** 대설 大雪 06時 05分 入

구성 月반	9	5P	7	구성 日반	4P	9	2
	8	1	3		3	5	7
	4	6A	2		8	1	6

庚	戊	乙
戌	子	巳

지장간	손방위	吉方	凶方
壬	북 동	正南	正北

狗狼星 구랑성
社廟 사당무

화수미제

미결상태, 미완성, 고통
갈길이
멀음, 참으면
좋은결과옴

丁	丙	乙	甲	癸	壬	辛	庚	己	戊	丁
亥	戌	酉	申	未	午	巳	辰	卯	寅	丑	子
병	쇠	왕	록	관	욕	생	양	태	절	묘	사

三甲순	육갑납음	대장군방	조객방	삼살방	상문방	세파방	오늘상극	오늘원진	오늘상천	오늘상파	황도길흉	2 8 수	건제12성	九星	결혼주당	이사주당	안장주당	오늘神殺	神殺	오늘吉神	축원인도불	도환생붙	축원인접신불	오늘기도발원명	금일沖
病甲	鑀釧金	卯正東方	卯正東方	寅南辰方	未南方	亥正北方	義의	巳미움	酉중단	未깨짐	천형흑도	星성	開개	五黃오황	利이	남자	-	생기·천의	축도	왕공·천형	노사나불	미륵보살	추해지옥	단	

구성기도일	산신축원	용왕축원	조왕하강	나한하강	불공제의식吉한행사일								吉凶 길흉 大小 일반행사일											
					천도재	신굿	재수굿	용왕굿	조왕굿	병굿	고사	결혼	입학	투자	계약	여행	이사	합방	점안식	개업준공	신축상량	수술	서류제출	직원채용
◎	◎	×	×	◎	×	×	×	×	×	×	×	◎	×	×	×	×	×	×	◎	×	×	×	×	×

당일 래정법

巳時 에 온사람은 새사업에 방해자, 배신 午時 에 온사람은 취직 해결할 문제 합격 未時 에 온사람은 형제와 친구가 훼방, 금전
사 취업불리 색상 참으로 훼방문 여부 금전꾸자여부 자손문제 직장문제 구재건 관재구설로 다툼 매우불상사

申時 온 사람은 금전문제, 사업문제, 관재구재사 酉時 온 있음, 직업 승진문제, 자문제 단단히 꼬여 戌時 온 사람은 무거운 것에 걸려나 토지문서 자식으로 인해 큰 고통. 자식으로 손재수 불리 금전투자여부, 자식문제, 새로운 일사 진행함

필히 피해야할일 인수인계·머리자르기·주방수리·수의 짓기·방류·도로정비·동토·항공주의

백초귀장술의 오늘에 초사언

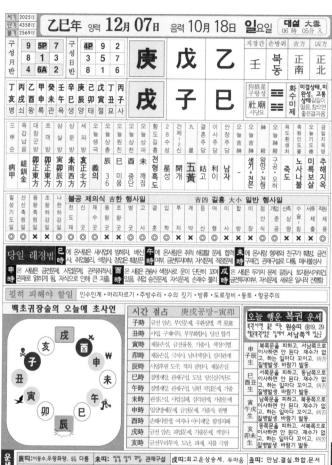

시간 점占	庚戌음망-寅卯
子時	금전 암손 부인문제 우환질병 객 怨憎
丑時	사업 구재이득 부부화합사 당선 합격
寅時	재물융통, 금전융통, 가출사, 색상이별
卯時	재물손실 극차사 남녀색정사 삼각관계
辰時	사업부채 도주 적의 참하사 재물손실
巳時	잘방래사 관재구설 모함 당선gi운돈후
午時	잘방래사 관재구설 남편 직업문제 가출
未時	관직관사 사업실패 삼각관계 가출문제
申時	입상영문관 재물융통 가출사 원행
酉時	손해 관송사 여자나 아이 재운 함정파해
戌時	금전 암손 파재문제 가출문제 색정사
亥時	금전부리무자 도난 파재 처를 극함

오늘 행운 복권 운세

복권사면 좋은 띠는 원숭띠 ⑨19, 29
행운복권방은 집에서 서남쪽에 있음

申 子 辰 生	북쪽문을 피하고, 서남쪽으로 이사하면 안 된다. 재수가 없고, 하는 일마다 꼬이고, 病苦 질병발생. 바람기 발동.
巳 酉 丑 生	서쪽문을 피하고, 동쪽으로 이사하면 안 된다. 재수가 없고, 하는 일마다 꼬이고, 病苦 질병발생. 바람기 발동.
寅 午 戌 生	남쪽문을 피하고, 북동쪽으로 이사하면 안 된다. 재수가 없고, 하는 일마다 꼬이고, 病苦 질병발생. 바람기 발동.
亥 卯 未 生	동쪽문을 피하고, 서북쪽으로 이사하면 안 된다. 재수가 없고, 하는 일마다 꼬이고, 病苦 질병발생. 바람기 발동.

운세풀이	辰띠:이동수·우왕좌왕, 弱, 다툼	未띠:점점 이익 꾀임, 관재구설	戌띠:최고운상승세, 두마음	丑띠:만남,결실,화합,문서
	巳띠:매사불편, 방해자, 배신	申띠:귀인상봉, 금전이득, 현금	亥띠:의욕과다, 스트레스큼	寅띠:이동수,이별수,변동 움직임
	午띠:해결신, 시험합격, 풀림	酉띠:매사꼬임,과거2복, 질병	子띠:시급한 일, 뜻대로 안됨	卯띠:빈주머니, 걱정근심, 사기

12
월

乙巳年 | 양력 12月 08日 | 음력 10月 19日 | 月요일

구성 월반	9	5P	7	구성 일반	3AP	8	1
	8	1	3		2	4	6
	4	6A	2		7	9	5

辛 戊 乙
亥 子 巳

지장간	손방위	吉方	凶方
壬	無	正東	正西

己戊丁丙乙甲癸壬辛庚己戊
亥戌酉申未午巳辰卯寅丑子
육 관 록 왕 쇠 병 사 묘 절 태 양 생

狗狼星 구랑성
寺觀 정사관

화수미제

미결상태, 미
안심, 고통
상태일 것임
없음, 참으면
좋으겠마음

三甲旬 / 육갑납음 / 대장군방 / 조객방 / 삼살방 / 상문방 / 세파방 / 오늘신충 / 오늘원진 / 오늘상천 / 오늘상파 / 오늘해 / 오늘원진 / 황도길흉 / 2 8 수 / 건제12신 / 九星 / 결혼주당 / 이안장주당 / 복단일 / 神殺 / 殺 / 오늘吉神 / 胎 / 흉신 / 오늘神殺 / 육도환생처 / 축원인도불 / 오늘기도덕 / 금일지옥명

病甲 / 鏡釵金 / 卯正東方 / 寅北東方 / 巳午未南方 / 酉正西方 / 寅東北方 / 寶 / 己 / 辰 / 亥 / 寅 / 주작흑 / 張3黑 / 閉폐 / 四綠 / 堂당 / 天孫 / 손자 / 천의·왕묘 / 삭사·오귀 / 옥녀 / 노사나불 / 추해지옥

불공 제의식 吉한 행사일 / 吉凶 길흉 大小 일반 행사일

칠성기도일 / 산신축원일 / 용왕축원일 / 조왕하강일 / 나한하강일 / 불공 / 신중기도 / 제석천도재 / 조왕굿 / 병굿 / 고사 / 결혼 / 입학 / 투자 / 계약 / 등 여행 / 이사 / 합방 / 掌안장 / 개업준공 / 신축상량 / 수술침 / 서류제출 / 직원채용

◎ ◎ - ◎ × × ○ ○ × × × × × × × × × × × × × × × × ×

백초귀장술의 오늘에 초사언

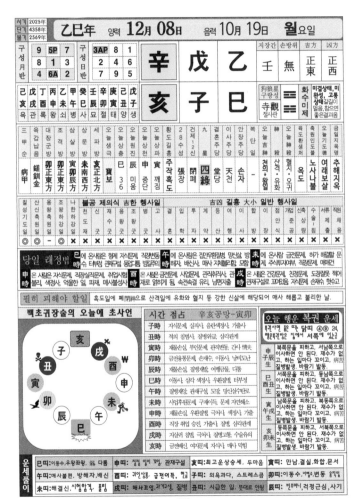

시간 점占	辛亥공망-寅卯
子時	자식문제 실자사, 음란색정사, 가출사
丑時	적의 침범사, 잘병위급, 삼각관계
寅時	재물손실 부인문제 관재구설, 간사 情夫
卯時	금전융통문제 손재수, 이동사 냉비디단
辰時	재물손실 잘병發병, 여행las문제
巳時	이동사 삼각 색정사 우환질병 타부정
午時	잘병發病, 관재구설, 모함 망신살수탈로
未時	사업후원문제 구해득산 문제 자연해소
申時	재물손실 질병發병 극차식 색정사 가출
酉時	직장 취업 승진, 가출사, 질병, 심각한病
戌時	자식근심 가출 극차식 질병發, 수술유의
亥時	금전배신 여자문제 자식사 매사 막힘

오늘 행운 복권 운세

복권사면 좋은 띠는 닭띠 ④⑧ 24,
행운복권방은 집에서 서쪽에 있는곳

申 子 辰 生	서북쪽문을 피하고, 서남쪽으로 이사하면 안 된다. 재수가 없 고, 하는 일마다 꼬이고, 病苦 질병발생. 바람기 발동.
巳 酉 丑 生	서쪽문을 피하고, 동남쪽으로 이사하면 안 된다. 재수가 없 고, 하는 일마다 꼬이고, 病苦 질병발생. 바람기 발동.
寅 午 戌 生	남쪽문을 피하고, 북동쪽으로 이사하면 안 된다. 재수가 없 고, 하는 일마다 꼬이고, 病苦 질병발생. 바람기 발동.
亥 卯 未 生	동쪽문을 피하고, 남서쪽으로 이사하면 안 된다. 재수가 없 고, 하는 일마다 꼬이고, 病苦 질병발생. 바람기 발동.

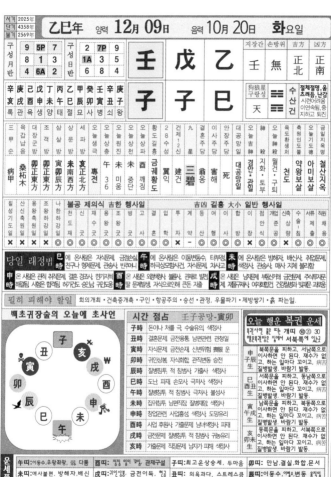

서기 2025年														
단기 4358年	乙巳年	양력 12月 09日	음력 10月 20日	火요일										
불기 2569年														

구성월반	9	5P	7	구성일반	2	7P	9	壬	戊	乙	지장간	손방위	吉方	凶方
	8	1	3		1A	3	5				壬	無	正北	正南
	4	6A	2		6	8	4	子	子	巳				

辛亥 庚戌 己酉 戊申 丁未 丙午 乙巳 甲辰 癸卯 壬寅 庚子
록 관 욕 생 양 태 절 묘 사 병 쇠 왕

狗狼星 구랑성 天 ䷜ 水山건 절체절명,음 츠러움,난감 시련어려움 이연속됨,중 지하고 퇴지

三甲旬	육갑납음	대장군방	조객방	삼살방	상문방	세파방	오늘생극	오늘방진	오늘상천	오늘상파	황도길흉	28수성	건제12신	九星	결혼주당	이사주당	안장주당	대공망일	오늘神殺吉神	神殺	오늘神殺凶神	축원힐처	오늘 태여드는띠	오늘 길지흉지
病甲	桑柘木	卯正東方	卯正東方	寅卯辰方	未南西方	亥正北方	午전	未미움	未중단	酉깨짐	金궤황도	翼익	建건	三碧	翁옹	害해	死사	대공망일	경신구리	지화구리	월전土부	천도	약왕보살	아미보살	철낙지옥

칠성기도일	산신축원일	용왕축원일	조왕하강일	나한하강일	불공 제의식 吉한 행사일								吉凶 길흉 大小 일반 행사일										
					천신 재수굿	용왕굿	조왕굿	병굿	고사	결혼	입주	투자	계약	동토	여행	이사	합방	안장	점안식	개업준공	신축상량	서류제출	직원채용
×	×	×	×	×	×	×	×	×	×	○	×	×	×	×	×	×	×	○	×	×	×	×	×

당일 래정법

巳時 에 온사람은 자식문제, 금전손실 | 午時 에 온사람은 이동변동수, 터부정, 하극상모함사건, 자식문제, 차사고 | 未時 에 온사람은 방해자, 배신사, 취업문제, 색정사, 관송사, 매사 지체 불리함

申時 온 사람은 관직 주위문제, 결혼 경조사, 한가지개 해결됨 사람은 합격됨 하기도는 승나 구만조 | 酉時 온 사람은 외양생사, 불리사, 관재로 발전 딸 문제발생, 자식으로외환 큰돈 지출 | 戌時 온 사람은 남자문제 부동산주 금전관, 주위투쟁사 색정사 제물구재수 여자좌평한 건강줄문장 빛재물 과출융

필히 피해야 할일 : 회의개최 · 건축증개축 · 구인 · 항공주의 · 승선 · 관정, 우물파기 · 제방쌓기 · 흉 파는일.

백초귀장술의 오늘에 초사언

시간 점占	壬子공망-寅卯
子時	돈아나 처를 극 수술유의 색정사
丑時	결혼문제 금전융통, 남면관련 관청일
寅時	자식문제 금전손재 신변위험 질병 운
卯時	귀인상봉, 자식화합 관직변동 승전
辰時	질병침투, 적 침범사 기출사 색정사
巳時	도난 파재 손모사 극차사 색정사
午時	질병침투, 적 침범사 극차사 불성사
未時	잡귀문제 남면문장 잘병괴관 색정사
申時	창업관련 사업흥성 색정사 도망유리
酉時	사업 손재사 가출문제 남녀색정사 파재
戌時	금전문제 잘병침투 적 침범사 귀둥유리
亥時	가출문제 직장문제 남자가 피해 색정사

오늘 행운 복권 운세

복권사면 좋 는 따는 개띠 ⑩ ⑳ 30 행운복권방은 집에서 서북쪽에 있읍

申辰生	북쪽문을 피하고, 서남쪽으로 이사하면 안 된다. 재수가 없고, 하는 일마다 꼬이고, 病苦 질병발생, 바람기 발동.
酉巳丑生	서쪽문을 피하고, 동남쪽으로 이사하면 안 된다. 재수가 없고, 하는 일마다 꼬이고, 病苦 질병발생, 바람기 발동.
寅午戌生	남쪽문을 피하고, 북동쪽으로 이사하면 안 된다. 재수가 없고, 하는 일마다 꼬이고, 病苦 질병발생, 바람기 발동.
亥卯未生	동쪽문을 피하고, 서북쪽으로 이사하면 안 된다. 재수가 없고, 하는 일마다 꼬이고, 病苦 질병발생, 바람기 발동.

운세풀이		
午띠:이동수,우왕좌왕,弱,다툼	酉띠: 점적, 의외, 경사, 회재구설	子띠:최고운상승세, 두마음	卯띠: 만남,결실,화합,문서
未띠:매사불편, 방해자,배신	戌띠:이인상봉, 금전이득, 현금	丑띠: 의욕과다, 스트레스큼	辰띠:이동수,액변동, 움직임
申띠:해결신,시험합격, 풀림	亥띠: 매사꼬임,과거고생, 질병	寅띠: 시급한 일, 뜻대로 안됨	巳띠: 빈손머니,걱정근심,사기

12 월

- 359 -

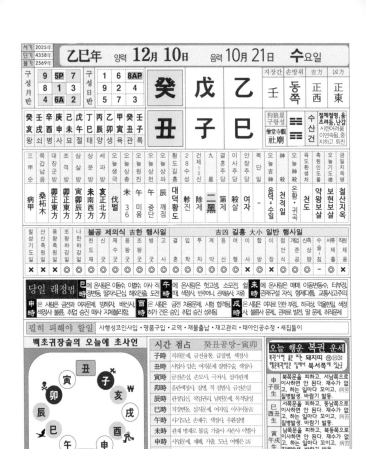

서기 2025年	乙巳年	양력 **12**月 **10**日	음력 **10**月 **21**日	**수**요일
단기 4358年				
불기 2569年				

구성월반
9	5P	7
8	1	3
4	6A	2

구성일반
1	6	8AP
9	2	4
5	7	3

癸 戊 乙
丑 子 巳

지장간 壬 / 손방위 동쪽 / 吉方 正西 / 凶方 正東

狗狼星 구랑성 / 管室 社廟

수산건 水山蹇

절체절명, 움츠러듬, 난감 시련어려움 이연속됨, 중지하고 퇴진함

癸亥왕 辛酉쇠 庚申병 己未쇠 戊午묘 丁巳절 丙辰태 乙卯양 甲寅생 癸丑욕 壬子관 ...록

三甲순	육갑납음	대장군방	조객방	삼살방	세파방	오늘상충	오늘원진	오늘상천	오늘상파	황도길흉	건제12신	九星	결혼주당	이사주당	안장주당	神殺	오늘吉神	神殺	오늘凶神	축원인도불	오늘神수처	금일염왕
病甲	桑柘木	卯正東方	卯正東方	未南西方	亥正北方	未	午	午	午	대덕황도	執집	二黑	第제	殺살	여자	陰[음]·습[習]	천의궁·귀곡	천도	약왕보살	보현보살	철산지옥
						36	미움	중단	깨짐		執진	除제									

칠성기도일	산신축원일	용왕축원일	조왕하강일	나한하강일	불공 제의식 吉한 행사일							吉凶 길흉 大小 일반 행사일															
					천도재	신중 기도	재수굿	용왕굿	조왕굿	병굿	결혼	입택 이사	투자	계약	여행	산행	이장	합방	babies 임신	개업	신축 상량	수술	서류 제출	질병			
×	×	×	×	×	×	×	×	×	×	×	×	×	○	○	○	×	×	○	○	○	×	×	○	×			

당일 래정법

巳에 온사람은 이동수 이별수 아자 직변 午에 온사람은 헛공생 소모전 손재 未에 온사람은 매매 이동변동수 터부정 時 장변동, 딸사근심, 취업진출, 도전 時 색상사, 반목사나, 관재송사 자충 時 관재구설 사고, 형제다툼, 교통사고주의

申 이 사람은 금전배 여자문제 방해자나 배신사나 酉 온 사람은 금전 직용문제, 사업 합격됨 戌 이 사람은 여자로 인한 부정, 하극상 억울한일, 색상 時 색상사 불리, 취업 승진 매사 지체불안함 時 가전 건은 승인, 취업 승진 성공됨 時 사 불륜사 문제, 관재로 발전, 딸 문제, 취직문제

필히 피해야 할일 ─ 사행성코인사업·명품구입·교역·재물출납·재고관리·태아인공수정·새둥이기

백초귀장술의 오늘에 초사언

子時	직위문제 금전융통, 금질병, 색정사
丑時	매사 암손 여자문제 갈팡수승 색정사
寅時	금전손실, 손모사, 극차사, 삼각관계
卯時	음난색정사, 질병, 적 참patient사, 금전손실
辰時	관재입시 작업관직, 남녀문제, 목적달성
巳時	직장변동, 실물문제, 여자낭, 이사이동
午時	사기도난 손재수, 색정사, 우환질병
未時	관재 병액로, 불길, 가출사 자손사 이별사
申時	사업문제, 자빠, 가출, 도난, 여행은 凶
酉時	작업 직업문제, 직장승진건, 도난 상해 손모사
戌時	불륜색정사 관재송건 도난 상해 손모사
亥時	금전문제 이성도움, 부인문제, 색정사

시간 점占 癸丑공망─寅卯

오늘 행운 복권 운세

복권사면 좋은 띠는 돼지띠 ⑪1631 행운복권방은 집에서 북서쪽에 있음

	申子辰 生	북문을 피하고, 서남쪽으로 이사하면 안 된다. 재수가 없 고, 하는 일마다 꼬이고, 病苦 질병발생, 바람기 발동
	巳酉丑 生	서문을 피하고, 동북쪽으로 이사하면 안 된다. 재수가 없 고, 하는 일마다 꼬이고, 病苦 질병발생, 바람기 발동
	寅午戌 生	남문을 피하고, 북쪽으로 이사하면 안 된다. 재수가 없 고, 하는 일마다 꼬이고, 病苦 질병발생, 바람기 발동
	亥卯未 生	동문을 피하고, 서북쪽으로 이사하면 안 된다. 재수가 없 고, 하는 일마다 꼬이고, 病苦 질병발생, 바람기 발동

운세풀이

未띠:이동수,우왕좌왕, 弱, 다툼   戌띠: 정정 희망 귀인, 관재구설   丑띠:최고운상승세, 두마음   辰띠: 만남,결실,화합,문서
申띠:매사불편, 방해자,배신   亥띠:귀인상봉, 금전이득, 현금   寅띠: 의욕과다, 스트레스큼   巳띠:이동수,액별수,변동 움직임
酉띠:해결신,시험합격, 풀림   子띠: 매사꼬임,과거고생, 질병   卯띠: 시급한 일, 뜻대로 안됨   午띠: 빈주머니,걱정근심,사기

- 360 -

乙巳年 양력 **12月 11日** 음력 10月 22日 **목**요일

										지장간	손방위	吉方	凶方
구성월반	9	5P	7	구성일반	9	5	7P	甲	戊	乙	壬	동남	正南	正北
	8	1	3		8	1	3	寅	子	巳				
	4	6A	2		4	6A	2							

乙亥	甲戌	癸酉	壬申	辛未	庚午	己巳	戊辰	丁卯	丙寅	乙丑	甲子
생	양	태	절	묘	사	병	쇠	왕	록	관	욕

狗狼星 구랑성 丑方 북동쪽 ≡≡ 수산건

제절철명, 음 츠려듬, 난감 시련어려움 이연속됨,중 지하다 퇴진

三甲순	육갑납음	대장군	조객방	삼살방	상문방	세파방	오늘생극	오늘원진	오늘상천	오늘상파	오늘상해	황도길흉	28수성	건제十二神	九星	결혼주당	이사주당	안장주당	복단일	오늘神殺	오늘吉神	오늘神殺	육도환생처	축일인묘	오늘기도덕	오늘吉神	금일지옥
生甲	大溪水	卯正東方	卯正東方	寅卯辰방	未南方	亥正北方	專전	申 미움	酉 중단	巳 깨짐	亥 喜흑	백호흑도	角각	滿만	一白	竈조	富부	어머니	-	봉생·상업	오허·팔룡	귀가·인도	왕망보살	약사보살	철산지옥

청성기도일	산신축원일	용왕축원일	조왕하강일	나한하강일		불공 제의식 吉한 행사일									吉凶 길흉 大小 일반 행사일										
					천도 재 수 굿	신중 기도	재수 굿	용왕 굿	조왕 굿	병고 사	고사	결혼	입택 이사	투자	계약	등 여 행	이 장	합방	개업 준공	신축 상량	수술	서류 제출	직원 채용
✕	✕	✕	✕	✕	✕	○	✕	✕	✕	✕	✕	✕	✕	✕	✕	✕	○	✕	○	✕	✕	✕	-	✕

당일 래정법	巳時	에 온사람은 문서 화합운, 결혼, 재합 이동수 있거나 아사 직 함 에 온사람은 자식문제, 실물 금전사기	午時		未時	

巳時 에 온사람은 문서 화합운, 결혼, 재합
午時 에 온사람은 이동수 있거나 아사 직함, 양권송, 사업체변동수, 해외여행 이별수
未時 에 온사람은 자식문제, 실물 금전사기 반대사, 형제사, 하극문서 모녀, 망산수

申時 온사람은 매사 이동변동수, 터부정, 관재구설
酉時 온사람은 방해자, 배신사, 우환질병, 취 업 승진 매사 지체불성
戌時 온사람은 관송사 하극상의 배신모략, 처음엔 해결도는 설 사기 하문문서 사비 다툼주의 자식고민
亥時 듯하나후불봉 우환질병 사업 침체로 하면 손해수

필히 피해야 할일 회의개최 · 건축증개축 · 구인 · 구직 · 해외여행 · 항공주의 · 애완동물들이기 · 낚시 · 손님초대

백초귀장술의 오늘에 초사언	시간 점占 甲寅공망-子丑	오늘 행운 복권 운세

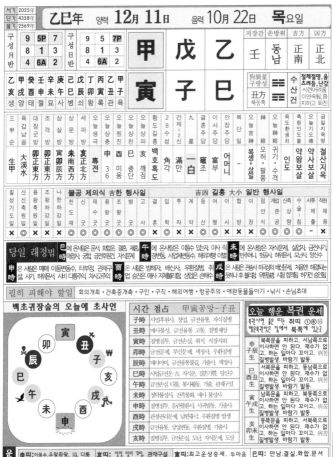

시간 점占 甲寅공망-子丑

子時 사급차위사, 창업, 금전용통, 자식질병
丑時 매사불성, 금전용통 고통, 질병재앙
寅時 질병침투, 금전손실, 취직, 직장직위
卯時 금전문제, 부모문제, 색정사, 우환질병
辰時 매사꺼비, 금전융통불길, 가출사, 색정사
巳時 사급결혼, 吉, 자식운, 결혼구면, 망신수
午時 금전손실 다툼, 봉사활동, 가출, 관재구설
未時 창방불성사 관재불화 매사 불성사
申時 질병침투, 음란불륜사, 사귀발동, 가출사
酉時 관송관재문제, 남편문제, 우환질병 발생
戌時 금전용통, 질병재앙, 가출사, 색정사 가출사
亥時 질병재앙, 금전손실 도난, 자식질병, 도망

오늘 행운 복권 운세
복권사면 좋은 띠는 쥐띠 ①⑥⑯
행운복권방은 집에서 북쪽에 있소

甲辰生	북쪽문을 피하고, 서남쪽으로 이사하면 안 된다. 재수가 없고, 하는 일마다 꼬이고, 病苦 질병발생. 바람기 발동.
酉巳生	서북쪽문을 피하고, 동남쪽으로 이사하면 안 된다. 재수가 없고, 하는 일마다 꼬이고, 病苦 질병발생. 바람기 발동.
午戌生	남쪽문을 피하고, 북동쪽으로 이사하면 안 된다. 재수가 없고, 하는 일마다 꼬이고, 病苦 질병발생. 바람기 발동.
卯未生	동쪽문을 피하고, 서북쪽으로 이사하면 안 된다. 재수가 없고, 하는 일마다 꼬이고, 病苦 질병발생. 바람기 발동.

운세풀이

申띠: 이동수, 우왕좌왕, 弱 다툼
酉띠: 매사불편, 방해자,배신
戌띠: 해결신, 시험합격, 풀림
亥띠: 점점 일이 꼬임, 관재구설
子띠: 귀인상봉, 금전이득, 현금
丑띠: 매사꼬임,과거2생, 질병
寅띠: 최고운상승세, 두마음
卯띠: 의욕과다, 스트레스큼
辰띠: 시급한 일, 뜻대로 안됨
巳띠: 만남,결실,화합,문서
午띠: 이동수,에변동 짜증
未띠: 빈주머니,걱정근심,사기

乙巳年 양력 **12月 12日** 음력 10月 23日 **金**요일

구성월반	9	5P	7		구성일반	8	4A	6
	8	1	3			7	9	2P
	4	6A	2			3	5	1

乙 戊 乙
卯 子 巳

丁亥	丙戌	乙酉	甲申	癸未	壬午	辛巳	庚辰	己卯	戊寅	丁丑	丙子
사	묘	절	태	양	생	욕	관	록	왕	쇠	병

지장간	壬
손방위	남쪽
吉方	正東
凶方	正西

狗狼星구랑성 天

절체절명,음 츠려듬,난갑 시련어려움 이연속됨,중단되고 퇴진

수산건

三甲旬	육갑납음	대장군방	조객방	삼살방	상문방	세파방	오늘상충	오늘원진	오늘상천	황도길흉	건제12신	九星	결혼주당	이사주당	안장주당	복단일	神殺	오늘길흉신	오늘신살	축원인도일	기도덕일	칠산지옥	철산지옥
生甲	大溪水	卯正東方	寅卯辰方	東南방	未南方	酉正北方	酉 36	申 미움	辰 중단	옥당황도	危깨짐	九紫	婦부	평平	師사	며느리	월기일	천강·천리	형벌·멸문	귀도	양왕보살	문수보살

불공 제의식 吉한 행사일 **吉凶 길흉 大小 일반 행사일**

칠성기도	산신기도	용왕기도	조왕하강	나한기도	천도재	신축상량	개업준공	...
◎	◎	×	×	×	×	×	×

당일 래정법
巳時 온사람은 모함과 구설로 끌치 아파 **午時** 온사람은 문서 화합은 결혼 재혼 **未時** 온사람은 이동수 있는자 이사나 직장 온사람 이동수 바람기 직장변경문제

申時 온사람은 하위문서 실업자 금전환란 빈녹 **酉時** 온사람은 직장변동 이동변동수 터부정 관재 **戌時** 온사람은 색정사 배신문제 방해자

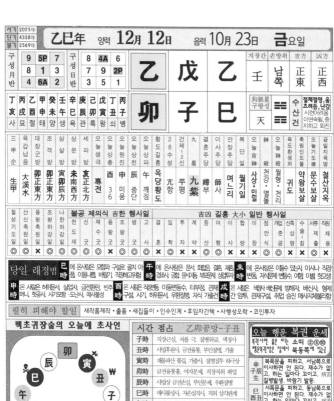

필히 피해야 할일 새작품제작·출품·새집들이·인수인계·후임자간택·사행성오락·코인투자

백초귀장술의 오늘에 초사언

시간 점占 乙卯공망-子丑

子時	직장근심, 처를 극, 질병위급, 색장사
丑時	사십후원사 금전융통, 부인질병, 가출
寅時	재물손사 불길, 가출사, 질병침투 하극상
卯時	금전융통吉, 여자문제, 직장직위 취업
辰時	사업상 금전손실, 부인문제, 우환질병
巳時	매사불성사 자손실자사, 직위 삼각관계
午時	관직 승진문제, 금전 문제, 불륜 주색주의
未時	금전융통, 삼각관계 직업변동, 여자갈등
申時	만남불길, 직장 취업문제 불리, 질병확장
酉時	적 침략사, 부인문제, 다툼, 야반도, 질병
戌時	금전문제, 부인문제, 다툼, 야반도, 질병
亥時	금전문제 투자확장 우환질병 손님 愿愿

오늘 행운 복권 운세
복권사면 좋은 띠는 소띠 ②⑤⑩
행운복권방은 집에서 북동쪽 방향

申 子 辰 생	북쪽문을 피하고, 서남쪽으로 이사하면 안 된다. 재수가 없고, 하는 일마다 꼬이고, 病苦 질병발생. 바람기 발동
巳 酉 丑 생	서쪽문을 피하고, 동쪽으로 이사하면 안 된다. 재수가 없고, 하는 일마다 꼬이고, 病苦 질병발생. 바람기 발동
寅 午 戌 생	남쪽문을 피하고, 북쪽으로 이사하면 안 된다. 재수가 없고, 하는 일마다 꼬이고, 病苦 질병발생. 바람기 발동
亥 卯 未 생	동쪽문을 피하고, 서쪽으로 이사하면 안 된다. 재수가 없고, 하는 일마다 꼬이고, 病苦 질병발생. 바람기 발동

운세풀이

酉띠:이동수,우왕좌왕, 弱, 다툼 **子띠**:점점 일이 꼬임, 관재구설 **卯띠**:최고운상승세, 두마음

戌띠:매사불편, 방해자,배신 **丑띠**:귀인상봉, 금전이득, 현금 **辰띠**:의욕과다, 스트레스큼

亥띠:해결신,시험합격, 풀림 **寅띠**:매사꼬임,과거고생, 질병 **巳띠**:시급한 일, 뜻대로 안됨

午띠:만남,결실,화합,문서 **未띠**:이동수,액煞,변동 움직임 **申띠**:빈주머니,걱정근심, 사기

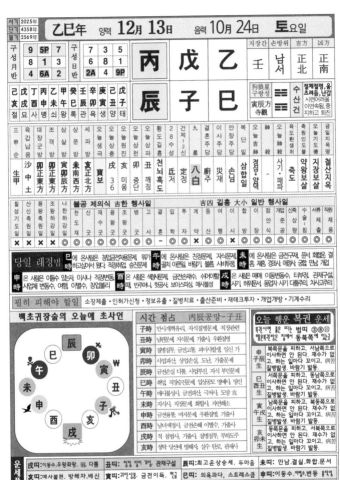

서기	2025년
단기	4358년
불기	2569년

乙巳年 양력 12月 13日 음력 10月 24日 **토**요일

지장간	손방위	吉方	凶方
壬	남서	正北	正南

丙 戊 乙
辰 子 巳

구성월반			구성일반		
9	5P	7	7	3	5
8	1	3	6	8	1
4	6A	2	2A	4	9P

己亥	戊戌	丁酉	丙申	甲午	癸巳	辛卯	庚寅	己丑	巳子
절	묘	사	병	왕	록	관욕	생양	양	태

狗狼星 구랑성 寅辰方 寺觀

수산건

절체절명, 음 조래듬, 난갑 시련어려움 이연속됨,중 지하고 퇴진

불공 제의식 吉한 행사일 — 吉凶 길흉 大小 일반 행사일

칠성기도일	산신축원일	용왕축원일	조왕하강일	나한기도일	불공	신중 기도	재수 굿	조왕 굿	병 굿	고사	결혼	입학	투자	여행	이사	합방	이장	안장	개업	준공	신축 상량	수술 침	서류 제출	직원 채용
×	×	×	×	×	×	×	◎	◎	◎	◎	−	◎	◎	◎	−	◎	◎	◎	◎	◎	◎	◎	◎	◎

당일 래정법

巳時 에 온사람은 창업금전화용문제 뭐가 막혀서 안됐다 하소연하고 왔다. 직장취업 승진문제

午時 온사람은 친정문제, 자식문제 갈등 이별수, 바람기 불륜 사기모함

未時 에 온사람은 금전구재, 문서 화합은 결혼 재혼 경조사 애정사 궁합 만남 개업

申時 온 사람은 이동수 있는자 이사나 직장변동 사업체 변동수, 여행 이별수, 창업불리

酉時 온 사람은 색정문제, 금전손재수, 쇠약함 매매 이동변동수, 터주최 관재구설

戌時 온사람 하극상으로 배신사, 동업자나 사기 다툼주의, 차사고주의

필히 피해야 할일 소장제출·인허가신청·정보유출·질병치료·출산준비·재테크투자·개업개방·기계수리

백초귀장술의 오늘에 초사언

시간 점占	丙辰年공망-子丑
子時	만사개혁유리, 자식질병문제, 직장퇴근
丑時	남편문제 자식문제 가출사 우환질병
寅時	질병침투, 금전고통, 과아시발생 임신 가
卯時	사업파산, 상업손실, 도난, 가출문제
辰時	금전손실, 사업부진, 자식 부모문제
巳時	취업, 직장승진문제 입상문제 명예사 당선
午時	매사불성사, 금전파산 극처사, 도망 피신
未時	자식사, 직장문제, 화합사, 자연해소
申時	금전융통, 여자문제, 우환질병 가출사
酉時	남녀색정사, 금전손해, 이별수, 가출사
戌時	적 침투사, 가출사, 질병침투, 부하고객
亥時	청탁 당선에 방해자, 살수 탄로, 관재사

오늘 행운 복권 운세

복권사면 좋은 띠는 범띠 ③⑧⑬	
행운복권방은 집에서 **동북쪽**에 있는곳	
申子生	복권운은 피하고, 서남쪽으로 이사하면 안 된다. 재수가 없 고, 하는 일마다 꼬이고, 病苦 질병발생. 바람기 발동.
巳酉丑生	서쪽문을 피하고, 동남쪽으로 이사하면 안 된다. 재수가 없 고, 하는 일마다 꼬이고, 病苦 질병발생. 바람기 발동.
寅午戌生	남쪽문을 피하고, 북쪽으로 이사하면 안 된다. 재수가 없 고, 하는 일마다 꼬이고, 病苦 질병발생. 바람기 발동.
亥卯未生	동쪽문을 피하고, 서쪽으로 이사하면 안 된다. 재수가 없 고, 하는 일마다 꼬이고, 病苦 질병발생. 바람기 발동.

운세풀이

戌띠:이동수,우왕좌왕, 弱 다툼
亥띠:매사불편, 방해자,배신
子띠:해결신,시험합격, 풀림
丑띠:점점 정이 가는 관재구설
寅띠:귀인상봉, 금전이득, 현금
卯띠:매사꼬임,과거고생, 질병
辰띠:최고운상승세, 두마음
巳띠:의욕과다, 스트레스큼
午띠:시급한 일, 뜻대로 안됨
未띠:만남,결실,화합,문서
申띠:이동수,애롱사,변동 움직임
酉띠:빈주머니, 걱정근심, 사기

12월

− 363 −

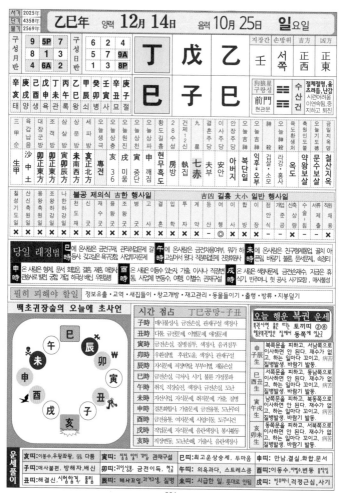

서기 2025년
단기 4358년
불기 2569년

乙巳年 양력 12月 14日 음력 10月 25日 일曜日

구성月반			구성日반		
9	5P	7	6	2	4
8	1	3	5	7	9A
4	6A	2	1	3	8P

丁 戊 乙
巳 子 巳

지장간 / 손방위 / 吉方 / 凶方
壬 / 서쪽 / 正西 / 正東

辛 庚 己 戊 丁 丙 乙 甲 癸 壬 辛 庚
亥 戌 酉 申 未 午 巳 辰 卯 寅 丑 子
태 양 생 욕 관 록 쇠 병 사 묘 절

狗狼星 구랑성
前門 현관문

수산건
정책정명. 윤허. 초려듭. 낙강. 시련어려움 이연속됨. 윤 지하고 퇴친

三甲순 / 육갑납음 / 대장군방 / 조객방 / 삼살방 / 상문방 / 세파방 / 오늘생극 / 오늘상충 / 오늘상천 / 오늘상파 / 황흑도길흉 / 건제12신 / 九星 / 결혼주당 / 이사주당 / 안장주당 / 오늘吉神 / 神殺 / 오늘神殺 / 복단일 / 九星 / 오늘吉凶神 / 오늘神殺 / 태세납음 / 원진 / 삼재 / 오늘순데 / 일진요람 / 철산이주 / 문수보살 / 약왕보살

生甲 / 沙中土 / 卯正東方 / 卯正東方 / 未南西方 / 未南西方 / 正北方 / 專전 / 亥 3 6 / 戌 미움 / 寅 깨짐 / 현두혹 / 房방 / 執집 / 七赤 / 夫부 / 安안 / 아버지 / 복단일 / 神殺 / 겁살·소모 / 라강·흉사 / 옥도 / 약왕보살 / 문수보살 / 철산이주

칠성기도일 / 산신축원일 / 용왕축원일 / 조왕하강일 / 나한하강일 / 불공제의식吉한행사일 / 천신 / 재수 / 수왕굿 / 용왕굿 / 조왕굿 / 병굿 / 고사 / 결혼 / 입학 / 투자 / 계약 / 여행 / 이사 / 吉凶길흉大小일반행사일 / 산행 / 방류 / 장식 / 점안 / 개업준공 / 신축상량 / 수리침 / 서류제출 / 직원채용

× / × / × / × / × / × / × / × / × / × / △ / - / ◎ / × / × / × / × / × / ×

당일 래정법
巳時 온사람은 금전구재, 관주위업문에 갈
午時 온사람은 금전차용여부, 뭐가 하고픈
未時 온사람은 친구정배속임 꼼지 아파서 온다 직장입직에 진정하라

申時 온사람은 형제, 뭐가 화합문제 금전손재수 이사나 이동
酉時 온사람은 자식문제 친구나 형제동업
戌時 온사람은 색정색녀, 금전손재수, 지금은 끝

필히 피해야 할일
정보유출·교역·새집들이·창고개방·재고관리·동물들이기·출행·방류·지붕덮기

백초귀장술의 오늘에 초사언

시간 점占 丁巳공망-子丑

시간	占
子時	매사불성사, 금전손실, 관재구설 색사자
丑時	다툼, 금전문제, 야반문제 애정문제
寅時	금전손실, 질병침투, 색정사, 음귀침투
卯時	우환질병, 후원도움, 색정사, 관재구설
辰時	자식문제, 직장실탈 부부이별, 재물손실
巳時	금전손실, 극차사 사기 불륜 가정풍파
午時	취직, 직장승진 색정사 금전손실 도난
未時	자산사업 자식문제, 취직문제 가출, 질병
申時	결혼화합사 금전융통, 도난주의
酉時	금전융통, 여자문제 사업아동, 도주사건
戌時	직장문제 자식문제, 음란색정사, 봉사활동
亥時	직장변동, 도난도주, 가출사, 음란색정사

오늘 행운·복권 운세
복권사면 좋은 띠는 토끼띠 ②⑧
행운귀방운 집에서 동쪽에 있음

申子辰生	북쪽문을 피하고, 서남쪽으로 이사하면 안 된다. 재수가 없고, 하는 일마다 꼬이고, 病苦 질병발생. 바람기 발동
巳酉丑生	서쪽문을 피하고, 동남쪽으로 이사하면 안 된다. 재수가 없고, 하는 일마다 꼬이고, 病苦 질병발생. 바람기 발동
寅午戌生	남쪽문을 피하고, 서북쪽으로 이사하면 안 된다. 재수가 없고, 하는 일마다 꼬이고, 病苦 질병발생. 바람기 발동
亥卯未生	동쪽문을 피하고, 서남쪽으로 이사하면 안 된다. 재수가 없고, 하는 일마다 꼬이고, 病苦 질병발생. 바람기 발동

운세풀이

亥띠:이동수,우왕좌왕,弱물 다툼
子띠:매사불편, 방해자,배신
丑띠:해결신,시험합격, 풀림
寅띠:점적 귀인 吉凶, 관재구설
卯띠:이난안함, 금전이득, 현금
辰띠:매사꼬임,과거고생, 질병
巳띠:최고운상승세, 두마음
午띠:의욕과다, 스트레스큼
未띠:시급한일, 뜻대로 안됨
申띠:만남,결실,화합,문서
酉띠:이동수,이별수,변동 움직임
戌띠:빈주머니,걱정근심,사기

- 364 -

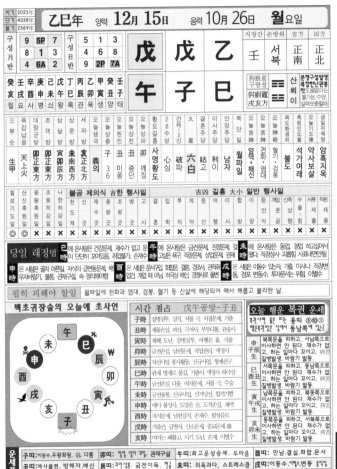

서기 2025년	乙巳年	양력 12月 15日	음력 10月 26日	月요일
단기 4358년				
불기 2569년				

구성월반	구성일반	戊	戊	乙		지장간	손방위	吉方	凶方
9 5P 7	5 1 3	午	子	巳		壬	서북	正南	正北
8 1 3									
4 6A 2	4 9 2P 7A								

癸 壬 辛 庚 己 戊 丁 丙 乙 甲 癸 壬
亥 戌 酉 申 未 午 巳 辰 卯 寅 丑 子
절 묘 사 병 쇠 왕 관 욕 생 양 태

三甲旬 生甲 / 天火上甲 / 卯正東方 / 寅卯辰方 / 亥正北方 / 義의 子36 / 丑미움 / 卯깨짐 / 사명궁 心심 / 破파 / 六白 / 姑고 / 利이 / 月남자 / 파일 / 양·해신 / 천의·염대 / 불도 / 석가여래 / 약사보살 / 암자지옥

불공 제의식 吉한 행사일 / 吉凶 길흉 大小 일반 행사일

천도	신축	재수	조왕	병굿	결혼	입학	투자	계약	등여	이사	안장	점안	개업	신축상	서류	직원
◎	×	×	×	×	×	×	×	×	×	×	○	×	×	×	×	×

당일 래정법

巳時에 온사람은 건강문제, 재수가 없고 운 時이 단단히 꼬여있음 취급불가 손재수

午時에 온사람은 금전문제, 친정문제 갖 時 꼬삼 우환 직장문제 상업문제 관재 었다

未時에 온사람은 동업 색장 하고싶어서 왔다 직장상사 괴롭힘 사퇴 안된됨

申時 온 사람은 골치 아픈일 자식의 급변동문제 배 時 우자바람기 불륜, 관재구설 속 정리해야함

酉時 온 사람은 문서화합 화합은, 경유사 관위험 時 업건 개입 때 가득 사과하 배신 주색잔변, 투자불가는 위험 야불수

戌時 온 사람은 이동수 있는자 이사나 직장변 時 동, 점포 변동수, 투자혹은위험 야불수

필히 피해야 할일 월파일에 천파와 염대, 검봉, 혈기 등 신살에 해당되어 매사 해롭고 불리한 날

백초귀장술의 오늘에 초사언

시간 점占 戊午공망-子丑

子時	질병잠투, 실직, 처물 극 처자문제 가출
丑時	재물손실, 파산, 극차시, 부부다툼, 관송사
寅時	재해 도난, 질병원투, 여행은 흉, 가출
卯時	금전손실, 남편문제, 작업관리, 색장사
辰時	자산사업, 남편문제, 신규사업, 형제친구
巳時	관재 병패로 불길, 가출나 색장사 하각살
午時	금전손실 다툼, 여자문제, 처물 극 수술
未時	금전융통, 신규사업, 선거당선 합격기쁨
申時	매사 불성사, 도난운 흉, 도적으심 재액
酉時	가식문제, 남편일로 손해는 항의상담
戌時	가출건, 금방치 산소문제 종교문제 ⊗
亥時	여자는 해롭고 사기 도난, 손재 이별수

오늘 행운 복권 운세

복권사면 죽은 띠는 용띠 ⑤⑩⑳
행운복권방은 집에서 동남쪽에 있소

申子辰생	복권문을 피하고, 서남쪽으로 이사하면 안 된다. 재수가 없고, 하는 일마다 꼬이고, 病苦 질병발생. 바람기 발동
巳酉丑생	서쪽문을 피하고, 동남쪽으로 이사하면 안 된다. 재수가 없고, 하는 일마다 꼬이고, 病苦 질병발생. 바람기 발동
寅午戌생	남쪽문을 피하고, 북쪽으로 이사하면 안 된다. 재수가 없고, 하는 일마다 꼬이고, 病苦 질병발생. 바람기 발동
亥卯未생	북쪽문을 피하고, 서북쪽으로 이사하면 안 된다. 재수가 없고, 하는 일마다 꼬이고, 病苦 질병발생. 바람기 발동

운세풀이

子띠: 이동수,우왕좌왕, 弱함, 다툼
丑띠: 매사불편, 방해자,배신
寅띠: 해결신,시험합격, 풀림
卯띠: 직장 이아 이사, 관재구설
辰띠: 귀인상봉, 금전이득, 현금
巳띠: 매사꼬임,과거고생, 질병
午띠: 최고운상승세, 두마음
未띠: 의욕과다, 스트레스큼
申띠: 시급한 일, 뜻대로 안됨
酉띠: 만남,결실,화합,문서
戌띠: 이동수,이별수,변동 움직임
亥띠: 빈주머니,걱정근심, 사기

12월

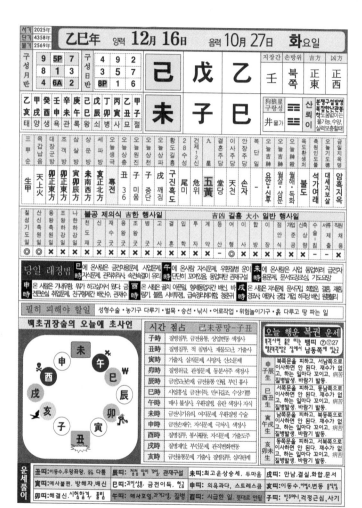

구성월반			구성일반			庚	戊	乙		지장간	손방위	吉方	凶方
9	5P	7	3A	8	1					癸	북동	正北	正南
8	1	3	2	4	6	申	子	巳					
4	6A	2	7P	9	5								

丁亥병	丙戌쇠	乙酉왕	甲申록	癸未관	壬午생	辛巳양	庚辰태	己卯절	戊寅묘	丙子사

狗狼星 구랑성 橋井門路 社廟

산뢰이

분쟁구설방행 불길함 실력보충할때

三甲순	육갑납음	대장군방	조객방	삼살방	세파방	오늘생극	오늘상충	오늘원진	오늘상천	오늘상파	황도길흉	2 8 수성	건제12신	九星	결혼주당	이사주당	복단일	오늘吉神	神殺	오늘神殺	육도환생처	축원인도불	오늘기도덕	금일지옥
生甲	石榴木	卯正東方	寅正東方	寅卯辰方	亥方	專전	寅	卯	亥	卯	청룡황도	箕기	成성	四綠	翁옹	害해	死사	삼합일	생기·옥당	처건·수사	구감·토부	인도	석가여래	아비지옥
							3 6	미움 중단															보살

불공 제의식 吉한 행사일

칠성기도	산신축원	용왕축원	조왕하강	나한하강	불공	천도	신축	재수	용왕굿	조왕굿	병굿	고사	결혼	입학	투자	계약	여행	이사	합방	이장	점안식	개업 준공	신축상량	서류 제출	직원채용
◎	×	×	×	◎	◎	◎	×	◎	◎	◎	◎	×	◎	◎	◎	×	◎	◎	×	◎	×	◎	◎	◎	◎

당일 래정법

巳에 온사람은 배신으로 관송사 금전이 묶임 때 時刀財로 색정사로 다툼 가능함의 손재수

午에 온사람은 금전문제 자식문제 비행 時이모한 관귀타살 속전속결이 유리

未에 온사람 건강문제 자식문제로 최악 時상태 직장퇴출터 손재수 헛수고

申에 온사람은 금전차용건이 관각유리문제로 장 時업주게 후원件는 유리함 맞논쟁 사고조심

酉에 온사람은 관송사 색정사 뭐가 하고싶어서 왔 時다 직장변동건 친구형제가 배신 건강 수술일요

戌에 온사람은 골치 아픈일 금전손실 자식문제 형 時제불화 바람기 불륜 사기 莫갈급속증昧귀함

필히 피해야 할일

소장제출·항소·손님초대·도로정비·출항·조선 배 제조·승선·바다낚시·요트타기

백초귀장술의 오늘에 초사언

申 酉 未 午 W 戌 巳 亥 辰 子 丑 卯 寅

시간 점占	庚申공망-子丑
子時	금전손실 직업변동, 자식질병, 도난실직
丑時	사업문제, 금전손실, 사기도난, 가출건
寅時	직업이동, 금전융통, 육친이별, 타부정
卯時	금전융통, 처잘시, 우환질병, 가출문제
辰時	부동산업, 종교문제, 봉사 시험합격
巳時	질병침투, 육친이별, 색상사 도망 투쟁
午時	질병침투, 직업변동 가출, 재해 도난
未時	사업재난 금전손실, 자손문제, 기출수
申時	취직 작업승진문제 생산 당선 금전융통
酉時	금전손실 극차사 남녀색정사 수술주의
戌時	후원단절, 가출사, 적의 함정, 기도원만
亥時	자식문제, 질병발생, 손액, 가출, 함정

오늘 행운 복권 운세

복권사면 좋은 띠는 말띠 ⑤⑦22 행운행복은 집에서 남쪽쪽에 있음

申辰生	복록문을 피하고, 서남쪽으로 이사하면 안 된다. 재수가 없고 하는 일마다 꼬이고, 病苦 질병발생. 바람기 발동.
巳酉丑生	서쪽문을 피하고, 동남쪽으로 이사하면 안 된다. 재수가 없고 하는 일마다 꼬이고, 病苦 질병발생. 바람기 발동.
寅午戌生	남쪽문을 피하고, 북동쪽으로 이사하면 안 된다. 재수가 없고 하는 일마다 꼬이고, 病苦 질병발생. 바람기 발동.
亥卯未生	동쪽문을 피하고, 서북쪽으로 이사하면 안 된다. 재수가 없고 하는 일마다 꼬이고, 病苦 질병발생. 바람기 발동.

운세풀이

寅띠:이동수,우왕좌왕, 弱,다툼
卯띠:매사불편, 방해자,배신
辰띠:해결신,시험합격, 풀림
巳띠: 점진적이고 꾸준히, 관재구설
午띠: 귀인상봉, 금전이득, 현금
未띠:매사꼬임,과거고생, 질병
申띠:최고운상승세, 두마음
酉띠:의욕과다, 스트레스큼
戌띠:시급한 일, 뜻대로 안됨
亥띠: 만남,결실,화합,문서
子띠:이동수,이별수,변동 움직임
丑띠:빈주머니,걱정근심,사기

12 월

서기 2025년							
단기 4358년	乙巳年	양력 **12**月 **18**日	음력 10月 29日	**목**요일			
불기 2569년							

구성월반			구성일반							지장간	손방위	吉方	凶方
9	5P	7		2	7	9	辛	戊	乙	癸	無	正西	正東
8	1	3		1AP	3	5							
4	6A	2		6	8	4	酉	子	巳				

己戊丁丙乙甲癸壬辛庚己戊
亥戌酉申未午巳辰卯寅丑子
욕관록왕쇠병사묘절태양생

狗狼星 구랑성
午方 남쪽

산뢰이

분쟁구설발생 복잡한나관용 학도출입이다 불가능, 수상, 결재보류됨

三甲순 / 육갑납음 / 대장군방 / 조객방 / 삼살방 / 상문방 / 세파방 / 오늘생극 / 오늘상충 / 오늘원진 / 오늘상천 / 오늘상파 / 황도길흉 / 건제12신 / 九星 / 결혼주당 / 이사주당 / 안장주당 / 복단일 / 神殺 / 神殺 / 오늘神殺 / 도환생성 / 축인인생성 / 오늘기도일 / 대공망일

生甲 / 石榴木 / 卯正東方 / 卯正東方 / 寅卯辰南西方 / 未南西方 / 亥正北方 / 卯 / 寅 / 戌 / 명당황도 / 收수 / 三碧 / 第제 / 殺살 / 여자 / 금당·조객 / 하괴·대시 / 대패·귀도 / 귀도 / 석가여래 / 관음보살 / 암흑지옥

칠성기도일 / 산신기도일 / 용왕축원일 / 조왕하강일 / 나한기도일 / 불공 제의식 吉한 행사일 / 吉凶 길흉 大小 일반 행사일

천신 / 신축 / 재수 / 용왕 / 조왕 / 병굿 / 고사 / 결혼 / 입주 / 계약 / 등산 / 여행 / 이사 / 합방 / 점안식 / 개업 / 신축 / 수리 / 서류제출 / 직원채침

◎✕◎○○✕◎✕◎사◎✕✕✕✕○혼○약◎산○형◎사◎방장◎식공◎량침◎상◎제◎채

당일 래정법 巳時 에 온사람은 하가 해결할 문제, 합격문제 午時 에 온사람은 금전문제 형제문제 색정사 未時 에 온사람 금전문제, 사업문제, 딸자 申時 온 사람은 잘방문한자, 관재구설로 운이 단단히 꼬여있음, 취업 승진문제로 남녀간 손해수 酉時 온 사람은 두가지 문제 갈등사 하극상 승부욕심 戌時 온 사람은 오심이 뭐가 하고싶어서 왔다 취업문제, 친구 형제간에 손실 배신 당할 수

필히 피해야 할일 신상출고 · 제품제작 · 친구초대 · 문 만들기 · 질병치료 · 장담그기 · 승선 · 지붕고치기

백초귀장술의 오늘에 초사언

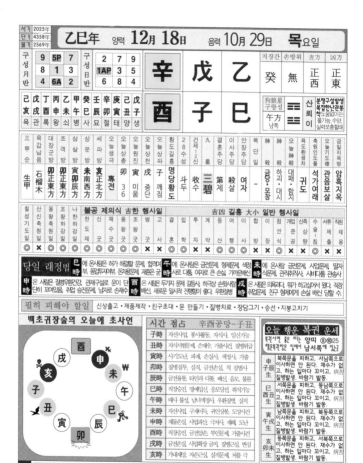

시간 점占	辛酉공망-子丑
子時	자산사업, 봉사활동, 자식사, 임신가능
丑時	자식사업문제 손해수, 가출사건, 질병위급
寅時	사기도난, 파재, 손실사, 색정사, 가출
卯時	질병침투, 실직, 관송사건, 적 침투사
辰時	금전융통, 타인과 다툼, 배신 음모, 불륜
巳時	직장승진, 명예입신, 음모당신, 좌직가능
午時	매사 불성, 남녀색정사, 우환질병, 실직
未時	자식사업문제, 구재안됨, 귀인상봉, 도망사건
申時	재물손실, 부부불화, 극차사, 재혜 도난
酉時	직장승진, 금전이득, 부인문제, 가출사건
戌時	관재손실, 사업파산, 가출, 질병근심, 변심
亥時	가내재앙, 자손근심, 실직문제, 차물 극

오늘 행운 복권 운세

복권사면 좋은 띠는 양띠 ⑤⑩25
행운복권방은 집에서 남서쪽에 있는

申子辰生	복福쪽을 피하고, 서남쪽으로 이사하면 안 된다. 재수가 없으며 질병발생, 바람기 발동
巳酉丑生	서쪽을 피하고, 동남쪽으로 이사하면 안 된다. 재수가 없으며 질병발생, 바람기 발동 病苦
寅午戌生	북쪽을 피하고, 북쪽으로 이사하면 안 된다. 재수가 없으며 질병발생, 바람기 발동 病苦
亥卯未生	동쪽을 피하고, 서북쪽으로 이사하면 안 된다. 재수가 없으며 질병발생, 바람기 발동 病苦

운세풀이

卯띠:이동수,우왕좌왕, 弱, 다툼 **午띠:** 정점 운기의 끼임, 관재구설 **酉띠:**최고운상승세, 두마음 **子띠:** 만남,결실,화합,문서

辰띠:매사불편, 방해자,배신 **未띠:** 귀인상봉, 금전이득, 현금 **戌띠:** 의욕과다, 스트레스큼 **丑띠:**이동수,이별수,변동 움직임

巳띠:해결신, 시험합격,   풀림 **申띠:** 매사 꼬임,과거고생, 질병 **亥띠:** 시급한 일, 뜻대로 안됨 **寅띠:**빈주머니, 걱정근심, 사기

서기	2025
단기	4358年
불기	2569年

乙巳年 양력 **12**月 **19**日 음력 10月 30日 **금**요일

구성 月 반	9	5P	7
	8	1	3
	4	6A	2

구성 日 반	1P	6	8A
	9	2	4
	5	7	3

壬 戊 乙
戌 子 巳

지장간	손방위	吉方	凶方
癸	無	正南	正北

辛 庚 己 戊 丁 丙 乙 甲 癸 壬 辛 庚
亥 戌 酉 申 未 午 巳 辰 卯 寅 丑 子
록 관 욕 생 양 태 절 묘 사 병 쇠 왕

狗狼星
구랑성
寺觀이

산
뢰
이

분쟁구설발생
복잡한단간관용
참도움없다아는
불가능,우왕,
실패보충돌間.

三甲旬 生甲 大海水 | 육갑납음 卯正東方 | 대장군방 卯正東方 | 조객방 寅東北方 | 삼살방 未南西方 | 상문방 亥正北方 | 세파방 伏斷 36 | 오늘생충 辰 | 오늘상충 巳 미월 | 오늘원진 酉 중단 | 오늘천덕 未 깨짐 | 황제 길흉도 천형흑도 | 건제 2신 開개 | 九星 二黑 | 결혼주당 竈조 | 이사주당 富부 | 안장주당 어머니 | 복단일 생기·월덕 | 神殺 구공·오허 | 오늘吉神 천왕·황은 | 오늘神殺 축도 | 축도환생처 여 | 행인방 석가여래 | 길흉지덕 미륵보살 | 금일지옥 암철지옥

칠성기도일 ✕ | 산신축원일 ✕ | 용왕축원일 ✕ | 조왕하강일 ✕ | 나한하강일 ✕ | 불공 제의식 吉한 행사일 천도재 ✕ | 신중 도량 ◯ | 재수굿 ◯ | 용왕굿 ◯ | 조왕굿 ✕ | 병굿 ◯ | 吉凶 길흉 大小 일반 행사일 고사 ✕ | 결혼 ◯ | 입학 ◯ | 투자 ◯ | 계약 ✕ | 등여 ◯ | 이사 ✕ | 합방 ◯ | 점안식 ✕ | 개업준공 ◯ | 신축상량 ◯ | 수술-침 – | 서류제출 ✕ | 직원채용 ◯

당일 래정법
巳時에 운세는 방위자, 배신자, 직장문제 午時에 운세는 가정불화 문제 직정부자 未時에 운세는 금전구재건 색정사로 인한 업건 매매 지체建잡 장운은 불리 時 합격여부, 금전투자부자, 직장문제動실 時 구설 다툼 억울한 일 매매불성 지체
申時에 운세는 금전문제, 관재부자문제 酉時에 운세는 건강문제, 실물수건 운이 대길, 子女싸운 욕구 경쟁 금전투자 새로 時 자식문제, 경조사화합사, 속결속결이 時 100씨움 윗사람문제, 남자문제, 손재수, 지체 時 운 일사귀 잡병합이 일 바빠

필히 피해야 할일 인수인계 • 머리자르기 • 주방수리 • 출판창고 • 책만들기 • 도로정비 • 동토 • 항공주의 • 낚시

백초귀장술의 오늘에 초사언

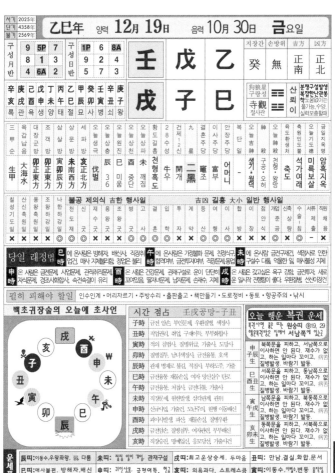

戌			
亥	酉		
子		申	W
丑		未	
寅	卯	辰	巳

시간 점占	壬戌공망-子丑
子時	금전 암손, 부인문제 우환질병, 색정사
丑時	직장관직, 취업 구재이득, 부모화합사
寅時	적의 침범사, 질병위급, 가출사, 도망사
卯時	질병침투, 남녀색정사 금전융통, 호색
辰時	관재 병부로 불길, 적침사 부하도주, 가출
巳時	금전융통 재물손실, 여자 망신살수 탄로
午時	금전융통, 처첩사, 금전대충, 가출사
未時	직장문제 원행발생 상대남편 연락
申時	산규사고 구재이득, 색정사, 원행 이동해단
酉時	파직파발생 파직 재물손실 질병우환
戌時	금전암손 질병침투, 여자색정, 부부배신
亥時	직장승진, 명예직신임, 응모당선, 가출사

오늘 행운 복권 운세
복권사면 쫓는 곳 원숭띠 ③19, 29
행운귀간은 집에서 서남쪽에 있오

申子辰生	복福운을 피하고, 서남쪽으로 이사하면 안 된다. 재수가 없고, 하는 일마다 꼬이고, 病苦 질병발생, 바람기 발동.
巳酉丑生	서류문을 피하고, 동남쪽으로 이사하면 안 된다. 재수가 없고, 하는 일마다 꼬이고, 病苦 질병발생, 바람기 발동.
寅午戌生	남쪽문을 피하고, 북쪽으로 이사하면 안 된다. 재수가 없고, 하는 일마다 꼬이고, 病苦 질병발생, 바람기 발동.
亥卯未生	동쪽문을 피하고, 서북쪽으로 이사하면 안 된다. 재수가 없고, 하는 일마다 꼬이고, 病苦 질병발생, 바람기 발동.

운세풀이
辰띠: 이동수,우왕좌왕, 斗 다툼 | 戌띠: 최고운상승세, 두마음 | 丑띠: 만남,결실,화합,문서
巳띠: 매사불편, 방해자,배신 | 申띠: 귀인상봉, 금전이득, 현금 | 亥띠: 의욕과다, 스트레스콤 | 寅띠: 이동수,이별수,변동 움직임
午띠: 해결신,시험합격, 풀림 | 酉띠: 매사꼬임,과거고생, 질병 | 子띠: 시급한 일, 뜻대로 안됨 | 卯띠: 빈주머니,걱정근심, 사기

12 월

- 369 -

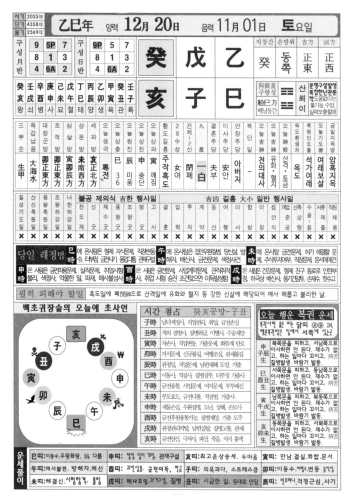

서기 2025年 / 단기 4358年 / 불기 2569年

乙巳年 양력 **12**月 **20**日 음력 **11**月 **01**日 **토**요일

구성월반
9	5P	7
8	1	3
4	6A	2

구성일반
9P	5	7
8	1	3
4	6A	2

癸 戊 乙
亥 子 巳

지장간 손방위 吉方 凶方
癸 동쪽 正東 正西

癸亥왕 壬戌쇠 辛酉병 庚申사 己未묘 戊午절 丁巳태 丙辰양 乙卯생 甲寅욕 癸丑관 壬子록

狗狼星 구랑성 / 船巳方 백g동거

칠성기도일	산신축원일	용왕축원일	조왕축원일	나한기도일	천신	재수굿	조왕굿	왕굿	병굿	入	學	投	者	등	行	山	房	食	공	침	서류제출	제침	침출
×	×	×	×	×	×	×	×	×	×										×	×		×	

당일 레정법

巳時에 운세는 형제 자녀문제, 직장변동문제 / 午時에 운세는 잡안우환병, 맛났소, 방병 / 未時에 운세는 금전문제, 허가 해결할 문제, 주택구입사, 직장문제 문서매매건 / 申時에 운세는 금전쇼운문제, 실직문제, 취업시험 / 酉時에 운세는 사업문제건, 관각청청사, 형제 친구 동료로 인한불리, 색정사, 억울한 일 피해, 매사불성사 / 戌時정 하극상 배신사, 취업 시험 승진 조건맞으면 이탈방동함

필히 피해야 할일 혹도일에 폐閉神으로 산격일에 유화되 혈기 등 강한 신살에 해당되어 매사 해롭고 불리한 날.

백초귀장술의 오늘에 초사언

亥 戌
子 酉 W
丑 申
寅 未
卯 午
辰 巳

시간 점占 癸亥공망-子丑

子時	남녀색정사, 직난관직, 취임, 금전손실
丑時	적의 참방사, 질병침해유, 이해사, 수술해산
寅時	자손사, 직업변동, 가출문제, 화재주 탄로
卯時	자식문제, 산규불리, 여행초심, 관재팔길
辰時	관청일, 작업문제, 남편배반 도망, 가출
巳時	이동사, 적침사, 질병발생, 타부정 가출사
午時	금전용통, 사업문제, 여자문제, 부부배신
未時	부모효도, 금전환통, 적침범, 가출사
申時	금전융통사, 우환질병, 도난 상업 재물
酉時	금전왕운용가능, 질병방치, 가출 도주
戌時	관청관재문제, 남편갈등, 질병고통, 관재
亥時	금전만신, 극차사, 파산 죽음 자식 흉액

오늘 행운 복권 운세
복권사면 좋은 띠는 닭띠 ④⑧ 24, 행운방位는 집에서 서쪽에 있는곳

	내용
申子辰띠	복운을 피하고, 서남쪽으로 이사하면 안 된다. 재수가 없고, 하는 일마다 꼬이고, 病苦. 질병발생. 바람기 발동.
巳酉丑띠	서쪽을 피하고, 西南쪽으로 이사하면 안 된다. 재수가 없고, 하는 일마다 꼬이고, 病苦. 질병발생. 바람기 발동.
寅午戌띠	남쪽을 피하고, 북쪽으로 이사하면 안 된다. 재수가 없고, 하는 일마다 꼬이고, 病苦
亥卯未띠	북쪽을 피하고, 서북쪽으로 이사하면 안 된다. 재수가 없고, 하는 일마다 꼬이고, 病苦. 질병발생. 바람기 발동.

운세풀이

巳띠: 이동수,우왕좌왕, 弱 다툼
午띠: 매사불편, 방해로자,배신
未띠: 해결신. 시험합격. 풀림
申띠: 청춘 귀인 기쁨, 관재구설
酉띠: 귀인상봉, 금전이득, 현금
戌띠: 매사꼬임,과거고생, 질병
亥띠: 최고운상승세, 두마음
子띠: 의욕과다, 스트레스큼
丑띠: 시급한 일, 뜻대로 안됨
寅띠: 만남,결실,화합,문서
卯띠: 이동수,이별수,변동 움직임
辰띠: 빈주머니,걱정근심, 사기

- 370 -

乙巳年 양력 **12월 21일** 음력 **11월 02일** **일**요일 **陽遁上元**

	지장간	손방위	吉方	凶方
	癸	동남	正北	正南

구성월반			구성일반		
9	5P	7	9	5P	7
8	1	3	8	1	3
4	6A	2	4	6A	2

甲 戊 乙
子 子 巳

狗狼星 구랑성 社廟 사당사

지뢰복

원상복귀,세 토,心刃작,
안영이순탄
되돌아온불씨
흥성의 기회

乙亥생	甲戌양	癸酉태	壬申절	辛未묘	庚午사	己巳병	戊辰쇠	丁卯왕	丙寅록	乙丑관	甲子욕

三甲순	육갑납음	대장군방	조객방	삼살방	상문방	세파방	오늘생극	오늘상충	오늘상천	오늘원진	황도길흉	2 8 수성	건제12신	九星	결혼주당	이사주당	안장주당	천구하식	神殺	오늘神殺	육도환생처	축인오늘	금일지옥
死甲	海中金	卯正東方	卯正東方	寅卯辰方	西南方	亥正北方	義의	午 36	未 미움	酉 중단	戌 깨짐	金궤황도	建건	一白	姑고	利이	남자	복단일	경안능소	지화·월건	부도·소사	인도불	아미타불

건제 一白 利이 복단일 検수지옥 천도 아미타불 귀수지옥 대살

불공 제의식 吉한 행사일

칠성기도일	산신축원	용왕축원	조왕하강	나한기도	천도재	신축 불공	재수굿	용왕굿	조왕굿	병굿	고사	결혼	입주	투자	계약	등산	여행	이사	합방	점안	개업준공	신축상량	수술침	서류제출	직원채용
×	×	×	×	×	×	×	×	×	×	×	×	◎	◎	×	×	×	◎	◎	×	◎	×	×	◎	◎	◎

吉凶 길흉 大小 일반 행사일

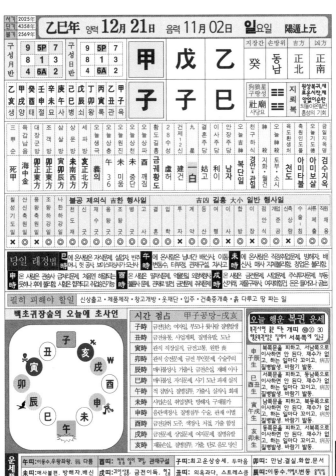

당일 태정법

巳時 에 온사람은 자식문제, 살강사 반격. 헛공사 보싸임사끼사 모난사

午時 에 온사람은 남녀각 배신사, 이동 변동수, 터부정, 관재구설 차사고

未時 에 온사람은 직장취업문제, 방해사, 배신사, 매사 지체불란, 창업은 불리함

申時 온 사람은 관송사 급각질환에 처음엔 해결는듯하나

酉時 온 사람은 딸자문제, 외생딸 외정찬사

戌時 온 사람은 금전문제, 사업문제, 주식투자문제, 부동산매매, 여자문제

필히 피해야 할일 신상출고·제품제작·창고개방·옷재단·입주·건축중개축·흙 다루고 땅 파는 일

백초귀장술의 오늘에 초사언

시간 점占 甲子공망-戌亥

子時	금전손, 여자일, 부모나 윗사람 질병발생
丑時	금전용통, 사업계획, 질병위급, 도난
寅時	관직 직장실직, 금전고통, 원한 喪
卯時	관직 승진문제, 금전 부인문제, 수술주의
辰時	매사불성사, 가출사, 금전손실, 재물 이사
巳時	매사불성, 자식문제, 사기 도난 파재 실직
午時	적 참파사, 질병발생, 가출사, 실자사 화재
未時	사업손실, 취업정착, 병재리, 구재불가
申時	음란색정사, 질병침투 수술, 관재 이별
酉時	금전문제, 상업문제, 여자문제, 질병발생
戌時	금전문제, 상업문제, 여자문제, 질병발생
亥時	재물손실, 질병침투, 가출, 탄로 음모 방신

오늘 행운 복권 운세

복권사면 좋은 띠는 개띠 ⑩⑳30
행운귀방은 집에서 서북쪽中 있다

申子辰생	북쪽문을 피하고, 서남쪽으로 이사하면 안 된다. 재수가 없고, 하는 일마다 꼬이고, 病苦
巳酉丑생	서쪽문을 피하고, 동남쪽으로 이사하면 안 된다. 재수가 없고, 하는 일마다 꼬이고, 病苦 질병발생. 바람기 발동
寅午戌생	남쪽문을 피하고, 동쪽으로 이사하면 안 된다. 재수가 없고, 하는 일마다 꼬이고, 病苦 질병발생. 바람기 발동
亥卯未생	동쪽문을 피하고, 북쪽으로 이사하면 안 된다. 재수가 없고, 하는 일마다 꼬이고, 病苦 질병발생. 바람기 발동

운세풀이

午띠:이동수,우왕좌왕, 弱, 다툼 / 丑띠:적정 이어 돕고, 관재구설 / 子띠:최고운상승세, 두마음 / 卯띠: 만남,결실,화합,문서

未띠:매사불편, 방해자,배신 / 戌띠:과어난,금전이득, 현금 / 표띠: 의욕과다, 스트레스큼 / 辰띠:이동수,애, 변동 옮김상

申띠:해결신,시험합격, 풀림 / 亥띠: 매사꼬임,과거고생, 질병 / 寅띠: 시급한 일, 뜻대로 안됨 / 巳띠: 빈주머니,걱정근심, 사기

12 월

- 371 -

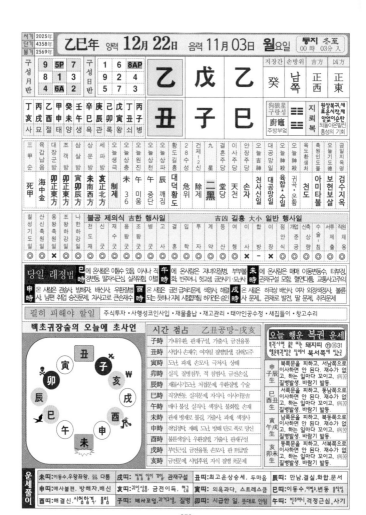

서기	2025年
단기	4358年
불기	2569年

乙巳年 양력 12月 23日 음력 11月 04日 火요일

丙戊乙
寅子巳

구성월반			구성일반			지장간	손방위	吉方	凶方
9	5P	7	7	2	9P	癸	南 東	正 南	正 北
8	1	3	1A	3	5				
4	6A	2	6	8	4				

己	戊	丁	乙	甲	癸	壬	辛	庚	己	戊
亥	戌	酉	未	午	巳	辰	卯	寅	丑	子
절	묘	사	병	쇠	왕	록	관	욕	생	양	태

狗狼星 구랑성 天

원상복귀,세로운시작,재 앙없이순탄 되돌아온발전 한성의 기회

지뢰복 ☷☷

삼갑순	대장군방	삼살방	상문방	세파방	오늘생극	오늘상충	오늘원진	황흑도길흉	건제2신	九星	결혼주당	이사주당	안장주당	복단일	오늘吉神	神殺	육도환생처	축원인도불	오늘기도덕	금일고사성
死甲	卯正東方	寅卯辰	未南西方	巳正北方	義3	申	酉 미용금	巳 중단	亥 깨짐	백호흑도	室실만	三碧	翁옹	害해	死	복단일	봉생	귀	인도	아미타불	약사 보살	검수지옥
爐中火	卯正東方	寅正東方																수			

칠성기도일	산신축원일	용왕축원일	조왕하강일	나한하강일	불공제의식吉한행사일						吉凶길흉大小일반행사일											
					천도재	신중기도	조왕굿	병굿	고사	결혼	입택	계약	등용	여행	이장	합방	ійі	개업	신축상량	수술	서류 제출	직원채용
×	×	×	×	×	×	×	×	×	×	×	◎	×	△	×	○	×	×	○	○	-	◎	×

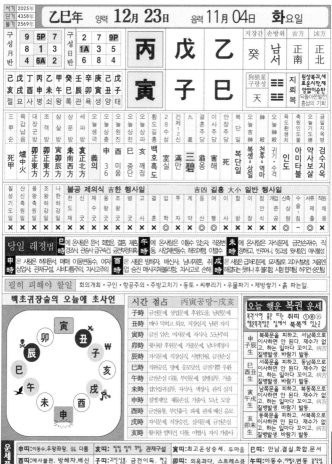

당일 래정법

巳時 에 온사람은 문서 화합, 결혼, 재혼, 경조사 관송사 급속증 금전여성문제

午時 에 온사람은 이동수 있는자 직장변동 사업변동수 해외행 이별수

未時 에 온사람은 자식문제, 금전손재수, 직장문제, 반주머니, 헛공사 윗사람문제 매매불성

申時 온 사람은 하극상으로 매매 이동변동수, 여자 색정사 관재구설 샤때문춤의 자식고민

酉時 온 사람은 방해자, 배신사, 남녀색정, 금전손실 색정 관송사 불리함 운세자체

戌時 온 사람은 금전문제, 묘지탈로 고민처발생 처음엔 해결도는 뜻대로 불성 사험후회 임신문제 손윗돔

필히 피해야 할일

회의개최 · 구인 · 항공주의 · 주방고치기 · 동토 · 씨뿌리기 · 우물파기 · 제방쌓기 · 흙 파는일.

백초귀장술의 오늘에 초사언

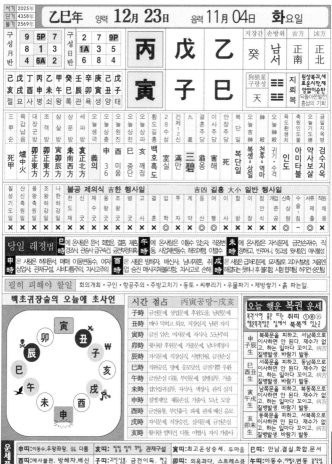

寅

卯 丑
辰 子
巳 亥
午 戌
未 酉
申

시간 점占 寅寅공망-戌亥

子時	금전문제, 상업문제 후원도움, 남편문제
丑時	매사 막히고 퇴보, 직장실직 남편 자식
寅時	금전 얽힘, 여자문제, 자식사 모사꾼의
卯時	윗사람 후원문제, 가정문제, 남녀색정사
辰時	자식문제, 직장실직, 시험합격, 금전손실
巳時	잠재수진, 명예, 훈직상, 금전이별 우환
午時	금전손실 다툼, 부모문제, 질병급투, 가출
未時	잠깐잠깐기쁨, 자식사, 색정사 관직 실직
申時	질병재앙, 재물손실, 가출사, 도난 도망
酉時	금전융통, 부인흉극 파재, 관재 배신 음모
戌時	자식문제, 직장조진, 실직문제, 금전손실
亥時	윗사람 밀부러, 다툼, 이별사, 자식 가출사

오늘 행운 복권 운세

복권사면 좋은 띠는 쥐띠 ①⑯㉖ 행운방운 복권방은 북쪽

子辰申 북쪽문을 피하고, 서남쪽으로 이사하면 안 된다. 재수가 없고, 하는 일마다 꼬이고, 病苦 질병발생. 바람기 발동

巳酉丑 서쪽문을 피하고, 동남쪽으로 이사하면 안 된다. 재수가 없고, 하는 일마다 꼬이고, 病苦 질병발생. 바람기 발동

寅午戌 남쪽문을 피하고, 북동쪽으로 이사하면 안 된다. 재수가 없고, 하는 일마다 꼬이고, 病苦 질병발생. 바람기 발동

亥卯未 동쪽문을 피하고, 서북쪽으로 이사하면 안 된다. 재수가 없고, 하는 일마다 꼬이고, 病苦 질병발생. 바람기 발동

운세풀이

申띠	이동수,우왕좌왕, 弱病, 다툼
酉띠	매사불편, 방해자, 배신
戌띠	해결신,시험합격, 풀림
亥띠	점점, 이익, 봄, 관재구설
子띠	귀인상봉, 금전이득, 현금
丑띠	매사꼬임, 과거고생, 질병
寅띠	최고운상승세, 두마음
卯띠	의욕과다, 스트레스큼
辰띠	시급한 일, 뜻대로 안됨
巳띠	만남,결실,화합,문서
午띠	이동수,애정사,변동 움직임
未띠	빈주머니,걱정근심, 사기

12월

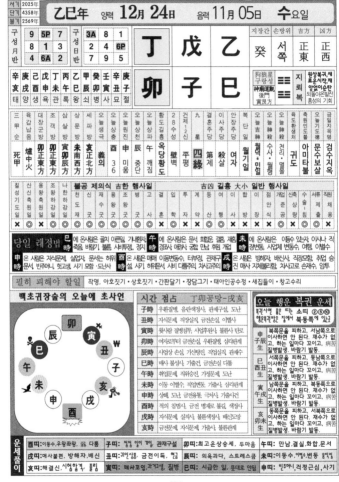

서기 2025년			
단기 4358년			
불기 2569년			

乙巳年　양력 **12**月 **24**日　음력 **11**月 **05**日　**수**요일

지장간 손방위 方方 凶方

癸　서쪽　正東　正西

구성月반	9	5P	7
	8	1	3
	4	6A	2

구성日반	3A	8	1
	2	4	6P
	7	9	5

丁 戊 乙
卯 子 巳

狗狼星 구랑성
神動向 신동향
後門 寅艮方

원상복거재,세
월음식주제
앙어이손탄
되돌아온살전
흥성의 기회

지뢰복 ☷☷

辛亥 庚戌 己酉 戊申 丁未 丙午 乙巳 甲辰 癸卯 壬寅 辛丑 庚子
태 양 욕 관 록 왕 쇠 병 사 묘 절

三甲순　死甲　대장군방　조객방　삼살방　세파방　오늘생극　오늘상충　오늘상파　황도길흉　건제12신　九星　결혼주당　이사주당　안장주당　오늘吉神　오늘凶神　오늘神殺　육도환생처　금일기도발원　금일지옥

爐中火　卯正東方　卯正東方　寅申東方　未南西方　酉　申 辰　午 미움　깨짐　壁 중단　平 평단　四綠　第 제　殺 살　여자　월기일　수사·멸망　천리·미성　귀도　아미타불　문수보살　검수지옥

칠성기도일　산신기도일　용왕축원일　조왕축원일　나한기도일　불공 제의식 吉한 행사일　吉凶 길흉 大小 일반 행사일

천　신　재　용　병　고　입　투　계　여　이　안　개　준　신축　상　서류　원
제　축　수　왕　조　사　사　혼　학　약　산　행　장　공　량　출

× × × × × × × × × × × × × × × × × ×

당일 래정법

巳時　에 온사람은 끝인 이끝임 개버림,
午時　에 온사람은 문서 화합은 결혼 재혼,
未時　에 온사람은 이동수 있는자 이사나 직장변동,

申時　온 사람은 자식문제, 살것나,
酉時　온 사람은 매매 이동변동수, 터부정,
戌時　온 사람은 방해자, 배신사, 직장모함,

필히 피해야 할일　작명, 아호짓기·상호짓기·간판달기·장담그기·태아인공수정·새집들이·창고수리

백초귀장술의 오늘에 초사언

| 卯 辰 寅 |
| 巳 丑 |
| 午 子 |
| 未 亥 |
| 申 戌 酉 |

시간 점占　丁卯공망-戌亥

子時　우환질병, 음란색장사, 관재구설, 도난
丑時　자식문제, 직장실직, 금전손실, 이별사
寅時　윗사람 갈등심판, 사업휘운서, 불리사 타호
卯時　여자로부터 금전손실, 우환질병, 삼각관계
辰時　사업상 손실, 가신청원, 직업실직, 관재수
巳時　매사 불성사, 가출건, 금전손실, 도득
午時　취업문제, 직위승진, 가정불화, 도난
未時　이동 이별수, 직업변동, 가출사, 심각관계
申時　상해, 도난, 금전융통, 극차사, 가출사건
戌時　적의 참범사, 금전용통, 불길, 색장사
戌時　자식문제, 실직사, 불륜색장사, 배신도망
亥時　금전문제 자식문제, 가출나 불륜관계

오늘 행운 복권 운세

북쪽사역 ★운 띠는 소띠 ②⑧③
행운복방위 🌸 쪽에서 북동쪽 개지다

子辰生　북쪽문을 피하고, 서남쪽으로
이사하면 안 된다. 재수가 없고
,하는 일마다 꼬이고, 病苦
질병발생. 바람기 발동.

巳酉丑生　서쪽문을 피하고, 동남쪽으로
이사하면 안 된다. 재수가 없고
,하는 일마다 꼬이고, 病苦
질병발생. 바람기 발동.

寅午戌生　남쪽문을 피하고, 북동쪽으로
이사하면 안 된다. 재수가 없고
,하는 일마다 꼬이고, 病苦
질병발생. 바람기 발동.

亥卯未生　동쪽문을 피하고, 서북쪽으로
이사하면 안 된다. 재수가 없고
,하는 일마다 꼬이고, 病苦
질병발생. 바람기 발동.

운세풀이

酉띠:이동수,우왕좌왕,弱,다툼
戌띠:매사불편, 방해자,배신
亥띠:해결신,시험합격,풀림

子띠:점정 이이 끝이, 관재구설
丑띠:귀인상봉, 금전이득, 현금
寅띠:매사꼬임,과거2생, 질병

午띠: 만남,결실,화합,문서
未띠:이동수,애로,변동 움직임
申띠: 빈주머니,걱정근심,사기

辰띠:최고운상승세, 두마음
巳띠:시급한 일, 문대로 안됨

- 374 -

乙巳年 양력 **12**月 **25**日 　음력 **11**月 **06**日 　**木**요일

구성월반	9	5P	7	구성일반	4	9	2
	8	1	3		3	5	7
	4	6A	2		8	1	6P

戊 戊 乙
辰 子 巳

지장간	손방위	吉方	凶方
癸	서북	正北	正西

癸	壬	辛	庚	己	戊	丁	丙	乙	甲	癸	壬
亥	戌	酉	申	未	午	辰	卯	寅	丑	子	
절	묘	사	병	쇠	왕	록	관	욕	생	양	태

狗狼星 구랑성
절寺廟
寅辰方

지뢰복

원상복귀,새 요음시작,재 안먹이슨반 띠돌이운발성 홍성의 기회

三甲旬	육갑납음	대장군방	조객방	삼살방	세파방	오늘생극	오늘상충	오늘원진	오늘상천	오늘상파	황도길흉	28수	건제12신	九星	결흉신당	이사주당	안장주당	복단일	오늘吉神	오늘神殺	육도환생처	축원인도불	오늘기도불	금일주당
死甲	大林木	卯正東方	卯正東方	寅南西方	未南西方	戌 専	亥 36	卯 미움	丑 중단	卯 깨짐	천뇌흑도	奎규	定정	五黃	竈조	富부	어머니	삼합일	만事-진	패-성·사기	축도	아미타불	지장보살	검수지옥

칠성기도일	산신축원일	용왕축원일	조왕하강일	나한하강일	불공 제의식 吉한 행사일													吉凶 길흉 大小 일반 행사일					
					천도재	신중기도	재수굿	조왕굿	병굿	고사	결혼	입택	투자	계약	등	여행	이사	합방	이장	안장	개업	준공	상량	수술	서류제출	직원채용
◎	◎	◎	◎	◎	◎	◎	◎	◎	◎	×	×	×	◎	×	◎	◎	×	◎	◎	-	×	◎	◎

당일 래정법

巳時에 온사람은 의욕과다, 뭐가 하고싶어서 왔다. 직장취업문제, 시험합격여부
午時에 온사람은 골치 아픈일, 가정불화, 동업 투자, 정치
未時에 온사람은 형제, 문서 화합은 결혼, 재혼, 경조사, 애정사, 궁합 만남 취업 개업

申時 온 사람은 이동수 있는자 이사나 직장변동, 여행, 이별수, 창업불리
酉時 온 사람은 색정문제, 금전손재수, 쉬고싶은자
戌時 온 사람은 매매 이동변동수, 터부정, 관재구설 사업체 변동수, 여행, 이별수, 창업불리
亥時 온자, 반꾸러니, 헛 공사, 사기모함, 매사불성

필히 피해야 할일: 기계수리·사행성코인사입·명품구입·부동산매매·신상출고·제품출품·화재조심·장담그기

백초귀장술의 오늘에 초사언

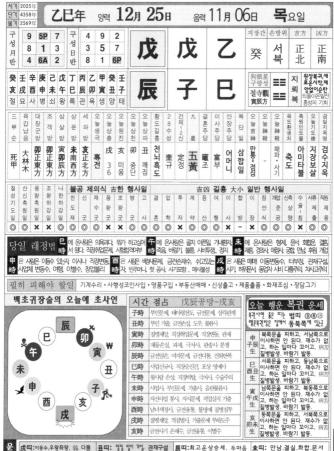

시간 점占 戊辰공망-戊亥

子時	부인문제, 태아령천도, 금전문제 삼각관계
丑時	부인 가출, 금전융통, 도주, 불리사
寅時	잘봐관송, 직장취업문제, 직장변동, 관재
卯時	재물손실, 파재, 극차사, 관숭사 분쟁
辰時	금전암손, 여자문제, 금전두통, 진희번복
巳時	남녀산규, 직장승진건, 포상 금전사
午時	윗사람 손실 직장막탈, 극차사, 수술주의
未時	사업사, 부인문제, 가출사, 음란불륜사
申時	자산사업 봉사, 자식문제, 작업실직 가출
酉時	남녀색정사, 금전융통, 불성에 질병관투
戌時	잘병재앙, 적참병사, 가출문제, 부하도주
亥時	금전사기 손재수, 금전융통, 이별수

오늘 행운 복권 운세

복권사면 좋은 띠는 범띠 ③⑧⑬
행운권방은 지에서 동북쪽에 있소

子辰生: 북북문을 피하고, 서남쪽으로 이사하면 안 된다. 재수가 없고, 하는 일마다 꼬이고, 病苦 질병발생, 바람기 발동.

巳酉丑生: 서북문을 피하고, 동남쪽으로 이사하면 안 된다. 재수가 없고, 하는 일마다 꼬이고, 病苦 질병발생, 바람기 발동.

寅午戌生: 남북문을 피하고, 북동쪽으로 이사하면 안 된다. 재수가 없고, 하는 일마다 꼬이고, 病苦 질병발생, 바람기 발동.

亥卯未生: 동북문을 피하고, 서북쪽으로 이사하면 안 된다. 재수가 없고, 하는 일마다 꼬이고, 病苦 질병발생, 바람기 발동.

운세풀이

戌띠:이동수,우왕좌왕, 弱 다툼　丑띠:정정 이미' 뭔정 관재구설　辰띠:최고운상승세, 두마음　未띠:만남,결실,화합,문서
亥띠:매사불편, 방해자,배신　寅띠:귀인상봉, 금전이득, 현관　巳띠:의욕과다, 스트레스큼　申띠:이동수,이별수,변동 움직임
子띠:해결신,시험합격, 풀림　卯띠:매사꼬임,과거고생, 질병　午띠:시급한 일, 뜻대로 안됨　酉띠:빈주머니,걱정근심, 사기

12월

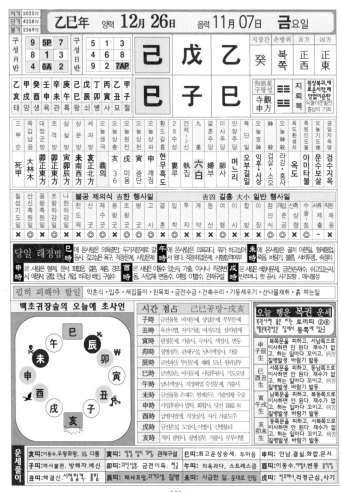

시기 2025年
단기 4358年
불기 2569年

乙巳年　양력 **12**月 **26**日　음력 **11**月 **07**日　**金**요일

구성月반	9	5P	7	구성日반	5	1	3
	8	1	3		4	6	8
	4	6A	2		9	2	7AP

己 戊 乙
巳 子 巳

乙亥 甲戌 癸酉 壬申 辛未 庚午 己巳 戊辰 丁卯 丙寅 乙丑 甲子
태 양 생 욕 관 록 왕 쇠 병 사 묘 절

지장간 癸
손방위 북쪽
吉方 正西
凶方 正東

狗狼星 구랑성
寺觀 사관 申方

원상복구,사
료유시작,불
양업이온탄
되돌이온날선
흥성의 기회

<table>
세부 내용: 三甲旬 死甲 大林木 / 오늘 행사일 길흉 등 복잡한 표
</table>

당일 래정법

巳時 에 온사람은 의외문서 무가자문제라

午時 에 온사람은 의혹건가, 뭐가 하고싶어

未時 에 온사람은 골치 아픈일, 형제동업

申時 온 사람은 형제, 문서 화합은 결혼, 재혼, 경조사

酉時 온 사람은 이동수 있는자, 가출, 이사나 직장변

戌時 온 사람은 색상문제, 금전손재수 쉬고싶다

필히 피해야 할일 약혼식·입주·새집들이·친목회·금전수금·건축수리·기둥세우기·산나물채취·흙 파는일

백초귀장술의 오늘에 초사언

시간 점占 己巳공망-戌亥

子時	금전융통, 여자문제 상업문제 부부문제
丑時	육친방별, 직장사, 여자근심, 삼각관계
寅時	관재문제 가출사 극차사 색정사 변동
卯時	잘병침거, 관재구설 남녀색정사 가출
辰時	금전바산 부모문제 재해 모든 원하문제
巳時	금전용도는 여자문제 사업유유신 기도요망
午時	남녀색정사 직장변업 승진문제 가출사
未時	금전융통 손재수, 형제횐근, 가출방해 수술
申時	사업유유신 발탁, 화합사 당선 喜喜 有
酉時	금전비별 직장실직 자손 가출도주
戌時	금전손실 모랜사, 이별사, 산발질리
亥時	적의 참화사, 질병괴근, 가출사, 부부이별

오늘 행운 복권 운세

복권사면 좋은 띠는 **토끼띠 ②⑧**
행운방정위는 집에서 **동쪽 방향**

子時生	북쪽문을 피하고, 서남쪽으로 이사하면 안 된다. 재수가 없고, 하는 일마다 꼬이고, 病苦 질병발생. 바람기 발동.
酉時生	서쪽문을 피하고, 동남쪽으로 이사하면 안 된다. 재수가 없고, 하는 일마다 꼬이고, 病苦 질병발생. 바람기 발동.
午時生	남쪽문을 피하고, 북쪽으로 이사하면 안 된다. 재수가 없고, 하는 일마다 꼬이고, 病苦 질병발생. 바람기 발동.
卯時生	동쪽문을 피하고, 서쪽으로 이사하면 안 된다. 재수가 없고, 하는 일마다 꼬이고, 病苦 질병발생. 바람기 발동.

운세풀이

亥띠:이동수,우왕좌왕, 꺕 다툼
子띠:매사불편, 방해자,배신
丑띠:해결신,시업합격, 풀림
寅띠: 정정 이에 긴아, 관재구설
卯띠:귀인상봉, 금전이득, 현급
辰띠: 매사꼬임,과거2생, 질병
巳띠:최고운상승세, 두마음
午띠: 의욕과다, 스트레스큼
未띠:시급한 일, 뜻대로 안됨
申띠:만남,결실,화합,문서
酉띠:이동수,이별수,변동 움직임
戌띠: 빈주머니,걱정근심, 사기

- 376 -

乙巳年 양력 12月 27日 음력 11月 08日 土요일

구성월반			구성일반		
9	5P	7	6	2	4
8	1	3	5	7	9A
4	6A	2	1	3P	8

庚 戊 乙
午 子 巳

저장간	손방위	吉方	凶方
癸	북서	正西	正東

狗狼星 구랑성 天
풍택중부

丁亥병 丙戌쇠 乙酉왕 甲申록 癸未관 壬午욕 辛巳생 庚辰양 己卯태 戊寅절 丁丑묘 丙子사

死甲 路傍土 卯正東方 卯正東方 寅卯辰方 未南西方 亥西北方 子미웅 丑중단 丑깨짐 卯사명황도 胃破 七赤 廚주 災재 損님 월파일 양덕·육의 감동·화기 청룡여래 불도 약사보살 도산지옥

당일 래정법

巳에 온사람은 건강문제, 관재구설 未에 온사람은 의욕없다 뭐가 하고싶어 안된다
午에 온사람은 의욕과다, 두문제로 갈등 時에 왔다 직장취업문제, 결혼문제
申에 온사람은 골치 아픔일, 친구나 형제동업 죽음 戌에 온사람은 이유없이 짜증, 7음
酉에 온사람은 형제, 문서 화합은 결혼, 경조사 애정
亥에 온사람 동, 사업체 변동수, 여행, 이별수, 관재구설

필히 피해야 할일 이날은 월파일에 천적과 천화, 검봉, 혈기 등 신살에 해당되어 매사 해롭다 불리는 날

백초귀장술의 오늘에 초사언

시간 점占 庚午공망-戌亥

子時	잘병發生, 자식 극, 관재구설, 도난 질책
丑時	사업손재, 육친이별, 질병위험, 기도요망
寅時	사업損財, 금전융통, 불화수, 가출, 이별
卯時	남녀색정사, 금전문제, 여자도주, 가출사
辰時	자손사고, 사업화원사, 질병發生, 가출사
巳時	질병재난, 직장문제, 재앙초래, 과부출생
午時	잘병占, 직장문제, 남편문제, 재해 도난
未時	사업후원문제, 금전융통, 가출문제
申時	이동 이사문제, 직장취업문제, 승진문제
酉時	관직 발탁사, 금전문제, 국가사, 수술유의
戌時	매사불성사, 가출건, 자손문제, 횟사困難
亥時	자식 질병재난, 사기도난, 도난, 함정 음란

오늘 행운 복권 운세

복권사면 좋은 띠는 용띠 ⑤⑩⑮
행운의 방향은 집에서 동남쪽에 있는

	내용
申子辰生	북쪽을 피하고, 서남쪽으로 이사하면 안 된다. 재수가 없고, 하는 일마다 꼬이고, 病苦질병발생, 바람기 발동
巳酉丑生	서쪽을 피하고, 동남쪽으로 이사하면 안 된다. 재수가 없고, 하는 일마다 꼬이고, 病苦질병발생, 바람기 발동
寅午戌生	남쪽을 피하고, 북쪽으로 이사하면 안 된다. 재수가 없고, 하는 일마다 꼬이고, 病苦질병발생, 바람기 발동
亥卯未生	동쪽을 피하고, 서북쪽으로 이사하면 안 된다. 재수가 없고, 하는 일마다 꼬이고, 病苦질병발생, 바람기 발동

운세풀이

子띠:이동수,우왕좌왕,弱,다툼
丑띠:매사불편, 방해자,배신
寅띠:해결신,시험합격,풀림
卯띠:점정 이이 믿고, 관재구설
辰띠:귀인상봉, 금전이득, 연금
巳띠:매사꼬임,과거고생, 질병
午띠:최고운상승세, 두마음
未띠:의욕과다, 스트레스큼
申띠:시급한 일, 뜻대로 안됨
酉띠:만남,결실,화합,문서
戌띠:이동수,에뛰고,변동 움직임
亥띠:빈껍데기,걱정근심,사기

12월

구성월반			구성일반			辛	戊	乙	지장간	손방위	吉方	凶方
9	5P	7	7	3	5	未	子	巳	癸	無	正東	正西
8	1	3	6	8	1							
4	6A	2	2AP	4	9							

己亥	戊戌	丁酉	丙申	乙未	甲午	癸巳	壬辰	辛卯	庚寅	己丑	戊子
욕	관	록	왕	쇠	병	사	묘	절	태	양	생

狗狼星 구랑성 天

풍택중부

절대적믿음, 신뢰,성실,정 연듦돠애사산 초로움,승진기 틈, 계약성사

三甲旬	대장군방	조객방	삼살방	상문방	세파방	오늘일진	오늘생기	오늘상충	오늘상천	오늘원진	오늘상파	28오늘길흉	九星	결혼주당	이사주당	안장주당	복단일	오늘吉神	神殺	오늘神殺	육도환생처	축원인도불	오늘기도덕	금일
死甲	路傍土	卯正東方	卯正東方	寅艮北方	未南西方	義의	丑子36	子미움	戌중당	구진흑도	昴危위	八白	夫부	安안	아버지	-	-	월역·독화	불도	정광여래	대시지보살	도산지옥

◎◎◎◎◎◎◎◎◎◎◎◎◎◎◎◎◎◎◎◎◎◎◎◎

당일 래정법

巳時 에 온사람은 금전문제, 사업문제, 금전 구재건 관작권유나 속전속결이 유리

午時 에 온사람은 건강문제, 관재구설로 운 이 단단히 꼬여있음, 동업파탄 손재수

未時 에 온사람은 금전사기, 하위문서로 관 송사 꼬여있음, 교합사는 불성사, 이동수도 있음

申時 온사람은 의욕과다, 뭐가 하고싶어서 왔다. 직

酉時 온사람은 골치 아픈일, 형제동업 죽음 바람기 戌時 온사람은 형제, 문서 화합은 구설, 재존 경조사

장애입문제, 친구형제간 배신과 금전, 관재수

時 온사람은 시비 투쟁, 금속성관비방 청춘구제비

時 이동수 궁합 만남 개업 하상별 배신 구설수

필히 피해야 할일 성형수술·농기구 다루기·승선·낚시·어로작업·위험놀이기구·흙 다루고 땅 파는 일

백초귀장술의 오늘에 초사언

시간 점占	辛未공망-戌亥
子時	남녀색정사 금전손해 실물수 잘병 관재
丑時	적의 침범사, 질병재앙, 자손상해, 가출
寅時	부인문제, 금전문제, 불륜 삼각관계
卯時	금전용통, 잘병급진, 여자문제, 금전다툼
辰時	사업 후원문제, 육찬문제, 다툼, 불륜배신
巳時	관직 발탁사, 금전문제, 남편문제사, 포상
午時	시작불리, 금전용통, 직장변동, 가출사
未時	금전의 양자, 여자문제, 질병침투, 도주
申時	파재, 상해, 도난 극차사, 황제주의
酉時	형제찬구 도주사, 직장문제, 창업관계
戌時	사업문제, 잘병 금전손재, 관청근심
亥時	직업권리 실직, 금전손재수, 가출도망사

오늘 행운 복권 운세	
복권사면 좋은 띠는 뱀띠 ⑦⑫27	
행운복권방은 집에서 남동쪽 방향	
子辰生	북쪽을 피하고, 서남쪽으로 이사하면 안 된다. 재수가 없고, 하는 일마다 꼬이고, 病苦 질병발생. 바람기 발동.
巳酉丑生	서북쪽을 피하고, 동남쪽으로 이사하면 안 된다. 재수가 없고, 하는 일마다 꼬이고, 病苦 질병발생. 바람기 발동.
寅午戌生	남쪽을 피하고, 동북쪽으로 이사하면 안 된다. 재수가 없고, 하는 일마다 꼬이고, 病苦 질병발생. 바람기 발동.
亥卯未生	동쪽을 피하고, 서북쪽으로 이사하면 안 된다. 재수가 없고, 하는 일마다 꼬이고, 病苦 질병발생. 바람기 발동.

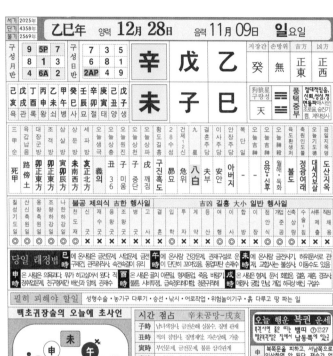

운세풀이	
丑띠: 이동수, 우왕좌왕, 弱 다툼	辰띠: 점정 이익, 갈망, 관재구설	未띠: 최고운상승세, 두마음	戌띠: 만남, 결실, 화합, 문서
寅띠: 매사불편, 방해자, 배신	巳띠: 귀인상봉, 금전이득, 현금	申띠: 의욕과다, 스트레스큼	亥띠: 이동수, 액변수, 변동 움직임
卯띠: 해결신, 시험합격, 풀림	午띠: 매사꼬임, 과거고생, 질병	酉띠: 시급한 일, 뜻대로 안됨	子띠: 빈주머니, 걱정근심, 사기

乙巳年 양력 **12**月 **29**日 음력 **11**月 **10**日 **월**요일

구성月반	9	5P	7		구성日반	8	4A	6	
	8	1	3			7	9	2	
	4	6A	2			3P	5	1	

壬 戊 乙
申 子 巳

지장간	손방위	吉方	凶方
癸	無	正北	正南

辛亥록 庚戌관 己酉욕 戊申양 丁未태 丙午절 乙巳묘 甲辰사 癸卯병 壬寅쇠 庚丑왕

狗狼星 구랑성
正廳 정청마당

風澤中孚
풍택중부

절대적믿음,
신뢰,성심,정
성,교류발전,
조율용,승진기
원,계약성사

三甲순 死甲

육갑납음 劍鋒金

대장군방 卯正東方

조객방 卯正東方

삼살방 寅未南方

상문방 未南西方

세파방 亥正北方

오늘상극 寅

오늘상천 卯

오늘상파 亥

오늘상충 3 6

황도길흉 중단구

건제12신 청룡황도

28수 깨질

九星 九紫

결혼주당 姑

이사주당 利

안장주당 남자

오늘吉神 삼합일

神殺 천살·토공

육효화복 상처

축인인도일

오늘지옥 아미보살

금일지옥 도산지옥

칠성기도일	산신기도일	용왕기도일	조왕기도일	나한기도일	불공제의식吉한행사일							吉凶 길흉 大小 일반 행사일												
					천도재	신굿	재수굿	용왕굿	조왕굿	병굿	고사	결혼	입학	계약	등산	여행	이사	합방	이장	점안식	개업	신축상량	수술	서류제출	직원채용
	◎	◎	◎	◎	✕	◎	✕	◎	◎	◎	◎	✕	-	◎	◎	◎	◎	◎	◎	◎	◎	◎	✕	✕	◎

당일 레정법

巳時 에 온사람은 의욕없는자, 금전구재건, 색정사로 다툼, 억울한 일 매사불성사

午時 온사람은 금전문제, 사업문제, 빛문제 이동수, 관재구설자, 속속결정 유리

未時 온사람은 건강문제, 관재구설로 운이 단단히 꼬여있음, 남자는 불리 손재수

申時 온사람은 금전시기, 허위문서로 관재, 종교 문제, 수술문제, 후원사는 유리함, 사고조심

酉時 온사람은 의욕없는자, 며가 허고심한자, 금전손재, 친구동업가자, 색정사

戌時 온사람은 골치아픈일, 형제동업, 죽음 바람기, 불륜 사비투쟁, 급속정리해야함

필히 피해야 할일

소장제출 · 항소 · 손님초대 · 정보유출 · 교역 · 새집들이 · 물건구입 · 어로작업 · 낚시 · 승선

백초귀장술의 오늘에 초사언

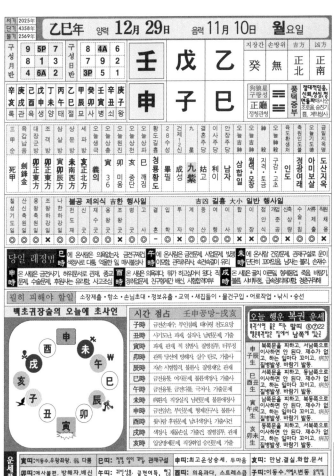

(방위도: 申 酉 未 午 W 戌 巳 亥 辰 子 丑 卯 寅)

시간 점占	壬申공망 - 戌亥
子時	금전손재수 부인일척, 태아령 천도요구
丑時	사기도난 파재, 실직사, 남편문제 가출
寅時	파재 관재 적 참왕사, 잘병침투, 티부정
卯時	관록 당선에 방해하고, 실수 탄로, 가출사
辰時	자손 시험합격, 불봉사 잘병재앙, 관재
巳時	금전융통, 여자문제, 불륜색정사, 가출사
午時	금전융통, 금전사기, 극차사, 가출문제
未時	病완치료, 직장실직, 남편문제, 불륜색정사
申時	금전이득 부인문제 형제친구사 불화사
酉時	윗사람 후원문제, 남녀색정사, 가출사건
戌時	색정사 재물손실 가출건, 잘병재앙, 관재
亥時	입상명예문제, 직장취업 승진문제, 가출

오늘 행운 복권 운세

행운의 숫자 좋은 띠는 말띠 ⑥⑦22
행운복권방은 집에서 남쪽明 있다

申子辰生	북쪽문을 피하고, 서남쪽으로 이사하면 안 된다. 재수가 없 고, 하는 일마다 꼬이고, 病苦 질병발생. 바람기 발동.
巳酉丑生	서북쪽을 피하고, 동남쪽으로 이사하면 안 된다. 재수가 없 고, 하는 일마다 꼬이고, 病苦 질병발생. 바람기 발동.
寅午戌生	남쪽문을 피하고, 북동쪽으로 이사하면 안 된다. 재수가 없 고, 하는 일마다 꼬이고, 病苦 질병발생. 바람기 발동.
亥卯未生	동쪽문을 피하고, 서북쪽으로 이사하면 안 된다. 재수가 없 고, 하는 일마다 꼬이고, 病苦 질병발생. 바람기 발동.

운세풀이

寅띠: 이동수,우왕좌왕, 弱,다툼
卯띠: 매사불편, 방해자,배신
辰띠: 해결신,시험합격, 풀림

巳띠: 점진,의외 꼬임,관재구설
午띠: 귀인상봉, 금전이득, 현금
未띠: 매사꼬임,과거고생, 질병

申띠: 최고운상승세, 두마음
酉띠: 의욕과다, 스트레스큼
戌띠: 시급한 일, 뜻대로 안됨

亥띠: 만남,결실,화합,문서
子띠: 이동수,이별수,변동 움직임
丑띠: 빈주머니, 걱정근심, 사기

乙巳年　양력 **12**月**30**日　음력 **11**月**11**日　**화**요일

구성월반			구성일반		
9	5P	7	9	5	7
8	1	3	8P	1	3
4	6A	2	4	6A	2

癸	戊	乙
酉	子	巳

장간	손방위	吉方	凶方
癸	동쪽	正西	正東

狗狼星 구랑성
午方侯門 寅艮方吉

風澤中孚

절대적믿음,
신뢰,성심,정
성,배신주의
조심음,승진가
계약성사

癸亥 왕	壬戌 쇠	辛酉 병	庚申 사	己未 묘	戊午 절	丁巳 태	丙辰 양	乙卯 생	甲寅 욕	癸丑 관	壬子 록

三甲旬	육갑납음	대장군방	조객방	삼살방	상문방	세파방	오늘생극	오늘상충	오늘상천	오늘원진	오늘상파	황도길흉	건제12신	九星	결혼주당	이사주당	안장주당	복단일	神殺	殺	오늘神殺	축원인도불	오늘불공	길흉	금일지옥
死甲	劍鋒金	卯正東方	卯正東方	亥未西南方	亥南西方	卯義의	寅미움	戊깨집				명당황도	收수	一白	姑고	堂당	天천	손자			금당·무왕	하괴·대시	대패·하지	귀도	정광여래	관음보살	도산지옥
							卯 36																		

불공 제의식 吉한 행사일 | | | | 吉凶 길흉 大小 일반 행사일

월성기도일	신성기도일	산왕대원일	용왕대원일	조왕하강일	나한하강일	천도재	신중기도	재수굿	용왕굿	조왕굿	병굿	고사	결혼	입학	투자	계약	등산	여행	이사	합방	점안식	개업준공	신축상량	수술침	서류제출	채용
◎	×	◎	×	◎	×	×	×	×	×	×	×	×	×	○	×	×	×	×	◎	×	×	×	×	×	×	◎

당일 래정법

巳時 에 온사람 승하 해결될 문제 합격하는 문제
午時 에 온사람은 의욕없는자, 금전구재건
未時 에 온사람 금전문제 사업문제 자식문제 관직취직사, 속전속결이 유리

申時 이 온사람은 건강문제, 관재구설로 운이 단단히 꼬여있음 금전이득가능
酉時 에 온사람 직장문제, 재운은 굿
戌時 이 온사람 금전문제 사업문제 친구형제간 배신 사기함조심

필히 피해야 할일 : 신상출고·제품제작·친구초대·문 만들기·벌초·씨뿌리기·장담그기

백초귀장술의 오늘에 초사언

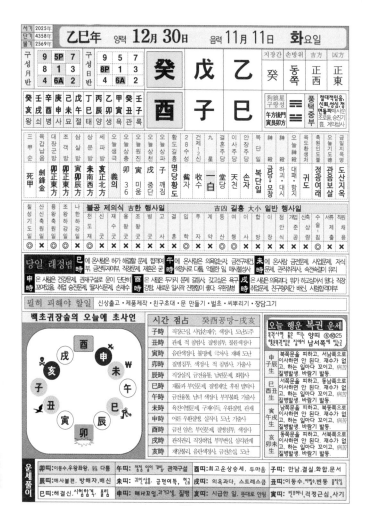

戌	酉	申 W
亥		未
子		午
丑		巳
寅	卯	辰

시간 점占　　癸酉공망-戌亥

子時	직장근심 사업台酒수, 색정사, 도난초손
丑時	관재, 적 참방사 질병침투, 불륜색정사
寅時	음란색정사, 불경死 극차사, 재해 도난
卯時	질병침투, 색정사, 적 참방사, 가출사
辰時	직장실직, 금전용통, 남녀문제, 화합사
巳時	재물과 부인문제 질병재앙, 후원 발탁사
午時	금전용통, 남녀 색정사 부부불화 가출사
未時	육친가정문제 구재作득, 우환질병 관재
申時	어른 우환질병 실직사 도난 가출사
酉時	금전 암손 부인문제 질병침투, 색정사
戌時	관직관리 직장문제 부부분쟁 삼각관계
亥時	재앙재난 음란색정사, 금전손실 도난

오늘 행운 복권 운세

복권사면 좋은 띠는 양띠 ⑤⑩25
행운복권방 지역띠 남서쪽에 있음

申子辰生	북쪽문을 피하고, 서남쪽으로 이사하면 안 된다. 재수가 없고, 하는 일마다 꼬이고, 病苦 질병발생, 바람기 발동.
巳酉丑生	서쪽문을 피하고, 동남쪽으로 이사하면 안 된다. 재수가 없고, 하는 일마다 꼬이고, 病苦 질병발생, 바람기 발동.
寅午戌生	남쪽문을 피하고, 북동쪽으로 이사하면 안 된다. 재수가 없고, 하는 일마다 꼬이고, 病苦 질병발생, 바람기 발동.
亥卯未生	동쪽문을 피하고, 서북쪽으로 이사하면 안 된다. 재수가 없고, 하는 일마다 꼬이고, 病苦 질병발생, 바람기 발동.

운세풀이

子띠: 이동수,우왕좌왕, 弱巳 다툼
丑띠: 매사불편, 방해자,배신
巳띠: 해결신,시험합격, 풀림
午띠: 점점 일이 꼬임, 관재구설
未띠: 귀인상봉, 금전이득, 현금
申띠: 매사꼬임,과거2색, 질병
酉띠: 최고운상승세, 두마음
戌띠: 의욕과다, 스트레스큼
亥띠: 시급한 일 뜻대로 안됨
子띠: 만남,결실,화합,문서
丑띠: 이동수,애정사,변동 움직임
寅띠: 빈주머니,걱정근심, 사기

乙巳年 양력 12月 31日 음력 11月 12日 수요일

구성월반	9	5P	7
	8	1	3
	4	6A	2

구성일반	1P	6	8A
	9	2	4
	5	7	3

甲 戊 乙
戊 子 巳

| 지장간 | 손방위 | 吉方 | 凶方 |
| 癸 | 동남 | 正南 | 正北 |

狗狼星 구랑성
神廟 州縣

풍택중부
정성과 믿음을 다해 추구하면 이루어짐
정면돌파

| 乙亥 | 甲戌 | 癸酉 | 壬申 | 辛未 | 庚午 | 己巳 | 戊辰 | 丁卯 | 丙寅 | 乙丑 | 甲子 | 생양 |
| 양 | 태 | 절 | 묘 | 사 | 병 | 쇠 | 왕 | 록 | 관 | 욕 | | |

三甲순	육갑납음	대장군방	조객방	삼살방	상문방	세파방	오늘생극	오늘원진	오늘상천	오늘상파	황도길흉	2 8 宿	건제12신	九星	결혼주당	이사주당	안장주당	복단일	대공망일	神殺 육태백인	육도환생처	오늘기도덕	금일지옥명
病甲	山頭火	卯正東方	卯正東方	未南西方	戌正西方	亥正北方	制제	巳 미움	酉 중단	未 깨ům	천형흑	參삼	開개	二黑	翁옹	害해	死사		대공망일	神殺 축괴·팔통	구궁·유혼	정광여래	도산지옥
																					미륵보살	

칠성기도일	산신축원일	용왕축원일	조왕하강일	나한하강일	불공 제의식 吉한 행사일									吉凶 길흉 大小 일반 행사일													
					천도	신 굿	재수굿	용왕굿	병굿	고사	결혼	입학	투자	계약	등 여 행	이 사	합 방	점 안 식	개업 준공	신축 상량	수 술	서류 제출	직원 채용
◎	◎	◎	◎	◎	◎	◎	◎	◎	×	◎	◎	×	◎	◎	×	×	×	×	×	×	×	×	×

당일 래정법

巳時 에 온사람은 방해자, 배신사, 의욕상실 매사 지체될란 장남은 불길

午時 에 온사람은 허가 해결할 문제, 합격 여부, 금전문제여부, 직장문제, 재혼

未時 에 온사람은 금전구재건 색장사로 다툼, 억울한 일 매사불성사

申時 에 온 사람은 금전문제, 사업문제, 관각자식사, 괜재손실 윗사람 문제로 얽혀있을 속전속결이 유리

酉時 에 온 사람은 건강문제, 관재구설로 운이 단단히 꼬여있음, 취업 승진문제, 남자문제, 손재수

戌時 에 온 사람은 무거운 문제 갈등사, 자식사로 고통, 원행 이동수, 이별사, 취업불가능, 질병

亥時 에 온사람은 의욕상실 매사불성, 색정사, 잘되 안되 결정된바가 없음, 이별수, 가능

꼭히 피해야 할일

동물들이기 · 농기구 다루기 · 벌목 · 사냥 · 수렵 · 승선 · 낚시 · 어로작업 · 요트타기 · 위험놀이기구

백초귀장술의 오늘에 초사언

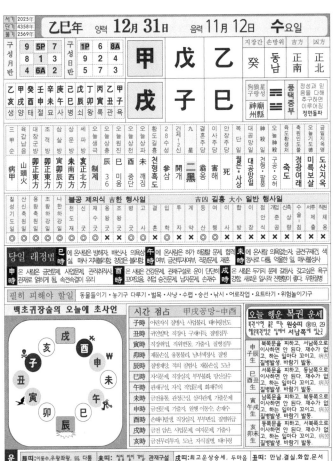

시간 점占   甲戌공망-申酉

子時	어린자식 질병사, 사업불리, 태아령천도
丑時	귀인발탁, 직장사 구재이득, 질병침투
寅時	직장취업, 직위변동, 가출사, 질병침투
卯時	재물손실 용두사미, 남녀색정사, 질병
辰時	질병재앙, 적의 질병사, 재물손실 도난
巳時	자식문제, 직장실직, 부부불화, 망신살수
午時	관재구설 자식, 직업문제, 화재주의
未時	금전융통, 관재구설, 남녀색정사 상부
申時	금전문제, 가출사, 원행 이동수, 손재수
酉時	손해수발생, 직장실직, 부부변심, 질병침투
戌時	금전 암손, 사업문제, 여자문제, 가출사
亥時	금전무리투자, 도난, 자식질병, 태어령

오늘 행운 복권 운세

복권사면 좋은 띠는 원숭띠 ⑨19, 29
행운채정방위 집에서 서남쪽

申子辰生	북쪽문을 피하고, 서남쪽으로 이사하면 안 된다. 재수가 없 고, 하는 일마다 꼬이고, 病苦 질병발생. 바람끼 발동.
巳酉丑生	서쪽문을 피하고, 동남쪽으로 이사하면 안 된다. 재수가 없 고, 하는 일마다 꼬이고, 病苦 질병발생. 바람끼 발동.
寅午戌生	남쪽문을 피하고, 북동쪽으로 이사하면 안 된다. 재수가 없 고, 하는 일마다 꼬이고, 病苦 질병발생. 바람끼 발동.
亥卯未生	동쪽문을 피하고, 서북쪽으로 이사하면 안 된다. 재수가 없 고, 하는 일마다 꼬이고, 病苦 질병발생. 바람끼 발동.

운세풀이

辰띠: 이동수,우왕좌왕, 弱,다툼
午띠: 해결신,시험합격, 풀림
未띠: 점진적 일이 개편, 관재구설
申띠: 귀인상봉, 금전이득, 현금
戌띠: 최고운상승세, 두마음
酉띠: 매사꼬임,과거고생, 질병
丑띠: 만남,결실,화합,문서
寅띠: 이동수,이별수,변동 움직임
子띠: 시급한 일, 뜻대로 안됨
卯띠: 빈주머니,걱정근심, 사기

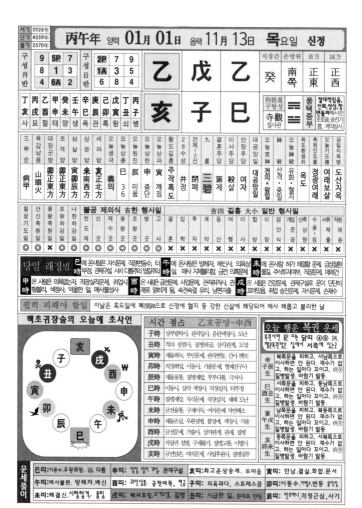

서기 2026年		
단기 4359年		
불기 2570年		

丙午年 양력 **01月 01日** 음력 **11月 13日** **목**요일 신정

乙 戊 乙
亥 子 巳

지장간	손방위	吉方	凶方
癸	南쪽	正東	正西

구성월반	구성일반
9 5P 7	2P 7 9
8 1 3	1A 3 5
4 6A 2	6 8 4

丁亥 丙戌 乙酉 甲申 癸未 壬午 辛巳 庚辰 己卯 戊寅 丁丑 丙子
사 묘 절 태 양 생 욕 관 록 쇠 병

狗狼星 구랑성 / 寺觀 절사관
풍택중부
절대적인용,신뢰,성심,정직

三甲旬	육갑납음	대장군방	조객방	삼살방	세파방	오늘생기	오늘상충	오늘원진	오늘상파	오늘상해	황도길흉	28수성	건제12신	九星	결혼주당	이사주당	대공망일	神殺	殺	오늘吉神	오늘凶神	축관인日	오늘환생처	정광여래 여래보살	오늘吉凶	도산지옥
病甲	山頭火	卯正東方	亥南西方	寅正北方	義의	巳 36	辰 미움	寅	깨짐		작작흑도	井정	閉폐	三碧	第제	殺살	대공망일			천의·월덕	삼격·중입		유화·복귀	정광여래	옥도	도산지옥

칠성기도일	산신축원일	조왕하강일	나한하강일	불공 제의식 吉한 행사일								吉凶 길흉 大小 일반 행사일													
				천신재	용왕굿	조왕굿	병굿	결	입	투	계	여	이	합	개업준공	신축수리	서류제출	직원채용							
◎	◎	◎	◎	×	◎	◎	×	◎	×	×	◎	◎	◎	◎	×	×	×	×							

당일 래정법

巳時에 온사람은 자녀문제, 직장변동사, 터전 午時에 온사람은 방해사, 배신사, 의욕상실 未時에 온사람은 허가 해결할 문제, 급성환
문제, 관재구설 관직실세 사비 디통증의 병문의 매사 지체불성 금전 의혹문제 불림 주식투자여부, 직장문제, 매매건

申時 사람은 의욕상실, 직장실직, 취업시 압박 酉時 사람은 금전문제, 관직취업사 관재구설 戌時 사람은 건강문제, 관재실셀 운이 단단히
컴퓨터, 색정사, 억울한 일, 매사불성사 재물 얽혀된 속전속결 유리, 남면직종 꼬이는 문제, 취업 승진문제, 자식문제, 손재수

刑히 피해야 할일 이날은 흑도일에 폐閉神으로 신정에 혈지 등 강한 신살에 해당되어 매사 해롭고 불리한 날

백초귀장술의 오늘에 초사인

시간 점占	乙亥공망-申酉
子時	상부별당사 관직실사 윤허색정사 도난
丑時	적의 참형사, 질병위급, 삼각관계, 도망
寅時	재물취득, 부인문제, 관직변동, 간사 情夫
卯時	직장실업, 이동사, 가출문제, 형제찬구사
辰時	재물융통, 질병재발, 부부다툼, 극차사
巳時	이동사 삼각 색정사 직장실직 타부정
午時	질병재앙, 자식문제, 직장실직, 재해 도난
未時	금전용통사, 여자문제 자연損失사
申時	재물손실 우환질병, 불경예 색정사 기출
酉時	금전문제 가출사, 삼각관계, 관재 질병
戌時	자살귀 침입, 구재불가, 질병고통, 야불사
亥時	금전반손, 여자문제 사업투쟁사, 질병침투

오늘 행운 복권 운세

복권운 좋은 띠는 닭띠 ④⑧ 24,
행운번호같은 지역사 서쪽坪 이났2

申子生	복墓운을 피하고, 서남쪽으로 이사하면 안 된다. 재수가 있고 하는 일마다 꼬이고, 病苦 질병발생. 바람기 발동.
巳酉生	서쪽운을 피하고, 동남쪽으로 이사하면 안 된다. 재수가 없고 하는 일마다 꼬이고, 病苦 질병발생. 바람기 발동.
寅午生	남쪽운을 피하고, 북동쪽으로 이사하면 안 된다. 재수가 없고 하는 일마다 꼬이고, 病苦 질병발생. 바람기 발동.
亥卯生	동쪽운을 피하고, 서북쪽으로 이사하면 안 된다. 재수가 없고 하는 일마다 꼬이고, 病苦 질병발생. 바람기 발동.

운세풀이

巳띠:이동수,우왕좌왕, 弱 다툼 　申띠:점점 일이 꼬임, 관재구설 　亥띠:최고운상승세, 두마음 　寅띠:만남,결실,화합,문서
午띠:매사불편, 방해자,배신 　酉띠:귀인상봉, 금전이득, 현금 　子띠:의욕과다, 스트레스큼 　卯띠:이동수,이별수,변동 움직임
未띠:해결신, 시험합격, 풀림 　戌띠:빈사고입,과거고생, 질병 　표띠:시급한 일, 뜻대로 안됨 　辰띠:빈주머니, 걱정근심, 사기

- 382 -

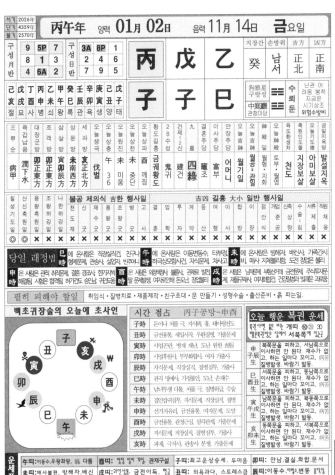

서기 2026年		
단기 4359年		
불기 2570年		

丙午年　양력 **01**月 **02**日　음력 **11**月 **14**日　**金**요일

구성월반				구성일반						지장간	손방위	吉方	凶方
9	5P	7		3A	8P	1				癸	남서	正北	正南
8	1	3		2	4	6							
4	6A	2		7	9	5							

丙 戊 乙
子 子 巳

己	戊	丁	丙	乙	甲	癸	壬	辛	庚	己	戊
亥	戌	酉	申	未	午	巳	辰	卯	寅	丑	子
절	묘	사	병	쇠	왕	록	관	욕	생	양	태

狗狼星 구랑성

中庭廚 관청마당

水雷屯 수뢰둔

난곤 어려움 봉착 지금은 시기상조 위험수방비

三甲旬	육갑납음	대장군방	조객방	삼살방	상문방	세파방	오늘생극	오늘원진	오늘상천	오늘상파	오늘상해	황도길흉	건제12신	九星	결혼주당	이사주당	안장주당	오늘吉神	神殺	오늘神殺	육도환생처	축원인도불	오늘기도덕	금일지옥명
病甲	澗下水	卯正東方	寅正東方	寅卯辰方	未南西方	亥正北方	伐벌	午 36	未 미움	酉 중깸		句陳구진	鬼귀	建건	四綠	竈조	富부	월덕	월형·지화	천도	지장보살	아미보살	발설지옥

不공 제의식 吉한 행사일 　　吉凶 길흉 大小 일반 행사일

칠성기도일	산신축원일	용왕축원일	조왕하강일	나한하강일	불공	제의식	천도	재수굿	용왕굿	조왕굿	병굿	고사	결혼	입학	투자	계약	여행	이사	안장	점안	개업	신축상량	수술	서류제출	직원채용
◎	◎	×	×	×	×	×	×	×	×	×	×	×	×	×	×	×	×	×	×	×	×	×	×	×	×

당일 래정법

巳時 에 온사람은 직장승진건 친구나 형제문제 관송사 실업자 반대사

午時 에 온사람은 이동변동수 터부정수 하극상모함사건 자식문제 차사고

未時 에 온사람은 방해나 배신사 가족간시기질투로 매사 지체불통함 도전 창업은 불리

申時 에 온 사람은 관직 취직문제 결혼 경조사 애정사 궁합 관재 급병 자살귀

酉時 에 온사람은 외정색정사 불륜문제 관재 병환자 급질병 주거지불안 해결됨 사험은 합격됨 하극상 승늘 구인도움

戌時 에 온 사람은 골치 아픈일 문제없다 여자로인해 돈도난 경찰문의 재물재산 여자바람끼 방해로 관재수

필히 피해야 할일 취임식·질병치료·제품제작·친구초대·문 만들기·성형수술·출산준비·흙 파는일.

백초귀장술의 오늘에 초사언

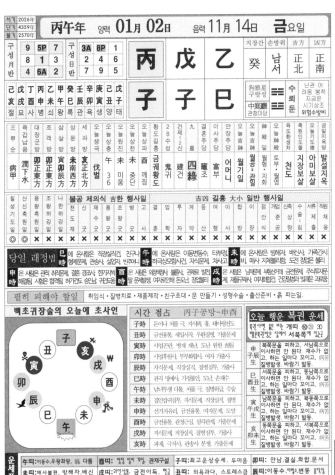

子 丑 寅 卯 辰 巳 午 未 申 酉 戌 亥

시간 점占	丙子공망–申酉
子時	돈아 처를 극 자식병 흉, 태아위험도
丑時	금전용통, 새일시작, 우환감병, 가출문제
寅時	사업곤란, 병재 재난, 도난 원한 惡病
卯時	사업후원사, 부부화합건, 여자 가출사
辰時	자식문제, 직장실직, 질병침투, 가출사
巳時	관직 명예사, 가정불안, 도난 손재수
午時	남녀색정 대흉, 처를 극 질병위급 수술
未時	갑작변재위험, 자식문제, 직장실직 질병
申時	선거자유리, 금전용통, 여자문제, 도망
酉時	금전용통, 관청근심, 심각질병, 가출문제
戌時	자식문제, 직장실직, 질병침투, 가출사
亥時	파재, 극처사, 관송사 분쟁, 가출문제

오늘 행운 복권 운세

복권사면 좋은 띠는 개띠 ⑩㉓㉚
행운복권방은 집에서 서북쪽에 있음

申辰生	복운문을 피하고, 서남쪽으로 이사하면 안 된다. 재수가 없고, 하는 일마다 꼬인다, 病苦 질병발생, 바람기 발동.
巳酉丑生	서쪽문을 피하고, 동남쪽으로 이사하면 안 된다. 재수가 없고, 하는 일마다 꼬인다, 病苦 질병발생, 바람기 발동.
寅午戌生	남쪽문을 피하고, 북동쪽으로 이사하면 안 된다. 재수가 없고, 하는 일마다 꼬인다, 病苦 질병발생, 바람기 발동.
亥卯未生	북쪽문을 피하고, 서북쪽으로 이사하면 안 된다. 재수가 없고, 하는 일마다 꼬인다, 病苦 질병발생, 바람기 발동.

12월

운세풀이	
午띠:이동수,우왕좌왕, 弱함, 다툼	酉띠: 적직, 이어 끼임, 관재구설
未띠:매사불편, 방해자,배신	戌띠:귀인상봉, 금전이득, 현금
申띠:해결신,시험합격, 풀림	亥띠:매사꼬임, 과거고생, 질병
子띠:최고운상승세, 두마음	卯띠: 만남,결실,화합,문서
丑띠: 의욕과다, 스트레스큼	辰띠:이동수,이별수,변동 움직임
寅띠:시급한일 없고, 뒤로대 안됨	巳띠: 빈주머니,걱정근심, 사기

서기	2026年
단기	4359年
불기	2570年

丙午年 양력 01月 03日 음력 11月 15日 토요일

구성月반			구성日반		
9	5P	7	4	9	2P
8	1	3	3	5	7
4	6A	2	8	1	6

丁	戊	乙
丑	子	巳

지장간	손방위	吉方	凶方
癸	서쪽	正西	正東

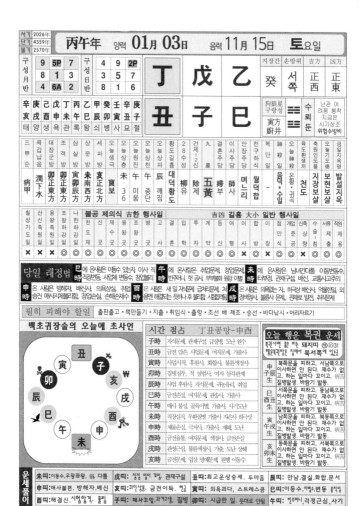

狗狼星 구랑성	寅方 廚井
수뢰둔	난관 어려움 봉착 지금은 시기상조 위험수방비

辛	庚	己	戊	丁	丙	乙	甲	癸	壬	辛	庚
亥	戌	酉	申	未	午	巳	辰	卯	寅	丑	子
태	양	생	욕	관	록	왕	쇠	병	사	묘	절

三甲순	육갑납음	대장군방	조객방	삼살방	상문방	세파방	오늘생극	오늘상충	오늘원진	오늘상천	오늘상파	황도길흉	28수성	건제12신	九星	결혼주당	이사주당	안장주당	천구하식	복단일	神殺일	오늘神殺	육도환생처	축원인도불	오늘기도德	금일지옥명
病甲	澗下水	卯正東方	卯正東方	寅卯辰方	未南西方	亥正北方	寶보	未 36	午 미움	午 중단	辰 깨짐	대덕황도	柳유	除제	五黃	婦부	師사	며느리	월덕합	-	음덕*수일	온황·귀곡	천도	지장보살	보현보살	발설지옥

칠성기도일	산신축원일	용왕축원일	조왕하강일	나한하강일	천도재	신굿	재수굿	용왕굿	조왕굿	병굿	고사	결혼	입학	투자	계약	등산	여행	이사	합방	이장	점안식	개업준공	신축상량	수술-침	서류제출	직원채용
					불공 제의식 吉한 행사일							吉凶 길흉 大小 일반 행사일														
×	×	×	◎	◎	◎	◎	◎	◎	◎	◎	◎	◎	◎	◎	◎	◎	◎	×	◎	×	◎	◎	×	◎	◎	◎

당일 래정법

巳時 에 온사람은 이동수 있는자, 이사 직장변동, 사업체 변동수, 창업불리

午時 에 온사람은 취업문제, 창업문제, 빈주머니, 헛 공사, 부부불화 원망 이별

未時 에 온사람은 남녀간다툼 이동변동수, 터부정, 관재구설, 배신, 교통사고주의

申時 온 사람은 방해자, 배신사, 의욕상실, 취업승진 매사지체불리함, 창업손실, 손해손재수

酉時 온 사람은 새 일 자식문제 급처리문제, 처음엔 해결되는 듯하나 후 불리함 시험합격됨

戌時 온 사람은 의욕없는 자, 하극상 배신사, 억울한일 외정색정사, 불륜사 문제,, 관재로 발전, 취직문제

필히 피해야 할일

출판출고 • 책만들기 • 지출 • 취임식 • 출항 • 조선 배 제조 • 승선 • 바다낚시 • 머리자르기

백초귀장술의 오늘에 초사언

시간 점占 丁丑공망-申酉

子時	자식문제, 관재구설, 급질병, 도난 원수
丑時	금전 암손, 사업문제, 여자문제, 가출사
寅時	사업시작, 후원사, 화합사, 불륜색정사
卯時	질병침투, 적 침범사, 여자 삼각관계
辰時	사업 후원사, 자식문제, 귀농유리, 취업
巳時	금전손실, 여자문제, 관송사, 가출사
午時	매사 불성, 골육이별, 가출사, 사기도난
未時	직장실직, 우환질병 가출사 자손사 하극상
申時	재물손실, 극처사, 가출사, 재해, 도난
酉時	금전융통, 여자문제, 색정사, 금전손실
戌時	관청근심, 불륜색정사, 가출, 도난 상해
亥時	금전문제, 입상 명예문제, 원행 이동수

오늘 행운 복권 운세

복권사면 좋은 띠는 **돼지띠** ⑪⑯31
행운복권방은 집에서 **북서쪽**에 있는곳

申子辰生	북쪽문을 피하고, 서남쪽으로 이사하면 안 된다. 재수가 없고, 하는 일마다 꼬이고, 病苦질병발생. 바람기 발동.
巳酉丑生	서쪽문을 피하고, 동남쪽으로 이사하면 안 된다. 재수가 없고, 하는 일마다 꼬이고, 病苦질병발생. 바람기 발동.
寅午戌生	남쪽문을 피하고, 북동쪽으로 이사하면 안 된다. 재수가 없고, 하는 일마다 꼬이고, 病苦질병발생. 바람기 발동.
亥卯未生	동쪽문을 피하고, 서북쪽으로 이사하면 안 된다. 재수가 없고, 하는 일마다 꼬이고, 病苦질병발생. 바람기 발동.

운세풀이

未띠: 이동수,우왕좌왕, 弱, 다툼	**戌띠:** 점점 일이 꼬임, 관재구설	**丑띠:** 최고운상승세, 두마음	**辰띠:** 만남,결실,화합,문서
申띠: 매사불편, 방해자,배신	**亥띠:** 귀인상봉, 금전이득, 현금	**寅띠:** 의욕과다, 스트레스큼	**巳띠:** 이동수,이별수,변동 움직임
酉띠: 해결신,시험합격, 풀림	**子띠:** 매사꼬임,과거고생, 질병	**卯띠:** 시급한 일, 뜻대로 안됨	**午띠:** 빈주머니,걱정근심,사기

丙午年 양력 01月 04日 음력 11月 16日 日요일

구성月반			구성日반			戊 戊 乙	지장간 손방위 吉方 凶方
9	5P	7	5	1	3P	寅 子 巳	癸 서북 正南 正北
8	1	3	4	6	8		
4	6A	2	9	2	7A		

癸亥	壬戌	辛酉	庚申	己未	戊午	丁巳	丙辰	乙卯	甲寅	癸丑	壬子
절	묘	사	병	쇠	왕	록	관	욕	생	양	태

狗狼星 구랑성	䷂ 수뢰둔	난관 어려움 봉착 지금은 시기상조 위험수방비
東北方		

三甲순	대장군방	조객방	삼살방	세파방	오늘상충	오늘원진	오늘상천	오늘상파	황도흑도	건제12신	九星	결혼주당	이사주당	안장주당	오늘神殺	神殺	오늘吉神	육도환생처	축원인도불	오늘기도德	금일지옥
病甲	城頭土	卯正東方	卯正東方	寅東北方	亥正北方	申西南方	酉正西方	伐벌	亥 중단	申 36 미동	白깨짐	星	滿만	六白	廚주	災재	손님	천주·영아	오귀·육해	귀인·수격	인도	지장보살	약사보살	발설지옥

칠성기도일	신중기도일	용왕축원일	조왕하강일	나한하강일	불공 제의식 吉한 행사일						吉凶 길흉 大小 일반 행사일											
					천도재	신축재수굿	용왕굿	조왕굿	병굿	고사	결혼	입학	여행	이사	합방	이장	point안	개업준공	신축상량	수술	서류제출	직원채용
✕	✕	✕	✕	✕	✕	✕	✕	✕	✕	✕	✕	✕	✕	✕	✕	✕	✕	✕	✕	✕	✕	✕

당일 래정법
巳時 온사람은 문서진입 회합사 결혼 경조사 애정사 궁합 취업 개업
午時 온사람은 이동수 있는자 이사나 직장변동 친구나 형제 사업파트너변동수
未時 온사람은 금전사기 실업사 색정사 들통 반대사 내사 하극상 문서도사 매사불성
申時 온 사람은 매매 이동변동수, 직장변동수, 터부정, 사기, 하극상 시험문서 다툼주의
酉時 온 사람은 질병과 자식문제 방해자, 배신사, 관송사 구설 승진 매사 지체불리함
戌時 온 사람은 자식문제, 하극상으로 배신사, 해결되는듯 하나후 불리함 색정함정 하귀 승진됨, 관재

필히 피해야 할일 주식투자·사행성코인사업·명품구입·교역·물건구입·부동산매매·새집들이·창고수리

백초귀장술의 오늘에 초사인

時間 점占	戊寅공망~申酉
子時	금전용통, 부인문제 자식질병 관재구설
丑時	재물파산 권리박탈, 부인문제 가출건
寅時	금전 얇은 여자문제, 가출사, 여행 凶
卯時	남편문제 직장취업, 색정사, 가출사
辰時	매사불성 금전손실, 자식파산 속 중단
巳時	임상 명예사 직장승진 금전기쁨, 관재
午時	금전손실 다툼, 사업부진, 가출, 처를 극
未時	잡안잃귀침불, 처첩 색정사, 가출문제
申時	침범사, 질병재앙, 가출사, 직장실직
酉時	금전손실 직장실직 가출사, 배신음모
戌時	사업투자사, 취업문제 육친문제 수술유의
亥時	금전손실 도난 상배, 이별사 가출사

오늘 행운 복권 운세

복권사면 좋은 띠는 쥐띠 ①⑥⑯
행운方 집에서 북쪽方 이삵

申子辰生	북쪽문을 피하고, 서남쪽으로 이사하면 안 된다. 재수가 없고, 하는 일마다 꼬이고, 病苦
巳酉丑生	서쪽문을 피하고, 동남쪽으로 이사하면 안 된다. 재수가 없고, 하는 일마다 꼬이고, 病苦질병발생. 바람기 발동.
寅午戌生	남쪽문을 피하고, 북쪽으로 이사하면 안 된다. 재수가 없고, 하는 일마다 꼬이고, 病苦질병발생. 바람기 발동.
亥卯未生	동쪽문을 피하고, 서북쪽으로 이사하면 안 된다. 재수가 없고, 하는 일마다 꼬이고, 病苦질병발생. 바람기 발동.

운세풀이

申띠:이동수,우왕좌왕, 弱 다툼　　亥띠: 점직 취업, 갱위 경쟁 관재구설　　寅띠:최고운상승세, 두마음　　巳띠: 만남,결실,화합,문서
酉띠:매사불편, 방해자,배신　　子띠:기인상봉, 금전이득, 현금　　卯띠: 의욕과다, 스트레스큼　　午띠:이동수,이별수,변동 움직임
戌띠:해결신,시험합격, 풀림　　丑띠: 매사꼬임,과거고생, 질병　　辰띠: 사금한 일, 뜻대로 안됨　　未띠: 빈주머니,걱정근심, 사기

- 385 -

서기 2026年	丙午年	영력 01月 05日	음력 11月 17日	월요일	소한 小寒
단기 4359年					17時 23分 入
불기 2570年					

구성 월반	8	4A	6P	구성 일반	6	2	4	己	己	乙	지장간	손방위	吉方	凶方
	7	9	2		5	7	9AP				癸	북쪽	正東	正東
	3	5	1		1	3	8							

| 乙亥 | 甲戌 | 癸酉 | 壬申 | 辛未 | 庚午 | 己巳 | 戊辰 | 丁卯 | 丙寅 | 乙丑 | 甲子 | 卯 | 丑 | 巳 | 狗狼星구랑성 | 수뢰둔 | 난관 어려움 봉착 지금은 시기상조 위험수방비 |
| 태 | 양 | 생 | 욕 | 관 | 록 | 쇠 | 병 | 사 | 묘 | 절 | | | | | 僧尼寺觀後門 | | |

삼갑납음 / 대장군방 / 삼살방 / 세파방 / 오늘행사방 / 오늘상충 / 오늘생천 / 오늘상파 / 황제주당 / 건제十二신 / 九성 / 결혼주당 / 이사주당 / 안장주당 / 神살 / 神殺 / 오늘神殺 / 오늘생처 / 황도길인도움 / 금일직업 / 오늘지켜주 / 발설지옥

| 病甲 | 卯正東方 | 卯正東方 | 寅南西方 | 未南西方 | 亥正北方 | 酉 | 申 | 辰 | 午 | 대덕황도 | 張흉 | 七赤 | 夫부 | 安안 | 아버지 | 복덕·보광 | 수사·천강 | 지장보살 | 문수보살 | 발설지옥 |
| 城頭土 | | | | | | 벌 | 미움 3 6 | 중단 | 깨짐 | | | | | | | | | 귀도 | | |

불공 제의식 吉한 행사일

칠성기도일	산신축원일	용왕축원일	조왕하강일	나한기도일	천도재 굿	신중 굿	재수 굿	용왕 굿	병굿	고사	결혼	입학	투자	계약	등개	여행	이합	점	개업	신축	수술침	서류제출	직원채용
✕	◎	✕	◎	◎	◎	◎	◎	◎	✕	◎	◎	✕	◎	◎	◎	◎	◎	✕	◎	◎	◎	✕	◎

당일 래정법

巳時	에 온사람은 모함과 구설로 골치 아픈일, 晴風 가베란자, 바람기 직장애 고위됨
午時	에 온사람은 문서 화합은 결혼 재혼, 경사수 궁합 문서좋음 북방길의 경반
未時	에 온사람은 이동수 있는자 이사나 직장변동, 자식문제 변동수, 여행 이별
申時	온 사람은 하위문서 실업자, 쉬고있는자 빈 좌니, 헛 공사 사기모함 도난사, 매사불성
酉時	온 사람은 매매 이동변동수, 터부정 관재구설 시기 하위문서, 우환질병 차사고주의
戌時	온 사람은 색정사 배신 방해사, 배신사 의욕상실 관재구설 승진 매사 지체불함

필히 피해야 할일
입주·새집들이·친목회·문서파기·창고수리·건축수리·기둥세우기·장담그기

백초귀장술의 오늘에 초사언

시간 점占	己卯공망-申酉
子時	재물근심, 음란색정사, 여자 삼각관계
丑時	유산낙태건, 형제찬구문제, 가출, 이별사
寅時	직장실직, 가출, 처를근, 불명예 취업불가
卯時	여자로부터 금전손실, 잘병재앙, 불성사
辰時	만사성패, 산규사업 손실, 잘병침투, 가출
巳時	매사 불성사, 사업전환실 다툼, 색정사
午時	직장승진문제, 불륜색정사, 가출근생
未時	이동 이별수, 직업변동, 가출사, 수술불리
申時	자식문제 극자사, 잘병침투, 작업실직
酉時	적의 침범사, 질병재앙, 색정사, 가출사
戌時	놀날 일발생, 금전융통, 배신 도망 가출
亥時	금전문제 부인문제, 가출사, 도난, 風聞

오늘 행운 복권 운세
복권사면 좋은 띠는 소띠 ②⑤⑩
행운복권방은 집에서 북동쪽에 있는곳

子辰生	북쪽을 피하고, 서남쪽으로 이사하면 안 된다. 재수가 없고, 하는 일마다 꼬이고, 질병발생. 바람기 발동.
酉丑生	서쪽을 피하고, 동남쪽으로 이사하면 안 된다. 재수가 없고, 하는 일마다 꼬이고, 질병발생. 바람기 발동.
寅午戌生	남쪽을 피하고, 북동쪽으로 이사하면 안 된다. 재수가 없고, 하는 일마다 꼬이고, 病苦.
巳酉丑生	동쪽을 피하고, 서북쪽으로 이사하면 안 된다. 재수가 없고, 하는 일마다 꼬이고, 病苦.

운세풀이	酉띠:이동수, 우왕좌왕, 弱, 다툼	子띠: 점정, 이인, 가임, 관재구설	午띠:만남,결실,화합,문서
	戌띠:매사불편, 방해자, 배신	丑띠:귀인상봉, 금전이득, 현금	未띠:이동수,액,변동 움직임
	亥띠:해결신, 시험합격, 풀림	寅띠: 매사꼬임,과거2색, 질병	申띠: 빈주머니, 걱정근심, 사기
		卯띠:최고운상승세, 두마음	酉띠: 의욕과다, 스트레스큼
		辰띠:시급한 일, 뛰대로 안됨	巳띠:

서기 2026年	丙午年	양력 **01**月 **06**日	음력 **11**月 **18**日	**화**요일
단기 4359年				
불기 2570年				

구성 월반	8	4A	6P	구성 일반	7	3	5
	7	9	2		6	8	1
	3	5	1		2A	4	9P

				지장간	손방위	吉方	凶方
庚	己	乙		癸	북동	正北	正南
辰	丑	巳					

狗狼星 구랑성 寺觀 절사관

水 록 둔

난관 어려움 봉착 지금은 시기상조 위험수방위

丁亥	乙戌	甲申	癸未	壬午	辛巳	庚辰	己卯	戊寅	丁丑	子
병	쇠	왕	록	관	욕	생	양	태	절	묘 사

三甲旬	육갑납음	대장군방	조객방	삼살방	상문방	세파방	오늘생극	오늘상충	오늘원진	오늘상천	황도길흉	건제12신	九星	결혼주당	이사주당	안장주당	복단일	오늘吉神	神殺	오늘神殺	육도환생처	축원인도불	금일지옥
病甲	白蠟金	卯正東方	寅正東方	未南西方	亥正北方	戌 36	義의	亥 미움	卯 깨짐	백도움 翼익	平평	八白	姑고	利이	남자		천덕·월덕	하괴일	천적·월살	축도	지장보살	지장보살	발설지옥

칠성기도	산신축원	용왕축원	조왕하강	나한하강	불공 제의식 吉한 행사일						吉凶 길흉 大小 일반 행사일										
					천도재	신중기도	재수굿	용왕굿	조왕굿	병굿	고사	결혼	입택	여행	이장	방생	수술	서류제출	직원채용		
																	안장	준공식	상량	개업	신축
✕	✕	✕	○	○	○	○	○	○	○	○	✕	✕	✕	○	○	✕	✕	✕	○	✕	✕

당일 래정법

子時에 온사람은 의욕없고 뭐가 하고싶어 **午時**에 온사람은 부모형제와 골치 아픈 **未時**에 온사람은 화합운, 결혼, 재혼, 경조사 와서 왔다 직장압박제, 소송사건이나 일 양택, 가내환자, 바람기 불륜 애정사 궁합 답사 추원 가집 매매건

申時 온 사람은 이동수 있으자 이사나 직장변동, **酉時** 온 사람은 색정문제, 금전손재수, 쉬고오는 **戌時** 온 사람은 매매 이동변동수, 터부정, 관재구설 사업상 변동수, 여행, 이별수, 창업불리 자나 반주머니, 헛 공사 사기모함, 매사불성 사기 하수문서 용잔자 사비 대풍주의 차사고주의

필히 피해야 할일
출품·새집들이·인수인계·해외여행·항공주의·코인투자·벌초·질병치료·흙파기.

백초귀장술의 오늘에 초사안

(辰 巳 卯 午 寅 W 未 丑 申 子 酉 亥 戌)

시간 점占	庚辰공망-申酉
子時	자식질병사, 사업후원사 도난 태아별천도
丑時	파산동요사 금전도실, 상부문제 산소탈
寅時	질병재앙 취업문제, 금전융통, 사업파장
卯時	파재 극차사, 관송사 분쟁, 가출문제
辰時	금전임소, 여자문제, 사업문제, 금전투통
巳時	산규직업 구재, 도난 상해, 관재, 손실
午時	관재구설 직장변동, 도적침습, 가출문제
未時	사업확원사, 선거자산사, 화합사, 가출사
申時	재물증식 적의 참방사, 변동수, 가출사
酉時	남녀색정사, 사기 도난, 도주, 상부사애
戌時	질병침투, 적의침방사 가출문제, 부부도주
亥時	자식문제, 방해자, 금전손실 우환질병

오늘 행운 복권 운세

복권사면 좋은 띠는 **범띠 ③⑧⑱**
행운복권방은 집에서 **동북쪽**에 있소

申子辰生	북쪽문을 피하고, 서남쪽으로 이사하면 안 된다. 재수가 없고, 하는 일마다 꼬이고, 病苦 질병발생. 바람기 발동.
巳酉丑生	서쪽문을 피하고, 동남쪽으로 이사하면 안 된다. 재수가 없고, 하는 일마다 꼬이고, 病苦 질병발생. 바람기 발동.
寅午戌生	남쪽문을 피하고, 북쪽으로 이사하면 안 된다. 재수가 없고, 하는 일마다 꼬이고, 病苦 질병발생. 바람기 발동.
亥卯未生	동쪽문을 피하고, 북쪽으로 이사하면 안 된다. 재수가 없고, 하는 일마다 꼬이고, 病苦 질병발생. 바람기 발동.

운세풀이

戌띠: 이동수,우왕좌왕, 弱, 다툼
丑띠: 점점 일이 꼬임, 관재구설
辰띠: 최고운상승세, 두마음
未띠: 만남,결실,화합,문서
亥띠: 매사불편, 방해자, 배신
寅띠: 귀인상봉, 금전이득, 현금
巳띠: 의욕과다, 스트레스큼
申띠: 이동수, 이별수,변동 움직임
子띠: 해결신, 시험합격, 풀림
卯띠: 매사꼬임,과거고생, 질병
午띠: 시급한 일, 뜻대로 안됨
酉띠: 빈주머니, 걱정근심, 사기

- 387 -

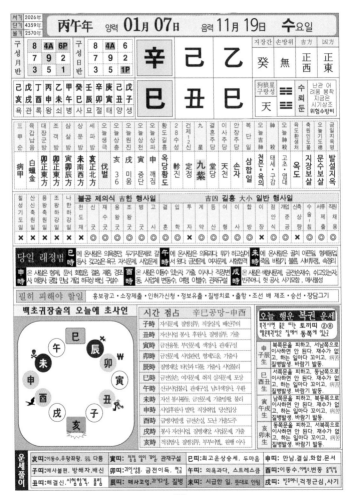

| 서기 2026年
단기 4359年
불기 2570年 | 丙午年 | 양력 01月 07日 | 음력 11月 19日 | 수요일 |

丙午年 양력 **01**月 **08**日 음력 11月 20日 **목**요일

구성월반			구성일반		
8	4A	6P	9	5	7
7	9	2	8	1	3
3	5	1	4	6AP	2

			지장간	손방위	吉方	凶方
壬	己	乙	癸	無	正南	正北
午	丑	巳				

狗狼星 구랑성 **神廟** 신사당 | **지산겸** | 남에게 양보하고 매사 포용이 吉 복잡케얽임

辛亥	庚戌	己酉	戊申	丁未	丙午	乙巳	甲辰	癸卯	壬寅	辛丑	庚子
록	관	욕	생	양	태	절	묘	사	병	쇠	왕

三甲순	육갑납음	대장군	조객방	삼살방	상문방	세파방	오늘생극	오늘상천	오늘상파	오늘원진	황도길흉	2 8 성수	건제12신	九星	결혼주당	이사주당	안장주당	복단일	神殺	오늘神殺	오늘吉神	오늘흉신악살	축원인도량	오늘지옥	금일지옥
病甲	楊柳木	卯正東方	卯正東方	寅卯辰方	未南西方	子正北方	制제	子	丑	卯	천뇌흑도	角각	執집	一白	翁옹	害해	死	복단일		경안·해신	천적일	불도	헌관천불	약사보살	한빙지옥
		東方	東方					미움	중단	깨짐										지격					

불공 제의식 吉한 행사일 | 吉凶 길흉 大小 일반 행사일

칠성기도일	산신축원일	용왕축원일	조왕하강일	나한기도일	천도재	신중기도	재수굿	용왕굿	조왕굿	병굿	고사	결혼	입택	투자	계약	등사	여행	이장	점안식	개업	신축	수리	서류제출	직원채용
×	×	×	×	◎	×	×	◎	◎	×	◎	×	×	×	×	×	◎	◎	×	×	×	×	◎	×	×

당일 래정법
巳時 온사람은 건강운세, 관재, 금전고통 운으로 읽어 단단히 꼬여있음, 동업파탄
午時 온사람은 금전구재, 화병, 갈등사 남녀색정사 불리 자식문제, 취업문제
未時 온사람은 의욕없다 뭐가 하고싶어서 왔다, 직장취업문제, 결혼문제
申時 온 사람은 골치 아픈일 친구나 형제동업 죽음 배우자바람기 자식손재 실물우환, 속 정신미쳐같
酉時 온 사람은 형제, 문서 화합은 결혼 관직주론 애정사
戌時 온 사람은 이동수 있는자 가출 이사나 직장변동 변동수, 여행 이별수, 부동산매매
亥時 사업변동 여행 이별수, 부동산매매

필히 피해야 할일 작품출품·납품·정보유출·교역·화재주의·출장·항공주의·흉터기·지붕·옥상보수

백초귀장술의 오늘에 초사언

시간 점占	壬午공망-申酉
子時	남녀쌍투 처불 극 화병 이동 소송손 불
丑時	질병은 흉, 이사 구작안됨, 순리대로
寅時	선거자유리, 불참자, 출마득志, 색정음 운
卯時	매사 선흉후길, 소송은 화해가 길
辰時	관재 병액로 불길, 가출사 색정사 하극상
巳時	사업 구재 구설 이별, 여자삼각봉死, ⊗
午時	금전손실 다툼, 이사 여행 투자 시험불리
未時	잡닭잡귀침투, 관재불화 삼각관계 불리
申時	매사 불성사 도망은 흉 도적숨음 재액
酉時	남녀색정사 상업 궁합 만남 가입 하장생 배신
戌時	가출건, 급병자, 관재구설, 하극상발생 ⊗
亥時	남자는 해롭고, 임산은 손모, 구직 안됨

오늘 행운 복권 운세
복권사면 좋은 띠는 **용**띠 ⑤⑩㉛
행운복권방 ○ 집에서 **동남쪽**에 있는집

申子辰	북쪽문을 피하고, 서남쪽으로 이사하면 안 된다. 재수가 없고, 하는 일마다 꼬이고, 病苦 질병발생. 바람기 발동.
巳酉丑	서쪽문을 피하고, 동남쪽으로 이사하면 안 된다. 재수가 없고, 하는 일마다 꼬이고, 病苦 질병발생. 바람기 발동.
寅午戌	남쪽문을 피하고, 북쪽쪽으로 이사하면 안 된다. 재수가 없고, 하는 일마다 꼬이고, 病苦 질병발생. 바람기 발동.
亥卯未	동쪽문을 피하고, 서북쪽으로 이사하면 안 된다. 재수가 없고, 하는 일마다 꼬이고, 病苦 질병발생. 바람기 발동.

운세풀이
子띠: 이동수·우왕좌왕, 弱병, 다툼
丑띠: 매사불편, 방해, 배신
寅띠: 해결신, 시험합격, 풀림
卯띠: 빛나는일 귀인상봉, 금전이득, 현금
辰띠: 귀인상봉, 과거2회, 질병
巳띠: 매사꼬임, 과거고생, 질병
午띠: 최고운상승세, 두마음
未띠: 의욕과다, 스트레스큼
申띠: 시급한 일, 뜻대로 안됨
酉띠: 만남·결실·화합·문서
戌띠: 이동수·애별·변동 옮김직
亥띠: 빈주머니, 걱정근심, 사기

구성 月반	8	4A	6P	구성 日반	1	6	8A	癸	己	乙	장간	손방위	吉方	凶方
	7	9	2		9	2	4				癸	동쪽	正東	正西
	3	5	1		5P	7	3	未	丑	巳				

癸亥 왕	壬戌 쇠	辛酉 병	庚申 사	己未 묘	戊午 절	丁巳 태	丙辰 양	乙卯 생	甲寅 욕	癸丑 관	壬子 록

狗狼星 구랑성
水步井 남에게 양보하고 남과 겸손 포용이 吉 복잡게임임

지산겸

≡≡
≡≡

三甲순	육갑납음	대장군방	조객방	삼살방	상문방	세파방	오늘생기	오늘상충	오늘원진	오늘상천	오늘상파	황도길흉	건제 12신	九星	결혼주당	이사주당	안장주당	복단일	오늘 神殺	오늘 吉神	육도환생처	축원인도불	오늘기도덕	금일 해야할일
病甲	楊柳木	卯正東方	卯正東方	亥子丑 正北方	亥南西方	丑	子	戌	丑 3.6	子 미움	戌 중단	伐日	현무흑도	尤	破	二黑	第 殺	여자	-	殺제	대공망일	월파일	공구·대모	불도	헌검선불	대세지보살	한빙지옥	오늘기도효능

칠성기도일 ×
산신기도일 ×
용왕축원일 ×
조왕하강일 ×
나한하강일 ×
불공 제의식 吉한 행사일
천도재 × 신축 × 재수굿 × 용왕굿 × 조왕굿 × 병굿 × 고사 × 결혼 × 입학 × 투자 × 계약 × 등산 × 여행 × 이사 × 합방 × 吉凶 길흉 大小 일반 행사일
移葬 × 점안식 × 개업 × 신축상량 × 수술 × 서류제출 × 직원채용 ×

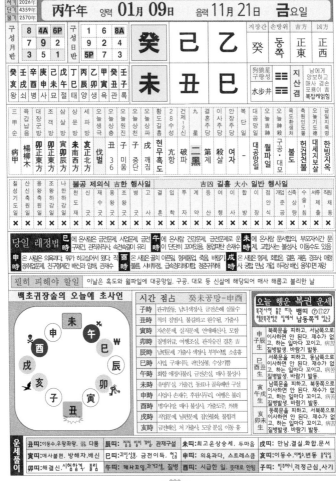

당일 레정법

巳時 에 온사람은 금전문제 사업문제, 금전 구재건 관재구설사 속전속결이 유리

午時 에 온사람 건강문제, 금전문제로 운 이 단단히 꼬여있음, 동업파트 손재수

未時 에 온사람 문서합의, 부모자식간 문 제, 교합사는 불성사, 이동수도 있음

申時 온 사람은 의욕파시 무가 하고싶어서 왔다 직

酉時 온 사람은 골치 아픈일, 형제동업 죽음 바람기

戌時 온 사람은 형제, 화합건, 결혼, 재혼, 경조사 애정 장바문제, 친구형제간 배신과 양해, 관재수

교합사는 불성사, 이동수도 있음

酉時 온 사람은 골치 아픈일, 형제동업 죽음 바람기

戌時 물품, 사투무권, 금슬장치마집, 청춘귀양

亥時 온사람 궁합 만남 개업 하락상 배신 운악후 관재

필히 피해야 할일 이날은 흑도와 월파일에 대공망일, 구공, 대모 신살에 해당되어 매사 해롭고 불리한 날

백초귀장술의 오늘에 초사언

未 申 午
酉 巳 W
戌 辰
亥 卯
子 寅
丑

시간 점占	癸未공망—申酉
子時	관재발동, 남녀색정사, 금전손재 실물수?
丑時	적의 참방사, 불리하고 원수됨, 가출사
寅時	자손문제, 실직문제, 연애불성사, 모함
卯時	잘병위급, 여행조심, 관직승진 결혼 吉
辰時	남편문제 가출사 색정사 부부이별, 소송흉
巳時	사업 구재하는, 귀인상봉, 수غ구입관
午時	화합 애정사불리, 금전손실, 매사 불성사
未時	유망무길 가출건, 동료나 골육애별 구설
申時	남녀 손재수, 후원사무리, 여행은 불리
酉時	병자나적 매사 불성사, 가출사 흉, 외화
戌時	작업문제, 남편문제 갈등불화, 불합격
亥時	금전빼인 처 가출사, 도망 분실, 이동흉

오늘 행운 복권 운세

복권사면 좋은 띠는 **뱀띠 ⑦17.27**
행운좋은 집에서 남동쪽에 있소

申子生	북쪽문을 피하고, 서남쪽으로 이사하면 안 된다. 재수가 없 고, 하는 일마다 꼬이고, 病으로 질병발생, 바람기 발동.
酉丑生	서쪽문을 피하고, 동남쪽으로 이사하면 안 된다. 재수가 없 고, 하는 일마다 꼬이고, 病으로 질병발생, 바람기 발동.
寅午生	북쪽문을 피하고, 서북쪽으로 이사하면 안 된다. 재수가 없 고, 하는 일마다 꼬이고, 病으로 질병발생, 바람기 발동.
亥卯生	동쪽문을 피하고, 서북쪽으로 이사하면 안 된다. 재수가 없 고, 하는 일마다 꼬이고, 病으로 질병발생, 바람기 발동.

운세풀이

丑띠:이동수,우왕좌왕, 弱 다툼
寅띠:매사불편, 방해자,배신
卯띠:해결신,시험합격, 풀림
辰띠:적정 이어 있어 관재구설
巳띠:귀인상봉, 금전이득, 흥급
午띠:매사꼬임,과거2색, 질병
未띠:최고운상승세, 두마음
申띠:의욕과다, 스트레스큼
酉띠:시급한 일, 뜻대로 안됨
戌띠:만남,결실,화합,문서
亥띠:이동수,이별수,변동 움직임
子띠:빈주머니,걱정근심,사기

- 390 -

丙午年 양력 01月 10日 음력 11月 22日 土요일

구성月반			구성日반					甲 己 乙			지장간	손방위	吉方	凶方
8	4A	6P	2	7	9						癸	동남	正北	正南
7	9	2	1A	3	5			申 丑 巳						
3	5	1	6P	8	4									

乙亥	甲戌	癸酉	壬申	辛未	庚午	己巳	戊辰	丁卯	丙寅	乙丑	甲子
生	양	태	절	묘	사	병	쇠	왕	록	관	욕

狗狼星 구랑성 正廳정청 남에게 양보하고 매사 겸손 포용이 吉 잡폐업들
지산겸

三甲순	육갑납음	대장군방	조객방	삼살방	상문방	세파방	오늘생극	오늘원진	오늘상천	오늘상파	오늘상충	황도길흉	2 8 수성	건제12신	九星	吉神오늘	凶神오늘神殺	오늘吉神	오늘神殺	동남방	도화일	축인방	금일지옥

生甲 泉中水 卯正東方 卯正東方 未南西方 亥正北方 巳 伐벌 卯 亥 巳 午 사명황도 氐저 三碧 竈조 富부 어머니 대공망일 모창·양덕 유화·상광 인도 헌겁천불 아미보살 한빙지옥

칠성기도일	산신축원일	조왕하강일	나한하강일	불공 제의식 吉한 행사일									吉凶 길흉 大小 일반 행사일								
				천도재	신중기도	재수굿	용왕굿	조왕굿	병굿	결혼	입택	투자	계약	여행	이사	합방	방생	개업	신축	수리	서류제출	직원채용
×	◎	×	◎	×	×	◎	×	×	×	◎	×	○	×	◎	×	×	◎	×	×	×	×	×

당일 래정법

巳時	에 온사람은 의욕없는자 금전구재건 색정사로 다툼 억울한 일 매사불성사
午時	에 온사람은 금전문제 자손문제 친정문제로 운이 단단히 꼬여있음 직장은 불리 손해수
未時	에 온사람 건강문제 남편문제로 운이 단단히 꼬여있음 직장은 불리 손해수
申時	온 사람은 의욕과다 뭔가 이루고싶어 안달 망신수 관재 구설 수. 매사 허사불성 하고싶어서 온것
酉時	온 사람은 의욕다 새로운 일 하고자함 직장 상관없이 죽음 비관
戌時	온 사람 직장취업문제 친구형제간 배신 색정사 우환질병
亥時	불륜 사비투쟁, 급속정리해 3건2개방

꼭 피해야 할일

질병치료·사냥·승선·낚시·어로작업·요트타기·위험놀이기구·벌목·수렵·침대 가구들이기

백초귀장술의 오늘에 초사언

시간 점占	甲申공망-午未
子時	사업가 후원문제 가출사 이동사 질병
丑時	사기도난주창, 가출건, 여행불리, 질병
寅時	이동사, 육친이별, 부동산다툼, 타부정
卯時	윤직이면 헌상화약, 병화재발생, 순리
辰時	사업건 금전용통 가능, 시험합격, 취업사
巳時	도난 파재 상해, 관재, 자손문제, 女일
午時	관건 승전가능, 놀날일발생, 변화 불리
未時	취업문제, 관재, 금전손실, 여행 모두 불리
申時	사업건 금전용통 가능, 시험 색정사, 음란
酉時	남녀색정사 변심, 남편문제, 삼각관계
戌時	금전문제, 여자문제, 가출사 급한 시세
亥時	암산가능, 결혼기쁨, 여행번참, 망동주의

오늘 행운 복권 운세

복권사면 좋은 띠는 말띠 ⑧⑦②²
행운좋은 쪽방은 지에서 남쪽에 있음

申子辰生	북쪽문을 피하고, 서남쪽으로이사하면 안 된다. 재수가 업고, 하는 일마다 꼬이고, 病死 질병발생. 바람기 발동.
巳酉丑生	서쪽문을 피하고, 동남쪽으로이사하면 안 된다. 재수가 업고, 하는 일마다 꼬이고, 病死 질병발생. 바람기 발동.
寅午戌生	남쪽문을 피하고, 북동쪽으로이사하면 안 된다. 재수가 업고, 하는 일마다 꼬이고, 病死 질병발생. 바람기 발동.
亥卯未生	동쪽문을 피하고, 서북쪽으로이사하면 안 된다. 재수가 업고, 하는 일마다 꼬이고, 病死 질병발생. 바람기 발동.

운세풀이

寅띠:이동수,우왕좌왕, 弱탉 다툼	巳띠: 점점 일이 꼬임 관재구설	申띠:최고운상승세, 두마음	亥띠: 만남,결실,화합,문서
卯띠:매사불편, 방해자,배신	午띠: 귀인상봉, 금전이득, 현금	酉띠: 의욕과다, 스트레스큼	子띠:이동수,이별수,변동 움직임
辰띠:해결신,시험합격, 풀림	未띠: 매사꼬임,과거고생, 질병	戌띠: 시급한 일, 뜻대로 안됨	丑띠:빈주머니,걱정근심, 사기

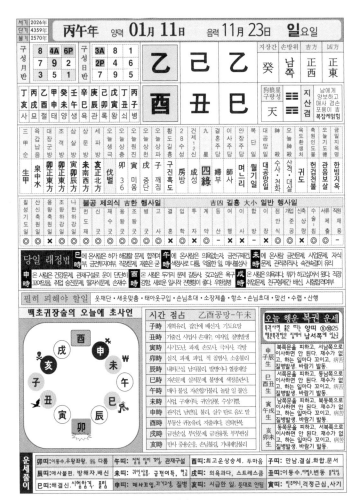

서기 2026年		丙午年	양력 01月 12日	음력 11月 24日	월요일
단기 4359年					
불기 2570年					

구성월반			구성일반			丙	己	乙	지장간	손방위	吉方	凶方
8	4A	6P	4P	9	2				癸	남서	正南	正北
7	9	2	3	5	7	戌	丑	巳				
3	5	1	8	1	6							

己	戊	丁	丙	乙	甲	癸	壬	辛	庚	己	戊	狗狼星	☵☵	지	남에게
亥	戌	酉	申	未	午	巳	辰	卯	寅	丑	子	구랑성		산	양보하고
절	묘	사	병	쇠	왕	록	관	욕	생	양	태	天	☵☵	겸	매사 겸손
															포용이 吉 복집케어링

三甲旬	육갑납음	대장군방	조객방	삼살방	상문방	세파방	오늘생극	오늘상충	오늘원진	오늘상천	오늘상파	황도길흉	2 8 宿	건제12신	九星	이사주당	안장주당	복단일	대공망일	神殺	오늘吉神	축원인도불	오늘태어난아이	금일지옥
生甲	屋上土	卯正東方	卯正東方	寅卯辰方	未南方	亥正北方	寶보	巳미움	酉중단	未깨짐	청룡황도	心심	收수	五黃	災재	손님	-	청룡·지덕	월형일	천강·지파	축도	헌번천불	미륵보살	한빙지옥 복지케어링

불공 제의식 吉한 행사일

칠성기도일	산신축원일	용왕축원일	조왕하강일	나한하강일	불공	천도재	신중기도	재수굿	용왕굿	조왕굿	병굿	고사	결혼	입학	투자	계약	등산	여행	이사	합방	점
×	◎	×	×	◎	×	◎	◎	◎	◎	◎	×	×	×	◎	×	◎	◎	×	×	×	◎

吉凶 길흉 大小 일반 행사일 (이어짐)

개업	신축상량	서류제출	직원채용
준공식	상	제	채
량침	-	용
◎	×	-	×

당일 래정법

巳時 에 온사람은 새로운데 방해자, 배신사 午時 에 온사람은 취직 해결할 문제, 합격 여부 未時 에 온사람은 의욕없는 자, 금전구재건, 관재구설로 다툼, 억울한 일 매사불성사

申時 온 사람은 금전문제, 사업문제, 관재구설사, 송사 戌時 온 사람은 건강문제, 금전손실 운이 단단히 꼬여있음 戌時 온 사람은 두마리 토끼를 잡으려는 욕심, 자식으로 인해 큰 지출 고고싶은 욕구 관재로 얽히게 됨, 자식으로 인해 큰 지출 꼬여있음, 취업 승진문제, 남자문제, 손재수 강함, 자식문제, 새로운 일사 진행함이 좋다.

필히 피해야 할일 제품제작·친구초대·수렵·싱크대교체·주방고치기·애완동물들이기·흙 파는일

백초귀장술의 오늘에 초사인

시간 점占	丙戌공망-午未
子時	관청공직, 남편 극, 직업공직, 구설 恩혜
丑時	사업, 구재이득, 귀인상봉, 수상기쁨.
寅時	적의 침범사, 불길하고 원수될, 가출사
卯時	골육 동업감, 남녀색정사, 방심만 도난사
辰時	관재 병재로 불길, 가출사·손재수 하극상
巳時	직업 명예사, 역마산관재재, 망신실주병재
午時	금전조실 진퇴양난, 이사 여행 불리
未時	잡안급재귀환, 삼각관계, 낙천근심 질병
申時	산후병길, 관재불성, 도망은 흉, 금전융통은
酉時	가내 과아산발생, 신부정, 물조심 하극상
戌時	가출건, 급병자 매사 지체 역마진건손해
亥時	파록불성사, 이별사, 타인의 침해 다툼

오늘 행운 복권 운세

복권사면 좋은 띠 원숭띠 ⑨19, 29
행운방작 집에서 서남쪽에 있는

	복권운
申子生	북쪽문을 피하고, 서남쪽으로 이사하면 안 된다. 재수가 없고, 하는 일마다 꼬이고, 病苦 질병발생. 바람기 발동.
巳酉丑生	서쪽문을 피하고, 동남쪽으로 이사하면 안 된다. 재수가 없고, 하는 일마다 꼬이고, 病苦 질병발생. 바람기 발동.
寅午戌生	남쪽문을 피하고, 북쪽으로 이사하면 안 된다. 재수가 없고, 하는 일마다 꼬이고, 病苦 질병발생. 바람기 발동.
亥卯未生	동쪽문을 피하고, 서북쪽으로 이사하면 안 된다. 재수가 없고, 하는 일마다 꼬이고, 病苦 질병발생. 바람기 발동.

운세풀이

辰띠: 이동수,우왕좌왕, 弱,다툼	未띠: 점직, 이이 꼬임, 관재구설	戌띠: 최고운상승세, 두마음	丑띠: 만남,결실,화합,문서
午띠: 매사불편, 방해자,배신	申띠: 귀인상봉, 금전이득, 햇운	亥띠: 의욕과다, 스트레스큼	寅띠: 이동수,애뜻함,변동 움직임
午띠: 해 결신,시험합격, 풀림	酉띠: 매사꼬임,과거고생, 질병	子띠: 시급한 일, 뜻대로 안됨	卯띠: 빈주머니,걱정근심, 사기

- 393 -

서기 2026年	丙午年	양력 01月 13日	음력 11月 25日	**화**요일
단기 4359年				
불기 2570年				

구성 월반	8	4A	6P	구성 일반	5P	1	3
	7	9	2		4	6	8
	3	5	1		9	2	7A

丁 己 乙
亥 丑 巳

지장간	손방위	吉方	凶方
癸	서쪽	正東	正西

狗狼星 구랑성 巳方 大門修造
남에게 양보하고 겸손한 포용이 吉
복잡케말것

지산겸

辛亥 庚戌 己酉 戊申 丁未 丙午 乙巳 甲辰 癸卯 壬寅 辛丑 庚子
태 양 욕 관 록 왕 쇠 병 사 묘 절

三甲旬: 生甲 / 大장군방 屋上土 / 조객방 卯正東方 / 삼살방 正南方 / 세파방 亥正北方 / 오늘생기 伐벌 / 오늘상충 巳 36 / 오늘원진 辰 미움 / 오늘천간 寅 깨짐 / 황도길흉 명당황도 / 28성수 尾 미 / 건제12신 開개 / 九星 六白 / 결혼주당 夫부 / 이사주당 安안 / 안장주당 아버지 / 神殺 音양·월엄 / 殺神 천적일 / 오늘神殺 지화·월엄 / 복단일 온도 / 용왕경 건천달 / 오늘기도德 여래보살 / 오늘길흉 한빙지옥

불공 제의식 吉한 행사일 / 吉凶 길흉 大小 일반 행사일

칠성기도	산신축원	용왕축원	조왕하강	불공	천의	재수굿	조왕굿	병굿	고사	결혼	입학	투자	계약	등산	여행	이사	이장	합방	신축상량	수술	서류 제출	직원 채용
◎	◎	◎	◎	◎	✕	◎	◎	✕	✕	◎	✕	✕	◎	✕	✕	◎	✕	◎	✕	◎	✕

당일 래정법
巳時: 온사람은 금전싸기 1 하루문제 이동수 午時: 온사람은 방해사, 배신사, 의욕상실 未時: 온사람 하극해결할 문제 급근함
申時: 온 사람은 의욕없고 자신없다, 사업상문제 酉時: 온 사람은 금전문제 사업문제 戌時: 온 사람은 건강문제, 관재수 운이 단단히
색정사, 관송사, 매사불성사

필히 피해야 할일 약혼식·인수인계·머리자르기·주방수리·장담그기·수의짓기·주방고치기·지붕 덮기

백초귀장술의 오늘에 초사언

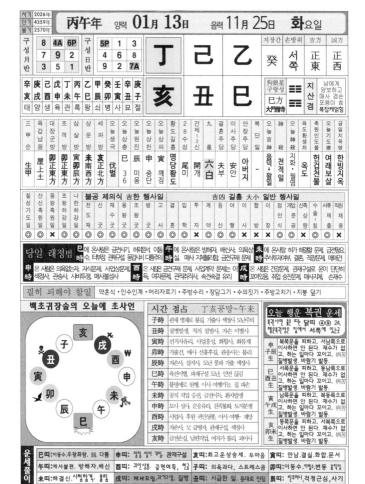

시간 점占	丁亥공망-午未
子時	관재 병재로 불길, 가출사 색장사 도난주의
丑時	질병발생, 적의 침범사, 자손 이별사
寅時	선거자유리, 사업흥성, 화합사, 화류계
卯時	가출건, 매사 선흥후길, 관송사는 불리
辰時	자손사, 실직사 도난 풍파 가출 색장사
巳時	육친이별, 파재구설 도난 안전 끊김
午時	불명예로 원행 이사 여행가능, 집 파손
未時	공직 직업 승진 금전이득, 환자발생
申時	모사 상사 순응유리 천관계화 토지문경
酉時	사업사, 후원 귀인상봉, 이사 여행, 재앙
戌時	자손사 父 급병자 관재구설 색장사
亥時	금전손실 남편직업 여자가 불리 색장사

오늘 행운 복권 운세
복권사면 좋은 띠는 닭띠 ④⑧ 24, 행운복권방 집에서 서쪽 쪽에 있는곳

申子辰生: 북쪽문을 피하고, 서남쪽으로 이사하면 안 된다. 재수가 없고 病者
巳酉丑生: 서쪽문을 피하고, 동남쪽으로 이사하면 안 된다. 재수가 없고 病者
寅午戌生: 남쪽문을 피하고, 북동쪽으로 이사하면 안 된다. 재수가 없고 病者
亥卯未生: 동쪽문을 피하고, 서북쪽으로 이사하면 안 된다. 재수가 없고 病者

운세풀이
巳띠: 이동수·우왕좌왕, 弱 다툼
午띠: 매사불편, 방해사, 배신
未띠: 해결신, 시험합격, 풀림
申띠: 점점 일이 꼬임, 관재구설
酉띠: 귀인상봉, 금전이득, 현금
戌띠: 매사꼬임, 과거고생, 질병
亥띠: 최고운상승세, 두마음
子띠: 의욕과다, 스트레스큼
丑띠: 시급한 일, 뜻대로 안됨
寅띠: 만남,결실,화합,문서
卯띠: 이동수,이예,변동 움직임
辰띠: 빈주머니, 걱정근심, 사기

- 394 -

丙午年　양력 01月 14日　음력 11月 26日　수요일

지장간	손방위	吉方	凶方
辛	서북	正北	正南

구성월반
8	4A	6P
7	9	2
3	5	1

구성일반
6	2P	4
5	7	9A
1	3	8

戊　己　乙
子　丑　巳

狗狼星 구랑성 - 廚竈 주방부엌
化宅規 의견충돌 대립갈등 / 관재구설수 / 이별배신자 / 이득백분갈등

癸	壬	辛	庚	己	戊	丁	丙	乙	甲	癸	壬
亥	戌	酉	申	未	午	巳	辰	卯	寅	丑	子
절	묘	사	병	쇠	왕	록	관	욕	생	양	태

三甲旬 / 대장군방 / 조객방 / 삼살방 / 상문방 / 세파방 / 오늘생극 / 오늘상충 / 오늘상천 / 오늘상파 / 황도흑도 / 건제12성 / 九星 / 결혼주당 / 이사주당 / 안장주당 / 神殺吉神 / 神殺凶神 / 오늘吉神 / 오늘환생처 / 봉황인모 / 글임지옥 / 화탕지옥 / 아미보살 / 화탕지옥

生甲 / 卯正東方 / 卯正東方 / 寅南辰方 / 未南方 / 亥正北方 / 制制 / 子 / 未 / 未 / 酉 / 청룡흑도 / 箕기 / 閉폐 / 七赤 / 利이 / 남자 / - / 육합·관일 / 수격·혈기 / 천도 / 약사여래

震霹火 / 寅南辰方 / 未 미동 / 未 중단 / 酉 깨짐 / 천정흑도

불공 제의식 吉한 행사일 / 吉凶 길흉 大小 일반 행사일

칠성기도	산신축원	용왕축원	조왕하강	나한기도	천도재	신중기도	재수굿	용왕굿	조왕굿	병굿	고사	결혼	입학	투자	계약	등산	여행	이사	합방	개업	신축	수술	서류	직원
×	×	×	×	×	×	×	×	×	×	×	×	×	×	×	×	×	×	×	×	×	×	×	×	×

당일 래정법

巳時 에 온사람은 삼각관계, 친정문제로 터부정, 헛 공사 시비모사나 방해갈등

午時 에 온사람은 이동변동수, 터부정, 관재구설 배반 다툼주의 차사고

未時 에 온사람은 방해자, 배신사, 의욕상실, 매사 지체됨됨, 형제간 사비불리함

申時 온 사람은 자식문제, 결혼문제, 경조사, 속결처리 해결됨, 사고주의 하리것은 승인됨

酉時 온 사람은 의욕없는자, 자포자기 病, 직장실직문제, 불륜사 관재로

戌時 온 사람은 금전이득, 자식사 주식투자문제, 부동산 매입문제, 재물구재수, 여자침접건 은근 사여

필히 피해야 할일: 흑도일에 폐閉神으로 수격과 토부와 혈기 등 강한 신살에 해당되어 매사 해롭고 불리한 날

백초귀장술의 오늘에 초사언

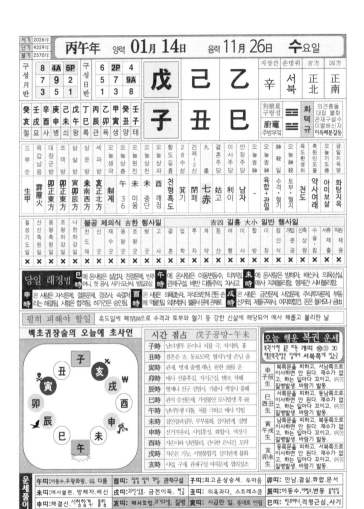

시간	점占	戊子공망-午未
子時		남녀쟁투 돈나가 서를 극, 자식피, 흉
丑時		결혼운 吉, 동료극명 협의나명 손님 옴
寅時		관재, 병재 출행, 재난, 원한 흉색 운
卯時		매사 선흉후길, 자식근심, 情夫 작해
巳時		형제나 친구 관재사, 가출사 색정사 관송
巳時		관직 승진문제, 가정불안 모사발생 후 破
午時		남녀투쟁 다툼, 처를 극하고 매사 막힘
未時		잡귀침투함, 부모불효, 삼각관계, 질병
酉時		선거자리다 당선苦, 화합사, 색정사
酉時		자손사나 남편불리 간사한 은닉건 모략
戌時		자손던 가뇨, 시험불합격, 삼각재무 불화
亥時		사업 구재 관재구설 여자문제, 협의장조

오늘 행운 복권운세

복권사면 좋은 띠는 개띠 ⑩ ⑳ ㉚
행운복권방은 집에서 서북쪽에 있는집

申子辰生 - 북쪽문을 피하라. 서남쪽으로 이사하면 안 된다. 재수가 없고, 하는 일마다 꼬이고, 病苦 질병발생, 바람기 발동.

巳酉丑生 - 서쪽문을 피하라. 동남쪽으로 이사하면 안 된다. 재수가 없고, 하는 일마다 꼬이고, 病苦 질병발생, 바람기 발동.

寅午戌生 - 남쪽문을 피하라. 북쪽으로 이사하면 안 된다. 재수가 없고, 하는 일마다 꼬이고, 病苦 질병발생, 바람기 발동.

亥卯未生 - 동쪽문을 피하라. 서북쪽으로 이사하면 안 된다. 재수가 없고, 하는 일마다 꼬이고, 病苦 질병발생, 바람기 발동.

운세풀이

午띠: 이동수, 우왕좌왕, 弱 다툼
未띠: 매사불편, 방해자, 배신
申띠: 해결신, 시험합격, 풀림
酉띠: 직장 위 '예', 관재구설
戌띠: 귀인상봉, 금전이득, 현금
亥띠: 매사꼬임, 과거고생, 질병
子띠: 최고운상승세, 두마음
丑띠: 의욕과다, 스트레스큼
寅띠: 시급한 일, 뜻대로 안됨
卯띠: 만남, 결실, 화합, 문서
辰띠: 이동수, 애왕, 변동 움직임
巳띠: 빈주머니, 걱정근심, 사기

서기	2026年
단기	4359年
불기	2570年

丙午年 양력 01月 15日 음력 11月 27日 목요일

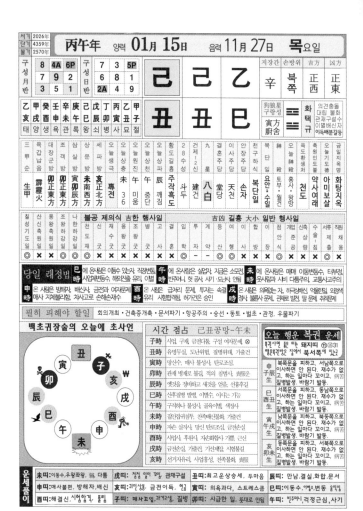

구성월반		
8	4A	6P
7	9	2
3	5	1

구성일반		
7	3	5P
6	8	1
2A	4	9

己	己	乙
丑	丑	巳

지장간	손방위	吉方	凶方
辛	북쪽	正西	正東

狗狼星 구랑성 寅方 廚舍 ☲☱ 화택규 — 의견충돌 대립 불화 관재구설수 이별배신자 이득배분갈등

乙	甲	癸	壬	辛	庚	己	戊	丁	丙	乙	甲
亥	戌	酉	申	未	午	巳	辰	卯	寅	丑	子
태	양	생	욕	관	록	왕	쇠	병	사	묘	절

三甲순	육갑납음	대장군방	조객방	삼살방	상문방	세파방	오늘생극	오늘상충	오늘원진	오늘상천	오늘상파	황도길흉	28수성	건제12신	九星	결혼주당	이사주당	안장주당	천구하식	복단일	神殺	오늘神殺	육도환생처	축원인도불	오늘기도德	금일지옥명
生甲	霹靂火	卯正東方	卯正東方	寅卯辰方	未南西方	亥正北方	專전	未 36	午 미움	午 중단	辰 깨짐	주작흑도	斗두	建건	八白	堂당	天천	손자	복단일	요안*수일	토부·월건	홍사·왕망	천도	약사여래	아미보살	화탕지옥

칠성기도일	산신축원일	용왕축원일	조왕하강일	나한하강일	불공 제의식 吉한 행사일							吉凶 길흉 大小 일반 행사일														
					천도재	신굿	재수굿	용왕굿	조왕굿	병굿	고사	결혼	입학	투자	계약	등산	여행	이사	합방	이장	점안식	개업준공	신축상량	수술-침	서류제출	직원채용
◎	×	×	◎	◎	◎	×	×	×	×	×	×	×	◎	-	-	◎	◎	×	×	×	◎	×	×	×	◎	×

당일 래정법

- **巳時** 에 온사람은 이동수 있는자, 직장변동, 사업체변동수, 해외진출 유리, 이별
- **午時** 에 온사람은 실업자, 지금은 소모전, 빈주머니, 헛 공사, 사기·모사사, 안됨
- **未時** 에 온사람은 매매 이동변동수, 터부정, 윗사람과 시비 다툼주의, 교통사고주의
- **申時** 온 사람은 방해자, 배신사, 금전과 여자문제 매사 지체불리함, 차사고로 손해손재수
- **酉時** 온 사람은 급처리 문제, 투자는 속결 유리 시험합격됨, 허가건은 승인
- **戌時** 온 사람은 의욕없는 자, 하극상배신, 억울한일, 외정색정사, 불륜사 문제, 관재로 발전, 딸 문제, 취직문제

필히 피해야 할일 회의개최 · 건축증개축 · 문서파기 · 항공주의 · 승선 · 동토 · 벌초 · 관정, 우물파기

백초귀장술의 오늘에 초사언

시간 점占 己丑공망-午未

子時	시업, 구재, 금전다툼, 구설 여자문제, ⊗
丑時	유명무실, 도난위험, 질병위태, 가출건
寅時	망신수, 매사 불성사, 탄로조심.
卯時	관재 병재로 불길, 적의 침범사, 喪服운
辰時	옛것을 정비하고 새것을 얻음, 선흉후길
巳時	산후질병 발병, 이별수, 이사는 가능
午時	구직하나 불성사, 골육이별, 색정사
未時	집안잡귀침투, 친족배신불화, 가출건
申時	자손 실직사, 망신 탄로조심, 금전손실
酉時	시업사, 후원사, 자손화합사 기쁨, 근신
戌時	금전손실, 가출건, 기선제압, 시험불길
亥時	선거자유리, 사업흥성, 친족불화, 喪服

오늘 행운 복권 운세

복권사면 좋은 띠는 **돼지띠** ⑪⑯31
행운복권방은 집에서 **북서쪽**에 있는곳

申子辰生	북쪽문을 피하고, 서남쪽으로 이사하면 안 된다. 재수가 없고, 하는 일마다 꼬이고, 病苦 질병발생. 바람기 발동.
巳酉丑生	서쪽문을 피하고, 동남쪽으로 이사하면 안 된다. 재수가 없고, 하는 일마다 꼬이고, 病苦 질병발생. 바람기 발동.
寅午戌生	남쪽문을 피하고, 북동쪽으로 이사하면 안 된다. 재수가 없고, 하는 일마다 꼬이고, 病苦 질병발생. 바람기 발동.
亥卯未生	동쪽문을 피하고, 서북쪽으로 이사하면 안 된다. 재수가 없고, 하는 일마다 꼬이고, 病苦 질병발생. 바람기 발동.

운세풀이

未띠:이동수,우왕좌왕, 弱, 다툼	戌띠: 점점 일이 꼬임, 관재구설	丑띠:최고운상승세, 두마음	辰띠: 만남,결실,화합,문서
申띠:매사불편, 방해자,배신	亥띠:귀인상봉, 금전이득, 현금	寅띠: 의욕과다, 스트레스큼	巳띠:이동수,이별수,변동 움직임
酉띠:해결신,시험합격, 풀림	子띠: 매사꼬임,과거고생, 질병	卯띠: 시급한 일, 뜻대로 안됨	午띠: 빈주머니,걱정근심,사기

丙午年

양력 **01**月 **16**日 음력 11月 28日 **金**요일

지장간	손방위	吉方	凶方
辛	북동	正南	正北

庚 己 乙
寅 丑 巳

구성월반			구성일반		
8	4A	6P	8	4A	6P
7	9	2	7	9	2
3	5	1	3	5	1

丁亥	丙戌	乙酉	甲申	癸未	壬午	辛巳	庚辰	己卯	戊寅	丁丑	丙子
병	쇠	왕	록	관	욕	생	양	태	절	묘	사

狗狼星 구랑성
午方 남쪽

화택규

의견충돌 대립 불화 관재구설수 이득매분갈등

三甲순	육갑납음	대장군방	조객방	삼살방	상문방	세파방	오늘의생극	오늘방위	오늘일진	오늘의 살	황도길흉	2十8宿	건제12신	九星	결혼주당	이사주당	안장주당	오늘吉神	神殺	오늘神殺	육도환생처	오늘생기	금일지옥
生甲	松柏木	卯正東方	卯正東方	寅南西方	未南西方	亥正北方	制殺	酉	巳중단	亥깨짐	금궤황도	牛우	除제	九紫	翁옹	害해	死사	-	월덕·삼합	멸몰·겁살	인도	약사여래	화탕지옥

약사보살

칠성기도일	산신축원일	용왕축원일	조왕축원일	나한기도일	불공 제의식 吉한 행사일							吉凶 길흉 大小 일반 행사일											
					천도재	신중기도	재수굿	용왕굿	조왕굿	병굿	고사	결혼	입택	투자	계약	등재	학자	여행	이사	합방	방사	벌초	안장	개업	준공	상량	서류제출	직원채용
◎	×	×	×	×	○	◎	◎	◎	◎	×	×	○	○	○	×	×	○	×	×	○	◎	×	○	×	×	○

당일 래정법

巳時 巳에 온사람은 문서 화합은 결혼 경사나 문서합궁 3왕 취업 기쁨

午時 午에 온사람은 이동수 있음 이사나 직 장변동 하려고 좋음 여행 이별 질병

未時 未에 온사람은 금전사기 하위문서 실 자 모난사고 반대사 첫째불 욋붙녀죄를

申時 온 사람은 매매 이동변동수, 가정불화문제, 관재구설 직장변동수, 차사고주의

酉時 온 사람은 방해자,친구동료 배신사 취업 승진 매사 지체불리함 질병액, 색상손실

戌時 온 사람은 급부정是 묘지불 고자사업체 운영질 병 색상사로 구설수, 시험 합격됨 하기건 승진됨

필히 피해야 할일 주식투자·사행성코인사업·명품구입·질병치료·투석·물건구입·새집들이·건축공개축

백초귀장술의 오늘에 초사언

시간 점占	庚寅 earth공망-午未
子時	만사길조, 운기발복, 이사가 吉, 신중
丑時	매사 막히고 퇴호, 사업 구재는 불길
寅時	타인이나 여자로부터 금전손실, 함정
卯時	금전문제 부인문제 색정사, 도난위험
辰時	매사꼬밈 병麻로 불길, 가출사 색정사
巳時	사업급전운 吉 임신가능, 결혼기쁨, 화해
午時	금전융통 다툼, 가내평온 가출, 시험불리
未時	갈림잡아귀타害, 전쟁봉화 사급금전불리
申時	부부이심 이자가 吉 사귀별衆, 가출사
酉時	파신해재 부인흉근, 배신음모로 함정
戌時	사업시 후원세, 직장승진, 이사가 吉
亥時	금전손실 도난 자식문제 화류애정 관련

오늘 행운 복권 운세

복권사면 좋은 띠는 쥐띠 ①⑧⑯
행운복권방은 집에서 북쪽방향

申子辰生	북쪽문을 피하고, 서남쪽으로 이사하면 안 된다. 재수가 없 고, 하는 일마다 꼬이고, 病苦 질병발생, 바람기 발동.
巳酉丑生	서쪽문을 피하고, 동남쪽으로 이사하면 안 된다. 재수가 없 고, 하는 일마다 꼬이고, 病苦 질병발생, 바람기 발동.
寅午戌生	남쪽문을 피하고, 북동쪽으로 이사하면 안 된다. 재수가 없 고, 하는 일마다 꼬이고, 病苦 질병발생, 바람기 발동.
亥卯未生	동쪽문을 피하고, 서북쪽으로 이사하면 안 된다. 재수가 없 고, 하는 일마다 꼬이고, 病苦 질병발생, 바람기 발동.

운세풀이

申띠:이동수,우왕좌왕, 弱 다툼	亥띠:직장 이동 꼬임, 관재구설	寅띠:최고운상승세, 두마음	巳띠: 만남,결실,화합,문서
酉띠:매사불편, 방해자,배신	子띠:귀인상봉 금전이득, 현실	卯띠:의욕과다, 스트레스큼	午띠:이동수,이별수,변동 움직임
戌띠:해결신,시험합격, 풀림	丑띠:매사꼬임,과거고생, 질병	辰띠:시급한 일, 뜻대로 안됨	未띠: 빈주머니,걱정근심,사기

丙午年 양력 **01**月 **17**日 음력 11月 29日 **土**요일 토왕용사

구성월반		
8	4A	6P
7	9	2
3	5	1

구성일반		
9	5	7
8	1	3P
4	6A	2

辛 己 乙
卯 丑 巳

지장간	손방위	吉方	凶方
己	無	正東	正西

狗狼星구랑성 의견충돌 대립 불화 관재구설수 이별배신자 이득배분갈등

화택규 天

己戊丁乙甲 壬辛庚戊
亥戌申未午 辰卯寅子
욕 관록왕쇠병 묘절태양생

三甲순	육갑납음	대장군방	조객방	삼살방	상문방	세파방	오늘상충	오늘원진	오늘상천	오늘상파	황도길흉	건제2신	九星	결혼주당	이사주당	안장주당	복단일	오늘神殺	오늘神殺	축원인행사처	오늘기도덕명	오늘吉凶神
生甲	松柏木	卯正東方	寅正東方	未南西方	亥西北方	制制	酉 36	申 미움	辰 충돌	대덕황도	建	一白	第 殺	女 女		滿 만		一白		第 제	殺 살	여자

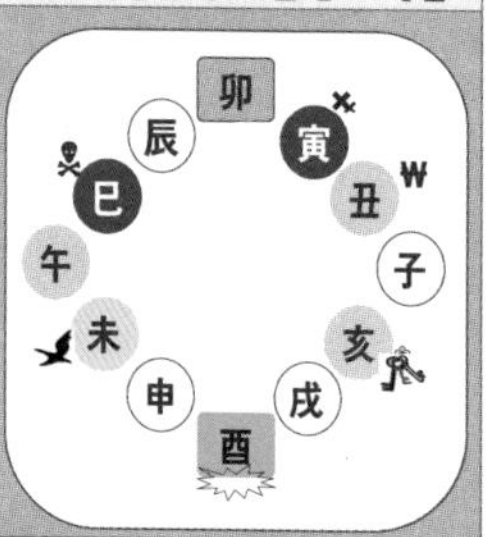

구성月반	8	4A	6P		구성日반	1	6	8A			지장간	손방위	吉方	凶方
	7	9	2			9	2	4			己	無	正北	正南
	3	5	1			5	7	3P						

壬 己 乙
辰 丑 巳

狗狼星
구랑성

天

화택
규

의견충돌
대립 불화
관재구설
이별배신자
이득배분갈등

辛亥	庚戌	己酉	戊申	丁未	丙午	甲辰	癸卯	壬寅	庚子
록	관	욕	생	양	태	절	묘	사	왕

三甲순 生甲 長流水

대장군방 卯正東方

조객방 卯正東方

삼살방 寅北東方

세파방 未南西方

오늘생극 伐

오늘상충 戌

오늘상천 亥

오늘원진 丑

황도길흉 백호흑도

2 8 수 虚허

건제12신 平평

九星 二黑

결혼주당 竃조

이사주당 富부

안장주당 어머니

대공망일 대공망일

오늘神殺 회기제성

오늘吉神 천격·월살

오늘흉신처 축도

원진식구 약사여래

지장보살 화탕지옥

칠성기도일	산신축원일	용왕축원일	조왕하강일	나한하강일	불공 제의식 吉한 행사일				吉凶 길흉 大小 일반 행사일											
					천신	재수	조왕	병굿	고사	결혼	입택	투자	계약	등 여	여행	이 하	점 안	개업	간판	신축	수 술	서류	직원
					굿	굿	굿			사		학	자	약	산		행	사	장	식	공	상	제 채
×	×	×	×	×	×	×	×	×	×	×	×	×	×	×	×	×	×	×	×	×	×	×	×

백초귀장술의 오늘에 초사언

시간 점占 壬辰공망-午未

子時	만사개득 유리, 남녀쟁투 처를 극, 破
丑時	남편문제 직장문제 가출사 출산 陷, 病
寅時	적의 참방사 불길하고 완수됨, 육친이별
卯時	병상파재 관송사 분쟁, 음란색정사⊗
辰時	금전손실 다툼, 불륜문제 직장변동
巳時	사업 구재, 상복 도난사 여자상부病
午時	매사 불성사 도망은 吉, 도적초심 陷害
未時	사기사 후원사 불분사, 화합사 금전고실
申時	잡귀침투침투, 전쟁불화 육친무력, 도난
酉時	남녀색정사, 금전손해 실물수, 가출사
戌時	육친무력 가출건 관재구설, 우환병病
亥時	관록 당선에 방해자, 실수 탄로, 가출사

오늘 행운 복권 운세

子辰生	북쪽운을 피하고, 서남쪽으로 이사하면 안 된다. 재수가 없고, 하는 일마다 꼬이고, 病苦 질병발생. 바람이 발동
巳酉丑生	서쪽운을 피하고, 동쪽으로 이사하면 안 된다. 재수가 없고, 하는 일마다 꼬이고, 病苦 질병발생. 바람이 발동
寅午戌生	남쪽운을 피하고, 북쪽으로 이사하면 안 된다. 재수가 없고, 하는 일마다 꼬이고, 病苦 질병발생. 바람이 발동
亥卯未生	동쪽운을 피하고, 서북쪽으로 이사하면 안 된다. 재수가 없고, 하는 일마다 꼬이고, 病苦 질병발생. 바람이 발동

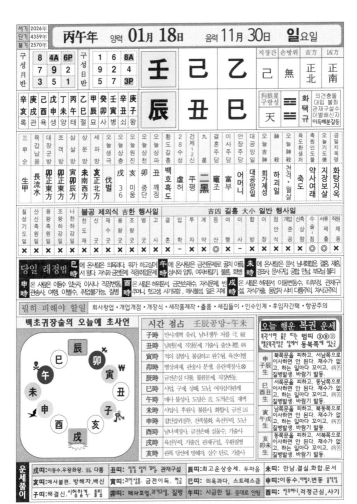

꼭히 피해야 할일 : 회사창업·개업개정·개장식·새작품제작·출품·새집들이·인수인계·후임자선택·항공주의

운세풀이

戌띠: 이동수,우왕좌왕, 啾, 다툼
亥띠: 매사불편, 방해자,배신
子띠: 해결신,시험합격, 풀림

丑띠: 점점 일이 꼬임, 관재구설
寅띠: 귀인상봉· 금전이득, 현금
卯띠: 매사꼬임,과거2숙, 질병

辰띠: 최고운상승세, 두마음
巳띠: 의욕과다, 스트레스큼
午띠: 시급한 일, 뜻대로 안됨

未띠: 만남,결실,화합,문서
申띠: 이동수,이별수,변동 움직임
酉띠: 빈주머니,걱정근심, 사기

- 399 -

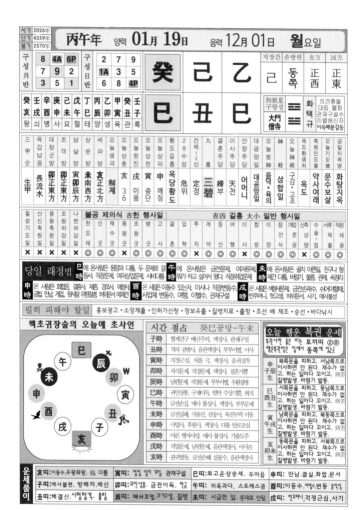

서기 2026年 단기 4359年 불기 2570年	丙午年	양력 **01月 19日**	음력 **12月 01日**	**月**요일

구성 月반	8	4A	6P	구성 日반	2	7	9	지장간	손방위	吉方	凶方
	7	9	2		1A	3	5	己 동쪽	正 西	正 東
	3	5	1		6	8	4P

癸 己 乙

巳 丑 巳

癸 亥 왕	壬 戌 쇠	辛 酉 병	庚 申 사	己 未 묘	戊 午 절	丁 巳 태	丙 辰 양	乙 卯 생	甲 寅 욕	癸 丑 관	壬 子 록

狗狼星
구랑성
大門
僧寺

화택규

의견충돌
대립 불화
관재구설수
이별배신자
이득배분갈등

三甲순	육갑납음	대장군방	조객방	삼살방	상문방	세파방	오늘상충	오늘원진	오늘상천	오늘상파	오늘상해	황도길흉	건제12신	九星	결혼주당	이사주당	안장주당	대공망일	神殺	오늘神殺	축원인도불	오늘 吉神	호충살처	제웅직성	일진해설
生甲	長流水	卯正 東方	寅 東方	東南 辰方	午正 西方	亥正 西方	制화	亥 3.6	戌 미움	寅 중단	申 깨짐	危위	定정	三碧	婦부	天천	어머니	대공망일	삼합일	구감·고초	옥녀	약사여래	문수보살	화탕지옥

칠성기도일	산신축원일	용왕축원일	조왕하강일	나한하강일	**불공 제의식 吉한 행사일**									**吉凶 길흉 大小 일반 행사일**												
					천 도 재	신 수 굿	재 수 굿	용 왕 굿	조 왕 굿	병 굿	고 사	결 혼	입 학	투 자	계 약	등 기	여 행	이 사	합 방	이 장	점 안 식	개업 준공	신축 상량	수 술	서류 제출	직원 채용
×	×	×	×	×	×	×	×	×	×	×	×	×	×	×	×	×	×	×	○	×	×	×	×	×	×	×

당일 래정법

巳時: 온사람은 원upanga 다툼 두 문제로 갈등
午時: 온사람은 금전문제, 여자문제
未時: 온사람은 골치 아픈일, 친구나 형제 동업
申時: 온 사람은 문제로, 갈등사 재물, 경쟁사 애정사 궁합
酉時: 온사람은 이동수 있는자, 이사나 직장변동수
戌時: 온사람은 색정사문제, 금전손재수, 수위미끼발동
時 직장문제, 여자상업문제, 색사다툼 매가 하고 싶어서 왔다 직장업문권
時 정관 만나 개입, 하고싶어 시험문제 사업체 변동수, 여행, 이별수, 관재구설
時 부모문제, 헛고생 하여문서 사기 매사불성

필히 피해야 할일

홍보광고 · 소장제출 · 인허가신청 · 정보유출 · 질병치료 · 출항 · 조선 배 제조 · 승선 · 바다낚시

백초귀장술의 오늘에 초사언

시간 점占	癸巳공망-午未
子時	행재관구 배산무의, 색상사, 관재구설
丑時	적의 참범사, 음란색정사, 부부이별, 이사
寅時	직장근심, 좌fn 극, 색상사, 음귀침투
卯時	자식문제, 직장문제, 색상사, 결혼기쁨
辰時	남편문제, 직장문제, 부부이별, 우환질병
巳時	관직승진, 구재이득, 발탁 수상기쁨, 취직
午時	금전손실, 매사 불성사, 색정사, 부모문제
未時	금전실패, 가출건, 관송사, 심란별리 이동
申時	사업사, 후원사, 색정사, 다툼 탄로조심
酉時	어른 병자사망, 매사 불성사, 가출도주
戌時	직업문제, 남편문제, 음란색정사, 이사sp
亥時	관재발동, 금전손해 실물수, 음란색정사

오늘 행운 복권 운세

행운사면 운을 띠는 **토끼띠 ②⑧**
행운복권방은 집에서 **동쪽** 방향

申 子 辰 生	북쪽문을 피하고, 서쪽문으로 이사하면 안 된다. 재수가 없고 하는 일마다 꼬이고, 病苦 질병발생. 바람이 발동.
巳 酉 丑 生	서쪽문을 피하고, 동남쪽으로 이사하면 안 된다. 재수가 없고 하는 일마다 꼬이고, 病苦 질병발생. 바람이 발동.
寅 午 戌 生	남쪽문을 피하고, 북쪽으로 이사하면 안 된다. 재수가 없고 하는 일마다 꼬이고, 病苦 질병발생. 바람이 발동.
亥 卯 未 生	동쪽문을 피하고, 서쪽으로 이사하면 안 된다. 재수가 없고 하는 일마다 꼬이고, 病苦 질병발생. 바람이 발동.

운세 풀이	**亥띠**:이동수,우왕좌왕, 약손 다툼	**寅띠**: 점점 일이 꼬임, 관재구설	**巳띠**:최고운상승세, 두마음	**申띠**: 만남,결실,화합,문서
	子띠:매사불편, 방해자,배신	**卯띠**:귀인상봉, 금전이득, 현금	**午띠**: 의욕과다, 스트레스큼	**酉띠**:이동수,이별수,변동 움직임
	丑띠:해결신,시험합격, 풀림	**辰띠**: 매사꼬임,과거고생, 질병	**未띠**: 시급한 일, 뜻대로 안됨	**戌띠**: 빈주머니, 걱정근심, 사기

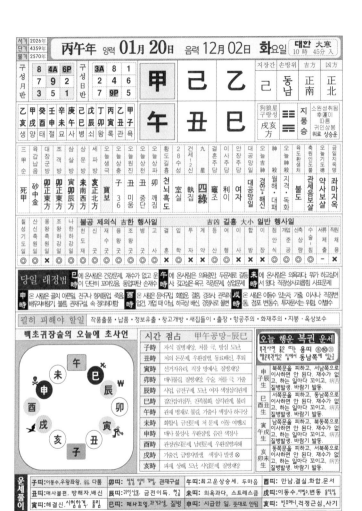

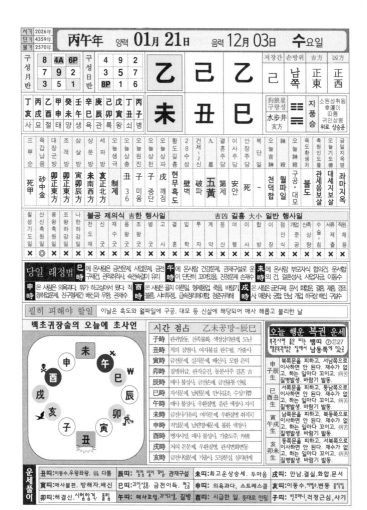

서기 2026年				
단기 4359年	丙午年	양력 **01**月 **21**日	음력 12月 03日	**수**요일
불기 2570年				

구성월반			구성일반			저장간	손방위	吉方	凶方
8	4A	6P	4	9	2	己	남쪽	正東	正西
7	9	2	3	5	7				
3	5	1	8P	1	6				

乙	己	乙
未	丑	巳

狗狼星 구랑성
水步井 方方
소원성취됨 축을다 나 이룸 귀인상봉 위로 상승운

丁亥	丙戌	甲申	癸未	壬午	辛巳	庚辰	己卯	戊寅	丁丑
사	묘	절	태	양	생	욕	관	록	왕	병

지풍승 귀인상봉

삼갑순	대장군방	조객방	삼살방	상문방	세파방	오늘상충	오늘상천	오늘원진	오늘상파	황도길흉	건제 2 신	九星	결혼주당	이사주당	안장주당	복단일	神殺	오늘神殺	오늘吉神	九星	인도환생처	오늘길흉	天狗하식시	

死甲
砂中金

卯正東方 卯正東方 寅卯辰方 未南方 辰正北方 制제 丑 子 戌 미움 戌 중단 현무흑도 壁역 破파깨짐 五黃 第제 安안 死 - 천덕합 월덕일 구공·대모 불도 관재지보살 대세지보살 좌마사 左馬사

칠성기도일	산신축원일	용왕축원일	조왕하강일	나한하강일	불공 제의식 吉한 행사일						吉凶 길흉 大小 일반 행사일									
					재수굿	수왕굿	조왕굿	병굿	고사	결혼	투자	계약	여행	이사	방침	개업	기공	신축	수리
✕	◎	✕	✕	✕	굿	굿	굿	굿	사		학	약		행			안	준	상	✕

당일 래정법

巳時에 온사람은 금전문제, 사업문제, 금전 / 午時에 온사람 건강문제, 관재구설로 운 / 未時에 온사람 부모자식 합의건 문서합 / 구원건 관직취직사, 취업 승진문제 / 이 단단히 꼬여있음, 직장문제 손재수 / 의 건 결혼성사, 사업직금, 이동수

申時에 온사람은 의욕과다 뭐가 되는줄알고 왔다 직장 / 酉時에 온사람 골치아픈일, 죽음 애환, 이별 / 戌時에 온사람 방해자, 배신사, 관재로 얽히게됨, 재물 재앙, 경조 / 장사업문제, 친구형제간 배신과 우환, 관재수 / 時 불화 사기모함, 급속정리해야, 청춘구절해 / 時 사 애정사 궁합 만남 개입 하라대 배신 구설수

필히 피해야 할일 이날은 흑도와 월파일에 구공, 대모 등 신살에 해당되어 매사 해롭고 불리한 날

백초귀장술의 오늘에 초사언 | 시간 점占 乙未공망-辰巳 | **오늘 행운 복권 운세**

복권사면 좋은 띠는 뱀띠 ⑦⑰㉗ 행운복권방은 집에서 **남동쪽** 에 있는

子時	관재발동, 친족불화 색정남녀불께 도난
丑時	적의 침범나, 여자불길 관수재, 가줄사
寅時	금전문제, 실직문제 배신사, 모함 은익
卯時	질병위급, 관직승진, 동분서주 결혼 吉
辰時	매사 불성사, 금전손해 금전용통 가능
巳時	자식문제, 남편문제 만남갈고, 수왕기쁨
午時	매사 불성사, 우환질병, 음란 색정사 자식
未時	금전사기유의, 여자문제 우환질병 취직可
申時	작은困제, 남편관계발생, 불륜 색정사
酉時	병자사망, 매사 불성사, 가출도주, 外情
戌時	처의 도문제, 우환질병, 관직변화변동
亥時	금전위문제, 가출사 모함誅심 삼각관계

申子辰
생

巳酉丑
생

寅午戌
생

亥卯未
생

북쪽문을 피하고, 서남쪽으로 오면 안 된다. 재수가 없 고, 하는 일마다 꼬이고, 病苦 질병발생, 바람기 발동.

서쪽문을 피하고, 동남쪽으로 이사하면 안 된다. 재수가 없고, 하는 일마다 꼬이고, 病苦 질병발생, 바람기 발동.

남쪽문을 피하고, 북쪽으로 이사하면 안 된다. 재수가 없 고, 하는 일마다 꼬이고, 病苦 질병발생, 바람기 발동.

동쪽문을 피하고, 서북쪽으로 이사하면 안 된다. 재수가 없 고, 하는 일마다 꼬이고, 病苦 질병발생, 바람기 발동.

운세풀이

丑띠:이동수,우왕좌왕, 弱暑 다툼
寅띠:매사불편, 방해자,배신
卯띠:해결신,시험합격, 풀림

辰띠:귀운상봉 금전이득, 현금
巳띠:귀인상봉, 금전이득, 현금
午띠:매사꼬임,과거고생, 질병

未띠:최고운상승세, 두마음
申띠:의욕과다, 스트레스큼
酉띠:시급한 일, 뜻대로 안됨

戌띠:만남,결실,화합,문서
亥띠:이동수,애롭,변동 움직임
子띠:빈주머니, 걱정근심, 사기

- 402 -

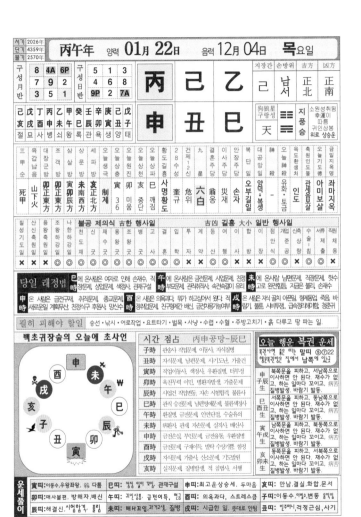

구성月반	8	4A	6P	구성日반	5	1	3
	7	9	2		4	6	8
	3	5	1		9P	2	7A

丙
申

己
丑

乙
巳

	지장간	손방위	吉方	凶方
	己	남서	正北	正南

己亥	戊戌	丁酉	乙未	乙未	癸巳	壬辰	辛卯	庚寅	己丑	戊子
절	묘	사	병	쇠	왕	록	관	욕	생	양	태

狗狼星
구랑성

지풍승

天

소원성취됨
후щий 따름
귀인상봉
위로 상승운

三甲旬	육갑납음	대장군방	조객방	삼살방	세파방	오늘생극	오늘상충	오늘원진	오늘상천	오늘상파	황도길흉	28수성	건제12신	九星	결혼주당	이사주당	안장주당	복단일	大공망일	神殺	오늘神殺	육도환생처	축원인도불	오늘기도덕	금일지옥
死甲	山下火	卯正東方	寅正東方	未南方	寅北方	制	寅	卯	亥	午	사명황도	奎규	危위	六白	翁옹	災재	손자	오부·보씨		양덕·불씨	유화·토끔	인도	관세음보살	아미지옥	마하지옥
							36		미움	깨짐										-				

불공 제의식 吉한 행사일 / 吉凶 길흉 大小 일반 행사일

질성기도일	산신축원일	용왕축원일	조왕하강일	나한하강일	천도재	신축	재수굿	용왕굿	조왕굿	병굿	고사	결혼	입학	투자	계약	여행	이장	점안식	개업준공	신축상량	수술	서류제출	직원채용
×	×	×	◎	◎	◎	◎	◎	◎	×	◎	×	◎	◎	×	×	◎	×	×	◎	◎	×	◎	×

필히 피해야 할일 : 승선·낚시·어로작업·요트타기·벌목·사냥·수렵·수열·주방고치기·흙 다루고 땅 파는 일.

백초귀장술의 오늘에 초사언

시간 점占 丙申공망-辰巳

子時	관송사 작업문제, 이동사, 자식질병
丑時	자식문제, 남편문제, 사기도난, 가출건
寅時	작업이동사, 색정사, 우환질병, 타부정
卯時	육친무력 이민, 병화재발생, 가출문제
辰時	사업건 직업변동, 자손 시험합격 불의사
巳時	취업 승진문제, 남편방해문제, 불륜색정사
午時	환경변 금전문제 안전단절, 수술유의
未時	病환자, 관재 자손문제, 실직사, 배신사
申時	금전융심, 부인문제, 금전융통, 우환질병
酉時	금전문제 구재이득, 발탁 수상기쁨, 함정
戌時	자식문제, 가출사, 산소문제, 기도발원
亥時	실직문제, 질병발생, 적 침범사, 시행

운세풀이	寅띠:이동수,우왕좌왕, 弱, 다툼	巳띠: 직업 입어 꼬임, 관재구설	申띠:최고운상승세, 두마음	亥띠: 만남,결실,화합,문서
	卯띠:매사불편, 방해자,배신	午띠:귀인상봉, 금전이득, 현금	酉띠: 의욕과다, 스트레스큼	子띠:이동수,애정,변동 움직임
	辰띠:해결신,시험합격, 풀림	未띠: 매사꼬임,과거고생, 질병	戌띠: 시급한 일, 뜻대로 안됨	丑띠: 빈주머니,걱정 근심,사기

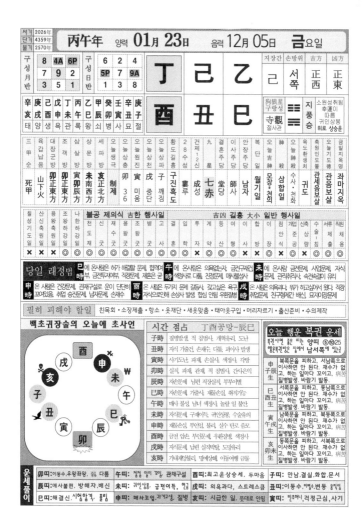

서기 2026년	丙午年	양력 **01**月 **23**日	음력 12月 05日	**금**요일
단기 4359년				
불기 2570년				

구성월반			구성일반			丁	己	乙	지장간	손방위	吉方	凶方
8	4A	6P	5P	7	9A				己	서쪽	正西	正東
7	9	2	6	1	8	酉	丑	巳				
3	5	1	1	3	8							

辛亥	庚戌	己酉	戊申	丁未	丙午	乙巳	甲辰	癸卯	壬寅	辛丑	庚子
태	양	생	욕	관	록	왕	쇠	병	사	묘	절

狗狼星
구랑성
寺觀
사관 질사안

지풍승

소원성취험 후運이 귀인상봉 위로 상승운

三甲순	육갑납음	대장군방	조객방	삼살방	상문방	세파방	오늘상충	오늘상천	오늘상파	황도길흉	건제12신	九星	결혼주당	이사주당	안장주당	神殺	오늘神殺	오늘吉神	오늘神殺	복단일	九星	오늘吉凶神	기도덕신	천구하강일	세월덕합	관음보살	좌마지옥
死甲	山下火	卯正東方	卯正東方	東南方	亥正北方	卯 3 6	寅 미움	戌 깨침	구진흑도	制 制	九	竈성	堂성	七赤	師성	男자	월인당	삼합일 · 천화	수사 · 천화	귀도	관음보살	좌마지옥

칠성기도일	산신축원일	용왕축원일	조왕하강일	나한기도일	불공 제의식 吉한 행사일											吉凶 길흉 大小 일반 행사일										
					천신	재수	용왕	조왕	병굿	고사	결혼	입택	계약	등교	개업	기공	신축	수술	서류	직원						
×	×	◎	×	◎	굿	굿	◎	굿	사	혼	학	자	약	산	행	장	식	공	량	침	제출				
×	×	◎	×	◎								안	준	상	상	침	제								

당일 레정법

巳時 巳에 온남은 하가 해결할 문제 합격여부 午時 午에 온남은 의외손자, 금전꺼래 未時 未에 온남은 금전문제, 사업문제, 자식
申時 申 사람은 건강문제 관재구설로 음이 단초 酉時 酉 사람은 무거지 문제 갈등사, 금전손해 戌時 戌 자식으로인해 손상사 발생 합심 안됨

필히 피해야 할일 친목회·소장제출·항소·옷재단·새옷맞춤·태아옷구입·머리자르기·출산준비·수의제작

백초귀장술의 오늘에 초사언

시간 점占	丁酉공망-辰巳
子時	질병방生 적 침범사, 개해유리, 도난
丑時	자식 가출건, 손재수, 다툼, 과나 발생
寅時	사기도난, 파재, 손실사, 색정사, 각방
卯時	실직, 파재, 관재, 적 침범사, 간사인손이
辰時	자손문제, 남편 직장실직, 부부沖刑
巳時	자손문제, 가출사, 재물손실, 취직가능
午時	매사 불성, 남녀 색정사, 놀랄 일 불안
未時	자식문제, 구재무리, 귀인상봉, 수술유의
申時	자손문제, 형옥不利, 물리 살수 탄로 음모
酉時	금전 얻는 부인문제, 우환질병, 색정사
戌時	자식문제, 남편 실직박탈, 도망유리
亥時	가내재앙불리, 명예실봉, 이동여행 금물

오늘 행운 복권 운세

복권사면 좋은 띠는 양띠 ⑤⑩25
행운복권방은 집에서 남서쪽이 있나

申子辰生	복福쪽을 피하고, 서남쪽으로 이사하면 안 된다. 재수가 결코 없고, 하는 일마다 꼬이고, 病苦질병발생, 바람기 발동
巳酉丑生	서쪽을 피하고, 동남쪽으로 이사하면 안 된다. 재수가 결코 없고, 하는 일마다 꼬이고, 病苦질병발생, 바람기 발동
寅午戌生	남쪽을 피하고, 북쪽으로 이사하면 안 된다. 재수가 결코 없고, 하는 일마다 꼬이고, 病苦질병발생, 바람기 발동
亥卯未生	북쪽을 피하고, 서쪽으로 이사하면 안 된다. 재수가 결코 없고, 하는 일마다 꼬이고, 病苦질병발생, 바람기 발동

운세풀이

卯띠: 이동수,우왕좌왕, 弱함, 다툼
辰띠: 매사불편, 방해자,배신
巳띠: 해결신, 시험합격, 풀림
午띠: 점진 이익 가능, 관재구설
未띠: 귀인상봉, 금전이득, 현금
申띠: 매사꼬임,과거고생, 질병
酉띠: 최고운상승세, 두마음
戌띠: 의욕과다, 스트레스큼
亥띠: 시급한 일, 뜻대로 안됨
子띠: 만남, 결실, 화합, 문서
丑띠: 이동수,액원,변동 움직임
寅띠: 빈주머니, 걱정근심, 사기

- 404 -

丙午年 양력 01月 24日 음력 12月 06日 土요일

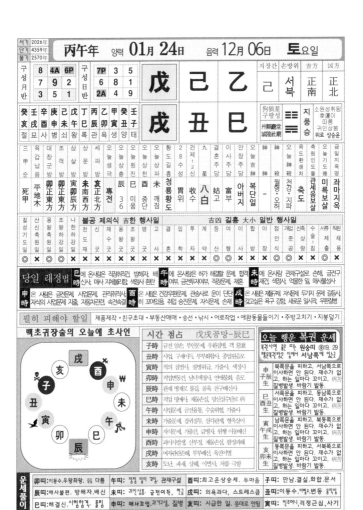

구성月반	8	4A	6P
	7	9	2
	3	5	1

구성日반	7P	3	5
	6	8	1
	2A	4	9

戊 己 乙
戊 丑 巳

| 지장간 | 손방위 | 吉方 | 凶方 |
| 己 | 서북 | 正南 | 正北 |

狗狼星 구랑성
州縣廳堂
城隍社廟

지풍승

소원성취됨
幸運이됨
귀인상봉
위로 상승운

癸	壬	辛	庚	己	戊	丁	丙	乙	甲	癸	壬
亥	戌	酉	申	未	午	巳	辰	卯	寅	丑	子
절	묘	사	병	쇠	왕	록	관	욕	생	양	태

| 三甲旬 | 육갑납음 | 대장군방 | 조객방 | 삼살방 | 상문방 | 세파방 | 오늘상충 | 오늘원진 | 오늘상천 | 오늘상파 | 황흑도 | 건제 12신 | 九星 | 결혼주당 | 이사주당 | 안장주당 | 神殺 | 神殺 | 오늘길흉 | 주당 | 오늘태어난 | 인동법 | 기도발 | 좌마지옥 | 띠르보살 |
| 死甲 | 平地木 | 卯正東方 | 卯正東方 | 寅艮東方 | 未南西方 | 正北方 | 辰 | 巳 | 酉 | 未 | 용룡황도 | 胃위 | 八白 | 姑고 | 富부 | 아버지 | 복단일 | | 월액·오귀 | 천강·지파 | 축도 | 관세음보살 | |

（중략: 칠성기도일 / 산신기도일 / 조왕기도일 / 나한기도일 / 용왕기도일 등 기도일 표）

불공 제의식 吉한 행사일										吉凶 길흉 大小 일반 행사일													
천도	신중	재수	용왕	조왕	병굿	고사	결혼	입택	투자	계약	등재	여행	이장	合방	0 점	개업	신축	수리	사 행	직원 제출
재	도	굿	굿	굿		사	혼	학	약	산	행	사	방	장	식	공	향	출
◎	✕	◎	✕	✕	✕	◎	◎	✕	✕	◎	✕	◎	◎	◎	✕	◎	✕

당일 래정법

巳時에 온사람은 직장부모건 방해사 배추 時에 온사람은 허가 해결할 문제 합격 未時에 온사람은 관재구설로 손해 금전구
신사 매사 지체불리함 색정사 휴란 여부 금전취직문제 직장문제 재혼 설 색정사 억울한 일 매사불성사

申時에 온사람은 금전문제 사업문제 酉時에 온사람은 건강무환문제 관재구설 戌時에 온사람은 제물구설 자식문제 갈등사
자식의 사업문제 지출 자동차관련 속전속결 주식투자여부 부동산 매입 취업 승진문제 자식문제 손재 금전손실 주식 운강 새로운 일시작 우환질병

꼭히 피해야 할일

제품제작·친구초대·부동산매매·승선·낚시·어로작업·애완동물들이기·주방조치기·지붕덮기

백초귀장술의 오늘에 초사언

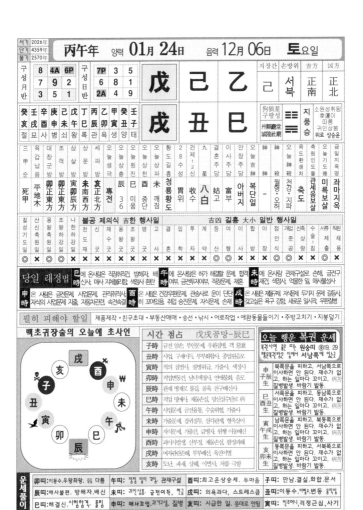

戊 亥 酉 子 申 W 丑 未 寅 午 卯 辰 巳

시간 점占	戊丑공망-辰巳
子時	금전 얻고 부인문제 우환생병 객 집옴
丑時	사업 구재나류 부부화합사 종업원음모
寅時	적의 참범사 잘병원한사 가출사 색정사
卯時	직업변동건 남녀색정사 연애불화 음모
辰時	관재 병액로 물김 금욕 관구매사사
巳時	작업 애증사 재물손실 망신실피극 병
午時	사업문제 금전융통 수술위험 가출사
未時	가출문제 잠귀침투 삼각관계 형옥살이
申時	자식문제 가출건 직업실업 원행 이동번성
酉時	과아신발생 신무주 재물손실 함정피해
戌時	여자화근건 부부배신 육친무정별
亥時	도난 파재 상액 이별사 처음 극함

오늘 행운 복권 운세

복권사면 좋은띠 원숭띠 ⑨19, 29
행운복권방은 집에서 서남쪽에 있는곳

申子辰生	복쪽문을 피하고, 서남쪽으로 이사하면 안 된다. 재수가 없고, 하는 일마다 安코, 질병발생 바람기 발동.
巳酉丑生	서쪽문을 피하고, 동남쪽으로 이사하면 안 된다. 재수가 없고, 하는 일마다 安코, 질병발생 바람기 발동.
寅午戌生	남쪽문을 피하고, 북동쪽으로 이사하면 안 된다. 재수가 없고, 하는 일마다 安코, 질병발생 바람기 발동.
亥卯未生	동쪽문을 피하고, 서북쪽으로 이사하면 안 된다. 재수가 없고, 하는 일마다 安코, 질병발생 바람기 발동.

운세풀이

卯띠	이동수,우왕좌왕, 弱, 다툼
辰띠	매사불편, 방해자,배신
巳띠	해결신, 시험합격, 풀림
午띠	점점 일이 꼬임, 관재구설
未띠	귀인상봉, 금전이득, 현금
申띠	매사꼬임,과거고생, 질병
酉띠	최고운상승세, 두마음
戌띠	의욕과다, 스트레스큼
亥띠	시급한 일, 뜻대로 안됨
子띠	만남,결실,화합,문서
丑띠	이동수,이별수,변동 움직임
寅띠	빈주머니, 걱정근심, 사기

丙午年 양력 01月 25日 음력 12月 07日 일요일

구성월반			구성일반		
8	4A	6P	8P	4A	6
7	9	2	7	9	2
3	5	1	3	5	1

지장간	손방위	吉方	凶方
己	북쪽	正東	正西

己 己 乙
亥 丑 巳

乙亥	甲戌	癸酉	壬申	庚午	己巳	戊辰	丙卯	甲寅	甲子
태	양	생	욕	관	록	왕	쇠	병	사	묘

狗狼星 구랑성
寺觀 절사관

지풍승

소원성취됨
幸運이 따름
귀인상봉
위로 상승운

三甲旬	육갑납음	대장군	조객방	삼살방	상문방	세파방	오늘일진	오늘생극	오늘천파	오늘지파	황흑도	건제12신	九星	결혼주당	이사주당	안장주당	복단일	神殺	오늘吉神	오늘神殺	지화 오기	육도환생처	인 연 법	기 도 발 원 법	축 원 법
死甲	平地木	卯正東方	卯正東方	寅南西方	未南西方	亥正北方	制殺	辰 3 6	申 중단	寅 깨집	명당황도	開 開介	昴묘	九紫	夫부	殺살	손님	-	음양부王殺	천직일	옥도	관세음보살	여래보살	좌마득옥

칠성기도일	산신기도일	용왕축원일	조왕축원일	나한기도일	불공 제의식 吉한 행사일						吉凶 길흉 大小 일반 행사일												
					천도재	신중기도	재수굿	용왕굿	조왕굿	병굿	결혼	입택 이사	여행	계약	등산	해외여행	원행	방류	개업 준공	기공 상량	수술	서류 제출	취임 식
✕	✕	✕	✕	✕	✕	✕	✕	✕	✕	✕	✕	✕	✕	✕	✕	✕	✕	✕	✕	✕	✕	✕	✕

당일 래정법

巳時에 온사람은 금전시구문제, 화류문서, 동업화합문제, 타력성 관송사 이동수

午時에 온사람은 자손문제, 취업 승진문제, 병방사, 배신사, 화합사, 재운 문제

未時에 온사람 허가 해결할 문제, 금전구재, 도난주색상문제, 주식투자사, 매매건 속결

申時에 온 사람은 자손문제, 상업문제문제, 직장실직, 여자화원문제, 색정사, 매사불성사

酉時에 온 사람은 자손문제, 사업문제, 여자문제, 계약 성사는 이동불성, 관직취직사, 남편 외정사

戌時에 온 사람은 건강문제, 관재구설로 운이 단단히 꼬이아있음, 취업 승진문제, 자식문제, 질病상사피

필히 피해야 할일

신상출고·제품제작·친구초대·문서파기·벌초·씨뿌리기·건축증개축·장담그기·흙파기

백초귀장술의 오늘에 초사언

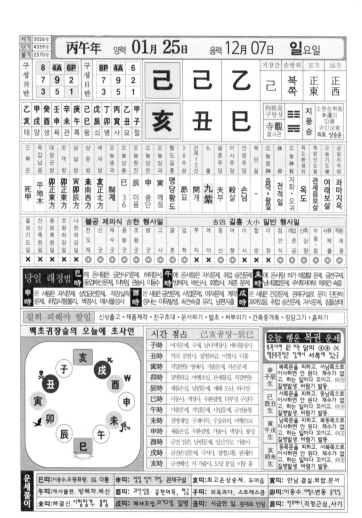

己亥공망→辰巳	
時	점占
子時	여자문제 구재, 남녀색정사, 매사불성사
丑時	적의 침범사, 질병위급, 아별사, 다툼
寅時	직장변동 명예사, 가출문제, 자손문제
卯時	질병위문, 여행조심, 관재불리, 직장변동
辰時	재물손실, 남편문제, 재해 도난, 하극상
巳時	이동수, 색정사, 우환질병, 타부정 구설수
午時	가출문제, 직업문제, 사업문제, 금전융통
未時	질병위급, 구재이득, 수술문제, 여행은凶
申時	재물손실, 우환질병, 가출사, 색정사, 불화
酉時	금전 압축, 남편문제, 임신가능, 가출사
戌時	금전손실문제, 극차사, 질병고통, 관재刑
亥時	금전孙사, 처 가출사, 모략 분실, 이동吉

오늘 행운 복권 운세

복권사면 좋은 띠는 **닭띠** ④⑧ 24,
행운복권방은 집에서 **서쪽**에 있는집

申子辰生	북쪽문을 피하고, 서남쪽으로 이사하면 안 된다. 재수가 없고, 하는 일마다 꼬이고, 病苦
巳酉丑生	서쪽문을 피하고, 동남쪽으로 이사하면 안 된다. 재수가 없고, 하는 일마다 꼬이고, 病苦
寅午戌生	남쪽문을 피하고, 북동쪽으로 이사하면 안 된다. 재수가 없 으며, 하는 일마다 꼬이고, 질병발생. 바람기 발동.
亥卯未生	동쪽문을 피하고, 서북쪽으로 이사하면 안 된다. 재수가 없 고, 하는 일마다 꼬이고, 질병발생. 바람기 발동.

운세풀이

巳띠:이동수,우왕좌왕함, 弱 다툼
午띠:매사불편, 방해자,배신
未띠:해결신, 시험합격, 풀림
申띠:점점 이여 꼬임, 관재구설
酉띠:귀인상봉, 금전이득, 현금
戌띠:매사꼬임,과거고생, 질병
亥띠:최고운상승세, 두마음
子띠:의욕과다, 스트레스큼
丑띠:시급한 일, 뜻대로 안됨
寅띠:만남,결실,화합,문서
卯띠:이동수,애냐수,변동 움직임
辰띠:빈주머니,걱정근심, 사기

丙午年 양력 01月 26日 음력 12月 08日 월요일

지장간	손방위	吉方	凶方
己	북동	正北	正南

구성月반	8	4A	6P	구성日반	9	5P	7
	7	9	2		8	1	3
	3	5	1		4	6A	2

庚 己 乙
子 丑 巳

丁亥	丙戌	乙酉	甲申	癸未	壬午	辛巳	庚辰	己卯	戊寅	丁丑	丙子
병	쇠	왕	록	관	욕	생	양	태	절	묘	사

狗狼星 구랑성 ☰☰ 지택림
中庭廳 관정마당

솔선수범 행동하라! 주인의식 가지고상부 상조하면좋음

三甲旬	육갑납음	대장군방	조객방	삼살방	상문방	세파방	오늘冲	오늘殺	오늘吉方	황도길흉	건제12성	九星	결혼주당	이사주당	안장주당	천구하식	오늘神殺	오늘吉神	오늘凶神	태세십이살	아미보살	독사지옥
死甲	壁上土	卯正東方	卯正東方	寅卯辰方	未南西方	亥東南方	午 36	未 미움	未 중단	酉 깨짐	建	형혹	畢필	一白	閉폐	廚주	害해	며느리	-	천덕·월덕	천형·혈지	천도

칠성기도일	신중기도일	용왕축원일	조왕축원일	나한기도일	불공 제의식 吉한 행사일						吉凶 길흉 大小 일반 행사일									
					산신제	용왕제	조왕제	병굿	고사	결혼	입주	투재	계약	여행	이장	점안식	개업	신축상량	수술	서류제출	직원채용
◎	✕	◎	◎	✕	✕	✕	✕	✕	✕	✕	✕	✕	✕	✕	✕	✕	✕	✕	✕	✕	✕

당일 래정법

巳時 에 온사람은 직장실건, 친구나 형제문제 관송사 살피자 빈주머니

午時 에 온사람은 이동변동수, 터부정, 하극상모함사건, 자식문제, 차사고

未時 비 매사 지체불리함, 도전 졌은 불리

申時 온 사람은 관직 취불문제, 결혼 경조사 문제색정사 구재나 돈 이동변동수, 상담문제

酉時 온 사람은 방해자, 배신사, 문제색정사, 우환질병, 관재, 교통사고 손재수

戌時 온 사람은 하극상 배신문제 금전융통 부동산 주식투자 재물구재나 여자 문제 부부갈등 빈깡통 고통줌

필히 피해야 할일	이날은 흑도일에 폐閉神으로 천형, 혈지 등 강한 신살에 해당되어 매사 해롭고 불리한 날

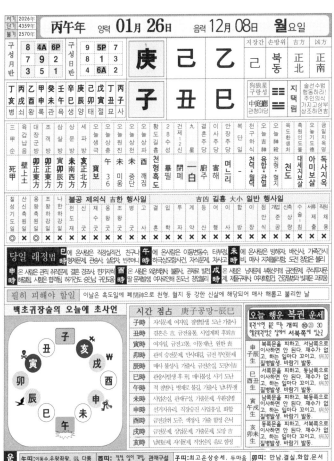

백초귀장술의 오늘에 초사언

시간 점占 庚子공망-辰巳

子時	자식문제 여자믹, 잘봐줄것 도난 가출사
丑時	결혼은 吉, 금전용통, 사업계획 후퇴吉
寅時	여자믹, 금전고통, 이동事나 원한 庚
卯時	관직 승진문제 만사沮目, 금전 부인문제
辰時	매사 불성사 가출사, 금전도움, 도난吽
巳時	관송사민금후 후 刑 매사불성 사기 도난
午時	적 침범사 병록죽 불길, 가출사 남투성
未時	사업손실 관직구설 가출문제, 우환질병
申時	선거자리다 직장승진 사업불성, 색정사
酉時	금전용통 도주, 색정사 가출 함정 은닉
戌時	금전문제 상업문제 가출문제 도망 吉
亥時	남편문제 자식문제 직장실직 음모 함정

오늘 행운 복권 운세

복권사면 좋은 띠는 개띠 ⑩㉓ 30
행운복권방은 집에서 서북쪽에 있오

申子辰生	북쪽문을 피하고, 남쪽으로 이사하면 안 된다. 재수가 없고, 하는 일마다 꼬이고, 病苦 질병발생. 바람기 발동.
巳酉丑生	동쪽문을 피하고, 동남쪽으로 이사하면 안 된다. 재수가 없고 하는 일마다 꼬이고, 病苦 질병발생. 바람기 발동.
寅午戌生	남쪽문을 피하고, 북동쪽으로 이사하면 안 된다. 재수가 없고, 하는 일마다 꼬이고, 病苦 질병발생. 바람기 발동.
亥卯未生	동북쪽문을 피하고, 서북쪽으로 이사하면 안 된다. 재수가 없고 하는 일마다 꼬이고, 病苦 질병발생. 바람기 발동.

운세풀이		
午띠: 이동수,우왕좌왕, 弱, 다툼	酉띠: 적식, 이익, 깨움, 관재구설	子띠: 최고운상승세, 두마음	卯띠: 만남,결실,화합,문서
未띠: 매사불편, 방해자,배신	戌띠: 끼인고민, 금전이득, 현실	丑띠: 의욕과다, 스트레스큼	辰띠: 이동수,액땜,변동 움직임
申띠: 해결신 시험합격, 풀림	亥띠: 매사꼬임,과거고생, 질병	寅띠: 시급한 일 뜻대로 안됨	巳띠: 빈주머니,걱정근심, 사기

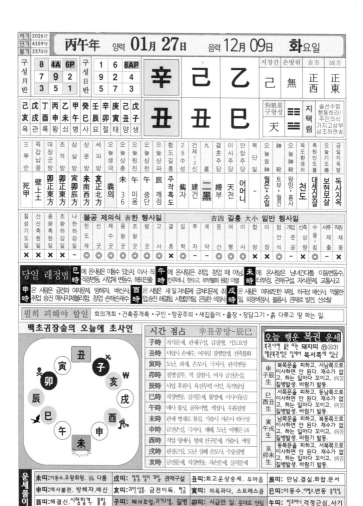

서기 2026年															

丙午年 양력 01月 27日 음력 12月 09日 火요일

구성월반	8	4A	6P	구성일반	1	6	8AP
	7	9	2		9	2	4
	3	5	1		5	7	3

辛 己 乙
丑 丑 巳

	지장간	손방위	吉方	凶方
	己	無	正西	正北

狗狼星
구랑성

솔선수범
행동하라!
주인의식
가지고상부
상조하면我

己戊丁丙乙甲癸壬辛庚己戊
亥戌酉申未午巳辰卯寅丑子
육 관 록 왕 쇠 병 사 묘 절 태 양 생

지택
림
天

三甲순	육갑납음	대장군방	조객방	삼살방	상문방	세파방	오늘상충	오늘원진	오늘상천	오늘상파	황도길흉	건제12신	九星	결혼주당	이사주당	안장주당	복단일	오늘吉神	神殺	오늘神殺	육도환생처	천구하식시	오늘土색
死甲	壁上土	卯正東方	卯正東方	寅東北方	未南西方	正北方	未	午	午	辰	주작흑	建	二黑	婦부	天천	어머니	-	월덕·월공	토부	왕이·홍사	천도	대세인살찰	보현보살	독사지옥
							36	미뭘음	중단안	깨김집													

칠성기도일	산신축원일	용왕축원일	조왕축원일	나한기도일	불공 제의식 吉한 행사일						吉凶 길흉 大小 일반 행사일													
					천신	신중	조왕	산신	용왕	칠성	결혼	입택	계약	여행	이사	합방	개업	신축	수 술	서류 제출	직원 채용			
					기도	기도	굿	굿	굿	굿	사		약	산	방		장	식						
×	×	×	×	-	◎◎	◎	◎	◎	◎	×	◎	◎	×	◎	×	-	◎	×	◎	×	×			

당일 래정법
巳時 에 온사람은 이동수 있자나 이사 직장 午時 에 온사람은 취업 창업 때 안됨 未時 에 온사람은 남녀간다툼 이동변동수
직장변동, 사업체 변동수 해외진출 반꾸머나 허사으 부부불화 원망 이별 타부정, 관재구설 자식문제 교통사고

申時 온 사람은 금전과 여자문제, 방해자, 배신사 酉時 온 사람은 새 일 자식에 급자가받고 취곱 戌時 온 사람은 여자로인한 부정, 하극상 배신사, 억울함
취업 승진 매사지체불리함, 창업 손해손재수 업승진 해결됨 사람합격됨 은밀한 색정사 時 일 의장색정사, 불륜사, 관재로 발전 산돈탈

필히 피해야 할일 회의개최 · 건축증개축 · 구인 · 항공주의 · 새집들이 · 출장 · 장담그기 · 흙 다루고 땅 파는 일

백초귀장술의 오늘에 초사언

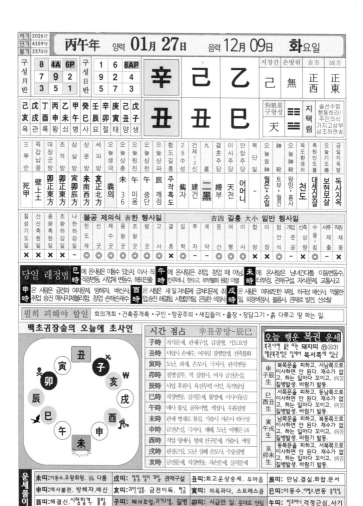

시간 점占	辛丑공망-辰巳
子時	자식문제, 관재구설, 금잘병, 기도요망
丑時	사업시 손재수, 여자일 잘봉발생, 친족불화
寅時	도난, 파재, 손모사, 극차사, 관직변동
卯時	질병침투, 적 침범사, 여자 금전손실
辰時	사업 후원사, 육권무극, 불명예, 이사이동
巳時	직장변동, 실직근제, 불명예, 이사이동수
午時	매사 불성사, 골육수별, 색정사, 우환질병
未時	관재 병재로 불리, 가출사 자손사 하극상
申時	금전손실, 극차사, 깨혜, 도난, 여행은 凶
酉時	작업 명예사, 형제, 친구로 관재구설, 색정
戌時	관재구설, 도난 상해 손모사, 수술질병
亥時	금전문제, 직장변동, 자손문제, 실직문제

오늘 행운 복권 운세
복권사면 욕는 띠는 돼지띠 ⑪⑯31
행복행걸방운 띠에서 북서쪽에 있음

子辰生	북쪽문을 피하고, 서남쪽으로 이사하면 안 된다. 재수가 없고, 하는 일마다 꼬이고, 病苦·질병발생. 바람기 발동.
巳酉丑生	서북쪽을 피하고, 동남쪽으로 이사하면 안 된다. 재수가 없고, 하는 일마다 꼬이고, 病苦·질병발생. 바람기 발동.
寅午戌生	남쪽문을 피하고, 북동쪽으로 이사하면 안 된다. 재수가 없고, 하는 일마다 꼬이고, 病苦·질병발생. 바람기 발동.
亥卯未生	동쪽문을 피하고, 북서쪽으로 이사하면 안 된다. 재수가 없고, 하는 일마다 꼬이고, 病苦·질병발생. 바람기 발동.

운세풀이

未띠:이동수,우왕좌왕, 弱교, 다툼 　戌띠: 정점, 이의 꾸미, 관재구설 　표띠:최고운상승세, 두마음 　辰띠: 만남,결실,화합,문서
申띠:매사불편, 방해자,배신 　亥띠:귀인상봉, 금전이득, 현己 　寅띠: 의욕과다, 스트레스큼 　巳띠:이동수,이별수,변동 움직임
酉띠:해결신,시험합격, 풀림 　子띠:매사꼬임,과거고생, 질병 　卯띠:시급한 일, 뜻대로 안됨 　午띠: 빈주머니,걱정근심, 사기

- 408 -

丙午年 · 양력 **01**月 **28**日　음력 12月 10日　**수**요일

구성月반			구성日반			壬	己	乙	직장간	손방위	吉方	凶方
8	4A	6P	2	7	9P				己	無	正南	正北
7	9	2	1A	3	5	寅	丑	巳				
3	5	1	6	8	4							

辛亥록 庚戌관 己酉욕 戊申생 丁未양 丙午태 乙巳절 甲辰묘 癸卯사 壬寅병 辛丑쇠 庚子왕

狗狼星 구랑성 ➖➖ 廚竈廁路 廚竈廁路 丑午方 지택림 솔선수범 행동하라! 주인의식 가지고상부 상조하여논의

三甲순	육갑납음	대장군	조객방	삼살방	상문방	세파방	오늘상극	오늘상충	오늘원진	황도길흉	건제12신	九星	결혼주당	이사주당	안장주당	복단일	대공망일	오늘吉神	오늘神殺	축원인도불	오늘기도덕	오늘吉凶	일진덕설
死甲	金箔金	卯正東方	寅艮辰方	未南西方	亥正北方	寶보	申 36	酉 미움	亥 깨짐	금궤황도	三 除단	三碧	竈조	利이	여자	-	대공망일	옥우·삼합	멸몰·해	인도지보살	대세지보살	약사보살	독사지옥

칠성기도일	산신기도일	용왕기도일	조왕기도일	나한기도일	불공 제의식 吉한 행사일					吉凶 길흉 大小 일반 행사일														
					천도재	신굿	재수굿	용왕굿	조왕굿	병굿	고사	결혼	입택	투자	계약	등기	여행	이사	합방	점안식	개업	신축상량	수술	서류제출	직원채용
×	◎	×	×	◎	×	×	×	×	×	×	○	×	○	×	×	×	×	×	×	×	○	×	×	×

당일 래정법

巳時에 온사람은 문서刊입 화환사 결혼사 **午時**에 온사람은 이동수 있자 이사나 **未時**에 온사람은 금전사기 실물사 색생사 직장변동 사험합격 부모효도, 문서노고 애정사 색정사 男問題

申時 온 사람은 매사 이동변동수, 직장변동수, 터 **酉時** 온 사람은 질병사 자손사 방해자 배신사 **戌時** 온사람은 자손문제, 허극상으로 배신사 해결노는 뒤 부정, 사기 하극상으로 다툼주의 차사고 주의 관송사, 취업 승진 매사 지체불리함 하나 후 불리함 사험 승진됨 관제

꼭 피해야 할일 신상신고 · 제품제작 · 친구초대 · 소장제출 · 항소 · 문 만들기 · 비석세우기 · 방류

백초귀장술의 오늘에 초사언

시간 점占	壬寅공망-辰巳
子時	금전문제 상업문제 처를 극 수술문제
丑時	매사 막히고 퇴보, 관재구설, 남녀문제
寅時	금전 암손 여자문제, 우환질병
卯時	자식문제, 직장실직, 색정사, 가출사
辰時	매사불성, 관재구설 속 중단, 금전손실
巳時	사업금전운 흉, 임신가능, 금전가쁨, 결혼
午時	금전융실 다툼, 부모문제, 가출, 이동수
未時	잠람잠거불화, 불화 색정사 관재구설
申時	취업사, 질병재앙, 가출사, 이동이 吉
酉時	파산파혼, 부인문제, 가출사, 배신음모
戌時	금전문제 자식사, 직장승진, 관재구설
亥時	금전손실 직장문제, 자식문제, 가출사

오늘 행운 복권 운세

복권사면 좋은 때는 **쥐띠** ①⑥⑯
행운복권방은 집에서 **북쪽** 쪽에 있는곳

子時辰生 북쪽문을 피하고, 서남쪽으로 이사하면 안 된다. 재수가 없 고, 하는 일마다 꼬이고, 病苦 질병발생. 바람기 발동.

巳酉丑生 서쪽문을 피하고, 동남쪽으로 이사하면 안 된다. 재수가 없 고, 하는 일마다 꼬이고, 病苦 질병발생 바람기 발동.

寅午戌生 남쪽문을 피하고, 북동쪽으로 이사하면 안 된다. 재수가 없 고, 하는 일마다 꼬이고, 病苦 질병발생. 바람기 발동.

亥卯未生 동쪽문을 피하고, 서북쪽으로 이사하면 안 된다. 재수가 없 고, 하는 일마다 꼬이고, 病苦 질병발생. 바람기 발동.

운세풀이

申띠:이동수,우왕좌왕, 弱 다툼	亥띠: 정정 이익 깨ぬ 관재구설
酉띠:매사불편, 방해자,배신	子띠:귀인상봉, 금전이득, 현음
戌띠:해결신 시험합격, 풀림	丑띠: 매사꼬임,과거고생, 질병
寅띠:최고운 상승세, 두마음	巳띠: 만남,결실,화합,문서
卯띠: 의욕과다, 스트레스큼	午띠:이동수,액회수,변동 움직임
辰띠: 시급한 일, 뜻대로 안됨	未띠: 빈주머니, 걱정근심, 사기

- 409 -

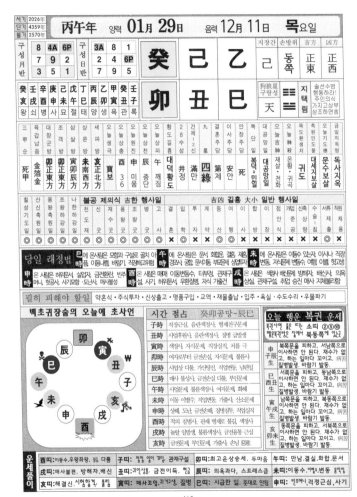

丙午年 양력 01月 29日 음력 12月 11日 **목**요일

구성月반			구성日반		
8	4A	6P	3A	8	1
7	9	2	2	4	6P
3	5	1	7	9	5

癸卯

己丑

乙巳

지장간	손방위	吉方	凶方
己	동쪽	正東	正西

癸亥왕 壬戌쇠 辛酉병 庚申사 己未묘 戊午절 丁巳태 丙辰양 乙卯생 甲寅욕 癸丑관 壬子록

狗狼星
구랑성
天
솔수변 행동하라!
주인의식
가지고상부
상조하면吉

지택림

三甲순 甲순

死甲

건제2 길흉 신살 吉神 흉신 길신 요일신

卯正東方

조객방

卯正東方

대장군방

삼살방

상문방

세파방

오늘
午
生

오늘
巳
生

오늘
丑
生

未正西方

亥正北方

酉보

申36

辰미움

午깨짐

井안정

滿만

四綠

第제

安안

死

봄날·미길

대공망일

재살·천의

귀도

대녀신보살

문수보살

독사지옥

金箔金

황2길흉

2.7
火성

九星

결혼주당

이사주당

안장주당

대공망

오늘神神

축원생

금일神

금귀신

당일 래정법

巳時 온사람은 모함과 구설로 끝치 아파 午時 에 온사람은 문서 화합은, 결혼, 재혼, 未時 에 온사람은 이동수 있는자 이사나 직장 時 이동수 바람기 직장이동수 경사 궁합 문서합 부모문제 상가문제 변동, 자식문제 변동수, 여행, 이별 핫생

申時 온 사람은 하반사 살인여 애정궁합 반주머니 헛공사 사기모함 도난사 매사불성 酉時 온 사람은 매매 이동변동수, 터부정 관재구설 사기 하반(관에 우환질병 자식 가출건 戌時 온 사람은 색정사 배신사 방해자 배신사, 의욕상실 관재구설 취업 승진 매사 지체불성

백초귀장술의 오늘에 초사언

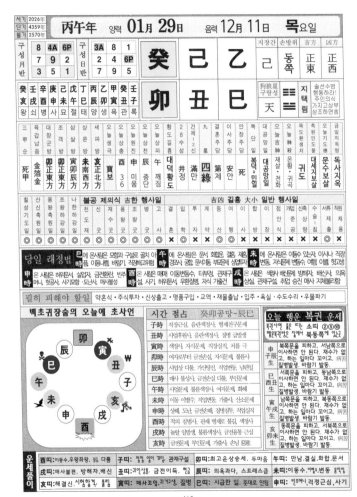

卯
辰 寅
巳   丑 W
午   子
未 亥
申 戌
酉

시간 점단 癸卯공망-辰巳

子時	직장근심, 음란색정사, 형제친구문제
丑時	사업후원사, 음란색정사, 형제 금전상
寅時	색정사 자식문제, 직장실직, 처를 극
卯時	여자로부터 금전손실, 자식문제, 불리사
辰時	사업상 다툼, 가산탕진, 직업변동, 남편일
巳時	매사 불성사 금전손실, 도난, 부모문제
午時	사업문제, 불물색정사, 여자문제, 화해
未時	이동 이별사, 직업변동, 가출사 산소문제
申時	상해, 도난 금전손실 질병침투, 직업실직
酉時	적의 침투사, 관재 병재로 불길, 색정사
戌時	놀랄 일발생 불물색정사 금전융통 근심
亥時	금전문제 부인문제 가출사 숨김 愛憎

오늘 행운 복권 운세

복권사면 좋은 띠는 소띠 ②⑤⑩
행운복권방은 집에서 북동쪽

子午生	북쪽문을 피하고, 서남쪽으로 이사하면 안 된다. 재수가 없고, 하는 일마다 꼬이고, 病苦 질병발생. 바람기 발동.
酉丑生	서쪽문을 피하고, 동남쪽으로 이사하면 안 된다. 재수가 없고, 하는 일마다 꼬이고, 病苦 질병발생. 바람기 발동.
午卯生	남쪽문을 피하고, 북동쪽으로 이사하면 안 된다. 재수가 없고, 하는 일마다 꼬이고, 病苦 질병발생. 바람기 발동.
卯未生	동쪽문을 피하고, 서북쪽으로 이사하면 안 된다. 재수가 없고, 하는 일마다 꼬이고, 病苦 질병발생. 바람기 발동.

운세풀이

酉띠:이동수,우왕좌왕, 弱, 다툼 子띠: 정점 이득 꾀임 관재구설 牛띠:만남,결실,화합,문서

戌띠:매사불편, 방해자,배신 丑띠:귀인상봉, 금전이득, 현금 寅띠:의욕과다, 스트레스큼 未띠:이동수,액,변동 움직임

亥띠:해결신,시험합격, 풀림 寅띠: 매사꼬임,과거고생, 질병 巳띠:시급한 일, 뜻대로 안됨 申띠:빈주머니,걱정근심, 사기

丙午年　양력 **01**月 **30**日　음력 **12**月 **12**日　**금**요일

구성月반			구성日반		
8	**4A**	**6P**	4	9	2
7	9	2	3	5	7
3	5	1	8	1	**6P**

甲
辰

己
丑

乙
巳

지장간	손방위	吉方	凶方
己	동남	正北	正南

乙	甲	癸	壬	辛	庚	己	戊	丁	丙	乙	甲
亥	戌	酉	申	未	午	巳	辰	卯	寅	丑	子
생	양	태	절	묘	사	병	쇠	왕	록	관	

狗狼星 구랑성
僧堂寺廟 승당사묘

지택림

솔선수범 행동하라! 주의의식 가지고상부 상조하면吉

三甲순	육갑납음	대장군방	조객방	삼살방	상문방	세파방	오늘生극	오늘神살	오늘원진	오늘상충	오늘상파	황도길흉	2 8 성수	건제 12신	九星	결혼주당	이사주당	안장주당	복단일	오늘吉神	神殺	육도환생처	축도	오늘吉凶神	금일 吉凶 大小	오늘神살
病甲	覆燈火	卯正東方	寅東北方	未南西方	正北方	戊制	亥	卯	丑	백호흑도	鬼귀	平평	五黃	翁옹	災재	손자	-	월공·천라	하괴·월살	천적·병부	축도	대세지보살	지장보살	독사지옥	死사지옥

일 성 기 도 일	용 왕 축 원 일	신 장 하 강 일	조 왕 하 강 일	불공 제의식 吉한 행사일							吉凶 길흉 大小 일반 행사일											
				천도재	신굿	재수굿	용왕굿	조왕굿	병굿	고사	결혼	입학	계약	여행	이사	합방	산행	점안식	개업	준공식	상량	수 술	서류 제출	직원 채용
◎	×	×	◎	◎	×	◎	×	×	◎	×	×	×	×	◎	×	×	×	×	×	×	×	◎

| ◎ | × | × | ◎ | × | × | × | × | × | × | × | × | × | × | × | × | × | ◎ | × | × |

당일 래정법
巳時 에 온사람은 뭐가 하고싶어서 왔다 자식 金문제, 실직금전, 색상, 관재로 얼등골치 아픔.
午時 에 온사람은 금전문제로 골치 아픔, 여자문제, 야한짓기 자손문제 사업.
未時 에 온사람은 문서 남편문제, 결혼, 재혼, 경사 문서합 궁합 당첨 부모별 불리.
申時 온 사람은 이동수 있으나 이사나 직장변동 画 온 사람은 허위문서, 금전손재수, 자식문제 빈탐.
戌時 온 사람은 허위문서 이동변동수, 터부정, 관재구설 병고, 실직사, 취업불투기불 불설
亥時 사업, 직장변동, 여행, 이별수, 취업불가, 질병.

필히 피해야 할일　새집들이 · 친목회 · 금전수금 · 출판출고 · 건축증개축 · 집수리 · 승선 · 바다낚시 · 동토

백초귀장술의 오늘에 초사언

時간 占占	午辰공망－寅卯
子時	여친각시 잘병사 사업후원사 손님 招愛
丑時	부모잘병받게 금전근심 관재 도난 방해
寅時	잘병걸림 직장승진문제 직장변동 말조심
卯時	파재 극차사 관송사 분쟁 수술위급
辰時	금전암손 여자문제 사업문제 금전다툼
巳時	사업 구재 상해 도난 자손문제 관재
午時	관재구설 직장변동 도적손실 화재주의
未時	사업사 후원사 음란불화사 화합사
申時	음란잡귀침투 적의 참관사 우환질병
酉時	잘병발생 남편직장 관리사 질병걸림
戌時	잘병질투, 색정사 적의 참관사 가출문제
亥時	사업투쟁사 방해자 질병재앙 소송 凶

오늘 행운 복권 운세
복권사면 좋은 띠는 범띠 ③⑧⑱
행운복권방은 집에서 **동북쪽**쪽
申子辰生 복권운은 서남쪽으로 이사하면 안 된다. 재수가 없고, 하는 일마다 꼬이고, 病苦
巳酉丑生 서북쪽으로 이사하면 안 된다. 재수가 없고, 하는 일마다 꼬이고, 病苦 질병발생. 바람기 발동.
午戌生 남쪽으로 이사하면 안 된다. 재수가 없고, 하는 일마다 꼬이고, 질병발생. 바람기 발동.
亥卯未生 동쪽으로 이사하면 안 된다. 재수가 없고, 하는 일마다 꼬이고, 질병발생. 바람기 발동.

운세풀이

戌띠:이동수,우왕좌왕, 다툼	丑띠:적정 일이 빼 관재구설	辰띠:최고운상승세, 두마음	未띠:만남,결실.화합.문서
亥띠:매사불편, 방해자,배신	寅띠:귀인상봉, 금전이득, 현금	巳띠:의욕과다, 스트레스큼	申띠:이동수,액싸,변동 움직임
子띠:해결신,시험합격, 풀림	卯띠:매사꼬임,과거고생, 질병	午띠:시급한 일,뜻대로 안됨	酉띠:빈주머니,걱정근심, 사기

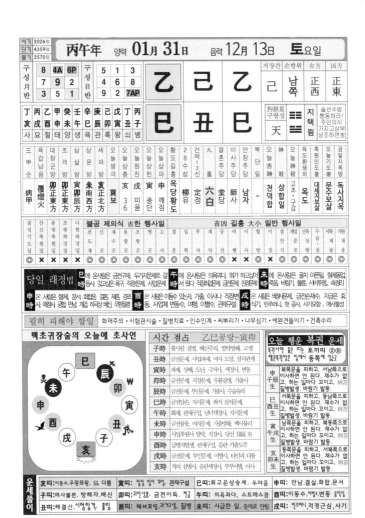

서기 2026年　단기 4359年　불기 2570年

丙午年　양력 **01**月 **31**日　음력 **12**月 **13**日　**토**요일

구성月반			구성日반		
8	4A	6P	5	1	3
7	9	2	4	6	8
3	5	1	9	2	7AP

지장간	손방위	吉方	凶方
己	南쪽	正西	正北

乙　己　乙
巳　丑　巳

丁丙乙甲癸壬辛庚己戊丁丙
亥戌酉申未午巳辰卯寅丑子
사묘절태양생욕관왕쇠병

狗狼星 구랑성　天
지택림

솔선수범 행동하라!
주인의식 가지고상부 상조하면吉

불공 제의식 吉한 행사일 / 吉凶 길흉 大小 일반 행사일

당일 래정법

필히 피해야 할일　화재주의 · 시험관시술 · 질병치료 · 인수인계 · 씨뿌리기 · 나무심기 · 애완견들이기 · 건축수리

백초귀장술의 오늘에 초사언

시간 점占	乙巳공망-寅卯
子時	윗사람 잘병 배신주의, 밀탁방해, 고생
丑時	금전문제 사업파제 여자 도망 삼각관계
寅時	파재 상배 도난 극차시 색정사 변동
卯時	금전문제 직장문제 우환질병 가출수
辰時	금전문제 부인문제 가출수 수술유의
巳時	금전손실 자식문제 취직 실직문제
午時	화재 관재구설 남녀색정사 자식문제
未時	금전융통 여자문제 가출방해 빠니물러
申時	사업후원사 발탁, 직장사 당선 謀聞 有
酉時	금전재문제 관재구설 음란 가출도주
戌時	금전재문제 부인문제 아험사 관직사 다툼
亥時	주의 잡함사 음난색정사 부부개별 이사

오늘 행운 복권 운세

북쪽문을 피하고, 서남쪽으로 이사하면 안 된다. 재수가 없고, 하는 일마다 꼬이고, 病苦 질병발생. 바람기 발동

서쪽문을 피하고, 동남쪽으로 이사하면 안 된다. 재수가 없고, 하는 일마다 꼬이고, 病苦 질병발생. 바람기 발동

남쪽문을 피하고, 동북쪽으로 이사하면 안 된다. 재수가 없고, 하는 일마다 꼬이고, 病苦 질병발생. 바람기 발동

동쪽문을 피하고, 서북쪽으로 이사하면 안 된다. 재수가 없고, 하는 일마다 꼬이고, 病苦 질병발생. 바람기 발동

운세풀이	
亥띠:이동수,우왕좌왕, 弱音, 다툼	寅띠: 점퍼 이어 꺾임, 관재구설
子띠:매사불편, 방해자,배신	卯띠:귀인상봉, 금전이득, 현금
丑띠:해결신,시험합격, 풀림	辰띠:매사꼬임,과거고생, 질병

巳띠:최고운상승세, 두마음
午띠: 의욕과다, 스트레스큼
未띠:시급한 일, 뜻대로 안됨

申띠: 만남,결실,화합,문서
酉띠:이동수,이별수,변동 움직임
戌띠: 빈주머니, 걱정근심, 사기

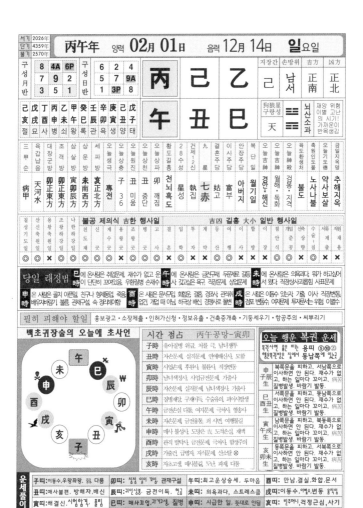

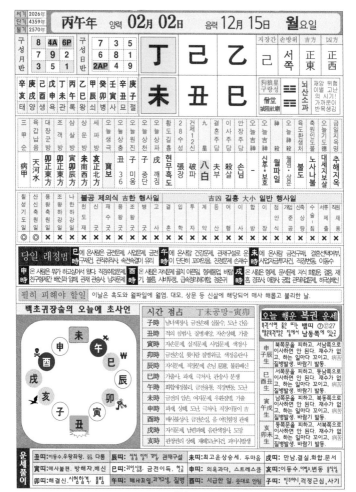

서기 2026年			
단기 4359年	丙午年	양력 02月 02日	음력 12月 15日 **月**요일
불기 2570年			

구성월반			구성일반			丁 己 乙	지장간	손방위	吉方	凶方
8	4A	6P	7	3	5	未 丑 巳	己	서쪽	正東	正西
7	9	2	6	8	1					
3	5	1	2AP	4	9					

狗狼星 구랑성 재앙 위험 이별 고난 의 시기! 가까운이 반목생김

僧堂 승당

辛亥 태 / 庚戌 양 / 己酉 생 / 戊申 욕 / 丁未 관 / 丙午 록 / 乙巳 왕 / 甲辰 쇠 / 癸卯 병 / 壬寅 사 / 辛丑 묘 / 庚子 절

三甲旬	갑납음	대장군방	조객방	삼살방	세파방	오늘생극	오늘상충	오늘상천	오늘상파	오늘상해	오늘원진	황도길흉	2수성	건제12신	九星	결혼주당	이사주당	안장주당	오늘吉神	神殺	오늘神殺	육도환생처	축원인도불	오늘기도덕	금일지옥명	대세지옥
病甲	天河水	卯正東方	寅正東方	亥正北方	未南西方	寶보	丑 3 6	子 미움	戌 깨짐	현무흑도	張장	破파	八白	夫부	殺살	손님		신후·보호	월파일	축원·상문	불도	노사나불	추해지옥	대세지옥

칠성기도일	산신축원일	용왕축원일	조왕하강일	나한하강일	불공 제의식 吉한 행사일								吉凶 길흉 大小 일반 행사일									
					천도재	신굿	재수굿	용왕굿	조왕굿	병굿	고사	결혼	입학	투자	계약	등산	여행	이사	합방	개업	신축	수리	서류제출	직원채용
◎	◎	×	×	×	×	×	×	×	×	×	×	×	×	×	×	×	×	×	×	×	×	×

당일 래정법

巳時에 온사람은 금전문제, 사업문제, 금전 午時에 온사람 건강문제, 관재구설로 운 未時에 온사람 금전구재, 결혼사택이동, 구재건 관라부정사, 속전속결이 유리 이단혼사 꼬이고 음, 진정문제 손재수 사업자금투자건, 직장변동, 이동수

申時에 온사람 무가 허고있으며 새로 직장문제구입 酉時에 온사람은 자손문제 골치 아프고 형제동업 戌時에 온사람은 형제, 문서문제 자식 화합은, 결혼, 재혼 친구동업가 마람이면 양매, 관재 관송사, 남자친외 남자직위 새 싸무슴, 금전용통위기, 급속정리해야 함 경조사 애정사 궁합 관라부정사, 하극상배신

필히 피해야 할일 이날은 흑도일 월파일에 월엄, 대모, 상문 등 신살에 해당되어 매사 해롭고 불리한 날.

백초귀장술의 오늘에 초사언

未 申 午 W 酉 巳 辰 戌 卯 亥 子 寅 丑

시간 점占		丁未공망-寅卯
子時	남녀색정사, 금전손해 실물수, 도난 가출
丑時	적의 침범사, 잘병위중, 자손상해, 가출
寅時	자손문제, 실직문제, 사업문제, 색정사
卯時	금전손실 윗사람 질병위급, 색정음란사
辰時	자식문제, 직장문제, 숨김 문제, 불륜사
巳時	가출사, 파재, 극차사, 관송사 분쟁
午時	화합애정불리, 금전융통, 직장변동, 도난
未時	금전의 암손, 여자문제, 우환질병, 가출
申時	파재, 상해, 극차사, 직장변동수 색정사
酉時	매사불성사, 금전손실, 음 여인함정 관재
戌時	자식문제, 남편문제, 음란색정사, 도난
亥時	관재관리 상해, 재물근심사건, 과이사발생

오늘 행운 복권 운세

복권사는 좋은 띠는 **뱀띠** ⑦①27 행운복권방 집에서 **남동쪽**에 있음

申子辰生 북쪽문을 피하고, 서남쪽으로 이사하면 안 된다. 재수가 없 고, 하는 일마다 꼬이고, 病苦 질병발생. 바람기 발동.

巳酉丑生 서쪽문을 피하고, 동남쪽으로 이사하면 안 된다. 재수가 없 고, 하는 일마다 꼬이고, 관재 질병발생. 바람기 발동.

寅午戌生 남쪽문을 피하고, 북동쪽으로 이사하면 안 된다. 재수가 없 고, 하는 일마다 꼬이고, 病苦 질병발생. 바람기 발동.

亥卯未生 동쪽문을 피하고, 서북쪽으로 이사하면 안 된다. 재수가 없 고, 하는 일마다 꼬이고, 病苦 질병발생. 바람기 발동.

운세풀이

丑띠:이동수,우왕좌왕, 弱病 다툼 辰띠:정신 일이 꼬임, 관재구설 未띠:최고운상승세, 두마음 戌띠:만남,결실,화합,문서

寅띠:매사불편, 방해자,배신 巳띠:귀인상봉, 금전이득, 현금 申띠:의욕과다, 스트레스큼 亥띠:이동수,이별수,변동 움직임

卯띠:해결신,시험합격, 풀림 午띠:매사꼬임,과거고생, 질병 酉띠:시급한 일, 뒤로 미룸 子띠:빈주머니, 걱정근심, 사기

- 414 -

丙午年 양력 **02**月 **03**日 음력 **12**月 **16**日 **화**요일

구성월반			구성일반			戊	己	乙	지장간	손방위	吉方	凶方
8	4A	6P	8	4A	6				己	서북	正北	正南
7	9	2	7	9	2	申	丑	巳				
3	5	1	3P	5	1							

癸	壬	辛	庚	己	戊	丁	丙	乙	甲	癸	壬
亥	戌	酉	申	未	午	巳	辰	卯	寅	丑	子
절	묘	사	병	쇠	왕	록	관	욕	생	양	태

| 狗狼星 구랑성 中庭 관청마당 | | 뇌산소과 | 재앙 위험 이별 고난의 시기! 가까운이와 반목생김 |

三甲旬	육갑납음	대장군방	조객방	삼살방	상문방	세파방	오늘상충	오늘상천	오늘상파	오늘상해	오늘원진	황도길흉	건제12신	九星	결혼주당	이사주당	안장주당	복단일	神殺	神殺	오늘吉神	육도환생처	축원인도불	오늘기도덕	금일지옥명
病甲	大驛土	卯正東方	卯正東方	巳午未方	寅東北方	亥正北方	寅	卯	亥	사명황도	깨집성	翼익	九紫	廚주	害해	며느리	오부길일	양인·삼살	유화·토금	인도	노사나불	아미보살	수해지옥

| 산신기도 | 조왕하강일 | 나라천은강일 | 불공 제의식 吉한 행사일 | | | | | | | | | | | | 吉凶 길흉 大小 일반 행사일 | | | | | | | | | |

(행사 기호 표: ◎ ◎ ◎ × × × ◎ ◎ × × ◎ × × × × × × × × ◎ × × × × × × × × × ◎ ◎)

당일 태정법 巳에 온사람은 관송사로 손재수 발생 / 金午에 온사람은 금전문제 사업문제 친정 / 未에 온사람은 남편문제 직업문제 운이 / 申時온 사람은 금전문제 관직취직사 자식의 사고 / 酉時온 사람은 하극상 윗사람과 다툼 / 戌時온 사람은 금전사고 직장문제 형제동기 자손문제

필히 피해야 할일 성형수술·농기구 다루기·승선·낚시·어로작업·위험놀이기구·흙 다루고 땅 파는 일

백초귀장술의 오늘에 초사언

시간 점占	戊申공망–寅卯
子時	금전융통, 부인참해, 태아령 관도요망
丑時	사기도난, 파재, 손실사, 색정사, 각방
寅時	파재, 관재, 적 질병사, 부부이심 타부정
卯時	재물손실, 부인질, 관재, 실수 탄로, 음모
辰時	자손 시험합격, 불륜사, 형제 친구 배신
巳時	화재근심, 우환질병, 불륜색정사, 관재
午時	질병재앙, 적 질병사, 자손문제, 가출문제
未時	병마지속, 금전손실, 극차사, 친족불화
申時	금전융통, 부인문제, 자손문제, 우환질병
酉時	자식문제, 실직문제, 남녀색정사, 음란불륜
戌時	매사 지체, 가급마비, 산소문제, 기도
亥時	사업사, 재물손실, 부인질, 질병발생

오늘 행운 복권 운세

복권사면 좋은 띠는 말띠 ⑤⑦㉒ 행운복권방은 집에서 남쪽에 있음

子辰申生	북쪽을 피하고, 서남쪽으로 이사하면 안 된다. 재수가 없고, 하는 일마다 꼬이고, 病苦 질병발생, 바람기 발동
巳酉丑生	서북쪽을 피하고, 동남쪽으로 이사하면 안 된다. 재수가 없고, 하는 일마다 꼬이고, 病苦 질병발생, 바람기 발동
寅午戌生	남동쪽을 피하고, 북쪽으로 이사하면 안 된다. 재수가 없고, 하는 일마다 꼬이고, 病苦 질병발생, 바람기 발동
亥卯未生	동쪽을 피하고, 서북쪽으로 이사하면 안 된다. 재수가 없고, 하는 일마다 꼬이고, 病苦 질병발생, 바람기 발동

운세풀이

寅띠	이동수·우왕좌왕, 弱 다툼	巳띠	정점 있어 끼임, 관재구설	申띠	최고운상승세, 두마음	亥띠	만남·결실, 화합·문서
卯띠	매사불편, 방해자·배신	午띠	귀인상봉, 금전이득, 현금	酉띠	의욕과다, 스트레스큼	子띠	이동수, 이별수·변동 움직임
辰띠	해결신, 시험합격, 풀림	未띠	매사꼬임, 과거고생, 질병	戌띠	시급한 일, 뜻대로 안됨	丑띠	빈주머니, 걱정근심, 사기

– 415 –

丙午年 양력 02月 04日 음력 12月 17日 수요일 입춘 立春 入 05時 02分 入

구성월반			구성일반			己 庚 乙	지장간	손방위	吉方	凶方
8	4A	6P	9	5	7		己	북쪽	正西	正東
7	9	2	8P	1	3	酉 寅 巳				
3	5	1	4	6A	2					

狗狼星 구랑성 寺廟神廟 사관사묘 | 뇌산소과 | 재앙 위험 이별 고난 가까운곳 반목생김

乙	甲	癸	辛	庚	辛	戊	丁	丙	乙	甲
亥	戌	酉	申	未	午	巳	辰	卯	寅	子
태	양	생	욕	관	록	왕	쇠	병	사	묘

三甲순	육갑납음	대장군방	조객방	삼살방	상문방	세파방	오늘생지	오늘상충	오늘상천	오늘원진	오늘상파	황도길방	건제12신	九星	결혼주당	이사주당	안장주당	복단일	神殺	오늘吉神	오늘神殺	오늘흉신	도로환생처	결혼인도물	오늘기도덕	죽음기도처	추해지옥
死甲	大驛土	卯正東方	卯正東方	巳午未南方	辰東南方	戌西北方	卯	寅	戌	巳	子	寶堂	卯 36	寅 미음	戌 중앙	깨짐		軫진 危위 一白 婦부 天천 어머니		음시·봉사	홍사·오허	귀곡·귀도	귀도	노사나불	관음지옥	

칠성기도일	산신기도일	용왕축원일	조왕축원일	나한기도일	불공 제의식 吉한 행사일					吉凶 길흉 大小 일반 행사일																
					천신굿	신중굿	재수굿	용왕굿	조왕굿	병굿	결혼	입택	투자	계약	등사	이사	아기	합방	이장	점안	개업	신축	수 술	서류 제출	직원 채용
◎	◎	◎	◎	◎	✕	◎	✕	◎	✕	✕	✕	✕	✕	✕	◎	✕	◎	✕	✕	◎	◎	◎	✕	◎	◎

당일 래정법 | 巳에 온사람은 허가 해결할 문제, 합격하나 午에 온사람은 자손문제, 형제문제, 색정 未에 온사람은 금전문제, 사업문제, 딸자 문제, 동업피자하거나 형제문제 재혼은 굳 時 문제로 큰 손실 매사불성사 時 식문제, 관재구설사, 속전속결이 유리

申 온 사람은 건강문제, 관재구설로 운이 단단히 酉 온 사람은 두가지 문제 갈등사, 하극상 손해수 戌 온 사람은 무거운 문제, 직장 時 꼬였음, 취업 승진문제, 남자문제, 손재수 時 배신, 새로운 일사작 재혼문제 좋다, 우환질병 時 문제로, 친구 형제와의 손실 배신 당할수

필히 피해야 할일 | 농기구 다루기·출장·벌목·사냥·수렵·승선·낚시·어로작업·요트타기·위험놀이기구

백초귀장술의 오늘에 초사언

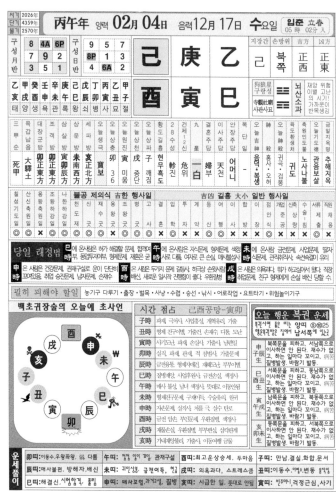

시간 점占	己酉공망—寅卯
子時	파재 극차사 사업형성 개력하리 가출
丑時	형제 친구이별 가출건, 손재수, 다툼, 도난
寅時	사기다툼 파재 손실사 가출사 남편질
卯時	실직 파재 관재 적 침범사, 가출문제
辰時	관재송사, 형제재해건, 재해다난 부부이별
巳時	잘병왕상, 사업문원사 금전소실, 색정사
午時	매사 불성, 남녀 색정사, 뜻대로 이동안됨
未時	형제원수무리 구원문제 수술유리 색정
申時	자손문제, 실직사, 처를 극 실수 탄로
酉時	금전 없는 부인문제 우환질병 색정사
戌時	재물손실 우환질병 부부변심 삼각해애
亥時	가내재앙불리, 가출사 이동수행 금융

오늘 행운 복권 운세

북쪽사랑 龍띠 양띠 ⑤⑩㉕
행운복권방위 집에서 남서쪽까지 있소

申子辰生	북쪽을 피하고, 서남쪽으로 이사하면 안 된다. 재수가 없고 하는 일마다 꼬이고, 病苦 질병발생, 바람기 발동.
巳酉丑生	서쪽을 피하고, 동남쪽으로 이사하면 안 된다. 재수가 없고 하는 일마다 꼬이고, 病苦 질병발생, 바람기 발동.
寅午戌生	남쪽을 피하고, 북동쪽으로 이사하면 안 된다. 재수가 없고 하는 일마다 꼬이고, 病苦 질병발생, 바람기 발동.
亥卯未生	동쪽을 피하고, 서북쪽으로 이사하면 안 된다. 재수가 없고 하는 일마다 꼬이고, 病苦 질병발생, 바람기 발동.

운세풀이	卯띠: 이동수,우왕좌왕, 弱及 다툼	午띠: 정점 일의 꺼임 관재구설	酉띠: 최고운상승세, 두마음	子띠: 만남,결실,화합,문서
	辰띠: 해사불편, 방해자,배신	未띠: 귀인상봉 금전이득, 현금	戌띠: 의욕과다, 스트레스큼	丑띠: 이동수,애정,변동 음직임
	巳띠: 해결신,시험합격, 풀림	申띠: 매사꼬임,과거2생, 질병	亥띠: 시급한 일, 뜻대로 안됨	寅띠: 빈주머니, 걱정근심, 사기

부록차례 부록

핵심래정택일지 활용하는법

핵심래정법을 보기위해서는 우선 역학의 기본원리가 되는 음양오행과 육십갑자와 육갑납음을 알아야 한다. 여기에서 많은 분들의 활용을 돕기 위하여 기초 편부터 확실하게 암기할 수 있도록 설명하고자 한다.

Ⅰ. 육갑[六甲]

天干천간은 열 가지로 구성되어 있다.
地支지지는 열두 가지로 구성되어 있다.

	陽	陰
天干천간	甲(갑),丙(병),戊(무),庚(경),壬(임)	乙(을),丁(정),己(기),辛(신),癸(계)
地支지지	子(자)寅(인)辰(진)午(오)申(신)戌(술)	丑(축)卯(묘)巳(사)未(미)酉(유)亥(해)

Ⅱ.

십천간과 12지지가 陽(양)은 양끼리, 陰(음)은 음끼리 서로 만나 육십갑자六十甲子를 만들어 냈다. 그 육십갑자에는 제각각 납음명納音名이 붙어있다.

	金	木	水	火	土
天干 陽	庚(경)	甲(갑)	壬(임)	丙(병)	戊(무)
天干 陰	辛(신)	乙(을)	癸(계)	丁(정)	己(기)
地支 陽	申(신)	寅(인)	亥(해)	巳(사)	辰(진)戌(술)
地支 陰	酉(유)	卯(묘)	子(자)	午(오)	丑(축)未(미)

Ⅲ.

육십갑자는 글자마다 음양오행으로 구분된다.

Ⅳ.

음양오행은 서로 상생도 하고 상극을 함으로 좋고 나쁨과 길흉이 발생한다.

相生(상생)	木生火(목생화)	火生土(화생토)	土生金(토생금)	金生水(금생수)	水生木(수생목)
相剋(상극)	金克木(금극목)	木克土(목극토)	土克水(토극수)	水克火(수극화)	火克金(화극금)

＊ 모든 干支(간지)는 干(간)과 支(지) 사이의 생극관계에 따라 다음과 같이 구분한다.

• **義日(의일)** : 甲子와 같이 위로 支生干을 한다. 〈 부하, 아랫사람과 일을 도모하기에 좋은 날이기도 하고, 상대에게 부탁, 호응을 얻기 위할 때 이로운 날이다.〉

• **伐日(벌일)** : 甲申과 같이 克干支를 한다. 〈상대에게 원했던 일은 무산되고, 오히려 공격을 되받게 된다. 아랫사람과의 상담이나 윗사람에게 청탁, 범인체포, 인원보충문제는 흉한 날이다. 특히 이런 날 운 명상담을 하게 되면 상대가 나를 무시한다.〉

• **專日(전일)** : 甲寅과 같이 支同干이다. 〈상대가 나와 같은 마음이다. 사이가 막역하게 팽팽하다. 타협은 안된다. 윗사람 방문이나 친구나 지인모임, 계약서 작성은 좋은 날〉

• **寶日(보일)** : 甲午와 같이 干生支한다. 내가 상대에게 양보해야하고, 베풀어야 한다. 윗사람 방문이나 봉 사활동, 문병 등 청탁 등에 좋은 날이다.〉

• **制日(제일)** : 甲辰과 같이 干克支를 한다. 〈내가 상대를 괴롭히거나 힘들게 한다. 상대를 제압하기에 유리 한 날이다. 아랫사람에게 훈시하거나 도둑을 체포하거나 직원교육 등에 좋은 날이다.〉

五行의 合刑沖破穿害元嗔의미표

I. 십천간과 12지지는 서로 合(합)을 하는 속성이 있다.

天干 合	甲己 合土	乙庚 合金	丙辛 合水	丁壬 合木	戊癸 合火
地支 三合	申子辰 合水	巳酉丑 合金	寅午戌 合火	亥卯未 合木	-

II. 육십갑자에는 제각각 숫자와 해당 방위, 색상을 의미하고 있다.

	甲己子午	乙庚丑未	丙辛寅申	丁壬卯酉	戊癸辰戌	巳亥
선천수	九 9	八 8	七 7	六 6	五 5	四 4
	水(수)	火(화)	木(목)	金(금)	土(토)	-
후천수	1, 6	2, 7	3, 8	4, 9	5, 0	-
방 위	北方(북방)	南方(남방)	東方(동방)	西方(서방)	중앙	
색 상	검정	빨강	청색	백색	황색	

III. 육십갑자의 오행속성에 따라 서로 합형충파천해원진(合刑沖破穿害元嗔) 관계로 구성되어있다.

天干 沖	甲庚沖, 乙辛沖, 丙壬沖, 丁癸沖.
地支 六合	子丑合土, 寅亥合木, 卯戌合火, 辰酉合金, 巳申合水, 午未合不變
地支 六沖	子午沖, 丑未沖, 寅申沖, 卯酉沖, 辰戌沖, 巳亥沖.
地支 方合	亥子丑北方水局(해자축북방수국), 寅卯辰東方木局(인묘진동방목국) 巳午未南方火局(사오미남방화국), 申酉戌西方金局(신유술서방금국)
地支 相刑 지지 상형	寅巳申 三刑(인사신 삼형) = 寅刑巳, 巳刑申, 申刑寅. 丑戌未 三刑(축술미 삼형) = 丑刑戌, 戌刑未, 未刑丑. 자묘상형(子卯相刑)= 子刑卯, 卯刑子. 진오유해 자형(辰午酉亥 自刑)= 辰刑辰, 午刑午, 酉刑酉, 亥刑亥.
地支 六破	子破酉, 寅破亥, 辰破丑, 午破卯, 申破巳, 戌破未.
地支 六害	子害未, 丑害午, 寅害巳, 卯害辰, 申害亥, 酉害戌.
地支 相穿	子未상천, 丑午상천, 寅巳상천, 卯辰상천, 申亥상천, 酉戌상천.
地支 元嗔	子- 未, 丑- 午, 寅- 酉, 卯- 申, 辰- 亥, 巳- 戌.

IV. 각 띠별 三災法(삼재법)

태어난 해生年	申子辰 生	巳酉丑 生	寅午戌 生	亥卯未生
三災 해年	寅卯辰 되는해	亥子丑 되는해	申酉戌 되는해	巳午未 되는해

五行의 인체속성조견표

五行	木	火	土	金	水
五臟(오장)	간 [해독]	심(심포) [순환]	비장 [소화]	폐 [호흡]	신장 [배설]
六腑(육부)	담	소장(삼초)	위	대장	방광
五體(오체)	근육	혈액(혈관)	육(살)	피(피부)	골(뼈)
五竅(오규)	눈(目)	혀(舌)	입(口)	코(鼻)	귀(耳)
五志(오지)	怒(성냄)	喜(기쁨)	思(생각)	憂(근심)	恐怖(불안)
五神(오신)	魂(넋)	神(정신)	靈 意(의지)	魄(형체)	精志(의향)
五音(오음)	각(角)	치(致)	관(宮)	상(商)	우(羽)
五聲(오성)	呼(부르짖음)	笑(웃음)	歌(노래)	哭哭(슬픔)	呻(신음)
五狀(오상)	風(바람)	熱(더위)	濕(습기)	燥(건조)	寒(찬기)
五榮(오영)	爪(손톱)	面色(색깔)	입술	毛(솜털)	髮(머리털)
五役(오주)	色(빛깔)	臭(냄새)	味(맛)	聲(소리)	液(액체)
五令(오령)	선발	욱증	운우(云雨)	안개	엄정
五臭(오취)	조膝(노린내)	초焦(탄내)	香(향내)	성腥(비린내)	부腐(썩은내)
五動(오동)	근육경련 [힘줄]	근심 [맥박]	구토 [살]	기침 [피부털]	떨다 [혈]
五味(오미)	산酸(신맛)	고苦(쓴맛)	감甘(단맛)	辛(매운맛)	함鹹(짠맛)
五液(오액)	눈물	땀	침	콧물	침(타액, 가래)
五時(오시)	春(봄)	夏(여름)	長夏(긴여름)	秋(가을)	冬(겨울)
五方(오방)	東 [청룡]	南 [주작]	中央 [구진]	西 [백호]	北 [현무]
五氣(오기)	和(합)	현	幽(스며들다)	청	한
五形(오형)	直(곧음)	뾰죽함	方(모가남)	博(평평함)	圓(둥글음)
오變(오변)	추나	담련	동주	숙살	응열
五常(오상)	仁(인) [자비]	禮(예) [명랑]	信(신) [중후]	義(의) [용단]	智(지) [지혜]
五政(오정)	산散(흩어짐)	명明(밝음)	밀密(고요함)	경勁(힘 강함)	정靜(맑음)
五象(오상)	榮(푸름싱싱)	창蒼(무성)	영盈(가득참)	렴斂(모으다)	숙肅(엄숙)
五色(오색)	靑(청) [태호]	赤(적) [염제]	黃(황) [황제]	白(백) [소호]	黑(흑) [전욱]
五用(오용)	動(움직임)	조肇(공격)	化(만들다)	고固(단단함)	조操(조종)
五星(오성)	笹星(세성)	형광성	진성	태백성	진성
五現(오현)	生(태어남)	旺 莊(자라남)	둔鈍 化(변하다)	殺 收(거두다)	死 臟肚(저장)
五性(오성)	훤暄(따스함)	서暑(더위)	情炎(정염)	冷(냉)	름凜(차다)
五畜(오축)	닭(鷄)	양(羊)	소(牛)	개(犬)	돼지(豚)
五數(오곡)	麥(보리)	밀	직稷(기장)	벼	荳(콩류)
五菜(오채)	부추	염薤(염교)	葵(아욱)	파	藿(콩잎)
五果(오과)	자두(李)	살구(杏)	대추(棗)	복숭아(桃)	밤(栗)
五數(오수)	三 , 八	二 , 七	五 , 十	四 , 九	一 , 六
五病(오병)	얼굴질환	혈압질환	당뇨질환	사지질환	생식질환

시간	분	甲 己 日	乙 庚 日	丙 辛 日	丁 壬 日	戊 癸 日
子	오후 11시부터 오전 1시까지	甲子	丙子	戊子	庚子	壬子
丑	오전 01시부터 오전 03시까지	乙丑	丁丑	己丑	辛丑	癸丑
寅	오전 03시부터 오전 05시까지	丙寅	戊寅	庚寅	壬寅	甲寅
卯	오전 05시부터 오전 07시까지	丁卯	己卯	辛卯	癸卯	乙卯
辰	오전 07시부터 오전 09시까지	戊辰	庚辰	壬辰	甲辰	丙辰
巳	오전 09시부터 오전 11시까지	己巳	辛巳	癸巳	乙巳	丁巳
午	오전 11시부터 오후 1시까지	庚午	壬午	甲午	丙午	戊午
未	오후 1시부터 오후 3시까지	辛未	癸未	乙未	丁未	己未
申	오후 3시부터 오후 5시까지	壬申	甲申	丙申	戊申	庚申
酉	오후 5시부터 오후 7시까지	癸酉	乙酉	丁酉	己酉	辛酉
戌	오후 7시부터 오후 9시까지	甲戌	丙戌	戊戌	庚戌	壬戌
亥	오후 9시부터 오후 11시까지	乙亥	丁亥	己亥	辛亥	癸亥

Ⅰ. 자연정시법

* 일반적으로 점사에 쓰이는 시각을 산출할 때에는 동경 135도에서 시각을 한국
서울 127도를 기점으로 적용하여 30분씩 뒤로 미루어진 시각으로 사용하고 있다.
매 시간 마다 30분씩 늦춰진 이 시간 법은 태어난 시간을 산출할 때, 즉 사주원국
時支를 정확하게 뽑기 위한 것이다. 사주네기등을 뽑을 때에는 이것으로 뽑고,
時間占시간점을 볼 때에는 자연 정각시로 뽑는다.
예를 들면 오늘 들어온 시간으로 래정점을 볼 때에는 정각시로 보는데:
오전 9시 25분에 들어왔다면 巳시로 본다. 오전 09시부터 오전 11시까지는 巳시에 해당하기 때문이다.

Ⅱ. 육갑공망표

甲子	甲戌	甲申	甲午	甲辰	甲寅
乙丑	乙亥	乙酉	乙未	乙巳	乙卯
丙寅	丙子	丙戌	丙申	丙午	丙辰
丁卯	丁丑	丁亥	丁酉	丁未	丁巳
戊辰	戊寅	戊子	戊戌	戊申	戊午
己巳	己卯	己丑	己亥	己酉	己未
庚午	庚辰	庚寅	庚子	庚戌	庚申
辛未	辛巳	辛卯	辛丑	辛亥	辛酉
壬申	壬午	壬辰	壬寅	壬子	壬戌
癸酉	癸未	癸巳	癸卯	癸丑	癸亥
戌亥	**申酉**	**午未**	**辰巳**	**寅卯**	**子丑**

상담자가 찾아온 시간으로 왜 왔는지?
　　　　　내게 도움이 되는 사람인지를 알 수 있다.

구성월반	9	5	7	구성월반	1	6	8A
	8	1	3P		9	2	4
	4	6A	2		5P	7	3

丁亥	丙戌	乙酉	甲申	癸未	壬午	辛巳	庚辰	己卯	戊寅	丁丑	子
사	묘	절	태	양	생	욕	관	록	왕	쇠	병

乙　己　乙
未　卯　巳

Ⅰ. 핵심래정택일지 의 각 페이지에 제일 위 상단에 크게 쓰여 있는 연월일을 본다.

＊ 문 열고 들어 온 시간에 시간을 본다. (전화로 물어 온 것도 같이 본다.)

　가령 오후 5시 20분에 들어왔다고 하자, 酉時이다.

　乙未 日이다. 乙에 酉時는 乙酉 時이다.

＊ 日 天干의 乙이 나我 이다.

　日 地支의 未가 너 상대이다.

　時 天干의 乙이 찾아온 목적 문제발현사이다.

　時 地支의 酉가 결말론으로 신답이다.

＊ **해석을 해보자면**:

　日天干 乙이 나인데 상대인 日地支 未土를 剋극하고 있다.

　내가 유리하고 상대는 나의 말에 상처를 받겠다.

　時天干 乙은 문제발현사인데 친구와 동업문제거나 두 가지 일이 동시에

　발생하여 갈등하고 있는 것이다.

　<u>時地支의 酉가 신답</u>인데, 酉가 日天干 乙 **나를** 극하고 있다. 이것은 내가

　불리하게 된다는 암시이다. 찾아온 사람이 질문하는 것의 답도 불성사이고,

　내가 그 사람에게 뭔가를(부적이나 천도재, 굿) 하라고 요구했을 때 이루어

　지지 않는다. 하지만 그 사람은 상담해준 내 말에 대해서는 수긍하고 감사해 한다.

　왜냐하면 日地支 未가 時地支의 酉를 生하기 때문이다.

　時地支 酉가 時天干 乙을 剋하는 것은 상담하는 과정도 편치 않고, 애를 먹일 것이

　고 그 사람이 묻는 문제점도 쉽게 풀리지 않는다는 것으로 풀이된다.

➤ **時間占** 운용술법은 생극재관인生剋財官印을 대입하여서 풀이한다.

生이면 제일 좋은 답이다. 문서문제, 자식문제	剋이면 여자문제, 직장문제, 금전문제
財가 보이면 돈이 연관되어 있다. 실물손재, 구재	官이면 불성사이다. 관재구설, 침해, 다툼

- 422 -

刑沖破害별 발현사 도표

刑	寅巳	필 관송사 발생, 도망사, 교통사고, 옥살이
	巳申	아랫사람 배신사, 은혜를 원수로, 初難後中
	未戌	위아래가 화합불가로 도움이 안된다, 무능
	丑戌	하극상의 배신사, 시비투쟁의 관송사
		子卯, 辰辰, 午午, 酉酉, 亥亥 ≈ 상하가 불화합
沖	子午	男女간 서로 다툼 투쟁사, 이별사, 관재사
	丑未	부모형제간 서로 뜻이 다르고, 다툼 깨짐
	寅申	혈광사, 도로귀작해, 부부간 합심불능 변심
	卯酉	가정 가족의 이동수, 아랫사람 우환질병사
	辰戌	아랫사람이 윗사람에게 투쟁, 관송사구속사
	巳亥	선산조상묘의 탈, 조상제사불성실, 매사꼬임
破	子酉	변동, 이동수, 자녀의 여아 재해 발현사
	丑辰	묘탈, 묘이장 件발생, 가족의 의혹사건 불성
	寅亥	상대에게 굴욕당함, 패한 다음 다시 결합됨
	卯午	가족 간에 속임수, 가정파괴 발현사
	巳申	상대에게 배신당함, 패한 다음 다시 결합됨
	未戌	법적인 문제 발현사, 관송사, 형사사건발생
害	子未	관재구설, 암중재해, 양보 매사 불편, 지연
	丑午	부부불화사, 성취사불가, 손해사 발현
	寅巳	교통재해, 송사구설, 의혹사 발현, 출행주의
	卯辰	무기력, 공허감, 상쟁 저해 불완결처리
	酉戌	여자로 인한 가정손상사, 우환질병 발현사
	申亥	근신 자중하라! 추진하던 일 성취 안된다

질문한 내용	해당육친의 상황
귀신에 대한 것의 질문은?	편관의 생극을 봄
시험합격여부, 직장취업여부의 질문은?	정관의 생극을 봄
매매에 대한 질문은?	편재의 생극을 봄
금전, 구재, 주식에 대한 질문은?	정재의 생극상태
부친에 대한 질문은?	편재의 생극상태
모친에 대한 질문은?	정인의 생극상태
자녀에 대한 질문은?	男-관살, 女-식상
질병, 우환, 수술에 대한 질문은?	편관의 생극상태

핵심래정법 백초귀장술 보는 요령

서기	2025年
단기	4358年
불기	2569年

I. 백초귀장술은 12신궁으로 구성되어있다.

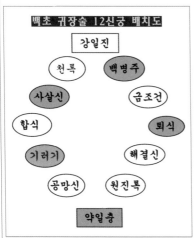

※ 12신궁의 각 자리마다
　그 의미가 담겨있고,
　그 자리에 그 시간과
　日辰이나 띠를 대입
　적용해서 보는 법이다.

※ 백초귀장술歸藏術은
　사주를 뽑지 않고,
　찾아 온 당 일진日辰과
　시간時間만으로 보는법이다.

※ 백초귀장술로는 지금 찾아 온 사람이 왜 왔는지?

　　　　현재 무엇이 탈이 났는지?

　　　　지금 당면한 상황이 어떤 정황인지?

　　　　이후에 어떻게 풀릴 것인지?

　　　　어떤 귀신의 작해作害인지?

　　　　부적이나 제를 지내어 풀릴 일인지, 아니면 안 풀릴 것인지,

　　길흉吉凶이 앞으로 어떻게 될 것인지를 한눈에 명쾌하게 알 수 있는 점술법이다.

※ 여기에서는 지면관계로 세부적인 것까지 설명할 수는 없고, 그날의 운세와
　찾아온 시간이나 상담자의 띠만 가지고 점사를 볼 수 있게 설명해 보겠다.

※ 참고로 말씀드리면, 백초귀장술만 정밀하게 분석해서 상대방의 마음을
　읽을 수 있거나 단시로 래정을 볼 수 있게 나온 책이 출판되어 있다.
　책 문의는 백초율력학당에서 관리하고 있다. (010 - 2002 - 6332)

Ⅰ. 보는 요령

　➔ 문 열고 들어 온 시간으로 본다.

　➔ 만약 丙午일 오후 7시 35분에 들어왔다 하자. 이 시간은 술시戌時 이다.

　➔ 당일 일진 丙午를 제일 중앙상단 강일진 자리에 포진시킨다.

　➔ 왼쪽으로부터 순행으로 未 申 酉 戌 亥 子 丑 --- 순으로 이렇게
　　 각 신궁에 포진한다.

　본 택일지의 그날그날마다 해당자리가 포진되어 있음을 확인하여 본다.

Ⅱ. 이때 술시戌時를 보면 기러기자리에 해당한다.

　　　이 사람은 이동수가 있어서 온 사람이다. 이동을 할 수 밖에 없다. 하고 싶지
　　않아도 하게 된다. 만약 戌生이라면 어쩔 수 없이 변동할 일이 있고, 매매하고
　　싶은 마음에서 온 것이다. 이때 언제 이동하면 좋겠냐고 묻는다면, 戌月에 해
　　라가 신답이다.

Ⅲ. 다시 본다면: 이날 申時에 찾아 온 사람이 있다하자 :

　　　이 사람은 현재 골치 아픈 일이 생겨 뭔가 정리할 일이 있어서 왔다.
　　運에 정황은 매사 일이 꼬이고 돈도 없고, 생활이 편치 않고, 되는 일이 없는
　　사람이다.
　　　이 사람이 묻는 질문의 신답은 '하지마라'이다. 가능하지 않다. 해결되지 않는다.
　　만약에 원숭이띠가 왔다면 바람이 난 사람이다.

　➔ 무조건 초사언을 자신 있게 던진다.
　　 98% 정확한 점괘이다.

　➔ 주의 할 점은 꼭 당일 일진을 중심에 놓고 순행으로 돌아간다는 것이다.

　➔ 그리고 찾아왔든, 전화로 물어왔든지, 그날 물어 본 사람에게
　　 더 정확히 잘 맞는다.

　➔ 그리고 본인의 일일운세도 아주 잘 맞는다. 신궁안의 地支글자가 시간으로도
　　 보고 띠로도 본다. 申時의 상황과 申生의 상황이 결국 같다는 뜻이다.

Ⅳ. ★ 巳 申 이렇게 된 모양자리가 제일 나쁜자리이다. 만약 이 자리에 본인의 띠가 들어가는
　　날에는 모든 일에 조심하는 것이 좋다. 중요한 일을 이런 날 행한다면 일의 성사가 어렵고
　　꼬이게 된다. 신체 건강도 좋지 않고, 스트레스도 많이 받게 된다.

　➔ ₩표가 붙어있는 날에 돈이 들어온다.

　➔ 상담자가 어떤 문제의 가능성에 대해 물었다면: 사주원국 어디에든
　　 해결신이 있다면 그 문제는 해결된다. 풀린다는 뜻이다.

❋ 因緣 백초귀장술 보는 실례:

[실례 1.]

❀ 庚子日時, 壬戌生 己丑月 甲辰日 乙丑時인 친구가 찾아왔다.
친구는 다음과 같은 문제의 길흉을 물었다.

Ⓐ 어머니 강요로 선을 보았다고 했다. 괜찮은 남자인지 모르겠다고 한다.
남자는 甲寅生이라고 했다.

[답] 寅生이기 때문에 사실신에 해당한다. 이 殺에 해당하면 최악의 조건인 남자이다.
현재 다른 여자와 사귀고 있는 중이기 쉽고, 경제적으로도 어려운 상태이고,
하는 일도 잘 안 되는 상태이다. 속히 정리하는 것이 좋다. 결혼은 절대 반대이다.

Ⓑ 직장을 그만두고 싶은데 어떻게 했으면 좋을지 모르겠다고 묻는다.

[답] 月支가 丑록. 천록에 해당한다. 친구는 직장 내에 못살게 피롭히는 상사가 있다.
그만두고 싶은 건 당연하다. 하지만 그만두면 곧 후회하게 된다. 회사자체는 좋은 회사이다.
이 사람은 지금 자기 점포를 운영하고 싶어 한다.

Ⓒ 꽃집을 운영하고 싶은데 돈이 부족하다고 한다. 무슨 좋은 방법이 없겠냐고 묻는다.

[답] 돈이 부족해도 꼭 할 사람이다. 時에 천록이 있기 때문이다. 그리고 하라고 권유해도 괜찮다. 부
족한 돈은 원숭이 띠에게 돈을 부탁해보라고 말하면 된다. 이 날의 해결신은 바이니까!

Ⓓ 말띠 언니와 동업을 하면 어떠냐고 묻는다.

[답] 말띠언니는 이 날 日辰 冲 즉 약입충자리에 해당한다. 언니의 상황은 돈도 없고,
운이 막힌 사람이다. 동업을 하면 안 좋다. 하지마라.

[실례 2.]

❀ 癸未日날, 己巳生 庚午月 癸亥日 辛酉時인 상담자가 찾아왔다.

Ⓐ 아무 말도 없이 얼굴만 바라보며 앉아만 있다. (알아서 맞춰봐라? 식이다.)

[답] 가족과는 이별한 상태, 가정이 편치 않고, 사업, 현재하고 있는 영업이 잘
안 되는 중이군요? 하고 먼저 말해주었다.

Ⓑ 어머! 어떻게 아세요? 예- 3년 전에 이혼했어요. 그리구 작년에 호프집을 시작했는데
요즘 장사가 너무 안돼서요. 그만 둬야 할지, 계속해야할지 몰라서요?

[답] 時가 사실신에 들어 당연히 적자운영이다. 곧 집어치울 때다. 더 이상 계속운영은 불
가능하오. 호프집 그만 두시오. (하지 말라고 하긴 했으나 매매도 잘 안 될 것이다.)

Ⓒ 당장 부동산에 내놓으면 작자가 나설까요? 언제쯤이나 나갈까요?

[답] 쉽게 나가지는 않겠다. 丑月 음력 11월에 나가겠다.(힘 빠지는 약일冲이 丑이니까)

Ⓓ 새로 만나는 남자가 있는데 재혼하자고 하거든요? 돼지띠예요. 어떤가요?

[답] 日支가 기러기에 든다. 절대 안 된다. 더군다나 돼지띠이면 더더욱 안 된다.
재혼하자마자 곧 깨질 뿐아니라 상처를 많이 주고 헤어진다. 아직은 때가 아니다.

Ⓔ 호프집이 팔리면 다시 업종을 바꿔서 내 장사를 해도 될까요?

[답] 時 사실신은 당분간 하면 안 된다.이다. 아르바이트나 월급쟁이가 적당하다.
(年支가 금조건이니까 돈은 들어오겠다.)

❀ 앞으로 오는 날은 좋은 것이고, 지나간 것은 나쁜 것으로 본다.
　바로 前 날과 바로 다음 날만 본다.

내 일	오 늘	어 제
丁亥 [亥卯未]	丙戌 [寅午戌]	乙酉 [巳酉丑]
희망, 미래진취적, 의욕능력 있다. 장래총망, 좋은가문, 대출학력, 잘생김, 유행민감, 신세대, 경제력 좋다.	오늘은 내일과 공존한다. 양쪽병행겸비. 처세술이 좋다. 표준, 보통	힘이 빠졌다. 밉다. 뒤처진 구세대, 보수적, 학력 약함, 유행에 뒤처짐, 못생김, 집안배경도 안 좋다. 경제력도 약해짐.

일진 沖 [申子辰]
오늘은 개의 힘으로 살아야 하는데 辰(용)으로 살고 있다. 상황판단 못하는 사람. 망한 사람, 우왕좌왕 망설인다, 돈無, 직장無, 무능력 힘빠진 상태.

[실례 3.]

❀ 丙戌日에 띠만 알고, 만세력이 없을 때, 질문을 받았다.

　이럴 때 답변하는 방법:

Ⓐ 내 딸은 양띠이다. 친구 아들은 용띠라고 한다. 둘이 결혼하면 괜찮을까?

[답]　<u>日,묻는 날이 중요하다. 딸의 띠는 관계없다.</u>
　그러나 친구 아들의 띠가 어디에 있는가? 일진沖에 있다. 아마도 무능력하고 직장도
　변변치 못하고 돈도 없고 주제파악 안 되는 사람일 것이다.

Ⓑ 옆집 아저씨가 새로 사업을 시작했다한다. 아저씨는 말띠이다. 잘 되겠냐고?
　하고 물어온다면?

[답]　아저씨의 띠가 말띠- 寅午戌 오늘 일진에 있다. 좋다, 좋은 운이다. 나쁘지 않다.

Ⓒ 미스崔가 내일 고스톱을 치러 간다고 한다. 어떻게 하면 운이 좋겠냐고 묻는다.

[답]　내일은 亥日, 亥卯未는 동쪽을 말함, 亥日의 運氣는 동쪽에 몰려있다. 동쪽에 앉아라.
　東쪽을 등지고 앉는다.

Ⓓ 새 옷을 사왔다. 시험 보는 날인데 어떤 색 옷을 입으면 좋을까?

[답]　亥卯未日 ⇨ 청색 옷, 푸른색 옷　　　寅午戌日 ⇨ 빨강색 옷, 붉은 옷
　申子辰日 ⇨ 검정색 옷,　　　　　　　巳酉丑日 ⇨ 백색, 흰색 옷 이 좋다.

Ⓔ 동창회에서 내일 축구경기를 한다고 한다. 이길 수 있는 방법은?

[답]　내일은 亥日, 亥卯未는 동쪽에 運이 몰려있다, 선수 모두 청색 옷을 갖춰 입으면 이길
　확률이 크다.

Ⓕ 庚辰日날, A 회사에서 중요한 회의가 있다. A는 이날 윗상사에게 좋은 점수를 따야만
　승진을 할 수 있다. 잘 할 수 있는 방법은?

[답]　庚辰日은 申子辰日, 運은 북쪽에 모여 있고, 검정색은 吉色象이다. 옷은 필히 검정색
　계통으로 입고, 회의장소에서 자리를 꼭 북쪽을 등지고 앉는다.
　좋은 느낌으로 모든 사람의 집중을 받을 수 있다.
　➕알파의 運이 작용해 필히 만족한 결과를 얻을 수 있다.

Ⓖ 癸酉日날, 시부모님이 오셨다. 돈이 없어서 찬도 그렇고, 용돈도 어려운 상황이다.

[답]　癸酉日은 서쪽에 運이 몰려있다. 시부모님을 서쪽방향에 있는 방으로 모셔라.
　그러면 부족한 점이 있어도 이해를 해주시고 서운해 하지 않으신다.

✳ 구성학 보는 실례:

✿ 구성학으로 운세를 보려면 일단 자신의 본명성을 알아야하는데 아래 표와 같다. 이 본명성은 띠와 같이 한번 정해진 것은 평생 변하지 않는다.

구성	연 령											2025년의 나이 (예전 우리나라 나이)
1 일백수	99	9	18	27	36	45	54	63	72	81	90	
2 이흑토	1	10	19	28	37	46	55	64	73	82	91	
3 삼벽목	2	11	20	29	38	47	56	65	74	83	92	
4 사록목	3	12	21	30	39	48	57	66	75	84	93	
5 오황토	4	13	22	31	40	49	58	67	76	85	94	
6 육백금	5	14	23	32	41	50	59	68	77	86	95	
7 칠적금	6	15	24	33	42	51	60	69	78	87	96	
8 팔백토	7	16	25	34	43	52	61	70	79	88	97	
9 구자화	8	17	26	35	44	53	62	71	80	89	98	

✿ 일년운을 보는 법은 10페이지의 년반으로 보는데, 자신의 본명성 숫자가 구궁 중, 어느 궁에 있는지, 또 **암暗**이나 **파破**를 맞았는지를 본다. 암暗이나 파破를 맞으면 나쁘게 해석한다. 맞은 자리의 뜻, 즉 상의대로 나쁜 일이 발생한다는 뜻이고, 그 나쁜 일은 일년동안 작용하게 된다. 여기서 암은 **A로** 파는 **P로** 표기되어 있다. 다음으로 나쁜 것은 오황살로 5자가 들어간 궁이 자발적인 재난으로 불행이 발생한다는 의미로 당하는 사람은 본래 그 궁에 해당하는 본명성을 가진 사람이다. 그 다음으로 한가운데 자리, 중궁에 들어간 숫자의 본명성이 좋지 않게 해석한다. 이유는 사면이 막혀 답답하고, 움직임이 없어 썩는 곳으로 사면초가, 고립, 스트레스로 해석한다.

2	7	9
1A	3	5
6	8	4P

✿ 이런 경우, 본명성이 1인 사람과 4인 사람들이 일 년 동안 조심해야 한다는 의미이고, 또 3이 사면초가라는 의미이다. 1인 사람은 암을 맞은 것이고, 4인 사람은 파를 맞은 것이다. 암은 말과 같이 암 같은 존재로, 보이지 않는 곳에서 어느 누군가에게 한 방 먹어 타격을 심하게 당하는 것이고, 파는 깨진다, 파괴된다고 보는데 그 본래 궁의 사람과 파를 당한 숫자의 사람 모두 나쁘다. 다음으로 오황살은 태궁 즉 본래 7의 자리니까 7 본명성 사람도 재난을 당하는 의미이다. 그런 어떤 나쁜 일이 발생하는가 하면 본래 그 궁의 본래자리에 일을 당하게 된다는 뜻이고, 그 각궁에 대한 설명은 다음 페이지와 같다.

본래궁

巽손宮 4	離이宮 9	坤곤宮 2
震진宮 3	中중宮 5	兌태宮 7
艮간宮 8	坎감宮 1	乾건宮 6

궁에 의미사람

巽宮 4	離宮 9	坤宮 2
장녀, 학자, 지성인, 법조인, 역술인, 가정주부, 중개인, 가출인	차녀, 중년여자, 구각적인 미남, 미녀	어머니, 부인, 노파, 서민, 노동, 동료, 애인, 지인
震宮 3	**中宮 5**	**兌宮 7**
장남, 새로 만난 사람, 젊은사람, 동양적미남,미녀	할아버지, 원로, 죽은사람, 귀신, 성격 나쁜 사람, 사기꾼, 어흥쟁이, 폭력배, 살인자	소녀, 배우, 변호사, 금융업자, 화류객
艮宮 8	**坎宮 1**	**乾宮 6**
가장 어린 아들, 소년, 형제, 상속인, 친척, 스님	차남, 부하직원, 지식, 중년남자, 임산부, 노숙자	아버지, 남편, 남자 윗사람, 총책임자, 권력자

궁의 상의 유추

巽宮 4	離宮 9	坤宮 2
[방위] 동남 [상의] 바람 [계절] 봄에서, 초여름 [연상]바람→먼곳→여행 바람→순풍→신용→자라→교류 바람?→방향→이존→가출	[방위] 남 [상의] 불 [계절] 한여름 [연상]불→태양→화려함→밝다 폭로→밝히다→화려함→미인 재판→관재구설, 불→태양→미인	[방위] 서남 [상의] 대지, 땅 [계절] 늦여름, 초가을 [연상]대지→어머니→근로자 보과역, 양육작용→가정→가족문제 →생계→직장→노력→결실
震宮 3	**中宮 5**	**兌宮 7**
[방위] 동 [상의] 번개, 천둥 [계절] 봄 [연상]천둥소리→음악→음악가 번개→아이디어 →깜짝 놀랄 일→소리→재난	[방위] 중앙 [상의] 중앙 [계절] 환절기 [연상]중앙→지배→제왕→초고의 것, 에너지→욕심→폭력→불교→다툼 생사를 지배 →부패→죽음→파괴	[방위] 서 [상의] 못, 입 [계절] 가을 [연상]입→말→회화(會話)→기쁨, 결실, 재물→보석 현금→연료계→금융업 →취미생활→연애→부정발생,→구설
艮宮 8	**坎宮 1**	**乾宮 6**
[방위] 동북 [상의] 산 [계절] 늦겨울, 초봄 [연상]산, 쌓이지 않는 →멈추는→저축→부동산 초봄→변화의시기→변화	[방위] 북 [상의] 물 [계절] 겨울 [연상]물→자궁→생식→섹스→ 비밀→은밀함→구멍→자궁 겨울→곤란→고생→질병	[방위] 서북 [상의] 하늘 [계절] 늦가을, 초겨울 [연상]하늘→큰→주인→권위,종교 →높은기관→가장→의사권자 배짱→승부근성→사업투자 사고

궁의 상의 뜻풀이

巽宮 4	離宮 9	坤宮 2
· 긴것, 길, 여행, 주거이동 · 자격, 신용, 완성, 성숙, 자격증 · 교제, 결혼, 로비, 거래 · 대인관계 원만함, 편안함 · 바람, 풍파, 신변정리, 중개인 · 신용, 장사, 무역, 외교 · 승패결정, 소식, 신용불량자 · 방황, 비구니스님, 가출인	· 탄로, 비밀, 눈리, 언어, 약속, 출입,의사소통, 공부시험, 사치, 명품 · 의사표시 및 선명, 시비, 분쟁, 소멸, 부상, 죽음, 이별, 수술, 성숙, 분적, 신용, 광고, 인쇄, 문서, 계약 · 발전, 명예, 출세, 지위, 존엄, 도장· 상, 당선, 공부, 시험합격, 승진 · 한 많은 영혼, 불교, 경찰직	· 낮은 땅, 농촌, 논밭, 토지, 부동산 · 농산물(먹는 것, 위장)가족,질병 · 집, 업무문제, 거래, 취업, 자상함 · 서민,공돈, 대중, 빈곤자 · 동료, 친구, 경쟁자, 인내, 지체 · 직장(업무), 일, 노동, 성실, 노력, 선거운동원, 야당조직 · 북은 것, 오래된 것, 잡신(영가)
震宮 3	**中宮 5**	**兌宮 7**
· 젊음, 패기출전, 빠르다, 신속 · 계획, 출발, 발전, 희망, 개업 · (낙하산)승진, 공천 방송 · (큰)소리, 깜짝놀람,예민,신경과민 · 사기, 소리만 있고 형체가 없음 · 허풍, (큰)구설 사기꾼·허풍쟁이 · 천둥소리,지나간 비밀탄로,싸움 · 전기, 정보통신, 컴퓨터	· 대왕, 원로, 중앙, 기고만장 · 권위, 고집, 독불장군, 고집 · 욕심, 폭력, 부패, 오물, 모함 · 죽음, 신h, 불량, 파산, 파직 · 실업자, 불량품, 파산, 파직 · 암, 중풍, 심한 스트레스·증후군 · 변화 변동을 급함 · 협조자 나타남 · 별거, 이혼	· 돈(지갑속의 돈), 보석, 칼, 수술 · 소비, 낭비, 카드, 오락, 감언이설, · 먹는 것, 즐기는 일, 기름 · 유흥, 주색잡기, 이성관계 · 소녀, 연애, 애교, 기쁨 · 부족·신앙 · 금융문제, 금전, 각종이자(빚) · 주식투자, 연예인, 호스티스
艮宮 8	**坎宮 1**	**乾宮 6**
· 변화, 개혁, 쌓아 올라감, 욕심 · 재산, 저축, 쌓인 돈, 큰 돈 · 代을 잇다, 상속, 친척, 고향, 조상 · 정지, 막힘, 진퇴양난, 좌수 · 교육(아), 수도승, 전변(발)승진 · 숙박(업), 창고(업) · 조직, 出入, 잠자리, 낙상 · 산소(죽음이나 귀신관련─ 잡신)	· 차갑다, 두려움, 가난, 곤란, 도둑 · 어둠, 은밀함, 물밑작전, 비밀 · 밤, 수면, 고통스러움, 기면멸구 · 性, 섹스, 정자 및 난자, 구멍 · 생식기, 신장, 비뇨기, 신h, 유산 · 情, 관재수, 주변인의 내대 · 유치장,교도소,사업부진,슬러, 도학 · 철학자,도망자,부하,객사, 아랫사람	· 남자웃어른, 관청자, 여당공천 · 승진, 합격, 일류대학, 사물,귀인 · 국가, 경부, 법부, 관청,지배계급 · 큰자본, 투자, 투기, 확장, 배팡 · 단체, 전쟁, 병원, 자동차 · 큰 윗덧위, 각종 중장비, 자동차 · 근무상(대기업), 근면 · 관재수, 이혼, 은퇴, 이별

✿ 택일지에 이 부분 보는 법

月반		
7	3	5P
6	8	1
2A	4	9

日반		
6	2	4
5	7	9A
1P	3	8

月반은 1달운이고 1달만 나쁘고,
日반은 하루운세로 하루만 나쁘다.

✿ 이런 경우, 月운은 곤궁이 오황살을 맞고, 본명성
이 5인 사람이 파를 맞아서 2, 5가 나쁘고, 간궁과
본명성 2인 사람이 암을 맞아서 2, 8이 나쁘다는 의
미인데 궁과 숫자가 모두 나쁘다는 뜻이다.

日운에서는 태궁과 본명성 9인 사람이 암을 맞은 것
이라 7과 9가 암을 맞은 것이고, 간궁에서 1파라서
1과 8이 파를 맞은 것이다.

✿ 암이나 파나 오황살이나 중궁에 들어 나쁜 일이 발생하는 것은 궁의 상의에 해당하는
일이 나쁘게 작용한다고 본다.

매일 운에서 백초귀장술로 백병주나 사살신이면서 구성학으로 같이 나쁘면 그날은 완전
조심해야하는 날이다.

매일 운에서 암이나 파를 맞았을 때, 해당 방향과 시간도 유념해서 참고한다.

✲ 이 외에도 대충이나 본명살이나 본명적살 등이 있으니 좀 더 깊이 공부하시려면 시중에
나와 있는 구성학 관련 책으로 공부하시면 됩니다.

	巽宮 4 辰 巳	離宮 9 午	坤宮 2 未 申
궁 의 동 적 상 의	대인 거래를 한다. 해외여행을 한다 신용이 상승한다. 시험에 합격한다. 자격여부를 판단한다. 경쟁에서 승리, 승진한다. 무역에 종사한다, 이사한다. 바람이 난다. 이혼, 가출을 한다.	연구(공부)한다, 출세 한다. 예술계통 일 종사한다. 도장 찍은일 재판관련, 소송을 한다. 폭로 된다 계약한다, 문서상 문제가 생긴다. 이별한다. 원인을 알수없는 수술을 한다. 구설수가 생긴다.	여자의 일, 양육하는 일, 생계문제 노동을 한다, 취직한다, 귀가한다. 가정을 꾸민다, 집에 거주한다. 양손의 떡처럼 양자택일 문제로 결심 굳힌다, 노력 안하면 결실 없다. 시기상조라 마무리가 어렵다.
	震宮 3 卯	中宮 5	兌宮 7 酉
	시작하고 발전의 시기, 아이디어 교통사고처럼 놀랄 일이 생긴다, 천둥처럼 번성한다, 시끄럽다, 비밀이 폭로된다. 말조심 불의의 사고 발생한다.	움직이지 않으면서 제왕처럼 권위를 갖는다. 가만있으면 후원자 생김 사면초가에 처한다, 부패한다, 도난 당한다, 묘지에 묻힐 것처럼 답답하다, 움직이면 100%실패.	먹고 놀고 즐긴다, 환락, 연애한다 은행관련, 금전거래, 현금유통문제 연정한다, 돈을 번다, 겁탈을 당 한다, 원인을 알 수 있는 수술 문제가 생긴다. 색난 이성관계복잡
	艮宮 8 丑 寅	坎宮 1 子	乾宮 6 戌 亥
	산처럼 물건이 쌓여있는 장소, 사업이나 직업 변화가 생긴다, 전직한다, 유산상속문제, 재산, 땅 형제간의 재물발생, 스님, 수행자 생사가 바뀐다, 산소문제, 조상문제 부동산문제가 생긴다. 이사를 한다.	완전히 어둠이 내리는 시기, 휴식하는 시기, 정착할 시기, 숨는곳 섹스한다, 임신과 유산 역학관련, 숨는다, 부도사건 발생 질병이나 곤란한 일 발생, 잘못을 저질러 도피생활, 자식문제 고통이나 고민에 빠진다. 도둑주의	국가, 여당공천, 회사, 승진, 합격 상급기관 문제가 생김 권위, 실권, 통솔력 활동력 강화, 확장한다, 발탁 또는 퇴사한다. 외로운 삶, 경찰서 출입 법률적 문제 발생, 부부이별, 죽음관련 .주변과 마찰이 생긴다. 교통사고

천간	동물	干支 해설
甲	여우	우두머리 기질, 논리적이고 남을 가르치는 재주가 있다. 공부에 관심이 많다. 자기주장이 强. 꽤가 많고 재주가 많다./ 따지기 좋아한다./ 종교에 깊이 빠지지 못한다. **甲 대운 初**가 되면 남자는 직장의 직장이, 모임의 회장, 반장 등 지위가 일취월장 한다. 여자의 경우 미혼녀는 직장에서 승진, 관리자가 되고, 결혼하면 맏며느리가 된다. 기혼녀는 남편이 죽거나 가정이 파탄이 나거나 좋지 않게 된다.
乙	담비	甲 대운이나 運始이면 말이 많다./ 화술이 좋다./ 말도 안 진다./ 노래도 잘 한다. / 대중들 앞에서 사회도 잘한다./ 甲과 乙이 같이 있으면 강의를 잘한다. 乙 대운에는 여행을 잘 다니게 된다(단거리)// 여행을 좋아한다./ 직장을 다니면 여기저기 돌아다니는 일을 하게 된다./ 乙 대운에 뎃사람이 초상난다.(대운 말에 더욱 가능) 기혼녀는 乙木 대운에 친정과 더욱 가까이 왕래, 거래하며 지낸다.
丙	사슴	남성적 성격-관대하고 포용력, 이권다툼에는 물불 못 가린다./ 뒤끝이 없다./ 비밀이 없다. 丙대운에 형편이 나아지고, 좋은 집으로 이사하게 됨/ 높은 집에 살게 된다./ 고층아파트 丙대운에 군식구를 데리고 살게 된다/ 학생이면 학구열이 높아져 공부를 열심히 한다. 여자가 丙대운이 오면 돈 벌러 나간다./ 할머니도 일하게 된다.(형편이-- 먹고 살기 위해)
丁	노루	사주원국이나 運始에 丁이 있으면 아래층, 낮은 곳에 살게 된다./군식구를 데리고 살게 된다 **丁, 己일간은 염력이 강하다. (예지력, 직감)** 호적, 주민등록 옮길 일이 생긴다. 丁대운의 남자는 위상이 떨어진다. - 활기차지 못하다./ 여자처럼 산다. 丁대운의 여자는 발전적, 상승된다. - 심신이 편해진다.
戊	표범	사주원국이나 運始에 戊가 있으면 일생을 대립관계로 지낸다. - 싸움, 다툼 運파벌, 비밀 있는 사람이 꼬여 온다./ 중립을 지키는 것이 좋다. 원국日호나 運始에 戊가 있으면 먼저 시비를 걸지 않는다.-성질나면 죽인다. / 비사교적
己	원숭이	**法-** 정확성 요구(교육에 이루어짐)/ 약속과 규칙, 법을 잘 지키는 사람 / 규칙, 교재教科 己대운이나 운시인 변호사나 경찰관은 잘 풀리고 있는 중. 己대운에 와 있으면 뭔가 배우고 싶어한다./ 나무에서 떨어진 원숭이[**法적인 문제가 생김**]
庚	까마귀	**질서=無 / 의리**가 있다./ **庚金日柱** : 군인, 경찰기질 천직 / 깡패기질도 있다. 庚金대운-발전할 수 있는 시기 / 남의 일에 앞장서고, 시위 앞장/ 깡패일/ 의리 있음. 庚金대운의 부부싸움은 육박전이다./ 치고받으며 싸운다.
辛	꿩	辛金대운에 지출과다, 보증실수, 빚보증서면 100%떼김 / 역학공부, 침공부를 하게 된다 은폐會이 강하다./ 깔끔, 청결, 결벽증. 원국日호나 運始에 辛이 있으면 평생 남에게 퍼주고 산다. / 남이 와서 뜯어먹으려 한다.
壬	제비	**역마살**이다.[장거리] -적극적, 외향성, 야행성기질 / 壬水는 지혜, 지식을 뜻함 -박식하다. 壬대운의 직장인은 출장을 잘 다님.→ 해외출장, 장거리 장기출장. 壬대운이면 돌아다니는 일, 해외여행을 하게 된다.→오파무역이나 차로 돌며 파는 장사.
癸	박쥐	만물을 소생시키는 물→ **癸水日柱는 교육자**(장애인), 후학생, 종교인(음지)에서 원국에, 대운에 와서 甲과 癸가 붙어 지나갔으면 정신적 고통을 많이 겪음(인격수양이 잘된 사람) 박쥐는 야행성 동물로 질투심, 욕심이 많다.→이기려 한다. (넘시같이 비교해서 이기려 욕심을 부림) **癸水대운이면 욕심부림.** →질투심에 의한 부부싸움. 대운 초에 배경(빽)이 좋아짐. 癸水운시이면 질투심, 평생 의부증, 의처증 때문에 정신이 돈다. 癸水日柱가 丙대운이 오면 의심이 많아지고, 의부증, 의처증세가 심해진다.

地支	구분	해설
子	비밀	子대운이나운인 사람~子運 자체가 밤 11시~01시에 완성하기 때문에 밤 시간에 일, 활동하게 된다. // 비밀이 있다, 비밀이 생긴다 // 미혼자 -혼사문제, 기혼人 ~자식문제, 外情문제 // 子대운에 소송건고 관재사건은 물증이 없어 불리하다 // 친인척과 같이 일하게 된다. // 학생은 밤공부 잘됨
丑	근면	運始가 丑인 사람은 평생 부지런하다. →밤 01시 →03시에 일하게 된다. (勞累와 務勞를 모두 받을수 있다) // 丑대운이면 매어있는 사람이다. →제약점, 대리사장, 대리점점장 등 // 제2의 소질개발을 살릴 기회. // 丑대운이면 부동산매매 안 된다. (밤에 누가 물건 사나? 싼 가격에 내 놓아라.) // 해외이민 좋다
寅	연예인	寅대운이나운인 사람→심장이 뭐, 겁이 많다. // 佛敎 신앙심이 맹목적으로 좋아짐→寅대운이나 먼 심취 // 寅대운이나운인 사람→사주원국에 寅이면 연예인기질이 있다, 무명이 유명해진다. // 뭐든지 확실하게 한다. →인생은 생활이 다급하다.(마음의 여유가 없다) // 寅대운에는 관재수로 본의아니게 오해로 인해 직장사표를 쓴다(寅대운 말에) // 寅대운에는 항거의식 - 세상에 불평불만이 많다.//학생은 시험실수를 한다.
卯	女子王	運始가 卯인 사람은 성실근면, 부지런하다. →실권이 여자에게, 날씬하다. // 卯대운이면 실권이 여자에게, 중요한 일 결정권이 여자에게 있다. // 부동산을 소유할 수 없다. // 卯대운 모두 일하는 시기 →직장생활 하러 나갈 때 남에게 모사를 당해 직장을 옮길 일 생긴다. // 집안 식구들이 흩어질 일(경사스런 일로) // 학생은 남보다 부족한 것 같아 학구열이 높다
辰	성공자	辰대운이나운인 사람→욕심이 많고, 남의 것을 모방해서 잘 만든다.→선의의 거짓말을 하게 된다. // 辰대운이면 짝퉁제품 만듬 →박리다매, 종합상품판매, 장사가 좋다. // 짝사랑을 하게 됨.→男女 서로 판생각하여 결혼하기 어렵다 // →여자 애인이 있다 // 사주원국에서 辰과 戌이 싸우면 혼란스럽고 시끄러운 일이 생긴다. // 혼비백산, 정신이 빠진 상태.
巳	충효사상	運始가 巳이면 평생 버스종점에서 사는 것이 좋다. →뱀처럼 산다. →陽의 호에 달해있다. // 巳대운이면 직장생활 성실히 충성한다. // →巳대운 앞에 직장에서 일이 터져 상사에게 찍힘.(그냥 버텨라) // 巳대운에 와 있으면 (품앗이) → 단체가입, 단체활동, 정찰제 장사를 하게 된다. // 巳대운을 바라보고 있으면 효도한다. → 막내라도 모시고 싶다(巳대운 말에는 안 모시는 것이 좋다)
午	돈	午대운이면 실제 내 돈은 조금 있는데 현금유통에 애로사항이 있다. // →현금 확보를 해야 한다→학생도 용돈이 궁하다. // 午대운에 사업은 잘 되었는데 현금이 돌지 않아 부도가 난다. →생활비도 현금이 없어 카드로 산다. // 午대운에 刑대운이면 돈 벌어놓고 결혼하려 한다. → 돈이 더 중요하다? // 丁火나 午火는 신경쇠약이다. → 신경쇠약에 걸릴 일. → 午대운이 지나면 신경쇠약에 걸린다. // 빌딩, 집(부동산)이 많더라도 현금無
未	요리사	未대운에 신규사업 시작하면 안 된다. →새로운 일 시작하지마라. // 요리사 적성자가 많다. // 未대운에 와 있는 사람은 공동투자 했거나 어디에 묶여있어 매매 불가능 (부동산 매매가 어렵다) // 未대운에 와 있는 사람이 재판소송이 있을 경우 →사건이 해결되지 않고 계속 연기된다. // 未대운에 와 있는 남자는 처자식이 귀찮고, 가정에 소홀해짐// 여자는 친구가 그립다(필요하다)
申	神	사주원국에 어디에든 申金이 있으면 구두쇠이고, 절약가이다. // →돈 빌려주면 손해 만보고 이자까지 잘 챙긴다 // 申대운이 오면 절약생활을 잘한다.(짠지소리) // 직장생활은 감원대상이 된다 / 사업가는 수입감소 // →申대운은 전문분야의 달인의 경지에 오름. // 업소축소 해야 할 → 확장불가
酉	과다지출	運始가 酉이면 평생 스트레스 많이 받고 산다 →酉대운에 육친으로 풀어서 官이면, 남편 ,돈 때문에. // 酉대운이면 과다지출이다. // 남의 집에 세로 산다.(직장문제나 교육문제이다) // 酉金은 집을 살수가 없다 →만약 산다면 투기목적으로 산다.→닭은 원래 집이 없다(집에 잠자러만 들어옴)
戌	부수입	戌대운에는 남에게 속는 일 있다 // 교양이 있다는 소리 들음 // 개뼈다귀[부수입이 생긴다] // 戌대운에 장사하는 것은 직영보다 체인점, 대리점사장이 좋다. // 戌대운에는 어린이와 관계되는 일(유치원)하게 된다. // 丑이나 戌은 묶여있다→주인이 있어야 한다 // 경제적으로 여유가 생긴다 // 기독교와 거래한다 됨 // 학생은 도서관에 가서 공부하는 것이 좋다
亥	빽,배경	亥대운에는 빽, 배경이 생긴다. → 믿는 구석, 어려울 때 도와주는 사람이 있다. // 亥대운에는 모든 여자가 다 이뻐 보인다 →결혼하기 쉽다.(여기저기 거둬주려서) // 亥대운에 학생은 학구열이 높아진다 →공부가 재미있다 [화재조심] → 화재보험 들어라. // 경제관리를 못한다 → 사업가이면 종족에서 뜯기는 것도 모른다 → 돈 빌려주면 못 받는다.

神　殺	神殺意味와 속성풀이
建祿 건록	건록이 사주에 있으면 일평생동안 신체가 건강하고, 항상 먹을 것이 넉넉하다. 관록도 좋고, 직장운도 귀인이 돕는다.
天乙貴人	천을귀인이 사주에 있으면 항상 인덕이 있으며 천지신명의 도움을 받는다. 지혜롭고 총명하다. 미모가 출중하고, 식록, 관록이 풍성해진다.
驛馬 역마	역마가 있으면 외향적이고 부지런하여 경영, 무역, 운수, 유통, 관광, 여행 등으로 활동량이 많은 업으로 성공할 수 있다.
劫殺 겁살	겁살이 사주에 있으면 남에게 당하는 일이 빈번하고, 하는 일마다 액귀 겁탈운이 붙어 흉한 대운에는 극심한 고생을 겪는다.
桃花 도화	함지살이라고도 한다. 이 살이 있으면 이성교제가 많게 되고, 이성으로 인하여 큰 낭패도 볼 수 있고, 깊은 상처를 받아 수렁에 빠질 수 있다.
고과살	고신살과 과숙살이 합쳐진 殺이다. 독수공방, 고독수가 드리워 한때라도 홀로 외롭게 지내게 된다는 殺이다.
三奇 삼기	三奇가 사주에 있으면 영웅수재이라, 목표, 포부가 원대하고 재능이 뛰어나며, 액운이 적게 온다. [甲)庚辛) [乙)丙丁全] [壬)癸辛全) 세글자가 다 있어야함
六秀 육수	이 날에 태어난 사람은 약고 똑똑하며, 수리에 밝고 총명하여 야무진 성품으로 인물이 출중하다. [戊子日, 戊午日, 己丑日, 己未日, 丙午日, 丁未日 출생자]
六合 육합	月의 地支와 日의 地支가 合이 되는 날이다. 合의 결속되는 성분이다. [子丑, 寅亥, 卯戌, 辰酉, 巳申, 午未 두 가지가 만났을 때를 말한다.]
暗祿 암록	사주에 암록이 있으면 일생동안 영리하고, 숨은 귀인이 도와 재물이 풍족하고, 성품이 온화하며, 吉運이 오면 뜻밖의 행운과 횡재수, 복권당첨 등이 따른다.
귀문관살	사악하고 음습한 귀신 殺氣가 침투를 잘하는 身體質이다. [子酉全, 표午全, 寅未全, 卯申全, 辰亥全, 巳戌全이 만나면 현상이 나타난다]
懸針殺 현침	의사, 약사, 간호사, 운명상담가, 포수 등 특수기능직에 두각을 나타내는 命. 배우자를 克하는 강한 殺氣가 작용한다.[甲午日, 甲申日, 辛卯日 출생자]
金剛殺 금강	대금강신치일이라고도 한다. 28숙 중, 角亢奎婁鬼牛星(각항규루귀우성) 7개의 별이 닿는 날로 七殺日이라고도 한다. [이 날에는 출군, 원행, 경영, 구직, 구재, 결혼, 이사 등을 꺼린다.]
魁罡 괴강	吉凶이 극단적으로 强하게 작용한다. 男子는 강인한 카리스마로 무방하나, 女子는 날카롭고 고집이 세어 고독한 팔자라 한다. [庚辰, 庚戌, 壬辰, 壬戌, 戊辰, 戊戌 - 日支에 있으면 작용력이 더 크다.]
白虎殺 백호	급작스레 흉한 혈광사를 겪을 수 있는 살이다. 불의의 사고, 교통흉사, 대수술, 관재구설, 천재지변의 위험이 among다. [甲辰, 乙未, 丙戌, 丁丑, 戊辰, 壬戌, 癸丑]
天赦 천사	천사일에는 흐렸던 날씨가 점점 맑아지듯이 난관에 봉착한 일도 술술 풀리고 문제도 해결이 되는 것을 말한다. 승진과 포상, 훈장의 행운도 생긴다. [春 - 戊寅日, 夏 - 甲午日, 秋 - 戊申日, 冬 - 甲子日]

천간	특성	日天干 字의 해설
甲	독재인간	자부심이 강하여 남에게 지기 싫어한다. 전진력이 강하여 앞장서기를 잘 하고, 고집이 세고 義가 굳으며 인지능력이 좋아 통제력이 뛰어나다. 즉흥 대처력이 뛰어나 관리자 감독관으로 잘 어울린다. 시작은 잘하고 끝맺음은 약하다. 강건한 성격인 반면에 침착하지 못해 손해를 입는다. 사회적으로 이름을 날릴 수 있으며 재산을 모으기도 한다.
乙	현실인간	현실적이고 치밀하게 계산적이다. 자부심이 강한 반면에 소신 없는 행동에는 뒤따르질 않는다. 시기 질투심이 강하고 예민하고 까다롭다. 외부조건에 대해 민감하게 반응하는 자신의 약점은 최대한 감추려고 한다. 재산 모으는 것에 취미를 삼아 열심히 노력하는 대가를 얻기도 한다.
丙	쾌탄인간	사리사욕이 없고, 공명정대하며, 성격이 급하고 참을성이 약하다. 융통성도 없고 인정사정 볼 것 없이 원칙대로 준수하는 성정이다. 끈기가 없으며 모든 일에 겁을 많이 낸다. 목소리가 크고 언변이 좋고, 불義하며 포부가 크고 자존심이 강하다. 불의를 보면 못 참고, 예민하며 총명하고 일처리가 매끄럽다. 빛과 열의 직선이다.
丁	원칙인간	온화하면서 정직한 원칙주의자이다. 평상시엔 말수가 적으나 마음이 맞는 사람과는 숨김없이 대화하는 따뜻한 성격이다. 한번 틀어지면 분한 마음이 좀처럼 가라앉지가 않는다. 무슨 일이나 일 처리하는 능력이 탁월하여 윗사람에게 인정받는다. 豊한 인감이 뛰어나 접신이 잘되기도 한다. 인내력은 부족하지만 양심이 있는 사람이라서 출세성공 할 수 있는 성정을 갖고 있다. 빛과 열의 곡선이다.
戊	고독인간	지구를 떠받치고 있는 중력을 연상하여 단단하고 무겁다. 만물의 생명을 관장하는 생명에 너지와 역동성을 느낀다. 성실하고 부지런하고 활동적이고 사교적인 반면에 고독하고 신비스러움을 좋아하는 초현실주의자이다. 인내심과 의지력이 강하여 맡겨준 임무는 충실하게 처리한다. 일확천금, 횡재행운수를 바란다. 자신과 잘 맞는 사람에게 아낌없이 베푼다. 금전과 출세운이 따른다.
己	본래인간	땅과 같은 자애로운 모정과 한없는 포용력을 내포한 모성애로 봉사심 많은 사람이다. 재치가 있으며 머리가 영리하다. 사회적으로 맞는 사람과 연관되거나 명예를 위해서는 가리지 않고 무엇이든 덤빈다. 자기 위주로 생각하여 그에 맞추어 처세를 한다. 의식주 걱정은 없으며 사업이 번창한다.
庚	투명인간	옹고집에 성격이 냉정하고 까다롭다. 강건함이 으뜸이라 남에게 지기 싫어하며 생활력이 강하여 의식주는 걱정 없겠으나 인내심이 부족하여 나의 약점이 될 수 있다. 남의 말에 잘 흔들리지 않는 독립적인 성분이다. 금전적으로는 조금 부족하나 무엇이든 하려는 적극적인 의지력이 강하다.
辛	질투인간	경쟁심리가 아주 강하여 이기려하는 주체투지가 대단하다. 참을성이 적고 방황하는 일이 가끔 생기며 일확천금을 노리는 투기를 좋아한다. 본래는 내성적인 성격인데 목적을 이루기 위해서는 적극적으로 변한다. 요행을 바라며 한탕을 노린다. 좀처럼 정을 주지 않는 성격이다. 남을 즐겁게 해주는 연예인의 직업을 가지면 좋다. 의식주 걱정은 없다.
壬	연구인간	자존심이 강하고 성격이 까다롭고 급하다. 부드러워 보이지만 내심은 강하다. 서로 협력하는 마음이 부족하여 손해를 입는다. 마음 내키는 대로 행동하여 타인과 타협을 좀처럼 하지 않는 반면에 낭만적인 면이 있고, 생각하는 사려가 깊다. 그러므로 심리적 구조는 연구하는 성분이며 한번 궁리에 몰두하여 세상이 거꾸로 돌아가는 것도 모르고 빠져든다. 사업과 금전운은 보통이라 할 수 있다.
癸	요술인간	유감적으로 즐기는 사교성이 뛰어나 유희적인 일에 관심이 많다. 마음이 온순하고 성품이 어질어 남에게 존경을 받는다. 지식이 풍부하여 지혜로운 일을 자주 한다. 하지만 자기위주로만 생각하는 경향이 있다. 상냥하고 부드러운 마음이 주위를 압도한다. 재물이 많지만 관리하는 것이 소홀하여 뒤로 손실이 크다. 대부분 성욕이 강하다.

十二地支年에 태어난 사람의 特性

子	壬癸	성품이 부드럽지 못하고 냉정하며 낭만적인 면도 있으나 까다롭기도 하다. 일생동안 성패의 기복이 심한 즉 초년에 흥왕하면 중년부터 침체되어 년래에 고생하며, 초년에 고생하면 말년에 안락하게 된다. 자존심이 강하여 비즈니스에는 적합하지 못하며, 문학·예술·사무직·기술직·교육직 등의 직업에 종사함이 적합하다.
丑	癸辛己	정직하고 참을성이 있고 부지런하고 성실하다. 비록 소처럼 고되나 노력하는 보람이 있으나 유산이 있더라도 자수성가하는편이다. 부모궁이 원만하면 중년의 풍상을 면하기 어려우며 일생가운데 한번은 크게 고생하지만 말년에는 자녀들로 인하여 고생하고 효도를 받는다.
寅	戊丙甲	활발하고 외향적이고 말을 마음속에 담아두지 못하고 솔직하며 자신의 모든 일에 패기가 넘친다. 운기가 왕성하면 사업이 활발하며 관운도 있으나 성품이 너무 급하다는 데에 문제점이 있어 실패하는 수도 있다. 남에게 아부하거나 굽히기를 싫어하여 오만함이 엿보여 남에게 미움을 받을 수도 있으나 자신의 어려움을 무릅쓰고 남을 도와주는 의협심이 강하여 존경도 받는다.
卯	甲乙	성품이 유순하다. 계획을 너무 잘 세우다 보니 몸과 마음이 바쁘다. 인내력 부족, 권태로움을 빨리 느끼며 사치를 좋아한다. 운기의 성패가 심하지만 의식문제로 오랫동안 어려이 찌들리는 않는다. 다만 큰 부자는 되기 어려우며 행복한 생을 누리더라도 소모성이 강하여 오랫동안 유지되지 못한다. 좋을 때는 항상 나빠질 때를 대비하여 근검절약하며 검소한여야 할 것이다.
辰	乙癸戊	용기와 배짱이 강하고 자부심과 승부심이 많아 남에게 지기 싫어한다. 궁지에 빠져도 좌절하지 않고 확고한 신념으로 일궈나가는 호걸다운 면모가 보인다. 재리에 밝은 면이 있어 의식주 걱정은 하지 않는다. 부자가 아니더라도 남보다 소모성이 강하여 따라다니는 아랫사람이 항상 있으며 사교성이 좋고 확고한 신념과 끈기도 겸비할 경우에 따라 감투가 될 수도 있다.
巳	戊庚丙	고상하고 단정하며 자유분방한 면이 있다. 부지런 하고 붙임성이 있어 타인에게 신임을 얻을 수 있다. 사리에 맞지 않는 일은 절대 하지 않는 편이나 까다로워 남을 도와주는 선심은 부족. 고생 끝에 찾아오는 행복이라야 오래 가지 못한다. 고생하는 일이 많은 듯하나 지나가는 행복에 불과하다. 성실하고 사교성도 좋은 반면에 인덕이 약하여 실패를 볼 수 있다. 겉보기로는 가난하고 걱정이 떠나질 않으며 부모궁에 문제가 있어야 말년이 편안할 수 있는 특성을 갖고 있다.
午	戊己丁	활발한 성격에 참을성이 적고 급하여 여기 소문제가 마음속에 넣어두지 못하고 얘기한다. 변화를 좋아하며 사치와 돈이 해프다. 남에게 지기 싫어 잘난 체를 하고 선심을 잘 쓴다. 반은 길한 만큼 반은 흉하여 중도의 실패가 잦다. 관재구설이 있다. 우환과 재난이 별안간 찾아오기도 하지만 또 어느 순간 지나가 버리는 특성도 있다. 밝고 투명한 성품을 지향하는 가운데 조금은 자신을 지향하여야 할 것이다.
未	丁乙己	나이에 비해 일찍 온갖 풍상을 많이 겪는다. 평소에 쓸데없는 걱정을 많이 하고 대수롭지 않은 일에 근심걱정을 한다. 쓸데없는 고집은 항상 삼가고 즉흥적인 결정은 하지 않아야 하며 베풀 때에는 인덕이 부족하니 항상 받을 것을 생각하지 말아야 한다. 이렇듯 주어지는 여건은 불리한 면이 있으나 가문의 뜻을 이어받아 나갈 수 있으며 원대한 뜻이 있다면 성취할 수 있다.
申	戊壬庚	성품이 활발하고 남과 교제하기를 좋아하며 성질이 급하여 생각이 깊지 않다. 부지런함이 몸에 배어 모든 일을 일사천리로 해결해 나가지만 꼼꼼함이 부족하다. 남에게 베푼 만큼 공덕이 돌아오지 않는다. 언제나 노력한 만큼의 보람을 얻는다고 생각하면 마음이 편하다. 그러므로 투기사업은 금물이다. 부모덕이 약하여 초년의 풍상을 겪을 수도 있으나 남을 돕는 동정심이 강한 만큼 귀인도 있어 재물도 모은다.
酉	庚辛	개방적인 성품을 갖고 있으며 명예를 중히 여기고 의리를 지키며 허황된 욕심을 부려 힘들여 모은 것을 사소한 욕심으로 흐트러지는 경향이 있다. 활발한 성품과 재주와 사교술로 명예를 얻을 수도 있으니 성공하였을 때 교훈의 기억을 마음에 두고 근면 성실할 때 어려움이 없을 것이다. 일시에 몰락하는 운이 따르니 손재수, 구설수가 따르니 초심의 마음을 잊지 마라.
戌	辛丁戊	정직하고 거짓이 없어 과격한 성격으로 내 주장만 일삼는다. 모든 일을 자기 위주로 생각하며 타인의 입장은 고려하지 않는 경향이 있다. 남을 용서하는 마음이 적고 이해관계가 없으면 무시한다. 부모로부터의 받은 재산이 있다면 모두 탕진하며 결국은 자수성가하는 편이다. 제멋대로의 성격으로 구설은 늘 따라다니지만 본인은 청렴 정직하여 너그럽게 이해하면서 언제나 성실하게 대처하면 크게 성공할 수 있다.
亥	戊甲壬	의리와 인정이 많아 어려운 일이 있으면 의협심을 발휘하여 도와준다. 잔꾀를 부리지 않으며 겉과 속이 다르지 않으므로 주변사람들에게 존경과 신뢰를 얻는다. 관운이 있어 학문을 닦아 명예를 얻는다. 재물의 복록은 두터우나 곤궁한 시기를 넘기는 만큼 돈과 명예가 상향되는 특성이 있으니 타고난 장점을 믿고 포기하지 않아야 할 것이다. 평생 의식주 걱정을 하지 않는 운수 대통하는 운이다.

신살		해설
劫殺	불신임	겁살방향으로 이사하면 지저분하고 허름한 집, 재개발지역. ⇨만약 이사했다면 땅보고 투자한 것 겁살 마누라는 받아먹는 것을 당연하게 생각한다. ⇨ 겁살 남편도 마찬가지이다. 부모가 겁살이면 아무리 잘 해드려도 고마운 것을 모른다. // 겁살 자식은 줄 줄 모른다. 직장상사가 겁살이면 이것도 일이라고 했냐고 한다. ⇨ 종업원이 겁살이면 두고보자 앙심 품는다.
災殺	스트레스	재살대운에 와있는 사람은 정신적 노동일을 함. // 직장상사가 재살 띠이면 나를 괴롭힌다. 재살방향에 사는 사람은 나를 정신적으로 괴롭히고, 피곤하게 함. // 사상적 대치인 배우자나 자식이 재살이면 너무 똑똑해서 피곤하다. // 이간자
天殺	임금님	임금님, 대통령처럼 살아라! ⇨ 선산이 천살방향에 있어야 좋다 // 연로한 사람은 病世이 깊어진다. 천살대운에 사업하면 망한다. ⇨ 천살방향으로 이사하면 100% 망한다. 천살방향을 바라보고 기도, 수련하면 잘 된다 // 천살방향에 못질 나쁨(인형, 액자, 달력, 거울) 神의 물건(불상, 달마, 마리아상)등을 놓으면 일이 잘 풀리지 않는다. // 학생공부 책상은 좋다.
地殺	출입문	지살방향으로 출입문을 내면 최고 最고. ⇨간판도 이방향에 좋다 // 작품걸기 지살대운에 와있는 사람은 나를 홍보할 일이 생기고, 그런 일을 하게 된다. 지살방향으로 나를 알릴 수 있다 ⇨ 그 같은 것을 내걸어라. // 지살자식은 집안을 홍보하는 名文. 지살방향으로 발령이 나면 스카웃, 승진이고, 長자리에 앉게 된다.
年殺	궁녀	年殺대운에 와 있는 사람은 공부를 해야 한다. // 궁녀처럼 에쁘게 꾸민다(궁녀는 한이 많다.) 年殺대운에는 임금님 눈에 띄어야 한다. // 대운 말에 띠어가 된다. ⇨ 짝짝한 부수입이 생긴 年殺방향으로 출근하면 되면 에쁘게 화장하게 되고, 멋을 부려야하는 직업→ 비서직, 집안이 핀다 年殺 띠의 배우자나자식이 이쁘다. 애교부부 // 자식이면 늙어도 이쁘다 ⇨ 년살대운이 지나가면 밉다
月殺	은밀	돈이 조금 있다. // 보안들은 밤에만 필요, 月살방향이 좋다 // 月살방향으로 출근은 야간근무 年殺대운에 와 있는 사람은 밤에 일을 하게 됨.⇨은밀하게 집안에서 일을 하게 됨. ⇨ 박애정신 月殺방향이 月殺이면 神이 있고 절 좋다. // 月殺 자식이면 효도한다 ⇨ 月殺대운에 효도 받는다. 선생님과 月殺 관계이면 좋다. // 친구와 月殺 관계이면 사업적으로 정신적 이득을 준다.
亡身殺	귀인	대운이면 돈이 생긴다 (유산상속을 받을 수 있다. 부동산 이득을 본다.) ⇨이 방향으로 고사지내라! 사지 가는 방향이 망신방향이면 매우 좋다. // 사업체 신설할 때 이 방향에 망하면 횡재수가 난다 배우자가 망신 띠이면 줄주이다 →돈으로 밀어준다. // 나를 돕는 귀인이 있다. 이 띠의 자식이면 집안이 번성하고 재산이 늘어난다. // 사업관계자라면 금전적으로 도움이 된다
將星殺	중심	대운이면 매사에 꼭 필요한 사람 (현재 중요한 일을 하고 있다) // 삼합부부는 잘 싸운다. 장성살 자식이면 부모에게 훈계하는 자식이다. →중심이 잡힌 자식. // 직원이면 비서로 좋다. 일처리에서 중간 교통순경 노릇하게 된다. // →정리 처리할 일이 많다. (어수선한 곳이다)
攀鞍殺	행운	망신살과 반안살은 돈이다. ⇨말을 움켜잡으면 돈이 들어온다. // 배우자가 반안 띠이면 순종부부 불상, 신당안치도 반안살 방향으로 놓고, 금고, 물건함, 장롱, 경리책상, 베개방향은 필히 이 방향에 놓는다. 나는 천살방향을 등지고 앉고, 손님을 반안살 방향에 앉혀라!
驛馬殺	정보	대운이면 먹고 살기위해 돌아다닌다. (여유가 없어 힘들다) ⇨유학 간다면, 공부가 아니라 돈 벌러감 情보일가 잘됨 ⇨컴, 책상을 역마방향에 놓으면 게임만 한다 ⇨이사방향으로 좋다. 배우자가 역마 띠이면 늘 나가는 것이 아닌 정보부부. // 자식이면 물질적 도움 주는 효도자식임. 대인관계이면 좋고, 확실하게 좋다 된다(99.9%) → 부동산 중계 등 소개.
六害殺	하수구	육해살 방향으로 마지막 대운을 내고 결실이 맺힘 → 곧 다시 이사하게 된다.(집안의 氣가 잘 돌아야 돈이 잘 돈다.)→ 집안에 우환이 들끓으면 하수구가 막힌 것이다. 화장실이 육해살 방향이면 좋다.(오직자리) // 육해살 방향으로 이사하면 싸고 큰집. 특별한 치료할 때 육해방향에 있는 병원이면 치료완치에 吉. // 육해살 자식이면 종신자식이다. 부부가 육해살 띠에 해당하면 전생 인연이다.
華蓋殺	반복	화개살 방향으로 이사하면 재고 결실의 옴부림 → 곧 다시 이사하게 된다.(無害無德) 집안의 창고나 화장실은 화개살 방향에 있는 것이 좋다. // 자식이면 보고 또 봐도 이쁘다. 대인관계나 남녀관계이면 헤어져도 또 다시 만난다. 나를 알리고 싶은 것은 지살방향에 걸고, 늘 보는 예술품은 화개살 방향에 걸어놓는다.

✻ 육친 상생대조표

➤ 육친이란 원래 나와의 관계를 말함인데, 父, 母, 兄, 弟, 妻, 子, 友를 의미하는 것으로 서, 자신의 사주원국의 日干을 중심위주로 보는 것을 원칙으로 한다.

육친	상생 상극 해설
비견	나와 같은 오행으로 음양이 같은 오행
겁재	나와 같은 오행으로 음양이 다른 오행
식신	내가 생하는 오행으로 음양이 같은 오행
상관	내가 생하는 오행으로 음양이 다른 오행
편재	내가 극하는 오행으로 음양이 같은 오행
정재	내가 극하는 오행으로 음양이 다른 오행
편관	나를 극하는 오행으로 음양이 같은 오행
정관	나를 극하는 오행으로 음양이 다른 오행
편인	나를 생해오는 오행으로 음양이 같은 오행
정인	나를 생해오는 오행으로 음양이 다른 오행

육친		인연 해당육친		
비견	男	형제자매, 사촌, 친구, 동업자	女	형제자매, 친구, 시아버지
겁재	男	형제자매, 이복형제, 경쟁자	女	형제자매, 남편의첩, 동서
식신	男	손자, 장모, 사위, 증조부, 조모	女	아들, 딸, 조카, 증조부, 손자
상관	男	조모, 외조부, 손녀, 장모, 사위	女	자식, 조모, 외조부, 손자
편재	男	아버지, 첩, 애인, 숙부, 고모	女	아버지, 시어머니, 외손자
정재	男	본처, 숙부, 고모, 형수, 제수	女	시어머니, 편시모, 시조부
편관	男	아들, 딸, 외조모, 시조부, 매부	女	재혼남편, 정부 형부, 시숙
정관	男	자식, 손부, 매부, 조카, 증조모	女	남편, 증조모, 형부, 시누이
편인	男	계모, 이모, 외숙, 조부, 외손자	女	계모, 이모, 숙모, 조부, 사위
정인	男	어머니, 장모, 이모, 조부, 외손	女	어머니, 외숙부, 숙모, 사위

➤ 백초귀장술로 운을 볼 때, 日天干을 중심으로 봐서 해당 육친이 나쁜 신궁에

해당하면 그 육친에게 문제가 생긴 것으로 본다. 財이면 금전문제인 것이다.

納音五行의 意味해설표

납음	육십갑자	의미	의미해설
海中金 해중금	甲子 乙丑	바다속의 금	깊은 바다 속 조개 속에 묻혀진 진주가 되다. 일단 세상 밖으로 나와서 갈고 닦으면 빛나는 보석으로서 숨은 재능을 살릴 수 있는 큰 역량이 잠재되어 있다.
爐中火 노중화	丙寅 丁卯	화로속의 불	비록 화로 속의 불이지만 품은 의미는 하늘과 땅이 합쳐진 큰 화로가 되어 음과 양의 조화로 온 우주를 밝게 감싸는 불이다. 특성은 확실함과 당당하고 솔직한 경향이 있어 본의 아니게 타인에게 피해를 줄 수 있다. 심성 수양이 요구된다.
大林木 대림목	戊辰 己巳	큰 숲나무	넓은 산야를 뒤덮은 듯 거대한 숲속을 말함이며, 이 숲은 많은 종류의 나무들이 우러러 그늘을 갖고 있는 형상이다. 특성은 어느 하나가 두드러지게 나타나지 않고 평범하게 두루 많은 이를 감싸 쉽게 하고 포용한다. 자신의 주관이 조금 부족하다.
路傍土 노방토	庚午 辛未	길가의 흙	길가의 흙이지만 작지 않고, 큰길가의 넓은 대지를 의미한다. 대지는 전답으로 초목이 무성하고 농사를 지을 수 있어 굳건한 지의력의 소유자다. 하지만 자신이 경거망동하지 않고 오만하지 않게 마음을 잘 다스려야 크게 성공할 수 있다.
劍鋒金 검봉금	壬申 癸酉	창끝의 금	예리하고 날카로운 칼끝을 뜻한다. 특성은 신경이 매우 예민하면서 반면 위태로운 칼날을 숨기고 있어 굳건한 의지력의 소유자다. 하지만 자신이 경거망동하지 않고 오만하지 않게 마음을 잘 다스려야 크게 성공할 수 있다.
山頭火 산두화	甲戌 乙亥	산머리 불	넓은 산야에 훨훨 타오르는 맹렬한 기세의 영향력을 가진 큰불을 의미한다. 그 내부는 어둡고 겉모습은 밝으나 본인의 속을 꼭꼭 숨기고 들어내지 않는 경향이 있다
澗下水 간하수	丙子 丁丑	계곡아래 물	산골짜기 계곡에서 흘러내리는 물로써 큰 바다 물까지 도달하기는 시간이 필요하다. 넓은 포용력과 관용이 부족한 단면이 있고, 물 양면의 현실을 즐겨 본다. 하지만 성공하려면 넉넉한 아량을 갖는 심성 수양을 꾸준히 해야 순순히 풀려간다.
城頭土 성두토	戊寅 己卯	성곽대기 흙	임금이 사는 성곽에 쌓여있는 흙으로써 많은 이를 지킴이다. 특성은 포용력과 의협심이 강하여 어려운 사람을 잘 도와주고, 솔직하면서 당당하고, 내심엔 웅장하고 거대한 포부를 품고 사는 성향이 있다.
白鑞金 백랍금	庚辰 辛巳	납같은 금	巳生金함은 금은 巳에서 생하고 辰에서 길러진다는 뜻으로 아직 완벽하게 단단해지지 않은 상태이다. 어떤 형태로든 미완성 金임으로 세우는 목표에 따라 만들어져 쓰임이 무궁무진하게 다양하다. 鑞字는 납과 주석과의 합금을 말한다.
楊柳木 양류목	壬午 癸未	버드나무	부드럽고 가느다란 잔가지가 많이 늘어진 버드나무로써 작은 바람에도 이리저리 흔들리는 성질의 소유자다. 특성은 마음의 변화가, 변덕이 심하고 세밀하면서 끈질긴 특성이 있다. 반면 아름답고 부드러운 문양에 드리워진 발과 흡사하다.
泉中水 천중수	甲申 乙酉	샘물속의 물	샘물 속의 맑은 물은 퍼내어 쓰고 써도 끝없이 계속 솟아 나온다. 특성은 끝없는 욕망이 강하고 솟구침과 충동심이 강하다. 하지만 물속의 깊은 고요만큼 조용하며 心地가 깊어 생각과 사려가 깊은 경향이 있다.
屋上土 옥상토	丙戌 丁亥	지붕위의 흙	집안의 더위와 추위를 막아주는 지붕 위의 흙을 의미하고 기왓장 위를 뜻한다. 火가 성하여 生한 土이므로 흔히 사람이 밟고 다니는 흙이 아니고, 불에 굽는 과정을 거쳐야 완성되는 특성이다. 의타심이 많아 남의 힘이 있어야 노력이 필요함
霹靂火 벽력화	戊子 己丑	천둥 속의 번갯불	일체 陰陽의 氣가 하나의 陽에 응결된 상태에서 水중에서 만나 발생한 火가 천둥벼락불이다. 천둥칠 때 순간에 번쩍이며 가로직은 번갯불을 말하며, 천하를 호령하는 기개는 천둥을 동반함으로 크고 많은 변화로 물고 다니는 성정이다.
松柏木 송백목	庚寅 辛卯	잣나무 소나무	동청 소나무를 뜻한다. 매서운 엄동설한의 강추위에도 푸르름을 잃지 않는 기개를 자랑하며 인내심과 끈기의 소유자다. 그러므로 자신을 매우 혹독하고 엄하게 다스린다. 아무리 힘들어도 고난에 이겨 내는 절개로 남들에게 좋은 모범이 된다.

납음	육십갑자	의미	의미 해설
長流水 장류수	壬辰 癸巳	언제나 흐르는 강물	끝없이 깊은 물줄기의 근원으로 마르지 않고 길게 흐르는 강물이다. 흐른 후에 가느다란 물줄기가 서로 합쳐져서 큰 대양을 이루듯이 변화는 세속에 잘 순응하고 받아들이는 성질이다. 남과 잘 화합하는 반면에 지나치게 따지는 경향이 있다.
砂中金 사중금	甲午 乙未	모래속의 금	모래 속에 섞여 있는 반짝거리는 금이다. 이 특성은 누군가가 체로 치고 걸러주어야만 드러나게 가치가 있고 금의 구실을 할 수 있듯이 이끌어주는 스승과 후원자의 힘이 절실히 필요하다. 이로 인해 모든 일에 용두사미로 끝낼 위험성이 있다.
山下火 산하화	丙申 丁酉	산 밑에 불	산 아래 불이란 산너머로 지는 석양의 빛을 뜻하고, 풀잎에 맺혀있는 작은 반딧불로 본다. 기술이가는 비록 약한 기운으로 소견이 좁고 이기심이 강한 편이다. 이 미 화력이 약해져 정열적이지 못하고 먼 곳까지 비추지 못하여 한정적인 게 흠이다.
平地木 평지목	戊戌 己亥	평지의 나무.	재목으로 쓰려는 평지목은 아직 다 자라지 못하는 일가가 땅속의 뿌리에 몰려있는 형상이다. 이로 인해 숨은 재주를 쉽게 드러내 발휘하지 못한다. 사회의 일원으로 꼭 필요한 사람이다. 중요한 기둥이 될 소지가 내포되어 있다. 그러므로 보이지 않는 곳에서 일처리를 잘 하고, 어려운 난관도 저력을 가지고 대처하는 힘이 있다.
壁上土 벽상토	庚子 辛丑	담벽 위의 흙	벽상토란 건물 벽에 바르는 흙으로써 더위와 추위를 막아주는 큰 임무가 있다. 이 특성은 남을 보호하는 너덕한 포용력과 자애심이 많은 편이다. 보여지는 숨은 재능재주가 많으나 혼자 힘으로는 어렵고 好運友운이 와야 발휘할 수 있으니 기다려야 한다.
金箔金 금박금	壬寅 癸卯	금박에 박힌 금	水生木으로 이루어진 금으로서 매우 부드럽고 연약한 금이지만 속에 드러나는 성정으로는 자아롭고, 주위가 약해 보이지만 내성은 매우 단단하여 성공하게 된다. 굳은 의지력과 세파 정황에 적응력이 좋고, 더불어 열심히 갈고 닦는 성실함까지 겸비해 어떠한 어려운 난관도 잘 해쳐 나가는 힘도 있다.
覆燈火 복등화	甲辰 乙巳	남포 같은 불	한낮에 중천에 뜬 맑은 햇빛으로 온 누리를 두루 비추는 강렬한 빛이기도 하고, 한밤중에는 어둠고 캄캄한 세상을 밝히는 등불을 말한다. 특성은 평상시에는 미미한 활동으로 조용히 있다가 중요한 사건이 보이면 주저함 없이 기꺼이 헌신적 노력으로 핵심역할을 봉사한다. 이때 노력의 대가로 세상의 주목을 받게 된다.
天河水 천하수	丙午 丁未	은하수의 강물	하늘에서 떨어지는 빗물이 천하수이다. 빗물은 온 세상 사람들에게는 없어서는 안 될 생로로서 갈증을 풀어주는 것으로 받는 이가 감사의 마음을 갖게 한다. 이 특성은 자애로움과 희생적인 헌신이 속에 잠재되어 있어 덕행한 구석이 있다.
大驛土 대역토	戊申 己酉	정거장의 다져진 흙	많은 사람들의 오고 감으로 두텁고 두텁게 잘 다져진 정거장의 흙을 의미한다. 정거장은 사방으로 어디로든 소통하고 있는 곳이기도 하다. 통하지 않은 곳이 없다. 따라서 이 특성은 속이 넓고, 대통하고 솔직하며 주저하지 않는다. 厚-두터울 후
釵釧金 채천금	庚戌 辛亥	비녀팔찌의 금	부녀자들이 미세에 사용하는 비녀와 팔찌를 장식하는 보석을 의미한다. 항시 착용하는 실용도로 소중하게 소용되고 소중하고 사랑하는 것을 하면 만들어진 모양은 변하지 않으려는 속성이 있다. 외형적 치장에 관심이 많고 사치, 허영심이 담겨 있다.
桑柘木 상자목	壬子 癸丑	뽕나무	뽕나무 잎을 주어 먹여 굶주린 누에벌레를 살리는 형상이다. 누에는 쓰려도 모르고 자란 누에고치에서 아름다운 비단을 만드는 실을 뽑는다. 단지 누에의 희생으로 목묵히 자란 나무를 잘라서 아무 보상을 못하는 것처럼 누에고치도 자기 것을 모두 빼앗겨도 저항하지 않고 누군가에게 따뜻함을 전하는 도움의 손길이 되는 경향이 있다.
大溪水 대계수	甲寅 乙卯	큰 시냇물	동쪽으로 흐르는 계곡의 시냇물이 흐르고 흘러 천하의 물이 규합되어 큰 바다를 이루었다. 거스르지 않고 순종하는 성질이다. 항상 맑게 충실하고, 음침하지 않으며 심지가 차분히 속 깊다. 변화무쌍을 좋아하지 않는다.
沙中土 사중토	丙辰 丁巳	모래속의 흙	사중토는 물에 밀리고 휩쓸려 쌓여 이루어진 모래흙이다. 주위의 작은 변화에도 쉽게 현혹되고 외형이 바뀐다. 이 특성은 세속의 時流변화를 잘 흔들리기도 하지만 반면, 강한 내성으로 좋은 기회를 잘 포착하여 잘 살릴 수 있는 장점이다.
天上火 천상화	戊午 己未	하늘위의 불	천상화는 신령스런 하늘의 장렬한 태양의 기운을 말한다. 火의 성질은 위로 오르기를 좋아하고, 온 우주를 밝게 비추며 대지를 따뜻하게 보온해주는 특별을 내포하고 있다. 이러한 강함 때는 매우 강하기도 하고, 반면에는 춥고 외로운 이에게는 부드럽고 정감 어린 따스함을 나타내는 두 가지 성정을 겸비하고 있다.
石榴木 석류목	庚申 辛酉	석류나무	걸으로는 유리할 같이 고귀한 아름다움을 머금은 석류나무인데 속성은 매운 성질을 갖고 있는 나무이다. 생각갈이 맵다도 하고, 불같이 붉으며 속내를 감춘 교활한 성질이다. 이런 석류나무는 아주 단단히기 때문에 주란이 뚜렷하고 고집이 세며 쉽게 변하지 않는다.
大海水 대해수	壬戌 癸亥	큰바다 물	온갖 물을 다 받아들인 넓은 바다의 물로써 계속적으로 들어오는 강물을 끊임없이 받아들인다. 넘치지도 않고 거부하지도 않으며 끊임이 바다로 들어오는 포용력과 온 천하를 휩쓸어버릴 수 있는 힘찬 돌진력도 잠재되어 있다. 물이 속성은 깨끗한 물과 더러운 물이 함께 섞이듯이 좋고 나쁨과 선과 악의 양면성을 내포하고 있어서 성공할 때는 크게 성공하기도 하나, 남에게 베푸는 가운데에서도 수많은 고난과 재난이 병행 발생한다.

男女 띠별 궁합 해설표

➤ 오행납음五行納音으로 궁합宮合을 보는 법으로 男女의 띠로 보는 법이다.

男女生年納音의 生剋으로 길흉吉凶을 참작하는 법으로서 男女가 相生하면 길吉하고 相剋하면 불리함을 말하고 서로 같으면서도(비화) 土와 水의 비화는 상합相合을 이루어 길하고, 金木火의 비화는 불길로 본다.

그 중 특별한 예가 있다.

男女를 막론하고 상대방의 剋을 받는 것을 꺼리는 게 원칙이지만 극 받는 것을 더 기뻐하는 관계도 있다.

- ❀ 壬申 癸酉 甲午 乙未 生은 火를 만나야 인격이 완성되고,
- ❀ 戊子 己丑 丙申 丁酉 生은 水를 만나야 복록이 창성하고,
- ❀ 戊戌 己亥 生은 金을 만나야 영화를 누리고,
- ❀ 丙午 丁未 壬戌 癸亥 生은 土를 만나야 자연히 형통하고,
- ❀ 庚午 辛未 戊申 己酉 丙辰 丁巳 生은 木을 만나야 일생이 행복하다.

➤ 宮合의 상생相生과 상극相剋의 중화묘법[官星制化妙法]

五行에 있어서 꼭 相生만이 吉한 것이 아니고, 相剋의 힘을 받더라도 吉해질수 있는 것은 人間의 삶과 曆術의 妙味이다. 다음의 納音들은 이런 변칙이 내포되어 있다.

- ❀ 검봉금劍鋒金 · 사중금砂中金은 불火를 만나야 아름다운 형상이 된다.
- ❀ 평지일수목平地一秀木은 금金이 없으면 영화를 얻지 못한다.
- ❀ 천하수天河水 · 대해수大海水는 흙土을 만나야 자연히 형통한다.
- ❀ 벽력화霹靂火 · 천상화天上火는 물水을 얻어야 복록과 영화를 누린다.
- ❀ 大驛土大驛土 · 沙中土沙中土는 나무木가 없으면 평생을 그르친다.

➤ 宮合 가취멸문법嫁娶滅門法

女子生月	男子生月	흉사발생풀이	女子生月	男子生月	흉사발생풀이
정월	9월	남편이 부인 역할을 한다	7월	3월	남편을 무서워한다.
2월	8월	다툼이 끊이지 않는다.	8월	10월	서로 자신의 이익만 챙긴다.
3월	5월	건강이 좋지 못하다.	9월	4월	서로를 미워한다.
4월	6월	서로에게 등을 돌린다.	10월	11월	남편을 의심한다.
5월	정월	밖으로 나돌아 다닌다.	11월	2월	자손근심이 생기고 단명한다.
6월	12월	서로를 원망한다.	12월	7월	무자식이나 자식일로 속 태운다.

男金女金	龍變化魚용변화어 용이 변해서 고기가 된 격	쇠와 쇠가 부딪쳐서 소리가 나는 격으로 남녀가 같은 쇠끼리 부딪치니 함께 살기 힘들고 서로 융화하지 못하고 불화로 다툼이 많다. 재물손실
男金女木	遊魚失水유어실수 물고기가 물을 잃은 격	목과 금이 상극이니 모든일에 구설이 따르고 관재나 재난을 당해 집안이 쇠진한다. 여자를 업신여겨 부부가 화목치 못하고 불신, 불만, 이별
男金女水	駟馬得馱사마득태 네말 수레에 짐을 실었도다	천생연분이라 부귀복록이 많아 자손이 영리하고 부부간에 금슬이 좋고 가내가 화목하여 기쁨이 넘쳐나고 자손이 효도하고 음덕이 있다.
男金女火	瘦馬重馱사마중태 병든 말이 무거운 짐을 싣다	불이 쇠를 녹이니 윗사람에게 불손하고 잡념이 많고 인내심이 적어 사회생활이 곤란하다. 부부간에 해로 어렵고 금전 재산이 흩어져 없어진다.
男金女土	山得土木산득토목 산에 흙과 나무를 얻은 격	금은보화로 지은 집 같이 넓고 좋은집에서 서로 금슬이 좋아 화목하고 자손이 번성하고 창고마다 금은보화가 가득차고 명예와 부귀가 무궁무진
男木女金	臥牛負草와우부초 누운소가 등에 풀을 지고 있다	부부가 해로하기 어렵고 빈곤함과 재앙이 그치지 않고 자손이 귀하다. 생활의 변화가 심하고 가내에 울음소리가 끊이지 않는다. 부부이별수.
男木女木	主失鷄犬주실계견 닭과 개를 잃은 격	부부의 화목에 고난과 어려움이 따르고 말년에 질병과 고통을 만난다. 처음엔 부귀영화라도 나중엔 가난하게 산다. 자손은 가을의 추풍낙엽.
男木女水	鳥變成鳳조변성봉 새가 변하여 봉황이 된 격	복이 창성하고 부부금슬이 좋고 자손의 효도가 지극하니 부귀영화를 오래도록 누리며 장수하겠다. 가풍이 좋고 화목하며 금전재물이 쌓인다.
男木女火	三夏逢扇삼하봉선 여름에 부채를 얻은 격	일생 금의옥식하고 남의 부러움을 받으며 부부가 평생 함께 부귀영화를 누리며 장수, 자손도 번창하고 부유해지며 모든神이 도와 재앙이 물러간다.
男木女土	入冬裁衣입동재의 겨울에 옷을 만드는 격	부부가 동거하면 서로가 다친다. 부부가 해로하기 어렵고 난관이 겹쳐 병들어 고생을 하게 되나 서로 이해하면 차츰 좋아져 식록이 다가온다
男水女金	三客逢弟삼객봉제 삼객이 동생을 만나는 격	부부에 애정이 깊고 자손이 창성하고 재물이 넘쳐 부귀와 영화를 누리며 일가친척이 화목하다. 품행이 바르고 창고에 금은보화가 넘치는 격
男水女木	鮫變爲龍교변위용 상어가 용으로 변한 격	부부애정이 넘쳐 금슬이 좋고 자손이 번창함에 일가가 화목하여 부귀가 따른다. 성공발전하여 재물이 넘쳐 풍족한 세월을 보내며 무병장수
男水女水	病馬逢針병마봉침 병든 말이 신침을 만난 격	재산이 풍족하고 영화와 명예를 얻고 자손이 번성하여 일생이 태평하다. 기쁜일이 많아지고 지위가 높아지며 금전재물이 늘어나 풍족하다.
男水女火	花落逢暑화락봉서 꽃이 떨어지고 더위를 만난 격	부부가 합방해서 동거하면 서로 화목치 못하며 자손이 불효하고 일가친척이 화목치 않다. 부모덕이 없고 윗사람에게 구박 고통을 당한다.
男水女土	萬物逢霜만물봉상 만물이 서리를 만난 격	부부가 불화하고 자손이 불효하고 재난재액이 많다. 재물이 부족하여 집안이 어려워 날마다 싸우니 마침내 이별수. 금전재물이 흩어진다.
男火女金	龍失明珠용실명주 용이 여의주를 잃은 격	부부간 서로 다투며 불화하니 매사가 막혀 덕이 없고 재앙이 많다. 가내가 항시 시끄럽고 자손의 말썽으로 화목하지 못하고 화재와 재난이 따른다.
男火女木	鳥變成鶴조변성학 새가 변하여 학이 된 격	부부금슬이 좋고 성공과 발전이 뜻한 바대로 이루어진다. 자손이 번창하여 효도하며 일가친척이 화목하고 명예와 지위가 향상되니 남의 부러움 산다
男火女水	老脚渡橋노각도교 노인이 다리를 건너는 격	모든일이 흉하고 불상사가 일어 화목치 못하고 상부상처할 운이다. 일가친척이 화목치 못하고 재물이 모이면 흩어지니 가산이 기울고 패가망신수.
男火女火	龍變爲魚용변위어 용이 변하여 물고기가 된 격	불길같은 성격으로 날마다 싸우니 시끄럽고 재난이 끊이지 않고 금은보화가 자연히 소멸되거나 화재로 잃는다. 흉함이 많고 길함은 없다.
男火女土	人變成仙인변성선 사람이 신선으로 변한 격	부부애정이 좋고 집안이 화목하며 자손이 번창하고 부귀와 명예가 겸하여 넉넉하고 관운도 있어 만사가 여유롭고 부부가 수명장수 해로한다.
男土女金	鳥變成鳳조변성봉 새가 변하여 봉황이 된 격	밤낮으로 기쁘고 자손도 복록이 따르고 사회적 지위가 올라 재물이 모이고 부귀와 명예가 따라 일생 만사형통 근심이 없다. 인덕있고 부부해로 한다
男土女木	枯木逢秋고목봉추 고목나무가 가을을 만난 격	부부불화에 관재구설이 따르고 서로 불화하여 재난과 화액을 부르며 모아둔 재물도 흩어지게 되며 걱정근심이 끊이지 않으며 사별이나 생이별 수.
男土女水	飮酒悲歌음주비가 술을 마시며 슬픈노래를 부름	자손이 흩어지고 부부간에 생이별하고 재물이 흩어지고 일가친척과 화목치 못하고 가업이 쇠진, 관재구설이 끊이지 않고 자손이 외롭고 고생
男土女火	魚變成龍어변성룡 물고기가 변하여 용이 된 격	부부 금슬이 좋고 집안이 번창하며 자손이 잘 되고 효도하며 재물이 쌓여 편안하다. 난관이 있어도 명예운 성공운 재수가 좋아 성공한다.
男土女土	開花滿枝개화만지 가지마다 꽃이 핀 격	자손이 번창하고 효도하며 부귀하고 창고에 곡식이 가득하여 풍류를 즐길 수 있는 길운이다. 순조로운 삶으로 큰 어려움 없이 수명장수한다

64괘 주역으로 본 72후 절기연상표

➤ 春夏秋冬춘하추동 사계절을 절기에 맞추어 64괘가 적용된다. 【24年】
각 괘상에 맞게 陰陽五行 寒熱冷물한열냉서 氣運기운이 변화하고 바뀌는 것을 알 수 있다. 해당 되는 괘상의 풀이대로 吉凶길흉이 造化조화 한다.

64괘	괘이름	기간 [음력]	절기	64괘 풀이	금전운	문서계약	건강병세	소송재판	시험운	가출인
䷼	풍택 중부	12월 02일 12월 05일	後	강건한 陽之가 위아래 겹쳐 싸고 있는데 온유한 陰之가 가운데 있으니 알을 따뜻하게 부화하는 어미의 모습. 참으로 순진하고 신령한 좋은 호운을 만난 격. 매사가 순조롭다. 오직 정성이 요구된다.						
䷂	수뢰둔	12월 06일 12월 09일	소한	새로운 陰之 기운에 둘러싸여 답답하게 움직이는 상. 시기상조라 함부로 경거망동하지 말라. 반드시 비를 머금은 구름이 몰려들고 있으니 참고 기다려라. 시비, 구설, 금전난, 불화가 생긴다.						
䷎	지산겸	12월 10일 12월 14일		아직은 크게 이루지 못했을 만큼 주위상황이 부적절하나 겸손하라는 때이다. 이런 부족한 가운데서 각자 살아가는 방법들은 알고 있으니 섣불리 고개 들지 말라. 공손하게 양보하면 편안하다.						
䷥	화택규	12월 15일 12월 20일		정반대인 불과 물의 충돌이라. 서로 의견이 분분하고 미워하고 질투하면서도 크게 싸우지 않는다. 아직은 때가 이르니 지금 나오면 지신이 방동하여 조상이 편치 않고, 의견충돌, 사고, 혼란 온다.						
䷭	지풍승	12월 21일 12월 26일	대한	한 점의 陽 기운으로 땅속에 새싹이 돋아나는 격. 땅 밑에서 추위와 고난을 극복하고 이제 새로운 기운이 피어나려는 순간이다. 오래지 않아 열매를 맺을 운이며 크게 이로운 귀인을 만날 운이다. 시험 승진 吉運.						
䷒	지택림	12월 27일 01월 03일		서서히 커가고 있는 陽기운이 내부의 높은 곳에서 물이 차오르는 연못을 보고 있다. 이 물은 생명수의 원천이다. 서로 순종하며 평화롭고 화합하는 상부 상조격이다. 만사형통이나 금전과는 거리가 멀어 어렵다.						
䷽	뇌산 소과	01월 04일 01월 08일	입춘	陽기운이 고르게 퍼지나 아직은 이르다. 열성히 노력해도 부족한 결과이다. 크게 뛰어다녀는 하나도 이루지 못한다. 작은 일에 매달려 노력하면서 작은 소득에 만족하라는 상태다. 관재구설 배신 상해주의.						
䷃	산수몽	01월 09일 01월 14일		삼라만상이 어렸어 무릎싹운들 맺고 싹을 틔우려 활발히 움직이지만 아직은 바람 같이 매섭다. 天水가 가정하나 아직은 역적추이고 시기상조다. 실력을 키우고 지혜의 밝은 불을 밝혀라면 전문가에게 조언받기.						
䷩	풍뢰익	01월 15일 01월 20일		한번 타오른 양기운은 때서는 음기운에 결코 물러서지 않는다. 위에 것을 조절하여 아랫것을 보태주는 형상, 쉬고 잃고 적당히 노력하는 사람은 목표를 향해 돌진하는 파도와 같이 무한한생명력과 힘이 있다.						
䷴	풍산점	01월 21일 01월 26일	우수	양의 기운이 어느새 성큼 강해질 쓸을 에이 듯 하여지는 수그러든다. 고난과 역경을 이겨내고, 묵묵히 자연이에게 순응한 뒤에는 새싹이 트기 시작한다. 급히 먹는 밥이 체한다. 노력하면 좋은 성과가 있다.						
䷊	지천태	01월 27일 02월 01일		태는 크고 편안하고 자유롭다는 뜻이다. 음양의 기가 화합하니 화목하고 발전한다. 음기운이 간신이 아무리 강하게 억압한다고 해도 범씨 봄이 온다. 발전의 만물들은 무사하지않는다. 최상 최고의 발전운.						
䷄	수천수	02월 02일 02월 07일	경칩	대기의 표면에 머물러 있던 양기운은 음기운이 약해지는 봄시기로 순식간에 천하에 확산되어 순환되니 구름이 잔뜩 모여 있을 봄 비를 뿌리기는 역부족이고 때가 아니다. 안내로써 기다리는 지혜를 필요하다.						
䷐	택뢰수	02월 08일 02월 13일		강한 양기운이 음기운인 택을 쫓는 형상이다. 천둥우뢰가 못에 장겨있어 장잠하나 평화롭다. 양이 강한 다수가 유약한 소수를 따르니 순리적 미덕이다. 윤리에 어긋나지 않으면 왼권 성공.						
䷢	화지진	02월 14일 02월 20일		火괘가 위에 있고 땅을 뜻하는 地괘가 아래 있으니 밝은 태양기가 붉은 태양이 떠올라 점점 띠오르는 형상이다. 태양이 불쑥불쑥 솟아나는 회망과 약진의 아침을 맞이하는 상. 사필귀정이다.						
䷧	뇌수해	02월 21일 02월 26일	춘분	꽁꽁 얼어붙었던 마음이 봄눈 녹듯이 풀리는 해빙의 운이다. 새싹이 트고 엄었던 만물이 풀리게 되니 매사가 순조롭고 계획이 이뤄대로 풀린다. 남강몰래 여분을 나누면 관재구설은 소멸된다. 시간이 걸린다.						
䷡	뇌천 대장	02월 27일 03월 03일		양기운이 안으로 모여 크게 상승하고 크게 발전하니 양기운이 제압대로 흘러지고 발산되지 않고 강하 음기운에 들어가 자리 잡는다. 적절한 강양의 조절 없어 나무 강해 소리만 요란할 얻은 것은 없고 소문만 무성하다.						

卦	이름	기간	절기	설명
䷒	뇌지예	03월 04일 03월 09일	청명	음기운이 꼭 필요한 한점만 남기고 물러나는 시기. 기름과 줄거움이 오는 상태이며 미리 준비하고 순리에 따르는 평탄하고 형통하며 발전하는 형상을 말함. 역행하지 않으면 일사리로 진행된다.
䷆	천수송	03월 10일 03월 15일		따뜻한 온기가 화창하니 만물이 시샘하듯 왕성하게 성장하니 빠른 성장에 놀란다. 얼핏 자연의 법칙에 순응하는 듯 보이지만 욕심이 일어나 다툼이 있으며 틈이 많은 상태. 경쟁이 좋다기 뒤따른다.
䷑	산풍고	03월 16일 03월 21일		모든 만물이 쑥쑥 자라더니 각각의 형태를 갖자 그것을 시샘한 돌발레가 득시글 끓는다기 풍기운을 부트리며 파먹고 있다. 신변에 액운, 사고나 우환, 가정패란, 사업부도, 도난 상태가 겹침. 과감하게 결단한다
䷝	택화혁	03월 22일 03월 27일	곡우	음기운에서 양기운으로 완전히 탈바꿈하는 혁명시기. 연못의 물과 불이 上下에서 서로 다툼을 벌이고 있으나, 의견이 맞지 않아 충돌하고 있는 격. 혁신과 개혁으로 부패를 차단하고 새것을 준비해야 한다.
䷪	택천쾌	3월 28일 4월 03일		계방을 무너트려를 끓어들인다는 뜻으로 완전하게 바뀐 그 모습은 풍요로운 내일을 보여주듯 화려한 결실의 상징으로 기뻐한다. 모습, 하늘을 찌를 듯이 시기가 늘어야 어떤 일 이든 무리없이 결단하는 과감한 결단의 형태. 비장한 각오로구
䷈	화산려	4월 04일 4월 10일	입하	양기운이 위에 있고 산을 뜻하는 간괘가 아래로 욕정의 순화하므로 산위에서 불이난 형상이다. 불이 크게 번질만한 나무도 별로 없어 거칠도 말듯 보잘것없는 세력으로 끝이 나는 외로운 신세. 불안한 상황을 극복하는 지혜가 고육스럽다
䷇	지수사	4월 11일 4월 16일		땅밑에는 물이 잔뜩 고여 있는 형상이고 대지에는 양의 기운이 가득하여 화려로운 형상. 겨울의 얼음이 완전히 녹음에서 몇 십배의 양분을 가진 장수의 그내, 최후의 승자가 되기 위해서는 뚠은 깊도 다시 넓을 줄 아는 찰음성이 필요하다.
䷇	수지비	4월 17일 4월 22일		모든 생물의 기운이 서로 화합하고 욕심을 당을 먹고 적시고 땅은 물을 포용한다. 길을 모르면 물러서 가고 모르는 길은 선지자를 쫓아가면 돌봄없이다. 반대로 불사, 시간 낭비하지 말고 순응하는 따라가라.
䷀	건위천	4월 23일 4월 29일	소만	양기운이 절정에 달한 태양이 중천에 떠오름을 상징하여 더 오를 곳이 없어 존귀하나 새로운 창조의 힘, 에너지, 력동을 의미한다. 너무 강하여 곧 쇠퇴할 운이니 교만하지 말고 쾌조로써 어려움을 때 결손하게 처신할 것
䷈	풍천소축	5월 01일 5월 06일		짜 찬 양기가 사이로 한 가닥 음기운이 인돼되나 하늘에서 바람이 불고 있으니 당장에 비를 뿌릴 것이 아니지만 짙은 비구름이 모여드는 형국. 갈증이 심해 비를 바라나 마음만 조급하고 비는 오지 않는다.
䷍	화대유	5월 07일 5월 12일	망종	이미 하늘에 불게 떠는 태양의 형상. 양기 아래로 만물을 부리고 있고 모든 생물들도 양기가 최고조 이다. 위가 크게 유하므로 있어 대소사가 밝고 장세가 있으나 곡식이 풍성해 남녀 부러움을 산다.
䷤	풍화가인	5월 13일 5월 18일		대지를 왕대름이며 활발하므로 양기운이 할 일을 다 이제는 집으로 돌아가 휴식을 취하는 격이다. 무사히 일을 끝낸으로 집중되었다. 집안에 평화, 화목을 우선으로 충실할 것. 집안과 집직단이 변화하 확이 없다
䷝	수풍정	5월 19일 5월 24일		랙대로 다 샀장한 만물은 서서히 숙살을 조정해 결실을 정돈한는 데, 위쪽은 물이 가득한 두레박 뜻하며 우물은 결국의 원천이며 때와 쓰임을 추하니고 최저으로면 탁해지고, 두레박으로 퍼 올리는 수고가 필요하다
䷳	백산함	5월 25일 6월 01일	하지	결실을 위한 숙성기가 시작되는 교합지점이다. 일반적인 산맥에 있는 못이 아니라 산위에 있는 못의 형상이다. 山이 못을 포섭하듯 못 또한 산을 경손하고 넓은 아력에 감동하여 따르고 있는 모습이다
䷠	천산구	6월 02일 6월 08일		한점의 음기운이 살아나니 결물을 준비가 물러가고 음기운과 양기운이 서로를 기다리며 만나기를 원한다. 이제 좌우으로 대대들어 재앙을 만나고 도난, 사기를 당하는 재수 없는 일을 즉시 문절하다
䷋	화풍정	6월 09일 6월 14일	소서	천하의 음양기운이 적절하게 조화가 잘 이루어지는 성숙의 시기이다. 청춘남녀가 좋은 배필을 만나 결혼해 이로 좋은 인연을 만나 자식을 얻을 수있고 사업이 도움가 동업자가 재물를 느끼 형국
䷶	뇌화풍	6월 15일 6월 20일		음양의 기운이 화친화여 서로 통하니 온 누리 만물은 풍족함에 기뻐한다. 원숙의 가기는 과정으로 근심걱정이 일순간에 사라지는 형국. 옷과 사람의 주장과 존경을 한눈 받게 되나 더 비발 것이 없다
䷫	풍수환	6월 21일 6월 26일		음양의 기운이 서로 섞이고 흩어지는 형상. 바람 폐가 위에 있고 물께가 밑에 있으니 바람이 불어 물보라를 일으켜 사방에 흩어지는 모양이다. 일의 새로운 서서에 좋은 라면 받한다고 있다.
䷘	천택리	6월 27일 윤6월 02일	대서	양기운이 강한 음기운을 밀려 쉽게 물러날 것 같으나 호랑이 거세게 버티며 견주고 있는데 온유한 음기가 강인한 양기운을 방석하고 호화하고 극복한다. 순하면서 더워 순발하는 것으로 자연의 이치에 따르는 모양이다.
䷠	천산둔	윤6월 03일 윤6월 08일		음기운은 살아나고 양기운은 점차 쇠퇴해지며 풍화가인의 거처로 숨어들 것이다. 일단 물을 낳추고 숨어 지내며 피하는 것이 비굴한 것이 아니라 약선상 후퇴임을 안다. 천지사방이 척이고 사면초가이다.
䷟	뇌풍항	윤6월 09일 윤6월 14일	입추	음과 양의 기운이 제당하여 교합하니 만물이 어그러지지 않고 오래동안 신의를 지키고 순응하는 형상이다. 충직하고 지나쳐 고집스럽에 보이는 모습
䷹	수택절	윤6월 15일 윤6월 21일		아직은 양의 기운이 음기운보다 왕성하여 음기운은 스스로 절제하고 알아서 기다리며 때를 마음에서 일어나는 육구와 욕심을 이성적으로 판단하여 절제함을 뜻함, 주변의 유혹이 많을 때, 금욕지우

- 443 -

괘	이름	기간	절기
䷌	천화동인	윤6월 22일 ~ 윤6월 27일	
䷨	산택손	윤6월 28일 ~ 7월 04일	처서
䷋	천지비	7월 05일 ~ 7월 11일	
䷸	손위풍	7월 12일 ~ 7월 17일	백로
䷬	택지췌	7월 18일 ~ 7월 23일	
䷙	산천대축	7월 24일 ~ 7월 29일	
䷕	산화비	7월 30일 ~ 8월 05일	추분
䷓	풍지관	8월 06일 ~ 8월 11일	
䷵	뇌택귀매	8월 12일 ~ 8월 17일	한로
䷘	천뢰무망	8월 18일 ~ 8월 23일	
䷣	지화명이	8월 24일 ~ 8월 29일	
䷮	택수곤	9월 01일 ~ 9월 06일	상강
䷖	산지박	9월 07일 ~ 9월 12일	
䷳	간위산	9월 13일 ~ 9월 18일	입동
䷾	수화기제	9월 20일 ~ 9월 25일	
䷔	화뢰서합	9월 26일 ~ 10월 01일	
䷛	택풍대과	10월 02일 ~ 10월 07일	소설
䷁	곤위지	10월 08일 ~ 10월 13일	
䷿	화수미제	10월 14일 ~ 10월 19일	대설
䷦	수산건	10월 20일 ~ 10월 25일	
䷚	산뢰이	10월 26일 ~ 11월 01일	
䷗	지뢰복	11월 02일 ~ 11월 07일	동지

> ➤ 좋은 이사길일을 택일하는 법은 많은 방법이 있는데, 대개 손<태백살> 없는 날을 피하고, 이사하는 집 가장의 띠를 가지고 <생기복덕길흉표>에서 생기·복덕·천의일을 선택하고 거기에 황도일이 겹치면 吉 한 날이다.

Ⅰ. '손'없는 날은 태백살을 피한 날로서, 지혜로운 옛 선조들은 이날을 선택하여 이사를 하면 집안의 나쁜 흉사를 피할 수 있다고 전하고 있다.

날 짜	방향	날 짜	방향	날 짜	방향
1, 11, 21	정동쪽 東	4, 14, 24	서남쪽 西南	7, 17, 27	정북쪽 北
2, 12, 22	정남쪽 南	5, 15, 25	정서쪽 西	8, 18, 28	북동쪽 北東
3, 13, 23	정남쪽 南	6, 16, 26	서북쪽 西北	9 , 10	上天方

Ⅱ. 이사하는 집에 家長가장의 띠에 따라 피해야하는 방향이 있는데, 만약 이 방향으로 이사를 하면 가세가 기울고 재수가 없으며 재난을 당한다.

가장의 生年 띠	申子辰	巳酉丑	寅午戌	亥卯未
꼭 피해야 할 방향	未方 서남쪽	辰方 동남쪽	丑方 동북쪽	戌方 서북쪽

Ⅲ. 이사방향도 중요하지만 이사할 새 집의 출입문이 어느 쪽으로 나있는가도 필히 엄수해야한다. 만약 출입문이 나쁜 방향으로 나있는 집에 살게 되면 집안의 가장 윗사람의 운이 쇠약해지면서 악운과 재앙이 닥치고, 급기야 바람이 나기도한다.

가장의 生年 띠	申子辰	巳酉丑	寅午戌	亥卯未
나쁜 방향	子方 정북쪽	酉方 정서쪽	午方 정남쪽	卯方 정동쪽

Ⅳ. 이사하는 날이 三支지삼방에 해당하는 것도 해로운 방향으로 본다. 삼방이란 年은 年마다, 月은 달마다, 日은 날마다 나쁜 방향이 있다는 것이다.

년삼지 해당 年	申子辰 년	巳酉丑 년	寅午戌 년	亥卯未 년
해로운 방향	북쪽 亥子丑方	서쪽 申酉戌方	남쪽 巳午未方	동쪽 寅卯辰方

월삼지 달	정월	2월	3월	4월	5월	6월	7월	8월	9월	10월	11월	12월
해로운 방향	寅卯方 東方	丑辰 中央	酉 西方	子 北方	卯 東方	戌 中央	申 西方	子 北方	卯 東方	午 南方	巳 南方	子 北方

日삼지 해당 날	申子辰 날	巳酉丑 날	寅午戌 날	亥卯未 날
해로운 방향	서북쪽 申子辰方	북쪽 亥子丑方	서쪽 申酉戌方	남쪽 巳午未方

Ⅴ. 新신가옥 이사, 입주길흉일

해당 吉日	甲子, 乙丑, 丙寅, 丁卯, 己巳, 庚午, 辛未, 甲戌, 乙亥, 丁丑, 癸未, 甲申, 庚寅 壬辰, 乙未, 庚子, 壬寅, 癸卯, 丙午, 丁未, 庚戌, 癸丑, 乙卯, 己未, 庚申, 辛酉 天德日, 月德日, 天恩日, 黃道日, 母倉上吉日, 天德合, 月德合, 滿, 成, 開 日 역
불길 不吉日	歸忌日, 복단일, 受死日, 天賊日, 正沖日, 建, 破, 平, 收日, 家主本命日

Ⅵ. 舊구가옥 이사, 입주길흉일 - 아주 오래된 옛날집이나 살던 집으로 다시 들어갈 때 :

春 봄 - 甲寅日	夏 여름 - 丙寅日	秋 가을 - 庚寅日	冬 겨울 - 壬寅日

男女 입주•이사 吉凶表

천록 ◉	안손 ✕	식신 ◉	중파 ✕	오귀 △	합식 ◉	진귀 △	관인 ◉	퇴식 ✕		해당나이										
東	南東	중앙	西北	東	北東	西	北	北東	남자나이	1	10	19	28	37	46	55	64	73	82	91
南西	東	南東	중앙	北西	西	北東	南	北		2	11	20	29	38	47	56	65	74	83	92
北	南西	東	南東	중앙	北西	西	北東	南		3	12	21	30	39	48	57	66	75	84	93
南	北	南西	東	南東	중앙	西北	西	北東		4	13	22	31	40	49	58	67	76	85	94
東北	南	北	南西	東	南東	중앙	西北	西		5	14	23	32	41	50	59	68	77	86	95
西	東北	南	北	西南	東	東南	중앙	西北		6	15	24	33	42	51	60	69	78	87	96
西北	西	東北	南	北	西南	東	東南	중앙		7	16	25	34	43	52	61	70	79	88	97
중앙	西北	西	東北	南	北	西南	東	東南		8	17	26	35	44	53	62	71	80	89	98
南東	중앙	西北	西	東北	南	北	西南	東		9	18	27	36	45	54	63	72	81	90	99
東	南東	중앙	西北	東	北東	西	北	北東	여자나이	1	10	19	28	37	46	55	64	73	82	92
南西	東	南東	중앙	北西	西	北東	南	北		2	11	20	29	38	47	56	65	74	83	92
北	西南	東	南東	중앙	西北	西	北東	南		3	12	21	30	39	48	57	66	75	84	93
南	北	西南	東	南東	중앙	西北	西	東北		4	13	22	31	40	49	58	67	76	85	94
東北	南	北	西南	東	南東	중앙	西北	西		5	14	23	32	41	50	59	68	77	86	95
西	東北	南	北	西南	東	南東	중앙	西北		6	15	24	33	42	51	60	69	78	87	96
西北	西	東北	南	北	西南	東	南東	중앙		7	16	25	34	43	52	61	70	79	88	97
중앙	西北	西	東北	南	北	西南	東	南東		8	17	26	35	44	53	62	71	80	89	98
南東	중앙	西北	西	東北	南	北	西南	東		9	18	27	36	45	54	63	72	81	90	99

남녀 입주 이사 길흉풀이

대길 ◉	천록天祿	귀인을 만나고 관록 식록이 더해지고 매사 재수있고 재물이 쌓이는 吉방향, 직장승진, 월급상승
	관인官印	관직이나 공직의 합격 승진 승전해 지위가 발전되어 자손창성과 태평성대의 方, 직장 취업, 명예
	식신食神	가내번창 사업번창 재수가 좋고 소원성취 되며 금전과 재물이 쌓이고 의식주가 풍족해지는 方,
	합식合食	금은보화 식록이 쌓이고 만사형통이며 사업이 왕성해지고 귀인상봉으로 소원성취에 吉방향
보통 △	오귀五鬼	오방, 東西南北中央의 로 요귀가 출입하여 집안에 우환질병 재앙과 풍파로 불안한 일이 생긴다.
	진귀進鬼	항상 殺귀신이 따라붙어 손재수 우환 교통사고 관재구설이 연이어 풍파가 심한 고달픈 삶이 됨.
대흉 ✕	안손眼損	실물 도독 손재수로 가내가 평탄치 못하며, 자녀걱정 늘 불안하고 눈병 안질로 눈이 나빠진다.
	증파甑破	가정풍파와 사업부진, 재산이 줄고 손재수 사기도둑 우환 횡액수, 실패수가 이어고 궁핍해진다.
	퇴식退食	가내가 풍지박산, 가족이 흩어지고,, 재산이 줄어들고 매사 꼬이고 퇴보하는 흉한 삶이된다.

男女 생기•복덕 吉凶表

손하절 이허중 곤삼절								손하절 이허중 곤삼절	
진하련 ◐ 태상절		◉		△		✕		진하련 ◐ 태상절	
간상련 감중련 건상련								간상련 감중련 건상련	
男子 연령 본명	생기	천의	복덕	절체	유혼	귀혼	화해	절명	女子 연령 본명
1 8 16 24 32 40 48 56 64 72 80 88 96	卯	酉	辰巳	子	未申	午	丑寅	戌亥	5 12 20 36 44 52 60 68 76 84 92 100
9 17 25 33 41 49 57 65 73 81 89 97	丑寅	辰巳	酉	戌亥	午	未申	卯	子	4 11 19 27 35 43 51 59 67 75 83 91 99
2 10 18 26 34 42 50 58 66 74 82 90 98	戌亥	午	未申	丑寅	辰巳	酉	子	卯	3 10 18 26 34 42 50 58 66 74 82 90 98
3 11 19 27 35 43 51 59 67 75 83 91	酉	卯	丑寅	未申	子	戌亥	辰巳	午	29 17 25 33 41 49 57 65 73 81 89 97
4 12 20 28 36 44 52 60 68 76 84 92	辰巳	丑寅	卯	午	戌亥	子	酉	未申	18 16 24 32 40 48 56 64 72 80 88 96
5 13 21 29 37 45 53 61 69 77 85 93	未申	子	戌亥	酉	卯	丑寅	午	辰巳	15 23 31 39 47 55 63 71 79 87 95
6 14 22 30 38 46 54 62 70 78 86 94	午	戌亥	子	辰巳	丑寅	卯	未申	酉	7 14 22 30 38 46 54 62 70 78 86 94
7 15 23 31 39 47 55 63 71 79 87 95	子	未申	午	卯	酉	辰巳	戌亥	丑寅	6 13 21 29 37 45 53 61 69 77 85 93

男女 生氣福德 吉凶풀이

대길 ◉	생기生氣	결혼 구직 서류제출 개업 약속 시험 계약 상담 청탁 투자 등 每事大吉 한날.
	천의天醫	수술 침 질병치료 상담 구재 수금 섭외거래 계약 매매 청탁 등 每事大吉 한날.
	복덕福德	약혼 창업 재수고사 교제 연회 거래계약 투자 청탁 여행 등 每事大吉 한날.
보통 △	절체絶體	吉하지도 凶하지도 않은 꽃날. 우환 사고, 과로 과음과식 분주 스트레스 피로 무리는 조심
	유혼遊魂	吉하지도 凶하지도 않은 꽃날. 허사 허송 헛수고 실수 방황 좌절 실물 등 조심한다.
	귀혼歸魂	吉하지도 凶하지도 않은 꽃날. 허위 실의 낭패 사기 주저 뒤틀림 방해 등 조심한다.
대흉 ✕	화해禍害	크게 凶한 날. 서류제출 관재구설 송사 도난 실물 시비 사고 울화 등이 따르니 피할 것.
	절명絶命	크게 凶한 날. 교통사고 부상 수술 낙망사고 절망 무리 낭패 등이 따르니 피하는 것이 상책.

吉凶 黃黑道 早見表

서기	2025년
단기	4358년
불기	2569년

黃黑道 吉凶 택일할 年 月 日 時 대입	청룡 황 도	명당 황 도	천형 흑 도	주작 흑 도	금궤 황 도	대덕 황 도	백호 흑 도	옥당 황 도	천뇌 흑 도	현무 흑 도	사명 황 도	구진 흑 도
	天魔星	紫薇星	동토凶	동토凶	天寶天慶	天隙明堂	동토凶	天王天成	동토凶	동토凶	천부천관	이장凶
1 , 7 寅 申	子	丑	寅	卯	辰	巳	午	未	申	酉	戌	亥
2 , 8 卯 酉	寅	卯	辰	巳	午	未	申	酉	戌	亥	子	丑
3 , 9 辰 戌	辰	巳	午	未	申	酉	戌	亥	子	丑	寅	卯
4 , 10 巳 亥	午	未	申	酉	戌	亥	子	丑	寅	卯	辰	巳
11 , 5 子 午	申	酉	戌	亥	子	丑	寅	卯	辰	巳	午	未
12 , 6 丑 未	戌	亥	子	丑	寅	卯	辰	巳	午	未	申	酉

➤ 고대 중국의 曆記學역기학은 수천년의 역사를 가지고 있고, 방대한 체계를 가지고 있다.

　이는 역대의 많은 지략가들에게 신비감을 조성했지만 사실 그 근본을 분석해보면 曆記學역기학은 曆法역법과 술수가 결합되어 만들어진 것이다. 이것을 토대로 청나라 시절에 「협기변방서」라는 책이 나옴으로써 역기학에 대한 총정리가 이루어졌다. 이때부터 본격적으로 나라의 大小事에 吉凶日을 택일하여 활용하기 시작했는데 특히 집을 짓거나 옮기는 일등 집안의 애경사에 쓰였다.

＊ 이 황도길흉일은 吉曜時法이니, 일이 급하면 다만 黃道日만을 택일하여 써도 큰 탈이 없이 좋다.
　특히, 결혼, 이사, 개업, 고사, 상량식, 기공식, 고사, 조장, 안장, 사초, 입비, 장례행사 등.

＊ 생기복덕으로 吉日이더라도 흑도가 되는 날은 흉한 날이므로 이사, 이장, 안장, 사초, 입비를 피한다.

＊ 黃道가 되는 날에 결혼, 이사, 개업, 고사, 상량식, 기공식, 천도재 등 행사하면 아주 좋다.

＊ 좋은 黃道日로 年을 정한 후에, 그 줄에서 月도 황도 月을 택일한 후, 다시 그 줄에서 황도일로
　日을 정한다. 時도 마찬가지로 정한 黃道 日 그 줄에서 黃道時를 찾아 時로 정하면 된다.

[예를 들어보면, 정유년 4월 달에 결혼 날짜를 잡으려 한다 : 酉년 줄에서 巳글자는 주작흑도이다. 흑도일은 흉한 달이니 4월
달은 피해서 다른 달을 택일해야 한다. 寅·卯·午·未·酉·子가 황도 월에 속한다. 그래서 午월을 택일했다고 해보자.
다시 표에서 왼쪽 年月 대입을 칸 글자줄 줄에서 다시 황도일을 고른다. 子·丑·卯·午·申·酉 날 중에서 선택하면 된다. 이장
巳는 별날이라 결혼일로는 좋지 않다.
子일을 선택했다면 다시 子글자 줄에서 같은 방법으로 황도 時間으로 정하면 된다.

- 448 -

서기	2025年
단기	4358年
불기	2569年

  二十八星宿의 吉凶定局表

28수	방위	계절	별자리구성	요일	吉한일	凶한일
각角	木		4성 동남12도	목 이무게	결혼, 청탁, 출행, 개업, 의류매장, 건축, 증개축	남골, 매장, 안장, 이장, 산소일은 불리 (금강살)
항亢			4성 동남9도	금 용	씨뿌리기, 매매, 제약투자, 수익, 수입, 문서	제사, 그믐날~상문달~공망달~윤달의 혼인은 凶하다. 별이 어두우면 전염병이 돈다. (금강살)
져氐	동	봄	4성 동남16도	토 담	성조, 결혼, 개업, 사업확장, 입시입관, 건축, 증축, 안조, 질병을 일으키는 별. 자수성가	바느질, 분묘개수, 매장, 안장, 수리는 凶하다
방房	방		2성 동 6도	일 토끼	출행, 분가, 건축, 모든 일에 대길하다. 평온 안락	장례행사, 안장, 매장은 불리.
심心	청		3성 동 6도	월 박쥐	천도제, 제사, 고사에 길일. 부녀창녕, 女權伸張	모든 일에 다 凶하다. 특히 조장, 방류, 문開.
미尾	룡		9성 동남19도	화 호랑이	결혼, 개업, 건축, 안장, 부착의레, 매사대길, 문開	별이 빛나면 오곡이 풍성함에 불리, 어두질 凶 어두우면 홍수 수액난을 조심.
기箕			4성 동북11도	수 표범	결혼, 개업, 건축, 안장, 부착의레, 방류, 매사대길	南冀, 풍우와 오곡의 풍성함을 상징한다.
두斗	水		6성 북동24도	목 게	건축수리, 토묘, 분묘개수, 안장, 매사대길	北斗, 천하태평과 국부민안을 상징. 주색상납, 여색 凶하다.
우牛			7성 북동7도	금 소	천문기도	살신귀가 작용, 매사불리 (조심) (금강살)
여女	북	겨울	4성 북동10도	토 여우	愛敬(애경)수련고를 함, 재물을 주면, 이발, 목욕	건축, 수리, 개조조장, 안장, 개문, 방류불리.
허虛	방		2성 북 9도	일 쥐	결혼, 입학, 입사, 증개축, 매사대길	조작, 연담, 장례행사, 안장은 凶하다. 戰爭危機
위危	현		3성 북16도	월 제비	양조, 주조, 소망달성	결혼, 이전, 등산, 건축, 개문, 방류, 바느질, 못 박는 일 이사, 고소, 장례, 안장은 불리.
실室	무		3성 북417도	화 돼지	결혼, 건축, 개문, 개업, 축제, 복약, 사냥, 출행 매사대길	남골장, 장례행사, 안장은 凶하다.
벽壁			2성 북423도	수 신선	결혼, 출행, 건축, 건축수리, 개문, 개조, 방류, 장사, 안장	작명, 상호, 택호, 아호 짓기는 凶하다. 남록 행하는 凶
규奎	金		17성 서북16도	목 이리	입산, 벌목, 제사, 개문, 가옥건축, 증축수리, 주방수리, 방류, 女의 번창을 의미.	이장, 안장, 개점, 개장은 凶하다. (금강살)
루婁	서		3성 서북11도	금 개	결혼, 개업, 부작청탁, 개문, 이장, 조장, 방류 대길	그믐날이면 이장, 안장, 개문 등 대흉하다. (금강살)
위胃	방	가을	3성 서 14도	토 꿩	결혼, 개업, 관청일, 서류제출, 안장, 吉	위장병 조심, 파옴파식 금물.
묘昴	백		7성 서 11도	일 닭	결혼, 장례행사, 방류, 안장, 개문은 吉	건축, 증개축, 수리, 신앙, 기원, 천도제, 고사는 凶
필畢	호		8성 서남17도	월 새	결혼, 제작, 섭외, 대화, 화해, 개도, 개문, 방수, 건축, 가옥수리, 매장, 안장, 매사대길	兵馬財事, 武力무al을 상징. 畢宿(필수)에 속한다.
자觜			3성 서남半도	화 원숭이	매장, 이장, 안장, 입학시험에 吉	제사, 매사불리 凶 빛을 잃으면 兵馬가 난동.
삼參			7성 서남半도	수 지렁이	제조, 제품제작, 출행, 건축증개축, 조작에 吉	장례행사, 안장, 결혼, 개문, 방류에 凶흉하다.
정井	火		4성 남서33도	목 삵	가옥건축, 우물파기, 개문, 酒릴조, 방류에 吉	장례행사, 안장.
귀鬼			4성 남서 2도	금 양	이장, 장례행사는 吉, 매사불리	건축, 결혼, 고사, 개문, 방류는 凶흉하다. (금강살)
유柳	남	여름	8성 서남14도	토 노루	파종, 화단정리, 깨고파내는 일, 절단하는 일	결혼, 창업, 건립, 개업, 개문, 방류, 장례행사, 매장, 조장운 불길하다.
성星	방		7성 남 半도	일 말	신방꾸미기에 대길, 결혼, 입원, 치료시작, 개보수에 吉	결혼, 바느질, 씨뿌리기, 매사불길 (금강살)
장張	주		6성 남동18도	월 사슴	결혼, 개업, 개점, 개문, 출행, 입학, 입사, 상관 불공, 고사, 천도제, 안장, 안장에 吉	이 별이 빛나는 경우에는 나라가 부강하고 국민이 풍요하다.
익翼	작		22성 남동19도	화 뱀	입학, 입사, 경작, 씨뿌리기, 일시작, 구직, 이장, 안장에 吉	결혼, 건축증개축, 제작, 고사, 시험은 凶. 개문, 방류에 凶흉하다.
진軫			6성 남동18도	수 지렁이	결혼, 매입, 건축, 증개축, 섭외, 분가, 배 만들기, 官服(관복)만들기, 이장, 안장, 매장에 吉	제의불같옷 만들기, 재봉질, 별이 빛나면 풍우가 조절되고 천하가 태평하다. 복록 행보는 凶

建除 12神의 吉凶定局表

12神	1월 입춘後	2월 경칩後	3월 청명後	4월 입하後	5월 망종後	6월 소서後	7월 입추後	8월 백로後	9월 한로後	10월 입동後	11월 대설後	12월 소한後
建 건	寅	卯	辰	巳	午	未	申	酉	戌	亥	子	丑
除 제	卯	辰	巳	午	未	申	酉	戌	亥	子	丑	寅
滿 만	辰	巳	午	未	申	酉	戌	亥	子	丑	寅	卯
平 평	巳	午	未	申	酉	戌	亥	子	丑	寅	卯	辰
定 정	午	未	申	酉	戌	亥	子	丑	寅	卯	辰	巳
執 집	未	申	酉	戌	亥	子	丑	寅	卯	辰	巳	午
破 파	申	酉	戌	亥	子	丑	寅	卯	辰	巳	午	未
危 위	酉	戌	亥	子	丑	寅	卯	辰	巳	午	未	申
成 성	戌	亥	子	丑	寅	卯	辰	巳	午	未	申	酉
收 수	亥	子	丑	寅	卯	辰	巳	午	未	申	酉	戌
開 개	子	丑	寅	卯	辰	巳	午	未	申	酉	戌	亥
閉 폐	丑	寅	卯	辰	巳	午	未	申	酉	戌	亥	子

➤ 건제 12神이란 우주가 子會하면서 생겨난 광대한 신비로운 神力으로서 建, 際, 滿, 平, 定, 執, 破, 危, 成, 收, 開를 절기가 바뀔 때마다 順行으로 바뀌면서 宇宙의 天, 地, 人 모든 萬物을 순리적으로 다스리고 통치해왔던 吉凶事를 택일하던 方法이다.

해설	吉 길한 일	凶 흉한 일
建 건	문서, 서류제출, 상장上출, 입학, 입주, 상량, 섭외, 면접, 구인, 관대冠제, 해외여행, 출장, 출행, 청소, 귀한손님초대.	결혼, 동토, 건축수리, 파토, 승선, 수조, 벌초, 안장
除 제	택재고사, 제사, 기도, 상장, 면접, 소장제출, 원서제출, 계약, 여행, 질병치료, 파종, 접목.	출산, 명품구입, 재테크, 증권주식, 코인, 투자, 취임식, 구직, 이사, 물건구입, 매입
滿 만	제사, 청소, 여행, 입양, 직원채용, 접목, 옷 지어입기.	입주, 동토, 이사, 불공, 고사, 기둥세우기.
平 평	길 내기, 집터 닦기, 축담, 장 담그기, 제사, 결혼, 이사.	인수인계, 벌초, 파종, 재종, 파토, 개울치기.
定 정	제사, 불공, 안택고사, 결혼, 매장, 안장, 집들이, 입주, 입양, 동물들이기, 친목회, 회의개최.	출산준비, 질병치료, 침, 소송, 여행, 파종.
執 집	제사, 개업, 상장, 입권, 이력서제출, 정보수집, 소장제출, 건물증개축, 집수리, 사냥, 매장, 안장.	해외여행, 출행, 입주, 이사, 정보유출, 水劫방비.
破 파	집 개조, 가옥파괴, 담장허물기, 성형수술, 건물철거, 인연 끊기.	결혼, 여행, 이사, 파토, 동토, 벌초, 안장, 개업, 공장건립, 외출, 주식상장, 오락게임, 코인투자
危 위	제사, 결혼, 상장, 서류제출, 소장제출, 입권, 집수리, 건물증개축.	입산, 벌목, 사냥, 수렵, 승선, 낚시, 어로작업.
成 성	제사, 결혼, 불공, 안택고사, 소장제출, 원서제출, 구재, 이사, 환가, 집수리, 접화목, 상표등록, 매매.	소송이나 송사, 소장제출.
收 수	제사, 결혼, 約자녀채, 입학, 직원채용, 불공, 안택고사, 수금회수, 수렵, 동물들이기, 식목.	개업준공, 개문, 벌초, 파토, 봉묘, 출행, 하관, 안장
開 개	제사, 결혼, 개업, 입원, 불공, 안택고사, 재종, 집수리, 입권, 출행, 건물증개축, 우물파기, 파종.	동토, 매장, 안장. 子午卯酉月에는 무방하다.
閉 폐	제사, 안장, 立券입권공증, 접목, 접화, 폐문, 물 막는 일, 길 막는 일, 화장실 짓기	이사, 납품, 출품, 출행, 해외여행, 먼 여행, 수조, 동토, 가내귀환, 건축수리.

	1월	2월	3월	4월	5월	6월	7월	8월	9월	10월	11월	12월	당일 좋은 행사
옥제사일	丁巳	甲子	乙丑	丙寅	辛卯	壬辰	丁亥	甲午	乙未	丙申	辛酉	壬戌	옥제의 죄 소멸, 윤색을 해주시니 일의대로 행해도 좋다.
황은대사	丑	戌	寅	巳	寅	卯	子	午	亥	辰	申	未	입장소멸, 심중의련, 나쁜기운 감소됨
만통사일	午	亥	申	丑	戌	卯	子	巳	寅	未	辰	酉	모든 일에 대길 해 전화위복이 된다.
회가제성	戊	丑	辰	未	戌	丑	辰	未	戌	丑	辰	未	귀인상봉으로 대길 만사형통이다.
천사신일	戊	丑	辰	未	戌	丑	辰	未	戌	丑	辰	未	모든 죄 소멸, 모든 질병 물러남 吉
생기신일	戌	亥	子	丑	寅	卯	辰	巳	午	未	申	酉	결혼, 이사, 여행에 길
천의대사	丑	寅	卯	辰	巳	午	未	申	酉	戌	亥	子	수술, 입원, 침, 질병 치료에 吉
오부길일	亥	寅	巳	申	亥	寅	巳	申	亥	寅	巳	申	건축, 기공식, 창고, 모든 일 시작
요안일	寅	申	卯	酉	辰	戌	巳	亥	午	子	未	丑	이사 입주, 가족상봉, 家ㅁ 細胞이웃는 날
해신일	申	申	戌	戌	子	子	寅	寅	辰	辰	午	午	일체 재액, 퇴치에 吉 한 날
금당일	辰	戌	巳	亥	午	子	未	丑	申	寅	酉	卯	입장, 정화, 닦는데 길일, 건물증개축
양덕일	戊	子	寅	辰	午	申	戌	子	寅	辰	午	申	결혼, 연회, 교역에 길
음덕일	酉	未	巳	卯	丑	亥	酉	未	巳	卯	丑	亥	귀인의 도움, 청탁 성장
경안일	未	丑	申	戌	卯	酉	戌	辰	亥	巳	子	午	윗사람 문안 심부름건, 부모친구, 요양병면
육합일	亥	戌	酉	申	未	午	巳	辰	卯	寅	丑	子	약혼, 결혼, 연회, 입사
보호일	寅	申	卯	酉	辰	戌	巳	亥	午	子	未	丑	승선, 출항, 수술, 입원, 출행에 吉
복생일	酉	卯	戌	辰	亥	巳	子	午	丑	未	寅	申	집짓기, 구직, 기복, 고사, 물품에 길
병보일	卯	辰	巳	午	未	申	酉	戌	亥	子	丑	寅	입대, 군경, 관 형사대길
왕(旺)일	寅	寅	巳	巳	巳	申	申	申	亥	亥	亥	寅	승제, 경기, 시합에 吉, 상량이나 하관
관(官)일	卯	卯	午	午	午	酉	酉	酉	子	子	子	卯	관청에 취임, 입사나배 제출, 부임
상(相)일	巳	巳	巳	申	申	申	亥	亥	亥	寅	寅	寅	승진, 섭외, 교역, 청탁에 대길
민(民)일	午	午	午	酉	酉	酉	子	子	子	卯	卯	卯	민원신청, 서류왕래에 길, 고소나 송사
수(守)일	辰	辰	辰	未	未	未	戌	戌	戌	丑	丑	丑	결혼, 문서, 후계자상속, 입양, 초대
익후일	子	午	丑	未	寅	申	卯	酉	辰	戌	巳	亥	결혼, 문서, 후계자상속, 입양, 초대
속세일	丑	未	寅	申	卯	酉	辰	戌	巳	亥	午	子	결혼, 연회, 제사, 불공
육의일	寅	寅	午	午	戌	戌	酉	酉	午	午	未	未	귀인접대, 모든 형사의식사행에 吉
청룡일	子	寅	辰	午	申	戌	子	寅	辰	午	申	戌	결혼, 구직, 승진, 벼슬길, 여행, 외출에 吉
보광일	巳	未	酉	亥	丑	卯	巳	未	酉	亥	丑	卯	제사, 고사, 불공, 회합
정심일	亥	巳	子	午	丑	未	寅	申	卯	酉	辰	戌	정성, 배움, 취임, 상량, 보사에 婚
시덕일	午	午	午	辰	辰	辰	寅	寅	寅	子	子	子	결혼, 친목회, 연회, 모든 일에 대길
옥우일	卯	酉	辰	戌	巳	亥	午	子	未	丑	申	寅	약혼, 제사, 고사, 불공, 회합, 친목회
역마일	申	巳	寅	亥	申	巳	寅	亥	申	巳	寅	亥	이사, 입주, 개업, 거래
월공月空	壬	庚	丙	甲	壬	庚	丙	甲	壬	庚	丙	甲	집수리, 문서, 상장, 서류왕래, 취토
월은月恩	丙	丁	庚	己	戊	辛	壬	癸	庚	乙	甲	甲	건축, 장례행사 매사대길, 하늘의 은혜
사상四相	丙丁	丙丁	丙丁	戊己	戊己	戊己	壬癸	壬癸	壬癸	甲乙	甲乙	甲乙	혼인, 모든 일에 大吉
천귀天貴	甲乙	甲乙	甲乙	丙丁	丙丁	丙丁	庚辛	庚辛	庚辛	壬癸	壬癸	壬癸	제사, 구직, 취임, 벼슬, 취임, 입학 손님초대, 벗나람 접견에 吉
천덕天德	丁	申	壬	辛	亥	甲	癸	寅	丙	乙	巳	庚	모든 일에 대길, 조장, 이장, 상토부임
월덕月德	丙	甲	壬	庚	丙	甲	壬	庚	丙	甲	壬	庚	모든 일에 대길, 이 방향이 吉 方向이 婚
天德合	壬	巳	丁	丙	寅	己	戊	亥	辛	庚	申	乙	모든 일에 대길, 조장, 이장, 상토부임
月德合	辛	己	丁	乙	辛	己	丁	乙	辛	己	丁	乙	모든 일에 대길, 이 방향이 吉 方向이 婚
수전일	子/卯	丑/寅	寅/丑	卯/子	辰/亥	巳/戌	午/酉	未/申	申/未	酉/午	戌/巳	亥/辰	시합이나 전투, 승부 일에 길한 날
박사일	子/亥	丑/戌	寅/酉	卯/申	辰/未	巳/午	午/巳	未/辰	申/卯	酉/寅	戌/丑	亥/子	지혜의 神이 활발히 활동하는 날
주서일	子/卯	丑/寅	寅/丑	卯/子	辰/亥	巳/戌	午/酉	未/申	申/未	酉/午	戌/巳	亥/辰	문장귀인이 활발히 활동하여 문장에 길한 날

月日辰 吉神早見表

	子年	丑年	寅年	卯年	辰年	巳年	午年	未年	申年	酉年	戌年	亥年	당일 좋은 행사
태양성	丑	寅	卯	辰	巳	午	未	申	酉	戌	亥	子	광희신光喜神 결혼 친목회 연회
연해성	戌	酉	申	未	午	巳	辰	卯	寅	丑	子	亥	화해신和解神 화해 화협 친목
옥토성	亥	戌	酉	申	未	午	巳	辰	卯	寅	丑	子	희신喜神 귀인접대 모든 행사하니 吉
홍란성	卯	寅	丑	子	亥	戌	酉	申	未	午	巳	辰	길상신吉祥神 구직 승진 벼슬일
세덕歲德	巽	庚	丁	坤	壬	艮	丙	乾	甲	癸	丙		음양감통陰陽感通 제재상속 옙
세덕합	丁	乙	辛	己	丁	乙	辛	己	丁	乙	辛	己	제복병지諸福幷至 제사 고사
월덕합	丁	乙	辛	己	丁	乙	辛	己	丁	乙	辛	己	조장大吉造葬大 장 담그기 길일
세월덕	壬	庚	丙	甲	壬	庚	丙	甲	壬	庚	丙	甲	조장大吉造葬大吉 장 담그기 길일
세마馬	寅	亥	申	巳	寅	亥	申	巳	寅	亥	申	巳	조장, 만사에 길함, 장 담그기 길일
복덕福德	酉	戌	亥	子	丑	寅	卯	辰	巳	午	未	申	만복신 모든 재앙 소멸 초재
용덕龍德	未	申	酉	戌	亥	子	丑	寅	卯	辰	巳	午	부귀덕신富貴德神 집수리 문서
지덕枝德	巳	午	未	申	酉	戌	亥	子	丑	寅	卯	辰	상품제작, 기계조작
신후神后	子	亥	戌	酉	申	未	午	巳	辰	卯	寅	丑	제사 고사 불공 화합
공조功曹	寅	丑	子	亥	戌	酉	申	未	午	巳	辰	卯	관청에 청탁 입사서류 제출
승광勝光	午	巳	辰	卯	寅	丑	子	亥	戌	酉	申	未	시험 승예 경기 시합에 吉 상량식
주서奏書	乾	乾	艮	艮	巽	巽	坤	坤	乾	坤	坤	乾	문서의 신, 만원신청 서류왕래에 길
박사博士	巽	巽	坤	坤	乾	乾	艮	艮	巽	艮	艮	巽	지예신, 시험, 등용 승진 벼슬길
역사力士	艮	艮	巽	巽	巽	坤	坤	坤	乾	乾	乾	艮	조력신 장터 닦는데 길일
월은일	丙	丁	庚	己	戊	辛	壬	癸	庚	乙	甲	申	건축 정비행사 매사공길 하늘의 은혜
월공일	壬	庚	甲	甲	壬	庚	丙	壬	庚	丙	甲		문서왕래, 매매, 서류제출
수천守天	申	辰	亥	亥	辛	辛	坤	申	巳	巳	亥	亥	재물기업 입사 구직 승진
천창天倉	酉	戌	亥	子	卯	寅	卯	辰	巳	午	未	申	造倉修造倉 집수리 신축증개축 상량
지창地倉	辰	巳	巳	卯	卯	丑	丑	子	子	辰	辰	寅	조창수조창造倉修造倉
	戌	戌	亥	亥	酉	酉	戌	戌	戌	戌	酉		집수리 신축증개축 상량딪
수전守殿	丙	丑	寅	卯	甲	甲	艮	艮	壬	卯	辰	巳	시험 등용 면접 입사 취임 입학
	壬	未	子	亥	庚	癸	坤	酉	丙	酉	戌	亥	각종 고시에 길함
월재月財	9	3	4	2	7	6	9	3	4	2	7	6	재산증식 지키는 일 장 담그기 길일
시양時陽	丑	辰	寅	卯	卯	午	午	未	申	申	酉	酉	안전 통풍 교제의덕 모든 일에 무난한 날
임일	午	亥	申	丑	戌	子	午	未	寅	辰	戌	酉	모든 일에 대길
길기吉期	卯	辰	巳	午	未	申	酉	亥	子	寅	丑		약초 만원신청 서류왕래에 길 맞선 소개
사상四相	丙丁	丙丁	丙丁	戊己	戊己	戊己	壬癸	壬癸	壬癸	甲乙	甲乙	甲乙	혼인 모든 일에 大吉
천귀天貴	甲乙	甲乙	甲乙	丙丁	丙丁	丙丁	庚辛	庚辛	庚辛	壬癸	壬癸	壬癸	제사 구직 취임 벼슬 취임 입학 손님초대 문서왕래
천덕天德	丁	申	壬	辛	亥	甲	癸	寅	丙	乙	巳	庚	모든 일에 대길 조장 이장 상관배임
월덕月德	丙	甲	壬	庚	丙	甲	壬	庚	丙	甲	壬	庚	모든 일에 대길 이사방이 吉 方向福
天德合	壬	巳	丁	丙	寅	己	戊	亥	辛	庚	乙		모든 일에 대길 조장 이장 상관배임
月德合	辛	己	丁	乙	辛	己	丁	乙	辛	己	丁		모든 일에 대길 이사방이 吉 方向福

	1월	2월	3월	4월	5월	6월	7월	8월	9월	10월	11월	12월	당일 피해야할 행사
천적 天賊	辰	酉	寅	未	子	巳	戌	卯	申	丑	午	亥	모든 일에 大凶, 개창원·상량·수렵·원행·출행·투자
천강 天罡	巳	子	未	寅	酉	辰	亥	午	丑	申	卯	戌	모든 일에 凶 黃도 겸하면 무방하다
왕망 旺亡	寅	巳	申	亥	卯	午	酉	子	辰	未	戌	丑	모든 일에 大凶 원행, 이사, 입주, 상업 취임 凶
피마 彼麻	子	酉	卯	午	子	酉	卯	午	子	酉	卯	午	결혼, 입주, 이사에 凶
하괴 河魁	亥	午	丑	申	酉	戌	巳	子	未	寅	酉	辰	모든 일에 凶 黃도 겸하면 무방하다
라강 羅綱	子	未	辰	巳	辰	戌	丑	申	未	子	巳	申	결혼, 출행, 소송 등 凶
수사 受死	戌	辰	亥	巳	子	午	丑	未	寅	申	卯	酉	凶 결혼, 백사 흉 // 수렵, 도살, 사냥, 낚시는 吉
멸몰 滅沒	丑	子	亥	戌	酉	申	未	午	巳	辰	卯	寅	혼인, 기조, 취임, 출산, 고사, 소송, 건축 凶
귀기 歸忌	丑	寅	子	丑	寅	子	丑	寅	子	丑	寅	子	이사, 혼인, 개업, 입택, 인원채용, 출행, 착공은 凶
홍사 紅死	酉	巳	丑	酉	巳	丑	酉	巳	丑	酉	巳	丑	약혼, 결혼식은 대흉
천화 天火	子	卯	午	酉	子	卯	午	酉	子	卯	午	酉	옷 재단, 상량식, 지붕 닫기, 축조 진목은
유화 遊火	巳	寅	亥	申	巳	寅	亥	申	巳	寅	亥	申	제사, 수술, 침, 질병치료, 복약은 꺼린다.
지화 地火	戌	酉	申	未	午	巳	辰	卯	寅	丑	子	亥	주춧돌 까는일·지붕고치기는 凶
독화 獨火	巳	辰	卯	寅	丑	子	亥	戌	酉	申	未	午	상량식, 제작, 지붕 닫는 일은 凶 화재주의, 동토
온황 瘟肓	未	戌	辰	寅	午	子	酉	申	巳	亥	丑	卯	질병치료, 모병, 수주, 이사, 문병은 凶
토금 土禁	亥	亥	亥	寅	寅	寅	巳	巳	巳	申	申	申	흙 다루고, 땅 파는 일은 凶
토부 土府	丑	巳	酉	寅	午	戌	卯	未	亥	辰	申	子	흙 다루고, 땅 파는 일, 우물파기, 담쌓기는 凶
지파 地破	亥	子	丑	寅	卯	辰	巳	午	未	申	酉	戌	흙 다루고, 땅 파는 일, 우물파기 등은 凶
혈기 血忌	丑	未	寅	申	卯	酉	辰	戌	巳	亥	午	子	수술, 도살, 수혈, 채혈, 침, 살생은 금지
혈지 血支	丑	寅	卯	辰	巳	午	未	申	酉	戌	亥	子	수술, 도살, 수혈, 채혈, 침, 뜸, 살생은 금지
월파 月破	申	酉	戌	亥	子	丑	寅	卯	辰	巳	午	未	매사修리/상량수술, 단묘, 파옥, 파는일은 吉
월형 月形	巳	子	辰	申	午	丑	寅	酉	未	亥	卯	戌	질병치료, 입사, 취임은 凶
월해 月害	巳	辰	卯	寅	丑	子	亥	戌	酉	申	未	午	매사 해롭고 불리
천격 天隔	寅	子	戌	申	午	辰	寅	子	戌	申	午	辰	구직, 구인, 해외여행, 항공주의, 여행은 凶
수격 水隔	戌	申	午	辰	寅	子	戌	申	午	辰	寅	子	어로작업, 낚시, 입수, 승선, 출항, 물놀이는 凶
지격 地隔	辰	寅	子	戌	申	午	辰	寅	子	戌	申	午	흙 파는 일, 이장, 안장처럼 凶
산격 山隔	未	巳	卯	丑	亥	酉	未	巳	卯	丑	亥	酉	입산 등산, 벌목, 사냥, 수렵은 凶
대시 大時	卯	子	酉	午	卯	子	酉	午	卯	子	酉	午	매사에 다스물리, 출근, 공격, 축전, 회의은 凶
반지 反支	5	5	4	4	3	3	2	2	1	1	6	6	결혼, 상장, 포상, 당선, 서류신청 제출 등은 凶
귀곡 鬼哭	未	午	巳	辰	卯	寅	丑	子	亥	戌	酉	申	점안식, 神像 佛像안에 凶
신호 神豪	戌	亥	子	丑	寅	卯	辰	巳	午	未	申	酉	점안식, 神像 佛像안에 凶
고초 枯焦	辰	丑	戌	未	卯	子	酉	午	寅	亥	申	巳	옷 재단, 고사, 제사, 불공, 기도는 凶
검봉 劍鋒	酉	酉	酉	子	子	子	卯	卯	卯	午	午	午	여행, 여행, 이장, 安葬에 凶
패파 敗破	巳	子	申	卯	戌	巳	子	未	戌	寅	辰	午	기계수리, 집수리, 약혼은 凶
월살 月殺	丑	戌	未	辰	丑	戌	未	辰	丑	戌	未	辰	상량식, 건축수리, 결혼식, 입주, 님자에 凶
비렴 飛廉	戌	巳	午	未	寅	卯	辰	亥	子	丑	申	酉	혼례, 축사 짓는 일은 凶 육축을 금하면 손재
천리 天吏	酉	午	卯	子	酉	午	卯	子	酉	午	卯	子	원행, 해외여행, 취임, 입사, 소송, 택은 凶
염대 厭對	辰	卯	寅	丑	子	亥	戌	酉	申	未	午	巳	결혼, 약혼, 친목도모, 이사, 건축수리에 불리
구공 九空	辰	丑	戌	未	辰	丑	戌	未	辰	丑	戌	未	이사, 입주, 영農구입, 지출, 출고, 출판에 凶
구감 九坎	辰	丑	戌	未	卯	子	酉	午	寅	亥	申	巳	조선, 배 제조, 승선, 건축, 주물은 凶
중상 重喪	甲	乙	己	丙	丁	己	庚	申	己	壬	癸	己	장례행사, 납골, 산소쓰는 일 凶
복일 復日	甲庚	乙辛	戊	壬	癸	戊	甲庚	辛	戊	壬	癸	戊	장례행사, 납골, 산소쓰는 일 凶
정사폐 四廢	春月의 庚申, 辛酉/ 夏月의 壬子,癸亥/ 秋月의 甲寅, 乙卯/ 冬月의 丙午, 丁巳												결혼, 수조, 산소, 수목, 문패, 오리알안치지, 무덤 혹사, 상량

月日辰 凶神早見表

	子年	丑年	寅年	卯年	辰年	巳年	午年	未年	申年	酉年	戌年	亥年	당일 피해야 할 행사
구천주작	卯	戌	巳	子	未	寅	酉	辰	亥	午	丑	申	건축수리에 불리 상량녀 기둥세우기
라천대퇴	4	7	1	1	1	1	6	6	2	2	9	9	묘비석 세우기, 이장, 안장차의
황천구퇴	卯	子	酉	午	卯	子	酉	午	卯	子	酉	午	묘비석 세우기 이장 안장차의
타겁해인	2	8	6	9	2	4	2	8	6	9	2	4	비석 세우기, 이장, 조장하면 동토 남
좌산라후	6	8	3	9	7	2	6	8	3	9	7	2	조장개기造葬開基는 장 담그기는 휴일
순산라후	乙	壬	艮	甲	巽	丙	丁	坤	辛	乾	癸	庚	조장개기造葬開基는 장 담그기는 휴일
금신살	巳	酉	丑	巳	酉	丑	巳	酉	丑	巳	酉	丑	조장대길造葬大 장 담그기 길일
태음살	亥	子	丑	寅	卯	辰	巳	午	未	申	酉	戌	묘비석 세우기 이장, 안장, 산소알차의
태세방	子	丑	寅	卯	辰	巳	午	未	申	酉	戌	亥	비석 세우기 이장, 조장하면 동토 남
천관부	亥	申	巳	寅	亥	申	巳	寅	亥	申	巳	寅	이장 안장 산소알차의
지관부	辰	巳	午	未	申	酉	戌	亥	子	丑	寅	卯	이장 안장 산소알차의
대장군	酉	酉	子	子	子	卯	卯	卯	午	午	午	酉	비석 세우기 이장, 조장하면 동토 남
상문살	寅	卯	辰	巳	午	未	申	酉	戌	亥	子	丑	묘비석 세우기, 이장, 안장차의
조객살	戌	亥	子	丑	寅	卯	辰	巳	午	未	申	酉	묘비석 세우기, 이장, 안장차의
대모살	午	未	申	酉	戌	亥	子	丑	寅	卯	辰	巳	출재불토기7H벼l磯힘土뤼
소모살	巳	午	未	申	酉	戌	亥	子	丑	寅	卯	辰	이사 건축수리에 불리, 부동산매매
백호살	申	酉	戌	亥	子	丑	寅	卯	辰	巳	午	未	매사 해롭고 불리
세파살	午	未	申	酉	戌	亥	子	丑	寅	卯	辰	巳	건축공사, 집수리에 불리, 상량녀
세형살	卯	戌	巳	子	辰	申	午	丑	巳	酉	未	亥	출장 해외여행 항공주의 여행은 凶
세압살	子	亥	戌	酉	申	未	午	巳	辰	卯	寅	丑	출장 해외여행 항공주의 여행은 凶
신격살	巳	卯	丑	亥	酉	未	巳	卯	丑	亥	酉	未	출산 해외여행 항공주의 여행은 凶
비염살	午	酉	戌	未	午	寅	卯	戌	巳	丑	子	흙사 짓는 일은 凶 육축을 금l면 손재
오귀살	辰	卯	寅	丑	子	亥	戌	酉	申	未	午	巳	출장 해외여행 항공주의 여행은 凶
대화	丁	乙	癸	辛	丁	乙	癸	辛	丁	乙	癸	辛	이사 건축수리에 불리, 부동산매매
황번	辰	丑	戌	未	辰	丑	戌	未	辰	丑	戌	未	이사 건축수리에 불리, 부동산매매
표미	戌	丑	辰	未	戌	丑	辰	未	戌	丑	辰	丑	취임식, 해외여행, 항공주의 출장
전송	申	未	戌	戌	丑	丑	丑	辰	亥	戌	未	未	취임식, 해외여행 항공주의 출장
잠관	未	未	戌	戌	戌	丑	丑	丑	辰	辰	未	未	누에고치 사육거두기 잠업사작하기
잠실	坤	坤	乾	乾	乾	艮	艮	艮	巽	巽	巽	坤	누에고치 사육거두기 잠업사작하기
잠명	申	申	亥	亥	亥	寅	寅	寅	巳	巳	巳	申	누에고치 사육거두기 잠업사작하기
풍파	丑	子	寅	卯	辰	巳	午	未	申	酉	戌	亥	어로작업 낚시 입수 승선 출항 물놀이
천해	未	午	辰	卯	寅	丑	子	亥	戌	酉	申		9問暗름, 법규위반 범죄행위 성희롱
하백	亥	子	丑	辰	卯	寅	丑	子	亥	戌	酉	戌	어로작업 낚시 입수 승선 출항 물놀이
복병	丙	甲	寅	庚	丙	甲	寅	庚	丙	甲	寅	庚	출장, 해외여행 항공주의 여행은 凶
병부	亥	子	丑	寅	卯	辰	巳	午	未	申	酉	戌	잘병치료, 문병 건강검진 수혈 수술
사부	巳	午	未	申	酉	戌	亥	子	丑	寅	卯	辰	잘병치료, 문병 건강검진 수혈 수술
빙소화해		子	丑	申	卯	卯	巳		寅	酉	辰		재반맡기 담 쌓기 당자수리은 흉

1. 결혼주당

♀↦ 큰달은 순행 ↷

廚주 부엌	夫부 신랑	姑고 어머니
婦부 신부		當당 방안
竈조 조왕	第제 집안	翁옹 아버지

←
작은
달

※ 결혼주당은 시집장가 갈 때 보는 법이다.
- 결혼식 달이 큰달(음30일)이면 夫(부)를 1일로 시작하여 순행으로 2일은 姑(고), 3일은 當(당) 순으로 세어간다.
- 결혼식 달이 작은달(음29일)이면 婦(부)를 1일로 시작하여 竈(조)는 2일, 第(제)는 3일 순으로 세어 짚는다.
※ 결혼주당이 없는 것은 當당, 第제, 竈조, 廚주를 택일하면 吉하다.
[만약 翁옹 姑고에 해당하더라도 조부나 조모가 안계시면 괜찮다.]

2. 신행주당

當당 방안	床상 자리	死사 죽음
竈조 조왕		睡수 잠듦
廚주 부엌	路로 길가	門문 문간

↑
큰
달

△↦ 작은달은 역행

※ 신부가 신혼여행 後 시댁에 들어갈 때 보는 법이다.
- 신행을 드는 달이 큰달이면 竈조를 1일로 시작하여 순행으로 2일은 當당, 3일은 床상 순으로 세어간다.
- 신행을 드는 달이 작은달이면 廚주를 1일로 시작하여 路(로)는 2일, 門문을 3일 순으로 세어 짚는다.
※ 신행주당이 없는 것은 死사, 睡수, 廚주, 竈조를 택일하면 吉하다.

3. 이사주당

♀↦ 큰달은 순행 ↤↦ 작은달 역행

安안 평안	利이 이득	天천 하늘
災재 재앙		害해 해살
師사 스승	富부 부자	門문 정

※ 이사주당은 이사, 입주를 할 때에 보는 법이다.
- 이사하는 달이 큰달이면 安안을 1일로 시작하여 순행으로 2일은 利이, 3일은 天천 순으로 세어간다.
- 이사를 하는 달이 작은달이면 天천을 1일로 시작하여 2일은 利이, 3일은 安안 순으로 세어 짚는다.
※ 이사주당이 없는 것은 安안, 利이, 天천, 富부, 師사를 택일하면 吉하다.

4. 안장주당

♀↦ 큰달은 순행

客객 손님	夫부 아버지	男남 남자
婦부 며느리		孫손 손자
母모 어머니	女여 여자	死사 죽음

△↦ 작은달은 역행

※ 안장주당은 안장이나 이장할 때에 보는 법이다.
- 안장하는 달이 큰달(음30일)이면 夫부를 1일로 시작하여 순행으로 2일은 男남을, 3일은 孫손 순으로 세어 짚는다.
- 안장하는 달이 작은달(음29일)이면 母모를 1일로 시작하여 2일은 女女, 3일은 死사 순으로 세어 짚는다.
※ 안장주당은 죽은 사람에 짚이면 大吉하고, 산사람에 짚이면 입관 하관할 때에 해당하는 사람만 잠시 피하면 괜찮다.

1. 천도재 제사길일

	甲 日	乙 日	丙 日	丁 日	戊 日	己 日	庚 日	辛 日	壬 日	癸 日	
천도제 제사길일	甲子 甲戌 甲申 甲午	乙丑 乙酉 乙未 乙巳 乙卯	丙寅 丙申 丙午 丙辰	丁丑 丁亥 丁酉 丁未 丁巳	戊寅 戊申 戊午	己卯 己丑 己酉 己未	庚寅 庚戌	辛未 辛卯 辛酉	壬申 壬午	癸酉 癸亥	際 滿 平 執 收日

2. 불공 정성제일

	甲 日	乙 日	丙 日	丁 日	戊 日	己 日	庚 日	辛 日	凶한 날
불공 정성제일	甲寅 甲辰 甲午 甲戌	乙丑 乙酉	丙寅 丙申 丙辰	丁未	戊辰 戊午	己巳	庚午	辛卯 辛酉	乙卯-가축이 死 乙亥-손재, 도둑 丙午-주인이 死 丁巳-관재,감옥刑 壬辰-스승이 死

3. 칠성천신기도일

	甲 日	乙 日	丙 日	丁 日	戊 日	己 日	庚 日	辛 日	壬 日	癸 日
칠성천신기도일	甲辰 甲戌	乙巳 乙亥	丙子	丁未	戊午 戊申 戊戌	己丑 己未 己酉	庚寅 庚申	辛卯 辛酉	壬寅 壬申	癸卯 癸酉
	1월	2월	3월	4월	5월	6월	7월	8월	9월	10월	11월	12월
	3	3	3	3	3	3	3	3	3	3	3	3
	7	7	7	7	7	7	7	7	7	7	7	7
	15	8	8	8	8	8		8	8	8		
	22	15	15	15	15	15	15	15	15	15	15	15
	25	22	22	22	22	22	22	22	22	22		
	26	26	26	26	26	26		26	26	27	26	26
	27	27	27	27	27	27	27	27	27	28	27	27

칠성 천신 예찬일	
1월 10일	수명장수. 당일에 기도하면 검은색 본 머리카락이 다시 자라난다고 전한다.
2월 6일	일년중 흉한 재앙을 소멸하고 평안 복록이 쌓인다.
3월 8일	업장소멸이 되어 고통스런 지옥을 면하게 되고 흉액 난을 피하게 된다고 한다.
4월 7일	소원성취 기도가 이루어진다.
5월 2일	우환소멸, 건강하게 수명장수하게 된다.
6월 27일	구직, 구재, 구하고자하는 소원을 성취할 수 있다.
7월 5일	건강장수하며 부귀영화를 받게 된다.
8월 25일	우환질고, 근심걱정이 떠난다.
9월 9일	당일에 기도하면 소송 건이나 관재구설을 피할 수 있다.
10월 20일	금전재수와 금은보화가 다가온다.
11월 03일	식록 재록 재물이 풍해 진다.
12월 22일	나쁜 액운은 물러가고, 오복이 들어와 가내가 평안해진다.

	甲 日	乙 日	丙 日	丁 日	戊 日	己 日	庚 日	辛 日	壬 日	癸 日	
萬神 祈福日	甲午 甲辰	乙未 乙亥	丙子 丙辰	丁丑 丁亥 丁酉	戊申 戊午	己丑	-	辛卯	壬申 壬午 壬辰 壬子 壬戌	癸巳 癸亥	천덕, 월덕 천은, 천사 (생기복덕) 천의, 모창 定, 成, 開日
祈福 凶日		寅日, 천적, 수사, 천구일, 建, 破, 平, 收日									

	甲 日	乙 日	丙 日	丁 日	戊 日	己 日	庚 日	辛 日	壬 日	癸 日	금기 사항:
산신제 기도일	甲子 甲申	乙亥 乙酉 乙卯	丙子 丙戌	-	-	-	庚戌	辛卯	壬申		기도 前 15일부터 비린고기, 누린고기, 간음을 삼간다.
산신 하강일	甲子 甲戌 甲午 甲寅	乙亥 乙未 乙卯		丁卯 丁丑 丁未	戊辰	己巳 己卯 己酉	庚辰 庚戌	辛卯 辛亥	壬寅	癸卯	

山鳴日	큰 月	2일, 8일, 21일, 23일, 26일	✛이날은 산과 날짐승이 우는 날. (산제행사, 벌목, 산토목공사는 피하는 것이 좋다).
	작은月	1일, 8일, 10일, 18일, 22일, 23일	

	甲 日	乙 日	丙 日	丁 日	戊 日	己 日	庚 日	辛 日	壬 日	癸 日	금기 사항:
용신제 기도일	甲戌	-	-	-	-	-	庚子 庚午	辛未 辛酉	壬申	癸酉	기도 前 15일부터 비린고기, 누린고기, 간음을 삼간다.
수신제 길일	甲戌	-	-	際 滿 執日	成 開日		庚午 庚子	辛未 辛酉	壬申	癸酉	

水鳴日	큰 月	7일, 13일, 15일, 17일, 18일, 27일	✛ 이날은 강과 바다의 용왕이 우는 날. 용왕제행사, 방생, 낚시는 피하는 것이 좋다.
	작은月	7일, 10일, 17일, 21일, 22일, 27일	

竈王神 下降日	甲子, 甲辰, 甲午, 甲丑, 乙卯, 乙酉, 乙亥, 丙申日	천상에서조왕신이 하강하는 날이니
竈王神 祈禱日	甲子, 甲申, 甲戌, 乙卯, 乙酉, 丙午, 丁卯, 丁酉, 丁亥, 己丑, 己卯, 己酉, 庚辰, 辛酉, 辛亥, 癸卯, 癸酉, 癸亥 매월 - 6일, 12일, 18일, 21일	조왕고사,조왕기도 에 吉
竈王神 上天日	乙丑, 乙未, 乙酉, 己卯 (조왕신이 천상으로 올라가는 날, 주방개축 수리에 吉)	주방청소 길일
祈禱 凶日	寅日, 천적, 수사, 천구일, 建, 破, 平, 收日, 竈王神上天日	정성기도 피할 것

		1월	2월	3월	4월	5월	6월	7월	8월	9월	10월	11월	12월	일진 풀이
地神 하강일	吉日	매월 3일, 7일, 15일, 22일, 26일											＊ 이날은 땅의 신이 하강하는 날로 地神에게 정성 드리면 德이 많다.
	凶日	천적, 수사, 복단일, 建, 破, 平, 收, 寅日, 천구일, 지명일											
地德日		未	申	酉	戌	亥	子	丑	寅	卯	辰	巳	午	땅이나 흙 다루는 일이나 매장하기에 좋은 날
地隔日		辰	寅	子	戌	申	午	辰	寅	子	戌	申	午	농작물을 심거나 씨뿌리기 나무심기, 장례행사는 凶
地浪日		庚子 庚午	癸未 癸巳	甲子 甲寅	己卯 己丑	戊辰 戊寅	癸未 癸巳	丙寅 丙申	丁卯 丁巳	戊辰 戊子	庚子 庚午	辛未 辛酉	乙酉 乙未	흙 다루는 일, 담장 쌓기, 우물이나 연못 파는 일은 凶하다.
地破日		亥	子	丑	寅	卯	辰	巳	午	未	申	酉	戌	흙으로 집을 수리 보수하는 일 땅을 파는 일, 이장, 안장, 무덤 파는 일 등은 흉하다.
地火日		戌	酉	申	未	午	巳	辰	卯	寅	丑	子	亥	지붕을 덮거나 부엌을 고치거나 불을 다루는 일은 凶
地虎 不食日		壬申, 癸酉, 壬午, 甲申, 乙酉, 壬辰, 丁酉, 丙午, 己酉, 丙辰, 己未, 庚申, 辛酉 日											땅을 다루거나 하는 일에 吉한 날이다. 이장, 안장, 매장 등 吉하다
地啞日		乙丑, 丁卯, 己卯, 辛巳, 乙未, 乙亥, 辛丑, 癸丑, 辛酉 日											지신이 벙어리가 되는 날로 흙 다루는 모든 일에 吉
地鳴日	큰月	13일, 25일, 28일											＊ 이날은 땅이 우는 날. 산체행사, 건축공사, 흙 다루는 일은 피하는 것이 좋다.
	작은月	13일, 18일, 25일											

	十재일	십대왕	해 당 출생자
1일	정광재일	진광대왕	庚午生, 辛未生, 壬申生, 癸酉生, 甲戌生, 乙亥生
8일	약사재일	초강대왕	戊子生, 己丑生, 庚寅生, 辛卯生, 壬辰生, 癸巳生
14일	현겁천재일	송제대왕	壬午生, 癸未生, 甲申生, 乙酉生, 병술생, 丁亥生
15일	미타재일	오관대왕	甲子生, 乙丑生, 丙寅生, 丁卯生, 戊辰生, 己巳生
18일	지장재일	염라대왕	庚子生, 辛丑生, 壬寅生, 癸卯生, 甲辰生, 乙巳生
23일	대세지재일	변성대왕	丙子生, 丁丑生, 戊寅生, 己卯生, 庚辰生, 辛巳生
24일	관음재일	태산대왕	甲午生, 乙未生, 丙申生, 丁酉生, 戊戌生, 己亥生
28일	노사나재일	평등대왕	丙午生, 丁未生, 戊申生, 己酉生, 庚戌生, 辛亥生
29일	약왕재일	도시대왕	壬午生, 癸未生, 甲寅生, 乙卯生, 丙戌生, 丁巳生
30일	석가재일	오도전륜대왕	戊午生, 己未生, 庚申生, 辛酉生, 壬戌生, 癸亥生
地神祭 日	길일	매달 3일, 7일, 15일, 22일, 26일	※ 山에 관계되는 사람과 山 행사에 제사(산제)를 올리면 효험이 큰 날이다.
	불길일	地隔日지격일, 地鳴日지오일	

囲	10. 天神祭 吉凶日												囲

	1월	2월	3월	4월	5월	6월	7월	8월	9월	10월	11월	12월	일 진 풀 이
天狗日	子	丑	寅	卯	辰	巳	午	未	申	酉	戌	亥	이 날에 고사나 제사를 지내면 천상의 개가 내려와 차려놓은 음식을 모두 먹어버려 정성 때이 없어짐.
天火日	子	卯	午	酉	子	卯	午	酉	子	卯	午	酉	이 날에 조왕, 주방을 개보수하거나 지붕을 덮거나 집수리를 하면 凶하다
天賊日	辰	酉	寅	未	子	戌	卯	申	丑	午	亥	이 날은 흉신 중의 하나로 모든 일에 나쁜 凶한 날
天罡日	子年辰	丑年卯	寅年寅	卯年丑	辰年子	巳年亥	午年戌	未年酉	申年申	酉年未	戌年午	亥年巳	이 날은 殺鬼가 작용하므로 매사에 凶하다
天喜日	戌	亥	子	丑	寅	卯	辰	巳	午	未	申	酉	吉神日로 기쁜 행사 결혼, 약혼, 이사, 입주, 연회, 모임, 여행에 吉日
天官日	申子辰年 - 亥日　　　　巳酉丑年 - 申日 寅午戌年 - 巳日　　　　亥卯未年 - 寅日												凶神 中의 하나로 집 건축이나 집터잡기, 묘자리 잡을 때 이 좌향은 凶하다
天聾日	丙寅,　戊辰,　丙子,　丙申,　庚子,　壬子,　丙辰												모든 神이 귀먹은 날. 집짓거나 흙 다루는일 吉
天地皆空日	戊戌,　己亥,　庚子,　庚申												모든 신들이 공방난 날이라 아무 작용 없음. 모든 일에 吉日.
天井日	※이 날은 연못이나 우물을 파는 일과 수도관 연결할 때 길한 날과 방위												
	吉日	甲子, 乙丑, 癸酉, 丙子, 壬午, 癸未, 甲申, 乙酉, 丁亥, 戊子, 癸巳, 甲午, 乙未, 戊戌, 庚子, 辛丑, 壬寅, 乙巳, 己酉, 辛亥, 癸丑, 丁巳, 戊午, 己未, 庚申, 辛酉, 癸亥 黃道日, 天德日, 月德日, 천덕합, 월덕합, 生氣, 成, 開日.											
	凶日	黑道흑도일, 천적, 수사, 토온, 토기, 토부, 정사폐, 도침일, 천지전살, 천강일, 천폐일, 토왕용사후, 대모, 소모, 심살반, 대장군방, 建, 破, 平, 收, 閉日.											

囲	11. 天恩上吉日		囲							

	甲 日	乙 日	丙 日	丁 日	戊 日	己 日	庚 日	辛 日	壬 日	癸 日
天恩上吉日	甲子	乙丑	丙寅	丁卯	戊辰	己卯 己酉	庚辰 庚戌	辛巳 辛亥	壬午 壬子	癸未 癸丑
	※ 4대 길일에 하나, 결혼, 건축증개축, 취임, 입주, 이사, 여행, 서류제출, 소장제출, 문서체결 취업이력서, 논문작성, 원고출품 등 대길한 날.									

囲	12. 조회神像開光吉日		囲

吉日 길일	癸未日,　乙未日,　丁巳日,　甲申日,　庚戌日,　辛亥日,　丙辰日,　午午日
	춘추2계(春秋2季) ⇨ 위危, 심心, 필畢, 장張,　　　동하2계(冬夏2季) ⇨ 방房, 허虛, 성星, 항亢

	1월	2월	3월	4월	5월	6월	7월	8월	9월	10월	11월	12월
天赦上吉日	戊寅日			甲午日			戊申日			甲子日		
	✦ 4대 길일에 하나, 모든 풍파와 재앙 등 죄업이 용서되고 소멸된다.											

	1월	2월	3월	4월	5월	6월	7월	8월	9월	10월	11월	12월
天德日	丁	辛	壬	申	亥	甲	癸	寅	丙	乙	巳	庚
	✦ 모든 백사가 순통하고 만사가 대길한 날.											

	寅午戌 月		巳酉丑 月		申子辰 月		亥卯未 月	
月德日	재경		재경		재임		재갑	
	✦ 만사대길한 날로 福이 들어오는 날.							

	甲 日	乙 日	丙 日	丁 日	戊 日	己 日	庚 日	辛 日	壬 日	癸 日
大明 母倉上吉日	甲辰 甲申	乙巳 乙未	丙午	丁丑 丁亥	-	己卯 己酉	庚戌	辛未 辛亥	壬寅 壬午 壬辰 壬申	癸酉
	4대 길일에 하나, 결혼, 입주, 이사, 여행, 집수리, 소장제출, 문서체결에 吉.									

	1월	2월	3월	4월	5월	6월	7월	8월	9월	10월	11월	12월
三合日	午,戌	亥,未	申,子	酉,丑	寅,戌	亥,卯	子,辰	巳,丑	寅,午	卯,未	申,辰	巳,酉
六合日	亥	戌	酉	申	未	午	巳	辰	卯	寅	丑	子
해 설	✦月日이 만나 合이 되는 날로서 결혼, 약혼, 개업, 동업, 회사합자, 합의에 吉.											

	1월	2월	3월	4월	5월	6월	7월	8월	9월	10월	11월	12월
만사형통	午	亥		丑	戌	卯	子	巳	寅	未	辰	酉
	✦ 만사가 두루두루 평안한 날이다. 가내에서도 우환 없이 좋고, 家外집밖에서도 재물운 재수가 따른다.											

	1월	2월	3월	4월	5월	6월	7월	8월	9월	10월	11월	12월
四季 吉日	乙丑 丙子 丁丑 壬午 乙丑 乙未 壬子 癸卯			乙丑 丁卯 己丑 丁卯 癸巳 乙未 癸卯 己巳			辛卯 癸巳 乙丑 乙未 丙子 丁丑 壬午 壬子 癸丑 癸卯			丁卯 辛卯 癸巳 乙巳 乙卯 癸卯		
	✦ 결혼 약혼 연회행사 입주 이사 등에 길한 날.											

출행길일	甲子, 乙丑, 丙寅, 丁卯, 戊辰, 庚午, 辛未, 甲戌, 乙亥, 丁丑, 癸未, 甲申, 庚寅, 壬辰, 乙未, 庚子, 壬寅, 癸卯, 丙午, 丁未, 庚申, 癸丑, 甲午, 辛酉, 壬戌, 癸亥, 역마, 천마, 사상, 建, 滿, 成, 開일 → 여행, 해외여행, 원행, 출장에 길한 날.
출행불길일	왕망일, 수사일, 귀기일, 천적일, 멸몰일, 巳日, 破日, 평일, 수일.
행선길일	乙丑, 丙寅, 丁卯, 戊辰, 丁巳, 戊辰, 壬午, 己酉, 辛卯, 甲午, 乙未, 庚子, 辛丑, 壬寅, 辛丑, 丙辰, 戊午, 己未, 辛酉, 천은, 천우, 보호, 복일, 滿, 成, 開日 → 진수식이나 선박이 출항이나 입수할 때 아주 좋은 날이다.
행선불길일	풍파일, 하백일, 백랑일, 수사일, 월파일, 수격일, 팔파일, 복단일, 귀기일, 왕망일, 建, 破, 危, 長, 箕, 宿日.

이사 입주에 좋은 날	甲 日	乙 日	丙 日	己 日	庚 日	辛 日	壬 日	癸 日
	甲子	乙亥	丙子	己巳	庚子	辛未	壬午	癸未
	甲寅	乙丑	丙寅	己卯	庚寅	辛卯	壬子	癸卯
	甲子	乙卯	丙午	己亥	庚午	辛酉		
	甲申	乙未			庚申			

새집 입주에 吉	甲子　乙丑　戊辰　庚午　癸酉　庚寅　癸巳　庚子　癸丑			
헌집 입주에 吉	봄 3개월	여름 3개월	가을 3개월	겨울 3개월
	甲寅日	丙寅日	庚寅日	壬寅日

매매 계약 교환	길일	甲子, 辛未, 甲戌, 丙子, 丁丑, 庚辰, 辛巳, 壬午, 癸未, 甲申, 辛卯, 壬辰, 癸巳, 乙未, 庚子, 癸卯, 丁未, 戊申, 壬子, 甲寅, 乙卯, 己未, 辛酉, 천덕합, 월덕합, 삼합, 오합, 육합, 執日, 成日
	흉일	천적일, 공망일, 복단일, 平日, 收日

영업 개업 개업식 길일	甲 日	乙 日	丙 日	丁 日	戊 日	己 日	庚 日	辛 日	壬 日	癸 日
	甲子	乙丑	丙子	-	-	己巳	庚子	辛卯	壬子	癸卯
	甲寅	乙卯	丙寅			己卯	庚寅	辛未	壬午	癸未
	甲午	乙未	丙午			己未	庚申	辛酉		
	甲戌	乙亥				己亥	庚戌			

개업식 凶일	대모(大耗)　소모(小耗)　태허일(太虛日)　허숙(虛宿)　천적일(天賊日)		

月財吉日 월재길일	寅月, 申月에는　9일	卯月, 酉月에는　3일	辰月, 戌月에는　4일
	巳月, 亥月에는　2일	五月, 子月에는　3일	未月, 丑月에는　6일

흉한 날	子	丑	寅	卯	辰	巳	午	未	申	酉	戌	亥
나이별 피해야할 개업일	午日	未日	申日	酉日	戌日	亥日	子日	丑日	寅日	卯日	辰日	巳日
	＊ 위의 띠에 사람은 해당하는 일진에 개업, 개업식을 하면 흉하다.											

＊ 개업일을 택일 할 때에는 위의 영업개업 길일과 월재길일에서 골라 사용하면 되고,
여기에 생기복덕길흉표에서 생기일이나 복덕일, 천의일과 겹친 날을 고르면 더욱 좋다.

	甲 日	乙 日	丙 日	丁 日	戊 日	己 日	庚 日	辛 日	壬 日	癸 日
여행 원행에 길일	甲子 甲寅 甲申 甲戌	乙丑 乙卯 乙未 乙亥	丙午 丙寅 丙戌	丁卯 丁巳 丁未	戊辰	己丑 己卯 己酉	庚子 庚寅 庚申 庚午	辛丑 辛卯 辛未 辛酉	壬子 壬午 壬戌	癸丑 癸卯 癸巳 癸亥

＊ 역마, 천마, 사상, 建日, 際日, 成日, 開日

	봄 3개월	여름 3개월	가을 3개월	겨울 3개월
官 관공소의 事 吉日	卯日	午日	酉日	子日

	1월	2월	3월	4월	5월	6월	7월	8월	9월	10월	11월	12월
분가 상속 事吉日	己卯 壬午 丙午 癸卯	辛未 乙亥 乙未 己酉	甲子 庚午 己卯 辛卯 癸卯	–	甲辰 戊戌 丙辰 辛未 己未	乙亥 庚辰 己卯 壬辰 癸卯	戊辰 乙丑 己亥 丙辰	乙丑 庚午 乙亥 己亥 乙巳 庚申	庚午 辛丑 丙午 辛酉	甲子 乙亥 戊子 庚子	乙丑 己卯 丁丑 己丑 癸丑	壬申 辛卯 辛酉 癸卯 乙丑
요 안 일	寅日	申日	卯日	酉日	辰日	戌日	巳日	亥日	午日	子日	未日	丑日

＊ 자손에게 재산이나 토지, 부동산 등을 상속하기 좋은 날이고,
자녀와 같이 살다가 분가하기 좋은 날이다.

청탁 음덕일	1월	2월	3월	4월	5월	6월	7월	8월	9월	10월	11월	12월
	酉	未	巳	卯	丑	亥	酉	未	巳	卯	丑	亥

	甲 日	乙 日	丙 日	丁 日	戊 日	己 日	庚 日	辛 日	壬 日	癸 日
취 임 일 吉 日	甲子 甲申	乙酉 乙亥	丙午 丙寅 丙子 丙戌	丁卯	戊子 戊辰 戊申	己巳 己卯	庚午 庚子 庚戌	辛酉 辛亥	壬子 壬午 壬寅	癸巳 癸丑
	天赦, 天恩, 月恩, 黄道, 天月德, 王日, 官民日, 相日, 守日, 本命祿馬日									
凶 日	受死日, 복단일, 天敵日, 往亡日, 天獄日, 羅網日, 收日, 平日, 閉日, 破日									

편안하고 운과 재수가 좋아지는 頭枕두침 잠자리머리 방향법	申子辰 生	巳酉丑 生	寅午戌 生	亥卯未 生
	丑方 북동쪽 1시방향	戌方 서북쪽 10시방향	未方 남서쪽 7시방향	辰方 동남쪽 4시방향

	甲日	乙日	丙日	丁日	戊日	己日	庚日	辛日	壬日	癸日
선 보기 약혼에 길 일	甲辰 甲寅	乙丑 乙卯 乙未	丙午 丙寅 丙戌 丙辰	丁卯 丁巳 丁未	戊子 戊寅 戊午 戊戌	己丑 己卯 己酉	庚辰 庚戌	辛丑 辛未	壬子 壬辰 壬寅	癸巳 癸卯 癸丑

황도일, 삼합일, 오합일, 육합일, 양덕일, 속세, 육의, 월은, 천희, 定, 成, 開日

성심일 사주단자 채단 예물 보내는 길일	1월	2월	3월	4월	5월	6월	7월	8월	9월	10월	11월	12월
	亥	巳	子	午	丑	酉	寅	申	卯	酉	辰	戌

己卯, 庚寅, 辛卯, 壬辰, 癸巳, 己亥, 庚子, 辛丑, 乙巳, 丁巳, 庚申, 천의일

익후일	1월	2월	3월	4월	5월	6월	7월	8월	9월	10월	11월	12월
	子	午	丑	未	寅	申	卯	酉	辰	戌	巳	亥
양덕일	戌	子	寅	辰	午	申	戌	子	寅	辰	午	申

逐月 陰陽不將 吉日	1월	2월	3월	4월	5월	6월	7월	8월	9월	10월	11월	12월
	丙寅 丁卯 丙子 丙寅 戊寅 戊子 己丑 庚寅 辛卯 庚子 辛丑	乙丑 丙寅 丁丑 戊寅 乙丑 丁丑 戊寅 己丑 庚寅 庚子	甲子 甲戌 甲申 丙子 丁丑 乙酉 丙戌 戊子 戊戌 己酉	甲子 甲戌 甲申 乙酉 丙戌 丙申 丙子 丁酉 戊戌 己酉	甲戌 甲申 癸酉 乙酉 丙戌 丙申 甲午 乙未 戊戌 己酉	壬申 癸酉 甲戌 癸未 甲申 乙酉 丙戌 甲午 乙未 壬午	壬申 癸酉 辛巳 壬午 癸未 甲申 甲午 乙未 壬午 乙巳	辛未 壬申 辛巳 壬午 癸未 甲午 乙未 辛巳 壬辰 癸巳 甲午 乙巳	庚午 辛未 庚辰 辛巳 壬午 癸未 壬辰 癸巳 甲辰	庚午 辛未 庚辰 辛巳 壬午 癸未 己卯 庚辰 壬辰 癸卯 庚子	丁卯 丙寅 戊寅 己卯 庚辰 辛卯 庚寅 辛卯 庚子 辛丑	丁卯 丙寅 戊子 丁丑 丙子 丁丑 庚辰 己卯 己丑 庚寅 庚子 辛丑 丙辰

婚姻 吉日	生氣, 福德, 天醫, 陰陽不將吉日, 五合, 十全日, 四大吉日, 四季吉日, 黃道日 生甲旬, 歲德, 天德, 月德, 天月德合日, 三合日, 六合日, 庚寅, 癸巳, 乙未, 壬午, 丙辰, 辛酉日

六儀日 육의일	1월	2월	3월	4월	5월	6월	7월	8월	9월	10월	11월	12월
	辰	卯	寅	丑	子	亥	戌	酉	申	未	丑	子

일상 애경사 길흉 택일법

1. 대공망일 吉凶日

	甲 日	乙 日	丙 日	丁 日	戊 日	己 日	庚 日	辛 日	壬 日	癸 日
천상천하 대공망일	甲午 甲申 甲戌	乙丑 乙酉 乙亥	-	-	戊申	-	-	-	壬子 壬寅 壬辰	癸巳 癸卯 癸未
대공망일	壬子日, 乙丑, 壬寅, 癸卯, 壬辰, 癸巳, 甲午, 癸未, 甲申, 乙酉, 甲戌, 乙亥									

* 대공망일에는 모든 神들이 천상으로 조회를 하러 올라가는 날이다. 그러므로 길흉의 神이 아무도 없기 때문에 탈이 없는 날이다. (건축, 집수리, 파옥, 이장, 안장, 흙 다루는 일에 길한 날)
하지만 고사, 제사, 불공, 개업, 소장제출, 문서교환, 매매계약, 투자에는 불리한 날이다.

2. 천구하식일 凶日

	1월	2월	3월	4월	5월	6월	7월	8월	9월	10월	11월	12월
천구하식일	子	丑	寅	卯	辰	巳	午	未	申	酉	戌	亥

* 이 날에 고사나 제사, 정성을 드리려고 차려놓은 상의 음식을 天狗(하늘의개)가 먼저 내려와서 모두 먹어버리기 때문에 神께 드리는 정성 덕이 없다는 날이다.

3. 복 단 일 凶日

	子	丑	寅	卯	辰	巳	午	未	申	酉	戌	亥
복 단 일 伏 斷 日	虛	斗	室	女	箕	房	角	張	鬼	觜	胃	壁

* 복단일은 매사 끊어지고 잘리고 엎어진다는 날이다. 일지와 28수의 흉일이 잘못 만나서 더 흉해지는 날이다. 하지만 변소 증개축이나 아기 젖 떼어내는 시작일로는 좋다.

4. 양 공 기 일 凶日

	1월	2월	3월	4월	5월	6월	7월	8월	9월	10월	11월	12월
양공기일	13일	11일	9일	7일	5일	3일	1일	27일	25일	23일	21일	19일

* 매사를 삼가고 조심조심 주의하는 날로 음양택을 막론하고 흉한 날.
(양공이란 당나라국사 양균송을 뜻한다.)

월 기 일	月忌日은 결혼식, 손님초대, 집들이, 먼 여행, 성형수술, 파티 등을 행사하면 좋지 않은 흉한 날로써 삼가는 것이 좋다. 음력 매월 05일, 14일, 23일이 해당한다.

5. 수술 입원 침 병치료 吉凶日

吉 日	己酉, 丙辰, 壬戌, 생기일, 천의일, 際日, 破日, 開日
凶 日	受死日, 建日, 平日, 收日, 滿日, 上弦일, 下弦日, 초하루 望日.
복약日	을축, 임신, 계유, 을해, 병자, 정축, 임오, 갑신, 병술, 기축, 임진, 계사, 갑오, 병신, 정유, 무술, 기해, 경자, 신축, 무신, 기유일

6. 칠군하림七君下臨 吉凶日

음력	1월	2월	3월	4월	5월	6월	7월	8월	9월	10월	11월	12월
칠군 하림일	3, 7 15, 22 26, 27	3, 7 8, 15 22, 26 27	3, 7 8, 15 22, 26 27	3, 7 8, 15 22, 26 27	3, 7 8, 15 22, 26 27	3, 7 8, 15 22, 26 27	3, 7 8, 15 22, 27	3, 7 8, 11 15, 19 22, 27	3, 7 8, 15 19, 22 27	3, 7 8, 15 22, 27 28	3, 7 8, 15 25, 27	3, 7 8, 15 26, 27

	甲日	乙日	丙日	丁日	戊日	己日	庚日	辛日	壬日	癸日
동토 吉日	甲子 甲申 甲午 甲辰	–	丙辰 丙申 丙戌 丙午	丁巳 丁未	戊寅 戊戌 戊午	己卯 己亥	庚子 庚午 庚辰	辛巳 辛未 辛酉	–	癸丑 癸酉

동토 吉日	황도일, 월공일, 천덕일, 월덕일, 천은일, 사상일, 생기일, 금당일, 옥우일, 익후일 際日, 定日, 執日, 危日, 成日, 開日
동토 凶일	토황, 토온, 토부, 토기, 토금, 천적, 建日, 破日, 平日, 收日은 凶

❋ 개옥, 개축, 신축, 수리, 이사, 입주 등 에 길한 날만 사용한다.

	甲日	乙日	丙日	丁日	戊日	己日	庚日	辛日	壬日	癸日
사원 종업원 기사채용 사람들이는 길일	甲子 甲申 甲午 甲寅	乙丑 乙未 乙卯 乙亥	丙寅 丙戌 丙午	丁卯 丁未	戊寅 戊辰	己卯 己未 己亥	庚子	辛酉 辛亥	壬子 壬申 壬辰	癸巳 癸卯

납인구	
	명당일, 옥당황도, 천덕일, 월덕일, 五合일, 六合일, 收日, 滿日, 執日
人動日	매월- 3일, 8일, 10일, 13일, 23일, 24일
人隔日	1,7월-酉日, 2,8월-未日, 3,9월-巳日, 4,10월-卯日, 5,11월-丑日, 6,12-亥日
納人口凶日	歸忌日 · 受死日 · 天賊日 · 天罡日 · 河魁 · 月破日 · 人動日 · 人隔日
양자 자식들이는 吉凶日	익후일, 속세일, 들어오는 본인의 건록일, 역마일, 천을귀인일, 천덕일, 월덕일, 천은상길일, 월은상길일은 吉日
	凶흉일 往亡日, 受死日, 致死日, 月害日, 人動日, 人隔日, 建日, 破日, 閉日, 平日

	1월	2월	3월	4월	5월	6월	7월	8월	9월	10월	11월	12월
受死日	戌	辰	亥	巳	子	午	丑	未	寅	申	卯	酉

❋만사에 불리한 날, 수렵 사냥을 하거나 살생, 낚시, 살충제뿌리기는 吉日

	1월	2월	3월	4월	5월	6월	7월	8월	9월	10월	11월	12월
神號日	戌	亥	子	丑	寅	卯	辰	巳	午	未	申	酉
鬼哭日	未	戌	辰	寅	午	子	酉	申	巳	亥	子	卯
해 설	❋ 귀신이 운다는 날, 점안식이나 신당모시기, 탱화, 神등불 안치에는 흉한 날.

水神祭 吉 日	庚午日, 辛未日, 壬申日, 癸酉日, 甲戌日, 庚子日, 辛酉日, 除, 滿, 執, 成, 開
凶 日	天狗日, 水鳴日 ⇨ 배의 진수식에도 피해야하고, 용신제와 용왕신, 수신 기도할 때도 피할 것.

不▽ 12. 水神 물에 관한 吉凶日 ▽不

	1월	2월	3월	4월	5월	6월	7월	8월	9월	10월	11월	12월
풍파일	戊	亥	子	丑	寅	卯	辰	巳	午	未	申	酉
	※ 바다, 강 위를 출항, 입수, 고기잡이 등 물에 들어가면 커다란 풍파가 일어남.											
보호일	申	寅	酉	卯	戌	辰	亥	巳	子	午	丑	未
	※ 출항을 하거나 승선, 낚시 등에 흉하다.											
백파일 백랑일	寅	卯	辰	巳	午	未	申	酉	戌	亥	子	丑
	※ 배를 타고 바다로 나가거나 수영을 하기, 물에 들어가는 일은 흉하다.											

不▽ 13. 往亡凶日 ▽不

	1월	2월	3월	4월	5월	6월	7월	8월	9월	10월	11월	12월
	寅	巳	申	亥	寅	巳	申	亥	寅	巳	申	亥
왕망일	입춘후 7일 경칩후 14일		청명후 21일 입하후 8일		망종후 16일 소서후 24일		입추후 9일 백로후 18일		한로후 27일 입동후 10일		대설후20일 소한후30일	
	※ 여행, 원행, 해외출장, 이사, 교통행사, 자리이동 중에 액 재앙이 생긴다는 凶日.											

不▽ 14. 묘룡 산소 이장 안장 吉凶日 ▽不

	1월	2월	3월	4월	5월	6월	7월	8월	9월	10월	11월	12월
重喪日	甲	乙	己	丙	丁	己	庚	辛	己	壬	癸	己
	※ 장례행사, 이장, 안장의 事를 행하면 또 다른 喪門厄이 반복된다는 凶日.											

	1, 4, 5, 10 月	2, 5, 8, 11 月	3, 6, 9, 12월	–
重服日	寅, 申, 巳, 亥	子, 午, 卯, 酉	辰, 戌, 丑, 未	–
	봄 3개월	여름 3개월	가을 3개월	겨울 3개월
	寅日	申日	巳日	亥日

	1월	2월	3월	4월	5월	6월	7월	8월	9월	10월	11월	12월
地破日	亥	子	丑	寅	卯	辰	巳	午	未	申	酉	戌
	※흙을 다루는 일, 집수리, 무덤 파는 일은 凶한 날이다.											

地啞 不食日	壬申, 癸酉, 壬午, 甲申, 乙酉, 壬辰, 丁酉, 丙午, 己酉, 丙辰, 己未, 庚申, 辛酉
	※땅을 파는 일에 길한 날, 명폐일과 겹친 날에 이장, 안장, 매장에 탈이 없다.
破土 忌日	密日, 重日, 復日, 土符, 지랑일, 建日, 破日, 平日, 收日
	※산소 보수나 이장, 안장, 무덤을 쓰기위해 땅을 파는 일은 凶하다.

地神祭吉日	매달 3일, 7일, 15일, 22일, 26일
凶 日	지격일, 지오일

	1월	2월	3월	4월	5월	6월	7월	8월	9월	10월	11월	12월
土符日	丑	巳	酉	寅	午	戌	卯	未	亥	未	申	子

※ 장례행사 등 음택양택 모든 흙 다루는 일은 凶하다.

土 禁 日	1, 2, 3 月	4, 5, 6 月	7, 8, 9 月	10, 11, 12 月
	亥日	寅日	巳日	申日

묘룡 墓龍 日	※ 산소 보수나 이장, 안장, 무덤을 쓰기위해 땅을 파는 일은 凶한 날이다,	
	1월	장손이 죽거나 다치게 된다.
	2월	땅을 팔 때 무덤의 서쪽 방에서부터 시작하면 흉하지 않다.
	3월	이 달에 산소를 건드리는 행사를 하면 가난을 면치 못한다.
	4월	땅을 팔 때 무덤의 북쪽 방에서부터 시작하면 흉하지 않다.
	5월	장남자손에게 매우 흉하다.
	6월	집안 식구 중에 사망사고가 생길 수 있다.
	7월	무덤 근처에서 사람이 죽을 수 있다.
	8월	땅을 팔 때 무덤의 동쪽 방에서부터 시작하면 흉하지 않다.
	9월	산소가 보기 흉하게 변해간다.
	10월	이장, 안장, 매장, 무덤 일에는 모두 吉하다.
	11월	땅을 팔 때 무덤의 북쪽 방에서부터 시작하면 흉하지 않다.
	12월	땅을 팔 때 무덤의 서쪽 방에서부터 시작하면 흉하지 않다.

安葬 안장 吉日	1월	2월	3월	4월	5월	6월	7월	8월	9월	10월	11월	12월
	丙寅	丙寅	壬申	乙丑	辛未	癸酉	壬申	壬申	丙寅	甲子	壬申	丙寅
	癸酉	壬申	癸酉	庚午	壬申	乙亥	癸酉	癸酉	庚午	甲申	甲申	癸酉
	壬午	甲申	壬午	癸酉	戌戌	壬申	丙子	甲申	戌戌	辛未	庚寅	壬申
	乙酉	庚寅	甲申	甲申	丁丑	庚辰	癸未	己巳	壬午	癸酉	壬辰	戊寅
	丁酉	壬申	乙酉	壬午	壬午	甲申	甲申	庚寅	庚寅	丙申	丙申	甲申
	丙午	壬寅	甲申	己丑	丙申	乙酉	乙酉	壬辰	壬午	壬午	甲辰	乙酉
	辛酉	己未	丁酉	己丑	丙申	庚寅	壬辰	丙申	丙午	甲申	庚寅	庚寅
		庚申	丙午	甲申	壬寅	庚寅	丙申	壬寅	辛亥	甲午	壬子	丙申
			庚申	丁酉	甲辰	癸卯	丙申	辛亥	甲午	乙未	丁未	壬申
			辛酉	丁酉	甲寅	丙申	己未	辛亥	戊午	甲申	丙申	甲申
			庚午	己酉	甲寅	丁未	丙午	乙酉		丙午	甲申	庚申
				辛酉	甲寅	壬寅	乙酉	丙辰		丙申		
				庚申		壬寅	丁巳	庚午		丙戌		
						戊申	子午	辛酉		庚子		
						甲寅	丙辰					
						庚申						
						丙申						

※ 이장, 안장, 무덤을 파는 일에 吉하다. 길신과 겹치면 더욱 좋다.
하지만 괴강일, 중상일, 중복일, 전살, 지랑일, 백호일, 음착일, 양착일, 빙소와해
건일, 破日, 平日, 收日, 開日 과 겹치면 凶하다.

正四廢 정사폐凶日	정사폐는	春月의 庚申, 辛酉日	夏月의 壬子, 癸亥日
		秋月의 甲寅, 乙卯日	冬月의 丙午, 丁巳日

※ 四時凶殺으로 매사 대흉하고, 결혼, 修造수조, 산소일, 수목, 출입문 막거나 없애기, 길을 막는 일, 집짓을 터 닦기, 주춧돌
놓기, 기둥세우기, 상량식, 지붕 덮기, 우물파기, 수도설치, 축사 짓기, 달걀이나 오리알 안치기, 이사, 입주, 입학 등에 나쁘다.

起造日

甲日	乙日	丙日	丁日	戊日	己日	庚日	辛日	壬日	癸日
甲子	乙丑	丙寅	丁丑	-	己巳	庚子	-	壬寅	癸酉
甲寅	乙未	丙子	丁未			庚寅		壬辰	癸卯
甲戌	乙卯	丙戌	丁酉			庚午			癸未
甲申	乙亥	丙辰							
		丙午							

※ 집을 짓고, 건물 증개축, 신축 등에 吉하다.

凶日
黑道, 死甲, 天賊日, 天罡日, 受死日, 河魁日, 大將軍, 官符, 正陰符, 灸退, 山家血刃, 羅候, 天官符, 地官符, 朱雀, 向殺, 三殺, 歲破, 太歲, 지랑, 지격 토신, 토금, 토기일

基地日

甲日	乙日	丙日	丁日	戊日	己日	庚日	辛日	壬日	癸日
甲子	乙丑		丁卯	戊辰	己卯	庚申	辛酉	壬子	癸丑
甲寅	乙未	丙午	丁未				辛未		

※ 건물을 세우거나 집을 짓기 위해 터를 고를 때, 평평하게 다지기 吉한 날

凶日
현무흑도, 天賊日, 受死日, 土瘟, 土禁, 土忌, 土符, 正四廢, 天地轉殺, 天幢地幢, 地破, 지랑일, 建日, 破日, 平日, 收日,

상량日

甲日	乙日	丙日	丁日	戊日	己日	庚日	辛日	壬日	癸日
甲子	乙丑	丙子	丁卯	戊子	己巳	庚子	辛丑	壬寅	癸丑
甲申	乙卯	丙戌	丁未	戊寅	己未	庚寅	辛未	壬午	癸卯
甲申	乙巳	丙申	丁酉	戊辰	己酉	庚辰	辛亥	壬申	癸卯
甲戌			丁巳	戊戌	己亥	庚午			

凶日
天賊日, 受死日, 河魁日, 天罡日, 朱雀日, 빙소와해, 복단일, 天地轉殺, 正四廢, 月破日, 月建日, 火星日, 大小耗日

빙소와해月

1월	2월	3월	4월	5월	6월	7월	8월	9월	10월	11월	12월
巳	子	丑	申	卯	戌	亥	午	未	寅	酉	辰

三日

1, 5, 9 月	2, 6, 10 月	3, 7, 11 月	4, 8, 12 月
亥子丑日과 방향	申酉戌日과 방향	巳午未日과 방향	寅卯辰日과 방향

※ 건물을 세우거나 집수리를 할 때 흉하고 초상날 수도 있는 일진과 방향이다.

旺日

1, 2, 3 月	4, 5, 6 月	7, 8, 9 月	10, 11, 12月
寅 日	巳 日	申 日	亥 日

※ 흙 다루고 파는 일에 동토가 있어 안장, 이장, 매장에 불리하다.

定礎日

吉日
※ 집 짓기 위해 주춧돌이나 머릿돌을 놓을 때 좋은 날.
甲子, 乙丑, 丙寅, 戊辰, 己巳, 庚午, 辛未, 甲戌, 乙亥, 戊寅, 己未, 己巳, 壬午, 癸未, 甲申, 丁亥, 戊子, 己丑, 庚寅, 癸巳, 乙未, 丁酉, 戊戌, 己亥, 庚申, 辛酉, 황도일, 천덕, 월덕, 定日, 成日

凶日 正四廢日, 天賊日, 建日, 破日

造門日

吉日
※ 집에 대문이나 출입문, 방문 등 문을 달 때 길한 날.
甲子, 乙丑, 辛未, 癸酉, 甲戌, 乙亥, 戊寅, 己卯, 辛巳, 乙未, 己亥, 庚子, 壬寅 甲申, 壬子, 甲寅, 丙辰, 戊午, 황도일, 천덕, 월덕, 생기, 滿日, 成日, 開日

凶日 1, 2, 3 月-東向, 4, 5, 6 月-南向, 7, 8, 9 月-西向, 10, 11, 12月-北向

作則日

※ 화장실, 변소를 증개축 吉日 : 庚辰, 丙戌, 癸巳, 壬子, 己未, 복단일, 천롱일, 지아일

전길일 全吉日	✚ 황제와 구천현녀의 택일에 대한 대화에서 언급한 좋은 날로 기조전길일이라고도 한다. 건축, 건물수리, 터닦기, 주춧돌 놓기, 입주, 상량을 하는데 사용하면 좋다. 生氣 福德日의 화해·절명일을 제외하고, 三甲旬의 生甲日이 겹치면 더욱 길하다.	
	甲子, 乙丑, 丙寅, 己巳, 庚午, 辛未, 癸酉, 甲戌, 乙亥, 丙子, 丁丑, 癸未, 甲申, 丙戌 庚寅, 壬辰, 乙未, 丁酉, 庚子, 壬寅, 癸卯, 丙午, 丁未, 癸丑, 甲寅, 丙辰, 己未日		
십전대길일 통용길일	✚ 축복음양부장길일 다음으로 꼽길한 날이다. 음양부장길일에서 택일하기가 어려운 때일에 맞추어 날을 정해 서 사용한다. 황도일, 천은일, 모창일, 월덕합, 오합일 등 길신이 두세개이상 겹치면 대길한 날이다.	
	乙丑, 丁丑, 癸卯, 己丑, 丙子, 壬子, 丁卯, 辛卯, 癸卯, 乙巳日이다.		
백기일 百忌日	✚ 백기일에 해당되는 날에는 무슨 일이든 행하면 불길하다고 하니 되도록 금하는 것이 좋다.	
	天干百忌日	갑불개창 甲不開倉 – 갑일엔 곡간 창고의 물건을 출고하거나 개문, 개업을 피하라.
		을불재식 乙不栽植 – 을일엔 씨뿌리거나 화초·나무 등을 심기를 피하라.
		병불수조 丙不修造 – 병일엔 부엌의 아궁이나 부뚜막·구들장을 만들거나 고치지마라.
		정불삭발 丁不削髮 – 정일엔 머리를 깎거나 이발·삭발을 하지마라.
		무불수전 戊不受田 – 무일엔 토지·전답문서를 상속하거나 매매하지마라.
		기불파권 己不破券 – 기일엔 문서나 약권, 책등을 파기하거나 계약취소를 피한다.
		경불경락 庚不經絡 – 경일엔 질병치료나 수술·침·뜸을 피하라.
		신불합장 辛不合醬 – 신일엔 醬 된장·간장·고추장 담그기를 피하라.
		임불결수 壬不決水 – 임일엔 방류를 피하고, 논에 물을 대거나 물을 빼지마라.
		계불송사 癸不訟事 – 계일엔 재판, 시비, 고소나 송사를 피하라.
	地支百忌日	자불복복 子不問卜 – 자일엔 점 占을 치는 것을 꺼려라.
		축불관대 丑不冠帶 – 축일엔 부임·취임식이나 약혼식·성인식 등을 피하라.
		인불제사 寅不祭祀 – 인일엔 고사·제사를 지내지 마라.
		묘불천정 卯不穿井 – 묘일엔 우물을 파거나 수도설치하거나 고치기를 피하라.
		진불곡읍 辰不哭泣 – 진일엔 억울하거나 서러운 일이 있어도 소리내어 울기 피하라.
		사불원행 巳不遠行 – 사일엔 해외여행이나 먼 여행을 피하며, 이사·입주도 피하라.
		오불점개 午不苫蓋 – 오일엔 지붕을 덮거나 기와를 올리기를 피하라. 사냥도 금물.
		미불복약 未不服藥 – 미일엔 질병치료 약을 먹거나 입원하기를 피하라.
		신불안상 申不安牀 – 신일엔 편안하게 평상에 눕거나, 침대·가구 등을 사 들이지마라
		유불회객 酉不會客 – 유일엔 손님초대를 피하고, 연회접대도 피하라.
		술불걸구 戌不乞狗 – 술일엔 동물, 개를 집안에 들이기를 피하라.
		해불가취 亥不嫁娶 – 해일엔 결혼식, 혼인을 피하라.
오합일 五合日	✚ 이 날은 무엇을 행해도 福이 있는 날이 다시 福있는 날을 만난다는, 특별한 福을 원할 때 사용한다.	

합 의 명 칭	해 설	해 당 날 짜
일월합 日月合	해와 달이 만난 것처럼 기쁘다.	甲寅日·乙卯日
음양합 陰陽合	음과 양이 만나 태극을 이루듯이 좋다.	丙寅日·丁卯日
인민합 人民合	사람들이 모여 큰뜻을 이루듯이 이롭다.	戊寅日·己卯日
금석합 金石合	금과 돌이 서로 조화되듯 잘 어울린다.	庚寅日·辛卯日
강하합 江河合	강물이 모여 큰 바다를 이루듯이 원대하다	壬寅日·癸卯日

天地轉殺 凶日	春月의 묘 卯日	夏月의 오 午日
	秋月의 유 酉日	冬月의 자 子日

✚ 天地轉殺 천지전살이란 동토가 나는 날로 터를 닦는 일, 기둥을 세우는 일, 상량일, 우물을 파거나 수도를 놓는 일에는 아주
불길하고 흉한 날이니 피한다. 산소 건드리는 일도 대흉이고, 종시월가로부터 파종, 즉 투자, 씨뿌리기를 금한다.

결혼식 · 혼인택일법

♠1. 혼인택일의 요령 6단계

단계	결혼식날선택요령
1 단계	남녀 결혼나이 좋은 시기는 **대개운◉**의 나이로 결정한다.
2 단계	결혼 달은 결혼 대길한 **대리월**로 정한다.
3 단계	결혼 달이 결정되면 **생갑순**을 찾는다.
4 단계	생갑순 중에서 **황도일**을 찾은 다음 男女 **생기복덕**의 좋은 날로 택일하여야 한다.
5 단계	결혼주당을 피하고, 각종 결혼 凶흉살을 피한다.
6 단계	결혼식의 時間은 **黃道 時**로 정하면 大吉하며, 黃道 時가 적당치 않을 때는 **천을귀인 時**로 선택하면 행운이 오고 순탄하다.

♠2. 약혼식 좋은 날.

	甲日	乙日	丙日	丁日	戊日	己日	庚日	辛日	壬日	癸日
납채 문명일	甲寅	乙丑 乙卯	丙寅 丙午 丙辰	丁卯 丁未 丁巳	戊寅 戊子 戊戌 戊午	己卯 己丑 己未	庚辰 庚戌	辛未 辛丑	壬辰 壬寅 壬子	癸卯 癸巳
대입법	✚ 약혼日과 약혼時를 택일하려면 3갑중 생갑순에서 **黃道日**을 택하여 신랑 신부의 생기법에 맞추어 택일하면 된다.									

♠3. 결혼나이 가리는 요령

합혼개폐법	대개운◉	반개운△	폐개운⊗
子午卯酉生	17, 20, 23, 26, 29, 32, 35	18, 21, 24, 27, 30, 33, 36	19, 22, 25, 28, 31, 34, 37
寅申巳亥生	16, 19, 27, 25, 28, 31, 34	17, 20, 23, 26, 29, 32, 35	18, 21, 24, 27, 30, 33, 36
辰戌丑未生	15, 18, 21, 24, 27, 30, 33	16, 19, 22, 25, 28, 31, 34	17, 20, 23, 26, 29, 32, 35
해설	대개운 나이에 결혼하면 대길하다.	반개운 나이에 결혼하면 평길하다.	폐개운 나이에 결혼하면 대흉하다.

♠4. 혼인하면 凶한년도

남녀 띠	子	丑	寅	卯	辰	巳	午	未	申	酉	戌	亥
男子 凶한 年	未	申	酉	戌	亥	子	丑	寅	卯	辰	巳	午
女子 凶한 年	卯	寅	丑	子	亥	戌	酉	申	未	午	巳	辰
해설	✚ 子生 男子는 未年에 결혼하면 凶하므로 결혼을 피한다. ✚ 子生 女子는 卯年에 결혼하면 凶하므로 결혼을 피한다.											

♠5. 殺夫大忌月살부대기월 凶한 달.▷ 이 달에 결혼식을 올리면 남편이 일찍 죽는다는 속설이 전한다.

여자의 띠	쥐띠	소띠	호랑	토끼	용띠	뱀띠	말띠	양띠	원숭	닭띠	개띠	돼지
나쁜 달月	1월 2월	4월	7월	11월	4월	5월	8월 12월	6월 7월	6월 7월	8월	12월	無

♠6. 혼인 음양불장길일

月	결 혼 에 좋 은 날
정月	丙寅, 丁卯, 丙子, 戊寅, 己卯, 戊子, 己丑, 庚寅, 辛卯, 庚子, 辛丑日
2月	乙丑, 丙寅, 丙子, 戊寅, 己卯, 己丑, 庚寅, 戊戌, 庚子, 庚午日
3月	甲子, 乙丑, 甲戌, 丙子, 乙酉, 戊子, 丁丑, 丁酉, 戊戌, 己酉日
4月	甲子, 甲戌, 丙子, 甲申, 乙酉, 戊子, 丙申, 丁酉, 戊戌, 戊申, 己酉日
5月	癸酉, 甲戌, 癸未, 甲申, 乙酉, 丙申, 戊戌, 戊申日
6月	壬申, 癸酉, 甲戌, 壬午, 癸未, 甲申, 乙酉, 甲午日
7月	壬申, 癸酉, 壬午, 癸未, 甲申, 乙酉, 癸巳, 甲午, 乙巳日
8月	辛未, 壬申, 辛巳, 壬午, 癸未, 甲申, 壬辰, 癸巳, 甲午日
9月	庚午, 辛未, 辰辰, 辛巳, 壬午, 癸未, 辛卯, 壬辰, 癸巳, 癸卯日
10月	庚午, 庚辰, 辛巳, 壬午, 庚寅, 辛卯, 壬辰, 癸巳, 壬寅, 癸卯日
11月	丁卯, 己巳, 己卯, 庚辰, 辛巳, 己丑, 庚寅, 戊辰, 壬辰, 辛丑, 壬寅, 丁巳日
12月	丙寅, 丁卯, 戊辰, 丙子, 戊辰, 己卯, 戊子, 己丑, 丙寅, 辛卯, 庚子, 辛丑, 丙辰, 丁巳, 己巳, 辛巳日

♠7. 결혼식 올리는 달 가리는 요령

女子生年	子午生	丑未生	寅申生	卯酉生	辰戌生	巳亥生
결혼 대길한 달 (大利月)	6, 12월	5, 11월	2, 8월	1, 7월	4, 10월	3, 9월
결혼 평길한 달 (방매모씨月)	1, 7월	4, 10월	3, 9월	6, 12월	5, 11월	2, 8월
시부모가 해로운 달 (방옹고月✘)	2, 8월	3, 9월	4, 10월	5, 11월	6, 12월	1, 7월
친정부모가 해로운 달 (방녀부모月✘)	3, 9월	2, 8월	5, 11월	4, 10월	1, 7월	6, 12월
신랑신부가 해로운 달 (방부주月, 방녀신月✘)	4, 10월 5, 11월	1, 7월 6, 12월	6, 12월 1, 7월	3, 9월 2, 8월	2, 8월 3, 9월	5, 11월 4, 10월

해 설	✳ 쥐띠여자가 6월과 12월에 결혼하면 매우 좋고, 1월과 7월에 결혼하면 보통으로 좋으며, 2월과 8월에는 시부모가 나쁘나 시부모가 없으면 무방하며, 3월과 9월에 결혼하면 친정부모가 나쁘나 친정부모가 없으면 무방한 날이며, 4월, 10월, 5월, 11월에는 당사자들이 나쁜 달이 된다.

♠8. 結婚十全大吉日(결혼십전대길일)

음양불장길일 중에서 마땅한 날이 없을 때 십전대길일을 사용한다.	乙丑, 丁卯, 丙子, 丁丑, 辛卯, 乙巳, 壬子, 癸丑, 己丑

♠9. 結婚五合日(결혼오합일)

五 合 日	일월합	음양합	인민합	금석합	강하합
일 진	甲乙, 寅卯	丙寅, 丁卯	戊寅, 己卯	庚寅, 辛卯	壬寅, 癸卯
해 설	✳ 음양 불장 길일과 오합일이 합하면 더욱 大吉하다.				

♠10. 결혼에 좋은 사대길일

4대 길일	만사형통, 행운의 날	
천은상길일	甲子, 乙丑, 丙寅, 丁卯, 戊辰, 乙卯, 庚辰, 辛巳, 壬午, 癸未, 乙酉, 庚戌, 辛亥, 壬子, 癸丑日	
대명상길일	辛未, 壬申, 癸酉, 丁丑, 乙卯, 壬午, 甲申, 丁亥, 壬辰, 乙未, 壬寅, 甲戌, 乙巳, 丙午, 乙酉, 庚戌, 辛亥日	
천사상길일	立春 後 立夏 前 -- 戊寅日	立夏 後 立秋 前 -- 甲午日
	立秋 後 立冬 前 -- 戊辰日	立冬 後 立春 前 -- 甲子日
모창상길일	立春 後 立夏 前 -- 亥子日	立夏 後 立秋 前 -- 寅卯日
	立秋 後 立冬 前 --辰戌丑未日	立冬 後 立春 前 -- 辛酉日

♠11. 기린성봉황길일

년도	甲年	乙年	丙年	丁年	戊年	己年	庚年	辛年	壬年	癸年
봉황길일	申日	戌日	乙日	辰日	壬日	癸日	丁日	未日	亥日	壬日

月	1월	2월	3월	4월	5월	6월	7월	8월	9월	10월	11월	12월
봉황길일	戌日	子日	寅日	辰日	午日	申日	戌日	子日	寅日	辰日	午日	申日

사계절	봄	여름	가을	겨울
봉황 28숙길일	정위숙	미묘숙	오위숙	벽필숙

♠12. 三地不受法 (신행에 피하는 방위)

생년(띠)	피해야할 방위	해 설
申子辰 生	亥 子 丑 方 - 北쪽	※ 피하는 방위를 안고 들어오면, 오는 사람과 신랑이 흉하다.
寅午戌 生	巳 午 未 方 - 南쪽	
巳酉丑 生	申 酉 戌 方 - 西쪽	※ 등지고 들어오면, 시댁집안과 신부에게 흉하다.
亥卯未 生	寅 卯 辰 方 - 東쪽	

♠13. 婚姻 결혼식 거행할 때 좋은 時間 선택법

	甲日	乙日	丙日	丁日	戊日	己日	庚日	辛日	壬日	癸日
吉한 時間 좋은 시간	오전 1 ~ 3	오전 11 ~ 1	오전 9 ~ 11	오전11 ~ 오후1	오전 1 ~ 3	오후11 ~ 오전1	오전 1 ~ 3	오후11 ~ 오전1	오후11 ~ 오전1	오전 5 ~ 7
	오전 3 ~ 5	오후 5 ~ 7	오후 5 ~ 7	오후 3 ~ 5	오후 1 ~ 3	오전 1 ~ 3	오후 1 ~ 3	오전 3 ~ 5	오후 5 ~ 7	오전 9 ~ 11
	오전 1 ~ 3	오후 3 ~ 5	오후 9 ~ 11	오후 9 ~ 11	오후 9 ~ 11	오후 1 ~ 3	오후 3 ~ 5	오후 7 ~ 9	오전 9 ~ 11	오후 9 ~ 11

♠14. 婚姻忌日 (결혼하면 흉한 날)

명칭	결 혼 하 면 나 쁜 날
월 기 일	매월 5일, 14일, 23일
인 동 일	매월 - 3일, 8일10일, 13일, 23일, 24일
복 단 일	복단일은 매사 끊어지고 잘리고 엎어진다는 날. [홍일 3표 참조대입]
매월 亥日	돼지날로서 매월의 乙亥日, 丁亥日, 己亥日, 辛亥日, 癸亥日
가 취 大凶 日	봄 3개월은 甲子日, 乙丑日, 여름 3개월은 丙子日, 丁丑日 가을 3개월은 庚子日, 辛丑日, 겨울 3개월은 壬子日, 癸丑日
24절후일과 단오초팔일	입춘, 경칩, 청명, 입하, 망종, 소서, 입추, 백로, 한로, 입동, 대설, 소한, 우수, 춘분, 곡우, 소만, 하지, 대서, 처서, 추분, 상강, 소설, 동지, 대한, 단오, 구정, 유두, 칠석

고 진 살 과 과 숙 살 의 日 辰	生年 띠	남자 고진살 일진	여자 과숙살 일진
	亥子丑生	寅日	戌日
	寅卯辰生	巳日	丑日
	巳午未生	申日	辰日
	申酉戌生	亥日	未日

상부상처의 日 辰	殺 名	1, 2, 3 月	10, 11, 12 月
	女子 상부살	-	임자일, 계해일
	남자 상부살	병오일, 정미일	

<table>
<tr><td>부엌</td><td>신랑</td><td>시모</td></tr>
<tr><td>신부</td><td>☯</td><td>방안</td></tr>
<tr><td>조왕</td><td>집안</td><td>시부</td></tr>
</table>

혼인주당일

＊ 혼인주당 보는 법은 ①음력 큰달에 결혼時에는 신랑에서 시어머니 방안 방향으로 순행하여 짚어 나가고, ②음력 작은 달에 결혼時에는 신부에서 조왕 집안 방향 순으로 역행하여 짚는 것으로, 집안, 방안, 부엌, 집안, 조왕이 닿는 날이 혼인 좋은 날이 되며, 신부나 신랑에 닿는 날에 절대로 안되며, 시아버지와 시어머니가 닿는 날은 시부모가 안계시면 무방하고 살아계시면 혼인식 순간만 잠시 피하면 된다.
다만, 신랑이 신부 집에 가서 혼인 時에는 시부모를 친정 부모로 보면 된다.

십악대패일	년도	3월	4월	6월	7월	9월	10월	11월
	甲己年	戊戌日	-	-	癸亥日	-	丙申日	丁亥日
	乙庚年	-	壬申日	-	-	乙巳日	-	-
	丙辛年	辛巳日	-	-	-	庚辰日	-	-
	丁壬年	-	-	-	-	-	-	-
	戊癸年	-	-	丑日	-	-	-	-

화 해 절 명 일	＊ 남녀 생기복덕 길흉표를 참조한다.
男女 本命 日	＊ 자기가 출생한 띠와 같은 날, 가령 甲午生이면 甲午日, 丁卯生이면 丁卯日
男女生年 띠가 沖하는 날	＊ 신랑 日辰과 신부 日辰이 결혼당일 일진지지와 沖하는 날은 피한다.
死甲日 病甲日	＊ 死甲日, 病甲日에는 결혼식하는 것을 피한다.
복 단 일	子日허숙, 丑日두숙, 寅日실숙, 卯日여숙, 巳日방숙, 午日각숙, 未日장숙, 申日귀숙, 酉日각숙, 戌日귀숙, 亥日辰에 벽숙이 만나면 복단일이 된다. 작측(作厠), 색혈(塞穴), 단봉(斷蜂), 작파단(作破壇)에는 吉하고 기조, 장매, 혼인, 상관, 부임, 출행, 여행, 불공, 기도, 고사, 교역, 동토에는 大凶.

	生甲旬	病甲旬	死甲旬
子午卯酉年	甲子旬, 甲午旬	甲寅旬, 甲申旬	甲辰旬, 甲戌旬
辰戌丑未年	甲辰旬, 甲戌旬	甲子旬, 甲午旬	甲寅旬, 甲申旬
寅申巳亥年	甲寅旬, 甲申旬	甲辰旬, 甲戌旬	甲子旬, 甲午旬
❋ 결혼, 기조, 이사, 입택 등	만사대길	불 길	우환질병, 손재수, 사망, 身厄亂신액란
❋ 장례행사, 이장, 안장 등 장매	불 길	평 길	만사대길
❋ 보 는 법	❋ 子午卯酉年도에는 생갑순인 갑자순 중이나 갑오순 중에서, 辰戌丑未年도에는 생갑순인 갑진순 중이나 갑술순 중에서, 寅申巳亥年도에는 생갑순인 갑인순 중이나 갑신순 중에서, 택일하여야 한다. ❋ 가령 庚子年 음력 3월 중에 택일한다면 먼저 경자년의 생갑순을 조견표에서 찾아보면 갑자순과 갑오순이 된다. 음력 3월 中을 보면 3월29일부터 4월08일까지가 갑오순에 해당되므로 이 날짜사이에서 택일하면 매우 좋다. 경자년 3월 중에는 갑자순이 없기 때문에 해당이 안 되고, 갑자순 중에서 찾으려면 음력 2월이나 음력6월 중에서 찾아야 한다.		
❋ 해 설	❋ 六甲은 갑(甲)이 여섯 자가 있다는 뜻이고, 육갑에 열흘순(旬)자를 붙여서 각 10일씩 갑자순, 갑술순, 갑오순, 갑진순, 갑인순이 생겨난다. 三甲이란 3갑순을 뜻하고, 1갑은 10일씩이므로 3갑은 30일로 1개월이 되는 것이다. ❋ 1개월인 30일을 3갑으로 분류하여 생갑순 10일, 병갑순 10일, 사갑순 10일씩으로 나누어 길흉을 살피게 하는 법이다. ❋ 일반적인 택일은 생갑순 중에서 택일하는 것이 아주 좋고, 병갑순이나 사갑순을 택일하였다면 생기복덕으로 대길한 날일지라도 흉일로 보니 피하는 것이 좋다.		

♠16. 五合일과 음양불장길일이 合—이 되면 영원히 크게 길하다.

명칭	날짜	해석
일월합 日月合	해와 달이 만난 것처럼 좋은 합이다.	甲寅일과 乙卯일의 만남
음양합 陰陽合	음과 양이 만나 태극을 이뤄진듯 좋다.	丙寅일과 丁卯일의 만남
인민합 人民合	사람들이 모여 큰 뜻이 이룬듯이 좋다.	戊寅일과 己卯일의 만남
금석합 金石合	금과 돌이 어울리듯 좋은 합이다.	庚寅일과 辛卯일의 만남
강하합 江河合	강물들이 모여 큰물을 이루듯 좋은 합이다	壬寅일과 癸卯일의 만남

♠17. 女子가 태어난 달과 男子가 태어난 달의 악연, 피해야하는 인연이다.

女子 생월	男子 생월	흉사 풀이
정월	9월	집안에 우환이 들끓고 남편이 부인 역할을 하고, 재산이 줄어든다.
2월	8월	부부간에 다툼이 끊이지 않아 이별하고 재혼하게 된다.
3월	5월	둘 중 한 사람의 건강이 좋지 못하여 별거하거나 이별하게 된다.
4월	6월	서로에게 등을 돌리고 지내다가 바람이 난다.
5월	정월	부인의 건강이 나빠지고 남편은 밖으로 나돌아 다닌다.
6월	12월	서로를 원망하고 미워하다가 이별하거나 별거하게 된다.
7월	3월	남편을 무서워하거나 서로 불만이 많아 부부간에 원수가 된다.
8월	10월	서로 자신의 이익만 챙기다가 별거하거나 남자가 일찍 사망한다.
9월	4월	서로를 미워하고, 재수가 없어 평생 가난하게 산다.
10월	11월	남편을 많이 의심하다가, 무자식이던가, 재산이 줄어든다.
11월	2월	자손의 근심이 생기고 단명 하게 된다.
12월	7월	무자식이나 자식들 때문에 평생 속 태운다.

♠18. 궁합의 상극과 상생의 중화되는 묘한 이치 : 官星制化妙法 관성제화묘법

명칭

검봉금과 사중금은 불火을 만나야 제련이 되어 아름다운 모양을 형성하게 된다.

平地一秀木평지일수목은 금金이 없으면 화려하게 꽃피는 영화를 얻지 못한다.

천하수와 대해수는 흙을 만나야 자연히 만사가 형통하게 된다.

벽력화와 천상화는 물을 얻어야 복록과 영화를 누리게 된다.

대역토와 사중토는 나무가 없으면 평생을 그르치게 된다.

♠19. 예식시간을 정할 때, 당일의 일진에 맞추어 이 시간을 정하면 좋다.

예식 당일 일진	예식하면 좋은 시간
子일. 卯일. 午일. 酉일.	오전 11시~ 오후 1시, 오후 3시~ 오후 5시
丑일. 辰일. 未일. 戌일.	오전 9시~ 오전 11시, 오후 3시~ 오후 5시
寅일. 巳일. 申일. 亥일.	오전 9시~ 오전 11시, 오후 1시~ 오후 3시

인연이 되는 姓氏성씨

❋ 인연因緣이 되는 성씨姓氏란,

　　사회생활이나 인간사 어떤 일에서도 인연되어 만나는 사람과 서로 잘

맞아 좋은 성씨를 의미한다. (궁합은 물론이고, 직장상사나 동료, 부하직원, 친구, 종업원 등)

木生火　　火生土　　土生金　　金生水　　水生木 의 관계로 길하다.
木克土　　土克水　　水克火　　火克金　　金克木 의 관계는 흉하다.

목 木 성 씨	간(簡)	강(康)	고(高)	고(固)	공(孔)	기(奇)	동(董)	렴(廉)
	박(朴)	연(延)	우(虞)	유(劉)	유(兪)	육(陸)	전(全)	정(鼎)
	주(朱)	주(周)	조(曹)	조(趙)	차(車)	최(崔)	추(秋)	화(火)
	홍(洪)							

화 火 성 씨	강(姜)	구(具)	길(吉)	단(段)	당(唐)	등(鄧)	라(羅)	변(邊)
	석(石)	선(宣)	설(薛)	신(辛)	신(愼)	옥(玉)	윤(尹)	이(李)
	전(田)	정(丁)	정(鄭)	지(池)	진(秦)	진(陳)	진(晋)	채(蔡)
	탁(卓)	피(皮)	함(咸)					

토 土 성 씨	감(甘)	공(貢)	구(丘)	구(仇)	권(權)	도(都)	도(陶)	동(童)
	명(明)	목(睦)	민(閔)	봉(奉)	손(孫)	송(宋)	심(沈)	엄(嚴)
	염(苒)	우(牛)	음(陰)	임(林)	임(任)	현(玄)		

금 金 성 씨	강(康)	곽(郭)	김(金)	남(南)	노(盧)	두(杜)	류(柳)	문(文)
	반(班)	방(方)	배(裵)	백(白)	서(徐)	성(成)	소(邵)	신(申)
	안(安)	여(余)	양(楊)	양(梁)	왕(王)	원(元)	장(張)	장(蔣)
	편(片)	하(河)	한(韓)	황(黃)				

수 水 성 씨	고(皐)	경(庚)	노(魯)	마(馬)	매(梅)	맹(孟)	모(毛)	모(牟)
	변(卞)	상(尙)	소(蘇)	야(也)	어(魚)	여(呂)	오(吳)	용(龍)
	우(禹)	천(千)	허(許)	남궁(南宮)	동방(東方)	서문(西門)		
	선우(鮮于)	을지(을지)	사마(司馬)	황보(皇甫)				

♦1. 장례행사의 택일법

❖ 장례일은 대대 관습적으로 3일장, 5일장, 7일장 등으로 행하는데 2일장과 4일장도 할 수는 있다. 다만 일수와는 상관없이 중상일(重喪日), 복일(復日), 중일(重日)만을 피하여 택일하면 된다.

重喪 日	1月	2月	3月	4月	5月	6月	7月	8月	9月	10月	11月	12月
	甲	乙	己	丙	丁	己	庚	辛	己	壬	癸	己

❖ 장례행사, 이장, 안장의 事를 행하면 또 다른 喪門厄이 반복된다는 凶日.

重復 日	1, 4, 7, 10 月		2, 5, 8, 11 月		3, 6, 9, 12月	
	寅, 申, 巳, 亥		子, 午, 卯, 酉		辰, 戌, 丑, 未	
	봄 3개월		여름 3개월		가을 3개월	겨울 3개월

	寅月			申月			巳月			亥月		
	1月	2月	3月	4月	5月	6月	7月	8月	9月	10月	11月	12月
復 日	庚	辛	戊	壬	癸	戊	甲	乙	戊	丙	丁	戊
重 日	巳亥	巳亥	巳亥	巳亥	巳亥	巳亥	巳亥	巳亥	巳亥	巳亥	巳亥	巳亥

해 설	❖ 위의 일진에 장례를 치르면 줄초상이 거듭된다는 뜻이니 월별로 위의 일진만은 꼭 피하여 장례 일을 택일하여야 한다.		
	❖ 위의 조견표를 쉽게 보는 법		
	1, 7월 - 甲庚 巳亥	2, 8월 - 乙辛 巳亥	3, 8월 – 戊己 巳亥
	4,10월 - 丙壬 巳亥	5,11월 - 丁癸 巳亥	6,12월 - 戊己 巳亥

망자	장사 지내지 않는 날	망자	장사 지내지 않는 날
甲己망자	庚午日	丁壬망자	庚戌日
乙庚망자	庚辰日	戊癸망자	庚申日
丙申망자	庚寅日	망자	–

＊ 장사를 지내지 않는 날(入地空亡日)

♦2. 시신 入棺의 吉한 時間表

일진	갑술	을축	병자	정축	무인	기묘	경진	신사	임오	계미
입관시간	午申	巳酉	寅午	巳亥	卯亥	寅申	亥申	寅未	卯未	卯酉

일진	갑오	을미	병신	정유	무술	기해	경자	신축	임인	계묘
입관시간	卯酉	巳酉	巳午	寅未	申戌	未亥	辰申	卯未	卯巳	辰戌

일진	갑인	을묘	병진	정사	무오	기미	경신	신유	임술	계해
입관시간	酉亥	午戌	午酉	巳戌	寅午	未寅	卯申	辰寅	寅戌	卯酉

일진	갑진	을사	병오	정미	무신	기유	경술	신해	임자	계축
입관시간	卯戌	辰酉	巳酉	巳酉	寅戌	卯申	辰午	卯未	辰戌	卯酉

일진	갑자	을축	병인	정묘	무진	기사	경오	신미	임신	계유
입관시간	午戌	巳酉	寅未	午未	巳午	午午	玄午	寅未	辰酉	辰酉

일진	갑신	을유	병술	정해	무자	기축	경인	신묘	임진	계사
입관시간	酉戌	午亥	寅辰	巳亥	寅申	未酉	未酉	辰申	辰未	卯申

♠3. 영좌(靈座)를 설치하지 않는 방위

삼살방	巳酉丑年日	申子辰年日	寅午戌年日	亥卯未年日
	寅卯辰方(東쪽)	巳午未方(南쪽)	亥子丑方(北쪽)	申酉戌方(西쪽)

양인방	甲年日	乙年日	丙年日	丁年日	戊年日	己年日	庚年日	辛年日	壬年日	癸年日
	卯方	辰方	午方	未方	午方	未方	酉方	戌方	子方	丑方
	(東쪽)	東南쪽	(南쪽)	西南쪽	(南쪽)	西南쪽	(西쪽)	西北쪽	(北쪽)	東北쪽

♠4. 영구차대기와 棺을 안치 못하는 방위

※ 정상기방(停喪忌方)이라 함은 상여나 영구차를 대기시키는 것을 안방을 기준으로 꺼리는 방위가 된다.

巳酉丑年日 ⇨ 간(艮)方 (東北쪽)	寅午戌年日 ⇨ 건(乾)方 (西北쪽)
申子辰年日 ⇨ 손(巽)方 (東南쪽)	亥卯未年日 ⇨ 곤(坤)方 (西南쪽)

♠5. 시신의 下棺에 吉한 時間

※ 황도시에 귀인시를 겸하면 더욱 좋으나 황도시만 사용하여도 된다.

黃道 時		貴人 時	
	黃道時황도시	일진	貴人時귀인시
寅申(1,7)일	자축진사미신 時	甲 戊 庚 日	축 미 時
卯酉(2,8)일	인묘오미유자 時	乙 己 日	자 신 時
辰戌(3,9)일	진사신유해인 時	丙 丁 日	해 유 時
巳亥(4,10)일	오미술해축진 時	辛 日	인 오 時
子午(11,5)일	신유자축묘오 時	壬 癸 日	사 묘 時
丑未(12,6)일	술 해 인 묘 사 신 時	—	—

♠6. 入棺입관과 下官하관 때 피해야 하는 사람

正沖 정충	▽ 장사일과 天干이 같고 地支와는 沖 되는 사람. 장례일이 丁丑日이면 丁未生 (丑未沖) 　　　　　乙巳日이면 乙亥生 (巳亥沖) 　　　　　庚子日이면 庚午生 (子午沖)이 해당 된다.
旬沖 순충	▽ 장사일과 旬中 중에 해당하는 생년과 일지가 沖하는 사람. 즉 장일과 천간지지가 모두 沖하는 사람을 말한다. 장례일이 甲午日이면 庚子生 (甲庚沖, 子午沖) 　　　　　丙戌日이면 壬辰生 (丙壬沖, 辰戌沖) 　　　　　癸未日이면 丁丑生 (丁癸沖, 丑未沖)이 해당 된다.

♠7. 入棺 吉時길시法

일지	子		丑		寅		卯		辰		巳		午		未		申		酉		戌		亥	
시간	甲	庚	乙	辛	乙	癸	丙	壬	丁	甲	乙	庚	丁	癸	乙	辛	甲	癸	丁	壬	庚	壬	乙	辛

♠8. 二十四坐運法 [萬年圖]

❊ 만년도는 새로히 쓰는 묘자나 이장하고자 하는 묘지의 좌(坐)를 정한 다음에 좌산(坐山)의 년운을 보는 법으로 24좌는 지리법에 의하여 결정되는 것이다.

다만 지리법에 의하여 묘지의 坐向이 결정되었더라도 年運이 맞아야하는 것이다.

❊ **보는 법**

① 년도별 좌(坐)운이 대리운(大利運)이나 소리운(小利運)에 해당하면 대길한 運이 되며,

② 연극(年克)과 방음부(傍陰浮)에 해당하면 불리하나 이장의 묘에는 꺼리게 되나 초상(初喪)에는 무방하다.

③ 삼살(겁살, 재살, 세살)은 거의 쓰지 않으나 부득이한 경우에는 제살법을 적용하면 무난하게 된다.

❊ **甲辰年, 乙巳年, 丙午年, 丁未年의 萬年圖 〈2024~2027년〉**

坐 \ 年	甲辰年	乙巳年	丙午年	丁未年
자좌 子坐	소리小利	년극年克 · 구퇴炙退	삼살三殺 · 세파歲破	년극年克
계좌 癸坐	향살向殺	부천浮天 · 년극年克	방음傍陰 · 좌살坐殺	년극年克
축좌 丑坐	소리小利	방음傍陰 · 년극年克	삼살三殺	세파歲破 · 년극年克
간좌 艮坐	음부陰符	소리小利	대리大利	대리大利
인좌 寅坐	대리大利	삼살三殺 · 년극年克	소리小利	천관天官 · 방음傍陰
갑좌 甲坐	대리大利	년극年克 · 좌살坐殺	대리大利	년극年克 · 향살向殺
묘좌 卯坐	구퇴炙退	삼살三殺	소리小利	소리小利
을좌 乙坐	대리大利	좌살坐殺	방음傍陰	향살向殺
진좌 辰坐	대리大利	삼살三殺 · 년극年克	방음傍陰	년극年克
손좌 巽坐	음부陰符	년극年克	대리大利	년극年克
사좌 巳坐	삼살三殺	방음傍陰	천관天官	대리大利
병좌 丙坐	좌살坐殺 · 방음	대리大利	향살向殺	대리大利
오좌 午坐	삼살三殺	대리大利	소리小利	구퇴炙退 · 음부陰符
정좌 丁坐	좌살坐殺 · 년극	방음傍陰	향살向殺 · 년극年克	대리大利
미좌 未坐	삼살三殺	년극年克	대리大利	년극年克
곤좌 坤坐	대리大利	년극年克	음부陰符	년극年克
신좌 申坐	지관地官	천관天官 · 년극年克	방음傍陰	삼살三殺 · 년극年克
경좌 庚坐	대리大利	년극年克 · 향살向殺	소리小利	부천浮天 · 좌살坐殺
유좌 酉坐	년극年克	지관地官 · 음부陰符	년극年克 · 구퇴炙退	삼살三殺
신좌 辛坐	방음傍陰	향살向殺 · 년극年克	부천天空망	좌살坐殺 · 년극年克
술좌 戌坐	세파歲破	년극年克	지관地官	삼살三殺 · 년극年克
건좌 乾坐	년극年克	음부陰符	년극年克	소리小利
해좌 亥坐	년극年克 · 천관天官	세파歲破	삼살三殺 · 년극年克	지관地官
임좌 壬坐	부천浮天 · 향살向殺	소리小利	좌살坐殺	방음傍陰

♠9. 走馬六壬法 주마육임법

★ 陽山양산에 陽운 年 月 日 時를 다 맞추어 적용하는 법 → 즉, 양산陽山: 壬子 艮寅 乙辰 丙午 坤申 辛戌 年 月 日 時.

★ 陰山음산에 陰운 年 月 日 時를 다 맞추어 적용하는 법 → 즉, 음산陰山: 癸丑 甲卯 巽巳 丁未 庚酉 乾亥 年 月 日 時.

♠10. 태세압본명법 (太歲壓本命法)에 해당하는 사람.

❋ 일명 호충살(呼沖殺)이라고 한다.

장례하는 해의 태세(丙申年)를 중궁에 넣고 9궁을 순행으로 돌아 중궁에
해당하는 丙申, 乙巳, 甲寅, 癸亥, 壬申, 辛巳, 庚寅생은 丙申年 1년 동안
하관과 출빈(영정을 모셨던 빈소를 내보내는 것) 하는 것을 피하는 것이 좋다.

❋ 장례행사 태세 丙申年의 9궁 변화도

① 乙未, 甲辰, 癸丑 壬戌, 辛未, 庚辰	⑥ 辛卯, 庚子, 己酉 戊午, 丁卯, 丙子, 乙酉	⑧ 癸巳, 壬寅, 辛亥 庚申, 己巳, 戊寅, 丁亥
⑨ 甲午, 癸卯, 壬子 辛酉, 庚午, 己卯, 戊子	② 丙申, 乙巳, 甲寅 癸亥, 壬申, 辛巳, 庚寅	④ 己丑, 戊戌, 丁未 丙辰, 乙丑, 甲戌, 癸未
⑤ 庚寅, 己亥, 戊申 丁巳, 丙寅, 乙亥, 甲申	⑦ 壬辰, 辛丑, 庚戌 己未, 戊辰, 丁丑, 丙戌	③ 丁酉, 丙午, 乙卯 甲子, 癸酉, 壬午

❋ 입관과 하관을 보면 안 되는 사람

★ 결혼, 약혼, 회갑, 칠순, 여행 등 좋은 일을 앞둔 사람.
★ 당년에 삼재가 든 사람. 丙申年에는 인오술생이 해당된다.
★ 임산부는 피하는 것이 좋다.

♠11. 制殺法(제살법)

1) 三殺(삼살)

★ 망자의 생년이나 상주 생년의 납음오행으로 제살을 하거나 연월일시의 납음오행으로 제살을 한다.

❋ 삼살을 제살하는 조견표

삼살방위	亡子生年, 喪主生年, 年月日時 納音五行			제살법
東(木方)	갑자을축 (金) 임인계묘 (金)	인신계유 (金) 경진신사 (金)	갑오을미 (金) 경술신해 (金)	金 剋 木으로 제살한다.
西(金方)	병인정묘 (火) 갑진을사 (火)	병신정유 (火) 무자기축 (火)	갑술을해 (火) 무오기미 (火)	火 剋 金으로 제살한다.
南(火方)	병자정축 (水) 임진계사 (水)	병오정미 (水) 갑인을묘 (水)	갑신을유 (水) 임술계해 (水)	水 剋 火로 제살한다.
北(水方)	경오신미 (土) 무신기유 (土)	경자신축 (土) 병술정해 (土)	무인기묘 (土) 병진정사 (土)	土 剋 水로 제살한다.

2) 向殺(향살)

★ 天官符(천관부), 地官符(지관부), 炙退(구퇴)는 매장에는 무방하며 양택에만 꺼리는 것이다.

3) 年克(년극)

★ 태세의 납음이 山運 산운을 극하면 년극이 되는 것인데,
새로히 쓰는 묘의 坐좌가 년극이 되면 좋지 않다.

★ 이 때에 제살하는 방법은 망자나 상주 생년의 납음오행이 태세납음을 극하거나
행사 연월일시의 납음오행이 태세납음을 다시 극해주면 제살되어 무방하다.

年＼좌坐	兌丁乾亥 태정건해 (금산 金山)	卯艮巳 묘간사 (목산 木山)	離壬丙乙 이임병을 (화산 火山)	甲寅辰巽戌坎辛申 갑인진손술감신신 (수산 水山)	癸丑坤庚未 계축곤경미 (토산 土山)
甲己年 (갑기년)	乙丑金運 (을축금운)	辛未土運 (신미토운)	甲戌火運 (갑술화운)	戊辰木運 (무진목운)	戊辰木運 (무진목운)
乙庚年 (을경년)	丁丑水運 (정축수운)	癸未木運 (계미수운)	丙戌土運 (병술토운)	庚辰金運 (경진금운)	庚辰金運 (경진금운)
丙辛年 (병신년)	己丑火運 (기축화운)	乙未金運 (을미금운)	戊戌木運 (무술목운)	壬辰水運 (임진수운).	壬辰水運 (임진수운)
丁壬年 (정임년)	辛丑土運 (신축토운)	丁未水運 (정미수운)	庚戌金運 (경술금운)	甲辰火運 (갑진화운)	甲辰火運 (갑진화운)
戊癸年 (무계년)	癸丑木運 (계축수운)	己未火運 (기미화운)	壬戌水運 (임술수운)	丙辰土運 (병진토운)	丙辰土運 (병진토운)

♠12. 홍범오행 산운법(洪範五行 山運法)

✛ 離壬丙乙 이임병을 4개의 좌는 홍범오행이 화산이 되는데 辛巳年인 경우 좌측의 丙年도와
우측 이임병을과 교차되는 지점이. 辛巳年運의 무술목운이 되니 이때의 木運은 신사태세
백랍금의 剋극을 받으니 년극이 되는 것이다.
백랍금의 殺살을 제살하는 방법은 망자, 상주, 월일시의 납음오행이 병인정묘, 병신정유,.
갑술을해, 갑진을사, 무자기축, 무오기미의 火화오행에 해당하면
신사년 태세 백랍금을 火克金하여 金의 殺이 제살되니 무방하게 된다.

♠13. 傍陰符制殺法(방음부제살법)

★ 만년도에서 방음부에 해당되는 란은 년천간이 방음살이 된다.
그러므로 年天干이 辛巳年인 경우는 辛金이 방음살이므로 가을에는 금살이 생왕하여
불리하나 여름에는 화극금하여 년천간 金이 쇠약해지므로 제살되어 무방하다.

♠14. 動塚運(동총운)

★ 이장, 합장, 사초, 상돌, 입석에 흉한 년도를 말한다.

묘의 좌향	대리길음(吉)	소리길음(吉)	중상흉음(凶)
임자, 계축, 병오, 정미 坐向	辰戌丑未年	子午卯酉年	寅申巳亥年
을진, 손사, 신술, 건해 坐向	寅申巳亥年	辰戌丑未年	子午卯酉年
갑인, 갑묘, 곤신, 경유 坐向	子午卯酉年	寅申巳亥年	辰戌丑未年

★ 대리길음이나 소리길음에 닿는 해에는 이장. 사초(묘에 봉분을 하고 축대를 쌓고 잔디를 입히는 일)
상돌, 비석을 놓는 일을 할 수 있으나.

★ 중상운이 닿는 해에는 위와 같은 일을 피하여야 한다.

★ 중상운에는 먼저 쓴 묘에 新墓를 함께 쓰거나 먼저 쓴 묘를 옮겨 新묘로 이장 합지를 못하고
대리길음이나 소리길음에 행하여야 한다.

♠15. 開塚忌日(개총기일)

★ 이장, 합장을 하려면 기존의 묘를 파헤쳐야 하는데 이를 꺼리는 일시를 말한다.

묘지의 坐向	개총기 日	개총기 時
신 술 건 해 坐	甲 乙日	申, 酉時
곤 신 경 유 坐	丙 丁日	丑, 辰, 戌時
진 술 유 坐	戊 己日	辰, 戌, 酉時
을 진 손 사 坐	庚 辛日	丑, 辰, 巳時
간 인 갑 묘 坐	壬 癸日	丑, 未時
해　　설	이장, 합장하는 묘가 신술건해좌일 때 갑을일이나 신유시에는 묘를 헐지 못하는 것으로 보면 된다.	

♠1. 移葬이장하기 좋은 날 선택법

	좋은 날 택일 방법	
첫째	삼합오행 ✚ 삼합오행 → 망사의 年, 月, 日과 망자의 생년이나 장남이나 차남, 손자 등의 띠를 연결해서 삼합이 되면 좋은 날이다.	
둘째	大空亡日(대공망일)을 택한다. 중상일, 중일, 복일을 피한다.	
셋째	책력 내의 이장, 안장 길일을 택한다.	
넷째	황도일을 택한다. 흑도일은 필히 피한다.	
다섯째	청명, 한식, 이장 및 수묘길일을 선택한다.	

★ 위의 방법처럼 조건이 첫째에서 다섯째까지 모두 해당하는 길일을 맞추기는 어려운 얘기이다.
  이 중에서 골라서 두 가지만 맞아도 택일하는 것에 손색이 없다.
★ 위와 같은 방법으로 날을 잡은 후에 황흑도 길흉표에서 月칸에서 日이 황도에 해당하는가를
  짚어보고 난 뒤, 日이 정해지면 日을 다시 중심에 놓고 시간을 황도時를 선택한다.

♠2. 移葬이장 및 修墓(수묘) 吉日 ⇨ 무조건 좋은 날.

	해당 길일
이장 및 수묘 길일	庚午, 辛未, 壬申, 癸酉, 戊寅, 己卯, 壬午, 癸未, 甲申, 乙酉, 甲午, 乙未, 丙申, 丁酉, 壬寅, 癸卯, 丙午, 丁未, 戊申, 己酉, 庚申, 辛酉 日
한식일	모든 神이 조화하기 위하여 上天(상천)하기 때문에 지상에는 神의 작용이 없다.
청명일	모든 神이 조화하기 위하여 上天(상천)하기 때문에 지상에는 神의 작용이 없다.
大寒(대한)後 10일 立春 前 5일	舊年과 新年의 歲神들이 교체되는 기간이므로 모든 神들이 지상의 人間들 일에 관여할 겨를 이 없다. [당일이 吉, 전후일은 차선택]
大寒(대한)後 5일째부터 立春 前 2일까지	舊年과 新年의 歲神들이 교체되는 기간이므로 모든 神들이 지상의 人間들 일에 관여할 겨를 이 없다.

♠3. 移葬이장운이 맞을 때 무조건 좋은 연월일시.

竹馬六壬	해당 길일
陽山양산일 때	壬子, 艮寅, 乙辰, 丙午, 坤申, 辛戌, 坐로써 戊午年에 장일을 택일하려면 戊午年은 양산에 속하므로 子, 寅, 辰, 午, 申, 戌, 年, 月, 日, 時 중에서 장일을 택일하면 吉한 날이다.
陰山음산일 때	癸丑, 甲卯, 巽巳, 丁未, 庚酉, 乾亥坐로써 己丑年에 장일을 택일하려면 己丑年은 음산에 속하므로 丑, 卯, 巳, 未, 酉, 亥, 年, 月, 日, 時 중에서 장일을 택일하면 吉한 날이다.
해 설	陽山 → 해운년의 간지가 陽양일 때 陽양산이 되며, 양년, 양월, 양일, 양시를 쓴다. 陰山 → 해운년의 간지가 陰음일 때 陰음산이 되며, 음년, 음월, 음일, 음시를 쓴다.

♠4. 이장 못하는 年이 있는데, 망인의 년지 즉 띠로 보는 법인데 :

申, 子, 辰 生이면 申, 子, 辰年에는 이장을 못한다.
亥, 卯, 未 生이면 亥, 卯, 未年에는 이장을 못한다.
巳, 酉, 丑 生이면 巳, 酉, 丑年에는 이장을 못한다.
寅, 午, 戌 生이면 寅, 午, 戌年에는 이장을 못한다.

※ 만약 이장을 하면 장손이 사망하거나 落胎낙태를 하게 된다.

♠5. 이장 못하는 月이 있는데, 이장을 하면 3년 內에 자손이 망한다.

子, 午年 은 2월, 8월이 大凶이다.	丑, 未年 은 3월, 9월이 大凶이다.
寅, 申年 은 4월, 10월이 大凶이다.	卯, 酉年 은 1월, 7월이 大凶이다.
辰, 戌年 은 6월, 12월이 大凶이다.	巳, 亥年 은 5월, 11월이 大凶이다.

♠6. 이장 못하는 日날이 있는데, 이날을 지중백호일이라고 하는데
   만약 이날에 이장을 하게 되면 자손이 피를 흘리게 되는 날이다.

1월에는 申日	2월에는 酉日	3월에는 戌日	4월에는 亥日
오월에는 子日	6월에는 丑日	7월에는 寅日	8월에는 卯日
9월에는 辰日	10월에는 巳日	11월에는 午日	12월에는 未日

♠7. 특히 이장을 피하는 날과 이유.

子, 午, 卯, 酉 年	에는 壬, 癸 日에 이장을 하면 장자長子가 망한다.
寅, 申, 巳, 亥 年	에는 丙,丁,戊,己,庚,辛 日에 이장을 하면 집안이 망한다.
辰, 戌, 丑, 未 年	에는 甲, 乙 日에 이장을 하면 男子나 妻가 망한다.
子, 午, 卯, 酉 生	이 辰, 戌, 丑, 未年에 이장을 하면 7년 內에 망한다.
寅, 申, 巳, 亥 生	인 장손이 子, 午, 卯, 酉年에 이장을 하면 5년 內에 장손이 망한다.
辰, 戌, 丑, 未 生	이 寅, 申, 巳, 亥년에 이장하면 9년 內에 자손이 망한다.

★ 혈(穴)을 정하는 순서는 山의 형세와 水口의 흐르는 위치와 청룡, 백호가 뚜렷하고
  높지도 않고 낮지도 않은 조건의 맥을 살려서 정혈을 찾아낸 뒤,
  방향을 정하고 깊이를 정한 後 땅을 파는 것이 순서임을 명심해서 행한다.

♠8. 天上天下 大空亡日 천상천하 대공망일

※ 舊墓구묘의 坐坐를 모르거나 시일이 급박할 때에는 巳, 亥日을 제외하고
  다음 표의 대공망일을 사용하면 무방하다.

乙丑, 甲戌, 乙亥, 癸未, 甲申, 乙酉, 壬辰, 癸巳, 甲午, 壬寅, 癸卯, 壬子 日

♠9. 日干別로 꺼리는 坐向과 時間

天干日	불리한 坐向	불리한 時間
甲, 乙日	에 辛 戌 乾 亥 坐의 이장이 불리하다.	申酉 時도 불리하다.
丙, 丁日	에 坤 申 庚 坐의 이장은 불리하다.	丑午申戌 時도 불리하다.
戊, 己日	에 辰, 戌, 酉 坐의 이장은 불리하다.	辰戌酉 時도 불리하다.
庚, 辛日	에 艮 寅 甲 卯 坐의 이장은 불리하다.	丑辰巳 時도 불리하다.
壬, 癸日	에 乙 辰 巽 巳 坐의 이장은 불리하다.	丑未 時도 불리하다.

연령	출생년도	간지	책상놓는 방향	의자앉는 방향	연령	출생년도	간지	책상놓는 방향	의자앉는 방향
6세	2020년	庚子	정동향	정동좌	38세	1988년	戊辰	정남향	정북좌
7세	2019년	己亥	정남향	정북좌	39세	1987년	丁卯	정동향	정서좌
8세	2018년	戊戌	정남향	정북좌	40세	1986년	丙寅	정동향	정서좌
9세	2017년	丁酉	정동향	정서좌	41세	1985년	乙丑	서북향	동남좌
10세	2016년	丙申	정동향	정서좌	42세	1984년	甲子	서북향	동남좌
11세	2015년	乙未	서북향	동남좌	43세	1983년	癸亥	동북향	서남좌
12세	2014년	甲午	서북향	동남좌	44세	1982년	壬戌	정북향	정남좌
13세	2013년	癸巳	정북향	정남좌	45세	1981년	辛酉	정서향	정동좌
14세	2012년	壬辰	정북향	정남좌	46세	1980년	庚申	정서향	정동좌
15세	2011년	辛卯	정서향	정동좌	47세	1979년	己未	정남향	정북좌
16세	2010년	庚寅	정서향	정동좌	48세	1978년	戊午	정남향	정북좌
17세	2009년	己丑	정남향	정북좌	49세	1977년	丁巳	정동향	정서좌
18세	2008년	戊子	정남향	정북좌	50세	1976년	丙辰	정동향	정서좌
19세	2007년	丁亥	정동향	정서좌	51세	1975년	乙卯	서북향	동남좌
20세	2006년	丙戌	정동향	정서좌	52세	1974년	甲寅	서북향	동남좌
21세	2005년	乙酉	서북향	동남좌	53세	1973년	癸丑	정북향	정남좌
22세	2004년	甲申	서북향	동남좌	54세	1972년	壬子	서북향	동남좌
23세	2003년	癸未	정북향	정남좌	55세	1971년	辛亥	정서향	정동좌
24세	2002년	壬午	정북향	정남좌	56세	1970년	庚戌	정서향	정동좌
25세	2001년	辛巳	정북향	정남좌	57세	1969년	己酉	정남향	정북좌
26세	2000년	庚辰	정서향	정동좌	58세	1968년	戊申	정남향	정북좌
27세	1999년	己卯	정남향	정북좌	59세	1967년	丁未	동남향	서북좌
28세	1998년	戊寅	정서향	정동좌	60세	1966년	丙午	정동향	정서좌
29세	1997년	丁丑	정남향	정북좌	61세	1965년	乙巳	서북향	동남좌
30세	1996년	丙子	정동향	정서좌	62세	1964년	甲辰	서북향	동남좌
31세	1995년	乙亥	서북향	동남좌	63세	1963년	癸卯	정북향	정남좌
32세	1994년	甲戌	서북향	동남좌	64세	1962년	壬寅	정북향	정남좌
33세	1993년	癸酉	정북향	정남좌	65세	1961년	辛丑	정서향	정동좌
34세	1992년	壬申	정북향	정남좌	66세	1960년	庚子	정서향	정동좌
35세	1991년	辛未	정북향	정남좌	67세	1959년	己亥	정남향	정북좌
36세	1990년	庚午	정서향	정동좌	68세	1958년	戊戌	정남향	정북좌
37세	1989년	己巳	정남향	정북좌	69세	1957년	丁酉	정동향	정서좌

♠1. 좋은 자녀를 낳기 위한 부모의 마음가짐

✻ 우리나라는 남아선호사상으로 인하여 아들을 선호하는 예부터 조상들은 아들을
낳기 위해서라면 여러 가지 비과학적인 방법까지 사용해가며 애를 써왔다.
동의보감 기록에 의하면 임신을 원하는 부인이 모르게끔 신랑의 머리카락이나 손톱발
톱을 임산부의 침대 밑에 숨겨 놓기도 하고 심지어 도끼를 숨겨놓거나 활줄 한 개를
임산부의 허리에 둘러차고 다니거나, 성웅왕· 선남초 같은 한약재를 몸에 지니고 다니
면 아들을 낳는다고 믿고 행해왔다고 전한다.

✻ 전해 내려오는 구전에 의하면 부부간의 나이를 합한 수에다가 당년 출산은 1을 더하고,
다음해의 출산은 2를 합하여 나온 숫자를 3으로 나누기를 해서 나머지가 ○이나 짝수가
나오면 딸이고, 홀수가 나오면 아들이 된다고 하여 아이 낳을 시기를 선택하는 방법은
지금까지도 활용하는 사람이 있다.

✻ 월경이 끝난 후에 음력으로 陽日양일 陽時양시를 선택하는데, 즉 甲 丙 戊 庚 壬의
일진에 子 寅 辰 午 申 戌時에 부부가 교합하면 아들이 되고, 陰日음일 陰時음시에
짝수 날 즉 乙, 丁, 己, 辛, 癸의 일진에 丑, 卯, 巳, 未, 酉, 亥時에 교합하면 딸을
낳는다는 음양설도 있다.

✻ 임신한 부인의 좌측 난소에서 배란이 되어 수정되면 아들이요, 우측 난소에서 배란이 되어
수정되면 딸이라는 男左女右남좌여우설도 전한다. 최근까지만 해도 여성의 질액을 알카리
성으로 바꾸어주는 약을 복용하면 아들이 된다고 하여 약을 먹는 부인들이 많았다.
한의학에서는 임신한지 3개월 이내에 전남탕(아들 낳는 약)을 복용하면 아들을 낳는다고 하여
복용시켜오고 있다.

✻ 현대의학계의 세포학연구의 염색체설에서 논하기로는 난자와 정자의 수정시기에 바로
성별이 이미 결정된다고 말하고 있다. 인간은 남녀 똑같이 48개의 염색체를 가지고 있는데
그중에서 여자는 XX이고, 남자는 XY라는 성염색체로 이루어진다고 한다.
정자와 난자의 수정시기에 남자의 X염색체가 결합하면 딸이 되고, 남자의 Y염색체
가 결합하면 아들이 된다는 것이 최근 의학계의 정설이 되어왔다.
그러나 최근 미국에서의 연구에 의하면 사람의 모든 태아는 초기 단계에서는 모두 여자
로 시작되었다가 다면 남자가 될 아이가 임신 35일~40일 정도부터 남성으로의 생물학
적 변화가 시작된다고 주장한다. 그것에 관여하는 것은, 남성의 성염색체(XY)내에 있는
SRY라는 유전자에 의하여 수정된 시기의 기존 여성적 염색체 부분이 제거되고
점차 남성으로의 탈바꿈이 시작된다고 하여 지금까지의 염색체 학설을 뒤엎어서 오는 것이
현재의 상황이다.

✻ 그렇다면 생명공학의 눈부신 발전에도 불구하고 남녀의 성별이 어떻게 결정되어지는 가는
아직도 미지수이다. 아들이나 딸을 마음대로 가려서 낳고 싶은 것은 아득한 옛날부터 우리
인간들이 지니고 있는, 버릴수 없는 소망이지만 만물의 성별이 어떻게 마음대로 선택하고
조정할 수 있을까라는 문제는 큰 숙제이다. 하지만 그래도 열망하고 있다.

✻ 불교의 부처님 법에 의하면 그것은 정자 난자로 단정 짓는, 눈에 보이는 물질세계의
문제가 아니라 인간의 육체에 깃든 영혼의 문제로 보면 이해하기 쉽다. 남자로 태어나는
것이나 여자로 태어나는 것이나 이 모두가 부모와 나 사이에 과거 현재 미래 삼세를
통하는 연결된 因緣課業인연과업의 이치가 아니겠는가?
그렇다면 현대적인 약물에 의존하기 보다는 부부의 올바른 행실이 우선이겠고,
나쁘다는 것도 피해야 하겠고, 삼가법은 지키는 것이 옳을 듯하다.

♠2. 좋은 자녀를 낳기 위한 교합 상식법

※ 다음과 같은 날에 수정 잉태가 되면 부모에게 재앙과 재난이 생기고, 아이에게는
白痴백치아(어리석거나 미치광이)나 聾哑롱아아(벙어리나 귀머거리)나 盲人맹인(눈먼소경)
또는 不具(뇌성마비)로 온전치 못한 아이가 태어난다고 하고,
단명하거나 불효자식이 된다는 흉한 날이니 피하는 것이 좋다.

피해야 좋은 흉한 日	피해야 좋은 흉한 日	피해야 좋은 흉한 日
丙, 丁日 (병 정일)	大風日 (대풍일)	暴雨日 (폭우일)
霧中日 (무중일)	猛寒日 (맹한일)	猛暑日 (맹서일)
雷天日 (뢰천일)	日蝕日 (일식일)	月蝕日 (월식일)
紅日 (홍일 - 무지개)	매월 초하루(음력 01일)	매월 보름날(음력 15일)
매월 그믐날(음력 30일)	월파일(음력 월건과일진이 충)	破日 (건제12신의 破破 일)
매월 음력 28일	立春, 立夏, 立秋, 立冬의 전후로 5일간씩	
봄의 (甲寅, 乙卯日)	여름의 (丙午, 丁巳)	가을의 (庚申, 辛酉) 겨울의 (壬子, 癸亥)
음력 1월 11일	음력 2월 9일	음력 3월 7일	음력 4월 5일
음력 5월 3일	음력 6월 11일	음력 7월 25일	음력 8월 22일
음력 9월 20일	음력 10월 18일	음력 11월 15일	음력 12월 13일

❂ 해가 중천에 있는 정오에 교합하여 잉태되어 태어난 자식은 구토나 설사를 한다.
❂ 소란한 한밤중에 교합하여 잉태되어 태어난 자식은 맹인, 귀머거리, 벙어리가 된다.
❂ 천둥번개, 뇌성벽력일 때 교합하여 잉태되어 태어난 자식은 미치광이, 간질병자가 된다.
❂ 일식, 월식일 때 교합하여 잉태되어 태어난 자식은 흉한 운을 타고나고 병신이 된다.
❂ 하지나 동짓날에 교합하여 잉태되어 태어난 자식은 부모에게 애물단지이며 손해를 끼친다.
❂ 만월 음력15일이나 16일에 교합하여 잉태되어 태어난 자식은 사형수가 된다.
❂ 심한 피로나 심신이 초조할 때 교합하여 잉태되어 태어난 자식은 요통과 요절한다.
❂ 취중이나 과식 후에 교합하여 잉태되어 태어난 자식은 간질병이나 중기병으로 고생한다.
❂ 소변 직후에 교합하여 잉태되어 태어난 자식은 요절한다.
❂ 목욕 직후나 몸에 물기가 있을 때 교합하여 잉태되어 태어난 자식은 명이 약해 고생한다.
❂ 월경 중에 교합하여 잉태되어 태어난 자식은 불효하고 망나니가 된다.
❂ 초상 중 상복을 입고 있는 동안 교합하여 잉태되어 태어난 자식은 광인이나 동물에게 물린다.
❂ 달빛아래 우물, 변소, 굴뚝 겸 옆에서 교합하여 잉태되어 태어난 자식은 우환, 변고, 단명한다.
❂ 법당이나 신당에서 교합하여 잉태되어 태어난 자식은 신체에 부상입어 단명한다.
❂ 부모에게 중기병이 있을 때 교합하여 잉태되어 태어난 자식은 허약하고 병고를 달고 산다.
❂ 신경이 날카로울 때 교합하여 잉태되어 태어난 자식은 불의의 사고를 당하고 단명하다.
❂ 누군가와 심하게 싸우고 난 후에 교합하여 잉태되어 태어난 자식은 경기를 심하게 하고
단명하다.
❂ 동물을 살생하고 나서 교합하여 잉태되어 태어난 자식은 미치광이가 되고 단명한다.

♠3. 올바르고 건강한 자녀를 낳기 위한 교합 상식법

✿ 다음과 같은 방법으로 교합 임태하면 좋은 징조로 바꿀 수 있다.

> ✿ 한밤중에 한잠을 푹 자고나서 밤중을 지나 피로가 풀리고 완전히 생기를 찾았을 때 교합을 하면 총명하고 귀하게 될 자식을 얻게 되고, 남아이고 현명하고 장수한다.
>
> ✿ 자식을 갖고 싶다면 월경이 끝난 바로가 좋은데 1~2일 후에 임태된 아기는 아들이 고, 2~4일 후에 임태된 아기는 딸이고, 5일 이 후에는 쾌락뿐이고 정력낭비이다.
>
> ✿ 월경이 끝난 3일 후, 밤중을 지나 첫닭이 우는 이른 새벽에 부부가 한마음이 되어 행복한 마음으로 즐겁게 교합하여 임태된 자식은 밝고 건강하고 현명한 아이이다.
>
> ✿ 월경이 끝난 15일 후에 위와같은 방법으로 교합하여 얻은 자식은 총명하고 출세한다

♠4. 아무리 애를 써도 아기가 임태되지 않는 여자는 이런 방법을 써보아라!

✿ 임신을 원하는 여자의 왼손에 팥을 24개 쥐고, 오른손으로는 남자의 귀두를 꼭 쥐고 있는 상태에서 교합을 하는데 이때 왼손의 팥알을 입안에 넣는 동시에 여자가 자기 스스로 남자의 남근을 옥문 속으로 쑥 밀어 넣는다. 팥을 입안에 물고 있다가 남근에서 정액이 사출되는 순간에, 입안에 있는 팥알을 꿀꺽 삼키면 된다.
이런 방법으로 아기를 낳은 효과를 본 사례가 많이 있다고 민간풍습에 전해오고 있다.

♠5. 아기가 생겼다면 임신 중에 꼭 지켜야 할 행실이 다음과 같다.

✿ 나쁜 빛을 보지도 말고 가까이 하지도 말아야 한다.

✿ 나쁜 말은 하지도 말고 듣지도 말아야 한다.

✿ 남을 욕하거나 미워하거나 시기, 질투하면 안 된다.

✿ 놀라거나 두려워하지 말 것이며, 화를 내도 안 된다.

✿ 고민하거나 슬퍼하거나 통곡하면 안 된다.

✿ 신경을 예민하게 쓰거나 피로하거나 함부로 약을 복용하면 안 된다.

✿ 음욕을 절제하고 좋은 것만 보고 행복한 마음만 갖는다.

✿ 높은 곳에 오르거나 깊은 곳에 내려가지 않는다.

✿ 몸을 항상 깨끗이 하고 악취를 피해야 한다.

✿ 매사 바르게 앉고, 힘들다고 누워서 몸을 함부로 하지 말 것이다.

✿ 과음과식을 피해야 하고, 모양이 예쁜 것만 먹고, 흉한 음식(꽃게, 보신탕)은 피한다.

✿ 담배나 술 또는 마약 등 마취성 약품이나 금기 물질들은 절대 가까이 하면 안 된다.

✿ 수레나 승마, 마차, 극심한 놀이기구는 절대 타면 안 된다.

✿ 도로를 지나다가 교통사고가 났을 때 흉직한 사고 장소가 있으면 보지말고 곧 피한다.

✿ 당연히 남의 물건을 탐하거나 손대서도 안 되고, 범죄를 저질러서도 안 된다.

✿ 항상 좋은 것만 보고, 좋은 소리 듣고, 좋은 것만 입고, 좋은 것만 먹고, 좋은 것만 생각해야 하고, 올바르게 행동해야만 올바르고 똑똑하고 현명하고 건강하고 성공 출세하는 자식을 얻을 수있는 것이니 나쁘다는 것은 꼭 피하고 노력해야 한다.

♠1. 올바른 출산택일에 대하여!

❂ 건강하고 훌륭한 자녀를 얻고자하는 것은 모든 부모의 희망이니 이런 자녀를 얻기 위해 부모는 출산 택일도 좋은 날로 정하려고 선호하는 것이 당연하다. 잘 못 낳고 나서 서로가 불행하고 인생이 고난 속에서 허덕이게 된다면 이처럼 안타까운 일이 또 어디 있겠는가! 미리 대처하여 막을 수 있고 피할 만 있다면, 할 수 있는 데까지 해보는 것이 인간으로서 현명한 최선일 것이다.

☞ 택일에서 좋은 날과 좋은 時를 잡아서 출산하면 아이의 운명이 정말로 좋아지는가?

❂ 그렇다!

인간은 태어나면서 그 해年의 氣運기운과 그 달月의 기운과 그 날日의 기운과 그 時間의 기운을 모두 받게 되니 이것이 곧 한사람의 사주가 정해지고 운명이 달라진다.

(여기에 물론 유전적인 요소나 주변 환경적 요소의 문제는 제외이다.)

☞ 택일하여 출산을 제왕절개를 하는 것이 옳은 일인가?

❂ 그렇지 않다!

단지 좋은 자녀를 낳겠다는 욕심으로 몸에 칼을 대고 개복하여 제왕절개를 하는 것은 하늘의 뜻을 거스르는 일이다. 하지만 아기의 사주가 나쁘려면 아무리 좋은 시간에 택일하려 해도 잡히지 않고 사정이 생긴다. 부득이 제왕절개를 하여야 할 상황이라면 출산택일하여 좋은 날을 받아 수술하는 것은 당연하니 비난할 일은 아니다.

☞ 택일한 日時일시에 맞춰서 출산을 할 수 있는가?

❂ 그렇지 않다!

아기의 부모나 주변사람들이 간곡하게 부탁하므로 日時를 선택하여 주었으나 대부분의 아기들이 그 시간에 딱 맞추어서 태어나는 확률은 30% 밖에 안 된다.

☞ 좋은 출산택일 일에 골라서 태어난다면 진정으로 좋은 사주명조인가?

❂ 그렇지 않다!

억지스레 하늘을 뜻을 거역하고 이 세상에 나왔다면 그 댓가가 분명히 치러질 것이다. 가령 여아의 명조를 뽑는다면 우주의 循環相生순환상생의 기운을 받아 명조를 이루는데, 食傷식상과 財官재관이 모두 있는 명조가 가장 좋을 것 같으나 그러한 명조는 하늘에서 내려오기 때문에 잘 잡기 어렵고 시간이 마땅하지 않다.

☞ 좋은 출산택일 일시日時를 택하기가 쉬운가?

❂ 그렇지 않다!

정해진 예정일에서 20여일 내에서 좋은 日時를 잡으려면 족히 260여개의 명조를 살피고 풀어보고 따져봐야 한다.

♠2. 올바른 출산택일을 한다는 것은 태어나는 아기사주의 貴賤귀천과 淸濁청탁을 알고, 格局격국과 用神용신에 대한 명확한 이해가 있어야 하고, 八字 間의 刑沖會合 형충회합의 변화를 읽어야 하고, 暗藏암장의 변화를 바르게 알아야 하며, 또한 神殺신살과 운성의 흐름도 완벽하게 이해되어야 가능하다.

❏ 과연 위와 같이 모든 조건을 제대로 갖춘 명리학자가 몇 명이나 되겠는가!?
사정이 이러하니 좋은 일시로 택일하는 것이 결코 쉬운 일은 아니다.
한 사람의 인생운명이 담긴 출산택일은 함부로 쉽게 잡아서는 안 될 일이다.
어찌보면 죄악으로 연결된다. 유전적인 요인이나 불가항력적인 천재지변으로 아기에게 문제가 생기어도 차후에 모든 비난은 택일해준 명리학자가 원망을 받게 된다.
그러하니 출산택일을 정한다는 것은 매우 신중해야 할 일이고, 두려운 일이기도 하다.

★ 그렇다고 이렇게 어렵게 잡은 올바른 택일한 날에 제왕절개를 하려해도 묘한 것은 역시 인간의 出生출생은 여전히 하늘에서 다스리기 때문에 그 일시에 딱 맞추어서 출생하기란 매우 어려운 일이다.

♠3. 신생아 出産時출산시 가장 나쁜 날을 구분하는 법

1] 제왕절개가 피 보는 일이라고 일진이 백호살이 되는 날을 출산택일로 잡으면 절대 안 된다. 백호살이란 (甲辰, 戊辰, 丙戌, 壬戌, 丁丑, 癸丑, 乙未日)을 말하는데 이날에 아기가 태어나게 되면 태어나는 아기의 사주에 백호살이 끼기 때문에 그 아기의 몸에 흉하고 피 볼 일이 생기게 되므로 일평생이 풍파에 편안치 못하게 된다.

2] 백호살로 출산시간을 잡거나 보는 사람이 있는데 이것은 음력 正月과 二月에는 申時와 酉時, 三月과 四月에는 戌時와 亥時, 五月과 六月에는 丑時와 卯時, 八月과 十月에는 卯時에 출생하게 되면 어려서 잔병치레가 많고 질병으로 인해 수술 등으로 몸을 다치게 되니 필히 피해야 한다.

3] 괴강살이 일진이 되는 날(庚辰日, 庚戌日, 壬辰日, 戊戌日)을 출산택일하여 아기가 태어나면 그 아기가 아들이면 한평생 직장문제, 직업문제로 어려움을 겪게 되니 사는 동안 고난과 어려움을 겪게 되고, 그 아기가 딸이라면 성격도 거칠고 성장하여 결혼 후에 시집이 망하게 되는 풍파를 많이 겪게 되는 꼴이 된다.

4] 출산 日이나 時가 귀문관살이면 출생한 아기에게 고질병이나 정신병이 생길 수 있는 나쁜 殺鬼살귀가 씌우게 되니 피해야 한다. 神氣신기가 쎄든지, 神病신병을 앓게 되어 팔자가 세어지고 혹간 무속인이 되는 경우도 있다.

생년	子	丑	寅	卯	辰	巳	午	未	申	酉	戌	亥
월,일시	酉	午	未	申	亥	戌	丑	寅	卯	子	巳	辰

5] 출산 日이나 時가 과숙살이나 고신살에 해당하는 날과 時에 출생하게 되는 아기는
   남자는 홀아비가 되고, 여자는 청상과부가 되어 외롭고 고독한 팔자가 된다.

생년	子	丑	寅	卯	辰	巳	午	未	申	酉	戌	亥
과숙살	戌	戌	丑	丑	丑	辰	辰	辰	未	未	未	戌
고신살	寅	寅	巳	巳	巳	申	申	申	亥	亥	亥	寅

❀ 보는 법은 남자아기는 고신살만 보고, 과숙살은 해당되지 않고,
   여자아기는 과숙살만 본다. 日과 時가 모두 해당되면 더욱 나쁘니 한가지라도
   피하는 것이 좋다.

6] 출산 日이나 時가 병신살이나 맹아살에 해당되면 출생한 아기가 몸이 불구가 된다는
   살이 있는 날이니 이날 또한 피하는 것이 좋다.
   이 외에도 각종 신살은 해설대로 영향력이 있으니 참고하고, 피할 수 있으면 피해야한다.

♠4. 십이지범살 (생년에 생월로 보는 법)

생월	子띠	丑띠	寅띠	卯띠	辰띠	巳띠	午띠	未띠	申띠	酉띠	戌띠	亥띠
중혼살	4	5	6	7	8	9	10	11	12	1	2	3
재혼살	5	6	7	8	9	10	11	12	1	2	3	4
대패살	4	7	10	10	4	4	10	1	7	7	1	1
팔패살	6	9	12	12	3	3	6	6	9	9	2	3
망신살	10	7	4	1	10	7	4	1	10	7	4	1
파쇄살	4	12	8	4	12	8	4	12	8	4	12	8
극해패살	8	8	10	4	4	10	6	8	8	2	2	10
대낭적살	5	8	11	11	5	5	11	2	8	8	2	2
흉격살	4	1	10	7	4	1	10	7	4	1	10	7
충돌살	8	5	10	11	12	1	2	3	4	5	6	7
산액살	2	3	4	5	6	7	2	3	4	5	6	7
인패살	5	6	7	8	9	10	11	12	1	2	3	4
각답살	4	5	6	7	8	9	10	11	12	1	2	3
합지살	8	5	2	11	8	5	2	11	8	5	2	11
철소추살	12	9	7	8	12	9	7	8	12	9	7	8
극패살	9	10	12	9	12	10	10	11	6	6	11	
절방살	11	2	7	2	7	11	2	7	11	2	7	11
화개살	3	12	9	6	3	12	9	6	3	12	9	6
원진살	6	5	8	7	10	9	12	11	2	1	4	3
구신살	2	3	4	5	6	7	8	9	10	11	12	1
교신살	8	9	10	11	12	1	2	3	4	5	6	7
천액살	6	7	8	9	10	11	12	1	2	3	4	5
처가패살	3	3	10	5	12	1	8	9	4	10	6	7
시가패살	6	4	3	1	6	4	3	1	6	4	3	1

➤ 작명학에서 사용하는 소리오행에 대하여

◆ "訓民正音解例本" 소리五行(正音五行) 區分表

五 行	木	火	土	金	水
發 聲	牙音	舌音	脣音	齒音	喉音
初 聲	ㄱ,ㄲ,ㅋ	ㄴ,ㄷ,ㄹ,ㅌ	ㅁ,ㅂ,ㅍ	ㅅ,ㅆ,ㅈ,ㅊ,ㅉ	ㅇ,ㅎ
四季節	봄	여름	四季節	가을	겨울
五 音	角	徵(음율이름 치)	宮	商	羽
五 方	東	南	中央	西	北

훈민정음 창제원리의 숨겨진 비밀 중, 1940년 안동 민가에서 해례본(解例本)
이 발견되고 나서, 창제 동기와 철학적 배경, 구조원리 등을 파악하기까지
소리오행은 운해본의 논리인 후음(喉音-ㅇ ㅎ)을 토(土)로, 순음(脣音-ㅁ ㅂ
ㅍ)을 수(水)로 잘못 인식하고 있었다.

이는 1750년 조선 영조 때에 신경준이라는 학자가 저술한 개인 연구 논술집
인 '훈민정음운해(訓民正音韻解)'에서 후음과 순음을 뒤바꾸어 전했다는 내용
으로 최세진(崔世珍 1473~
1542년)의 '사성통해' 책머리에 '홍무정운(洪武正韻)' 31자모지도(字母之圖)
의 인용에서 원인을 찾고 있다.

증거로 다음과 같은 원리를 제시하고 있다.
궁상각치우(宮商角徵羽)의 오음(五音)에 부합하여 창제
즉, 목구멍 소리(喉音, 羽音), 잇소리(齒音, 商音), 어금니 소리(牙音, 角音),
혓소리(舌音, 徵音), 입술 소리(脣音, 宮音) 등
자음 중 초성의 경우 어금니 소리인 ㄱ ㅋ은 목(木)
혓소리인 ㄴ ㄷ ㅌ은 화(火)
입술 소리인 ㅁ ㅂ ㅍ은 토(土)(▶수(水)가 아님)
잇소리인 ㅅ ㅈ ㅊ은 금(金)
목구멍 소리인 ㅇ ㅎ은 수(水)(▶토(土)가 아님)
원래 다섯 가지 기본음은 입과 혀의 모양만 본떠서 만들었다.
초성이 木-火-土-金-水 또는 水-金-土-火-木처럼 순환 상생(相生)하면 좋
은 이름이고,
초성이 木-土, 土-水, 水-火, 火-金, 金-木처럼 서로 상극(相剋)하면 이치에
맞지 않는 이름이다.

➤ 12운성도표

	甲	乙	丙	丁	戊	己	庚	辛	壬	癸
묘	未	戌	戌	丑	戌	丑	丑	辰	辰	未
절	申	酉	亥	子	亥	子	寅	卯	巳	午
태	酉	申	子	亥	子	亥	卯	寅	午	巳
양	戌	未	丑	戌	丑	戌	辰	丑	未	辰
생	亥	午	寅	酉	寅	酉	巳	子	申	卯
욕	子	巳	卯	申	卯	申	午	亥	酉	寅
관	丑	辰	辰	未	辰	未	未	戌	戌	丑
록	寅	卯	巳	午	巳	午	申	酉	亥	子
왕	卯	寅	午	巳	午	巳	酉	申	子	亥
쇠	辰	丑	未	辰	未	辰	戌	未	丑	戌
병	巳	子	申	卯	申	卯	亥	午	寅	酉
사	午	亥	酉	寅	酉	寅	子	巳	卯	申

➤ 乙巳年 구성연령표

구성	연 령 (2025년의 나이) (예전 우리나라 나이)											
1 일백수	99	9	18	27	36	45	54	63	72	81	90	
2 이흑토	1	10	19	28	37	46	55	64	73	82	91	
3 삼벽목	2	11	20	29	38	47	56	65	74	83	92	
4 사록목	3	12	21	30	39	48	57	66	75	84	93	
5 오황토	4	13	22	31	40	49	58	67	76	85	94	
6 육백금	5	14	23	32	41	50	59	68	77	86	95	
7 칠적금	6	15	24	33	42	51	60	69	78	87	96	
8 팔백토	7	16	25	34	43	52	61	70	79	88	97	
9 구자화	8	17	26	35	44	53	62	71	80	89	98	

著者 大覺堂 白超백초스님

■ 약력

- 한국불교선조계종본사 대각법왕사로 출가
- 입산수도 중 불법과 도교합일통신득도
- 정통티벳라마불교에 정진수행 중
- 동국대불교대학원 석사과정수료
- 원광대동양학대학원 석사과정수료
- 현 동양천기택력연구학회장
- 현 백초신명역학연구원회장
- 현 금강주술방편연구회장

- 현 백초율력학당원장
- 현 주역사주아카데미원장
- 전 화엄정사 주지역임
- 전 천황정사 주지역임
- 전 금강반야사 주지
- 전 정화선원 주지
- 현 청정암 주지

■ 저서

- 무자년 핵심래정택일지~
  기해년 핵심래정택일지
- 경자년 핵심래정택일지~
  갑진년 핵심래정택일지
- 핵심인연래정비법서
- 백초귀장술 上·下
- 백초귀장술특비판

- 신묘부주밀법총해
- 방토비방부적
- 방편비책
- 운세처방백과
- 개정판 백초귀장술 上·下
- 금전운 끌어들이는 법
- 전생의 비밀

乙巳年 핵심래정택일지

· 초 판 인 쇄 : 2024년 10월 29일
· 초 판 인 쇄 : 2024년 10월 29일
· 저   자 : 백초스님
· 편   집 : 상상신화북스
· 발   행 : 백초율력학당
· 발 행 처 : 상상신화북스
· 주   소 : 충남 청양군 대치면 주전로 338-106
· 홈 페 이 지 : Naver cafe 백초율력학당
· 전   화 : (041) 943-6882
· 핸 드 폰 : (010) 2002-6332
  E - mail : begcho49@naver.com

값 20000 원

ISBN 978-89-6863-008-8

· 여러분이 지불하신 책값은 좋은 책을 만드는데 쓰입니다.
· ISBN 978-89-6863-986-9 10150